ENCYCLOPÉDIE
DE LA MUSIQUE
ET
DICTIONNAIRE DU CONSERVATOIRE

DEUXIÈME PARTIE
TECHNIQUE — ESTHÉTIQUE — PÉDAGOGIE

ENCYCLOPÉDIE
DE LA MUSIQUE

ET

DICTIONNAIRE DU CONSERVATOIRE

Fondateur :
Albert LAVIGNAC
Professeur au Conservatoire
Membre du Conseil supérieur d'Enseignement.

Directeur :
Lionel de la LAURENCIE
Ancien Président
de la Société française de Musicologie.

DEUXIÈME PARTIE

TECHNIQUE — ESTHÉTIQUE — PÉDAGOGIE

★ ★ ★

ORCHESTRATION
MUSIQUE LITURGIQUE DES DIFFÉRENTS CULTES

PARIS
LIBRAIRIE DELAGRAVE
15, RUE SOUFFLOT, 15

L'ART DE DIRIGER

Par M. Paul TAFFANEL

PROFESSEUR AU CONSERVATOIRE, MEMBRE DU CONSEIL SUPÉRIEUR

CONSIDÉRATIONS GÉNÉRALES

L'*art de diriger* les exécutions musicales a pris depuis un certain nombre d'années une importance de plus en plus grande. Cela tient à la diffusion toujours croissante de la musique ; à la place qu'elle tient dans la vie moderne ; au goût plus affiné du public ; à une prédilection toujours plus accentuée pour la musique instrumentale.

L'orchestre moderne voit sans cesse sa palette s'enrichir de tons nouveaux.

BERLIOZ et WAGNER, pour ne citer que ces deux grands maîtres, lui ont donné une importance prépondérante, et, à en juger d'après certaines œuvres toutes récentes, on ne peut prévoir où s'arrêtera ce mouvement. D'autre part, l'enseignement instrumental progresse chaque jour ; la virtuosité de nos exécutants est poussée au plus haut degré ; le compositeur sait qu'il peut exiger tout ce que sa fantaisie et son imagination lui dictent ; il sera compris par ses interprètes, parce que le chef saura traduire toutes les audaces.

Des connaissances pratiques très complexes et toutes spéciales sont donc exigées aujourd'hui de celui qui est l'intermédiaire nécessaire entre l'auteur et l'auditeur. Le sort d'une œuvre dépend entièrement de sa compréhension lucide et approfondie, de l'influence qu'il exercera sur ses artistes, de son expérience (qui peut souvent être précieuse à l'auteur même), enfin de beaucoup de qualités que nous essayerons de préciser.

Cet *art de diriger* peut-il s'enseigner ?

Il y a quelques années, une enquête fut ouverte à ce sujet, et beaucoup d'artistes consultés préconisèrent la création d'une classe de chef d'orchestre au Conservatoire.

Ce vœu n'a pas encore été réalisé, et l'on peut penser qu'il n'y a pas lieu de le regretter, car les résultats seraient fort problématiques.

Où sont, en effet, les vrais préceptes de cet art ? Quel chef peut se porter garant de la vérité des moyens dont il se sert pour rendre claires et efficaces l'infinité des indications nécessaires à l'interprétation d'une œuvre ?

Pour posséder un instrument, pour apprendre à en vaincre les difficultés, il faut le pratiquer constamment. Il en est de même de l'orchestre, et là se présente une véritable difficulté, une impossibilité, car on ne peut avoir un orchestre en permanence pour expérimenter les facultés des aspirants chefs d'orchestre et leur faire connaître les principes d'un art aussi compliqué.

Comment serait-il possible d'inculquer, par exemple, à un étudiant, les qualités de sang-froid, de présence d'esprit si nécessaires en face d'une situation périlleuse, d'une déroute même, comme il s'en présente parfois dans un grand ensemble ? Ces qualités, en admettant que l'étudiant les possède, ne peuvent se manifester que devant le fait même, qu'on ne peut faire naître à volonté.

Comment passer en revue, comment étudier cette multitude de gestes, compliqués lorsqu'ils ne sont pas intuitifs, gestes qui n'ont parfois que la durée de l'éclair et qui, pourtant, ont une signification précise, qui sont le langage du chef d'orchestre, mais qui n'existent que dans leur application effective, et dont on ne comprend l'efficacité et la valeur qu'en en faisant l'expérience sur l'orchestre même.

Quel orchestre se soumettrait à la répétition incessante qu'exigerait l'étude de tel ou tel geste ?

Les objections contre l'application d'un tel enseignement sont sans nombre, et jusqu'ici, dans aucun Conservatoire, dans aucune école de musique, on n'a tenté de l'instituer ; nous ajouterons qu'aucun des grands chefs connus n'a puisé son art dans un enseignement spécial ; abstraction faite de la science musicale qu'ils possédaient, ils n'ont dû leur habileté qu'à deux causes essentielles, indispensables : le *don naturel* et la *pratique*.

Le musicien qui possède ce « don naturel », don précieux et rare, éprouve une joie indicible à se trouver à la tête de son orchestre. Sans le moindre embarras, comme une chose toute simple, il commande sa phalange d'artistes, ses gestes auront l'aisance, la clarté, la décision d'actes naturels, comme s'il s'agissait d'un langage toujours parlé. Sa volonté sera comprise et suivie aussitôt indiquée, et la confiance, si nécessaire aux exécutions vibrantes et chaleureuses aussi bien qu'à l'exécution des œuvres légères, des œuvres de virtuosité et de délicatesse, régnera dans tout le personnel placé sous ses ordres.

Il est également certain que la « pratique » apporte un appoint tout particulièrement indispensable à l'art du chef d'orchestre de théâtre, car ici le « don naturel » ne suffirait pas.

Les exécutions théâtrales donnent trop souvent lieu, malheureusement, à des complications exigeant une adresse, une souplesse excessives, unies au plus grand sang-froid et au maximum de rapidité dans les décisions.

Les masses chorales groupées trop loin du chef, échappant même souvent tout à fait à son action directe, les défaillances possibles des artistes du chant, peuvent faire naître des hésitations, des confusions voisines de la catastrophe si le chef ne possède pas les qualités citées plus haut; de la spontanéité de sa décision, de la netteté de ses gestes, dépend la situation; ces qualités, nous le répétons, sont la conséquence d'une longue pratique.

Comment arriver à posséder cette pratique? Là réside une réelle difficulté, car, comme nous l'avons déjà dit, il est impossible d'avoir en permanence un orchestre à la disposition du futur chef.

Il faut donc s'empresser de saisir toutes les occasions qui se présentent (les faire naître, si possible) de diriger un groupe de musiciens, fût-il de la plus modeste importance; il est même prudent de commencer par des réunions peu nombreuses.

Il y aura fatalement, dans le début, des gaucheries, des précipitations fâcheuses, des manques de préparation du « geste » qui amèneront l'incertitude dans les attaques, des flottements qui rendront l'exécution molle et confuse; aussi, il faudra apporter la plus grande attention à tous les mouvements, les analyser et se rendre compte de l'effet produit dans leur transmission.

L'observation scrupuleuse de la façon dont conduisent les chefs expérimentés aidera puissamment aux progrès, surtout lorsqu'il s'agira d'œuvres qu'on aura étudiées au point de vue de la direction.

Enfin, la préparation la plus efficace est celle qui consiste dans l'exécution de la musique de chambre, lorsqu'on en est le directeur. Le premier violon d'un quatuor se trouve à la meilleure école pour devenir un jour « chef d'orchestre ».

Il est évident que toutes les remarques ci-dessus ne se rapportent qu'à la technique même de l'art du chef d'orchestre, c'est-à-dire au côté matériel, « extérieur », pour ainsi dire, et que le « don naturel » et la « pratique », dont il vient d'être question, n'auront qu'un effet très relatif s'ils ne sont accompagnés de sérieuses connaissances musicales.

Le chef d'orchestre doit être compositeur, ou tout au moins connaître la composition; s'il n'a pas fait ses études complètes d'harmonie et de composition, il ne pourra que difficilement suivre la pensée d'un auteur et faire valoir son œuvre. Nous parlerons plus loin de l'identification du chef avec l'œuvre qu'il devra faire interpréter; ici, nous insisterons sur les connaissances de composition qu'un chef d'orchestre doit absolument posséder; de plus, il devra s'être assimilé les procédés de chaque école.

Armé de la sorte, il lui sera possible, même en l'absence du maître, d'être son fidèle interprète; il saura saisir la marche de l'œuvre, il verra distinctement les passages à mettre en lumière et ceux à laisser dans la pénombre, il ne sera pas exposé à commettre des contresens musicaux, enfin il aura la vision nette de l'exécution désirée par l'auteur.

Il est nécessaire que le chef d'orchestre ait des notions pratiques sur le plus grand nombre d'instruments possible pour pouvoir, en toute connaissance de cause, exiger et obtenir tel ou tel effet particulier sans risquer de provoquer les contradictions des artistes qu'il a sous ses ordres.

Comme il est impossible de connaître tous les instruments, il sera bon d'augmenter les connaissances que l'on aura acquises dans les méthodes par des conversations fréquentes avec les spécialistes professionnels, auprès desquels on recueillera souvent de très précieuses indications sur des points non traités, ou incomplètement traités, dans les livres d'enseignement.

Parmi les instruments, il en est un qui ne figure pas dans les orchestres, mais dont un chef ne saurait se passer : le piano.

L'étude de la réduction d'une partition au piano est le premier travail auquel doit se livrer le chef d'orchestre lorsqu'il monte une œuvre nouvelle; c'est une préparation aux premières études et une grande aide pour arriver aux répétitions d'ensemble. Le piano sera également utile pour guider le travail des chanteurs, et, de plus, le chef d'orchestre se trouvera bien de pouvoir se passer de l'accompagnateur.

Il faut aussi recommander au chef d'orchestre des lectures musicales incessantes; il doit meubler son esprit de toutes les manifestations de l'art, aussi bien chez les maîtres anciens de toutes les écoles que chez les novateurs les plus hardis de notre époque, et s'efforcer de saisir les caractéristiques du style propre à chacun d'eux. Ajoutons qu'il est bon qu'il soit familier avec les langues italienne, anglaise et allemande, la littérature musicale étant très étendue, et ne cessant de s'enrichir en Angleterre et en Allemagne principalement.

Par ce qui précède, on peut se rendre compte à quel point la mission d'un chef d'orchestre — digne de ce nom — est compliquée, et combien elle exige de connaissances multiples. Cependant, jusqu'ici, nous ne nous sommes occupé que de la partie exclusivement musicale de sa tâche; il faut y ajouter le côté matériel d'organisation, de direction, qui n'est pas sans renfermer de sérieuses difficultés et dont un chef consciencieux ne peut se dégager.

Cette dernière remarque nous amène à traiter une question souvent agitée et qui n'a pas encore reçu pe solution.

Un compositeur militant est-il dans les meilleures conditions pour remplir la tâche de chef d'orchestre de carrière? Malgré quelques exemples fameux, qui vont à l'encontre de notre opinion, nous sommes pour la négative, et nous pensons qu'il faut opter dans ce sens. Si notre conviction formelle est que le chef d'orchestre doit être capable de composer, nous croyons non moins fermement qu'il faut qu'il soit doué d'une souplesse d'appréciation, de jugement exceptionnelle, afin de s'identifier à tous les styles, à toutes les écoles et de pouvoir faire table rase de ses idées personnelles pour épouser celles de l'auteur qu'il interprète. Or, la première qualité d'un compositeur étant la « personnalité », la fidélité à l'idéal qu'il a entrevu et vers lequel il aspire, il lui sera bien difficile de ne pas entraîner l'interprétation de l'œuvre qu'il traduit dans le sens des tendances qui sont les siennes, et il aura de la peine à faire abstraction de ses principes, quelquefois intransigeants.

La situation d'un tel chef se trouve donc en opposition avec ce qui doit constituer la probité dans l'exécution des œuvres.

Nous ne saurions mieux appuyer et justifier notre théorie qu'en rappelant qu'elle est conforme au sentiment du plus grand chef d'orchestre des temps présents, Hans Richter.

Comme nous l'avons dit plus haut, la théorie qui vient d'être exposée, et dont nous croyons la base véritable, est sujette à exceptions. Avant tout, notre opinion est que le compositeur dirigeant ses œuvres, lorsqu'il en a la possibilité[1], et qu'il sait le faire en conservant la possession de lui-même, le sang-froid indispensable, est absolument dans son rôle. Plus il pourra se prodiguer dans ce sens, plus sa direction sera précieuse, car il fixera ainsi et d'une façon certaine la tradition future, et tout chef d'orchestre professionnel devra accueillir avec joie l'intervention du compositeur se substituant à lui et déterminant les grandes lignes aussi bien que les détails de son œuvre.

Nous n'avons là qu'une approbation entière à donner.

Mais lorsqu'il s'agit d'une direction permanente, nous pensons différemment.

Pour qu'un orchestre donne toute sa mesure, pour qu'il soit « dans la main » de son chef, il faut que celui-ci se consacre tout entier à son rôle.

Aucun des nombreux détails d'administration ne doit lui rester étranger; il lui faut apporter tous ses soins au recrutement de son personnel, au maintien de la discipline, parer aux difficultés qui surgissent trop souvent dans les réunions d'hommes et surtout d'artistes…, et s'il s'agit d'un chef d'orchestre de théâtre, nous ne finirions pas d'énumérer les soucis matériels qui s'attachent à ce poste.

Comment un *vrai* compositeur pourrait-il conserver sa liberté d'esprit, sa puissance de conception et trouver le recueillement nécessaire à la création d'une véritable œuvre d'art, au milieu de ces préoccupations terre à terre si éloignées de ce qui doit être son but?

Le premier, le plus important travail du chef d'orchestre est l'étude approfondie de la partition qu'il doit faire exécuter. Les connaissances sérieuses que nous réclamons de lui doivent le guider dans la compréhension de l'œuvre et du style qu'elle comporte, mais, s'il veut en donner une interprétation parfaite, il faut qu'il se l'assimile au point d'arriver à s'en croire l'auteur.

Il se livrera d'abord à une analyse scrupuleuse de la partition, portant aussi bien sur la composition elle-même que sur tous les détails de l'orchestration; puis il procédera à la réduction au piano. La tâche est souvent ardue, quelquefois impossible, par suite de la complication, de la polyphonie des œuvres modernes; il faut quand même s'aider de ce moyen pour mieux connaître l'ouvrage : l'œil supplée facilement à ce que la transcription ne peut aborder, et l'impression auditive est presque complete.

Lorsque cette étude a été faite avec conscience, l'œuvre est devenue familière; les grandes lignes aussi bien que les détails se sont précisés, et le chef commence à voir quel sera le travail de l'orchestre;

la structure, les proportions lui sont connues, et il a pu pénétrer la pensée qui a présidé à la conception de l'œuvre; les idées musicales se sont classées en idées mères et idées accessoires; il en connaît les développements et il peut discerner à quels divers plans doivent s'échelonner les sonorités. Cette dernière connaissance est capitale, car une erreur d'appréciation dans ce sens peut causer un travestissement de la pensée de l'auteur qui amènerait la ruine de l'œuvre.

Le même souci doit exister en ce qui concerne les mouvements.

Si nous supposons que l'auteur a donné des indications métronomiques précises, c'est un devoir absolu pour le chef de s'y conformer; dans ce cas, il se trouve allégé d'une responsabilité délicate[2]. Cependant, aussi précises que soient ces indications, elles n'autorisent jamais à en déduire qu'il doit y avoir immuabilité dans la direction; nous aurons l'occasion plus loin de parler des dangers des exécutions strictement métronomiques.

Une œuvre musicale a-t-elle un mouvement immuable, exclusif? Nous ne le croyons pas. De même que l'oreille a une tolérance pour la justesse, et qu'elle admet la fausseté d'un piano accordé selon les lois du tempérament, de même la compréhension d'un chef-d'œuvre n'est pas compromise par une légère modification dans l'allure, si le sentiment vrai est observé. L'interprétation musicale orchestrale se complique d'ailleurs, quand il y a un soliste, de l'action même de l'interprète qui se soustrait difficilement aux influences extérieures, plus ou moins étrangères à l'œuvre interprétée, et qui en modifie souvent l'exécution.

Il n'y a pas lieu (selon moi) de s'émerveiller sur la concordance de deux exécutions d'une même œuvre dirigées par le même chef et durant le même temps à une seconde près, car si le chef est un être sensitif et vibrant, il lui sera impossible d'observer cette rectitude chronométrique.

Une certaine élasticité est quelquefois ordonnée pour être absolument fidèle; c'est au chef de savoir en user pour le bien de l'œuvre. Mais il reste évident qu'il serait coupable s'il s'écartait trop de l'indication métronomique inscrite.

Si, au contraire, le mouvement est simplement donné par les indications italiennes dont on se sert habituellement, dont les termes ont une certaine valeur conventionnelle, ou bien encore par des indications françaises ou allemandes, lesquelles se rapportent plus souvent au caractère à donner à l'œuvre

---

1. Un auteur, a dit Berlioz, ne peut guère être accusé de conspirer contre son propre ouvrage ; combien y en a-t-il pourtant qui, s'imaginant savoir conduire, abîment innocemment leurs meilleures partitions.

Beethoven, dit-on, gâta plus d'une fois l'exécution de ses symphonies qu'il voulait diriger, même à l'époque ou sa surdité était devenue presque complete. Les musiciens, pour pouvoir marcher ensemble, convinrent enfin de suivre de legères indications de mouvement que leur donnait le Concert-Meister (1er Violon-Leader) et de ne point regarder le bâton de Beethoven. Encore faut-il savoir que la direction d'une symphonie, d'une ouverture ou de toute autre composition dont les mouvements restent longtemps les mêmes, varient peu et sont rarement nuancés, est un jeu en comparaison de celle d'un opera, ou d'une œuvre quelconque où se trouvent des récitatifs, des airs et de nombreux dessins d'orchestre précedes de silences non mesures. L'exemple de Beethoven, que je viens de citer, m'amène a dire tout de suite que, si la direction d'un orchestre me parait fort difficile pour un aveugle, elle est sans contredit impossible pour un sourd, qu'elle qu'ait pu être d'ailleurs son habileté technique avant de perdre le sens de l'ouïe. Voir aussi *Traité d'instrumentation*, in fine, l'Art du chef d'orchestre.

2. C'est le cas de M. Vincent d'Indy qui précise ainsi les mouvements de sa partition de *Fervaal* :

L'auteur emploie quatre mouvements generaux : *lent, modéré, animé, vif*, dont chacun se subdivise en *mouvements secondaires*.

L'échelle ci-dessous donne le rapport de ces mouvements aux oscillations du métronome, *la battue de chaque temps étant regardée comme unité de durée.*

	CHAQUE TEMPS DE LA MESURE			
Extrêmement lent …	44			
Très lent	50			
Lent	66			
Assez lent	72			
Moderement lent	76			
Très modéré	80			
Modéré	88			
Assez modéré	96			
Moderément anime	104			
Assez anime	112			
Animé	120			
Très anime	152	ou battu a la brève :	76
Assez vif	176	—	—	88
Vif	200	—	—	100
Très vif	252	—	—	126

Ici il y a précision absolue.

qu'à l'allure même, alors l'initiative du chef est absolue, et il devra faire appel à toute sa sensibilité d'artiste pour ne pas tomber dans l'erreur. Il récoltera alors le fruit des lectures musicales que nous avons conseillées plus haut; plus on connaît d'œuvres d'un maître, plus facilement on pénètre sa pensée, ne fût-elle que très succinctement exprimée. L'étude préliminaire de la partition conduira le chef dans la véritable voie, car il est rare que, au cours d'un morceau, il ne trouve pas telle mesure, tel dessin caractéristique qui « commandent » le mouvement; c'est à la sagacité du chef d'orchestre de les découvrir.

Un musicien expérimenté doit pouvoir se guider facilement d'après les indications italiennes; mais il lui faut beaucoup de tact, les compositeurs différant souvent d'appréciation dans l'allure à donner à une désignation. Nous pensons que les temps sont proches où ces termes disparaîtront complètement, leur manque de précision ne pouvant répondre aux exigences de la musique moderne.

Il nous souvient d'avoir entendu un amusant colloque entre un chef d'orchestre et un compositeur, ce dernier se plaignant qu'on ne prît pas son mouvement. Le chef finit par lui dire : « Mais, Monsieur, pourquoi avez-vous indiqué *Allegro moderato?* C'est *Allegro non troppo* qu'il fallait écrire ! »

Nous avouons ne saisir que difficilement la nuance qui peut exister entre ces deux désignations... La même incertitude existe pour la ligne de démarcation qui sépare un *Allegretto moderato* d'un *Andantino con moto.*

Les désignations très simples sont même sujettes à de très différentes appréciations : ainsi, les termes de *Minuetto, Menuetto, Tempo di minuetto* ont donné lieu à des discussions intéressantes qui prouvent combien la question « mouvements » est compliquée.

S'il est vrai que Beethoven, abandonnant le métronome, après s'en être servi, ait dit : « Cet instrument est inutile; celui qui ne « sent » pas ma musique ne la rendra pas mieux avec les indications du métronome, » il n'est pas moins vrai que le métronome peut faire éviter de grosses erreurs. Wagner, qui rejeta également le métronome, raconte[1] qu'il entendit l'ouverture de *Tannhauser* durer vingt minutes lorsqu'elle n'en doit durer que douze. Avec l'instrument méprisé, il eût évité cette triste parodie. L'auteur de *Tristan* s'est cependant servi quelquefois du métronome, seulement pour ses premières œuvres. Dans le *Ring*, dans les *Maîtres*, il n'y a pas d'indications métronomiques, et cette abstention est compréhensible; dans une seule page, il y a cinq, six et même plus, fluctuations du mouvement; le métronome serait inapplicable. Le chef doit saisir ces changements et pouvoir les rendre sans qu'on les lui dicte. Mais il est parfois regrettable que le métronome n'intervienne pas : par exemple, lorsqu'une page est d'une allure bien déterminée, lorsqu'un leitmotiv essentiel fait son apparition, ou bien quand un mouvement est appelé à se dédoubler, et à se transmettre en un mouvement suivant comme

$o = d$ *vorher*. Si une erreur est commise au début, elle se continue et la faute s'aggrave. Déjà plusieurs « traditions » différentes commencent à s'implanter, même en Allemagne, pour l'exécution des œuvres de Wagner ; je ne citerai qu'un exemple : il y a deux et même trois mouvements différents pour l'ouverture des *Maîtres Chanteurs,* il est cependant présu-

mable qu'il en est un que Wagner devait certainement préférer !

En résumé, nous pensons que Berlioz a émis l'idée juste lorsqu'il a dit : « Si le chef n'a pas été à même de recevoir directement les instructions du compositeur, ou si les mouvements n'ont pu lui être transmis par la tradition, il doit recourir aux indications du métronome et les bien étudier, la plupart des maîtres ayant aujourd'hui le soin de les écrire en tête et dans le courant de leurs morceaux. Je ne veux pas dire par là qu'il faille imiter la régularité mathématique du métronome, toute musique exécutée de la sorte serait d'une raideur glaciale, et je doute même qu'on puisse parvenir à observer pendant un certain nombre de mesures cette plate uniformité; mais le métronome n'en est pas moins excellent à consulter pour connaître le premier mouvement et ses altérations principales. » — Et plus loin : « Sans doute, personne ne sera embarrassé pour distinguer un *largo* d'un *presto*... si le *presto* est à deux temps, un conducteur un peu sagace, à l'inspection des traits et des dessins mélodiques que le morceau contient, arrivera même à trouver le degré de vitesse que l'auteur a voulu. Mais si le *largo* est à quatre temps, d'un tissu mélodique simple, ne contenant qu'un petit nombre de notes dans chaque mesure, quel moyen aura le malheureux conducteur pour découvrir le mouvement vrai, et de combien de manières ne pourra-t-il pas se tromper? Les divers degrés de lenteur qu'on peut imprimer à l'exécution d'un pareil *largo* sont très nombreux; le sentiment individuel du chef d'orchestre sera, dès lors, le moteur unique, et c'est du sentiment de l'auteur et non du sien qu'il s'agit. Les compositeurs doivent donc, dans leurs œuvres, ne pas négliger les indications métronomiques, et les chefs d'orchestre sont tenus de les bien étudier; négliger cette étude est, de la part de ces derniers, un acte d'improbité. »

Lorsqu'une œuvre a été étudiée avec l'attention la plus grande, tous les mouvements étant fixés, ainsi que leurs fluctuations, les différents plans arrêtés, la conception générale devenue tellement claire que, comme nous le disons plus haut, le chef est arrivé à se croire l'auteur même de l'œuvre qu'il interprète, le moment est venu de mettre « la musique sur les pupitres ».

C'est alors que se révèlent les qualités du chef ou bien son infériorité.

Diriger est peu de chose, savoir faire travailler est tout.

Il faut supposer que le chef a sous ses ordres une réunion d'artistes disciplinés et attentifs, ayant la plus grande confiance en lui; l'absence d'une de ces conditions frapperait d'avance tout travail de stérilité[2].

Si le chef a su, par son caractère, par sa personnalité, conquérir l'autorité incontestée, le respect de tous, sa tâche deviendra aisée et sera pour lui une source d'indicibles joies.

Quelle que soit l'habileté d'un orchestre, la première lecture d'une œuvre donne toujours l'impression d'une chose informe, voisine du chaos. Rien, ou presque rien de ce que le chef a rêvé dans ses études,

---

1. *L'Art de diriger (Annuaire de Bruxelles,* année 12°, page 156)

2. Il est nécessaire que les artistes de l'orchestre, en particulier les chefs de pupitre, soient excellents musiciens, harmonistes; les chefs de pupitre doivent avoir la décision prompte, être capables d'initiative dans les moments de péril. Il faut qu'ils aient l'autorité de solistes, mais sans jamais prétendre jouer en solistes quand la partition ne l'exige pas; la personnalité des artistes doit disparaître complètement pour laisser la place à celle du chef d'orchestre, qui doit respecter lui-même celle de l'auteur.

ne se trouve réalisé; c'est alors que commence son travail, et il lui faut démêler cet écheveau embrouillé.

Patiemment, il prendra chaque passage et le détaillera; s'il s'agit de difficultés techniques, des répétitions nombreuses et partielles seront nécessaires; s'il s'agit de plans intervertis, il éclairera ses artistes et leur fera comprendre le rôle et l'importance de chaque dessin. Si le chef est écouté comme il doit l'être, s'il a dirigé habilement ses remarques, il éprouvera une jouissance comparable à celle du statuaire qui, d'un bloc fruste de terre, fait surgir l'expression même de la vie.

Il est bon que le chef sache que les artistes feront toujours la note qu'ils ont sous les yeux, mais rien au delà. La musique moderne, aux effets complexes, à l'instrumentation si variée, ne permet pas au sentiment personnel de l'exécutant de se manifester. Les artistes de l'orchestre se rendent si bien compte de cela, qu'ils se tiennent généralement sur une prudente réserve et... ils attendent la parole du chef. C'est donc à celui-ci de les guider, c'est à lui d'unifier les efforts, de donner la confiance dans l'exécution, dans l'application de nuances souvent contradictoires, et surtout de faire entrer dans l'esprit de chacun le sens de l'œuvre qu'il interprète.

Les observations doivent être concises et d'une grande clarté, sans craindre cependant les expressions imagées qui éclairent souvent une exécution.

Le chef obtiendra plus de ses artistes par l'urbanité et la courtoisie que par la brutalité et le manque d'égards; mais il doit avoir une fermeté inébranlable, et faire toujours respecter sa volonté.

En revanche, il ne doit demander que des choses possibles, sans quoi il s'expose à diminuer son autorité; de là, l'importance des études préparatoires qui l'amèneront bien armé aux répétitions. Il faut se garder de recommencer des passages sans une raison valable, sans un but défini, car les artistes se figureraient que le chef « travaille sur leur dos ». Cela le discréditerait rapidement, outre la perte de temps qui en résulterait.

Au contraire, lorsque les artistes ont la claire vision que le chef sait où il les mène, ils se donnent complètement, et si le travail amène un résultat dont ils se rendent compte, leur confiance et leur attention redoublent, ce qui facilite les études.

En résumé, le chef d'orchestre doit posséder les qualités d'un *conducteur d'hommes,* tâche toujours difficile, plus particulièrement délicate lorsqu'il s'agit d'artistes.

LES GESTES DU CHEF D'ORCHESTRE

Ces lignes n'étant que des réflexions sur l'art de diriger et non un traité de cet art (traité qu'il nous semble impossible de rédiger pour les raisons données plus haut), nous ne croyons pas devoir aborder les différentes manières de *battre la mesure :* outre que la représentation graphique des mouvements de la baguette conductrice ne peut reproduire la vérité des gestes, leur multiplicité est trop grande pour pouvoir être détaillée ici. Dans l'*Art de diriger* de BERLIOZ, on trouvera quelques indications très intéressantes à ce sujet, mais forcément très incomplètes. Le chef doit deviner ou acquérir par la pratique cette infinité de gestes destinés à traduire avec précision, clarté et vérité d'expression la pensée de l'auteur.

En se conformant aux règles (familières à tout musicien) qui servent à déterminer les différentes mesures, il doit connaître et appliquer nombre d'indications dont les unes ont pour but l'exactitude et la division des temps, la netteté des rythmes, et les autres le caractère expressif des idées.

Comme première condition, il faut que les gestes indiquent de la façon la plus compréhensible le sens des divisions ou subdivisions adoptées.

La baguette directrice[1], tenue par la main droite dans une position élevée, doit presque toujours se mouvoir dans une ligne où se rencontrent les yeux des exécutants et le regard du chef.

L'influence du regard comme agent de direction est de la plus haute importance. Dégagé de toute préoccupation par rapport à la lecture de la partition que l'on suppose apprise par cœur, le chef ne doit pour ainsi dire pas quitter des yeux son personnel; les artistes se sentiront ainsi guidés, soutenus, et leur attention en sera doublée.

Il s'établira entre le dirigeant et les interprètes une espèce de courant magnétique qui ne devra jamais s'interrompre; par lui, les indications les plus fugitives seront instantanément saisies, et le chef pourra vraiment dire qu'il *joue de l'orchestre,* car sa pensée sera transmise à cet obéissant et vibrant clavier avec la rapidité de l'éclair. Il lui suffira de vouloir pour obtenir; et, encore une fois, si ses gestes sont souples, clairs et précis, il n'est aucun effet qu'il ne puisse réaliser : les *forzati* subits aussitôt éteints, les accords plaqués *ff* tombant d'un bloc, les *pizzicati* sans bavures, les *piano* se transformant en *pianissimo* à peine perceptibles, etc.

Le chef a encore une aide précieuse dans la main gauche; il pourra s'en servir utilement lorsqu'il s'agira de *souligner* une indication donnée par la baguette ou pour contenir un élan inopportun, etc.; mais il se souviendra que l'efficacité de ce concours de la main gauche sera d'autant plus grande qu'il n'y aura fait appel que plus rarement. Il faut donc bien se garder de diriger avec les deux bras, comme cela se voit très fréquemment.

Et cela nous amène à dire quelques mots de l'attitude générale du chef devant le public. Il est certain que, lorsqu'une œuvre a été consciencieusement travaillée, l'exécution n'est plus qu'un jeu, et les indications de la direction pourraient être réduites au minimum, chef et artistes se comprenant à demi-mot. Néanmoins, ce serait un tort de croire que le chef, lors de l'exécution publique, puisse s'abandonner; il lui faut, au contraire, rendre plus visible encore pour ses artistes les sentiments à exprimer, afin d'entretenir cette flamme qui rend les exécutions vivantes.

Pour les auditeurs, il est évident que lorsque l'orchestre est caché, comme à Bayreuth, la mimique du chef lui est absolument indifférente, et qu'il juge l'exécution d'après la seule audition, ce qui devrait toujours être. Malheureusement, dans les concerts, où le chef est au premier plan, il est impossible d'empêcher que les regards ne se fixent sur lui, et l'auditoire

1. Lorsqu'il s'agit de diriger un très petit nombre d'artistes, on peut parfaitement se passer de bâton, mais pour les grandes exécutions comprenant des masses chorales, un personnel nombreux, la baguette (bâton ou archet) devient indispensable; les mouvements donnés seulement avec le doigt, la main ou le bras seraient d'une lourdeur extrême et ne pourraient être vus que par un très petit nombre d'artistes placés sur les premiers rangs.

Dans beaucoup de cas, le chef doit conduire du poignet, le bras légèrement levé; les indications délicates sont transmises ainsi d'une façon claire et visible pour tous; dans la main d'un chef expérimenté, la baguette a un véritable langage d'une clarté absolue.

ressentirait une impression fâcheuse s'il y avait une contradiction trop flagrante entre l'apparence de ses gestes et les sentiments exprimés par la musique.

Le chef d'orchestre de concert est un trait d'union entre l'orchestre et les auditeurs; son attitude, ses gestes ne doivent pas être en contradiction avec les sentiments exprimés par son orchestre; ils doivent, pour ainsi dire, les commenter, les rendre visibles.

La nécessité d'établir cette corrélation est cause que parfois les chefs dépassent la limite, et tombent dans une exagération déplorable, surtout à l'époque actuelle, où les chefs d'orchestre se rendent compte de leur importance. Alors, on assiste à des gymnastiques folles qui n'ont absolument rien à faire avec l'art, et il est triste de constater que le public fait parfois un chaleureux accueil à de telles singeries, et acclame ces gesticulations pour elles-mêmes, car elles sont sans influence sur les exécutions; si elles en avaient, ce ne pourrait être que très funeste.

Certes, nous ne comprendrions pas une direction figée, réduite à la stricte indication mathématique et automatique des divisions du temps. Un musicien vibrant, réellement possédé par l'œuvre qu'il interprète ne pourrait s'astreindre à une telle raideur d'attitude, les sentiments exprimés par la musique se reflétant forcément et indépendamment de lui dans tout son être; mais il est indigne d'un véritable artiste de se livrer à des pantomines tout à fait déplacées.

La sobriété des gestes est nécessaire; plus on est habituellement sobre de gestes, plus on a de moyens pour obtenir des effets exceptionnels.

En définitive, le chef d'orchestre de concert, tout en ayant soin que ses mouvements soient expressifs et en harmonie avec les sentiments exprimés par la musique, doit s'efforcer d'obtenir le maximum d'effet avec le minimum de gestes.

QUELQUES CONSEILS PRATIQUES

Pour obtenir l'ensemble et la netteté dans les *pizzicati* isolés, une grande précision du geste, du mouvement de la baguette, est nécessaire; l'indication sera toujours préparée, mais en plus, l'extrémité, la fin, la dernière partie du parcours devra être accélérée, et se terminer par un mouvement sec et très arrêté. Ces conditions sont d'autant plus nécessaires que l'allure du morceau est plus large; l'oubli de ces précautions produit des percussions successives, ce qui fait un effet déplorable.

Si vous voulez qu'une blanche suivie d'un silence soit prolongée au delà de sa valeur, ce n'est pas le deuxième temps qu'il faut soutenir, mais le premier; en d'autres termes, le temps à soutenir par la baguette, pour obtenir une prolongation, doit toujours être l'avant-dernier et non le dernier. Si la note à prolonger ne comporte pas de subdivision, si c'est une unité de temps, le geste doit alors commander et faire comprendre la prolongation.

Quand des rythmes contraires se présentent dans différentes parties, il est quelquefois bon d'en modifier la notation sur ces parties, en faisant concorder les temps de façon à rendre clairs les gestes adoptés par le chef. Il est dangereux de se fier au raisonnement et au calcul de rythme faits par les artistes.

Dans les subdivisions, il faut prendre garde qu'aucun rythme condradictoire ne se trouve dans une partie quelconque, ce qui troublerait tout à fait l'artiste qui la joue. Dans ce cas-là, il faut reprendre de suite les grandes divisions.

Dans la musique moderne, il est préférable de battre (discrètement) les silences des « Récits », et de ne point procéder comme dans l'ancienne musique, où le chef se contentait de lever le bras au moment d'un accord, ne faisant pas un geste pendant des mesures entières de silences pour l'orchestre. Cette vieille méthode était praticable avec la manière d'écrire du temps, et en tenant compte que les parties d'orchestre contenaient toujours, pendant les « Récits », la musique vocale avec les paroles; il n'y avait alors nulle crainte d'erreur. Aujourd'hui, cette façon d'agir donnerait des mécomptes certains et serait très dangereuse.

Il est des cas où il est nécessaire de régler les coups d'archet, d'autres où il vaut mieux laisser libre cours à l'initiative des artistes. — Exemples :

1° Ouverture d'*Euryanthe*.

2° Réveil de Brunehilde.

3° Prélude du troisième acte de *Tristan*.

Les coups d'archet unifiés donnent à l'exécution une accentuation plus vibrante, plus expressive. Tout autre sera l'effet d'une phrase chaleureuse avec des accents, si tous les archets marchent ensemble, ou si, au contraire, chaque artiste suit son inspiration en faisant coïncider les poussés avec les tirés.

Dans d'autres cas, l'alternative des coups d'archet est préférable, et il y aurait danger à les indiquer; tel est le cas des grandes phrases mélodiques, expressives, de Wagner, recouvertes d'un unique coulé laissant à chaque artiste la liberté des coups d'archet (*Siegfried*, troisième acte, etc.), ou encore des mélodies exigeant une grande délicatesse et une grande tenue d'archet. Les moyens des artistes sont inégaux, et il serait nuisible de leur imposer un même procédé d'exécution; on arriverait à un mauvais résultat.

Bien entendu, il n'est pas question des cas simples qui n'acceptent pas de conteste, et auxquels artistes et chefs d'orchestre doivent se soumettre.

Il convient de marquer les respirations pour les instruments à vent, et surtout pour les cuivres qui respirent au moment même où ils doivent attaquer; cette précaution est également utile pour les instruments à cordes, afin de marquer les fins de phrases et de faire en sorte que le son s'arrête quand le sens musical de la phrase le réclame.

Il est encore nécessaire de marquer les respirations quand on veut que tous les instruments respirent ensemble, ou, au contraire, qu'ils alternent de façon qu'il n'y ait pas de trous (Prière d'Elisabeth).

Les instruments à vent prennent souvent leur respiration seulement au moment où ils devraient produire l'émission de la note, d'où un léger retard, particulièrement chez les trombones. Il faut réagir contre cette coutume.

Comme cause de retard dans l'émission chez les instruments à vent, il y a aussi le sentiment (dans un accord plaqué à plusieurs) d'attendre la dernière extrémité pour ne pas attaquer seul. Le chef doit inspirer confiance et obliger les musiciens à attaquer exactement avec la baguette.

Dans la musique de théâtre, il est utile de mettre de bonnes répliques sur les parties, ce qui assure les bonnes attaques; ne pas mettre les répliques est une économie mal entendue de gravure et de papier. L'ancienne copie, qui « tirait à la ligne », avait du moins ce très grand avantage de donner les répliques. Le souci de nombreuses mesures à compter énerve et fatigue le personnel.

Paul TAFFANEL.

DE L'ORCHESTRATION MILITAIRE ET DE SON HISTOIRE

Par M.-A. SOYER

CHEF DE MUSIQUE DE PREMIÈRE CLASSE EN RETRAITE

AVANT-PROPOS

Je n'ai pas à m'occuper ici de l'histoire proprement dite de la musique militaire depuis les temps les plus reculés jusqu'à nos jours. Le *Manuel général de Musique militaire* de G. KASTNER, l'*Histoire de la Musique militaire* de Ed. NEUKOMM, les articles spéciaux sur l'Histoire générale de la musique dans l'antiquité nous disent assez les merveilles et la puissance de la musique sur les armées et sur les peuples anciens, lorsqu'elle était pratiquée par d'habiles musiciens, qui par le chant, qui sur la lyre, qui sur la flûte, la syrinx, la trompette ou simplement sur des instruments à percussion comme les sistres, les crotales, les tympana ou tout autre instrument de batterie, enflammaient le courage des guerriers, mettaient en fuite les armées adverses, obtenaient la clémence des vainqueurs ou des dieux, calmaient les plus cruels tyrans ou domptaient les fauves. Les joueurs de trompettes de Moïse ou de Josué, les joueurs de flûtes des Grecs, les tubicines, liticines, cornicines, buccinatores des Romains, les bardes des Gaulois, les ménestrels des Bretons et des Gallois peuvent tous être considérés comme des musiciens militaires, mais l'étude de ces diverses corporations, organisations, communautés ou castes ne nous donnerait pas ou nous donnerait imparfaitement les éclaircissements que nous nous proposons de rechercher : différence des timbres, ressources et emploi de tous les instruments à vent et à percussion.

Sans doute, les musiques militaires ont souvent, ont presque toujours établi les règles d'emploi, de mélange et de proportions des instruments à souffle humain et nous devrons souvent consulter leur organisation et leurs règlements pour nous guider dans notre travail. Mais, de même qu'elles ont commencé par des chants et par des instruments à cordes, tels que lyres, luths, harpes et psaltérions, ce qui sort de notre sujet, de même les règlements militaires modernes ne sont jamais allés jusqu'à autoriser l'emploi de tout le matériel artistique dont la facture actuelle peut permettre l'usage. L'histoire de la musique militaire, exclusivement, serait donc ou trop ou pas assez étendue pour remplir notre sujet.

Nous diviserons notre étude en trois périodes :

La première, la plus longue en années et la plus courte, la plus pauvre en résultats, ira de l'antiquité jusque vers la fin du xviiie siècle.

La seconde, qui comprendra tout juste un siècle, de la fin du xviiie à la fin du xixe, sera suffisante pour voir éclore et régulariser les deux groupements de musique d'ensemble d'instruments à vent, formant chacun orchestre complet et indépendant, connus sous les noms de fanfare et d'harmonie.

La troisième enfin nous permettra d'examiner toutes les ressources que la facture moderne des instruments à vent met à la disposition des compositeurs et des chefs d'orchestre.

PREMIÈRE PÉRIODE

DE L'ANTIQUITÉ A LA FIN DU DIX-HUITIÈME SIÈCLE

La *Genèse*[1], l'*Exode*[2] et le *Livre des Nombres*[3], écrits par Moïse quinze siècles avant notre ère, établissent que les *tambours*, les *harpes* et surtout les *trompettes* étaient connus et employés journellement par les Hébreux. Les tambours y sont représentés comme des instruments de rythme pour accompagner les chants et sans doute la danse, cependant que les trompettes, instruments de toute première importance, aux ordres des chefs, des prêtres, de Dieu même, servent à marquer toutes les circonstances de la vie de ce peuple de pasteurs-guerriers ne quittant jamais ses armes et toujours prêt à se défendre ou à attaquer, tels les Arabes et les Berbères modernes. Les Israélites de ce temps, ne poursuivant qu'un but unique : entrer dans le pays de Chanaan, en tuer tous les habitants sans exception, et s'installer à leur place, nous représentent donc bien un peuple guerrier comme je l'ai dit, et la trompette était alors un instrument beaucoup plus militaire que religieux, bien qu'elle fût employée dans les grandes cérémonies du culte.

Nous retrouvons la trompette ou plutôt les trompettes, car il en était de diverses formes, de différentes longueurs, et dont les *sonneries* étaient certainement très distinctes les unes des autres, chez les Égyptiens, les Grecs et les Romains.

L'emploi en est toujours le même : signaux, sonneries et peut-être *fanfares*, pris ici dans le sens d'*airs*, de morceaux de marche ou de réjouissance militaire, et quelquefois participation à de certaines cérémonies religieuses.

Chez les Grecs, nous trouvons un nouvel instru-

1. Chapitre xxxi, verset 27.
2. Chapitre xix, versets 13, 16 et 19.
3. Chapitre x, versets de 1 à 10.

ment employé même à la guerre : la *flûte*, et quand je dis un nouvel instrument, c'est plusieurs qu'il faut entendre, car, de même que *trompette* doit s'interpréter : tout instrument de métal, de corne ou même de coquillage comme les buccins et les trompes, dont le son est produit par une embouchure à bocal, et les diverses notes obtenues par le seul secours des lèvres, de même, *flûte* doit s'entendre, à cette époque, de tout instrument dont le son est produit par un sifflet, un simple trou ou une anche simple ou double et les diverses notes obtenues par des trous ouverts ou fermés par les doigts de l'instrumentiste. C'est en somme déjà les deux séries modernes : *cuivre* et *bois*.

La flûte apparaît dès la guerre de Troie[1], et, dès lors, elle ne cesse plus d'être employée partout : en marche, au combat, dans les cérémonies religieuses, dans les luttes, dans les jeux, pour accompagner les chants, les danses, les poèmes, les orateurs mêmes.

C'est que la flûte se prêtait mieux que la trompette, et avec moins d'efforts, à l'interprétation de mélodies de tous genres, et puis, suivant que cette flûte était en réalité une syrinx, une flûte simple ou double, ou bien un chalumeau, on pouvait en obtenir des effets fort différents.

Les syrinx et les flûtes à bec, avec leurs sons purs et cristallins, convenaient parfaitement à tous les chants ainsi qu'à tous les accompagnements dont les accents devaient être doux, discrets ou intimes, tandis que les chalumeaux, dont les sons étaient vraisemblablement plus âpres, plus rugueux que ceux de nos hautbois modernes, devaient faire le meilleur effet en tête des troupes partant en expédition, ou dans l'accompagnement des chœurs nombreux, là où les flûtes à bec devenaient insuffisantes.

Y avait-il là *orchestration* dans le sens que nous donnons aujourd'hui à ce mot? Je ne le pense pas, car il ne devait pas y avoir de mélange, d'association ou de dialogue de timbres; on employait l'un ou l'autre genre de *flûtes*, suivant les circonstances, les besoins ou même les ressources, et si l'on employait un genre plutôt qu'un autre pour telle ou telle fonction différente d'une même séance artistique, le choix en devait être fait pour des *fragments entiers*, et, je le répète, sans dialogue de timbres. D'ailleurs, à part les danses ou les exercices de gymnastique, de course ou autres, le chant, le chant seul devait primer, et l'orchestre, le dessin orchestral, tel que nous le concevons, n'existait pas; l'instrument n'avait pour mission que de doubler le chant note pour note afin de le guider. S'il en était autrement, aucun texte, jusqu'à ce jour, n'est venu en faire mention.

Les Grecs étaient plus artistes que belliqueux et ils avaient plus de flûtes que de trompettes; les Romains, qui étaient plus belliqueux qu'artistes, paraissent avoir employé plus de trompettes que de flûtes; là semble se borner toute la différence. Cependant, j'ai à signaler que, si les Grecs tenaient la musique et l'usage d'un instrument comme absolument indispensable à toute bonne éducation, les Romains furent les premiers à *former des musiciens professionnels* et une sorte de conservatoire de musique. En effet, lorsque Servius Tullius organisa le peuple romain en centuries, il en réserva deux composées de *joueurs d'instruments destinés à fournir des musiciens à l'armée*[2]. Ceci se passait cinq siècles et

demi avant notre ère, donc plus de deux mille quatre cents ans avant la création, par SARRETTE, du Conservatoire de musique de Paris, destiné primitivement au même but.

Notons encore que ces musiciens jouissaient de grands privilèges et que, s'il faut en croire Végèce, ils avaient rang d'officier.

Des Romains, nous allons jusqu'au ixe siècle pour trouver trace d'un instrument nouveau : le *trombone* ou *sacquebute*, dont on croit reconnaître le dessin dans un manuscrit de cette époque à la bibliothèque de Boulogne; mais il nous faudra attendre encore longtemps avant d'en constater officiellement l'emploi.

Le xiie siècle nous rapporte des croisades les *cymbales* et les *timbales* (nacaires).

En 1347, les Anglais nous font connaître le tambour au siege de Calais, et Froissart nous dit, dans ses Chroniques, à propos de l'entrée du roi Edouard dans cette ville : « Et entrèrent en la ville à si grand'foison de ménestrandiers, de trompes, de tambours, de nacaires, de *chalemies* et de *muses*, que ce serait merveilles à recorder. » Ces *chalemies* sont évidemment des instruments de la famille des hautbois, comme ces *muses* ne sont autres que des cornemuses ou pipes, instruments nationaux qui sont encore employés de nos jours dans les corps écossais.

A partir de cette époque, l'harmonie commence à se répandre dans les compositions chorales; les musiciens divisent les voix en plusieurs parties, et, pour soutenir chacune de ces parties, les *faiseurs d'instruments* s'ingénient à créer en famille complète chacun des instruments connus; c'est ainsi qu'au début du xvie siècle, nous trouvons le matériel instrumental à vent composé à peu près ainsi qu'il suit :

L'arigot à trois trous ou galoubet...... L'arigot à *six* trous ou flajol.......... Le fifre...................... La flûte traversière ou flûte allemande.. Les flûtes à bec ou flûtes douces ou d'Angleterre (famille)..............	TIMBRE CRISTALLIN.
Les douçaines (famille)............... La musette................... Les hautbois (famille).............. Les pommers (famille).............. Les chalemies ou chalemelles (famille).. Les bombardes (famille)............ Les cromornes (famille)............ Le cervelas................... Le rackett................... Les bassons ou fagots (famille).	TIMBRE VIBRANT.
Les chalumeaux (famille)........... Les tournebouts (famille)...........	TIMBRE DOUX.
Les trompettes................. Les trombones ou sacquebutes........	TIMBRE CLAIR.
Les cors, cornets d'appel, oliphants, cornets de chasse............... Les clarons et claronceaux.......... Les cornets à bouquin.............. Les serpents..................	TIMBRE DOUX.

Plus :

Les tambours.
Les timbales ou nacaires.
Les cymbales.

Il semble, à lire cette longue liste encore incomplète cependant, que les ressources instrumentales de cette époque devaient être considérables et riches en timbres divers. Il n'en est rien, et nous allons voir, après examen, qu'il n'y avait alors comme aujourd'hui pour *les bois* (je me sers de ces termes *bois*, *cuivre* qui ne sont pas exacts, mais qui, géné-

---

1. *Iliade*, ch. X.
2. Denys d'Halicarnasse, livre IV, ch. II.

ralement employés, sont compris par tout le monde), pour *les bois*, dis-je, que le timbre cristallin (biseau, *flûte*), le timbre doux (anche simple, *clarinette*) et le timbre vibrant (anche double, *hautbois*), et, pour *les cuivres*, que le timbre clair (tube cylindrique, *trompette*) et le timbre doux (tube conique, *tuba, bugle, saxhorn*), moins la qualité des sons qui, comme plénitude, rondeur, égalité, pureté et justesse, étaient loin d'être ce qu'ils sont maintenant.

L'*arigot* à trois trous semble n'avoir eu, dès cette époque, que le seul emploi qu'il a encore de nos jours dans la France méridionale : accompagné du tambourin, faire danser la jeunesse en longues farandoles.

L'*arigot* à six trous ou *flajol*, de même que son descendant le flageolet, ne paraît pas avoir jamais eu de rôle dans les orchestres autre que celui de remplacer, *à défaut*, la *petite flûte*.

Le *fifre*, qui n'est qu'une petite flûte sans clés, était employé, en nombre, avec les tambours en tête des régiments sous François Ier, et peut-être déjà sous Louis XI, comme il l'est encore de nos jours en Allemagne.

D'une octave au-dessus de la grande flûte, c'est-à-dire sonnant comme un quatre pieds d'orgue[1], le fifre, dont les sons perçants manquent souvent de justesse, ne pouvait être employé pour l'accompagnement de la voix qu'il dépassait à l'aigu et, pour cette raison encore, il ne pouvait figurer dans l'orchestre.

La *flûte traversière*, sonnant en huit pieds d'orgue, était à l'unisson des voix de femmes; donc, elle aurait dû avoir sa place marquée dans les orchestres des XVIe et XVIIe siècles, mais tous les essais qui ont été tentés pour construire des flûtes altos et basses (12 et 16 pieds d'orgue) n'ont jamais donné de bons résultats, et c'est là sans doute qu'il faut chercher la raison du délaissement dans lequel on persistait à laisser ce bel instrument, les musiciens d'alors ne semblant vouloir admettre à l'orchestre que des instruments constitués en famille, c'est-à-dire offrant la possibilité de reproduire *à l'unisson* le quatuor vocal.

La *flûte à bec* (droite) remplissait ces conditions; on en faisait de toutes tailles, et d'aucunes, paraît-il, avaient jusqu'à cinq pieds de haut, de sorte que, les bras n'étant pas assez longs pour permettre d'atteindre aux derniers trous de notes, le secours des pieds de l'instrumentiste était admis pour obtenir les notes graves.

Aussi, la flûte à bec fut-elle, par excellence, l'instrument à vent de tous les concerts; ses sons pleins de douceur pouvaient accompagner toutes les voix sans jamais les couvrir et, tout en s'alliant parfaitement au timbre des instruments à cordes, ils pouvaient aussi lui servir d'opposition dans les morceaux de danse qui commençaient à garnir et à varier la plupart des programmes.

Pour les *douçaines*, la *musette*, les *hautbois*, les pommers, les *chalemies*, les *bombardes*, les *cromornes*, le *cervelas*, le *rackett*, les *bassons*, les *chalumeaux*, les *tournebouts* et ceux encore que j'oublie ou néglige, la tâche est plus complexe et plus simple à la fois. Plus complexe, parce qu'il est difficile de parler de toutes ces familles d'instruments, sur lesquelles on n'a que des renseignements très vagues; plus simple, parce que, envisageant que la plupart de ces instruments n'ont de différent que le nom donné dans tel ou tel pays, dans telle ou telle province, ou bien qu'il n'y a entre eux qu'une légère différence de forme, sans que le principe et conséquemment le timbre ne soient en rien changés, il est possible de les synthétiser dans le seul type qui les résume tous, et qui a seul survécu.

Les *douçaines* ou *doucines* ont été quelquefois tenues, par confusion, pour des flûtes douces, mais, le plus souvent, il faut entendre, sous ce nom, des instruments à anche double, c'est-à-dire des *hautbois*.

La *musette* indique assez souvent un petit *hautbois*, bien que la vraie musette soit une cornemuse avec soufflet attaché à la ceinture et manœuvré avec le bras. La petite musette, dont je parle ici, est quelquefois désignée sous le nom de *hautbois pastoral*, et alors il ne peut y avoir de confusion.

A la famille des *hautbois* se rattachent, de même, les *pommers*, les *chalemies* ou *chalemelles*, les *bombardes* et les *cromornes*.

Le *cervelas* et le *rackett*, qu'on représente sous la forme d'un cylindre percé de quelques trous, et dont l'une des bases laisse sortir un tube court terminé par une anche de basson, paraissent ou plutôt paraît (car il n'y a là encore qu'un instrument unique sous deux noms différents) avoir été l'ancêtre du *basson*.

Les *chalumeaux* ont été désignés tantôt pour des *flûtes*, tantôt pour des *hautbois*, et tantôt pour des instruments à anche simple (*clarinette* primitive dont les deux gammes n'avaient pas de liaison).

A cette *clarinette* primitive, doivent se rattacher les *tournebouts*, autant qu'il est possible d'en juger par les dimensions qu'on donne de ces instruments et par la gravité des registres qu'on leur attribue.

Toutefois, quand il s'agit du rapport des longueurs d'instruments aux gravités des registres que l'on trouve dans les ouvrages de l'époque, on ne saurait apporter trop de circonspection; en voici un exemple :

Dans l'*Histoire de l'Instrumentation* de H. Lavoix fils, ouvrage récompensé par l'Institut, je lis à la page 94 : « PRÆTORIUS donne à la flûte une famille aussi nombreuse que variée. Depuis AGRICOLA, le registre grave s'est enrichi de deux instruments, et le vieux théoricien compte neuf instruments différents, depuis la basse jusqu'au soprano, depuis les grandes basses avec serpentin, jusqu'au petit flageolet à trois trous[2]. Voici comment il les classe :

« 1° Le petit flûtet (*klein flottlein*), une octave plus haut que le cornet[3];

« 2° La flûte discant, une quarte plus bas;

« 3° La flûte discant, une quinte plus bas que la première;

« 4° La flûte alto, une octave plus bas que la première;

« 5° La flûte ténor, une quinte plus bas que la quatrième;

---

1. Il est entendu que la mention « 8 pieds d'orgue » se rapporte à la notation normale donnant le *la*^{3} à 870 vibrations simples; la mention « 4 pieds d'orgue », lorsque les sons sortent une octave plus haut qu'ils ne sont écrits; « 16 pieds d'orgue », lorsque les sons sortent une octave plus bas qu'ils ne sont écrits, etc. Par extension et pour ne pas compliquer cette question déjà si embrouillée du diapason des instruments, j'indiquerai par *4, 8* ou *16* pieds les instruments en *ré, ré♭, si, si♭*, et *la*, comme s'ils étaient en *ut*, et par les mentions *6, 12*, ou *24* pieds, les instruments de tonalités intermédiaires comme *sol, fa, mi* ou *mi♭*; ainsi *12* pieds d'orgue voudra dire seulement que l'instrument sonne plus bas que le *8* pieds et plus haut que le *16* pieds.

2. Le galoubet.

3. Ce flûtet sonne donc comme 4 pieds d'orgue = unisson du fifre.

« 6° La flûte baryton (*basset-flöte*) une, quinte plus bas[1]; elle a une clef appelée *fontannelle*;

7° La flûte basse, une quinte plus bas que la sixième;

8° La flûte contrebasse, une octave plus bas que la sixième.

« Les flûtes aiguès avaient 20 pouces, le ténor 26 et la basse 30. Le jeu de flûte complet coûtait 80 thalers, en le faisant venir de Venise. »

Pour donner quelque clarté à notre problème du rapport de la longueur avec la gravité du registre, je vais reproduire les numéros avec les tonalités qui découlent des indications données et l'étendue limitée à deux octaves.

1° Petit flûtet en *ut*, une octave plus haut que le cornet :

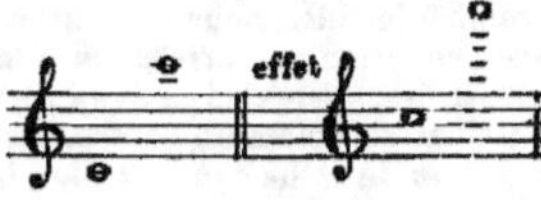

2° Flûte discant en *sol*, une quarte plus bas que la première :

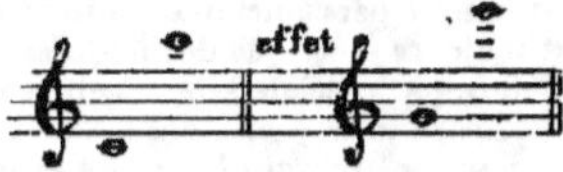

3° Flûte discant en *fa*, une quinte plus bas que la première :

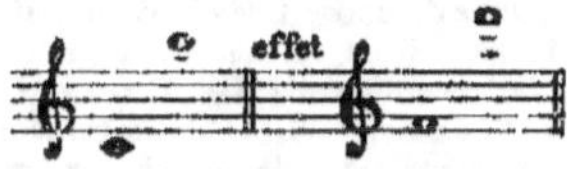

4° Flûte alto en *ut*, une octave plus bas que la première :

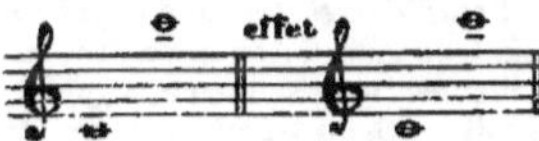

5° Flûte-ténor en *fa*, une quinte plus bas que la quatrième :

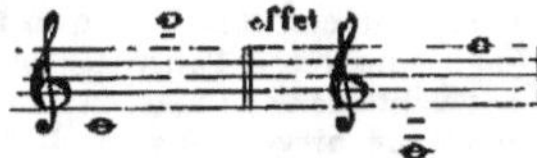

6° Flûte-baryton en *si♭*, une quinte plus bas que la flûte ténor sous-entendu :

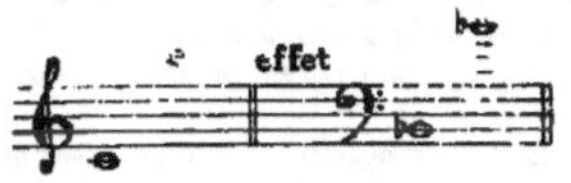

7° Flûte-basse en *mi♭*, une quinte plus bas que la sixième :

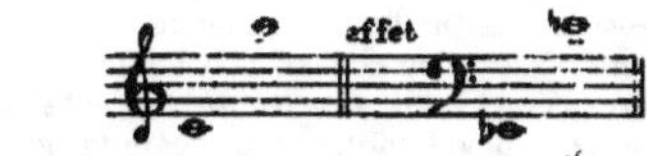

---

1. Il semb'e bien que c'est une quinte plus bas que la flûte ténor.

8° Flûte contrebasse en *si♭*, une octave plus bas que la sixième :

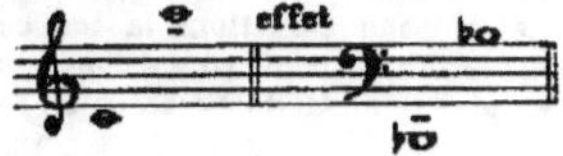

Il y aurait donc eu un écart de plus de trois octaves entre le petit flûtet et la flûte contrebasse, et la conséquence inéluctable de cet écart serait que, si le flûtet avait 20 pouces de longueur, la flûte alto devait être longue de 40, la flûte baryton ne pouvait avoir moins de 80 pouces, et la flûte contrebasse terminait la série avec la longueur respectable de 160 pouces, soit plus de *quatre mètres !*

Mais, pour mettre les choses au mieux et pour faire la meilleure part de l'imprécision des termes, écartons le petit flûtet et appliquons l'expression des flûtes aiguès aux flûtes discant; admettons encore que les flûtes ténor et barytons soient les octaves inférieures des flûtes discant, il nous resterait :

2° La flûte discant en *sol*, une quinte plus haut que le cornet :

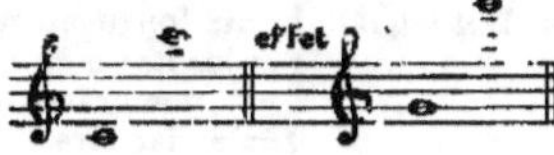

3° La flûte discant en *fa*, une quarte plus haut que le cornet :

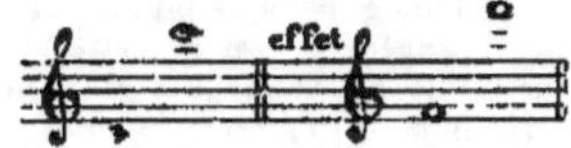

4° La flûte alto en *ut*, à l'unisson du cornet :

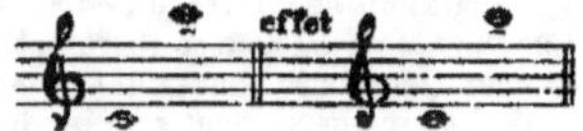

5° La flûte ténor en *sol*, une quarte plus bas que la quatrième :

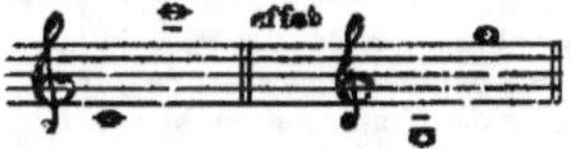

6° La flûte baryton en *fa*, une quinte plus bas que la quatrième :

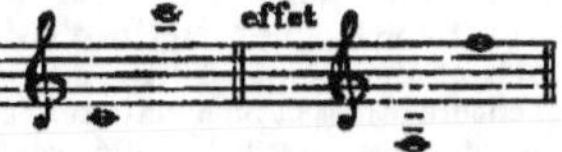

7° La flûte basse en *si♭*, une quinte plus bas que la sixième :

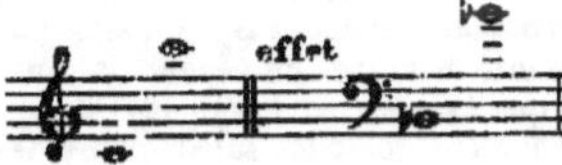

8° La flûte contrebasse en *fa*, une octave plus bas que la sixième :

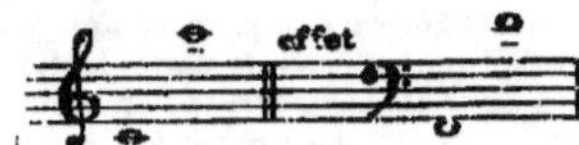

Nous aurions donc encore un écart de deux octaves et une seconde entre les registres des flûtes extrêmes, et si nous admettons la longueur de 20 pouces pour la flûte discant en *sol*, nous aurons un huitième en plus pour la flûte discant en *fa*, dont la précédente sera les $\frac{8}{9}$; la flûte discant en *fa* aura donc 22 pouces et demi; la flûte ténor 45 pouces, et la flûte contrebasse *90* pouces; soit une longueur d'environ *deux mètres quarante-cinq centimètres*.

N'oublions pas qu'il ne s'agit pas de cordes et d'ondulations transversales, mais de tuyaux et d'ondulations longitudinales, et que, dans ce cas, le diamètre des tuyaux a peu d'influence sur la gravité des sons. D'ailleurs, le regretté CAVAILLÉ-COLL, dont nul ne songe à contester la haute compétence, en a fixé la formule ainsi dans un rapport présenté à l'Académie des Sciences de Paris, le 23 janvier 1860 :

$$\text{Tuyaux cylindriques}: L = \frac{V}{N} - \left(2\,D\,\frac{5}{6}\right).$$

$$\text{ou } L = \frac{V}{N} - D\,\frac{5}{3}.$$

Formule dans laquelle L = la longueur cherchée.
               V = la vitesse du son.
               N = le nombre de vibrations.
               D = le diamètre.

Ce qui établit que si le diamètre intérieur de la flûte aiguë a 12 millimètres, et que l'on porte le diamètre intérieur de la flûte grave à 72 millimètres (six fois plus grand), j'exagère à dessein cette proportion, la longueur totale de cette flûte grave devra être réduite de 120 mm. — 20 mm. = 100 mm. ou 10 centimètres; il nous restera donc *deux mètres 35 cm.*, ce qui nous laisse toujours très éloignés des 30 pouces (83 cm.) de la citation de l'ouvrage de PRÆTORIUS.

D'autre part, comme 20 pouces représentent exactement les deux tiers de 30 pouces, il s'ensuit que la flûte aiguë de PRÆTORIUS ne peut représenter que la quinte supérieure de sa flûte grave ou celle-ci la quinte inférieure de la flûte aiguë, et l'on peut se demander quelles pouvaient être les tonalités des six flûtes intermédiaires. Evidemment, il y a une grosse erreur dans l'une des deux parties de la citation.

Je me suis peut-être trop étendu sur ce fait, mais j'ai cru utile de démontrer combien il faut se défier de certaines citations non contrôlées.

De toute cette série d'instruments à anche qui se confondent souvent, il ne ressort que les essais multiples et persévérants des facteurs de la Renaissance pour constituer une famille complète d'instruments à anche double et une famille d'instruments à anche simple, et encore les essais pour cette dernière famille ne sont-ils cités *avec certitude* nulle part avant les travaux de DENNER, qui devaient le conduire à l'invention de la *clarinette*, en 1690.

Deux instruments surtout excitaient l'émulation des constructeurs : le *hautbois* et le *basson;* mais, alors que les hautbois graves ne répondaient pas aux espérances que l'on en avait conçues, les bassons aigus ne donnaient point les satisfactions désirées, et c'est ainsi que, de guerre lasse, on finit par adopter, pour la constitution de la famille que l'on cherchait, les instruments ci-après : le *hautbois* pour le discant ou partie supérieure, le *pommer alto*, qui est devenu notre *cor anglais*, pour la partie intermédiaire, et le *basson* pour la partie grave; on ajouta même, s'il faut en croire les vieux ouvrages, des *contrebas-*

sons, mais je ne puis me défendre d'un certain scepticisme devant ces bassons ultragraves, comme devant les *trombones contrebasses* dont je parlerai tout à l'heure, et que citent ces mêmes vieux auteurs, qui me semblent avoir pris plus d'une fois leurs désirs pour des réalités, ou bien n'avoir su se défendre de quelque confusion dans leurs écrits.

Quoi qu'il en soit, cette famille pouvait ainsi répondre aux idées instrumentales de l'époque, et en remplir tous les desseins: doubler le quatuor vocal ou exécuter les danses ou compositions instrumentales écrites alors toujours en contrepoint, c'est-à-dire dans le pur style choral du temps, les deux hautbois doublant les soprani, le pommer soutenant l'alto, et les deux bassons se chargeant de renforcer les parties de ténor et de basse, ce qui pourrait très bien avoir semblé justifier, pour les artistes des xvie et xviie siècles, ce terme de *contrebasson*, afin d'éviter d'accabler l'instrumentiste chargé de la partie grave sous la dénomination froissante de *deuxième basson*.

Pour les *cuivres*, la tâche apparaît plus facile, les instruments pouvant s'employer *musicalement* étant très peu nombreux.

Les *trompettes*, qui sont parvenues à l'honneur de la participation au personnel des maisons royales, ne peuvent toujours jouer que des *fanfares*, c'est-à-dire de la musique spéciale à leur nature unitonique, mais, dans ce genre, elles ont fait de très réels progrès, et nous en trouvons la preuve dans ce fait que, non seulement elles tiennent la première place dans tous les cortèges de fête, tournois, déplacements royaux, mais encore qu'elles font une brillante et bruyante partie de concert pendant les repas somptueux de la cour. C'est surtout en Angleterre qu'on en trouve la trace officielle. Les livres des comptes d'Edouard IV, de Henri VIII et de la reine Elisabeth enregistrent l'entretien de nombreux musiciens, parmi lesquels les trompettistes tenaient une place importante.

Les *trombones* font leur première apparition officielle à la cour de Henri VIII, et c'est une apparition triomphale. En effet, jusque-là, on n'en trouve mention que dans le manuscrit de Boulogne, et tout d'un coup, voici que les dix artistes trombonistes de Henri VIII sont célèbres dans l'Europe entière pour leur habileté et le relief grandiose qu'ils donnent aux concerts de ce prince.

Le *cor* ne paraît pas avoir conservé la longueur de tube des *cornua* romaines, et ce n'est qu'à la fin du xvie siècle qu'il aura repris l'allongement qui, lui rendant la possibilité de la gamme, en fera le *cor de chasse* que nous connaissons, et permettra bientôt, par l'adjonction des tons de rechange et de la coulisse d'accord, sa transformation en cor d'harmonie. Pour le moment, il n'est encore qu'un instrument de signal comme les *cornets d'appel*, les *oliphants*, les *cornets de chasse*, avec lesquels il se confond, et comme les *clarons* et *claronceaux*, ancêtres de notre *clairon* moderne.

Cependant, le percement de trous de notes sur le claron ou le cornet de chasse, à l'imitation du fifre ou de la flûte, a permis de créer le discant, le soprano des cuivres par excellence, qui, sous le nom de *cornet à bouquin*, tiendra désormais la partie ou les parties supérieures dans les orchestres de plein air.

Le *serpent* n'est qu'un cornet à bouquin de plus grande dimension, dont on a tordu le corps pour rapprocher les trous de notes, ceux des notes graves surtout, et les mettre à la portée de la main de l'exécutant. Le serpent est donc le complément indispensable du cornet à bouquin avec lequel il forme famille.

En résumé, bien que la liste des instruments à vent au xvi⁰ siècle soit fort longue, elle se réduit, en réalité, à ceci :

Une famille de flûtes (timbre cristallin);

Une famille de hautbois et bassons (timbre vibrant);

Une famille de clarinettes incomplètes (timbre doux) très incertaine;

Une famille de cornets à bouquin et serpents (timbre doux) pour la partie purement musicale.

Plus, pour la partie qu'on pourrait appeler somptuaire : cortèges, fêtes, grandes réceptions et partie militaire :

Les fifres et tambours;

Les trompettes et timbales;

Les trombones.

Chacun de ces trois groupes jouait, séparément ou alternativement, de la musique composée ou arrangée spécialement pour leurs moyens.

Je l'ai déjà dit, l'orchestration, l'emploi des instruments, consistait à cette époque à doubler les voix au complet par chacune des familles d'instruments dont on avait la disposition, de telle sorte que, dans un orchestre possédant toutes les ressources du temps, la famille des flûtes doublait exactement la famille des instruments à archet; la famille des hautbois (hautbois et bassons) doublait non moins exactement les deux premières, et la famille des cornets à bouquin (cornets et serpents) se superposait aux trois précédentes; cela rendait la partition inutile et, de fait, on ne l'écrivait pas; la seule partition vocale suffisait, et les parties instrumentales séparées étaient copiées tout simplement sur la voix correspondant au registre de l'instrument qui devait jouer à son unisson. Si, au contraire, l'œuvre à exécuter n'était pas vocale et qu'il s'agit d'une danse quelconque, bourrée, chacone, passepied, gigue, allemande ou toute autre, puisque c'est par des danses que la musique instrumentale a commencé de prendre sa place dans les concerts, la partition vocale était remplacée par la partie de l'instrument à clavier du temps (orgue, clavicembalum, épinette, clavecin, peu importe); cette partie, avec le style contrepointé seul en usage alors, renfermait tous les dessins musicaux utiles, et la copie textuelle de l'un de ces dessins constituait la seule orchestration usitée, quitte, à l'instar des registres de l'orgue, à employer toutes les familles instrumentales à la fois dans les *forte,* et à retrancher une, ou deux, ou trois de ces familles dans les *piano;* c'est même ainsi que vint l'usage, la mode, presque la règle de réserver pour une seule famille divisée en trois parties, *en trio,* la troisième reprise de la plupart des danses des xvii⁰ et xviii⁰ siècles, d'où l'habitude de donner le nom de *trio* à cette troisième reprise, alors qu'elle fut plus tard occupée par un nombre quelconque d'instruments.

C'est ainsi que les effets instrumentaux ont peu à peu pris naissance et, plus tard, exigé la confection d'une *partition d'orchestre.*

Une autre source d'effets instrumentaux (je n'ose dire encore d'instrumentation ou d'orchestre) venant de la représentation des mystères du moyen âge et développée dans les allégories de la Renaissance, consistait à *souder,* pour ainsi dire, une famille instrumentale à un personnage, dieu ou diable, et doublant ou soutenant le chant de celui-ci exclusivement, de

telle sorte qu'il suffisait de distinguer le timbre des instruments qui se faisaient entendre pour connaître, sans le voir, le personnage qui était en scène. Il va de soi que les flûtes étaient surtout affectées aux personnages célestes, tandis que les serpents et les trombones collaboraient surtout avec les divinités infernales, et que leurs timbres s'accompagnaient d'une certaine odeur de roussi.

Cependant, nous trouvons, dans l'*Histoire de la musique dramatique* de G. Chouquet (page 55), ce passage remarquable qui termine la relation des fêtes du mariage de Cosme I⁰ʳ avec Éléonore de Tolède, en 1539 : « C'était au contraire par quatre trombones, *aux sons doux et mélancoliques,* qu'était accompagné le chant de la nuit. »

Voici donc, dès 1539, les trombones employés très musicalement et très poétiquement en Italie, pendant le même temps qu'ils étaient artistiquement joués en Angleterre par les musiciens de Henri VIII et, en France, dans les fêtes données par François I⁰ʳ.

Ces instruments formaient également, d'après le P. Mersenne et Prætorius, une famille composée de la façon suivante :

Trombone discant.

Trombone alto.

Trombone ténor.

Trombone basse.

Trombone contrebasse.

Or, j'ai indiqué[1] les efforts faits tout récemment par le très habile facteur Delfaux pour constituer une famille semblable, et les difficultés que rencontre encore la pratique de ces instruments, malgré tous les perfectionnements modernes.

Comment ne pas demeurer sceptique devant ce trombone contrebasse qu'on ne peut pas encore équilibrer de nos jours, et même devant ce trombone basse qu'on joue toujours avec peine actuellement, surtout si l'on songe qu'à l'époque qui nous occupe au point actuel de notre étude, on ne demandait aux familles d'instruments que de pouvoir doubler les voix humaines? Or, le trombone ténor descend au :

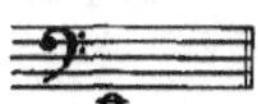

avec les simples sons 2, et cela était tout à fait suffisant pour accompagner les voix de basse; l'indication de trombone basse du xvi⁰ siècle pouvait très bien sous-entendre seulement l'artiste tromboniste qui avait la spécialité de doubler la partie de la voix de basse; d'autre part, si vraiment un trombone discant (soprano) à l'octave du trombone ténor avait existé, l'emploi de la famille des trombones n'aurait pas végété jusqu'à presque disparaître pendant un siècle, et ce trombone discant, qui n'aurait été autre chose qu'une *petite trompette* en *ut* à coulisse, n'aurait pas laissé une place aussi large au cornet à bouquin.

Quoi qu'il en soit, et probablement faute de soprano, l'usage du trombone subit une accalmie après la période brillante que nous venons de voir; ce bel instrument ne reprend sa place qu'après l'adoption des tons de rechange de la trompette, venant ainsi lui donner la voix supérieure qui lui manquait jusque-là.

Les tons de rechange de la trompette se doublent

---

1. *Encyclopédie,* t. III, p. 1430.

des tons de rechange du cor de chasse qui se transforme en cor d'harmonie.

Enfin, en 1690, DENNER nous donne la clarinette, et le matériel instrumental se trouve aussi complet qu'il peut l'être pour terminer cette première période; l'addition de quelques clés aux instruments de bois vient préparer la belle évolution de la période prochaine.

Mais, en examinant la formation des familles d'instruments, il ne faut pas oublier que l'objet principal de ce travail est l'étude de la formation des deux formes de l'orchestre composé exclusivement d'instruments à vent, formes connues de nos jours sous les noms d'orchestre d'*harmonie* (tous instrument à vent) et d'orchestre de *fanfare* (instruments à vent en cuivre seulement). Or, dans presque tous les cas d'emploi d'instruments que nous avons vus, il n'est nullement fait mention de l'exclusion des instruments à cordes. Au contraire, il s'agit presque toujours de cas où chacune des familles d'instruments à vent entre, l'une après l'autre, en participation avec les instruments à cordes, et, par conséquent, il s'agit de la formation de l'orchestre général, orchestre dramatique ou orchestre symphonique. C'est que l'orchestre d'instruments à vent n'existe pas encore en dehors des *fanfares* exclusivement militaires[1].

Que nous consultions les gravures ou les récits du temps, en dehors des orchestres de cour ou des grandes solennités, nous ne trouverons jamais que les groupements les plus hétérogènes que l'on puisse imaginer : orchestre de fêtes (j'entends ici orchestres allant jouer dans les fêtes de villes et de villages), orchestres ambulants, orchestres militaires même sont composés de quatre ou cinq musiciens, six ou sept tout au plus, jouant chacun d'un instrument différent; il n'y est plus question de compléter une famille de flûtes ou de hautbois; on assemble les instruments et instrumentistes, que l'on peut trouver, suivant les ressources de la localité ou le hasard des rencontres, et l'on voit un *rebec* voisiner avec un *trombone*, une *vielle* soutenir un *cornet à bouquin* ou une *flûte*, à moins que la *basse de viole* ou *de gambe* ne fasse concert avec une *cornemuse*.

Quelle musique de tels assemblages pouvaient-ils interpréter? Les chansons et les rondes populaires, les airs à la mode, tout ce qui pouvait plaire par une mélodie franche ou un rythme bien marqué. Quant à l'orchestra-

tion spéciale à chacun de ces groupements, trois solutions pouvaient se produire : 1° le chant joué en unisson ou en octave par tous les musiciens; 2° les parties copiées comme je l'ai dit plus haut sur la partie de *clavecin* suivant la tessiture de l'instrument, mais sans aucun souci du timbre; 3° enfin le chant joué par les instruments aigus et la basse, ainsi que la ou les parties intermédiaires exécutées *de chic* dirait un peintre, *d'oreille* dirait un amateur, à l'*œil* disaient ces musiciens,

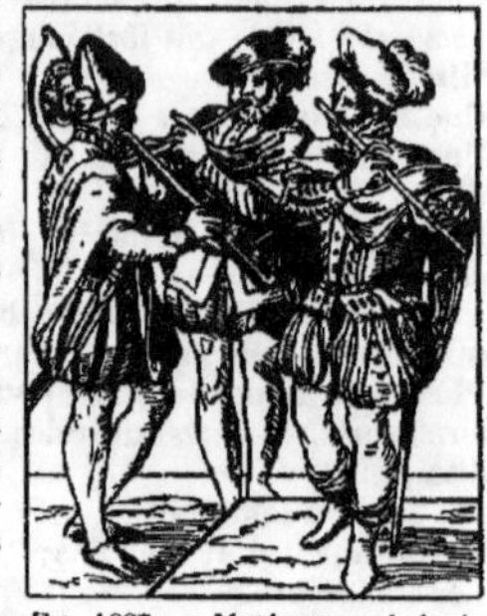

FIG. 1097. — Musiciens ambulants jouant de la flûte et du cornet à bouquin.

d'instinct dirons-nous, pour rester à peu près correct.

Les seuls groupements admis dans l'armée étaient les suivants :

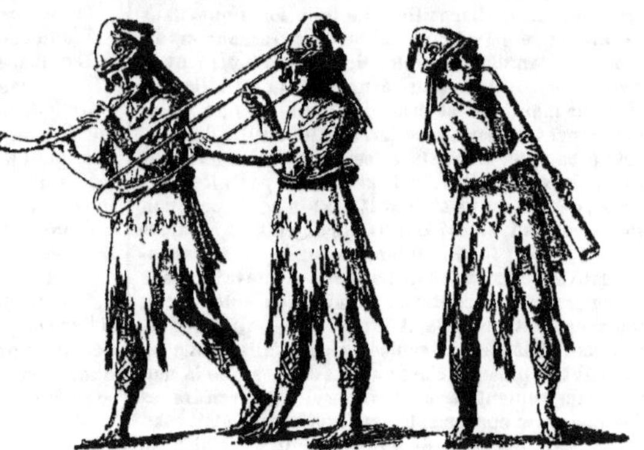

FIG. 1098. — Cornet, trombone, courtaud (sorte de basson) (*Carnaval de Stuttgard*).

Fifres et *tambours* pour l'infanterie.
Trompettes et *timbales* pour la cavalerie.

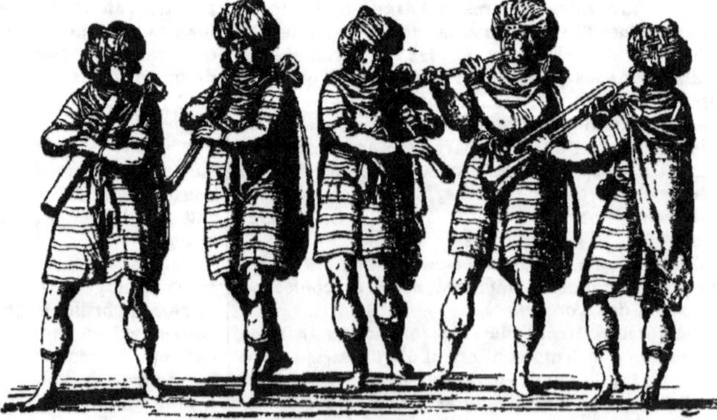

FIG. 1099. — Courtaud, cornets courbes et cornet droit, trompette (*ibid.*).

---

1. Ici, le mot *fanfare* a une signification restreinte au genre de la musique exécutée et tout à fait différente de ce même mot *fanfare* lorsqu'il exprime l'organisation d'un orchestre spécial quant aux instruments employés, mais propres néanmoins à interpréter toute espèce de musique quels qu'en soient la tonalité et le genre. Ce n'est pas malheureusement la dernière fois que nous rencontrerons cet embarras des deux acceptions si distinctes de ce vocable.

Hautbois et *tambours* pour les mousquetaires.

Les hautbois, moins aigus que les fifres, plus aptes que les trompettes à jouer les airs, danses et rondes populaires, eurent du succès et furent introduits dans les régiments par les colonels fiers d'ajouter à leurs fifres et tambours réguliers, leur bande particulière de hautbois. Puis, on adjoignit à ces hautbois des bassons ou des serpents, mais on ne trouvait pas toujours les artistes qu'on désirait, et l'on complétait le petit corps de musique par des cornets à bouquin ou des trombones; enfin, les clarinettes vinrent peu à peu remplacer les cornets à bouquin et s'ajouter aux hautbois.

Tous ces échanges, tous ces remplacements, dans les orchestres militaires d'instruments à vent, se faisaient sans principes, sans règle, sans direction, sans ordre surtout, car ces orchestres n'avaient aucune existence officielle et ne dépendaient que du chef du régiment; ces orchestres se créaient par mode, par imitation, et aussi par la force des choses, par besoin d'expansion artistique qui a fait croître, perfectionner et prospérer sans cesse, et malgré toutes les restrictions ministérielles, cette forme par excellence de la musique instrumentale populaire.

N'ayant point d'organisations régulières et semblables, les compositeurs ne pouvaient point orchestrer leurs œuvres, mêmes celles écrites spécialement pour ces musiques, et c'est ce qui explique que le *recueil des marches et batteries de tambours, avec les airs de fifres et hautbois*, rassemblé en 1705 par PHILIDOR l'aîné et conservé à la bibliothèque de la ville de Versailles, présente ces *airs* écrits à quatre parties, ce qui constitue une partition, mais *sans aucune désignation d'instruments*[1] :

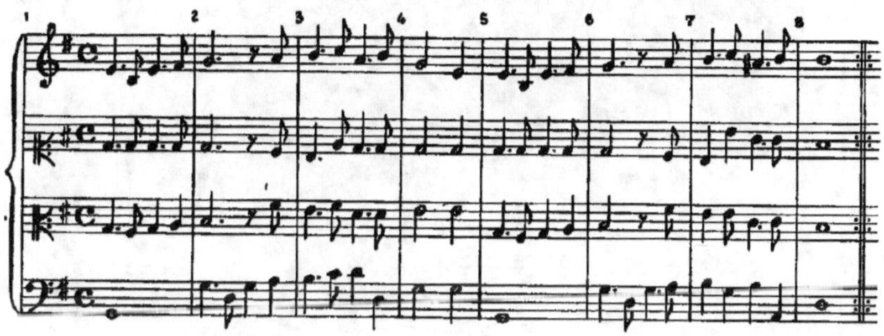

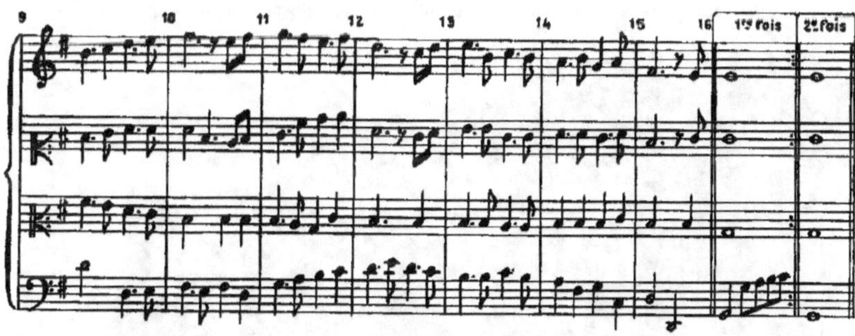

Premier air de la Marche Française pour les Hautbois fait par M. de Lully pour M. le C. de Sery (note de Philidor).

Il y a lieu de faire sur cette partition les remarques suivantes :

La première partie de cette marche pour *hautbois*, écrite en clé de *sol* première ligne, était la seule qui fût exécutable sur cet instrument.

La seconde partie contient aux troisième et septième mesures un *si*, qui ne pouvait se faire sur les hautbois de l'époque de Louis XIV.

La troisième partie contient non seulement le *si* aux première et cinquième mesures, mais encore le *la*, qui ne pourrait se faire même sur les hautbois modernes.

Enfin la quatrième partie est franchement une partie de basse, qui ne pouvait être rendue que par le basson ou le serpent, ou encore le trombone, mais alors en remontant d'une octave le deuxième *ré* de la quinzième mesure.

Ainsi ces *airs*, composés expressément pour musiques militaires par des compositeurs de valeur et même par le grand LULLI, bien que désignés sous le nom d'« airs pour les fifres ou les hautbois », comportaient quatre parties dont la première seule était exécutable par l'un ou l'autre des instruments désignés, et dont les trois autres devaient être remplies par des instruments de complément suivant les ressources du corps.

Nous y voyons encore que ces *airs* ne comportaient pas d'*effets d'orchestre* et pas d'oppositions de timbres; c'était ce qu'on pourrait appeler des morceaux de *plein jeu*, où tous les exécutants prenaient part de la première à la dernière note.

---

1. On peut voir un certain nombre de ces *airs* dans le *Manuel général de musique militaire* de G. KASTNER.

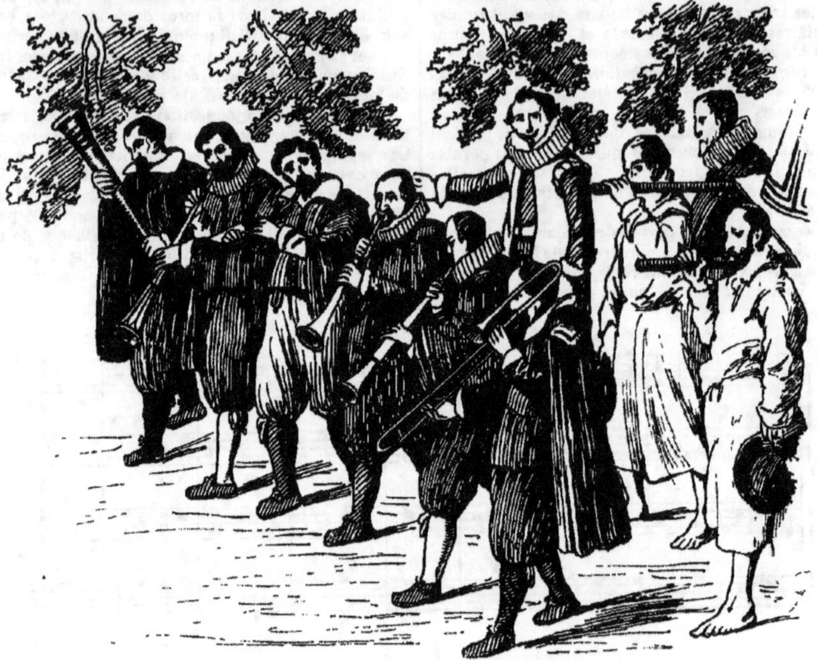

Fig. 1100 — Instruments en usage aux Pays-Bas au xviiᵉ siècle (Musée de Bruxelles).

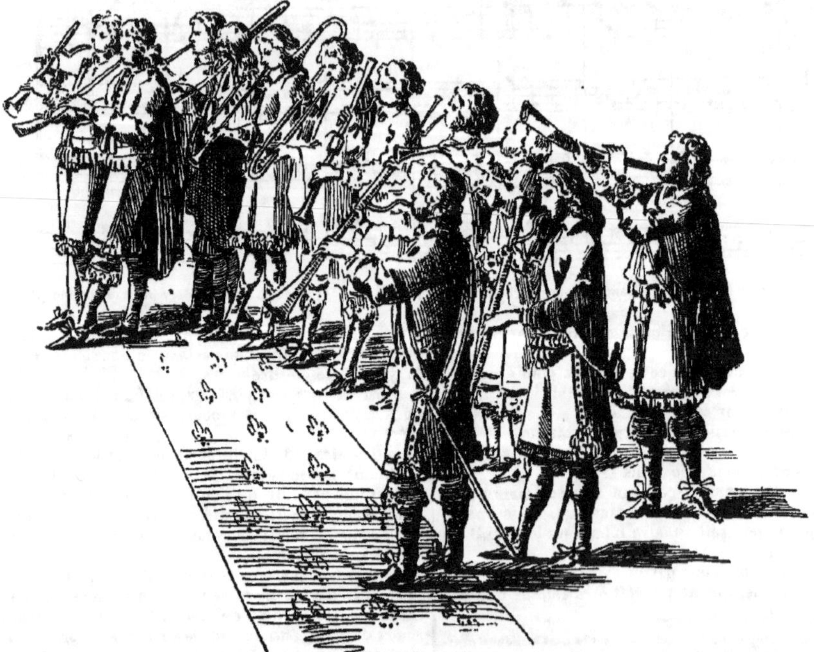

Fig. 1101. — *Sacre de Louis XIV*. Les douze grands hautbois.

Mais voici qui confirme, bien que se rapportant à la dernière moitié du dix-huitième siècle, ce que je dis de la multiplicité des instruments compris sous le nom général de *hautbois*[1] : « Dans toutes les villes de garnison, il était d'usage que la musique (il s'agit des musiques allemandes) exécutât pendant la parade, et le soir avant la retraite, un certain nombre de morceaux d'harmonie, et c'était alors que les artistes allemands donnaient des preuves de leur incontestable habileté, les bonnes qualités de l'exécution et le mérite des compositions que l'on faisait entendre ressortaient alors d'autant mieux qu'en général, vers la fin du xviii⁰ siècle, les corps de musique étaient assez pauvrement organisés, eu égard surtout à ce qu'ils devinrent par la suite. Les parties y étaient ainsi distribuées, savoir : *deux hautbois, deux clarinettes, deux cors et deux bassons*. Plus tard, on adjoignit quelquefois à ces instruments : *une flute*, une ou deux *trompettes*, un *contrebasson* ou un *serpent*. La réunion des musiciens jouant de ces instruments s'appelait *le chœur des hautboïstes*, dénomination qu'on a appliquée encore (1848), en Allemagne, a *certains corps de musique militaire*, et qui provient de ce que *le chant, confié maintenant aux clarinettes, était originairement exécuté par les hautbois*. »

Pendant ce même xviii⁰ siècle, les musiques militaires françaises continuaient de se constituer, et G. Kastner[2] nous signale qu'en 1741 plusieurs régiments possédaient des musiques a *hautbois*, à *bassons* et à *cymbales*; puis, qu'un peu plus tard, les musiques d'infanterie ajoutèrent aux instruments précédents les clarinettes, les cors et la grosse caisse ; enfin, que l'effectif des musiciens des Gardes Françaises avait été porté en 1764 à 19 exécutants, exemple qui était suivi par les régiments d'infanterie en 1785[3].

Voici donc des corps de musique constitués et prêts à donner des concerts. C'est dire que la première période est achevée et que la deuxième commence.

DEUXIÈME PÉRIODE

DE LA FIN DU DIX-HUITIÈME SIÈCLE
A LA FIN DU DIX-NEUVIÈME

Ainsi, nous trouvons en France, à la veille de la Révolution, soit vers 1780, les musiques militaires composées à peu près ainsi :

hautbois.	bassons.
clarinettes	cymbales.
cors.	grosse caisse.

et, en Allemagne, l'organisation presque similaire mais plus précise quant au nombre :

2 hautbois.	2 cors.
2 clarinettes.	2 bassons.

et très peu de temps après :

1 flûte,	1 ou 2 trompettes.
2 hautbois.	2 cors.
2 clarinettes.	1 contrebasson ou 1 serpent.
2 bassons.	

A Paris, la musique des Gardes Françaises donnait des *sérénades* sur le boulevard, et il est probable que cet exemple était suivi en province par les musiques des garnisons.

---

1 *Manuel général de musique militaire* de G. Kastner, p. 124.
2. *Ibid.,* p. 118.
3. *Ibid,* p 161.

En Allemagne, les musiques jouaient un certain nombre de *morceaux d'harmonie* pendant la parade et avant la retraite.

En France, nous n'avons pas, que je sache, d'éléments pour reconstituer le répertoire que jouaient nos musiques, mais on peut penser qu'il était surtout composé de marches, de danses et de refrains à la mode.

En Allemagne, les concerts étaient relevés par des marches de plus grande allure; les Allemands affirment d'ailleurs être les créateurs du genre, et nous devons reconnaître qu'ils en ont beaucoup et de fort jolies, depuis les petites marches appelées *pas redoublés*, jusqu'aux grandes *marches solennelles*; ils avaient aussi des œuvres de coupe classique et jusqu'à de véritables symphonies pour instruments à vent.

C'est qu'en France, à part Lulli qui avait écrit des morceaux originaux pour musique militaire, par ordre de Louis XIV, aucun grand compositeur n'écrivait pour cet orchestre spécial, et le répertoire n'était composé que des arrangements ou des œuvres des chefs des musiques militaires dont chacun écrivait pour ses musiciens et aussi pour un public peu cultivé. En Allemagne, il en était tout autrement ; chaque prince, chaque chef d'État avait son maître de chapelle, son directeur de concerts qui était tenu d'alimenter le répertoire de musique de la petite armée ; si beaucoup de ces œuvres ont disparu ou ont été transformées par plusieurs réorchestrations successives appropriées aux diverses ressources instrumentales survenues au cours du xix⁰ siècle, nous en pouvons retrouver les plus beaux spécimens dans le catalogue de musique de chambre des grands maîtres et dans le répertoire des deux sociétés de musique de chambre pour instruments à vent, dont les auditions font chaque année le régal des amateurs de Paris.

Pour n'en citer que quelques-uns, je note dans l'œuvre de Mozart :

Sérénade en mi♭ majeur
Sérénade en ut mineur

pour :

2 hautbois.	2 cors.
2 clarinettes.	2 bassons.

Sérénade en si♭ majeur

pour :

2 hautbois.	4 cors.
2 clarinettes.	2 bassons.
2 clarinettes altos.	1 contrebasson.

Divertissement en mi♭ majeur
Divertissement en si♭ majeur

pour :

2 hautbois.	2 cors.
2 cors anglais.	2 bassons.
2 clarinettes.	

Dans l'œuvre de Beethoven :

Octuor en mi♭ majeur

pour :

2 hautbois.	2 cors.
2 clarinettes.	2 bassons.

Rondino en mi♭ majeur

pour :

2 hautbois.	2 cors.
2 clarinettes.	2 bassons.

Sextuor en mi♭ majeur

pour :

2 *clarinettes.*   2 *bassons.*
2 *cors.*

Marche

pour :

2 *clarinettes.*   2 *bassons.*
2 *cors.*

De SCHUBERT :

Octetto pour instruments à vent.

Le public aussi différait; car si ces musiques jouaient sur la place publique, il n'est pas douteux qu'elles étaient également appelées à se faire entendre devant le prince qui s'intéressait assez à elles pour faire composer de la musique à leur usage, et devant la cour de ce prince, auditoire choisi et nourri des chefs-d'œuvre des BACH, HAYDN et MOZART.

L'orchestration de ces pièces était des plus familières aux maîtres de cette époque ; les effets de timbres et la proportion des instruments entre eux étaient les mêmes que ceux de l'orchestre ordinaire; il n'y avait qu'à tenir compte de l'absence des instruments à cordes pour ne point laisser de vides. Nous verrons par la suite que l'orchestration pour musique militaire a beaucoup perdu de cette simplicité.

Les orchestres des musiques militaires, au début de cette deuxième période, étaient donc constitués tout simplement de la section des instruments à vent de l'orchestre de symphonie, et ils étaient bien plus aptes à interpréter ce que nous appelons aujourd'hui de la musique de chambre que de la musique de plein air.

Pour l'étude des modifications successives qui ont fait évoluer ces musiques de ce qu'elles étaient alors à ce qu'elles sont de nos jours, il est entendu que nous désignerons les divers groupements d'orchestre, sauf remarques spéciales, par les termes suivants, qui ne sont pas d'une correction absolue, mais qui sont d'un usage si répandu que personne ne s'y trompe :

Symphonie ou *orchestre symphonique* : orchestre composé d'instruments à cordes et d'instruments à vent.

Harmonie ou *orchestre d'harmonie* : orchestre composé d'instruments à vent dits *de bois* et *de cuivre.*

Fanfare ou *orchestre de fanfare* : orchestre composé d'instruments à vent dits *de cuivre.*

Sous la Révolution, on doubla le nombre des clarinettes pour donner plus de prédominance au chant. Mais GOSSEC, MÉHUL, CATEL, DEVIENNE, qui composèrent quelques hymnes ou des marches pour les fêtes civiques, n'écrivirent toujours que pour les neuf parties suivantes :

1 *flûte,*   2 *cors,*
2 *hautbois.*   2 *bassons.*
2 *clarinettes.*

quitte à ajouter, pour les très grandes solennités, où l'orchestre réunissait tous les éléments (professeurs et élèves) du Conservatoire[1], les parties de *trompettes* et de *trombones* supplémentaires.

Pendant ce même temps, la création de la Garde nationale par La Fayette amena la formation, dans les grandes villes, de musiques semblables à celles de l'armée ; ce furent les premières musiques civiles, et celles des bataillons de Paris; dirigées souvent par des artistes de valeur, elles contribuèrent dans une certaine mesure à l'élaboration d'un répertoire de *musique militaire.*

Nous trouvons la première organisation de *fanfares* dans la cavalerie du premier Empire.

Ces *fanfares* étaient généralement composées de :

16 *trompettes.*   3 *trombones.*
6 *cors.*   1 *timbales (paire).*

Comme les pistons n'étaient pas encore inventés, les fanfares ne pouvaient jouer que de la musique unitonique, et c'est peut-être pour échapper à cette sujétion que BEETHOVEN a écrit, en 1812, ses 3 *Equales* pour 4 *trombones* qui, eux, pouvaient moduler.

BEETHOVEN avait composé précédemment, pour les musiques militaires allemandes :

Une *Marche* pour :

2 *clarinettes.*   2 *bassons.*
2 *cors.*

Deux *Marches* (*1809*) pour :

1 *petite flûte.*   1 *trompette.*
2 *grandes flûtes.*   2 *cors.*
1 *petite clarinette.*   1 *contrebasson.*
2 *grandes clarinettes.*   1 *tambour.*
2 *bassons.*   1 *grosse caisse.*

Une *Marche pour retraite aux flambeaux* (1809) pour :

1 *petite flûte.*   2 *cors.*
2 *hautbois.*   1 *contrebasson.*
2 *grandes clarinettes*   1 *triangle.*
2 *bassons.*   1 *tambour.*
2 *trompettes.*   1 *cymbales (paire).*

Une *Polonaise* (1810) pour :

1 *petite flûte.*   1 *contrebasson.*
2 *hautbois.*   1 *triangle.*
2 *grandes clarinettes.*   1 *tambour.*
1 *basson.*   1 *grosse caisse.*
1 *trompette.*   1 *cymbales (paire).*
2 *cors.*

Une *Ecossaise* (1810) avec la même instrumentation, mais avec deux bassons au lieu d'un seul.

D'autre part, SCHUBERT écrivait pour ces mêmes musiques, en 1813 :

Petite musique funèbre en mi♭ pour :

2 *grandes clarinettes.*   2 *trombones.*
2 *bassons.*   1 *contrebasson.*
2 *cors.*

Menuet pour :

2 *hautbois.*   2 *cors.*
2 *grandes clarinettes.*   2 *bassons.*

En 1809, les musiques d'infanterie française avaient acquis, à peu près toutes, la famille des trombones complétée d'une trompette et soutenue d'un ou de deux serpents, mais beaucoup de ces musiques n'avaient augmenté leurs clarinettes qu'en se privant des hautbois; elles se présentaient donc en général ainsi :

1 *petite flûte.*   2 *cors.*
1 *petite clarinette.*   2 ou 3 *trombones.*
6 ou 8 *grandes clarinettes* divisées en deux ou trois parties.   1 ou 2 *serpents*
          1 *tambour.*
          1 *grosse caisse.*
2 *bassons.*   1 *cymbales (paire).*
1 *trompette.*   1 *pavillon chinois.*

Les musiques de la Garde avaient des *hautbois* et un plus grand nombre de musiciens, surtout pour les clarinettes et les cors; seulement, l'instrumentation était la même.

En 1825, nous retrouvons nos musiques militaires avec une instrumentation à peu près semblable, mais en voie de réelle progression comme équilibre de sonorité des parties.

Elles sont ainsi composées :

2 *flûtes*.	6 *bassons* divisés en deux parties.
4 *hautbois* divisés en deux parties.	2 *trompettes*.
2 *petites clarinettes*.	4 *cors*.
12 *grandes clarinettes* divisées en deux parties.	2 *trombones*.
	2 *contrebassons*.

Il n'est pas fait mention de la batterie, qui, sans aucun doute, existait toujours.

Il est évident que nous sommes loin des six ou huit instruments pour musique de chambre du commencement de notre seconde période, et dont une trentaine d'années seulement nous séparent; nous voici désormais en présence d'un véritable orchestre de plein air, capable d'interpréter des transcriptions de fragments d'opéra, d'ouvertures et même de certaines parties de symphonies; et si nous n'avons pas en France (à ma connaissance du moins) de partition gravée des musiques de cette époque, pour en juger, nous possédons la partition de l'*Ouverture pour harmonie* que MENDELSSOHN écrivit trois ans plus tard (1828) à l'usage des musiques allemandes qui s'étaient développées presque parallèlement aux nôtres.

Ouverture pour musique d'harmonie (1828) :

1 *petite flûte*.	4 *cors*.
1 *grande flûte*.	3 *trombones*.
2 *hautbois*.	2 *contrebassons*.
2 *petites clarinettes*.	1 *triangle*.
2 *grandes clarinettes*[1].	1 *tambour*.
2 *clarinettes altos*.	1 *grosse caisse*.
2 *bassons*.	1 *cymbales (paire)*.
2 *trompettes*.	

Comme on le voit ici, les musiques allemandes ne différaient des nôtres que par l'usage des clarinettes altos (cor de basset), que nous n'employions pas, et qui sont encore de nos jours une exception en France.

A cette époque, une évolution importante se dessinait dans le groupe des *cuivres*, qui, jusqu'ici, ne comptaient que le *timbre clair* des *trompettes* et *trombones* et le timbre spécial des *cors*; le *timbre doux* n'avait d'autre représentant que le *serpent*, dont le manque de justesse ne faisait qu'un pis aller; le *cornet à bouquin* (soprano du serpent) avait disparu depuis l'adoption des clarinettes.

Or, nous avons vu dans un article précédent (*Du Principe des instruments à vent*[2]) que, dès la fin du XVIIIe siècle, on avait essayé de corriger le manque de justesse du *serpent* par l'adoption de quelques clés, par la mutation de ce *serpent* en *basson russe* et sa transformation (retour d'Allemagne, dit-on), vers 1815, en *ophicléide*.

Nous avons vu également que WEIDINGER avait ressuscité, vers 1820, le *cornet à bouquin* transformé de même que le serpent, et devenu la *trompette à clés*[4]

ou *clairon chromatique*, ou encore *bugle chromatique* ou enfin *cor de Kent*, selon les pays, ou les constructeurs de ces nouveaux instruments.

Ophicléides ou bugles à clés étaient des instruments à perce conique brève, par opposition aux cors qui sont des instruments à perce conique longue, et aux trompettes et trombones qui sont à perce cylindrique; c'était donc le *timbre doux* enfin à peu près ajusté, *musicalisé* si je puis ainsi parler, qui venait apporter son appoint à la sonorité générale, et compléter la série des timbres de l'orchestre de plein air.

D'autre part, depuis 1821, SPONTINI saisissait toutes les occasions de faire connaître en France les cors, les trompettes et les cornets à pistons inventés par BLUHMEL en 1814, et il en avait envoyé d'assez nombreux spécimens.

Tous ces nouveaux instruments entraient peu à peu dans la composition des musiques militaires et des quelques *musiques de gardes nationales* qui avaient échangé leur dénomination en celle de *musiques de sapeurs pompiers* ou en celle de *musiques municipales*, et qui continuaient de fonctionner et de s'améliorer comme les musiques de l'armée, leurs émules.

C'est ainsi que nous les retrouvons en 1844, non plus sur les ouvrages de NEUKOMM et de KASTNER qui, eux-mêmes, se documentaient dans l'*Histoire de la musique et des musiciens* de FÉTIS, mais sur les partitions mêmes des chefs de musique de l'armée; celles-ci commençaient de paraître gravées dans le *Moniteur musical*, édité par la maison BUFFET, et nous offrent ainsi toutes garanties d'authenticité.

Ces partitions comportaient les parties suivantes :

petite flûte.	*bassons* (deux parties).
flûte tierce (c'est-à-dire en *mi♭*).	*cornets à pistons* (deux parties).
grande flûte.	*trompettes* (deux parties).
hautbois (deux parties).	*cors* (quatre parties en deux tonalités différentes).
petite clarinette.	*trombones* (trois parties).
grande clarinette (quatre parties divisées ainsi : clarinette solo, 1re, 2e et 3e clarinettes).	*ophicléides* (deux parties).
	batterie.

Peu de partitions comportent la flûte tierce, la grande flûte et les hautbois; la grande flûte était remplacée par la petite clarinette, qui se trouvait séparée des grandes, car la plupart des partitions de cette époque suivaient la disposition des partitions de l'orchestre symphonique, en plaçant les grandes clarinettes et basses à la région inférieure de la partition, comme les instruments à archet que ces clarinettes avaient mission de remplacer dans les transcriptions.

La partition se présentait ainsi :

petite flûte.	1re *clarinette*.
petite clarinette.	2e *clarinette*.
hautbois.	3e et 4e *clarinettes*.
cors.	*ophicléide basse* en *si♭*.
trompettes.	*bombardon* en *mi♭*, *contrebasse* en *mi♭*).
cornets, qu'on dénomme déjà *pistons*.	*grosse caisse*.
ophicléide en *ut* ou *basson*.	*caisse claire*.
trombones.	

Quelquefois, on poussait la symétrie avec la partition symphonique jusqu'à placer la batterie au-dessus des clarinettes.

Pour la facilité des comparaisons, je continuerai à placer les instruments dans l'ordre le plus généralement adopté de nos jours.

---

1. Il ne s'agit ici que du nombre de parties et non pas du nombre des instrumentistes appelés à jouer chacune de ces parties.

2. *Encyclopédie*, p. 1415.

3. *Ibid*.

4. Il est à remarquer qu'il n'y a jamais eu de *trompette* à clés, mais seulement à coulisse ou à pistons.

En 1845, nous voyons apparaître les saxhorns[1] contraltos (bugles), altos et contrebasse mi ♭.

Toutes les musiques étaient d'ailleurs loin d'avoir un personnel et une instrumentation identiques, et voici, pour en juger, le tableau de quatre musiques entendues, le 22 avril 1845, au Champ de Mars à Paris, devant la commission chargée de réorganiser les musiques; cette commission avait à choisir entre la proposition de CARAFA, directeur du Gymnase Militaire (école des sous-chefs et chefs de musique de l'armée), et la proposition d'Adolphe SAX.

	11e léger.	74e de ligne.	1er de ligne.	62e de ligne.
Petite flûte	1	1	1	1
Petite clarinette	1	1	1	1
Grandes clarinettes	12	15	20	12
Cornets	2	4	2	3
Trompettes	2	1		
Cors	3	4	6	2
Trombones	4	5	6	3
Bugles[2]		2		
Altos		1	1	2
Ophicléides	6	8	6	6
Batterie	7	7	6	6

Comme on le voit, aucune de ces quatre musiques n'avait de hautbois et de bassons, mais les deux parties de bassons étaient exécutées par deux ophicléides en *ut*.

Voici quelles étaient les propositions de CARAFA et d'Adolphe SAX et quelles furent celle de SPONTINI, président de la commission, celle de la commission elle-même, celle qui fut adoptée par le ministre de la Guerre, le 31 juillet 1845.

	Proposition de CARAFA.	Proposition de A. SAX.	Proposition de SPONTINI.	Proposition de la Commission.	Décision du Ministre.
Petite flûte	1	1	1	1	1
Hautbois	4		8	2	
Petite clarinette	1	1	2	1	1
Grandes clarinettes	16	6	16	14	14
Clarinettes altos			2		
Clarinettes basses			2	2	2
Saxophones		2	2	2	2
Bassons	4		4	2	
Cornets	2	2		2	2
Trompettes	3	6	4	2	2
Cors	4		4	4	4
Trombones	2	4	6	3	3
Petits bugles		2	2	1	1
Bugles		4	4	2	2
Altos		4	4	2	2
Barytons		2	2		
Ophicléides	4			2	2
Basses		2	2	3	3
Contrebasses en mi ♭		4	4	4	4
Batterie	4	5	5	5	5

KASTNER, qui était secrétaire de la commission, ne dit pas si ces deux saxophones étaient des altos, des ténors ou des barytons, mais il semble, à voir les partitions des années suivantes, qu'il s'agissait des saxophones barytons, pour lesquels d'ailleurs on écrivait des notes aiguës qu'ils ne pouvaient pas faire.

Les trompettes et les cors offraient un mélange d'instruments avec et sans pistons, et les trombones étaient mi-partie à pistons et mi-partie à coulisse; je n'ai point signalé ces détails dans le tableau, attendu qu'au point de vue de l'orchestration actuelle, cela n'offre aucun intérêt.

SAX supprimait le timbre vibrant des anches doubles (hautbois et bassons) et le timbre spécial des cors; c'était là une faute grave.

Quoi qu'il en soit, la décision ministérielle de 1845 apportait une grande amélioration dans la composition du personnel et dans la composition et la répartition instrumentales des harmonies et des fanfares militaires; en outre, elle préparait l'unité d'orchestration, je dis qu'elle la préparait, parce que la nouvelle répartition instrumentale ne devait se faire qu'au fur et à mesure du remplacement des instruments anciens par des nouveaux, et sans qu'il y eût de fonds alloués pour le remplacement immédiat.

Ci-dessous, le tableau similaire pour les fanfares.

	Proposition de CARAFA.	Proposition de A. SAX.	Proposit. de la commission ratifiée par le Ministre.		
			Cavalerie	Chasseurs à pied	Artillerie.
Cornets	1	2	2		2
Trompettes	6		6	6	10
Cors	4				
Trombones	3	4	4		4
Petits bugles	1	2	2	6	2
Bugles	4	4	7	12	7
Altos	2	4	6	6	6
Barytons		2	3		3
Ophicléides	4				
Basses		2	3	6	3
Contrebasses en mi ♭		3	3		3
Timbales			1		

Voilà les premières *fanfares* capables de jouer autre chose que de la musique unitonique.

Maintenant, si nous suivons les progrès de la transformation, d'après les partitions gravées des chefs de musique qui écrivaient évidemment pour les instruments qu'ils avaient et qu'ils désiraient conserver, nous voyons que ces chefs disposèrent d'une seule petite flûte jusqu'en 1854; mais dès qu'on eut autorisé les musiques de la Garde, comme nous le verrons bientôt, à avoir deux flûtes, une petite et une grande, tous les chefs s'empressèrent d'imiter la Garde, et n'attendirent pas le décret de 1860 pour écrire pour deux flûtes.

A l'inverse, tous ceux qui possédaient des hautbois et des bassons continuèrent à écrire pour ces instruments, jusqu'à ce qu'ils fussent redevenus réglementaires pour les hautbois, et jusqu'à 1855 pour les bassons.

Le saxophone baryton n'eut pas grand succès; quelques rares partitions portaient la mention : saxophones ou bassons, mais ces parties écrites en clé de *fa* et souvent trop étendues à l'aigu ne pouvaient être jouées que par des bassons.

Ce n'est qu'en 1856 que, devançant là encore le décret de 1860, tous les chefs de musique écrivirent pour la famille entière des saxophones et abandonnèrent les bassons.

---

1. Je rappelle que le terme *saxhorn* n'est usité qu'en France. On dit *bugle* en Belgique, *flugelhorn* en Angleterre et en Allemagne. *Tuba* me paraîtrait être le meilleur terme à généraliser.

2. Il est entendu que dans toutes les partitions françaises les termes *petit bugle* = saxhorn-soprano; *bugle* = saxhorn contralto; *alto* = saxhorn alto; *baryton* = saxhorn baryton; *basse* = saxhorn basse; *contrebasse* = saxhorn contrebasse.

La famille des saxhorns répondait trop au besoin de plénitude et de puissance des musiques de plein air pour ne pas être immédiatement employée partout; cependant, les saxhorns barytons ne vinrent prendre leur place sur la partition qu'en remplacement des bassons, de 1855 à 1856.

Les clarinettes basses, je ne sais pour quelle cause, ne firent que quelques bien timides apparitions et disparurent.

Fin 1852, à la formation du régiment des Guides, Sax fut chargé de créer un corps de musique modèle suivant ses idées; il le composa ainsi :

1 *petite flûte*.	2 *cors*.
1 *grande flûte*.	3 *trombones*.
2 *hautbois*.	2 *petits bugles*.
2 *petites clarinettes*.	4 *bugles*.
4 *grandes clarinettes*.	4 *altos*.
1 *saxophone soprano*.	2 *barytons*.
1 *saxophone alto*.	4 *basses*.
1 *saxophone ténor*.	2 *contrebasses mi♭*.
1 *saxophone basse en mi♭*.	2 *contrebasses si♭*.
2 *cornets*.	1 *timbale*.
4 *trompettes*.	

Comme toujours, dans les propositions ou dans les créations de Sax, les *cuivres*, les *saxhorns* surtout, sont trop nombreux eu égard aux instruments à anche, et il sera intéressant de voir ce que l'expérience aura amené de modifications dans ces proportions, quinze ans après, lors du concours de musiques militaires de l'Exposition universelle de 1867.

Remarquons encore que, malgré tous les éloges qu'on a donnés à la clarinette basse *inventée* par A. Sax, Sax lui-même ne la proposa jamais.

Nous voyons apparaître ici la *contrebasse* grave en *si♭*; elle prend une place qu'elle ne quittera plus désormais.

Moins de deux ans après, le décret du 16 août 1854 donnait la réorganisation du personnel des musiques de la Garde, dans laquelle les musiciens sont divisés en quatre classes correspondant aux rangs de soldat de 1re classe, caporal ou brigadier, sergent ou maréchal des logis, sergent-major ou maréchal des logis chef; cette organisation subsiste encore dans les musiques de la Garde républicaine et des Équipa-

ges de la flotte; elle a toujours donné des résultats excellents pour le recrutement d'artistes de la plus grande valeur.

Ce décret fixait la composition instrumentale des musiques de la Garde; cette organisation fut étendue, par le décret du 26 mars 1860, à toutes les autres musiques avec quelques modifications de nombre.

Nous en donnons ci-dessus le tableau.

Aussitôt le décret de 1860 paru, toutes les partitions furent conformes à la nouvelle réglementation, et on ne vit plus, ou très exceptionnellement, de cors ou de bassons y figurer, sauf, bien entendu, les partitions des chefs de musique de la Garde qui avait conservé les cors.

La collection des partitions éditées par la maison Buffet, puis Buffet-Crampon, aujourd'hui maison Evette, est encore assez complète (bien que les planches d'un certain nombre de numéros aient été fondues) pour nous permettre de nous rendre compte du répertoire des musiques militaires en 1844, et d'en suivre l'évolution jusqu'à 1860 d'abord, puis jusqu'à nos jours.

Dans les quarante partitions de l'année 1844 du *Moniteur Musical*, nous trouvons :

20 *pas redoublés*.	2 *boléros*.
1 *marche*.	1 *galop*.
4 *valses*.	4 *fantaisies*.
5 *barcarolles*.	*Armide (grand duo d')*.

Ce duo d'*Armide* et *Le Tocsin*, allegro militaire pour clarinette, comptaient chacun pour deux morceaux.

Il paraît étrange aujourd'hui de rencontrer un pas redoublé comme *Le Tocsin* avec solo de clarinette, mais c'était la mode alors de placer des solos partout, et même dans les morceaux destinés à être joués à la tête des régiments en marche. Cette mode était en quelque sorte justifiée par deux raisons :

1° Le Gymnase musical militaire[1], dirigé par Carafa, recevait des enfants de troupe et de jeunes musiciens des régiments. Après une ou deux années d'études, cet établissement rendait aux régiments d'excellents solistes et les futurs sous-chefs et chefs de musique de l'armée, qui ne demandaient qu'à briller et à se faire apprécier comme instrumentistes.

2° On ne demandait pas aux musiques, alors, de jouer pour faire marcher en cadence *tout le régiment*, mais on les invitait à jouer de jolis morceaux en tête du régiment pour le faire admirer. Les colonels de ce temps ne considéraient pas leur musique comme un objet d'*utilité rythmique*, mais comme la parure, le joyau du régiment. Les temps ont bien changé.

Nous trouvons encore, au n° 22 de cette première année, *Le Vengeur*, titre qui semble devoir promettre toutes les rages des *cuivres*, et qui est suivi de la mention : pas redoublé (petite flûte et petite clarinette).

Ces quarante partitions sont signées : Klosé, l'inventeur de la clarinette à anneaux mobiles, dite clarinette Boëhm, Blancou, Hemet, Randa, Brar-Ennès, Goguelat, Luce, Garrouste, Cappon, Gandner, et le fameux Gurtner, dont les magnifiques pas redoublés se jouent encore.

En supplément ou plutôt en marge du *Moniteur musical*, la maison Buffet publiait quelques autres partitions, parmi lesquelles j'ai à signaler plusieurs

	Musique d'Infanterie.		Musique de Cavalerie.	
	1851 Garde	1860 Ligne.	1854 Garde.	1860 Ligne et Légère.
Petite flûte	1	1		
Grande flûte	1	1		
Hautbois	2	2		
Petites clarinettes	4	2		
Grandes clarinettes	8	4		
Saxophones sopranos	2	2		
— altos	2	2		
— ténors	2	2		
— barytons	2	2		
Cornets	2	2	2	2
Trompettes	1	2	6	4
Cors	3			
Trombones	4	3	6	3
Petit bugle aigu en si♭			1	1
Petits bugles en mi♭	2		2	1
Bugles	2	2	4	4
Altos	2	3	6	4
Barytons	2	2	2	2
Basses	4	3	4	4
Contrebasses mi♭	2	1	2	1
Contrebasses si♭	2	1	2	1
Batterie	5	3		

---

1. Ce Gymnase musical militaire fut institué à Paris pour reprendre la suite du Conservatoire de musique qui, fondé par Sarrette, en 1789, afin de former des artistes musiciens pour l'armée, ne formait plus que des artistes civils : compositeurs, musiciens, chanteurs, tragédiens et comédiens pour les concerts et les théâtres.

transcriptions et *arrangements* sur des opéras ou des opéras-comiques :

Bonsoir Monsieur Pantalon (ouverture), de GRISAR ;

Bonsoir Monsieur Pantalon (fantaisie sur), transcrite et arrangée par BARPSANT.

Gilles Ravisseur (fantaisie sur), de GRISAR également, par DIAS.

Joseph, de MÉHUL (fantaisie sur), par BARPSANT.

Je dis *transcrite* pour l'ouverture, parce que les ouvertures étaient déjà, comme aujourd'hui, réorchestrées pour *harmonie* sans changements de l'œuvre originale autres que la tonalité et les timbres des instruments ; conséquences forcées de l'abandon des instruments à archet pour les seuls instruments à vent.

Je dis *arrangée* pour la *fantaisie* ou la *mosaïque* sur un opéra, parce que, à cette époque, les chefs de musique ne craignaient pas de relier les divers motifs d'un opéra par d'autres motifs de leur cru, qu'ils appelaient des *enchaînements*, de même qu'ils n'hésitaient pas à introduire des variations qu'ils composaient pour faire valoir leurs solistes, sur les motifs originaux. On avait donc raison de dénommer ces transcriptions : *fantaisie arrangée par...* On aurait tout aussi bien pu dire : *arrangement fantaisiste sur...* Toutefois, il ne faudrait pas voir dans cette remarque la moindre critique sur le sens ou le savoir artistique de ces chefs de musique, bien loin de moi cette pensée ; ces artistes n'avaient pas de répertoire, et ils créaient un genre, c'était déjà bien du mérite.

En 1845, le *Moniteur musical* publia :

23 *pas redoublés*
1 *grande marche* (duo de *Tancrède*).
1 *marche funèbre*.
1 *boléro*.
3 *valses*.

1 *mazurka*.
1 *polka*.
1 *galop*.
2 *polonaises*.
1 *andante*.
2 *fantaisies militaires*.

Morse (duo de ROSSINI) pour piston et ophicléide.
Norma (fantaisie sur), de BELLINI.

Puis en supplément :

La Promise de CLAPISSON (deux partitions).
Le Freyschütz de WEBER (marche et air).
Le Barbier de ROSSINI (grand air).

Aux noms précédents des auteurs de partitions, nous trouvons à ajouter ceux-ci :

BRIATTE, FESSY, SOLAND, BASCH, BRUNET qui se montra toujours en tête du progrès, BORREL, VIALLON et Léon CHIC, qui débute ici avec deux partitions sur *La Promise*, et que nous ne retrouverons plus que dix ans plus tard ; il donnera alors, d'une façon continue, les plus excellentes productions durant un demi-siecle.

L'année 1846 nous apporte :

10 *pas redoublés*.
1 *marche*.
2 *barcarolles*.
7 *valses*.
1 *fandango espagnol*.

1 *quadrille*.
3 *fantaisies originales*.
2 *ouvertures originales*.
1 *fantaisie sur Il Giuramento* de MERCADANTE.

Nous ne trouvons dans le supplément qu'une fantaisie sur *Ernani* de VERDI.

Si la production des pas redoublés diminuait, les traductions d'opéras diminuaient aussi, et, malheureusement, les fantaisies, les ouvertures originales, les valses et barcarolles n'étaient pas de nature à élever le niveau artistique des programmes exécutés dans les concerts publics.

Ces concerts justifiaient bien leur titre de *concerts militaires*, et l'on pouvait lire des progammes ainsi composés :

Pas redoublé militaire .... GUBTNER.
Le Camp de Satory (ouverture militaire) .. DOUARD.
Souvenir des zouaves (valse militaire) . ... ERNST.
Le Trophée (fantaisie militaire) .... PILLARD.
Polka militaire, avec clairons .... RAPPARA.

Je n'invente rien, ces partitions figurent toujours sur le catalogue de la maison EVETTE, sous les numéros 15, 16, 139, 39 et 168, et l'on pourrait composer quantité d'autres programmes tout aussi *militaires* avec les partitions encore existantes de cette époque.

Cela me rappelle la boutade d'un lieutenant-colonel qui me disait un jour :

« Quand je serai colonel, je dirai à mon chef de musique : « Vous allez composer votre programme ainsi : 1° *Pas redoublé*, 2° *Marche militaire*, 3° *Allegro militaire*, 4° *La charge*. Quatre morceaux, c'est bien assez. »

En 1886, ce ne pouvait être et ce n'était qu'une boutade ; ce même lieutenant-colonel, devenu colonel, disait :

« Je n'aime pas la musique, mais j'en ai une et il faut qu'elle soit bonne. »

J'ai pourtant connu, quelque vingt ans plus tard, un colonel qui avait écrit dans les notes d'un chef de musique de ma connaissance : « S'occupe de son service avec toute l'activité nécessaire, tient bien son personnel, mais *joue trop de musique civile* dans les concerts. »

Retournons à l'année 1847. Nous y trouvons :

15 *pas redoublés*.
4 *marches*.
1 *marche funèbre*.
2 *boléros*.
1 *galop*.

3 *valses*.
2 *polonaises*.
4 *barcarolles*.
2 *fantaisies originales*.

Don Juan de MOZART (mosaïque), par BERR-ENNES.
Armide, de GLUCK (chœur).
Ne touchez pas à la reine, de BOISSELOT (fantaisie), par LUCE.
Ne touchez pas à la reine, de BOISSELOT (ouverture), par SARRUS.

Parmi les chefs de musique qui travaillaient à créer le répertoire, à le renouveler au fur et à mesure que de nouveaux instruments étaient inventés et adoptés dans l'armée, ce qui rendait souvent inutilisables les partitions du répertoire précédent, nous trouvons de nouveaux noms ; ce sont ceux de : BLANCKMANN, BENDER, JANCOURT, le professeur de basson du Conservatoire, qui dirigeait l'une des meilleures musiques de la Garde Nationale de Paris ; SARRUS l'inventeur du sarrusophone ; de CAMAS, ERNST, QUANTIN, BONNOT, RENAULT.

Pour les années suivantes, nous pouvons sans doute nous dispenser de dénombrer les compositions *militaires* ; non pas que les compositions des élèves du Gymnase soient sans valeur, bien loin de là, car beaucoup de ces compositions peuvent supporter aisément, sinon avec avantage, toutes comparaisons avec beaucoup de compositions de nos chefs de musique actuels ; mais, maintenant que nous savons quel était, dans son ensemble, le répertoire *militaire* d'alors, nous pouvons nous borner à signaler les principales des compositions de ce répertoire, les noms des nouveaux venus parmi les compositeurs ou les transcripteurs, et suivre d'une façon toute particulière le mouvement des transcriptions et des arrangements de la *musique civile* des maîtres ; cette dernière constitue, en somme, la partie importante de l'évolution de l'orchestration pour harmonie et pour fanfare qui nous occupe.

En 1848, nous trouvons un pot-pourri sur *La Straniera* de BELLINI, une grande fantaisie pour piston

sur *Zaïre de Nella* de MERCADANTE, une scène drama-
tique du *Faust* de SPOHR, toutes trois arrangées par
BERR; et une deuxième suite sur le *Giuramento* de
MERCADANTE par BENDER.

Nous ajoutons les noms de HENRICET et de RAF-
FARA.

En 1849, nous n'avons que deux arrangements :
une mosaïque sur *Jérusalem* de VERDI par BREPSANT,
et l'ouverture de *Sémiramis* de ROSSINI par BONNOT.

Je relève dans les compositions militaires, *Genève*,
une bonne ouverture de GURTNER, que celui-ci réor-
chestra entièrement en 1882 pour le concours de
musique de Genève, et *Le Sansonnet* de BONNOT,
polka pour petite flûte qui se joue encore.

L'année 1850 ne nous apporte absolument rien. Nous
entrons dans la plus mauvaise période, cependant
que de jeunes chefs de musique, qui devaient devenir
d'excellents collaborateurs, commençaient à donner leurs productions. Nous relevons les noms de :
ANTONY, LABRO, MOHR, qui allait s'illustrer en formant
la musique des Guides sur les indications de SAX,
MAZEROUX, RINKLY, SCHWARTZ, SCHILLÉ et VIÉ.

En 1851, nous ne relevons qu'une fantaisie concertante sur la *Somnambule* de BELLINI par BENDER.
En revanche, GURTNER nous donne *Le Grondeur, Jupiter* et *Le Huron*, trois pas redoublés qui devinrent
célèbres et furent joués partout.

J'inscris les noms nouveaux de BOUSQUET, BON-
HOMME, ROUBIN et SOURILLAS.

De 1852 jusque vers la fin de 1857, rien. Pas une
transcription, pas un arrangement, rien que le répertoire militaire composé de pas redoublés, de marches,
de polkas, de valses, de schottischs, de quadrilles,
de barcarolles, boléros et mazurkas; quelques marches et pas redoublés *funèbres* semblent souligner
cet abandon de la musique des maîtres, et pourtant, de nouveaux collaborateurs, parmi lesquels deux
au moins de la plus grande valeur : DOUARD et SEL-
LENICK, viennent préparer leur effort; mais les temps
nouveaux n'étaient pas encore venus.

J'ajoute aux deux noms que je viens de citer ceux
de : ALTAMIRA, AUBERT, BUOT, BOURDEAU, père des
célèbres bassonnistes, BRU, BRETONNIÈRE, COUSIN,
COLL, CHARPENTIER, DALBARET, DECLERCK, FRISNAIS,
JOSNEAU, JONAS, LEROUX, l'un des meilleurs chefs de
l'armée, père de M. Xavier LEROUX, grand prix de
Rome, dont tous les musiciens admirent *Le Chemi-
neau*. LABRIC, LOUSTALOT, LAMIABLE, DE MOMIGNY, NICOU,
NIESSEL, PENAS, et TRAUT.

On cherche, sans la trouver, une cause à cette abstention de toute musique sérieuse; les chefs de
musique et les solistes qui sortaient du Gymnase militaire étaient, bien qu'on en ait dit, d'excellents musiciens, et les BERR, les BREPSANT, les BUOT, les DIAS,
les GARROUSTE, les GANDNER, les GURTNER, les KLOSÉ,
les NIESSEL, pour n'en citer que quelques-uns, ont
laissé une réputation ou des œuvres (compositions
ou ouvrages d'enseignement) qui témoignent que ces
musiciens étaient de la meilleure race; les ANTONY,
les BRUNET, les BONNOT, les Léon CHIC, les DOUARD, les
Félix LEROUX, dont le souvenir est resté si vivace à la
musique d'artillerie de Vincennes, les MOHR, les RE-
NAULT, les SELLENICK ont assez prouvé, dans les années
suivantes, par les excellentes partitions sur les œuvres des maîtres de leur temps qu'ils nous ont laissées, leur goût et leur talent, pour qu'on ne puisse
imputer cette abstention à leur manque de savoir.

Est-ce donc dans la composition instrumentale
de leur orchestre qu'il faut chercher cette cause ?

Nous avons vu, dès le début de cette deuxième période qui nous occupe, tout le parti que les Allemands savaient tirer de deux hautbois, de deux clarinettes, de deux cors et de deux bassons; la Société
de musique de chambre pour instruments à vent fait
entendre chaque année, à Paris, ou dans ses tournées
artistiques, les purs chefs-d'œuvre qu'on écrivait il
y a plus d'un siecle pour cet orchestre réduit. Sans
doute, cela n'avait pas grande puissance pour être
entendu en plein air, mais c'était de la musique et de
la meilleure; quelques années plus tard d'ailleurs,
sous le premier Empire, l'adjonction de deux flûtes, le
doublement des hautbois, des clarinettes, petites et
grandes portées à quatorze ou seize, les bassons doublés et renforcés encore de deux serpents, ce qui, je
l'avoue, n'ajoutait rien de bien musical, les cors doublés, l'appoint de deux trompettes, de deux ou trois
trombones et de la batterie, devaient déjà donner
un orchestre appréciable, sinon puissant et capable
d'aborder les transcriptions de musique symphonique.

En effet, les clarinettes et les bassons pouvaient
former une famille chargée de remplacer le quatuor
à cordes, les flûtes, hautbois, trompettes, cors et
trombones conservant leurs parties de symphonie,
la caisse roulante prenant le rythme de la partie
de timbales, la caisse claire, la grosse caisse et les
cymbales soulignant les *forte;* il ne restait que le
rôle de la clarinette, qui, ne pouvant que rester à la
clarinette, manquait de diversité de timbre avec la
clarinette-violon. Cependant, tel quel, cet orchestre
pouvait déjà se suffire, musicalement parlant; je
n'en veux pour preuve que l'*Ouverture pour Harmonie*, écrite par MENDELSSOHN en 1828, et destinée à un
orchestre semblable, quoique comprenant deux parties de clarinettes altos en plus.

Mais, en 1850, nos musiques militaires possédaient
tous les instruments à pistons : cornets, trompettes,
cors, trombones même, et ce n'en était pas mieux, et
enfin tous les cuivres à timbre doux dits saxhorns,
sauf la contrebasse en *si♭* qui n'apparaît qu'en 1856.
L'orchestre était donc puissant et presque complet
eu égard à ce qu'il est aujourd'hui, et de nos jours
encore, la majeure partie des musiques militaires
allemandes n'en ont pas plus, sauf toutefois des clarinettes altos ou plus souvent des clarinettes basses;
mais ces clarinettes basses, il n'était pas impossible
de les introduire dans les musiques françaises, puisqu'on en trouve la partie écrite dans les partitions
de GANDNER, de LUCE, de HENRICET, de SAVART, de
BOUSQUET et, sans doute, de bien d'autres; si ces chefs
de musique écrivaient pour clarinette basse, c'est
donc qu'ils en disposaient et qu'on pouvait en disposer. Je me souviens, au surplus, d'en avoir vu, à mes
débuts (1872), comme élève musicien au 28e de
ligne, une ou deux parmi les vieux instruments de
ce régiment; pourquoi ne s'en servait-on plus? Je l'i-
gnore. Je ne puis donc que répéter ici que je cherche
sans la trouver la cause de l'abstention de toute
musique sérieuse dans les partitions parues de 1850
à 1857.

Quoi qu'il en soit, voici la famille des *saxophones*,
sinon entière, du moins en ses quatre principaux
individus : *soprano, alto, ténor* et *baryton*, admise
dans les harmonies de régiment, et figurant sur toutes
les partitions; tout aussitôt, un effort considérable
de rénovation musicale va se dessiner pour transformer le répertoire des musiques militaires.

C'est BRUNET, honneur lui en soit rendu, qui commence le mouvement avec une mosaïque sur *Si j'é-tais roi* d'Ad. Adam ; puis, Bonnot donne l'ouverture de *Manon Lescaut* d'Auber ; Renault donne l'ouverture de *La Poupée de Nuremberg* d'Adam ; Brunet vient terminer l'année avec une mosaïque sur *Haydée* d'Auber et le trio de *La Favorite* de Donizetti.

L'année 1858 commence avec quatre partitions sur *Les Dragons de Villars* : l'ouverture, une première mosaïque, une deuxième mosaïque et un pas redou-blé, toutes quatre de Dallée.

C'est le premier pas redoublé sur des motifs d'opéra que nous rencontrons ; mais, maintenant que l'élan est donné, nous en verrons bien d'autres ; en raison de cette *mode*, car c'en est une, de l'*arrangement* du motif d'opéra, dont on abuse, nous verrons bientôt l'opéra réduit en valses, en polkas, en quadrilles, etc. ; ce n'était d'ailleurs que ce qui se faisait déjà dans les orchestres symphoniques des grands bals de Paris.

Nous trouvons ensuite :

De Douard :

Mosquita la Sorcière (Boisselot), fantaisie.
Les Dames capitaines (H. Reber), 1re fantaisie.
Mosquita la Sorcière, pas redoublé.
Marie (Hérold), fantaisie.
Les Dames capitaines, 2e fantaisie.

De Brunet :

Zampa (Hérold), ouverture.
Les Diamants de la Couronne (Auber), ouverture.
Jenny Bell (Auber), suite de valses.

De Sellenick :

Gustave III (Auber), 1er pas redoublé.
Gustave III, 2e pas redoublé.

De Léon Chic :

Jenny Bell (Auber), 1re fantaisie.
Jenny Bell, 2e fantaisie.

De Josneau :

La Reine Topaze (Victor Massé), final du 2e acte.
La Reine Topaze, carnaval de Venise varié.
La Reine Topaze, pas redoublé.
La Reine Topaze, mosaïque.

D'Antony :

Le Comte Ory (Rossini), duo.

De Forestier, aîné.

Le Trouvère (Verdi), 1re fantaisie.

De Flori :

Les Vêpres siciliennes (Verdi), ouverture.

On le voit, le mouvement en avant ne pouvait être plus nettement dessiné.

Quatre nouveaux collaborateurs seulement : Forestier aîné, Flori, Hertzog et Dallée.

En 1859, nous trouvons :

De Gurtner :

Robert le Diable (Meyerbeer), fantaisie.
Ba-ta-clan (J. Offenbach), fantaisie.

D'Antony :

Fra Diavolo (Auber), ouverture.
Le Domino noir (Auber), ouverture.

De Flori :

Martha (Flotow), ouverture.

De Renault :

Martha (Flotow), fantaisie.

De Douard :

Giralda (Ad. Adam), fantaisie.
Les Pantins de Violette (Ad. Adam), fantaisie.
L'Étoile du Nord (Meyerbeer), 1re fantaisie.
L'Étoile du Nord, 2e fantaisie.

De Schwartz :

Anna Bolena (Donizetti), fantaisie.

Il y a lieu de remarquer ici que, pour la première fois, on ose traduire la musique forte et puissante de Meyerbeer. L'orchestre d'harmonie dispose maintenant de toutes les ressources instrumentales nécessaires à de pareilles transcriptions.

Un seul nouveau collaborateur : Ernest André.

Je relève en 1860 :

De Gurtner :

Les Noces de Figaro (Mozart), 1re fantaisie
Les Noces de Figaro, 2e fantaisie.

De Renault :

Preciosa (Weber), ouverture.

De Mohr :

Oberon (Weber), ouverture.

D'Antony :

Le Pré aux Clercs (Hérold), ouverture.

De Douard :

Le Médecin malgré lui (Ch. Gounod), fantaisie.

De Brunet :

Les Noces de Figaro (Mozart), mosaïque.
La Fiancée (Auber), fantaisie.
Fra Diavolo (Auber), fantaisie.

De Boué :

Le Bouquet de valses (pot-pourri sur l'*Invitation à la valse* et les opéras en vogue).

De Léon Chic :

Bonsoir Voisin (Poise), quadrille.
La Cenerentola (Rossini), rondo.

De Deneaux :

Credo (Cherubini).

Quelques nouveaux collaborateurs : Maugeant, Boué, Deneaux, Hemmerlé, Coqueterre, Labitzki, Wittmann.

Maintenant que nous nous sommes bien rendu compte de la nouvelle orientation du répertoire, et que nous avons pris connaissance des noms des artisans de ce répertoire, je vais, pour abréger, supprimer la division par année, et me borner à signaler les partitions qui eurent le plus de succès, et surtout qui contribuèrent à l'amélioration constante du répertoire et des principes directeurs de l'orchestration pour harmonie et pour fanfare ; ces principes, j'essayerai de les expliquer plus loin. De même, je ne citerai, parmi les collaborateurs, que ceux qui ont le plus contribué à cette amélioration et à ces progrès.

La Muette de Portici, ouverture (Auber)	Brunet.
Les Hussards de Berchiny, ouverture (Adam)	Renault.
Robert le Diable, fantaisie (Meyerbeer)	L. Chic.
Marche Turque de Mozart	Deneaux.
Moïse, 1re et 2e mosaïques (Rossini)	Bonnot
Le Pardon de Ploermel, mosaïque (Meyerbeer).	Jancourt.
Hommage aux Braves de l'armée d'Italie (l'une des plus belles marches funèbres qui soient.....	Gurtner.

Les Amours de Crispin, ouverture (DE CONNINK).. RENAULT.
Guillaume Tell, ouverture (ROSSINI) .... SELLENICK.
Schiller Marsch (MEYERBEER)............ ..... L. CHIC.
Le Serment, ouverture (AUBER) .... BRUNET.
La Circassienne, ouverture (AUBER)........... FLORI.
La Circassienne, revue fantaisie .... L. CHIC.
La Circassienne, polka .... ID.
La Circassienne, pas redoublé.............. ID.

Je ne cite ces quatre partitions que pour indiquer tout ce que nos arrangeurs, même Léon CHIC, tiraient d'un opéra :

Galathée, fantaisie (V. MASSÉ).............. E ANDRÉ.
Le Toréador, ouverture (ADAM) ... . COARD.
Lucie de Lamermoor, sextuor (DONIZETTI) .. ... L. CHIC.
Le Barbier de Seville, quintette (ROSSINI) ..... L. CHIC.

Ici, je suis obligé de m'arrêter un instant pour faire une remarque importante.

J'ai signalé déjà la grosse différence qui existait entre l'ouverture qui était transcrite intégralement, sauf la tonalité et l'instrumentation, et la fantaisie dont les motifs étaient arrangés, coupés, variés, soudés avec des motifs créés suivant le caprice de l'ararangeur.

Une autre différence séparait encore la transcription du morceau *symphonique*, et l'arrangement des motifs *chantés* de l'opéra; alors que les traductions de traits d'orchestre se faisaient à leurs diapasons réels relatifs avec la tonalité choisie, sauf impossibilité absolue dans l'aigu, les traductions de chant s'effectuaient le plus souvent à l'octave de la voix chantée du théâtre; ainsi, une romance de *soprano* était rendue à l'*octave aiguë* sur la *petite clarinette*, l'accompagnement restant dans son registre normal; la cavatine du *ténor*, du *baryton* ou même quelquefois de la *basse*, mais cependant plus rarement, était exécutée sur le *cornet*, toujours nécessairement une octave plus haut que cela aurait dû être. C'est ainsi que l'air du baryton : « Enfin me voilà seul » des *Noces de Jeannette*, dans une fantaisie d'Ernest ANDRÉ, est transcrit en entier au *cornet*, dont la tessiture et le timbre n'ont absolument rien qui puisse rappeler la voix du baryton.

Dans les deux partitions que je viens de citer sur *Lucie* et sur le *Barbier*, qui sont signées cependant de Léon CHIC, un maître incontesté dans l'art de la transcription pour musique militaire, le *soprano* est rendu à l'*octave* par la *petite clarinette*, le *ténor* est rendu à la *double octave* par le *saxophone soprano* ou la *clarinette solo*, le *baryton* est rendu à l'*octave* par le *cornet* qui devrait interpréter le *soprano*, la *basse chantante* est rendue à 'unisson, mais sur le *trombone* qui devrait interpréter le *ténor*, et enfin la *basse d'opéra* est rendue sur le saxhorn baryton qui devrait interpréter le *baryton*, ou sur le saxhorn basse qui est alors dans son emploi normal. Tout cela ensemble, dans un sextuor ou dans un quintette! Et l'exemple que je donne de ces deux partitions n'est pas une exception; c'était, non la règle bien entendu, mais la coutume ordinaire, et c'est pour cette raison primordiale que les ouvertures parues depuis 1860 peuvent toujours se jouer sans le moindre changement dans leur orchestration, tandis que les fantaisies sur les opéras de cette époque et des quelques années suivantes doivent être presque toutes abandonnées à cause de ce défaut capital.

Léon CHIC a, d'ailleurs, eu le grand mérite de marcher avec son temps, et de donner par la suite des partitions qui sont et resteront des modèles de goût et de savoir.

Je reprends ma revue des principales partitions :

La Juive fantaisie (HALEVY) .... DOUARD.
Le Philtre, ouverture (AUBER) .... BRUNET.
La Muette de Portici, fantaisie (AUBER) .... BRUNET.
Le Roi d'Yvetot, ouverture (ADAM)............ CH. DUPORT.
Guillaume Tell, fantaisie (ROSSINI) .... L. CHIC.
Le Muletier de Tolède, ouverture (ADAM)....... L. CHIC.
Les Noces de Jeannette, fantaisie (V. MASSÉ)... E. ANDRÉ.
Ernani, fantaisie (VERDI)................... SELLENICK.
Haydée, ouverture (AUBER) .... E. ANDRÉ.
Lara (MAILLART), 1re mosaïque, 2e mosaïque, quadrille, polka-mazurka, polka, cinq partitions, par................................... RENAULT.
Obéron, fantaisie (WEBER) .... SELLENICK.
Zampa, fantaisie (HÉROLD) .. .. DUREAU.
Les Vêpres siciliennes, fantaisie (VERDI)........ SELLENICK.
Le Dieu et la Bayadère, ouverture (AUBER) ..... RENAULT.
Sémiramis, ouverture (ROSSINI) ... ... BOUÉ.
La Traviata, fantaisie (VERDI).. .... BONNOT.
Fior d'Aliza, fantaisie (V. MASSÉ) .... DUREAU.
Le Lac des Fées, ouverture (AUBER) .... LABIT.
Il Trovatore, mosaïque (VERDI).. .... BONNOT.
L'Ambassadrice, ouverture (AUBER)........... BARRET.
Le Jeune Henri, ouverture (MEHUL)............ COARD.
La Fête du village voisin, ouverture (BOIELDIEU).. L. CHIC.
Roméo et Juliette, fantaisie (GOUNOD) .... SELLENICK.
Mignon, fantaisie (A. THOMAS)............... RENAULT.
La Sirène, ouverture (AUBER)................. LABIT.

Mais nous voici parvenu à 1868, et l'année précédente, l'Exposition universelle de Paris avait fourni l'occasion de réunir plusieurs des meilleures musiques militaires de l'étranger, dont nous allons pouvoir comparer les diverses organisations, et comme composition instrumentale, et comme nombre, car il est utile de ne pas séparer ces deux facteurs, au moins dans la moyenne du nombre, si l'on veut se rendre compte de la valeur d'une partition ou de l'effet à produire soit à la lecture, soit en raison de la confection de cette partition. En effet, il est évident que, si l'on dispose de 4, de 8 ou de 16 clarinettes pour exécuter les deux ou les trois parties écrites pour cet instrument, soutenues ou non par des saxophones, par des clarinettes altos ou basses et en opposition avec des cornets, des trompettes et des bugles plus ou moins renforcés, on obtiendra des effets bien différents; l'exécution sera bonne ou mauvaise, suivant que l'équilibre des sonorités sera bien ou mal établi.

Voici donc, présentée en un tableau, pour faciliter les comparaisons, la composition des musiques en présence au concours international de musiques militaires de 1867, d'après E. NEUKOMM; il y a incontestablement quelques erreurs, mais elles sont trop légères pour modifier sensiblement le sens général des comparaisons. (Voir le tableau à la page suivante.)

Le morceau imposé était l'ouverture d'*Oberon*.

Les morceaux joués par chacune des musiques étaient donc :

Prussiens : *Obéron* et *Le Prophète*, fantaisie.
Badois : *Obéron* et *Loreley*, finale (MENDELSSOHN).
Bavarois : *Obéron* et *Lohengrin*, introduction et chœur des Fiançailles.
Autrichiens : *Obéron* et *Guillaume Tell*, ouverture.
Espagnols : *Obéron* et *Fantaisie sur des airs nationaux*.
Hollandais : *Obéron* et *Faust*, fantaisie.
Belges : *Obéron* et *Guillaume Tell*, pot-pourri.
Russes : *Oberon* et *Fantaisie sur des airs nationaux*.
Garde de Paris : *Oberon* et *Lohengrin*, chœur et marche des Fiançailles.
Guides : *Obéron* et *Le Carnaval de Venise*, variations.

Nous voyons, d'abord, par les cinq premières des musiques présentes, qu'il n'était pas impossible de jouer de la musique sérieuse sans saxophones, ainsi que je l'ai dit plus haut, et que l'apparition des saxophones en 1857 n'est pas suffisante pour expliquer l'abandon de toute transcription pendant les sept années précédentes.

	Prussiens.	Badois.	Bavarois.	Autrichiens.	Espagnols.	Hollandais.	Belges.	Chevaliers Garde Russe.	Gardes de Paris.	Guides.
Petite flûte	2	1	1	1	1	1	1	1	1	2
Grande flûte	2	2	2	2	2		1	1	2	2
Hautbois	3			2	2	2	2	2	2	3
Cor anglais	1							1		
Petite clarinette en la♭	1			2	1					
Petite clarinette en mi♭	4	2	4	4	2	2	2	2	4	3
Grande clarinette en si♭	16	15	10	12	13	10	16	15	8	12
Clarinette alto (cor de basset)								1		
Clarinette basse			1	2				1		
Saxophone soprano						1	1	1	2	1
— alto						1	1	2	2	2
— ténor						1	1	2	2	1
— baryton						1	1	3	2	1
— basse										1
Basson	6	2	1	2	3	2	4	2		
Contrebasson	4				2			1		
Cornet	4	1	3	2	2	2	2	2	4	4
Trompette	8	5	8	12	6	4	4	8	3	3
Cor	4	3	5	6	4	4	5	8	2	3
Trombone	8	4	3	6	6	3	4	6	5	5
Petit bugle		3			1				1	1
Bugle		3	3	6	2	1	2		2	2
Saxhorn alto	4	1	2	3	2	2	1		3	2
— baryton	6	3	1	3	2	2		2	2	2
— basse	6	1		8	1	2	4		5	6
— contrebasse mi♭		2	3		2	1	2	3	2	3
— contrebasse si♭		3			2	1	3	3	2	2
Contrebasse à cordes						3				
Batterie	6	3	4	5	3	5	2	3	4	1
Total donné par le détail	85	54	51	76	59	51	59	70	60	62
Total indiqué par Neukomm	90	54	51	76	64	56	59	71	56	62

Nous allons voir, cependant, par les appréciations sur l'exécution de ces musiques, que j'emprunte à Neukomm, combien l'influence des saxophones se fait sentir sur la puissance, la plénitude, l'homogénéité de la sonorité générale, et combien elle contribue à rendre les effets d'harmonie se rapprochant des effets de symphonie.

« Disons-le tout de suite : la palme fut, de l'avis de tous les assistants, pour la musique des Gardes de Paris. Celle des Guides avait choisi un morceau hérissé de difficultés et rempli de chausse-trapes, qui ne mit point suffisamment en relief les qualités supérieures de cet excellent orchestre. Mais l'une et l'autre firent preuve d'*une puissance admirable répartie sur toute l'échelle musicale*, et à laquelle il convient de joindre *une variété d'effets que ne présentaient point les autres musiques.* »

« Le jury international se composait de : MM. le général Mellinet, président, Georges Kastner, Ambroise Thomas, Bamberg, consul de Prusse, Boulanger, de Bulow, Jules Cohen, Oscar Comettant, Dachener, Félicien David, Léo Delibes, Elwart, de Faertès, Grisar, Hanslick, de Lajarte, Nicolaï, Romero y OEndia, général Rose, Semet, de Villiers, Emile Jonas, secrétaire. »

« Le premier prix fut réparti entre l'Autriche, la Prusse et la Garde de Paris; le second prix entre la Bavière, la Russie et les Guides; le troisième entre les Pays-Bas et Bade; le quatrième entre l'Espagne et la Belgique. »

« L'ordre dans lequel était libellée la répartition du premier prix était de pure courtoisie; car, de l'avis de tous, la musique de la Garde de Paris avait été bien supérieure à celles des Autrichiens et des Prussiens. »

Nous avons vu plus haut la formation des musiques des Guides, de la Garde et de l'Infanterie. Nous allons les rapprocher de ce qu'elles sont devenues en 1867 :

	Guides.		Garde.		Infanterie	
	1852.	1867.	1854.	1867.	1860.	avec les élèves
Petite flûte	1	2	1	1	1	1
Grande flûte	1	2	1	2	1	2
Hautbois	2	3	2	2	2	2
Petite clarinette	2	3	4	4	2	2
Grande clarinette	4	12	8	8	4	8
Saxophone soprano	1	1	2	2	2	2
— alto	1	2	2	2	2	2
— ténor	1	1	2	2	2	2
— baryton		1	2	2	2	2
— basse	1	1				
Cornet	2	4	2	4	2	3
Trompette	1	3	4	3	2	2
Cor	2	3	3	2		
Trombone	3	5	4	5	3	4
Petit bugle	2	1	2	1		
Bugle	4	2	2	2	2	3
Saxhorn alto	4	2	2	3	3	3
— baryton	2	2	2	2	2	2
— basse	4	6	4	5	3	5
— contrebasse mi♭	2	3	2	2	1	2
— contrebasse si♭	2	2	2	2	1	2
Timbale	1	1				
Batterie			5	4	3	4
	46	61	58	60	40	53

Il apparaît ainsi combien l'expérience avait fait modifier l'œuvre de Sax; l'augmentation avait surtout porté sur les flûtes, les clarinettes et les saxophones; les cuivres étaient restés presque stationnaires, les cornets et les trombones avaient gagné ce que les petits saxhorns avaient perdu, et les basses avaient reçu, seules des saxhorns, une légère augmentation.

Les musiques d'infanterie étaient restées conformes au décret de 1860, mais, grâce aux quinze élèves musiciens qui leur avaient été accordés pour se renouveler aux départs de classes, elles se rapprochaient le plus qu'elles le pouvaient de la constitution de la musique de la Garde, non pour imiter la Garde, mais parce que cette constitution donnait les meilleurs résultats, et se montrait la plus normale aussi bien pour l'exécution en marche que pour le concert sur la place publique.

C'est aussi à cette constitution que j'arrête la deuxième période de cette étude, et je vais faire voir par quelques partitions tout ce qu'on peut exécuter avec cette proportion instrumentale, quand on dispose d'artistes pour jouer ces instruments; je ferai remarquer, en outre, que l'effet est encore meilleur lorsqu'on peut augmenter le nombre des clarinettes et des saxophones, sauf en ce qui concerne le saxophone soprano, dont un seul suffit, pourvu qu'il soit bon.

Les ouvertures suivantes :

Tannhäuser (R. WAGNER)	SELLENICK.
Oberon (WEBER)	SOYER.
Patrie (G. BIZET)	L. CHIC.
Egmont (BEETHOVEN)	T. DUREAU.
Le Roi Étienne (BEETHOVEN)	SOYER.
Phèdre (MASSENET)	T. DUREAU.
Le Roi d'Ys (E. LALO)	MAYEUR.
Titus (MOZART)	SOYER.
Sigurd (REYER)	G. PARÈS.

Les fantaisies ou suites d'orchestre :

Hérodiade (MASSENET)	L. CHIC.
Patrie (PALADILHE)	L. CHIC.
Les Huguenots (MEYERBEER)	SELLENICK.
Henry VIII (SAINT-SAENS)	DUREAU.
Les Erinnyes (MASSENET)	MOMMÉJA.
Gallia (GOUNOD)	G. WETTGE.
Scènes pittoresques (MASSENET)	BOLTEN.
Lakmé (L. DELIBES)	G. PARÈS.
Sigurd (REYER)	G. MEISTER.
Samson et Dalila	G. MEISTER.
Lohengrin (WAGNER)	TH. GLUCK.
La Walkyrie (WAGNER)	ROUVEIROLIS.

etc., etc.

A la lecture de ces œuvres fortes et puissantes, on voit le chemin parcouru, les progrès obtenus en un demi-siècle pendant lequel nous avons pu contrôler le répertoire qui, débutant, en 1844, par quelques timides solos sur de petits opéras comiques, s'épanouit à la fin du xixe siècle en ces magnifiques partitions de musique d'ensemble.

Nous avons constaté, en 1845, la création des premières fanfares *musicales* de cavalerie. J'entends par *musicales* qu'elles pouvaient dès lors, grâce à l'adoption des instruments à pistons, exécuter de la musique originale ou des transcriptions des chefs de musique de cavalerie.

Je ne vais pas refaire le contrôle de ce répertoire spécial, et cela pour deux raisons. La première, c'est qu'il a suivi exactement, année par année, la même marche que le répertoire d'harmonie de l'infanterie, et que presque toutes les transcriptions ont été faites sur les mêmes œuvres, mais avec une proportion moindre d'ouvertures. La seconde, c'est que, commencé dans la maison BUFFET, aujourd'hui EVETTE, et

continué plus tard dans la maison GAUTROT, maintenant COUESNON et Cie, ce répertoire écrit spécialement pour fanfares par des chefs de musique capables, et sortant du Gymnase militaire comme leurs camarades de l'infanterie, fut arrêté en 1867 par la suppression des musiques de cavalerie, et détruit (les planches fondues) plus tard par chacune de ces deux maisons, ce qui est très regrettable, nous verrons bientôt pourquoi.

Dans ces conditions, je vais me borner à citer les noms des principaux collaborateurs de ce répertoire spécial, parmi lesquels nous retrouverons quelques noms déjà connus.

Ces chefs de musique cavaliers ou artilleurs étaient: BUOT, qui n'a pas écrit moins de cent partitions pour fanfare seule, BLANCHEREAU, BISCH, CONTY, COQUETERRE, CAUSSINUS, auteur d'une méthode de basse qui eut de la réputation et qui est restée à peu près seule comme méthode spéciale pour cet instrument, DALIFARD, DASSONVILLE, DESCOINS, FESSY, O. FORT, FÉDOU, G. FISCHER, GARIEL, L. GIRARD, GIBERT, T. GRILLET, GUIMBAL, KREMPEL, LAMARQUE, LUIGINI, MAYER, J. MERCIER, E. MULLOT, PELIGRY, PLUMECOCQ, SCHALLER, THIBAULT et VOHARON.

J'ai dit que la création de la Garde nationale sous la Révolution amena à Paris et dans quelques grandes villes la formation des premières musiques civiles, à l'imitation des musiques de l'armée; j'en retrouve quelques traces dans l'*Histoire générale de l'institution orphéonique française* de Henry-Abel Simon[1], ouvrage le mieux documenté sur ce sujet.

J'y puise les dates des formations suivantes :

Musique d'Armentières	1788.
Musique des Canonniers sédentaires de Lille	1788.
Harmonie municipale de Douai	1791.
Musique municipale du Mans	1799.
Musique de Tourcoing	1805.
Musique de Courtray	.
Musique de Comines	.
Musique de Leers	.

Ces trois dernières sans dates, mais comme elles constituaient les sociétés prenant part au concours de musique organisé par la ville de Tourcoing en 1820, elles étaient forcément d'une création antérieure à 1820.

Harmonie du cercle Sainte-Cécile d'Aubagne	1816.
Grande Harmonie de Roubaix	1820.
Harmonie de la Société Philharmonique de Cognac	1826.
Harmonie Municipale de Cambrai	1830.
Harmonie Municipale du Cateau	1830.
Philharmonique de Charleville	1834.
Musique municipale de Denain	1838.
La Fanfare des Écoles à Paris	1842.
Harmonie Sainte-Cécile de Saint-Henry-lès-Marseille	1842.
Musique des Sapeurs-Pompiers de Tourcoing	1844.
Harmonie d'Attigny	1846.
Fanfare La Néméenne, à Paris	1849.
Fanfare Lyonnaise	1849.
Fanfare de Dijon	1851.

Mais, à cette dernière date, beaucoup d'autres sociétés musicales, surtout des chorales, s'étaient déjà formées. Le mouvement artistique populaire avait été déterminé par BOCQUILLON WILHEM, qui, sur l'initiative du baron de Gerando, ministre de l'instruction publique, avait fondé en 1820 les cours populaires de musique dans les écoles de la Ville de Paris et l'*Orphéon municipal*; il fut élargi par le célèbre voyage artistique de ROLLAND et de ses quarante chanteurs montagnards béarnais qui, après quelques

---

1. Margueritat, éditeur.

concerts dans les villes environnantes, à titre d'essai, partirent le lundi de Pâques 1838, de Bagnères-de-Bigorre, pour aller chanter dans toutes les villes de France d'abord, puis en Belgique, en Angleterre, en Russie, en Hollande, en Danemark, en Suède, en Norvège, en Autriche, en Italie, en Turquie, en Grèce, en Asie, en Afrique et en Amérique; voyage artistique héroïque de dix-sept années consécutives, auquel on ne voudrait pas croire si l'on n'était sûr de sa parfaite authenticité, voyage qui établit un courant musical populaire inimaginable et détermina la création de nombreuses sociétés chorales.

Ce courant musical populaire une fois créé, il fallait l'affermir, en tirer les fruits, et, pour cela, il fallait un apôtre; cet apôtre vint; ce fut Eugène DELAPORTE qui, muni d'une simple lettre d'introduction du ministre de l'intérieur auprès des préfets, partit le sac au dos, le bâton à la main, de ville en ville, de village en village, arrivant ici, réunissant la jeunesse de l'endroit, cherchant et trouvant un amateur, le formant s'il n'existait pas, lui montrant à faire ses cours, à former, à instruire, à diriger la jeune société musicale, qu'elle fût une *chorale*, une *fanfare* ou une *harmonie*, et, le bon fonctionnement de cette société assuré, reprenant son sac et son bâton pour aller plus loin continuer son apostolat.

Tout le monde ne pouvait pas chanter, et puis, il fallait une salle pour faire entendre une chorale, et les salles de concerts sont rares au village. L'introduction des instruments à pistons et leur perfectionnement en France vint à point pour simplifier la question des sociétés instrumentales. En effet, avant les instruments à pistons, il fallait, à l'effet de constituer la moindre musique, des *clarinettes*, des *bassons*, des *bugles à clés*, des *cors*, des *trombones à coulisse* et des *ophicléides*, tous instruments de systèmes différents qui exigeaient une étude spéciale pour chacun d'eux et autant de professeurs spéciaux qu'il y avait d'espèces d'instruments. Avec les instruments à pistons, cette complexité disparaissait, et tous les instruments étant d'un seul et unique système, un seul artiste pouvait suffire à enseigner le cornet, le bugle, le trombone, les alto, baryton, basse et contrebasse qui n'avaient pas encore pris leur dénomination de saxhorns, mais qui existaient déjà sous les noms les plus divers, comme je l'ai démontré en traitant du principe des instruments à vent. La trompette et le cor offraient plus de difficultés, pour les deux raisons suivantes : 1° la coutume d'écrire dans la portée de la clé de *sol* les notes au-dessus du son 4, alors qu'on les écrit au-dessus de la portée dans le système général des instruments à pistons, y compris les petites trompettes modernes, mais qui n'étaient pas connues à l'époque dont nous nous occupons, écriture qui laissait croire à beaucoup d'artistes que le cor et la trompette avaient un doigté autre que le doigté général; 2° les notes suraiguës, souvent employées sur ces deux instruments, demandent une souplesse de lèvres et une éducation musicale de l'oreille qu'il était et qu'il est encore bien difficile de demander et surtout d'obtenir de travailleurs ne pouvant consacrer à l'étude de la musique que les bien courts loisirs laissés par leur journée de labeur.

Une fanfare pouvait donc se constituer d'une manière à peu près complète avec les instruments suivants :

cornets, 1er et 2e.	*petit bugle.*
trombones à pistons, 1er, 2e et 3e.	*bugles,* 1er, 2e, quelquefois 3e.

altos, 1er, 2e et 3e.	*basses.*
barytons, 1er et 2e.	*contrebasse en mi♭.*

Quelques années plus tard, on pouvait ajouter la contrebasse si♭.

Tous ces instruments étaient du même système et pouvaient être enseignés par un même et unique professeur; un musicien qui avait appris à jouer de l'un d'eux pouvait passer à la pratique d'un autre quelconque de ces instruments, si la conformation de ses lèvres le permettait, avec quelques jours d'étude seulement pour accoutumer son oreille à la nouvelle *intonation*. (C'est le terme employé pour indiquer le changement de diapason ou de tonalité d'un instrument à un autre.) Enfin, on poussait la simplification jusqu'à écrire toutes les parties, même celles de basse, de contrebasse et de trombones, en une clé unique : la clé de *sol*.

Un compositeur-éditeur, TILLIARD père, fit plus : comprenant que, dans beaucoup de campagnes, dans les lycées et colleges qui, à cette époque, participaient, eux aussi, à ce mouvement musical universel en France, par la création de petites fanfares pour égayer les promenades des élèves et les fêtes intimes des établissements scolaires; comprenant, dis-je, que la composition instrumentale que je viens d'indiquer était encore trop compliquée pour ces petites fanfares, TILLIARD commença la publication de compositions et d'arrangements dits pour *harmonie* ou *fanfare*, et comportant les parties séparées suivantes:

petite flûte, ré♭.	1er *alto mi♭.*
petite clarinette mi♭.	2e *alto mi♭.*
1re *clarinette si♭.*	1er *baryton si♭.*
2e *clarinette si♭.*	2e *baryton si♭.*
1er *piston* (cornet) *si♭.*	1er *trombone ut.*
2e *piston si♭.*	2e *trombone ut.*
1er *bugle si♭.*	*trombone basse* [1] *ut.*
2e *bugle si♭.*	*basse solo si♭.*
petit bugle mi♭.	*basse si♭.*
trompettes mi♭.	*contrebasse mi♭.*
1er *cor ou saxhorn mi♭*	*contrebasse si♭.*
2e *cor ou saxhorn mi♭.*	*batterie* (grosse caisse et caisse).

Il ajouta même, plus tard, les parties de *saxophones, soprano, alto, ténor* et *baryton.*

Cela avait ainsi l'air d'être orchestré pour musique d'harmonie complète; il n'en était rien. Tous les morceaux de cette publication étaient orchestrés réellement pour :

1er *cornet.*	1er *baryton.*
2e *cornet.*	2e *baryton.*
1er *alto.*	*basse* [et quelquefois *basse solo*].
2e *alto.*	

et toutes les autres parties n'étaient que des doublures de celles-ci, quitte à introduire des mesures à compter dans les parties de trombones.

Les artistes ont beaucoup critiqué ces compositions et ces arrangements; ils ont eu tort. Cette publication a rendu de grands services en permettant la naissance et les premiers vagissements de nombreuses petites sociétés, qui n'auraient pu vivre avec le répertoire des autres publications, moins rudimentaires, sans doute, mais exigeant une organisation plus complète. Elle a encore eu le mérite de mettre à la portée des petites sociétés quelques œuvres classiques mélangées à ses arrangements sur les

---

1. Sous cette appellation de *trombone basse*, on entend le *trombone ténor* chargé de la partie la plus grave des trombones, ce qui semble confirmer, dans une certaine mesure, les doutes que j'ai exprimés plus haut à propos des contrebassons et des trombones basse et contrebasse.

opéras; elle a d'ailleurs progressé comme les sociétés auxquelles elle s'adressait, et s'est enrichie, depuis, d'œuvres plus complètes; mais je n'ai à m'occuper ici que des débuts.

J'ai promis d'indiquer les principes directeurs de l'orchestration pour harmonie et pour fanfare; il est bien entendu que je ne parlerai que des principes généralement admis maintenant, et non de ceux d'autrefois qui n'auraient guère d'utilité pratique.

J'ai dit plus haut que TILLIARD orchestrait pour *deux cornets, deux altos, deux barytons* et *une ou deux basses*; c'est *deux bugles* qu'il aurait fallu et non pas *deux cornets* pour avoir la famille complète des saxhorns et obtenir le timbre doux des cuivres à perce conique du bas en haut de l'échelle et avec une étendue maximum de quatre octaves et une quarte, du *sol* grave de la contrebasse en *si♭* à l'*ut* aigu

du bugle : 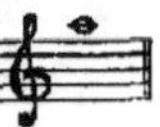 on pourrait même

dire quatre octaves et une septième, si l'on voulait compter du *sol* grave de la contrebasse jusqu'à l'*ut*

aigu du *petit bugle* : mais les

artistes capables de faire sortir ce contre-*ut* sont si rares qu'on ne peut écrire, dans la pratique, plus haut que le *la*, et encore cette note est-elle le plus souvent *laissée dans l'instrument* par la plupart des musiciens des fanfares civiles; et puis, les petites sociétés dont nous nous occupons ici n'ont jamais de petit bugle.

TILLIARD et tous les compositeurs de son temps qui écrivaient pour ces modestes sociétés ne mettaient jamais rien d'indispensable au bugle, pour la raison que la mode était au *piston*, et que les chefs de musique ne pouvaient parvenir à décider leurs élèves à prendre le bugle; je me souviens d'avoir vu, encore en 1873, dans un fête d'inauguration de monument patriotique (Le mobile de la Maison brûlée près de Rouen), de nombreuses petites fanfares de campagne avec six, sept ou huit cornets (au moins la moitié de l'effectif de la société) et pas un seul bugle. Aujourd'hui, les choses ont changé et les bugles se rencontrent partout.

Je suppose donc complète la famille des saxhorns.

S'il s'agit de la transcription d'un chœur sans accompagnement, la chose est toute simple, et nous en revenons au procédé du xv° siècle : la partie de soprano sera transcrite aux premiers bugles, la partie d'alto (femme) ira aux deuxièmes bugles, le ténor aux altos, le baryton aux barytons, et la partie de basse restera aux basses. Les contrebasses ne joueront pas.

S'il s'agit de la transcription d'un chœur avec accompagnement (accompagnement de dessins et de rythme différents du chœur), si les parties d'accompagnement comportent des dessins plus simples que les parties de chœur, les *voix de femmes* seront transcrites aux premiers bugles divisés, les *voix de ténors* aux barytons, et les *voix de basses* aux basses; les deuxièmes bugles, les altos et les contrebasses auront la répartition des parties d'accompagnement.

Si, au contraire, les dessins d'accompagnement sont plus difficiles d'exécution que les parties chorales, celles-ci seront confiées aux deuxièmes bugles,

aux altos et aux basses; on réservera les parties d'accompagnement ou traits d'orchestre au bugle solo, aux premiers bugles, à l'alto solo, aux barytons et à la basse solo.

S'il s'agit d'un quatuor, les deux voix de femmes seront interprétées par le bugle solo et le meilleur des premiers bugles, ou par le bugle solo, et l'alto solo, selon la tessiture de la deuxième voix de femme; si elle est possible, la deuxième combinaison sera d'une meilleure sonorité que la première; les deux voix d'hommes seront rendues par le premier baryton et la basse solo, ou, s'il s'agit d'un ténor léger, par l'alto solo et la basse solo ou le baryton. Les autres parties seront chargées de l'accompagnement quelle qu'en soit la difficulté, car ici, les qualités de son et surtout de style des parties représentant les voix doivent primer la question de mécanisme des traits de l'accompagnement.

La transcription d'une cavatine, d'un duo ou d'un trio se traite évidemment d'après les mêmes principes, comme nous n'avons qu'un seul timbre à notre disposition. Le bugle solo sera chargé de représenter la voix de femme, qu'il s'agisse d'un soprano léger ou d'un soprano dramatique, voire d'un contralto; pour la voix d'homme, le choix pourra s'exercer entre l'alto, le baryton ou la basse et, à ce propos, je ne saurais trop m'élever contre la fâcheuse coutume qu'ont prise beaucoup de chefs de musique de faire exécuter les parties de baryton sur des basses; c'est là se priver bien inopportunément de l'une des meilleures unités de la famille des saxhorns. Il y a, en effet, une grande différence entre le son de l'alto et le son de la basse, et la voix intermédiaire du baryton est indispensable pour relier ces deux sons l'un à l'autre; d'autre part, le son de la basse est beaucoup trop épais, trop lourd pour l'exécution des contretemps et des tenues; le timbre du baryton a encore, sur celui de la basse, l'inappréciable avantage de se rapprocher du timbre du cor, timbre qui manque si souvent à nos orchestres de plein air; enfin, dans le cas de la traduction de deux voix d'hommes, le baryton solo ne se distingue plus de la basse solo, si ces deux parties sont exécutées sur deux instruments de même perce et, conséquemment, de même caractère.

Il ne nous reste à examiner que le cas de traduction de la symphonie, du piano ou de l'orgue. Dans l'un quelconque de ces trois cas, comme nous ne disposons que d'une seule et unique famille, il ne saurait être question de traduire d'après la partition d'orchestre symphonique; cette traduction ne peut s'effectuer que sur la partie de piano ou d'orgue (originale ou réduction d'orchestre), et il n'y aura qu'à répartir dans les meilleures conditions d'équilibre sonore possible les diverses parties superposées des deux portées du clavier. Cependant, il y a, ici, une difficulté qui subsiste dans tous les groupements de fanfare; souvent, la ligne mélodique dépasse à l'aigu l'étendue des bugles, d'autant plus que si, théoriquement, tous les instruments à pistons, en dehors des cors et des trompettes, peuvent monter à l'*ut* aigu 8° harmonique, dans la pratique, surtout dans les petites sociétés, on ne peut demander aux bugles de dépasser le *la* :

Pour vaincre cette difficulté, il n'y a qu'un moyen : abaisser d'une octave le trait, ou mieux, une partie du trait trop aigu pour être exécuté tel quel sur le bugle. Evidemment, cela ne va pas sans porter dommage à l'effet du trait ainsi transposé à l'octave inférieure ; de plus, si l'on transpose tout le trait, une partie de ce trait passera *sous* une ou deux parties de l'accompagnement ; si, au contraire, on n'en transpose que la partie surélevée, on risque de dénaturer le sens mélodique de la phrase ; c'est pourquoi, il faut apporter aux mutations de ce genre beaucoup de tact, et surtout éviter de faire ces mutations sur les temps forts ou les parties fortes des temps ; il en est de ces mutations comme des respirations : bien placées, elles passent inaperçues ; placées maladroitement, elles rompent tout le charme et brisent le sens musical de l'œuvre.

Vers le même temps, un autre éditeur, MARGUERITAT père, commençait la publication de morceaux destinés également aux petites sociétés en formation, mais cependant d'un degré plus elevé que ceux de TILLIARD. Pour former ce répertoire, il fit appel à des musiciens connaissant parfaitement les petites fanfares et se rendant bien compte de ce qu'il était possible de leur demander d'efforts sans les décourager ; et puis aussi, et surtout, n'ignorant pas le peu de science musicale de tous ces chefs de fanfare improvisés, qui ne savent pas plus l'harmonie que les règles de la transposition, et qui ne connaissent à peu près bien que l'instrument dont ils jouent (le *piston*, le plus ordinairement), modestes collaborateurs d'une grande œuvre, qui apportaient seulement à cette œuvre une immense bonne volonté.

Ces compositeurs appelés par MARGUERITAT furent surtout : BLANCHETEAU, dont nous avons déjà trouvé le nom dans l'édition GAUTROT pour fanfares de cavalerie, et qui, je crois, sans pouvoir l'affirmer, était ou avait été chef de musique dans l'armée ; ZIÉGLER, chef de musique de cavalerie ; E. MABIE, chef de la fanfare de la Garde nationale ; Michel BLÉGER, qui sortait du Gymnase militaire, dont l'un des freres fut chef de musique au 109e de ligne, et dont l'autre, le plus jeune, me disait un jour en plaisantant, non sans une légère pointe d'ironie : « Je suis le seul de ma famille qui n'ait pu faire un chef de musique, je n'ai pu que devenir colonel. » Il était devenu, en effet, l'un des colonels les plus distingués de l'armée française. Un peu plus tard, MULLOR, chef de musique au 67e de ligne, vint aussi apporter son importante et précieuse collaboration.

Dans cette édition, comme dans celle de TILLIARD, comme dans toutes les éditions françaises d'ailleurs, à l'exception des éditions spéciales *pour fanfare*, de BUFFET-CRAMPON et de GAUTROT, chaque composition comprenait toutes les parties nécessaires aux musiques d'harmonie, sauf les parties de hautbois, de grande flûte et de saxophones, qui ne furent ajoutées que beaucoup plus tard ; mais l'orchestration réelle n'était faite que pour fanfare et ne comportait que les instruments suivants :

premier cornet.	*troisième bugle.*
second cornet.	*premier alto.*
trompettes.	*second alto.*
premier cor.	*troisième alto.*
second cor.	*premier baryton.*
premier trombone.	*second baryton.*
second trombone.	*ophicleide ou basse.*
troisième trombone.	*contrebasse mi♭.*
petit bugle.	*contrebasse si♭.*
premier bugle.	*tambour.*
second bugle.	*grosse caisse.*

Mais, bien que les parties de trompettes, cors et trombones fussent des parties spéciales et différentes des parties des saxhorns, le fond de l'orchestration reposait encore uniquement, et pour les mêmes raisons, sur les deux cornets, les premier et deuxième altos, les deux barytons et la basse. Les autres instruments venaient ajouter quelques effets sur ce fond, mais il n'y avait jamais d'effet particulier, et se suffisant par soi-même, de trombones, de trompettes, ni de cors. D'ailleurs, les compositeurs de ce répertoire savaient fort bien que les sociétés pour lesquelles ils écrivaient n'avaient jamais ni cors ni trompettes ; trop heureuses quand elles pouvaient disposer d'*un* ou de *deux* trombones ; leur procédé consistait à écrire les parties indispensables aux saxhorns et cornets, à mettre toujours aux cornets les passages obligés des parties de trompettes (procédé toujours en usage), à mettre encore aux cornets les passages essentiels des parties de bugles, à écrire au premier et au deuxième alto les notes caratéristiques des accords ; le troisième alto, toujours doublé par le deuxième baryton, était à peu près inutile, et presque jamais joué, attendu que les sociétés possédant trois altos préféraient, avec raison, confier à ce troisième alto la partie de premier cor, qui était en réalité écrite dans ce but ; enfin, la partie de premier baryton portait, avec la mention *à défaut*, les fragments en solo de la partie de premier trombone.

Le vice de tous ces arrangements hybrides est justement d'encombrer les parties principales des passages essentiels *à défaut* des instruments pour lesquels ils sont primitivement écrits ; tout ce qui est écrit à défaut tient la place de ce qui devrait être réellement écrit pour l'instrument principal, qu'est ainsi réduit au rôle peu artistique de « bouche-trou ».

Résultat : toutes ces compositions, qui ont rendu, je le répète, les plus grands services aux petites sociétés en formation, ne produisent et ne peuvent produire d'effet que dans le milieu pour lequel elles ont été écrites. Quant à les faire exécuter par des harmonies, malgré les parties de flûte et de clarinettes qu'elles contiennent, il vaut mieux n'en pas parler.

J'en ai dit assez, je crois, pour faire comprendre toute la sincérité et toute l'ampleur du regret que j'exprimais plus haut, de la disparition du répertoire écrit spécialement pour fanfare et édité par les maisons BUFFET-CRAMPON et GAUTROT ; là, point de *à défaut*, et surtout, point de parties entièrement doublées sur d'autres ; toutes les parties qui figuraient sur la partition étaient des parties réelles, concourant toutes à l'effet complet de l'instrumentation annoncée.

L'édition GAUTROT était divisée en trois séries : petite fanfare, moyenne fanfare et grande fanfare. C'était une excellente division, parce qu'elle indiquait que l'instrumentation comprenait des familles plus ou moins complètes d'instruments, mais cette division en série indiquait surtout que, dans la pensée de l'auteur, sa composition était destinée à être interprétée par un personnel correspondant à la qualification de la fanfare.

Pour continuer mes indications sur les idées directrices de l'orchestration de fanfare, je vais me baser sur les divisions de l'ancienne édition GAUTROT.

Petite fanfare. — La petite fanfare comprend les parties suivantes :

<table>
<tr><td>premier cornet.</td><td>second alto.</td></tr>
<tr><td>second cornet.</td><td>troisième alto.</td></tr>
<tr><td>premier trombone.</td><td>premier baryton.</td></tr>
<tr><td>second trombone.</td><td>second baryton.</td></tr>
<tr><td>troisième trombone.</td><td>basse.</td></tr>
<tr><td>premier bugle.</td><td>contrebasse mi♭.</td></tr>
<tr><td>second bugle.</td><td>contrebasse si♭.</td></tr>
<tr><td>premier alto.</td><td>caisse claire.</td></tr>
</table>

S'il s'agit de la transcription d'un chœur à quatre voix sans accompagnement, on mettra la partie de soprano aux cornets et aux premiers bugles; les mezzo-sopranos ou contraltos iront aux deuxièmes bugles et aux altos, les ténors aux premiers et seconds trombones et au premier baryton, et les basses seront interprétées par le troisième trombone, le deuxième baryton et les basses. Les contrebasses ne joueront pas.

S'il s'agit d'un chœur avec accompagnement, l'interprétation devient toute différente; le chœur sera rendu par les seuls cuivres clairs : premières voix de femmes aux premiers cornets, secondes voix de femmes aux seconds cornets, ténors au premier trombone et basses aux deuxième et troisième trombones; dans le cas où l'on disposerait de quatre trombones, on mettrait deux trombones pour les voix de ténor et deux pour les voix de basse. L'accompagnement sera dévolu aux saxhorns représentant l'orchestre symphonique. Cependant, si l'accompagnement était de peu d'importance, on pourrait encore renforcer les cornets des premiers bugles, à la condition de doubler les trombones par les barytons; il resterait alors les deuxièmes bugles, les altos, les basses et contrebasses pour l'accompagnement.

S'il s'agit de solo, duo, trio ou quatuor de chant, le principe est encore changé; alors que nous venons de voir que toutes les voix du chœur doivent être exprimées dans une famille de même timbre, et que, si deux timbres sont employés, toutes les voix seront accolées, ici, au contraire, on devra varier les timbres suivant le caractère de chaque voix; la règle, sauf de rares exceptions, est de représenter le soprano par le cornet, le contralto par le bugle, le ténor par le trombone, le baryton par le saxhorn baryton, et la basse par le saxhorn basse ou tuba (appelé encore quelquefois par les instrumentistes « quatre cylindres ».

S'il s'agit d'une transcription symphonique, les saxhorns recevront la mission d'exprimer tout le travail des instruments à archet, les bugles, ne pouvant suivre les violons dans l'aigu, seront souvent forcés de recevoir les mutations d'octave dont j'ai déjà parlé; les traits d'alto à cordes dépassant à l'aigu ou au grave l'étendue du saxhorn alto seront achevés par les barytons ou par les bugles selon le cas; mais, si l'on veut que ces soudures ne soient pas choquantes, il faut avoir le soin de faire prendre l'instrument qui doit continuer ou finir le trait, quelques notes avant que l'instrument précédent cesse de jouer; il est encore prudent de ne pas faire cette soudure dans les notes extrêmes de l'un ou de l'autre instrument, afin que le changement de diapason passe inaperçu.

Les trombones conserveront naturellement toutes les parties des trombones de la partition symphonique, et pourront quelquefois accentuer certains *tutti* de basses en se joignant aux saxhorns; toutefois, il faut prendre garde de chercher la puissance et de ne trouver que de la brutalité; enfin, dans les *piano* et les *mezzo-forte*, les trombones recevront les parties de bassons et de cors en ce qui n'est pas incompatible avec le mécanisme de la coulisse.

Les cornets rassembleront sur leurs parties, d'abord les parties de trompettes, puis ce qu'il y a d'essentiel aux flûtes et aux hautbois, laissant seulement les traits de clarinettes aux bugles.

Évidemment, il n'y a pas beaucoup de variété dans les timbres, mais c'est déjà beaucoup mieux que ce que nous avons vu dans les éditions précédentes.

Moyenne fanfare.

Les mêmes instruments que pour la petite fanfare plus les cors.

Pour tout ce qui regarde les transcriptions de chœurs et de pièces vocales, je n'ai plus rien à ajouter, au moins pour le moment, et, pour les transcriptions symphoniques, il y a peu d'observations nouvelles à faire.

Il va de soi que, la fanfare comportant des cors, les parties de trombones sont allégées d'autant. Cependant, il ne faut pas oublier que, de nos jours, les moyennes fanfares, autrement dit les fanfares de moyenne force, n'ont que rarement de vrais cors; ces parties de cors seront donc exécutées le plus souvent sur des altos, de sorte que, soit pour que les parties de cors se détachent des parties d'altos, soit pour être sûr que les notes graves des cors seront entendues, soit enfin pour obtenir certains effets de sonorité, on aura encore recours aux trombones ou aux barytons.

Grandes fanfares.

Ici, ni les instruments, ni le nombre des artistes, ni le talent de ceux-ci ne doivent faire défaut, et la disposition de la partition devra se présenter ainsi :

<table>
<tr><td>premier cornet.</td><td>alto solo.</td></tr>
<tr><td>second cornet.</td><td>premier et deuxième altos.</td></tr>
<tr><td>première trompette.</td><td>premier baryton.</td></tr>
<tr><td>seconde trompette.</td><td>deuxième baryton.</td></tr>
<tr><td>premier et troisième cors.</td><td>basse solo.</td></tr>
<tr><td>second et quatrième cors.</td><td>première basse.</td></tr>
<tr><td>premier trombone.</td><td>seconde basse.</td></tr>
<tr><td>second et troisième trombones.</td><td>contrebasse mi♭.</td></tr>
<tr><td>quatrième trombone.</td><td>contrebasse si♭.</td></tr>
<tr><td>petit bugle.</td><td>timbales.</td></tr>
<tr><td>bugle solo.</td><td>tambour.</td></tr>
<tr><td>premier bugle.</td><td>grosse caisse et cymbales.</td></tr>
<tr><td>second et troisième bugles.</td><td></td></tr>
</table>

Sans doute, on doit se demander pourquoi je place toujours les cors entre les trompettes et les trombones. Il est certain que la famille des timbres clairs ne se compose que des cornets, des trompettes surtout et des trombones, et que les cors, dont les sons se marient cependant très bien avec ceux des trombones dans le piano, constituent, en réalité, une famille à part; ils devraient donc être placés à part également. Ce n'est qu'une question matérielle d'écriture qui a fait prendre l'habitude aux compositeurs de leur donner cette place. En effet, les parties de trompettes, les trompettes en *mi♭* ou en *fa*, dont nous avons seulement à nous occuper pendant la deuxième période, comportent fréquemment des notes avec lignes supplémentaires en dessous de la portée; or, le premier trombone a, le plus souvent, des notes avec des lignes supplémentaires en dessus de la portée, ce qui rend l'écriture matérielle de ces deux parties, qui devraient être voisines, à peu près impossible. On pourrait y obvier en écrivant les trompettes à la manière des saxhorns, avec le quatrième harmonique sur le troisième interligne, comme le faisait Sellenick, mais ce système n'a jamais prévalu, et tout le monde écrit et lit le quatrième harmonique sur la première ligne supplémentaire en dessous de la portée, clé de *sol*. On pourrait encore éviter l'inconvénient d'écriture de ces deux parties voisines en écrivant le premier trombone en clé d'*ut* troisième ligne, comme on faisait autrefois pour le trombone alto, et comme on peut le voir dans toutes les partitions de Mendelssohn; mais l'emploi de la clé d'*ut* quatrième ligne est déjà fort rare dans les partitions pour musique militaire, à cause du trop petit nombre de musiciens de l'armée sachant lire cette clé, surtout depuis la suppression du Gymnase militaire et des classes militaires du Conservatoire (1867).

Ne pouvant se servir d'aucun de ces deux moyens, on a pensé que le plus simple était de séparer ces deux parties par les parties de cors qui, n'employant qu'assez rarement les lignes supplémentaires, permettent d'écrire les parties de trompettes et de trombones sans aucune gêne, et c'est ainsi que cette habitude a été prise.

Nous trouvons, dans la tête de partition que je viens d'indiquer, une partie spéciale de bugle solo qui n'a point ici la signification habituelle; cette partie n'indique nullement qu'il y aura un solo de bugle, ni même que cette partie ne devra être jouée que par un seul bugle; tout au contraire, elle doit être exécutée dans les grandes fanfares par deux, par trois et même par quatre bugles solos si le pupitre des bugles est assez nombreux; c'est une partie en quelque sorte supérieure à celle des premiers bugles, qui doit être exécutée par une proportion d'artistes pouvant varier du cinquième au quart de l'ensemble des premiers bugles, et qui, s'unissant aux petits bugles pour exécuter les traits ascendants, alors que les premiers bugles font les mutations d'octave obligées, contribue à en atténuer le mauvais effet. Nous retrouverons plus loin une distinction semblable pour la partie dite de clarinette solo dans les grandes harmonies.

Nous trouvons encore, dans notre tête de partition, une partie d'alto solo et une partie de basse solo; ces parties sont surtout destinées à recevoir les traits mélodiques qui se trouvent dans leurs registres, et, pour cette raison, elles ont souvent à jouer des traits ou des fragments de traits qui se trouvent dans des notes inférieures à celles des autres instruments de leur pupitre.

Des chœurs, quatuors, trios, duos ou solos, je n'ai rien de nouveau à dire.

Dans la traduction des pièces symphoniques, des grandes ouvertures, la certitude d'avoir des trompettes et un quatuor de cors nous permettra de rechercher plus de couleur encore; je m'empresse cependant d'ajouter qu'il en est de l'orchestration comme de la peinture. Rien n'est plus difficile que de faire un tableau d'une seule couleur, ton sur ton, c'est-à-dire un tableau où les contours d'un dessin bien marqué ne doivent se distinguer que par des nuances très voisines d'une même couleur; rien n'est plus difficile également que d'obtenir une exécution vraiment intéressante de timbres (la couleur musicale) avec les seuls instruments de cuivre qu'il faut connaître d'une manière très approfondie si l'on veut être à même d'en pratiquer l'emploi avec quelque sûreté.

Tout ce qui vient du quintette à cordes sera, comme précédemment, réparti aux saxhorns, et les traits de violons pourront être reproduits intégralement jusqu'à l'*ut*⁵ (*ut* de la deuxième ligne supplémentaire supérieure, clé de *sol*) grâce aux petits bugles et aux bugles solos; si ces traits montent plus haut, on fera la mutation d'octave en deux fois; d'abord, les premiers bugles, puis les bugles solos et les petits bugles, ou même en trois fois : premiers bugles, bugles solos, petits bugles, ce qui sera encore meilleur.

Les parties de trombones aux trombones.

Les parties de cors, aux cors.

Les parties de trompettes, aux trompettes.

Les parties de bassons, aux trombones, si ces derniers ne sont pas occupés par leurs propres parties, et s'il s'agit de tenues, de temps ou de contretemps; aux barytons, s'il s'agit de traits, gammes arpèges, etc.

Les parties de flûtes, aux cornets, qui les rendront, bien entendu, une octave plus bas.

Les parties de hautbois, aux trompettes, s'il n'y a pas de traits, aux cornets, si ces parties sont mouvementées.

Les parties de clarinettes, à deux bugles solos.

Je répète que je ne donne ici que des idées directrices, conséquemment générales, et sujettes à de très nombreuses exceptions suivant tous les cas particuliers qui peuvent se présenter; je me propose, d'ailleurs, de revenir sur ce sujet dans la prochaine, troisième et dernière période.

Bien que la *fanfare* doive n'être composée que d'instruments dits de cuivre, c'est-à-dire *à embouchure*, peu à peu les chefs de fanfare ont introduit les *saxophones* dans leur matériel sonore, sous prétexte que ces instruments sont construits *en cuivre*. Les saxophones sont bien construits en cuivre, en effet, mais ce ne sont pas moins des instruments à anche, qui doivent être considérés comme appartenant à la famille des bois, au même titre que la flûte; elle aussi est en métal, et pourrait être construite en cuivre.

Quoi qu'il en soit, et bien que le mécanisme, l'embouchure, le doigté de ces instruments soient entièrement différents de ceux des instruments à pistons, de nos jours, toutes les fanfares, petites, moyennes ou grandes, ont des saxophones, et quelquefois dans une proportion telle qu'elles deviennent de véritables fanfares mixtes ou demi-harmonies.

Dans le cas le plus ordinaire, les saxophones ne sont pas assez nombreux pour équilibrer les cuivres et former une unité de timbre par eux-mêmes; noyés au milieu des saxhorns, ils s'y fondent, et améliorent la sonorité générale sans en changer le timbre d'une façon appréciable.

Je me borne donc à indiquer les règles générales de leur emploi dans les fanfares, sans distinction de force de ces fanfares.

Dans les chœurs sans accompagnement, les saxophones doivent compter en silence tout du long.

Dans les chœurs accompagnés, ils joueront avec les saxhorns et même, si cet accompagnement doit rappeler l'idée de l'orgue, et si la famille des saxophones est complète du soprano au baryton, ils tiendront seuls, ou seulement aidés des contrebasses, le rôle de l'accompagnement, le reste des saxhorns comptant des silences.

Dans le cas de chœurs sans accompagnement, alternant avec des reprises d'orgue ou de quatuor à cordes, dans les nuances *piano* ou *mezzo-forte*, on pourra encore employer les saxophones isolés.

Dans les transcriptions symphoniques, les parties de hautbois seront bien placées aux saxophones sopranos, et les solos ou duos de clarinettes aux saxophones altos.

Les traits à découvert de bassons seront très bien rendus par les saxophones ténors s'ils ne dépassent pas l'étendue au grave de ces derniers, et les saxophones barytons sont les meilleurs instruments pour rendre un solo de violoncelle. S'il s'agit d'un ensemble de violoncelles, et que le trait ou le chant ne soit pas trop grave, ce sera très bien d'unir *en unisson* les saxophonesaltos aux saxophones barytons; enfin, s'il faut de la force, on y pourra joindre les saxophones ténors.

Ainsi compris et employés, les saxophones rendent de grands services; ils détruisent l'unité instrumentale de la fanfare, mais ils permettent de nouveaux et très heureux effets, et l'art musical ne peut qu'y gagner.

Petite harmonie.

Si l'on comprend par *petite harmonie* un groupement dont les éléments constitutifs ne sont pas complets, ce sera sans doute l'occasion de trouver une excuse, une circonstance atténuante, sinon une raison d'être, à ce monstre qu'est une transcription ou un arrangement pour *harmonie ou fanfare*.

Nous avons vu naître cette conception dans les débuts des sociétés instrumentales populaires, et sa réalisation dans les éditions Tilliard et Margueritat; mais ce système d'orchestration, qui était très mauvais pour harmonie, avait au moins l'avantage d'être bon pour fanfare, puisque la partition était écrite uniquement en vue de ce groupement, et que les parties de flûtes, de clarinettes et plus tard de saxophones n'étaient que le doublement des parties de fanfare, ce qui enlevait tout cachet artistique à l'exécution du groupement harmonie.

Les harmonies étaient à cette époque si peu nombreuses que cela n'avait pas grande importance; en outre, elles avaient la ressource de l'édition Buffet-Crampon dont elles pouvaient choisir les œuvres les plus faciles ou les moins compliquées, et de l'édition Gautrot qui, de même que pour les fanfares, avait disposé ses partitions pour petites, moyennes et grandes harmonies.

Il n'est peut-être pas inutile, afin de comprendre l'évolution nécessaire de l'orchestration pour instruments à vent, de résumer ici en quelques lignes le mouvement de la musique populaire en France.

Fin du xviii° siècle, formation des musiques militaires et, par imitation, de quelques musiques de gardes nationales.

Première moitié du xix° siècle, évolution constante des musiques militaires et comme nombre d'instrumentistes et comme nature, système et proportions d'instruments par corps de musique. Perfectionnement des flûtes, hautbois et clarinettes et adoption des instruments à pistons.

Dans les seules grandes villes et dans quelques centres industriels du Nord, maintien des musiques des gardes nationales et création lente de plusieurs musiques municipales.

En 1838, Rolland et ses quarante chanteurs montagnards béarnais entreprennent leur immense voyage artistique, et déterminent le mouvement musical populaire, avec la création de nombreuses sociétés chorales.

Dix ans après (1848), Eugène Delaporte va de ville en ville, et de village en village, consolider et fixer l'œuvre immense de Rolland, œuvre insoupçonnée de son auteur.

Deuxième moitié du xix° siècle. Les instruments à pistons d'un système simple et unique permettent la formation de nombreuses fanfares.

Les musiques militaires achèvent leur organisation par l'adoption du saxophone.

Le saxophone pénètre dans l'organisation des fanfares.

Le saxophone, instrument à anche conduisant naturellement à la clarinette, d'une part, et d'autre part, le service militaire à temps de plus en plus réduit, laissant revenir chez eux chaque année de nombreux musiciens qui faisaient autrefois leur carrière au régiment, contribuent a la transformation de beaucoup de fanfares en harmonies.

Ce mouvement est confirmé par l'évolution des proportions des trois sections des sociétés musicales (*chorales, fanfares, harmonies*) dans les concours orphéoniques.

De 1850 à 1860, les sociétés chorales forment le gros contingent, et les fanfares et les harmonies sont une infime minorité.

De 1860 à 1880, les fanfares augmentent sans cesse de nombre et finissent par dominer à elles seules celui des chorales et des harmonies réunies.

De 1880 à 1900, les chorales n'augmentent plus, le mouvement ascensionnel des fanfares se ralentit, tandis que le nombre des harmonies augmente sensiblement.

En 1912, au concours international de Paris, il y avait 190 *sociétés françaises*, se décomposant ainsi : 76 chorales, 74 fanfares et 40 harmonies.

Les sociétés instrumentales sont donc toujours prédominantes sur les sociétés chorales, mais les fanfares ont perdu la majorité qu'elles avaient sur les deux autres groupes réunis; elles ont même perdu la majorité sur les chorales, tandis que les harmonies ont dépassé la moitié du nombre des fanfares.

Le nombre des harmonies augmentant, il est naturel que l'orchestration des partitions qui leur sont destinées doive être plus soignée. Il serait même tout à fait logique que, comme autrefois chez Buffet-Crampon et chez Gautrot, l'orchestration harmonie fût tout à fait distincte de l'orchestration fanfare, et ce ne sont certes pas les compositeurs spéciaux qui s'y opposeraient, tout au contraire; mais il faut compter avec les éditeurs qui se refusent à faire les frais de deux éditions pour un seul morceau, ou d'une édition pour une œuvre qui ne s'adresse qu'à une partie de leur clientèle et non à la totalité. C'est là un bien mauvais calcul, parce que la clientèle harmonie finira par abandonner ces éditions bon marché, mais qui ne répondent pas à ses besoins, sans satisfaire la clientèle fanfare avec une orchestration bâtarde qui, voulant tout concilier, ne répond à rien.

Abandonnant l'orchestration purement fanfare, doublée simplement en harmonie, on procède généralement ainsi :

On établit la partition harmonie, en évitant de mettre autre chose que le chant principal aux cornets et aux premiers bugles, laissant en blanc tout ce qui revient aux clarinettes seules; puis, la partition achevée, on ajoute aux cornets et bugles, sur les blancs laissés, les traits de clarinettes seules, en inscrivant au-dessus de chaque trait ajouté la mention :

à défaut ou *en fanfare* ou encore *clarinette*, et en inscrivant au-dessus de chacun des fragments de la vraie partie la mention : *obligé*.

Quelquefois, mais déjà plus rarement, on écrit la partition harmonie comme elle doit être écrite, puis on ajoute une partie spéciale de cornet, une de bugle et une d'alto suivies de la mention *fanfare*.

Enfin, un procédé spécial aux éditions belges, le moins mauvais, consiste à écrire la partition d'harmonie avec les parties de premier et de second bugle harmonie et de remplacer en fanfare ces deux parties par les parties spéciales de petit bugle, bugle solo, premier bugle, deuxième et troisième bugle.

Tous ces procédés sont mauvais.

1° Parce que la tonalité qui convient le mieux pour l'harmonie, eu égard au rapport de la transcription des parties de violons aux clarinettes, est rarement la même que celle qui conviendrait le mieux pour la fanfare, eu égard à la transcription de ces mêmes parties de violons aux bugles.

2° Parce que, ne pouvant compter sur les saxophones qui ne doivent jamais être *obligés* en fanfare, les transcripteurs doublent toujours ces instruments par les barytons et altos; ceci alourdit la sonorité et paralyse les saxhorns dans l'emploi qui devrait en être fait pour des parties complémentaires de la partition symphonique; ces dernières ne peuvent ainsi être exprimées.

3° Parce qu'il est impossible de rendre, avec une partie de cornet et une partie de bugle, même avec toutes les parties de bugles des éditions belges, tous les fins détails qu'on rencontre souvent dans les parties de flûtes, hautbois et clarinettes dialoguant avec les violons.

Si l'on comprend, par *petite harmonie*, une harmonie aux ressources des plus restreintes, mais devant jouer néanmoins un répertoire écrit spécialement pour elle, j'entends : pour toutes les petites harmonies d'une façon générale, il faudrait l'instrumenter ainsi :

une flûte petite ou grande.	*un premier bugle.*
une première clarinette.	*un second bugle.*
une seconde clarinette.	*un premier alto.*
un saxophone alto.	*un second alto.*
un saxophone ténor.	*un premier baryton.*
un premier cornet.	*un second baryton.*
un second cornet.	*une basse.*
un premier trombone.	*une contrebasse en mi ♭.*
un second trombone.	

Et l'on devra se borner à orchestrer des œuvres dont tous les détails peuvent être exprimés avec ces seules parties obligées.

Les parties de :

petite clarinette.	*troisième trombone.*
saxophone soprano.	*troisième alto.*
saxophone baryton.	*contrebasse en si ♭.*

seront écrites avec autant de soin que les parties précédentes, mais sans rien contenir d'obligé.

Si la transcription porte sur un chœur sans accompagnement, on répartira les voix dans tous les cuivres inclusivement (je rappelle une dernière fois que les saxophones doivent être considérés comme des instruments de bois, ne serait-ce que pour leur anche). Les quatre voix du chœur devront être contenues dans les cuivres clairs (cornets et trombones), et dans les cuivres doux (saxhorns), contrairement au quatuor solo, dont les première et troisième voix (soprano et ténor) seront aux cuivres clairs (cornet et trombone), et les deuxième et quatrième voix (con-

tralto et basse ou baryton) aux cuivres doux (bugle et basse ou baryton). Les bois compteront.

Si la transcription traite un chœur accompagné, le chœur sera aux cuivres jusqu'aux barytons inclusivement, et les bois, soutenus des basse et contrebasse, recevront tout l'accompagnement. Cependant, si le chœur doit être coupé par des rentrées de trompettes et trombones, les saxhorns seuls recevront les parties du chœur, et les cornets et trombones seront réservés pour lesdites rentrées.

Dans le cas des quatuors, trios, duos ou solos, l'accompagnement des cordes va aux bois et basses; les tenues ou dessins de cors ou de bassons vont aux altos, et mieux aux barytons, quelquefois aux trombones; les dessins de clarinettes vont aux bugles, ceux de flûtes ou de hautbois aux cornets, mais en ayant soin de ne jamais ou presque jamais employer le même timbre que l'instrument ou les instruments chargés des parties chantantes.

Dans le cas d'un solo, mais d'un solo seulement, on peut confier une cavatine de soprano à la clarinette solo, une cantilène de contralto au saxophone alto; le duo de ces deux voix pourrait encore se faire à la rigueur sur ces deux instruments, mais avec beaucoup de discrétion de la part du saxophone, sous peine d'écraser ou d'annihiler la clarinette. Représenter une voix par un instrument de cuivre, et une autre voix par un instrument de bois, dans un duo, était un procédé souvent employé, il y a un demi-siècle; aujourd'hui, ce même procédé serait considéré comme une faute grossière.

S'il s'agit d'une transcription symphonique, choisir des œuvres simples, renfermant peu ou pas de détails de flûtes, de hautbois ou de clarinettes, qui ne sauraient être rendus convenablement dans une harmonie de composition instrumentale aussi restreinte. Ces réserves faites, voici comment on procède.

Les cordes vont aux bois.

Les flûtes, si le passage est bien à découvert, iront à la flûte et à la clarinette solo; sinon, elles seront baissées d'une octave, et portées aux cornets, de même que les hautbois et les trompettes.

Les clarinettes de la partition symphonique iront aux bugles, les clarinettes de l'harmonie étant réservées pour interpréter les violons.

Les cors et bassons, comme il est dit plus haut, dans le cas du quatuor.

Moyenne harmonie.

Ici, nous considérerons comme parties obligées, en plus de celles désignées plus haut pour la petite harmonie, les instruments suivants :

petite clarinette.	*saxophone baryton.*
saxophone soprano.	*troisième trombone.*

Les parties de :

hautbois.	*contrebasse en si ♭.*
troisième alto.	

devront encore ne rien contenir d'obligé.

La partie de petite clarinette pourra contenir les passages en solo, à découvert, de deuxième ou même de première grande flûte d'orchestre.

Le saxophone soprano remplacera le hautbois dans tout ce qu'il aura d'obligé.

Pour les diverses transcriptions, procéder comme je l'ai dit au sujet de la petite harmonie, en tenant compte des quelques instruments obligés en plus.

Grande harmonie.

La partition devra contenir les parties suivantes :

petite flûte.
grande flûte (une ou deux).
hautbois (deux).
petite clarinette (une ou deux).
clarinette solo (une partie destinée à plusieurs instrumentistes).
premières clarinettes.
secondes clarinettes.
troisièmes clarinettes.
saxophone soprano.
saxophone alto (une partie, quelquefois deux).
saxophone ténor (une partie, quelquefois deux).
saxophone baryton.
premier cornet.
second cornet.
trompettes (deux parties).
cors (deux parties).
premier et troisième trombones.
second et quatrième trombones.
premier bugle.
second bugle.
altos (deux ou trois parties).
baryton (deux parties).
basse solo.
basse.
contrebasse mi♭.
contrebasse si♭.[1]

C'est, sauf de très minimes exceptions, avec cette disposition instrumentale qu'ont été écrites les magnifiques transcriptions que j'ai citées.

Pour la transcription d'un chœur sans accompagnement, mettre les parties chorales aux cornets et trombones, d'une part, aux bugles, altos barytons et basses, d'autre part, les bois, trompettes, cors et contrebasses comptent.

Pour la transcription d'un chœur accompagné, on traite le chœur comme ci-dessus; si l'accompagnement doit rappeler l'impression de l'orgue, il doit être réparti surtout aux saxophones, complétés par les clarinettes et les contrebasses; les trompettes et cors comptent; s'il doit représenter l'orchestre, tous les bois, les trompettes, les cors et les contrebasses y participent.

Il peut arriver qu'on ait à transcrire un double chœur avec orchestre. Dans ce cas, on met le chœur qui doit avoir le plus d'autorité aux cornets et trombones, qu'on peut renforcer des trompettes et des cors, et l'on porte le second chœur aux saxhorns[1].

Pour les quatuors, trios, duos, solos, je n'ai rien à ajouter à ce que j'ai dit précédemment.

Pour la traduction de la symphonie, la tâche devient plus aisée, sans pourtant demander moins de soins, car il n'y a pas, il ne peut y avoir de règles absolues dans les traductions de ce genre, chaque cas particulier demandant souvent une solution différente; l'alliage des instruments les plus sympathiques les uns aux autres peut très bien ne donner que des résultats médiocres, tandis qu'on obtiendra parfois des résultats parfaits avec l'assemblage le plus hétérogène qu'on puisse rêver : témoin le célèbre « Pif, Paf, Pouf » des *Huguenots,* si souvent cité, où MEYERBEER a eu l'idée géniale d'accompagner la voix de basse de Marcel d'un basson, d'une paire de cymbales et d'une petite flûte.

En règle générale, c'est toujours aux clarinettes, saxophones, basses et contrebasses que va tout le travail des cordes.

Les passages à *découvert* de flûte, de hautbois, de clarinette restent à ces instruments, s'ils sont suffisamment isolés de l'accompagnement pour être entendus; s'ils sont écrits trop au grave pour se détacher suffisamment de l'accompagnement, il vaut

mieux les remplacer par d'autres instruments, comme je l'indiquerai en étudiant la troisième période.

Les bassons doivent être transcrits tantôt aux saxophones ténors, tantôt aux saxhorns barytons ou aux trombones, suivant les cas, suivant aussi que les instruments de remplacement sont libres ou employés par d'autres parties.

Les trompettes restent aux trompettes, mais, si le passage est essentiel, il est toujours bon ou prudent de les renforcer ou de les doubler des cornets.

Les cors restent aux cors. Cependant, comme, en dehors des très grandes harmonies et de quelques rares musiques militaires, les parties des cors sont exécutées sur des altos, il est bon d'examiner si l'effet cherché ne sera pas plus sûrement atteint en mettant les passages en dehors, soit aux barytons, soit aux trombones.

Les parties de trombones restent aux trombones.

Les saxhorns sont comme des instruments de réserve, toujours prêts à renforcer ou à soutenir un pupitre faible; se joignant aux instruments à anche pour souligner un *forte,* se liant aux cors pour en compléter les accords, suppléant une clarinette solo qui ne serait pas entendue dans le grave, remplaçant un basson ou un cor solo absent; n'ayant, par eux-mêmes, aucun instrument de la symphonie à représenter en propre, le transcripteur habile sait en tirer parti en les employant à propos pour augmenter la couleur de sa partition et donner à l'exécution le maximum d'effet et de puissance.

TROISIÈME PÉRIODE
L'ORCHESTRATION MODERNE

J'ai considéré comme *grande fanfare* et comme *grande harmonie* ce qu'avaient permis les décrets de 1854 et 1860, comme constitution des musiques militaires, parce que cette organisation avait donné les instruments les plus perfectionnés que l'on connût à cette époque, sauf les bassons qu'on avait supprimés à tort, même pour les musiques de la Garde, et les cors dont on avait privé les musiques des régiments d'infanterie.

Ce n'est pas ici le lieu de parler de l'organisation du personnel, que ces deux décrets avaient divisé en quatre classes d'artistes ayant rang respectivement de soldat de première classe, de caporal, de sergent et de sergent-major; une série de décrets, de décisions et de circulaires s'espaçant du 5 octobre 1872 jusqu'à nos jours, a, peu à peu, ramené ces artistes au rang le plus inférieur des soldats de l'armée; il me suffit de dire que le décret de 1860 avait permis aux chefs de musique de constituer un personnel d'artistes pouvant rivaliser de talent avec le personnel des meilleures musiques de n'importe quelle autre armée et, dans tous les cas, capable d'interpréter magistralement les transcriptions des ouvertures et fragments d'opéras.

Ces deux éléments d'art, le matériel instrumental et le personnel artistique, avaient permis aux artistes chefs de musique, qui en avaient la disposition et la direction, de créer, pour les mettre en valeur, un magnifique répertoire dont j'ai déjà donné un aperçu.

Jusqu'à 1867 (date de leur suppression), pour les fanfares de cavalerie[2], jusqu'à la fin de 1872, pour

---

[1] On peut en voir un exemple caractéristique dans la sélection sur *Enguerrande* de Aug. CHAPUIS, par M.-A. SOYER : chœur des prêtres et chœur du peuple, page 11 de la partition-piano et chant.
Conducteur Harmonie, EVETTE éditeur.
Piano et chant, CHOUDENS éditeur.

[2] Je ne puis considérer comme fanfares artistiques ce qui reste sous le vocable de fanfare dans les régiments de cavalerie actuels.

les musiques d'infanterie, ces fanfares et ces harmonies furent des orchestres de plein air modèles, et les meilleures musiques civiles ne pouvaient prétendre qu'à s'en rapprocher le plus possible. Depuis 1872, et malgré le dévouement inlassable des chefs de musique, nos harmonies militaires *réorganisées* (c'est le terme ironique du décret du 5 octobre 1872) sur de nouvelles bases, puis *modifiées* par une infinité de détails successifs qu'il serait hors de propos de rappeler ici, nos harmonies militaires, dis-je, ont perdu peu à peu de leur valeur d'autrefois; il y a de très rares exceptions pour quelques musiques, se recrutant dans le Nord, au moyen de musiciens tout formés qui, à leur arrivée au régiment, n'ont qu'à se mettre au pupitre pour reprendre la partie laissée en souffrance par le camarade libéré.

Pendant ce temps, les fanfares et les harmonies civiles ont continué de progresser, et un certain nombre de celles-ci peuvent désormais servir de modèles et d'exemples aux harmonies militaires.

Cependant, trois musiques de l'armée ont échappé au désastre : ce sont, comme je l'ai dit, les musiques des Dépôts des Equipages de la Flotte de Brest et de Toulon, et la musique de la Garde Républicaine à Paris qui, toutes trois, ont conservé les avantages du décret du 16 août 1854, en y ajoutant même quelques améliorations comme nombre d'artistes et comme composition instrumentale.

Pour indiquer la tendance des idées nouvelles en matière de composition instrumentale, je vais donner celles de la grande fanfare *La Sirène* de Paris et de l'harmonie de la Garde Républicaine.

Fanfare La Sirène de Paris (en 1922).

Sarrusophones sopranos (trois).	*Petit bugle* (un).
Sarrusophone baryton (un).	*Bugles solos* (dix-huit).
Sarrusophone basse (un).	*Premiers bugles* (neuf).
Sarrusophone contrebasse (un).	*Seconds bugles* (cinq).
Saxophone sopranino (un).	*Troisièmes bugles* (trois).
Saxophones sopranos (quatre).	*Altos* (huit).
Saxophones altos (cinq).	*Barytons* (quatre).
Saxophones ténors (quatre).	*Basses* (douze).
Saxophones barytons (quatre).	*Contrebasse mi♭* (une).
Saxophones basses (deux).	*Contrebasses si♭* (huit).
Cornets à pistons (cinq).	*Contrebasse à cordes* (une).
Trompettes (huit).	*Timbales* (une paire).
Cors (huit).	*Batterie* (cinq).
Trombones (seize).	

J'ai divisé les bugles, à cause de leur répartition très peu usitée quant au nombre dans chacune des parties.

Nous trouvons ici, pour la première fois, des sarrusophones, la famille complète des saxophones depuis le sopranino en *mi♭* aigu jusqu'au saxophone basse en *si♭* grave, et une contrebasse à cordes, ce qui fait bel et bien vingt-six instruments à anche dont six à anche double, plus un instrument à archet.

Nous avions déjà vu, au concours international de musiques militaires en 1867, une harmonie hollandaise employer la contrebasse à cordes, mais c'est ici, pour la première fois, que nous rencontrons cet instrument dans une fanfare, c'est-à-dire, dans un groupement qui est censé n'employer que des instruments de cuivre.

Nous avons encore lieu de faire une autre remarque :

Le groupement qualifié fanfare avait sa raison d'être pour les musiques de cavalerie. En effet, la plupart des instruments à pistons peuvent, à la rigueur, être tenus, au moins pour un instant, d'une seule main, et c'est là une qualité précieuse pour des cavaliers, tandis que tous les instruments de bois, flûte et saxophones compris, doivent être tenus constamment des deux mains.

Le groupement fanfare a encore sa raison d'être quand il permet de former une société musicale dans un village ou dans une petite ville dépourvue des ressources musicales nécessaires à la formation ou à l'entretien d'une harmonie.

Il est enfin encore justifié quand le groupement artistique doit ne comporter qu'un personnel tout à fait restreint, comme c'est le cas pour les fanfares de chasseurs à pied ou d'infanterie coloniale; encore est-il bon de remarquer que les chasseurs à pied emploient presque toujours des saxophones, ce qui n'est pas réglementaire pour eux, et que les musiques d'infanterie coloniale, qui devraient être composées comme celles des chasseurs à pied, emploient non seulement des saxophones, mais encore des clarinettes, des hautbois et des flûtes, ce qui en fait de véritables harmonies.

Le cas de *La Sirène* et de toutes les grandes fanfares civiles est tout autre.

Le nombre des artistes composant le personnel de *La Sirène* est de cent trente-huit. Ce n'est pas là un personnel restreint.

Le siège de cette société est à Paris; ce n'est donc pas l'impossibilité de recruter flûtes, hautbois et clarinettes qui l'empêche *La Sirène* de se transformer en harmonie.

Est-ce enfin la difficulté des morceaux à interpréter qui l'arrête? Bien moins encore, car voici quelques œuvres de son répertoire, et il est tout à fait hors de doute que l'exécution en serait infiniment plus aisée en harmonie qu'en fanfare.

Œuvres faisant partie du répertoire de *La Sirène* :

Ouverture d'Egmont	Beethoven.
Ouverture de Fidelio	Id.
Symphonie en ut majeur	Id.
Symphonie en ut mineur	Id.
Symphonie pastorale	Id.
Marche au supplice de la Symphonie Fantastique	Berlioz.
Ouverture du roi d'Ys	Lalo.
Rapsodie n° 2	Liszt.
Ouverture de Phèdre	Massenet.
Ouverture de Frithiof	Th. Dubois.
Ouverture du Songe d'une Nuit d'Eté	Mendelssohn.
Symphonie Jupiter	Mozart.
Ouverture du Tannhäuser	R. Wagner.
Ouverture des Pêcheurs de Saint-Jean	Widor.

Il est indiscutable que toutes ces œuvres, qui ont été écrites pour grand orchestre de concert, et dont l'une, la rapsodie de Liszt, n'est qu'une pièce pour pianiste virtuose, que toutes ces œuvres, dis-je, sont de la plus haute difficulté; les transcrire et les faire exécuter par une fanfare, si complète soit-elle, constitue un véritable tour de force. C'est là, semble-t-il, la seule raison d'existence de ces grandes et excellentes fanfares, et la seule ambition de leurs directeurs et présidents : montrer qu'ils peuvent exécuter les choses les plus difficiles.

Il faut admirer la bravoure de ces artistes, applaudir à la somme de travail accompli pour vaincre toutes les difficultés, mais reconnaître que l'art et l'interprétation de la pensée des maîtres n'y gagnent rien. Transcrire pour harmonie des œuvres symphoniques constitue déjà une modification de la conception première de ces œuvres, modification bien rarement avantageuse, mais qui a sa très grande utilité au double point de vue de l'éducation musicale populaire et de la décentralisation, de la vulgarisation artistique dans le bon sens du mot.

Mais transcrire ces œuvres pour fanfare, c'est les habiller d'un véritable travestissement; car si les clarinettes ne peuvent rendre les finesses et le timbre à la fois si délicat et si pénétrant des violons, que dire du transport des parties de violons aux bugles, qui ont encore bien moins d'étendue, de finesse et de timbre que les clarinettes, quels que soient le talent et la virtuosité des artistes qui les jouent. Sans doute, il vaudrait mieux entendre exécuter ces traits par d'excellents bugles que par de mauvaises clarinettes; mais la question n'est pas la quand il s'agit de fanfares d'excellence, dont le siège est situé dans de grandes villes, dont les ressources en parfaits clarinettistes sont au moins aussi abondantes qu'en virtuoses du bugle.

Les véritables intérêts de l'art voudraient que l'on ne formât de fanfare que là seulement où les ressources artistiques manquent pour créer et entretenir une harmonie. Une harmonie est plus apte que tout autre groupement à faire connaître, apprécier et admirer en plein air ou partout où l'on ne peut disposer d'un bon orchestre symphonique, non l'habileté d'un excellent transcripteur, non la virtuosité de vingt, de trente, de quarante bugles, non la patience et la persévérance d'un chef d'orchestre pour obtenir des nuances fines et délicates de sa masse de cuivres, ou pour atténuer, pour masquer les mutations d'octave dans la mesure du possible, mais pour faire admirer la pensée d'un grand maître en s'éloignant le moins qu'il se peut de la conception première, en s'attachant à conserver les effets de puissance, de légèreté, de tristesse, de gaieté, de poésie du chef-d'œuvre à interpréter.

Voici maintenant la composition instrumentale actuelle de la musique de la Garde Républicaine.

Je place en regard, pour comparaison, les effectifs de 1854 et 1867.

	1854	1867	1912
Petite flûte	1	1	1
Grande flûte	1	2	3
Hautbois	2	2	3 [1]
Basson			2
Petite clarinette	4	4	4
Grande clarinette	8	8	18
Clarinette basse			2
Saxophone soprano	2	2	
— alto	2	2	2
— ténor	2	2	3
— baryton	2	2	2
— basse			1
Sarrusophone contrebasse mi♭			1
Cornet	2	4	3
Trompette	4	3	4
Cor	3	2	4
Trombone	4	5	5 [2]
Petit bugle	2	1	1
Bugle	2	2	3
Alto	2	3	3
Baryton	2	2	2
Basse	4	5	5
Contrebasse mi♭	2	2	1
— si♭	2	2	2
— à cordes			2
Timbale	1	1	1
Tambour	1	1	1
Grosse caisse	1	1	1
Cymbales	2	1	1
	58	60	81

Nous voyons ainsi la continuation de l'évolution, à l'aide des instruments perfectionnés ou nouveaux, vers le rapprochement du timbre et des effets de l'orchestre symphonique.

Les cuivres sont restés les mêmes et sans changement dans le nombre.

Les flûtes sont augmentées d'une unité.

Les hautbois sont également augmentés d'une unité, soit comme hautbois, soit comme cor anglais; de plus, la famille est complétée par les deux bassons.

Les clarinettes ont plus que doublé leur nombre; en outre, elles ont aussi augmenté leur famille de deux clarinettes basses.

Les saxophones ont perdu leurs deux sopranos et reporté ces deux instrumentistes sur un troisième saxophone ténor et sur un saxophone basse.

Enfin, un sarrusophone contrebasse en mi♭ et deux contrebasses à cordes sont venus soutenir tout ce pupitre d'instruments à anche chargé de représenter les instruments à archet de l'orchestre symphonique.

Le répertoire aussi a continué son évolution dans le sens symphonique; on ne fait plus de pot-pourri ni de mosaïque sur un opéra, et la fantaisie est devenue une sélection dans laquelle on a remplacé les multiples petits fragments d'autrefois par trois ou quatre scènes entières; d'où, une sorte de suite d'orchestre; on va plus loin encore, et l'on traduit tout un tableau et même tout un acte; enfin, on transcrit aujourd'hui des symphonies, des suites d'orchestre et même des oratorios entiers.

Voici quelques œuvres de ce nouveau répertoire :

Manon, scène de Saint-Sulpice (MASSENET)	GIRONCE.
Werther, sélection (MASSENET)	GIRONCE.
Enguerrande, sélection (A. CHAPUIS)	SOYER.
Ode Triomphale de la République (suite d'orchestre) (A. HOLMÈS)	SOYER.
L'Arlésienne, 1re et 2e suites (G. BIZET)	T. DUREAU.
L'Arlésienne, 1re et 2e suites	G. PARÈS.
Parsifal, Enchantement du Vendredi Saint (R. WAGNER)	MEISTER.
Prélude du Déluge (SAINT-SAENS)	SOYER.
Faust, prélude et premier tableau (CH. GOUNOD)	WITTMANN.
Faust, dernier tableau. —	ID.
Faust, quatuor du jardin et duo. —	ID.
La Juive, premier acte (HALÉVY)	ID.
Rapsodie Cambodgienne (BOURGAULT-DUCOUDRAY [1])	L. CHIC.
Rapsodie Norvégienne (LALO)	BARNIER.
Marie-Magdeleine, les quatre actes (MASSENET)	GIRONCE.
Ève, les quatre parties (MASSENET)	ID.
Adagio de la *3e symphonie en ut mineur* (SAINT-SAENS)	G. PARÈS.
Peer Gynt, suite d'orchestre (E. GRIEG)	BARNIER.
Pelléas et Mélisande, suite d'orchestre (G. FAURÉ)	SOYER.
Scènes pittoresques (MASSENET)	G. PARÈS.
Scènes de Féerie (MASSENET)	BARNIER.
Scènes Alsaciennes (MASSENET)	LANÇON.
Première suite d'orchestre (MASSENET)	EUSTACE.
Scènes Dramatiques (MASSENET)	G. CORROYEZ.
Scènes Bohémiennes (G. BIZET)	LANÇON.
Impressions d'Italie (G. CHARPENTIER)	GIRONCE.
Roma (G. BIZET)	J. SARRAUT.
Symphonie Fantastique (BERLIOZ)	GIBONCE.
Symphonie Fantastique (BERLIOZ)	G. PARÈS.
Symphonie en ré mineur (C. FRANCK)	G. PARÈS.

Pour achever l'évolution instrumentale, au point où en est la facture moderne, il faudrait, et j'en ai déjà lu le désir exprimé, il faudrait employer tous les instruments connus à l'heure présente, dont l'état de perfection est assez avancé pour permettre de jouer dans toutes les tonalités.

1. L'un des hautbois joue le cor anglais, au besoin.
2. L'un des trombones joue le trombone basse en ut, au besoin.

La partition se présenterait alors ainsi :

Petite flûte en ré♭ ou ut *Flûte tierce en mi♭ ou fa* *Grande flûte en ut* *Flûte basse en sol*	timbre cristallin.
Hautbois pastoral en sol ou la♭ *Hautbois en mi♭* *Hautbois en ut* *Hautbois d'amour en la* *Cor anglais en fa* *Hautbois baryton en ut* *Basson en mi♭* *Basson en ut* *Contrebasson en ut* *Sarrusophone sopranino en mi♭* *Sarrusophone soprano en si♭* *Sarrusophone alto en mi♭* *Sarrusophone ténor en si♭* *Sarrusophone baryton en mi♭* *Sarrusophone basse en ut ou en si♭* *Sarrusophone contrebasse en mi♭* *Sarrusophone contrebasse en ut ou en si♭*	timbre vibrant (anche double)
Petite clarinette en la♭ *Petite clarinette en mi♭* *Première grande clarinette en si♭* *Seconde grande clarinette en si♭* *Clarinette alto en mi♭* *Clarinette basse en si♭* *Clarinette contralto en mi♭* *Clarinette contrebasse en si♭* *Saxophone sopranino en mi♭* *Saxophone soprano en si♭* *Saxophone alto en mi♭* *Saxophone ténor en si♭* *Saxophone baryton en mi♭* *Saxophone basse en si♭* *Saxophone contrebasse en mi♭*	timbre doux (anche simple)
Petit cornettino aigu en si♭ *Petit cornet en mi♭* *Premier cornet en si♭* *Second cornet en si♭* *Trompettes en si♭ ou ut* *Trompettes en mi♭ ou fa* *Trompettes basses en si♭ ou ut* *Trombone sopranino dit en ut (si♭)* *Trombone soprano dit en sol (fa)* *Trombone alto dit en mi♭ (ré♭)* *Trombone ténor dit en ut (si♭)* *Trombone basse dit en sol (la)* *Trombone contrebasse dit en ut (si♭)*	timbre clair (perce cylin- drique).
Premier et troisième cors en mi♭ ou fa *Second et quatrième cors en mi♭ ou fa.* *Cornophone alto en mi♭* *Cornophone baryton en si♭* *Cornophone basse en si♭* *Cornophone contrebasse en mi♭* *Cornophone contrebasse en si♭*	timbre spécial vibrant (perce conique longue).
Petit bugle en mi♭ *Premier bugle en si♭* *Second bugle en si♭* *Premier alto en mi♭* *Second et troisième altos en mi♭* *Premier baryton en si♭* *Second baryton en si♭* *Basse en si♭* *Contrebasse en mi♭* *Contrebasse en si♭* *Timbales.* *Tambour.* *Grosse caisse et cymbales.*	timbre doux (perce cylin- drique brève).

avec au moins soixante-neuf (69) portées, ce qui présenterait déjà une *difficulté et comme écriture et comme lecture.*

Certains penseront qu'on pourrait réduire ce nombre en écrivant les parties de sarrusophones et de saxophones, dont l'étendue et le mécanisme sont sensiblement les mêmes, sur des portées communes, et je n'ignore pas qu'il existe des partitions sur lesquelles on peut lire, en tête de les deuxième et troisième lignes des saxophones : *saxophone alto et clarinette alto; saxophone ténor et clarinette basse.*

Écrire toujours la même partie à des instruments dont le timbre et, conséquemment, le caractère est tout différent ne serait pas plus logique que d'écrire une partie de saxophone alto pour une clarinette alto, ou une partie de saxophone ténor pour une clarinette basse. Ces instruments, qui s'allient d'ailleurs parfaitement entre eux, n'ont point la même étendue ni la même qualité de son; c'est faire abandon bien légèrement d'effets tout particuliers que d'écrire une partie commune pour des instruments qui n'ont de semblable que la tonalité. Il ne viendrait à personne l'idée d'écrire les cornets et les bugles sur des portées communes, et cependant, le rapport de ces instruments entre eux est de beaucoup plus rapproché que celui qui différencie une clarinette d'un saxophone.

Pour nous rendre compte de tout cela, nous allons d'ailleurs étudier maintenant notre orchestre futur par familles d'instruments, et nous laisserons à l'avenir le soin de fixer définitivement l'emploi pratique qu'il en peut être fait.

Flûtes.

La grande flûte en *ut*, la flûte proprement dite, est un instrument parfait dans son étendue complète de trois octaves : son timbre, purement cristallin dans les deux octaves supérieures, s'étoffe peu à peu en descendant l'octave inférieure jusqu'à se rapprocher du timbre du saxophone soprano ou du saxophone alto, mais avec beaucoup moins de force. Toutefois, il faut tenir compte qu'en harmonie, les flûtistes habitués à jouer dans l'aigu ont rarement de la puissance dans les notes graves.

A part les deux trilles suivants :

dont le premier ne pourrait, d'ailleurs, avoir de terminaison, tous les trilles peuvent se faire, et la flûte peut exécuter les traits les plus rapides ou les plus compliqués.

La petite flûte, qui sonne comme un quatre pieds d'orgue, a toutes les qualités de vélocité et de brio de la grande flûte, mais, moins timbrée, elle ne se prête pas à l'expression de la mélodie large et ne peut être convenablement employée en solo que dans les mouvements vifs. Elle n'a pas de patte d'*ut*, et ses sons fondamentaux (harmoniques 1) ne commencent qu'au *ré*.

Les petites flûtes en *ut très bien faites*, seules, peuvent monter jusqu'à l'*ut* aigu; les autres et les petites flûtes en *ré♭* ne peuvent guère monter qu'au *la* ou au *si♭* :

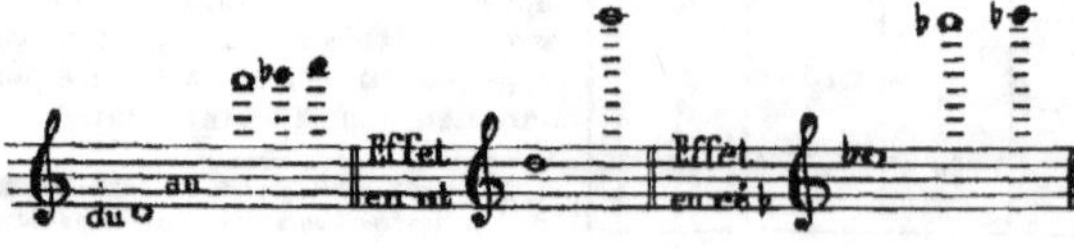

Comme pour la grande flûte, les notes graves sont peu employées faute d'une sonorité suffisante.

L'emploi de la petite flûte en *ré♭* était parfaitement justifié avec l'ancien système à cinq clés, système avec lequel il était difficile de jouer dans les tonalités bémolisées, mais, depuis l'adoption du système Boehm, il est incompréhensible qu'on ne cherche pas à réagir pour *généraliser* l'emploi de la petite flûte en *ut*.

Au point de vue de l'étendue, il est plus aisé d'atteindre le *si♭* aigu sur la petite flûte en *ut* que d'atteindre le *la* aigu sur la petite flûte en *ré♭*, et comme ce *la* est la note la plus aiguë que l'on puisse écrire en musique d'harmonie, l'étendue n'est nullement restreinte.

Au point de vue du doigté, il est indifférent, avec le système Boehm, de jouer dans les tonalités diésées ou bémolisées, et nos flûtistes d'harmonie sont beaucoup plus familiarisés avec ces dernières, les parties de grande flûte ayant toujours deux bémols de plus que les parties des instruments en *si♭* de la tonalité générale.

Au point de vue de la justesse, il est indiscutable que l'artiste, jouant alternativement de la grande et de la petite flûte, a tout avantage à avoir ses deux instruments dans la même tonalité. On reproche souvent le manque de justesse de la petite flûte, et l'on ne songe pas à la difficulté qu'il y a pour un artiste, venant de jouer un instrument en *ut*, à contrôler d'une façon certaine et impeccable la justesse d'un instrument en *ré♭*. Avec les deux flûtes en *ut*, au contraire, l'artiste passe avec facilité de l'un à l'autre de ses instruments sans changement de tonalité dans l'armature de sa partie et dans l'oreille.

Il n'y aurait donc que des avantages à adopter la petite flûte en *ut*.

La flûte en *mi♭* ou *fa*, qui était employée avant l'adoption du système Boehm, a été abandonnée partout, dès l'adoption de celui-ci, et il ne paraît pas qu'il y ait intérêt à la reprendre; l'étendue, l'égalité et la beauté des sons de la grande flûte continuée par la petite flûte ne laissent pas désirer une flûte intermédiaire.

La flûte basse en *sol* ne paraît être qu'un instrument d'exposition ou d'amateur; en fait, on ne la voit nulle part dans les orchestres symphoniques les plus complets, et y serait-elle employée, que son utilité serait encore problématique dans l'orchestre d'harmonie, où elle serait complètement noyée au milieu des clarinettes.

La famille des flûtes se trouve donc ramenée à deux seuls individus, et elle paraît manquer d'altos et de basses. Cependant, il n'est pas impossible de produire l'effet d'une famille absolument complète dans un passage particulier. J'ai fait remarquer que les sons graves de la grande flûte se rapprochent du timbre des sons du saxophone, mais avec moins de force et de puissance; il suffirait donc d'équilibrer la puissance des différents éléments jouant ensemble dans un passage à découvert pour donner l'illusion d'une famille très homogène ainsi composée :

f petite flûte.
ff grande flûte première.
ff grande flûte seconde.
p grande flûte troisième (saxophone soprano).

p grande flûte alto (saxophone alto).
p grande flûte basse (saxophone ténor).
p grande flûte contrebasse (saxophone baryton).

Famille qu'on pourrait encore prolonger dans le grave avec les saxophones basse et contrebasse.

J'ai dit que l'orchestration pour harmonie moderne a beaucoup perdu de la simplicité antique; nous allons maintenant pouvoir le constater.

La flûte, dans l'orchestre symphonique, a son timbre particulier qui se détache et se reconnaît au-dessus ou au milieu de tous les violons, et la flûte garde toujours dans cet orchestre son rôle de flûte. Dans l'orchestre d'harmonie, il en va tout autrement; à part les passages à découvert, c'est-à-dire le cas où la flûte joue à une distance d'octave au moins au-dessus des clarinettes, ou bien le cas où l'accompagnement est assez piano pour bien laisser entendre les sons jolis et purs, mais néanmoins faibles, de la flûte en plein air, cet instrument ne domine plus assez pour conserver son caractère propre; alors, sa personnalité disparaît et son emploi doit être modifié. On le joint aux clarinettes pour interpréter la partie de premier violon et soutenir les clarinettes solo et petites clarinettes dans les traits aigus. Employée ainsi, la flûte se marie parfaitement avec les clarinettes et rend des services très appréciables.

Hautbois.

Le *hautbois pastoral* en *sol* ou *la♭*, plus connu sous le nom de *musette*, a été employé dans des solos spécialement écrits pour cet instrument vers le milieu du XIXe siècle. Le succès n'en fut pas considérable, faut-il croire, puisque ces morceaux furent joués plus tard, tout simplement sur le hautbois en *ut*.

En voici l'étendue :

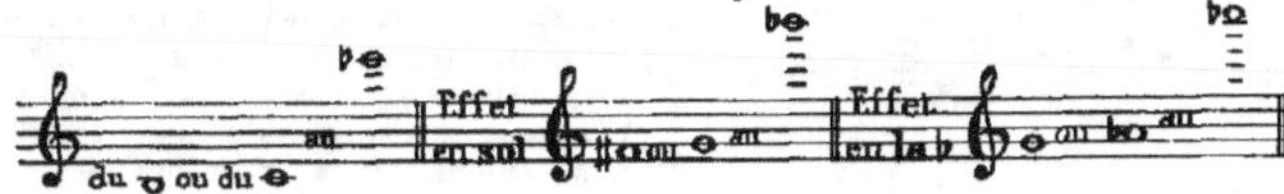

Toutefois, les notes aiguës doivent être bien mauvaises, car je ne crois pas qu'on ait écrit au-dessus de ce *sol* :

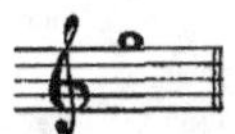

Étendue du *hautbois en mi♭* :

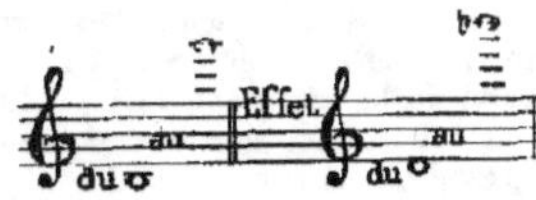

Pour le *hautbois en mi♭*, j'avoue bien humblement que je n'en connais pas une seule application; j'en dirai la raison probable un peu plus loin.

Le *hautbois en ut* est, avec le basson, le plus parfait représentant des instruments à timbre vibrant (anche double); c'est celui de tous les instruments à vent dont la voix se rapproche le plus de celle du violon[1]; malheureusement, son étendue est trop courte pour en assumer, en harmonie, tous les solos. En effet, cette étendue, qui peut être portée à la ri-

gueur du *si♭* grave au *la* aigu :

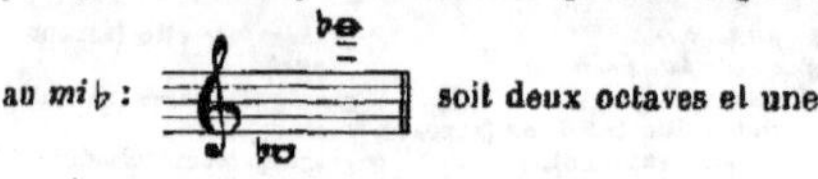

soit tout près de trois octaves, ne peut guère être pratiquée en musique d'harmonie que du *si♭* grave

au *mi♭* :

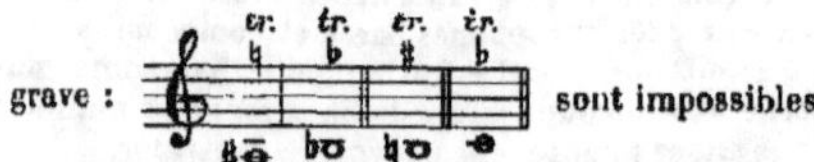

soit deux octaves et une quarte.

Les trilles *la♯-si* ou *si♭-do♭*, *si♯-do♯*; *do-ré♭* au grave :

sont impossibles, mais tous les autres peuvent se faire. Pour le reste : gammes, arpèges, articulations, dans toutes les tonalités, cela dépend du talent de l'artiste. L'instrument, tel qu'il est de nos jours, peut tout permettre; il n'en reste pas moins le plus difficile et le plus délicat à bien jouer de tous les instruments à vent.

Le *hautbois d'amour* ou *hautbois en la* est très peu connu; il n'est encore, comme je l'ai dit, qu'une pièce d'exposition ou, tout au plus, un instrument d'amateur.

Son étendue est celle-ci :

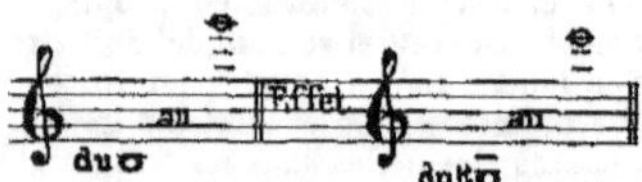

Le *cor anglais*, en *fa*, a le mécanisme et le doigté en tout semblables à ceux du hautbois, mais il faut bien se garder de lui demander la même virtuosité; son timbre, essentiellement mélancolique, s'y opposerait seul; il faut compter, en outre, avec l'écartement plus grand des doigts et avec le manque de fixité de l'instrument qui, malgré le soutien qu'il reçoit du cordon auquel il est suspendu, n'est maintenu que bien faiblement par les lèvres qui tiennent une toute petite anche fixée sur un instrument relativement lourd.

Son étendue est celle-ci :

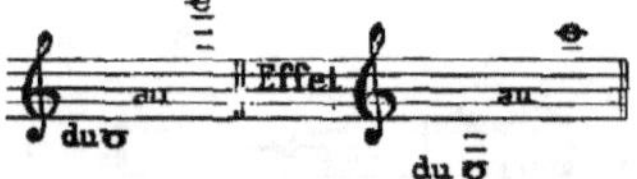

Si l'on peut dire que le *cor anglais* est un *hautbois en fa*, à plus forte raison peut-on dire que le *hautbois-baryton* est un *cor anglais en ut*, car le caractère du hautbois-baryton participe bien plus de celui du cor anglais, que le caractère de ce dernier participe de celui du hautbois. Au reste, même mécanisme, même doigté, mais écartement des doigts un peu *moins* grand que sur le cor anglais.

Comme il s'écrit en clé de *sol*, il sonne comme un seize pieds d'orgue :

---

1. Un artiste peut, avec une anche faible, en donner l'illusion.

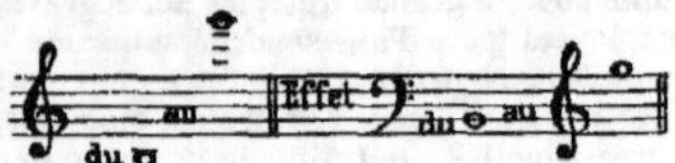

Je questionnais un jour[2] Frédéric TRIÉBERT, chercheur persévérant, artiste d'une conscience absolue et père du hautbois moderne, sur les qualités respectives des hautbois de diverses tonalités, notamment de celui en *ré♭*, qui avait été autorisé dans l'armée et de l'essai qu'il avait fait du hautbois en *si♭*. Il me répondit ceci : « Le *hautbois* n'a ses qualités et surtout son timbre particulier qu'avec la longueur de la tonalité *d'ut*; plus court, si peu que ce soit, il devient aussitôt criard et prend le caractère de *musette*; plus long, il se voile et prend de suite les sons mélancoliques du *cor anglais*. »

Je pense que toute la question de l'emploi de ces instruments se trouve résumée dans ces quelques mots du célèbre facteur.

En effet, la première qualité que l'on doit demander à un instrument d'orchestre, c'est de pouvoir se prêter à tous les styles et de pouvoir servir à l'interprétation de tous les sentiments. Or, de toute la famille, le hautbois en *ut* est le seul qui puisse être employé indifféremment pour exprimer la joie ou la douleur; il peut remplacer la musette dans l'expression d'une scène pastorale, il peut suppléer le cor anglais pour chanter une langoureuse cantilène, et, mieux que ce dernier, il saura être vigoureusement dramatique; il remplit donc parfaitement la condition primordiale pour l'orchestre en général et l'orchestre d'harmonie en particulier. En est-il de même pour le *hautbois pastoral*, qu'il soit en *la♭*, en *sol*, en *fa*, ou même en *mi♭*? Évidemment non; son timbre agreste, pastoral (dans le sens de conducteurs de troupeaux), ne conviendra toujours qu'à des scènes champêtres, à des danses paysannes, et des qu'il l'entendra, l'auditeur pensera au berger et le cherchera; ce timbre sera donc déplacé dans *tous les autres cas* qui sont évidemment la majorité; de plus, ce timbre est trop spécial, trop en dehors pour pouvoir se fondre avec les autres timbres de l'orchestre; or, un instrument d'orchestre n'a pas toujours des solos à faire, et il doit à son tour pouvoir entrer dans la sonorité générale et effacée de l'accompagnement. Tel n'est pas le cas du *hautbois pastoral*.

Le *cor anglais* et ses congénères, le *hautbois d'amour* et le *hautbois baryton*, ne peuvent être, eux non plus, au moins présentement, des instruments d'orchestre; de timbre spécial, plus mélancolique, plus triste que le timbre du hautbois en *ut*, ces instruments, parfaits pour exprimer dans le solo les plus extrêmes douleurs, comme celle d'Eléazar qui pleure sur le sacrifice de sa fille dans *La Juive*, ou l'immense mélancolie du pâtre éloigné de tout contact humain, comme au début du dernier acte de *Tristan et Iseult*, ce timbre, cette langueur détonneraient de la plus étrange façon dans toute œuvre gaie ou simplement virile.

Au reste, comme ces instruments sont toujours joués par des hautboïstes, il n'y a aucun inconvénient à les employer dans le solo quand la traduction ou le sujet le comportent[3].

---

2. En 1876; j'étais alors jeune sous-chef de musique, frais émoulu du concours.

3. Je parle ici seulement pour les grandes harmonies, qui peuvent disposer de ces instruments coûteux, et non pour les harmonies ordinaires qui ont tout juste les instruments indispensables.

La famille des hautbois, ainsi réduite à un seul spécimen, peut être fort heureusement complétée par les *bassons*.

Bassons.

Le *basson* dit en *ut*, mais en réalité en *fa*, suivant le principe général de doigté des instruments en bois, est d'une douzième plus grave que le hautbois, et non d'une octave, comme on le croit généralement; mais, grâce à son étendue considérable (trois octaves et une quinte), il rejoint aisément le hautbois et fait famille avec celui-ci, depuis quatre siècles, dans des conditions d'accord, de sonorité et de timbre qui ont été sans cesse en s'améliorant.

L'étendue complète de ces deux instruments donne cinq octaves moins une note :

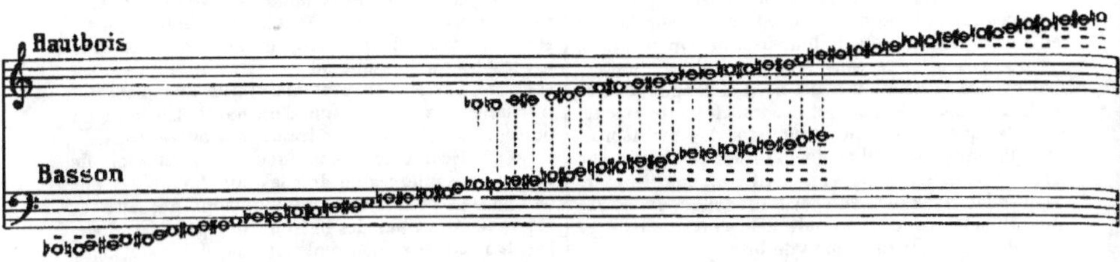

avec une octave et demie de notes communes.

Si nous retranchons, dans la pratique de la musique d'harmonie, les six notes les plus élevées de chaque instrument, il nous restera encore une étendue complète de quatre octaves et une quarte avec une octave de notes communes, ce qui est plus que suffisant pour faire les soudures et relier chacun des deux timbres à l'autre.

On fait aussi des bassons en *mi♭*, mais les trois notes gagnées à l'aigu ne compensent pas l'absence des trois notes perdues au grave.

Le *contrebasson* en bois, que la maison EVETTE est parvenue à mettre tout à fait au point, et en lui conservant le vrai timbre du basson, prolonge l'étendue complète des instruments à timbre vibrant (anche double) d'une octave entière au grave.

Son étendue est : 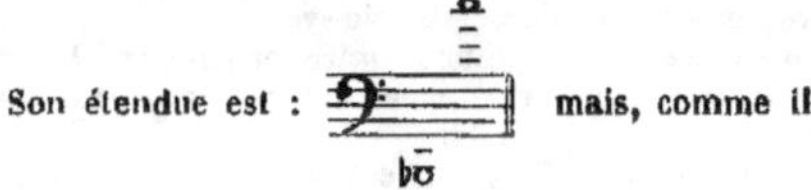 mais, comme il sonne comme un seize pieds d'orgue, l'effet est celui-ci : 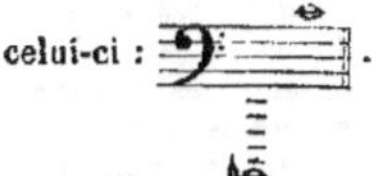 .

Cet instrument, construit surtout pour jouer dans le grave, qui est parfait, ne doit que très rarement être employé dans son octave aiguë.

Sarrusophones.

Les *sarrusophones*, qu'on est souvent tenté de croire proches parents des saxophones, n'ont de commun avec ceux-ci que le métal dont ils sont faits; les saxophones sont, comme je l'ai dit, des ophicléides qui ont échangé l'embouchure des instruments de cuivre contre des becs de clarinette, tandis que les sarrusophones sont des hautbois-bassons en cuivre. En effet, la similitude du doigté n'a aucune importance, puisque ce doigté est toujours le même dans son principe, qu'il s'agisse d'une flûte, d'un hautbois, d'un basson ou d'une clarinette, tandis que la perce et surtout le mode de mise en vibration de la colonne d'air constituent, par excellence, les différences de timbre et les véritables apparentements des instruments entre eux. Or, pour les instruments à vent, quatre modes de mise en vibration de la colonne d'air priment tout : 1° l'embouchure (ancien bouquin), pour les instruments de *cuivre* (trompettes, cornets, cors, trombones, saxhorns ou tubas); 2° le biseau (flûtes); 3° l'anche simple (clarinettes, saxophones); 4° l'anche double (hautbois, bassons, sarrusophones); ce mode de mise en vibration de la colonne d'air a tellement d'importance que c'est bien plus aux formes spéciales de l'anche du hautbois ou de l'anche du basson qu'aux longueurs des différents instruments de toute cette famille, qu'il faut attribuer le caractère spécial de chacun d'eux.

En effet, dans cette question, il est utile de tenir compte des quatre facteurs suivants :

1° la forme de l'anche;

2° l'épaisseur moyenne des lèvres des instrumentistes;

3° la force moyenne de pression des lèvres des instrumentistes;

4° la longueur de l'instrument.

C'est souvent des deuxième et troisième facteurs que dépendent les différences de qualité de son d'un instrumentiste à l'autre.

Pour les hautbois, quelle que soit la tonalité et conséquemment la longueur de l'instrument, la forme de l'anche est celle-ci :

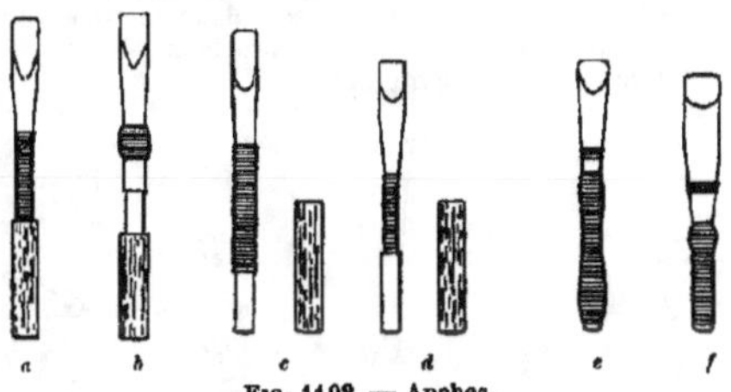

Fig. 1102. — Anches.

a, hautbois garnie de liège ; *b*, hautbois à collier ; *c*, hautbois à coulisse ; *d*, hautbois à vis ; *e*, cor anglais ; *f*, musette.

Pour que les qualités de son fussent égales, il serait nécessaire que les quatre facteurs fussent toujours dans les mêmes rapports; or, jusqu'à présent tout au moins, aucun instrumentiste ne s'est spécialisé sur la musette, pas plus que sur le cor anglais ou le hautbois baryton, et ce sont toujours des hautboïstes qui ont joué l'un quelconque de ces instruments; d'où il résulte que les deuxième et troisième *facteurs* restent immuables, alors que les premier et quatrième subissent des variations.

Pour permettre aux deuxième et troisième facteurs de *tirer* parti du quatrième, on est obligé (inconsciemment, car je ne crois pas que ces considérations aient déjà été exprimées), on est obligé, dis-je, de ne maintenir qu'une demi-proportion entre le premier et le quatrième facteur, d'où naissent les conséquences que l'anche de la musette reste trop longue et trop résistante pour la longueur de l'instrument, ce qui produit des sons manquant de distinction (durs); que l'anche du hautbois a la longueur et la résistance normales, ce qui produit des sons réunissant les qualités les plus souples et les meilleures; et enfin, que les anches des hautbois d'amour, cor anglais et hautbois baryton sont trop courtes et de trop faible résistance eu égard aux longueurs de ces instruments, ce qui produit des sons mous, très pathétiques, mais manquant de brio.

Je dois à la vérité, cependant, de dire que j'ai entendu chez M. Loré, l'habile facteur spécialiste, un hautbois baryton dont les très beaux sons, plus souples que ceux du cor anglais, pourraient en faire un excellent instrument d'orchestre intermédiaire entre le hautbois et le basson.

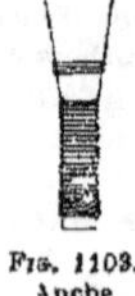

Fig. 1103.
Anche
de basson.

L'anche de basson a cette forme (fig. 1103) fort différente, comme on voit, de l'anche de hautbois; elle semble avoir, au point de vue de la résistance à la pression des lèvres, les qualités opposées à celles de cette dernière; je veux dire qu'ici, les sons les plus mous sont obtenus avec les anches du format le plus petit, comme il ressort, paraît-il, des essais qui ont été faits pour son adaptation sur des cors anglais et des hautbois barytons, essais qui ont dû être abandonnés par suite de l'impossibilité d'obtenir avec ces anches des octaves justes. Au contraire, cette anche donne de très bons résultats lorsqu'on en agrandit le format.

Les anches des sarrusophones sopranino et soprano sont exactement des anches de musette et de hautbois. Les anches de tous les autres sarrusophones sont des anches de bassons proportionnellement plus petites ou plus grandes, suivant les tonalités.

Quand je dis *proportionnellement*, je ne veux pas dire : proportions exactes avec la longueur des instruments, mais je prends le *mot dans le sens que* j'ai indiqué pour les anches de hautbois.

En voici les représentations :

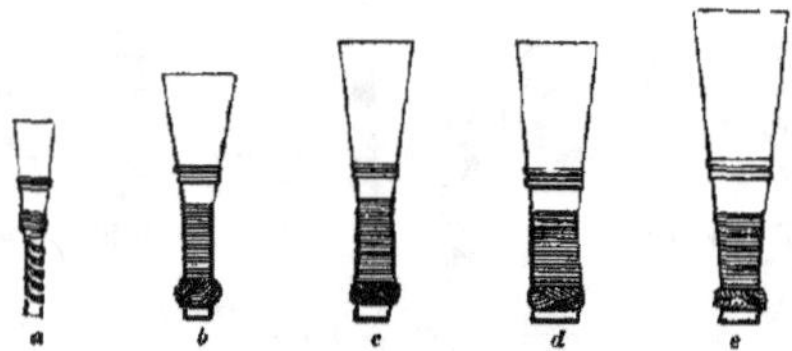

Fig. 1104. — Anches de sarrusophones.

a, soprano; *b*, baryton; *c*, basse; *d*, contrebasse mi♭;
e, contrebasse si♭.

Il va de soi, dès l'instant qu'on se sert d'une anche de hautbois pour jouer le sarrusophone soprano, que l'on éprouvera, *ipso facto*, les mêmes difficultés que l'on rencontrerait à jouer le hautbois lui-même.

De même, pour les autres sarrusophones vis-à-vis du basson, sauf toutefois l'unité du doigté qui est, sur le sarrusophone, du système général; il se trouve, par conséquent, aisément accessible *comme mécanisme* aux flûtistes, aux hautboïstes, aux saxophonistes et même aux clarinettistes; mais, c'est de cette unité de doigté, justement, que vient l'erreur commune de croire que l'on peut faire un excellent sarrusophoniste du premier saxophoniste venu. Évidemment, le saxophoniste a vite fait d'exécuter sa partie sur son nouvel instrument, et l'on met les sons exécrables qu'il en obtient sur le compte du sarrusophone, lequel n'en peut mais; que l'on place cet instrument dans les mains d'un hautboïste ou d'un bassonniste, et l'on entendra de tout autres sons.

De là découle cette conséquence : pour avoir de bons sarrusophones on doit les faire jouer par des hautboïstes pour les sopranino, soprano, alto et même ténor, et par des bassonnistes pour les ténor, baryton, basse et contrebasse; mais ici, deux nouvelles difficultés se présentent : 1° D'abord, les hautboïstes sont rares, puis ils ont en main un instrument de toute beauté, susceptible des nuances les plus délicates et de l'expression de sentiments les plus divers; il est en *ut*, c'est-à-dire de tonalité normale lui permettant de tenir brillamment sa place au salon comme au concert, à l'orchestre symphonique comme à celui d'harmonie; il faudrait donc vraiment beaucoup d'abnégation à ces instrumentistes pour les décider à abandonner ce magnifique instrument et à prendre un instrument en si♭ ou en *mi♭* qui, aurait-il toutes les qualités du hautbois, ce qui est bien loin d'être confirmé, ne trouverait toujours, de par sa tonalité, qu'un emploi localisé dans l'orchestre de plein air, harmonie ou fanfare. 2° Les bassonnistes sont plus rares encore, et, si leur instrument a moins de finesse et de délicatesse que le hautbois, il n'en est pas moins très recherché pour l'orchestre de symphonie, où il tient une place de tout premier ordre, et pour l'orchestre d'harmonie, où il rend, pour qui sait l'employer, des services très appréciables.

Ici, une nouvelle complication survient encore du fait du doigté qui, appris en *ut* sur le basson qui est en *fa*, ne correspond plus au doigté du sarrusophone qui est appris, lui, suivant le système général comme tous les instruments transpositeurs. Cette raison seule suffirait à détourner les bassonnistes d'un instrument qui, ayant par lui-même moins de qualités et moins de ressources que le leur, les contraindrait encore au changement d'appellation de tout leur doigté, en les localisant, sauf de très rares exceptions, au seul orchestre d'harmonie ou de fanfare.

Et maintenant que je me suis arrêté plus que je ne me l'étais promis sur cette question des anches et des difficultés qui s'y rattachent, je reviens à la famille des *sarrusophones*.

Le *sopranino* en *mi♭* est l'équivalent de la musette avec des sons plus gros, ce qui le rend tout à fait inutilisable en harmonie et bien difficilement utilisable en fanfare, où la nécessité de l'exécution des traits dans l'aigu peut seule le faire excuser.

Son étendue est celle-ci :

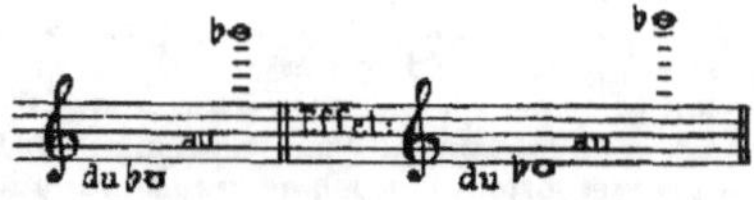

Toutefois, je suis persuadé que les artistes capables de monter au-dessus du *ré* ou du *mi♭* aigus sont bien rares :

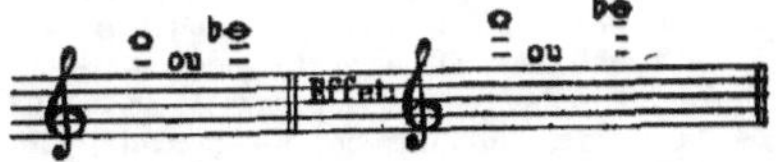

Le *soprano* en *si♭* est l'équivalent du hautbois, *mais avec des sons plus gros;* c'est d'ailleurs là une observation qui doit s'appliquer à toute la famille, vis-à-vis de la musette, du hautbois, du cor anglais, du hautbois baryton, du basson et du contrebasson, je ne la renouvellerai plus.

Voici son étendue :

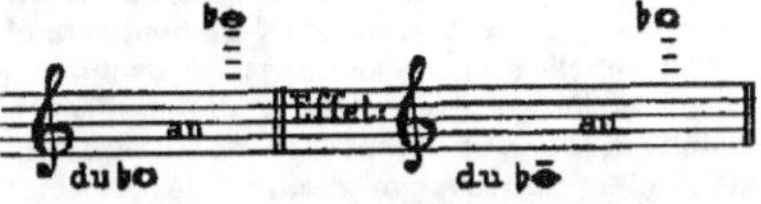

Comme pour le *sopranino*, je suis obligé à des réserves sur la possibilité de faire sortir les dernières notes du registre suraigu et, sortiraient-elles, sur leur utilisation dans la musique d'ensemble.

L'*alto* en *mi♭* est l'équivalent du cor anglais, mais comme on le joue avec une anche de forme *anche de basson,* au lieu de l'anche de cor anglais forme *anche de hautbois,* les sons s'en ressentent, et probablement la justesse aussi; l'occasion d'entendre ces instruments et de les entendre dans de bonnes conditions, c'est-à-dire joués par des hautboïstes, n'est pas assez fréquente pour pouvoir affirmer quoi que ce soit à ce sujet; mais, si j'ai bonne mémoire, la grande fanfare *La Sirène*, dont j'ai déjà parlé, possédait autrefois toute la famille des sarrusophones, et ne se sert plus depuis plusieurs années que des *sopranos, barytons, basses* et *contrebasses;* c'est donc qu'elle a abandonné les *sopraninos, altos* et *ténors*, ce qui semblerait indiquer qu'elle n'était pas satisfaite de ces trois formats.

Il semble, avant de condamner l'*alto* et le *ténor*, qu'il devrait en être fait un essai convenable avec les anches de cor anglais et de hautbois-baryton (modèle anche de hautbois). Mais il a toujours manqué à cette famille d'instruments un facteur spécialiste, c'est-à-dire un artiste ne construisant que des sarrusophones, et capable d'en rechercher tous les perfectionnements possibles. Né dans la maison GAUTROT, manufacture générale de tous instruments de musique, le sarrusophone a été voué, dès sa création, à l'anche de basson, à l'exception des deux plus petits modèles. Or, nous savons que l'anche de basson se prête mal aux petits formats, et a toujours arrêté l'extension de la famille des bassons vers l'aigu; ce ne sont pas les essais qui en ont manqué; la même cause doit nécessairement conduire aux mêmes résultats, soit, dans l'espèce, à deux modèles qui ne répondent pas, de l'avis même des constructeurs, aux espérances, aux désirs ou aux exigences des artistes qui s'occupent de ces instruments.

Quoi qu'il en soit, voici l'étendue théorique du *sarrusophone alto mi♭* :

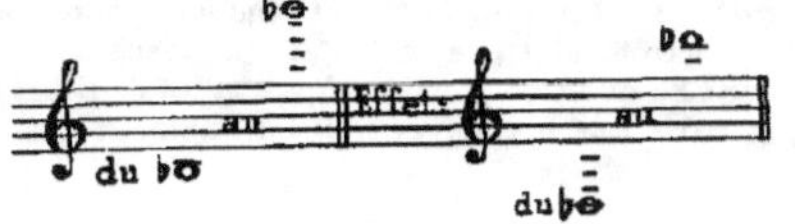

et l'étendue théorique du *sarrusophone ténor si♭* équivalent du *hautbois baryton* :

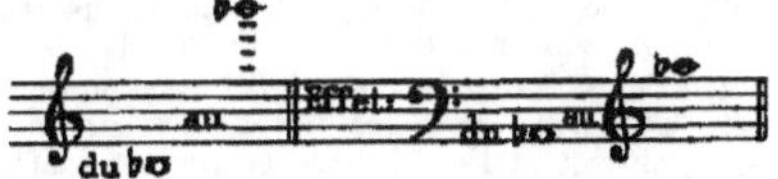

Comme tous ces instruments s'écrivent en clé de *sol*, nous voyons que le *sarrusophone ténor* résonne, eu égard à son écriture, comme un seize pieds d'orgue, avec, en plus, la différence d'une seconde majeure par sa tonalité de *si♭*.

Le *sarrusophone baryton* en *mi♭* est l'équivalent, *au point de vue des notes jouées*, du petit basson en *mi♭*[1].

Son étendue est celle-ci :

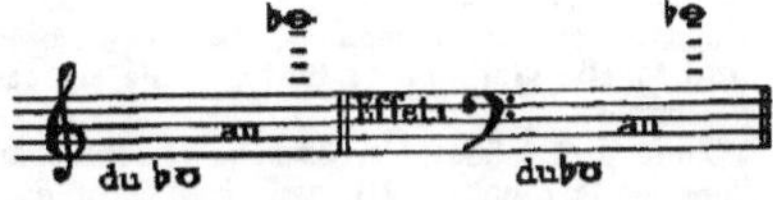

Le *sarrusophone basse* en *si♭* est l'équivalent du basson et, joué par un bassonniste, c'est un magnifique instrument aux sons pleins, ronds et d'une excellente vibration; cet instrument, comme tous ceux qui vont suivre, peut rendre les plus grands services dans les musiques d'harmonie, et il serait fort désirable que l'emploi en fût généralisé. Malheureusement, j'ai dit plus haut les difficultés de recrutement de bons instrumentistes, à cause des difficultés de l'anche, non pour la faire parler, — tous les saxophonistes y parviennent aisément, — mais pour en obtenir de jolis sons, ce qui est tout autre chose. Voici son étendue; il sonne comme un trente-deux pieds d'orgue eu égard à son écriture :

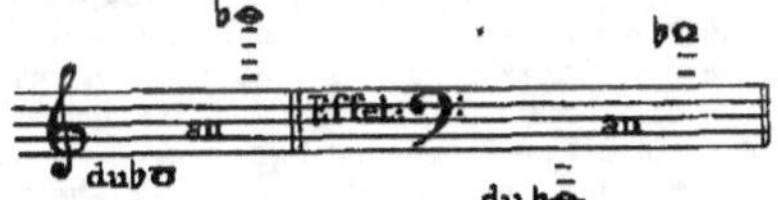

Le *sarrusophone contrebasse* en *mi♭* est l'équivalent du *contrebasson* en *fa*, et c'est celui de toute la famille qui a été le plus employé jusqu'ici. Voici son étendue :

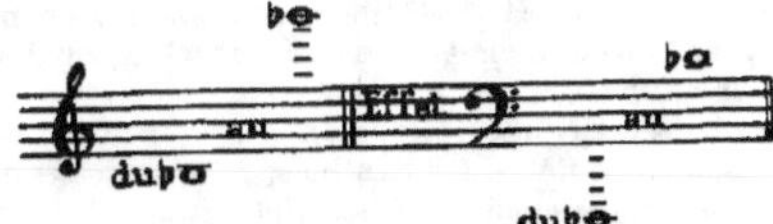

Le *sarrusophone contrebasse* en *si♭* est l'équivalent du contrebasson en *ut*. Son étendue est celle-ci :

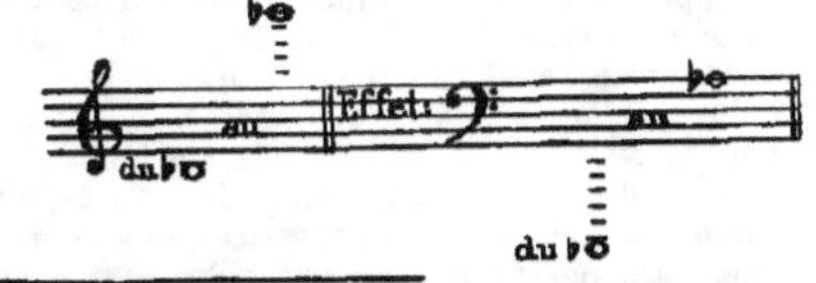

---

1. Au point de vue de la construction réelle, il est l'équivalent de ce que serait un *basson* en *si♭* (un ton plus grave que le basson ordinaire). Mais son *pavillon* n'ayant pas l'énorme développement de celui du basson, il ne peut comme lui descendre encore de sept demi-tons, après le doigté général des sept trous bouchés.

Écrit en clé de *sol*, il sonne comme un soixante-quatre pieds d'orgue. Cette écriture en clé de *sol* d'un instrument aussi grave est éminemment illogique; elle n'a pour but que de permettre aux instrumentistes de passer à l'un ou à l'autre de ces instruments sans les contraindre à l'étude d'une nouvelle clé (clé de *fa*). Avec des musiciens mieux instruits, on pourrait et l'on devrait écrire cet instrument

ainsi : 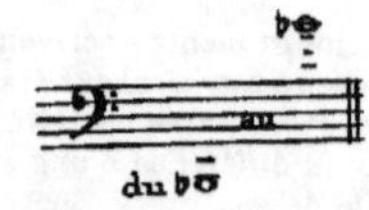

il sonnerait alors comme un seize pieds d'orgue.

Cette remarque devrait être faite également pour tous les sarrusophones graves étudiés précédemment, ainsi que pour les saxophones et les clarinettes graves que nous verrons plus loin.

Il nous reste maintenant à examiner l'emploi de cette échelle vibrante de tout pres de six octaves d'étendue.

D'une part : hautbois, bassons et contrebassons d'une seule tonalité (*ut*), avec les cor anglais et hautbois baryton pour les solos expressifs et, d'autre part : les sarrusophones sopranos, barytons, basses et contrebasses à tonalités différentes (*si*♭ et *mi*♭), doublant dans toute son étendue la famille des hautbois-bassons, avec des sons plus forts, plus puissants, mais moins délicats.

S'il s'agit de la transcription de passages d'orchestre symphonique à découvert, les hautbois et bassons gardent leurs parties respectives de l'un à l'autre orchestre; mais si le passage n'est pas entièrement découvert, on peut les renforcer des sarrusophones correspondants.

Une autre considération doit encore entrer dans ce doublement, si l'on dispose de bons sarrusophonistes; c'est celle de la sonorité du lieu ou l'on joue. C'est ainsi que l'on pourrait réserver aux seuls hautbois et bassons les passages délicats, si le concert a lieu dans une salle ou sous un kiosque, et aux seuls sarrusophones, si le concert a lieu sur une place ou dans un endroit dont l'acoustique laisse à désirer.

L'une des grandes difficultés de l'orchestration pour harmonie consiste dans le fait suivant :

Dans un orchestre à cordes, le timbre particulier de la flûte, du hautbois ou de la clarinette sera toujours perçu et distingué au milieu de toute la masse des violons, surtout si le dessin mélodique est particulier pour chaque timbre; il en est de même pour le basson vis-à-vis des violoncelles, ou des violons altos.

Dans les transcriptions de passages où, en symphonie, les flûtes, les hautbois, les clarinettes ou les bassons, mélangés avec les violons, ont des dessins différents de la ligne mélodique de ceux-ci, tout le travail des cordes passe aux clarinettes et aux saxophones; outre que le timbre d'une flûte est de beaucoup plus rapproché du timbre de la clarinette que de celui du violon, la puissance de son de la flûte est moins grande en harmonie, à cause du plein air, qu'en symphonie, tandis que, malgré le plein air, un ensemble d'une vingtaine de clarinettes reste infiniment plus puissant, surtout dans l'aigu, qu'un ensemble de violons même supérieur en nombre; de telle sorte que la flûte, qui peut aider utilement les clarinettes, si elle prend le même dessin mélodique que ces dernières, disparaît complètement, même à l'oreille la mieux exercée, si la flûte reste chargée d'un dessin mélodique particulier.

Pour qu'il en soit autrement, il faut que les parties de clarinettes jouent infiniment piano et avec des nuances de plusieurs degrés inférieures à celles qui sont indiquées sur les parties copiées ou gravées; c'est là l'une des grandes supériorités de la musique de la Garde Républicaine, de pouvoir, par une discipline excellente et un sens artistique parfait de chacun des instrumentistes collaborant étroitement avec leur chef de musique, laisser entendre un dessin de flûte, de hautbois ou même de clarinette isolée, au-dessus ou même au milieu de leur ensemble; mais retrouver une telle discipline, une communion aussi étroite entre la direction et l'exécution et surtout un talent aussi parfait du moindre des exécutants, qui rende possible cette communion et cette discipline, est chose extrêmement rare et trop exceptionnelle pour qu'un transcripteur puisse écrire de telles finesses de détail, à moins d'écrire spécialement pour un orchestre connu dont on peut escompter d'une façon certaine la perfection du rendement.

Pour le hautbois, la différence de timbre étant plus marquée, l'inconvénient est un peu moindre, mais reste encore considérable à cause du volume de son d'un hautbois eu égard à la puissance du volume de son de toutes les clarinettes réunies; ce serait peut-être alors l'occasion de substituer un *bon* sarrusophone soprano au hautbois, si l'excellent recrutement de l'orchestre rendait cette substitution possible.

Quant à la clarinette, la similitude absolue du timbre avec les autres clarinettes chargées des parties de violons, rend la transcription exacte seulement possible lorsque les parties de violons, transcrites aux autres clarinettes, ne dépassent pas l'importance de simples dessins d'accompagnement.

Une idée générale doit d'ailleurs primer toutes autres considérations dans la transcription d'une œuvre symphonique : c'est la recherche de l'effet que le compositeur primitif a voulu obtenir par le choix de l'instrument auquel il a confié l'expression de sa pensée; si l'on juge qu'il a choisi cet instrument parce que celui-ci lui paraissait plus propre qu'aucun autre à donner l'impression voulue, il faut conserver ce même instrument dans la transcription; mais si l'on juge, au contraire, qu'il n'a choisi cet instrument que pour faire une opposition de timbre au timbre précédent, au timbre suivant ou au timbre concurrent, il ne faut pas hésiter à rechercher, dans la transcription, une opposition de timbre correspondante, et quelquefois même plus marquée, fût-ce au prix d'une transposition d'octave; c'est alors qu'on transportera la ou les parties de flûtes aux cornets, les parties de hautbois aux trompettes et le chant de clarinette au bugle. Il reste bien entendu que, dans cette étude, je ne puis donner que des idées générales sujettes à de nombreuses exceptions.

En dehors des passages à découvert, où il est possible de conserver les timbres et les effets de l'orchestre symphonique, il arrive assez rarement que l'on traite les hautbois et les bassons en famille, et cela est regrettable; mais la présence des quatre instruments n'est pas encore assez régulière pour que les transcripteurs en fassent état. On traite donc les deux hautbois en parties *obligées* et les deux bassons en parties *ad libitum*, ce qui veut malheureusement dire qu'on ne les traite pas en parties réelles, et il est fort à craindre qu'il\ en soit ainsi longtemps encore.

Les hautbois, sauf pour les petites harmonies, peuvent être traités en parties réelles. En dehors des traductions réelles de la symphonie, ces instruments, en doublant les premières et deuxièmes clarinettes, contribuent à rapprocher le timbre de ces dernières du timbre des violons dont elles ont les parties; d'autre part, les hautbois sont excellents pour rendre des tenues et leur donner de l'intérêt. Associés aux bassons, ils pourraient, sans doute, être chargés de contretemps comme les autres familles d'instruments, mais, privés de basse et réduits à leurs deux seules parties, ils s'accommodent infiniment mieux ou de se mêler au chant, ou de faire des tenues, ou de compter plutôt que de se charger de rythmes coupés qui n'ont point de contrepartie.

Les bassons, dans leur situation indécise d'*ad libitum*, sont employés, sauf d'assez rares exceptions, comme renforcement de la basse et deviennent une doublure du saxophone baryton.

Il arrive, dans les harmonies qui possèdent ces instruments, que, lorsque la partie n'est pas écrite, on laisse l'instrumentiste *se débrouiller* avec l'une des parties de saxophones, et le bassonniste, habitué à lire en clé d'*ut* quatrième ligne, s'empresse de prendre une partie de saxophone ténor; ceci n'est bon qu'à la condition qu'un deuxième basson prenne, lui, une partie de saxophone baryton; mais, s'il n'y a qu'un seul basson, c'est sur la partie de saxophone baryton qu'il doit lire, quitte à ajouter sur sa partie tel trait du saxophone ténor qu'il sait appartenir au basson de symphonie.

Tout ce que j'ai dit des hautbois et des bassons doit s'appliquer aux sarrusophones, avec cette différence que les premiers sarrusophones à employer, lorsqu'on n'a pas toute la famille, sont les sarrusophones graves. On peut dire qu'un bon sarrusophone contrebasse *mi*♭ vaut, comme effet, deux ou trois contrebasses à cordes, tout en ayant la faculté de descendre un ton et demi plus bas que ces dernières.

Envisagés ainsi comme renforcement des basses et des contrebasses, ces instruments peuvent rendre de très réels services dans les grandes harmonies, et l'orchestre qui pourrait s'appuyer sur deux sarrusophones contrebasses *mi*♭, deux sarrusophones basses et un ou deux sarrusophones barytons aurait, certainement, une base très solide; sans doute, l'orchestre qui disposerait de deux contrebassons et de quatre bassons destinés à ce rôle de renforcement des basses et contrebasses aurait encore plus de velouté, et autant de fond, mais, outre que le prix de ces six instruments est sensiblement plus élevé que celui des six instruments précédents, il faut compter avec l'embarras du recrutement de ces instrumentistes spéciaux, embarras plus grand que l'affectation de bons saxophonistes aux sarrusophones graves pour lesquels les difficultés de l'anche et de la qualité des sons, à tout prendre, sont bien moindres que pour les sarrusophones moyens et aigus.

Clarinettes.

La *petite clarinette* en *la*♭ n'est pas usitée en France; elle ne l'est que bien peu en Europe et même ailleurs. Je pense qu'ayant d'excellentes flûtes, il est parfaitement inutile de faire état de cette petite clarinette suraiguë.

Néanmoins voici son étendue théorique :

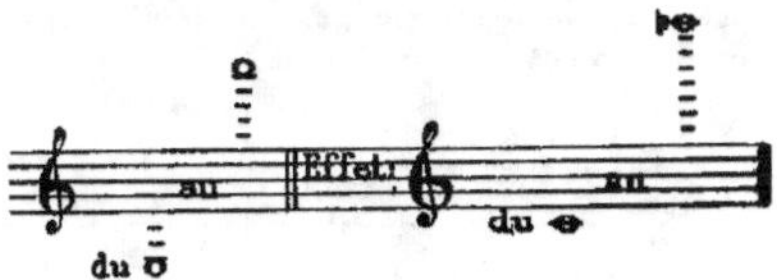

Quant à l'étendue pratique, il faut rabattre bien près d'une octave, à cause du manque de justesse des notes aiguës (insuffisance de pression des lèvres humaines) :

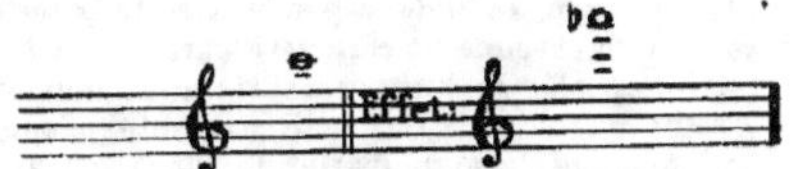

de telle sorte que la portée à l'aigu ne se trouve pas sensiblement plus élevée qu'avec la petite clarinette en *mi*♭, tout en perdant une quarte d'excellentes notes au grave.

Petite clarinette en mi♭. — La *petite clarinette en mi*♭ est usitée dans toutes les musiques d'harmonie et devrait l'être plus encore, c'est-à-dire qu'elle devrait être représentée dans ces musiques en plus grande proportion, je dirai tout à l'heure pourquoi. Beaucoup de musiques n'en ont qu'une, et rares sont celles qui en ont plus de deux. On leur reproche de manquer de justesse, et ce reproche est parfaitement injustifié; ce qui est vrai, c'est que les clarinettistes ayant les lèvres assez nerveuses pour pouvoir conserver la justesse dans les notes aiguës sont assez rares.

L'étendue pratique est celle-ci :

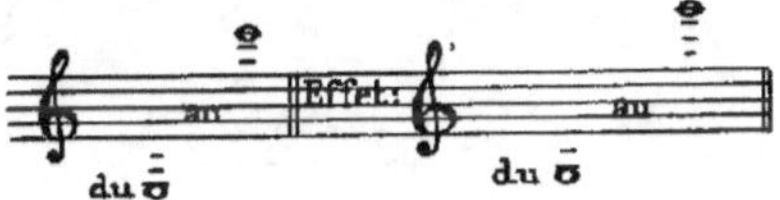

Dans les grandes harmonies, où l'on dispose de bons instrumentistes, on peut prolonger cette étendue d'une tierce à l'aigu :

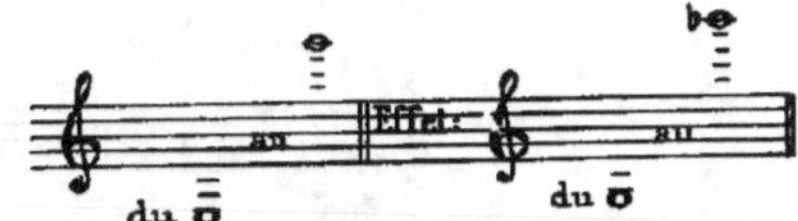

Grande clarinette en si♭. — La *grande clarinette en si*♭ est l'instrument constitutif par excellence de l'harmonie, et, plus on en peut avoir, meilleur en est le résultat, à la condition pourtant qu'elles soient bien jouées; cette condition primordiale n'est pas toujours, hélas! réalisée au gré des chefs de musique. L'étendue théorique est celle-ci :

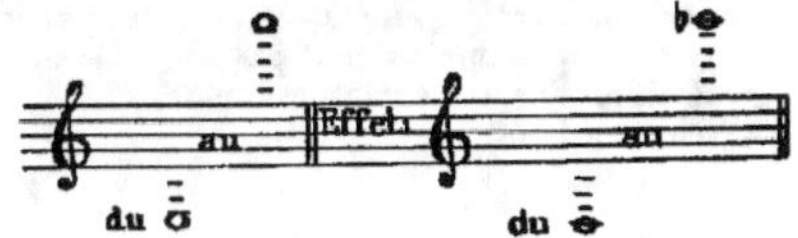

Mais il est convenu qu'en harmonie, on ne doit pas dépasser le *sol* aigu, ce qui ramène l'étendue pratique à ceci :

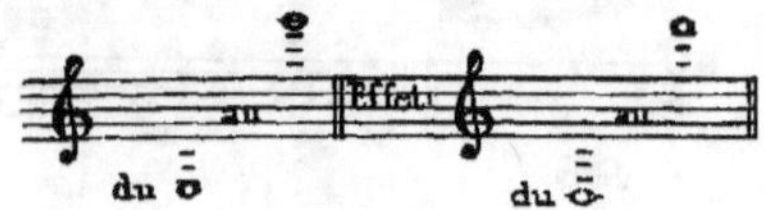

Voici maintenant quelques considérations applicables à toutes les clarinettes quelle qu'en soit la tonalité.

Le *timbre*, qui se transforme insensiblement du grave à l'aigu, se divise cependant en trois séries de sons ayant chacune un caractère particulier; la première, appelée chalumeau, est vibrante, moins assurément que le basson, mais vibrante néanmoins avec quelque chose de mystérieux dans son expression; elle s'étend du grave jusque vers le *mi* :

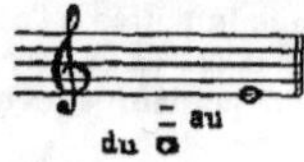

puis vient une *série de transition*, série ingrate comme sonorité et surtout comme mécanisme; en effet, les *doigtés gauches* y abondent, lorsque les traits vont et reviennent de la série du *chalumeau* à la série suivante appelée *clairon*, et qui n'est, au point de vue du doigté, que le recommencement de la première série dont les sons sortent, à l'aide de la clé *d'octave,* à la douzième des premiers. Cette seconde série, dite du clairon, appartient essentiellement au timbre doux, et on pourrait la caractériser en disant de l'audition des sons de cette série que c'est du « velours » qui entre dans les oreilles. Cette série, comme la précédente, a environ une octave d'étendue :

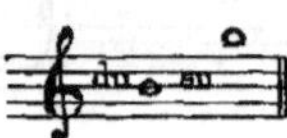

Au delà, les sons perdent peu à peu leur velouté, se rapprochent des sons aigus de la flûte, mais avec plus de force, et surtout de dureté; le plus grand

souci du talent de l'artiste est justement d'adoucir ces sons de la *série aigue* qui n'a pas, celle-ci, de nom particulier.

Les gammes diatoniques et chromatiques, les arpèges dans tous les tons se font le plus aisément du monde du grave à l'aigu ou de l'aigu au grave; une seule précaution est nécessaire dès qu'il y a plus de trois dièses ou plus de trois bémols dans la tonalité, c'est de prendre la clé de si ou celle de *do* naturels à gauche pour les arpèges ou à droite pour les gammes, commandées qu'elles sont par les clés de *do ♯* et *ré ♯* ou de *ré ♭* et *mi ♭*; mais ceci est l'affaire de l'instrumentiste, qui *doit* connaître ce détail; les trilles s'exécutent sur tous les degrés, et toutes les articulations peuvent se pratiquer; mais ce qu'il faut éviter le plus qu'il est possible, ce sont les traits tournant et retournant dans la série de notes que j'ai qualifiée « série ingrate », comprise entre le *fa* et le *si* ou le *do* du médium :

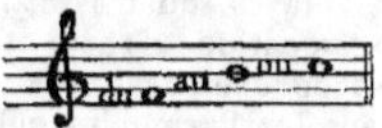

Je ne dis pas que ces traits soient impossibles, mais ils sont souvent *très gauches*, et c'est alors que des clarinettes d'une autre tonalité peuvent apporter un excellent secours, parce que ces traits qui se présentent dans cette autre tonalité, ou plus haut ou plus bas, échappent à la série « ingrate » et n'offrent plus aucune difficulté.

Je répète que les considérations ci-dessus sont applicables à toutes les clarinettes.

Clarinette alto ou cor de basset. — La *clarinette alto* en *mi ♭* ne paraît pas encore tout à fait au point comme qualité de son (question de perce sans doute), et cependant, son emploi me paraît désirable, ne serait-ce que pour suppléer à la « série ingrate » de la clarinette basse et à celle de la grande clarinette. Jouée autrefois à la musique de la Garde Républicaine, elle a été abandonnée; peut-être n'a-t-elle pu rendre tous les services dont elle était capable, faute de partie spécialement écrite pour elle (on lui donne généralement la partie de saxophone alto, bien insuffisante pour son étendue). Je suis persuadé que l'avenir lui réserve un emploi plus général et plus actif. Voici son étendue :

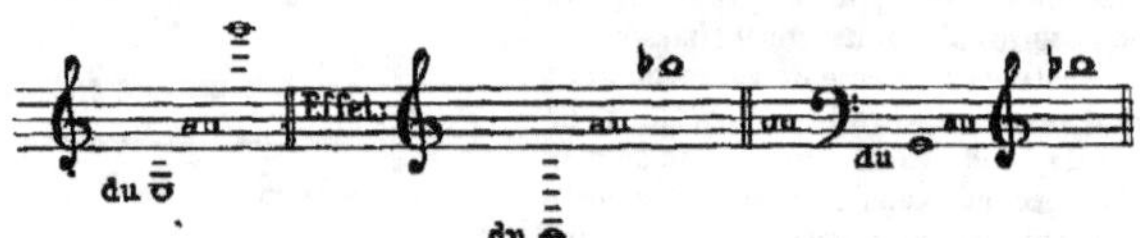

Toutefois, plus les clarinettes sont graves, plus il est prudent de moins employer les notes aiguës.

Clarinette basse. — La *clarinette basse* en *si ♭* est au contraire excellente sous tous les rapports, et son usage se répand de plus en plus; déjà, beaucoup de sociétés du Nord en emploient une, deux et même trois et, si le prix n'en était pas aussi élevé, on en pourrait prévoir une extension rapide.

Voici son étendue :

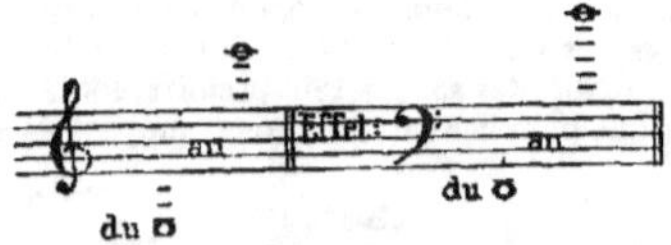

dont il faut retrancher, par prudence, au moins une tierce à l'aigu.

On construit aussi des clarinettes altos et des clarinettes basses descendant au *mi♭*, au *ré* et même à l'*ut*; mais on ne peut écrire pour ces instruments de construction exceptionnelle, à moins de connaître d'avance et l'instrument et l'instrumentiste qui devra exécuter la partie écrite, et alors on peut se permettre bien d'autres exceptions, ou bien d'autres libertés; des considérations comme celles que j'expose ici ne sauraient utilement sortir des règles générales.

Clarinette contralto. — La *clarinette contralto mi♭* est, d'abord, très mal qualifiée, attendu qu'elle est d'une octave plus grave que la clarinette alto, et d'une quinte plus grave que la clarinette basse; c'est donc, en réalité, une clarinette contrebasse en *mi♭*. Il faut, d'ailleurs, toujours se méfier des qualifications instrumentales. C'est ainsi que, dans les cuivres, on a donné autrefois la qualification de *ténor* à l'instrument généralement connu maintenant sous le nom de *saxhorn alto mi♭*, et dont l'étendue correspondait à celle du *trombone alto* Mais il en résulte que le *ténor* n'a pas de représentant dans les saxhorns, et que le baryton n'en a point dans les *trombones*. Aujourd'hui, quand un facteur présente un soi-disant saxhorn *ténor*, c'est toujours d'un *baryton* qu'il s'agit, c'est-à-dire d'un instrument en *si♭* s'écrivant en clé de *sol*, et résonnant conséquemment comme un seize pieds d'orgue (je fais abstraction de la différence du ton d'*ut* au ton de *si♭*. Si nous envisageons le qualificatif *baryton* appliqué au saxhorn, c'est un seize pieds d'orgue; mais, appliqué au saxophone ou au sarrusophone, il devient quelque chose comme un vingt-quatre pieds d'orgue (milieu entre le seize et le trente-deux pieds), ces instruments étant en *mi♭*, et jouant toujours des parties de basse ou de basson. Pour le *contralto*, c'est pire encore, puisque le *saxhorn contralto* (bugle) sonne comme un huit pieds d'orgue, tandis que la clarinette contralto, écrite également en clé de *sol*, sonne comme un vingt-quatre pieds (unisson du saxophone baryton, bien que descendant plus bas), et que la clarinette *basse* (unisson du saxophone *ténor*) sonne simplement comme un seize pieds.

N'avais-je pas raison de dire plus haut que l'orchestration moderne a bien perdu de la simplicité d'antan?

La *clarinette contralto* ne me paraît pas encore entrée dans la pratique de nos harmonies modernes, et, cependant, elle y a sa place marquée pour l'avenir au même titre que la clarinette alto.

Son étendue est celle-ci :

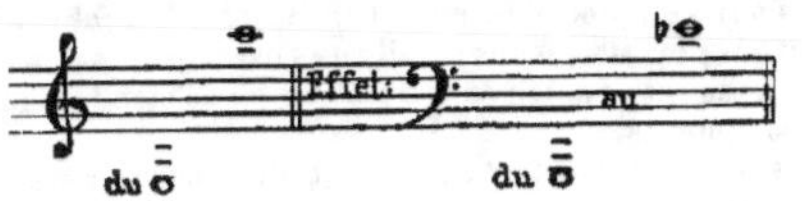

Je n'ai indiqué ici que son étendue pratique, et j'ajoute encore que ces instruments, dont le grave surtout est excellent, ne doivent être employés dans l'aigu que le moins possible.

Clarinette contrebasse ou clarinette pédale. — *Clarinette contrebasse* chez EVETTE, *clarinette pédale* chez F. DESSON, cet instrument, dont la perce et le mécanisme ont des différences, suivant qu'il est établi chez l'un ou l'autre de ces deux facteurs, n'a pour nous qu'un seul et même rôle dans l'harmonie :

celui de servir de base ou d'assise à tout l'édifice instrumental en compagnie du contrebasson, des sarrusophones contrebasses, des contrebasses en cuivre (saxhorns, tubas ou trombone contrebasse) et des contrebasses à cordes si l'on veut.

L'étendue de la clarinette contrebasse est celle-ci :

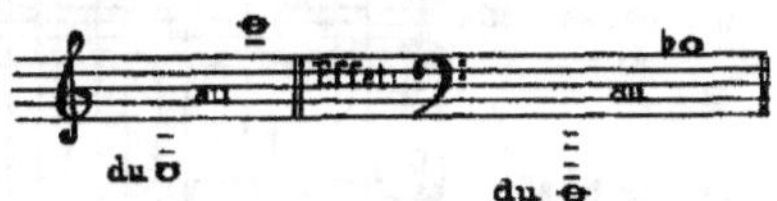

Et maintenant que nous connaissons toute la famille, examinons quel est et quel pourrait être son rôle dans l'harmonie.

On pourrait penser que sa fonction principale consiste à représenter, dans les transcriptions, la clarinette de la symphonie; ce serait une grosse erreur, erreur qui a été commise par quelques chefs de musique militaire, étonnés eux, les premiers, de constater que leurs partitions établies avec le plus grand soin, avec la plus scrupuleuse attention, le respect le plus absolu de la pensée des maîtres qu'ils traduisaient, ne produisaient que peu ou pas d'effet. C'est qu'ils ne se rendaient pas compte que les différences de timbre sont à l'oreille ce que les différences de couleur sont à l'œil, et que si clarinette sur violon, en symphonie, peut faire peinture, clarinette sur clarinette, en harmonie, ne peut plus faire que dessin. C'est donc exceptionnellement que la clarinette conservera les traits ou les solos de clarinette de symphonie; il faut que ces traits soient bien en dehors, ordinairement dans le registre du clairon, alternant avec un autre timbre ou précédés et suivis d'un *forte*, ou tout au moins d'un passage dans lequel plusieurs timbres seront associés; autrement, il vaut mieux donner la traduction de ces traits ou de ces solos de clarinette de symphonie au bugle, à l'un des saxophones ou au saxhorn alto, suivant la tessiture du trait et les timbres qui l'accompagnent, le précèdent ou le suivent.

La fonction essentielle des clarinettes en harmonie est de traduire le quintette à cordes de la symphonie et, pour remplir cette mission avec toute l'unité de timbre qui conviendrait, il serait fort utile que toutes les harmonies complétassent la famille de clarinettes en qualité et en quantité suffisantes.

Pour bien nous rendre compte de ce qu'il faudrait faire pour atteindre le but, voyons d'abord comment les différentes clarinettes s'étagent dans l'échelle des sons, en sons réels (page 2175).

S'il ne s'agissait que de l'échelle des sons, nous voyons de suite que la clarinette contrebasse, la clarinette basse et la grande clarinette, toutes trois en *si♭*, sont très suffisantes pour remplir toute cette échelle, puisqu'elles ont une octave et demie et deux octaves de notes communes entre elles; la petite clarinette ne paraît utile que pour achever les derniers échelons aigus; mais la question n'est pas aussi simple.

Il y a d'abord ce que j'appelle a « série ingrate », dont il faut tenir compte, si l'on veut que les transcriptions de symphonie n'offrent pas trop de difficultés de doigté. En effet, il ne s'agit pas ici d'exécuter de la musique écrite pour clarinette, mais bien d'exécuter, et d'exécuter aussi à l'aise que possible, tous les traits écrits pour les instruments à cordes dont la technique est si différente de celle des instruments

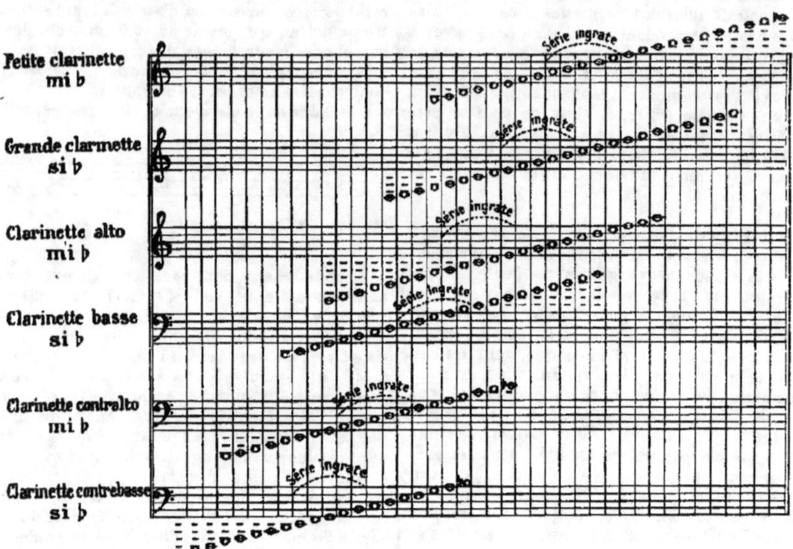

à vent. Or, s'il est vrai que la série ingrate de la clarinette contrebasse soit couverte par les notes graves de la clarinette basse ; que la série ingrate de la clarinette basse soit couverte et par les notes aiguës de la clarinette contrebasse et par les notes graves de la grande clarinette ; et enfin, que la série ingrate de la grande clarinette soit couverte par les notes aiguës de la clarinette basse, il faut bien se garder de croire que la substitution de l'une à l'autre de ces clarinettes pour couvrir ces séries ingrates, puisse se faire sans étonnement pour l'oreille ; en effet, ces substitutions s'effectuent dans des octaves différentes de l'instrument, et, conséquemment, dans des timbres différents eux aussi. Ainsi, la série ingrate de la clarinette contrebasse est dans un timbre mixte qui n'est plus le chalumeau et n'est pas encore le clairon, tandis que les notes de la clarinette basse, qui couvrent cette série ingrate, appartiennent au commencement du chalumeau, et ont un timbre et un caractère très différents des sons de la série ingrate qu'ils sont appelés à remplacer ; de même, pour la série ingrate de la clarinette basse vis-à-vis des sons du chalumeau de la grande clarinette, qui ne sauraient non plus se fondre intimement avec les sons aigus de la clarinette contrebasse.

D'autre part, si l'on recherchait la pureté absolue du timbre, pour le timbre lui-même, le trait, surtout lorsque ce trait se trouve prédominant, devrait être exécuté par un ensemble d'instruments exclusivement de même nature, de même tonalité et de même diapason ; seulement, il arrive alors que, si douze grandes clarinettes, par exemple, exécutent un trait de premier violon, le timbre sera très pur, trop pur, oserai-je dire, trop clarinette et pas assez violon, parce qu'il manquera de vibration ; faites exécuter le même trait par huit grandes clarinettes et quatre petites clarinettes, le nombre d'instruments sera le même, seulement les notes du pur clairon des grandes

clarinettes seront modifiées et rendues plus vibrantes par les notes égales de l'échelle, mais plus graves relativement, de la « série ingrate » (mixte) des petites clarinettes ; si les grandes clarinettes descendent à leur tour à la série mixte, leurs sons seront rendus tout à fait vibrants par les sons correspondants, mais du chalumeau des petites clarinettes ; vous obtiendrez de la sorte un timbre moins pur, moins transparent, mais beaucoup plus rapproché du timbre violon, et vous obtiendrez, par surcroît, une exécution plus égale, les deux « séries ingrates » étant compensées chacune à leur tour par les excellents doigtés ou du chalumeau, ou du clairon.

C'est pour ces deux raisons de timbre et de mécanisme que je pense que l'emploi de la clarinette alto est appelé à un meilleur avenir que ne semble lui présager le présent ; c'est pour ces raisons encore qu'il faut regretter que la petite clarinette soit réduite à un seul ou deux exemplaires au plus dans la grande majorité des harmonies actuelles.

Ceci posé, il nous est facile maintenant de voir l'emploi théorique et l'emploi pratique qui doit être fait de la famille des clarinettes.

Pour l'emploi absolument théorique, le problème est des plus simples et résulte de l'examen du tableau ci-dessus sans autre considération que l'étendue des instruments.

Les *petites clarinettes* doivent être chargées de la partie des *premiers violons*.

Les *grandes clarinettes* doivent recevoir la partie des *seconds violons*.

Les *clarinettes altos* reçoivent la partie des *violons altos*.

Les *clarinettes basses* sont chargées de la partie des *violoncelles*.

Les *clarinettes contrebasses* prennent la partie des *contrebasses à cordes*.

Les *clarinettes contraltos* apportent leur collaboration tantôt aux *clarinettes basses*, tantôt aux *clarinettes contrebasses*.

Ce serait là de la transcription simple et à la portée de tout le monde.

Mais, car il y a un *mais* (il y en aurait même plusieurs), il faudrait, pour exécuter une telle transcription, une famille de clarinettes composée à peu près ainsi :

12 *petites clarinettes.*	10 *clarinettes basses.*
10 *grandes clarinettes.*	5 *clarinettes contraltos.*
8 *clarinettes altos.*	8 *clarinettes contrebasses.*

Et, pour les raisons de timbre et de mécanisme que j'expliquais tout à l'heure, ce ne serait encore que très médiocre.

La vraie solution théorique serait celle-ci :

6 *petites clarinettes* . . . . | 6 *grandes clarinettes*	chargées de la partie des premiers violons.
6 *grandes clarinettes* . . . . | 4 *clarinettes altos* . . . . |	chargées de la partie des seconds violons.
4 *grandes clarinettes* . . . . | 1 *clarinettes altos* . . . . | 2 *clarinettes basses* . . . . /	chargées de la partie des violons altos.
8 *clarinettes basses* . . . . | 3 *clarinettes contraltos* . . . . |	chargées de la partie des violoncelles.
2 *clarinettes contraltos* . . . . | 8 *clarinettes contrebasses* . . . . , |	chargées de la partie des contrebasses à cordes.

Ce serait déjà beaucoup moins simple, mais on aurait grande chance d'obtenir une belle sonorité se rapprochant sensiblement de celle du quintette à cordes d'un orchestre symphonique. On aurait encore la disposition de deux effets très spéciaux, en employant d'une part les clarinettes graves, jouant toutes dans le registre du clairon, ou d'autre part les clarinettes sopranos et altos, jouant toutes dans le registre du chalumeau.

À l'heure présente, nous sommes encore très loin de cette conception, car un tel orchestre coûterait fort cher (une clarinette pédale coûte 1250 francs[1]) et exigerait un personnel nombreux, eu égard à la puissance obtenue, les chiffres que j'ai donnés étant encore relativement modestes.

Quant à la solution pratique actuelle, je suis obligé

de la reporter un peu plus loin, dépendante qu'elle est de la famille des **saxophones** que nous allons étudier maintenant.

Saxophones.

Le *saxophone sopranino* en *mi♭* n'est usité que dans les très grandes fanfares, où l'absolue nécessité d'obtenir quelques sons aigus dépassant le pouvoir des instruments de *cuivre* semble en justifier l'emploi. En harmonie, il est tout à fait inusité, à cause de la mauvaise qualité de ses sons, ainsi que de ses difficultés de justesse.

Son étendue est celle-ci :

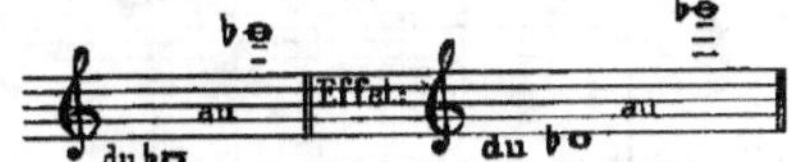

Le *saxophone soprano* en *si♭*, dont l'emploi en harmonie est contesté par certains chefs de musique, y occupe cependant une place fort utile quand il est bien joué, et il n'est pas aussi difficile à bien jouer qu'on veut le dire, surtout depuis qu'on l'a allongé pour lui permettre le *si♭* grave, allongement qui a beaucoup amélioré tous les saxophones comme sonorité et comme timbre; l'essentiel est de mettre le saxophone soprano dans les mains d'un bon musicien; c'est ce qu'on néglige souvent de faire, et là réside la principale cause du discrédit de cet instrument.

Son étendue est celle-ci :

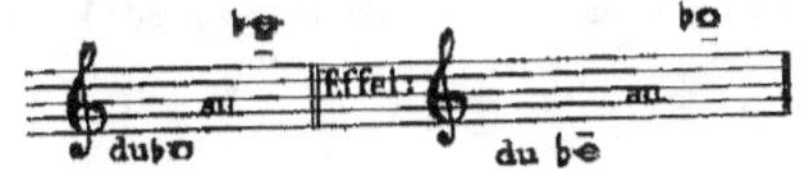

Toutefois, un de mes amis, M. VACELLIER, est parvenu à compléter la troisième octave du saxophone soprano à l'aide des doigtés suivants qu'il veut bien m'autoriser à publier :

Son étendue ainsi développée rend absolument inutile le saxophone sopranino.

Le *saxophone alto* en *mi♭* a la bonne fortune d'être admis partout : en fanfare, en harmonie, et à l'orchestre symphonique, où les compositeurs l'emploient de plus en plus. Lorsqu'on se sert d'un seul saxophone, c'est de l'alto qu'il s'agit; le rêve de tous les saxophonistes est de jouer l'alto, et pourtant, si

cet alto a la chance d'être plus souvent chargé d'interpréter des solos que le ténor ou que le baryton, j'ose dire qu'il ne leur est pas supérieur, et qu'il n'a pour lui que d'être plus à la mode; cependant, il a un privilège résultant de la place qu'il occupe dans l'échelle des sons : c'est de pouvoir remplacer le bugle, souvent avec avantage, dans l'interprétation des traductions de la voix de mezzo soprano ou de la voix de contralto dont il a la chaleur et la puissance émotive.

---

1. Prix d'avant guerre.

Son étendue est celle-ci :

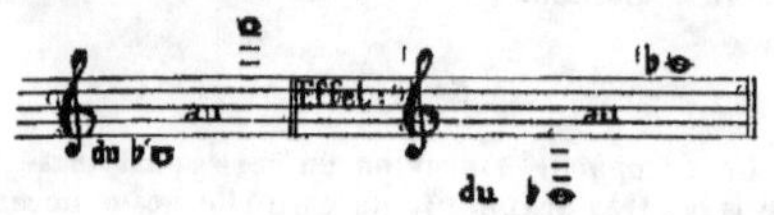

Comme pour le saxophone soprano, mon ami M. VACELLIER a cherché et trouvé le moyen d'étendre

les ressources du saxophone alto, et il est parvenu à le faire monter toute une octave plus haut :

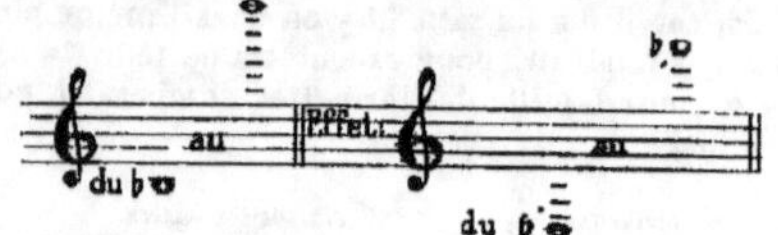

En voici les doigtés :

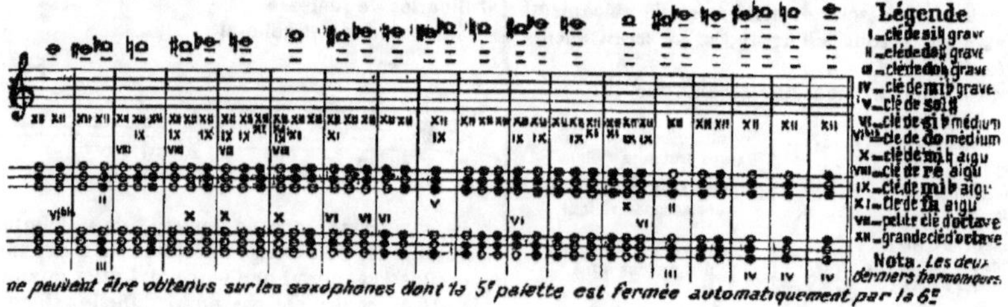

ne peuvent être obtenus sur les saxophones dont la 5e palette est fermée automatiquement par la 6e

La plupart de ces doigtés sont d'ailleurs logiques, car ils découlent des fondamentales des sons obtenus comme sons 3, 4, 6, 7 ou 8, avec les légères modifications indispensables pour faciliter ou permettre l'émission des harmoniques cherchés.

Le *saxophone ténor* en si♭ a le même nombre de clés que le saxophone alto et, par conséquent, la même étendue théorique, de même qu'il peut en avoir la même étendue exceptionnelle.

L'étendue théorique ou généralement admise est celle-ci :

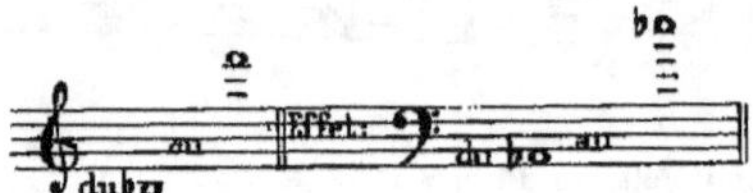

Étendue exceptionnelle avec les doigtés de M. VA-CELLIER :

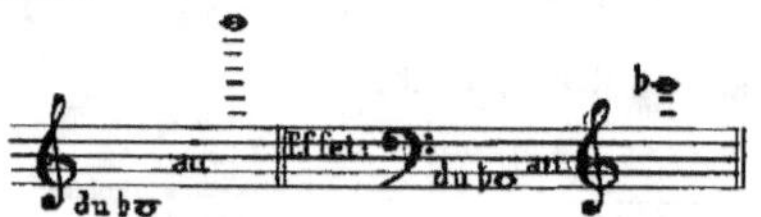

D'autre part, M. DUPAQUIER, artiste de la musique de la Garde Républicaine, fait construire par la maison COUESNON et Cie un saxophone descendant au *sol* et réalisant trois octaves pleines :

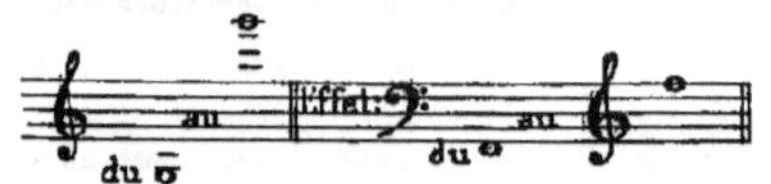

Écrit en clé de *sol*, il sonne comme un seize pieds d'orgue.

Il est tout naturel de penser que l'invention de M. DUPAQUIER est applicable a tous les saxophones, quel qu'en soit le diapason.

Le *saxophone baryton* en mi♭ a deux clés de moins à l'aigu que les deux précédents et se rattache, pour l'étendue, au saxophone soprano.

Son étendue théorique est celle-ci :

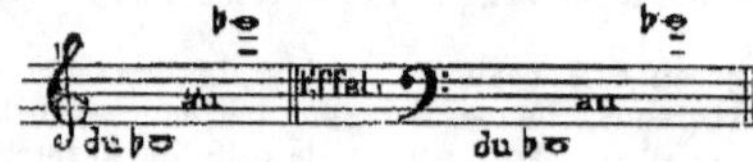

Son étendue exceptionnelle doit pouvoir être portée, avec les doigtés de M. VACELLIER, comme pour le saxophone soprano, à ceci :

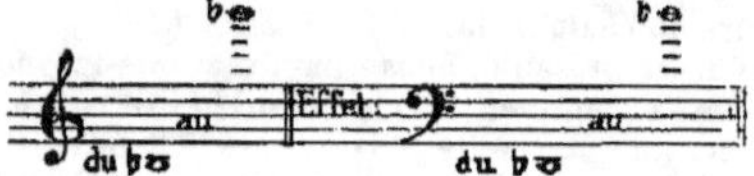

Toutefois, comme les doigtés normaux de *ré* et *mi♭* aigus donnent déjà des notes sans grande sonorité et comme étranglées, on peut se demander si la recherche de l'étendue exceptionnelle est bien utile sur cet instrument qui, malgré son qualificatif de *baryton*, représente en réalité une excellente basse écrite en clé de *sol*, et sonnant, de ce fait, comme un vingt-quatre pieds d'orgue.

Le *saxophone basse* en si♭ est un magnifique instrument aux sons pleins et ronds, qui n'a contre son usage général que de coûter cher, et surtout d'être lourd et peu portatif.

Son étendue est celle-ci :

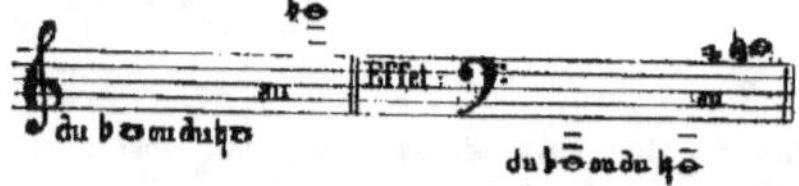

Écrit en clé de *sol*, il sonne comme un trente-deux pieds d'orgue.

Le *saxophone contrebasse* en mi♭ n'est fabriqué, à ma connaissance, que par la maison EVETTE ; il coûte 600 francs[1], et pèse plus encore que le précédent ; c'est dire que, malgré le grand intérêt qu'offrent ses

____
1. Prix d'avant guerre.

notes très graves, son usage est encore des plus restreints.

Son étendue est celle-ci :

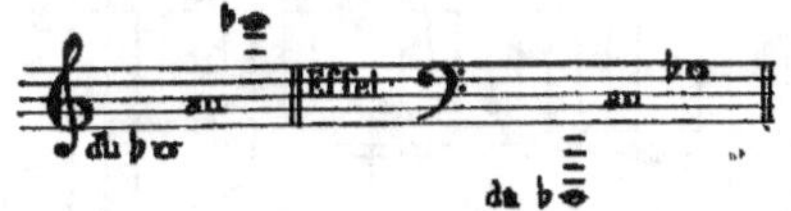

Écrit en clé de *sol*, il sonne comme un quarante-huit pieds d'orgue.

Le saxophone n'a pas un timbre vraiment original, comme la flûte, le hautbois, le basson ou la clarinette, mais son timbre, assez neutre, le rend précieux comme instrument de remplacement.

Dans la famille des saxophones, bien que la sonorité de leur ensemble soit parfaitement homogène, il y a cependant, pour chacun des modèles, des nuances légères de timbres dont il est bon de tenir compte lorsqu'on veut les employer en remplacement d'un instrument donné, ou lorsqu'on veut les associer à un autre instrument, soit pour en faire une deuxième partie, soit comme renforcement de son.

Le *soprano*, s'il est joué par un artiste qui sache proportionner le volume du son à la mission qu'on lui confie, pourra suppléer une deuxième grande flûte, ou se fondre dans les deuxièmes clarinettes pour donner plus de corps au trait dont elles sont chargées.

Le *saxophone alto* peut, dans une certaine mesure, suppléer le cor anglais.

Le *saxophone ténor* est l'instrument dont le timbre se rapproche le plus de celui du basson.

Enfin, le *saxophone baryton* se substitue aussi bien qu'il est possible au violoncelle, dont il n'a malheureusement pas toute l'étendue.

D'autre part, les timbres des saxophones s'assemblent surtout par tonalité; c'est ainsi que le *soprano*, le *ténor* et le *saxophone basse*, tous trois en *si*♭, seraient plus parfaits que tous autres, associés aux flûtes pour en compléter la famille. Au contraire, les *altos* et les *barytons*, unis quand l'étendue du trait ne s'y oppose pas, rendent très bien un ensemble de violoncelles; souvent, soit pour les unir, soit pour les renforcer, on y joint les saxophones ténors; l'effet en est très bon, mais cependant moins pur.

Une suite d'accords jouée par l'ensemble de tous les saxophones, sans mélange d'aucun autre instrument, donne l'illusion de l'orgue.

Mais, c'est comme complément de la famille des clarinettes que les saxophones rendent les services les plus signalés et les plus fréquents. Sans doute, le mieux serait d'avoir toute la famille des clarinettes et de l'avoir assez nombreuse pour lui permettre de représenter à elle seule le groupe entier des instruments à cordes de la symphonie; le timbre en serait plus homogène, mais, comme je l'ai fait remarquer plus haut, cela coûterait cher et exigerait un personnel nombreux. Cette dernière considération demande une explication, la voici :

Dans l'émission normale du son, il faut trois clarinettes pour égaler un seul saxophone; dans le *forte*, il en faudrait au moins quatre, peut-être cinq. Tenons-nous-en au son normal et supposons simplement un jeu ordinaire de saxophones composé de :

<table>
<tr><td>1 soprano.</td><td>2 ténors.</td></tr>
<tr><td>2 altos.</td><td>2 barytons.</td></tr>
</table>

et établissons le tableau de concordance en sons réels des clarinettes et saxophones (page 2179).

Nous nous rendons ainsi aisément compte que le saxophone soprano et les deux altos nous apportent la puissance d'au moins neuf clarinettes, que les deux saxophones ténors nous donneront l'équivalence de six clarinettes altos, et que les deux saxophones barytons égaleront la sonorité de six clarinettes basses; ces sept instrumentistes donneront ainsi la puissance de vingt et une clarinettes. J'ai donc raison de dire que les saxophones coûtent moins cher que les clarinettes, et qu'ils permettent de réaliser surtout une sérieuse économie de personnel.

Notre tableau nous permet encore de voir combien on se trompe en écrivant une partie commune pour le saxophone et la clarinette altos, et une autre partie commune pour le saxophone ténor et la clarinette basse; l'étendue commune de ces instruments doit se vérifier par le grave, pour la raison que les notes aiguës des clarinettes graves comme des saxophones sont les moins bonnes de leurs gammes respectives; si donc on n'a pas de parties spéciales à donner aux clarinettes graves, la clarinette alto devra jouer la partie de saxophone ténor transposée à son usage, et la clarinette basse la partie de saxophone baryton également transposée.

Si maintenant nous considérons la transcription du quintette à cordes de la symphonie pour l'orchestre d'harmonie, la répartition logique des parties se doit faire ainsi :

La partie de premier violon sera donnée aux petites clarinettes et aux deux tiers environ des grandes clarinettes, qui seront dénommées premières clarinettes[1]; la partie de deuxième violon sera donnée au tiers restant des grandes clarinettes, dénommées secondes clarinettes, au saxophone soprano et aux saxophones altos; la partie d'alto à cordes sera donnée aux saxophones ténors et, le cas échéant, à la ou aux clarinettes altos; la partie de violoncelle sera donnée aux saxophones barytons et, le cas échéant, à la ou aux clarinettes basses; enfin, la partie de contrebasse sera donnée, si on en possède, aux saxophones basse et contrebasse, aux clarinettes contraltos et contrebasses et aux contrebasses à cordes, qui sont admises dans un certain nombre d'harmonies, et même tolérées dans quelques grandes fanfares.

Le plus souvent, on adjoint au groupe des clarinettes-saxophones, les flûtes qu'on unit aux petites et premières clarinettes, et les hautbois qu'on joint, suivant le cas, aux premières ou aux secondes clarinettes, quelquefois aux unes et aux autres, en les divisant; c'est la meilleure solution, quand elle est possible, parce qu'ainsi les hautbois ne dominent pas, se fondent mieux dans les clarinettes et, par leur timbre vibrant, rapprochent davantage le timbre général du timbre des violons.

Mais pourquoi, dira-t-on, préconiser l'emploi des clarinettes altos et basses si les saxophones peuvent suffire?... C'est que, si le saxophone peut être appelé la clarinette du pauvre (sous-entendu : des sociétés qui ne sont pas riches), il n'en demeure pas moins une pauvre clarinette comme étendue, et surtout comme finesse de timbre; c'est la raison pour laquelle on évite de mélanger les saxophones aux premières clarinettes, afin de ne point apporter de lour-

---

1. S'il n'y a qu'une ou deux petites clarinettes, la proportion des premières clarinettes sera portée aux trois quarts environ des grandes clarinettes.

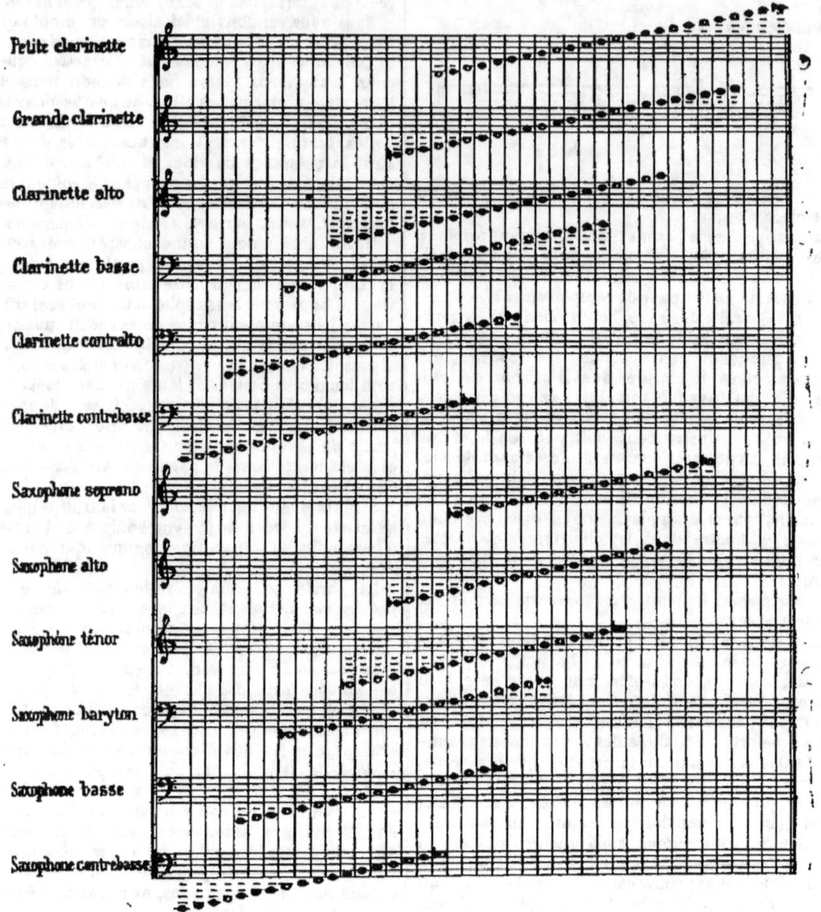

deur dans cette traduction de la partie de premier violon qui a besoin de tant de légèreté. C'est encore que le saxophone, n'ayant pas de timbre vraiment original, offre cette particularité de s'assimiler dans une assez grande mesure au timbre des instruments auxquels il est mélangé ; de sorte que, si on ajoute une ou deux clarinettes altos, et une ou deux clarinettes basses aux saxophones ténors et barytons, comme on conserve quelques grandes clarinettes mélangées aux saxophones altos, le timbre s'affine vers les clarinettes, et gagne infiniment en unité, en pureté et en délicatese. Enfin, c'est un pas de plus vers le progrès, vers l'avenir.

Les hautbois laissant leurs parties spéciales de symphonie, en raison de la difficulté de les faire entendre suffisamment en harmonie, et venant se joindre aux grandes clarinettes, il est naturel que bassons et sarrusophones graves suivent la même évolution en s'adjoignant, les premiers, aux saxo-phones barytons, et les seconds, aux saxophones basse et contrebasse ainsi qu'aux clarinettes contraltos et contrebasse ou pédale. Au lieu de « se joindre aux », il conviendrait le plus souvent de dire « remplacer les » pour les sarrusophones graves, car je crains fort que les saxophones contrebasses, les clarinettes contraltos et contrebasses ne brillent longtemps encore par leur absence dans nos orchestres d'harmonie ; c'est pour cette raison qu'on ne saurait trop encourager l'emploi de plus en plus large des sarrusophones basses et contrebasses, qui sont bien, pour le présent, les instruments les plus pratiques dont nous puissions disposer en harmonie, à l'effet de remplacer les contrebasses à cordes de la symphonie.

Cornets.

Le *petit cornettino* en si♭ n'est pas, que je sache, usité en France ; il faut une telle puissance de contraction de lèvres pour jouer de cet instrument, que certains musiciens des peuples du Nord, seuls, y réussissent.

Il sonne comme un quatre pieds d'orgue.

Étendue théorique :

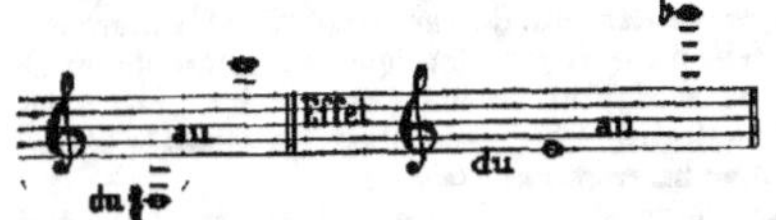

Étendue pratique :

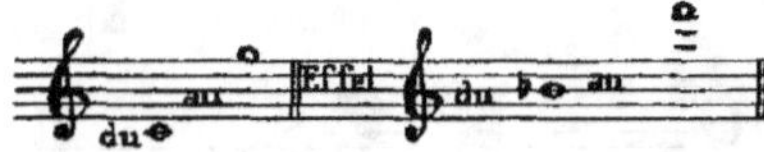

Le *cornettino* en *mi♭* est surtout usité en Angleterre, et nous en avons entendu d'excellents au concours de musique de Paris de 1912. En France et en Belgique, on lui préfère le petit bugle. Tous deux sont très bons; il n'y a dans leur emploi exclusif qu'une question de coutume, et le mieux serait de les employer l'un et l'autre.

Il sonne comme un six pieds d'orgue.

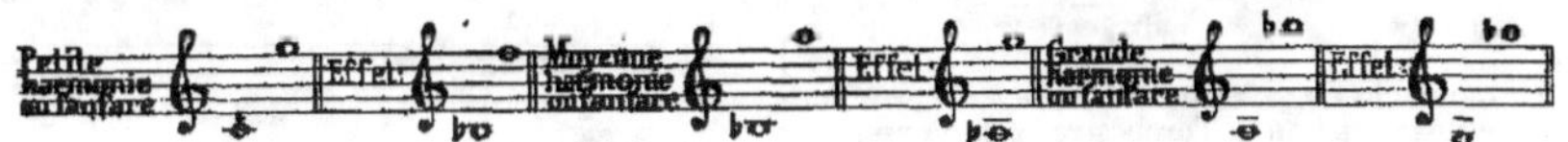

Trompettes.

La *petite trompette* en *ut* sonne comme un huit pieds d'orgue et s'écrit de même, c'est-à-dire comme le cornet.

Étendue :

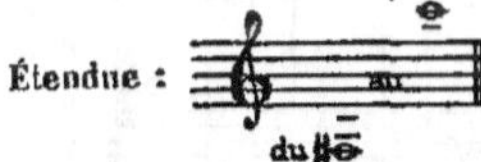

La *petite trompette* en *si♭* est la même que celle ci-dessus, mais à laquelle on ajoute un ton mobile de *si♭*.

Étendue :

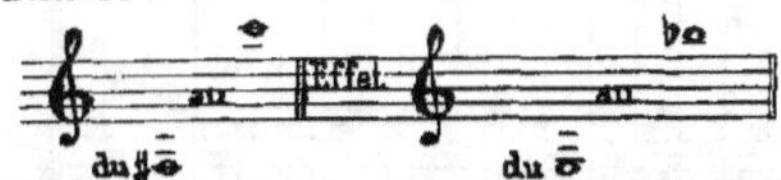

La *grande trompette* en *fa*, ou plus simplement la trompette en *fa*, sonne comme un douze pieds d'orgue; mais il faut bien faire attention que, ses notes graves étant peu employées, on a pris l'habitude d'en écrire les notes aiguës dans la portée, de sorte que si l'on se fie aux notes que l'on entend, eu égard à l'écriture, cet instrument paraît sonner comme un six pieds d'orgue.

Étendue théorique selon l'écriture normale :

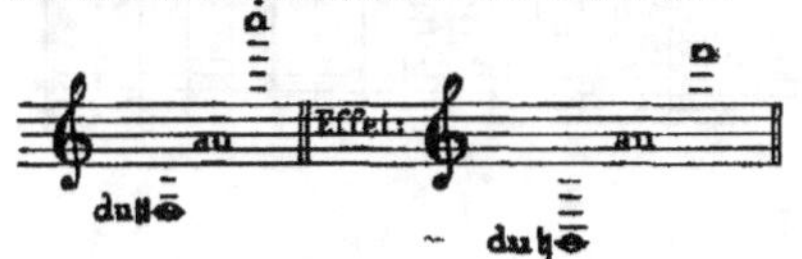

Étendue théorique :

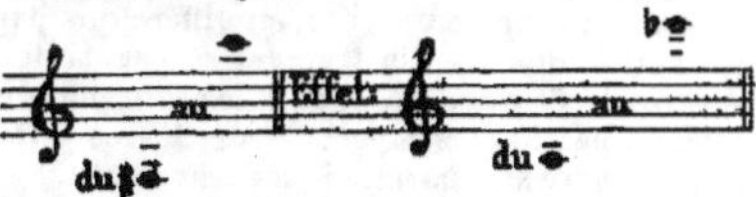

Étendue pratique :

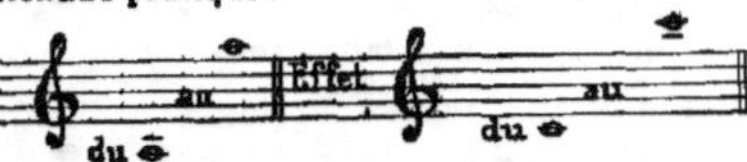

Le *cornet* en *si♭* (je n'ai pas à parler du *cornet* en *la* qui n'est employé qu'en symphonie et demeure inconnu en harmonie, de même qu'en fanfare), est de beaucoup le plus employé des trois.

Il sonne comme un huit pieds d'orgue.

Son étendue théorique et pratique dans les solos est :

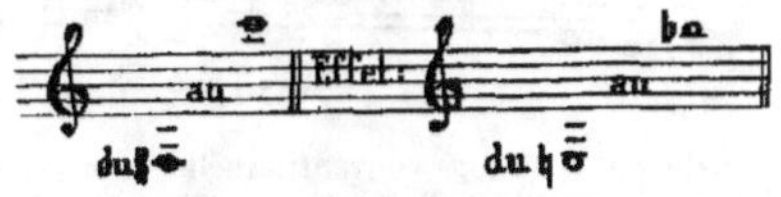

Mais il faut restreindre cette étendue en haut et en bas, dans l'écriture générale, d'une seconde, d'une tierce ou même d'une quarte, selon la force des sociétés pour lesquelles on écrit :

Étendue pratique selon l'écriture normale[1] :

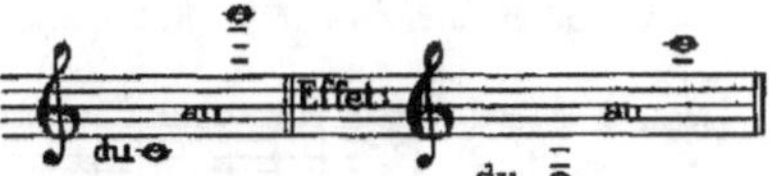

Étendue pratique selon l'écriture habituelle (conventionnelle) :

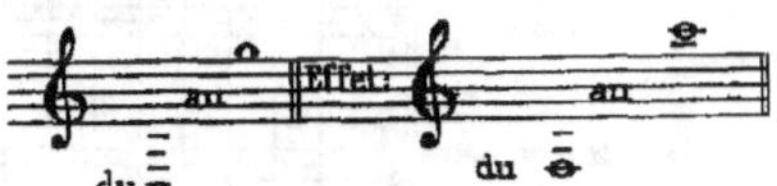

Je donne là, l'étendue pratique à laquelle on peut atteindre, mais il est mieux et plus sûr d'en retrancher une tierce en haut et en bas :

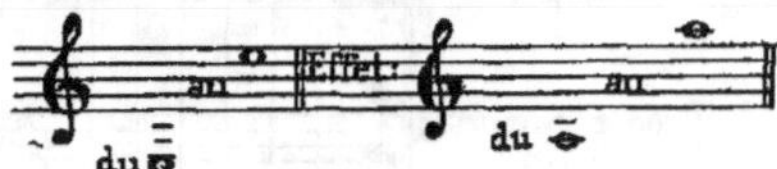

La *trompette* en *mi♭* est la même que la trompette précédente en *fa*, sur laquelle on ajuste un « ton » mobile qui la met en *mi♭*.

Étendue pratique selon l'écriture conventionnelle :

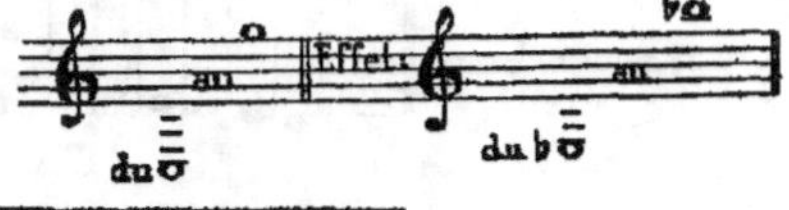

La *grande trompette* en *ut* est une trompette en *fa* à laquelle on ajoute un « ton » mobile qui la baisse d'une quarte; elle a alors la longueur de tube d'un trombone à pistons en *ut*, et n'en diffère que par la perce plus étroite de l'instrument et par la forme intérieure de l'embouchure, dont le grain plus fin et le fond du bassin très rapproché des lèvres permettent d'atteindre aux harmoniques très élevés.

Écrite en notation normale, elle sonne comme un seize pieds d'orgue.

Étendue théorique (notation normale) :

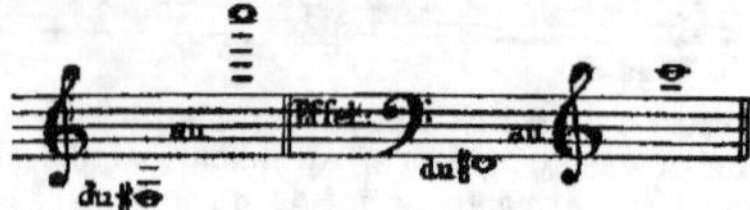

Étendue pratique (notation normale) :

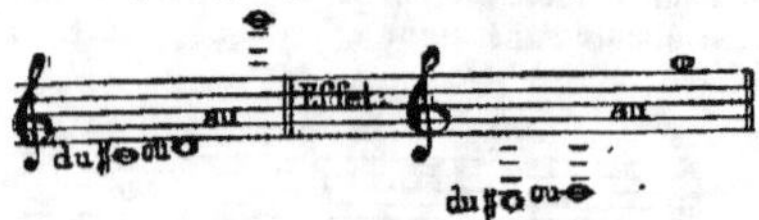

Écrite en notation conventionnelle, elle sonne comme un huit pieds d'orgue.

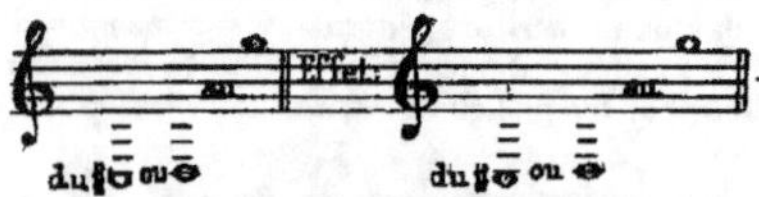

Ce « ton » d'*ut* de la trompette en *fa* n'est presque plus employé, même à l'orchestre symphonique; mais il était utile d'en parler ici pour bien établir ce qui différencie la *grande* et ancienne *trompette* en *ut* de la *trompette basse*, également en *ut*, employée surtout pour l'exécution des œuvres de R. Wagner.

La *trompette basse* en *ut* est construite directement dans cette tonalité à l'octave grave de la *petite* trompette moderne en *ut*, dont elle présente les proportions relatives.

Elle a exactement la même longueur de tube que la trompette en *fa*, avec ton d'*ut* (longueur égale à celle du trombone à pistons en *ut*); mais la perce un peu plus large que celle de l'ancienne *trompette* et la forme intérieure de l'embouchure se rapprochant de celle du trombone font que les harmoniques élevés ne sont plus obtenus, et que les sons 2 sont au contraire émis avec assez de facilité; c'est en somme un *trombone* à pistons.

Ici, la notation est toujours normale; mais, écrits en clé de *sol*, la trompette basse sonne comme un seize pieds d'orgue.

Étendue :

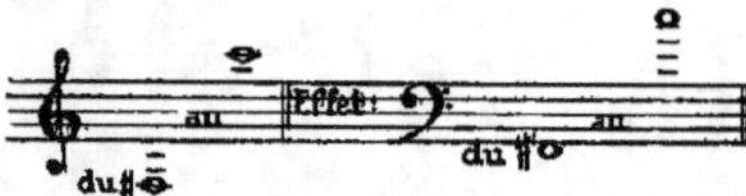

La *trompette basse* en *si♭* est ou bien une trompette basse en *ut*, à laquelle on ajoute un « ton » qui la met en *si♭*, ou bien une trompette basse construite directement en *si♭*; elle a la même longueur de tube que le trombone à pistons en *si♭*, ou que le trombone à coulisse dit en *ut*, à la première position.

Étendue :

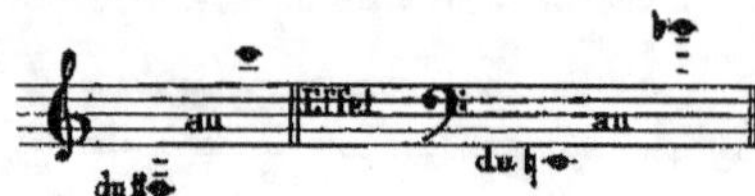

Pour plus de clarté, voici le tableau de l'étendue en sons réels des diverses trompettes dont il vient d'être parlé :

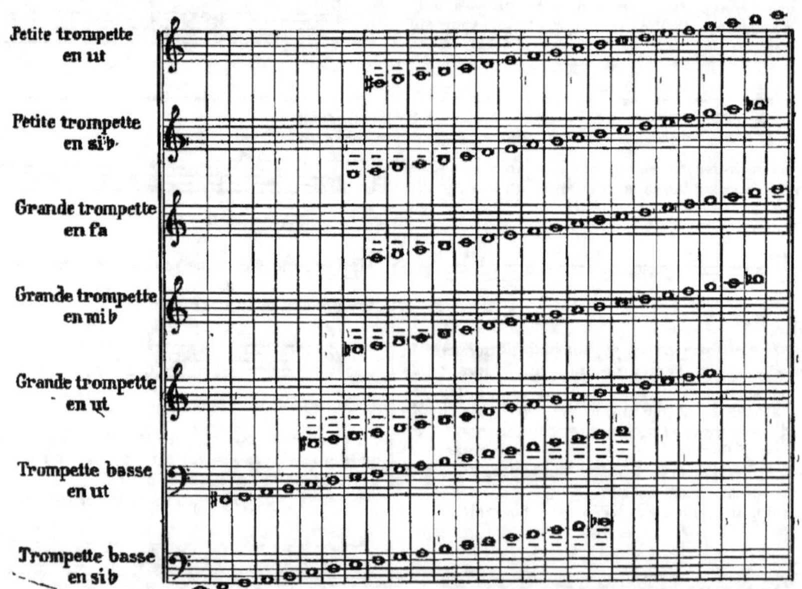

Nous y voyons que la petite trompette moderne en *ut* n'a rien gagné à l'aigu sur l'ancienne trompette en *fa*; on pourrait même assurer qu'elle a perdu, car d'habiles trompettistes pouvaient encore donner, dans la force, deux ou trois notes plus élevées, ce qui est à peu près impossible sur la petite trompette.

Le grand avantage de la petite trompette consiste en ce que, jouant dans des harmoniques moins élevés que ceux de la grande trompette, elle attaque toutes les notes avec sûreté; par contre, elle a perdu une partie de son timbre, et beaucoup de puissance.

Ces observations s'appliquent exactement à la petite trompette en *si♭* par rapport à l'ancienne trompette en *mi♭*.

Quant aux rapports des anciennes grandes trompettes en *ut* avec les trompettes *basses modernes*, nous voyons qu'ils sont assez différents comme étendue; de plus, l'ancienne trompette était construite, perce et embouchure, surtout en vue d'obtenir les harmoniques aigus, et les sons graves avaient peu d'éclat, tandis que la trompette basse est surtout construite en vue des sons graves qui ont toute l'ampleur désirable.

Enfin, nous constatons encore que les trompettes basses pour le grave, les anciennes trompettes pour les parties moyennes, et les trompettes modernes pour les parties supérieures, peuvent à elles seules, et sans le secours d'aucun autre instrument, former une famille parfaitement homogène, embrassant une étendue de trois octaves, et une sixte.

Trombones à pistons.

Le *trombone à pistons alto en mi♭* est à la trompette en *mi♭* ce que la trompette basse est à la grande trompette en *ut*; de même longueur de tube que cette trompette, la perce et l'embouchure du trombone donnent au grave ce que la perce et l'embouchure de la trompette donnent à l'aigu. Le trombone alto est aussi près de la trompette, comme timbre, que la trompette basse elle-même. On pourrait tout aussi bien dire que la trompette basse est aussi près du trombone, comme timbre, que le trombone alto lui-même.

Ecrit en clé de *sol*, il sonne comme un douze pieds d'orgue.

Son étendue est :

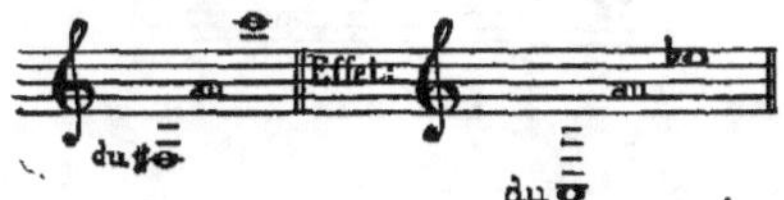

Le *trombone à pistons ténor en ut* est l'équivalent de la trompette basse; mais il a une perce un peu plus forte et une embouchure un peu plus profonde et de grain légèrement plus large, ce qui lui permet de recevoir un quatrième piston, grâce auquel il rejoint ses sons 1 (fondamentales).

Bien que plus grave d'une tierce mineure que le trombone alto, comme il s'écrit en clé de *fa*, il sonne comme un huit pieds d'orgue.

Son étendue théorique est :

Mais, dans la pratique, il faut retrancher près d'une octave au grave, tandis qu'un très bon instrumentiste peut ajouter une note à l'aigu :

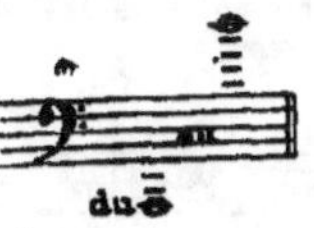

Il est bon de ne pas oublier que, pour les raisons que j'ai déjà données (*Encyclopédie*, t. III, page 1420), le *do♯* ou *ré♭* grave n'existe pas pratiquement, et que, sur le trombone, le *ré♮* grave est déjà trop haut.

Le *trombone à pistons ténor en si♭* est en tout semblable au précédent, sauf que le tube est d'un huitième plus long; il a, de ce fait, les proportions et longueur exactes du trombone à coulisse à la première position, et serait préférable au trombone à pistons en *ut*; malheureusement, il exige la transposition des parties de trombones, et ce détail de copie ou d'édition double des parties de trombones est cause de sa non-adoption, tout au moins en France.

Son étendue est :

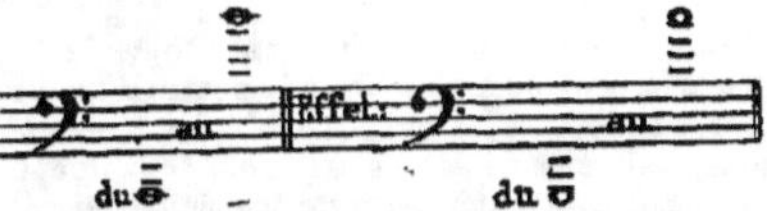

Le *trombone à pistons basse en fa*, de perce un peu plus forte que le trombone ténor, afin de donner plus d'ampleur aux sons de cet instrument grave, ne se fait presque jamais à quatre pistons.

Ecrit en clé de *fa*, il sonne comme un douze pieds d'orgue.

Son étendue est :

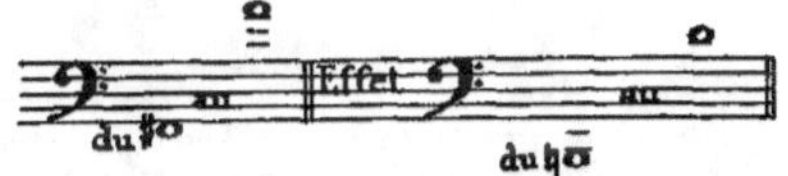

Le *trombone à pistons basse en mi♭* est le même que le précédent, mais d'un huitième plus long et, conséquemment, d'un ton plus grave; il est peu usité, quoiqu'on puisse l'obtenir de la facture moderne.

Son étendue est :

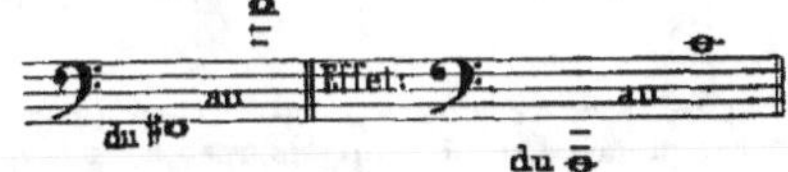

Le *trombone à pistons contrebasse en ut* est d'une longueur de tube double de celle du trombone ténor et, de plus, d'une perce plus large, ce qui le rend très lourd et fatigant à jouer; aussi, est-il très peu employé.

Ecrit en clé de *fa*, il sonne comme un seize pieds d'orgue.

Son étendue est :

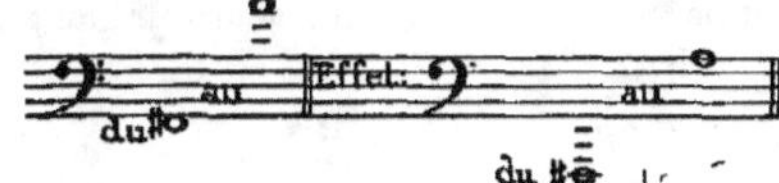

Le *trombone à pistons contrebasse en si♭* est un peu plus long et plus lourd que le précédent; il n'y a aucune raison de le lui préférer, sauf la volonté absolue d'obtenir une note de plus au grave.

Son étendue est :

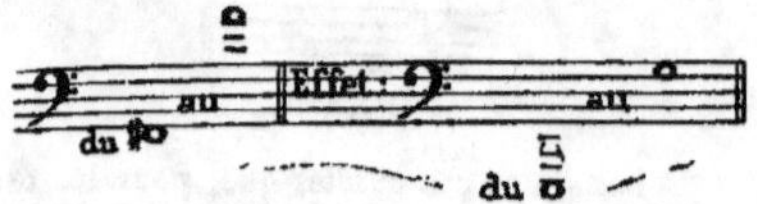

Pour les trombones basse et contrebasse *à pistons*, il serait très facile de les rendre de beaucoup plus pratiques, c'est-à-dire plus portatifs, en en changeant la forme et en la rapprochant de celle des saxhorns basse et contrebasse; mais il faudrait que ce changement de disposition vînt de la volonté des instrumentistes et qu'elle fût imposée aux facteurs, car la croyance de ceux-ci en la puissance *de la forme* vis-à-vis de leurs clients est telle que je n'ai jamais pu les convaincre de l'utilité qu'il y aurait à *courber légèrement la branche d'embouchure* des saxhorns altos pour la commodité des instrumentistes. « Changer la forme? Y pensez-vous? Nos clients n'en voudraient plus ! »

Nous avons étudié, maintenant, toute la famille des *timbres-clairs* à pistons, et je pourrais me borner ici à mentionner les seuls trombones ténors à coulisse, mais nous ne devons pas oublier que nous n'étudions pas seulement, en cette troisième période, les orchestres de plein air, tels qu'ils sont constitués aujourd'hui, mais que nous devons encore envisager ce qu'ils sont en voie de devenir, et surtout ce qu'il serait désirable qu'ils devinssent; c'est, pourquoi je crois devoir espérer la généralisation de toute la famille des trombones à coulisse, présentée le 9 mars 1909, salle Pleyel-Lyon, aux compositeurs et aux artistes par la maison Courtois-Delfaux[1].

Trombones à coulisse.

Le *trombone à coulisse piccolo* est en *si♭* (donne le *si♭* à la première position), mais il est dit en *ut*, parce que les positions sont apprises en sons réels.

Écrit en clé de *sol,* il sonne comme un huit pieds d'orgue.

Étendue :

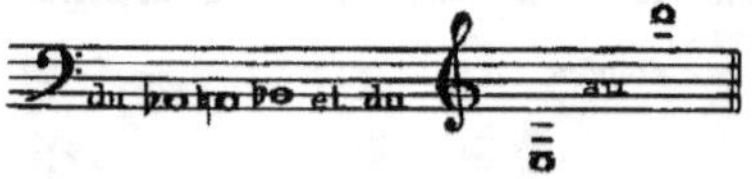

Le *trombone à coulisse soprano* est en *fa* (donne le *fa* à la première position); il s'apprend en sons réels et, par conséquent, sonne comme un huit pieds d'orgue.

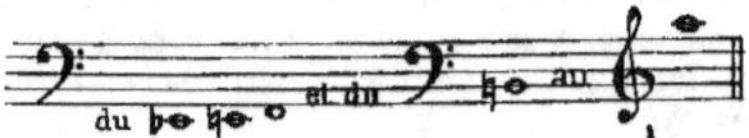

Le *trombone a coulisse alto* est en *ré♭* (donne le *ré♭* à la première position), mais, appris en sons réels comme les précédents, il sonne comme un huit pieds d'orgue.

1. Voir *Encyclopédie,* tome III, p 1450.

Étendue :

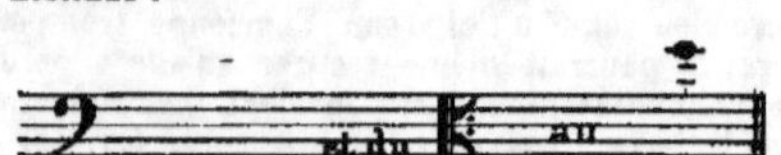

Le *trombone à coulisse ténor* est en *si♭* (donne le *si♭* à la première position), mais, appris en sons réels, il est dit en *ut.* Écrit en clé de *fa* et en clé d'*ut* quatrième ligne, il sonne comme un huit pieds d'orgue.

Étendue :

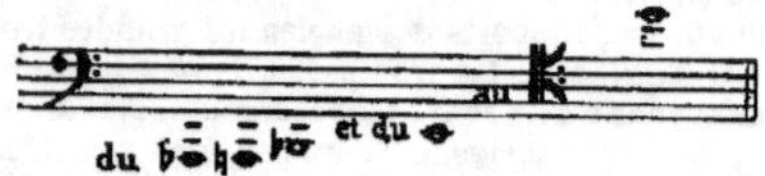

Le *trombone à coulisse basse* est en *si♭,* comme le ténor, à l'état normal, et il a la même étendue moins quelques notes à l'aigu, sa perce étant légèrement plus forte; mais, lorsqu'on abaisse le piston ou cylindre de « la mécanique », il devient en *fa*; toutefois, les notes y sont toujours nommées d'après le son réel et, écrit en clé de *fa*, il sonne toujours comme un huit pieds d'orgue[2].

Son étendue est, dans la réunion de ces deux systèmes, de :

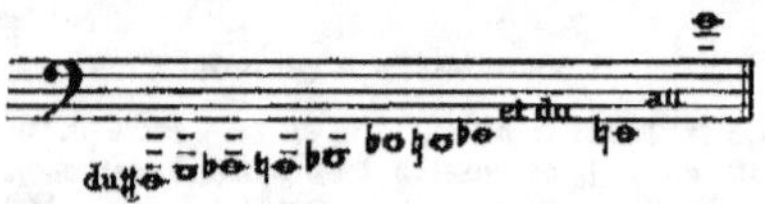

Le *trombone à coulisse contrebasse* est en *si♭* à l'état normal, comme avec le piston de la « mécanique » abaissé; seulement, il est alors, dans ce dernier cas, à l'octave grave de l'état normal qui correspond à la tessiture du trombone ténor; comme dans l'un ou l'autre état, il lit sur les notes réelles, il sonne toujours comme un huit pieds d'orgue.

Son étendue, dans la réunion de ces deux systèmes, est de :

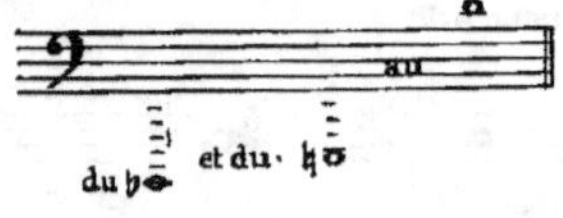

2. A l'heure où j'écris ces lignes, M. Legay, devenu l'associé de la maison Delfaux, poursuivant l'étude du perfectionnement de la famille des trombones a coulisse, construit un trombone basse dont la *mécanique,* allongée pour donner un *mi* ou un *mi♭*, permettra de compléter la gamme au grave des sons 2 aux fondamentales (notes pédales aux harmoniques premiers), il rendra ainsi inutile le trombone contrebasse dont j'ai signalé le manque d'équilibre.

Ainsi complétée, la famille des trombones pourra se mouvoir chromatiquement dans cette magnifique étendue :

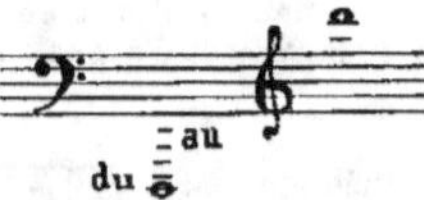

de cinq octaves pleines, d'un timbre pur et absolument homogène.

Et maintenant, dressons le tableau de tous nos instruments de timbre clair.

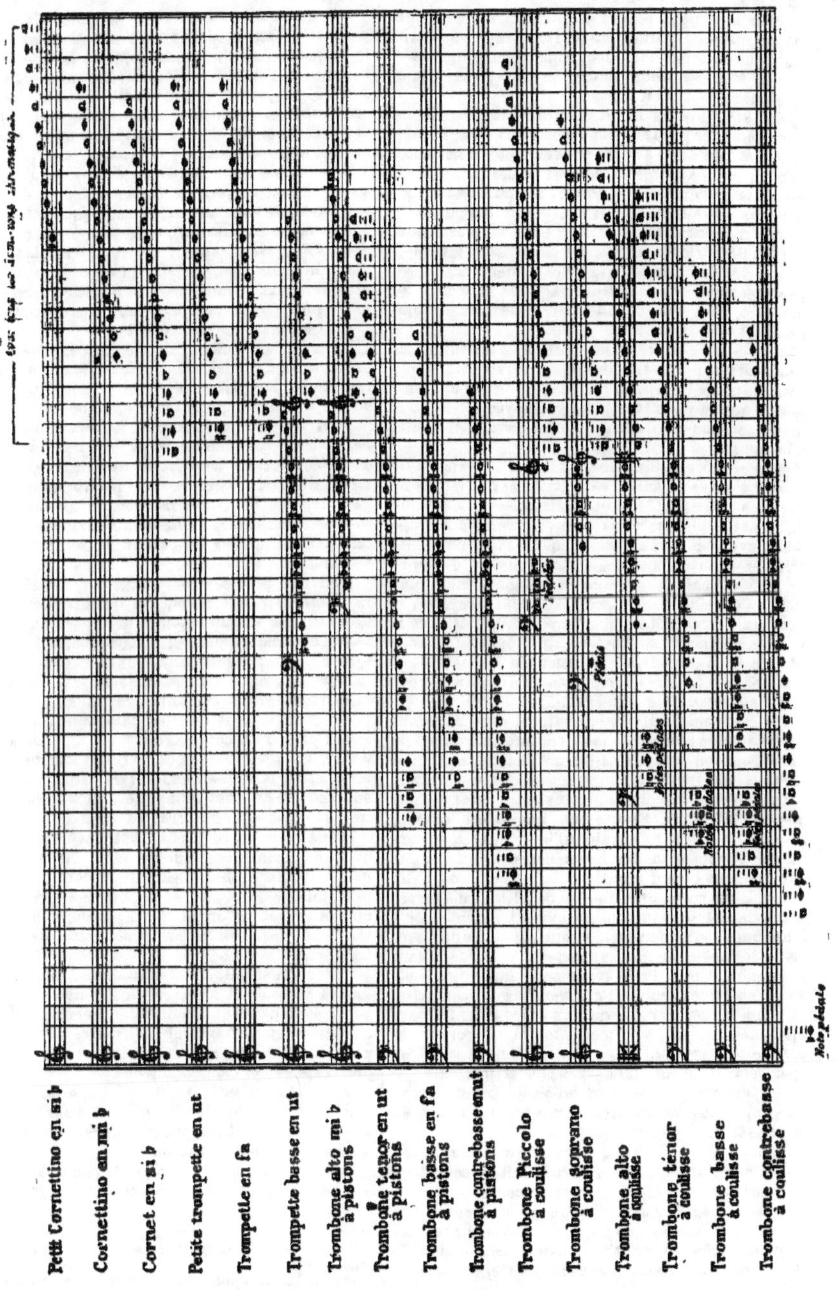

Je rappelle que le petit cornettino en *si♭* est très peu employé, même à l'étranger, et que le cornettino en *mi♭*, employé en Angleterre, pourrait être usité concurremment avec le petit bugle dans les fanfares ainsi que dans les très grandes harmonies.

Nous devons remarquer, d'abord, que le cornet et

les trompettes en *ut* et en *fa* se doublent presque absolument comme étendue.

Pour bien nous rendre compte du rôle du cornet dans l'instrumentation, et de l'immense popularité qu'il eut au cours de la deuxième période, que nous avons étudiée, nous devons nous reporter pour quelques instants en arrière.

En 1814, lorsque Blühmel et Stœlzel inventèrent le système des pistons, ils ne pensaient qu'aux trompettes et aux cors, afin de pouvoir obtenir instantanément les changements de tons de ces instruments qui n'étaient qu'assez rarement les interprètes mélodiques des morceaux dans lesquels ils figuraient; ce rôle d'instruments-chanteurs était surtout rempli par les flûtes, les hautbois, les clarinettes, les trombones, les bassons et, quelques années plus tard, par les ophicléides et surtout par leurs sopranos, les bugles à clés, plus connus sous le nom de « trompettes chromatiques ».

A cette époque, tous les postillons de diligences se servaient, pour faire préparer leurs relais, d'une sorte de petite trompette moins cylindrique et moins longue que la vraie trompette employée alors, mais moins conique que le bugle à clés ou ancien cornet à bouquin.

Qui eut l'idée d'adapter les pistons à ce cornet de poste? Halary? Périnet? un étranger? je n'en vois mention nulle part. Mais un fait subsiste, c'est que le cornet à pistons était créé, instrument susceptible, avec les deux pistons qu'il avait alors, de faire le chant « comme la clarinette »; c'était là la grande affaire, le grand événement, bien plus que la nouvelle voix introduite dans l'orchestre; le nouveau timbre n'était rien, la possibilité de faire le chant « comme la clarinette » était tout. Aussi, tous les musiciens voulurent-ils jouer du « piston », et l'on créa des fanfares composées de « pistons » pour plus de la moitié de leur effectif.

Cet engouement était bien naturel dans un temps où les cuivres ne possédaient, comme instrument de chant, que le bugle à clés (ophicléide soprano) dont les sons, fort inégaux, laissaient beaucoup à désirer.

La grande trompette à pistons était encore à peu près inconnue en France, et, l'aurait-on connue comme on la connaît aujourd'hui, il aurait encore été impossible de lui demander l'exécution des traits rapides dans l'aigu, pour la raison que, bien qu'elle donne les mêmes notes que le cornet, elle donne ces notes dans les harmoniques élevés; il faut donc à l'instrumentiste une sûreté et une souplesse de lèvres considérables pour ne pas produire à chaque instant la note « à côté ». Pour éviter cette difficulté, il n'y aurait eu évidemment qu'à raccourcir la trompette, et à lui faire jouer les mêmes notes dans les harmoniques moyens, comme faisaient les cornets et comme font les petites trompettes modernes. Mais, pour cela, il aurait fallu y penser, et il devait s'écouler encore plus d'un demi-siècle avant que le Christophe Colomb des trompettes trouvât le moyen de faire tenir son œuf debout.

Le bugle abandonna enfin ses clés et les échangea contre des pistons, mais la vogue était au cornet, et les musiciens croyaient déchoir en condescendant à prendre le bugle. Aussi, l'on voyait de petites fanfares posséder dix ou douze cornets et seulement un ou deux bugles; aujourd'hui, les choses ont changé, et les grandes fanfares possèdent trente, trente-cinq

et jusqu'à quarante bugles, contre trois ou quatre cornets.

J'ai dit que, si l'on avait eu l'idée de créer la petite trompette moderne dès l'invention des pistons, le cornet ne serait jamais sorti du bal où il avait commencé d'établir sa réputation, et n'y serait peut-être même jamais entré; c'est qu'on lui reproche son timbre commun, trivial, manquant de noblesse et de distinction, deux qualités qu'on se plaît, au contraire, à reconnaître à la trompette[2].

Il serait bien difficile d'affirmer, dès maintenant, que le cornet disparaîtra dans un temps donné de tous les orchestres sérieux, mais, déjà, des tentatives ont été faites dans ce but, et je vais en citer trois.

En 1904, M. G. Parès, chef de la musique de la Garde Républicaine, et M. Gay, chef de la musique du 119e de ligne, donnèrent des petites trompettes à tous leurs cornettistes, sauf aux deux solistes, qui tinrent à conserver leur cornet.

En 1905, le signataire de ces lignes, alors chef de musique au 24e régiment d'infanterie, fit une expérience plus complète encore, en décidant même son soliste à se servir de la petite trompette.

Dans ces trois musiques de la garnison de Paris, l'expérience fut concluante, et les parties de cornets exécutées sur les trompettes ne perdaient absolument rien, du point de vue interprétation; elles gagnaient au contraire noblesse, distinction, clarté et pureté de timbre, s'alliant intimement aux autres trompettes chargées des parties de trompettes et aux trombones.

Quel que puisse être l'avenir du cornet comme instrument, la conception des deux parties de cornets est utile et différente de la conception des parties de trompettes que l'on rencontre dans la musique symphonique; il sera entendu, dans les considérations que je me propose de formuler tout à l'heure, que ces parties de cornets n'impliquent point l'instrument proprement dit, et qu'elles doivent être comprises ainsi; parties de cornets, ou *mieux* de petites trompettes, et que, lorsque je parlerai des parties de trompettes, je sous-entendrai : de petites trompettes ou *mieux* de grandes trompettes, ou *mieux encore* de trombone piccolo ou soprano à coulisse.

Et maintenant, revenons à notre tableau des étendues d'instruments à timbre clair. Nous y voyons que la trompette basse est entièrement doublée par le trombone ténor, et que, pour cette raison, son emploi est inutile en harmonie, comme en fanfare, sauf dans les fanfares composées exclusivement de trompettes.

Le trombone alto a été abandonné presque partout, à cause de la maigreur de ses notes graves; il pourrait cependant rendre des services dans la transcription en harmonie des œuvres dramatiques pour ténor léger, qui sont rendues avec trop de puissance sur le trombone ténor.

Enfin, et c'est là la remarque importante à faire, nous constatons que la série complète des trombones à coulisse pourrait remplacer tous les cornets, trompettes et trombones à pistons.

Dans les transcriptions pour orchestres de plein air, harmonie ou fanfare, les cornets, ne jouant que peu ou point de rôle dans l'orchestre symphonique,

---

1. *Encyclopédie*, t. III, p. 1452.

2. Voir : Berlioz, *Traité d'Instrumentation et d'Orchestration*, pages 197 et 198.
Gevaert, *Nouveau Traité d'Instrumentation*, pages 284, 285 et 286.
Ch.-W. Widor, *Technique de l'Orchestre moderne*, page 91.
Lavignac, *La Musique et les Musiciens*, page 140.

sont surtout des instruments de remplacement. Ils doivent tout d'abord, sauf dans les grands orchestres où l'on est assuré d'avoir les trompettes nécessaires, recevoir, soit comme remplacement, soit comme renforcement, les parties de trompettes, puis les parties ou traits de flûtes ou de hautbois (pour ces derniers, les trompettes sont préférables), partout où les flûtes ou hautbois risqueraient de disparaître au milieu des clarinettes; bien entendu, ces traits doivent être le plus souvent baissés d'une octave, ce qui n'offre pas un grand inconvénient, le timbre dominant et clair du cornet suffisant à le faire ressortir; pourtant, dans certains cas, il est prudent de s'assurer que ces traits, formant des neuvièmes ou des retards doublés par la fondamentale ou par la note retardée dans les parties inférieures, ne viennent pas, dans leur transcription au cornet et dans leur abaissement d'octave, former des secondes avec la fondamentale ou la note retardée; on doit alors examiner s'il ne vaut pas mieux laisser le trait à la flûte, quitte à la renforcer de la petite clarinette, ou bien supprimer ou reporter à l'octave inférieure également la fondamentale ou le doublement de la note retardée. Le cornet doit encore recevoir la partie de soprano (chant) et les deux parties de voix de femmes (chœurs); enfin, dans les passages de force des ensembles, il peut doubler les clarinettes (harmonies) ou les bugles (fanfares).

Les trompettes conservent naturellement les parties de trompettes de la symphonie, en remplissant quelquefois les mesures à compter qu'on rencontre dans les *forte* des œuvres anciennes, lorsqu'il est *hors de doute* que ces mesures n'ont pas été remplies par les auteurs primitifs, uniquement parce que les trompettes sans pistons d'alors ne possédaient pas la note nécessaire à la modulation en cours. Elles peuvent recevoir, en outre, les parties de hautbois de la symphonie, lorsque ces parties contiennent des tenues, des notes répétées ou des dessins peu compliqués. Enfin, elles peuvent faire du *remplissage* ou renforcer le chant dans les passages de force.

Les trombones conservent les parties de trombones de la symphonie, mais il arrive, dans les partitions de MENDELSSOHN, notamment, que la première partie destinée au trombone alto est trop haute pour être maintenue au premier trombone ténor; il faut alors examiner s'il n'y a pas inconvénient à modifier la disposition des accords, afin de les remettre mieux dans la tessiture des trombones ténors, ou bien s'il n'est pas préférable de confier cette partie de

trombone alto à l'une des trompettes, ou encore au cornet, si cette partie est indispensable et qu'on ne soit pas suffisamment certain de la présence des trompettes dans l'orchestre pour lequel on écrit la transcription.

Dans les transcriptions des parties des chanteurs, la partie de *ténor* revient au premier trombone; s'il s'agit d'un chœur, toutes les parties de voix d'hommes seront réparties entre les trombones, de façon à former le chœur complet avec les cornets (voix de femmes).

Les trombones peuvent encore recevoir les parties de bassons, quand les dessins conviennent au mécanisme de la coulisse, et s'ils se tiennent dans une tessiture moyenne ou grave; c'est un moyen de donner du relief à un dessin qui ne serait par remarqué, s'il était maintenu à son instrument d'origine, ou qui serait noyé dans la sonorité générale, s'il était transcrit à l'un des saxophones.

Cors.

Ici la tâche est moins compliquée, la famille entière étant composée de deux, ou mieux, de quatre individus semblables, qui ne diffèrent, dans chaque couple (1er et 2e; 3e et 4e), que par l'embouchure dont le grain plus ou moins large facilite l'accès des harmoniques aigus ou permet d'atteindre les harmoniques graves.

Si j'étais facteur d'instruments de cuivre, c'est là que je chercherais à placer le cornet à pistons qui est actuellement trop près, et de la petite trompette, et du bugle, sans avoir les qualités de son de l'une et de l'autre, en l'allongeant, en rendant sa perce conique longue, en en faisant, en somme, un petit cor ou cornet justifiant vraiment son nom; il serait au cor ce que la petite trompette est à la grande, et apporterait ainsi une voix nouvelle et intéressante parmi les cuivres aigus, en même temps qu'il faciliterait l'exécution des parties élevées de cor, souvent trop hautes pour nos cornistes d'harmonie ou de fanfare.

Les *cors*, que l'on écrit souvent en *mi♭*, en harmonie et en fanfare, afin de permettre, à leur défaut l'exécution de leurs parties sur des saxhorns altos, qui sont toujours dans cette tonalité, les cors, dis-je, jouent presque toujours avec leur ton de *fa*, et c'est dans ce ton qu'il convient de les considérer.

L'étendue théorique du cor est celle-ci :

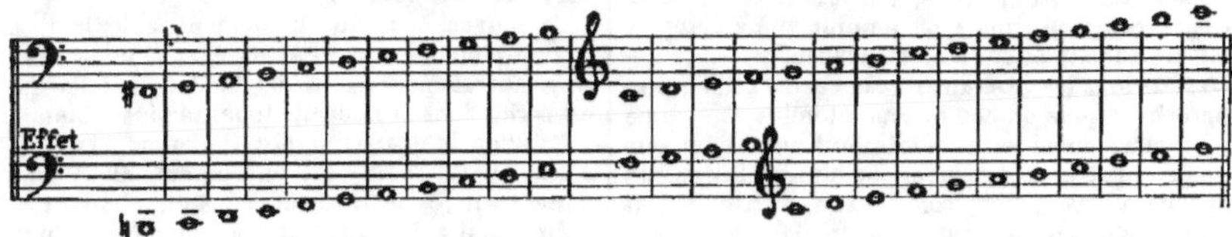

Écrit ainsi, il sonne comme un douze pieds d'orgue. Malheureusement, une coutume incompréhensible et inexplicable veut que les notes écrites en clé de *sol* et en clé de *fa* pour le cor soient dans le même rapport que les notes de ces deux clés chan-

tées par une voix unique d'homme ou de femme, et que l'une des deux clés employées soit à une distance d'octave de son diapason naturel, de sorte que l'exemple précédent doit être traduit ainsi :

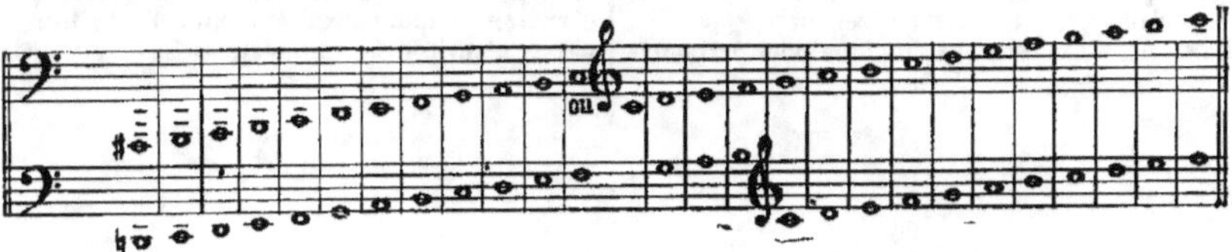

De cette manière, les notes du cor écrites en clé de *fa* sonnent en *dessus* de l'écriture, comme un six pieds d'orgue, tandis que celles écrites en clé de *sol* sonnent en *dessous* de l'écriture, comme un douze pieds. L'étendue pratique pour les artistes cornistes d'orchestre *symphonique* peut être établie ainsi :

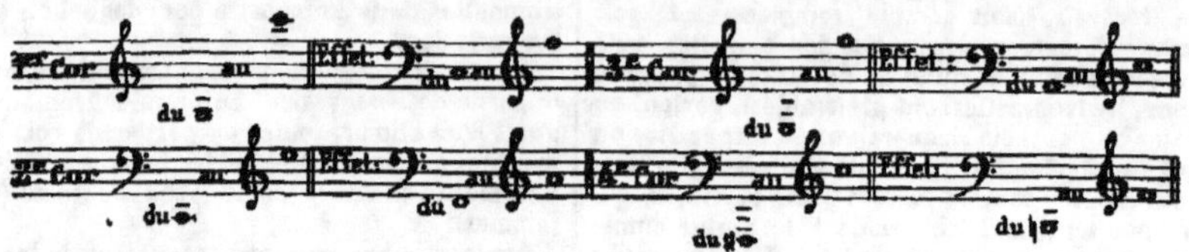

Mais, en orchestre de plein air, soit pour permettre l'exécution des parties aux saxhorns altos, soit parce que les cornistes de nos harmonies et fanfares sont généralement moins forts et surtout moins exercés, soit parce qu'il est plus difficile d'obtenir les notes extrêmes à l'aigu et au grave en plein air que dans une salle, l'étendue *totale* des deux ou des quatre cors dépasse bien rarement la suivante :

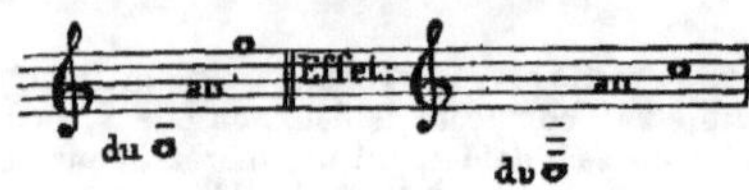

Les cors prennent évidemment, dans les transcriptions d'orchestre symphonique, les parties de cors des partitions primitives, quitte à laisser aux bugles le soin de continuer les dessins à l'aigu, et aux trombones ou aux saxhorns barytons les dessins ou tenues de notes trop graves.

Cornophones.

Les *cornophones* sont des saxhorns de perce plus régulièrement conique que les saxhorns ordinaires, et construits dans le but de tenir la place des cors *à leur défaut*. La maison F. BESSON, qui les a créés et qui en a fait breveter la perce, en a établi trois modèles : l'*alto* en *mi♭* ou en *fa* et *mi♭* ; le *ténor* (lisez baryton) en *si♭* ou *ut* et *si♭* ; la *basse* ou *cor-tuba* à quatre pistons en *si♭* ou *ut* et *si♭*.

Le *cornophone alto* est un excellent saxhorn, mais ce n'est qu'un excellent saxhorn, attendu que son tube est de moitié plus court que celui du cor, et qu'il n'en a pas les proportions relatives ; son seul avantage est de pouvoir exécuter les parties de cors sans transposition avec un son de très bonne qualité, mais qui n'a pas et ne peut avoir le *timbre* du son du cor.

Son étendue est :

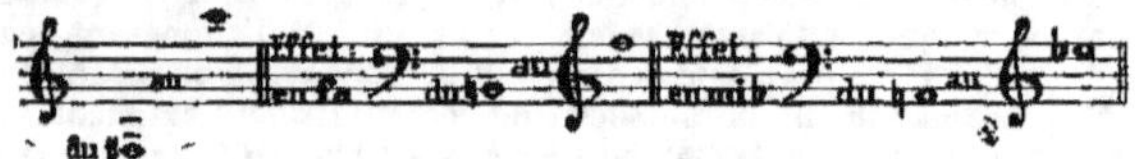

Le *cornophone ténor* est plus rapproché du cor, puisque sa longueur de tube est égale à celle de l'ancien cor en *si♭ haut*. De plus, sa perfection comme perce et comme embouchure est telle, qu'un très bon musicien peut atteindre cette étendue extraordinaire pour un instrument de la famille des saxhorns :

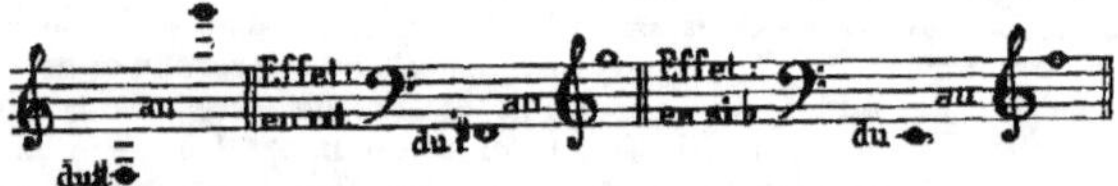

Comme il s'écrit en clé de *sol*, il sonne comme un seize pieds d'orgue.

Construit à quatre pistons, il peut donner des notes plus graves encore, mais on ne doit guère compter sur leur sonorité et sur leur puissance.

C'est de tous les instruments de cuivre celui qui se rapproche le plus du cor comme étendue et comme son ; comme étendue, il monte tout aussi haut que le cor en *fa* et que le cornophone alto, et il descend tout autant que le cor ; comme son, bien qu'il soit entendu qu'un cor ne peut être remplacé que... par un autre cor, le cornophone ténor se rapproche de ce dernier plus et mieux qu'aucun autre saxhorn, et même que le cornophone alto ; son seul inconvénient est d'exiger la transposition des parties de cors, car il n'est ni assez commun, ni assez généralement employé pour que les transcripteurs écrivent les parties spéciales qui lui seraient nécessaires.

Mais voici un moyen que j'indique pour permettre la lecture des parties de cors en *fa* telles quelles, et pour porter presque jusqu'à la similitude le rapprochement du timbre du cor.

Ce moyen consiste simplement à tenir le quatrième piston toujours abaissé, et à jouer avec les trois autres pistons la partie de cor telle qu'elle est écrite dans la nouvelle tonalité ainsi obtenue.

En effet, le quatrième piston abaisse l'instrument d'une quarte juste ; cet instrument, étant en *si♭*, devient en *fa*, le quatrième piston abaissé ; c'est-à-dire qu'il a alors exactement la même longueur de tube qu'un véritable cor en *fa* ; seulement, les trois premiers pistons, construits pour la longueur ou la tonalité de *si♭*, deviennent trop courts pour la longueur ou tonalité de *fa*. Afin de compenser cette différence, il faut tirer la coulisse du premier piston d'environ 56 milimètres, celle du second piston d'environ 28 milimètres, et enfin celle du troisième piston d'environ 84 milimètres. Les trois pistons auront ainsi leur longueur proportionnelle, et l'on pourra jouer avec toute la justesse d'un véritable cor, en donnant des sons qui se rapprocheront très sensiblement de ceux de cet instrument.

Il peut arriver que, soit parce que le tube intérieur des coulisses est trop court, soit, surtout pour le deuxième piston, parce que la courbure de la coulisse est prononcée trop loin, que le tirage de la coulisse ne puisse s'effectuer à la longueur indiquée; dans ce cas, il y a lieu de faire construire une, deux ou trois coulisses spéciales qu'on ajuste pour jouer les parties de cors, et qu'on échange avec les coulisses normales pour jouer les parties du baryton.

Ces principes peuvent être également appliqués aux saxhorns barytons, pourvu qu'ils soient à quatre pistons, ce qui constitue pour ceux-ci, comme pour les cornophones, une condition essentielle.

Le *cornophone basse* ou *tuba* en *ut* ou en *si♭*, est au même diapason que le cornophone ténor; mais, de perce beaucoup plus large, il monte moins aisément et descend au contraire avec facilité.

Écrit en clé de *fa*, il sonne comme un huit pieds d'orgue :

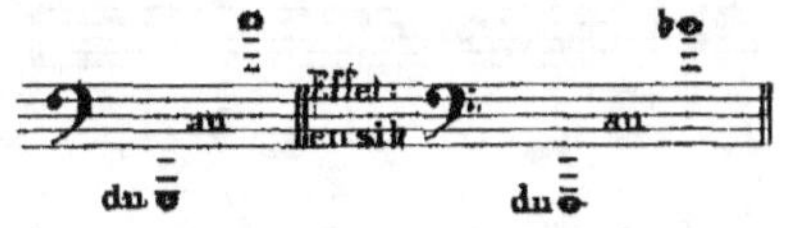

Je donne là l'étendue qu'un artiste peut atteindre; pour un musicien ordinaire, il faudrait retrancher une quarte dans le grave et une tierce à l'aigu.

Cet instrument, étant à quatre pistons, peut être employé comme le cornophone ténor pour l'exécution d'une partie de cor en *fa*; mais seulement comme quatrième cor, à cause de ses sons trop gros et trop lourds pour pouvoir se prêter à imitations de toute autre partie.

Saxhorns.

Le *petit bugle* ou *saxhorn soprano* en *mi♭* est surtout un instrument employé dans les fanfares pour y tenir le rôle de la petite flûte qui fut tolérée autrefois, mais qui est proscrite maintenant à peu près partout de ces formations.

Écrit en clé de *sol*, il sonne comme un six pieds d'orgue.

Son étendue théorique est :

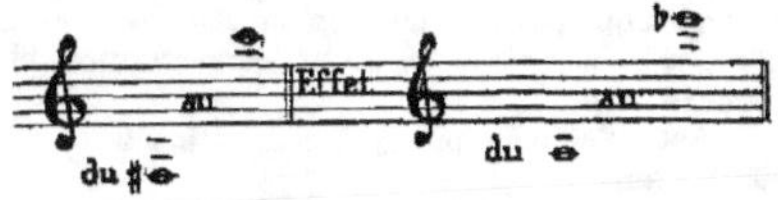

Mais les artistes capables de la pratiquer dans son entier sont rares, et il est prudent de ne pas dépasser les limites suivantes :

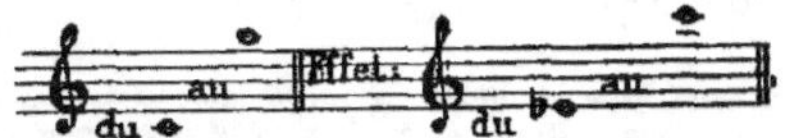

Le petit bugle est quelquefois employé dans les grandes harmonies; toutefois, sa présence n'y est guère justifiée que dans les pas redoublés et dans les morceaux à effet tels que les grandes marches.

Le *bugle* ou *saxhorn contralto* en *si♭*, ainsi que tous les saxhorns qui vont suivre, est au contraire employé dans tous les orchestres de plein air; mais s'il est utile, s'il est indispensable dans les harmonies, il est l'âme même des fanfares, où il tient lieu des clarinettes de l'harmonie et des violons de la symphonie; aussi, alors que cinq ou six bugles constituent un maximum pour une grande harmonie, on voit certaines grandes fanfares atteindre et même dépasser le nombre de quarante représentants de cet instrument.

Écrit en clé de *sol*, il sonne comme un huit pieds d'orgue.

Son étendue est celle-ci :

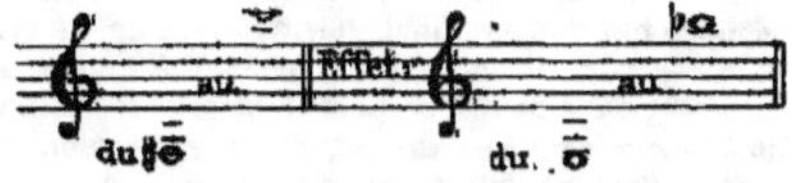

Le *saxhorn-alto* en *mi♭* sonne comme un douze pieds d'orgue et doit avoir pour étendue :

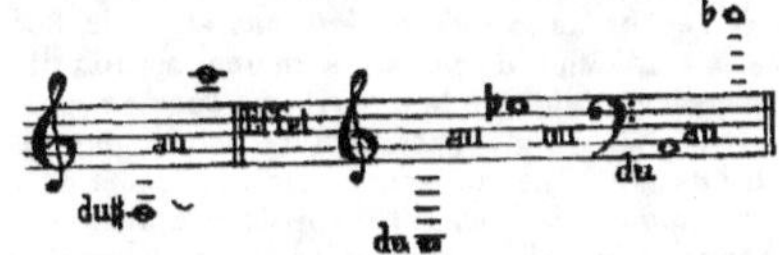

Malheureusement, la nonchalance de la plupart des musiciens qui jouent cet instrument est telle, qu'il faut retrancher de cette étendue une quarte à l'aigu et une quarte au grave.

La raison en est la suivante : la branche d'embouchure, perpendiculaire au pavillon, devrait être tenue horizontalement et bien droite en face des lèvres de l'exécutant, conformément au principe de tenue du cornet et du bugle, de sorte que l'embouchure puisse prendre son point d'appui sur la lèvre *supérieure*, tout en ménageant la liberté de souplesse et d'élasticité de la lèvre inférieure. Or, les instrumentistes trouvent infiniment plus commode de tenir leur instrument appuyé sur la poitrine plutôt que devant eux, en l'air; il en résulte que la branche d'embouchure est très inclinée de haut en bas, et que l'embouchure prend son point d'appui sur la lèvre *inférieure*, ne laissant de liberté qu'à la lèvre supérieure; or celle-ci n'a ni la souplesse ni l'élasticité qui seraient nécessaires pour obtenir aisément tous les harmoniques graves et aigus de l'instrument.

De là est née la réputation imméritée du saxhorn alto d'être un instrument bâtard ou mal venu, mal proportionné.

Le remède à cette situation est pourtant bien simple; il consiste à donner une courbure suffisante à la branche d'embouchure, de façon que l'embouchure se présente dans une position normale aux lèvres de l'exécutant, alors que l'instrument est tenu dans la position préférée des instrumentistes.

Cette modification peut paraître simple et facile à réaliser; il faut croire qu'il n'en est rien, car voici bientôt trente ans que je la conseille à tous les facteurs qu'il m'a été donné de connaître, et tous m'ont répondu qu'on a l'habitude de faire les altos avec la branche d'embouchure perpendiculaire au pavillon, et que courber la branche d'embouchure *nuirait à la forme esthétique de l'instrument!*

Le saxhorn baryton en *si♭* est à l'octave grave du bugle, et comme il s'écrit également en clé de *sol*, il sonne comme un seize pieds d'orgue.

Son étendue est celle-ci :

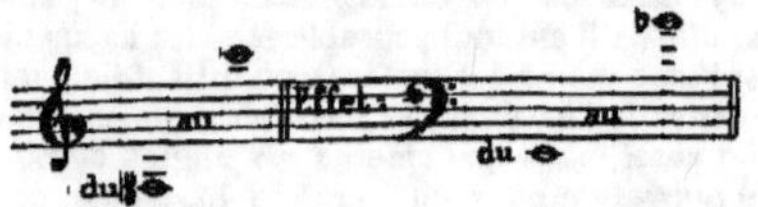

Cet instrument possède une voix très sympathique, caractérisant bien sa qualification de « baryton », voix grave sans aucune lourdeur; elle forme la liaison obligée des sons du saxhorn alto avec les sons puissants et larges du saxhorn basse.

Immédiatement après le cornophone ténor, le saxhorn baryton est l'instrument le plus apte à remplacer le cor, surtout s'il est construit à quatre pistons, car, dans ce cas, on peut lui demander l'emploi du quatrième piston dans l'émission des harmoniques même aigus, ce qui rapproche son timbre de celui du cor, ou mieux, lui appliquer les principes que j'ai indiqués plus haut pour le cornophone ténor.

Le désir de faire de l' « effet » à tout prix, même aux dépens de la qualité des sons et de la fidélité de la traduction de la voix humaine, a conduit des solistes à remplacer leur saxhorn baryton par un saxhorn basse dans l'exécution des solos « pour avoir plus de son ». La faiblesse de certains chefs de musique aidant, la *mode* est venue de remplacer les barytons par des basses dans beaucoup de musiques; c'est une mode détestable : 1° parce qu'elle supprime la liaison des sons des altos avec ceux des basses; 2° parce qu'elle prive la famille des saxhorns d'une voix parfaitement caractérisée et des plus sympathiques; 3° parce qu'elle alourdit considérablement l'accompagnement dans l'exécution des tenues, des contretemps et du chant doublé; 4° enfin parce que, dans les traductions des ensembles d'opéra, comme le trio du deuxième acte de *Guillaume Tell*, par exemple, elle fait disparaître la diversité des voix, et interprète cette transcription écrite pour trombone, baryton et basse, comme si elle était chantée au théâtre par un ténor et deux basses, ce qui est contraire et à la tradition et à la partition de ROSSINI.

On ne saurait trop réagir contre cette pratique anti-artistique qui prive ainsi sans raison la famille des saxhorns de l'une de ses meilleures voix, sinon de sa meilleure.

Le *saxhorn basse*, de même diapason que le baryton, mais de plus grosse perce, a des sons larges, puissants et bien appropriés à son rôle de basse de l'orchestre cuivre; il est un peu cotonneux et lourd quand il ne sert qu'à soutenir les anches, et il serait souvent préférable, dans ce cas, de lui substituer les saxophones barytons seuls ou joints aux clarinettes basses. Trop souvent, les traductions de symphonies ou de fragments de symphonies des grands maîtres manquent de cachet artistique et de légèreté nécessaire, par cette unique cause de la présence perpétuelle des saxhorns basses de la première à la dernière mesure de la partition, quel que soit le timbre de la famille d'instruments chargée de remplir les autres parties. C'est qu'un certain nombre de traducteurs, ne se rendant pas suffisamment compte de la valeur réelle des instruments graves formant la basse naturelle et normale de chaque timbre, ne conçoivent pas qu'il soit possible de ne pas doubler cette basse par les saxhorns, sans lesquels, pour eux, aucune bonne basse ne peut exister.

Nos chefs de musiques militaires ne sont d'ailleurs pas seuls à commettre cette erreur, car ç'en est une, et nos chefs d'orchestre symphonique, ainsi que les compositeurs modernes, font preuve du même sentiment ou de la même erreur lorsqu'ils donnent pour appui et pour base un *tuba* ou saxhorn basse au pupitre des trombones, car ceux-ci ont un timbre qui ne se lie nullement à celui du saxhorn basse; combien il serait préférable, tant qu'on n'aura pas trouvé un trombone basse ou contrebasse à coulisse vraiment pratique, d'employer un trombone à pistons à grosse perce, mais toujours cylindrique, en *ut* à quatre pistons dit trombone basse, ou en *fa* ou *ut* grave dit trombone basse ou contrebasse, quitte à en faire modifier la forme comme je l'ai indiqué, afin d'en rendre la tenue et le jeu plus pratiques. On aurait alors une base et un appui de même timbre et d'un effet excellent.

Écrit en clé de *fa*, le *saxhorn basse* sonne comme un huit pieds d'orgue, et il possède l'étendue théorique extraordinaire suivante :

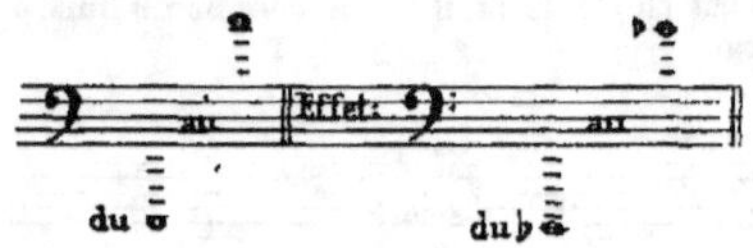

Dans la pratique, un soliste de talent peut employer cette étendue considérable :

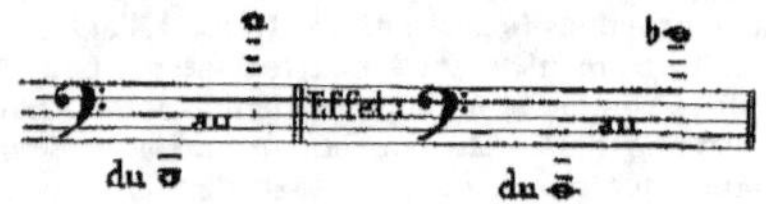

Dans les grandes harmonies ou les grandes fanfares composées de bons musiciens, on peut encore écrire pour les premières basses dans l'étendue suivante :

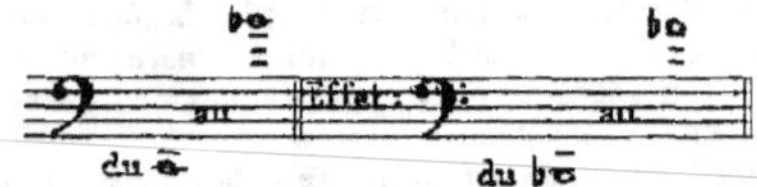

à la condition que les notes graves ne soient demandées que dans un mouvement lent ou très modéré, et qu'il n'y ait pas de *ré♭* grave impossible à obtenir juste.

Quant à l'étendue pratique courante, elle doit être limitée ainsi :

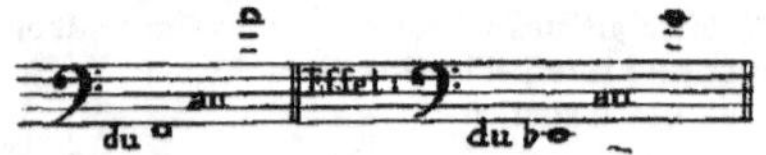

Voici, pour la comparaison, le tableau des basses des différents timbres, où l'on peut s'assurer que chacune d'elles peut parfaitement suffire à sa tâche, pourvu qu'on y mette le nombre d'instruments proportionné à la puissance des instruments de la même famille à soutenir :

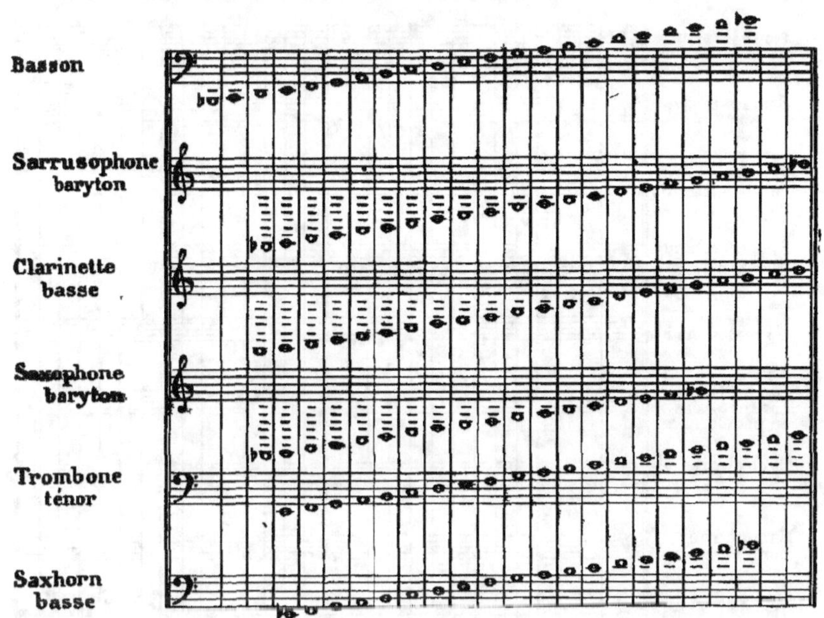

Le *saxhorn contrebasse mi*♭ ou *bombardon* s'écrit en clé de *fa*, et sonne comme un douze pieds d'orgue.

En voici l'étendue :

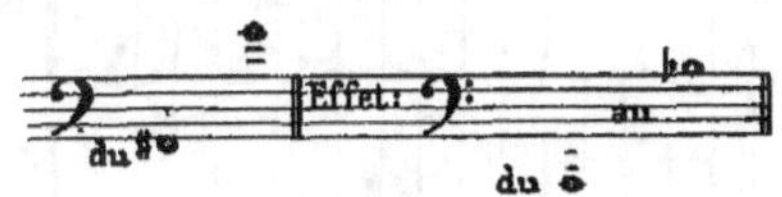

Cet instrument étant destiné à relier les basses aux contrebasses graves, on est souvent obligé de renverser le mouvement de la vraie basse pour en écrire la partie.

Le *saxhorn contrebasse en si*♭ est le plus grave de tous les saxhorns, et, faute de contrebassons, de sarrusophones basse et contrebasse, de clarinette contrebasse ou pédale, de saxophones basse et contrebasse, et enfin de trombones basse et contrebasse, on est bien obligé de l'employer partout, quel que soit le timbre à soutenir.

Écrite en clé de *fa*, la contrebasse *si*♭ sonne comme un seize pieds d'orgue.

Son étendue est celle-ci :

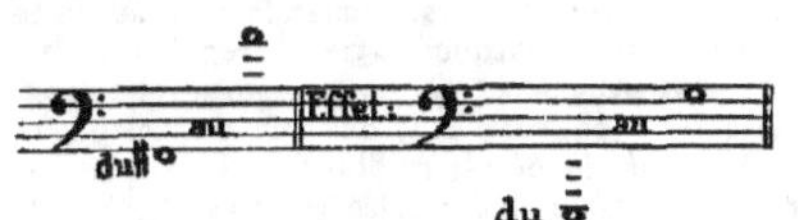

et voici (page 2191) le tableau des contrebasses des différents timbres qu'il est désirable de voir introduire de plus en plus dans toutes les bonnes musiques de plein air.

Nous y voyons que, de même que pour les basses, il serait parfaitement possible, avec la facture mo-derne, d'obtenir des contrebasses excellentes dans tous les timbres.

Dans les fanfares, la famille des saxhorns remplit les mêmes fonctions que les clarinettes et saxophones dans les harmonies, et que le quintette à cordes dans les symphonies; c'est dire qu'elle y occupe le premier rang, et qu'elle doit y être la plus nombreuse.

Dans les harmonies, il en est tout autrement, et les saxhorns ne sont là que des instruments de remplacement ou de renfort.

Dans les traductions d'opéras, les voix humaines sont, comme nous l'avons déjà vu, représentées de la manière suivante : le soprano par le cornet; le mezzo-soprano ou le contralto par le bugle; le ténor par le trombone; le ténor léger quelquefois par le saxhorn alto; le baryton par le saxhorn baryton, la basse par le saxhorn basse. Il y a des exceptions, mais ce qui prédède peut être considéré comme une répartition classique. Dans les chœurs, au contraire, on ne doit point mélanger les timbres, et la répartition des voix doit être faite entièrement ou dans la famille des saxhorns, ou dans la famille des timbres clairs (cornets-trompettes et trombones), ou dans ces deux familles accolées.

Dans les transcriptions symphoniques, le bugle est souvent appelé à remplacer la clarinette de l'orchestre primitif, afin de conserver l'opposition de timbres avec les clarinettes chargées des parties de violons.

Les saxhorns altos sont fréquemment employés pour exécuter les parties de cors, et cela n'offre pas un trop gros inconvénient tant que ces parties de cors ne sont que de simples accompagnements; mais, aussitôt que, soit par le dessin, soit par la prédominance d'une ou de plusieurs « tenues », ces parties de cors acquièrent une certaine importance, il est préférable, à défaut de vrais cors, de confier ces

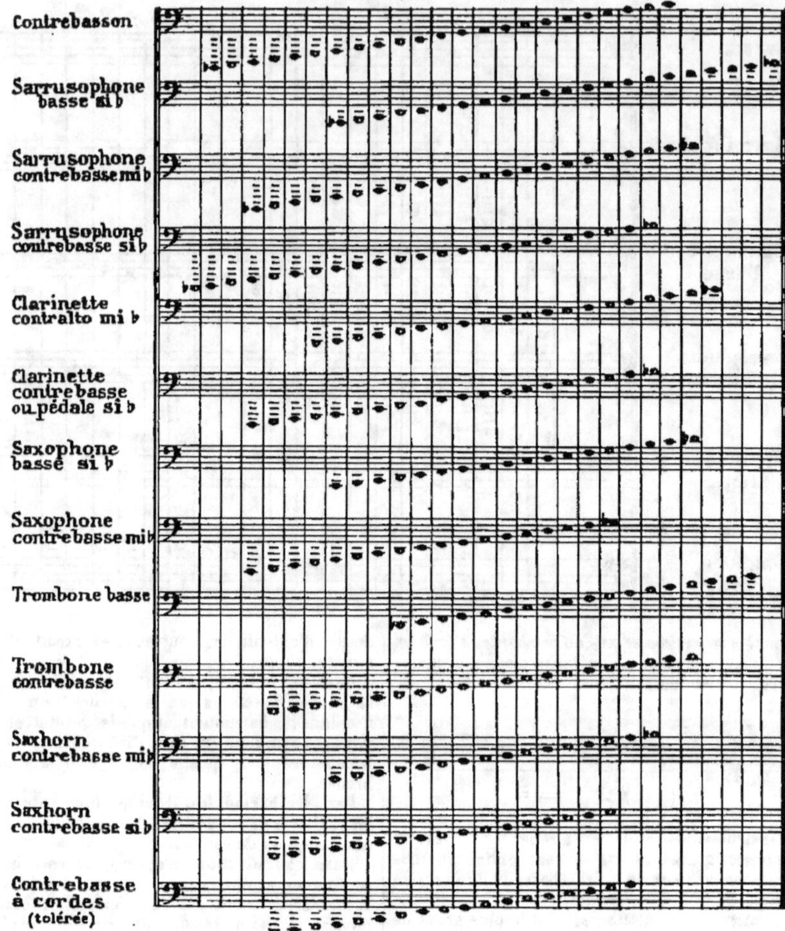

dessins aux saxhorns barytons, ou ces tenues aux trombones, si elles sont placées dans le registre grave; aux trombones ou aux barytons, si elles sont situées dans la région moyenne ou aiguë.

En dehors de ces cas spéciaux, les saxhorns servent le plus souvent à doubler, à renforcer les saxophones et clarinettes. Employé dans les *forte,* dans les passages qui demandent de la vigueur et de la puissance, ce procédé est bon et souvent nécessaire, bien que, dans un corps de musique suffisamment garni d'instruments à anche, le résultat soit quelquefois tout autre que celui qu'on attend; mais dans les *piano,* dans les passages de douceur ou de finesse, il cause souvent de la lourdeur; de plus, il paralyse les effets d'opposition des timbres en annihilant en grande partie les vibrations des instruments à anche, et en introduisant une sorte de timbre mixte entre les anches et les cuivres clairs.

Batterie.

Les *timbales* ne peuvent être utilisées en marche, mais elles font excellent effet au concert en harmonie comme en fanfare.

La *caisse claire* est indispensable, en plus de ses effets spéciaux, pour souligner le rythme de tous les passages d'allure forte, vive et régulière.

La *caisse roulante,* ou caisse sombre, rend des services très appréciés dans des effets spéciaux, dramatiques ou funèbres; de plus, elle peut remplacer, dans une certaine mesure, les timbales, sans en avoir, bien entendu, les effets tonaux.

La *grosse caisse* forme, pourrait-on dire, la basse de la batterie; dans les passages de force et fortement rythmés, elle frappe les temps, alors que la caisse claire accuse les contretemps ou les syncopes, ou bien encore *garnit* d'un « roulement » vigoureux la sonorité générale. En dehors de ce rôle, la grosse caisse est encore chargée des imitations du canon et des roulements lointains du tonnerre.

Les *cymbales* forment l'accompagnement obligé de la grosse caisse, sauf dans les effets spéciaux que l'on indique alors sur la partie de la grosse caisse : « grosse caisse seule », ou « sans cymbales », ou « cymbales seules », ou « cymbales frappées avec la mailloche », etc.

Je n'irai pas plus loin dans la description des effets de la batterie, car les instruments d'*imitation* sont variés à l'infini; on risque fort, dans la recherche de tous ces effets d'imitation plus ou moins réalistes, de glisser sur un terrain qui n'a plus de musical que le nom et dont l'art a disparu.

Dans les traductions, les parties de la batterie découlent évidemment des parties de la batterie de la partition symphonique, de la partie de timbales surtout; la partie de caisse roulante assure les « à défaut de timbales » pour la partie rythmique; elle remplit même parfois certaines mesures à compter, qui n'ont été laissées ainsi par le compositeur que pour des raisons de tonalité qui n'existent plus pour la caisse roulante; cependant, il est des cas où les *notes* des timbales sont indispensables, comme dans la Marche du *Prophète*, par exemple, où les timbales sont seules à terminer la phrase musicale. On ne peut alors confier le « à défaut » à la caisse roulante, qui n'aurait pas la puissance tonale indispensable, et on ne peut remplacer les timbales absentes que par un instrument capable de faire entendre ces deux notes, basse, contrebasse ou saxophone baryton.

Caisse claire, grosse caisse et cymbales ne sont pas écrites dans beaucoup de partitions d'œuvres classiques. On peut les ajouter dans certaines parties fortes de ces œuvres, à la condition expresse d'en user avec beaucoup de modération; il ne faut, d'ailleurs, jamais perdre de vue que l'emploi de la batterie ne peut produire de l'effet que si l'on en use avec une grande circonspection. Quand il s'agit du bruit, le *peu* vaut infiniment mieux que le *trop*.

J'ai indiqué, à la famille des clarinettes, ce que j'ai appelé la « série (de notes) ingrate », où les doigtés gauches sont les plus fréquents, surtout lorsque les traits vont et reviennent plusieurs fois sur les mêmes notes. Cette série ingrate existe également sur les instruments à embouchure.

Sur le trombone à coulisse, elle comprend le passage du *si♭* au *do* : pour les traits de notes conjointes, et les notes comprises entre le

la♮ et le *ré* : pour les traits de notes disjointes. La raison en est que le *la* ne pouvant être obtenu qu'à la deuxième position, et le *la♯* ou *si♭* à la première, tandis que le *si♮* ou *do♭*, le *do♮*, le *do♯* ou *ré♭* et le *ré♮* ne peuvent sortir respectivement qu'aux septième, sixième, cinquième et quatrième positions, l'exécution de ces traits exige de grands déplacements de la main qui ne peuvent être obtenus aisément dans des mouvements de quelque rapidité.

Sur les instruments à pistons, la « série ingrate » est surtout produite par le rapprochement des notes

si♮, do♯, ré et fa♯ : pour

le doigté desquelles le deuxième doigt a toujours une direction opposée à celle des premiers et troisième doigts. Pour cette raison, il est bon de ne pas oublier que, dans ce registre du *si♮* au *fa♯*, la tonalité de *si mineur* est la plus difficile de toutes sur les instruments à pistons, tandis que la tonalité de *si majeur*, par exemple, n'offre aucune difficulté réelle de mécanisme.

Nous avons rencontré, au cours de la deuxième période, les petites fanfares, les moyennes fanfares, les grandes fanfares, les petites, les moyennes et les grandes harmonies; dans la période actuelle, nous retrouvons ces mêmes groupements, mais avec une meilleure organisation. Les groupements embryonnaires du milieu du xixe siècle n'existent plus, et la moindre fanfare n'oserait se présenter dans un concours orphéonique si elle n'avait au moins :

3 *cornets*.	2 *barytons*.
3 *trombones*.	3 *basses*.
3 *bugles*.	1 *contrebasse*.
2 *altos*.	2 ou 3 *saxophones*.

Une flûte et quatre ou cinq clarinettes en plus, et voici la composition minimum de la moindre harmonie.

Il ne manque à ces groupements, semble-t-il, que des trompettes et des cors pour posséder tous les éléments d'une fanfare complète, et une seconde flûte et deux hautbois pour pouvoir prétendre à l'exécution de tout le répertoire des harmonies normales.

C'est là justement ce qui constitue la grande, la très grande différence de l'orchestration pour l'orchestre symphonique et pour les orchestres d'harmonie et de fanfare.

Dans l'orchestre symphonique, le nombre n'implique pas la qualité; que l'on écrive pour quatuor à cordes ou pour grand orchestre, pour orchestre réduit ou même pour ce que l'on appelle aujourd'hui « orchestre de brasserie », le compositeur ou le transcripteur s'attachera à rendre aussi bien que possible toute l'essence de la composition originale qu'il écrit ou qu'il transcrit, avec le nombre d'instruments qu'il a en vue ou dont il dispose, mais il n'aura pas à se préoccuper de l'instruction musicale, de l'habileté ou du talent des instrumentistes; un artiste d'orchestre est ou doit être, par appellation même, un artiste capable d'interpréter intégralement, même en solo, la partie dont il est chargé.

En fanfare, en harmonie, il en est tout autrement; à part quelques très rares exceptions, l'*artiste professionnel* disparaît, et le personnel exécutant n'est plus composé que de *musiciens amateurs*. C'est dire que l'instruction et l'éducation musicale de ces artistes laissent bien souvent à désirer.

La petite fanfare, la petite harmonie, ne constituent donc pas forcément des groupements dont les éléments ne sont pas complets ou dont le nombre d'instruments est restreint; elles représentent surtout des groupements dans lesquels les capacités musicales des solistes et des premières parties sont faibles, alors que les capacités musicales des deuxièmes parties sont presque nulles; d'où la nécessité de n'écrire que dans des tonalités très peu chargées de bémols et surtout de dièses, non parce que le mécanisme des autres tonalités en serait réellement plus difficile, mais parce que l'instruction et l'éducation musicales de ces instrumentistes sont demeurées trop rudimentaires; de là, encore, la nécessité de n'écrire pour les deuxièmes parties que des choses insignifiantes et surtout jamais à découvert.

Les fanfares et les harmonies sont sériées dans les concours orphéoniques, des plus faibles aux plus fortes, dans les dix degrés ci-après :

3e division, 3e section.	1re division, 2e section.
3e division, 2e section.	1re division, 1re section.
3e division, 1re section.	division supérieure, 2e section.
2e division, 2e section.	division supérieure, 1re section.
2e division, 1re section.	division d'excellence.

Les « précautions » d'écriture que j'ai indiquées pour les petites sociétés s'atténuent naturellement, progressivement, avec l'élévation du degré de classement des corps de musique. Mais ce n'est guère que pour les groupements capables d'affronter les concours en division supérieure, que l'on peut tout écrire sans préoccupation de tonalité et avec l'assurance que les secondes parties pourront exécuter à peu près tout ce qu'on leur confiera; néanmoins, il y a toujours avantage, pour la sûreté et la pureté de l'exécution, à considérer que les deuxièmes parties sont les pupitres de début des jeunes musiciens encore inexpérimentés, qui viennent alimenter le recrutement des sociétés les plus fortes, et à ne leur confier que des traits relativement faciles, eu égard aux difficultés générales de l'œuvre à interpréter.

De même que pour l'orchestre symphonique, il est toujours bon, quel que soit le nombre de musiciens jouant d'un même instrument, de n'écrire que deux parties pour chaque nature d'instrument, sauf pour les trombones qu'on écrit constamment à trois ou à quatre parties (trois parties sont préférables); mais, pour réagir contre la tendance des musiciens à jouer la première partie à deux lorsqu'ils sont trois à un pupitre, il n'est pas mauvais d'indiquer *deuxième et troisième* en tête de la seconde partie. Je ne donne pas cette indication comme offrant une garantie absolue, mais elle offre tout au moins l'avantage de permettre au compositeur ou au transcripteur d'indiquer son intention et sa volonté d'assurer la plénitude de sonorité des deuxièmes parties. On fera cependant une exception pour les pupitres de cornets et de bugles, où la première partie doit être jouée à deux, afin de permettre le repos nécessaire des solistes.

Lorsqu'il est indispensable d'écrire plus de deux parties pour les clarinettes en harmonie et pour les bugles en fanfare (ce qui se présente dans les traductions de « violons divisés »), ou lorsque la longueur et la difficulté d'un trait de violon n'en permettraient pas ou n'en permettraient qu'avec peine l'exécution à des instruments à vent, on doit répartir ceux-ci de la manière suivante, en trois parties :

En harmonie.	*En fanfare.*
petites clarinettes.	petit bugle.
clarinettes solos.	bugles solos.
premières clarinettes.	premiers bugles.
secondes clarinettes.	seconds bugles.

Il appartient au chef de musique de renforcer les clarinettes solos ou les bugles solos d'une ou de plusieurs unités, afin d'équilibrer la sonorité de chacune des parties.

petites clarinettes.	*petit bugle.*
clarinettes solos.	bugles solos.
premières *clarinettes* A.	premiers *bugles* A.
premières *clarinettes* B.	premiers *bugles* B.
secondes *clarinettes.*	seconds *bugles.*

ce qui correspond généralement à la production de quatre parties sensiblement égales.

J'ai encore une considération à présenter. C'est celle du choix de la tonalité dans les traductions de l'orchestration symphonique en orchestration d'harmonie ou de fanfare.

J'ai dit que l'on peut jouer dans tous les tons avec les instruments modernes, mais il ne s'ensuit pas qu'on doive prendre au hasard la première tonalité qui se présente à l'esprit ou sous la plume; on ne saurait oublier que le personnel des harmonies et des fanfares ne se recrute, sauf de très rares exceptions, que parmi des travailleurs de toutes classes, lesquels ne peuvent donner à la musique que les courts loisirs du soir, après le labeur de chaque jour, et qu'ils ne sauraient jamais posséder, en tout état de cause, une éducation musicale comparable à celle des artistes professionnels d'orchestres à cordes. Nos musiques militaires ne sont, elles aussi, composées que de ces mêmes musiciens amateurs, qui, pendant leurs années de service, font surtout l'exercice, des marches, des tirs, des grandes manœuvres, des répétitions, des concerts, alors qu'ils ne se livrent que bien rarement à des études musicales individuelles.

Indépendamment de cette réserve, il y a la relation qui doit être aussi rapprochée que possible entre la tonalité primitive et la tonalité choisie pour la traduction.

Quand il s'agit de la traduction d'œuvres de chant, de fragments d'opéras, d'oratorios, etc., le rapport du chant primitif et de la tonalité *réelle* de l'instrument ou des instruments chargés de remplacer la ou les voix doit être aussi exact que possible; l'étendue des instruments ne s'y oppose jamais pour les voix de basse et de baryton, et peu souvent pour la voix de ténor; mais, lorsqu'il faut traduire les voix de femmes, les cornets ou bugles sont le plus souvent trop limités à l'aigu, et l'on est contraint de baisser toute la transcription, afin de rendre les notes aiguës des parties des voix de femmes accessibles aux sopranos des cuivres. De là, ce principe : **Dans les traductions d'œuvres chantées, on doit se guider, pour la tonalité à prendre, sur la transcription la plus rapprochée possible de la voix de femme la plus aiguë pour le cornet.**

Pour les transcriptions purement symphoniques, il y a d'abord lieu de remarquer que le nom de la tonalité énoncée est presque toujours en désaccord avec celui de la tonalité réelle.

Premièrement, parce que l'énoncé de la tonalité primitive sert souvent de titre aux œuvres purement symphoniques des grands maîtres et que, si l'on transcrit par exemple l'*Ouverture en ré* de Schubert ou la *Symphonie en la* de Beethoven, on ne saurait changer ces deux dénominations, quelles que soient les tonalités choisies pour les transcriptions.

Secondement, parce que, en harmonie comme en fanfare, on ne désigne jamais la tonalité réelle, et que toute expression de tonalité s'entend de la tonalité *écrite* pour les instruments en *si*♭, qui sont les instruments les plus nombreux dans ces deux genres d'orchestre.

Si l'on écoutait le principe qui se présente de suite à l'esprit sur ce sujet, on transcrirait toutes les œuvres symphoniques dans le ton réel primitif, c'est-à-dire exact pour l'oreille, et un ton plus haut pour l'œil qui lit la partition d'harmonie ou de fanfare (orchestres dits en si♭).

Une première objection se présente pour les tonalités primitives dont l'armature porte deux, trois, quatre et cinq dièses. Comme les instruments en si♭ devraient avoir deux dièses supplémentaires afin de rendre ces tonalités réelles, les transcriptions se présenteraient avec quatre, cinq, six et sept dièses à l'armature, sans préjudice des doubles dièses qui seraient amenés par la moindre modulation mineure.

Une seconde objection vient de ce que les clarinettes étant en si♭ doivent, à notes égales pour l'oreille, jouer des notes écrites à la seconde majeure supérieure de celles des violons; de telle sorte que, chaque fois que, dans une ouverture ou dans un fragment symphonique, les violons ont un fa♯ ou un sol

aigu, 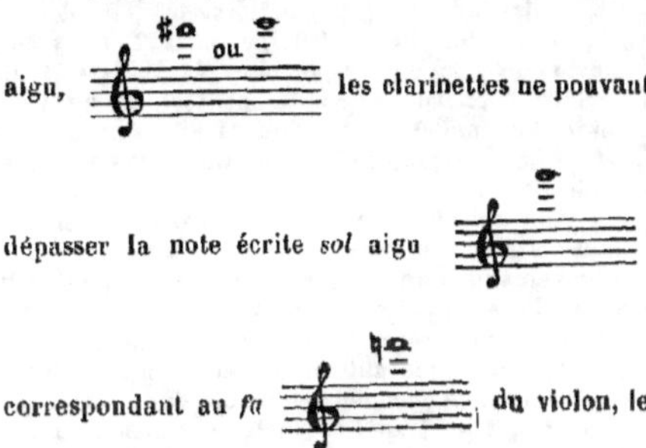 les clarinettes ne pouvant

dépasser la note écrite sol aigu

correspondant au fa du violon, le

trait doit être abaissé en tout ou partie d'une octave, ce qui nuit au brio, ou défigure le trait.

L'inconvénient signalé ci-dessus est encore accru lorsque, dans le but d'éviter l'armature chargée en dièses et avec l'idée de donner plus de relief à la transcription, le transcripteur élève sa transposition écrite d'une tierce mineure; ceci relève l'audition d'un demi-ton réel, mais interdit toutes les répétitions de thèmes à l'octave de la partition primitive, anémiant ainsi toutes les parties brillantes de l'œuvre; résultat tout opposé à celui que recherchait le traducteur.

On trouve beaucoup d'exemples de cette transposition écrite à la tierce supérieure dans les transcriptions d'œuvres dont la tonalité primitive est en sol majeur ou mi mineur (transcrites en si♭ majeur ou sol mineur pour éviter les trois dièses de la majeur et fa♯ mineur), en ré majeur ou si mineur (transcrites en fa majeur ou ré mineur pour éviter les quatre dièses des tonalités réelles), en la majeur ou fa♯ mineur (transcrites en do majeur ou en la mineur).

Il y a encore une autre raison de ne pas toujours maintenir la tonalité réelle, et surtout de ne pas la surélever, raison qui ne paraît pas avoir été suffisamment observée par un certain nombre de transcripteurs.

Les sons du violon, si élevés, si aigus qu'ils soient, ne sont jamais durs, tandis que, pour tous les instruments à vent, les sons aigus ne peuvent être obtenus, surtout par plusieurs instruments à la fois, sans une certaine dureté; il existe bien peu de corps de musique possédant un pupitre de clarinettes ou de bugles capable de monter dans la région aiguë

de leur instrument sans laisser à l'auditeur cette impression de l'effort dépensé, toujours si nuisible au sentiment de charme qu'on doit rechercher dans la majorité des exécutions musicales.

Il y a donc souvent un véritable avantage, pour l'impression produite sur l'auditeur, à laisser la transcription dans le ton écrit de la partition primitive, ce qui en baisse l'audition d'une seconde majeure, mais ce qui permet le plus souvent d'en conserver tous les effets de composition et d'orchestration dans les dispositions relatives imaginées par l'auteur primitif, et ce qui atténue enfin sensiblement la dureté inhérente aux instruments à vent, eu égard à la douceur des instruments à archet.

Je n'ignore pas que les habitués des grands concerts, les purs musiciens des sphères élevées, au moins quelques-uns de ceux-ci, prétendent qu'ils ne peuvent reconnaître une ouverture ainsi abaissée d'un ton ou même d'un demi-ton, alors qu'ils ont dans l'oreille la tonalité réelle de l'orchestre symphonique. A cela, je n'hésite pas à répondre d'abord que les amateurs qui ont la chance de pouvoir toujours entendre, à leur gré, les chefs-d'œuvre de la musique, ne sont nullement forcés de venir assister à des concerts d'orchestres d'harmonie ou de fanfare; ceux-ci représentent essentiellement des orchestres populaires, c'est-à-dire des orchestres destinés à faire connaître ces chefs-d'œuvre, dans des conditions d'exécution relativement différentes et inférieures à leur conception, à une clientèle privée, soit par l'éloignement d'un centre artistique, soit par ses occupations journalières, soit enfin par ses moyens pécuniaires, privée, dis-je, d'entendre la musique exécutée par les grands orchestres symphoniques pour lesquels elle a été conçue. Ensuite, je me permettrai de rappeler ce que j'ai dit[1] à propos du diapason et de ses variations, et de demander si Richard Cœur de lion, Orphée, Joseph, la Dame Blanche, et même le Barbier de Séville, ne doivent plus jamais être joués, sous prétexte qu'il sont entendus de nos jours dans un diapason plus élevé que celui de l'époque de leur conception, et si les Huguenots, le Prophète, la Fille du Régiment, le Désert, la Damnation de Faust, Rigoletto, etc., doivent être désormais rayés de tout répertoire parce qu'on les chante aujourd'hui plus bas qu'à leur création. Mais, à ce compte-là, il faudrait également rayer des grands concerts toutes les œuvres des MOZART et des BEETHOVEN, y compris la Neuvième Symphonie, car il n'est pas douteux que notre diapason actuel diffère beaucoup du la allemand de la fin du XVIIIe et du commencement du XIXe siècle.

A mon avis, le meilleur guide pour choisir et déterminer la tonalité d'une transcription est constitué par l'examen de l'étendue, de la tessiture, dirait un chanteur, des traits du premier violon et du violoncelle, eu égard aux meilleures conditions de leur traduction par les premières clarinettes et les basses; remonter la tonalité, c'est le plus souvent dépasser à l'aigu l'étendue de la clarinette et exiger des transpositions d'octave; baisser cette tonalité, c'est risquer de rencontrer les mêmes inconvénients au grave pour les saxhorns basses et les saxophones barytons qui, pour longtemps encore, doivent être considérés comme les représentants des violoncelles.

En fanfare, les deux « instruments traducteurs » guides seront constitués par les premiers bugles et

---

1. Encyclopédie, t. III, p. 1466.

les saxhorns basses; mais, comme ici les transpositions et mutations d'octave ne pourront jamais être évitées, on devra se borner à rechercher la tonalité qui en exigera le moins, ou dont les mutations paraîtront le plus naturelles et défigurant le moins possible la ligne mélodique principale.

Nous avons vu maintenant tous les instruments que la facture moderne met ou peut mettre à la disposition des compositeurs, des transcripteurs et des chefs de musique pour former des harmonies de premier ordre au point de vue de la qualité et de la multiplicité des timbres; nous avons vu comment on pourrait les employer pour en tirer le meilleur parti ou les meilleurs effets; il ne nous reste plus pour terminer qu'à examiner les causes qui semblent devoir retarder encore pour quelque temps la généralisation de l'usage de toutes ces magnifiques ressources instrumentales.

Tout d'abord, l'emploi de ces nouveaux instruments exige un personnel plus nombreux que celui que l'on rencontre le plus ordinairement; car les nouveaux instruments ne viennent pas remplacer les anciens, mais se juxtaposer à eux, et seulement alors que le cadre que nous avons vu à la fin de la deuxième période se trouve au complet.

Or, si nous examinons le personnel d'une *petite harmonie*, il ne pourra être moindre que celui-ci :

1 *flûte* (petite ou grande alternativement).	3 *bugles* (1 solo, 1 premier, 1 second).
1 *petite clarinette*.	2 *altos*.
4 *premières clarinettes*.	2 *barytons*.
2 *secondes clarinettes*.	3 *basses*.
4 *saxophones* (1 soprano, 1 alto, 1 ténor, 1 baryton).	1 *contrebasse*.
	1 *tambour* (caisse claire ou roulante alternativement).
3 *cornets* (1 solo, 1 premier, 1 second).	1 *grosse caisse et cymbales* (jouées par le même musicien).
3 *trombones*.	

soit un total de trente et un musiciens.

Je ne m'attarderai pas à délimiter une *harmonie moyenne* dont le personnel s'étagera forcément de façon très variable, selon les ressources locales ou momentanées, entre la *petite harmonie* et l'*harmonie complète*, laquelle doit être composée au moins de :

2 *flûtes*.	3 *bugles*.
2 *hautbois*.	3 *altos*.
2 *petites clarinettes*.	2 *cors* (ou 2 altos en jouant les parties).
2 *clarinettes solo*.	2 *barytons*.
6 *premières clarinettes*.	4 *basses*.
4 *secondes clarinettes* (ou secondes et troisièmes).	1 *contrebasse en mi♭*.
7 *saxophones* (1 soprano, 2 altos, 2 ténors, 2 barytons).	2 *contrebasses si♭*.
3 *cornets*.	1 *caisse claire*.
2 *trompettes*.	1 paire de *timbales* ou 1 *caisse sombre*.
4 *trombones*.	1 *grosse caisse et cymbales*.

soit un total de 54 musiciens, qui ne constituent, je le répète, qu'un minimum; encore, faut-il remarquer que la proportion des *bois* est trop faible, puisqu'elle doit être normalement au moins égale à la moitié de l'effectif, tandis que nous n'avons ici que vingt-cinq *bois* contre vingt-six *cuivres*, et cinquante-quatre exécutants.

Nous sommes encore loin de ce qu'on appelle aujourd'hui une *grande harmonie*.

Normalement, on ne devrait voir apparaître les premiers instruments nouveaux (sarrusophones contrebasses *mi♭*) que dans une musique ainsi composée :

3 *flûtes* (1 petite et 2 grandes).	4 *clarinettes solo*.
2 *hautbois*.	8 *premières clarinettes*.
2 *bassons*.	6 *secondes clarinettes* (ou secondes et troisièmes).
4 *petites clarinettes*.	

1 *saxophone soprano*.	4 *bugles* (deux premiers, deux seconds).
3 *saxophones altos*.	
3 *saxophones ténors*.	3 *altos*.
3 *saxophones barytons*.	4 *cors*.
2 *sarrusophones contrebasses* en *mi♭*.	2 *barytons*.
	4 *basses*.
4 *cornets* ou *petites trompettes* en *si♭*.	1 *contrebasse en mi♭*.
	3 *contrebasses en si♭*.
4 *trompettes* (deux petites et deux grandes).	1 *caisse claire*.
	1 *paire de timbales*.
5 *trombones*.	1 *grosse caisse*.
	1 *paire de cymbales*.

soit soixante-dix-neuf musiciens, dont quarante et un affectés aux instruments dits de bois, ce qui inaugure la proportion convenable.

C'est là seulement qu'on peut considérer que commence la *grande harmonie*.

Or, si nous consultons la *Monographie universelle de l'Orphéon* de MM. Henri Maréchal et Gabriel Parès[1], nous trouvons seulement vingt harmonies françaises qui atteignent ou dépassent ce chiffre; ce sont celles de : Amiens, Armentières (103 exécutants), Avignon (76), Billy-Montigny (120), Béziers (105), Bordeaux, (80), Clichy (103), Denain (102), Douai (127), Lens (80), Liévin (103), Canonniers de Lille (96), Lillers (102), Le Mans (80), Narbonne (85), Reims (130), Rouen (115), Saint-Etienne (90), Tourcoing (118), Valenciennes (91). Nous y ajouterons la musique de la Garde Républicaine (79).

Si l'on consulte l'*Annuaire des artistes*[2], il faudrait élever ce nombre à une soixantaine, mais, même en admettant ce dernier chiffre, il n'en reste pas moins acquis que les *grandes harmonies* sont encore rares en France; de plus, le chiffre de leurs exécutants n'implique nullement que leur répartition soit proportionnellement semblable dans toutes ces musiques, et que l'équilibre instrumental soit normal dans chacune d'elles.

Un emploi judicieux des instruments modernes nous semblerait devoir se présenter à peu près ainsi :

4 *flûtes*.	2 *sarrusophones contrebasses* en *mi♭* renforçant la *clarinette contrebasse*.
2 *hautbois*.	
2 *bassons*.	
1 *contrebasson*.	4 *cornets* ou *petites trompettes* en *si♭*.
2 *sarrusophones sopranos* doublant les *hautbois*.	4 *trompettes* en *ut* ou en *si♭*, ou mieux en *ut*, ou en *si♭* et en *fa*.
2 *sarrusophones basses* doublant les *bassons*.	4 *trombones à coulisse*.
1 *sarrusophone contrebasse ut* ou *si♭* doublant le contrebasson.	1 *trombone à pistons* (grosse perce) renforçant le quatrième *trombone à coulisse*.
4 *petites clarinettes*.	1 *trombone contrebasse à pistons*.
4 *clarinettes solos*.	
12 *premières clarinettes*.	4 *cors* ou 4 *cornophones ténors à 4 pistons*.
8 *secondes clarinettes*.	
2 *clarinettes altos*.	4 *saxhorns contraltos* ou *bugles*.
2 *clarinettes basses*.	3 *saxhorns altos*.
1 *clarinette contrebasse*.	2 *saxhorns barytons*.
1 *saxophone soprano*.	4 *saxhorns basses*.
2 *saxophones altos* renforçant les secondes *clarinettes*.	1 *saxhorn contrebasse en mi♭*.
2 *saxophones ténors* renforçant les *clarinettes altos*.	2 *saxhorns contrebasses en si♭*.
2 *saxophones barytons* renforçant les *clarinettes basses*.	1 *paire de timbales*.
1 *saxophone basse* renforçant la *clarinette contrebasse*.	1 *caisse claire*.
	1 *grosse caisse*.
	1 *paire de cymbales*.

On remarquera que j'ai ramené de trois à deux les saxhorns contrebasses en si♭. Leur importance diminue ici, en effet, doublés qu'ils sont par le contrebasson, la clarinette contrebasse, le saxophone basse et les trois sarrusophones basses, contrebasses normales des instruments dits *de bois*, ainsi que

<hr>

1. Delagrave, éditeur.
2. Risacher, éditeur.

par le trombone contrebasse, contrebasse naturelle des *cuivres clairs*.

Nous obtiendrions de la sorte un orchestre aux timbres aussi variés que possible, mais il nous faut, pour atteindre ce résultat, quatre-vingt-quinze instrumentistes, et ce n'est qu'un minimum. Il est vrai qu'au commencement du xixᵉ siècle, une musique composée de trente exécutants eût paru formidable, et que, de nos jours, la moindre harmonie commence à ce chiffre. Néanmoins, ce chiffre de quatre-vingt-quinze artistes ne laisse pas que de devoir être con-sidéré, encore pour un certain nombre d'années, comme un obstacle à la généralisation d'orchestres utilisant à peu près toutes les ressources de la facture moderne.

Une autre cause de retard de la généralisation de l'emploi de ces ressources réside dans le prix élevé des nouveaux instruments ; car si nous établissons le devis du matériel instrumental d'un orchestre constitué sur les bases ci-dessus, nous trouvons pour la totalité le chiffre très respectable de 28000 francs environ[1], devis établi sur les catalogues de maisons

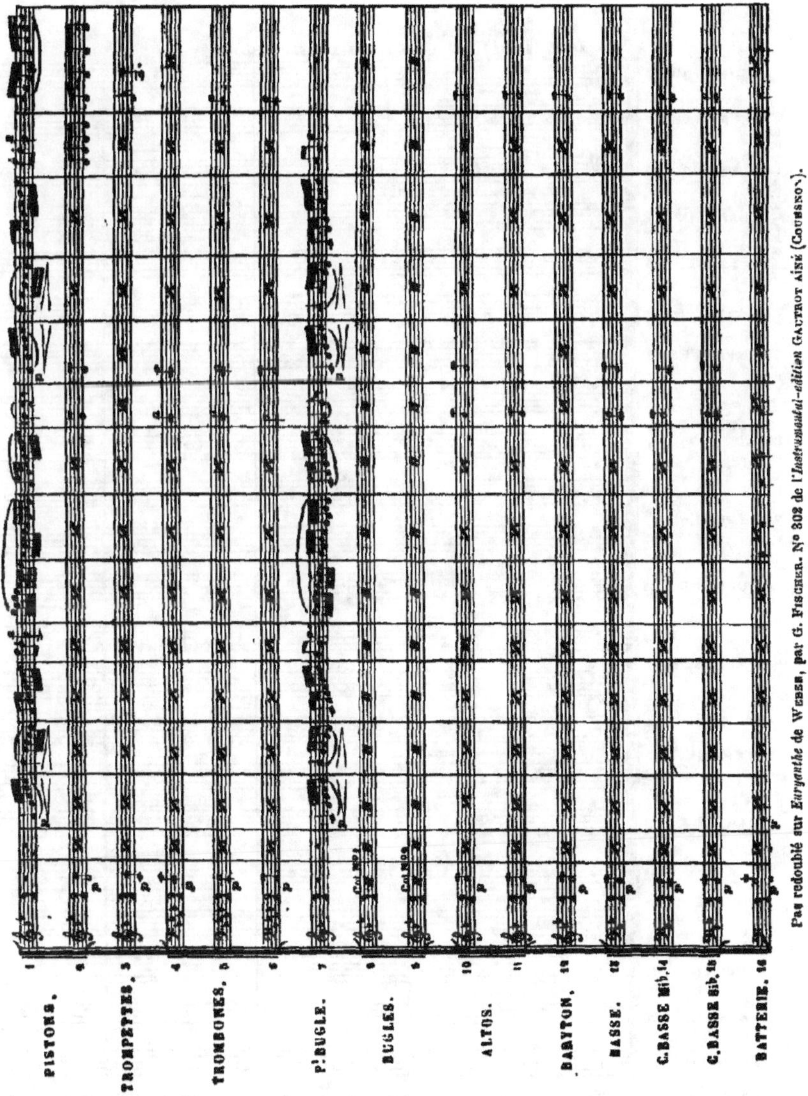

1. Prix d'avant-guerre.

donnant toutes garanties de bonne fabrication, comme sonorité et comme justesse, prix donnés pour les instruments seuls et non compris les accessoires tels que sacs, étuis, boîtes, etc.

Si nous admettons que les musiciens jouant les instruments usuels : flûte, hautbois, basson même, clarinette, saxophone alto, cornet, trombone à coulisse, bugle et basse, fournissent leur instrument, ce qui arrive souvent pour quelques-uns, mais rarement pour tous, le prix du matériel que doit fournir la société musicale ou l'administration qui subventionne cette société s'élève encore à 14000 francs environ, somme dans laquelle les instruments nouveaux entrent pour plus de 9000 francs. J'ai compris dans ce devis un cor anglais et un hautbois baryton pour les solos, mais je n'ai compté ni sarrusophone alto, ni sarrusophone ténor, ni clarinette contralto, ni saxophone contrebasse, dont l'admission entraînerait un personnel encore plus nombreux et un devis plus élevé.

Cet obstacle financier n'est évidemment pas insurmontable pour quelques sociétés et certaines administrations fort riches, mais, de longtemps encore, il se dressera devant la généralité des groupements.

Enfin, une dernière cause de retard de la généralisation des instruments modernes tient à l'absence

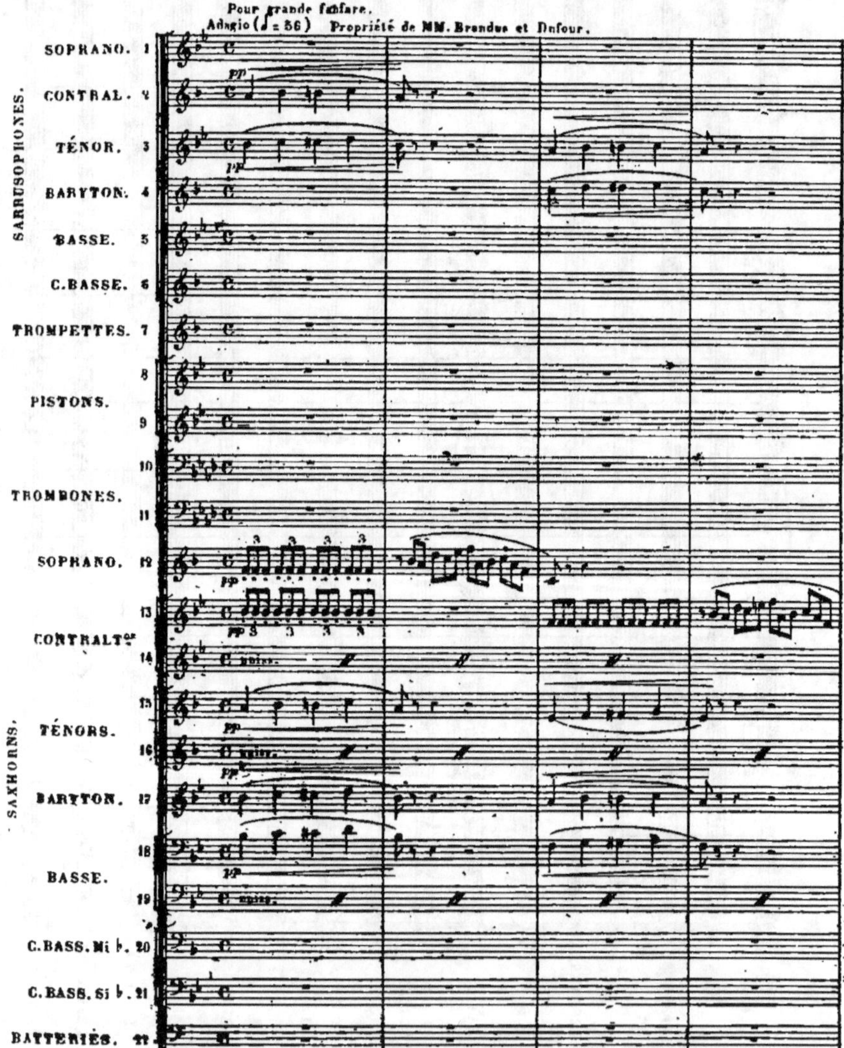

Trio du *Comte Ory* de Rossini pour grande fanfare, par G. Fischer. N° 454 de l'*Instrumental-édition* Gautrot aîné.

du répertoire spécial qui permettrait de mettre en relief tous ces nouveaux timbres et d'en tirer tous les effets dont ils sont capables.

Mais ici, la question est beaucoup plus complexe. Ce n'est pas, certes, que nous manquions à l'heure présente de compositeurs et de transcripteurs assez habiles pour établir très rapidement ce répertoire; malheureusement, il y a fort loin d'un répertoire écrit à un répertoire publié; dès lors, à quoi bon écrire des partitions, si elles ne doivent pas être publiées?

J'ai bien indiqué comment on pouvait tirer parti

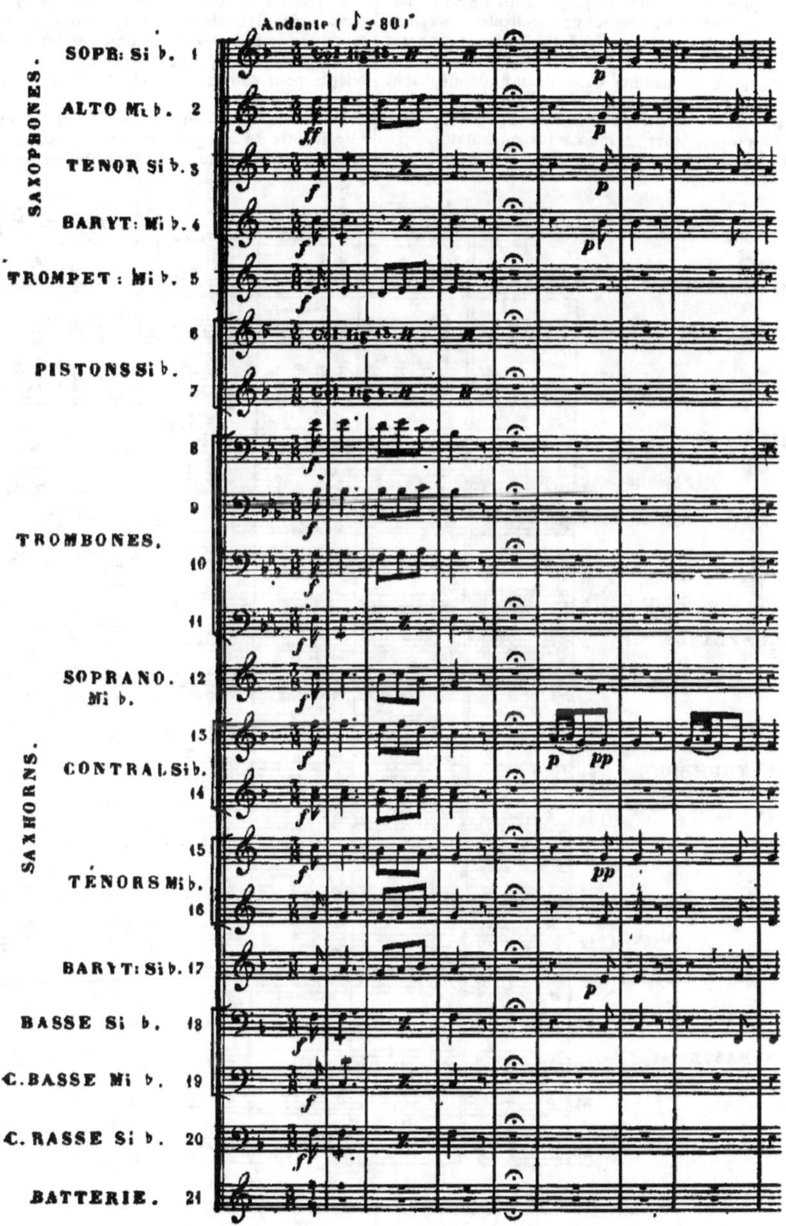

Scène du *Comte Ory* de Rossini, par L. Girard. N° 497 de l'*Instrumental-édition* Gautrot aîné et Cie.

des partitions écrites pour les instruments usuels, en transposant les parties de saxophones ténor et baryton, par exemple, afin de les adapter aux clarinettes alto et basse, en transposant la partie de saxhorn contrebasse à l'usage des contrebassons, sarrusophones basse et contrebasse, clarinette contrebasse et saxophones basse et contrebasse, etc., mais les instruments modernes employés ainsi ne font qu'améliorer le timbre général de l'orchestre sans donner aucun des effets spéciaux qui leur sont propres; il est donc indispensable, si l'on veut que les orchestres modernes d'aujourd'hui ou de demain donnent tout leur charme et toute leur puissance, de les mettre en possession de partitions écrites en vue de l'exploitation de toutes leurs ressources instrumentales.

Or, pour permettre de constituer une série convenable de ces partitions, et susceptible de former un répertoire sérieux, il faudrait :

1° Qu'un certain nombre d'harmonies convinssent d'établir leur composition instrumentale suivant un type unique, et d'en observer les proportions agrandies ou rapetissées à la mesure du nombre de leur personnel exécutant;

2° Trouver un éditeur disposé à faire graver les parties séparées, ainsi que les partitions et conducteurs des compositions et transcriptions écrites en vue de ce type unique de composition instrumentale adopté pour composer l'orchestre d'harmonie moderne.

En dehors de ces deux conditions, il ne peut rien être fait de sérieux; car si chaque groupe musical s'enrichit de nouveaux instruments, au hasard ou

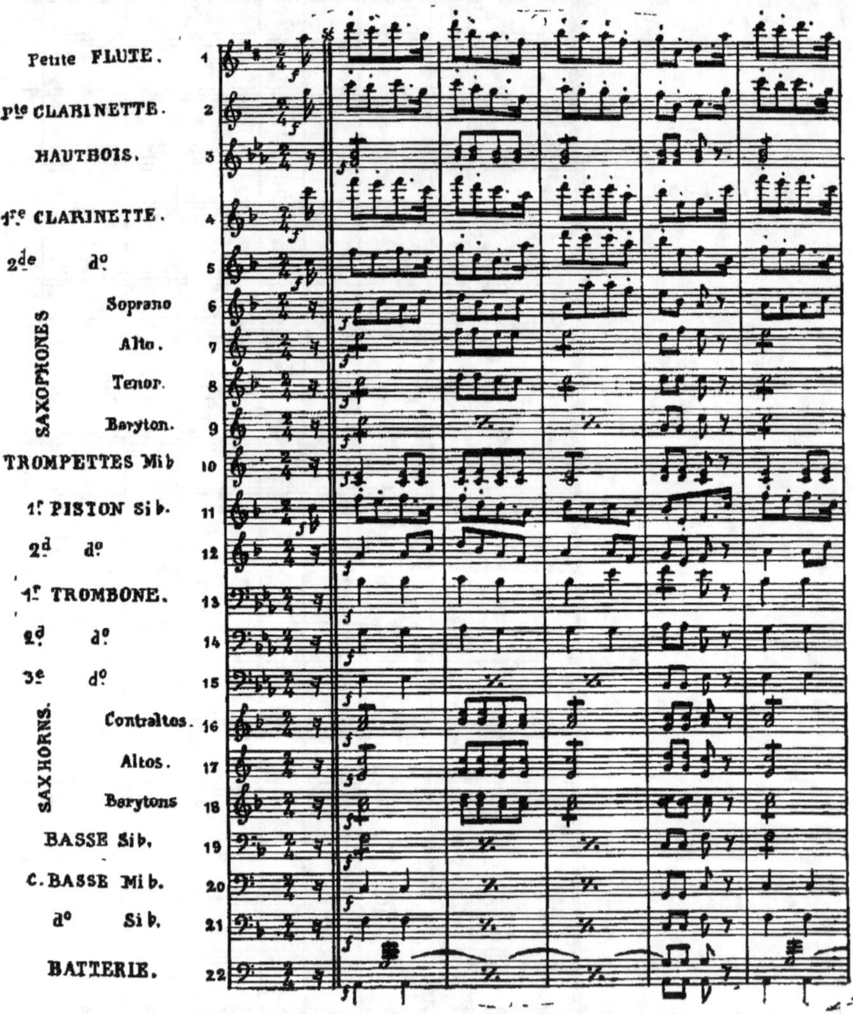

- Quadrille sur la *Vie Parisienne* d'Offenbach, par Coard. N° 945 de l'édition Buffet-Crampon (Evette).

suivant le goût particulier de son chef pour tel ou tel genre d'instrument, on ne pourra établir d'unité dans l'orchestration, chaque groupe ayant une composition et une proportion instrumentales différentes. D'autre part, si les partitions modernes ne sont pas gravées, l'exécution n'en peut être généralisée, et les compositeurs et les transcripteurs ne prendront pas la peine de les écrire. Il faudra donc, ou que les chefs de ces groupes musicaux se servent des partitions d'orchestration courante (type 1860), ou qu'ils écrivent eux-mêmes les partitions modernes, en se conformant strictement à leur composition instrumentale particulière; mais alors, on rencontre les inconvénients suivants : ou bien le chef de musique, d'ailleurs chef d'orchestre (batteur de mesure) parfait, n'a pas toute la compétence nécessaire pour bien écrire une partition, ou bien, ayant cette compétence, mais résidant en province, il ne peut disposer de la partition symphonique primitive et indispensable. Au surplus, si nous admettions que la partition a pu être bien établie, cette partition, parce qu'elle n'est pas gravée et par suite de sa disposition instrumentale particulière, se trouve localisée au seul groupe musical pour lequel elle a été écrite. Dans ces conditions, aucune extension, aucune propagation ne peuvent avoir lieu.

Pour obtenir la réalisation de la première condition ci-dessus énoncée (unité de composition instrumentale des groupes musicaux), je ne vois guère que deux moyens : 1° un congrès des chefs de musique des grandes harmonies; 2° une nouvelle réglementation instrumentale des musiques de l'armée. Malheureusement, les congrès, les congrès musicaux surtout, ne me paraissent pas avoir beaucoup d'efficacité pour faire entrer dans la pratique les idées qu'ils émettent ou les décisions qu'ils adoptent; une nouvelle réglementation instrumentale des musiques militaires serait tout autrement déterminante : témoin l'adoption du nouveau diapason en 1859 et la réglementation instrumentale des musiques d'infanterie du 26 mars 1860. Mais ici, à moins d'événements bien imprévus, nous n'avons à nous leurrer d'aucun espoir chimérique; cela coûterait cher et exigerait un personnel plus nombreux. N'en parlons pas.

Quant à la deuxième condition, elle ne me paraît pas plus pratiquement réalisable que la première, dont elle dépend d'ailleurs.

En effet, comment demander à un éditeur de faire graver à ses frais une partition écrite spécialement pour un groupe musical ayant une composition instrumentale particulière?

La plupart des éditeurs, je l'ai déjà dit au cours de l'étude de la deuxième période, ne veulent éditer une partition que si elle est *arrangée* pour harmonie *et pour fanfare*. Ce sont des commerçants, et non pas des artistes. On ne peut leur en vouloir. D'autres ne consentent à graver une œuvre pour harmonie seule que si les frais d'édition en sont ou en peuvent être

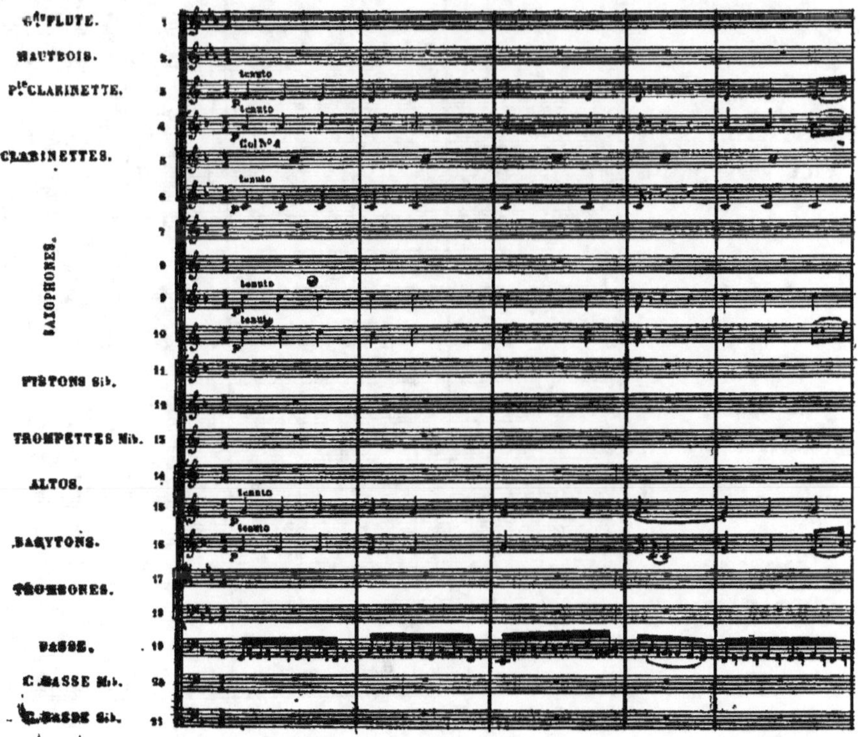

Largo Appassionato de BEETHOVEN transcrit pour harmonie par L. GIRARD, N° 251 de l'édition GAUTROT AÎNÉ.

couverts par un comité d'organisation de concours musical; enfin trois ou quatre éditeurs, tout au plus, en France, consentent à graver à leurs frais, sans restriction, les orchestrations pour harmonie seule; mais encore faut-il que ces orchestrations puissent être exécutées « sans vides » par les harmonies du type de 1860.

Tant qu'il n'y aura pas d'unité dans la composition instrumentale des grandes harmonies, on ne saurait rien demander de plus aux éditeurs; c'est donc cette unité qu'il faudrait réaliser tout d'abord... et ensuite?

Ensuite, on ne trouvera pas d'éditeurs tant que les harmonies modernes ne seront pas en nombre suffisant pour assurer une vente assez importante pour couvrir les frais d'édition, plus le bénéfice légitime de l'éditeur-commerçant.

Ici encore, on ne peut que rappeler le concours que les musiques de l'armée et leurs chefs apportèrent à la création du répertoire des harmonies pendant la deuxième période, par la fondation du journal de musique militaire (fin 1843 ou commencement de 1844). Ce journal, ou plus exactement ces partitions, étaient écrites par les chefs de musiques militaires, et le remboursement des frais d'édition était assuré à l'éditeur par l'abonnement souscrit par toutes les musiques de l'armée. C'est là encore une raison de plus de regretter que les musiques militaires, qui étaient et devraient toujours être le meilleur élément de progrès des musiques populaires en France, aient non seulement cessé de progresser, mais soient retournées par l'abaissement du rang des musiciens militaires, par la diminution de leur effectif, par la suppression des musiciens de carrière, par le temps de service de plus en plus court, par beaucoup d'autres raisons trop longues à énumérer ici, à un état très inférieur à ce qu'elles étaient devenues de 1860 à 1872.

La fondation d'un « journal des grandes harmonies » établi sur les bases du « journal des musiques militaires » de 1844, mais soutenu par l'abonnement

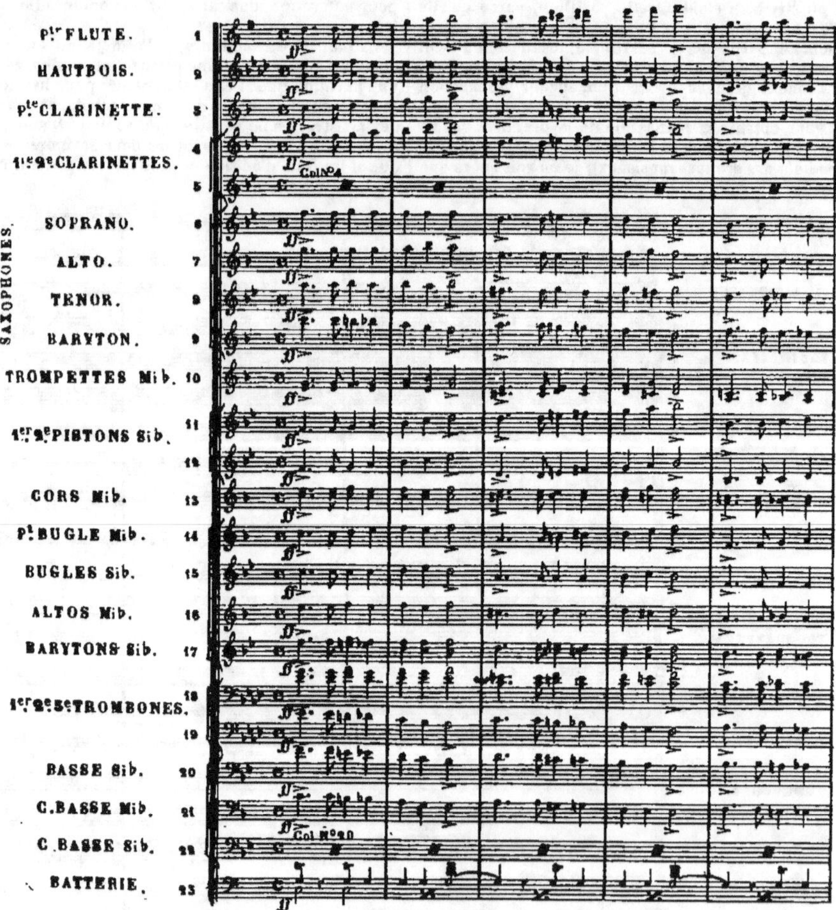

Le Muguet, pas redoublé par Pilodelle. Nº 267 de l'édition Gautrot aîné.

des musiques civiles, serait aujourd'hui le meilleur moyen de créer le répertoire qui deviendra bientôt indispensable par la force des choses; malheureusement, il est beaucoup plus difficile d'obtenir une entente financière et de collaboration de quelque durée entre un certain nombre de sociétés civiles, que d'obtenir, au siècle dernier, des musiques militaires et de leurs chefs, de se conformer à une circulaire ministérielle qui, d'un trait de plume, réalisait le désir de chacun et l'entente absolue d'une communauté de groupes musicaux liés par les mêmes besoins et des intérêts identiques. Je me garde bien de dire que l'entente des sociétés civiles est impossible, je dis seulement qu'elle est assez difficile à obtenir, mais je veux croire, dans leur intérêt comme dans celui des concerts populaires, qu'elle finira par se faire, qu'elle se fera certainement d'une manière ou d'une autre, parce qu'elle est indispensable à la marche du progrès, qui ne saurait être retenu bien longtemps sur place dans l'enlisement d'une simple question d'édition.

Nous donnons plus haut la tête de partition d'un pas redoublé de G. Fischer sur l'opéra d'*Euryanthe* de Weber pour fanfare *pure*, c'est-à-dire sans saxophones qui n'étaient sans doute pas encore inventés (voir page 2196).

Le numéro de série qui est passé de 302 à 454 (p. 2197) nous indique que plusieurs années se sont écoulées entre ces deux partitions, et nous voyons apparaître la famille presque complète des sarrusophones; nous devons remarquer aussi que quelques noms d'instruments sont changés : le petit bugle est devenu un soprano et les altos sont désignés « saxhorns *ténors* ».

Dans la transcription d'une scène du *Comte Ory* de Rossini par L. Girard (p. 2198), d'une ou deux années plus récente, les sarrusophones ne figurent pas, mais nous trouvons la famille des saxophones installée; les saxhorns *altos* y sont encore qualifiés *ténors*.

Ici le n° 945 n'est pas de la même série et est sensiblement de la même époque. Seule remarque à faire : la petite clarinette tient la place de la grande

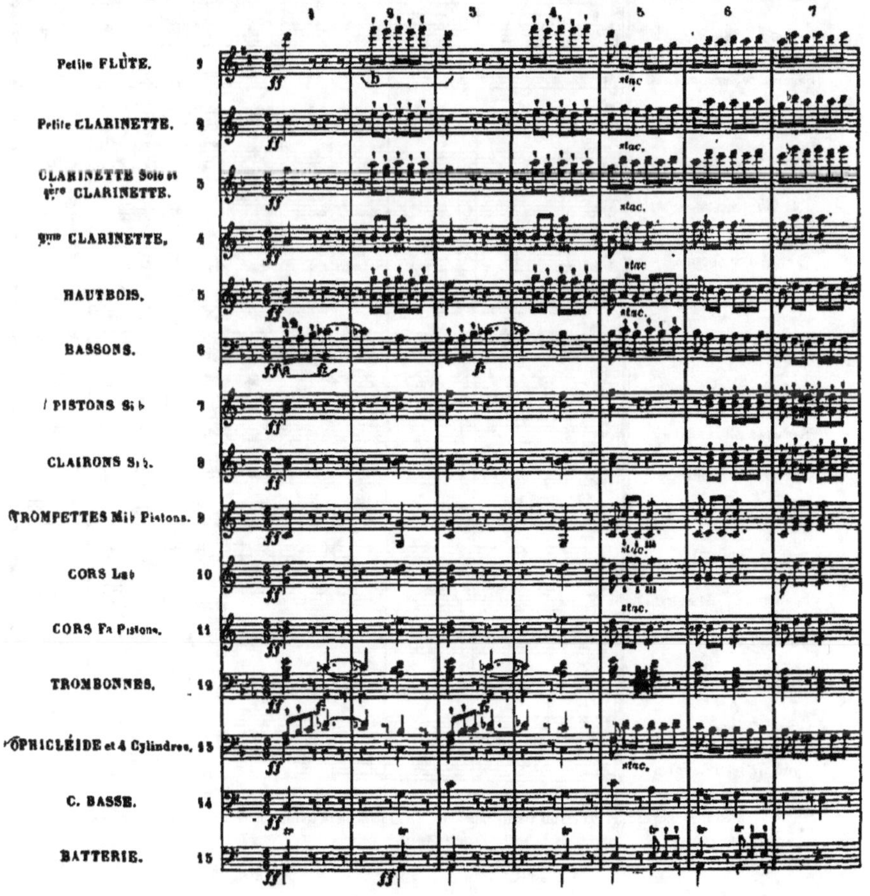

Pas-Type composé pour ses élèves sur les deux motifs donnés en 1851 par M. Carafa, par J. Viallon. N° 326. Édition T. B. (Buffet-Crampon [Evette]).

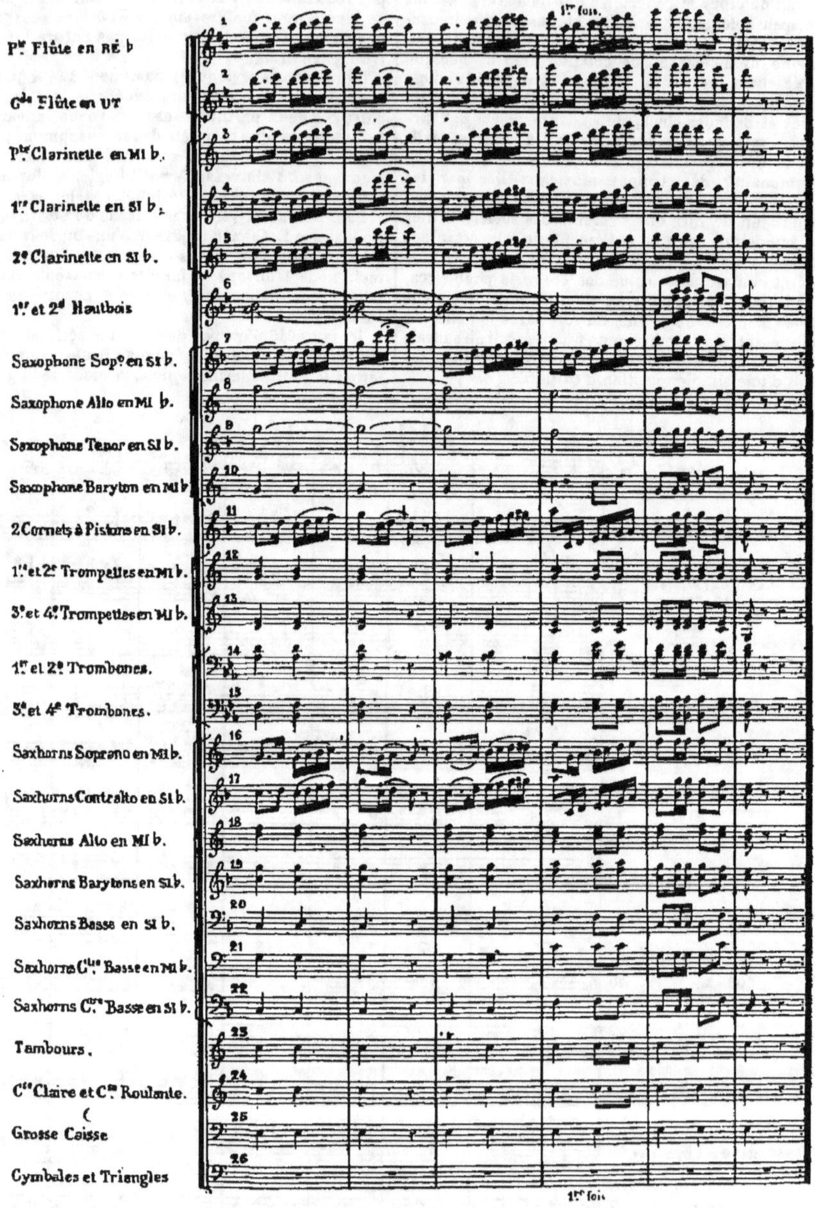

Retraite composée et dédiée au 1er Régiment de Grenadiers de la Garde Impériale par Léon MAGNIER.
Album de Crimée. N° 5. SAX éditeur.

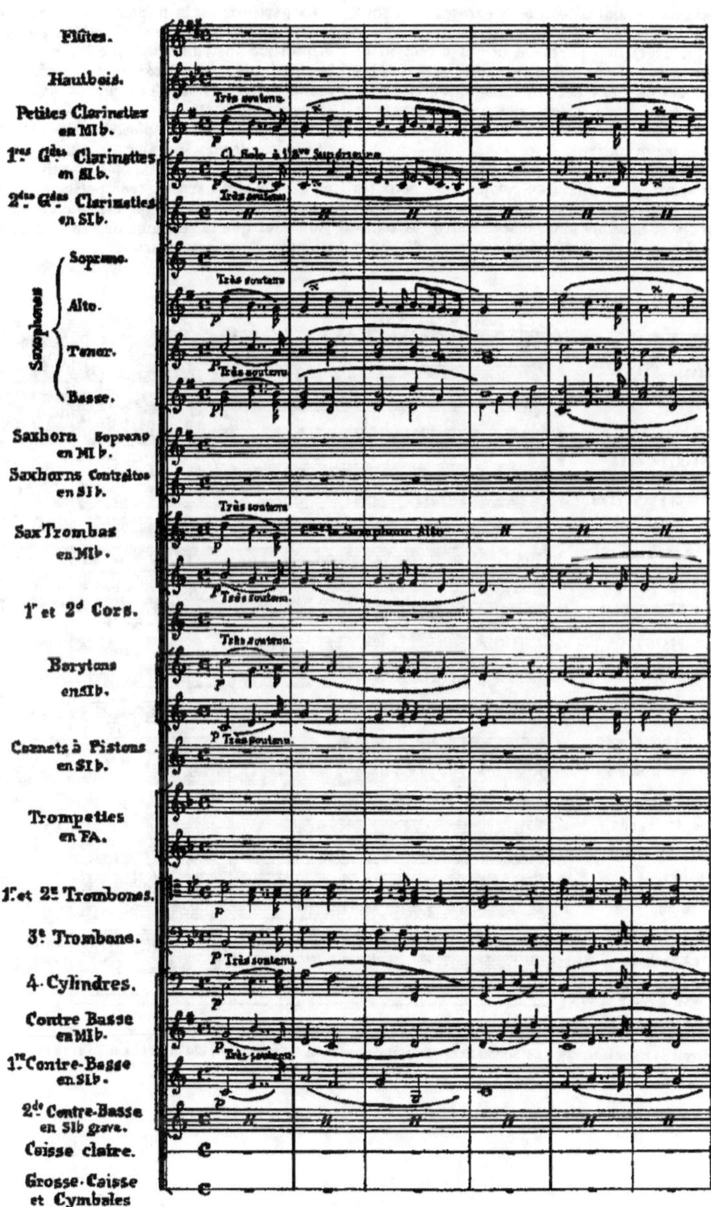

Marche du *Tannhæuser* de R. WAGNER, par Ad. SELLENIK, chef de musique du 2e Régiment de Voltigeurs de la Garde Impériale. Éditeur DURAND, SCHŒNEWERK et Cie.

flûte entre la petite flûte et le hautbois, et les trompettes *mi*♭ sont au-dessus des pistons (cornets).

Dans ce *Largo* (p. 2200) les hautbois sont à leur place normale, mais nous n'avons pas encore de bugles (saxhorns contraltos), et les trombones sont relégués entre les barytons et les basses.

Voilà (p. 2201) une partition écrite directement pour harmonie, où il y a lieu de remarquer que les bugles ont des parties d'accompagnement écrites *au-dessus* des parties de cornet qui ont le chant, et tiennent le rôle de deuxième clarinette qui, elles, jouent avec les premières.

Ici (p. 2202), nous avons une partition écrite à l'effet de servir de modèle de *composition* pour les élèves du Gymnase musical militaire en 1851, et où les hautbois et bassons sont placés entre les clarinettes et les cornets (il n'y a pas encore de saxophones); les bugles y sont qualifiés *clairons*, il n'y a pas encore d'altos ni de barytons, et nous voyons seulement des 4 cylindres (basses à 4 pistons) et une contrebasse en *mi*♭.

La partition de la p. 2203 (la fameuse *Retraite de Crimée* de Léon MAGNIER (1854-1855), a tout à fait la disposition instrumentale moderne, sauf en ce que les hautbois sont placés entre les clarinettes et les saxophones au lieu d'être placés entre les flûtes et la petite clarinette.

Pour terminer cette période préparatoire aux partitions modernes, je place (p. 2204) cette curieuse partition de Ad. SELLENIK, où les saxhorns sont placés en dessus des cornets, trompettes et trombones. A remarquer que les trompettes sont écrites une octave plus haut que la coutume de tous les autres compositeurs ou orchestrateurs.

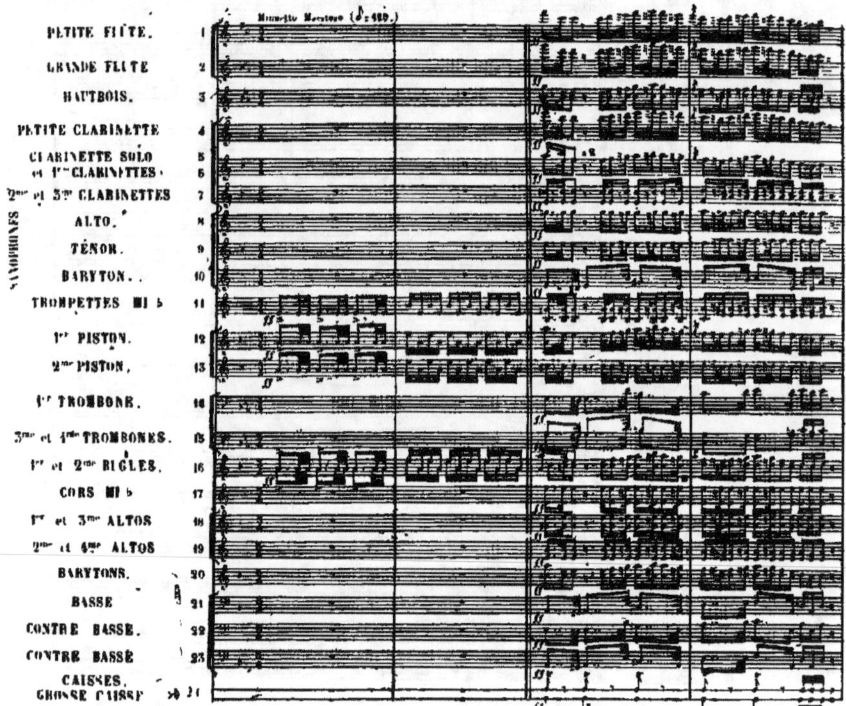

Marche aux flambeaux n° 3 de MEYERBEER, orchestrée par Ernest ANDRL. N° 1424 de l'édition EVETTE et SCHAEFFER (BUFFET-CRAMPON).

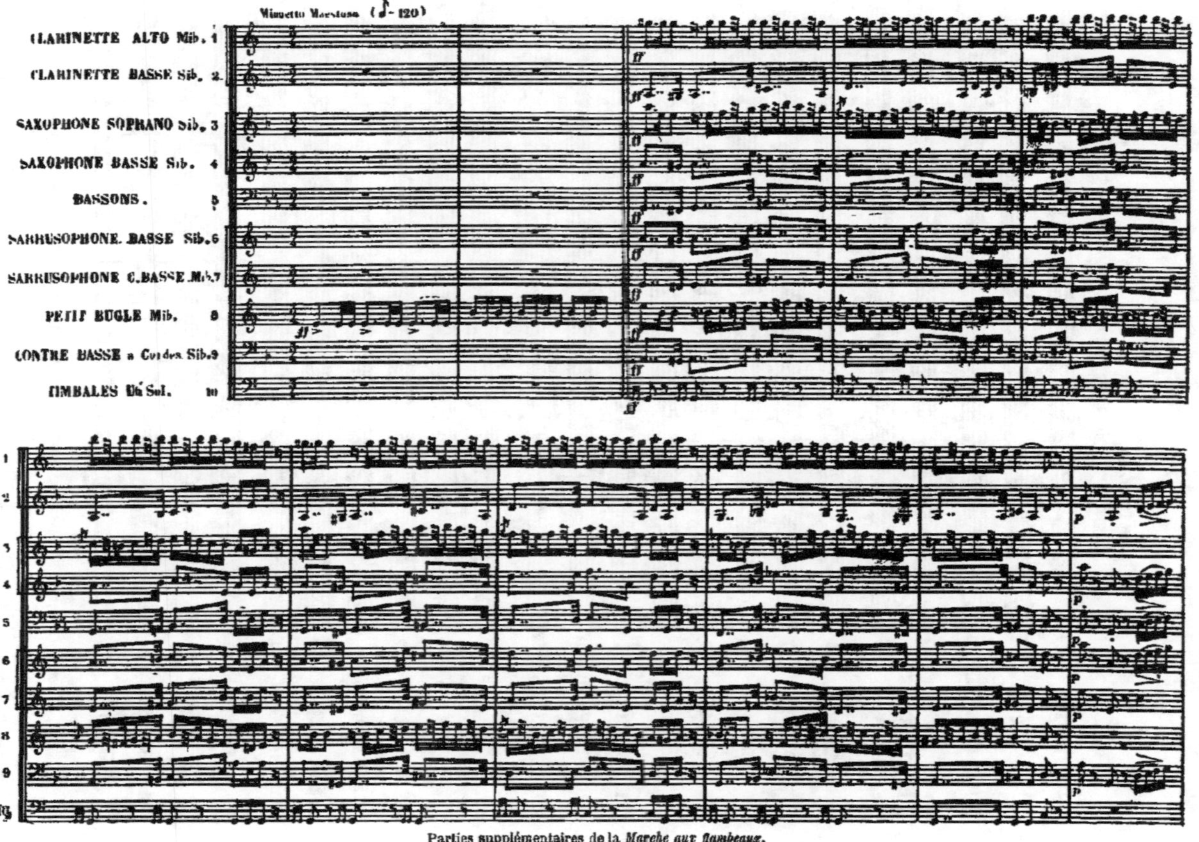

Parties supplémentaires de la *Marche aux flambeaux.*

La partition du maître transcripteur Ernest ANDRÉ (p. 2205), avec les parties supplémentaires de la p. 2208, se montre en avance sur son époque d'édition[1], et est digne de figurer en tête des partitions modernes.

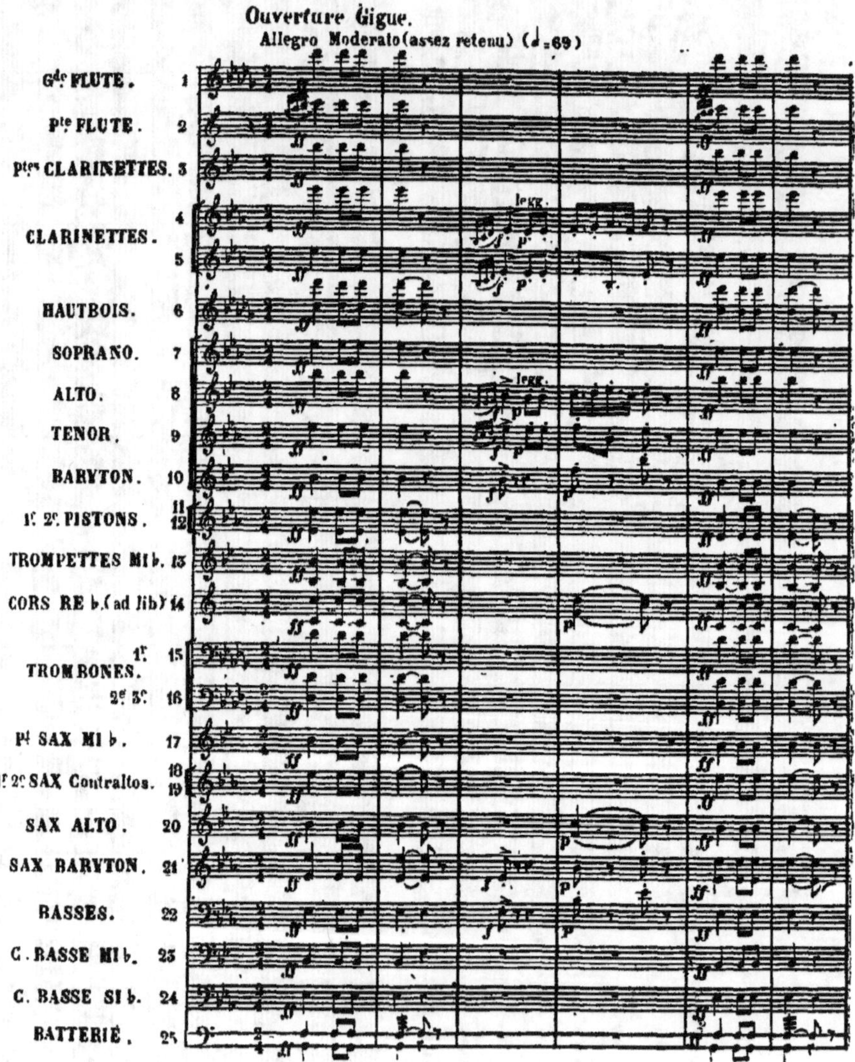

Le Roman d'Arlequin de J. MASSENET, par Léon CHIC N° 1601 édition P. GOUMAS et Cie (EVETTE).

Cette partition, parue cinq années plus tard, montre bien l'orchestration moderne type des musiques militaires.

1. Vers 1878.

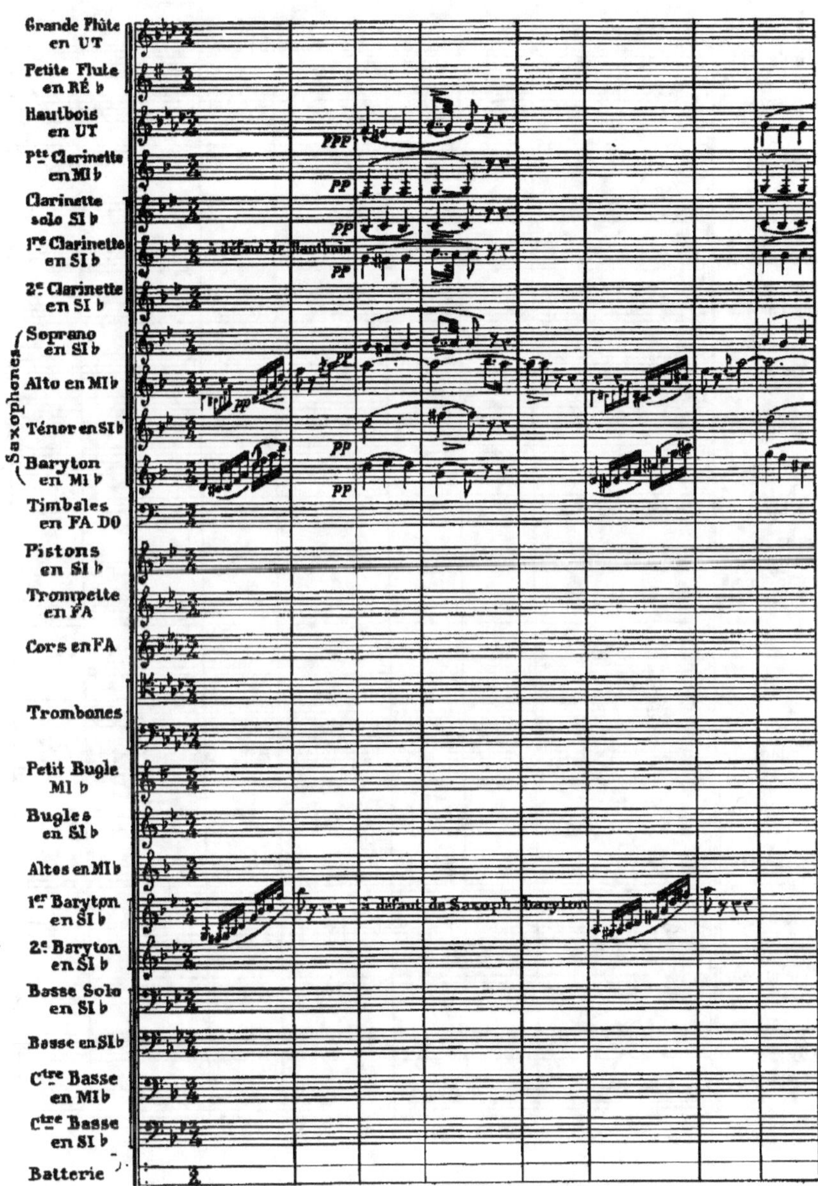

Ouverture de Guillaume Tell de Rossini. Partition inédite par M.-A. Soyer d'après la partition d'orchestre éditée par Léon Grus.

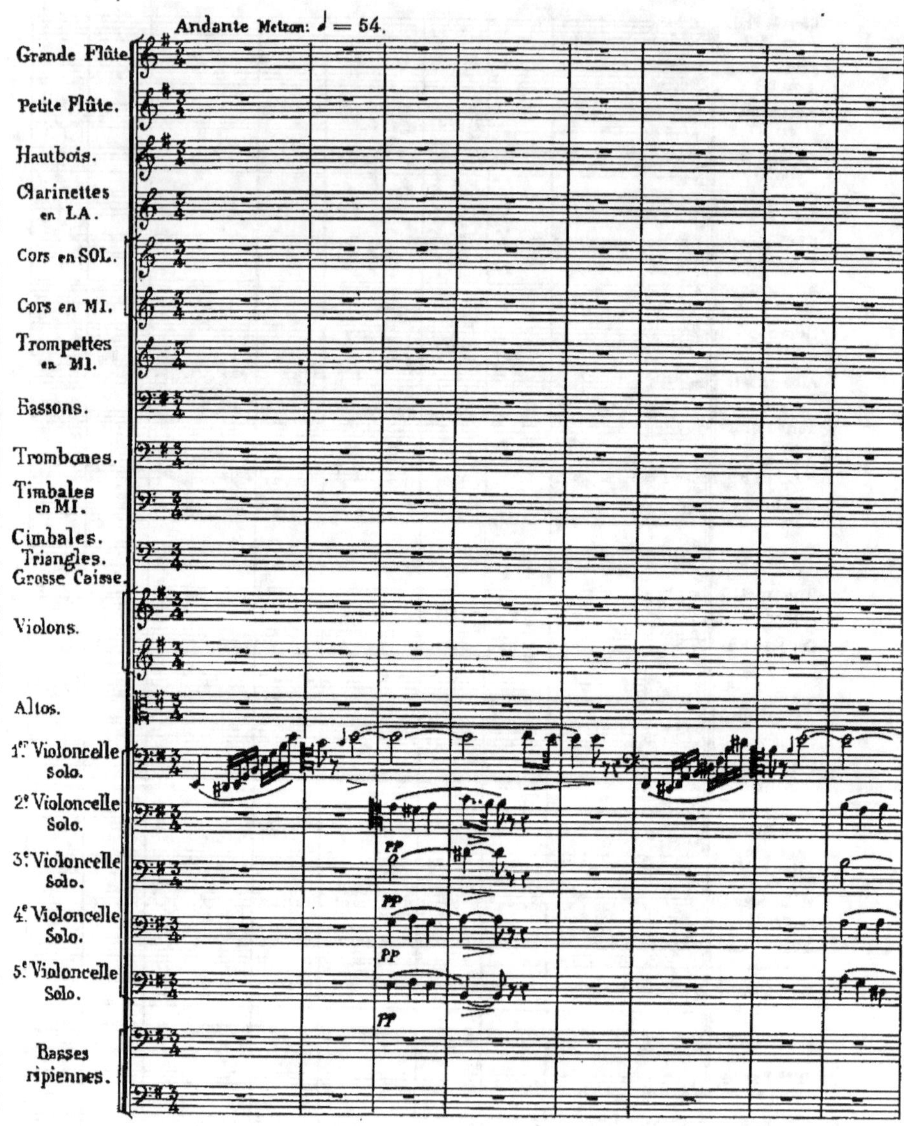

Ici, nous voyons le cas d'une transcription dont le solo de violoncelle doit être exécuté par deux instruments soudés l'un à l'autre, faute d'un manque d'étendue au saxophone baryton à l'aigu et au saxophone alto au grave. Une clarinette basse pourrait faire tout le solo, mais le timbre serait plus éloigné du timbre du violoncelle.

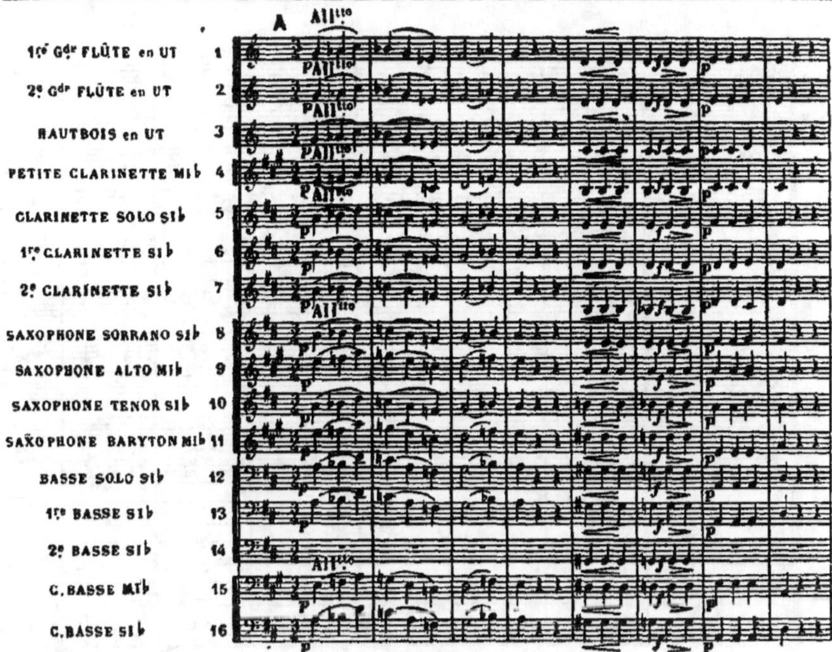

Au Bord de la Mer, rêverie de Em. DUNKLER pour quatuor à cordes (A. COSTALLAT éditeur), transcrit pour musique militaire par Henri SOYER (Ad. FOUGERAY éditeur).

Transcription d'un quatuor à cordes. Tous les cuivres ont été supprimés, sauf les saxhorns basses et contrebasses, qui seraient remplacés avec avantage par les clarinettes et saxophones ou sarrusophones basses et contrebasses.

La Fuite en Égypte, Ouverture de H. BERLIOZ (RICHAULT éditeur), transcrite pour Musique d'harmonie par M.-A. SOYER (A. FOUGERAY éditeur) :

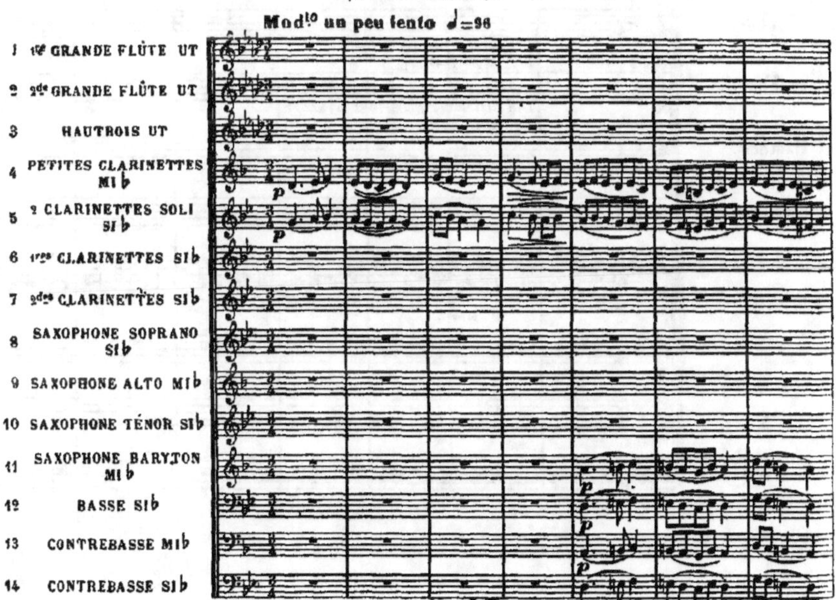

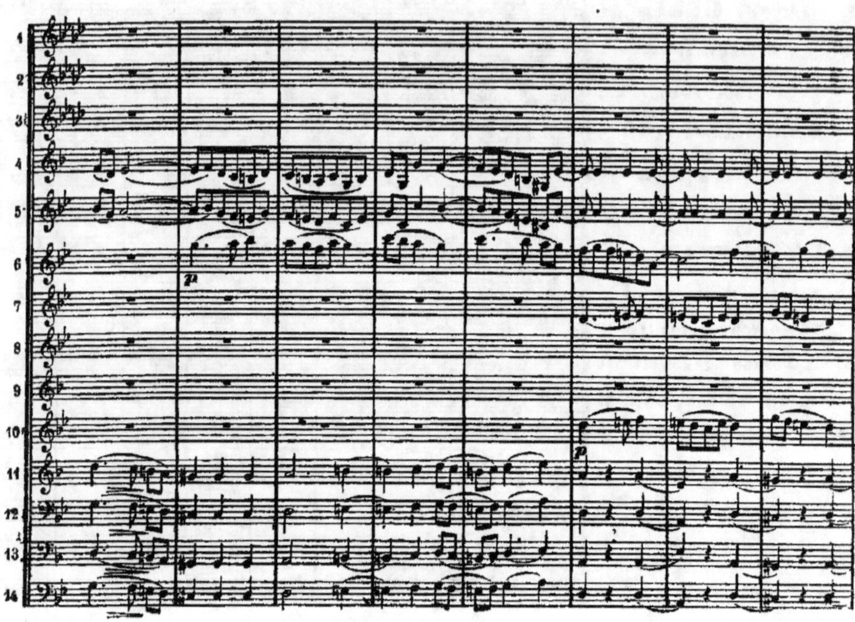

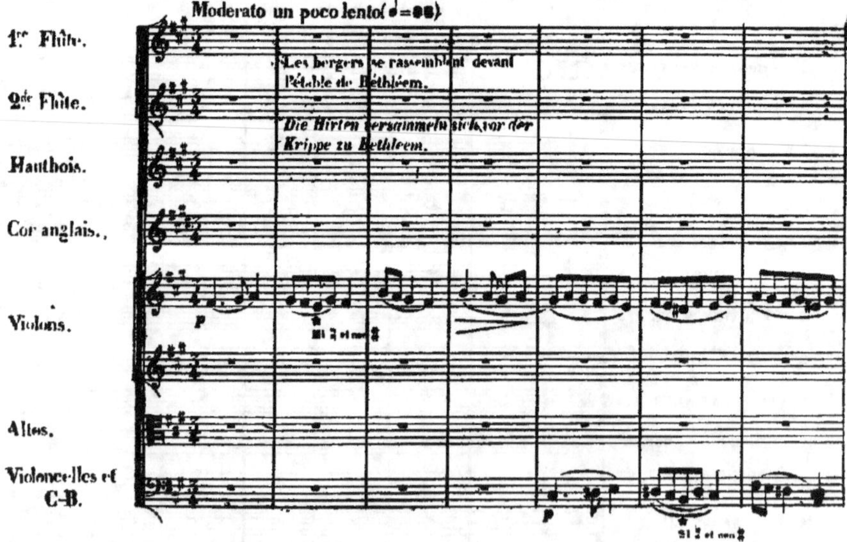
Moderato un poco lento (♩ = 88)
1re Flûte.
2de Flûte.
Hautbois.
Cor anglais.
Violons.
Altos.
Violoncelles et C-B.
Les bergers se rassemblent devant l'étable de Bethléem.
Die Hirten versammeln sich vor der Krippe zu Bethlehem.

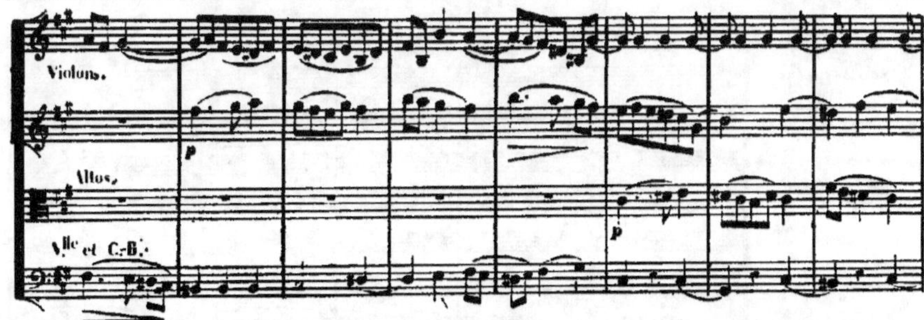

Traduction littérale de l'ouverture de la deuxième partie de la *Fuite en Égypte* de H. Berlioz, dans laquelle les flûtes et hautbois sont laissés tels quels, et le cor anglais transcrit au saxophone alto. Ici encore, il y aurait tout avantage à remplacer les saxhorns basses et contrebasses par les clarinettes, saxophones et sarrusophones basses et contrebasses.

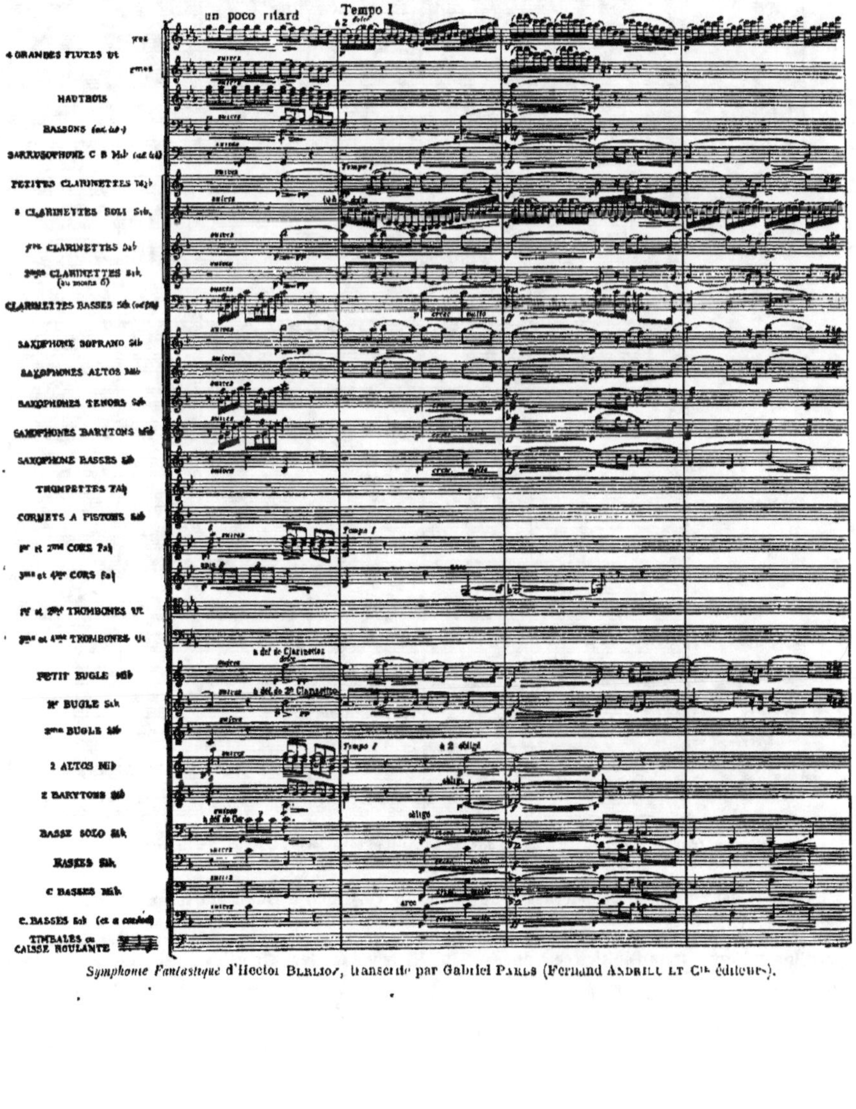

Symphonie Fantastique d'Hector Berlioz, transcrite par Gabriel Parès (Fernand Andrieu et Cie éditeurs).

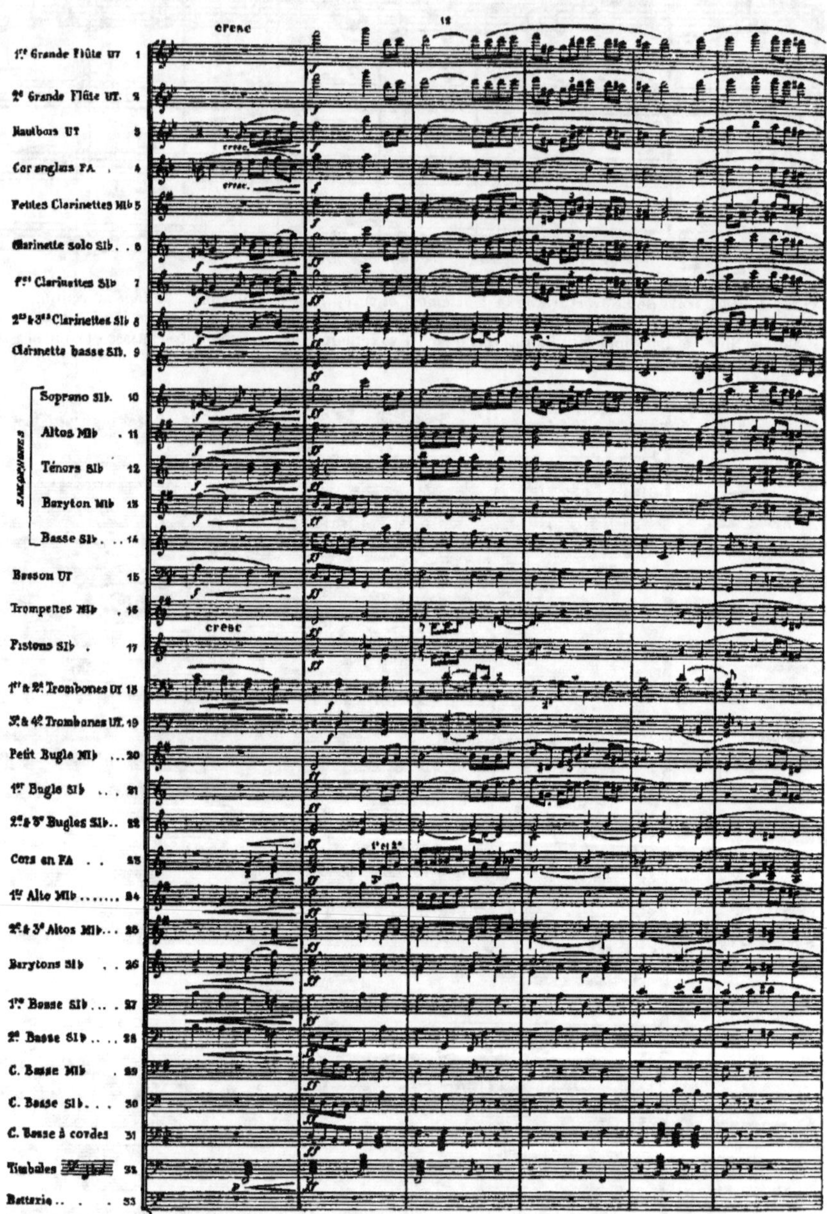

Temps de Guerre de Fernand Le Borne, transcrit et édité par R. Chandon de Briailles.

Enfin, les deux partitions modernes ci-dessus ne comportent pas encore toute la richesse instrumentale actuelle et possible; mais à quelle dimension de partition et à quels frais d'édition cela nous conduit?

Questions d'avenir et d'inconnu!

Et maintenant que nous avons essayé de nous rendre compte de ce que furent les instruments à vent dans leurs fonctions, depuis leur création dans l'antiquité jusqu'au temps présent, je me garderai bien de présenter une conclusion; d'abord, parce que je n'ai pas la prétention d'avoir dit tout ce qu'il y avait à dire sur ce sujet si complexe, ensuite parce qu'on ne saurait conclure sur un sujet dont, malgré les progrès accomplis à ce jour, tous les éléments sont en pleine évolution, et parce que s'il appartient à tous, par devoir ou par fantaisie, de mesurer le chemin parcouru, il n'est au pouvoir de personne de marquer la limite de ce que le hasard, la science, la bonne volonté de chacun et l'union de tous pourront avoir accompli demain.

M.-A. SOYER.

2214   ENCYCLOPÉDIE DE LA MUSIQUE ET DICTIONNAIRE DU CONSERVATOIRE

l'antiquité jusqu'au temps présent, je me garderai bien de présenter une conclusion; d'abord, parce que je n'ai pas la prétention d'avoir dit tout ce qu'il y avait à dire sur ce sujet si complexe, ensuite parce qu'on ne saurait conclure sur un sujet dont, malgré les progrès accomplis à ce jour, tous les éléments sont en pleine évolution, et parce que s'il appartient à tous, par devoir ou par fantaisie, de mesurer le chemin parcouru, il n'est au pouvoir de personne de marquer la limite de ce que le hasard, la science, la bonne volonté de chacun et l'union de tous pourront avoir accompli demain.

HISTOIRE DE L'ORCHESTRATION

Par MM. Gabriel PIERNÉ
MEMBRE DE L'INSTITUT, CHEF D'ORCHESTRE DES CONCERTS COLONNE

et Henry WOOLLETT
COMPOSITEUR ET CRITIQUE MUSICAL, LAURÉAT DE L'INSTITUT

Première partie.

L'ORCHESTRE EN FRANCE ET EN ITALIE
DES ORIGINES AU DIX-SEPTIÈME SIÈCLE

Les origines.

Le mot qui désigne aujourd'hui la réunion concertante d'un certain nombre d'instruments de musique vient du grec. Mais chez les anciens ce terme ne signifiait pas, comme chez nous, le groupement des musiciens. L'orchestre, c'était la partie du théâtre, en forme de demi-lune, comprise entre la scène et les gradins des spectateurs, où les chœurs, accompagnés de flûtes et de cithares, évoluaient autour de l'autel de Dionysos.

Vers l'époque de la Renaissance, dit RIEMANN dans son *Dictionnaire de musique,* lors des tentatives de reconstitution de la tragédie antique, tentatives qui aboutirent à la création de l'opéra, le terme d'*orchestre* passa en premier lieu à l'espace qu'occupent les instrumentistes accompagnateurs, entre la scène et le public, puis au groupe des instrumentistes eux-mêmes.

Si l'orchestre grec fut, de la sorte, l'aïeul et le parrain du nôtre, c'est un ancêtre dont nous savons fort peu de chose. Nous possédons cependant sur la musique dans l'antiquité des renseignements iconographiques et littéraires nombreux, quelques-uns plus vénérables même que ceux de l'Hellade. Les Egyptiens, par exemple, ce peuple dont le pinceau et le burin furent si bavards, ont représenté, sur leurs monuments, leurs sarcophages et leurs papyrus, maintes réunions musicales. Ici, ce sont des flûtistes et des harpistes jouant côte à côte, tandis que deux hommes, accroupis comme eux, leur marquent la mesure en battant des mains. Là, c'est la caricature célèbre d'un concert d'animaux : un âne jouant de la harpe, un lion de la lyre, un crocodile du tambourah et un singe de la flûte double.

Les documents de cette nature abondent en Egypte : il fallait s'y attendre. Un empire, dont la vie publique et l'administration furent si fortement organisées, ne pouvait manquer de tenter tous les groupements, les groupements musicaux comme les autres. C'est

un besoin de notre esprit social de nous réunir pour vaquer simultanément aux mêmes occupations. Les enfants qui viennent d'acheter des « musiques » à la foire éprouvent fatalement le désir de se livrer à un charivari collectif, et l'un d'entre eux est-il mieux doué que ses petits camarades, il organise le tapage, et les dirige pour leur faire marquer la cadence de la chanson qu'il improvise sur un flageolet.

Chez les Grecs, plus individualistes que les Egyptiens, et plus exclusivement soucieux de la beauté des lignes, les instruments durent se perfectionner en vue de mélodies plus parfaites, mais aussi diminuer comme nombre et comme intensité pittoresque : la trompette, la cithare, la flûte et la lyre suffirent à leurs besoins. S'ils aimèrent les chœurs, ils ne confiaient aux diverses voix, semble-t-il, que des dessins mélodiques parallèles, et l'on pourrait gager que leurs ensembles instrumentaux durent se borner, eux aussi, à des mouvements semblables, moins polyphoniques, moins touffus, moins richement colorés que ceux des Asiatiques ou des riverains du Nil.

Mais ce sont ici de simples conjectures. Nous devinons vaguement quelques mélodies des anciens par une solmisation pleine d'imprécisions et de lacunes; nous connaissons leurs instruments grâce aux descriptions de leurs historiens et de leurs poètes, aux représentations de leurs sculpteurs et de leurs peintres. Nous ne savons rien de leur instrumentation proprement dite, puisque, nulle part, on n'a trouvé la notation des chants simultanés qu'ils purent confier à leurs citharistes, à leurs tibiciniens, à leurs buccinateurs; puisque rien d'eux n'est venu jusqu'à nous qui ressemble le moins du monde à une *partition musicale.*

Cette ignorance où nous demeurons au sujet de l'orchestration dans les temps antiques n'est guère moindre en ce qui concerne les périodes romane et gothique. Ici encore, les documents peints et les descriptions des écrivains abondent sur les ensembles musicaux du xe au xve siècle. Mais ces groupes concertants, munis d'agents sonores de toutes natures, que nous voyons sculptés aux tympans et aux chapiteaux des églises ou finement enluminés sur les pages des vieux manuscrits, ne nous apprennent qu'une chose avec certitude : le grand nombre et l'extrême diversité des instruments de musique pendant le moyen âge.

Avec ses dogmes venus de l'Orient, le christianisme a ramené le goût des peuples vers l'exaltation sentimentale, vers des formes d'art multiples et touffues, et nous allons retrouver dans l'Europe médiévale un arsenal de sonorités plus considérable même que celui de l'Egypte ou de l'Assyrie.

Aux nombreux instruments à cordes pincées dérivés de la lyre et de la cithare antiques, à la petite harpe trapue des bardes, moins élégante, mais plus maniable que la magadis hellénique, sont venus s'ajouter les instruments à archet ou à frottement continu, le *crouth*, sorte de violon celtique, et l'*organistrum* ou vielle à roue, tous deux d'origine septentrionale; et si les croisades n'ont pas développé, autant qu'on le prétendait naguère, le goût musical des seigneurs féodaux, elles introduisirent du moins chez eux plusieurs instruments de cuivre. Ainsi, d'année en année, la complexité des orchestres va s'accentuant comme celle des cathédrales et, vers le xvᵉ siècle, la multiplicité des moyens expressifs mis en œuvre dans les concerts ne le cède aucunement à l'exubérance de l'architecture religieuse.

Il faut lire, dans l'*Histoire de la musique dramatique* de M. Gustave Chouquet, l'énumération des instruments dont se sert à cette époque « la Confrérie des Ménestrels, joueurs d'instruments tant hauts que bas ». Instruments à vent : *orguette* ou orgue portatif, *régale* ou orgue positif, *cors* et *trompettes* désignés sous vingt noms différents suivant leurs variétés de forme, *fifres* et *flûtes* de toutes sortes, *hautbois*, *cromornes*, *sacqueboutes*, *vèzes* et *loures*. Instruments à corde : *crowt*, *rote*, *vièle à archet*, d'où naîtront la viole et l'alto, *rubèbe* et *rebec*, dont les perfectionnements donneront le violon moderne, *luth* et *archiluth*, parents de la mandore, de la mandoline et du théorbe, *guitare*, *cistre*, *cithare*, *harpe*, *clavicorde*, etc. La famille des instruments à percussion est dix fois plus riche alors qu'aujourd'hui, c'est un débordement de tambours, de sonnailles et de castagnettes; et l'on compte encore par douzaines d'autres instruments mal définis, dont le nom ou l'image sont parvenus jusqu'à nous.

Il est certain qu'une telle pléthore d'engins musicaux devait bien moins servir à des solistes qu'à des exécutions d'ensemble. C'est ce que montrent, en effet, les enluminures dont nous parlions tout à l'heure. Bals ou tournois, offices religieux ou cérémonies civiles, peu importe ce que représentent ces peintures consciencieuses ; partout, nous y voyons même abondance de musiciens gonflant, grattant, pinçant ou frappant à qui mieux mieux leurs innombrables appareils sonores. « Pour les imagiers et les miniaturistes, écrit Lavoix, dans son *Histoire de l'instrumentation*, la cour du Roi des rois, dans laquelle ils cherchaient à réaliser leur idéal de magnificence et de splendeur, possédait un nombre d'instruments prodigieux et par la quantité et par la variété. »

De leur côté, les documents écrits ne sont pas moins explicites. Au xiiⁱᵉ siècle, par exemple, le curieux *Dictionnaire* de Jean de Garlande rapporte ce qui suit : « Dans les maisons riches, j'ai vu des joueurs de lyre et de flûte, j'ai vu des vièleurs avec leurs vièles, d'autres musiciens avaient un sistre, une gigue, un psaltérion, une chifonie, une citole, un tambour et des cymbales, j'ai vu aussi des courtisans et des danseuses qui jouaient avec des serpents... » Et les listes des musiques particulières de princes, que

M. Lavoix énumère dans son savant ouvrage, démontrent combien le goût de la musique instrumentale et des ensembles orchestraux s'était répandu vers la fin du moyen âge. Il y avait, d'ailleurs, plusieurs siècles déjà que la musique religieuse utilisait non seulement les ressources de l'orgue pour accompagner les voix, mais encore celles des cithares et des violes. Avec les mystères, ces instruments s'étaient introduits dans la cathédrale, et quand l'oratorio, sortant de l'église, s'installa sur la place voisine, le nombre des accompagnateurs ne fit que croître promptement.

Un des plus anciens drames sacrés dont le chant noté soit parvenu jusqu'à nous, le *Daniel Ludus*, exécuté pour la première fois vers 1250, se jouait aux sons de nombreux instruments. Le manuscrit de Beauvais, aujourd'hui à Padoue, donne à cet égard des indications certaines. « Tout un orchestre, écrit M. Chouquet, dans l'ouvrage cité plus haut, accompagnait certaines parties du drame de *Daniel*. Ce n'était plus seulement l'orgue qui soutenait la voix des chanteurs, mais une famille entière d'instruments à cordes. Nous pensons même que, dans le *conductus*, les parties harmoniques étaient confiées aux instrumentistes, car nous n'admettons pas qu'au xiiⁱᵉ siècle les déchanteurs fussent assez habiles pour improviser une basse et une partie de second ténor sur un chant noté, surtout en marchant processionnellement et en chantant en chœur. »

La plupart des auteurs qui se sont occupés de la musique au moyen âge supposent néanmoins que ces orchestres n'arrivaient à produire qu'une sonorité barbare et grossière. Une telle opinion paraît injuste et peu fondée. Sans doute, la polyphonie orchestrale ne devait ressembler que de fort loin à ce qu'elle est devenue depuis, à la suite des progrès réalisés par la polyphonie vocale de l'école flamande, et, désormais, nous serions quelque peu choqués de la marche parallèle que les instruments imitant le *déchant* des voix, ou *diaphonie*, devaient suivre à des intervalles de quarte ou de quinte. Il est probable que, le plus souvent, le rôle des accompagnateurs consistait à suivre rigoureusement les parties vocales et à remplacer même celles de ces parties qui venaient à manquer. Mais il n'y a là qu'une simplicité un peu fruste et non point l'anarchie cacophonique dont on parle avec trop de dédain.

Il ne faudrait pas se hâter, quand il s'agit de leur orchestration, de commettre à l'égard des *gothiques* la même injustice que l'on commit autrefois vis-à-vis de leur architecture et de leurs mélodies. On s'est aperçu, tour à tour, combien leurs admirables constructions furent parfaitement logiques dans leur fouillis apparent, et les recherches des Bénédictins nous ont fait connaître, les premières, à quel point le chant liturgique du moyen âge fut délicat, élégant et tendre. Comment pourrions-nous supposer qu'à une époque si soucieuse des expressions artistiques ardentes et profondes, l'armée d'instruments que nous citons plus haut n'aurait servi qu'à produire un vain bruit, sans coloris expressif, sans résultats déterminés, sans nul profit de pittoresque ou de beauté pour les mystères, les jeux et les cérémonies du culte. L'orgue, très perfectionné déjà dès le xiⁱᵉ et le xiiⁱᵉ siècle, donnait aux musiciens un moyen trop facile d'étudier les effets d'une polyphonie instrumentale et, d'autre part, les progrès de la notation musicale permettaient d'écrire chaque partie d'une façon trop précise, pour qu'on n'ait pas réglé parfaitoment l'orchestration de diverses pieces populaires, comme le *Daniel Ludus*, le *Juif volé* ou la *Complainte des trois Marie* Et quand nous voyons dans l'*Histoire d'Adam*, par exemple, trois orchestres différents, l'orgue régale pour le ciel, les violes et les cithares, les flûtes et les trompettes pour la terre, enfin les instruments à percussion sinistres ou bizarres, pour l'enfer, s'échelonner sur les triples tréteaux des mystères forains, nous ne pouvons croire que, dans cet arrangement, qui fait penser à la fois au *Requiem* de BERLIOZ et à *Parsifal*, il n'y ait pas eu quelque recherche, enfantine peut-être, mais très précise et très nettement réalisée, de ce coloris musical et de ce pittoresque expressif que les Grecs ignoraient et dont les Celtes furent toujours férus.

Nous parlions tout à l'heure de BERLIOZ. Toute question d'époque mise à part, il dut y avoir probablement, chez les instrumentistes du moyen âge, cette recherche prédominante des effets de timbre sur les effets d'harmonie qui caractérise le génie très français du musicien de la *Damnation*.

Mais, encore une fois, c'est ici le terrain des pures hypothèses, et nous ne devons pas nous montrer plus téméraires que d'autres, fût-ce dans un sens opposé. Malheureusement, aucune trace péremptoire de l'orchestration médiévale n'est venue jusqu'à nous, et les compositions dramatiques de cette époque dont nous connaissons parfaitement la mélodie, comme le *Daniel* ou comme le délicieux et agreste *Jeu de Robin et de Marion* du trouvère Adam DE LA HALLE, ne nous ont pas livré, par la moindre ligne d'accompagnement, le secret de leur instrumentation. Nous ne le connaîtrons probablement jamais, puisque c'est au XVIᵉ siècle seulement que nous trouvons enfin gravées des parties d'instruments concertants, et que nous pouvons reconstituer leurs ensembles, alors que, partout déjà, la Renaissance italienne, en musique comme dans les autres arts, substitue, pour près de trois cents ans, l'idéal païen de la forme à l'idéal chrétien du sentiment.

Vers la fin du moyen âge, à côté des mystères et des représentations religieuses, les spectacles profanes, pantomimes ou ballets masqués, entrèrent peu à peu dans les habitudes des cours et des riches demeures. L'une des plus curieuses « mômeries » de ce genre est devenue célèbre dans l'histoire sous le nom de *Bal des Ardents*; elle remonte aux dernières années du XIVᵉ siècle. C'est la soirée où Charles VI et cinq de ses seigneurs, déguisés en hommes sauvages et revêtus d'étoupe, prirent feu par l'imprudence d'un valet du duc d'Orléans qui, pour satisfaire à la curiosité de son maître, les éclaira de trop près avec une torche. Dans cette fatale mascarade, la musique jouait certainement un rôle, car la miniature du manuscrit de Froissart qui se trouve à la Bibliothèque nationale et qui représente l'accident, nous montre des instrumentistes dans une tribune. L'un d'eux porte une espece de hautbois, tandis que son voisin alarmé brandit une trompette.

La Renaissance influa naturellement sur ce genre de spectacles. Le goût de l'Italie se répandait rapidement à travers le monde. Le paganisme des cours péninsulaires faisait école, et les sujets des représentations profanes, empruntés à la mythologie classique, n'allaient pas tarder à devenir plus licencieux dans les paroles, d'une imagination moins débordante que celle des siècles précédents, mais d'une ligne plus précise et d'un tour plus raffiné.

Lorsque l'exposition des Primitifs français eut lieu au Louvre, en 1904, il suffisait de comparer avec les peintures antérieures qui l'avoisinaient, certaine tapisserie du temps de Charles IX représentant la mascarade offerte par Catherine de Médicis aux ambassadeurs « polacres » ou polonais, venus en France au-devant du duc d'Anjou, pour comprendre quel abîme sépare, au point de vue artistique, ces deux grandes périodes : le moyen âge et la Renaissance, et comment le sceptre de l'art venait de passer des mains françaises aux mains italiennes.

La musique, naturellement, suivit la même évolution, et quand, à l'orchestration touffue et probablement assez fantaisiste des gothiques, succéda la réserve, pour ne pas dire la timidité un peu monotone des nouveaux compositeurs, il n'est pas étrange que l'Italie envoyât ses musiciens régenter le monde, comme elle y envoyait ses peintres, après avoir elle-même appris la technique des deux arts près des Flamands méticuleux et chercheurs.

Ainsi la polyphonie orchestrale devait se diffuser chez les Germains et chez nous, romanisés par les Latins subtils, alors qu'elle dérivait réellement et exclusivement de la polyphonie vocale, née sur un sol celtique.

Nous ne possédons pas les parties d'orchestre du *Ludus Dianæ*, qui date de 1501, ni du *Ballet des Polacres*, œuvre de Roland DE LASSUS. La plus ancienne pièce dont nous connaissions l'accompagnement instrumental est le *Ballet comique de la Reine* Il fut représenté à la cour de France le 15 octobre 1581, à l'occasion du mariage du duc de Joyeuse avec Mademoiselle de Vaudemont, sœur de la reine Louise de Lorraine. Et nous ne devons pas nous étonner qu'à cette date, l'idée première, l'ordonnance et la musique du curieux spectacle fussent l'œuvre d'un Italien, le sieur BALTASARINI, plus connu sous le surnom de BEAUJOYEUX.

Cet ouvrage est célèbre. « En l'intitulant *Ballet comique*, dit M. CHOUQUET, BEAUJOYEUX voulut indiquer, par cette alliance de mots, que sa pièce est tout à la fois une comédie et un ballet; une comédie, puisque des scènes formant tableau s'y enchaînent les unes aux autres, et un ballet, puisque les principaux épisodes de sa fable dramatique amènent des danses et des mascarades. »

Il ne nous appartient pas d'analyser ici le sujet du *Ballet comique*, où évoluent, suivant la mode de l'époque, maints personnages contemporains mêlés au bataillon mythologique, Circé, nymphes, Mercure, Minerve et Jupiter, dont on devait faire un si grand abus pendant près de trois siècles, en attendant que la grosse caisse irrévérencieuse d'OFFENBACH achevât de discréditer tout l'Olympe, et que les *tuben* du Walhall vinssent le remplacer. Nous sortirions même de notre sujet si nous voulions étudier la partition au point de vue de ses lignes mélodiques, souvent intéressantes, ou de sa contexture harmonique, mélange de correction élégante, de radotages insipides et d'audaces inconscientes. Ce qui nous intéresse uniquement, c'est la composition et l'organisation de l'orchestre. Elles ne manquaient certes pas de piquant.

On avait dissimulé les accompagnateurs (déjà!) au moyen de divers trucs, non seulement dans la salle, mais jusque sur la scène qui en occupait le fond. Une voûte de treillage doré abritait dix concerts de musique, différents les uns des autres. *Une grotte boccagère*, sur laquelle trônait PAN, prêt à jouer de la flûte, cachait un autre concert d'orgues douces. « Ils purent ainsi, dit encore M. Chouquet, faire entendre des « voix répercussives », d'harmonieux échos, dont le délicieux chœur de Leisring, *O Filii*, souvent chanté au Conservatoire, nous donne une idée avantageuse. »

Il y avait là incontestablement une recherche de pittoresque, disons mieux, un souci de « l'effet », qui dénote assez l'intervention du goût italien, pompeux et roublard. Mais il ne faudrait pas en conclure avec trop d'enthousiasme à la *beauté* de ces accompagnements, plus compliqués que riches.

Si nous examinions de près la partition de cette œuvre, reconstituée d'après les parties séparées qui nous sont parvenues (car à cette époque on n'imprimait pas encore sur une seule page les mélodies superposées d'un chœur ou d'un accompagnement), et que nous nous reportions aux définitions de notre avant-propos, voici comment se caractériseraient les deux éléments symphoniques du *Ballet de la Reine* :

Pour l'orchestration proprement dite, répartition rigoureuse des parties instrumentales parallèlement aux parties vocales sur lesquelles elles étaient simplement calquées;

Pour l'instrumentation, emploi des groupes de chaque timbre successivement et non simultanément :

Le Ballet comique de la Reine (1581). La petite entrée :

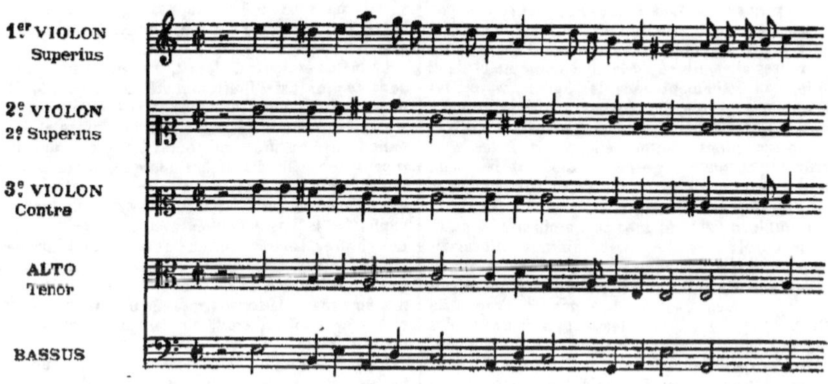

Partout, en effet, dans cette partition, nous voyons, comme dans l'exemple ci-dessus, les cinq parties dont se composait alors tout ensemble vocal reproduites textuellement par cinq parties instrumentales. Si les instruments accompagnateurs sont des violes, les premiers *superius*, les seconds *superius*, les *contra* (premiers, seconds et troisièmes violons), les *tenor* (altos) et les *bassus* (basses) suivent pas à pas respectivement les parties de premiers et de deuxièmes sopranos, de contraltos, de ténors et de basses. Et la même division se produit dans les autres familles instrumentales, quand l'auteur substitue leur accompagnement à celui des cordes. Ainsi, l'orchestre n'enrichit en aucune façon le chœur des voix humaines, il le double simplement. Et ce ne sera que beaucoup plus tard qu'on osera confier aux accompagnateurs des dessins individuels et véritablement conformes à la technique instrumentale. Même le génie de Monteverdi, nous le verrons tout à l'heure, ne rompra qu'incidemment, et pour l'accompagnement des soli, avec cette tradition des harmonies quintuples, qui se maintiendront à travers tout le xvııe siècle, jusqu'à ce que Corelli, au début du xvıııe, instaure la polyphonie instrumentale à quatre voix, que les chefs-d'œuvre d'Haendel et de Bach fixeront définitivement dans nos habitudes musicales. Ainsi, nous le disions plus haut, l'orchestration des

Italiens n'était en somme que la copie, jusqu'en ses artifices de contrepoint, de la musique vocale, dont ils avaient appris en Flandre les premiers secrets.

D'autre part, cette habitude d'harmonies pseudo-vocales à cinq parties ne permettait pas les mélanges de timbres. A peine si l'on osa, dès lors, faire doubler par une flûte et, un peu plus tard, par un hautbois les premiers *superius*. Quand on employait des trompettes, on écrivait à cinq parties pour elles comme pour les violes; quand on employait des trombones, c'étaient des quintettes de trombones, sans que ceux-ci se mêlassent aux violons, ni les violons aux trompettes. Tout au plus, dans certains cas particuliers où l'on voulait produire beaucoup de *bruit*, faisait-on marcher les divers groupes ensemble, mais toujours parallèlement les uns aux autres. Dans le *Ballet de la Reine*, par exemple, nous voyons exceptionnellement la mention « quarante musiciens » pour la descente de Jupiter. Partout ailleurs, on désigne simplement le « concert » accompagnateur, et ce concert est strictement homophone : chant des quatre vertus dont deux jouant du luth; entrée de Minerve avec instruments très doux, chant avec trompettes ou chant avec orgues douces.

A côté de ces divertissements de cour et des grands chœurs d'église, la musique de chambre commençait à entrer aussi dans les mœurs. En 1570, Charles IX avait accordé à Jean-Antoine de Baïf et à Joachim-Thibaut de Courville le privilège de fonder une académie de poésie et de musique. Et, tandis que les membres de la Pléiade organisaient des fêtes comme celle dont nous venons de parler, on entendait chez Baïf des œuvres légères, toujours dans le goût italien : *madrigaux, ricercari, canzoni* et *canzonette da suonare* et *da cantare*. Le principe orchestral de ces petites pièces était le même que celui des ballets : répartition harmonique absolument conforme aux parties du chant. Ce système facilitait la tâche des compositeurs et, de plus, offrait aux amateurs désireux de prendre part à l'exécution vocale l'avantage de guider chacun d'eux pour sa partie, les premiers sopranos n'ayant qu'à suivre les notes que leur faisait le premier *superius*, les deuxièmes sopranos celles des deuxièmes *superius*, et ainsi de suite.

Tout cela était un peu rudimentaire sans doute, mais cependant le goût orchestral progressait par l'usage même que l'on faisait des instruments, si timide fût-il, et l'orchestre commençait à voler de ses propres ailes, libéré de la voix humaine et de la poésie, non seulement dans les ouvertures et les ritournelles des comédies-ballets, mais encore dans des pièces instrumentales de longue haleine et dans des transcriptions comme celle de la *Bataille de Marignan*, chœur *a cappella* de Clément Janequin, que Mlle de Limeuil se fit « sonner aux violons » pour s'encourager à la mort.

Au temple, on accompagnait à l'orchestre les psaumes de Marot; et si l'Eglise catholique interdisait quelquefois, pour les chants religieux, l'intervention des instruments autres que l'orgue, elle les autorisait à d'autres moments, suivant la tournure d'esprit de ses papes : vieille querelle des symphonistes et des liturgistes, dont naguère nous entendîmes encore un assez bruyant écho.

Enfin les violes, flûtes, hautbois, trombones et cromornes de la cour de France, attachés à la musique des Ecuries royales, devenaient une sorte d'orchestre officiel, qui rehaussa toutes les fêtes solennelles jusqu'à la fin de l'ancien régime.

Malgré tout, il était difficile de sortir de l'impasse où le calque des parties d'orchestre sur les parties chorales engageait la musique symphonique, et le génie de Monteverdi lui-même n'y serait peut-être point parvenu si, pendant une cinquantaine d'années, le xvie siècle n'avait vu fleurir, a côté du système scolastique étroit et rigoureux, le fantaisiste contrepoint *alla mente*. Et ce fut encore une évolution de la musique vocale qui détermina de la sorte une évolution analogue et libératrice de la musique instrumentale. « Cette espèce de contrepoint, dit M. Lavoix dans son *Histoire de l'Instrumentation*, consistait dans des improvisations faites par les chantres sur les notes du rituel. Son origine, d'après Doni, remonte aux xiie et xiiie siècles. On lui donnait le nom d'*alla mente* parce que cette improvisation était faite, pour ainsi dire, de mémoire. Pendant tout le xvie siècle jusqu'aux premières années du xviie, les chantres et surtout ceux de la Chapelle Sixtine, qui tous étaient compositeurs et savants musiciens, luttaient d'imagination et d'habileté dans l'improvisation du contrepoint[1]. Les musiciens instrumentistes imitèrent bientôt les chantres. Etant donné la basse du mor-

ceau à accompagner ou à exécuter, ils s'ingénièrent à qui mieux mieux pour improviser soit un élégant fleurtis, soit un accompagnement figuré. La chose en vint à ce point qu'Agostino Agazzari écrivait au xviie siècle : « S'il fallait placer et classer toutes les œuvres qui se chantent dans une seule église de Rome où on fait profession de concerter, on n'aurait pas assez de la bibliothèque d'un légiste. »

Dans la musique vocale, cet amour de l'ornementation allait se poursuivre en Italie presque jusqu'à nos jours. La justesse de l'accent poétique et la recherche de lignes pures, qui, durant tout le xvie siècle, avaient prédominé dans les chants, firent bientôt place à la monodie vocale ornée jusqu'à l'outrance et pathétique jusqu'à l'emphase. Et si Lulli, Rameau et Gluck, sous l'influence du génie français fait de mesure et d'élégante sobriété, résistèrent à cette mode du chant passionné, les compositeurs ultramontains, voire trop souvent le divin Mozart, l'adopterent et le transmirent jusqu'à son épanouissement suprême avec Donizetti.

Le mélos orchestral devait, au contraire, rentrer dans de plus justes limites, et même dans des limites trop étroites, sous l'influence de la *basse continue*.

La basse continue est un dessin instrumental occupant l'extrême grave de toutes les harmonies dont il constitue la fondation harmonique, et reliant sans interruption les parties instrumentales et vocales. Fétis l'a fait observer très justement, il ne faut pas confondre la basse chiffrée avec la basse continue. Les chiffres, sorte de résumé de la partition, permettaient à ceux qui lisaient ou exécutaient la basse continue d'avoir d'un seul coup d'œil l'enchaînement des accords[2]; la basse proprement dite, qui s'écrivait sans chiffres, etait, au contraire, entierement instrumentale.

L'invention de la basse continue appartient probablement à un moine des xve et xvie siècles, Louis Viadana. D'après M. Lavoix, l'idée première lui en aurait été fournie par une habitude antérieure que nous révèle une chanson de la fin du xve siècle, conservée à la bibliothèque de Vienne, chanson accompagnée en faux-bourdon par une bombarde, ou basse de hautbois, donnant sans discontinuer la quinte et la tonique de la mélodie que chantait un ténor. Et comme certaines œuvres dramatiques de Peri, de Cavalieri, de Caccini, offrent également des chants rythmés soutenus par des basses, M. Riemann prétend qu'il est difficile de savoir à qui l'on doit attribuer réellement l'invention du *continuo*. En tous cas, Viadana eut l'idée de régulariser ce genre d'accompagnement et d'en poser les lois. Le traité qu'il consacra à l'exposition de son système date de 1600.

On appela *fondamentaux* les instruments chargés de l'exécution du *continuo*. L'un d'eux, le grand clavicorde, fut spécialement réservé à cette tâche. Mais on le confia souvent aussi au luth, au théorbe (nous en verrons tout à l'heure un exemple avec le grand théorbe, dit *chitarrone*, dont Monteverdi se servit pour la basse continue dans certaines parties de *l'Orfeo*), à la harpe double, à la grande cithare, à la pandore, à la viole de gambe, à la lyra[3]. Parfois, cette besogne incomba même à des instruments à vent, le trombone basse, la trompette basse (nous en trouverons encore des exemples dans *l'Orfeo*), voire aux bassons. Et le *serpent*, que l'on entend encore

---

1. Le contraire se produit aujourd'hui avec les Tziganes.
2. Nous ne parlerons que plus loin, à propos de Monteverdi, de la réalisation harmonique des basses chiffrées. Cette question encombrerait inutilement ici l'exposé d'une évolution.

3. Certains auteurs citent aussi comme fondamentaux l'épinette et le virginal, mais ces instruments, pensons-nous, étaient plutôt reservés à la réalisation du chiffre qu'à l'execution du *continuo*.

aujourd'hui mugir sans arrêt, dans quelques églises de province, est le survivant tenace de cette vieille tradition.

Au point de vue de l'harmonie, l'invention de la basse continue fixait le sentiment de la tonalité. Le sentiment tonal, dont l'invention de VIADANA n'était que la conséquence naturelle, avait pour origine les travaux des musiciens au XVe et au XVIe siècle. « On sentait que c'était là, dit encore M. Lavoix, le principe et la base de toute la science harmonique de l'avenir... Au-dessus de la basse continue, les instruments mélangeaient leurs timbres ; elle, elle persistait sans repos ni trève à marquer les notes principales du ton. Les résultats de l'invention nouvelle ne tardèrent pas à se faire sentir. C'est à dater de ce moment que commence l'accompagnement, c'est-à-dire l'art de soutenir les voix par des dessius rythmiques et harmoniques appropriés à la mélodie et indépendants de la ligne vocale ; c'est aussi à la même date qu'il faut rattacher la première période de l'instrumentation moderne. » Et, un peu plus loin, le même auteur ajoute : « C'est à l'époque de l'invention de cette basse qu'on peut rapporter l'origine des deux écoles instrumentales, italienne et allemande, qui se partagèrent pendant tant d'années l'empire de la musique ; l'une donna naissance à l'orchestre dramatique, l'autre à l'orchestre symphonique. »

Mais si l'invention de la basse continue, jointe aux conquêtes libératrices de l'*alla mente*, on aurait tort de l'oublier, permettait le développement de l'instrumentation, elle risquait en même temps de l'étioler. C'était une arme à double tranchant, un peu le sabre de M. Prud'homme.

Les Italiens prisaient avant tout la voix humaine. On sait jusqu'où cet amour les entraîna ; et, naturellement, ils estimèrent que l'accompagnement avait peu de valeur et que cet accessoire ne saurait être trop modeste, trop effacé. La basse continue leur offrait à ce point de vue des avantages merveilleux. Bientôt, ils en arrivèrent à ne se servir, pour ainsi dire, que d'elle, avec un quatuor discret. Et dans toute l'école italienne, l'orchestration étouffée par la virtuosité vocale va demeurer sans intérêt pour nous pendant de longues années.

Monteverdi (1567-1643).

Mais, avant que s'accomplisse cette fâcheuse évolution, entre l'expression symphonique, un peu sèche, et tout d'un bloc de la Renaissance, et l'élégance menteuse et superficielle où allait tomber la « guitare » orchestrale, un homme devait donner quelques ouvrages, où s'allièrent la grâce ornementale du siècle qu'il inaugurait et l'accent poétique et sincère des générations précédentes.

Fut-il, suivant les théories de Taine, le produit d'un milieu et d'un tournant d'histoire favorables ? ou bien son génie lui permit-il de pressentir et de réaliser presque l'intime union de la poésie et de la musique, sans sacrifice de l'une ni de l'autre, union que GLUCK et WAGNER devaient immortaliser plus tard ? Il est probable que ces deux causes extrinsèque et intrinseque se combinèrent chez Claude MONTEVERDI pour produire le magnifique résultat que l'on va voir. Disposant d'un riche orchestre, au moment où les exécutants étaient devenus relativement très habiles, où l'on avait élagué déjà quelques accents sonores encombrants, sans renoncer aux timbres pittoresques [1], où l'on avait trouvé le moyen de construire solidement les ensembles symphoniques grâce à la basse continue, sans répudier définitivement, au profit de la voix, l'élégante fantaisie instrumentale du contrepoint *alla mente*, il réalisa ce chef-d'œuvre, l'*Orfeo*.

MONTEVERDI naquit en 1567, et mourut en 1643. Il ne nous reste de son œuvre qu'une scène dramatique intitulée *Le Couronnement de Poppée*, un splendide lamento de l'*Arianna*, daté de 1608, et quelques fragments remarquables du ballet des *Donne ingrate*. Fort heureusement, l'*Orfeo* nous est parvenu tout entier, avec son orchestration complete. Il parut en 1607, très peu d'années, par conséquent, après le traité de basse continue de VIADANA. Ouvrage admirable au point de vue de l'expression mélodique, et rempli de trouvailles harmoniques riches et nouvelles, ce drame lyrique nous intéresse surtout ici par son orchestration, et c'est peut-être aussi par ce côté que se révèlent avec le plus d'éclat les dons extraordinaires de MONTEVERDI.

Lorsque l'on veut apprécier à sa valeur le génie d'un grand artiste du passé, ce n'est point d'ordinaire la simple étude de ses productions qui peut en donner une juste idée, mais plutôt la comparaison avec ce qui le précède et souvent avec ce qui le suit immédiatement. A cet égard, un simple coup d'œil jeté sur le passage précédemment cité du ballet de BALTASARINI, qui date, nous l'avons dit, de 1581, puis avec le passage du *San Alessio*, qui date de 1634 et que l'on trouvera plus loin, comparés aux cinq fragments qui suivent, empruntés à l'*Orfeo*, suffit pour convaincre de quelles trouvailles étonnantes, de quelles inventions, de quelle audace MONTEVERDI était capable.

A vrai dire, il ne montre pas dans toutes les parties de son œuvre ce souci de la couleur instrumentale qui en fait le précurseur direct des grands symphonistes. Voici, par exemple, la Toccata qui sert d'ouverture à *Orfeo* :

---

1. Voici, d'après un ouvrage de Allemanno BERELLI (anagramme d'Annibale MELONE, eleve de Ercole BOTTRIGARI et qui se fit passer pour l'auteur du livre : *Il Desiderio*, edite a Venise en 1594), la composition habituelle d'un orchestre symphonique a cette époque :

1 clavecin. — 1 épinette. — Des violes. — Des trombones — 2 cornets (l'un droit, l'autre courbé). — 2 rebecs (petits violons français). — Des flûtes douces et traversieres. — 1 lyre. — 1 harpe.

Et l'auteur d'ajouter : « Cet ensemble était rarement juste, tant à cause de l'imperfection des instruments qu'à cause de l'inhabilete des exécutants. »

Cette question de la justesse etait assez difficile a résoudre, de par la diversite des timbres peu apparentés, de par aussi la difficulte de leur accord, reglé trop souvent de façon fort empirique. Un livre do Hans GERLE, *Musica Teutsch* (1537), nous donne ce detail amusant sur la manière d'accorder les violes :

« Tu montes la quinte (c'est la cinquième corde, la plus haute) comme tu veux, pourtant pas trop haut, afin qu'elle puisse le supporter sans casser... » Les cordes suivantes se réglaient ensuite d'apres ce premier essai.

Les huit à onze cordes des luths étaient accordées suivant ces principes un peu élastiques ! On conçoit que l'accord des orchestres pouvait laisser à desirer. — PRAETORIUS, dans le *Syntagma*, ne nous dit-il pas aussi que tous les facteurs d'instruments n'ont pas suivi le même diapason, haussant celui des cornets, hautbois et violons, pour les rendre plus sonores, baissant celui des trombones, bassons, basser nelti, bombardons, et violone, pour que leurs sons graves sortent mieux ?

Un des orchestres les plus celèbres de l'Italie, celui du duc de Ferrare, se composait de :

Cornets. — Trombones. — Doucines (flûtes à bec). — Piffarotti (hautbois). — Violes. — Rebecs. — Luths. — Cithares. — Harpes. — Clavecin. — Orgue.

MONTEVERDI, *Toccata d'Orfeo* :

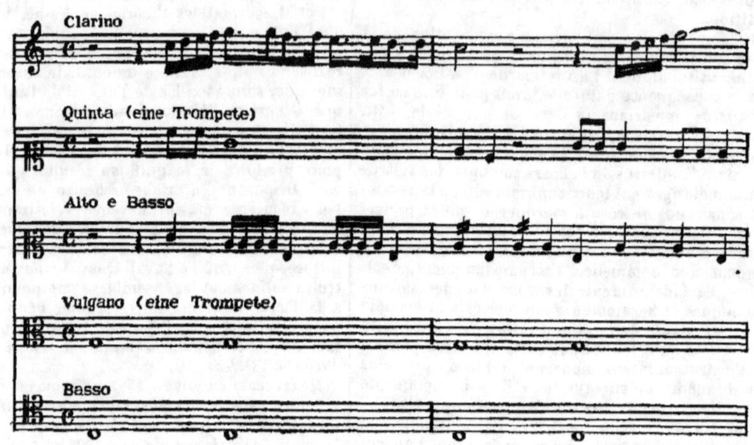

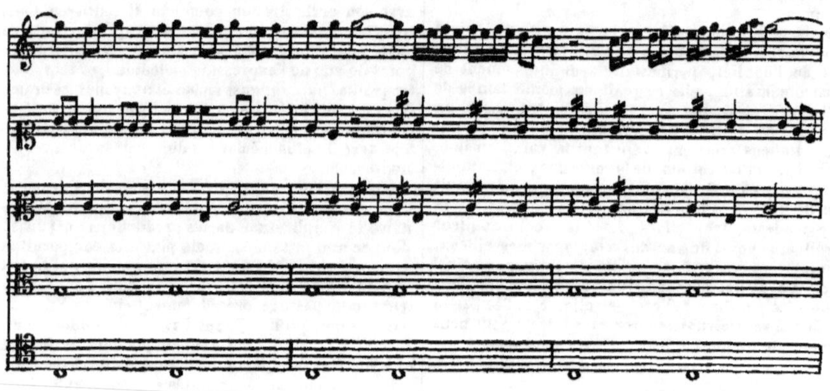

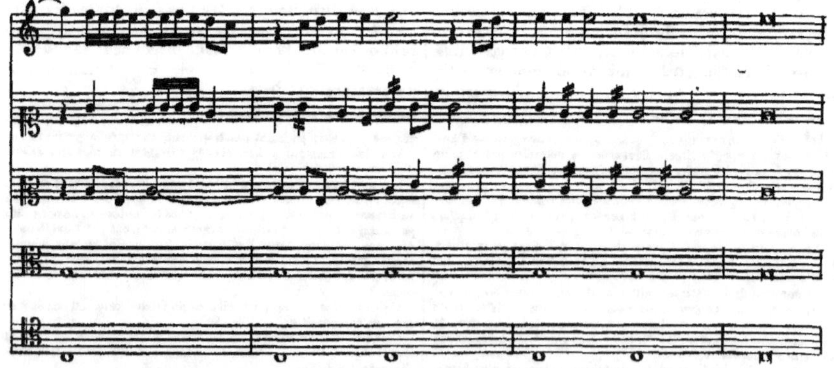

On le voit, cette ouverture ne rompt ni avec l'usage des harmonies à cinq parties, ni avec l'habitude d'employer les instruments d'une même famille sans mélange de timbres hétérogènes. Seule, la deuxième partie de cette Toccata devait être exécutée par tous les instruments qui, sans doute, se doublaient simplement les uns les autres. Mais, dans la première reprise, depuis la mélodie supérieure, exécutée par un clarino ou trompette aigue, jusqu'à la partie inférieure ou basse continue, jouée par une trompette basse, toutes les sonorités se trouvaient exclusivement confiées à diverses trompettes en sourdine, et c'est par erreur que l'on a cru longtemps que la partie médiane (alto) et que la basse (basso) étaient exécutées par des instruments à cordes[1].

Le prélude du grand air d'Orphée, au troisième acte, est joué dans les mêmes conditions traditionnelles par cinq trombones, l'un d'eux exécutant la basse continue, et les quatre autres réalisant les harmonies :

MONTEVERDI, *Prélude du grand air d'Orfeo pour cinq trombones :*

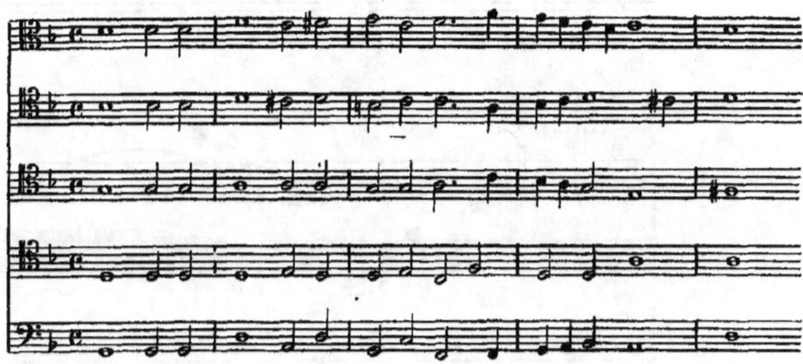

Si ces passages offrent déjà une liberté et une richesse d'écriture qui les rendent supérieurs à toute la musique du XVIe siècle, il ne faudrait pas s'en tenir à leur examen pour juger de l'évolution réalisée par MONTEVERDI dans le domaine du coloris instrumental. Regardons plutôt la composition complète de son orchestre, telle que la donnent ordinairement les traités d'orchestration :

2 *gravicembali*	2 clavecins.
2 *contrebassi de viola*	2 contrebasses de viole.
10 *violes da braccio*	10 violes de bras.
2 *arpe doppie*	2 harpes doubles.
2 *violini piccoli alla francese*	2 petits violons à la française.
2 *chitarroni* (3 d. la partition[2])	2 grands théorbes.
2 *organi di legno*	2 orgues fixes.
2 *bassi di gamba*	2 basses de gambe.
4 *tromboni* (2 d. la partition[3]).	4 trombones.
1 *regale*	1 orgue portatif.
2 *cornetti*	2 cornets à bouquin.
1 *flautino alla trigesima seconda* (*alla quindecima* plutôt)	1 flageolet piccolo.

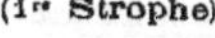

1 *clarino*	1 trompette aigue.
4 *trombe sordine* (1 dans la partition (4))	3 trompettes avec sourdines.

Voici déjà une énumération assez éloquente, et, loin d'employer ces timbres au hasard, MONTEVERDI prendra toujours soin de préciser les instruments qui doivent accompagner tel ou tel récitatif, exécuter telle ou telle ritournelle. Nous venons d'en voir des exemples très simples. La première ritournelle du deuxième acte présente la combinaison beaucoup plus compliquée de : 1 clavecin, 2 chitarroni, 2 violini. La deuxième ritournelle est jouée par 2 violes de bras, basses de viole, clavecin, chitarroni ; la troisième par 2 chitarroni, 1 clavecin et 2 flûtes.

Nous allons mieux éclaircir les rôles combinés du clavecin, des chitarroni et des autres instruments avec les exemples que voici :

(1re Strophe)

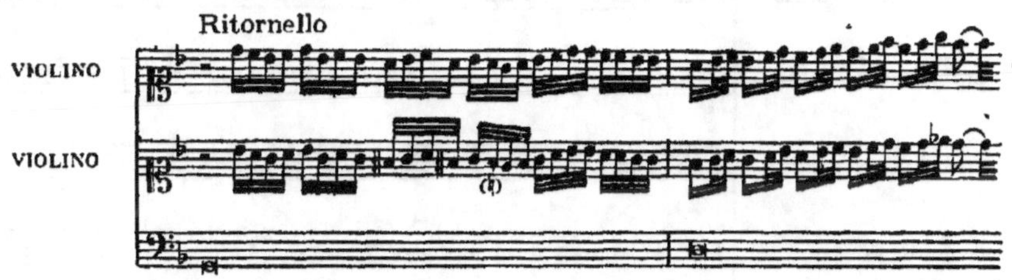

2, 3, 4. Ces différences proviennent de ce que la basse continue, comme nous venons de le voir pour la toccata et le prélude du troisième acte, exige dans chaque famille un instrument de plus que ceux prévus pour la réalisation harmonique : 4 trombones plus le trombone basse continuo, 1 clarino et 3 trompettes avec sourdines, plus la trompette basse continuo, etc.

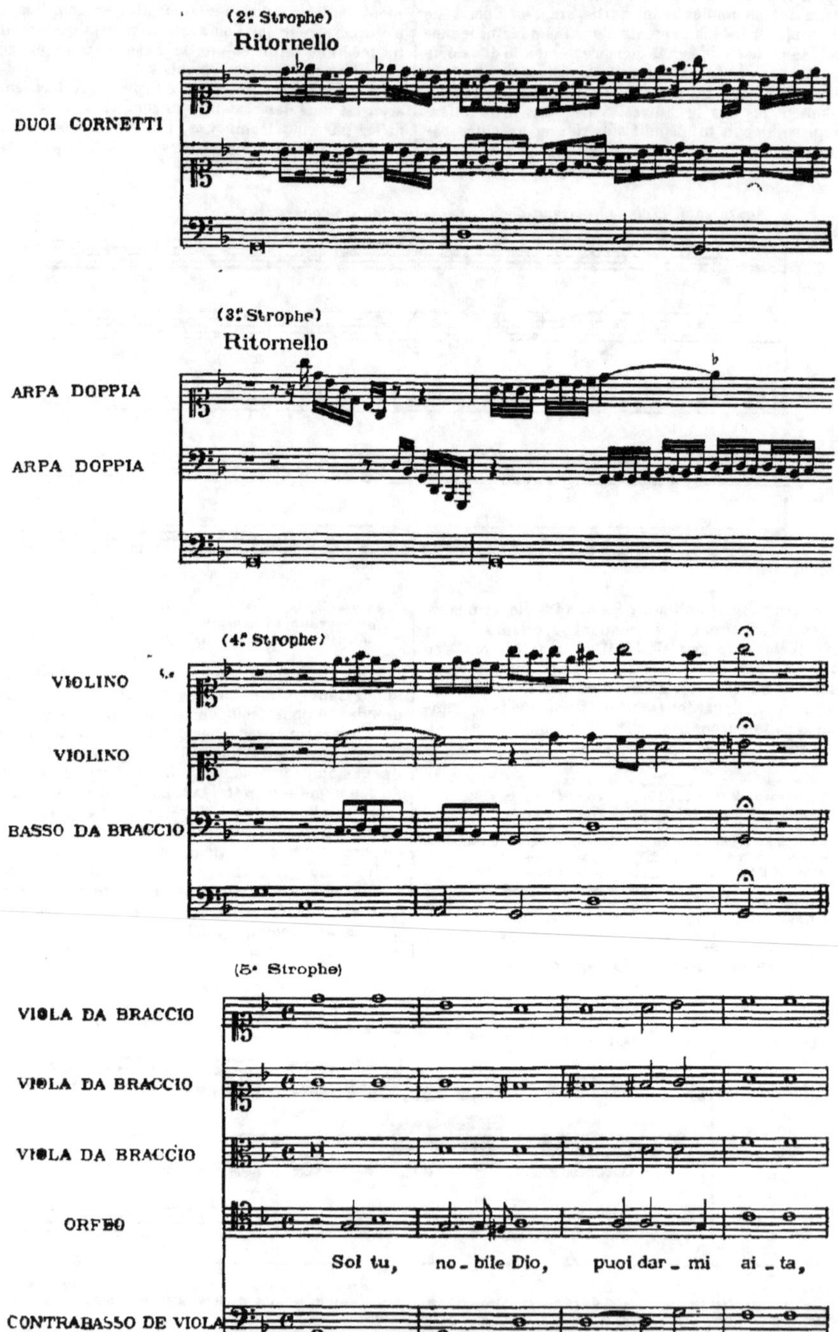
(2ᵉ Strophe)
Ritornello
DUOI CORNETTI
(3ᵉ Strophe)
Ritornello
ARPA DOPPIA
ARPA DOPPIA
(4ᵉ Strophe)
VIOLINO
VIOLINO
BASSO DA BRACCIO
(5ᵉ Strophe)
VIOLA DA BRACCIO
VIOLA DA BRACCIO
VIOLA DA BRACCIO
ORFEO
Sol tu,   no _ bile Dio,   puoi dar _ mi   ai _ ta,
CONTRABASSO DE VIOLA

Ce sont des fragments des accompagnements respectifs de la première, de la deuxième, de la troisième, de la quatrième et de la cinquième strophe du grand air d'Orphée, se lamentant d'avoir reperdu Eurydice. L'air proprement dit, absolument indépendant des lignes instrumentales, est un chef-d'œuvre d'émotion, de style, de beauté douloureuse et pathétique. Mais ce qui nous importe à nous, c'est l'accompagnement lui-même, si varié, si vivant, si libre, qui change de coloris de strophe en strophe, et nulle part le génie d'un compositeur n'éclate par une invention plus personnelle ni plus poétique.

En regardant de près l'accompagnement de ces strophes, on aperçoit que la première emprunte sa couleur a l'emploi de deux violons, la seconde à celui de deux cornets à bouquin, la troisième à celui des harpes, la quatrième à celui des violons et de la basse de bras, la cinquième enfin à celui de toute la famille des violes. Il semble que, dans ce dernier cas, les archets se suffisaient à eux-mêmes, tandis que, dans les quatre premières strophes, nous voyons le *continuo* invariablement exécuté par deux *chitarroni* et réalisé par un *organo di legno*.

Nous avons suffisamment expliqué l'emploi du *continuo* pour n'avoir pas autrement à nous étendre sur le rôle que les *chitarroni* jouaient dans cette orchestration.

Quant à l'*organo di legno*, son intervention consacre définitivement ici l'habitude qui va se poursuivre deux cents ans, et que nous retrouverons jusque chez Mozart et les Italiens qui le suivirent. Les deux violons ou les deux cornets de Monteverdi, comme d'ailleurs les quelques instruments à vent ou à cordes timidement employés par ses successeurs, eussent formé pour le chant un accompagnement un peu grêle. Alors, on avait imaginé de nourrir les sonorités par l'emploi d'un instrument polyphone qui réalisât les harmonies dont le *continuo* formait la base. On ne prenait d'ailleurs pas la peine de chiffrer les accords sur les notes de la basse continue. Les Italiens méprisaient cette indication, la partition même leur semblait inutile, la promptitude et la finesse de leur oreille y suppléaient. Mais on ne s'étonnera pas que, dans ces conditions, il fallût huit ou dix années d'exercice pour arriver à bien accompagner. D'ailleurs, l'artiste qui tenait l'*organo di legno* (ou le *gravicembalum*), et plus tard le clavecin qui le remplaça, était le plus souvent le compositeur lui-même.

Cette tradition se perpétua si bien, qu'au commencement du xixe siècle, les chefs d'orchestre italiens, tout en battant la mesure, réalisaient encore, de la main gauche, les harmonies sur un clavecin placé près de leur pupitre.

Au xviiie siècle, les instruments et le *continuo* divorcèrent, et le clavecin remplissant les silences de l'orchestre continua tout seul, jusque dans les opéras de Mozart et plus tard même, à soutenir le *recitativo secco* du chanteur.

Nous ne nous attarderons pas à étudier les successeurs de Monteverdi antérieurs à Lulli. En France, le *Ballet comique* semblait présager la rapide éclosion de l'opéra ballet; il n'eut pas de suite directe. Mais, si l'on veut augmenter encore l'admiration que l'on éprouve en présence de la partition de l'*Orfeo*, pour le génie de son auteur, il suffit de jeter un coup d'œil sur le fragment que voici, emprunté au *San Alessio* de Landi, qui date de 1634, et qui passe pourtant pour le plus remarquable ouvrage de son temps :

Landi, *Sinfonia per Introduzione del Prologo dello drama musicale di S. Alessio (1634)* :

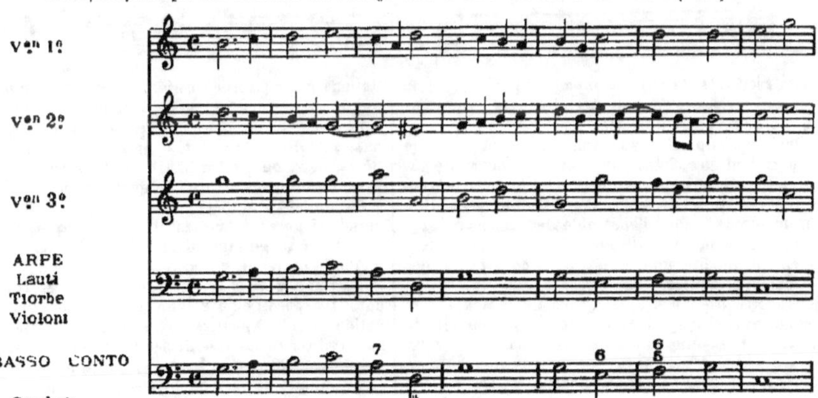

Le sentiment du coloris orchestral avait brillé comme un éclair dans le cerveau de Monteverdi. Il s'éteignit en même temps que le premier évocateur du vieux mythe hellénique, et dut attendre le milieu du xviiie siècle pour retrouver autant d'éclat et de variété sous la plume de Rameau et du chevalier Gluck, dont l'orchestre allait peindre à son tour avec une ineffable douceur les murmures élyséens.

L'ORCHESTRE EN FRANCE DE LULLI A GLUCK

Cambert (1628-1677), Lulli (1632-1687), Charpentier (1634-1704), Marais (1656-1728).

Lulli remplit de son nom glorieux toute l'histoire de la musique, sous le règne de Louis XIV, mais il serait injuste de ne pas mentionner ses deux prédécesseurs immédiats : CAMBERT et CAVALLI. Il élimina le premier de ces auteurs de la scène française, vers 1672, avec toute l'ardeur jalouse et vaniteuse de son grand talent et de son vilain caractère, et il avait commencé par être le collaborateur de l'autre pour les ballets de *Serse*, composé en 1660, lors du mariage de Louis XIV, et d'*Ercole amante* (1662), opéras qui obtinrent un succès considérable.

Il n'y a pas lieu de s'appesantir sur CAVALLI, au point de vue spécial qui nous occupe. M. RIEMANN considère les œuvres de cet Italien comme ayant réalisé un réel progrès sur celles de MONTEVERDI; ce jugement a de quoi surprendre. S'il est peut-être exact en ce qui concerne la composition générale et la disposition des scènes, il semble au contraire absolument erroné dès que l'on envisage l'orchestration fort peu intéressante de ce musicien.

CAMBERT mérite que l'on examine son apport avec plus de soin. Mais, avant de parler des règles que lui d'abord, et LULLI plus tard, réaliserent dans l'art d'écrire pour l'orchestre, il est essentiel, si l'on veut bien se comprendre, de rappeler la distinction que nous avons établie, dans notre premier chapitre,

entre l'*orchestration* et l'*instrumentation* proprement dite. Nous avons, si l'on s'en souvient, défini l'*orchestration* « la simple répartition des différentes parties d'une œuvre polyphonique entre les divers agents sonores, abstraction faite de tout souci de couleur », et nous avons réservé plus spécialement le nom d'*instrumentation* à « l'utilisation orchestrale des qualités pittoresques et expressives particulières à chaque sorte d'instruments ».

A la faveur de cette distinction, il est facile de s'entendre : ni CAMBERT ni LULLI n'atteignirent à la richesse d'instrumentation de MONTEVERDI, mais l'un et l'autre réaliserent de sensibles progrès dans l'orchestration.

C'est à CAMBERT que semble revenir le mérite de la priorité. Avec la pastorale d'*Issé* (1659), *Pomone* (1671) et *les Peines et les Plaisirs de l'Amour* (1672), il créa presque définitivement en France l'orchestre dramatique en l'établissant sur la base solide du quatuor à cordes.

Comme on le voit dans l'exemple ci-dessous, emprunté à l'Ouverture des *Peines et des Plaisirs de l'Amour*, le quatuor se compose, chez lui, de premiers dessus, deuxièmes dessus, violes et basses :

CAMBERT, *Les Peines et les Plaisirs de l'Amour. Ouverture* (1672) :

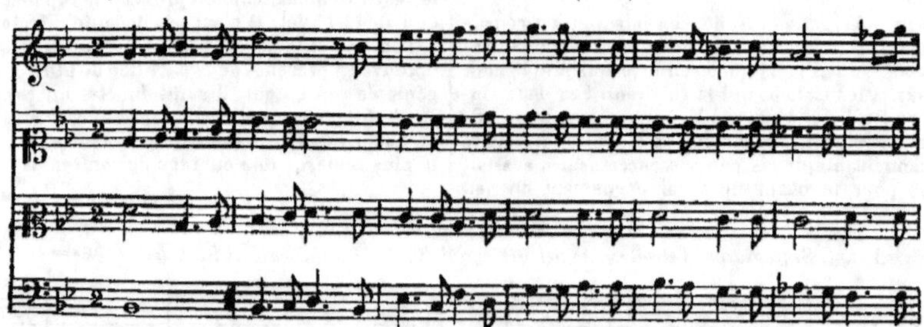

Les récitatifs étaient accompagnés par le clavecin réalisant la basse, doublée certainement, selon l'usage, par une basse de viole.

Quelques ritournelles symphoniques où les flûtes se mariaient aux violes parurent une nouveauté séduisante et, au dire de Saint-Evremond, charmèrent surtout les vrais amateurs. Cette timide adjonction d'instruments à vent à l'ensemble des archets ne présentait pas, comme on le crut alors, une nouveauté tellement inédite qu'il fallût, pour en trouver des exemples, remonter « aux Grecs et aux Romains ». Nous avons vu que le moyen âge et même MONTEVERDI connurent de bien d'autres audaces, et le réel mérite de CAMBERT est uniquement, comme le dit M. LAVOIX, « d'avoir donné à la masse des cordes une cohésion suffisante ». C'était fort peu pour le coloris instrumental, c'était assez pour permettre bientôt à LULLI de soutenir, dans ses chefs-d'œuvre, toutes les inflexions de sa déclamation lyrique.

Le collaborateur de Quinault, né à Florence en 1632, mort à Paris en 1687, élargit un peu les moyens employés par CAMBERT. Son orchestre ne comptait que vingt ou vingt-cinq musiciens, dont le groupe fondamental resta le quatuor ou plutôt le quintette des archets. Chez lui, les cordes comprennent, en effet, cinq parties au lieu de quatre, comme chez CAMBERT, les dessus de violons, petits violons français à quatre cordes, remplaçant désormais les premiers dessus

italiens à cinq cordes usités jusqu'alors. Il emploie quatre de ces instruments et leur adjoint une haute-contre, une taille, deux quintes de violons et quatre basses de violes. Aux autres pupitres, deux ou quatre flûtes, deux ou quatre hautbois, deux bassons, une paire de timbales et trois ou quatre trompettes.

Cet orchestre renfermait les éléments d'une assez grande richesse instrumentale, et l'exemple de MONTEVERDI aurait pu être suivi par LULLI. Il n'en fut rien malheureusement, et, en réalité, l'auteur d'*Atys*, de *Roland* et d'*Armide* n'utilisa les ressources sonores dont il disposait qu'avec une très médiocre préoccupation des effets picturaux. Souvent même, il se contentait d'écrire la basse de ses mélodies et laissait à ses élèves, COLASSE et LALOUETTE, le soin de réaliser l'harmonie et de fixer définitivement par les hautes-contre, tailles et quintes de violons, les parties de « remplissage ». N'avait-il pas le sentiment du coloris instrumental ? ou bien l'abondance des œuvres qu'il devait fournir à l'Académie de musique pour occuper à lui seul presque tous les programmes ne lui laissait-elle pas le temps de s'attarder à des recherches harmoniques ? Ces deux hypothèses sont également plausibles. Mais, d'autre part, on conçoit sans peine cette sorte de dédain pour les effets d'orchestre, si l'on songe à l'idéal esthétique que poursuivait le maître florentin, moins peut-être par tempérament que par un malin souci de capter les suffrages de la cour et des beaux-esprits de son temps. Sous Louis XIV, le goût était avant tout littéraire, nul ne l'ignore. Si l'on exigeait du mélodiste qu'il respectât scrupuleusement les valeurs syllabiques, la prosodie et le sentiment des vers, on demandait surtout au symphoniste de la discrétion ; on lui en eût voulu d'apporter le moindre trouble à l'audition des paroles. C'est pourquoi les cinq parties qualifiées « violons » sur la partition faisaient presque uniquement les frais de tous ces accompagnements. Mais il est juste de remarquer que la manière de les traiter est en grand progrès chez Lulli sur la façon lourde et perpétuellement ronronnante dont on utilisait antérieurement la masse des cordes. Son harmonie n'est pas uniformément compacte, il y a du jeu dans les parties, de l'air, et à la lecture de ses chefs-d'œuvre, on éprouve déjà, par endroits, l'impression de la partition d'orchestre telle que nous la concevons aujourd'hui. D'ailleurs, dès la première moitié du xviie siècle, on jouait assez bien du violon pour qu'en 1638 le P. Mersenne pût écrire, avec un enthousiasme un peu excessif : « Les beautés et les gentillesses que l'on pratique dans cet instrument sont en si grand nombre qu'on le peut préférer à tous les autres, car les coups de son archet sont parfois si ravissants que l'on n'a point de plus grand mescontentement que d'en entendre la fin, particulièrement lorsqu'ils sont meslez des tremblemens et des flattemens de la main gauche qui contraignent les auditeurs de confesser que le violon est le roy des instrumens. »

Pour ce qui est de l'emploi des autres timbres par Lulli, quelques remarques suffiront à en donner une assez juste idée.

Les flûtes, les hautbois et les bassons ont, dans tous ses opéras, des ritournelles pour eux seuls, ce qui devait singulièrement reposer les auditeurs du continuel ronflement des cordes. Mais d'ordinaire il n'employait ces instruments qu'au redoublement des autres parties. Il est même fort curieux d'observer que les « tenues » harmoniques des instruments à vent n'ont été trouvées au théâtre que par Marc-Antoine Charpentier, qui les employa fréquemment, et que Lulli n'ait point soupçonné un procédé si précieux.

Les flûtes dont il se servit étaient généralement droites et à bec. Quand il voulait des flûtes d'Allemagne, ou flûtes traversières, il le mentionnait spécialement sur sa partition. Dans la scène de la Nuit du *Triomphe de l'Amour* (1681), on rencontre précisément une « entrée » de ces flûtes soutenues par le *continuo*, et succédant à un poétique prélude joué par le quatuor « en sourdine ».

Dans le prologue de *Thisbé*, deux trompettes et des timbales s'adjoignent au quatuor et alternent avec deux hautbois accompagnés au *continuo*. Nous trouvons également dans *Alceste* (1674) l'adjonction aux cordes de trompettes, timbales, hautbois et bassons. C'est que, comme dit Gevaert, « les trompettes forment l'une des sonorités caractéristiques de l'instrumentation ancienne, invariablement accordées au diapason d'*ut* ou de *ré*. Elles sont presque toujours accompagnées de timbales ». Nous les voyons employées de la sorte au prélude du cinquième acte de *Proserpine* (1680) ·

Lulli, *Proserpine. Fragment du Prélude du Ve acte :*

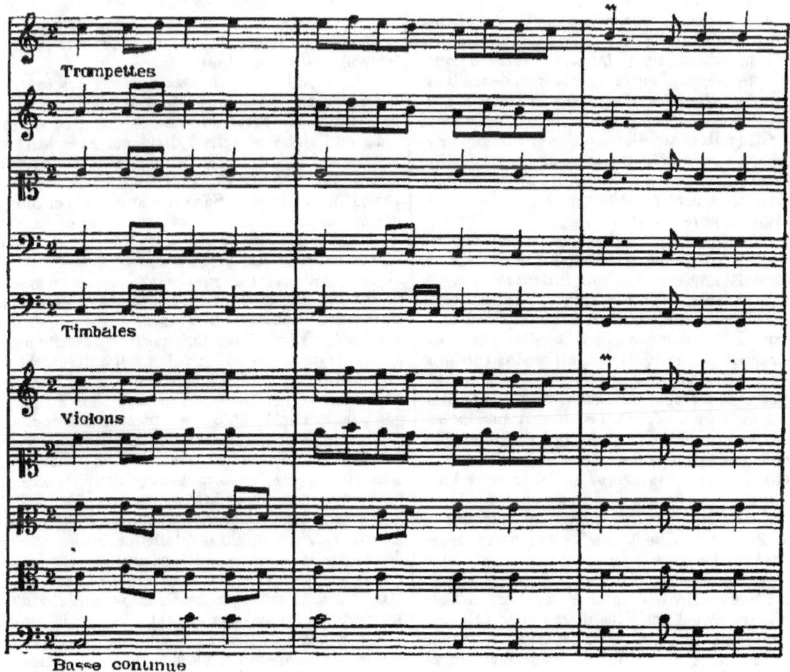

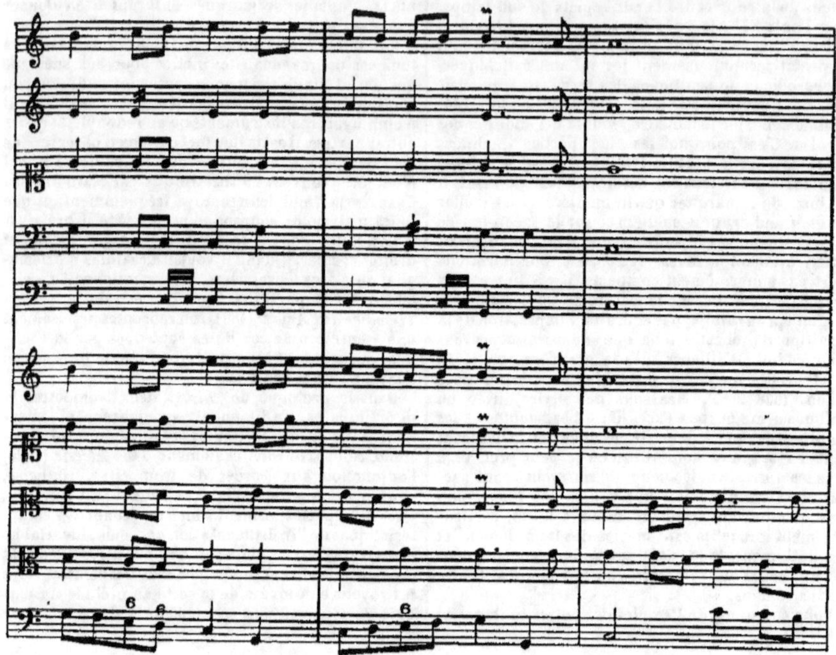

Ce prélude, composé pour 4 trompettes, timbales, quintette à cordes et *continuo*, donne une juste idée de l'écriture orchestrale de LULLI. La partie de quatrième trompette est, on le constate, indépendante de la partie de timbales. Il est donc infiniment probable, contrairement à ce qui a été dit, que cette basse sur des notes naturelles, tonique et dominante, était exécutée par un instrument de même famille que les autres, soit par une trompette basse, soit par un trombone, ce dont nous ne pouvons donner cependant une preuve certaine.

La trompette s'employait même parfois comme instrument de virtuosité, et dialoguait alors avec un chanteur soliste ou avec une voix instrumentale.

Enfin, la batterie, très variée dans les ballets, tambours de basque, castagnettes, tambours, était employée par LULLI comme ne faisant point partie de l'orchestre réglementaire. Il affectait ces instruments à des effets spéciaux, et si, par hasard, il employa un quintette de trompes de chasse dans le premier intermède de la *Princesse d'Elide*, il prit soin de les laisser sur la scène et de ne point les mélanger à la masse de ses accompagnateurs coutumiers.

Cependant, nous trouverions en cherchant bien dans quelques-unes de ses partitions quelques rares tentatives de couleur locale : emploi de musettes et guitares (*Princesse d'Elide*), de sifflets (*Acis*) et même d'enclumes sur la scène (*Isis*).

Nous n'avons pas ici à étudier le très réel et très puissant génie musical de LULLI. Mais, chose étrange et qui montre à quel point les divers dons naturels, dans une même branche d'art, sont peu solidaires les uns des autres, si, parmi les successeurs de ce maître, aucun jusqu'à RAMEAU ne l'égala par la no-

blesse, l'élégance et la justesse expressive de la mélodie, plusieurs le surpassèrent sensiblement comme instrumentateurs.

S'il y a peu à dire de DESTOUCHES à cet égard, et s'il suffit de mentionner, dans le prologue de son *Issé* (1697), la « charge de guerre » et l'air d'Hespéride où l'orchestre venait dialoguer avec la voix et renforcer l'expression du texte, Marc-Antoine CHARPENTIER fut, au contraire, très remarquable au point de vue qui nous intéresse. Son orchestre, plein et sonore, devint beaucoup plus expressif que celui de LULLI.

La *Médée* de ce maître français (1693) renferme de nombreux divertissements et des morceaux symphoniques qui dénotent un musicien d'une réelle valeur. On y rencontre un chœur de coulisses, effet alors entièrement nouveau en France, un autre chœur, « Que d'épais bataillons sur ces rives descendent », où les bassons jouent un rôle particulièrement caractéristique au milieu des trompes, des hautbois des violons et des timbales, un air italien accompagné par un trio de flûtes, et plusieurs autres combinaisons également intéressantes et pittoresques.

Cependant, l'éternelle évolution se poursuivait comme toujours, grâce aux trouvailles de chacun, fût-ce d'auteurs secondaires. BROSSARD utilisait la harpe dans une cantate, et depuis 1700, grâce à MONTÉCLAIR, la contrebasse italienne, moins chargée de cordes et d'une sonorité beaucoup plus intense que la basse de viole, était entrée à l'Opéra. Marin MARAIS allait l'employer dans *Alcyone* en 1706, d'une manière fort heureuse. Avant d'en venir à notre grand RAMEAU, il convient de citer ce que M. LAVOIX dit de la « tempête » renfermée dans cette *Alcyone*; son analyse fixe un moment curieux dans l'histoire de l'instrumentation. L'orchestre de « ce morceau se compose de bassons, violons, haute-contre, tailles, basses et contrebasse de violon, plus une caisse roulante; la contrebasse soutient l'édifice musical avec la basse-contre par un trémolo en croches et en triples croches, la basse de viole suit le mouvement harmonique de la basse à l'octave ou à la double octave dans un rythme saccadé dont l'effet est des plus vigoureux. De temps en temps, elle est chargée d'un dessin d'harmonie oblique comme de rapides gammes descendantes exécutées sur un trémolo de deuxième renversement de l'accord de septième dominante. La taille, dans la partie qui lui est propre, dessine obstinément le même rythme saccadé; la haute-contre des violons tantôt marche à la tierce supérieure de la taille, tantôt à la tierce inférieure des dessus, tandis que les premiers violons, dans la région aiguë, simulent les sifflements de la tempête. Un beau chœur de matelots, toujours soutenu par la même instrumentation, complète ce tableau. Pendant toute cette page, un tambour dont la peau peu tendue rend un son sourd, exécute un roulement non interrompu; quant à l'harmonie, elle est des plus simples, et c'est à son instrumentation que la tempête d'*Alcyone* doit toute sa valeur. »

Rameau (1683-1764).

Malgré tout, l'on ne s'écartait guère des errements de Lulli, et l'homme qui allait réaliser dans l'art de l'orchestration un progrès décisif, Jean-Philippe Rameau, bien que né en 1683, n'était pas encore parvenu, au tiers du xviiie siècle, à faire représenter une seule de ses œuvres dramatiques. Il avait cinquante ans lorsque, en 1733, son premier grand ouvrage, *Hippolyte et Aricie*, fut exécuté à l'Opéra de Paris. Dès l'abord, on parla de révolution musicale, et le nom de l'éminent organiste et claveciniste dijonnais, du savant théoricien de l'*Harmonie réduite à ses principes naturels*, que tous les amateurs de musique connaissaient déjà, s'imposa tout de suite à la foule. On discuta passionnément le premier de ses opéras et ceux qui le suivirent de près : les *Indes galantes* (1735), *Castor et Pollux* (1737), *Dardanus* (1739), *Zoroastre* (1749). Il ne nous appartient pas d'étudier ici dans leurs détails ces quelques années de lutte, puis de triomphe incontesté, suivies, à l'arrivée des Bouffons italiens en 1752, d'un injuste et brusque abandon. Et cependant, cette page d'histoire musicale n'est, en réalité, qu'une phase de l'histoire de l'orchestration. Si Rameau déconcertait les lullistes et les choquait par ses chants plus mouvementés et plus libres que ceux de ses prédécesseurs, la colère que soulevaient ses œuvres chez les esprits réactionnaires de son temps, était due surtout à la richesse et à la vigueur toutes nouvelles de son orchestre. Et si, comme le dit Ch. Malherbe, « il fallait animer la déclamation de Lulli dont la noblesse paraissait trop souvent languissante et froide, la simplicité pauvre et plate, diminuer la part du récit et accroître celle du chant proprement dit, s'inspirer de l' « aria », dont les compositeurs italiens faisaient alors un si brillant usage », Rameau, sans doute, satisfit dans une certaine mesure à ce progrès, qui n'est point l'objet de notre étude, mais il ne le fit pas entièrement. Lisez sans accompagnement les parties vocales des opéras

que nous avons cités plus haut, et vous verrez que, si la courbe mélodique y est plus riche et le rythme plus indépendant du texte que chez Lulli, la différence entre les deux maîtres n'est pas essentielle. La meilleure preuve que l'auteur de *Castor et Pollux* était plus près du Florentin naturalisé Versaillais que des Italiens du xviiie siècle, c'est précisément que les ariettes de la *Serva Padrona* de Pergolèse parurent aux Parisiens du temps du Louis XV une véritable oasis musicale à côté des mornes splendeurs de la déclamation française. Si donc Rameau fut un grand homme de théâtre, — et il le fut, — c'est à son orchestration et à son orchestration presque seule qu'il doit la gloire dont ses contemporains d'abord et les nôtres ensuite, après un siècle et demi d'oubli, l'ont justement couvert.

Le plus rapide, le plus superficiel coup d'œil sur une partition d'orchestre de Rameau révèle le pas énorme franchi par la musique dramatique sous l'impulsion de cet audacieux novateur. Tout de suite, les lignes chargées de notes, les traits fréquents et variés, la diversité des rythmes et des dessins d'accompagnement, le dialogue des parties instrumentales et, plus peut-être que tout autre signe, l'allégement fréquent de la basse continue indiquent une sensibilité acoustique singulièrement affinée, une technique étonnamment élargie. Et si l'on juge de l'effet par la cause, on comprend que le *Mercure de France* écrivit lors de l'apparition d'*Hippolyte et Aricie* : « On a trouvé la musique de cet opéra un peu difficile à exécuter, mais par l'habileté des simphonistes et des autres musiciens, la difficulté n'a pas empêché l'exécution. » Quand les écrivains du xviiie siècle parlaient de la « fertilité en images » de la musique de Rameau, ils faisaient allusion à ces descriptions orchestrales, ignorées des lullistes, et dont nous donnerons tout à l'heure quelques exemples caractéristiques.

Nous n'avons pas à revenir sur la composition de l'orchestre avant Rameau. Les instruments à vent, nous le savons, se réduisaient aux flûtes, hautbois et bassons doublant la plupart du temps quelques parties de viole; les cuivres, cors, trompettes, etc., n'apparaissent qu'exceptionnellement dans l'orchestration. Les cordes étaient représentées par la famille des violons, plus ou moins divisés, pour lesquels Rameau persistera d'ailleurs à écrire le plus souvent cinq parties, et auxquels nous avons vu adjoindre, au commencement du xviiie siècle, à l'instigation de Montéclair, la contrebasse italienne, ou violonar. Encore, les violonars n'étaient-ils employés que dans l'accompagnement des chœurs, et, détail exquis, le vendredi seulement[2].

Tel quel, l'orchestre de l'Opéra de Paris comptait en 1713 quarante-sept « symphonistes ». En 1768, c'est-à-dire après Rameau, et un peu avant l'arrivée de Gluck, il en employait cinquante-six.

Pour appuyer de quelques exemples les progrès opérés par le maître bourguignon, nous examinerons surtout sa partition d'*Hippolyte et Aricie*. La priorité en date de cette œuvre et sa grande richesse d'effets nous la font préférer à toute autre. Nous agirons souvent de même pour la plupart des musiciens,

---

1. Le tambour, pour souligner le déchaînement de l'orage, avait été déjà employé par Colasse, élève et continuateur de Lulli, dans *Thétis et Pelée*.

2. La famille des violons dans la première moitié du xviiie siècle comprenait :
les premiers et seconds dessus, écrits en clef de sol 1re,
les hautes contres, écrits en clef d'ut 1re ou 2e;
les tailles, écrites en clef d'ut 2e ou 3e,
les quintes, écrites en clef d'ut 3e,
les basses de viole à 5 ou à 4 cordes, écrites en clef de fa 4e.

puisque ce n'est pas l'étude complète de leurs œuvres que nous entreprenons ici, mais simplement l'examen des transformations qu'ils réalisèrent dans la science orchestrale.

Jusqu'à ces dernières années, l'étude des partitions de RAMEAU (comme d'ailleurs l'étude des partitions de LULLI) présentait d'assez grandes difficultés, les éditions anciennes étant pleines de fautes et d'omissions. Les éditeurs du temps, par économie sans doute, se contentaient d'indications sommaires, supprimant parfois les parties intermédiaires, soit aux voix, soit dans l'orchestre. Dans l'édition MICHAELIS, les réductions pour piano et chant avaient été effectuées au moyen de ces partitions erronées ou incomplètes avec une pauvreté et une légèreté fâcheuses. Fort heureusement, nous possédons une édition récente[1] des chefs-d'œuvre de RAMEAU, établie et revisée avec soin par des compositeurs modernes, d'après les manuscrits du maître et d'après les parties d'orchestre des archives de l'Opéra, documents sérieux qui ont permis de reconstituer ces vieux ouvrages dans leur forme originale.

Ouvrons donc la partition d'orchestre d'*Hippolyte et Aricie*. Dès le début du Prologue, le solo de Diane,

« Sur ces bords fortunés je fais régner la paix », nous présente une disposition toute nouvelle. Deux flûtes accompagnent la voix, et le *continuo* est, comme toujours, réalisé au clavecin; mais, au lieu d'être exécuté par une basse de viole ou par tout autre instrument grave, il est remonté aux hautes-contre (seconds violons actuels). Il en résulte un allégement considérable de la symphonie, une coloration fraîche et douce, un sentiment de légèreté inconnu jusqu'alors. Cet effet, que GLUCK employa si souvent depuis, constituait une première trouvaille géniale et une courageuse rupture avec des traditions deux fois centenaires. Le cinquième acte offre une autre disposition analogue dans l'air de la Bergère : « Rossignols amoureux », où la voix, également contrepointée par un chant de flûte solo auquel s'adjoint aussi le violon solo, a pour basse le *continuo* des seconds violons réalisé au clavecin. Il fit fureur en son temps, et fut, pour ainsi dire, l'aïeul de ces duos, si nombreux depuis lors, entre la chanteuse légère et la flûte, scènes de folie ou de valses chantées, dont abusèrent les opéras italiens et que MEYERBEER reprit avec succès dans le célèbre arioso du *Pardon de Ploermel* : « Ombre légère qui m'est si chère » :

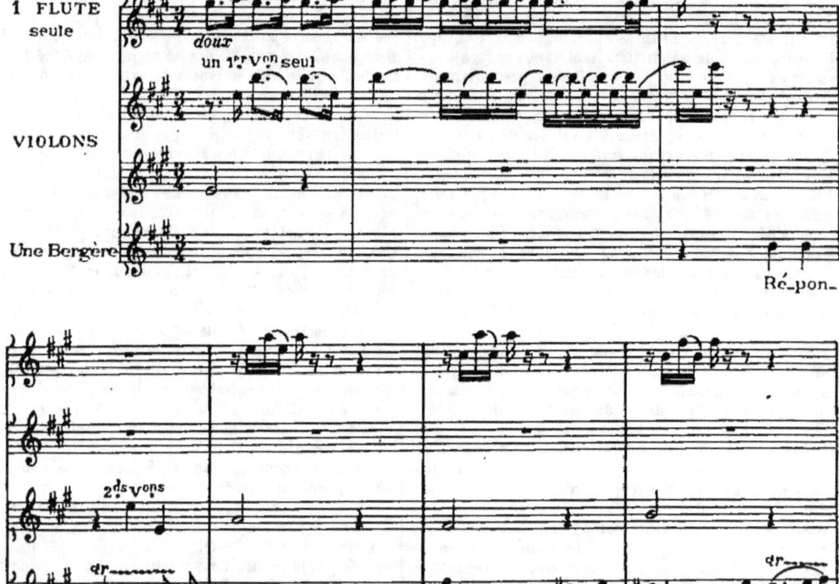

Au premier acte, nous trouvons, comme passage symphonique très curieux, un tonnerre, qui, comparé à l'orage de la *Symphonie Pastorale* ou aux tempêtes wagnériennes, semble à vrai dire bien timide et bien plat, mais qui n'en passa pas moins en son temps pour un morceau d'une richesse orchestrale extraordinaire, voire excessive, tant la réceptivité des auditeurs en matière sonore est paresseuse à évoluer. Regardez ces traits de flûte et de hautbois qui courent l'un après l'autre, ces violons déroulant leurs gammes alternatives sur les battements infatigables des altos et des basses, et comprenez ce qu'en

---

1. Chez DURAND et fils.

comparaison du tranquille ronronnement de LULLI, ceci représentait d'invention fougueuse et de libre hardiesse :

RAMEAU, *Tonnerre d'Hippolyte et Aricie :*

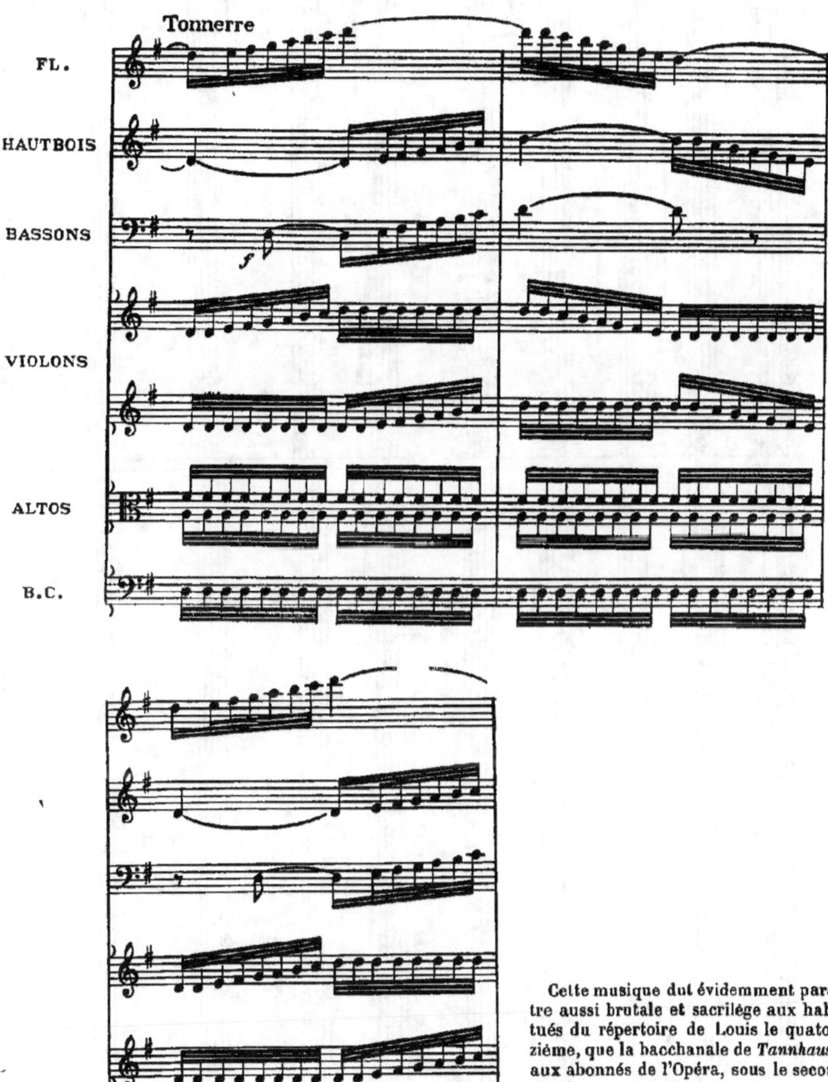

Celte musique dut évidemment paraître aussi brutale et sacrilège aux habitués du répertoire de Louis le quatorzième, que la bacchanale de *Tannhauser* aux abonnés de l'Opéra, sous le second Empire.

Au deuxième acte, nous rencontrons le trio des Parques chanté par trois hommes : un haute-contre, une taille et une basse, changement de sexe bizarre, mais qui s'explique par le désir d'obtenir une impression de terreur, et accompagné avec une force et une sonorité que ne dépassera guère l'orchestre gluckiste :

RAMEAU, *Hippolyte et Aricie. Trio des Parques :*

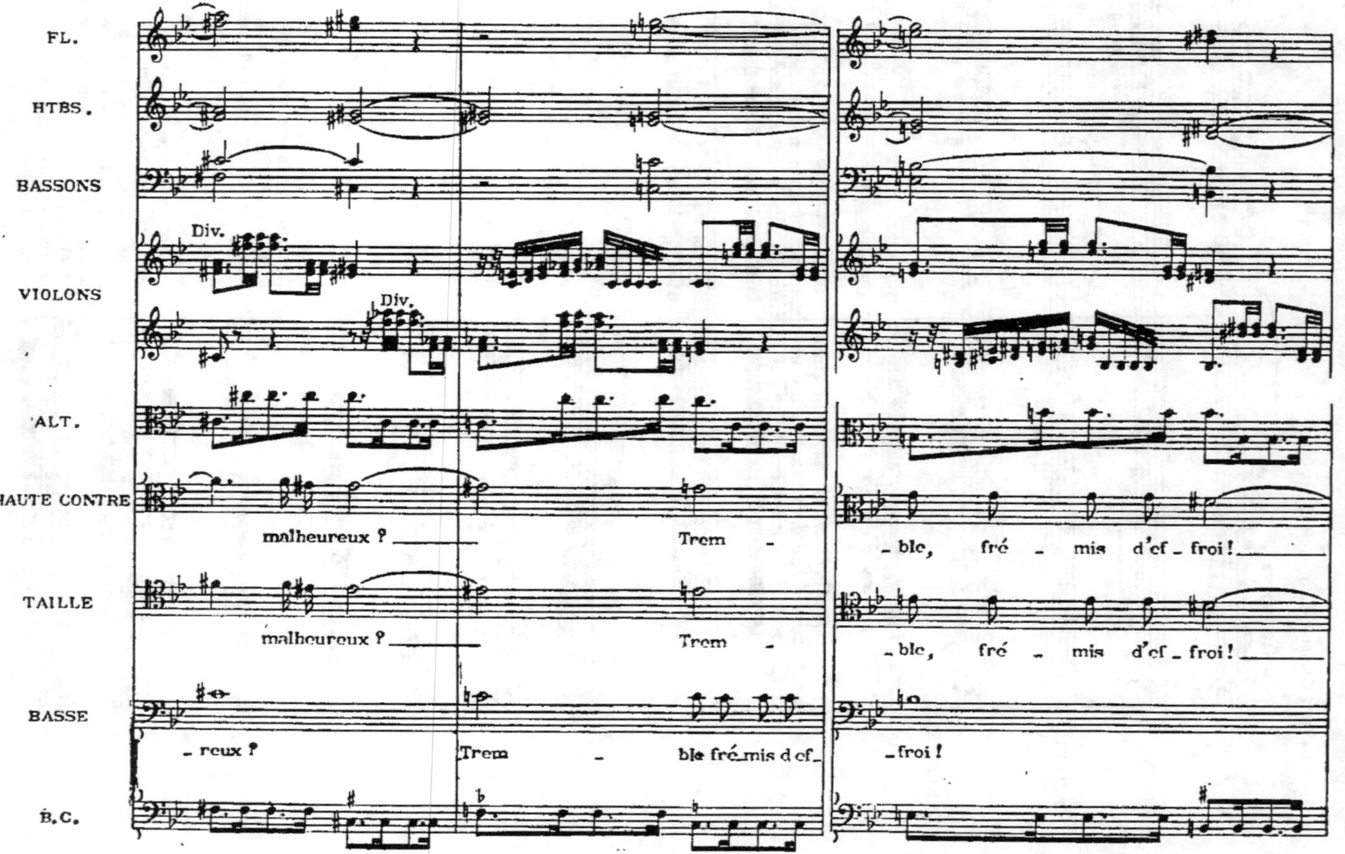

Il y a ici une diversité frappante de rythmes et d'attaques, et s'il était permis de considérer la musicalité comme un phénomène particulier, en dehors de la puissance ou de la grâce expressive, il faut avouer que nous trouverions dans l'orchestration de ce trio, une manifestation sonore autrement intéressante que n'importe quelle œuvre théâtrale antérieure.

Au troisième acte, nous emprunterons le frémissement des flots :

RAMEAU, *Hippolyte et Aricie. Le frémissement des flots :*

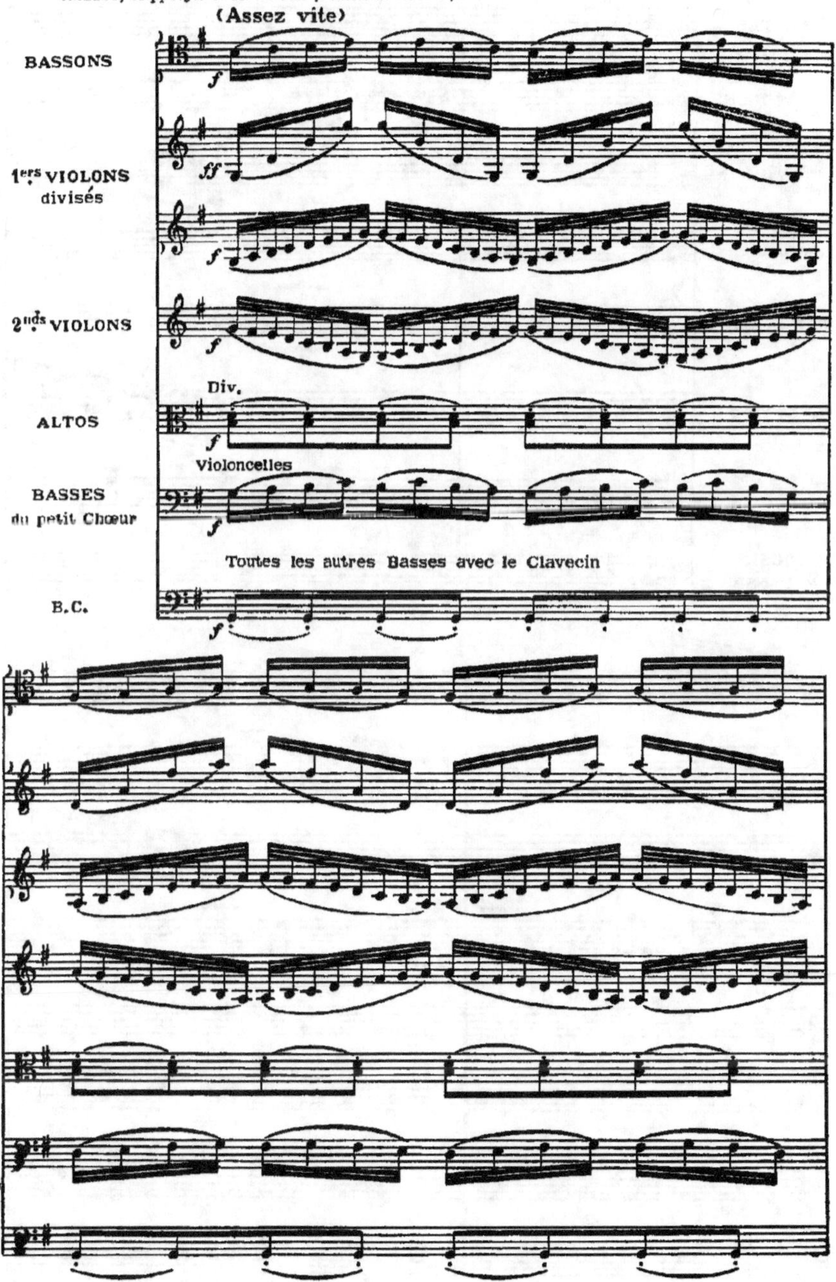

Écrite suivant le même principe de très grande unité tonale que le tonnerre du premier acte, cette page descriptive présente, à un degré plus affiné que l'autre, une recherche croissante de variété rythmique. Réunir tout ensemble des battements d'altos et de contrebasses, des roulements à la tierce de bas-

RAMEAU, *Feu d'artifice d'Acanthe et Céphise (1751)* :

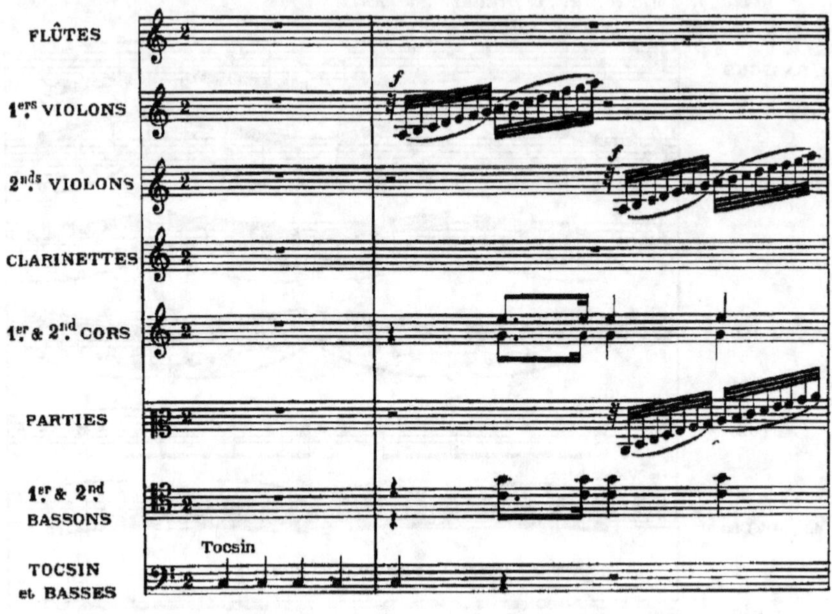

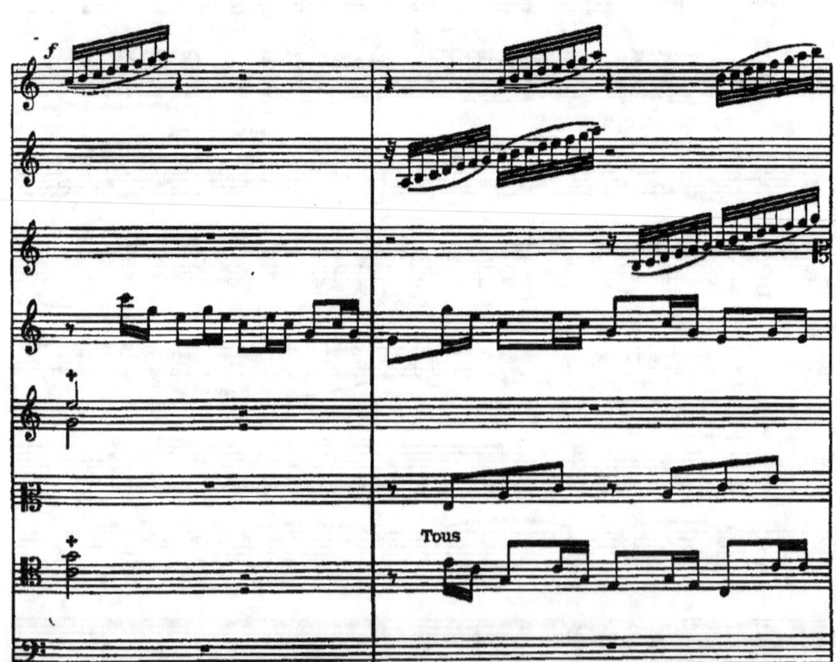

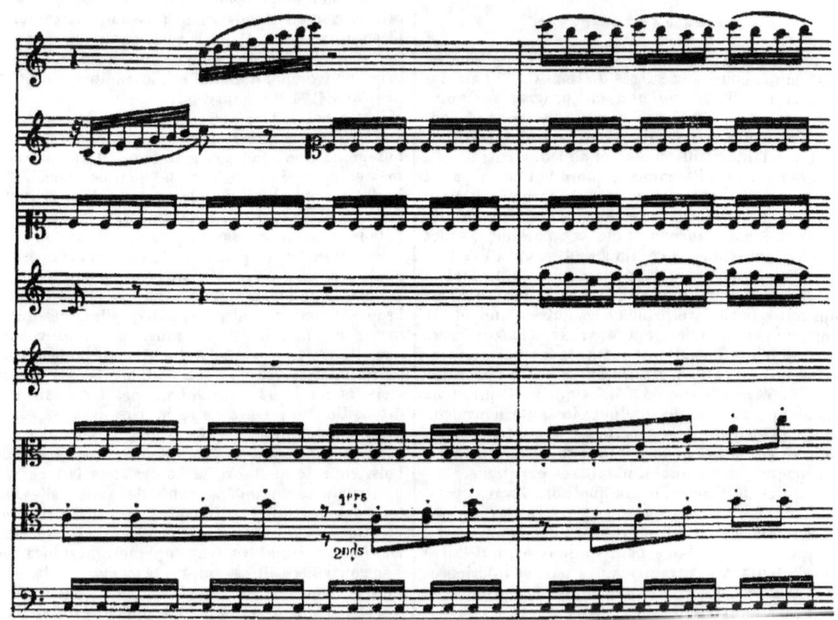

sons et de violoncelles, quelle subtilité et quel surprenant besoin de pittoresque en l'an de grâce 1733 !

Reconnaissons pourtant que, si cette palette était déjà chargée d'une couleur abondante, de beaux blancs et de noirs vigoureux, et que si le pinceau du maître y puisait avec ardeur des oppositions assez intenses d'ombre et de lumière, de violence et de charme, ses teintes demeuraient néanmoins quelque peu monotones. Le dessinateur chez lui primait toujours le coloriste, en ce sens que les effets de son instrumentation, pour pleins et variés qu'ils fussent, manquaient souvent de caractère propre, de cette sensibilité dans l'appropriation du timbre au sentiment en jeu, ou au décor extérieur, que Gluck poussera jusqu'au miracle, et qui, de nos jours, a conduit les Russes aux confins de la névrose.

Regardons, par exemple (ci-dessus), le Feu d'artifice d'*Acanthe et Céphise*, pastorale héroïque donnée en 1751, à l'occasion de la naissance du duc de Bourgogne.

Cette page offre des intentions plastiques presque puériles : fusées volantes et chute des boules lumineuses ; en réalité, sa sonorité ne diffère pas beaucoup de celle du Tonnerre d'*Hippolyte et Aricie*. Nous dirons, si vous le voulez, que la couleur locale n'apparaît pas encore nettement dans la musique de Rameau, pas plus qu'elle ne se manifestait dans la peinture de ses contemporains [1].

Mais, malgré tout, le progrès réalisé est colossal ; seul un génie pouvait risquer ainsi l'évolution de la musique dramatique. Nous avons déjà dit, à propos de Lulli, que ses partitions offrent, dans quelques endroits, l'aspect des symphonies classiques. Avec Rameau, ce caractère se généralise et s'accentue. L'emploi plus continu des instruments à vent, leur groupement par familles constituant une masse qui tantôt dialogue avec la masse des cordes, et tantôt s'unit à elle, la variété obtenue par des mariages de timbres plus nombreux et plus imprévus, une polyphonie plus fréquente, une tendance à ce que l'on est convenu d'appeler l'écriture horizontale, par opposition avec les harmonies des maîtres antérieurs disposées toutes verticalement sur le papier à musique, voilà, plus encore peut-être que ses curieuses recherches de pittoresque, les vrais titres de Rameau à l'admiration de la postérité. Il était moins difficile de faire accompagner par deux bassons un air de Thésée, d'introduire des cors dans une scène de chasse, ou même d'entreprendre la traduction musicale des grands spectacles de la nature, que de créer une pâte symphonique constante, qui, par la justesse de sa recette, servit de modèle initial à tous les compositeurs de théâtre, une pâte finement triturée, ni trop fluide, ni trop épaisse, capable d'obéir à toutes les exigences mélodiques, tournant bien sous le pinceau et chargeant les fonds avec richesse sans boucher l'atmosphère vocale. Echafauder les masses orchestrales suivant les exigences du timbre, masquer le plus souvent leur défaut d'homogénéité, utiliser parfois leurs divergences dans un juste équilibre du souci descriptif, fait de variété, et du souci architectural, fait de logique et de cohésion ; il ne fallait pas seulement pour une telle besogne un artiste délicat, ni un esprit chercheur, il fallait un musicien. Rameau parut, et le génie dramatique de Gluck, si grand soit-il, ne doit pas nous faire oublier la délicieuse sensibilité de son prédécesseur.

---

1. Rappelons cependant que Rameau introduisit le premier des clarinettes à l'orchestre de l'Opéra. Il y a dans *Acanthe et Céphise* un curieux passage de clarinettes et cors. Citons aussi dans *Hippolyte et Aricie* l'emploi très passager du flageolet et de la musette, instruments dont Lulli et A. Scarlatti font également usage.

Philidor (1726-1795).

Nous l'avons déjà dit, l'arrivée des Bouffons en 1752 coupa court aux succès de RAMEAU. Si l'art des Italiens constituait ou non un progrès sur notre opéra national, c'est une question que nous n'avons pas à résoudre ici. Ce dont nous sommes certains, c'est que l'intérêt instrumental de leurs œuvres était entièrement nul. Personne aujourd'hui ne songerait à défendre cet orchestre-guitare. Néanmoins, RAMEAU conserva des admirateurs en France (en dépit du succès de la *Serva Padrona* et de ses pareilles), et les compositeurs français continuèrent, jusqu'à l'arrivée de GLUCK, à défendre la déclamation lulliste et la richesse symphonique instaurée par RAMEAU. Trois musiciens de théâtre priment les autres pendant ces vingt-cinq années : ce sont MONDONVILLE, DAUVERGNE et surtout PHILIDOR, dont quelques opéras remportèrent un assez vif succès (*Ernelinde* en 1769, *Persée* en 1780, *Thémistocle* en 1785), et qui vaut que nous examinions ses œuvres quelques instants, pour deux motifs principaux : son écriture à quatre parties pour les cordes, et le soin, tout à fait exceptionnel à son époque, avec lequel il notait ses partitions.

Au sujet de l'adoption du quatuor, GEVAERT écrit dans son *Traité d'orchestration* : « Dans les *ripieni*, les ensembles de tout le groupe, l'harmonie à cinq est peu à peu délaissée pour le quatuor, qui laisse plus de jeu aux mouvements des parties intérieures de l'harmonie, qui donne plus de nerf à la sonorité. Enfin, la polyphonie des instruments à cordes, auparavant aussi lourde dans ses allures que son prototype, le chœur des voix humaines, acquiert de l'animation, de la légèreté. En France, cette réforme mit plus d'un demi-siècle à se faire accepter, à l'Opéra du moins. RAMEAU écrit encore à cinq parties de violons, tout comme LULLI. C'est PHILIDOR, si je ne me trompe, qui mit fin à la tradition nationale. *Ernelinde* (1769) a le quatuor. »

Dès avant LULLI, nous l'avons vu, CAMBERT avait tenté d'écrire à quatre parties pour les cordes. Mais l'usage ne s'en était pas maintenu, et PHILIDOR lui-même, après avoir adopté le quatuor dans *Ernelinde*, revient dans d'autres pièces, dans plusieurs endroits de *Thémistocle* notamment, à la fâcheuse et pâteuse répartition des cinq parties de violons.

En revanche, la partition de ce dernier opéra, et c'est le second point que nous tenions à signaler, est tout à fait remarquable par la précision et la beauté de son graphisme. La disposition des instruments est modifiée. C'est ainsi que nous voyons, dans l'Ouverture, en haut les timbales, au-dessous les trompettes, les cors, les hautbois, les violons, les violes et enfin les basses et bassons. Il y a dans cette disposition une certaine recherche de groupement logique par familles : d'abord les instruments à percussion isolée, puis la famille des cuivres, celle des bois, enfin le quatuor. La contrebasse fait par endroits une partie indépendante des violoncelles. Les tons des instruments transpositeurs sont nettement mentionnés. Bref, il y a une précision, un soin matériel fort appréciables. L'exemple suivant suffira pour s'en convaincre. Il est emprunté au curieux dialogue du troisième acte de *Thémistocle*, entre Mandane et Xerxès, dialogue où la double modalité du chant et de l'accompagnement accuse nettement le caractère des personnages :

PHILIDOR, *Dialogue de Mandane et Xerxès, Thémistocle, III⁰ acte (1786)* :

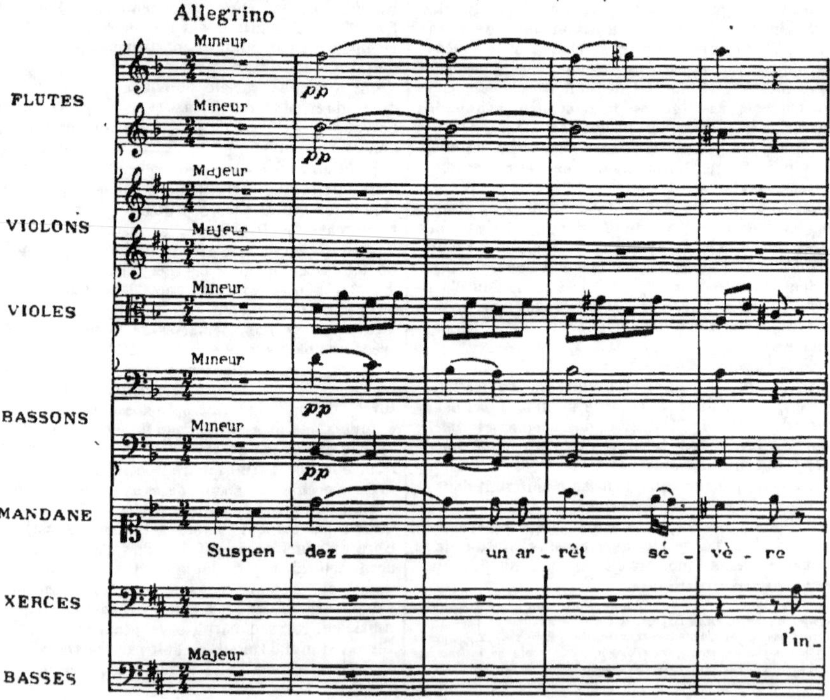

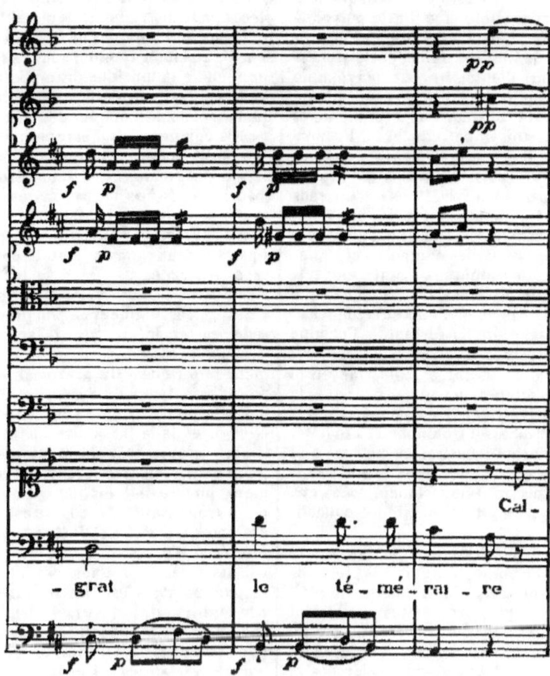

On voit avec quelle minutie les nuances, les liaisons, les détachés, les coups d'archet sont indiqués dans cette œuvre. Un tel souci du détail témoigne de l'importance attribuée désormais à l'orchestre. Et si le coloris est médiocre, du moins l'écriture devient élégante et facile, le quatuor clair, l'ensemble classique, et dans les *tutti*, la partie rythmique s'accentue aux instruments à vent et à la batterie.

Tous les éléments symphoniques du drame musical sont prêts, et l'on n'attend plus que le Chevalier.

L'ORCHESTRE EN ALLEMAGNE AVANT GLUCK

S'il nous fallait étudier les origines de l'orchestre en Allemagne antérieurement au xviiᵉ siècle, nous nous verrions contraints de renouveler toutes les hypothèses auxquelles nous dûmes recourir en ce qui concerne le moyen âge et la Renaissance dans les pays latins. Evidemment, la musique ayant toujours tenu chez les Germains une place plus prépondérante que partout ailleurs, les documents sur les développements de cet art sont aussi plus nombreux pour leur pays que pour le nôtre. Mais, en somme, ce que nous connaissons de toutes les grandes phases de leur histoire musicale, — influence des croisades, rôle des minnesinger, sortes de troubadours princiers du xiiiᵉ siècle, et des meistersinger, ces savants amateurs des époques suivantes, — ne nous confère aucune certitude sur le caractère de leurs orchestres archaïques. A constater les progrès de la facture des instruments de musique, des orgues notamment, pendant ces longues périodes d'incubation, nous

nous doutons bien toutefois que la musique instrumentale devait avoir chez eux plus d'importance que partout ailleurs. Et quand nous arrivons à la période où les documents littéraires, iconographiques et même musicaux commencent à nous renseigner moins parcimonieusement sur les habitudes artistiques du peuple allemand, nous constatons qu'il possédait bien plus d'agents sonores que ses voisins. Les Germains de la Renaissance, disent les historiens de l'art, avaient gardé du moyen âge une grande diversité d'instruments de musique. Cette assertion, basée sur de nombreuses estampes et sur les descriptions de fêtes, confirme les suppositions que nous développions dans le précédent chapitre relativement à l'orgie de timbres où dut se complaire la musique de la période gothique, orgie très conforme aux tendances romantiques de l'art médiéval. Mais la richesse instrumentale relative qui se conserva en Allemagne, et rien qu'en Allemagne, à travers les xviiᵉ et xviiiᵉ siècles, est surtout remarquable parce qu'elle correspond très logiquement aux tendances sociales d'une race encline aux groupements, et respectueuse de toute hiérarchie, même sonore. Résister au courant individualiste qui, chez les Italiens et les Français, se traduisait en musique par la déclamation littéraire et la monodie fatale aux progrès de l'orchestre, c'était préparer patiemment, avec lourdeur sans doute, mais avec sûreté, l'extraordinaire explosion d'orchestre qui, de Gluck et de Haydn à Wagner et à Richard Strauss, devait être le suprême effort de la musique occidentale. Dans un pays où l'on aime à engendrer *ensemble* beaucoup de sonorités, où la musique se mêle intimement à la vie corporative et s'assujettit sans peine à toute discipline, on aspire fatalement à la polyphonie, pluralité de lignes dans l'unité tonale, et a la symphonie, pluralité de timbres dans l'unité orchestrale. Il suffit d'ailleurs d'entendre par polyphonie (dans un sens un peu plus large) toute multiplicité de sons simultanés pour deviner que symphonie et polyphonie sont nécessairement connexes. Et nous verrons bientôt que, si Haendel et Bach orchestrèrent plus richement que leurs contemporains de France et d'Italie, cette richesse ne dérivait pas d'un sens plus fin du coloris instrumental, loin de là, mais uniquement d'une plus grande complexité harmonique. Pour exprimer leurs pensées, les compositeurs allemands ayant eu besoin de nombreux agents sonores, de tessiture et d'intensité diverses, il s'est trouvé que les timbres propres de ces agents ont survécu et se sont perfectionnés, sans qu'ils fussent à l'origine recherchés pour eux-mêmes. Ce qu'utilisaient Schutz et Bach, c'était bien plus la force trombone ou la hauteur flûte que le timbre trombone ou que le timbre flûte. Mais ces timbres bénéficièrent des facultés mélodiques propres au trombone et à la flûte, et le sentiment du coloris orchestral qu'un Gluck et un Weber pousseront si loin, naquit de la sorte sans qu'on y attachât beaucoup d'importance, grâce aux exigences matérielles d'un art éminemment collectiviste.

Rappelons-nous ce qu'était la musique d'orchestre en France au début du règne de Louis XIV, la pauvreté d'une instrumentation où, timidement, quelques hautbois ou quelques trompettes doublaient des parties de violes, et regardons le frontispice du *Currus triumphalis* de Rauch, imprimé en 1648 et dédié aux empereurs d'Allemagne. L'orchestre d'anges groupés dans cette gravure, sur des nuages amoncelés, autour d'un ange organiste, qui réalise sans doute la basse continue, et de quatre anges chanteurs, se compose précisément des instrumentistes exigés par le compositeur pour l'exécution de sa musique. Quelle différence d'idéal entre les deux pays! Ici ce n'est pas seulement toute une famille de violes que forment les célestes virtuoses; on voit encore entre leurs mains une flûte, un trombone, des cornets, un basson, douze trompettes, deux timbales, un théorbe, qui dévide probablement le *continuo* et, pour compléter ce tintamarre, dont l'hôtel de Rambouillet eût réprouvé le barbarisme, trois couleuvrines vomissent des torrents de fumée,… car le *Currus triumphalis* comportait même une partie de « canon obligé ». Assurément, tous ces instruments n'étaient pas employés simultanément, mais groupés de diverses manières, et si ce n'est pas là l'orchestre du *Crépuscule des Dieux*, ni même celui de la *Symphonie avec chœurs*, c'est du moins quelque chose de sensiblement plus complexe que notre musique du même temps.

Ce qui prouve, mieux que tous les raisonnements, l'importance attribuée en Allemagne à la musique instrumentale, c'est que, dès 1615, un compositeur qui était en même temps un théoricien distingué, Michel Schulz, plus connu sous son pseudonyme latin de Praetorius, publiant sur la technique musicale un grand ouvrage en trois volumes, intitulé *Syntagma musicum*, en consacrait entièrement le second tome à l'art orchestral; c'est le *Theatrum instrumentorum seu Sciographia*. Il serait fastidieux d'analyser un tel ouvrage. Praetorius y énumère tous les genres de compositions instrumentales aux-

quels s'adonnaient ses compatriotes : d'abord, les pièces pour instruments seuls et les airs à danser de toutes sortes; puis, les ouvrages où la voix humaine se mêle aux instruments; sans faire, du reste, aucune mention de la musique dramatique. Mais, comme le dit M. Lavoix, « il n'est pas sans intérêt de voir avec quelle précision l'emploi des instruments était réglé à cette époque ». Malheureusement, un tel examen ne saurait se faire sans entrer dans des détails nombreux. Praetorius et, il faut bien l'avouer, tous les théoriciens de l'orchestre, même ceux de nos jours, sont à peu près logés à la même enseigne, Praetorius n'expose guère dans son enseignement de principes généraux, mais plutôt des recettes et des exemples isolés : « Dans tel cas on ne peut faire ainsi, mais il faut veiller à ce que… et mieux vaudrait… » Il est d'ailleurs à peu près impossible de procéder autrement, puisque la facture instrumentale et le choix même des timbres de l'orchestre sont purement empiriques. On peut néanmoins dégager deux points principaux du *Syntagma* de Praetorius. D'abord, la préoccupation beaucoup plus grande de la hauteur et de la force des instruments que de leur timbre proprement dit. Toute la science du vieux théoricien revient à se demander : « Cet instrument pourra-t-il monter jusque-là? n'y sera-t-il point trop criard? ne couvrira-t-il pas la voix dans ces notes aiguës? Cet instrument peut-il descendre jusqu'ici? n'y sera-t-il pas trop sourd? Soutiendra-t-il assez les voix dans ces notes graves?… » Le second point, c'est la tendance au groupement par famille. Des chœurs instrumentaux étendus et cohérents, voilà l'idéal. Idéal sans cesse contrecarré par les limites d'étendue de chaque instrument et par ses variations d'intensité aux différents degrés de l'échelle sonore. Le problème était si difficile à résoudre que, dans ces groupements, on ne se préoccupait guère de l'expression individuelle des timbres, mais uniquement, comme nous l'avons dit plus haut, de leurs qualités de résonance, et c'était déjà faire beaucoup de chercher à ce que les chœurs instrumentaux sonnassent bien et avec une homogénéité suffisante. Praetorius étudia consciencieusement ces premières données théoriques, et nous allons voir Schutz les mettre en pratique avec une habileté que dépasseront à peine Haendel et Bach.

Après ceci, l'on comprendra plus facilement comment et pourquoi Heinrich Schutz, en latin Sagittarius, compositeur né en 1585 et mort en 1672, fut un excellent orchestrateur. Schutz orchestra fort bien parce qu'il écrivit avec richesse et pureté. Elève de Jean Gabrieli, il suivit les traditions de l'école vénitienne, qui ne brillait point par la correction, mais qui visait à la nouveauté, à l'invention hardie. Il composa pour le théâtre des œuvres qui ne nous sont point parvenues, et nous le connaissons surtout par de nombreuses cantates écrites à plusieurs chœurs et selon l'usage de ses maîtres, avec accompagnement d'orgues et d'instruments de diverses espèces, violons, violes, cornets, trompettes, etc. Le style de ces ouvrages est fugué, leur écriture admirable, nettement polyphonique, chaque « partie » ayant son allure propre et indépendante, l'harmonie ne se trouvant constituée que par la rencontre de divers mouvements mélodiques. La basse chiffrée, que Schutz introduisit en Allemagne en même temps que Staldmayer, soutient naturellement tout l'édifice sonore. Si l'on ne peut dire de Schutz, sans injustice pour ses prédécesseurs, qu'il fut le père de la musique allemande, force est du moins de reconnaître en [lui le prédécesseur direct de Bach. Son écriture, la manière dont ses idées sont présentées en forme d'exposition de fugue, le caractère même de ses thèmes, leur développement, le style et la construction harmonique, tout chez lui présage le grand Sébastien.

Si nous insistons sur ces qualités, alors que nous ne devrions nous occuper que de l'orchestration seule, c'est que, pour employer une expression mathématique, cette orchestration n'est chez Schutz qu'une « fonction » de la polyphonie. Les diverses parties instrumentales suivent note pour note les diverses parties vocales, violes et flûtes, cornets, trombones ou bassons renforcent et soutiennent les chants sans distinction de timbres. Quand une partie a été une fois accolée à un instrument donné, tous deux marchent ensemble jusqu'au bout. Et l'on voit très bien, dans telle *Symphonie sacrée*, l'accompagnement confié *ad libitum* à deux violons *ou* à deux flûtes, *ou* à deux fiffari, petits cornets aigus, tandis que la basse est réalisée à l'orgue. Par endroits même, la première partie de chant se trouve doublée par des violons, tandis que la seconde l'est par un basson ou par un trombone :

H. Schutz, *Symphonia sacra, n° XIII* :

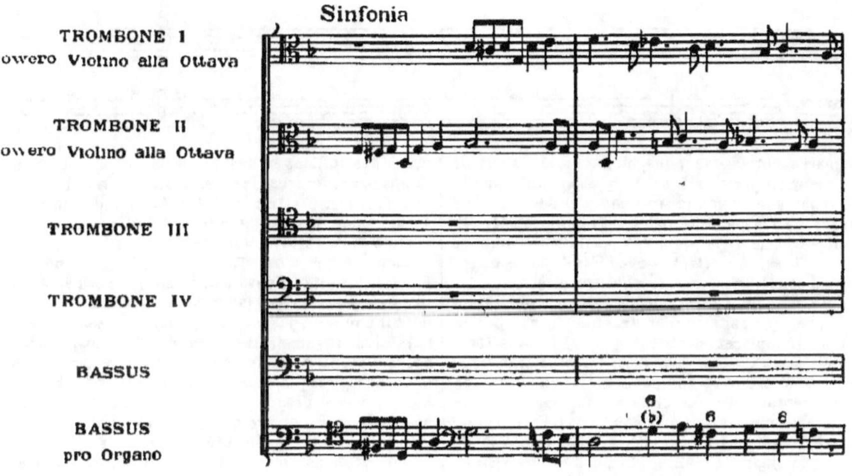

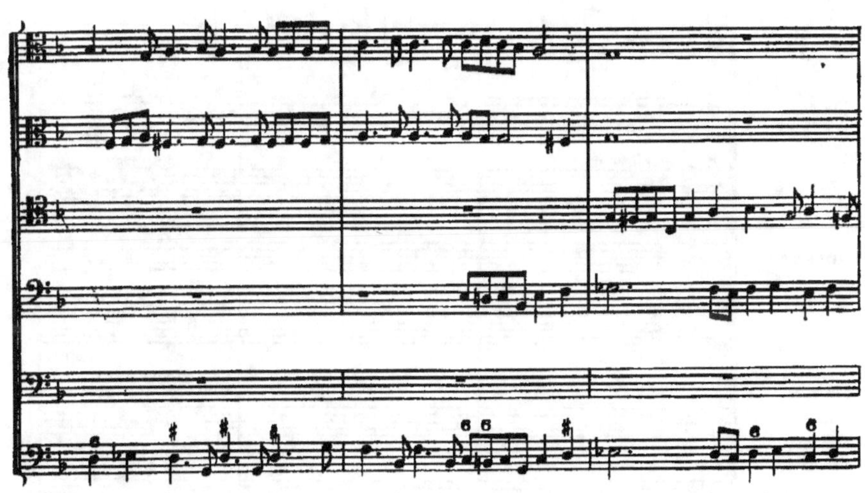

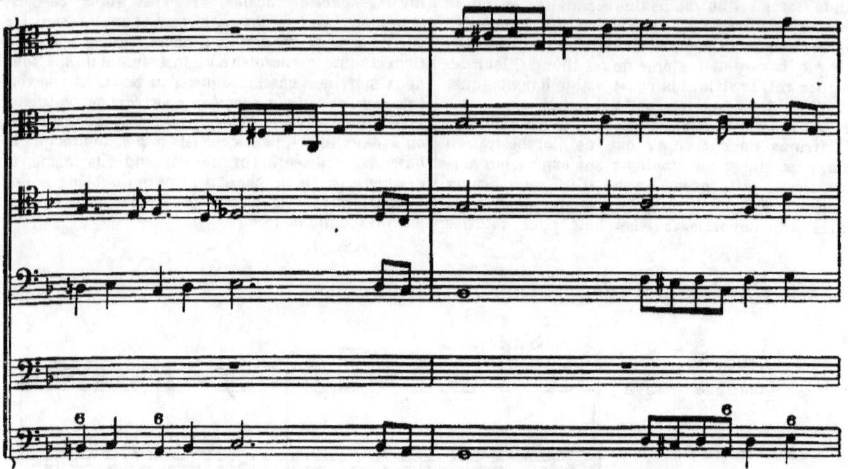

Dans l'exemple que nous donnons ici, sorte de ritournelle empruntée à sa XIIIe *Symphonie sacrée,* et composée pour quatre trombones et basse chiffrée à réaliser à l'orgue, Schutz n'hésita point, on le voit, à écrire en tête de la première partie : « Trombone I, *overo violino alla ottava,* » et en tête de la seconde : « Trombone II, *overo violino alla ottava.* »

Autrement dit : jouez mon morceau avec quatre trombones, mais si vous n'en avez que deux, eh bien tant pis. Remplacez les absents par des violons. C'est montrer assez que les disparates les plus tranchantes ne gênent pas le compositeur et que, sauf de rares exceptions, où il tâche de réunir par familles les groupes sonores, il n'éprouve pas le souci de l'homogénéité du timbre, et que, chez lui, n'existe à un aucun degré le sentiment du coloris orchestral.

Et pourtant ces ritournelles, plus développées que celles des Italiens et des Français, et l'emploi bien moins parcimonieux des instruments à vent indique que l'orchestre attire déjà les Allemands du xviie siècle, sinon comme palette descriptive, du moins comme matière symphonique.

Schutz mourut en 1672. Reinhard Keiser naquit l'année suivante ; il devait introduire l'opéra en Allemagne et, de ce chef, fut le précurseur de Haendel, dont il annonce, jusque dans le style de ses thèmes, la musique théâtrale. Il mourut en 1739. Ce que nous avons dit de l'orchestre de Schutz, nous pourrions le répéter presque textuellement de l'orchestre de Keiser, à ceci près que le style de ce dernier est beaucoup moins strictement polyphonique.

Deux exemples empruntés à ses opéras les plus célèbres, *Crœsus,* qui date de 1711, et *Jodelet,* de 1726, suffiront à se faire une idée de ses recherches :

Keiser, *Crœsus, acte I, scène I :*

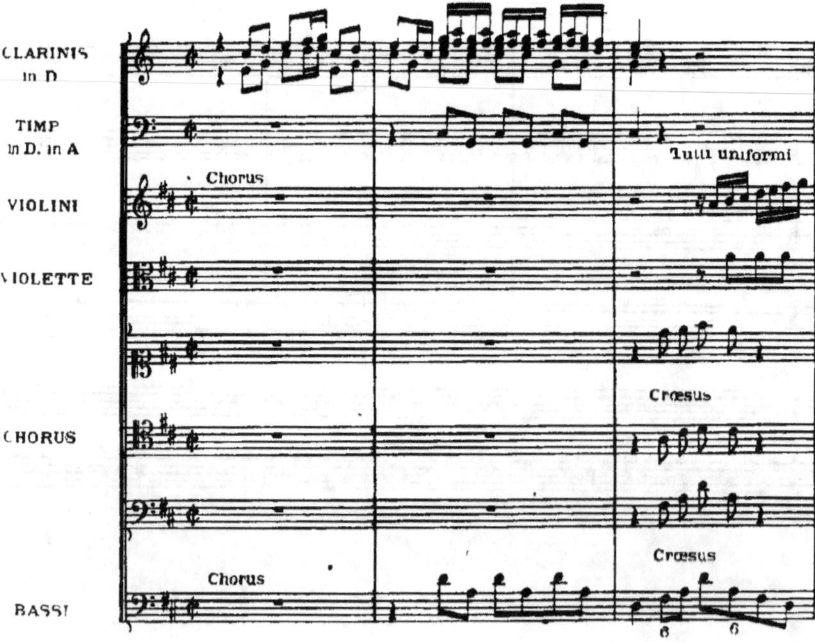

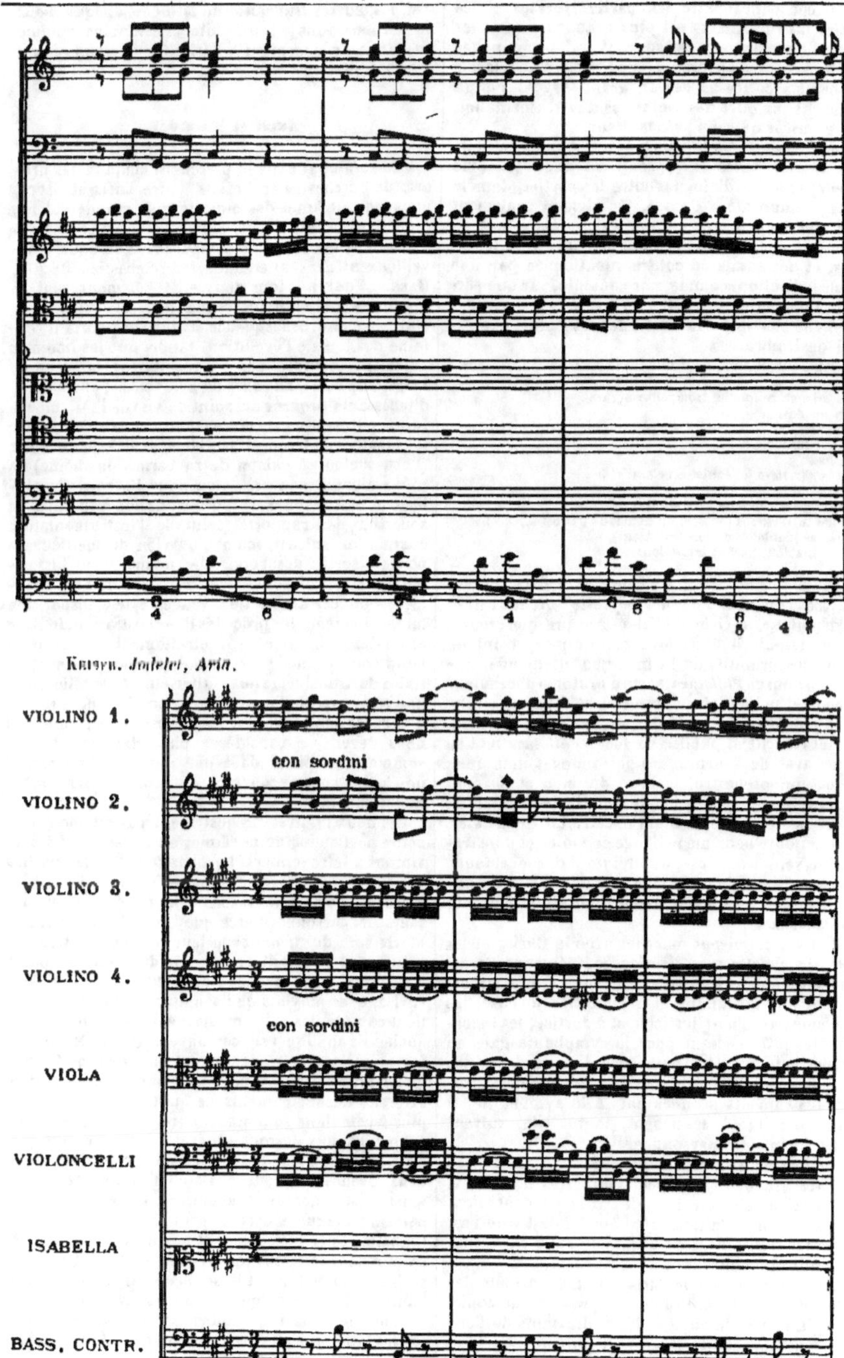
Keiser. Janleler, Aria.
VIOLINO 1.
VIOLINO 2.
VIOLINO 3.
VIOLINO 4.
VIOLA
VIOLONCELLI
ISABELLA
BASS. CONTR.
con sordini
con sordini
Violino grosso senza l'arco

L'indépendance entre les parties vocales et les parties instrumentales est plus grande ici que chez Schutz. L'orchestre y est souvent traité comme les divers claviers d'un orgue, opposition d'un clavier de positif avec les anches du grand orgue. Par là même, Keiser offre des tentatives d'instrumentation plus accusées que son prédécesseur.

Dans l'air de *Jodelet*, le sextuor des violons en sourdine avec sa basse en pizzicati est une recherche «d'effet»; et les dialogues entre les parties, dans le passage emprunté à *Crœsus*, témoignent également d'un réel souci symphonique. Mais, malgré tout, ce ne sont là encore que des tâtonnements bien incertains, et des essais de coloris mentionnés par une simple indication, comme, par exemple, sur une partie de violons : « oboe soli » ou « senza oboe », marquent une bien faible intuition des ressources expressives du timbre.

A titre de curiosité, voici la tablature de *Crœsus* :

3 clarini en re (petites trompettes aiguës).
Trompettes.
Timbales.
Zuffolo (flageolet).
Violini.
Violette (viola-alto) écrites en clef d'*ut* 3e.
Chorus.
Bassi (basse continue avec chiffre),
Flûtes traversières (en solo ou doublant parfois la voix)
Bassons (doublant parfois les basses).
Oboi (doublant parfois les violons.

Nous allons voir tout à l'heure chez Bach et chez Haendel l'épanouissement de cette orchestration polyphonique, si riche de valeurs et presque neutre de tons; mais il nous faut mentionner, avant de quitter les primitifs de la musique allemande, une pièce du nom de *Philothea*, sorte d'oratorio d'un auteur inconnu et qui obtint un grand succès au xviie siècle. On la joua d'abord en 1643, puis, volée et déchirée, elle fut réécrite et publiée en 1658. *Philothea* met en scène, avec des chœurs, des personnages nombreux et tout un orchestre, la lutte du bien et du mal. Nous ne donnerons pas la tablature instrumentale de cet étrange ouvrage, lointain ancêtre de *Tannhäuser*. C'est toujours le même mélange de violes et d'instruments à vent, avec des « ad libitum » déconcertants. Mais les observations de l'auteur à l'usage du musicien qui doit conduire la représentation sont des plus curieuses :

« Les violes doivent marcher avec le Christ et les anges. La violetta avec Miséricorde, Clémence, Espoir et Philothée dans les scènes de douleur. Les cornets conviennent à Mundus et à Philothée joyeuse, les trombones au Christ justicier et à Justice, les théorbes et les luths servent pour la symphonie gaie au premier acte et au troisième acte dans le chœur des filles de Jérusalem, qui devront elles-mêmes avec leurs instruments prendre part à la symphonie. Il faut chanter tantôt lentement, tantôt vite, suivant les sentiments des personnages.

« Le lieu où l'on représente ce drame ne doit pas être très grand, ni les spectateurs très nombreux, car s'il fallait chanter fort, les voix ne pourraient résister à tant de fatigue, et si on chantait trop bas, on n'entendrait plus dans une vaste salle ou devant un auditoire nombreux... »

La *Schola cantorum* de Paris a donné, en 1906, des fragments de *Philothea*, dont elle possède une copie. Malgré la poésie du sujet et les indications de l'auteur anonyme, cet ouvrage est, dit-on, monotone, et s'il surpasse, au point de vue du sentiment orches-

tral, les œuvres françaises de la même époque, nous ne saurions nous le représenter, néanmoins, comme une brillante exception à l'aridité symphonique du « grand siècle ».

Bach et Haendel.

En examinant dans le précédent chapitre les progrès de l'orchestre en France, entre Lulli et Gluck, nous rencontrâmes des musiciens de grande valeur, dont Rameau fut le plus exquis; nous n'aperçûmes parmi eux aucun génie comparable aux deux merveilleux artistes allemands Jean-Sébastien Bach et Haendel, qui, nés tous deux en 1685, moururent, le premier en 1750 et le second neuf ans plus tard. Mais, par une conséquence étrange et pourtant certaine des lois de l'évolution, tandis que les hommes de talent moindre qui se disputaient la scène de l'Opéra de Paris, au cours du xviie siècle, effectuaient d'incessants progrès au point de vue de l'instrumentation pittoresque et créaient petit à petit l'orchestre de théâtre moderne, il semble que Haendel et Bach (Bach surtout à raison de sa perfection même) ne préparaient à peu près rien pour l'avenir. Ils réalisaient une forme d'art, portée par eux à son apogée sous tous les rapports (celui de l'instrumentation comme les autres), mais d'où rien de meilleur ne pouvait sortir désormais. De même qu'en histoire naturelle, on voit les espèces trop parfaitement adaptées à un certain milieu vouées à une disparition fatale, de même les procédés d'orchestration de Bach et de Haendel étaient trop étroitement appropriés à leurs conceptions polyphoniques pour être susceptibles de transformations ultérieures. De telle sorte que cette espèce d'instrumentation, dont nous venons d'admirer chez Schutz les manifestations premières, nous devons la considérer chez Haendel et Bach comme triomphant dans une glorieuse impasse, et non point comme ouvrant une route aux symphonistes futurs.

Ces deux maîtres orchestrèrent parfaitement leur genre particulier de musique, en ce sens qu'ils parvinrent à faire sonner à l'orchestre toutes les parties de leurs œuvres avec l'intensité relative, l'homogénéité et la clarté voulues. Ils ne furent les précurseurs de personne, parce que, morte leur écriture, morte sera du même coup leur instrumentation.

Diffèrent-ils sensiblement l'un de l'autre au point de vue qui nous occupe? Oui et non. Non, si l'on envisage les moyens qu'ils employèrent. Oui, si l'on tient compte des idées musicales à l'expression desquelles ils appliquèrent ces moyens. Quand M. Lavoix écrit que l'orchestre de Bach est plus riche de timbre que celui de Haendel, plus varié par le nombre et la diversité des instruments (ce qui est peut-être vrai), plus ferme dans sa masse sonore, il s'attache beaucoup plus aux formes générales de leur musique qu'à leur instrumentation même. En réalité, leurs deux orchestres sont également puissants. A la masse instrumentale tout entière, au trio des trompettes avec lequel marchent presque constamment les timbales, tous deux unissent la voix de l'orgue. Ces trompettes, écrites dans un registre très élevé, absorbent complètement la sonorité des violons et des hautbois, dont ils calquent le plus souvent les traits. Et n'oublions pas la pesante basse du *continuo*, jouée par les luths et les théorbes, et qui alourdit impitoyablement les œuvres de cette époque, tout en répandant sur elles le monotone estompage de la réalisation à l'orgue.

Nous ne voyons donc pas quelle peut être en soi la différence de puissance sonore entre les orchestres de ces compositeurs féconds. M. Lavoix entre, du reste, dans nos vues, quand il recherche la cause de leur apparente diversité : « L'orchestre de Haendel a plus de souplesse et de grâce (?), il emprunte au style dramatique une grande légèreté[1] et on y trouve plus d'une fois des traits de coloris et d'expression que le maître sévère qui a écrit la *Passion* n'a pas voulu ou peut-être n'a pu mettre dans le sien. »

C'est en effet l'écriture des deux maîtres qui différencie leur instrumentation, et nous nous retrouvons ici en présence d'un cas analogue à celui que nous présentèrent leurs prédécesseurs directs : Heinrich Schutz et Keiser.

Le style de Haendel, dans ses opéras, permet à la trame verticale une attache de combinaisons sonores plus facile que dans l'œuvre de Bach. Bach, dont l'écriture est beaucoup plus serrée, plus fuguée, plus contrapunctique, offre une trame essentiellement horizontale. Chez lui comme dans Schutz, telle partie vocale sera soutenue par une ligne instrumentale invariable, toute nouvelle combinaison de timbre ne pourrait que difficilement s'y amorcer. Aussi, est-ce dans le dialogue musical que nous voyons chez Haendel et chez Bach les effets d'orchestration les plus identiques : voix accompagnées par le quatuor dialoguant avec les trompettes et les timbales, etc. Dans les *soli*, la variété de ces accompagnements est d'ailleurs plus grande chez Bach que chez son rival.

M. Lavoix dit encore : « L'orchestre de Bach ne passa pas par les mêmes révolutions que celui de Haendel; ce qu'il était lorsqu'il publia sa première œuvre (1708), nous le retrouvons encore dans ses dernières cantates. » Cette observation est juste, mais c'est précisément parce que l'écriture de Bach a toujours été la même, que la réalisation de sa pensée musicale ne s'est jamais modifiée. Il nous semble qu'aujourd'hui un compositeur écrivant comme Bach ne saurait (avec les moyens d'autrefois bien entendu) orchestrer autrement Et cette observation peut s'appliquer à d'autres compositeurs, à presque tous, l'œuvre en elle-même apportant ses propres effets d'instrumentation. Weber aurait-il pu orchestrer différemment le *Freyschütz*? Mendelssohn, le pur et propre, pouvait-il orchestrer autrement que purement et proprement? Berlioz, avec sa fantaisie romantique, son caractère extraordinairement pittoresque, était-il capable de concevoir et d'orchestrer avec plus de sagesse la *Symphonie fantastique,* l'ouverture des *Francs-Juges*, le *Requiem*, la *Course à l'abîme?* Et Wagner? et Chabrier? Bientôt enfin, nous verrons chez Gluck, homme de théâtre incomparable, un orchestre essentiellement dramatique... Quelques rares exceptions existent pourtant, où l'idée, la souplesse, la richesse d'une œuvre se trouvent amoindries, étouffées, décolorées par une réalisation orchestrale maladroite, pesante ou uniforme. Nous en parlerons plus tard.

Mais revenons à nos deux grands polyphonistes.

L'orchestre de Bach, dans les dialogues musicaux, ressemble donc étrangement à celui de Haendel, et

dans les *tutti*, traités comme l'orgue avec jeux doux, jeux clairs, jeux éclatants, il est sensiblement le même, à ceci près que Bach emploie les flûtes et que Haendel s'en sert assez rarement. L'indépendance admirable de leur écriture désagrège, éparpille la sonorité et l'épaissit quelquefois. Bach traite souvent son orchestre dans les ensembles comme un contrepoint à six, sept, huit parties, et nous voyons des instruments de sonorité grêle, comme la flûte, lutter, à eux seuls, avec une mélodie indépendante, contre d'autres instruments à timbre mordant ou éclatant. Cet enchevêtrement des parties diverses confiées à des organes trop différents ne peut donner qu'une sonorité pâteuse. Aussi, la sensation éprouvée, en opposant à celui de Haendel l'orchestre de Bach, est telle que, chez ce dernier, l'aisance, la virtuosité extrême de l'écriture provoquent d'elles-mêmes une variété plus grande. La sonorité, le coloris ne sont peut-être pas différents, tout au moins dans les *tutti*, toujours enveloppés de la sonorité de l'orgue. Cependant, l'indépendance même des parties, leur liberté de mouvement donnent à la lecture des partitions d'orchestre de Bach un attrait, une variété infinie, variété plus visuelle qu'auditive, il est vrai. Mais quelle écriture! Quel enchantement dans ces parties mélodiques si naturelles, si libres, de courbes si gracieuses s'harmonisant si purement entre elles! Quelle habileté, que de souplesse, que de merveilles et surtout que de facilité dans tout cela!

Examinons maintenant avec quelques détails l'orchestre de chacun d'eux.

Chez Haendel, la différence de l'instrumentation est assez sensible, suivant que l'on envisage ses opéras ou ses compositions sacrées. La nécessité de laisser à découvert certaines parties vocales d'un ouvrage dramatique le contraint à employer, pour son théâtre, un orchestre moins puissant que celui de ses oratorios, destiné à soutenir de grandes masses vocales.

D'une façon générale, voici sa tablature :

Cordes frottées.	Cuivres.
Violons premiers.	Trompettes.
Violons deuxièmes.	Cors.
Violons troisièmes, rares.	Trombones.
Violette marine.	
Violes de gambe.	**Instruments à clavier.**
Violoncelles.	Orgue.
Contrebasses.	2 Clavecins.
	Carillon.
Cordes pincées	**Bois.**
Luth	Flûtes droites ou traversières, grandes ou petites.
Théorbe.	Cornets.
Harpe.	Hautbois.
Batterie.	Bassons.
Timbales.	Contre-basson.
Tambours.	Double-basson dans l'*Hymne du couronnement*, 1727.

Cet orchestre très complet est, on le voit, le même que notre orchestre moderne, nos altos d'aujourd'hui remplaçant les violes et violettes, nos harpes, le luth et le théorbe que Bach et Haendel seront les derniers à employer et dont ils se servent, on s'en souvient, pour la basse continue, nos clarinettes enfin s'étant substituées aux cornets.

Haendel emploie moins les trombones que Bach; il écrit des parties importantes de cors (quatre dans *Jules César*) et s'en sert pour la première fois, vers 1720, dans ses opéras italiens et anglais. Les cors ne lui servent pas à fournir et à engraisser la partie

---

1. On sait que Haendel outre ses nombreux oratorios, a écrit pour le théâtre, de 1704 à 1740, un nombre presque incroyable de pièces dont il ne nous appartient pas de citer les titres italianisés, tandis que son prodigieux rival se cantonnait dans les austères splendeurs de la cantate et de l'oratorio.

harmonique des bois, mais presque toujours à doubler les trompettes à l'octave grave.

Les trompettes, en revanche, sont employées très fréquemment par HAENDEL et par BACH (on sait quelle était l'extraordinaire virtuosité des trompettistes à cette époque); elles sont écrites à deux et trois parties, et presque constamment accompagnées par les timbales.

Les flûtes ont, dans leurs œuvres, un rôle élégant et gracieux. Le hautbois est toujours employé. HAENDEL avait une prédilection pour cet instrument, pour lequel il écrivit de nombreux concertos. A cette époque, comme le dit très bien M. LAVOIX, « non seulement le hautbois était pastoral, mais encore il était guerrier; sa sonorité aigre et éclatante le rendait propre à la musique militaire; les vieilles bandes musicales de France, d'Angleterre et d'Allemagne se composaient presque uniquement de hautbois, et la *Marche des mousquetaires* de LULLI est écrite pour ces instruments ».

Le basson a peu d'effet particulier et double presque toujours la basse.

Les timbales, nous l'avons déjà dit, accompagnent les trompettes et en affirment le rythme.

Le tambour, très rarement employé, apparaît néanmoins dans *Justin* et dans *Josué* (encore ne figure-t-il pas dans les éditions allemandes et anglaises).

Enfin, l'orgue et les clavecins réalisent la basse continue. Quelquefois pourtant, ces derniers instruments ont une partie indépendante; dans *Rinaldo* par exemple (1711).

HAENDEL ne se sert pas toujours de toutes ses forces instrumentales. Dans la plupart de ses ouvrages, son orchestre se compose exclusivement, outre les instruments à cordes, de deux hautbois doublant les premiers et seconds violons et parfois d'un ou deux cors. Dans les ensembles, la sonorité est renforcée par les trompettes à deux parties (le *principal*[1] faisant parfois la troisième partie) et par les timbales. Le quatuor est admirablement écrit et éclatant, le *continuo* pesant. Les instruments tels que le hautbois, la flûte, la trompette sont aussi traités en *solo* et dialoguent avec le chant.

Dans la deuxième partie de *L'Allegro il Pensiero ed il Moderato* (1740), il y a lieu de remarquer un dialogue entre le violoncelle solo et la voix. Dans ce même ouvrage comme dans beaucoup d'autres d'ailleurs, les trompettes doublent les hautbois, qui, à leur tour, doublent les violons.

Dans l'opéra *Justin* (1740), on rencontre à la scène iv de l'acte premier un joli effet de détail : la combinaison d'une flûte jouant à l'unisson du hautbois, une deuxième flûte, et enfin une viole de gambe à l'unisson d'une basse de flûte, sans basse ni clavecin.

Il faut citer aussi la variante orchestrale des reprises du chœur célèbre de *Judas Macchabée* (1745) : « Lève la tête, peuple d'Israël, » où le chœur des jeunes gens est d'abord soutenu par l'orgue seul, les voix dialoguant avec deux cors en *sol* (écrits bien haut). Le même motif est ensuite interprété par le chœur des jeunes filles : « Chères compagnes, donnons-nous la main, » soutenu par deux flûtes traversières et l'orgue. Enfin, la troisième fois, cors, hautbois, flûtes, violons, violes, *continuo* et timbales à volonté accompagnent le chœur général.

Dans *Résurrection* (1708), un air de San Giovanni est délicieusement accompagné par la flûte traversière, dialoguant avec la viole de gambe, sur le *continuo* du théorbe.

Dans *Saül* (1738), on rencontre un air de David soutenu par les instruments à cordes pincées, le théorbe, la harpe, les violons et les basses en pizzicati.

HAENDEL y emploie aussi le carillon à clavier, sorte de glockenspiel, lorsque les femmes israélites sortent à la rencontre du jeune David, vainqueur du géant philistin, en chantant et en dansant au son des tambourins et des triangles.

L'instrument est en *fa* (transpositeur), et sonne par conséquent à la quarte supérieure de la note écrite. Il est d'abord combiné avec les premiers violons et l'orgue, puis se mêle aux chœurs et aux danses. Le compositeur en abuse même un peu.

Mais *Résurrection* est de toutes ses œuvres celle qui présente peut-être la plus grande variété d'effets instrumentaux. M. LAVOIX, en parlant de cet oratorio, dit avec raison : « HAENDEL tirait de puissants effets du dialogue des masses instrumentales, et rien n'est plus solennel que les passages où trompettes et trombones, alternant avec l'orchestre, répondent aux lamentations du hautbois. Dans le chœur de *Saül* « How excellent », les sonneries de trompettes, interrompant l'accompagnement des violons, sont d'un étonnant éclat. Sans pousser aussi loin que RAMEAU l'amour de la musique imitative, HAENDEL ne la rejetait pas complètement et l'appelait quelquefois à son aide pour rendre son idée avec plus de vérité; c'est ainsi que, dans la *Fête d'Alexandre*, au moment où ce prince, rendu furieux par l'orgie, met le feu à Persépolis, l'orchestre et les chœurs rendent d'une manière saisissante le tumulte d'un peuple effrayé. » Il y a quelque excès dans cette admiration; ce passage est peu de chose, à vrai dire, et ne constitue qu'une bien faible tentative de symphonie pittoresque

Nous empruntons quelques exemples aux ouvrages de HAENDEL. D'abord un air de *Justin* (*Giustino*) où l'on verra le curieux agencement d'une trompette, de deux hautbois et du quatuor :

---

[1] Jeu de tout ce...

HÆNDEL, *Giustino*, scène X :

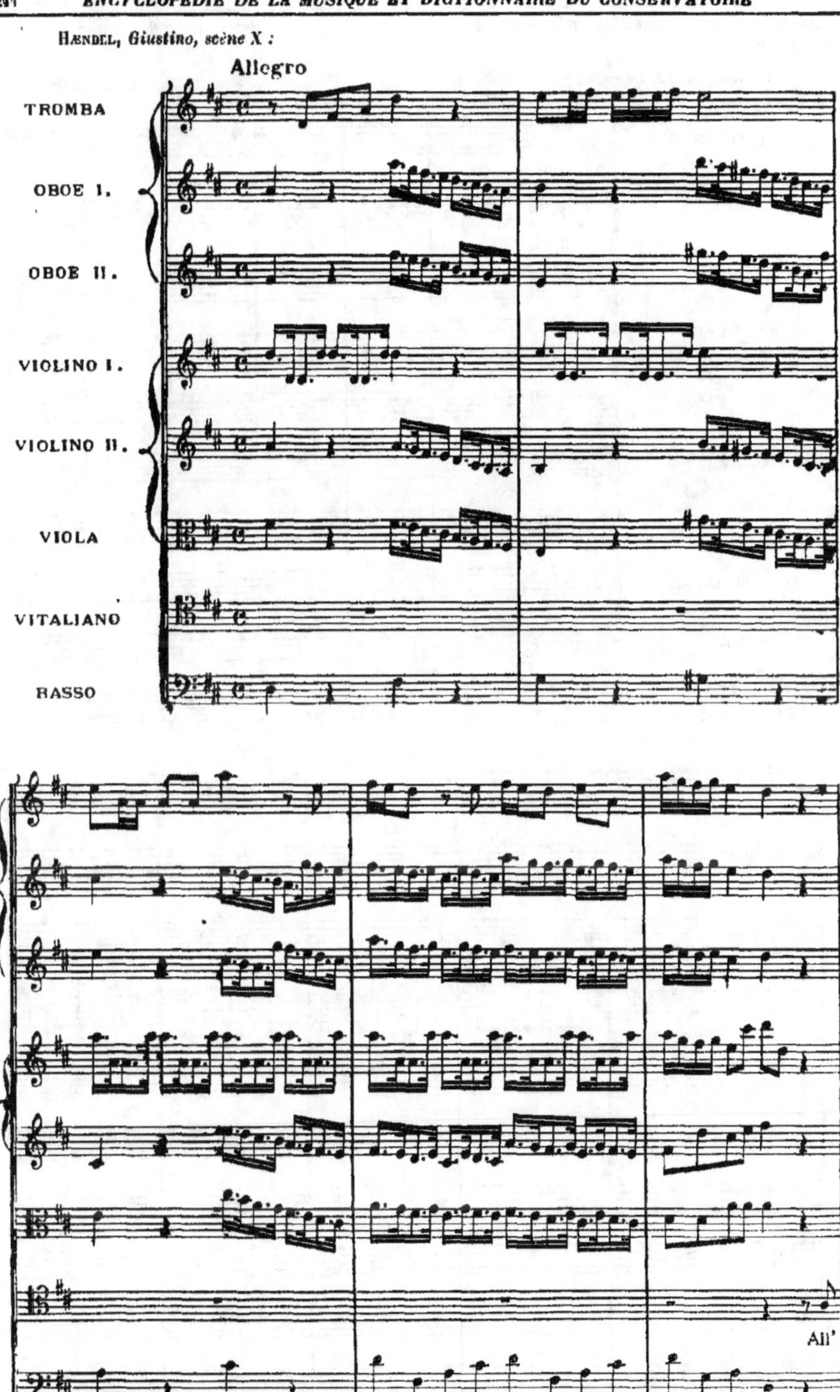

Résurrection nous fournit un intéressant dialogue du violon solo, de deux violes de gambe et de tous les instruments :

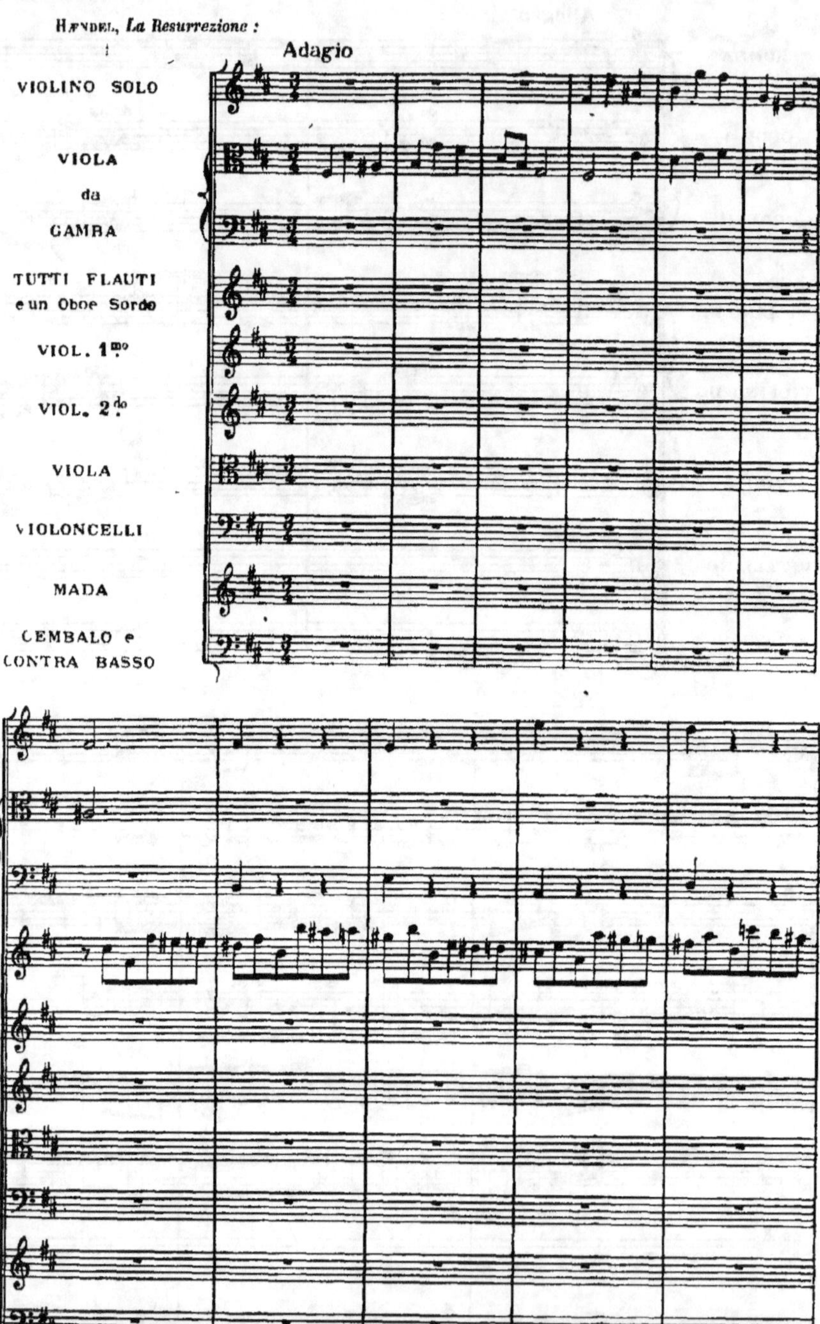

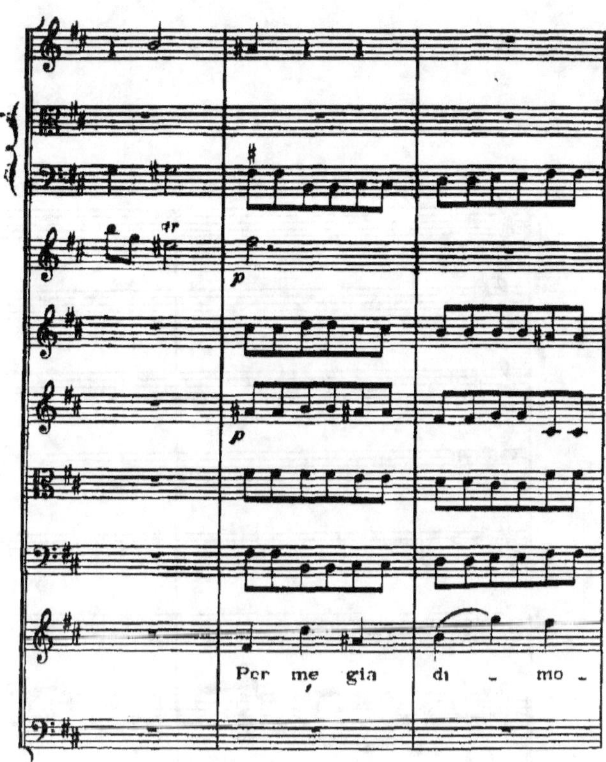

Enfin, nous donnons un passage de *Josué* (1747), très caractéristique de l'orchestre sonore de HAENDEL, avec ses trois trompettes et ses deux hautbois vigoureux (p. 2247)

Passons à l'orchestre de BACH. Voici d'abord les instruments dont se servait, dans ses cantates, le sublime auteur de la *Messe en si mineur* :

Cordes frottées.	**Instruments à vent.**
Violons.	Flûtes.
Violes d'amour.	Hautbois et ses variétés.
Violes de gambe.	Ténor et taille.
Contrebasses.	Hautbois d'amour et de chasse.
Violino e violoncello piccolo (probablement accordés à l'octave grave du violon).	*Cornetti* (doublent les *soprani* dans les chorals).
	Trompettes.
Cordes pincées.	*Tromba da tirarsi* (trompette à coulisse).
Luth.	Trombones.
Batterie.	Orgue.
Timbales.	
Campanelli (clochettes).	

Nous n'avons pas à revenir sur l'emploi, tout à fait conforme à son esthétique générale, que BACH fit de cet orchestre, dans les *tutti*. Nous y avons suffisamment insisté.

Voyons plutôt la variété qu'il apporte dans l'instrumentation des *soli* chantés et ses nombreuses combinaisons, agencées avec une grâce sans pareille. En voici quelques-unes :

Dans la *Passion selon saint Jean*.

« Arioso » (basse). Le dessin est confié à deux violes d'amour. Le luth a une partie indépendante. Basse et *continuo*.

« Aria » (alto). Viole de gambe solo et *continuo*. Orgue.

« Aria » (tenor). Flûtes traversières. Deux hautbois de chasse et orgue *continuo* :

Dans la *Feria I Nativitatis Christi* :

« Récit de l'évangéliste ». Deux hautbois d'amour. Basson, orgue et *continuo* (p. 2250).

BACH se sert souvent de cette dernière combinaison (*Feria III*).

Passion selon saint Mathieu, etc.

L'« air » qui suit immédiatement est accompagné par un hautbois d'amour doublé aux premiers violons.

Dans la *Feria II Nativitatis Christi* :

« Récit et air » (basse). Quatuor de hautbois d'amour et de hautbois de chasse.

L'« air » suivant est accompagné par les mêmes instruments, parfois doublés par le quatuor. Une flûte joue une partie indépendante dans le chœur final. Emploi dialogué des différentes familles, voix et quatuor : famille des flûtes, famille des hautbois (d'amour et basse).

Dans la *Festa Circumcisionis Christi* :

(Soprano, alto et ténor.) Violon solo concertant. Orgue et *continuo*.

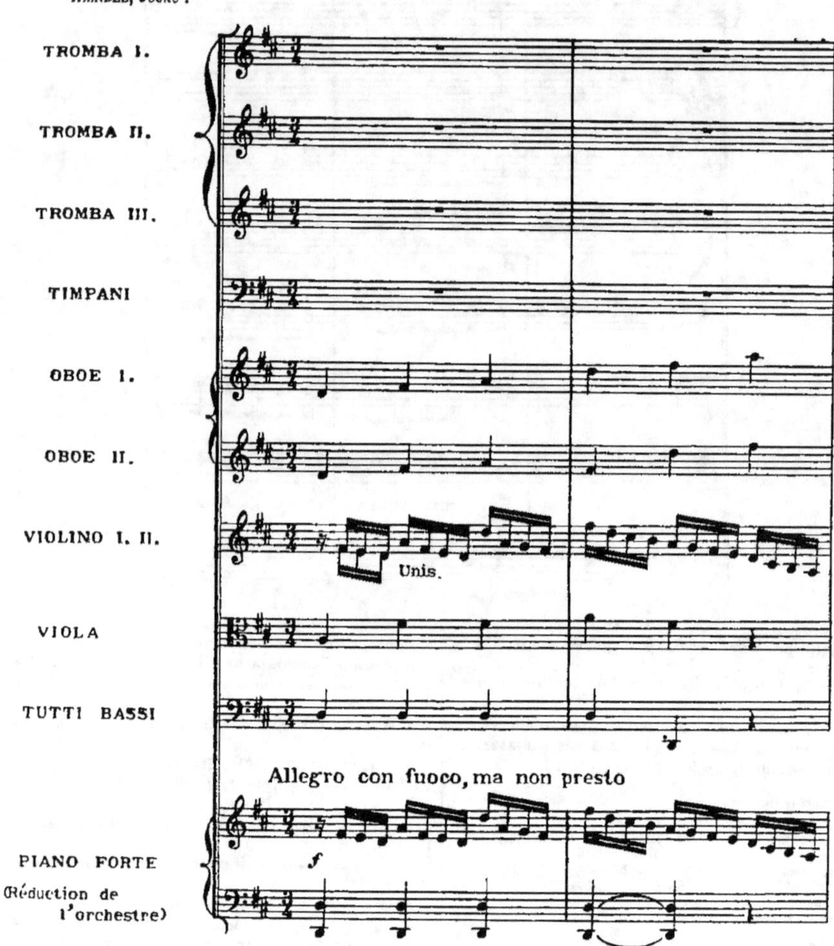
HÆNDEL, Josué :
TROMBA I.
TROMBA II.
TROMBA III.
TIMPANI
OBOE I.
OBOE II.
VIOLINO I. II.
Unis.
VIOLA
TUTTI BASSI
Allegro con fuoco, ma non presto
PIANO FORTE
(Réduction de l'orchestre)
f

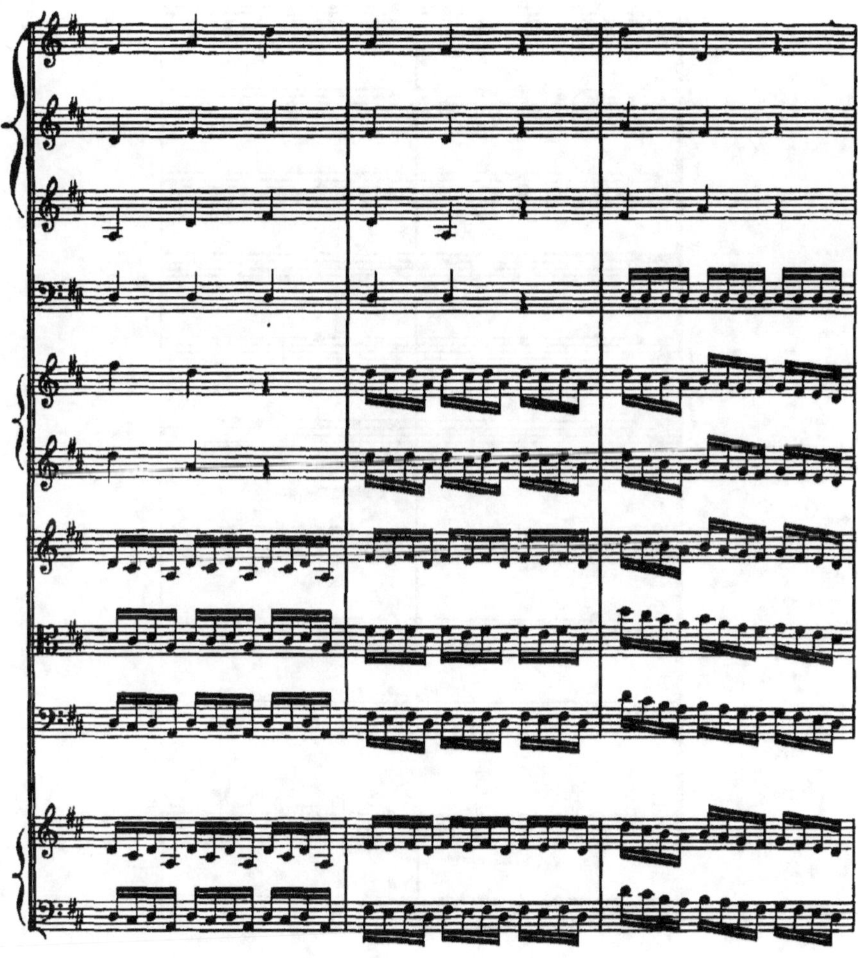

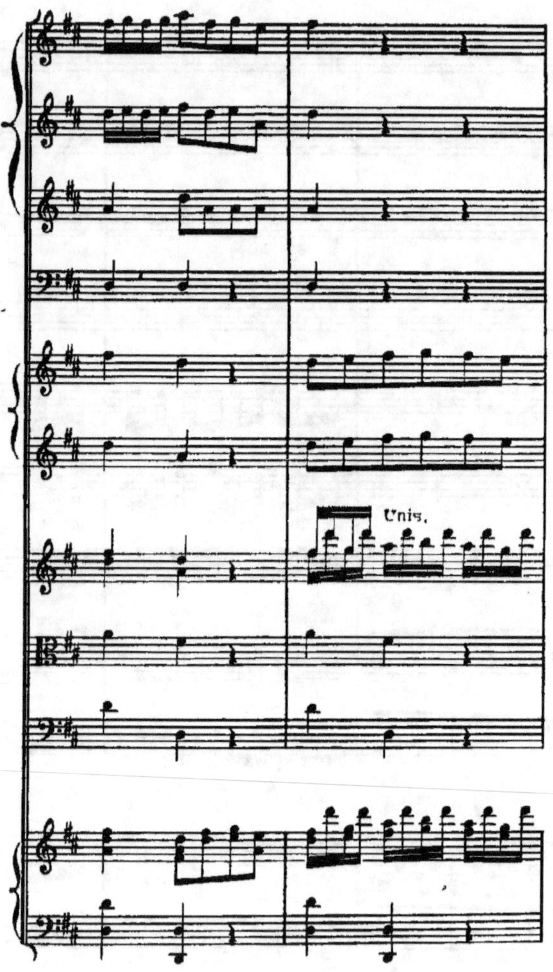
Unis.

BACH, *Passion selon saint Jean*. — *Arioso* :

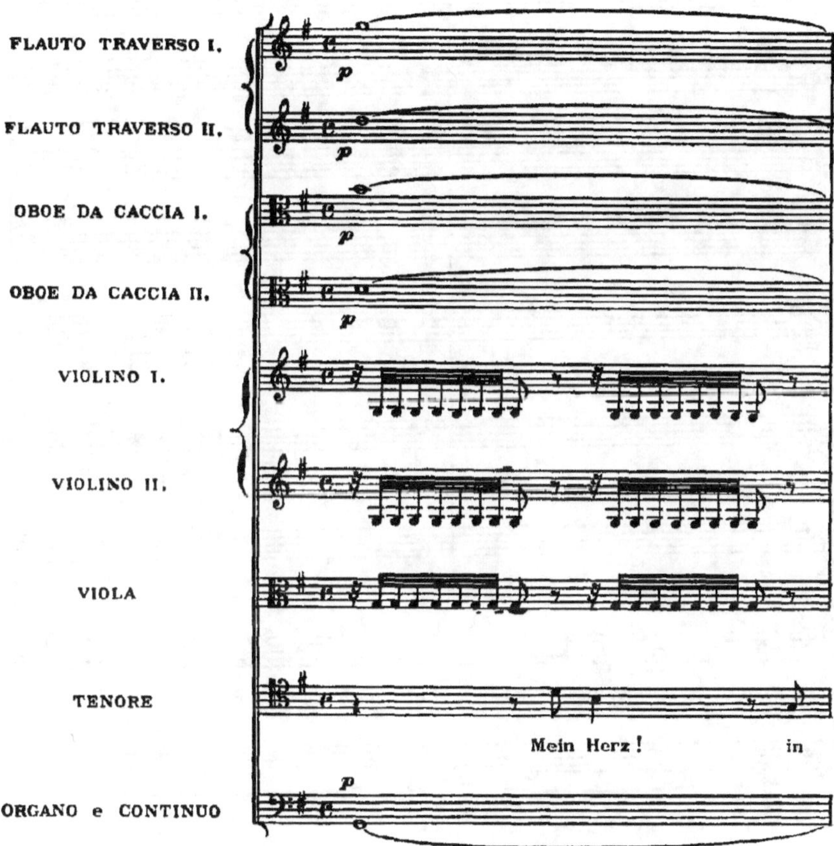

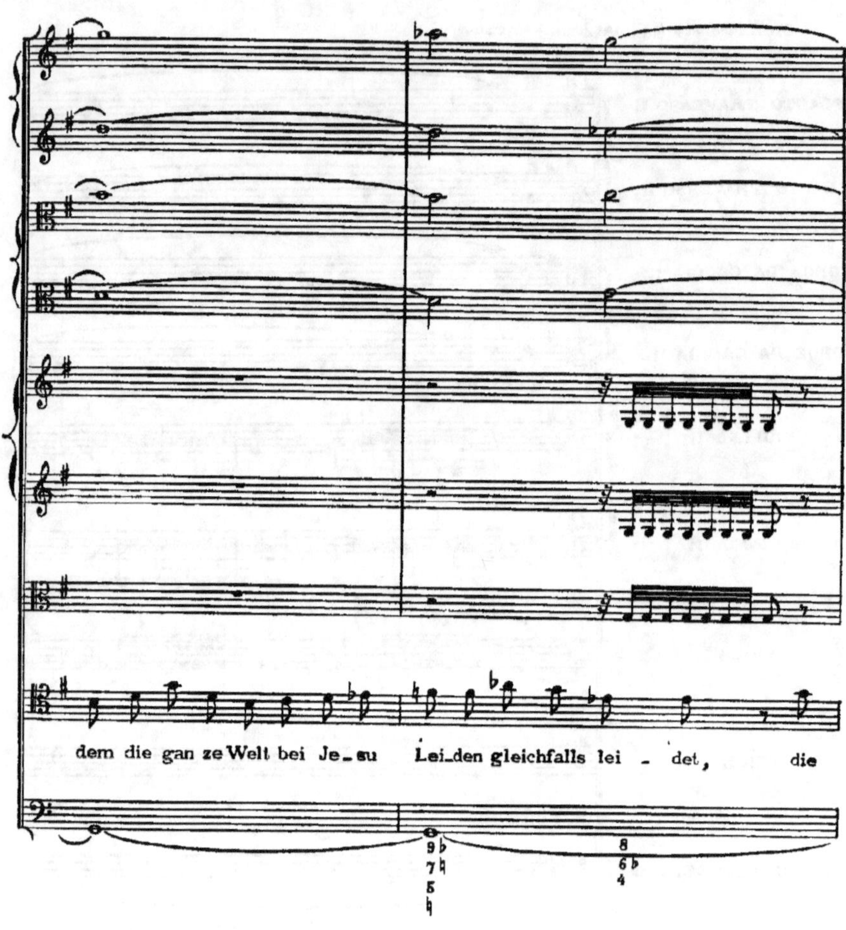
dem die gan ze Welt bei Je_su Lei_den gleichfalls lei _ det, die

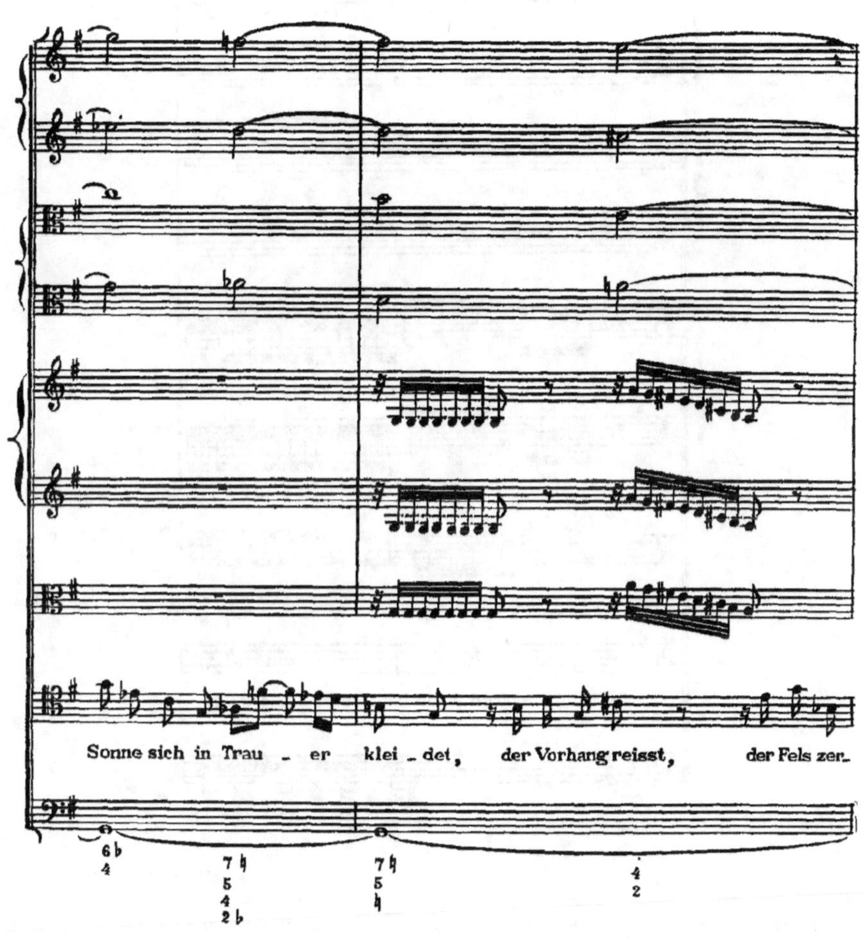
Sonne sich in Trau _ er klei _ det, der Vorhang reisst, der Fels zer_

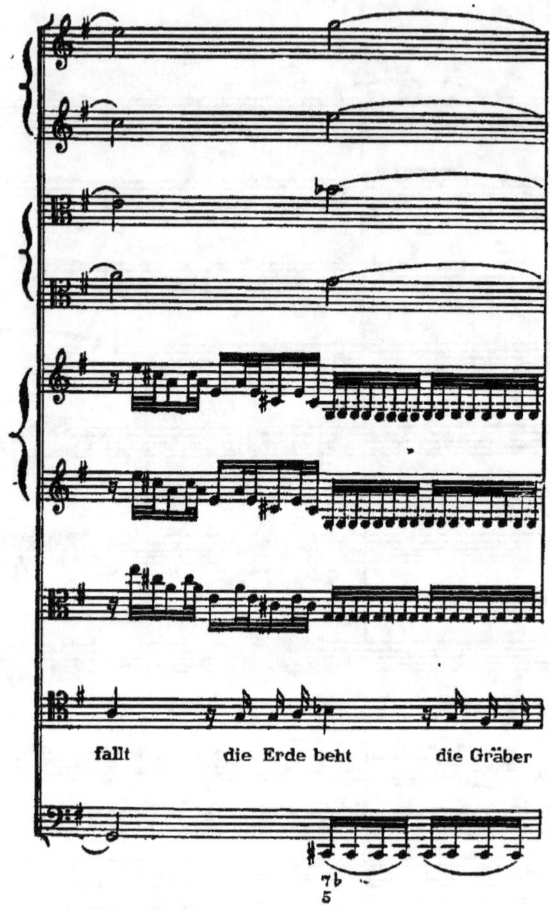

Nous pourrions multiplier les exemples de ces combinaisons. BACH utilise ainsi tous les instruments dont il dispose, et le caractère même de chaque agent sonore, sa personnalité en un mot s'affirme nettement. Voici maintenant la composition des deux orchestres de la *Passion selon saint Mathieu* :

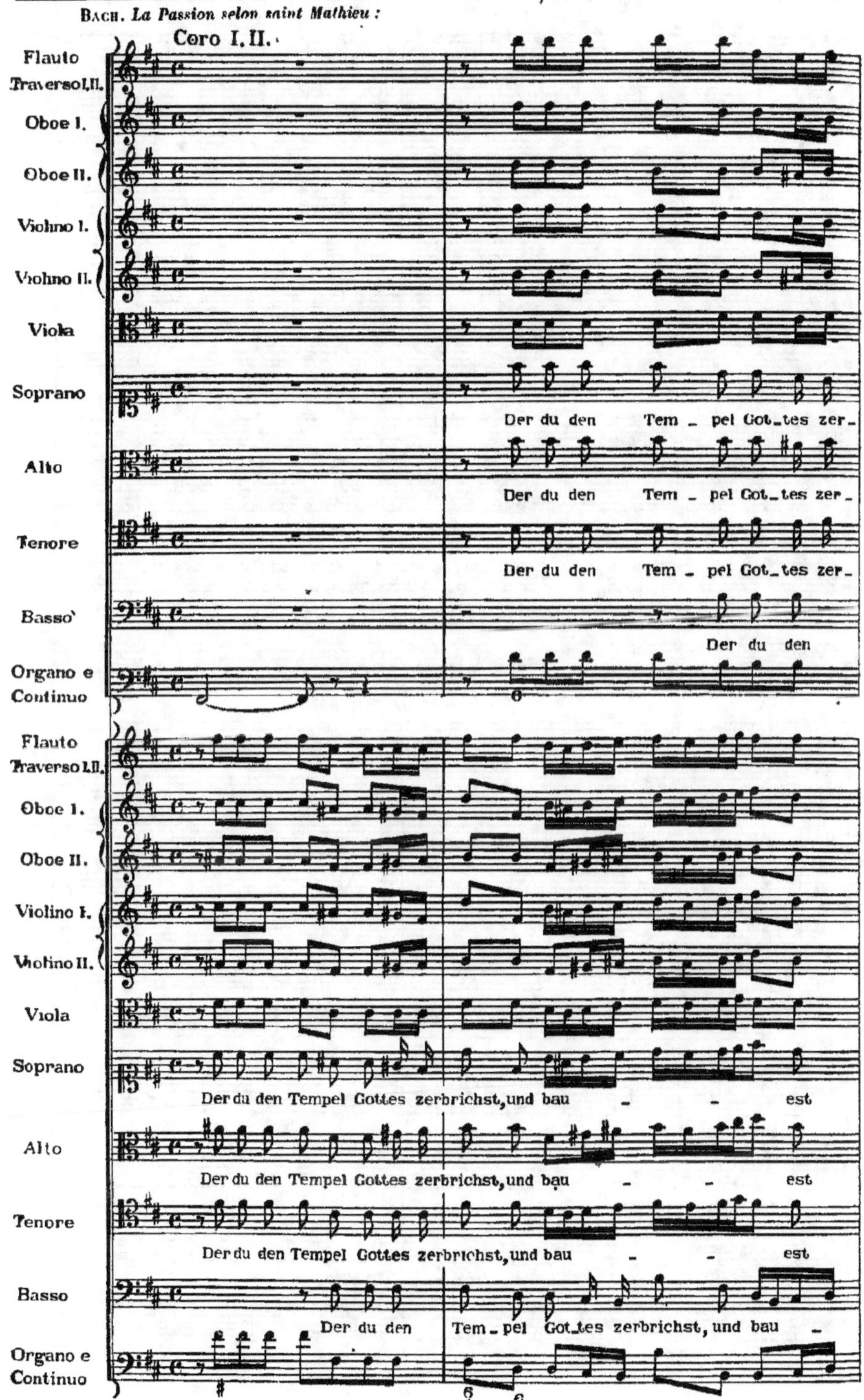
Bach. La Passion selon saint Mathieu :
Coro I. II.
Flauto Traverso I. II.
Oboe I.
Oboe II.
Violino I.
Violino II.
Viola
Soprano
Alto
Tenore
Basso
Organo e Continuo
Der du den Tem _ pel Got _ tes zer _
Der du den Tem _ pel Got _ tes zer _
Der du den Tem _ pel Got _ tes zer _
Der du den
Der du den Tempel Gottes zerbrichst, und bau _ _ est
Der du den Tempel Gottes zerbrichst, und bau _ _ est
Der du den Tempel Gottes zerbrichst, und bau _ _ est
Der du den Tem _ pel Got _ tes zerbrichst, und bau _

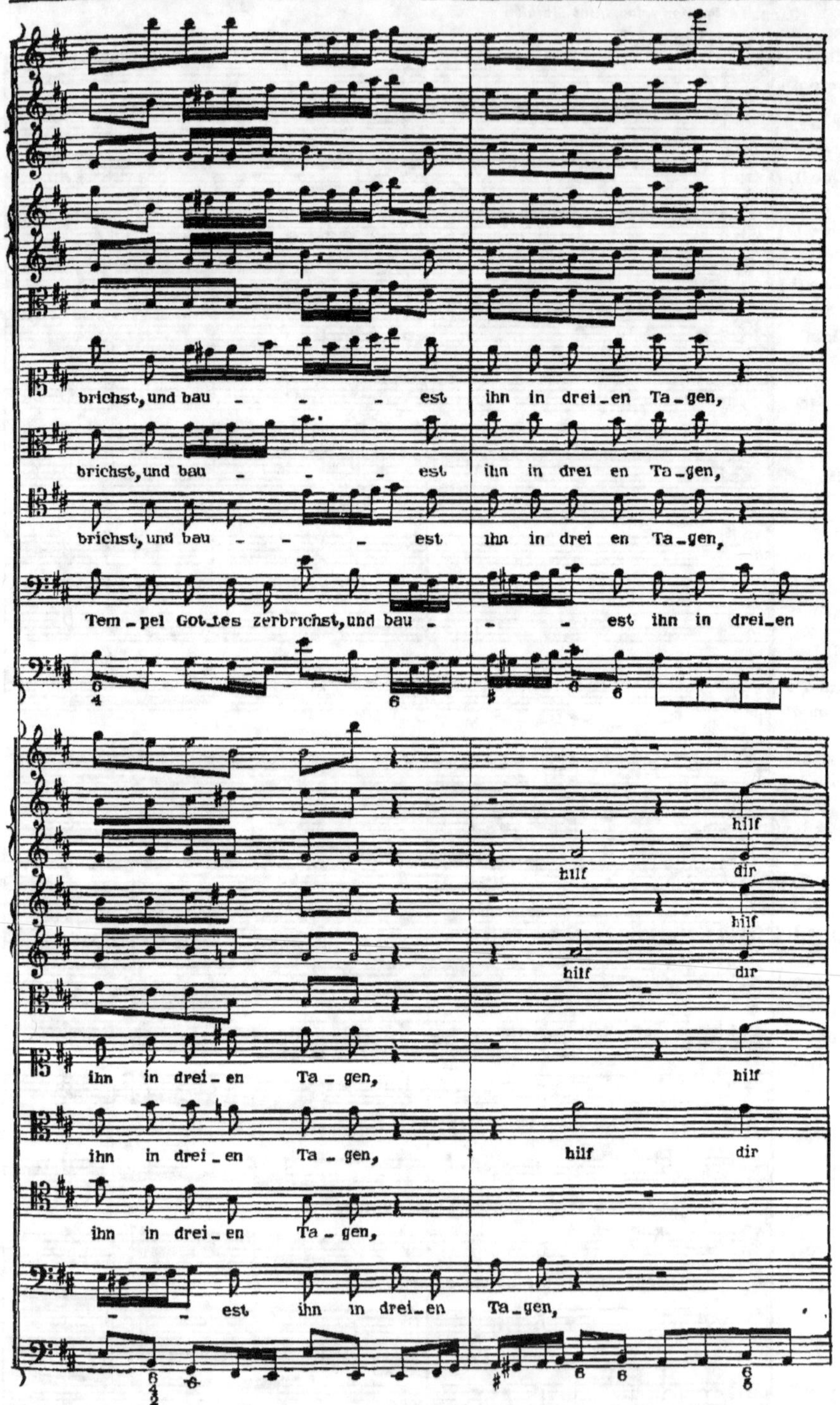
brichst, und bau _ _ _ est ihn in drei_en Ta_gen,
brichst, und bau _ _ _ est ihn in drei en Ta_gen,
brichst, und bau _ _ _ est ihn in drei en Ta_gen,
Tem_pel Got_tes zerbrichst, und bau _ _ _ est ihn in drei_en
hilf
hilf dir
hilf
hilf dir
ihn in drei _ en Ta_gen, hilf
ihn in drei_en Ta_gen, hilf dir
ihn in drei_en Ta_gen,
_ _ est ihn in drei_en Ta_gen,

Premier orchestre	Deuxième orchestre.
Flûte traversière première.	Flûte traversière première.
Flûte traversière deuxième.	Flûte traversière deuxième
Hautbois premier.	Hautbois premier.
Hautbois deuxième.	Hautbois deuxième.
Violons premiers.	Violons premiers.
Violons deuxièmes.	Violons deuxièmes.
Premier chœur (soprano, alto, ténors, basse.	Deuxième chœur (soprano, alto, ténors, basse).
Gambes.	Gambes.
Organo et *continuo*	*Organo* et *continuo*.

Cette disposition spéciale permet à Bach de traiter chacun des chœurs avec son orchestre particulier. Les chœurs et les orchestres dialoguent. Ils ont parfois dans l'ensemble une tâche particulière. Parfois aussi, dans la symphonie, les deux orchestres s'unissent. De ce système, Bach a tiré les plus heureuses combinaisons. L'ensemble en lui-même ne peut offrir une coloration orchestrale très vive, mais la variété naît des combinaisons et des alternances chorales et instrumentales, ou de l'appui et de la large touche momentanée d'un orchestre sur l'autre. Les instruments à timbres spéciaux, comme les hautbois d'amour et de chasse, les gambes n'apparaissent que dans les accompagnements de *soli*, et rarement dans les ensembles.

Les chœurs (chorals) à découvert sont soutenus à l'unisson de chaque partie par les flûtes, hautbois et premiers violons pour les soprani, seconds violons pour les alti, violes pour les ténors, orgue et *continuo* pour les basses.

Nous retrouvons, dans cette œuvre, pour l'accompagnement des *soli* chantés, la même recherche et la même variété dans le choix des instruments. Deux flûtes et *continuo*. Deux hautbois d'amour. Un quatuor de bois : deux flûtes et deux hautbois de chasse dialoguant avec le chœur. Hautbois solo dialoguant avec la voix, l'orchestre et les chœurs. Deux hautbois scandant avec les accords de l'orgue un récitatif de ténor.

Premier violon concertant avec le quatuor. Deux flûtes, les violes de gambe et l'orgue. Deux hautbois de chasse, le violoncelle pizzicato.

Un procédé une fois établi pour un récitatif, le même procédé sera appliqué immédiatement dans l'air qui suit.

Bach semble se servir de ces effets instrumentaux comme d'un clavier d'orgue dont il ne change les registres qu'avec un nouveau morceau. La formule d'accompagnement est toujours une broderie en contrepoint ou canonique sur le chant, l'orgue se réservant exclusivement la partie harmonique. L'instrumentation, dans le courant d'un morceau, ne se modifie point, et la variété ne vient que de la différence des moyens employés dans les divers morceaux d'une même œuvre.

Nous donnons encore deux exemples de l'orchestration de Bach.

L'un d'eux, emprunté à la *Feria I Nativitatis Christi*, est un ensemble où entrent en jeu les trois trompettes, les timbales, les flûtes, les hautbois et le quatuor (p. 2257).

L'autre exemple, tiré de la *Feria II Nativitatis Christi*, offre, avec la légère et délicate *sinfonia* du début, un modèle de dialogue de timbres entre la première flûte et les premiers violons, la deuxième flûte et les seconds violons avec la famille des hautbois d'amour et de chasse (p. 2260).

En résumé, Haendel, homme de théâtre, avait plus

que Bach l'occasion de traiter et de concevoir l'orchestre *décoratif*. Il en a donné quelques impressions (dans *Jules César* notamment). Mais l'orchestre proprement dit, le jeu des timbres, le pittoresque naissant de la fusion d'instruments divers, l'orchestre traité en instrument polyphone n'est pas encore né. L'instrumentation de ces deux grands hommes est monotone, lourde, monochrome, elle est à parti pris, à compartiments, à tiroirs, à registres, comme l'orgue. Et elle ne pouvait être autrement. Nous croyons l'avoir assez montré.

Gluck va éclairer la lanterne splendidement. C'est avec lui que naîtra le coloris musical, cependant que, dans le domaine de la musique pure, Haydn, en créant la symphonie, découvrira la vraie forme de la polyphonie instrumentale autonome, organisme nouveau, jeune et souple dont nous ne connaissons pas encore probablement les avatars suprêmes.

L'ORCHESTRE DE GLUCK

Un jour, l'éditeur Corancez demandait à Gluck à quoi tient au théâtre l'effet foudroyant de la colère d'Achille, dans *Iphigénie en Aulide*. « Il faut avant tout, lui répondit le compositeur, que vous sachiez que la musique est un art très borné, et qui l'est surtout dans la partie que l'on appelle *mélodie*. On chercherait en vain, dans la combinaison des notes qui composent le chant, un caractère propre à certaines passions; il n'en existe point. Le compositeur a la ressource de l'harmonie, mais souvent elle-même est insuffisante. Dans le morceau dont vous me parlez, toute ma magie consiste dans la nature du chant qui précède et dans le choix des instruments qui l'accompagnent. Vous n'entendez depuis longtemps que les tendres regrets d'Iphigénie et ses adieux à Achille; les flûtes et le son lugubre des cors y jouent le plus grand rôle. Ce n'est pas merveille si vos oreilles ainsi reposées, frappées subitement du son aigu de tous les instruments militaires réunis, vous causent un mouvement extraordinaire, mouvement qu'il était, à la vérité, de mon devoir de vous faire éprouver, mais qui n'en tire pas moins sa force principale d'un effet purement physique. »

L'exagération même de cette réponse montre quel rôle primordial Gluck attribuait à l'orchestre dans la musique de théâtre. Et, puisqu'il attachait un tel prix à la valeur expressive des timbres, il suffit de relire l'épître dédicatoire d'*Alceste* pour comprendre à quel point dut le hanter constamment le souci d'une instrumentation dramatique. « Je songeai, écrit-il dans cette préface célèbre, je songeai à réduire la musique à sa véritable fonction qui est de seconder la poésie dans l'expression des sentiments et des situations de la fable, sans interrompre l'action, ou la refroidir par des ornements inutiles et superflus, et je crus que la musique devait être à la poésie comme, dans un dessin correct et bien disposé, la vivacité des couleurs et le contraste bien ménagé des lumières et des ombres qui servent à animer les figures sans en altérer les contours. »

Voici quelque chose de tout à fait nouveau et dont nous n'avons rencontré jusqu'ici aucun exemple, — sinon peut-être chez Monteverdi, — la participation de l'orchestre à l'action dramatique, le renforcement des situations pathétiques par le coloris instrumental. Encore le pressentiment qu'eut Monteverdi de la puissance expressive du timbre se trouvait-il entravé

Bach, *Feria I Nativitatis Christi :*

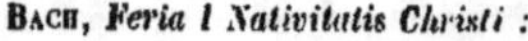

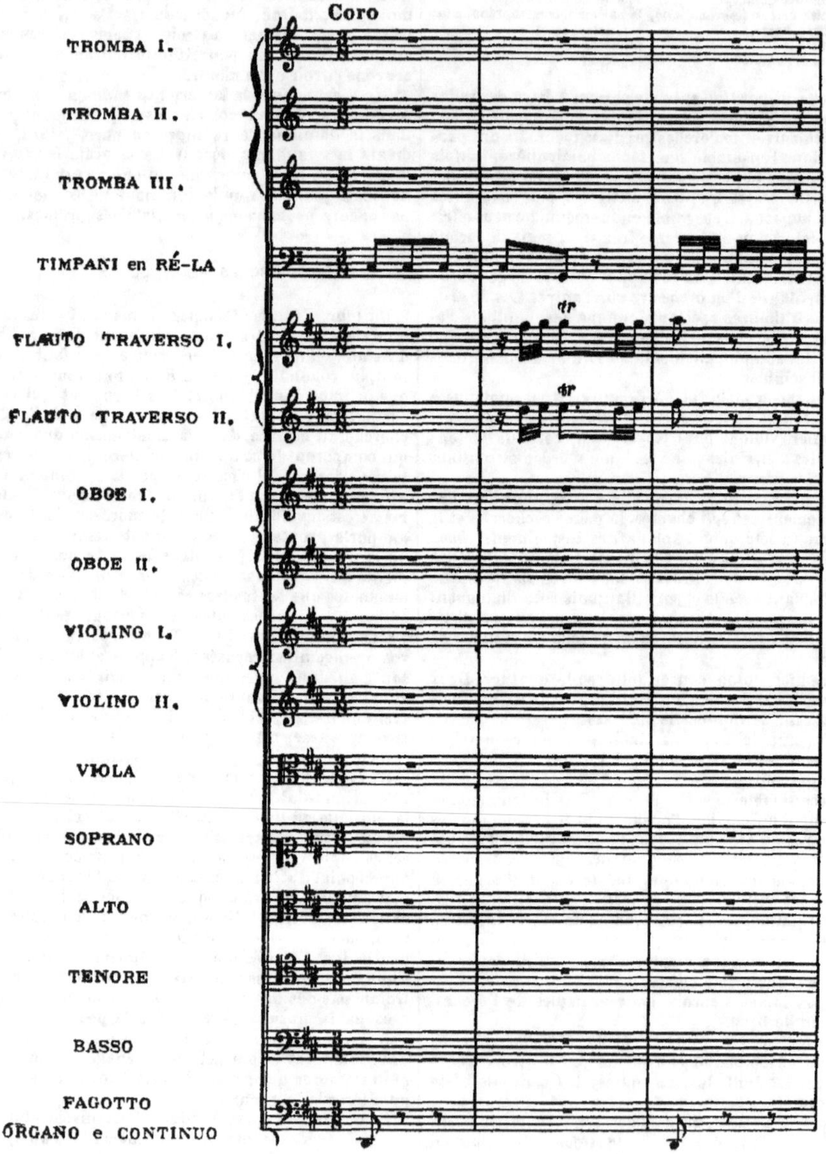

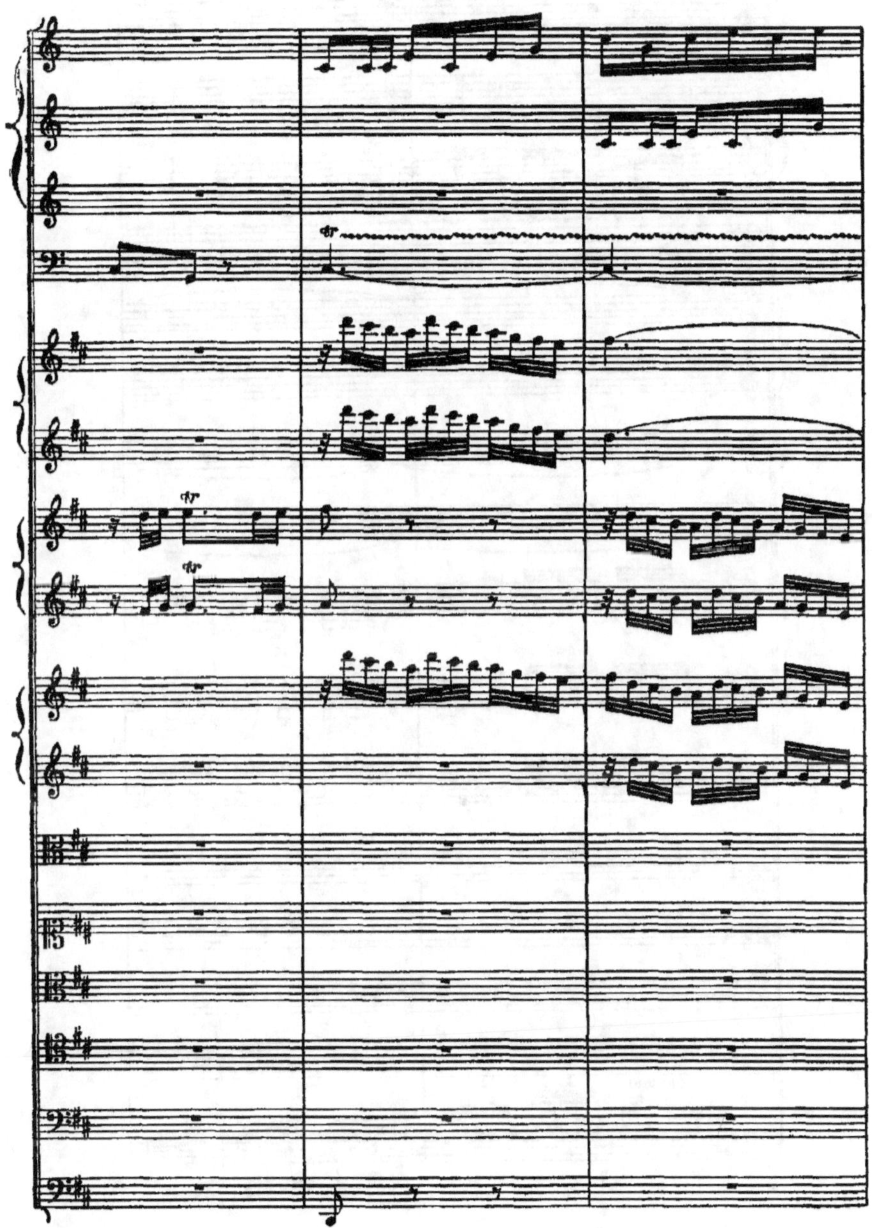

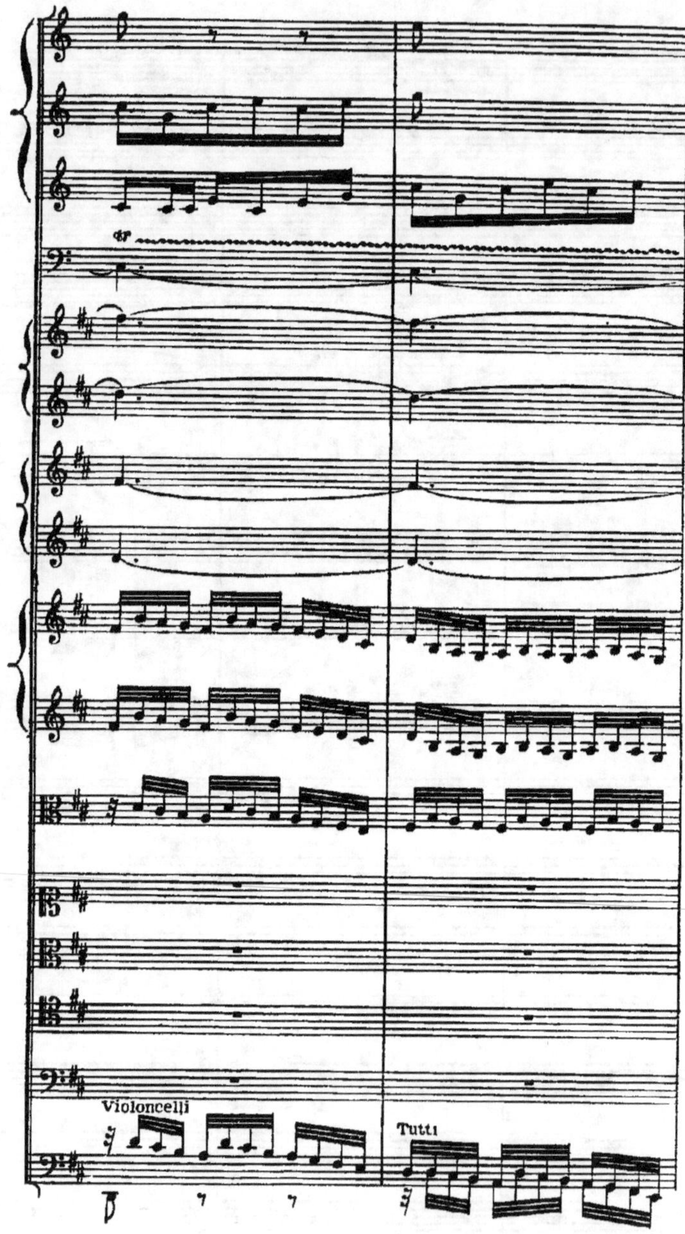
sfp
Violoncelli
Tutti

Bach, *Feria II Nativitatis Christi :*

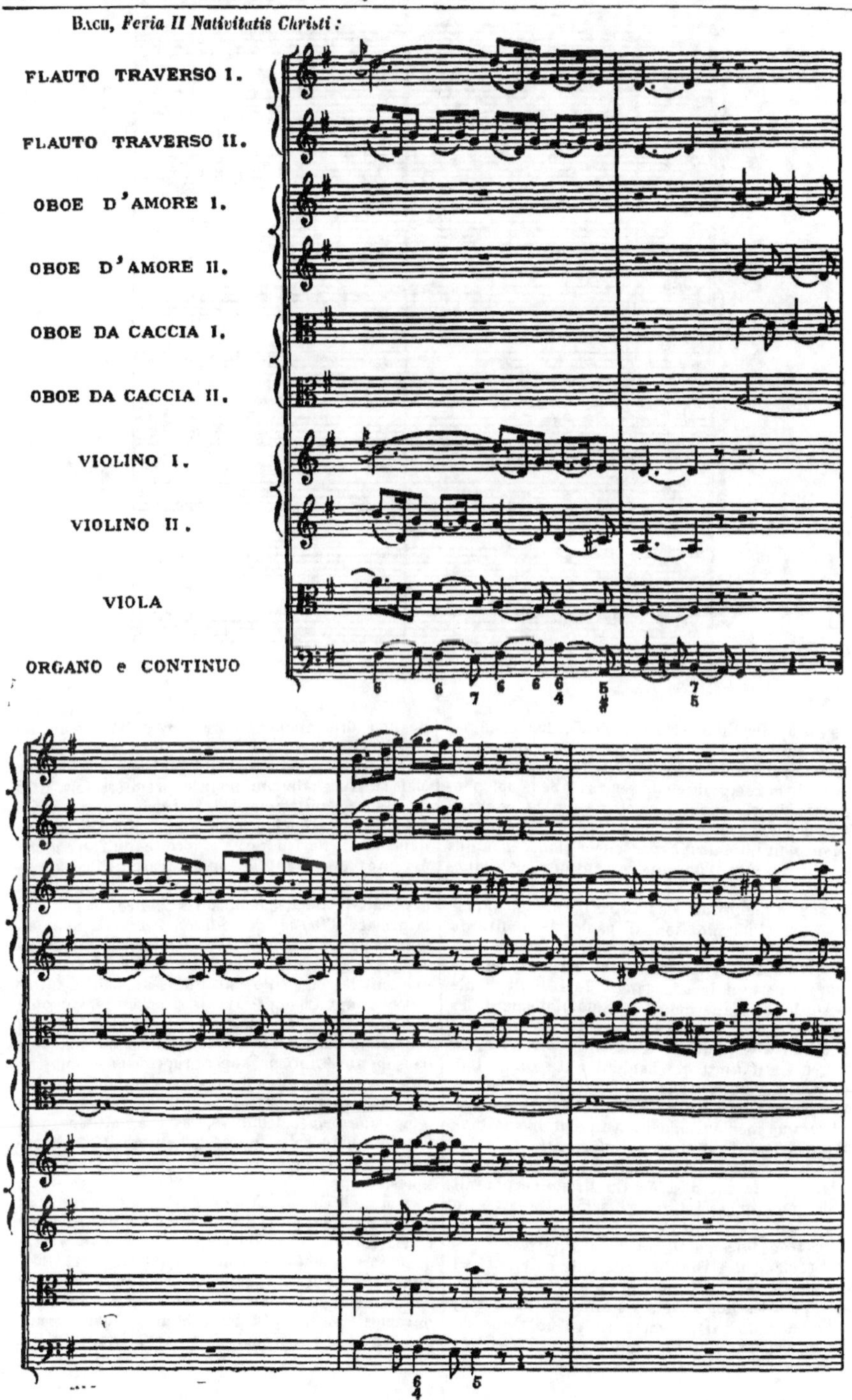

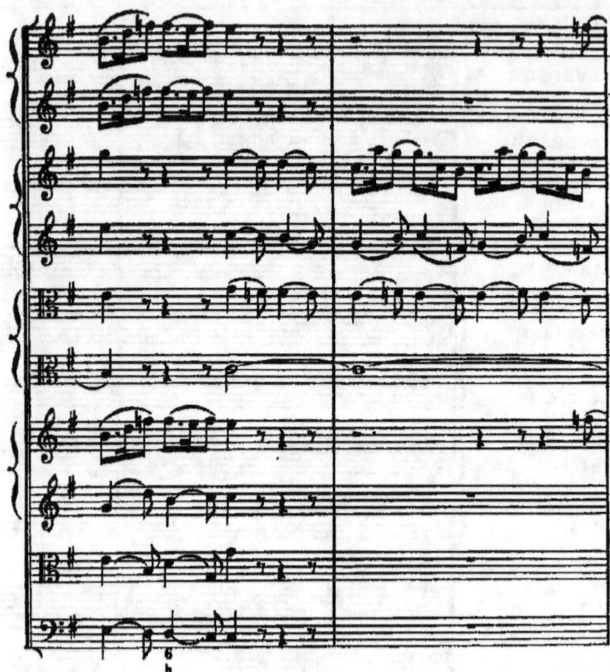

dans ses applications par les habitudes harmoniques du xviie siècle. Il fallait cent cinquante années de recherches et d'audaces individualistes pour libérer la science de la composition des entraves de la polyphonie scolastique, et pour permettre enfin de tisser sur les parties de chant une trame légère et souple où intervinssent librement et par touches indépendantes les mille nuances d'une instrumentation constamment variée.

Ce que le maître du vieil *Orfeo* n'avait pu qu'esquisser avec l'illumination du génie, le maître du nouvel *Orphée* le réalisa le premier, en pleine conscience volontaire. Son éducation italienne et ses affinités françaises le dégagèrent de la polyphonie orchestrale où s'attardaient systématiquement les grands Germains, HAENDEL et BACH. On raconte que, pendant un voyage de GLUCK à Londres, en 1746, on le présenta à HAENDEL qui habitait cette ville, et le vieux maître d'outre-Manche aurait dit, en parlant de son jeune confrère : « GLUCK entend le contrepoint comme mon cuisinier! » Au point de vue musical pur, c'était peut-être une infériorité. Au point de vue orchestral, cette ignorance constituait un avantage que le compositeur du *Messie* ne pouvait deviner, mais qui, seize ans plus tard, devait être pour l'auteur d'*Orfeo ed Eurydice* la source d'incomparables trouvailles poétiques et descriptives.

C'est seulement à l'âge de quarante-huit ans, en 1762, que GLUCK écrivit son premier chef-d'œuvre, *Orphée*, dont les deux premiers actes apparaissent, dans l'histoire de l'art, comme un phénomène entièrement nouveau : l'intime union du cadre et des passions dramatiques, la première création d'une véritable atmosphère orchestrale où les personnages tragiques baignent avec leurs douleurs et leurs joies. Mais si GLUCK atteignit, pour la première fois, dans *Orphée*, ce résultat génial de la vérité topique, grâce à un affranchissement soudain et complet de la mode italienne, il ne faudrait pas croire qu'il n'eût pas éprouvé auparavant de préoccupations instrumentales. « La preuve de la prépondérance que GLUCK assignait instinctivement à l'orchestre, lit-on dans la préface d'*Orphée* de l'édition PELLETAN, nous est fournie par le simple examen de plusieurs morceaux composés à cette époque de sa vie. Car nous verrons que tous les éléments constitutifs de l'air d'entrée d'Orphée aux Champs-Élysées, avec son dessin obstiné des violons en triolets et le solo de hautbois concertant sur la lente déclamation, se trouvent déjà dans un air d'*Antigono*, opéra représenté à Rome en 1754. *Orphée* constitue donc, dans l'évolution du génie de GLUCK, une œuvre de transition, mais en même temps une œuvre définitive, car elle participe à la fois des qualités de l'une et de l'autre période à chacune desquelles elle se rattache par des liens multiples. »

Quoi qu'il en soit, c'est dans les cinq merveilleux opéras éclos durant la deuxième moitié de sa longue carrière que nous verrons éclater a chaque pas le génie instrumental de GLUCK. Autrefois, il était fort difficile de l'étudier sûrement, jusqu'au jour où Mlle PELLETAN, avec une patience et une ardeur admirables, réalisa l'édition définitive qui permet aujourd'hui d'analyser aisément ces belles partitions, et qui sert partout désormais à leur exécution. Non seulement, les éditeurs anciens ne s'attachaient pas à graver soigneusement les partitions d'orchestre, mais, pour GLUCK, la tâche était particulièrement ingrate, ce maître bouillant et brouillon ayant toujours livré aux copistes des manuscrits d'une incroyable confusion et d'une insuffisance d'indications désespérante. On connaît là-dessus les doléances de BERLIOZ, qui, dans *A travers chants*, a crié d'ailleurs avec tant d'enthousiasme son admiration pour l'auteur d'*Alceste* :

« Les partitions de GLUCK furent toutes écrites avec un incroyable laisser aller. Quand on en vint ensuite à les graver, le graveur ajouta ses fautes à celles du manuscrit, et il ne paraît pas que l'auteur ait daigné s'occuper alors de la correction des épreuves. Tantôt les premiers violons sont écrits sur la ligne des seconds, tantôt les altos, devant être à l'unisson des basses, se trouvent, par suite d'un « col basso » négligemment jeté, écrits à la double octave haute de celles-ci, et font, en conséquence, entendre parfois les notes de la basse au-dessus de celles de la mélodie; l'auteur ici oublie d'indiquer le ton des cors, ailleurs il a négligé d'indiquer l'instrument à vent qui doit exécuter une partie saillante; est-ce une flûte, un hautbois, une clarinette? On ne sait. Quelquefois, il écrit sur la ligne des contrebasses quelques notes importantes pour les bassons, puis il ne s'occupe plus d'eux, et l'on ne peut savoir ce qu'ils deviennent ensuite. .

« ... Je n'en finirais pas de décrire un tel désordre. Il y a même, dans la grande partition française (d'*Alceste*), par suite d'une faute de copie, une cacophonie d'instruments de cuivre digne de certaines partitions modernes.

« GLUCK dit, dans une de ses lettres : « Ma présence aux répétitions de mes ouvrages est aussi indispensable que le soleil à la création. » Je le crois bien, mais elle l'eût été un peu moins s'il se fût donné la peine d'écrire avec plus d'attention, et s'il n'eût pas laissé aux exécutants tant d'intentions à deviner et tant d'erreurs à rectifier. »

Aujourd'hui, tous les points obscurs de l'orchestration de GLUCK sont à peu près dissipés, et nous pouvons nous rendre un compte très exact de sa technique. Examinons donc tour à tour les *agents sonores* utilisés par lui, les *recettes* qu'il employa le plus souvent et les *sentiments* qu'il parvint à exprimer au moyen de son instrumentation si neuve.

Si l'on compare une partition de GLUCK à celle de l'un de ses prédécesseurs : LULLI, RAMEAU ou HAENDEL, le premier point qui frappe l'observateur, même le moins attentif, c'est la suppression de la basse continue chez l'auteur d'*Alceste*. Enfin ce « ronronnement » ininterrompu, qui alourdit et rend si monotones les partitions antérieures et dont nous avons constaté tant de fois l'obstination malencontreuse pendant plus de cent cinquante années, disparaît définitivement de la musique théâtrale. Ce n'est pas seulement un allégement, c'est la liberté conquise : liberté de la déclamation, liberté de l'harmonie, liberté des timbres eux-mêmes enfin désembrumés de cet estompage incessant.

Avec la basse continue, ne disparaissent pas seulement les instruments comme le chitarrone, destinés uniquement à soutenir sur leur courbe fatidique tout l'édifice sonore, mais encore les luths et les clavecins, qui plaquaient sous tous les dessins instrumentaux la réalisation du *continuo*, enveloppant les mélodies

de leurs accords implacables. Ainsi s'éclipsèrent, par la volonté d'un grand artiste, moins préoccupé d'architecture musicale que de vérité dramatique, les vieux serviteurs de la tonalité devenus à la longue les tyrans de l'orchestre.

A côté de la suppression de ces quelques instruments, une adjonction capitale apparaît, avec GLUCK, dans l'opéra français : l'emploi des trombones. Nous avons vu le rôle très important que ce groupe n'avait cessé de remplir depuis le moyen âge dans la lourde musique allemande. Mais à Paris, comme le dit la préface de l'édition PELLETAN, « selon toute probabilité, les trombones furent introduits à l'Opéra à l'occasion d'*Alceste*. Ce n'est qu'à partir de 1776 qu'on vit ces instruments compris dans les états d'orchestre de ce théâtre. S'ils y avaient existé auparavant, il est fort à présumer que GLUCK ne s'en serait pas privé en écrivant *Iphigénie en Aulide*. A plus forte raison, ne les aurait-il pas supprimés lorsqu'il refit pour la scène française l'*Orfeo*, où ils sont d'un si puissant effet. La suppression des trombones dans *Alceste* était impossible. Bien qu'ils soient employés avec beaucoup plus de réserve dans la partition française que dans la partition italienne, leur rôle y est absolument indispensable. En obtenant l'introduction de ces instruments dans l'orchestre, GLUCK rendait un véritable service à la musique française. Aussi, vit-on bientôt les contemporains, PHILIDOR, FLOQUET et autres, enrichir leurs partitions de cette acquisition nouvelle. »

L'introduction des trombones dans la musique de théâtre mérite qu'on y insiste, parce que l'apport de cette sonorité si riche, si spéciale et dont GLUCK a fait une adaptation surprenante, donne à ses œuvres *Alceste*, *Iphigénie en Tauride*, l'*Orfeo* italien, *Alceste* surtout, un coloris puissamment dramatique. Les ressources de cet instrument, mises à la disposition des prédécesseurs de GLUCK, nous auraient fourni peut-être des exemples de coloris tout différents; mais nul mieux que l'auteur d'*Alceste* ne pouvait, semble-t-il, employer ce timbre avec autant de variété, de grandeur et de dramatique à-propos. Et l'on peut dire que la puissance de sa sonorité prédestinait en quelque sorte le trombone à magnifier, pour ses débuts en France, les tragiques inspirations du chevalier.

L'utilisation des bassons est, en revanche, moins remarquable chez lui. « Le plus souvent, leur partie se confond avec celle des basses, dit l'édition PELLETAN, et si, par instants, elle s'en sépare, c'est toujours sur la même partie qu'elle est indiquée. Dans la partie séparée originale, on a écrit presque toute la partie des basses. Le chef d'orchestre a désigné ensuite les morceaux ou les passages dans lesquels les bassons devaient se taire. Il doit donc être permis de résoudre dans ce sens la question, tant de fois soulevée, des bassons... » Parfois, cependant, GLUCK a utilisé aussi leur timbre avec beaucoup d'à-propos. Pour n'en citer qu'un exemple, dans l'air d'Admète : « Alceste, au nom des Dieux! » le basson, dialoguant avec la flûte et le premier violon, prend un caractère douloureusement expressif qu'il n'avait pas connu jusque-là.

La suppression de la basse continue aurait dû contraindre GLUCK à confier aux basses de son orchestre un rôle nettement différent de celui que lui attribuaient ses prédécesseurs. Mais aucun auteur ne peut trouver du jour au lendemain, même avec la complicité du génie, des formes profondément nouvelles, et les cordes graves du chantre d'*Orphée* conservèrent un peu de cette lourdeur dont les violes de gambe et les basses avaient contracté l'habitude avec le *continuo*. Il en résulte une monotonie dont Berlioz, dans *A travers chants*, a trop bien étudié la cause principale pour que nous ne puissions mieux faire que de le citer intégralement. Si, dans les opéras de Gluck, écrit-il, les basses trop simples « ne sont presque jamais dessinées d'une façon intéressante, et se bornent à soutenir l'harmonie en frappant d'une façon monotone les temps de la mesure, ou en suivant note contre note le rythme de la mélodie, aujourd'hui, les compositeurs habiles ne dédaignent plus aucune partie de l'orchestre, s'attachent à répandre sur toutes l'intérêt et à varier les formes rythmiques autant que possible. L'orchestre de Gluck en général a peu d'éclat, si on le compare, non pas aux masses grossièrement bruyantes, mais aux orchestres bien écrits des vrais maîtres de notre siècle. Cela tient à l'emploi constant des instruments à timbre aigu dans le médium, défaut rendu plus sensible par la rudesse des basses, écrites fréquemment, au contraire, dans le haut, et dominant alors outre mesure le reste de la basse harmonique. On trouverait aisément la raison de ce système, qui ne fut pas, du reste, exclusivement le partage de Gluck, dans la faiblesse des exécutants de ce temps-là ; faiblesse telle que l'*ut* au-dessus des portées faisait trembler les violons, le *la* aigu, les flûtes, et le *ré* les hautbois. D'un autre côté, les violoncelles paraissant (comme aujourd'hui encore en Italie) un instrument de luxe dont on tâchait de se passer dans les théâtres, les contrebasses demeuraient chargées presque seules de la partie grave ; de sorte que, si le compositeur avait besoin de serrer son harmonie, il devait nécessairement, vu l'impossibilité de faire entendre assez les violoncelles et l'extrême gravité du son des contrebasses, écrire cette partie très haut, afin de la rapprocher de celle des violons.

« Depuis lors, on a senti en France et en Allemagne l'absurdité de cet usage, les violoncelles ont été introduits dans l'orchestre en nombre supérieur à celui des contrebasses, d'où il est résulté que les basses de Gluck, dans plusieurs endroits de ses ouvrages, se trouvent aujourd'hui placées dans des circonstances essentiellement différentes de celles qui existaient de son temps, et qu'il ne faut pas lui reprocher l'exubérance qu'elles ont acquise malgré lui aux dépens du reste de l'orchestre. »

Mais si les basses continuent à conserver une certaine lourdeur dans les œuvres du maître franco-allemand, et si les Piccinistes, d'Alembert tout le premier, lui reprochèrent à maintes reprises son fracas, ce n'était là, il faut bien l'avouer, qu'un fracas tout relatif, et si Gluck, en effet, rechercha des vigueurs et atteignit à une intensité sonore ignorée jusqu'à lui, il le fit du moins sans aucune brutalité. C'est ainsi qu'il usa le premier en France des instruments à percussion autres que les timbales, mais avec une discrétion extrême. Lisons encore Berlioz là-dessus : « Ce fut, ou je me trompe fort, dans l'*Iphigénie en Aulide* de Gluck que la grosse caisse se fit entendre pour la première fois à l'Opéra de Paris, mais seule, sans cymbales ni aucun autre instrument à percussion. Elle figure dans le dernier chœur des Grecs, dont les premières paroles sont : « Partons, volons à la victoire ! » Ce chœur est en mouvement de marche et à reprises. Il servait au défilé de l'armée thessalienne. La grosse caisse y frappe le temps fort de chaque mesure, comme dans les marches vulgaires. Ce chœur ayant disparu lorsque le dénouement de l'opéra fut changé, la grosse caisse ne fut plus entendue jusqu'au commencement du siècle suivant.

« Gluck introduisit aussi les cymbales (et l'on sait avec quel admirable effet) dans le chœur des Scythes d'*Iphigénie en Tauride*, les cymbales seules, sans grosse caisse, que les routiniers de tous les pays croient inséparables. Dans un ballet du même opéra, il employa avec le plus rare bonheur le *triangle seul*. Et ce fut tout. »

Si nous passons aux instruments de l'harmonie, nous verrons que Gluck les a très inégalement employés. Il a fort bien utilisé la flûte chaque fois qu'il se préoccupait uniquement de son timbre ; à maintes reprises, il fit de cette sonorité frêle, délicate et pure un emploi merveilleusement poétique. C'est ainsi, par exemple, qu'il s'en servit génialement dans la marche religieuse d'*Alceste*. « Écoutez, nous dit toujours Berlioz, ce morceau instrumental,... entendez cette mélodie douce, voilée, calme, résignée, cette pure harmonie, ce rythme à peine sensible des basses dont les mouvements onduleux se dérobent sous l'orchestre, comme les pieds des prêtresses sous leurs blanches tuniques ; prêtez l'oreille à la voix insolite de ces flûtes dans le grave, à ces enlacements des deux parties de violon dialoguant avec le chant, et dites s'il y a en musique quelque chose de plus beau, dans le sens antique du mot, que cette marche religieuse. L'instrumentation en est simple, mais exquise ; il n'y a que les instruments à cordes et deux instruments à vent. Et là, comme en maint autre passage de ses œuvres, se décèle l'instinct de l'auteur ; il a trouvé précisément les timbres qu'il fallait. Mettez deux hautbois à la place des flûtes, et vous gâterez tout. »

Il emploie moins heureusement ces mêmes instruments dans beaucoup de tutti, lorsqu'il ne songe point spécialement à leurs qualités expressives, quand, selon notre définition, il se préoccupe moins de l'instrumentation proprement dite que de l'orchestration. Il lui arrive alors de sacrifier ses flûtes, par exemple dans l'air d'Alceste : « Ah! malgré moi, mon faible cœur partage... », où elles succombent complètement sous la lourdeur des seconds violons.

Il en use exactement de même avec ses cors, les utilisant en perfection comme timbre, les écrivant mal dans les ensembles, par exemple dans le premier chœur avec danse du deuxième acte d'*Alceste*, ou dans le milieu du premier chœur du peuple thessalien.

Enfin, Gluck ne paraît point avoir nettement saisi les ressources expressives de la clarinette, si variée dans ses différents registres, ironique et mordante dans l'aigu, pleine et lumineuse dans le medium, étrangement dramatique dans le grave, et dont le romantisme de Weber fera plus tard un si judicieux emploi.

Gluck s'est aussi servi des cors anglais en plusieurs passages de l'*Alceste* italienne ; seulement, comme ils n'étaient pas employés à Paris, il les remplaça partout très habilement, dans l'*Alceste* française, par des clarinettes.

Mais l'instrument qu'il utilisa peut-être avec le plus d'habileté, c'est le hautbois, dont il a fixé définitivement le caractère pathétique et douloureux, et qu'il fait toujours intervenir avec un admirable sentiment de son caractère, de son intensité propre et de sa puissance mélancoliquement perçante.

Comment Gluck, étant donné ces ressources orchestrales et ces agents sonores, les mit techniquement en œuvre, c'est ce qu'il nous est impossible de dire ici, car il faudrait, sortant de notre programme, étudier sa composition tout entière. Il a cependant introduit dans la musique certaines recettes plus particulièrement instrumentales qu'il est essentiel de mentionner.

C'est ainsi qu'il a fait des diverses sortes de notes répétées un emploi particulièrement remarquable. Nous avons vu Rameau mesurer exactement dans le tonnerre d'*Hippolyte et Aricie* les notes battues qu'il confie à ses instruments à cordes et les figurer soigneusement à raison de seize par mesure. Gluck, au contraire, va introduire dans son orchestre trois sortes de tremblements différents les uns des autres, mais où le morcellement rythmique est abandonné au sentiment des exécutants.

Berlioz les a très nettement décrits dans son étude sur *Alceste :* « Le récitatif «Arbitres du sort des humains » dans lequel Alceste, agenouillée aux pieds de la statue d'Apollon, prononce son terrible vœu, offre cela de particulier, dans son instrumentation, que la voix y est presque constamment suivie à l'unisson et à l'octave par six instruments à vent, deux hautbois, deux clarinettes et deux cors, sur le tremolo de tous les instruments à cordes. Ce mot *tremolo* (tremblé) n'indique pas dans les partitions de Gluck ce frémissement d'orchestre qu'il a employé ailleurs fort souvent et qu'on nomme tremolo, dans lequel la même note est répétée aussi rapidement que possible par une multitude de petits coups d'archet. Il ne s'agit ici que de ce tremblement du doigt de la main gauche appuyé sur la corde, et qui donne au son une sorte d'ondulation; Gluck l'indique par ce signe, placé sur les notes tenues : 〜〜〜〜 et quelquefois aussi par le mot *appoggiato* (appuyé). Il y a encore une autre espèce de tremblement, qu'il emploie dans les récitatifs, dont l'effet est fort dramatique ; il le désigne par des points placés au-dessus d'une

⌒
grosse note et couverts par une courbe ainsi :•••• Cela signifie que les archets doivent répéter sans rapidité le même son d'une façon irrégulière, les uns faisant quatre notes par mesure, d'autres huit, d'autres cinq, ou sept, ou six, produisant ainsi une multitude de rythmes divers qui, par leur incohérence, troublent profondément tout l'orchestre et répandent sur les accompagnements ce vague ému qui convient à tant de situations. »

En dehors de ces tremblements *ad libitum*, Gluck s'est aussi beaucoup servi des tremblements mesurés. L'un d'eux appartient au fameux monologue d'Oreste : « Le calme entre dans mon cœur, » tout le long duquel les altos, répétant la même note huit fois dans chaque mesure, démentent par leur agitation les paroles du chanteur. Un autre tremblement plus remarquable encore c'est le *ré* obstiné des seconds violons, qui se répète pendant vingt mesures à la péroraison du troisième acte d'*Armide*, suivant un dessin extraordinairement fiévreux. Il s'agit d'un andante à trois temps, durant lequel les archets battent régulièrement quatre doubles croches au premier temps, quatre triples croches et deux doubles croches au second temps, et quatre doubles croches au troisième temps de chaque mesure. On ne saurait exprimer l'étrange frisson que communique à tout le mouvement l'accélération du rythme sur le temps faible, soulignée chaque fois par un léger *rinforzando*.

Rien ne peut mieux faire percevoir l'essence d'un tempérament véritablement orchestral que la genèse de ce merveilleux passage. Voici comment Desnoiresterres raconte l'anecdote : « Après une répétition d'*Armide*, Gluck s'était rendu au bureau de copie pour indiquer quelques erreurs. Il y rencontre M. Lefebvre, qui en était le chef, et avec lequel il était sur un certain pied de familiarité et d'amitié. Il lui demande si *Armide* est de son goût, s'il y trouve quelque endroit qui lui aille moins, enfin son sentiment sur l'ouvrage. Lefebvre lui répond que, pour ce qui est de la musique, il n'y a qu'à louer. Mais quelque chose le chagrine. C'est cette pauvre Armide, si inhumainement traitée par la Haine et qu'on accable d'imprécations et d'épouvantables menaces; il ne voudrait pas voir achever l'acte sans que la pauvre femme, à terre, ne se relevât par un appel à une divinité propice. D'autres eussent souri; le chevalier, très attentif à la moindre indication, se dit que ce souhait du chef du bureau de copie pourrait bien être celui du public et n'ajourna pas au lendemain à lui donner satisfaction Il se mit tout aussitôt à rimer les quatre vers suivants qui devaient clore son troisième acte :

O ciel ! la terrible menace !
Je frémis, tout mon sang se glace !
Amour, puissant Amour, dissipe mon effroi.
Et prends pitié d'un cœur qui s'abandonne à toi.

Sous ces vers, les deux premiers psalmodiés avec effarement, les deux derniers délicieusement roucoulés par la magicienne, il imagina, et c'était un trait de génie, de placer cette note unique, ce *ré* palpitant exécuté sur la deuxième corde à vide des violons; elle prend un caractère de vertige et d'égarement amoureux et s'apaise peu à peu avec une ineffable douceur Adorable conflit de sentiments qu'on retrouve, un siècle plus tard, obtenu par un procédé très analogue dans le final d'*Antar* de Rimsky-Korsakow et qui, lors de la dernière reprise d'*Armide*, transporta d'enthousiasme les auditeurs du xxᵉ siècle.

Indépendamment de pareils procédés, extrêmement nouveaux au milieu du xviiiᵉ siècle, Gluck dut encore imaginer nombre de recettes instrumentales, de moyens expressifs pratiques... Malheureusement, son extraordinaire paresse graphique, en nous livrant de lui des partitions très incomplètes comme indications, nous laisse ignorer ce qu'il demandait sous ce rapport à ses « sinfonistes ». Berlioz, par exemple, nous a transmis l'un de ces trucs. De qui le tenait-il? Il a négligé de le dire, mais donnons-lui encore une fois la parole. Au dernier acte d'*Alceste*, le thème « Caron t'appelle, entends sa voix » est monotone comme le chœur des dieux infernaux : « Malheureuse, où vas-tu? » Il se dit trois fois, d'abord sur la tonique, puis sur la dominante, et une dernière fois sur la tonique. Il est toujours précédé et suivi de trois sons de cor donnant la même note que la voix, mais d'un caractère mystérieux, rauque, caverneux. C'est la conque du vieux nocher du Styx, retentissant dans les profondeurs du Tartare. Les notes naturelles (dites ouvertes) du cor sont fort loin d'avoir cette sonorité bizarrement lugubre que Gluck rêvait pour l'appel de Caron, et si l'on s'avisait de laisser les cornistes exécuter tout simplement les notes écrites, on commettrait une grave erreur et une infidélité capitale. Gluck ne trouva pas tout d'abord cet étonnant effet d'orchestre. Dans l'*Alceste* italienne, il avait employé, pour représenter la conque de Caron, trois trombones avec les deux cors, et sur une note assez élevée... C'était trop sonore, c'était presque violent, c'était vulgaire. Pour la nouvelle version du même morceau, il changea le rythme de ce lointain appel, et il supprima les trombones. Mais les deux cors à l'unisson avec leurs notes toniques et dominantes, et par conséquent avec leurs sons *ouverts,* ne produisaient pas du tout ce qu'il cherchait. Enfin, il s'avisa de faire aboucher les cors pavillon contre pavillon; les deux instruments se servant ainsi mutuellement de sourdine, et les sons s'entrechoquant à leur sortie, le timbre extraordinaire fut trouvé... »

Jusqu'ici, nous n'avons guère envisagé que les moyens instrumentaux de GLUCK; il s'agit maintenant de fixer quel fut son sentiment orchestral, ce sentiment extraordinaire qui lui assure l'immortalité plus encore que la justesse de sa déclamation et que la vigueur de ses mélodies. En général, il ne fut pas descriptif. A part quelques passages nettement imitatifs, comme les cris rauques des oiseaux de nuit dans le monologue d'Alceste à l'entrée du Tartare, comme les hurlements de Cerbère dans *Orphée,* ou comme la tempête initiale d'*Iphigénie en Tauride,* dont nous reproduisons ici les phases caractéristiques avec leurs curieuses indications, on ne trouve guère dans l'orchestre de GLUCK que des préoccupations pathétiques:

GLUCK, *Iphigénie en Tauride, acte I, scène I :*

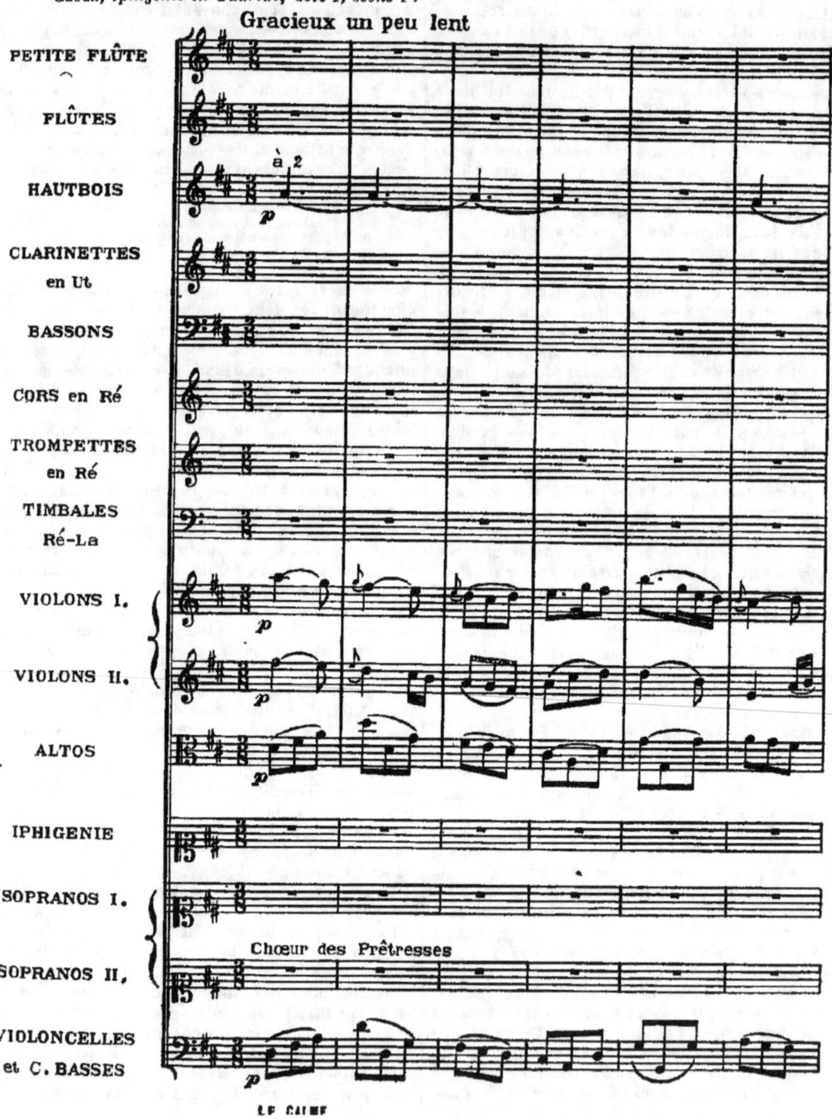

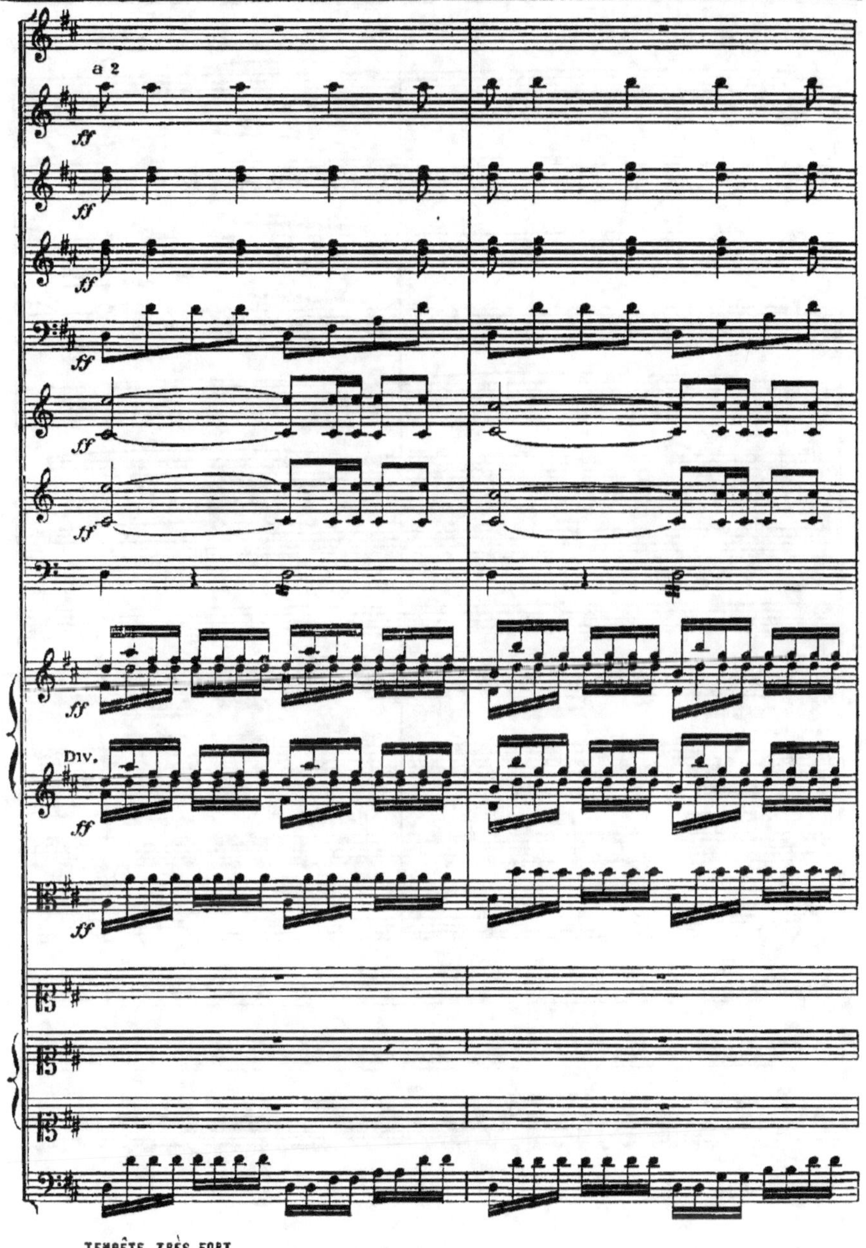

Nous objectera-t-on l'adorable entrée d'Orphée aux Champs Élysées : « Quel nouveau ciel pare ces lieux ? » où le dessin arpégé des premiers violons évoque l'idée des célestes ruisseaux, et le dialogue des seconds violons et de la flûte le divin ramage des oiseaux, tandis que les longues tenues du hautbois, du basson, du cor et du violoncelle solo peignent, en quelque sorte, la paisible Durée ?... Tout cela, il est vrai, forme un paysage incomparable, mais un de ces paysages qui, suivant l'admirable parole d'Amiel, sont de véritables états d'âme, et devant une peinture à ce point spiritualisée par la sérénité de son lyrisme, on songe bien plus au bonheur des élus qu'au cadre de leur éternelle tranquillité.

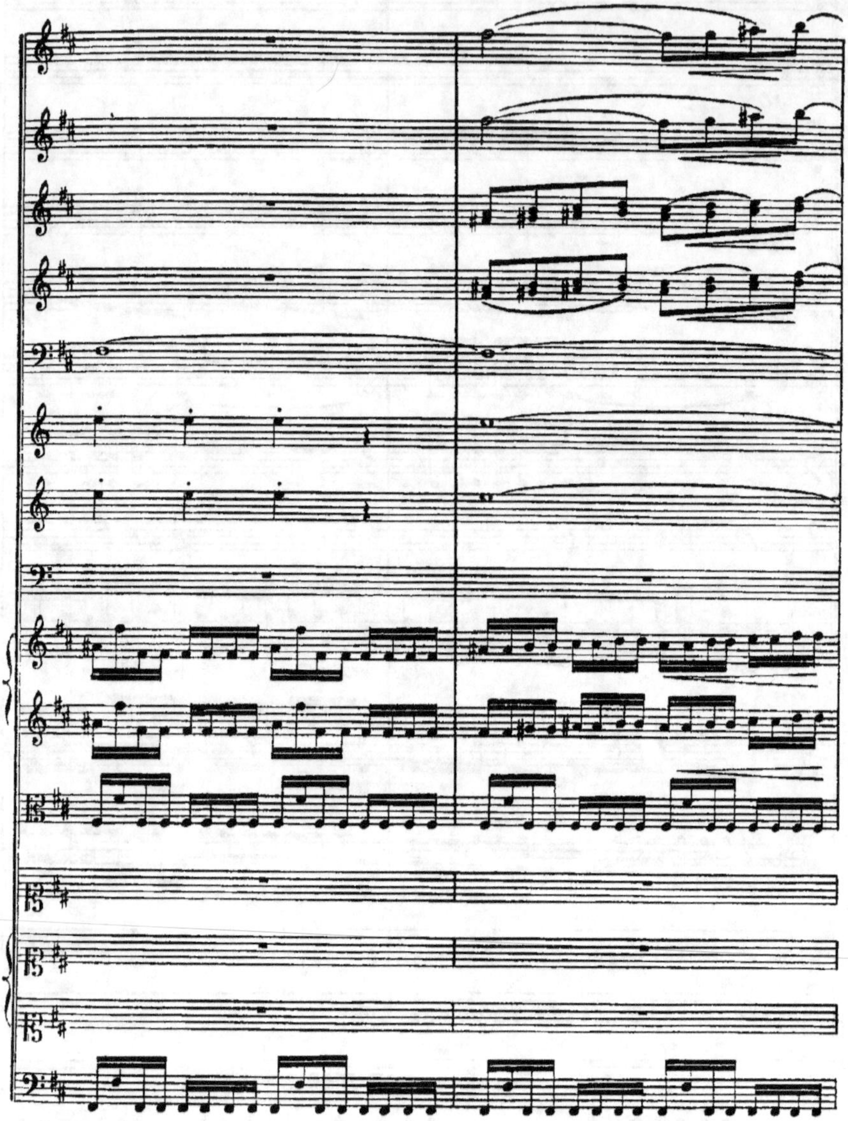

Si donc GLUCK, suivant le postulat cher aux vieux critiques français, *imita* la nature, il l'imita surtout dans les mouvements intérieurs qu'elle détermine en nous, et bien avant l'orchestre de WAGNER, son orchestre à lui fut également psychologique. A cet égard, l'auteur d'*Alceste* est incomparable, et le lien qui unit toutes ses forces sonores aux sentiments des protagonistes de ses drames ne se brise jamais, ne se relâche pas une minute. Emotion tragique, intensité expressive, tout GLUCK et toute l'instrumentation gluckiste tiennent en ces deux mots. « En écoutant BEETHOVEN, dit admirablement BERLIOZ, on sent que

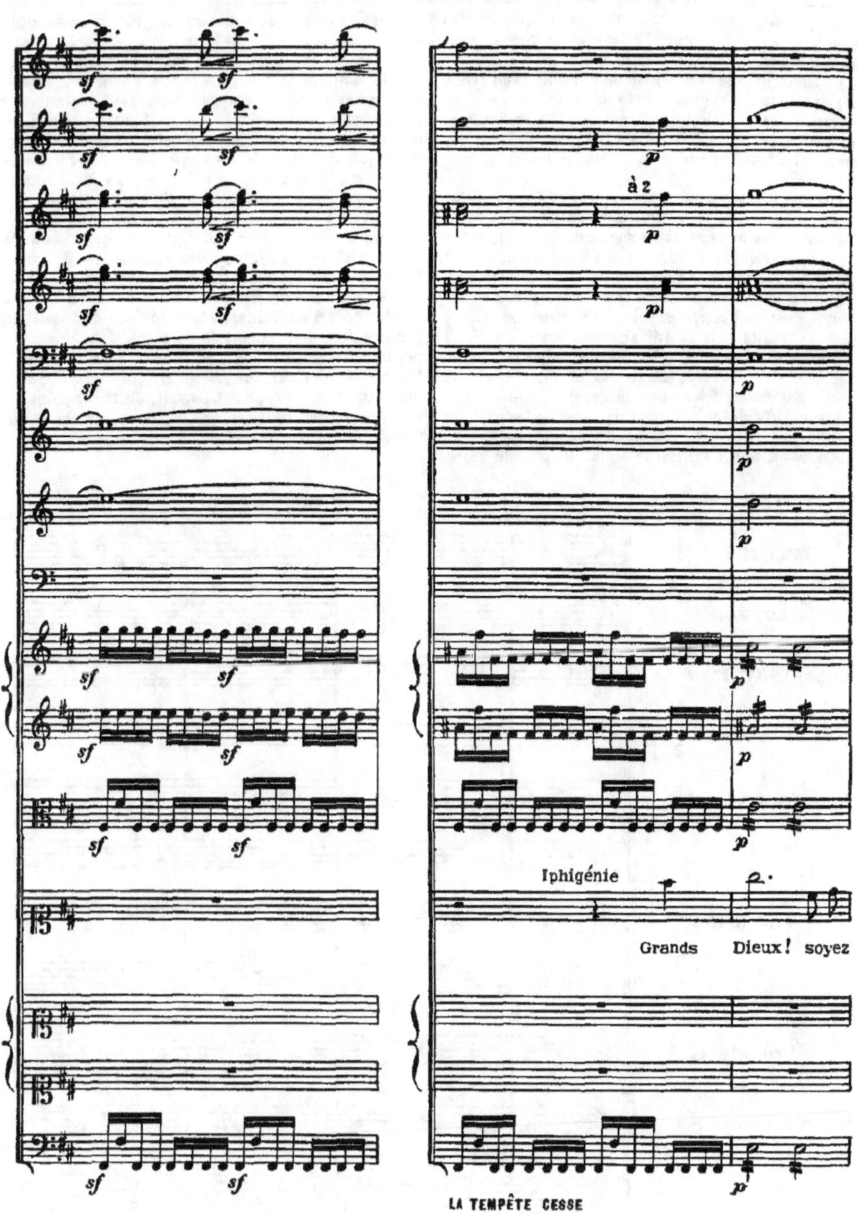

c'est lui qui chante; en écoutant Gluck, on croit reconnaître que ce sont ses personnages. » Et parlant
du grand monologue d'Admète, « Alceste au nom
des dieux », il ajoute : « Cet air est de ceux dans
lesquels l'emploi d'un dessin obstiné fait de l'orchestre un personnage. Les instruments, on peut le dire,
n'accompagnent pas la voix, ils parlent, ils chantent

en même temps que le chanteur, ils souffrent de sa
souffrance, ils pleurent ses larmes. » On pourrait
résumer le rôle de l'orchestre, dans les opéras de
Gluck, en disant que, pareille au chœur dans la tragédie antique, la symphonie instrumentale y apparaît comme la *conscience vivante* du drame.

Et comment soutient-il ce rôle pathétique? Par le

choix judicieux des instruments, par la science des oppositions, et par une puissance de progression merveilleuse.

Le choix judicieux des instruments, nous en avons déjà parlé maintes fois. Pourtant, citons encore, dans *Alceste,* la mélancolique pantomime du sacrifice, que les timbres des hautbois et des bassons unis aux archets colorent d'une telle langueur, d'une si funèbre tristesse.

Les oppositions sont constantes chez GLUCK. Pour nous en tenir à cette admirable scène du temple d'*Alceste,* que de contrastes successifs ! La délicieuse Marche religieuse, si pure et si recueillie, avec ses flûtes dans le grave; la solennelle et puissante invocation du grand prêtre : « Dieu puissant, écarte du trône ! » où les cuivres et les basses entrecoupent le récit d'accords pris *p* qui s'enflent jusqu'au *ff,* et reviennent doucement à la nuance primitive; puis, la prière des chœurs, anxieuse et mouvementée, réunissant toutes les forces de l'orchestre avec tant de rythme, d'éclat, d'agitation dans toutes les parties; ensuite, un nouvel apaisement avec la pantomime que nous citions à l'instant; enfin, la grande scène de l'oracle que nous donnons intégralement et qui, à elle seule, est à la fois le meilleur exemple de ces oppositions tragiques et de ces progressions étonnantes dont nous parlions tout à l'heure, progressions dont GLUCK et WAGNER connurent seuls le secret. Quelle maîtrise de soi-même ! quelle sûreté de main ! et quelle intuition des effets instrumentaux, de ce que nous appellerions volontiers, dans un langage à demi pictural, la *valeur* sonore du timbre, pour parvenir à graduer ainsi l'intensité des sensations et de l'émoi !

BERLIOZ a longuement étudié la composition plutôt que l'instrumentation de cette scène extraordinaire. Nous ne pouvons recommencer ici sa longue analyse, ni même la compléter à notre point de vue. C'est aux lecteurs à examiner, à la lueur des explications précédentes, le fragment de partition dont nous reproduisons tout au long le développement génial. Ils verront que pas une note n'y figure qui ne remplisse un rôle prévu, actif, parfait, au triple point de vue de la justesse d'expression, du contraste et de l'intensification progressive des effets :

GLUCK, *Alceste :*

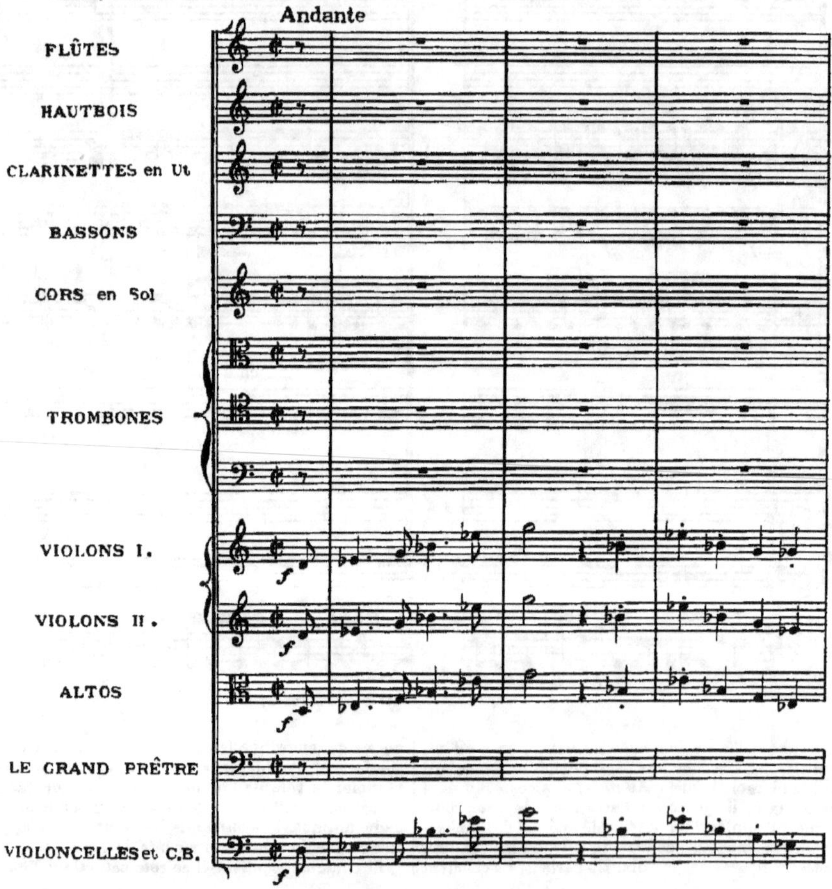

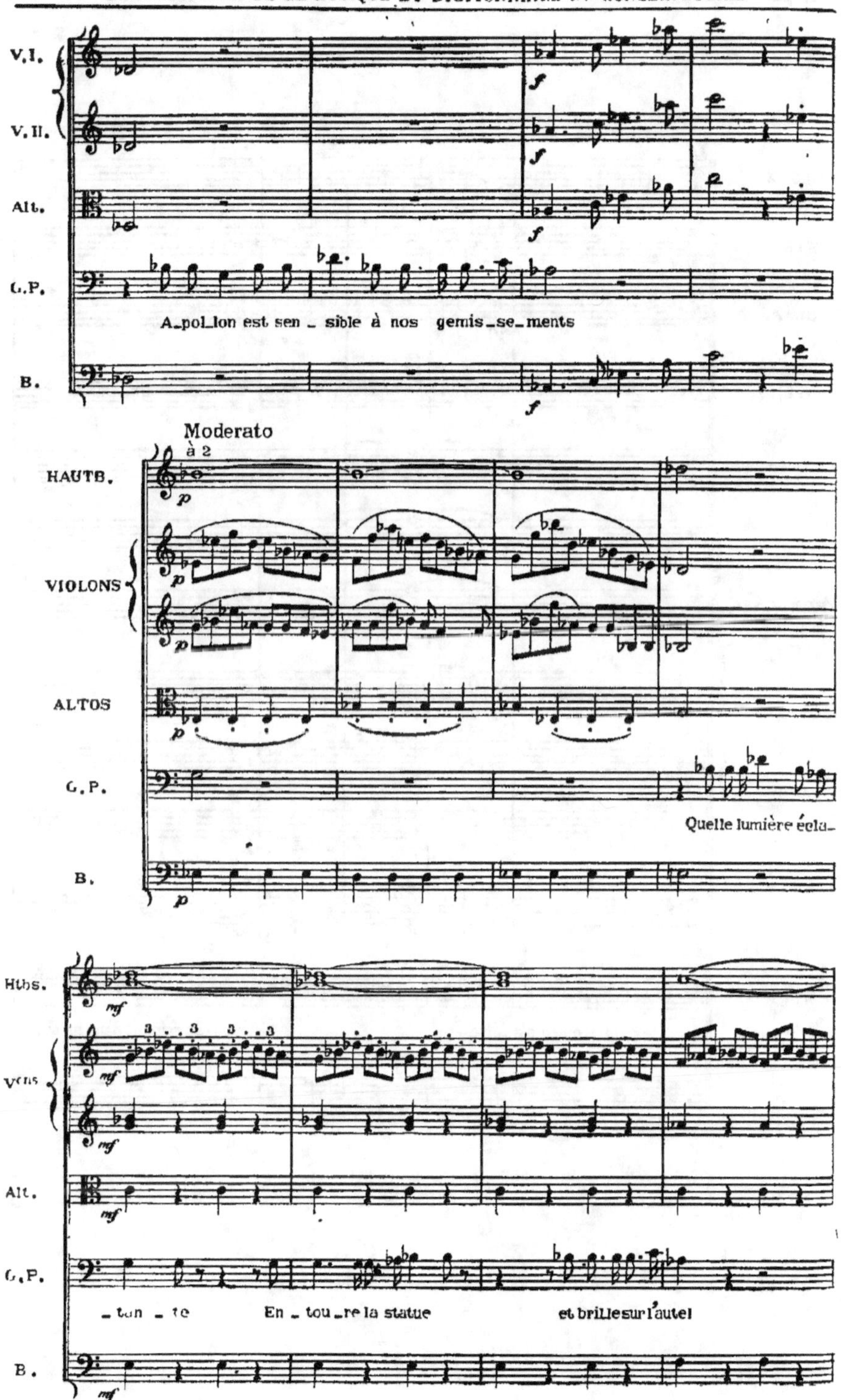
V. I.
V. II.
Alt.
G. P.
A_pol_lon est sen _ sible à nos gemis_se_ments
B.
Moderato
à 2
HAUTB.
VIOLONS
ALTOS
G. P.
Quelle lumière écla_
B.
Htbs.
V ens
Alt.
G. P.
_tan _ te   En _ tou_re la statue   et brille sur l'autel
B.

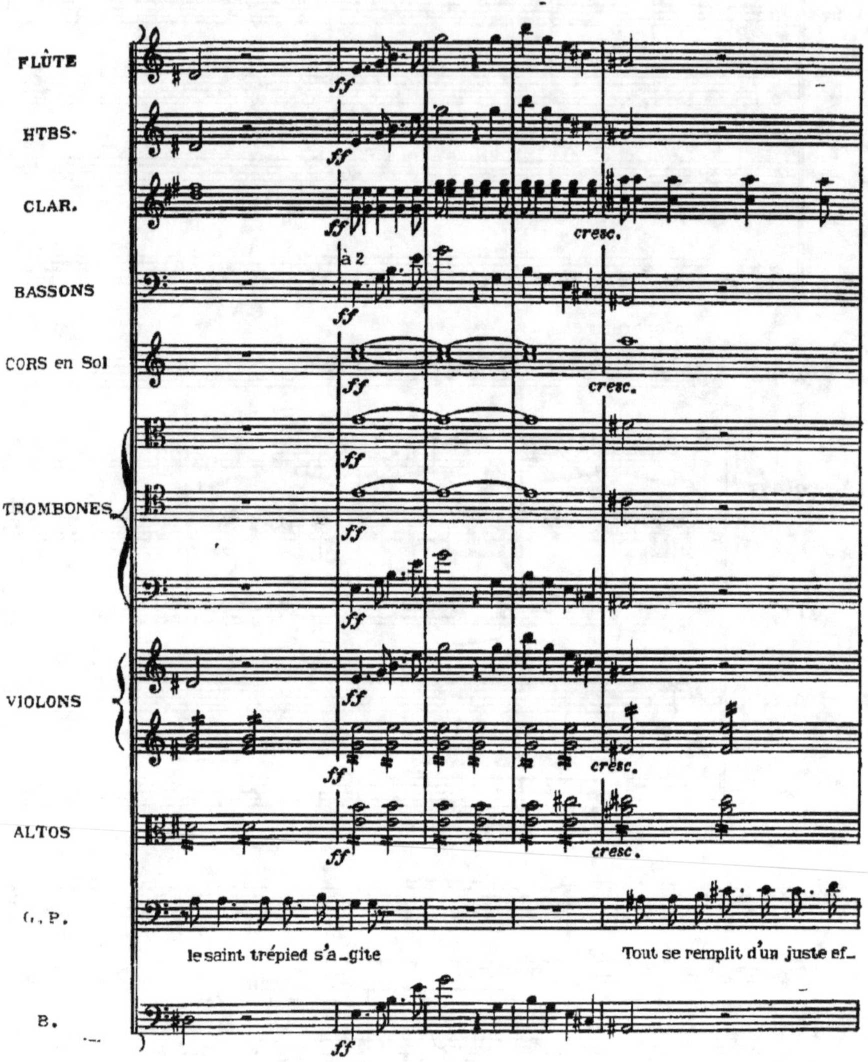
FLÛTE
HTBS·
CLAR.
BASSONS
CORS en Sol
TROMBONES
VIOLONS
ALTOS
G. P.
B.
ff
cresc.
à 2
le saint trépied s'a_gite
Tout se remplit d'un juste ef_

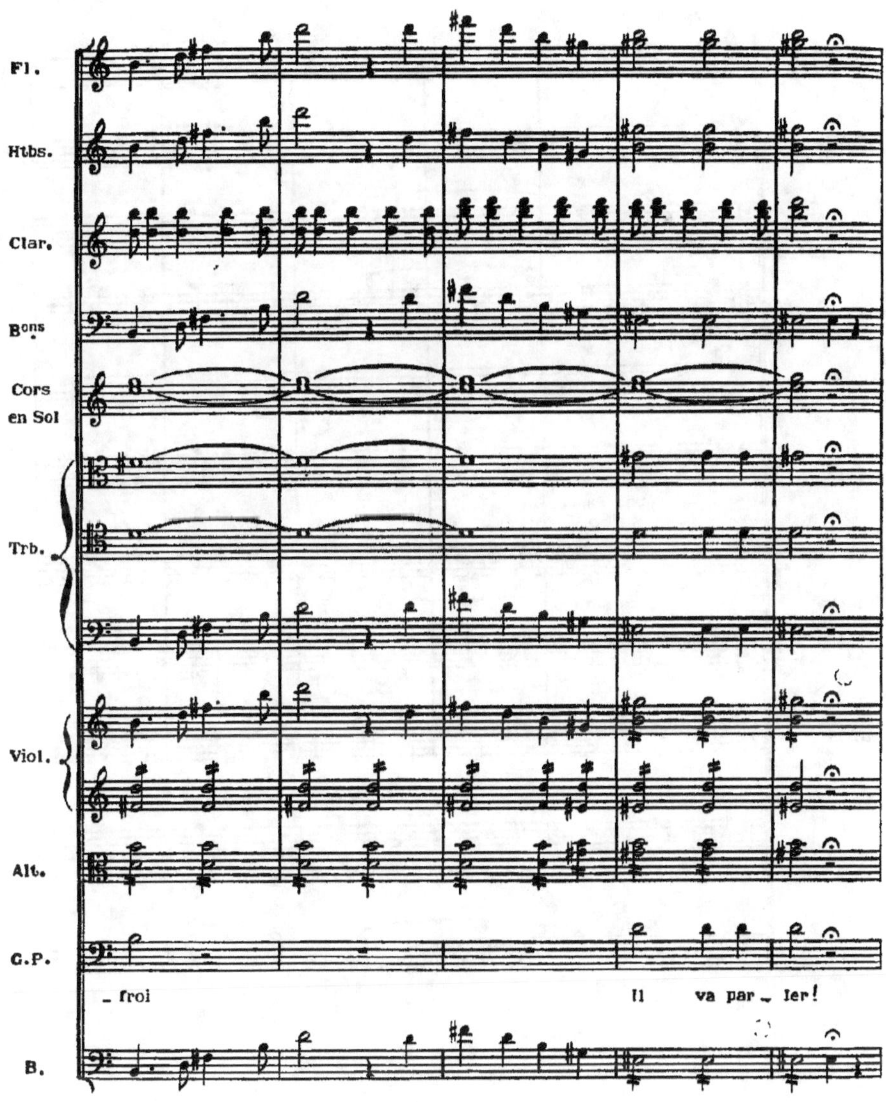
Fl.
Htbs.
Clar.
Bons
Cors en Sol
Trb.
Viol.
Alt.
C.P.
B.
_ froi
Il va par _ ler!

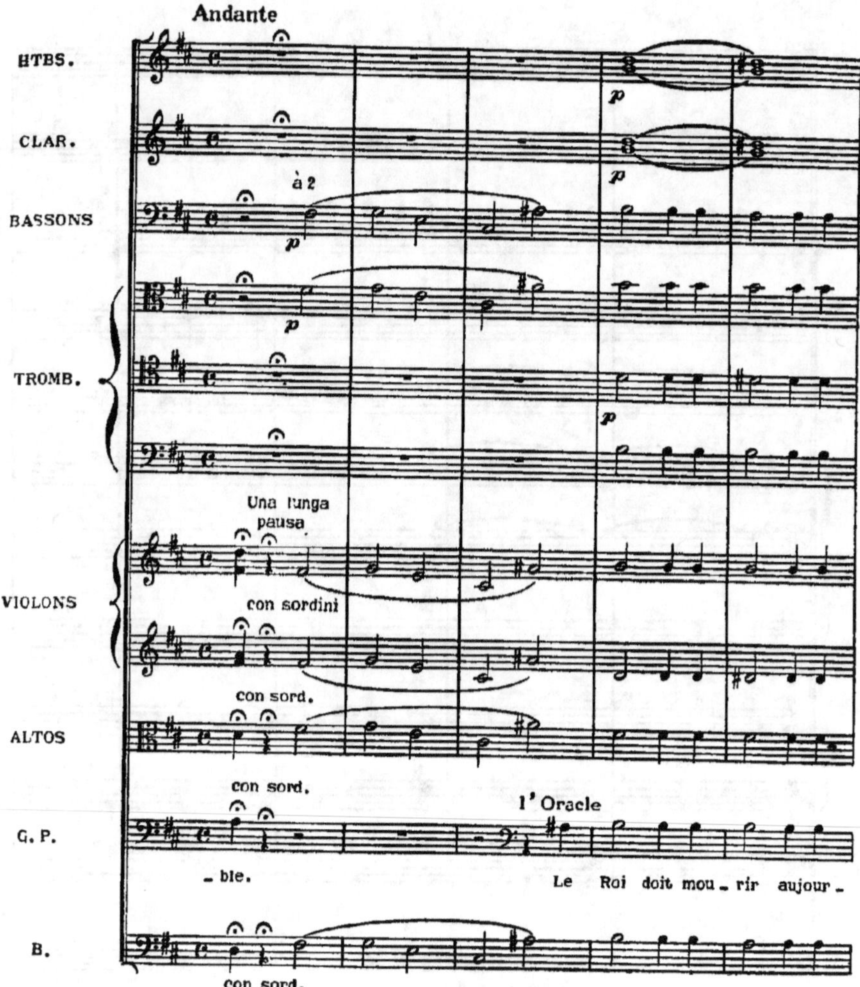
Andante
HTBS.
CLAR.
à 2
BASSONS
p
TROMB.
p
Una lunga
pausa
VIOLONS
con sordini
con sord.
ALTOS
con sord.
l'Oracle
G. P.
_ ble.
Le Roi doit mou _ rir aujour _
B.
con sord.

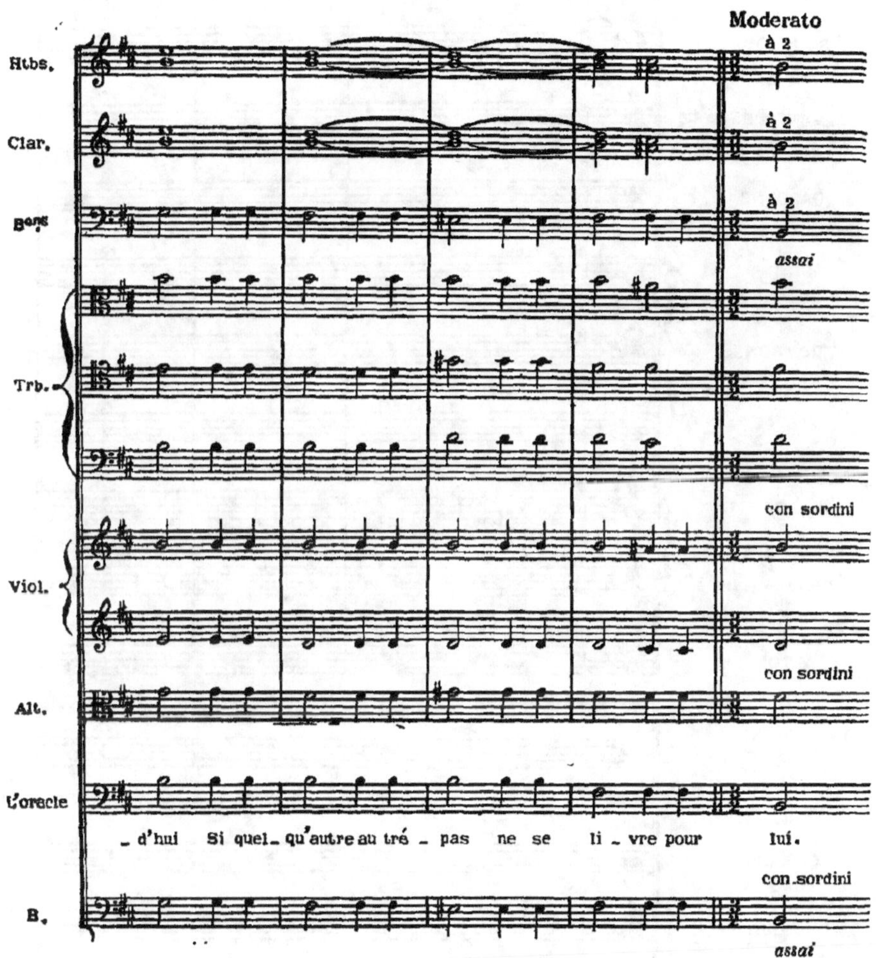
Moderato
à 2
à 2
à 2
assai
Htbs.
Clar.
Bons
Trb.
con sordini
Viol.
con sordini
Alt.
con sordini
L'oracle
B.
_ d'hui Si quel_ qu'autre au tré _ pas ne se li _ vre pour lui.
assai

Nous ne pouvons quitter GLUCK sans donner encore en exemple de sa merveilleuse puissance tragique, un fragment de la scène des Furies, dans *Iphigénie en Tauride*. Quelle vigueur orchestrale! quelle richesse de coloris! quel emportement!

GLUCK. *Iphigénie en Tauride.*

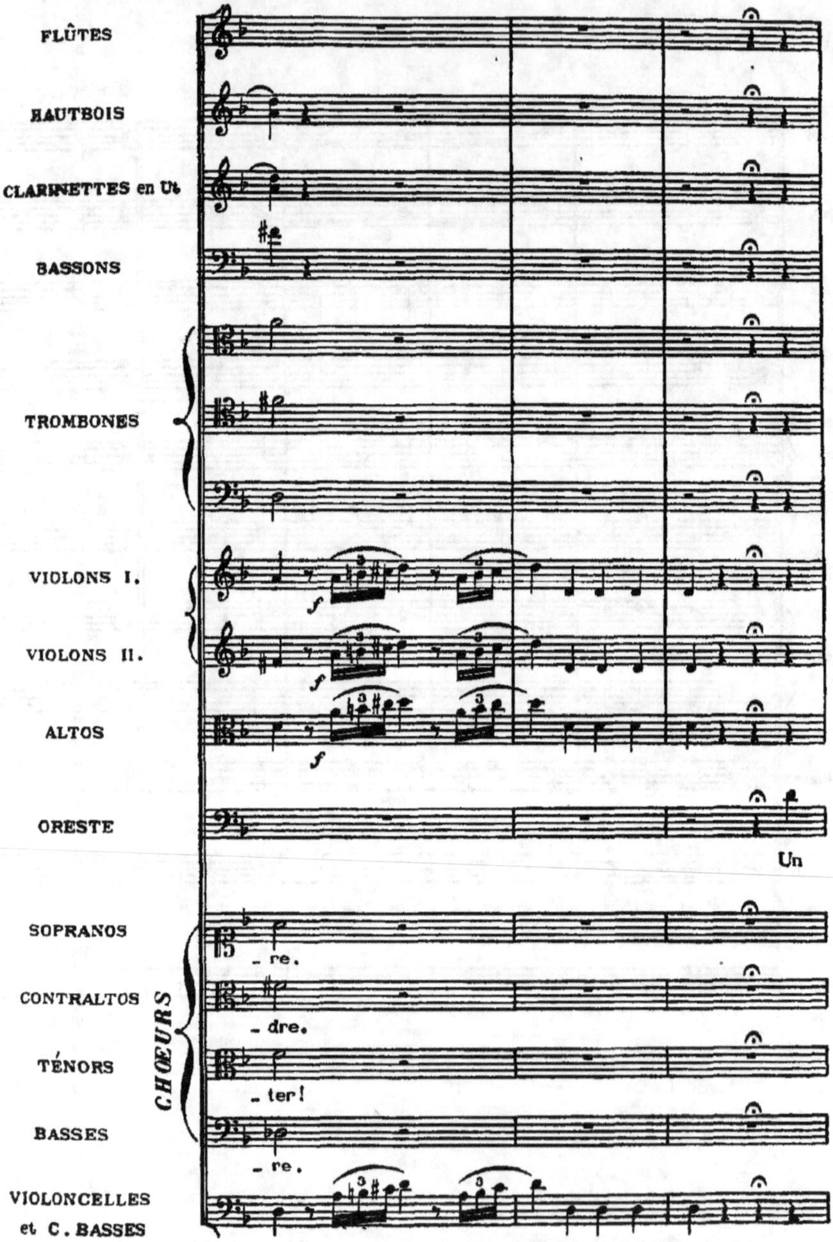

L'ombre de Clytemnestre paraît au milieu des Furies, et s'abîme aussitôt.

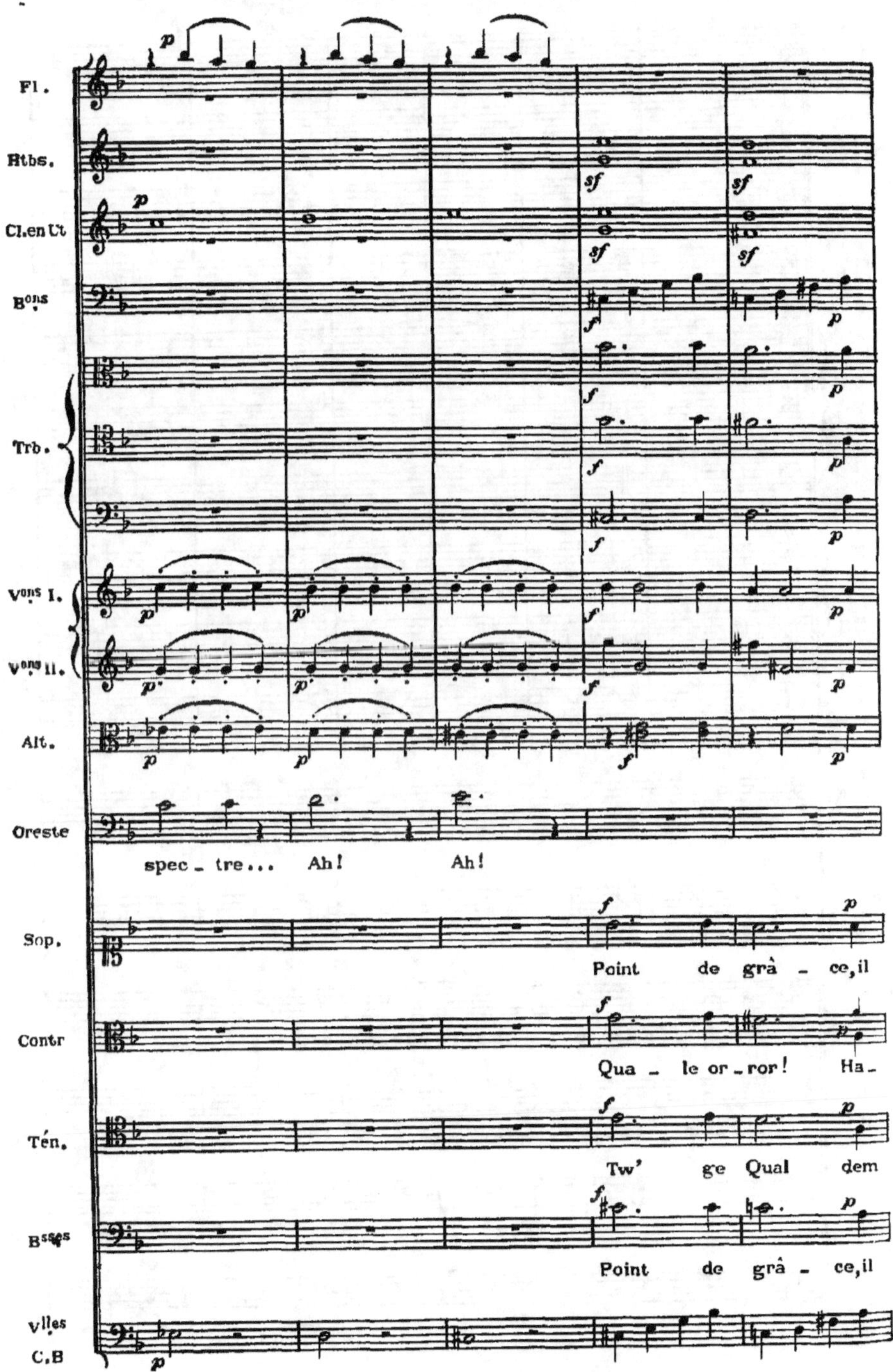
Fl.
Htbs.
Cl.en Ut
Bons
Trb.
Vons I.
Vons II.
Alt.
Oreste
spec _ tre... Ah! Ah!
Sop.
Point de grâ _ ce,il
Contr
Qua _ le or _ ror! Ha_
Tén.
Tw' ge Qual dem
Bsses
Point de grâ _ ce,il
Vlles
C.B

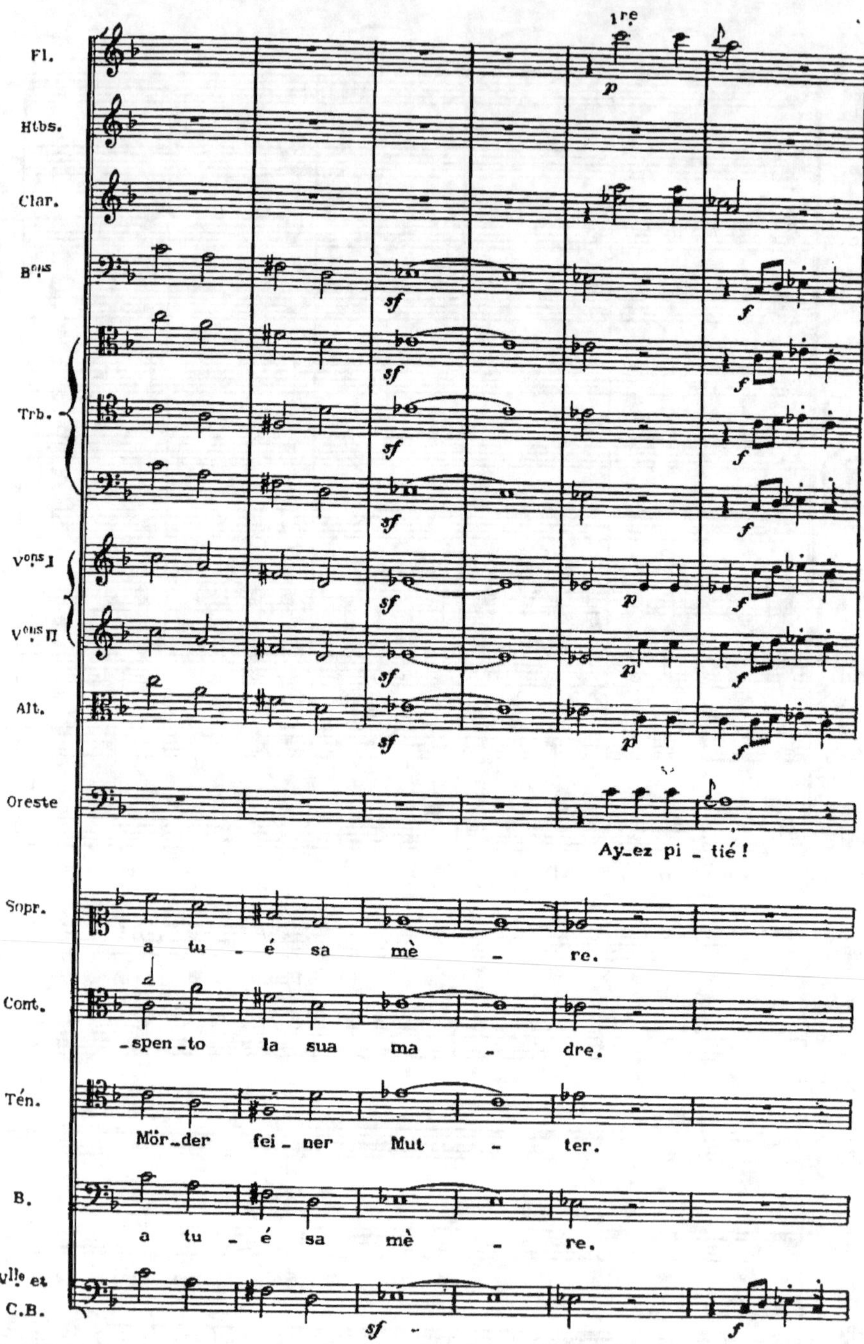
Fl.
Htbs.
Clar.
B᳝ᵉ
Trb.
Vᵒⁿˢ I
Vᵒⁿˢ II
Alt.
Oreste
Ay_ez pi _ tié !
Sopr.
a tu _ é sa mè _ re.
Cont.
_spen_to la sua ma _ dre.
Tén.
Mör_der sei_ner Mut _ ter.
B.
a tu _ é sa mè _ re.
Vlle et
C.B.

Mais ce que l'auteur de la *Damnation* disait, au sujet de l'air fameux « Divinités du Styx! », cette autre merveille de suggestion instrumentale, est également vrai quand il s'agit de l'interprétation de la scène de l'Oracle, ou, pour mieux dire, de toute la musique de Gluck : « Il faut que l'orchestre soit inspiré. »

Telles sont les qualités extraordinaires de la symphonie gluckiste. Les défauts seraient la monotonie et la lourdeur.

La lourdeur, nous l'avons vu, tient surtout à la question des basses, que nous avons examinée déjà en parlant de l'emploi de ces instruments; l'interprétation peut la corriger dans une large mesure.

Quant à la monotonie, ne serait-ce pas plutôt chez le chevalier un excès de réserve ou de style, mal compris par notre génération trop agitée? Nous sommes désormais si curieux de virtuosité que nous supportons impatiemment une noblesse, un recueillement, une dignité qui nous privent des sursauts brusques, auxquels nous accoutuma l'art nerveux du xixe siècle. Et quand on songe à toutes les oppositions si fréquentes de ces drames, on hésite vraiment à leur reprocher la grave tenue de certaines scènes, comme le commencement du dernier acte d'*Alceste* aux portes de l'Hadès, si supérieurement homogène dans ses lugubres teintes, ou comme la scène des Champs-Elysées, à propos de laquelle Gluck lui-même disait à Corancez : « Le bonheur des justes doit consister principalement dans sa continuité et conséquemment dans son égalité. »

Et puis, si vraiment l'auteur d'*Armide* fut parfois monotone, quand la situation insuffisamment tragique ne *portait plus* son orchestre (dans certains airs de ballet, par exemple), il fit faire, en somme, un pas si décisif aux recherches instrumentales qu'on ne saurait lui tenir rigueur de ces quelques faiblesses, part que le temps s'arroge toujours dans toutes les conceptions humaines, et que les siècles seuls font apparaître comme des rides fatales au visage des chefs-d'œuvre.

Si l'on veut retrouver pour le chevalier une admiration sans mélange, après ces légères chicanes, il suffit de rouvrir à leur première page *Alceste* ou les *Iphigénies*, de relire leurs ouvertures qui, suivant l'expression de Gluck, « doivent prévenir les spectateurs de l'action qui va se représenter », et de voir ces ouvertures s'enchaîner sans interruption, sans cadence au premier acte du drame. On s'incline alors, plein de respect devant l'extraordinaire conception que cet homme du xviiie siècle se fit de la puissance suggestive de l'orchestre. Avoir trouvé cette recette de psychologie symphonique cent ans avant Wagner, c'est, à n'en pas douter, le fait d'un des plus grands génies orchestraux que le monde ait connus.

LES SUCCESSEURS DE GLUCK ET L'AUBE DE L'OPÉRA-COMIQUE

Tandis qu'en Allemagne la grande triade classique, Haydn, Mozart, Beethoven, invente et fixe la symphonie, chez nous, les continuateurs français ou italiens de Gluck : Gossec, Grétry, Dalayrac, Méhul, Lesueur et Berton, Sacchini, Salieri, Cherubini et Spontini, loin de faire faire un pas nouveau à la science de l'instrumentation, semblent plutôt en recul sur le chevalier, au point de vue de ce coloris orchestral dont il avait eu le sentiment à un si haut degré.

Mais il ne faut pas s'en tenir à l'aspect extérieur des choses. Pas plus à ce tournant de siècle qu'en aucune période de l'histoire, il n'y eut arrêt complet dans la marche en avant de la pensée et des formes artistiques. Une époque, même systématiquement réactionnaire, suit dans une certaine mesure, si faible soit-elle, les lois fatales du transformisme. Lorsque le Directoire, le Consulat et l'Empire croient copier les styles grecs et pompéiens, ils les accommodent à un goût nouveau, inférieur sans doute, mais tout autre que celui des lointains ancêtres, et l'évolution suit, malgré tout, son cours éternel.

Eblouis par une personnalité lumineuse comme celle du chantre d'*Alceste*, nous trouvons, il est vrai, ses successeurs bien ternes et bien sombres, bien conventionnels et bien guindés. Dans l'art musical, aussi bien que dans les arts plastiques, l'Empire après le Louis XVI, c'est la raideur, l'emphase et la mort après la souplesse, la passion et la vie, ce sont les candélabres de bronze, les ébènes et les étoiles d'argent funèbres du style le plus morne qui fût jamais, c'est l'austérité républicaine et la morgue impériale des David après le sourire des Clodion et la fine sensualité de Fragonard. Que de lourdes orchestrations, que d'enflure, quel manque d'éclat et de nuances nous allons constater chez tous ces chantres de la période révolutionnaire, chez tous ces courtisans du Corse autoritaire, chez tous ces rigides évocateurs des drames bibliques ou romains! Et pourtant, petit à petit, par la lente, inconsciente et sûre force du temps, l'orchestre s'organise de plus en plus; moins génial que celui de Rameau ou que celui de Gluck, il finit tout de même par mieux s'adapter à ses fins générales, et si l'instrumentation (suivant la distinction que nous avons maintes fois établie) ne progresse guère, l'orchestration proprement dite s'améliore toujours. Est-ce par une vague répercussion des grandes symphonies d'outre-Rhin qu'elle se perfectionne, sinon dans son expression, du moins dans son fonctionnement? Evidemment oui, dans une large mesure.

Si Beethoven admirait Cherubini, Cherubini devait encore plus admirer Beethoven[1]. *Joseph* de Méhul et *la Vestale* de Spontini parurent en 1807, la même année que la *Symphonie en ut mineur*, et la loi du plus fort ne pouvait manquer de s'imposer aux maîtres français ou francisés, si dédaigneux qu'ils se prétendissent de la barbarie tudesque.

Mais il fallait bien qu'il y eût aussi, dans les races latines, un principe de progrès ou tout au moins de transformation, puisque, vers la fin de la génération qui nous occupe, et tout à fait en dehors de l'idéal germanique, nous voyons éclore de l'autre côté des Alpes l'étincelant Rossini, avec son mousseux orchestre, et s'épanouir de ce côté-ci les personnalités légères, gracieuses, spirituelles de Nicolo et de Boïeldieu. C'est un des plus profonds mystères en même temps que l'un des charmes les plus vifs de l'histoire que ces milliers de petites vibrations obscures, si difficiles à saisir dans le détail et qui, soudain, s'épanouissent en faits tangibles ou en grands mouvements d'idées. Comment discerner clairement, parmi tout le fatras des tragédies pompeuses de ces maîtres dont nous citions plus haut les noms aux

---

1. Du moins l'aurait-il dû. S'il faut en croire Berlioz, ce fut loin d'être son cas.

désinences italiennes, ou parmi les œuvres d'un GRÉTRY, d'un DALAYRAC ou d'un BERTON, ce qui donnera bientôt le pétulant *Barbier*, le gracieux *Jean de Paris*, la « gentille » *Dame Blanche* des sires d'Avenel?

N'essayons pas de résoudre le problème, ni de chercher, à travers une période renfrognée, la survivance des Bouffons, ressuscitant un soir, pour l'agrément du premier consul, avec *l'Irato* de MÉHUL. Et, si pénible qu'en soit la tâche, contentons-nous de constater chez l'auteur de *Joseph* et chez ses contemporains, l'absence presque continue de poésie *ou même d'ingéniosité instrumentale*.

A partir de cette époque, nous commençons à trouver d'assez bonnes partitions d'orchestre. La disposition matérielle des parties est loin alors d'être définitivement fixée comme de nos jours, suivant un ordre constant et logique. SACCHINI, le plus âgé de ces musiciens, encadrait tous ses instruments à vent entre les violons et les altos, d'une part, gravés en haut de la page, et les violoncelles et contrebasses qui en occupaient le bas. Et tous ses confrères jusqu'à SPONTINI, le plus jeune d'entre eux [1], s'accommoderent, a de rares exceptions près, du même arrangement, injustifiable par toute autre raison que de faire figurer en tête des instruments la partie de premiers violons, la plus constamment mélodique Avec cette disposition, les timbales changeaient souvent de page. On les ajoutait après coup, tantôt en haut, tantôt en bas de la page. MÉHUL lui-même n'employait pas une autre tablature, et GRÉTRY adoptait une disposition plus bizarre encore. Dans *Anacréon*, par exemple (1797), il présentait son orchestre dans l'ordre suivant, en commençant par le haut : timbales, cors et trompettes, hautbois et clarinettes, violons, trombones, violes et enfin les bassons avec les basses. Bientôt, du reste, nous verrons que cet arrangement, fâcheux entre tous, correspondait à l'une des écritures orchestrales les plus faibles qui aient jamais été. D'autres auteurs, en revanche, comme LESUEUR et BERTON, oscillaient entre le système d'encadrement de toute la masse orchestrale par le quatuor, et le système moderne. Mais, s'ils adoptent quelquefois celui-ci, ce n'est jamais définitivement, ou bien ils en diffèrent par quelque détail : dans son *Adam* (1773), LESUEUR écrit le quatuor tout entier au bas de la page, mais il donne à ses cors la première portée, et BERTON groupe également les cordes, mais les place en tête de la masse instrumentale, toujours préoccupé, sans doute, de faire bien ressortir la partie chantante des premiers violons.

Seul, CHERUBINI se servit résolument de la notation moderne, tout au moins à partir d'*Anacréon* (1803). C'est qu'en tout CHERUBINI était le pur, le logique, le classique, et la netteté de son *graphique* (comme on dirait aujourd'hui) correspondait à la netteté de ses conceptions musicales. Aussi, le voyons-nous également, en nous plaçant à un autre point de vue matériel, s'attacher avec beaucoup plus de soin qu'aucun auteur de son entourage, à l'indication des nuances. Depuis PHILIDOR, on n'avait pas pris un tel souci de ces détails, et ceci indique le prix qu'il attachait à la justesse d'exécution de ses œuvres et l'attention qu'il apportait aussi bien à leur teneur instrumentale qu'à leur conception mélodique. Mettons immédiatement hors de cause, pour n'y plus revenir, ce Florentin né en 1760, qui mourut à Paris en 1842.

Tout le monde connaît le tableau du Louvre, malheureusement détérioré, dans lequel Ingres l'a représenté sous l'inspiration de la Muse. Cette froide, élégante et noble figure de femme est le plus parfait symbole d'un art également noble, élégant et un peu froid. Et les mêmes épithètes s'appliquent aussi bien à l'orchestre qu'aux idées et aux harmonies de CHERUBINI. Dès *Démoophon* (1788), cet orchestre s'émancipe, se varie, devient plus dégagé d'écriture, plus alerte qu'aucun de ceux des grands aînés. Il n'est pas pittoresque comme celui d'un MONTEVERDI, d'un RAMEAU ou d'un GLUCK, et son coloris ne provient que de l'appui de touches momentanées, d'effets purement sonores plutôt que descriptifs. Mais le dialogue s'assouplit, mais les instruments s'habituent à entrer successivement sur des dessins analogues, comme dans le passage suivant que nous extrayons de la belle ouverture d'*Anacréon* (Voir pages 2280 et suiv.), mais les traits de virtuosité confiés aux clarinettes ou aux flûtes se développent, et si la marche trop fréquemment parallèle des bassons et des violoncelles, ou certains dessins de harpes indiquent encore quelques maladresses, on peut dire que l'ensemble de cette orchestration offre un aspect définitivement moderne et qu'on la voit, dans tels ouvrages du maître, par exemple dans le final du deuxième acte de *Lodoïska*, accomplir sa fonction dramatique avec toute la vigueur d'un organisme adulte, en pleine puissance et en pleine liberté.

Nous ne retrouvons pas, hélas! cette pureté chez aucun autre des auteurs qui nous occupent, sans doute parce qu'aucun d'eux ne fut aussi foncièrement musicien que le compositeur de la *Messe du Sacre*.

Laissons donc de côté SACCHINI, dont l'orchestration pâteuse et mal équilibrée, aussi bien dans *Lucio Vero* (1773) que dans *Œdipe a Colone* (1786), repose presque entièrement sur les cordes divisées à quatre parties, les instruments à vent n'apportant à l'ensemble que de pesants soutiens rythmiques, d'épaisses tenues de cors, quand ils ne se contentent pas de doubler les archets, hautbois avec les premiers violons, etc.

Laissons de côté SALIERI, disciple et ami du vieux GLUCK, qui, retiré à Vienne, fit monter à Paris les *Danaïdes* de son élève, laissant croire qu'il y avait collaboré. SALIERI écrivait mieux que SACCHINI, c'était un plus fin musicien; mais si son orchestre, soit dans les *Danaïdes* (1784), soit dans *Tarare* (1787), soit dans les *Nègres* (1804), offre une assez grande fermeté d'écriture, l'on n'y trouve point l'admirable recherche expressive des timbres qui caractérisa le chantre d'Orphée, et la variété, que l'on peut voir, chez cet Italien, dans l'emploi des instruments, dérive bien plus des exigences de la tessiture que d'un souci réel de coloris ou de pittoresque.

Laissons aussi de côté un compositeur révolutionnaire, comme le vieux GOSSEC, sur qui nous reviendrons à la fin de ce chapitre, et considérons un instant ce maître liégeois qui eut tant de succès à la fin du xviiie siècle et à l'aube du xixe : Modeste GRÉTRY (1741-1813).

GRÉTRY ne manquait ni de grâce ni de charme, il avait de jolies idées, faciles, parfois même élégantes, mais c'était un médiocre musicien. Son écriture est impure, et l'on peut dire sans crainte d'exagération que, dans le domaine orchestral, nul ne fut plus faible que lui. Alors que les maîtres du xviie et de la première moitié du xviiie siècle n'avaient pas trop de cinq parties de cordes pour exprimer leurs idées

---

1. Nous laissons toujours de côté BOÏELDIEU, qui est bien plutôt le premier des compositeurs français modernes que le dernier des gluckistes.

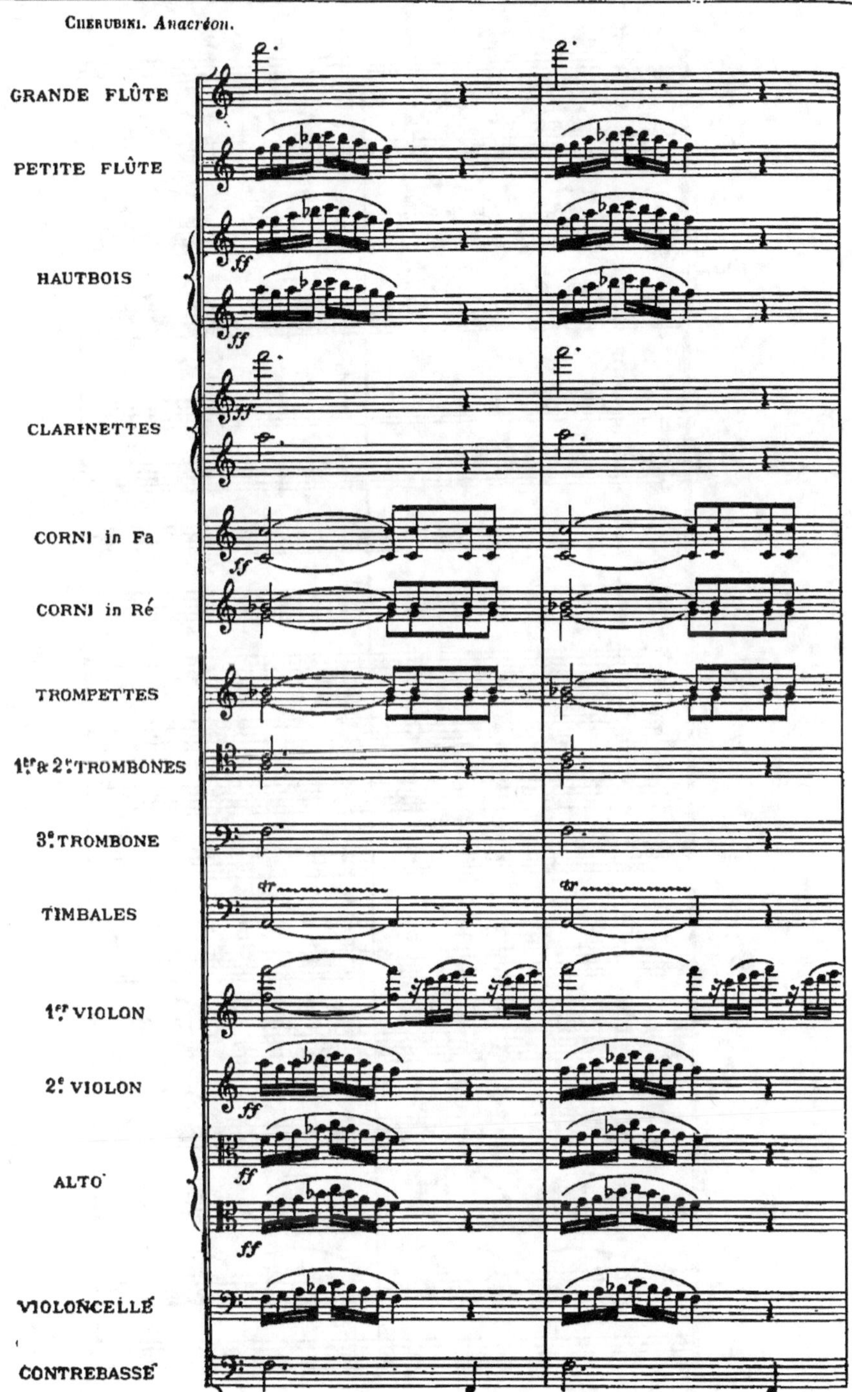
CHERUBINI. Anacréon.
GRANDE FLÛTE
PETITE FLÛTE
HAUTBOIS
CLARINETTES
CORNI in Fa
CORNI in Ré
TROMPETTES
1re & 2e TROMBONES
3e TROMBONE
TIMBALES
1er VIOLON
2e VIOLON
ALTO
VIOLONCELLE
CONTREBASSE

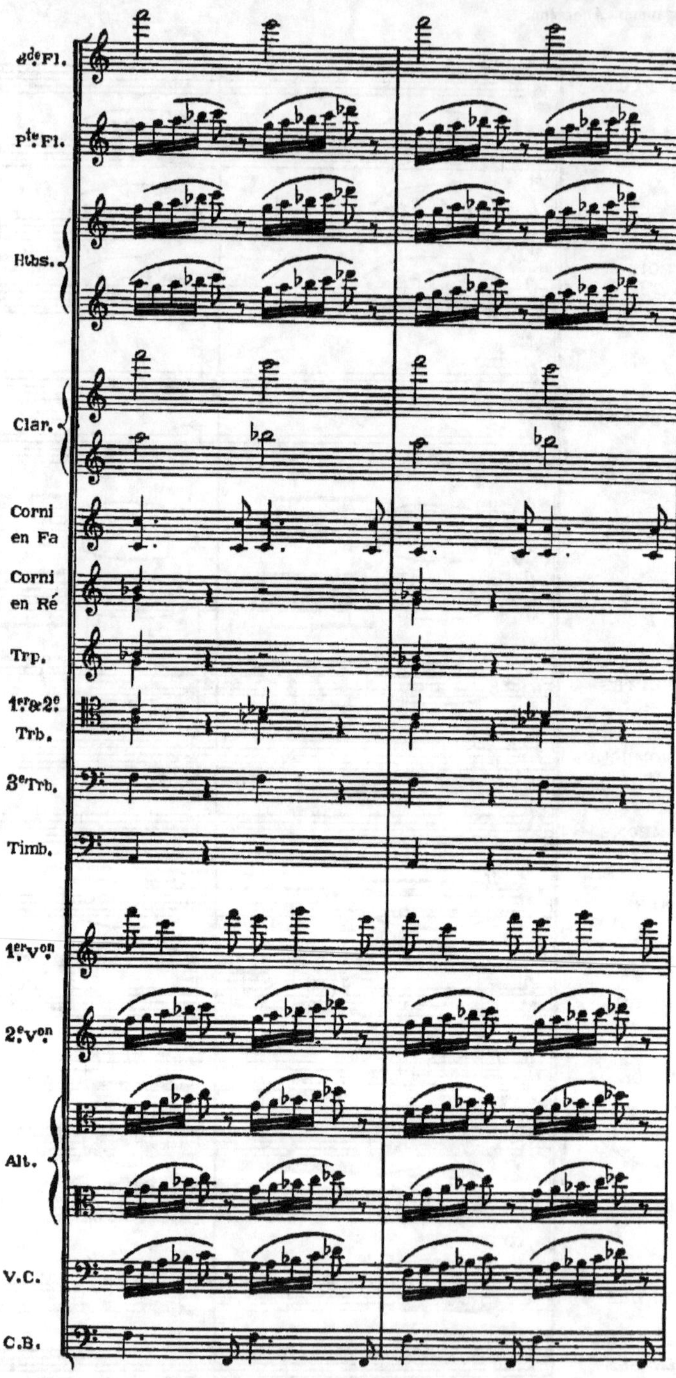
2de Fl.
Pte Fl.
Htbs.
Clar.
Corni en Fa
Corni en Ré
Trp.
1re & 2e Trb.
3e Trb.
Timb.
1er Von
2e Von
Alt.
V.C.
C.B.

harmoniques, GRÉTRY, lui, réduit son quatuor à trois parties réelles. Les altos, sans cesse ballottés des violons aux basses qu'ils doublent tour à tour, n'enrichissent en rien la pâte orchestrale, et les vents, de leur côté, remplissent continuellement le rôle de doublures : les hautbois doublent les violons, les bassons doublent les basses, etc. Il semblerait que les musiciens de cette époque orchestrassent d'après leurs improvisations au piano-forte : deux notes à la main droite et des octaves à la main gauche. Les instruments aigus suivent la partie de chant à l'unisson et à la tierce (ou à la sixte), et la basse demeure isolée; des pieds, une tête légère et pas de ventre.

Dans son ouvrage *Vingt suites d'orchestre du XVIIIe siècle*, ÉCORCHEVILLE fait une remarque qui s'applique très justement à GRÉTRY et à plusieurs de ses contemporains : « Cette séparation des voix extrêmes dans la symphonie, dès le milieu du XVIIe siècle, laisse pressentir l'avènement de la sonate à deux violons et deux basses; elle indique déjà combien l'intérêt se concentre sur les parties chantantes et les parties fondamentales. »

D'ailleurs, dans ses *Essais sur la musique* (tome II, pages 63 et 64), GRÉTRY avoue lui-même le peu de soin apporté à son orchestre. « Je ne me dissimulerai pas, écrit-il naïvement, que souvent, en écoutant les compositions plus fournies, plus pleines d'harmonie que les miennes, j'ai regretté de n'en avoir pas fait un plus grand emploi dans mes premiers ouvrages. J'ai souvent négligé la partie de la quinte (alto) qui est si nécessaire pour remplir le vide qui se trouve entre les violons et la basse... Si, après moi, mes ouvrages restent au répertoire des théâtres lyriques, quelque compositeur s'en chargera peut-être[1]. Mais je l'invite à bien se pénétrer du sentiment de ma musique; qu'il sache bien ce qui y est pour qu'il sente le danger de l'obscurcir par des remplissages, par des accessoires que je regarde souvent comme l'éteignoir de l'imagination. »

Cette faiblesse orchestrale, GRÉTRY ne la racheta point par le coloris des timbres. Que nous ouvrions les partitions de la *Fausse Magie* (1773), qui eut tant de succès, du célèbre *Richard Cœur de lion* (1784), ou celle d'*Anacréon*, dont nous avons déjà signalé la bizarre tablature, nous ne trouverons aucune trouvaille instrumentale ingénieuse. Les tempêtes n'ont pas fait de progrès depuis RAMEAU, les vents y soufflent de la même manière, diatoniques encore, et confiés au dialogue des flûtes, hautbois et bassons, et ce ne sont ni les trois flûtes accompagnant partout les récitatifs d'un rôle, dans *Andromaque* (1779), innovation que GRÉTRY s'attribuait, ignorant MONTEVERDI, ni le « cornet en corne de vache », dans l'ouverture de *Guillaume Tell* (1791), qui peuvent passer pour des innovations bien sensationnelles. La vérité, c'est que l'emploi d'un nombre plus ou moins grand d'agents sonores n'a jamais chez lui de but pittoresque, mais dérive uniquement du désir d'obtenir plus ou moins d'intensité sonore : des *tutti* dans les *forte* et peu d'instruments pour les *piano*, à cela se réduit à peu près l'esthétique orchestrale de celui qui tint si longtemps nos grands-pères sous le charme de ses inspirations.

MÉHUL et SPONTINI, plus jeunes que GRÉTRY, l'un d'une vingtaine, l'autre d'une trentaine d'années, connurent leur métier mieux que lui. Ni l'un ni

l'autre cependant ne posséda la pureté de CHERUBINI. MÉHUL, qui, musicalement, est une grande figure, présente cependant un moindre intérêt, à notre point de vue particulier. Orchestrateur honnête, mais sans éclat, il ne fit guère d'apport sensible à la science de l'instrumentation. Si l'ouverture du *Jeune Henri* (1797), qui fit les délices des abonnés de PASDELOUP, est pleine d'entrain et de gaieté avec ses trilles, ses batteries, ses joyeuses fanfares de cors et ses aboiements de quatuor (dont GOUNOD s'est souvenu dans une suite concertante pour piano pédalier et orchestre), et si l'ouverture d'*Ariodant* (1799) présente à son début un curieux ensemble de trois violoncelles et d'un trombone, d'une fort jolie couleur, la « symphonie » chez MÉHUL n'offre, en somme, qu'une grandeur un peu lourde. Dans son fameux *Joseph* (1807), le seul passage à citer, sous ce rapport, est l'agréable divertissement des instruments à vent qui sert de prélude au troisième acte : sonneries de bassons et de trompettes, que la clarinette, le hautbois et la flûte ornent de broderies légères et de gammes en tierces. En fin de compte, la recherche orchestrale la plus caractéristique de ce compositeur doit être l'opéra *Uthal* (1806), où tous les violons sont continuellement remplacés par des altos. « Les artistes qui jouent du violon, dit la préface de cette pièce, peuvent aisément jouer de la quinte. » Un tel parti pris d'austérité et de « noircissement » peut être heureux pour un morceau exceptionnel. FAURÉ, par exemple, en a fait un très juste emploi dans tout le début de son beau *Requiem*. Mais pour un ouvrage de longue haleine, cette fantaisie devient fâcheuse. Les flûtes et clarinettes faisant seules les parties hautes, il ne peut y avoir aucune variété de combinaisons et, très vite, la monotonie du procédé amène la lassitude de l'auditeur. Ce même opéra renferme un « Hymne au Soleil », où la harpe, deux cors et deux flûtes accompagnent quatre bardes sur le théâtre; hymne bien vieilli, où la harpe n'est pas très habilement employée. Chose étrange d'ailleurs et que nous avons déjà constatée : les compositeurs de l'époque écrivaient généralement très mal pour cet instrument, pourtant si fort à la mode, que les beautés olympiennes de l'Empire maniaient à qui mieux mieux, sous le turban de Corinne, afin de conquérir les jeunes conquérants de l'Europe.

N'exagérons pas nos critiques. Si MÉHUL ne sut pas toujours réaliser avec toute la poésie ou tout le coloris orchestral désirables ses intentions musicales, du moins ce musicien (très grand par ailleurs) eut-il le souci de l'expression juste à un très haut point, et une conscience artistique qui lui faisait rechercher avec ardeur ce « mieux » qui, malgré le proverbe, n'est pas toujours l'ennemi du bien.

M. WECKERLIN, dans une étude sur *Joseph*, nous a conté les transformations curieuses de la romance de Benjamin, « A peine au sortir de l'enfance ». Les quatre versions successives montrent bien le désir de l'auteur d'arriver à cette simplicité, à ce naturel ingénu, à cette candeur naïve que lui suggérait le texte même. La recherche de l'expression dans la mélodie et dans la déclamation s'y double d'un parti pris constant d'en alléger, d'en clarifier l'orchestration pour la mieux accorder au sentiment si pur de cette adorable romance. Les clarinettes et les flûtes employées dans la première version disparaissent successivement dans les suivantes. La tonalité elle-même se simplifie, passant de *fa* en *ut*. Dans la dernière version, un trait de hautbois, élégant, mais

<hr>

1. C'est d'ailleurs ce que firent BERTON pour *Guillaume Tell* et plus tard, Adolphe ADAM pour *Richard Cœur de lion*.

superflu, disparaît, les bassons se taisent sous les mots : « J'étais simple comme au jeune âge, » qu'accompagnent seuls les cors au début. Encore MÉHUL a-t-il biffé au crayon rouge sur la partition originale les deux premiers accords de cors, afin de rendre leur entrée plus intéressante et plus pure.

Ajoutons que l'on trouve dans les symphonies de Méhul, peu connues, quelque chose de la clarté, de la franchise, de l'héroïsme pourrait-on dire de la symphonie beethovénienne.

Mais passons à SPONTINI, dont toute l'esthétique tient en un mot : l'effet. Puissant, dramatique, somptueux, l'orchestre de ce maître n'aura qu'un but : intensifier l'effet de ses inspirations musicales. Aussi, versera-t-il aisément dans l'emphase. Quand il écrivit *Fernand Cortez* (1809), sous prétexte de danses mexicaines, il abusa de moyens faciles : tam-tam, tambourins et timbales, tambour avec corde lâche, « allegro alla feroce », procédés qui nous paraissent aujourd'hui quelque peu risibles, et, disons le mot, terriblement « pompier ». En réalité, c'est de l'exotisme au rabais, dénué de coloris véritable. En revanche, il va tirer des effets réellement nouveaux de l'application des sourdines aux instruments à vent pour donner l'impression d'éloignement : clarinettes avec le pavillon dans un sac, cors en sourdine, cymbales étouffées, timbales voilées, avec contraste brusque d'un « fortissimo noblement », en tirant vite les sourdines. Ce n'est peut-être pas génial, mais c'est assez habile. Dans *Olympie* (1819), nous voyons ce même souci matériel des choses : les trois quarts des violons, la moitié des altos, les deux tiers des violoncelles avec sourdines, le reste sans sourdines, avec dialogue des deux groupes, et de vives oppositions de nuances. Les altos de SPONTINI, d'ailleurs, sont souvent divisés ; son orchestre n'est pas trop fluide, comme celui de GRÉTRY, il serait plutôt trop épais. Cependant, son perpétuel souci de l'effet le sert parfois heureusement, quand il est légitime et que les inspirations sont belles.

Au premier acte de la dramatique *Vestale*, tous les instruments à vent montés sur le théâtre, tandis qu'à l'orchestre le quatuor demeure seul, donnent une impression de solennité indéniable, et le finale du deuxième acte, dans ce même opéra, aussi bien au point de vue de l'écriture que comme inspiration mélodique, reste une superbe page, où l'instrumentation par grandes masses redoublées atteint à une véritable grandeur, un peu bruyante sans doute, mais pleine de fougue et de puissance.

Passons rapidement sur DALAYRAC, instrumentateur totalement dénué d'intérêt, et sur BERTON qui montra pourtant plus de finesse. L'introduction du *Délire* de ce compositeur (1799) renferme une jolie page où les timbales voilées et les altos à l'unisson frémissent assez heureusement sur un mouvement chromatique des instruments à vent. Mais, dans une certaine *Aline, reine de Golconde*, postérieure de trente années, quelles maladresses présente, intercalé au milieu d'un faux orientalisme, un tableau de couleur provençale : galoubet et tambourin doublé par les premiers et les seconds violons! (les seconds violons doublant le tambourin, disposition saugrenue s'il en fut jamais).

Tout cela est bien lourd, bien pâteux encore. Nous donnons cependant un passage emprunté à *Montano et Stéphanie*, parce qu'il présente une formule souvent exploitée depuis : entrées successives des différentes voix instrumentales par le mouvement mélodique, aboutissant à des tenues harmoniques et unissant progressivement toutes les forces de l'orchestre (Voir pages 2284, 2285).

Cet opéra-comique clôtura le XVIIIe siècle. Le *Calife de Bagdad* de BOIELDIEU allait voir le jour l'année suivante, en 1800.

Enfin, glissons rapidement sur LESUEUR. Il fut le maître de BERLIOZ, mais, probablement, ce ne dut pas être de lui que le futur auteur de la *Damnation* tint ce don prodigieux à malaxer les timbres. Nul auteur, pas même GRÉTRY, n'orchestra de façon plus indifférente et plus plate. Qu'il s'agisse d'*Adam* (1773), de *Télémaque* (1796) ou des *Bardes* (1804), c'est le même parti pris de grandeur antique et de simplicité, mal servi par des harpes insignifiantes, par des basses lourdes, ennuyeuses et sans vie. C'est ainsi que, dans *Adam*, le thème du premier divertissement est joué à l'unisson par les flûtes et les violons, et accompagné par le quatuor en pizziccati arpégés, avec deux bassons traînards et une lourde pédale de contrebasse. Tout cela est laid, triste, morne ; agonie du gluckisme, à peu près semblable chez tous ses représentants. Heureusement qu'un art naissait en France, pour remplacer celui-ci. LESUEUR voyait grand pourtant. Tout comme BERLIOZ, il rêvait de vastes orchestres et de puissants ensembles choraux. Un jour, il put essayer de réaliser son rêve. Chargé de régler tout l'apparat musical de la *Messe du Couronnement* de Napoléon, il composa trois oratorios, pompeux et vides, hélas! pour ces fêtes sans précédent. Il imagina, au moment le plus pathétique, celui où le pape devait prendre la couronne et la poser sur la tête de l'empereur, une « orchestration » fort originale et qui mérite d'être décrite ici, comme une chose assez plaisante.

Le chant principal de ce morceau, de forme assez simple, ayant été chanté deux fois d'abord par le petit chœur principal, était repris une troisième fois par le chœur général (de façon à le graver dans la mémoire des assistants). A ce moment, des trompettes, à l'intérieur et à l'extérieur de la cathédrale, donnaient un signal aux fusiliers placés dans le temple, et aux canonniers sur la place. Les coups de fusil et les coups de canon devaient alors marquer le deuxième et le troisième temps de la mesure. Cette instrumentation un peu brutale s'accompagnait du vol tumultueux et des cris effarouchés de milliers d'oiseaux lâchés sous les voûtes millénaires... et les quinze mille spectateurs, joints aux sept cents exécutants des chœurs et de l'orchestre, devaient alors entonner triomphalement la mélodie du « Vivat »

J'ignore si cet effet, prescrit formellement par LESUEUR dans sa partition, put être pleinement réalisé ; BERLIOZ, pour une composition de ce genre, éprouva quelque déception, et les canons ne partirent pas...

LESUEUR n'innovait d'ailleurs qu'avec le caquetage des oiseaux au naturel. Le canon avait déjà mêlé sa grande voix aux mille bruits de l'orchestre. Cette formidable pédale avait grondé en Russie dans le *Te Deum* de SARTI, en 1788. STAMITZ lui-même, piqué au jeu, avait voulu imiter SARTI. Les Russes se plurent à renouveler ces symphonies « somptuaires » (les coups de canon coûtent cher). Meyer, dans ses *Souvenirs de Russie*, cite une parade guerrière, à Krasnojé-Selo, terminée par un chœur militaire à l'unisson, soutenu par les fanfares, les trompettes et les tambours, au nombre de seize cents exécutants, tandis que des coups de canon réguliers marquaient la mesure.

Berton, *Montano et Stéphanie* :

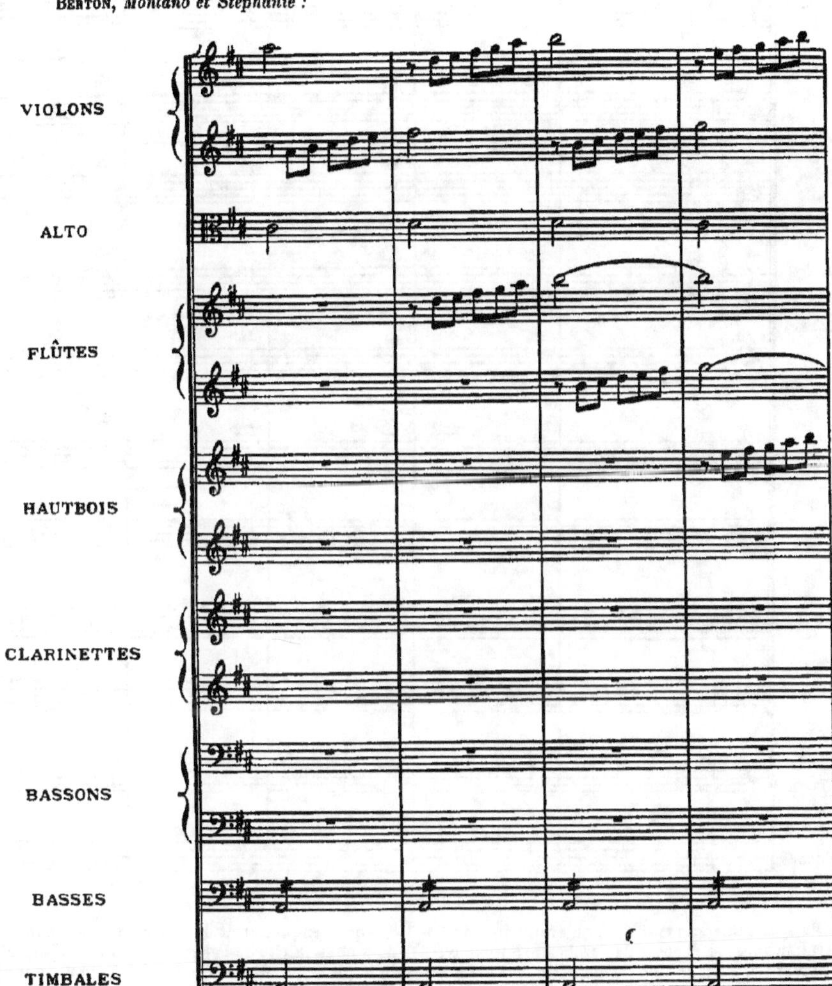

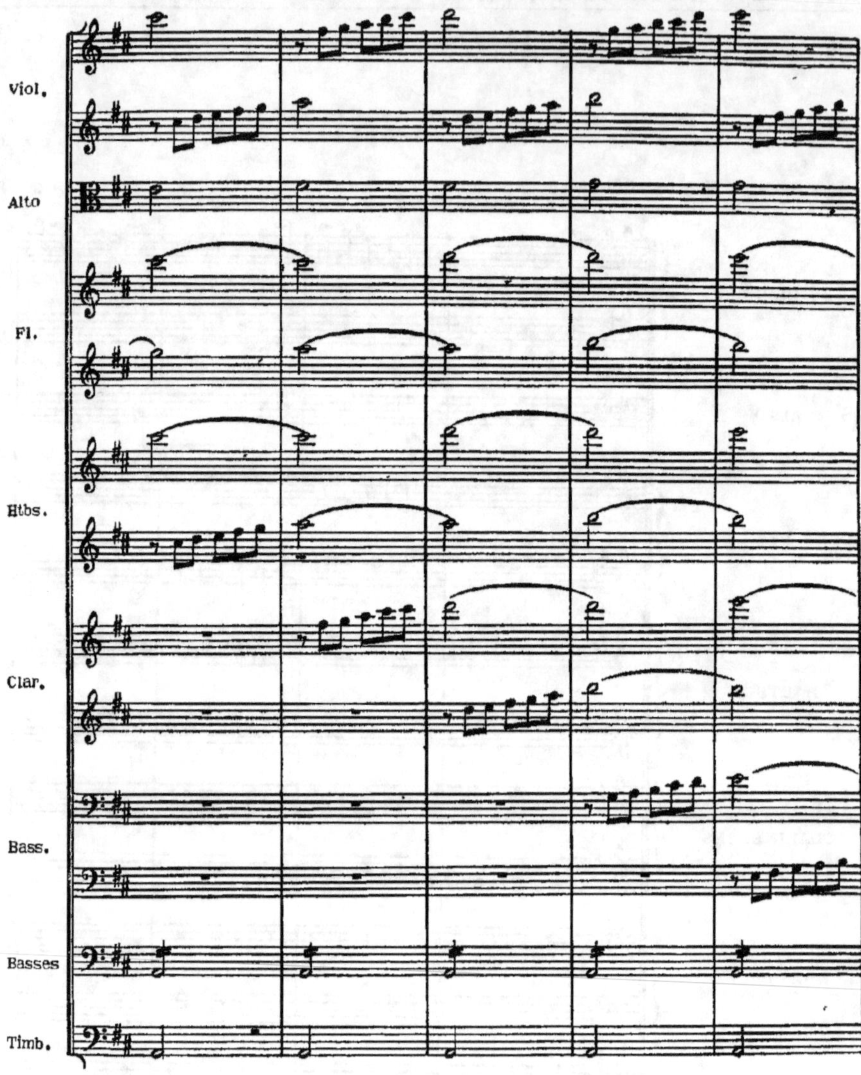

Mais, au milieu de tout cela, qu'avait donné la Révolution sous le rapport de l'orchestre? Rien ou à peu près rien. Les sublimes monodies de la *Marseillaise* ou du *Chant du Départ,* expressions d'un individualisme exalté, n'avaient pas eu d'écho dans le domaine symphonique. Le vieux, terne et triste GOSSEC fut le représentant officiel d'un genre qui aurait dû amener une magnifique explosion de lyrisme choral et instrumental. Jouer de la musique d'ensemble pour exprimer la fraternité des classes, quel plus bel effort de l'art eût pu rêver la jeune république! Mais les temps n'étaient pas venus, ou bien la race n'était pas douée pour ces manifestations, et la *Neuvième Symphonie,* qui aurait dû retentir sur le Champ de Mars pour la fête de la Fédération, ne devait tomber de la plume de BEETHOVEN que trente-quatre ans plus tard... GOSSEC, pourtant, avait créé l'orchestre symphonique en France, et augmenté l'orchestre de l'Opéra, avant même la venue de GLUCK. Ceci nous ramène fort loin en arrière. C'est qu'il était né en 1733, ce compositeur belge qui ne se décida pas à mourir avant quatre-vingt-seize ans. Il avait donc accru le nombre des « symphonistes » et introduit la clarinette chez nous, ce qui permit au chevalier de s'en servir pour ses chefs-d'œuvre. Au moment des grands événements de 1789, l'auteur de l'*Hymne a l'Être Su-*

prême approchait déjà de la soixantaine. On parle volontiers du génie mâle et puissant de Gossec; il est bien difficile de célébrer son orchestre. Pour le *Tuba mirum* de la *Messe des Morts*, il imagina bien de placer un deuxième orchestre (de cuivres) à une certaine distance du premier; mais là se borne la ressemblance de son œuvre avec la terrible page de Berlioz, et son unique trouvaille orchestrale des grandes fêtes du 14 juillet fut de supprimer complètement les instruments à cordes des exécutions en plein air, d'y remplacer l'orchestre de théâtre par des musiques d'harmonie en adjoignant aux clarinettes, cors et bassons, les flûtes, hautbois, trompettes et serpents. L'idée était d'ailleurs excellente, mais Gossec ne paraît pas en avoir tiré un parti bien remarquable[1]. Il y a même quelque ironie à songer que, si la Révolution a doté notre pays du plus beau des chants patriotiques, dans le domaine symphonique, elle ne lui a légué que les harmonies militaires, et que les luttes épiques de Napoléon ont fait éclore, en France, cette charmante mais toute petite chose, l'opéra-comique avec ses jolis fredons, lestes et pimpants[2].

---

[1]. Citons dans le *Judex Crederis* du second *Te Deum*, écrit pour le plein air, un curieux effet de grosse caisse, battue pianissimo par des baguettes de timbales. Berlioz reprendra ce procédé, comme aussi celui des deux orchestres du *Tuba mirum*. Gossec était à l'affût de toutes les inventions nouvelles, il est juste de lui tenir compte de ses audaces et de l'influence heureuse qu'elles eurent sur les progrès de l'instrumentation. Il s'attribua le mérite d'avoir employé le premier à l'Opéra les clarinettes. Cependant, il paraît démontré que Rameau les employa dès 1751, très passagèrement. En tout cas, Gossec introduisit les trombones à l'orchestre de l'Opéra dans son *Sabinus*, exécuté en 1774. Il renforça le nombre des violons et porta celui des contrebasses au chiffre de cinq.

[2]. Une circonstance imprévue nous oblige à reporter plus loin dans l'*Encyclopédie* la 2ᵉ partie de l'*Histoire de l'Orchestration*. (N. D. L. D.)

LA LITURGIE ISRAÉLITE

Par M. JULES FRANCK

DIRECTEUR DE LA MUSIQUE DES TEMPLES ISRAÉLITES DE PARIS

OFFICES

La célébration des offices divins a rapidement pris chez les Israélites un caractère musical.

Ces offices se divisent en deux parties principales : l'instruction et la prière. L'instruction se compose d'une part, de la récitation du Schema[1] (dont le premier verset constitue l'affirmation du monothéisme) et qui se récite le matin et le soir; d'autre part, de la lecture de la Loi qui a lieu le jour du Sabbat, les jours de fêtes et de Pénitence. La prière est constituée essentiellement par un certain nombre de bénédictions qu'on désigne sous le nom de Amidah (prière récitée debout). Ces bénédictions sont récitées aux trois offices des jours de semaine, aux quatre du Sabbat et des jours de fête et aux cinq du jour du Grand Pardon. Les offices de semaine ont lieu le matin, l'après-midi et le soir; les deux derniers sont presque toujours réunis. Le samedi et les jours de fêtes, a lieu un office supplémentaire qui suit celui du matin, et qui correspond au sacrifice supplémentaire qu'on offrait autrefois dans le temple de Jérusalem. Le jour du Grand Pardon, a lieu un office de clôture après celui de l'après-midi. C'est par l'office du soir que commencent les solennités israélites, le jour partant du soir dans le calendrier juif. A une époque postérieure, la lecture du Schema fut elle-même précédée et suivie de bénédictions; puis on y ajouta, au commencement des offices, un certain nombre de psaumes. En outre, dès les anciens temps, on avait pris l'habitude, aux jours de fête, de réciter les psaumes 113 à 118 consacrés à la louange de Dieu et dont l'ensemble s'appelle Hallel. Enfin, au moyen âge, on intercala dans la liturgie des poésies appelées Pyoutim appropriées aux jours de fête et de pénitence.

La principale lecture de la loi a lieu le samedi et les jours de fête entre l'office du matin et l'office supplémentaire; elle comprend une section du Pentateuque suivie d'un chapitre des Prophètes. En outre, à la fête d'Esther, on lit le livre de la Bible qui raconte son histoire et, à l'office du soir de l'anniversaire de la destruction du temple de Jérusalem, on récite les lamentations de Jérémie.

Les offices ont naturellement plus d'importance les jours de Sabbat et de fêtes que les jours ordinaires.

Ces fêtes se composent : 1° Des trois solennités agricoles, Pâques, Pentecôte et Cabanes, auxquelles la Bible a rattaché des souvenirs historiques. A Pâques, on célèbre la sortie de l'Egypte; à la Pentecôte, la révélation du Sinaï, et à celle des Cabanes, la protection que Dieu accorda aux Israélites dans le désert. 2° Des deux grandes fêtes du jour de l'an et du Grand Pardon, dont l'une commence et l'autre termine la période des jours de pénitence.

On a, en outre, institué des offices spéciaux pour rappeler les victoires des Macchabées sur Antiochus Epiphane, la délivrance des Israélites qui eut lieu par l'intervention d'Esther au temps du roi de Perse Assuérus, et enfin la destruction du temple de Jérusalem.

La différence entre ces offices et ceux de la semaine ne réside pas seulement dans l'adjonction de prières et de chants supplémentaires, mais surtout dans la tonalité particulière affectée tantôt à la lecture de la Loi et tantôt a la récitation des prières.

Nous allons examiner les problèmes musicaux qui se rattachent, d'une part, à la mélopée pour la lecture de la Loi, et de l'autre, aux airs traditionnels usités pour les prières des différents offices.

ACCENTS TONIQUES

Tandis que la récitation des prières est assez libre et tolère l'improvisation chez l'officiant, celle des Saintes Ecritures est fixée dans des limites assez étroites, et, au lieu d'embrasser une phrase entière, la mélodie s'applique à chaque mot. A l'époque du second temple, ces règles étaient déjà établies et se transmettaient oralement de génération en génération; mais elles n'ont été exprimées au moyen des signes que beaucoup plus tard. Quand on craignit de voir s'altérer la récitation traditionnelle de la Bible, on eut recours à un système de notation, et les signes employés ont reçu le nom d'accents. D'après l'opinion la plus répandue, le système actuel d'accentuation daterait du VIIe siècle, et serait l'œuvre des savants appelés Massorètes qui vivaient en Tibériade.

Les accents, en principe, indiquent la manière dont on doit couper les phrases dans la lecture de la Bible. Ils répondent donc aux points et aux virgules, mais, contrairement à nos signes de ponctuation, ils se placent sur ou sous les mots. La récitation ayant pris un caractère musical de plus en plus marqué, on a donné des signes non seulement au mots auxquels on s'arrête, mais aussi aux autres. Seuls, les mots

---

1. *Deutéronome*, chapitre VI, versets 4 et 9; chapitre XI, versets 13 et 21. *Nombres*, chapitre XV, versets 37 à 41.

courts reliés aux mots suivants par un trait d'union en sont dépourvus. On a donc deux sortes d'accents, ceux qui marquent une pause plus ou moins forte et qui s'appellent disjonctifs, et ceux qui n'indiquent aucun arrêt et qui s'appellent conjonctifs.

La Bible ayant été, à une date très ancienne, divisée en versets, l'accent le plus disjonctif est naturellement celui qui termine le verset, et qui s'appelle

Sillouq ou *Sof pasoug* | . Le verset est, à son tour, divisé en deux moitiés, et chaque moitié se divise en parties plus petites, qui, elles-mêmes, se subdivisent en parties encore moindres. C'est ce qu'on nomme le système de la *dichotomie*. L'accent qui partage le verset en deux s'appelle *Etnachta* . Si ce verset est très long, la première moitié est divisée en deux, la première moitié étant terminée par le *Segôl* . S'il est d'une longueur moyenne, on divise la première moitié par le *Zakef katon* ou *gadol* | ; de même, la seconde moitié. Entre le *Jakef* et l'*Etnachta* ou le *Sof pasoug*, on subdivise au moyen du *Tipcha* . Une division moindre est marquée par le *Rebia* ; une division encore moindre par le *Zarka* , le *Paschta* (changé quelquefois en *Yetib* , ou le *Tebir* . Les plus petites pauses sont marquées par le *Guèreisch* , qui peut être remplacé par le *Guerschayim* , le *Telischa guedola* ou le *Pazer* . Les accents conjonctifs sont le *Mounach* le *Kadma* , le *Manpach* , le *Meircha* , le *Darga* , le *Telischa quetanna* , chantés de différentes manières selon l'accent des mots qui suivent. Le mot accent vient de ce que la plupart des signes se mettent sur ou sous la syllabe *accentuée* ou tonique du mot (dernière ou avant-dernière).

Quelques signes, cependant, se mettent au commencement ou à la fin des mots, comme nous l'avons indiqué, le signe au milieu, à gauche ou à droite du trait qui représente le mot.

Chaque accent étant chanté à l'aide d'un groupe de notes plus ou moins nombreuses, la note principale, c'est-à-dire la plus longue, tombera toujours sur la syllabe accentuée.

Nous allons donner : 1° un tableau des accents toniques d'après la tradition en usage dans le Nord et l'Est de la France, en Angleterre, en Allemagne et dans les pays slaves (rite allemand), avec l'interprétation affectée aux diverses solennités ; exemples tirés du Pentateuque, des Prophètes, du Livre d'Esther et des Lamentations de Jérémie.

2° Un tableau de l'interprétation des accents toniques dans le Sud de la France, en Espagne et au Portugal (rite portugais).

3° Quelques exemples tirés du Pentateuque, des Prophètes, du Livre d'Esther et des Lamentations de Jérémie (rite allemand).

CHANTS TRADITIONNELS

La liturgie juive comporte une question fort complexe et qui est loin d'être résolue, c'est celle de l'origine des mélodies ou airs traditionnels. Les mélodies juives sont des chants à une voix sans accompagnement. Elles sont chantées soit par l'officiant seul, soit alternativement par l'officiant et les fidèles. Elles ne reposent sur aucune mesure fixe et le rythme en est librement varié.

Faute de documents, faute d'histoire de l'art musical chez les Israélites, nous sommes réduits, lorsque nous voulons sonder le mystère de l'origine de ces mélodies, à nous en tenir à des hypothèses, qui, soit qu'elles flattent notre imagination, soit qu'elles paraissent devoir répondre le plus vraisemblablement à la réalité, ne sont que des hypothèses, c'est-à-dire que nous restons plongés dans le doute et l'indécision. Toutes les recherches de la science moderne, tous les efforts des savants et des musiciens juifs contemporains ne sont point parvenus à jeter la lumière sur cette question.

Doit-on rechercher les sources des mélodies traditionnelles juives dans les temps les plus reculés de l'histoire du « peuple élu » ? doit-on au contraire leur attribuer comme auteurs une phalange d'artistes relativement modernes ? Sont-elles nées en Orient, ou bien simplement dans l'Europe centrale, et dans nos régions ? C'est ce que nous allons nous efforcer d'établir en comparant entre elles les différentes hypothèses émises par ceux qui, avant nous, ont traité cette question.

Une certaine tradition indique un rabbin allemand appelé Jacob MŒLN, mais qu'on désignait communément sous le nom de MAHARIL, et qui vivait à la fin du XIV° siècle, comme étant l'auteur de la plupart de ces mélodies. Nous croyons pouvoir affirmer qu'il n'en est rien, et que ce rabbin se borna à fixer les chants en usage jusqu'alors en donnant l'ordre de n'y apporter aucun changement. Les officiants, en effet, n'ayant point, en général, de culture musicale très développée, se sont appliqués de tout temps et comme à plaisir à dénaturer les chants traditionnels en y introduisant des variations, et en les agrémentant de vocalises et autres procédés vocaux qui ont toujours été très goûtés des fidèles, plus sensibles à la virtuosité vocale qu'à la beauté des chants dont ils ne comprenaient pas la grandeur. Il faut donc penser qu'une tradition existait déjà à l'époque de MAHARIL, et que certaines mélodies traditionnelles sont de deux ou trois siècles plus anciennes que ce rabbin pour qu'il ait eu l'idée de les fixer.

Mais certains auteurs prétendent leur attribuer une origine encore plus reculée. D'après eux, on devrait en rechercher la source non pas dans les productions du moyen âge, mais bien presque dans les chants juifs les plus anciens, dans ceux chantés au temple de Jérusalem. La musique était en grand honneur dans les cérémonies sacrées à Jérusalem. Les textes nous parlent de l'ordonnance musicale des offices ; nous savons, d'autre part, que les lévites étaient en grande partie musiciens, soit chanteurs, soit instrumentistes, et que le concours des voix et des instruments venait ajouter à la beauté et à la majesté de l'office divin. Il serait donc possible que les chants sacrés du temple se fussent transmis jusqu'à nous. Mais un des principaux faits qu'invoquent ces auteurs est l'existence des accents toniques ou *Neginoth*

TABLEAU DES ACCENTS TONIQUES AVEC LA TONALITÉ PARTICULIÈRE AFFECTÉE AUX DIFFÉRENTES SOLENNITÉS D'APRÈS LA TRADITION EN USAGE DANS LE NORD ET L'EST DE LA FRANCE, EN ANGLETERRE, EN ALLEMAGNE ET DANS TOUS LES PAYS SLAVES.

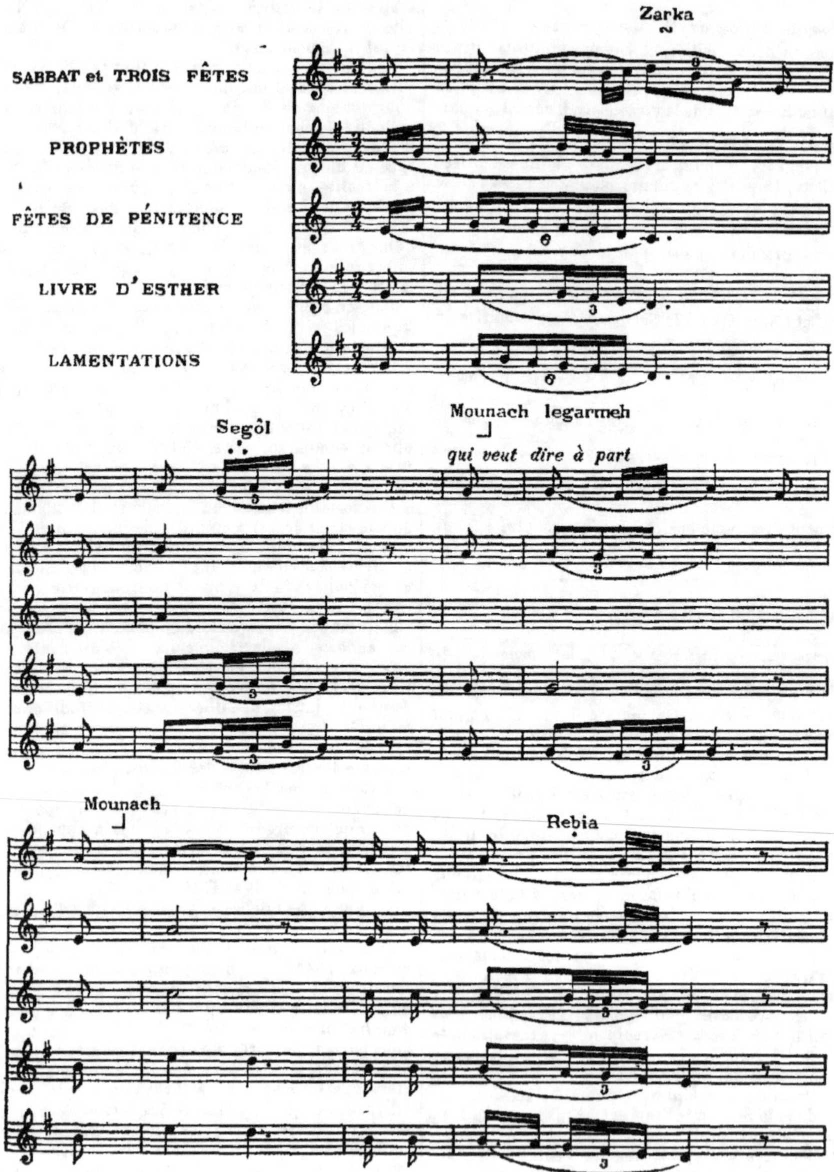

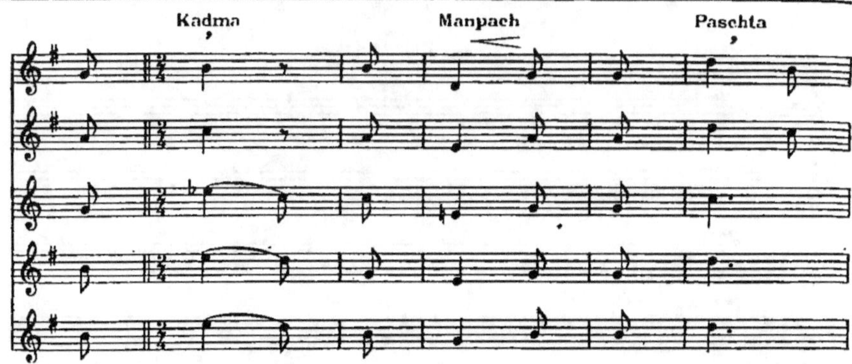

Au lieu du *Kadma,* on peut trouver l'accent appelé *Mounach* qui se chante de la façon suivante :

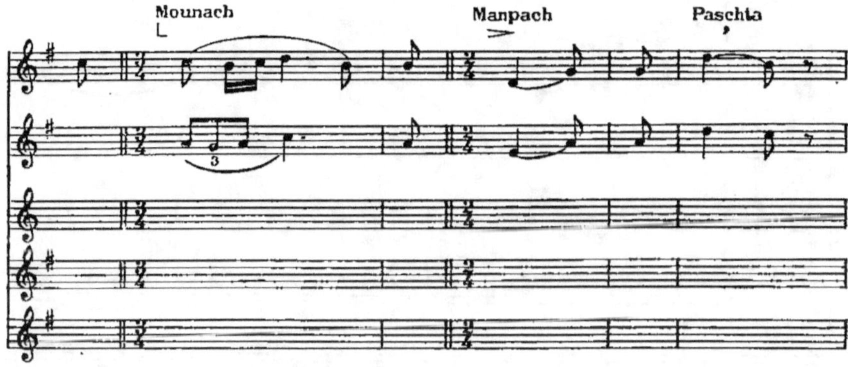

Et on rencontre également l'accent appelé *Yetib* qui a la même forme que le *Manpach,* mais qui se place à la droite du mot, tandis que le *Manpach* est à la syllabe tonique.

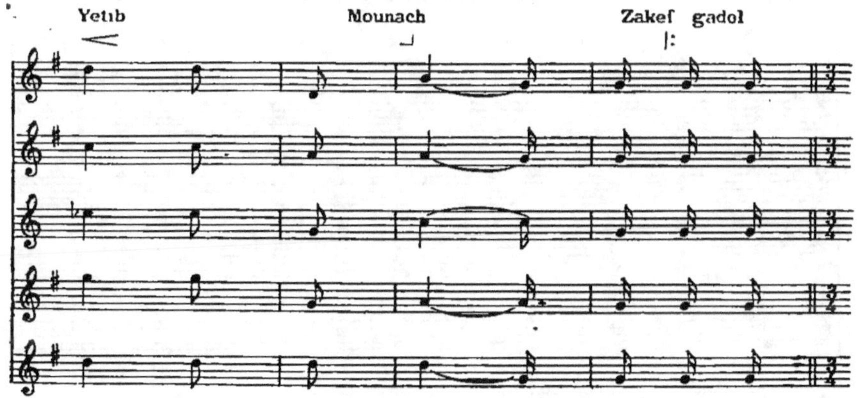

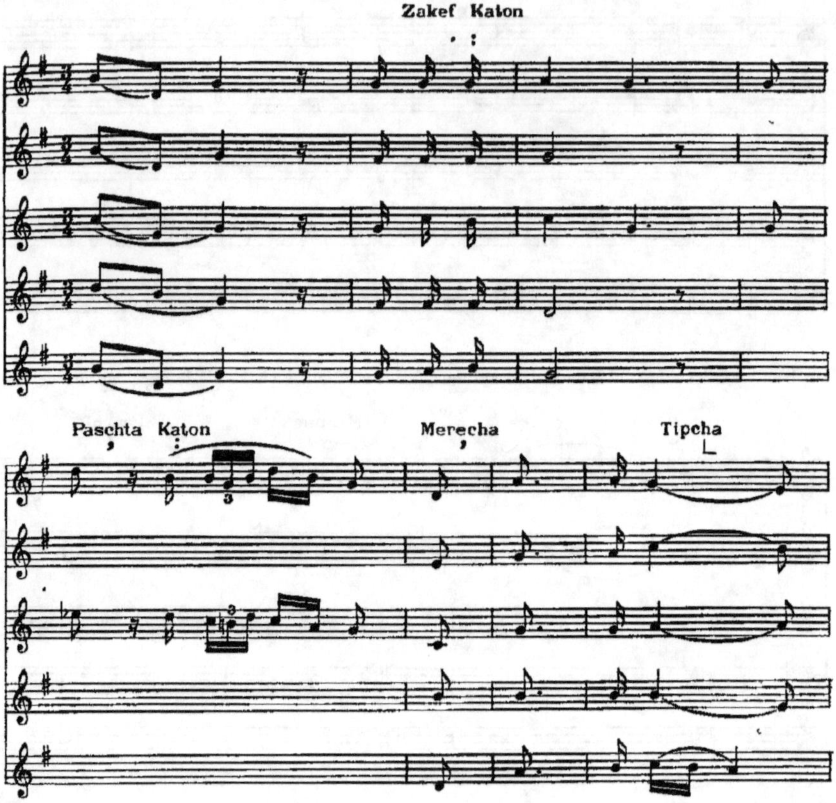

On chante de cette façon le *Mounach* lorsqu'il précède l'accent qui termine la première partie de la phrase :

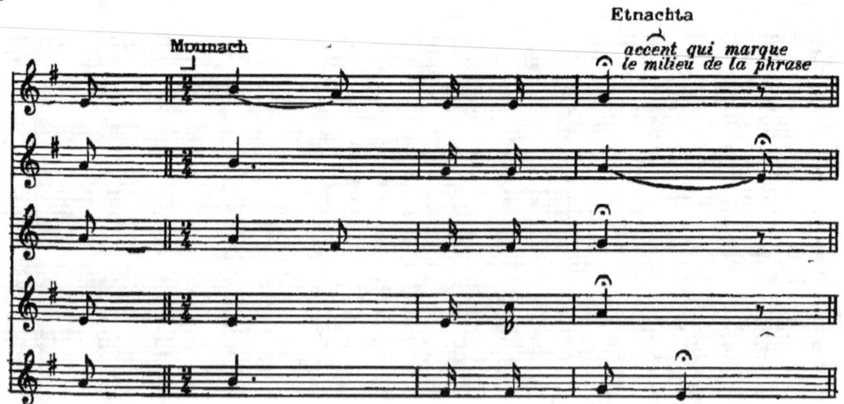

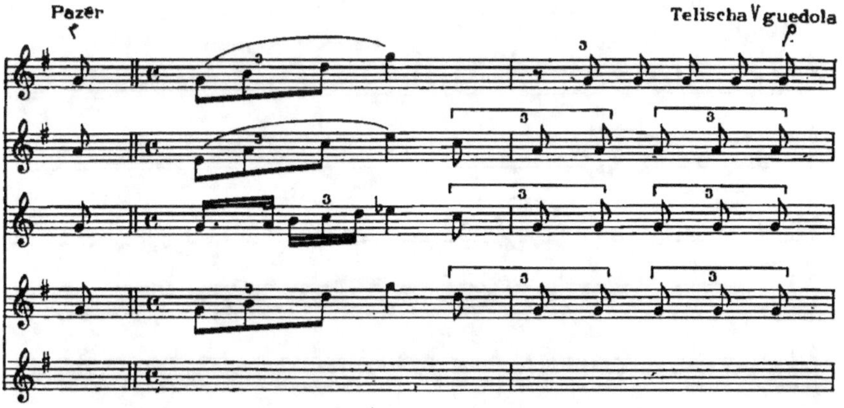

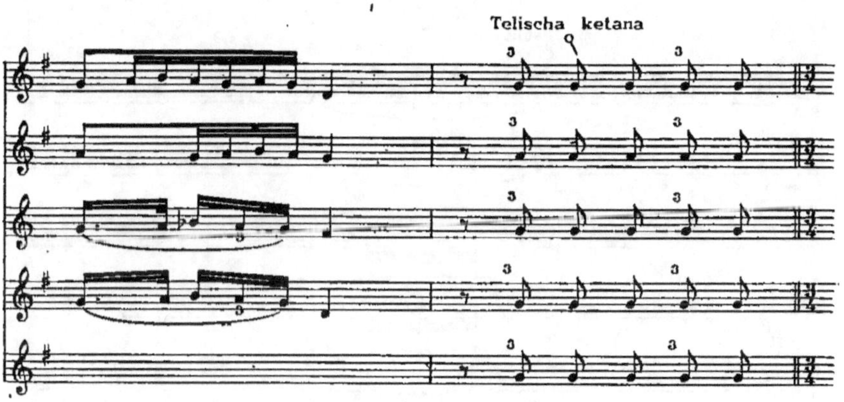

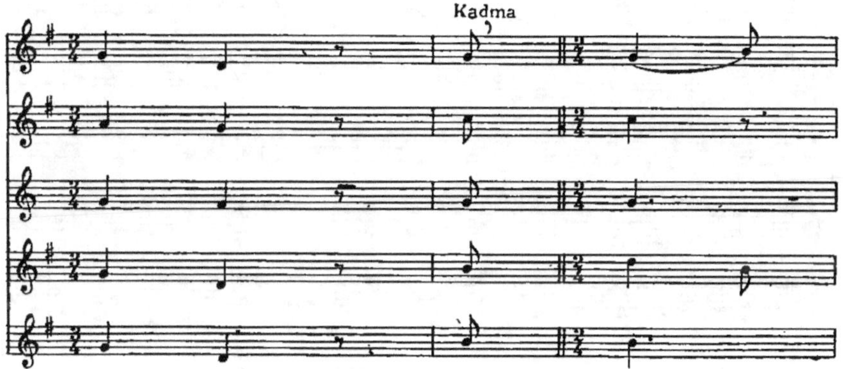

Le *Kadma,* qui a la même forme que le *Paschta,* se met à la droite de la syllabe tonique, tandis que le *Paschta* se met à la gauche du mot :

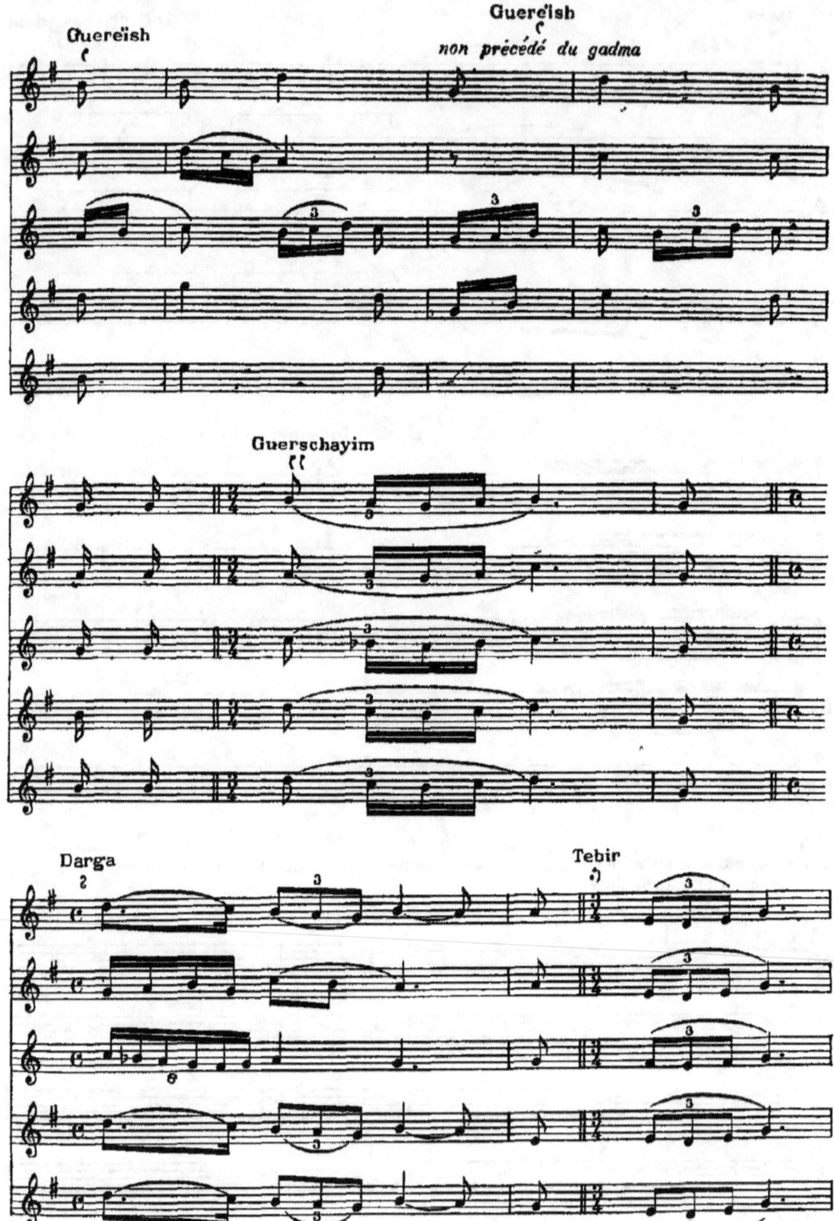

Pour compléter la phrase musicale, nous remettrons les deux accents qu'on a déjà vus plus haut et qui se retrouvent à la fin des versets :

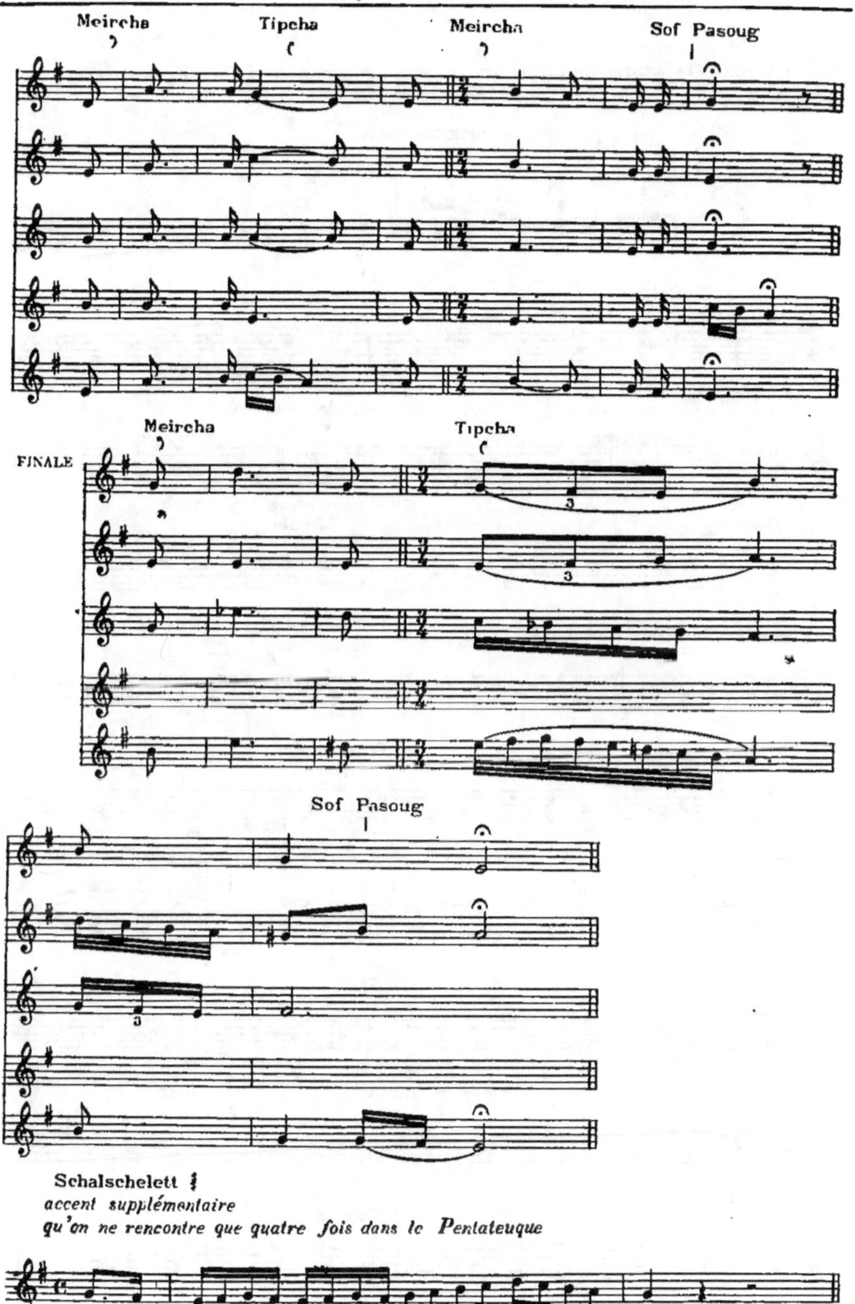

§ Il reste encore trois accents employés si rarement qu'il n'y a pas de tradition certaine à leur éga¹.
Ce sont le *Karné parah*, le *Galgal* et le *Mérccha Kefoulah* ou *Double Mércha*.

TABLEAU DE L'INTERPRÉTATION DES ACCENTS TONIQUES DANS LE SUD DE LA FRANCE,
EN ESPAGNE ET AU PORTUGAL.

RITE PORTUGAIS

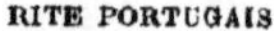

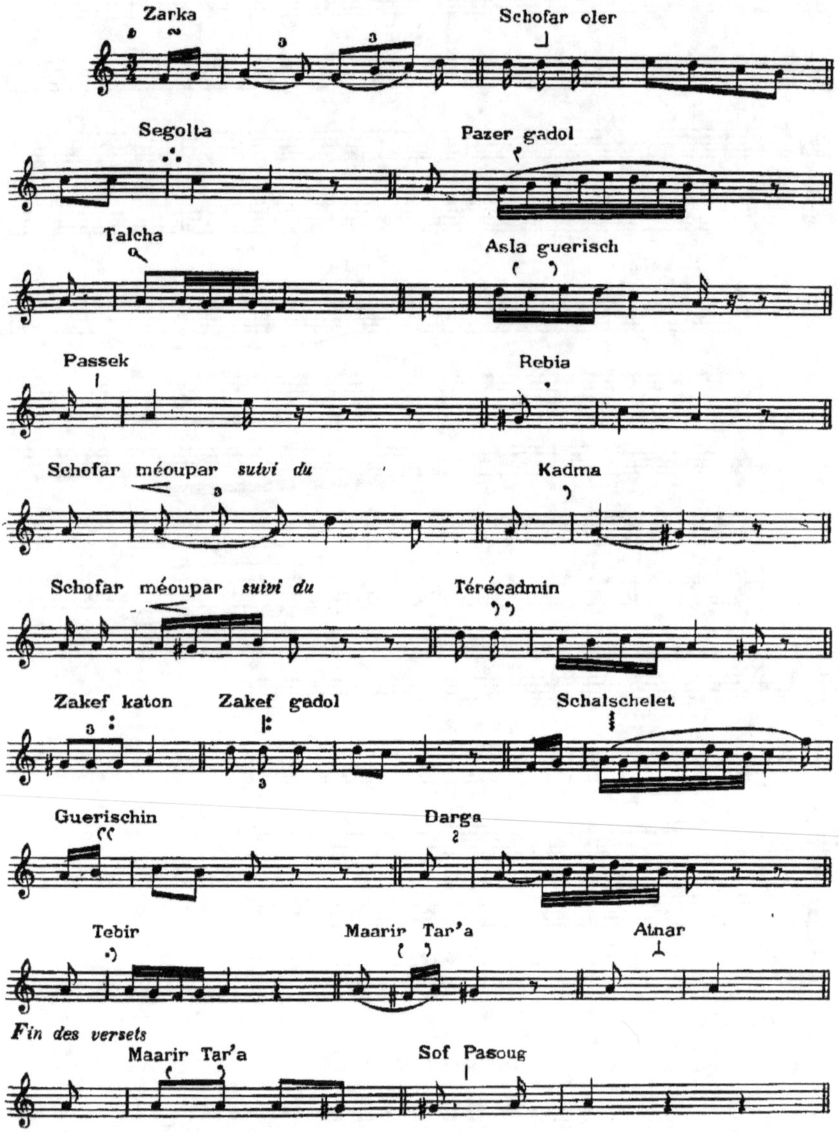

EXEMPLE DE LA LECTURE DU PENTATEUQUE AUX OFFICES DU SABBAT ET DES TROIS FÊTES
(*Genèse,* chapitre XXI, versets 14 et 17).

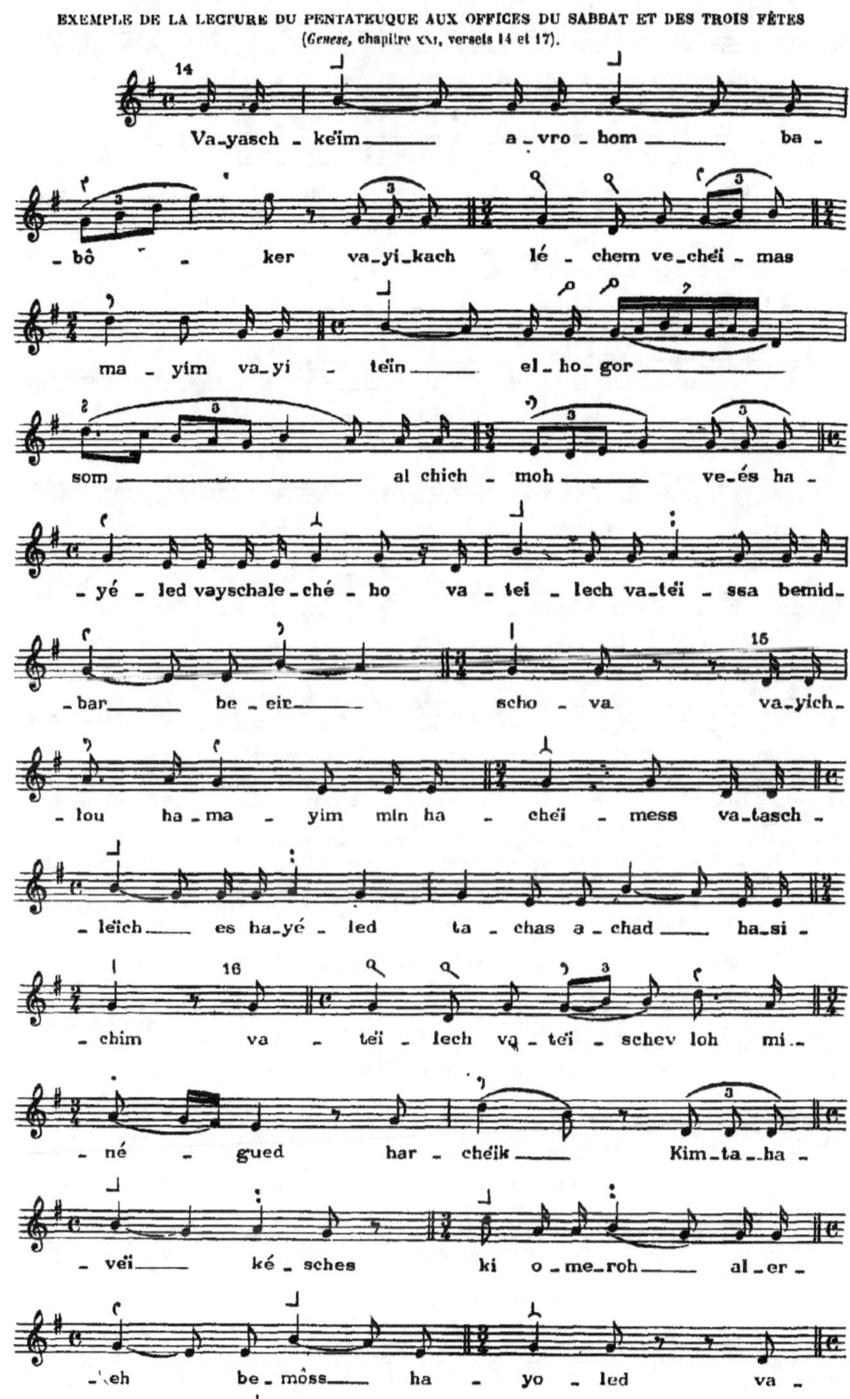

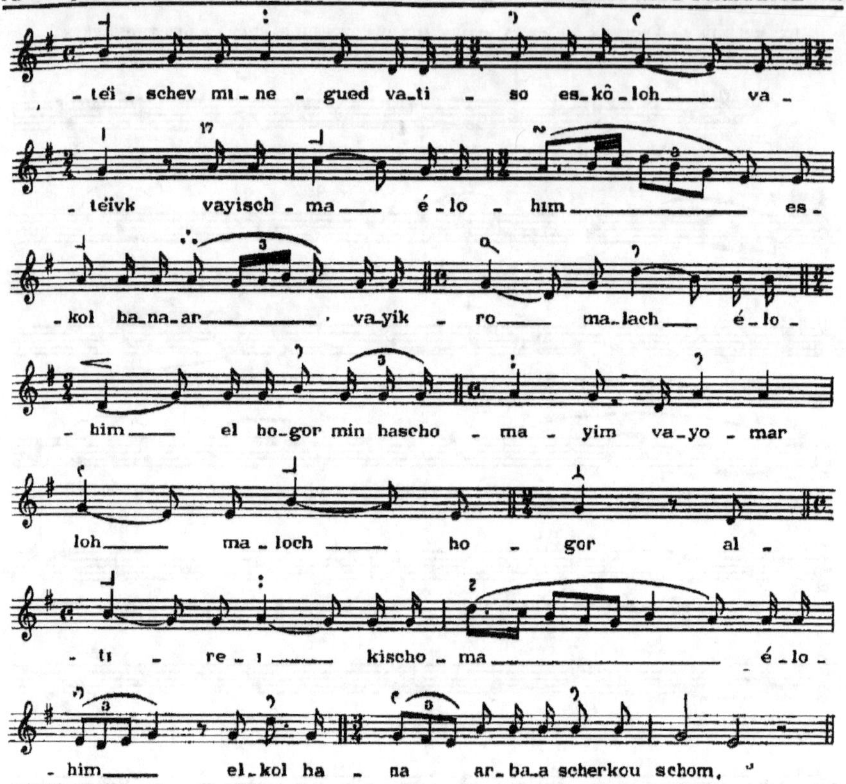

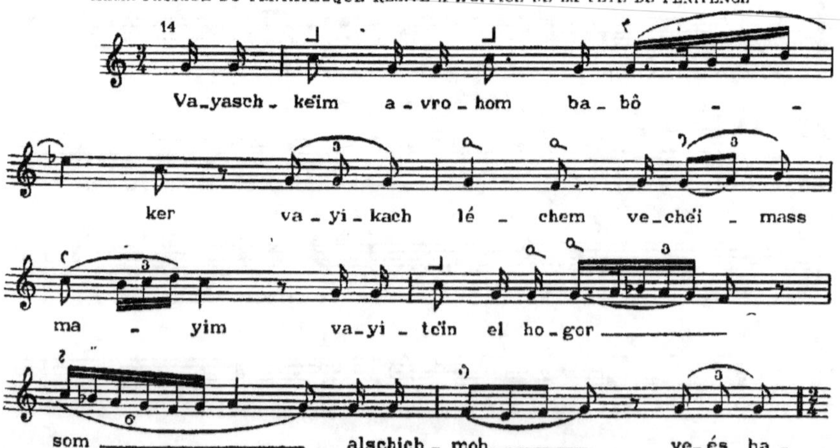

Traduction. — **14.** — Abraham se leva de bon matin, prit du pain et une outre pleine d'eau, les remit à Agar en les lui posant sur l'épaule, ainsi que l'enfant, et la renvoya. Elle s'en alla et s'égara dans le désert de Bersabée.

15. — Quand l'eau de l'outre fut épuisée, elle abandonna l'enfant au pied d'un arbre.

16. — Elle alla s'asseoir du côté opposé, à la distance d'un trait d'arc, en se disant : « Je ne veux pas voir mourir cet enfant; » et, ainsi assise du côté opposé, elle éleva la voix et pleura.

17. — Dieu entendit le gémissement de l'enfant. Un messager du Seigneur appela Agar du haut des cieux et lui dit : « Qu'as-tu, Agar? Sois sans crainte, car Dieu a entendu la voix de l'enfant s'élever de l'endroit où il gît. »

MÊME PASSAGE DU PENTATEUQUE RÉCITÉ A L'OFFICE DE LA FÊTE DE PÉNITENCE

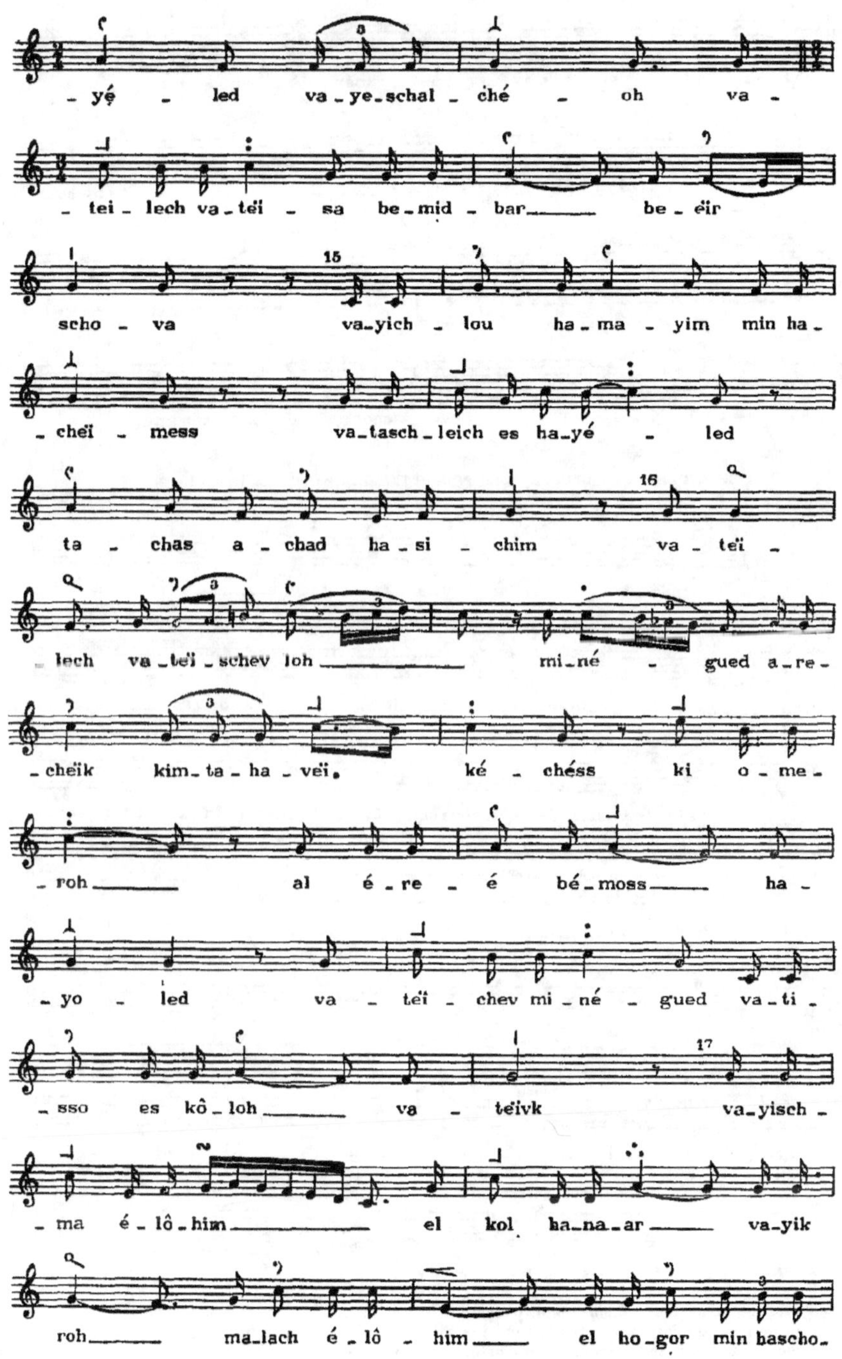

_ yé _ led va _ ye _ schal _ ché _ oh va _
_ tei _ lech va _ téï _ sa be _ mid _ bar________ be _ ëir
scho _ va va _ yich _ lou ha _ ma _ yim min ha _
_ chéï _ mess va _ tasch _ leich es ha _ yé _ led
ta _ chas a _ chad ha _ si _ chim va _ téï _
_ lech va _ téï _ schev loh________ mi _ né _ gued a _ re _
_ chéïk kim _ ta _ ha _ veï, ké _ chéss ki o _ me _
_ roh________ al é _ re _ é bé _ moss________ ha _
_ yo _ led va _ téï _ chev mi _ né _ gued va _ ti _
_ sso es kô _ loh________ va _ téïvk va _ yisch _
_ ma é _ lô _ him________ el kol ha _ na _ ar________ va _ yik
roh________ ma _ lach é _ lô _ him________ el ho _ gor min bascho _

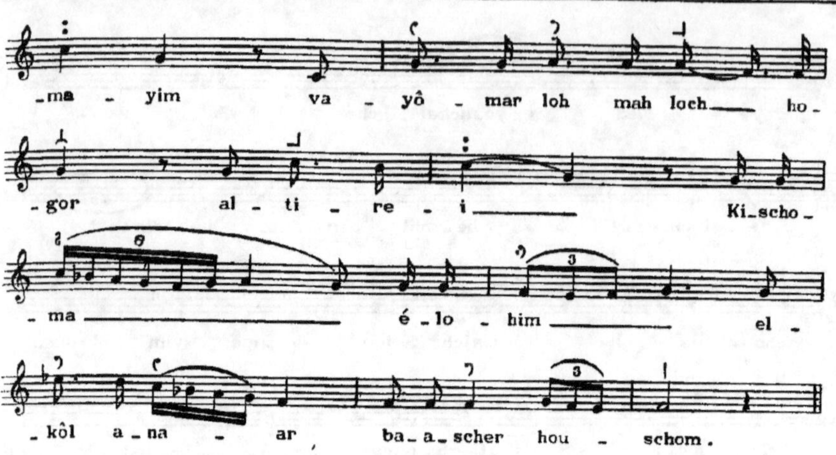

EXEMPLE DE LA LECTURE DES PROPHÈTES (*Isaïe*, chapitre XL, versets 1 et 2).

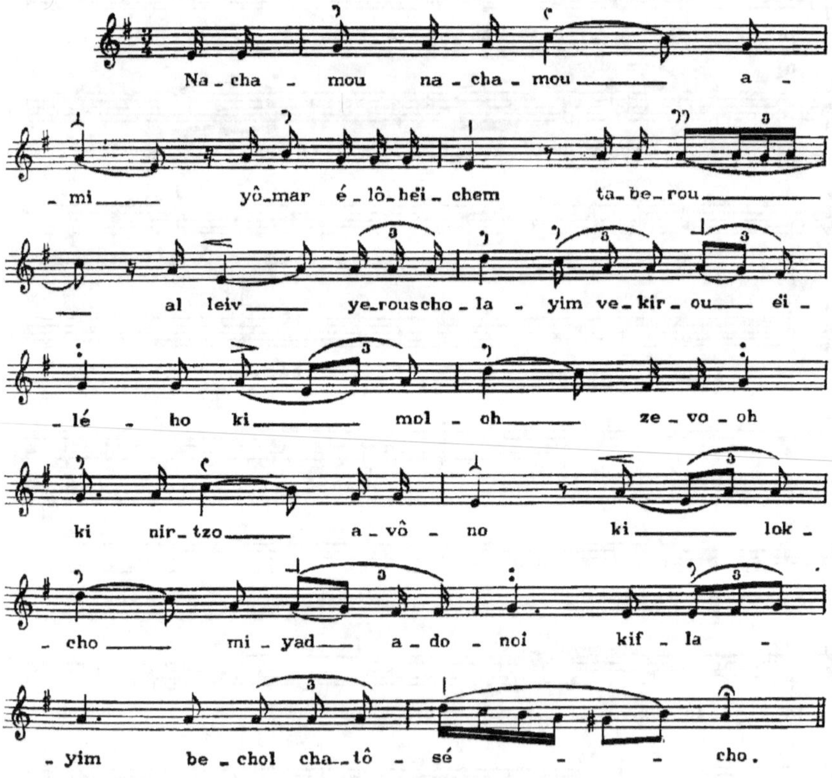

Traduction. — Consolez, consolez mon peuple, dit votre Dieu.

— Parlez au cœur de Jérusalem, et criez-lui que son temps d'épreuve est fini, que son crime est expié, qu'elle a reçu de la main du Seigneur double peine pour toutes ses fautes.

EXEMPLE DE LA LECTURE DE LA BIBLE A LA FÊTE D'ESTHER (Livre d'Esther, chapitre I, versets 5, 6 et 7).

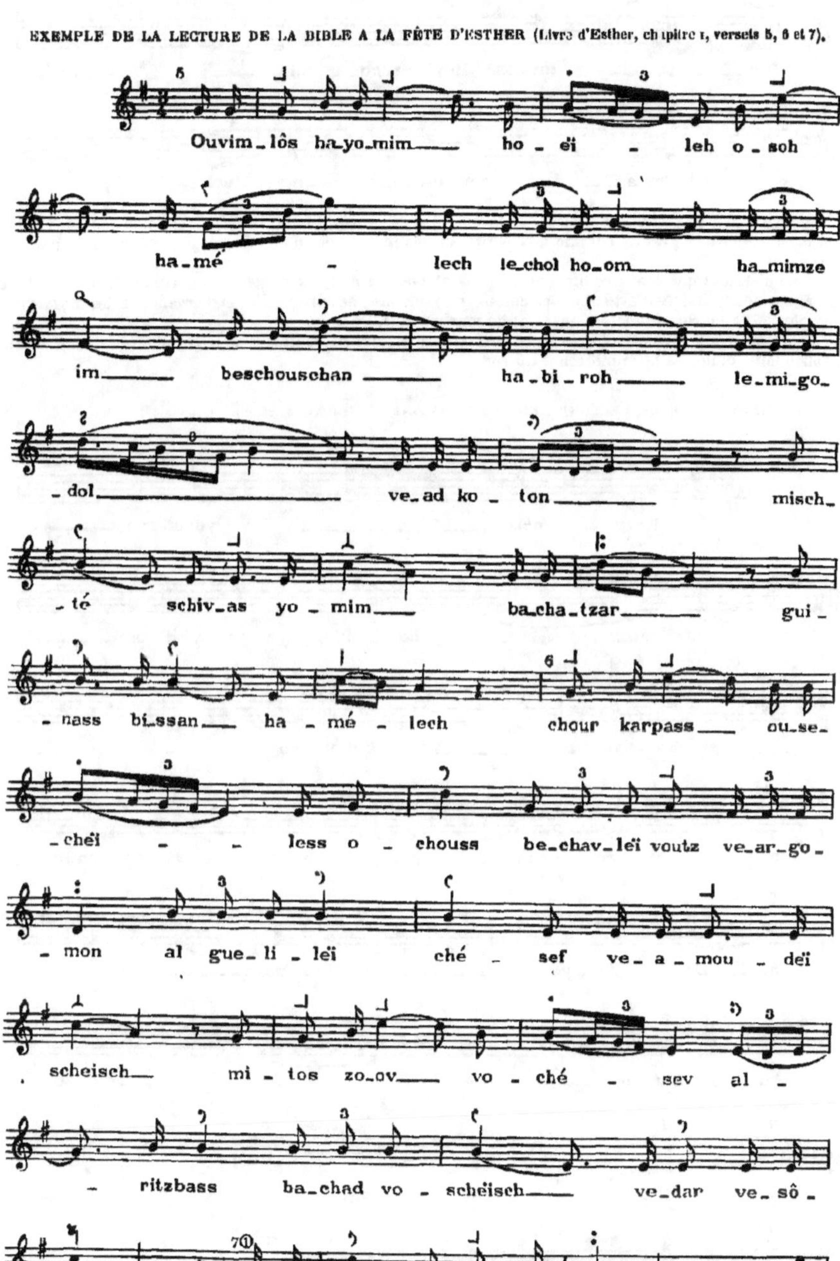

<hr>

1. Le verset 7 commence par une phrase récité sur la tonalité des lamentations, parce qu'il est question de vases qui, d'après la légende, auraient été ceux de Jérusalem. On a là un exemple d'un mélange de deux styles différents réunis de manière artificielle.

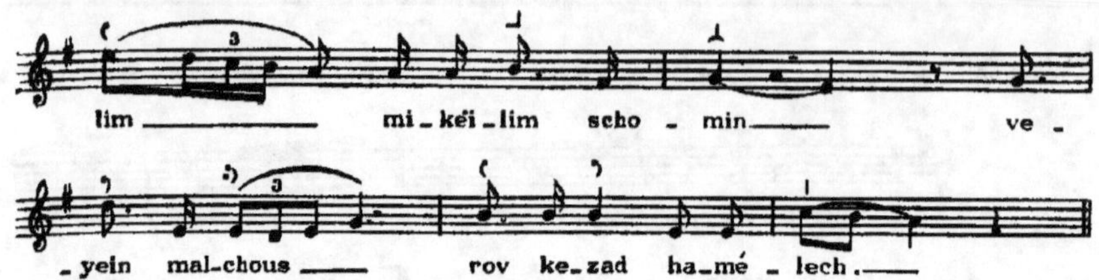

Traduction. — 5. — Lorsque ces jours furent révolus, le roi donna a toute la population presente à Suse, la capitale, aux grands comme aux petits, un festin de sept jours dans les dépendances du parc du palais royal.

6. — Ce n'étaient que tentures blanches, vertes et bleu de ciel, fixées par des cordons de byssus et de pourpre sur des cylindres d'argent et des colonnes de marbre; des divans d'or et d'argent sur des mosaïques de porphyre, de marbre blanc, de nacre et de marbre noir.

7. — Les boissons étaient offertes dans des vases d'or, qui présentaient une grande variété; et le vin était abondant, digne de la munificence du roi.

EXEMPLE DE LA LECTURE DES LAMENTATIONS DE JÉRÉMIE (chapitre 1, versets 1 et 2).

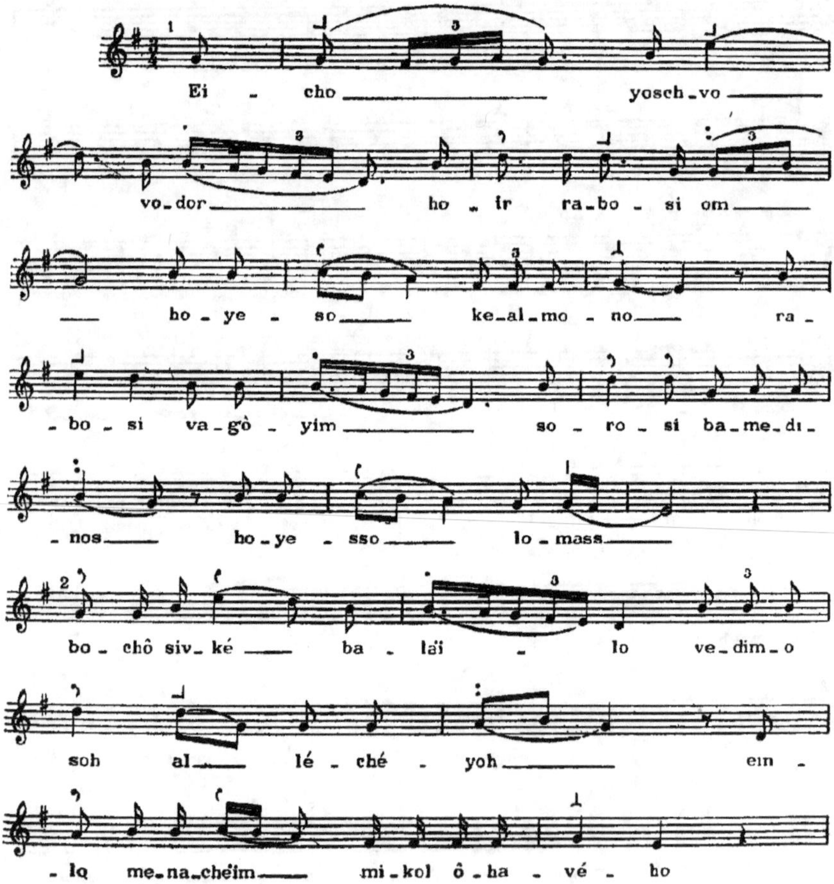

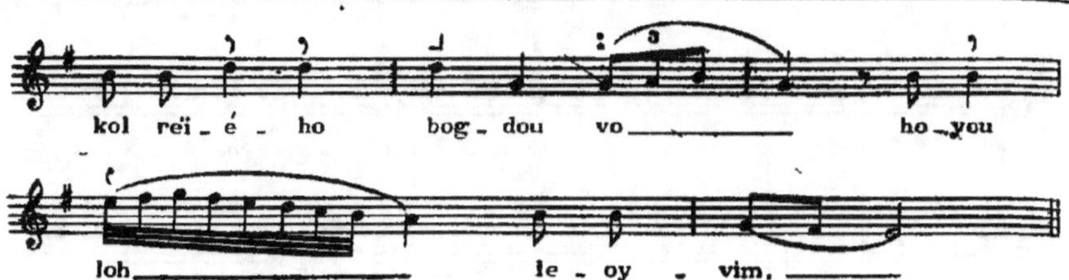

Traduction. — 1. — Hélas! comme elle est assise solitaire, la cité naguère si populeuse! Elle, si puissante parmi les peuples, ressemble à une veuve; elle qui était une souveraine parmi les provinces a été rendue tributaire!

2. — Elle pleure amèrement dans la nuit, les larmes inondent ses joues; personne ne la console de tous ceux qui l'aimaient; tous ses amis l'ont trahie, se sont changés pour elle en ennemis.

EXEMPLE DE LA LECTURE DU PENTATEUQUE DANS LE RITE PORTUGAIS (*Genèse*, chapitre XXI, versets 14 à 17).

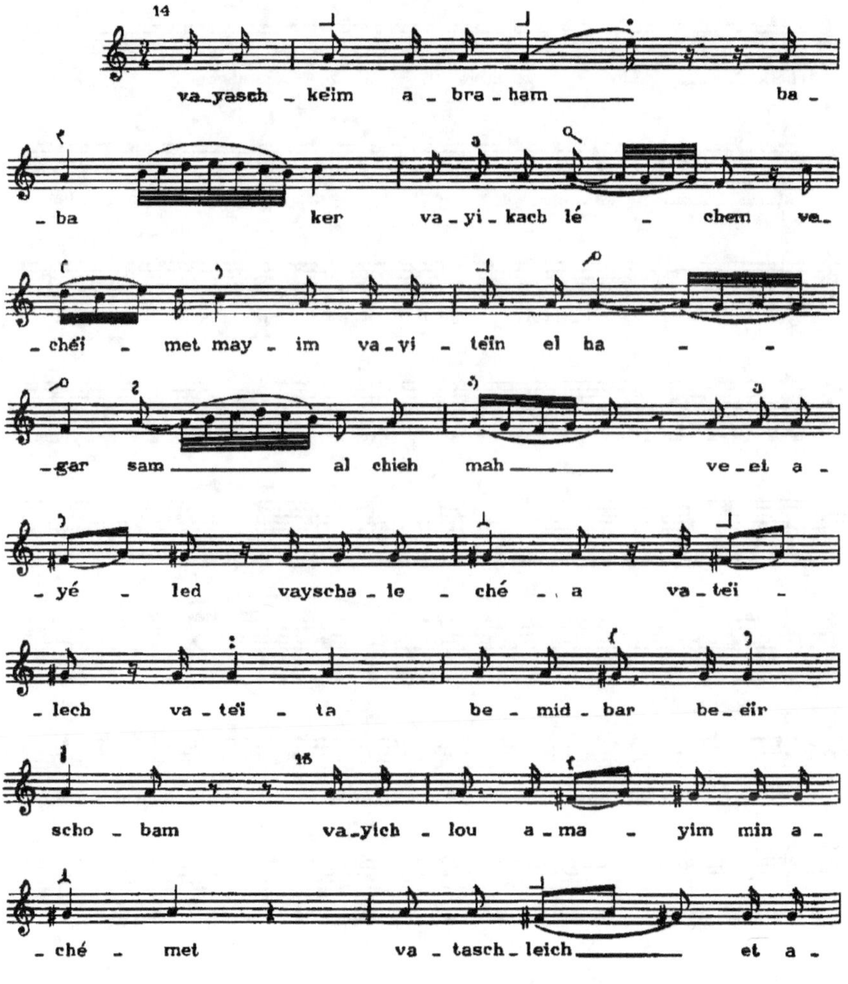

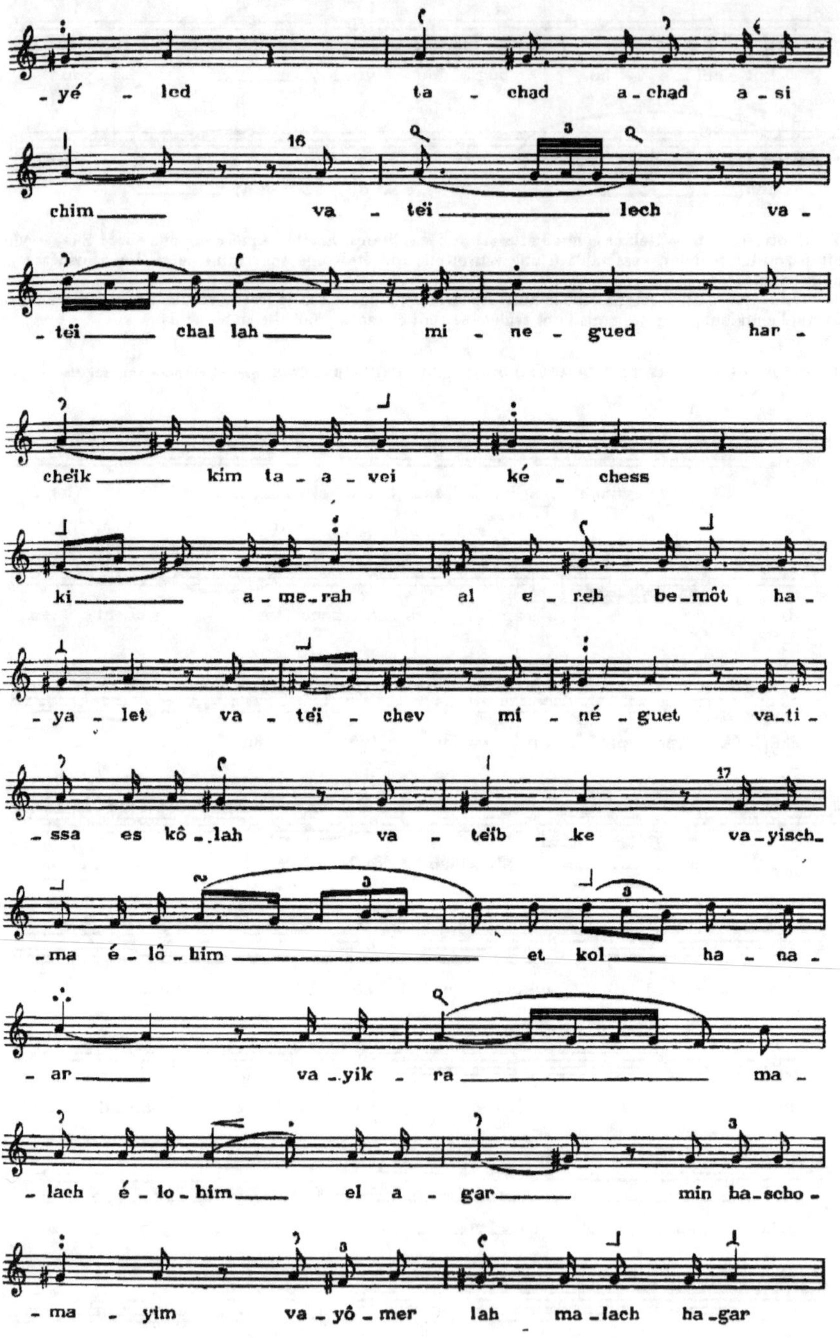
_ yé _ led ta _ chad a _ chad a _ si
chim___ va _ teï ___ lech va _
_ teï ___ chal lah ___ mi _ ne _ gued har _
cheïk ___ kim ta _ a _ vei ké _ chess
ki ___ a _ me _ rah al e _ reh be _ môt ha _
_ ya _ let va _ teï _ chev mi _ né _ guet va _ ti _
_ ssa es kô _ lah va _ teïb _ ke va _ yisch _
_ ma é _ lô _ him ___ et kol ___ ha _ aa _
_ ar ___ va _ yik _ ra ___ ma _
_ lach é _ lo _ him ___ el a _ gar ___ min ba _ scho _
_ ma _ yim va _ yô _ mer lah ma _ lach ha _ gar

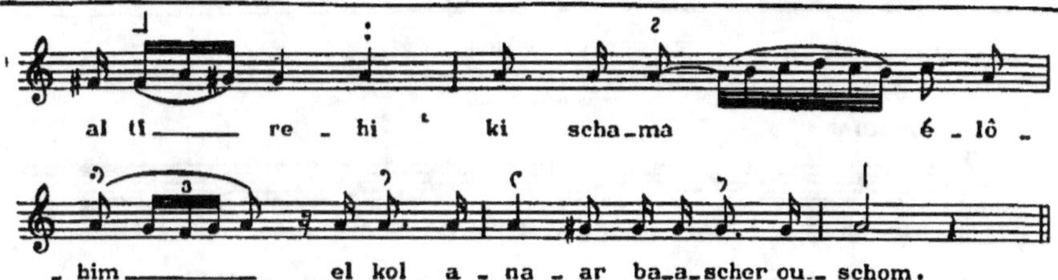

Pour la traduction, voir exemple p. 2296.

Ainsi que nous l'avons vu, les accents dont nous nous servons maintenant ne datent que du vii° siècle de notre ère; ils n'ont probablement aucune ressemblance avec les chants employés par les Juifs de Judée avant la destruction du second temple; enfin, ils ne peuvent servir à noter une phrase musicale.

D'ailleurs, il est presque certain que les anciens Juifs ne connaissaient pas de notation musicale. Ernest David nous rapporte en effet que dans les fouilles faites en Egypte on a retrouvé des détails de sculpture représentant des lévites instrumentistes, et que ceux-ci n'ont jamais de texte musical pour aider leur mémoire. D'autre part, on trouve dans le Talmud l'histoire d'un lévite qui fut l'objet de plaintes de la part de ses collègues, parce qu'il n'avait pas voulu leur apprendre un chant qu'il avait composé. Or, si les lévites avaient connu une notation musicale, il leur aurait été facile de transcrire une mélodie qu'ils entendaient chanter. Il faut donc admettre que, si quelques-unes des mélodies traditionnelles juives ont leur source à une époque peut-être lointaine, c'est dans des temps bien plus rapprochés de nous que sont nées la plupart des autres. Mais quels en sont les auteurs ?

Nous avons vu, dans le chapitre réservé aux offices, que ceux-ci ne comprenaient à l'origine que la lecture de la Loi et la récitation des bénédictions. On y introduisit peu à peu des prières réunies sous la dénomination générale de Pyoutim. On a voulu voir dans les auteurs de Pyoutim les compositeurs des mélodies qui accompagnent ces prières, et on s'est basé sur ce fait qu'un de ces auteurs appelé Kalir fait souvent allusion, dans ses poésies, à son rôle d'officiant. Mais il est peu probable qu'il en soit ainsi. Les mélodies juives ne sont vraisemblablement pas l'œuvre d'une seule école, mais bien le résultat de la collaboration des officiants et des fidèles dans le cours des âges.

Les officiants, se succédant, répétaient les airs qu'ils avaient entendu chanter par leur prédécesseur; ces airs, sans cesse repris, devenaient familiers aux fidèles. D'autre part, entraînés par la majesté du texte qu'ils récitaient, ils pouvaient improviser des chants dont la beauté frappait les assistants. Ces chants restaient gravés dans leur mémoire et devenaient à leur tour aussi classiques que ceux qu'ils avaient entendus jusqu'alors. Et c'est sans doute à ces improvisateurs de génie que nous devons une partie des plus belles mélodies traditionnelles du judaïsme.

Il faut aussi se représenter ce qu'a été pendant des siècles la situation de la plus grande partie des Juifs en Europe. Parqués dans le guetto, n'ayant avec les autres habitants que des rapports purement commerciaux, les Juifs vivaient entre leur maison et la synagogue.

En même temps qu'un lieu de prières, la synagogue était aussi pour les Juifs le seul endroit où ils pouvaient oublier leurs soucis et leurs misères. Ils étaient donc très heureux lorsque l'officiant leur faisait entendre les chants populaires en vogue, et celui-ci ne se faisait pas faute d'être agréable aux fidèles en adaptant aux textes saints les chants les plus frivoles. On cite des communautés où, il n'y a pas encore longtemps, l'officiant ne rougissait pas de faire entendre aux fidèles des passages d'opérettes à la mode.

Enfin, les Juifs ne pouvaient pas ne pas entendre un écho des chants chrétiens à des époques où les rues étaient sans cesse traversées par des processions, et on doit trouver un souvenir des chants d'église dans les chants traditionnels juifs. Mais ces chants populaires, ces chants chrétiens recevaient une empreinte juive, qui les transformait en ces mélodies plaintives, véritables images de la misère des Israélites, et dans lesquelles se retrouvaient et leurs lamentations et aussi leurs espoirs.

La déclamation de ces chants est faite par l'officiant (chazan), chantre laïque, dont le rôle est très important au cours des offices. C'est sur lui que repose presque entièrement la responsabilité de la cérémonie religieuse, le rabbin n'intervenant encore maintenant que pour prêcher et réciter certaines prières spéciales. L'officiant a donc toujours dû posséder une belle voix, du moins dans les communautés importantes. Jusqu'au début du xixe siècle, il chantait seul. Peu à peu, l'usage s'établit dans les principaux temples d'avoir un chœur qui fût chargé de représenter en quelque sorte les fidèles en chantant les répons que ceux-ci ont à faire à l'officiant. Enfin, l'orgue vint encore ajouter à la beauté de l'office divin. La maîtrise a pris dans les cérémonies religieuses une place considérable et qui tend à augmenter de jour en jour. Il en est résulté une évolution dans la musique israélite. Les mélodies traditionnelles furent harmonisées et arrangées à l'usage des chœurs. De leur côté, les musiciens composèrent pour la synagogue des œuvres dont certaines sont fort belles et deviennent elles-mêmes, à leur tour, traditionnelles. Nous allons reproduire quelques-uns de ces chants en commençant par les mélopées traditionnelles. Presque toutes les solennités juives, de même qu'elles sont caractérisées par une cantilation spéciale de la lecture de la Loi, ont une mélopée qui leur est propre et qui les distingue les unes des autres. En outre, les offices du matin admettent une mélopée différente de ceux du soir. L'interprétation en est d'ailleurs très libre. L'officiant n'est lié ni par le rythme ni par la mesure. Il peut donc se laisser aller à son inspiration et, suivant ses capacités, développer les motifs particuliers au service célébré, pourvu toutefois qu'à la fin de chaque phrase, il revienne au motif principal, afin d'amener les répons du chœur.

Nous nous contenterons de fournir les exemples des mélopées des offices du soir :

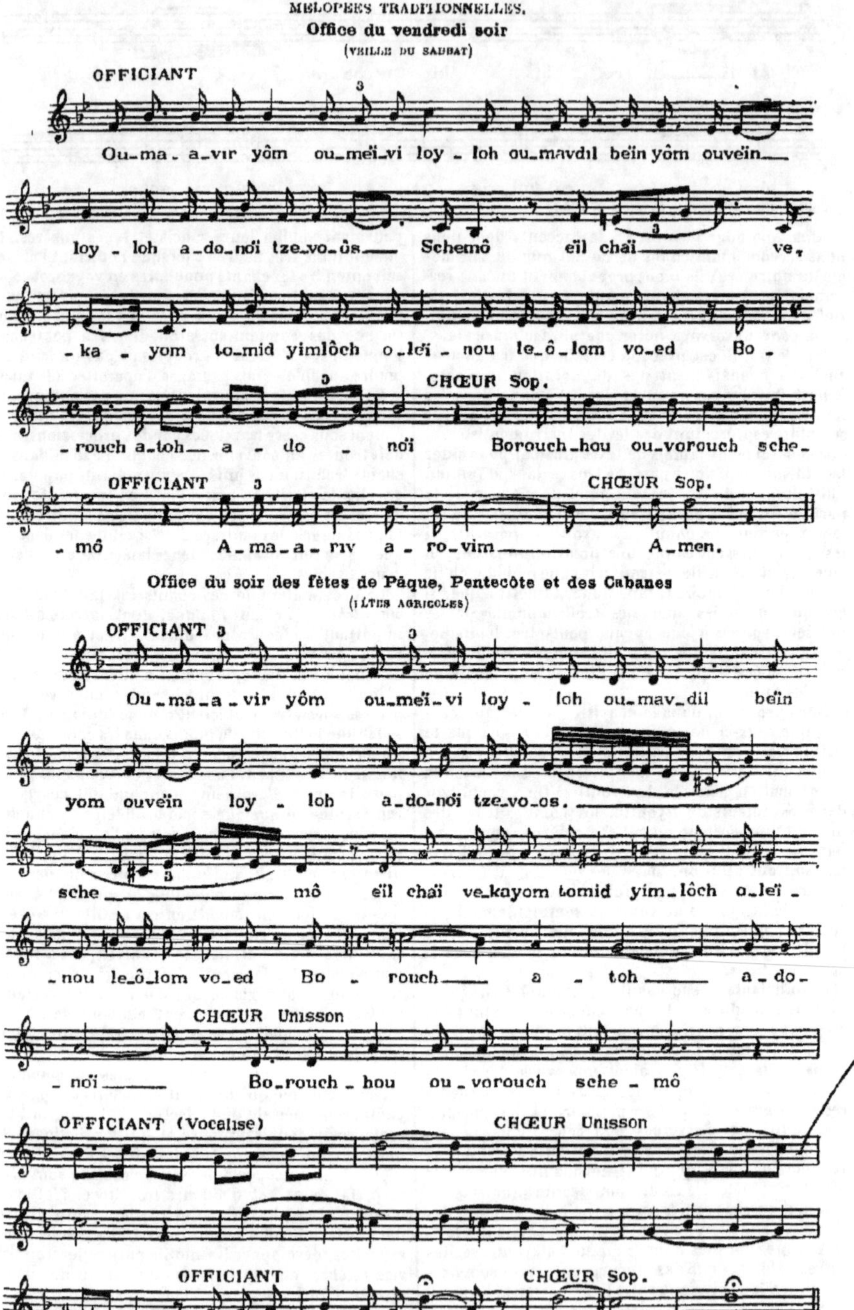
MÉLOPÉES TRADITIONNELLES.
Office du vendredi soir
(VEILLE DU SABBAT)
OFFICIANT
Ou_ma_a_vir yôm   ou_meï_vi loy _ loh ou_mavdil beïn yôm ouveïn_
loy _ loh a_do_noï tze_vo_ûs_   Schemô   eïl chaï_   ve,
_ ka _ yom to_mid yimlôch o_leï _ nou le_ô_lom vo_ed   Bo _
CHŒUR Sop.
_rouch a_toh_ a _ do _ noï   Borouch_hou ou_vorouch sche_
OFFICIANT   CHŒUR Sop.
_ mô   A_ma_a_riv a _ ro_vim_   A_men.
Office du soir des fêtes de Pâque, Pentecôte et des Cabanes
(FÊTES AGRICOLES)
OFFICIANT
Ou_ma_a_vir yôm   ou_meï_vi loy _ loh ou_mav_dil   beïn
yom ouveïn   loy _ loh   a_do_noï tze_vo_os._
sche_   mô   eïl chaï ve_kayom tomid yim_lôch o_leï_
_nou le_ô_lom vo_ed   Bo _ rouch_ a _ toh_ a _ do_
CHŒUR Unisson
_ noï_   Bo_rouch _ hou   ou _ vorouch sche _ mô
OFFICIANT (Vocalise)   CHŒUR Unisson
OFFICIANT   CHŒUR Sop.
A_ma_a _ riv a_ro_vim_   A _ men.

Office du soir des fêtes de Pénitence.

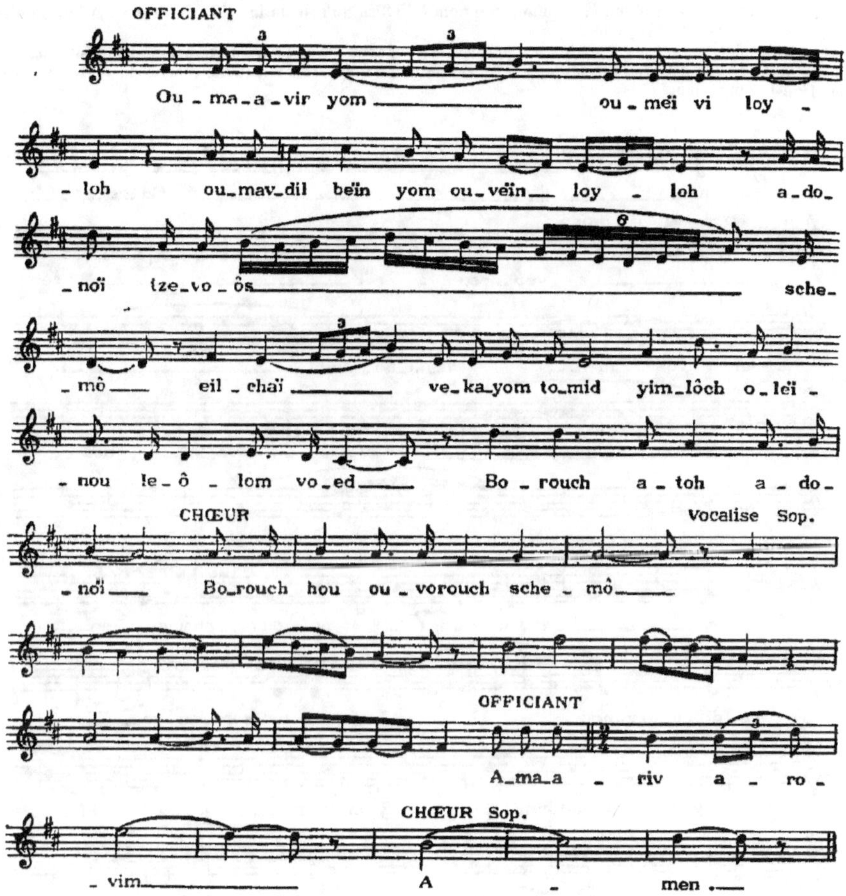

Traduction. — L'OFFICIANT. — Tu fais disparaître le jour devant les ombres de la nuit et tu sépares l'obscurité de la clarté.

Toi, Eternel Tzébaot, Dieu tout-puissant, tu seras toujours notre Roi.

Sois loué, Eternel.

LE CHŒUR. — Que son nom soit béni.

L'OFFICIANT. — Qui fais approcher le soir.

LE CHŒUR. — Amen.

CHANTS TRADITIONNELS[1]

Kol Nidreï.

Cette prière sert d'introduction et donne son nom à l'office du soir de la veille du Grand Pardon, la plus importante des solennités juives.

L'officiant déclare rétracter toutes les paroles imprudentes, tous les vœux téméraires formulés par les fidèles dans le courant de l'année. Le Kol Nidreï se chante trois fois et chaque reprise du morceau a lieu un demi-ton plus haut.

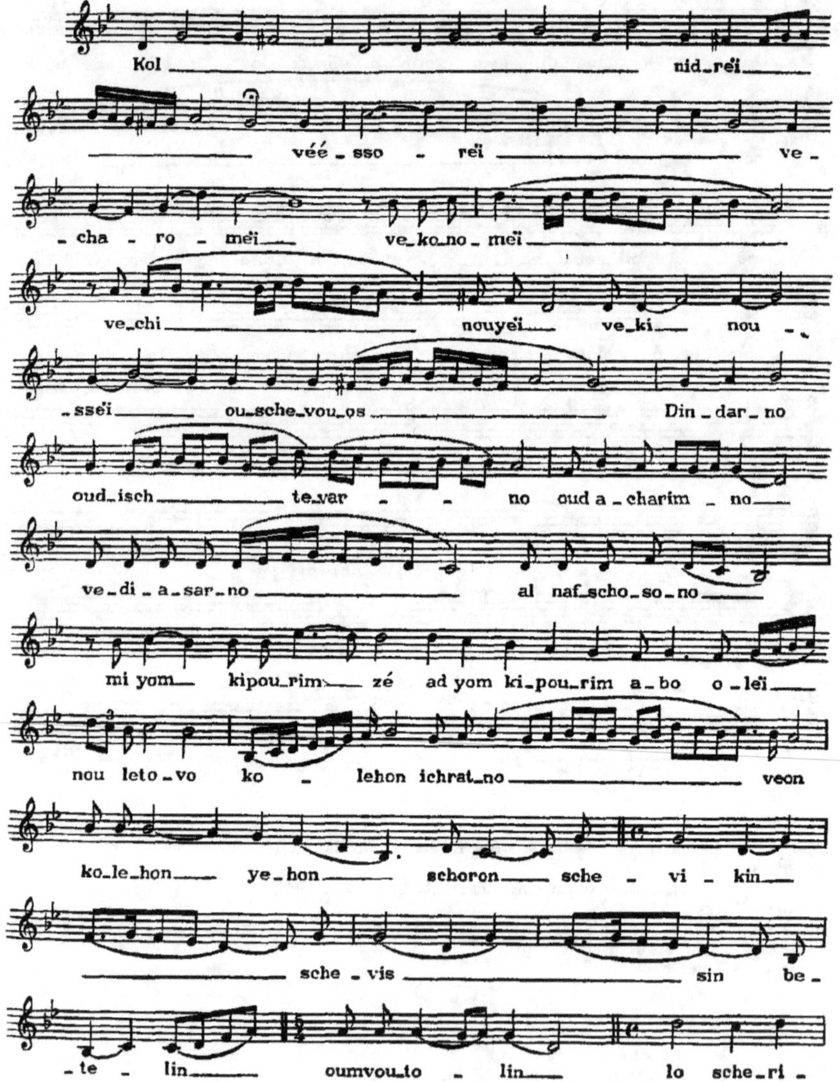

[1] Nous nous servons, pour la reproduction de ces chants, de la transcription qui en a été faite par Samuel David, ancien directeur de la musique des temples de Paris.

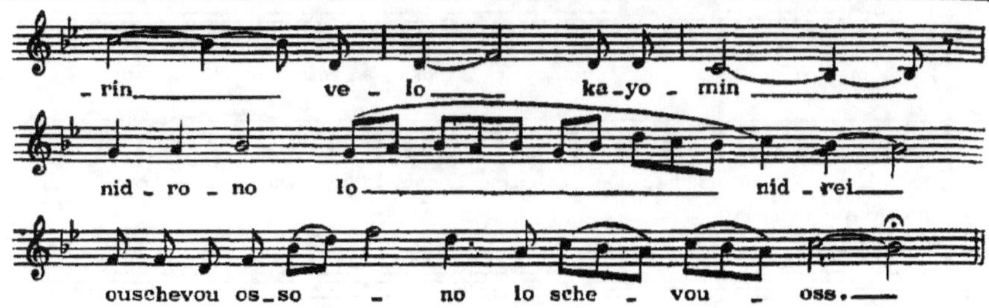

EXEMPLE DE DEUX CHANTS DIALOGUÉS APPROPRIÉS AUX PYOUTIMS (POÉSIES) DU MÊME OFFICE

Toumat zourim.

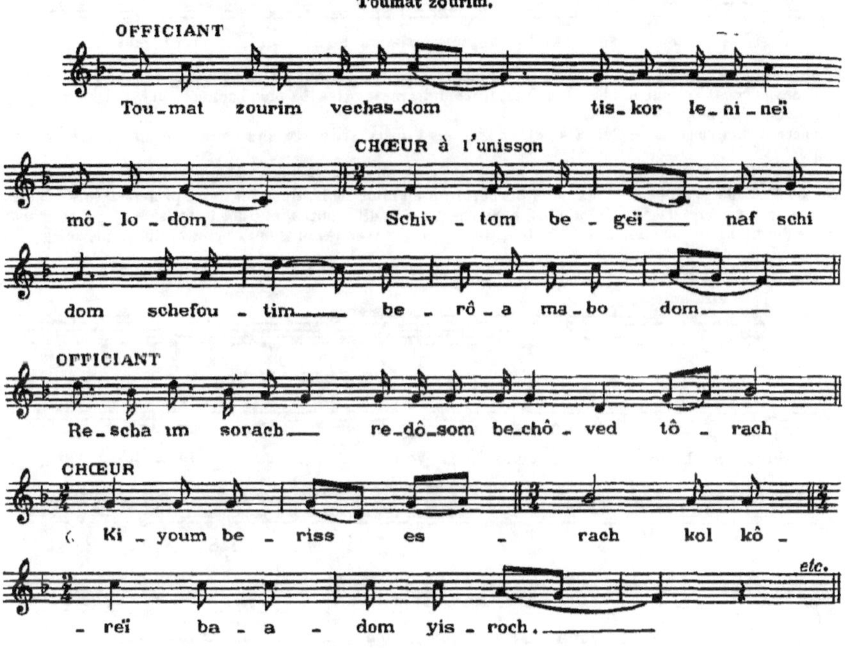

Traduction de ces deux versets. — Rappelle-toi la piété des patriarches en faveur de leurs descendants, qui expient leurs péchés par les angoisses de l'exil. Si nous sommes coupables, Éternel, souviens-toi de ton alliance avec Abraham, et pardonne-nous en faveur de son mérite.

Ossecho Edrôsch.

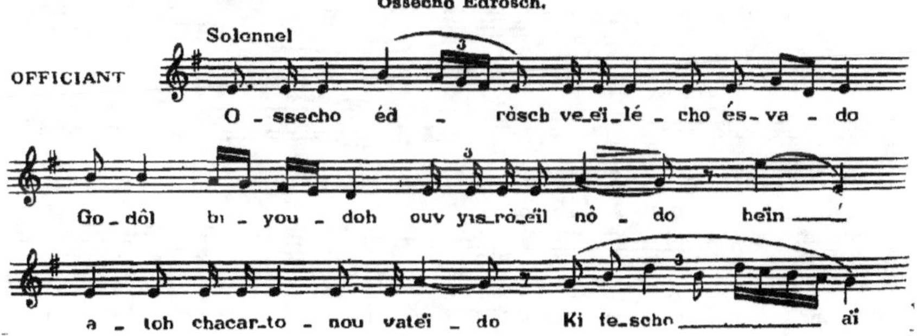

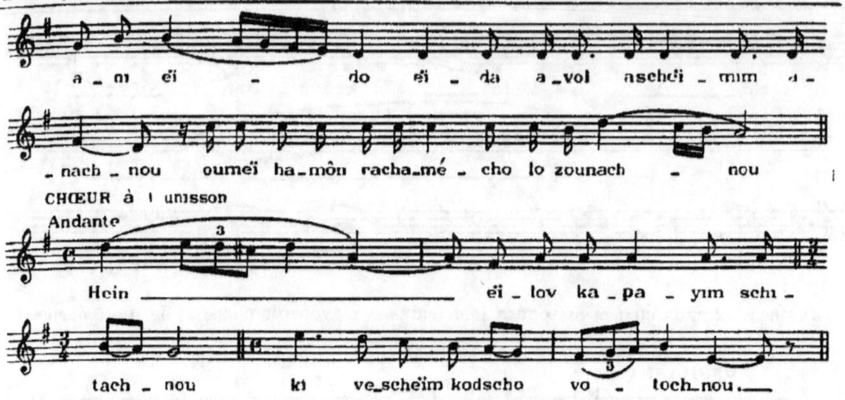

Traduction. — L'OFFICIANT. — Dieu tout-puissant, c'est à toi que je m'adresse pour me confesser et avouer mes péchés. Toi qui sondes les cœurs, tu connais mes fautes les plus cachées. Oui, j'avoue que j'ai péché, mais je me confie en ta miséricorde.

LE CHŒUR ET LES FIDÈLES. — Oui, Eternel, nous osons t'invoquer, parce que nous mettons notre espoir en ta bonté.

Nous pourrions donner encore un certain nombre d'exemples de chants traditionnels appropriés aux offices des fêtes de Pénitence. Nous nous bornerons à en citer trois, dont les deux premiers sont répétés fréquemment au cours de ces cérémonies, avec des paroles différentes, et dont le troisième, qui se chante à l'office du matin du jour du Grand Pardon, peut rivaliser avec les plus belles conceptions musicales.

Apid. — Office du matin du jour de l'an (Rosch-Haschana).

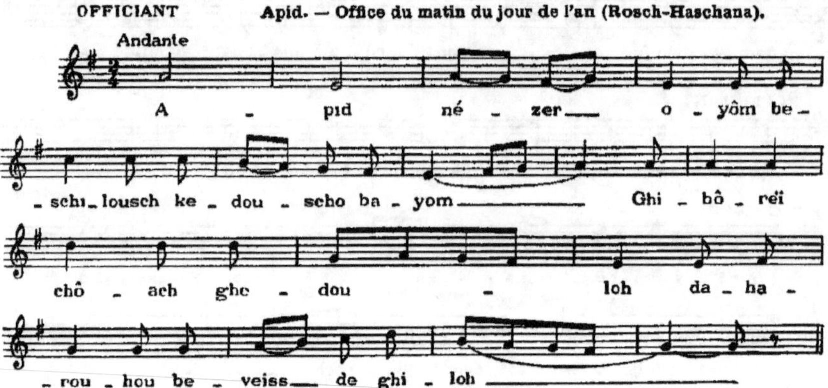

Traduction du 1er verset. — Je veux glorifier le Tout-Puissant, je veux, en ce jour, le proclamer trois fois saint.

Adònoï méléch, même office.
(L'ÉTERNEL RÈGNE)

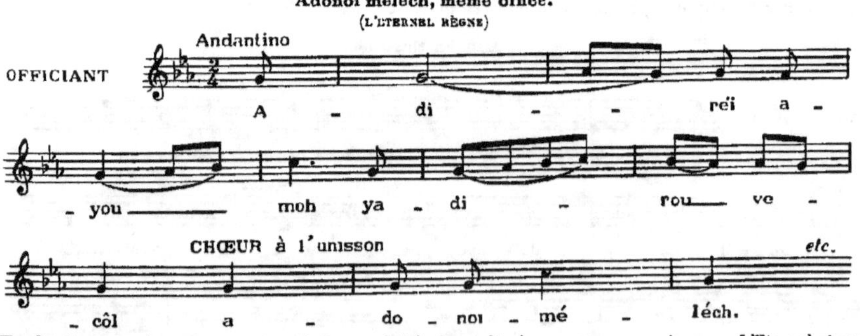

Traduction. — L'OFFICIANT. — Israël, le peuple glorieux s'écrie : CHŒUR ET FIDÈLES. — L'Eternel règne.

Schôfeit col hoorets

(JUGE SUPRÈME)

Office du matin du Grand Pardon (Yom-Kippour)

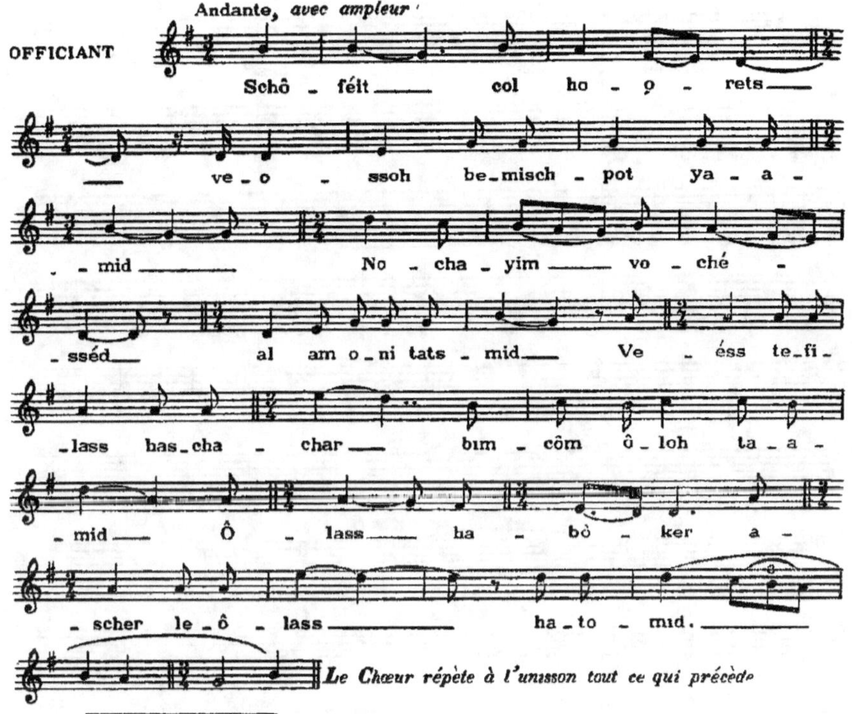

Traduction. — Juge suprême, tu conserves le monde par la justice. Daigne apporter le bonheur à un peuple infortuné, et accueillir sa prière matinale comme tu agréais autrefois l'holocauste du matin qui était offert chaque jour.

Les chants dont nous venons de donner des exemples sont tous empruntés aux offices des grandes fêtes de Pénitence. Ce sont d'ailleurs les plus intéressants et les plus anciens. Ceux des autres fêtes, dont certains sont fort curieux, ont un caractère plus moderne Il nous paraît inutile de les citer ici; on les trouvera, ainsi qu'un grand nombre de morceaux des principaux compositeurs israélites contemporains, dans les recueils de musique religieuse de NAUMBOURG et de Samuel DAVID.

Il nous reste à dire quelques mots des mélodies du rite portugais, celles-ci étant différentes de celles du rite allemand. Leur mélopée est beaucoup plus simple et permet la participation très active des fidèles à l'office. Les chants traditionnels ont conservé un caractère ancien et une forte originalité.

Nous allons en citer deux qui, étant donné leur grande beauté, ont été introduits dans les offices des synagogues parisiennes du rite allemand. Le premier fait partie de l'office du vendredi soir; le second sert d'accompagnement à la bénédiction récitée par l'officiant à la fin des cérémonies de mariages. Le texte musical de cette mélodie a été un peu modifié dans les synagogues du rite allemand. Nous le reproduisons tel qu'il se chante dans celles du rite portugais :

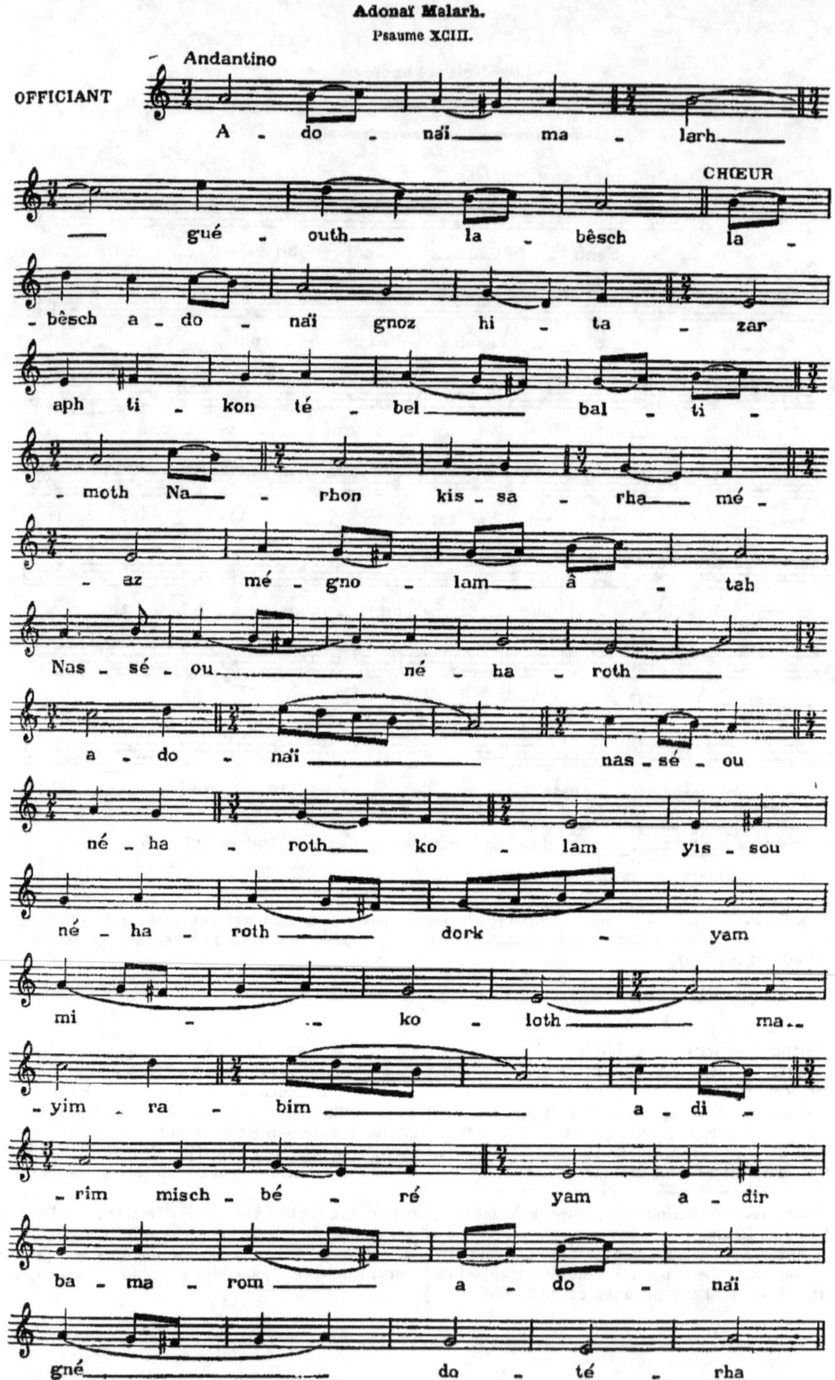

Adonaï Malarh.
Psaume XCIII.
Andantino
OFFICIANT
CHŒUR
A - do - naï ma - larh
gué - outh la - bêsch la -
bêsch a - do - naï gnoz hi - ta - zar
aph ti - kon té - bel bal - ti -
moth Na - rhon kis - sa - rha mé -
az mé - gno - lam â - tah
Nas - sé - ou né - ha - roth
a - do - naï nas - sé - ou
né - ha - roth ko - lam yis - sou
né - ha - roth dork - yam
mi - ko - loth ma -
yim ra - bim a - di -
rim misch - bé - ré yam a - dir
ba - ma - rom a - do - naï
gné do - té - rha

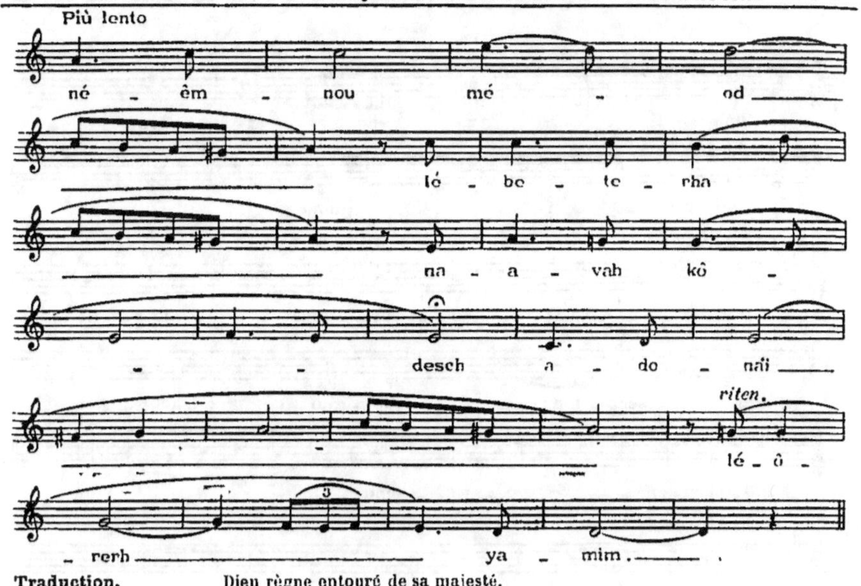

Traduction.   Dieu règne entouré de sa majesté,
Revêtu et ceint de puissance,
Ton trône, Seigneur, fut de tout temps immuable,
Car tu es de toute éternité.

BÉNÉDICTIONS DES CEREMONIES NUPTIALES[1]

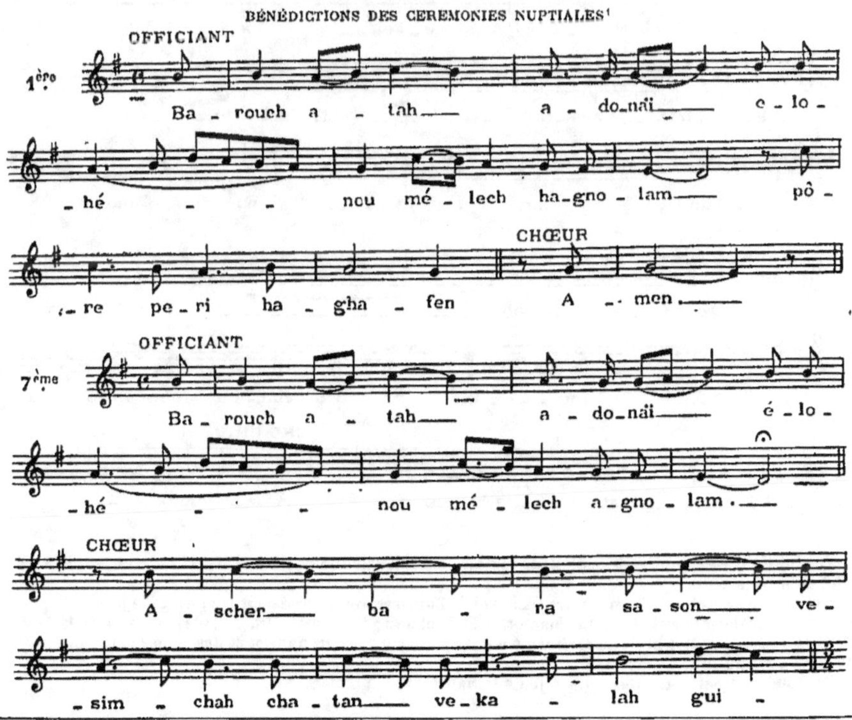

1. Ces bénédictions sont au nombre de sept. La musique des six premières étant la même, nous ne donnons ici que la première et la septième.

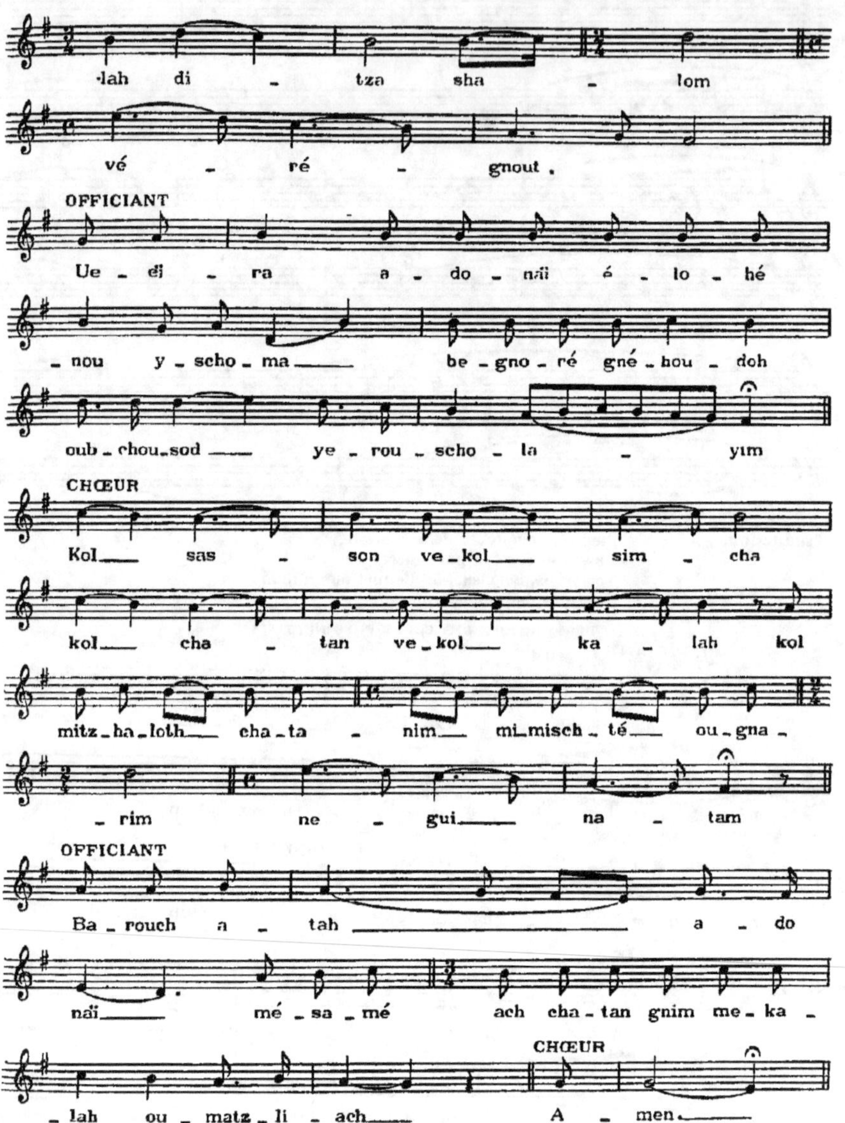

Traduction. — **Première bénédiction.** — Sois loué, Éternel notre Dieu, roi de l'univers, qui as créé le fruit de la vigne.

Septième. — Sois loué, Éternel notre Dieu, roi de l'univers, qui as créé pour le mariage la joie, l'allégresse, l'amour, la fraternité et l'affection. Bientôt, ô Éternel notre Dieu, retentira dans les villes de Juda et dans les rues de Jérusalem le bruit du ravissement des époux sous le dais nuptial et des jeunes gens qui festoient au son de la musique.

Sois loué, Éternel notre Dieu, qui réjouis le fiancé avec la fiancée.

Les chants anciens dont nous venons de donner quelques exemples ne forment qu'une petite partie du répertoire actuel des synagogues françaises. Celui-ci se compose, en outre, d'un grand nombre de compositions pour soli, chœurs et orgue de Salomon Rossi (xvie et xviie siècles).

Israël Lovy, ancien ministre officiant à Paris (1773-1832).

Sulzer, ancien ministre officiant à Vienne (Autriche) (1804-1890).

Fromental Halévy, célèbre compositeur de musique (1799-1862).

Samuel Naumbourg, ancien ministre officiant à Paris (1817-1880).

Emile Jonas, professeur d'harmonie militaire, et Samuel David, grand prix de Rome (1836-1895); quelques-unes des mélodies de ces auteurs sont déjà devenues traditionnelles.

A l'ouverture de la synagogue de la rue de la Victoire (1874), Samuel David fut nommé directeur de la musique des temples consistoriaux, et c'est lui qui réorganisa les maîtrises parisiennes telles qu'elles existent actuellement.

Jules FRANCK.

Les chants anciens dont nous venons de donner quelques exemples ne forment qu'une petite partie du répertoire actuel des synagogues françaises. Celui-ci se compose, en outre, d'un grand nombre de compositions pour soli, chœurs et orgue de Salomon Rossi (xvie et xviie siècles).

Israël Lovy, ancien ministre officiant à Paris (1773-1832).

Sulzer, ancien ministre officiant à Vienne (Autriche) (1804-1890).

Fromental Halévy, célèbre compositeur de musique (1799-1862).

Samuel Naumbourg, ancien ministre officiant à Paris (1817-1880).

Emile Jonas, professeur d'harmonie militaire, et Samuel David, grand prix de Rome (1836-1895); quelques-unes des mélodies de ces auteurs sont déjà devenues traditionnelles.

A l'ouverture de la synagogue de la rue de la Victoire (1874), Samuel David fut nommé directeur de la musique des temples consistoriaux, et c'est lui qui réorganisa les maîtrises parisiennes telles qu'elles existent actuellement.

MUSIQUE LITURGIQUE ET RELIGIEUSE CATHOLIQUE[1]

Par Eugène GIGOUT

DIRECTEUR FONDATEUR DE L'INSTITUT D'ORGUE, PROFESSEUR AU CONSERVATOIRE

MUSIQUE LITURGIQUE

On eût sans doute étonné plus d'un musicien vivant à l'aurore du siècle écoulé en prédisant que le légendaire plain-chant, objet de l'indifférence à peu près générale à cette époque et comme enfoui dans la poussière des vieux missels, allait se réveiller de sa longue léthargie, redevenir un sérieux sujet d'étude pour les érudits, rouvrir peut-être l'ère des éternelles disputes entre savants et se retrouver, enfin, aussi jeune qu'à l'époque lointaine où il était toute la musique : ce miracle est en train de s'accomplir.

Musique homophone, simple « récitation modulée » au temps de la primitive Eglise, nous laisse entendre ODON, abbé de Cluny en 926; savamment rythmée et ornée de notes, pense-t-on, avec saint AMBROISE (340); revue et simplifiée plus tard avec saint GRÉGOIRE (540); devenue peu à peu par transformations successives et abréviations plus ou moins heureuses le « choral moderne »; musique douce et expressive, calme et forte, longtemps prépondérante dans l'Europe civilisée; délaissée ensuite au profit de la musique polyphone, cette forme d'art improprement, selon nous, appelée « plain-chant », et qui n'a jamais cessé d'être la musique officielle de l'Église, est remise en honneur[2].

Impassible au point de vue humain, elle possède, par son principe constitutif, par son air de plein et tranquille repos, les caractères d'immutabilité, d'infini, propres à sa suprême mission qui est de glorifier Dieu.

Les auteurs du moyen âge racontent à l'envi le prodigieux effet que produisait sur les foules ce chant qui semble maintenant, à la plupart de nos contemporains, dépourvu de sensibilité[3]. Sans témoigner d'une admiration exagérée pour un art auquel, néanmoins, on ne peut refuser une grande importance historique et archéologique, il faut reconnaître que,

par leur simplicité même, les cantilènes liturgiques sont mieux à leur place à l'église que n'importe quel autre genre de musique.

« A la vérité, écrit GEVAERT dans *La Melopée antique* (Gand, librairie Ad. Hoste, 1895), une pareille musique ne produit pas les commotions soudaines et extraordinaires provoquées par la magique polyphonie des modernes; elle ne nous remue pas jusqu'au fond de l'être, faisant surgir en nous tout un monde de sensations, d'images et d'idées. Elle se contente d'exercer un charme discret et tranquille par l'expression de quelques sentiments simples et définis : l'espérance, la foi, l'aspiration vers le ciel.

En revanche, les impressions que nous procure une mélodie homophone ne s'émoussent pas par une fréquente audition, comme cela arrive incontestablement pour la musique polyphone; loin de s'affaiblir, elles se fortifient par l'accoutumance et, à la longue, nous pénètrent en entier. Le temps semble n'avoir pas d'action sur ces courtes formules mélodiques, et cela est vrai non seulement pour l'individu, mais encore pour les quarante générations d'hommes qui les ont entendues et répétées. »

Des esprits élevés, artistes et savants, travaillent depuis un long temps déjà à rendre au chant sacré son ancien éclat; en raison des résultats acquis à cette heure, on ne peut douter que le but de ces amis de l'art religieux ne soit un jour pleinement atteint. Qui hésiterait à s'en réjouir, même au seul point de vue profane ? Le retour à la simplicité est mieux qu'un hommage platonique rendu à la Beauté : c'est une nécessité du temps présent.

Point n'est besoin d'une abondante provision de noms et de textes pour indiquer aussi clairement et aussi brièvement que possible ce qu'est le chant de l'Eglise, sa nature, son caractère, ses évolutions à travers les âges. Après tant de remarquables écrits sur la matière, la brièveté, en effet, s'impose; pour y satisfaire, nous ne nous croirons pas tenu de suivre toujours l'ordre chronologique des temps[4].

---

1. Nous adressons tous nos remerciements à M. Félix RAUGEL, maître de chapelle de Saint-Eustache, qui a bien voulu reviser cet article (N. D. L. D.)

2. Mi syllabique, modérément orné, point antérieur (selon Jean Corron) au VIe siècle, né sans doute d'un besoin de simplification de plus en plus necessaire, le genre de musique appelé « plain-chant », *cantus planus*, dont saint BERNARD (1091-1153), abbé de Clairvaux, paraît être le promoteur, marque, au regard de quelques-uns, le commencement de la décadence du texte légué par GRÉGOIRE LE GRAND à la catholicité. Comme, d'autre part, au VIIe siècle, ce même « chant de saint Grégoire », on l'a vu plus haut, n'était pas une nouveauté musicale, mais le résultat d'une réorganisation, d'une régularisation de la musique d'église, il peut sembler aux musiciens que la dénomination « chant liturgique » serait mieux appropriée que toute autre aux mélodies ecclésiastiques.

3. Dans un de ses écrits, saint AMBROISE dit textuellement : « D'aucuns prétendent que j'ai fasciné le peuple par le charme melodique de mes hymnes. Assurément je ne m'en défendrai pas. Il y a là, je l'avoue, un charme de grande puissance. »

4. Indépendamment des articles parus, ces dernières années, dans les revues : *Musica Sacra*, de Toulouse, *L'Avenir de la musique sacrée*, de Paris, *Revue du chant grégorien*, de Marseille, *Courrier de Saint-Grégoire*, de Liège, *Musica sacra*, de Gand, *Musique sacrée*, de Toulouse; *Revue du chant grégorien*, de Grenoble, *Tribune de Saint-Gervais*, de Paris; *Revue grégorienne*, etc., les plus intéressants ouvrages de l'époque actuelle, ceux qui peuvent être considérés à bon droit comme résumant le mieux les écrits des anciens théoriciens sont : *Archéologie du chant grégorien*, de Dom ANDO KISLER *Mélodies grégoriennes*, de Dom J. POTHIER, *Le Plain-Chant*, du P. SOULIER, *Les Chants de la messe*, de l'abbé J. DUPONT *Etudes de science musicale*, du P. DECHEVRENS, *Appendice au rythme du chant grégorien*, de Georges HOUDARD (Fischbacher, 1899) et, du même auteur, *La Cantilène romaine* (Fischbacher, 1905), *Les Origines du chant de l'Eglise latine* (1890), de GEVAERT et, du même, *La Melopée antique dans le chant de l'Eglise latine* (1895), que l'auteur considère comme faisant suite et complément de son *Histoire et Théorie de la musique de l'Antiquité*; enfin les ouvrages de Peter WAGNER, de Dom MOCQUEREAU, le *Cours théorique et pratique de plain-chant romain grégorien*, l'*Art grégorien*, et les *Origines du chant romain* d'Amédée GASTOUÉ.

Les chants anciens dont nous venons de donner quelques exemples ne forment qu'une petite partie du répertoire actuel des synagogues françaises. Celui-ci se compose, en outre, d'un grand nombre de compositions pour soli, chœurs et orgue de Salomon Rossi (XVIe et XVIIe siècles).

Israël Lovy, ancien ministre officiant à Paris (1773-1832).

Sulzer, ancien ministre officiant à Vienne (Autriche) (1804-1890).

Fromental Halévy, célèbre compositeur de musique (1799-1862).

Samuel Naumbourg, ancien ministre officiant à Paris (1817-1880).

Emile Jonas, professeur d'harmonie militaire, et Samuel David, grand prix de Rome (1836-1895); quelques-unes des mélodies de ces auteurs sont déjà devenues traditionnelles.

A l'ouverture de la synagogue de la rue de la Victoire (1874), Samuel David fut nommé directeur de la musique des temples consistoriaux, et c'est lui qui réorganisa les maîtrises parisiennes telles qu'elles existent actuellement.

Jules FRANCK.

MUSIQUE LITURGIQUE ET RELIGIEUSE CATHOLIQUE[1]

Par Eugène GIGOUT

DIRECTEUR FONDATEUR DE L'INSTITUT D'ORGUE, PROFESSEUR AU CONSERVATOIRE

MUSIQUE LITURGIQUE

On eût sans doute étonné plus d'un musicien vivant à l'aurore du siècle écoulé en prédisant que le légendaire plain-chant, objet de l'indifférence à peu près générale à cette époque et comme enfoui dans la poussière des vieux missels, allait se réveiller de sa longue léthargie, redevenir un sérieux sujet d'étude pour les érudits, rouvrir peut-être l'ère des éternelles disputes entre savants et se retrouver, enfin, aussi jeune qu'à l'époque lointaine où il était toute la musique : ce miracle est en train de s'accomplir.

Musique homophone, simple « récitation modulée » au temps de la primitive Eglise, nous laisse entendre ODON, abbé de Cluny en 926; savamment rythmée et ornée de notes, pense-t-on, avec saint AMBROISE (340); revue et simplifiée plus tard avec saint GRÉGOIRE (540); devenue peu à peu par transformations successives et abréviations plus ou moins heureuses le « choral moderne »; musique douce et expressive, calme et forte, longtemps prépondérante dans l'Europe civilisée; délaissée ensuite au profit de la musique polyphone, cette forme d'art improprement, selon nous, appelée « plain-chant », et qui n'a jamais cessé d'être la musique officielle de l'Église, est remise en honneur[2].

Impassible au point de vue humain, elle possède, par son principe constitutif, par son air de plein et tranquille repos, les caractères d'immutabilité, d'infini, propres à sa suprême mission qui est de glorifier Dieu.

Les auteurs du moyen âge racontent à l'envi le prodigieux effet que produisait sur les foules ce chant qui semble maintenant, à la plupart de nos contemporains, dépourvu de sensibilité[3]. Sans témoigner d'une admiration exagérée pour un art auquel, néanmoins, on ne peut refuser une grande importance historique et archéologique, il faut reconnaître que, par leur simplicité même, les cantilènes liturgiques sont mieux à leur place à l'église que n'importe quel autre genre de musique.

« A la vérité, écrit GEVAERT dans *La Melopée antique* (Gand, librairie Ad. Hoste, 1895), une pareille musique ne produit pas les commotions soudaines et extraordinaires provoquées par la magique polyphonie des modernes; elle ne nous remue pas jusqu'au fond de l'être, faisant surgir en nous tout un monde de sensations, d'images et d'idées. Elle se contente d'exercer un charme discret et tranquille par l'expression de quelques sentiments simples et définis : l'espérance, la foi, l'aspiration vers le ciel.

En revanche, les impressions que nous procure une mélodie homophone ne s'émoussent pas par une fréquente audition, comme cela arrive incontestablement pour la musique polyphone; loin de s'affaiblir, elles se fortifient par l'accoutumance et, à la longue, nous pénètrent en entier. Le temps semble n'avoir pas d'action sur ces courtes formules mélodiques, et cela est vrai non seulement pour l'individu, mais encore pour les quarante générations d'hommes qui les ont entendues et répétées. »

Des esprits élevés, artistes et savants, travaillent depuis un long temps déjà à rendre au chant sacré son ancien éclat; en raison des résultats acquis à cette heure, on ne peut douter que le but de ces amis de l'art religieux ne soit un jour pleinement atteint. Qui hésiterait à s'en réjouir, même au seul point de vue profane ? Le retour à la simplicité est mieux qu'un hommage platonique rendu à la Beauté : c'est une nécessité du temps présent.

Point n'est besoin d'une abondante provision de noms et de textes pour indiquer aussi clairement et aussi brièvement que possible ce qu'est le chant de l'Eglise, sa nature, son caractère, ses évolutions à travers les âges. Après tant de remarquables écrits sur la matière, la brièveté, en effet, s'impose; pour y satisfaire, nous ne nous croirons pas tenu de suivre toujours l'ordre chronologique des temps[4].

---

1 Nous adressons tous nos remerciements à M. Félix RAUGEL, maître de chapelle de Saint-Eustache, qui a bien voulu reviser cet article (N. D. L. D.)

2 Mi syllabique, modérément orné, point antérieur (selon Jean Corros) au VIe siècle, né sans doute d'un besoin de simplification de plus en plus nécessaire, le genre de musique appelé « plain-chant », *cantus planus*, dont saint BERNARD (1091-1153), abbé de Clairvaux, paraît être le promoteur, marque, au regard de quelques-uns, le commencement de la décadence du texte légué par GRÉGOIRE LE GRAND à la catholicité. Comme, d'autre part, au VIe siècle, ce même « chant de saint GRÉGOIRE », on l'a vu plus haut, n'était pas une nouveauté musicale, mais le résultat d'une réorganisation, d'une régularisation de la musique d'église, il peut sembler aux musiciens que la dénomination « chant liturgique » serait mieux appropriée que toute autre aux mélodies ecclésiastiques.

3. Dans un de ses écrits, saint AMBROISE dit textuellement : « D'aucuns prétendent que j'ai fasciné le peuple par le charme mélodique de mes hymnes. Assurément je ne m'en défendrai pas. Il y a là, je l'avoue, un charme de grande puissance. »

4. Indépendamment des articles parus, ces dernières années, dans les revues : *Musica Sacra*, de Toulouse, *L'Avenir de la musique sacrée*, de Paris, *Revue du chant gregorien*, de Marseille, *Courrier de Saint-Grégoire*, de Liège, *Musica sacra*, de Gand, *Musique sacrée*, de Toulouse; *Revue du chant grégorien*, de Grenoble, *Tribune de Saint-Gervais*, de Paris; *Revue grégorienne*, etc., les plus intéressants ouvrages de l'époque actuelle, ceux qui peuvent être considérés à bon droit comme résumant le mieux les écrits des anciens théoriciens sont : *Archéologie du chant gregorien*, de Dom AMBROISE KIENLE, *Mélodies grégoriennes*, de Dom J. POTHIER, *Le Plain-Chant*, du P. SOULLIER, *Les Chants de la messe*, de l'abbé J. DUPORT, *Etudes de science musicale*, du P. DECHEVRENS, *Appendice au rythme du chant grégorien*, de Georges HOUDARD (Fischbacher, 1899) et, du même auteur, *La Cantilène romaine* (Fischbacher, 1905), *Les Origines du chant de l'Eglise latine* (1890), de GEVAERT et, du même, *La Melopée antique dans le chant de l'Eglise latine* (1895), que l'auteur considère comme faisant suite et complément de son *Histoire et Théorie de la musique de l'Antiquité*; enfin les ouvrages de Peter WAGNER, de Dom MOCQUEREAU, le *Cours théorique et pratique de plain-chant romain grégorien*, l'*Art grégorien*, et les *Origines du chant romain* d'Amédée GASTOUÉ.

Sans doute, il devrait n'y avoir qu'à s'incliner devant la parole autorisée de GEVAERT et, au risque de contrister les âmes délicates, profondément croyantes, qui voient du surnaturel jusque dans les moindres actes de la vie religieuse, et restent persuadées que, de la première à la dernière note, le chant liturgique est né d'un souffle de l'Esprit-Saint, il faudrait, dis-je, se contenter d'affirmer, avec l'auteur de *La Mélopée antique*, que « les modes et les cantilènes de la liturgie catholique sont un reste précieux de l'art antique », conclusion à laquelle arrivent, du reste, ces lignes, et que GEVAERT étaye de solides arguments que le lecteur ne sera pas sans vouloir connaître dans l'œuvre même de l'écrivain; seulement, comme la question des origines du chant ecclésiastique intéresse non seulement les musiciens d'église, justement curieux des choses de leur art, mais encore nombre d'esprits cultivés; que, d'autre part, ce chapitre consacré à un art spécial, tout en se défendant de prêter à la controverse, ne peut éluder certains faits se rapportant directement à l'histoire du chant liturgique, il a paru indispensable, dans l'état actuel des connaissances musicales, de ne rien omettre ici des choses essentielles qui ont trait à ce chant.

Dans son *Histoire de la musique*, le Père MARTINI avance gravement que le premier homme, ayant reçu de Dieu une science universelle, se servait de la musique pour chanter ses louanges. Sans remonter jusqu'à Adam, on peut croire qu'avant tous les autres arts, la musique s'est trouvée mêlée aux différents actes de la vie religieuse des premiers chrétiens.

Quelles étaient alors les cantilènes qui accompagnaient les cérémonies du culte? Sans doute les chants les plus simples, ceux qui étaient dans la mémoire de tout le monde.

Avec saint LÉON (*Livre sur l'Oraison dominicale*), avec le Père MARTINI, les savants les plus accrédités pensent que le *Psautier*, le premier des livres de chant qui aient été mis entre les mains des fidèles, répète les mélodies hébraïques telles qu'elles avaient été établies par le roi DAVID et ses successeurs pour le temple de Jérusalem.

Le *Psautier* est appelé *Liber psalmorum* dans les *Actes des apôtres*. Saint AUGUSTIN le nomme : *Codex psalmorum, qui Ecclesiæ consuetudine psalterium nuncupatur.*

Il est intéressant de constater que quelques-uns des chants du *Psautier*, l'*In exitu Israël*, par exemple, qui remonterait donc à l'antiquité la plus reculée et dont J.-S. BACH, dans ses Chorals, et Camille SAINT-SAËNS, dans l'une de ses pièces (*Choral*) pour piano et orgue, ont donné de si belles interprétations, n'ont cessé de retentir chaque dimanche dans nos temples. D'autres psaumes qui reviennent fréquemment dans les offices ont, à différentes époques, excité l'imagination des compositeurs. On peut citer entre autres : *Super flumina Babylonis, Miserere mei Deus, De profundis, Laudate pueri Dominum, Laudate Dominum omnes gentes, Laudate Dominum in sanctis ejus, Lauda Jerusalem Dominum, Memento Domine David, Beati omnes, Cœli enarrant, Cantate Domino*, etc. Le cantique de la sainte Vierge, *Magnificat*; celui de saint Siméon, *Nunc dimittis*, et le beau cantique de Zacharie, *Benedictus Dominus Deus Israel,* ont également inspiré des œuvres remarquables.

Ajoutons que le mode d'exécution des psaumes, cantiques, hymnes, etc., alternativement par le chœur et par les fidèles (d'où vient le nom de *Chant alternatif*), remonte aux premiers siècles de l'ère chrétienne; car il n'est pas prouvé que les cantiques de DAVID étaient chantés sous cette forme dans les synagogues juives. L'initiative en fut prise par les grandes églises d'Antioche et de Milan, que les diverses églises d'Orient et d'Occident s'empressèrent d'imiter. Au témoignage de saint AUGUSTIN et de saint AMBROISE, cette manifestation d'une nouvelle forme liturgique qui satisfaisait au goût du peuple pour le chant et donnait plus de solennité au culte, a été des plus efficaces pour combattre l'arianisme. Quoi de plus imposant en effet, pourvu que l'allure n'en soit ni trop lente ni trop précipitée, que l'exécution des psaumes, avec leurs formules musicales si simples, si caractéristiques, si populaires, les intonations des divers modes, la méditation qui vient couper heureusement chaque verset et les terminaisons si variées, et plus ou moins ornées de notes selon le degré de la fête, que nos églises font entendre chaque dimanche? Il nous est resté de ce qu'on croit être les mélodies qui accompagnaient les cantiques de David le *Chant en ison* ou *Chant égal*, curieuse et monotone psalmodie, composée de deux sons généralement à l'intervalle d'un degré qui viennent souligner la gravité ou la tristesse de certaines parties de l'office, et qu'on retrouve dans les habitudes courantes de quelques ordres religieux, entre autres la communauté des Carmélites.

D'autre part, la tradition chrétienne (saint AUGUSTIN, Épistol. CXIX, 18) veut que les premières notions du chant ecclésiatique aient été révélées aux Apôtres par Jésus-Christ et que, d'inspiration divine, les disciples du Christ s'étant mis à composer des chants, les aient enseignés eux-mêmes aux fidèles. Quoi qu'il faille penser de cette pieuse légende qui rencontre, du reste, maintenant peu de créance, on ne peut, en admirant la simplicité et la force expressive des cantilènes primitives, que répéter après Jean-Jacques ROUSSEAU : « Ce chant, tel qu'il existe aujourd'hui, n'a pu perdre encore toutes ses premières beautés... Ces modes, tels qu'ils nous ont été transmis par les anciens chants ecclésiastiques, y conservent une beauté de caractère et une variété d'affection bien sensibles aux connaisseurs non prévenus, et qui ont conservé quelque jugement d'oreille pour les systèmes mélodieux établis sur des principes différents des nôtres. » (*Dictionnaire de musique*.)

Ces principes relevant, quant à la tonalité, de la *diatonie* des Grecs qui n'admettait que les degrés naturels de l'échelle des sons, avaient l'avantage d'assurer au chant, avec des assises fermes et solides, la gravité et la noblesse dont l'en auraient privé non seulement le genre chromatique, de maniement délicat et d'effet peu sûr, mais même les simples altérations modales, d'usage courant et banal[1]. Grâce à cette tonalité et aussi en raison de la rythmique propre du chant liturgique, à la souplesse, à l'abandon, à l'entière liberté d'allure dus principalement à l'absence de mesure isochrone, les mélodies sacrées sont susceptibles d'éveiller en nous des impressions de toute nature, de véritables émotions.

Qui ne se sent remué aux mâles accents du *Te Deum*[2],

---

1. On retrouve ces qualités tonales dans la plupart des chansons populaires de nos vieilles provinces; de tout temps, plus ou moins ouvertement, les compositeurs en ont fait usage.

2. Connu dès le IVe siècle, le *Te Deum* est l'une des plus belles inspirations musicales de tous les temps. Ses périodes enflammées auraient, assurent quelques-uns, célébré le triomphe de Thémistocle le soir de Salamine. La tradition chrétienne, au contraire, en attribue la composition spontanée, en un moment d'extase mystique, à la collaboration de saint AMBROISE et de saint AUGUSTIN; mais plusieurs de

aux entraînantes mélodies des Proses[1], aux hymnes dont la plupart nous viennent de l'antiquité[2]; aux récits si admirables dans leur simplicité de la *Préface* et du *Pater*[3]; aux émouvantes « Lamentations de Jérémie » qui ont peut-être la même origine que les récits précédents; au très touchant *Christus* du Jeudi saint, modèle inimitable de pureté mélodique, dont le texte a malheureusement été altéré en maintes éditions; au *Credo* dit « des dimanches ordinaires », probablement très ancien, unique en son genre par la forme et l'originalité de la mélodie[4]!

Qui est incapable de comprendre la grâce, le charme des antiennes à la sainte Vierge : *Alma Redemptoris, Ave Regina, Regina cœli, Salve Regina,* d'une expression si suave[5]? Que dire aussi des antiennes des Heures[6], dont quelques-unes sont de purs chefs-d'œuvre! Comment louer les « Grandes Antiennes » *O*, d'un sentiment si pénétrant, qui se chantent aux offices qui précèdent la fête de Noël, où la phrase finale répète d'une façon si heureuse les notes initiales du morceau!

Enfin, peut-on passer sous silence ces chants impressionnants de la Semaine Sainte et de l'Office des morts, mélodies sublimes qui n'ont cessé de faire l'admiration des siècles chrétiens!

Quoique appartenant à des âges différents, et jusqu'au xiiie siècle où se firent jour, sous le nom de *déchant*[7], les premiers essais sérieux de polyphonie et d'harmonie le répertoire liturgique, malgré quelques divergences de détail, est empreint d'une remarquable unité.

Car, avec Isidore de Séville, au viie siècle, Hucbald, Hermann Contract, Francon de Cologne même, et sans doute beaucoup d'autres jusqu'au xive siècle, les séries de consonances parfaites marchant parallèlement dans de certaines conditions rythmiques qui, sous le nom d'*organum* (musique mesurée en partie), émaillent les ouvrages de ces auteurs, ne forment, pour nous, qu'une harmonie des plus rudimentaires, bien que reproduisant, croit-on, l'expressive polyphonie vocale des Grecs...! Néanmoins, ceux qui, comme Gevaert, ont entendu ces œuvres, réputées informes, exécutées, à titre d'essai, dans une vaste basilique, par de nombreuses voix (celles chargées de produire le chant principal — *cantus firmus* — formant un groupe sonore à part), ont reconnu que l'harmonie en quintes supérieures ou quartes inférieures donnait l'impression d'une imposante grandeur. Qui sait, conséquemment, si l'antique *organum*, que ne méprisent point, certes, tous nos contemporains, n'atteindra pas un jour, par le fait de combinaisons sonores non impossibles à prévoir, le plein développement qu'avaient peut-être entrevu les maîtres du haut moyen âge? Les organistes ne sont point surpris de ces effets spéciaux qu'ils obtiennent de leurs instruments par la combinaison des *jeux de mutation* encadrés dans de nombreux *jeux de fond*, et qui leur sont précieux pour la clarté d'exécution des pièces fuguées.

Du genre simple au genre composé, du *syllabique* au *fleuri*, la même pensée, la même plume, en Occident comme en Orient, semblent avoir médité et écrit le texte. Comme chez les Anciens, qui avaient trouvé des formes modales particulières pour exprimer les divers sentiments de l'âme, comme chez nos grands classiques et nos coloristes modernes, qui ne font point indifféremment se succéder les modulations, mais apportent beaucoup de soin, une parfaite

---

nos savants ne veulent point douter que, pour les paroles comme pour la musique, cette hymne ne soit de saint Hilaire de Poitiers, mort en 367.

1. Succédant aux *Tropes*, sorte de prologue d'un usage très ancien qui préparait à l'Introït de la messe, et, se substituant aux *Séquences*, longue vocalise qui se chantait avant l'évangile, les *Proses* (ainsi appelées parce que, dans le principe, les paroles n'étaient nullement versifiées) sont innombrables et ont toujours été populaires. Les temps anciens comme les temps modernes en ont vu éclore par milliers. On en doit, dit-on, l'invention à Notker le Bienheureux qui vivait au ixe siècle. Nous ne connaissons qu'un très petit nombre de ces chants, oubliés dans les bibliothèques. Les plus célèbres sont : *Victimæ paschali laudes* (xie siècle), très haute inspiration musicale attribuée au moine Wipo, chapelain de l'empereur Conrad, *Laudes crucis* (xiie siècle) d'Adam de Saint-Victor, dont la mélodie serait une reproduction fidèle de quelque chant antique, *Mittit ad Virginem,* (d'Abailard); *Dies iræ* (xiiie siècle), de Thomas de Celano; *Lauda Sion,* de saint Thomas d'Aquin, calqué sur le *Laudes crucis,* et dont il existe plusieurs variantes mélodiques. Le chant du *Stabat Mater* est certainement plus récent, de même que le *Dies iræ,* à combien de compositions anciennes et modernes n'a-t-il pas servi de fil conducteur? — Il est regrettable que la fameuse prose *Lætabundus,* dont saint Bernard serait l'auteur, ait cessé de figurer avec honneur dans les livres liturgiques.

2. Il faut citer entre autres : *Veni Creator,* infidèlement reproduit dans plus d'une édition (l'érudition moderne attribue la composition de cette hymne au célèbre Rhaban Maur (ixe siècle), archevêque de Mayence), *Pange lingua,* d'une couleur antique indéniable; *Ave maris stella,* la très poétique cantilène dédiée à la sainte Vierge et dont, avant nos pèlerins de Lourdes, les Croisés avaient fait leur chant de prédilection; *Vexilla Regis,* chef-d'œuvre de Venantius Fortunatus, magnifique mélodie qui a inspiré nombre de compositeurs, *Ut queant laxis,* l'hymne célèbre de saint Jean-Baptiste, connue de quiconque s'occupe de musique. « On connaît l'importance que la première strophe a conquise dans l'histoire du chant grégorien et de la musique, écrit Dom Guéranger dans *L'Année liturgique.* L'air primitif sur lequel on chantait les paroles de Paul Diacre (viiie siècle) offrait cette particularité que la syllabe de chaque hémistiche s'élevait d'un degré sur la précédente dans l'échelle des sons; on obtenait, en les rapprochant, la série des notes fondamentales de notre gamme actuelle. L'usage s'introduisit de donner aux notes elles-mêmes les noms de ces syllabes : *ut, re, mi, fa, sol, la.* Gui d'Arezzo, par sa méthode d'enseignement, avait donné naissance à cet usage; en le complétant par l'introduction des lignes régulières de la portée musicale, il fit faire un pas immense à la science du chant sacré, auparavant laborieuse et longue à acquérir. Il convenait que le divin Précurseur, la voix dont les accents révélèrent au monde l'harmonie du Cantique Éternel, eût cet honneur de voir se rattacher à son nom l'organisation des mélodies de la terre. »

3. Dans ses *Origines du plain-chant,* Fétis proclama que « rien de plus beau n'a été fait pour le service divin » que ces récits venus, croit-on, de la synagogue juive.

4. Ce très caractéristique *Credo,* qui paraît relégué au second plan dans l'estime de nos contemporains, a toujours été un objet d'admiration pour les maîtres de toutes les époques. J.-S. Bach en a commenté la phrase initiale dans sa célèbre *Messe en si mineur.* D'une inspiration haute et ferme, simple et énergique, cette superbe profession de foi est, entre les diverses cantilènes en usage, la plus digne d'être chantée par l'assemblée des fidèles.

5. Bien que le culte de la sainte Vierge fût en honneur dès les temps apostoliques, ainsi qu'en témoignent les récentes découvertes faites aux catacombes romaines, et malgré que l'édition des liturgies mariales remonte au ve siècle, on ne peut assigner de date certaine à la musique de ces antiennes entrées dans la liturgie seulement après le ixe siècle; mais, par leur élégant style fleuri, par leurs contours gracieux, elles sont sûrement de la vieille époque moyenâgeuse.

6. Offices qu'à l'imitation du Prophète-Roi, l'Église a institués dès l'origine à différentes heures du jour et de la nuit, et qui sont connus sous les noms de *Matines, Laudes, Prime, Tierce, Sexte, None, Vêpres,* auxquels on a ajouté plus tard les *Complies* qui suivent les Vêpres.

Il convient aussi de mentionner le *Salut,* de création moderne, qui se célèbre après les Vêpres ou après les Complies. Les Saluts peuvent avoir lieu séparément, en dehors de tout autre office; ils sont ordinairement très suivis, se donnent quelquefois après l'un de ces sermons de charité, si fréquents dans nos grands centres, et deviennent, par cela même, l'occasion d'exécutions musicales fort recherchées.

7. Musique à plusieurs chants composés d'avance ou improvisés sur le livre (apparition du style contrapunctique). Ces chants marchaient généralement par mouvement contraire. Francon de Cologne, vers la fin du xiie siècle, peut être considéré comme l'un des plus habiles *déchanteurs* et théoriciens de son époque. Malgré les progrès de la musique écrite et son usage généralisé, le *chant sur le livre,* reste de l'ancien déchant, a survécu scientifiquement jusqu'au xviiie siècle. Depuis cette époque, et même avant, tout ce qui était destiné à une exécution musicale sérieuse ayant été soigneusement noté, ce n'est que dans les paroisses dépourvues d'un chœur de chant que les vieilles coutumes du *chant sur le livre,* entretenues par des chantres sans instruction musicale ou par des amateurs présomptueux, se sont perpétuées à nos lutrins conjointement avec les improvisations sans nom de quelques organistes.

logique dans la gradation des tonalités, on voit chez les compositeurs liturgiques du moyen âge, à part de rares exceptions, non seulement la préoccupation constante d'appliquer judicieusement tel mode à telle idée religieuse, mais souvent même de traduire le mot à mot des paroles latines. Assurément, pour ces maîtres, chaque mode avait son esthétique propre; mais on en a donné des définitions tellement fantaisistes qu'il est difficile d'y souscrire.

C'est ainsi, si l'on en croit le célèbre *Traité du chant grégorien* de l'abbé Poisson (xviiie siècle), que les divers modes répondraient, d'après les anciens auteurs, aux idées suivantes :

Mode dorien (1er mode), échelle de *ré* à *ré*, — finale *ré*, dominante *la*.

« Les anciens chantaient beaucoup sur ce mode, surtout les sujets qui demandaient plus de grandeur et de gravité... Il présente d'abord une gravité mâle et pompeuse, il convient aux grandes choses; il est modeste, gai, exact, sévère, magnifique, sublime, n'a rien de trop libre ni de trop mou, et est propre à toutes sortes d'affections... »

Mode hypodorien (2e mode), échelle de *la* à *la*, une quarte au-dessous du mode précédent, — finale *ré*, dominante *fa*.

« Ce mode est propre aux sujets lugubres, tristes, modestes, graves, déprécatoires, tardifs, qui expriment la misère et l'affliction.

« On emploie aussi heureusement ce mode pour les textes qui expriment l'humiliation, la reconnaissance et l'action de grâces; sa gravité le rendant noble et majestueux dans ses progressions, il convient aussi aux grands sujets, tels que la constance, la ' fermeté, l'admiration, les désirs; mais tout y est toujours traité d'une manière modérée... Il est le plus bas de tous les modes. »

Mode phrygien (3e mode), échelle de *mi* à *mi*, — finale *mi*, dominante *ut*.

« Ce mode est propre aux textes qui marquent beaucoup d'action, d'impétuosité, des désirs véhéments, des mouvements de colère, de fureur, d'ardeur, de vigueur, de vitesse et d'empressement. Il exprime heureusement les ordres, les commandements et les menaces. Il frappe par sa vivacité; il a des bondissements dans ses progressions, et convient aux sujets qui annoncent l'orgueil, la hauteur, la cruauté, les paroles dures, et celles qui traitent des combats spirituels ou corporels; il réveille avec plus de promptitude qu'aucun autre mode les affections du cœur; il est pathétique; sur ce mode, on varie heureusement les mouvements de force, de grandeur, de noblesse et de douceur... »

Mode hypophrygien (4e mode), échelle de *si* à *si*, une quarte au-dessous du mode précédent, — finale *mi*, dominante *la*.

« Ce mode est bas, humble, timide, mou, langoureux, propre aux sentiments de componction, de tristesse, de plaintes, de prières, de supplication, de lamentation, de gémissements; il adoucit la colère par sa douceur et sa modestie; il est engageant, mais il prend quelquefois le haut ton du troisième qu'il imite dans les remontrances, les corrections, les admirations; il est aussi propre à la congratulation, aux récits tristes et modestes... »

Mode lydien (5e mode), échelle de *fa* à *fa*, — finale *fa*, dominante *ut*.

« Ce mode est agréable et propre à exprimer les grandes joies. Les textes qui marquent la victoire et le triomphe lui sont propres. On l'emploie aussi avec succès dans les dialogues qui doivent être animés, comme il est aisé de le sentir dans le chant de la Passion; il est aussi déprécatoire, pressant et affectueux, propre à marquer la confiance. Il a ses progressions vives, animées, éclatantes; il admet en descendant beaucoup de douceur, ce qui se fait par le bémol qui est souvent nécessaire dans ce mode pour éviter le triton qui se trouverait du *si* au *fa*, et du *fa* au *si*... »

Mode hypolydien (6e mode), échelle d'*ut* à *ut*, une quarte au-dessous du mode précédent, — finale *fa*, dominante *la*.

« Ce mode est propre aux textes dévots, tendres, affectueux, pieux, de congratulation, d'actions de grâces, de prières, de confiance, d'invitation, de lamentation, de deuil, de tristesse, de commisération, de joie modérée, de douceur et d'amitié. Il joint la grandeur et la gravité à la joie et à l'affabilité. . »

Mode mixolydien (7e mode), échelle de *sol* à *sol*, — finale *sol*, dominante *ré*.

« Ce mode est propre aux grands sujets, aux grands mouvements, aux exclamations mâles, aux événements surprenants, étonnants, éclatants; il est majestueux et impératif; il excite et anime la joie, il réveille l'esprit; il s'exprime avec grandeur; ses progressions se font par des sauts et des bondissements doux et mélodieux; il anime dans le goût des choses célestes, il est admiratif, il marche avec un air de confiance, de hardiesse et de courage mâle... »

Mode hypomixolydien (8e mode), échelle de *ré* à *ré*, une quarte au-dessous du mode précédent, — finale *sol*, dominante *ut*.

« Le huitième mode est doux, paisible, propre pour les narrations, et a un agrément fort naturel; il est harmonieux, il plaît à l'oreille, il est aussi assez pompeux, il n'est point trop vif; ses progressions se font avec gravité; il est aussi déprécatoire, on peut s'en servir pour les textes qui marquent le désir de la félicité ou de la gloire qu'on demande avec larmes ou tremblement... Il est, disent les anciens auteurs, un mode presque universel; c'est pourquoi il est si fréquent dans les anciens livres pour les antiennes et pour les répons... »

Je me borne à ces citations, qui se rapportent, du reste, aux modes les plus usuels. Au surplus, les modes *éolien* (9e mode), *hypo-éolien* (10e mode), *ionien* (11e mode — en réalité 13e mode) et *hypo-ionien* (12e mode — en réalité 14e mode) ne donnent-ils lieu qu'à des commentaires dont le lyrisme va s'affaiblissant, sans doute parce que ces modes ne sont plus qu'une manière de transposition à la quinte supérieure des 1er, 2e, 5e et 6e modes. Vu la difficulté de transposer de même façon les 2e et 4e modes (*phrygien* et *hypophrygien*), avec *si* comme finale, pour en faire les 11e et 12e modes, — la division de l'échelle transposée (*si, fa, si* et *fa, si, fa*) donnant une quinte fausse et un triton, — la règle a été de considérer ces 11e et 12e modes comme inexistants. Mais on voit, dans quelques livres de chant, les 3e et 4e modes élevés d'une quarte, ce qui donne lieu cette fois à une véritable transposition amenant un si bémol permanent. Cependant, quelques pièces de chant, entre autres l'antique *Credo* pour tous les dimanches de l'année liturgique, semblent être nettement établies sur la finale *si*, ce qui est une cause de gêne pour quelques plainchantistes qui n'hésitent pas à dénaturer ce *Credo* pour ne pas mettre en rapport indirect le *fa* et le *si* de cette mélodie si connue, et donner ainsi tort à la théorie classique concernant le triton.

Ne serait-il pas plus simple de conférer aux 11ᵉ et 12ᵉ modes l'existence légale? D'autant plus qu'il a cessé d'être prouvé que les anciens repoussaient absolument le *diabolus in musica* (voir p. 2323). Terminons cette longue parenthèse en faisant observer qu'une musique qui était capable d'inspirer des sentiments, de susciter des enthousiasmes tels que ceux relatés plus haut, devait en être digne. Les beaux vestiges qui nous en restent et qui défient les siècles, tendent à le prouver.

Pendant près de quatre siècles — au Psautier sont venus s'ajouter des cantiques[1], des hymnes, des répons[2], — la musique hébraïque, augmentée vraisemblablement de mélodies importées de la Grèce orientale, parait avoir formé le fond du répertoire liturgique.

« Peu à peu, ce qu'on put retrouver de la musique des Grecs, musique d'un *caractère grandiose*, en même temps que *simple et populaire* », mentionne Don GUÉRANGER dans ses *Institutions liturgiques*, « fut utilisé par l'Eglise qui s'appropria les mélodies graves et religieuses de cette musique. »

« Placée au confluent de deux civilisations et de deux arts (la musique hébraïque et la musique gréco-romaine), dit Dom MOCQUEREAU dans une conférence sur l'art grégorien, l'Eglise, guidée par un tact exquis, choisit dans ces deux courants tout ce qui pouvait lui convenir. »

Ces citations des deux doctes bénédictins, non seulement réduisent à peu de chose la légende qui fait des croyants des premiers temps de l'Eglise les créateurs du chant liturgique, mais affirment l'origine juive ou païenne de cette musique qui relie l'antiquité à l'époque moderne.

C'est aussi l'avis de M. Georges HOUDARD. Dans son étude historique *La Cantilène romaine* (Paris, librairie Fischbacher, 1905), ce distingué musiciste n'hésite pas à indiquer la filiation, selon lui, de la liturgie chrétienne et des usages liturgiques musicaux de ces temps lointains. Cet intéressant fragment est à citer :

« En Orient, les usages liturgiques musicaux du judaïsme se sont trouvés à la fois, et naturellement par la force des choses, tradition d'un rituel bon à conserver pour partie et fondement possible d'un développement entrevu par les organisateurs du culte chrétien en possession de ce même rituel primitif. Et ceci, grâce aux textes psalmiques restés, dans l'une et l'autre religion, le codex littéraire des textes chantés ou à chanter. Et c'est bien réellement par ce canal que les traditions musicales hébraïques ont été versées dans la pratique musicale du christianisme oriental d'abord, puis livrées par celui-ci au christianisme occidental vers le milieu du IVᵉ siècle environ.

« Les courants d'infiltration sont connus. Nous en fixons nous-même trois principaux : le courant *septentrional* de Jérusalem vers Constantinople et la Germanie par Antioche et Césarée (de Cappadoce), d'où un courant dérivé s'est porté de Constantinople vers Milan et Agaune (Saint-Maurice en Valais, Suisse); l'*occidental* de Jérusalem vers Rome et la Gaule Narbonnaise; le *méridional* d'Antioche vers l'Egypte et la Grande Grèce, vers la Numidie et l'Espagne. Dans la suite, le courant germanique descendit en Gaule et jusqu'en Espagne, pendant que les Goths, retour de Cappadoce, apportaient de nouveaux éléments de confusion liturgique d'Orient en Italie, puis en Gaule et en Espagne, qui pour la troisième fois se trouvait visitée.

« Puisque la suite des idées nous a entraîné sur cette voie, donnons immédiatement, en un court tableau, l'effet produit par cette marée montante des usages liturgiques :

FILIATION DES USAGES LITURGIQUES CHRÉTIENS

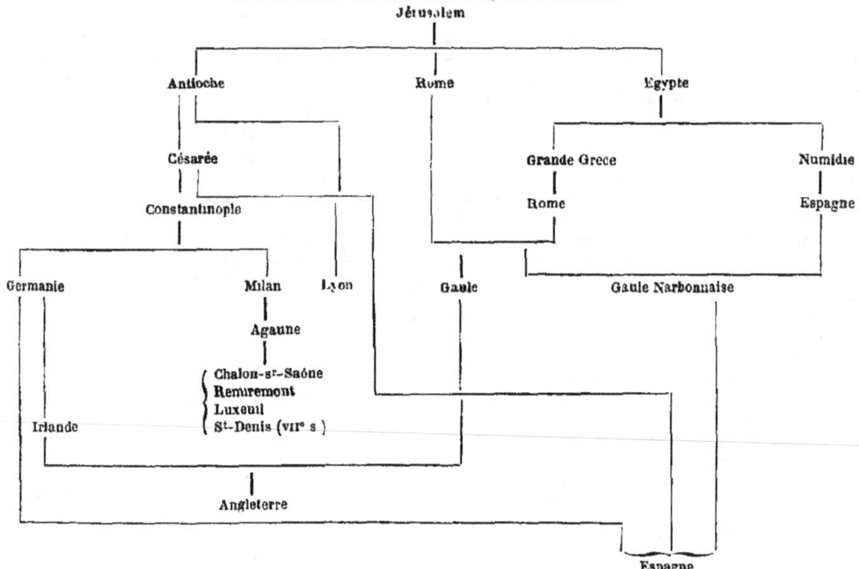

---

1. Les plus connus sont le *Magnificat* (office des Vêpres) et le *Nunc dimittis* (office des Complies), tous deux en l'honneur de la sainte Vierge.

2. Pièces très anciennes, de contours mélodiques soignés, avec « reprise » plus ou moins vocalisée, dont l'usage s'est maintenu, pour divers offices, dans la liturgie.

On croit généralement que les chants des premiers chrétiens étaient syllabiques; destinés à devenir populaires, il était nécessaire, en effet, qu'ils fussent très simples. Cependant, cette opinion ne peut être qu'hypothétique, et quelques érudits, dont le P. Soullier dans son livre *le Plain-chant*, la contestent[1].

Avec saint Ambroise, l'un des Pères de l'Eglise latine (iv⁰ siècle), le chant liturgique prend un nouvel essor; il se pare décidément de nombreux ornements, voire parfois d'une luxuriante abondance de notes, et le nombre des pièces musicales s'accroit. Outre le travail de *centonisation*[2] auquel il s'adonna, ainsi que le fit plus tard saint Grégoire, on attribue à l'illustre évêque de Milan la composition musicale de plusieurs hymnes; mais rien n'est moins prouvé. Comme tout praticien, saint Ambroise avait dû, dans sa jeunesse, cultiver la musique; cependant, quand, dans ses écrits, il fait allusion à cet art, « il ne sort guère des généralités, » dit le P. Soullier. Les hymnes ambrosiennes n'empruntent-elles pas d'ailleurs leurs formes courantes au chant lyrique des Grecs et des Romains, avec peut-être un peu plus de liberté, de richesse dans les contours? Quelques-uns pensent, d'après un texte de saint Odon, abbé de Cluny, rappelé par Gerbert dans ses *Scriptores*, que les mélodies de saint Ambroise n'étaient pas d'une parfaite pureté tonale et prêtaient à *l'amollissement de la voix;* mais cette assertion manque sinon d'arguments plausibles, du moins de preuves réelles.

En revanche, saint Ambroise eut le mérite de formuler les règles de la tonalité liturgique pour lesquelles il ne suivit pas entièrement la théorie compliquée des Grecs[3]. Il n'est même pas défendu de supposer qu'au lieu des quatre séries de gammes connues sous le nom de *modes ambrosiens,* c'est au grand pontife milanais qu'on devrait l'admission des huit modes dits *grégoriens*[1]. Les lignes louangeuses que, dans le chapitre XV du *Micrologue,* Gui d'Arezzo consacre au chant ambrosien (car c'est bien de ce chant qu'il s'agit et non du chant grégorien), passage où le célèbre moine de Pompose en fait « le modèle à suivre pour composer une bonne mélodie », ne laisseraient aucun doute à cet égard[3]. Saint Ambroise a été un novateur hardi. Sans forcer l'expression on peut, avec Gevaert, lui décerner les titres de « véritable fondateur de l'hymnodie et du chant de l'Eglise latine », de « Terpandre de la chrétienté occidentale ».

Ainsi donc, dès l'époque ambrosienne, sinon déjà au ii⁰ siècle, l'influence des chants orientaux qui avaient *pénétré en Italie commençait à se faire sentir;* elle ira grandissant et, dans les siècles suivants, la productivité musicale prendra des proportions plutôt inquiétantes.

C'est alors qu'apparaît, à la fin du vi⁰ siècle, la grande figure de Grégoire 1⁰ʳ. Voulant étendre le chant de l'Eglise, le rendre accessible à tous les chrétiens, non pas seulement, comme le pensent quelques-uns, à ceux de la communauté romaine — le génie universel de saint Grégoire le Grand devait embrasser de plus vastes horizons — mais aux chrétiens d'Occident, dont les habitudes musicales étaient autres que celles de leurs frères d'Orient et qui ne possédaient sans doute pas le talent d'exécution de ces derniers, Grégoire accomplit, en ses quatorze années de pontificat, de 590 à 604, la tâche immense, déjà préparée d'ailleurs par ses prédécesseurs et que ses successeurs ont continuée, de réunir en un recueil intitulé *Antiphonaire* les chants utiles au culte, rejetant un certain nombre de ceux existants, probablement les plus récents, en remaniant d'autres, en intercalant de nouveaux calqués sur les formules antiques et qui se trouvent être les plus remarquables de la collection, bref réorganisant tout, réglant tout, en véritable législateur de la musique d'église. Si, après tant de siècles écoulés, notre époque peut encore admettre le chant de saint Grégoire, en saisir l'esprit comme elle en a déjà compris la lettre, en donner une interprétation vraiment artistique et digne de sa haute valeur, c'est à ce code musical qu'il faut recourir pour ramener le chant liturgique à ses fins séculaires[6].

---

1. Les psaumes davidiques étaient probablement syllabiques; mais rien ne prouve que, même sous forme de « recitation modulee », pour nous appuyer sur l'autorité d'Odon de Cluny, la musique juive ne comportait pas d'ornements d'une certaine importance. Si l'Eglise primitive a recueilli les chants de la synagogue, pourquoi n'en aurait-elle pas, au moins en partie, gardé les ornements en en éliminant les éléments chromatiques incompatibles avec la conception diatonique de ses chants?

2. Compilation, assemblage de pièces venues de tous côtés pour constituer un ouvrage. Ce terme se rencontre souvent sous la plume des écrivains liturgistes.

3 Dans sa *Méthode raisonnée de plain-chant,* publiée en 1667 par Dom Mabillon, saint Bernard (1091-1153) expose ainsi la constitution du système ecclésiastique :

« Combien de modes? — Il y a quatre diverses manières de chanter, manières dans lesquelles toutes les autres sont comprises. Ces manières sont *opposées* l'une à l'autre et *different entre elles* par des propriétes *diverses,* mais *constantes* (certis).

« En effet, la première manière, partant de sa finale (*ré*), monte par un ton, puis par un demi-ton, et descend *par un ton.* Cette manière n'a que deux finales : D (*re :* 1⁰ʳ et 2⁰ modes), et A (*la :* 9⁰ et 10⁰ modes); ces deux notes ayant au-dessus d'elles d'abord un ton, puis un demi-ton, et sous elles *un ton.*

« La deuxième manière est celle qui, de sa finale (*mi*), monte par un demi-ton, puis par un ton, et descend par un ton. Cette manière a aussi deux finales : E (*mi :* 3⁰ et 4⁰ modes) et B (*si :* 11⁰ et 12⁰ modes : *modes défectueux*), auprès desquels vous trouverez naturellement la même montée et la même descente.

« La troisième manière est celle qui monte par deux tons et qui descend par un demi-ton. Cette manière a encore deux finales : F (*fa :* 5⁰ et 6⁰ modes) et C (*ut :* 13⁰ et 14⁰ modes), notes susceptibles des propriétes de ce genre.

« La quatrième manière monte par deux tons et descend *par un ton.* Elle n'a qu'une finale . G (*sol :* 7⁰ et 8⁰ modes)

« De l'invention du *si bémol.* — Le *si bémol* n'a pas été inventé pour déterminer la propriété des finales, mais pour conserver l'euphonie dans la plupart des chants, euphonie que la relation de triton contribuerait à diminuer et même à supprimer totalement. C'est pourquoi, dans n'importe quel mode, dès qu'il est expédient de rendre un son plus doux, on met quelquefois (quandoque) un *si bémol* à la place du *si naturel;* mais on ne le fait *qu'en passant* et *comme à la dérobée,* de peur qu'il n'en résulte *une confusion* de modes. »

4. Le système ambrosien ne comprenait que les modes *impairs* (1⁰ʳ, 3⁰, 5⁰, 7⁰) des finales D, E, F, G, qu'expose la méthode de saint Bernard citée plus haut, modes dont il a été parlé plus haut. Ces modes étaient nommés *authentiques* ou *primitifs.* Les modes *pairs* (2⁰, 4⁰, 6⁰, 8⁰) sont le résultat d'un départ à la quarte inférieure de ces mêmes finales — celles-ci conservant leurs propriétes de finales — de quatre nouvelles gammes qui ont pris le nom de modes *plagaux* ou *derives.* La réunion de ces deux séries de gammes paires et impaires constitue le système dit « grégorien ». Quand la tessiture d'une pièce de chant embrassait à la fois l'authentique et le plagal, le mode était appelé *mixte.* Mais, pour faciliter l'évolution naturelle des cantilenes, les fondateurs du chant ecclésiastique avaient permis que la mélodie dépassât d'un degré au-dessus ou au-dessous l'*ambitus,* autrement dit l'étendue de l'échelle modale.

5. Porté ensuite à quatorze modes, dont deux modes défectueux (les 11⁰ et 12⁰), comme le mentionne la méthode de saint Bernard, — les six derniers sont quelquefois appelés « modes transposés », voir p. 2318. — Le système ecclésiastique fut plus tard ramené aux huit modes grégoriens. Il est désirable que le système des *quatorze* modes finisse par prévaloir (voir plus haut).

6. A propos de l'*Antiphonaire* dont, contrairement à la croyance traditionnelle, Gevaert refuse la paternité à Grégoire 1⁰ʳ, en cherchant à démontrer que la rédaction en est due principalement aux papes helléniques qui occupèrent le siege pontifical à la fin du vii⁰ et au commencement du viii⁰ siècle, opinion hardie qui a été vivement, on n'ose dire encore victorieusement combattue, l'éminent musicologue écrit éloquemment : « L'Antiphonaire romain ne constitue pas seule-

Les sept années que saint Grégoire passa à Constantinople comme cardinal diacre, où il eut l'occasion d'étudier la musique grecque, ne lui furent sans doute pas inutiles pour mener à bien, à l'exemple de saint Ambroise, le nouveau travail de *centonisation* dont il vient d'être parlé, et auquel, probablement, il avait déjà dû songer dans la cité byzantine. En même temps, pour assurer l'avenir de son œuvre, il établit sur de nouvelles bases l'école de chanteurs fondée à Rome, à la fin du v⁰ siècle, par le pape Gélase. Quoique cette école n'ait pas, dans la suite, donné de résultats appréciables[1], elle n'en a pas moins servi de modèle à toutes celles qui virent le jour et devinrent ces indispensables psallettes ou maîtrises qui, pendant douze cents ans, remplirent le monde d'admirables compositeurs, d'incomparables chanteurs.

Parmi les écoles remontant à cette époque et devenues célèbres, il faut citer d'abord celle de Saint-Gall, ou le chant romain s'est le mieux conservé, et celle de Metz, écoles que vinrent réorganiser les chanteurs de la Chapelle pontificale, Romanus et Petrus, envoyés par le pape à Charlemagne. Ratpert, Ison, les deux Notker, la dynastie des Ekkehard, Bernon, auteur très apprécié de recueils de chant, Tutilo (le Vinci et le Michel-Ange de cette époque), habile dans tous les arts, et surtout Hermann Contract, qui se fixa ensuite à l'abbaye de Reichenau devenue à son tour une école marquante, furent les moines qui illustrèrent par leurs compositions ou par leurs ouvrages didactiques l'abbaye de Saint-Gall.

L'école de Metz brilla surtout par la présence d'Amalaire qui, longtemps tenu en suspicion à cause des retouches que, pour satisfaire, dit-on, au goût des Français, il se permit d'entreprendre sur l'antiphonaire de saint Grégoire, laissa néanmoins un nom qui fait autorité.

Au ix⁰ siècle, deux moines de génie, Hucbald et Odon, rendirent célèbres au point de vue musical les monastères de Saint-Amand, en Flandre, et de Cluny, en France.

En dehors des diverses catégories de chants dont il a été parlé précédemment, l'antiphonaire romain contient de très intéressantes et très curieuses pièces musicales, définitivement admises dans les offices de l'Eglise[2]. Signalons les principales, à commencer par celles rangées sous la rubrique *Chants propres*, dont les paroles sont spéciales à chaque fête de l'année liturgique : l'*Introit* était au v⁰ siècle un psaume qui se chantait en entier, précédé et suivi d'une antienne. Il se résume maintenant en une antienne d'allure solennelle, suivie du premier verset d'un psaume à formule plus ornée que les formules de vêpres, auquel on ajoute, sur le même air, le *Gloria Patri* qui, sauf en temps de pénitence, termine tous les psaumes. Ce morceau se chante au commencement de la messe[3].

Puis vient le *Graduel*, remontant également au v⁰ siècle ; c'était la pièce artistique de la messe. Composé de deux versets tirés de quelque psaume, le premier de ces versets convenant aux voix graves, le second aux voix élevées, — souvent les mêmes voix chantaient les deux versets, — le graduel, écrit dans un mode *mixte*, était orné de longues vocalises que, faute de chanteurs habiles ou peut-être pour abréger les offices, on a dû peu à peu supprimer. Comme le graduel, l'*Alleluia*, qui lui succède immédiatement à la messe, est un chant d'allégresse qui se plaît à toutes les formes musicales. La vocalise appelée *neume* (autrement dit, chant neumé, groupes de notes coupés par des respirations) qui se déroule sur la dernière syllabe de l'interjection hébraïque, était, on peut le dire, de la musique de virtuose dont il ne reste plus qu'une ligne mélodique très effacée.

Le mot *neume* a plusieurs sens. Il désigne d'abord, au masculin, les caractères primitifs de notation, signes bizarres affectant toutes les formes, assez difficiles à déchiffrer, plus difficiles encore à rendre *musicalement*, puisque tel signe neumatique écrit dix fois de la même manière est traduit différemment, suivant le morceau de chant où il se trouve, et que la véritable signification expressive d'autres signes de même genre est encore a découvrir ; en second lieu, le mot *neume* au féminin (la neume) rappelle les vocalises qu'aux xv⁰ et xvi⁰ siècles on ajoutait aux antiennes et qui ont été retranchées ; enfin les suites de notes, divisées par groupes de diverse étendue, qu'on trouve surtout au second verset du Graduel et à l'*Alleluia* de la messe, sont aussi des neumes. Dans son ouvrage *Pratique de la musique*, Gafori, à la fin du xv⁰ siècle, recommande expressément d'émettre ces groupes « en une seule respiration ». Cette recommandation n'était pas superflue, car la plupart du temps c'était le goût individuel qui, au détriment de l'unité d'exécution du chant, décidait des divisions de groupe à groupe.

« C'est, dit Gevaert, à l'époque glorieuse de la *schola* pontificale (viii⁰ siècle) que le chant latin s'appropria un système de signes graphiques, les *neumes*, ayant pour but, sinon d'assurer la transmission exacte des mélodies, du moins de rappeler leurs contours caractéristiques à la mémoire d'un chantre sachant par cœur tout l'antiphonaire. Les signes neumatiques servent à faire *reconnaître*, non à faire *connaître* une cantilène. Aucun spécimen authentique, aucune mention explicite de ce genre d'écriture musicale ne se rencontre avant le milieu du ix⁰ siècle ; mais comme la nomenclature des signes est grecque, pour plus de moitié, on est amené naturellement à supposer qu'il s'établit à Rome dans un temps où l'influence hellénique dominait autour du pape, c'est-à-dire entre 680 et 750. (Il est à remarquer que la notation dite neumatique ne peut indiquer les mouvements mélodiques que dans les groupes de sons chantés sur la même syllabe.) (*La Mélopée antique.*)

---

ment un document unique pour étudier la transition du monde païen au monde chrétien, sur le terrain spécial de l'art des sons. Il est encore de nos jours une source vivante de véritables puissances esthétiques, où quelques-uns reposent et retrempent leurs nerfs et leur esprit, surtendus par les effets fulgurants de la polyphonie moderne. Cette vitalité prodigieuse, qui inflige un démenti péremptoire aux idées courantes sur la durée des œuvres musicales, assigne aux humbles trouvailles de la muse chrétienne une place élevée parmi les monuments du génie humain. Les pages les plus merveilleuses de la musique du xiv⁰ siècle auront-elles encore le pouvoir d'impressionner les fibres intimes de quelques unes de nos semblables qui vivront dans douze cents ans ? Voila certes une reflexion propre a nous faire contempler avec une singulière vénération les lambeaux mélodiques qui nous mettent en contact avec l'âme de nos ancêtres les plus éloignés » (*La Mélopée antique.*)

1. Elle disparut définitivement au xiv⁰ siècle, lors de la translation du Saint Siège a Avignon.

2. Disons une fois pour toutes que les *Amen* qui s'ajoutent à un grand nombre de pièces liturgiques offrent des formules musicales plus ou moins étendues, selon l'importance du morceau, mais toujours d'une grande simplicité.

3. D'origine apostolique, on croit que, au point de vue liturgique, la cérémonie de la messe fut réglée, a peu près comme elle existe maintenant, par saint Jean Chrysostome, Père de l'Eglise grecque, au iv⁰ siècle. Sous le rapport du chant, les différents papes qui arrêtèrent la liturgie de la messe, tirèrent de l'Ancien Testament, de l'Apocalypse ou des Epîtres de saint Paul le texte des *Introïts Graduels*, etc, dont il est présentement parlé.

Le *Trait*, qui dans les cérémonies graves ou tristes remplace l'*Alleluia*, est généralement un psaume abrégé, un peu moins chargé de notes que le graduel.

L'*Offertoire* était anciennement une antienne très développée, d'un style imposant, grave et doux, et d'une réelle importance musicale. De nombreuses abréviations en ont fait une antienne de dimension ordinaire, assez généralement sans grand relief mélodique et qu'en beaucoup d'églises on remplace par une pièce d'orgue.

La *Communion*, primitivement un psaume, est devenue une antienne d'une facture simple, dans le genre des antiennes des vêpres.

La plupart de ces chants, de rythme libre, ont encore une couleur antique assez prononcée. Quoique ayant subi, en entrant dans l'antiphonaire, des remaniements plus ou moins importants et plus tard, au cours des siècles, des changements notables, de véritables mutilations, ils n'en sont pas moins encore, dans leur ensemble, d'une belle tenue. A partir du XIᵉ siècle, soit que la polyphonie rudimentaire d'alors y ait contribué, soit que de chanter en traînant fût devenu une habitude, ces « chants propres », ainsi que ceux qui vont être mentionnés, ont pris une allure calme, unie, un peu grave, qui a fait englober à tort, selon nous, sous le nom générique de « plain-chant », tout ce qui forme le chant de l'Eglise, que ce chant plonge sans conteste dans l'antiquité, ou bien qu'il ait glissé dans un archaïsme conventionnel, ou même encore qu'il soit né d'hier.

Parmi les diverses corruptions du chant ecclésiastique écloses au cours des siècles, le *Plain-Chant musical*, qui florissait au XVIIᵉ siècle et dont la vogue a été de longue durée, ne possédait aucune des qualités qui constituent le chant traditionnel de l'Eglise. Outre que le *mode mineur* y étale ses grâces nonchalantes, on n'y retrouve plus les contours mélodiques qui caractérisent non seulement le chant régularisé de saint Grégoire, mais même celui abrégé de saint Bernard (voir page 2315). A cette conception hybride, décorée du nom de « plain-chant », on a ajouté le mot *musical*, qualificatif pour le moins incompréhensible, les cantilènes liturgiques étant de la musique et souvent même de fort belle musique. Pourquoi les auteurs qui ont imaginé ce chant n'ont-ils pas cru devoir l'intituler *plain-chant* (puisqu'ils tenaient au mot) *antitraditionnel!* Il est vrai que, pour eux, ce plain-chant nouveau genre était simplement de la musique religieuse d'un caractère grave, qui avait cette particularité de n'être point prisonnière entre des barres de mesure.

Les écrivains sérieux n'ont cessé de protester contre ces essais de rajeunissement du chant ecclésiastique dus à l'influence croissante de la tonalité et des idées modernes. Retenons, entre autres, les lignes suivantes de J.-J. Rousseau, point suspect de tendresse excessive à l'endroit des choses religieuses, et qui écrit dans son *Dictionnaire de musique* : « On peut dire qu'il n'y a rien de plus ridicule et de plus plat que ces plains-chants accommodés à la moderne et modulés sur les cordes de nos modes : comme si l'on pouvait jamais marier notre système harmonique avec celui des modes anciens, qui est établi sur des principes tout différents... Loin qu'on doive porter notre musique dans le plain-chant, je suis persuadé qu'on gagnerait a transporter le plain-chant dans notre musique; mais il faudrait pour cela beaucoup de goût, encore plus de savoir, et surtout être exempt de préjugés. »

Que n'a-t-il toujours été aussi bon... conseilleur, l'auteur du *Devin de village!*

Les chants de l'*Ordinaire de la messe*, appelés « chants communs » parce qu'ils font partie de toutes les messes chantées dans l'année, sont, dans l'ordre où ils se présentent à l'office : le *Kyrie*, longue litanie primitive dont on n'avait conservé au IVᵉ siècle que trois invocations qui ont été portées au nombre de neuf par saint Grégoire. La musique authentique de cette prière, ainsi que celle du *Gloria in excelsis Deo* qui lui succède à la messe, est celle des « fêtes simples » du répertoire liturgique. Le *Credo* qui se chante après l'évangile est une des pièces capitales de l'office (voir ci-après). Le *Sanctus* se confondait anciennement avec la *Préface* et était chanté par tous les fidèles sur le même air que celleci. Il n'a eu, croit-on, sa musique propre qu'à partir du Xᵉ siècle. Quant à l'*Agnus Dei*, il se chantait déjà au VIIIᵉ siècle.

Pour en revenir au *Credo*, faisons remarquer que, quoique de date relativement plus récente, —[VIᵉ siècle pour l'Espagne, IXᵉ pour la France et l'Allemagne, XIᵉ pour Rome et l'Italie, — cette profession de foi a été dotée de la très simple et très belle mélodie antique dont il a déjà été parlé, et que, par une de ces aberrations dont l'histoire de l'Art n'offre que trop d'exemples, l'on ne trouve plus digne d'être entendue que les dimanches ordinaires.

L'ensemble de ces chants constitue ce que, en langage de composition musicale, on appelle une « messe ». Le *Credo* n'en fait pas toujours partie; par contre, on y voit quelquefois figurer un ou plusieurs des chants dits « propres ». Tandis que, dans la musique religieuse non liturgique, les messes se comptent par centaines, chaque époque s'étant fait gloire d'en produire, le répertoire des lutrins n'en possède qu'un nombre restreint; et encore, dans ce nombre, quelques-unes ayant été écrites à l'usage spécial de tel ou tel diocèse par des compositeurs plus ou moins versés dans la science du chant ecclésiastique, ne se trouvent-elles avoir avec les cantilènes sacrées qu'une parenté éloignée. Il va sans dire que les messes les plus remarquables du répertoire liturgique sont les plus anciennes; les diverses éditions diocésaines de chant les reproduisent.

Qu'après tout ce qu'il vient d'être dit de saint Grégoire et de l'antiphonaire, le système musical qui porte le nom du grand réformateur ait été ou non imaginé par lui, — il n'a laissé aucune indication à ce sujet, — la question est de peu de conséquence; d'en disputer peut paraître oiseux : l'œuvre est là!

Mais à saint Grégoire et, encore une fois, aux papes qui l'ont précédé, comme à ceux qui lui ont succédé et qui, tous, ont contribué à l'édification de cet œuvre, il est juste d'associer les auteurs du moyen âge qui, dans la suite, l'ont complété et ont ajouté à sa splendeur : Théodulphe, évêque d'Orléans sous Louis le Débonnaire, qui nous a laissé l'admirable *Gloria laus* du dimanche des Rameaux; le roi Robert et ses remarquables Répons, en général d'un caractère élégiaque; Léon II et son intéressant travail sur la psalmodie et les hymnes; Maurice de Sully, auteur du fameux *Libera me* de l'Office des morts; Réginon de Prum, Remi d'Auxerre, Fulbert de Chartres et ses expressives antiennes en l'honneur de la Nativité de la sainte Vierge; Hucbald, Hermann Contract, Odon de Cluny, Gui d'Arezzo, dont il est bon de rappeler les noms parmi ceux déjà cités au cours de cette étude.

Tous ces auteurs de cantilènes liturgiques, et les nombreux anonymes qui ont augmenté le patrimoine musical de l'Eglise, loin de viser à l'originalité, à l'individualité, qualités auxquelles, après de longs siècles, leurs successeurs paraîtront tenir essentiellement, écrivaient généralement à l'instar des anciens, sur des données traditionnelles que leur imagination d'artiste amplifiait, transformait.

De là, cette parfaite homogénéité des mélodies sacrées dans l'expression variée de la même pensée religieuse, spectacle qu'on pourra également contempler plus tard dans les œuvres, en apparence monotones, des musiciens de la Renaissance[1].

Ce rayonnement de la musique liturgique ne dura point; le xiiie siècle en vit les dernières lueurs avec le *Lauda Sion* et le *Dies iræ!* Car, à part un assez grand nombre de Proses ou Séquences de cette époque[2], dont la franchise du rythme surtout a fait le succès, les pièces musicales en prose répètent les formules connues et — faut-il le dire? — assez souvent mal appropriées au texte latin et aussi mal appliquées sur ce texte. Nous verrons plus loin, très succinctement, ce que, jusqu'à notre époque, les siècles suivants ont produit en fait de musique liturgique. Mais au moment de constater l'apparition, sérieuse cette fois, de la musique polyphone, en progrès constant depuis l'*Organum* d'Hucbald, il est nécessaire de signaler les fissures qui vont se multipliant dans l'édifice grégorien.

Je n'irai pas jusqu'à affirmer (comme le fait dans son *Mémoire sur la vie et les œuvres de Palestrina* le savant abbé Baini, maître de la Chapelle pontificale, vers 1830), que « les chants chargés ou ajoutés depuis le xiiie siècle jusqu'à l'époque actuelle, sont stupides, insignifiants, fastidieux et grossiers »; sans être un iconoclaste en musique, on peut trouver le tableau un peu noir. Mais il est évident que, sous la poussée du temps, par la force des choses, la nécessité des circonstances, et avant même que la polyphonie ne se fût imposée à l'admiration générale, l'intégrité de la cantilène sacrée était déjà profondément atteinte.

Pour écrire ses motets en forme canonique ou ceux à antiennes superposées (dans une antienne à la sainte Vierge, Nicolas Gombert, au xvie siècle, fait marcher ensemble les antiennes *Salve Regina*, du Ier mode, *Alma Redemptoris*, du Ve mode, *Ave Regina* et *Inviolata*, du VIe mode), l'école du contrepoint vocal, en pleine évolution, ne se gênait nullement pour dénaturer la libre mélopée grégorienne, non seulement en donnant aux notes des valeurs arbitraires, sans même tenir compte des exigences prosodiques, mais en altérant la tonalité elle-même, altération d'où est née d'ailleurs notre musique à deux modes. Cependant, on voit encore, au xvie siècle, des motets — tel le célèbre *O Jesu Christe* de J. Van Berchem —

écrits rigoureusement dans la tonalité ecclésiastique. Triompher d'une technique compliquée, de combinaisons architecturales parfois bizarres, était jeu d'enfant pour les maîtres de cette époque. Prétendre que, conformément à la cantilène primitive, l'art pur, l'invention naturelle, la grâce ingénue règnent souverainement dans leurs compositions religieuses, serait téméraire; mais, aux dépens de la libre mélodie antique, des œuvres élevées et d'un sentiment profondément expressif sont nées de cet effort de la pensée des anciens maîtres.

Réginon, à la fin du ixe siècle, Gui d'Arezzo, au commencement du xie, saint Bernard au xiie, ne signalent-ils pas des altérations aussi bien dans la structure modale des chants que dans leurs contours mélodiques? Ils écrivent des traités pour en combattre les pernicieux effets, et s'élèvent en même temps contre l'interprétation défectueuse du texte traditionnel. Nous venons de voir que, dans les nouvelles pièces, le xiiie siècle reproduit tant bien que mal les mélodies antiques; il se fait pardonner ainsi, dit dom Guéranger, les dérogations que, d'autre part, il impose aux règles consacrées. Mais au xive siècle, les altérations se répandent de plus en plus; les mélodies sacrées subissent le caprice des exécutants, la fantaisie de quiconque connaît un peu de musique. Comme toujours, la tyrannie des savants cherche à imposer ses lois, et la bulle *Docta Sanctorum* (1322) du pape Jean XXII vient à propos jeter le désarroi dans le camp des innovateurs. Ce célèbre document, qui résumait les griefs des théoriciens et condamnait les nouvelles habitudes, ne put triompher de l'engouement général pour tout ce qui s'éloignait des choses du passé, et le xve siècle subit passivement les errements des siècles précédents.

Les copistes de cette époque ne sont d'ailleurs pas étrangers à la ruine d'un chant qui, transmis de mémoire durant plusieurs siècles, s'était conservé à peu près intact. Soit insuffisance d'instruction ou manque de goût, négligence ou lassitude, ces artisans d'erreurs, qui ne disparaîtront qu'avec le xixe siècle, se trompent de lignes, confondent les modes, ajoutent, retranchent, sont pris de terreur en présence du *diabolus in musica*[3] qu'ils cherchent à éviter par de maladroites modifications des formules courantes, en un mot amènent un tel désordre « qu'à partir du xvie siècle, on ne rencontre plus que très peu de livres contenant la phrase grégorienne conforme aux anciens manuscrits. » (Abbé Jules Bonhomme, *Principes d'une véritable restauration du chant grégorien*, 1857.)

Ne peut-on croire aussi que, dans la suite, une des causes de la dégénérescence du chant liturgique a été la question des quantités de l'accentuation latine que, depuis le concile de Trente et pour complaire aux érudits de la Renaissance, on a cru nécessaire d'introduire dans les livres de chant? Les profonds remaniements mélodiques auxquels ces nouveaux *accents ecclésiastiques*, conformes à la

---

1. Un maître très personnel, que n'effrayaient point les aphorismes, Charles Gounod, disait : « On n'apprend bien que ce que l'on sait. » Cette pensée ne peut-elle s'appliquer aux maîtres de tous les temps, et particulièrement aux auteurs liturgiques, originaux naturellement, sans le vouloir, traduisant en toute simplicité, en toute sincérité, ce qu'ils avaient en eux et perfectionnant sans cesse « ce qu'ils savaient », sûr moyen de le mieux « apprendre »?

2. On trouve souvent dans les anciens manuscrits, entre l'Introït et le Graduel, et sans préjudice de la Séquence, pièce de facture poétique, une Prose (suite de versets non rimés, voir plus haut) ayant pour objet d'exprimer les principaux traits de la vie du saint dont on célèbre la fête. Il ne faut donc pas confondre la Prose avec la Séquence, bien que les livres modernes aient substitué une pièce qu'on appelle Prose aux anciennes Séquences, dont quelques-unes — celles de Pâques et de la Fête-Dieu — ont été conservées. Ce sont les plus belles.

3. Seule la succession *fa, si* — le triton ou *diabolus in musica* des anciens — se faisant entendre *directement* dans le chant, était rejetée par les théoriciens du moyen âge. Relié par les sons intermédiaires *sol* et *la* (comme dans la série ascendante ou descendante *fa, sol, la, si — si, la, sol, fa*), le triton n'a jamais été déclaré hérésie, mais pour que cette relation douteuse pût, sans blesser l'oreille, se faire accepter, il fallait que les deux notes extrêmes de la série en question fussent suivies l'une ou l'autre de leur voisine supérieure ou inférieure. Cette doctrine des modes ecclésiastiques, longtemps contestée, est maintenant appliquée dans les bonnes éditions de chant, d'où ont été définitivement exclus l'inadmissible *fa dièse* et souvent l'inutile *si bémol* (voir la *Méthode de saint Bernard*).

doctrine des classiques latins, ont donné lieu, n'ont pas été sans porter une sérieuse atteinte au chant de saint Grégoire.

Au temps de saint Grégoire, dit en substance Th. Nisard, les règles des anciens Romains sur l'accentuation de la prose latine, parlée ou chantée, étaient tellement oblitérées par suite de l'invasion des barbares, qu'il fut impossible à l'illustre pontife d'y ramener le texte du chant liturgique. Tandis que les hymnes de l'antiquité catholique étaient subordonnées aux quantités de la prosodie, les Proses paraissent, au moins en partie, avoir subi les lois de l'accentuation latine. Plus tard même, on compose certaines pièces liturgiques en vers latins — comme, par exemple, l'*Alma Redemptoris* — dans lesquelles le chant était affranchi de toute espèce de quantité ; au grand nombre de notes qui surmontent les syllabes, on reconnaît facilement les morceaux de ce genre. *La Science et la pratique du Plain-chant* de dom Jumilhac donne abondamment, d'après les anciens auteurs, les règles concernant les accentuations latines. Quant aux *accents* dits *d'église*, il faut en distinguer sept qui, dans le chant ecclésiastique des épîtres, évangiles, leçons, etc., nécessitent des inflexions différentes de la voix. Les voici, d'après le *Dictionnaire de plain-chant* de Joseph d'Ortigue : 1° l'accent *immuable*, lorsque la voix reste toujours sur le même ton ; 2° l'accent *moyen*, quand on abaisse la voix d'une tierce sur une syllabe ; 3° l'accent *grave*, quand la voix tombe d'une quinte ; 4° l'accent *aigu*, qui a lieu lorsque, après avoir abaissé la voix d'une tierce sur quelques syllabes, on reprend le premier ton ; 5° l'accent *modéré*, quand, après avoir élevé la voix d'une seconde sur quelques syllabes, on reprend le premier ton ; 6° l'accent *interrogatif* pour exprimer une interrogation : on élève la voix d'une seconde pour la dernière syllabe ; 7° l'accent *final*, quand la voix tombe d'une quarte sur la dernière syllabe d'une pièce liturgique.

A la suite des décisions du concile de Trente renouvelant les anathèmes de Jean XXII, les idées se tournèrent du côté d'une réforme du chant liturgique. En collaboration avec son élève Guidetti, Palestrina accepta, en 1579, la mission de restaurer ce chant. S'agissait-il alors, à l'aide des différents livres en usage, de livrer un texte simplifié et acceptable partout, ou bien de retrouver le vrai chant de saint Grégoire ? Toujours est-il qu'après de laborieux tâtonnements, Palestrina abandonna ce travail. Guidetti, y ayant renoncé pareillement, donne, pour son compte personnel, en 1582, le *Directorium chori* qui eut beaucoup de retentissement. Ce ne fut qu'au siècle suivant, en 1614, que parut l'édition dite médicéenne désirée depuis longtemps, et qui passait alors pour refléter la pensée palestrinienne, ouvrage d'une valeur contestable, fruit des méditations de Felice Anerio et de Francesco Soriano, où l'on ne retrouve, quand elle existe, qu'une ligne grégorienne tronquée et qui, en raison même des abréviations qui furent son principal mérite, fut jugée la meilleure de toutes celles parues à cette époque, sans en excepter l'édition vénitienne de 1580 (édition Lichtenstein), dont les abréviations mieux comprises, si l'on peut s'exprimer ainsi, ne nuisaient généralement pas trop au sens musical.

De moins en moins goûté, puisqu'il n'en existait plus que des tronçons, le chant ecclésiastique auquel, surtout à Rome et en Italie, on préférait la musique religieuse courante, n'était cependant pas tout à fait délaissé en France. On peut même dire que le mouvement janséniste qui amena, en beaucoup d'églises, une réforme de la liturgie, fut l'occasion d'une activité rare dans la production musicale ; mais il faut ajouter que la secrète ambition de greffer sur le vieux chant romain une sorte de jeune musique gallicane ne donna qu'un chant hybride dont il ne reste heureusement rien. La plupart des auteurs de ces indigentes rapsodies écloses aux xviie et xviiie siècles ne paraissent pas avoir eu la moindre notion des règles les plus élémentaires du chant ecclésiastique[1].

Toutefois, il faut tirer de pair la *Messe impériale* de Lully, d'un agréable effet mélodique, et les cinq messes de Dumont pour lesquelles il ne serait point juste de se montrer sévère, puisque l'auteur les intitule : *Messes en plain-chant musical.* Celle du « premier ton », dite *Messe royale*, est restée populaire. Écrite en *re mineur* (les éditions de l'époque et celles parues au commencement du xixe siècle portent des dièses aux cadences de finale et de dominante), cette messe n'a rien perdu de son caractère solennel et pompeux en se voyant privée de ses notes sensibles dans nos éditions de chant contemporaines ; on peut même dire qu'en entrant bon gré malgré dans le giron grégorien, elle a gagné plus de noblesse et de majesté. Les Bénédictins eux-mêmes, qui ont si bien servi la cause du chant ecclésiastique en éditant cet admirable monument : la *Paléographie musicale*, n'ont point hésité à introduire la *Messe royale* de Dumont, ainsi transformée, dans leurs livres de Solesmes.

D'autre part, les abbés Chastelain, Poisson, Lebeuf, Guillaume Nivers, auteur d'une *édition abrégée* dont la vogue dure encore, Martin Gerbert, etc., et enfin dom Jumilhac, s'adonnèrent à des travaux d'érudition ou à des essais de restauration liturgique que la science moderne, après en avoir largement profité, a laissés loin derrière elle.

Le xixe siècle, tout à l'antiquité, à la science, aux recherches historiques, à la renaissance religieuse qui a suivi la Révolution, ne devait pas tenir la musique ecclésiastique en dehors de ses investigations. Nul doute que les questions intéressant cet art, et qui ne peuvent être traitées utilement que par des musiciens instruits associés à des liturgistes, hommes de goût et de science, ne reçoivent tôt ou tard une solution satisfaisante. Sous ce rapport, au début de cette étude, nous constatons les importants résultats acquis à ce jour. On peut donc espérer la résurrection d'un art simple et beau, image frappante de l'idée religieuse immuable au milieu des perpétuels changements de ce monde, et qui, tributaire de l'antiquité, a peut-être contribué à sauver la musique des anciens d'un oubli total. Si l'érudition contemporaine n'a pu encore faire le jour complet sur la signification rythmique et expressive de l'écriture neumatique, du moins, en cherchant à en pénétrer les secrets, est-elle arrivée à rétablir la ligne mélodique des chants anciens et à déterminer d'une façon précise la tonalité de la musique liturgique.

---

1. « Tout le monde a entrepris de composer, dit l'abbé Poisson dans son *Traité théorique et pratique du plain-chant appelé grégorien* (1750). On a vu jusqu'à des maîtres d'école qui n'ont pas craint d'entrer en lice. Parce que leur profession les entretient dans la pratique du plain-chant, et qu'en effet ils le savent ordinairement mieux chanter que les autres, ils se sont mêlés aussi de composer. N'est-il pas étonnant que les pièces de pareils auteurs aient été adoptées par des personnes qui, sans doute, n'étaient pas si ignorantes qu'eux ?.. »

Il n'est pas impossible, non plus, que l'avenir souscrive aux réflexions suivantes qu'inspire à M. Georges HOUDARD le caractère particulier du chant liturgique, à savoir : « que la tradition musicale s'est faite en sens inverse ; que le fleuve musical hébraïque s'est divisé, à une époque à fixer, en plusieurs branches formant delta et portant les noms de byzantine, copte, arménienne, russe même, grégorienne, milanaise, syrienne, la plus importante de toutes, génératrice de la plupart des autres ; que le style original seul a résisté à tous les agents de désagrégation ; que le *style* est hébraïque et qu'il s'est conservé dans la culture musicale de toutes confessions chrétiennes à l'insu des peuples eux-mêmes, comme un témoin de la filiation des pratiques religieuses qui rattachent le passé au présent, sans solution de continuité. »

Ces lignes, ainsi que le tableau ci-dessous, dont l'intérêt ne peut échapper au lecteur, sont extraits de *La Cantilène romaine* déjà citée.

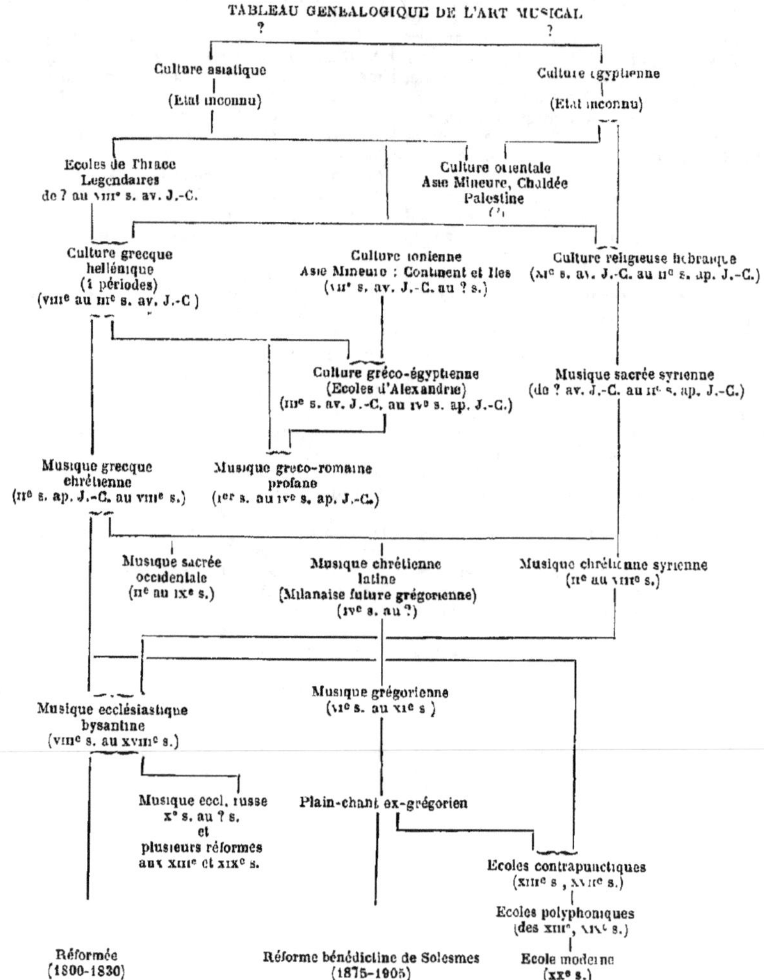

MUSIQUE RELIGIEUSE

Avec une note plus grave, dans un style plus soutenu, plus contenu, la musique sacrée, dès les XIVe et XVe siècles, — messes et motets de Guillaume de MACHAUT, BINCHOIS, DUFAY, OCKEGHEM, BRUMEL, etc, — c'est-à-dire depuis l'apparition de la polyphonie vocale, s'est toujours confondue avec la musique profane. Les transformations de celle-ci d'âge en âge, ses progrès continus ont répercuté sur la première, répercussion d'ailleurs inévitable ; les compositeurs, en suivant la pente naturelle de leur siècle, ne pouvaient, à volonté, déformer leur style et cesser d'être eux-mêmes.

La musique religieuse a donc évolué des primitifs de l'*organum* et du *déchant* aux maîtres de la Renaissance.

Il est bon de nommer ici ceux d'entre ces maîtres qui se sont le plus particulièrement distingués dans la composition libre des textes liturgiques : *messes, psaumes, répons, antiennes, hymnes, Magnificat, Te Deum, Lamentations, Litanies, Passions,* et surtout dans la forme imaginative du *motet,* sur laquelle nous donnerons d'abord quelques explications.

A l'encontre des paroles d'une messe, autrement dit des cinq parties (*Kyrie, Gloria, Credo, Sanctus et Agnus*) de l'Ordinaire de la messe, qui se répètent invariablement chaque dimanche, le texte des motets, qui peut être emprunté à toutes les parties de l'Ecriture sainte, varie à l'infini et donne naturellement cours à l'imagination du compositeur. On peut s'en convaincre à la lecture des motets appartenant aux différentes époques de l'art et aux diverses écoles ; on y retrouve facilement la personnalité des auteurs. Il semble bien, ainsi que l'observe BOTTÉE DE TOULMON, qu'au moyen âge, le motet à plusieurs voix se composait de paroles différentes, c'est-à-dire qu'il exigeait pour chaque partie musicale des paroles particulières. Les origines de l'*Oratorio* et les messes écrites sur des chansons profanes nous donneront, plus loin, l'occasion de dire un mot d'un curieux genre de motets du XIII° siècle où le texte liturgique, confié à un *déchanteur,* sert tout simplement d'accompagnement à une mélodie populaire qui se trouve ainsi tenir la partie principale ! D'après FÉTIS (*Résumé de l'histoire de la musique*), outre deux exemples de ce genre de motets en diaphonie presque non interrompue, qui se voient dans un antiphonaire daté de 1171, à la Bibliothèque nationale de Paris, un manuscrit du XIII° siècle qu'il a consulté contient plusieurs motets à trois voix composés de même façon. Il était donc d'usage courant, dès le moyen âge, d'écrire des pièces liturgiques à plusieurs voix sur des paroles différentes. Rappelons encore une pièce composée au XVI° siècle par le Flamand Nicolas GOMBERT (collection Maldeghem), où quatre antiennes à la Vierge cheminent très curieusement. Ne peut-on déjà entrevoir, à la diversité de ces brefs thèmes médiévaux qui suivent rigoureusement le texte latin et ne forment néanmoins qu'un seul morceau, l'idée des pièces instrumentales modernes qui, à part la symphonie, dont le plan répond assez bien aux divers morceaux de l'Ordinaire de la messe, peuvent être comparées aux motets primitifs ?

Si ces derniers sont comme une sorte d'embryon de la future musique de chambre, la plupart des motets de la Renaissance, par l'exposition du thème, l'entrée successive des voix, la contexture serrée de la trame polyphonique, le retour périodique du motif initial, font penser à la forme la plus parfaite de toute œuvre musicale d'un sentiment élevé, à la *fugue.* L'analyse des beaux motets de JOSQUIN, d'ORLANDE DE LASSUS, de PALESTRINA, de VICTORIA, dont quelques-uns d'une expression si profonde, et d'autres grands musiciens de cette époque particulièrement favorisée, ne peuvent, je crois, que confirmer cette opinion.

Mais nous voici déjà loin de la conception première du motet (dont quelques écrivains font un diminutif de *mot*) ne roulant que sur une période fort courte. Que sera-ce à partir du XVII° siècle où, prenant de plus en plus d'ampleur, tombant même

dans le style dramatique, les motets deviendront des oratorios, des psaumes, des cantates, tout ce que voudront les compositeurs qui auront, depuis trois siècles, collaboré à ce riche et inépuisable répertoire ? Il faut bien dire que quelque beaux ou intéressants que puissent être les motets modernes, ils appellent moins l'attention que ceux de la Renaissance, qui, par ailleurs, s'en tiennent mieux aux intentions de l'Eglise. Ne pourrait-on même avancer qu'un certain nombre de ces pièces religieuses ne sont pas loin de justifier les lignes suivantes qu'au XVIII° siècle Jean-Jacques ROUSSEAU écrivait précisément à propos du motet : « Il faut n'avoir, je ne dis pas aucune piété, mais je dis aucun goût, pour préférer dans les églises la musique au plain-chant ! » Lors même que ces paroles, peu encourageantes pour les compositeurs de musique religieuse, viseraient spécialement les motets de RAMEAU, le contempteur des prétentions musicales de ROUSSEAU, elles n'en sont pas moins à méditer[1] !

Français.

Eléazar GENET, dit CARPENTRAS, né à Carpentras vers 1475. Les *Lamentations* de ce maître furent longtemps célèbres ; elles étaient au répertoire de la Chapelle pontificale, et il fallut un ordre exprès du pape Sixte-Quint, en 1587, pour les remplacer par celles de PALESTRINA.

JOSQUIN DEPRÈS, né vers 1450, probablement à Saint-Quentin, et mort à Condé-sur-l'Escaut, le 27 août 1521. Ses motets, d'une forme harmonieuse, sont particulièrement à étudier[2].

Antoine DE FÉVIN, né à Orléans à la fin du XV° siècle. Nombreux motets et messes. Il fut le rival en gloire de JOSQUIN DEPRÈS.

Claudin DE SERMISY, né vers 1490, mort en 1562, Clément JANEQUIN, né au commencement du XVI° siècle, Claude LEJEUNE, né à Valenciennes vers 1530, Jacques MAUDUIT, né à Paris en 1557, donnent, en dehors de leurs œuvres profanes, des messes et des motets de haute valeur.

François-Eustache DU CAURROY, né à Gerberoy près de Beauvais, le 4 février 1549, mort à Paris le 7 août 1604.

Pierre CLEREAU, maître des enfants de chœur de la cathédrale de Tulle vers le milieu du XVI° siècle, Guillaume COSTELEY, né à Evreux en 1531, donnent de la musique religieuse en français, des chansons spirituelles et des Noëls[3].

Claude GOUDIMEL, né à Besançon vers 1505, a laissé des psaumes, des motets et des messes généralement écrits à cinq voix ; il travailla au psautier huguenot et fut tenu en suspicion par les catholiques. La Saint-Barthélemy vit sa fin tragique à Lyon (fin août 1572).

Flamands et Néerlandais.

Henri ISAAK, né vers 1450, compositeur fécond ; Ghiselin DANKERTS fut un des membres les plus estimés de la Chapelle pontificale de 1538 à 1565 ; Jacob ARCADELT, né vers 1514, écrivit plusieurs messes de 3 à 7 voix, des motets, etc. Avait suivi le duc de Guise à Paris en 1555. Obtint plus tard le titre de *Musicus Regius ;* il vivait encore en 1557.

---

1. Voir plus loin l'article *Motet.*
2. Il peut sembler anormal de faire de l'un des chefs de l'école flamande, le grand Josquin, un Français. Il l'est cependant au même titre que Jeanne d'Arc, la bonne Lorraine, et que beaucoup d'autres...
3. Sur les *Noëls,* voir l'annexe a la fin.

ORLANDE DE LASSUS, né à Mons vers 1530, a écrit des œuvres religieuses en grand nombre, entre autres des motets d'une forme parfaite.

Cyprian DE RORE, né à Anvers en 1516, a produit des œuvres fort belles pour les diverses parties de l'office, et une *Passion selon saint Jean*. Il fut un novateur hardi. Hubert WAELRANT, Philippe DE MONTE, BERCHEM, JACOB dit CLEMENS NON PAPA, Nicolas GOMBERT, Johannes TINCTORIS, Adrian WILLAERT et beaucoup d'autres se sont fait remarquer dans la composition des motets.

Espagnols et Portugais.

Le Portugal ne donna guère le jour qu'à deux maîtres intéressants : DAMIAN DE GOES (1501) et LOPEZ dit LOBO (vers 1555); Fernando D'ALMEIDA, né à Lisbonne vers 1618, célèbre dans son pays et dont on connaît une messe à 12 voix et des lamentations, ainsi que JEAN IV, roi de Portugal, appartiennent à une époque déjà plus avancée. Ces maîtres se distinguent, eux aussi, par le nombre et la variété de leurs motets.

Par contre, l'Ecole espagnole fait preuve d'une rare fécondité. IVO DE VENTO, DIEGO ORTIZ (dans la première moitié du XVIe siècle) et surtout Cristofano MORALES et Francisco GUERRERO son élève, tous deux nés à Séville, ont laissé de nombreuses compositions pour les diverses parties du culte. On peut citer aussi Bartholomeo ESCOBEDO qui écrivit un *Miserere*, un *Magnificat* et des motets, et, dans les temps modernes, don Francisco Saverio GARCIA, un des réformateurs de la musique religieuse en Espagne, et don Miguel Hilarion ESLAVA; mais ils furent tous distancés par Tomaso Ludovico DA VICTORIA, né à Avila vers 1545. Ce grand maître, l'émule et l'ami de PALESTRINA, était venu fort jeune en Italie. Outre ses messes, VICTORIA a laissé d'admirables répons et des motets, dont le célèbre *O vos omnes*, qui ont immortalisé son nom. Ses œuvres, d'une ligne moins pure, d'une pensée moins profonde, moins idéale, que celles de PALESTRINA, nous touchent davantage; elles nous paraissent, à nous modernes, plus expressives, plus humaines.

Allemands.

L'Ecole allemande, au temps de la Renaissance, ne promet point tout ce qu'elle a tenu dans les siècles suivants. Néanmoins, des musiciens comme Handl GALLUS et son célèbre *Ecce quomodo moritur justus*, les deux REINER (Jacob et Ambrosius), Hans Leo HASLER et ses messes de 4 à 8 voix, Ludwig SENFL, Sixtus DIETRICH, Nikolaus FORSTER et sa messe à 16 voix, tant d'autres encore, ne doivent point être oubliés dans l'énumération des maîtres qui ont bien servi l'Art et l'Eglise.

Italiens.

Au contraire de l'Ecole allemande, l'Ecole italienne de la Renaissance, formée par des maîtres étrangers, (flamands, français, espagnols), attirés en Italie par le prestige des centres intellectuels et artistiques, Rome et Venise, l'Ecole italienne du contrepoint vocal et des plus parfaits modèles d'art religieux qui existent, vit son plein épanouissement au XVIe siècle avec PALESTRINA.

Sous l'impulsion de l'Italien Marchetto DE PADOUE et du Français Jean DE MURIS, théoriciens avancés du XIVe siècle, du maître flamand Guillaume DUFAY qu'on voit, en 1428, chanteur de la Chapelle pontificale et qui mourut chanoine de Cambrai en 1474, des élèves d'OCKEGHEM, entre autres JOSQUIN DEPRÈS, qui vécut longtemps à Rome, de l'Espagnol MORALES, qui vers 1540 était chanteur de la Chapelle pontificale, et des Français FIRMIN LE BEL et ROBIN MALLAPERT, l'art s'acclimate en Italie et y produit déjà de grands résultats. Bornons-nous aux suivants :

Giovanni-Matteo ASOLA, né à Vérone, mort à Venise en 1609, se fait remarquer par un grand nombre d'œuvres religieuses de toutes sortes. Il fut l'un des premiers à adopter le *basso-continuo* pour l'accompagnement à l'orgue, ce qui, du reste, n'était pas un progrès sur les habitudes polyphoniques des époques précédentes. Giovanni AMMUCCIA, né à Florence vers 1500, mort à Rome en 1570, peut être considéré comme le maître précurseur de PALESTRINA. On lui attribue la création de l'*Oratorio*[1]. Costanzo FESTA, mort à Rome en 1545, fut un des maîtres italiens les plus renommés avant PALESTRINA, un des précurseurs du chef de l'Ecole romaine. Son *Te Deum* est encore au répertoire de la Chapelle pontificale.

Felice ANERIO, né en 1560 à Rome, où il mourut en 1614, est l'auteur d'un *Adoramus* et aussi d'un *Stabat* à trois chœurs qui furent longtemps attribués à PALESTRINA. Son œuvre : hymnes, cantiques, répons, motets, psaumes, etc., est considérable; il fut d'ailleurs le successeur de PALESTRINA comme compositeur de la Chapelle pontificale.

Giovanni-Francesco ANERIO, frère de Felice, né à Rome vers 1567, et mort en cette ville, est, lui aussi, un remarquable compositeur de messes, motets, litanies, etc. Sa réduction à 4 voix de la *Messe du Pape Marcel* de PALESTRINA est célèbre. Ludovico AGOSTINI (1534-1590); les deux GABRIELI (Andrea et Giovanni), ce dernier ayant laissé des motets de 6 à 19 voix et beaucoup d'autre musique d'église à deux et trois chœurs, tous deux nés et morts à Venise. Giovanni-Maria NANINO (1545-1607); Ludovico VIADANA (1564-1645); Ruggiero GIOVANELLI, de Velletri (vers 1560, après 1615); Claudio MERULO (1533-1604), tous ces maîtres et une foule d'autres, dont on ne saurait assez admirer les travaux, font cortège à celui dont le nom caractérise toute une époque, fixe définitivement un genre et auprès duquel, comme à une source éternellement pure, sont venus se retremper, depuis bientôt quatre cents ans, les musiciens épris de leur art... j'ai nommé Giovanni-Pierluigi PALESTRINA, né a Palestrina en 1526, mort à Rome le 2 février 1594. Successivement maître de chapelle de Saint-Pierre de Rome, de Saint-Jean de Latran, de Sainte-Marie-Majeure, et nommé compositeur de la Chapelle papale, il eut toute liberté pour écrire ces œuvres fortes et longuement méditées qui vivront tant qu'il y aura des hommes pour comprendre le langage des sons. Mais ce qu'il faut proclamer bien haut, parce que le fait paraît aujourd'hui contesté, c'est qu'en dehors de ses immortels chefs-d'œuvre : messes, motets, hymnes, répons, offertoires, lamentations, litanies, Magnificat, etc., PALESTRINA, à la suite de la composition de la *Messe du Pape Marcel*, et grâce à la situation prepondérante qu'il occupait à Rome, eut le bonheur de sauver le style polyphonique d'église que des abus de tout genre avaient compromis.

---

1. Voir plus loin l'article *Oratorio*.

Cette brillante période classique de la Renaissance se caractérise donc par des œuvres dont le dessin mélodique, d'essence ou de forme grégorienne, est rehaussé d'une harmonie de transition qui, sans être déjà l'harmonie moderne, n'est cependant plus l'ancienne, la primitive, celle qu'on peut désigner sous le nom d'*harmonie liturgique*.

En évolution constante depuis le xvii° siècle, la musique sacrée ne vivra plus désormais que de l'opulente polyphonie vocale et instrumentale de sa rivale, et sera tour à tour aimable et austère, sévère et gracieuse, romantique et tendre, dramatique, voire... impressionniste!

Aussi, à plusieurs reprises, l'autorité ecclésiastique a-t-elle dû élever d'énergiques protestations contre les tendances mondaines de la trop libre musique religieuse qui, par le revêtement harmonique dont elle pouvait parfois enrichir le chant de l'Église lui-même, en était arrivée à le dénaturer gravement.

Rappelons qu'à l'origine, la musique sacrée s'inspirait uniquement des thèmes liturgiques. En se multipliant, elle avait fini par adopter des airs en langue vulgaire, anciens chants d'église probablement, *timbres* ou mélodies types que la franchise du rythme, la simplicité de la ligne mélodique avaient facilement transformés en joyeux refrains populaires, dont elle faisait ses *leitmotifs* habituels. C'étaient *O Vénus la belle*, *L'Ami Baudichon*, *A l'ombre d'un buissonnet*, *Bayse moy ma mye*, etc., et surtout l'*Homme armé*, qui a fourni un fort contingent de messes, que les compositeurs d'autrefois choisissaient de préférence pour leurs œuvres cultuelles! L'art divin de ces maîtres devait nécessairement, selon eux, avoir la vertu de rendre leur pureté primitive à ces chants profanes que le peuple connaissait bien; ils étaient alors dignes de s'élever jusqu'à Dieu! Tel devait être du moins l'état d'âme des musiciens de cette époque simpliste, sincèrement et fermement croyante.

Apres avoir, déjà au xiii° siècle, été désavouées par les papes et par les conciles provinciaux, ces coutumes étranges furent solennellement condamnées par le concile de Trente (1545-1563), qui ne parlait de rien moins que de bannir la musique du sanctuaire. Nous avons vu que la puissante intervention de PALESTRINA contribua à l'orientation contraire des idées des chefs de l'Eglise. On se mit à écrire des compositions originales ou basées, cette fois, sur de pures mélodies liturgiques.

Depuis cette époque, et tout en ne décourageant pas les productions sérieuses, l'Eglise n'a jamais plus *toléré* pour les offices paroissiaux, en dehors de son chant propre, que les compositions se rapprochant le plus du genre de musique dont les œuvres de PALESTRINA sont la plus haute expression. Le *Motu proprio* (22 novembre 1903) du pape Pie X rappelle les conditions dont cette tolérance est l'objet.

Il ressort, en effet, de ce document pontifical que, pour répondre aux vues de l'Eglise, les compositeurs de musique sacrée doivent surtout s'inspirer de l'art classique palestrinien et que, de leur côté, ceux qui ont mission de diriger le chant religieux dans les églises doivent s'abstenir de comprendre dans le répertoire des maîtrises les œuvres qui ne sont point empreintes du style de la Renaissance italienne. Mais, qui ne sait qu'étant donné les habitudes musicales de certains milieux sociaux, il est malaisé d'appliquer partout strictement et rigoureusement ces règles préservatrices? Qu'en conséquence, la musique religieuse de notre époque, non plus que celle des époques précédentes, ne peut être aveuglément sacrifiée, et qu'il importe de chercher un terrain de conciliation ou, tout en observant les prescriptions de la liturgie, il serait possible de sauvegarder les intérêts supérieurs de l'art au service de la religion?

Si d'ailleurs, pour des raisons de haute gravité, des œuvres comme le *Magnificat* et la *Messe en si mineur* de J.-S. BACH, les *Motets* de RAMEAU, la *Messe en ré* de BEETHOVEN, le *Stabat* de PERGOLÈSE et celui de ROSSINI, les *Requiem* de BERLIOZ et de VERDI, etc., ne peuvent être agréés par l'autorité ecclésiastique et restent l'apanage des concerts spirituels, ne serait-il pas regrettable que cette prohibition atteignît le *Requiem* et l'*Ave verum* de MOZART, la *Messe solennelle* de NIEDERMEYER, celles de GOUNOD et de César FRANCK, celle à deux orgues de SAINT-SAENS, son *Requiem* et son *Ave verum*, les *Requiem* de SCHUMANN, de BRAHMS et de Gabriel FAURÉ, si caractéristiques de la manière de ces maîtres, la messe à deux chœurs et à deux orgues de Ch.-M. WIDOR, enfin les motets de nombreux compositeurs de notre époque tels que Théodore DUBOIS, Léon BOELLMANN, Ph. BELLENOT, Ch. PLANCHET, G. FAURÉ, D. DE SÉVERAC, A. BERTELIN, etc., qui, par la parfaite compréhension des exigences liturgiques et l'élévation de la pensée musicale, ne peuvent qu'inciter les fidèles au recueillement et à la prière?

Ne s'en tiendrait-on pas, du reste, en ceci, au prudent éclectisme du *Motu proprio* de Pie X qui dit textuellement (II, 5) : « L'Église a toujours reconnu et favorisé le progrès des arts, en admettant au service du culte tout ce que le talent a pu trouver de bon et de beau au cours des siècles, les règles liturgiques demeurant intactes. La musique moderne est donc acceptée à l'église, car elle offre, elle aussi, des compositions qui, par leur beauté, leur ampleur, leur gravité, ne sont aucunement indignes des fonctions liturgiques? » Et ailleurs (I, 2), en déclarant que la musique sacrée, non seulement doit être sainte et excellente dans la forme, mais *universelle*, le même document n'accorde-t-il pas « à chaque nation le droit d'admettre dans les compositions musicales ecclésiastiques ces formes particulières qui constituent, en quelque sorte, le caractère spécifique qui leur est propre, » en les subordonnant, bien entendu, aux caractères généraux de la musique sacrée, de façon à ce que personne, en les écoutant, n'en éprouve « une déplaisante impression »?

Dans cet ordre d'idées, les belles œuvres, certes, ne font point défaut et ne peuvent tromper la sagacité des musiciens.

Il est clair, par exemple, qu'en prenant pour base les œuvres de Guillaume DE MACHAUT (xiv° siècle), celles de BINCHOIS et de Guillaume DUFAY (première partie du xv° siècle), en passant par la grande école d'OCKEGHEM qu'on peut faire commencer à 1450, il est évident, dis-je, que, comparée aux époques antérieures, l'époque de JOSQUIN DEPRÈS (1480 à 1520) voit la transformation complète, non seulement de l'écriture musicale, mais de la pensée des maîtres. Qu'entre JOSQUIN (commencement du xvi° siècle) et PALESTRINA, qui marque l'apogée du style polyphonique (seconde partie du xvi° siècle), en passant par la remarquable école néerlandaise si favorable à l'Italie (1520 à 1560), l'art ait considérablement progressé, cela ne fait non plus doute pour personne. Qu'à partir de ce moment, qui coïncide avec l'introduction des instruments venant d'abord en petit nombre concerter avec les voix, — époque MONTEVERDI (1600 à 1640), époque CARISSIMI (1640 à 1680), époque SCARLATTI (1680 à 1720), — le beau style d'église ait fléchi pour tomber plus tard, avec l'augmentation croissante des instruments à l'orchestre, dans le genre dramatique, il n'y a point davantage à le contester : c'est l'époque de LÉO et DURANTE (1720 à 1760), ensuite celle de GLUCK (1760 à 1780), puis l'époque de HAYDN et de MOZART (7780 à 1800), et enfin tout le XIXᵉ siècle. Cependant, en France, dès la Restauration, l'art palestrinien essaye de prendre sa revanche. De tous côtés, surtout avec l'école de CHORON qui fut fermée en 1830, avec la Société de musique classique et religieuse fondée, vers 1840, par le prince de LA MOSKOWA et NIEDERMEYER, avec l'école de NIEDERMEYER ouverte en 1853, avec quelques groupes musicaux tels que ceux de Ch. VERVOITTE, de BOURGAULT-DUCOUDRAY, des chanteurs de Saint-Gervais dirigés par Charles BORDES, avec encore des maîtrises comme celles de Reims, de Langres, de Moulins, de Dijon, de Saint-François-Xavier et Saint-Eustache à Paris, etc., on voit refleurir dans les églises et dans les concerts les chefs-d'œuvre du XVᵉ et du XVIᵉ siècle, sans préjudice du grand nombre d'œuvres sacrées écloses pendant le dernier siècle et dont une bonne partie n'est nullement indigne du sanctuaire.

EUGÈNE GIGOUT.

ANNEXE

LES NOELS ET LES CANTIQUES

Le mot *noëls* s'entend ici des airs en langue vulgaire destinés à honorer la naissance du Sauveur. Ces cantiques spirituels se chantaient aussi bien en famille qu'à l'église; ils n'ont rien de particulièrement religieux. Les airs primitifs qui illustrent, à leur origine, les chansons se rapportant à la nativité du Christ, sont ceux, très simples, — « chansons de timbres » ou « airs connus », comme on dit maintenant, se répétant plus ou moins intégralement selon l'usage du temps, — qui accompagnent les Proses populaires, d'où paraissent provenir ces premiers noëls. La musique des noëls profanes ayant pour objet la commémoration d'événements politiques importants, ou qui concernent la célébration des fêtes patriotiques, ou dont le but est de magnifier de grands personnages, a dû être parfois utilisée pour les noëls religieux, à moins que ce ne soit le contraire qui ait eu lieu; car la musique populaire religieuse et la musique profane se confondent souvent en leurs formules mélodiques. On ne trouve pas de traces certaines de noëls avant le XIIIᵉ siècle, et c'est le musicien de génie ADAM DE LA HALLE, avec sa chanson *Dieu soit en cheste maison*, qui paraît inaugurer le noël artistique. Il faut arriver ensuite jusqu'au XVIᵉ siècle pour rencontrer des recueils de noëls populaires sans nouveautés musicales, d'ailleurs, les anciens « timbres » ayant conservé toute leur faveur auprès du public : ce sont les *Noels* de Lucas LE MOIGNE, les *Noelz nouveaux* de Jean DANIEL dit MAITRE MITOU, recueils parus tous deux en 1520, et les *Noëlz et Chansons* de Nicolas MARTIN, qui datent de 1555. A cette époque, Guillaume COSTELEY, orga-

niste de Charles IX et de Henri III, et DU CAURROY composent de nouvelles mélodies pour les noëls ou harmonisent les plus connues. Le fameux noël de LE MOIGNE : *Chantons, je vous en prie*, est escorté d'une mélodie populaire d'un siècle plus âgée que lui. Puis viennent, au XVIIᵉ siècle, avec la *Bible des Noëls*, collection inépuisable de morceaux poétiques connus que l'on chantait sur de vieux airs, les noëls austères et un peu ternes de D'AUXCOUSTEAUX, maître de chapelle de la Sainte-Chapelle, ceux ensoleillés de Nicolas SABOLY, et enfin tous ceux qui, jusqu'à la Révolution, ont vu le jour, soit sous une forme originale et dans tous les idiomes de la chrétienté, soit arrangés pour orgue par des organistes célèbres comme DAQUIN et Pierre DANDRIEU, ou pour divers instruments, belle floraison qui a marqué la fin de ce *noël*, certes toujours respectueux et déférent, mais simple, familier, gai, naïf, espiègle, de cette simplicité, de cette espièglerie dont, à propos des écrits de Grosley sur l'*Esprit de malice au bon vieux temps*, Sainte-Beuve dit, dans le *Tableau historique et critique de la poésie française au seizième siècle* : « On se tromperait fort si on le croyait toujours aussi malin qu'à la rigueur il pourrait être. L'esprit du bon vieux temps, avant qu'on l'eût éveillé et gâté, avant qu'on lui eût appris tout ce qu'il recélait et qu'on lui eût donné, suivant le langage des philosophes, *conscience* et clef de lui-même, cet esprit allait son train sans tant de façons, se conduisant comme un brave manant chez lui : il doute, il gausse, il croit, tout cela se mêle. Mais c'est parce que la foi, ce qu'on appelle la *foi du charbonnier*, s'y trouve avant et après tout, c'est pour cela que le reste a si bien ses franches coudées. Le XVIIᵉ siècle, ne l'oublions pas, et déjà la Réforme en son temps, sont venus tout changer; ils sont venus donner un sens grave et presque rétroactif à bien des choses qui se passaient en famille à l'amiable; pures espiègleries et gaietés que se permettaient les aînés de la maison entre soi... On a remarqué dès longtemps cette gaieté particulière aux pays catholiques, etc. » Ces lignes sont la meilleure critique des noëls du XIXᵉ siècle. Au charme naïf, à la grâce naturelle, à cette senteur de terroir qu'on se plaît à reconnaître aux anciens noëls, ont succédé une fausse sentimentalité, de la mièvrerie, ou encore un ton déclamatoire, emphatique, qui cache mal la trivialité de la plupart des noëls de notre époque. Le pastiche, en ce genre, a mieux réussi à quiconque a voulu faire simple. Il suit de tout ce qui précède que les noëls les plus goûtés sont, parmi les anciens : *Il est né le divin enfant; Où s'en vont ces gais bergers;* et, plus près de nous : *Venez, divin Messie; Nous voici dans la ville; Les anges dans nos campagnes*, etc., pour ne parler que de ceux qu'on entend encore dans toutes les églises à la *messe de minuit*. M. Frédéric HELLOUIN, traitant du *Noël musical français*, dans les numéros de décembre 1905 du *Guide musical*, conclut très justement : « Il ne faudrait pas s'imaginer que la musique d'autrefois et celle d'aujourd'hui doivent rester ennemies, ou au moins étrangères, alors qu'en réalité elles sont des parentes. Oui ! nos vieux noëls français proclament leur bonheur de palpiter dans la beauté. Nos vieux noëls français méritent d'autant plus d'être admirés que les années ont ajouté à leur prix un charme suggestif. Nos vieux noëls français, enfin, affirment la permanence de leur utilité. Nous n'avons donc qu'intérêt à prendre contact avec ce passé calmant, enchanteur et aimable. »

On ne peut parler des noëls sans retenir un instant l'attention sur les *Cantiques* qui se chantent ordinairement, hors des offices liturgiques, dans les assemblées religieuses : réunions de catéchisme, cérémonies de première communion et de confirmation, confréries, exercices du mois de Marie, etc. Il faut remonter aux époques bibliques et jusqu'à Moïse pour découvrir l'origine des cantiques. Deux livres du Pentateuque, l'*Exode* et le *Deutéronome*, en renferment plusieurs et, d'après la version des Septante, Salomon, outre le *Cantique des cantiques*, aurait composé un grand nombre de ces poèmes sacrés. Quant aux *Psaumes* de David, ils n'ont cessé de se chanter dans les synagogues des Juifs et dans les églises chrétiennes. En rappelant pour mémoire les hymnes religieux et les cantiques sacrés dont la lyre d'Orphée avait doté des nations païennes, on ne peut pas ne point signaler les trois beaux cantiques *évangéliques* de Zacharie, *Benedictus Dominus Deus Israel...;* de la sainte Vierge, *Magnificat...;* et de Siméon, *Nunc dimittis...* et constater que les cantiques sacrés de la Bible furent admis, dès l'origine du christianisme, dans la liturgie de l'Eglise. Vers le xie siècle, quand la langue latine eut cessé d'être comprise de tous, le cantique en idiome vulgaire fut favorablement accueilli dans les églises, comme le furent plus tard les proses populaires, les épîtres farcies et les noëls en langage courant : le peuple put ainsi s'associer aux prières et aux chants du culte public. Dans la suite des temps, les cantiques se multiplient et, jusqu'à nos jours, ce moyen d'édification religieuse à la portée des intelligences les plus simples sera de plus en plus apprécié. Point de hameau qui n'eût un bienfaiteur au ciel et dont les vertus n'aient fait vibrer la lyre facile de quelque poète musicien local ! On peut juger par là de la quantité considérable de ces chants rustiques, et penser aussi que le résultat artistique n'a point toujours répondu aux louables intentions des auteurs ; car, pour un Racine et un Fénelon, un Jean-Baptiste Rousseau et un Bridaine, doublés de collaborateurs maîtres-musiciens, que de rimailleurs et d'indigents mélodistes se dévoilent à la lecture de plus d'un recueil de ces cantiques spirituels ! La musique des cantiques modernes actuellement en usage dans nos églises est médiocre ; aux dépens de la plus élémentaire prosodie, les romances vieillottes et les airs de bravoure démodés se disputent les dépouilles de la belle et touchante poésie des siècles passés... Toutefois, il ne faut pas méconnaître les efforts que tentèrent au xixe siècle, en dehors d'un groupe d'ecclésiastiques éminents, quelques vrais amis de la religion, littérateurs, musiciens et amateurs distingués ; certes, des cantiques de bon style naquirent de ces bonnes volontés associées ; mais on peut trouver qu'en général ces œuvres manquent de la simplicité et du naturel que réclame ce genre particulier de pièces religieuses.

N'en est-il pas du reste des cantiques comme des noëls, et ne vaudrait-il pas mieux, si l'on veut faire œuvre durable, chercher dans la musique profane ancienne, dans nos vieux airs populaires apparentés au chant liturgique, le secret de ces modestes compositions appelées à jouer un rôle si important en dehors des offices paroissiaux ?

E. G.

LA FORME MUSICALE DE LA MESSE

Par EUGÈNE BORREL

PROFESSEUR A LA SCOLA CANTORUM

De l'époque grégorienne à la fin du moyen âge, les chants dits de l' « Ordinaire » de la Messe — *Kyrie, Gloria, Credo, Sanctus,* et *Agnus* — se forment peu à peu et s'incorporent à la solennité de la messe chantée; ces morceaux, dont le texte littéraire est invariable[1], présentent, dans les diverses interprétations musicales qui sont venues jusqu'à nous, les caractéristiques suivantes : une *intonation* de quelques notes, confiée à des chantres ou au célébrant, l'*alternance* des deux demi-chœurs formés par l'assemblée des fidèles ou le groupe des chanteurs divisés en deux chœurs, et le *tutti* final, réunion des deux demi-chœurs pour la dernière incise musicale.

Par ailleurs, aucune règle ne préside au développement mélodique. Tantôt, par exemple, les invocations du *Kyrie* et de l'*Agnus* reçoivent trois par trois la même cantilène, tantôt chacune d'elles a une phrase indépendante. Dans les pièces plus développées, on adapte la même musique à diverses clausules du texte littéraire (*Gloria* III de l'Edition Vaticane), ou bien l'unité de la composition est assurée pour des rappels de thèmes (*Gloria* IV); d'autres fois, le travail mélodique semble absolument arbitraire; la plus grande liberté est laissée au musicien, qui modèle le chant à son gré.

Quand Pénotin (XIIe-XIIIe siècles) eut créé la musique polyphonique, on commença à écrire des pièces de circonstance, un *Gloria,* un *Kyrie,* etc., à trois voix, dans le style — qui nous paraît souvent heurté — du temps. Il faut arriver jusqu'au XIVe siècle pour trouver une Messe complète à quatre voix. C'est la *Messe du Sacre* de Guillaume de MACHAUT dont M. GASTOUÉ a signalé, dans les *Primitifs de la musique française,* l'importance artistique et historique : « Le premier morceau du *Kyrie* est écrit sur la teneure du *Cunctipotens* (nº IV de l'Edition Vaticane) placée, par une innovation remarquable, non plus à la basse, mais « en taille », comme on disait autrefois, et s'englobe en des harmonies puissantes, qui se maintiennent en une lente et suppliante vocalise de vingt-six mesures.

« Le *Christe* est traité par les mêmes procédés, mais avec une recherche extraordinaire d'émotion rythmique dans la partie du dessus; on y relève avec curiosité le dessin et le rythme *la, si♭, la, sol, fa, mi,* analogues au trio de la *Marche funèbre* de CHOPIN et qui reviennent, en véritable motif conducteur, lorsque les paroles du texte sacré font mention du Christ (p. ex. au passage : *Et homo*).

« Cette recherche, on la retrouve en partie dans les deux derniers *Kyrie,* dont le second, développement du premier, unit en lui les caractères des invocations précédentes...

« Le *Gloria* et le *Credo* sont traités dans une sorte de style récitatif, à quatre voix toujours...

« C'est dans un style analogue à celui du *Kyrie* que le *Sanctus* est construit, en *fa;* le thème de plainchant, qui est la raison de l'édifice harmonique, est celui de la messe XVII de l'Edition Vaticane. Il faudrait citer en entier l'*Agnus Dei;* c'est là que se trouvent les plus grandes finesses renfermées dans la messe de MACHAUT, surtout dans la seconde invocation, vraiment émue et belle, aux modulations chromatiques curieuses... Enfin un *Deo gratias,* brillant et mouvementé, conclut l'œuvre[2]. »

L'école franco-flamande adopte le parti de Guillaume DE MACHAUT : il est de règle que les cinq parties de l'ordinaire soient composées sur un seul et même thème, soit grégorien, soit populaire, soit emprunté à un motet existant; cet usage a subsisté jusqu'à nos jours et est toujours en vigueur. Si on analyse des compositions comme les messes du *Liber quindecim Missarum*[3] (1516), on verra que peu à peu les maîtres ont acquiescé tacitement à un ensemble de conventions qui régissent l'architecture de la messe. D'abord, on trouve toujours groupés les trois premiers *Kyrie,* les trois *Christe,* les trois derniers *Kyrie,* et l'ensemble forme un triptyque généralement bâti sur trois fragments du même thème Le texte du *Gloria* est invariablement découpé aux mots *Qui tollis,* et *Quoniam tu solus* auquel le *Cum sancto Spiritu* forme souvent une petite coda; des changements de mesure et de rythme mettent en évidence l'intention du compositeur, guidé en cela par une tradition qui remonte peut-être au moyen âge.

Le *Credo* présente un semblable ensemble d'alternances aux mots *Crucifixus* et *Et vitam æternam;* on note une autre coupure du texte, variable, qui commence soit à *Et in Spiritum,* ou *Et unam,* ou *Confiteor.* Quant au *Sanctus,* il est toujours divisé à *Pleni sunt, Hosanna, Benedictus.* Pour rendre le changement plus sensible, *Pleni sunt* et *Benedictus* sont généralement chantés à deux ou trois voix seulement. Divers systèmes règlent la mise en musique des trois invocations de l'*Agnus Dei* : tantôt les deux premières sont pareilles; tantôt les trois invocations sont différentes, —dans ce cas la seconde est ordinairement à deux voix; en général, la der-

---

1. Sous réserve, bien entendu, des pièces tropées, que l'on trouve encore à la Renaissance, et qui n'apportent aucune modification a l'architecture de la messe.

2. A. GASTOUÉ, *loco cit.,* pp. 64, 67.
3. En partie publié par H. EXPERT.

nière a une voix de plus que l'ensemble de la messe, et est écrite à cinq voix pour une messe à quatre parties vocales.

PALESTRINA hérita de la solide technique des maîtres du Nord et s'appropria leurs procédés. Ses messes se divisent en deux catégories : celles qui sont écrites pour le service liturgique courant, et celles qui sont destinées aux offices de la Chapelle Sixtine ou à des fêtes solennelles, et qui se reconnaissent immédiatement à leurs vastes dimensions; elles correspondent en effet à un développement extraordinaire des cérémonies du chœur, tel qu'on peut l'observer au sacre des évêques, dans les fonctions papales, etc. Dans les unes et les autres, on remarque un travail thématique très serré — et déjà beethovénien — fait sur le motif principal de la messe qui joue le rôle de leit-motiv à la fois architectural et expressif; pour prendre un exemple, dans la messe *Sine nomine*, bâtie sur la chanson française : *Je suis déshéritée*, ce travail tient plus des quatre cinquièmes de l'œuvre, et présente fréquemment des superpositions de deux et trois fragments du thème. Ce travail, très facile à analyser d'ailleurs, varie d'une messe à l'autre et n'obéit à aucune règle fixe. Comme dans l'école française, les trois invocations du *Kyrie* sont différentes; le *Gloria* est découpé aux mots *Qui tollis* et *Quoniam tu solus*. Le *Credo* est régulièrement divisé à *Et incarnatus*, à *Et in Spiritum* et à *Qui cum Patre*. Le *Sanctus*, *Pleni sunt* et *Hosanna* forment un ensemble; mais le *Benedictus* compte une voix de moins, tandis que la dernière invocation de l'*Agnus Dei* est toujours écrite avec une voix de plus que le reste de la messe.

Les émules et imitateurs de PALESTRINA, quelle que soit leur école, modifièrent très peu la tradition. On remarquera fréquemment dans le *Gloria* un changement de mesure à *Gratias agimus*, et le verset *Cum Sancto Spiritu* forme régulièrement une coda agogique. Dans le *Credo*, une reprise de mouvement se fait toujours à *Et resurrexit*. Le *Benedictus* tend à conserver le même nombre de voix que le *Sanctus*; quant à l'*Agnus*, il offre assez de diversité : les invocations sont tantôt pareilles, tantôt différentes; elles admettent ou non une partie vocale de plus que la messe, selon la fantaisie du compositeur.

Les *Introïts*, *Graduels*, *Offertoires* et autres parties du « Propre » de la messe, quand ils sont revêtus de la polyphonie chorale, obéissent aux lois de construction du motet.

Les messes des morts offrent quelques particularités : presque toujours, les « intonations » sont empruntées au chant grégorien; le propre de la messe, en partie mis en polyphonie, alterne, ainsi que l'ordinaire, avec le chant grégorien; fréquemment, les trois invocations de l'*Agnus* sont différentes. La messe, au lieu d'être bâtie sur un seul motif, utilise à tour de rôle tous les thèmes grégoriens de la messe de *Requiem*.

La tradition du style vocal de la Renaissance s'est perpétuée jusqu'à nos jours, où le *Motu proprio* de Pie X l'a remise en honneur. Des œuvres comme la messe *Ad majorem Dei gloriam* de CAMPRA (1700), la *Missa quadragesimalis* et autres de FUX, qui offrent toutes les combinaisons possibles de l'écriture en canon, la *Messe de Jeanne d'Arc* de GOUNOD, sont de bons exemples de la survivance des anciennes recettes.

Mais, au cours du XVIIᵉ siècle, une évolution se produit dans le style de la messe : l'emploi des instruments — primitivement soutiens discrets des voix mal assurées ou insuffisantes — se généralise et a pour terme normal l'usage de l'orchestre, masse sonore distincte du chœur, tantôt accompagnant ce dernier, tantôt contrastant avec lui. D'autre part, les mêmes causes qui ont transformé le madrigal en solo accompagné, agissent ici pour introduire l'habitude de confier certains fragments, — variables selon les écoles et les époques, — d'abord à un trio ou quatuor de solistes, puis à un seul soliste. Enfin, le développement harmonique amène progressivement un emploi systématique de la modulation, utilisée de plus en plus comme moyen expressif destiné à rehausser le coloris des œuvres; jusqu'ici, en effet, la polyphonie s'était bornée à dégager, approximativement, l'harmonie élémentaire latente dans le chant grégorien ou la mélopée profane.

Dès lors, la forme de la messe ne variera guère, à part les différences du style qui caractérisent chaque époque, — les compositeurs se servant toujours du langage musical en usage de leur temps, — la messe n'est qu'une sorte d'oratorio pour l'église, avec soli, chœur, orchestre et orgue. Les amateurs de statistique pourraient vérifier que le texte liturgique est généralement coupé par tout le monde aux mêmes endroits, que certains passages sont confiés presque immanquablement aux solistes, d'autres au chœur, que certaines parties sont toujours lentes, — telles que le *Qui tollis* du *Gloria*, ou l'*Et incarnatus est* du *Credo*, — d'autres ordinairement vives, — telles que le *Quoniam* du *Gloria* ou l'*Et resurrexit* du *Credo*; mais de telles constatations sont d'un mince intérêt, et seuls, ceux qui s'appliquent à des minuties susceptibles de remplir inutilement des volumes y arrêteront leur esprit.

La messe de BENEVOLI, écrite pour la consécration de la cathédrale de Salzbourg (1628), en dépit de ses proportions considérables et des masses imposantes nécessaires pour son exécution (deux chœurs à huit voix, trois orchestres, deux groupes de trompettes et timbales, deux orgues), ne change rien aux dispositions habituelles. La première invocation du *Kyrie* est imposée par les chœurs; les solistes, au nombre de huit, exposent le *Christe*, et la réunion de toutes les forces instrumentales clame le *Kyrie* final, en de grands accords très peu modulants, pour ne pas produire de confusion harmonique entre les orchestres et les orgues placés en des points différents de la cathédrale.

Dans le *Gloria*, le tutti s'arrête au *Gratias agimus tibi* : les solistes disent le texte jusqu'au *Qui tollis*, repris par le chœur; le *Quoniam* est exposé successivement par les seize solistes jusqu'au *Cum Sancto Spiritu*, où rentre le chœur; l'*Amen* forme une petite coda.

Dans le *Credo*, après le tutti du début, les solistes récitent le texte à partir de : *Et ex Patre*; le chœur s'introduit dans la trame au *Qui propter nos*; l'*Incarnatus est* est confié aux solistes. Le chœur reprend à *Et unam*; le *Confiteor* est confié aux solistes et le chœur conclut l'*Amen*.

Le *Sanctus* commence par le tutti; les solistes alternent avec le chœur pour l'*Hosanna* et le *Benedictus*. Dans l'*Agnus Dei*, après le tutti, le *Da nobis pacem*, exposé par les solistes, est repris et terminé par le chœur.

Toute la messe se maintient en *ut* majeur, avec fort peu de modulations : par endroits, on observera des basses obstinées qui s'apparentent au système de la passacaille, et le style fugué est fréquemment employé : toutefois, il n'est fait aucun usage systématique de ces moyens de développement.

A la fin du même siècle, on retrouve la même indifférence pour les effets modulants dans des messes comme celles de Schmelzer, de Kerll, de Biber, de Draghi. Mais, à peu près à la même époque, telle messe de Caldara module déjà beaucoup et annonce les splendeurs que va dévoiler le génie de J.-S. Bach. De ce dernier, la *Messe en si mineur* est, sans conteste le chef-d'œuvre du genre au XVIII° siècle : le *Kyrie* et le *Gloria* furent remis au Prince Electeur Frédéric-Auguste de Saxe et de Pologne le 27 juillet 1733, précédés d'une dédicace où Bach sollicitait le titre de compositeur de la cour ; les parties autographes existent encore à la bibliothèque de Dresde ; leur état prouve que jamais ces œuvres ne furent exécutées à la chapelle royale. Les autres pièces furent composées peu à peu, — le *Sanctus* étant dédié au comte Sporck, protecteur des arts, — et Spitta admet que la messe fut terminée en 1738. Elle n'a jamais été exécutée en entier du vivant de Bach, mais des fragments en furent certainement joués à Saint-Thomas et à Saint-Nicolas de Leipzig. Elle n'était d'ailleurs pas destinée à être donnée en une seule audition : on avait l'habitude de chanter un *Kyrie* « en musique », comme on dirait aujourd'hui, le premier dimanche de l'Avent ; à Noël, c'était le *Gloria* ; à la Trinité, le *Credo* ; quant au *Sanctus*, il servait à Noel, à Pâques ou à la Pentecôte ; l'*Agnus Dei* accompagnait la distribution de la communion aux grandes fêtes ; Bach s'est donc conformé à l'usage établi et n'a probablement pas eu l'intention d'écrire une messe formant un tout organique. Le *Kyrie* et le *Gloria* furent imprimés pour la première fois par Nägeli de Zurich en 1836 ; les autres parties parurent en 1845 chez Simrock. En 1828, Spontini avait fait chanter le *Credo* à Berlin.

Dans la composition de cette messe, Bach a fait usage de maintes pièces empruntées aux cantates ; les adaptations, étant donné l'identité des textes ou la ressemblance des sentiments, sont des plus légitimes. Ainsi, le chœur *Gratias agimus* vient de la cantate *Wir danken dir ;* le *Qui tollis* est pris dans la cantate *Schauet doch ;* le *Crucifixus* est tiré de la cantate *Weinen, Klagen.* Le *Patrem omnipotentem* provient de la cantate *Gott, wie dein Name.* L'*Agnus Dei* est un remaniement de l'air d'alto de la cantate *Lobet Gott in seinen Reichen.* La messe est écrite dans le style des cantates, avec une prépondérance marquée de l'emploi des chœurs, voix collective plus apte que toute autre à exprimer les sentiments qui animent l'assemblée des fidèles : quinze chœurs, six airs, trois duos, avec des ritournelles et intermèdes d'orchestre, tel est le matériel morphologique dont s'est servi Bach pour l'élaboration de ce chef-d'œuvre.

Le *Kyrie* comprend une fugue en *si* mineur ; un duo en *ré* majeur, une fugue en *si* mineur. Le *Gloria* commence par un chœur en *ré* majeur ; le *Laudamus te,* air en *la* majeur, sert de liaison avec le chœur *Gratias agimus* en *ré* majeur. Le *Domine Deus* et le *Domine Fili* sont dits en duo, qui, parti de *sol* majeur, infléchit vers *si* mineur, tonalité du chœur *Qui tollis,* et de l'air *Qui sedes.* Le *Quoniam,* air en *ré* majeur, enchaîne avec le chœur final : *Cum Sancto Spiritu.* Le *Credo* débute par l'intonation du chant grégorien qui sert de thème à un chœur fugué, auquel succède un autre chœur en style libre, le tout en *ré* majeur. *Et in unum Dominum* est un duo, en

sol majeur, qui suit l'*Et incarnatus,* chœur en *si* mineur. La dépression tonale se creuse encore plus au *Crucifixus,* chœur en *mi* mineur, passacaille obstinée qui, au dernier *Sepultus est,* infléchit brusquement en *sol* majeur : c'est, entrevue par la foi, l'aube de la résurrection. Alors dans la stridence des trompettes, en *ré* majeur, éclate le chœur *Et resurrexit.* Les paroles *Et in Spiritum* forment un air en *la* majeur. Le chœur reprend, en *fa* mineur, à *Confiteor unum baptisma* qui ramène le ton de *ré* majeur à *Expecto resurrectionem.* Les chœurs du *Sanctus* et de l'*Hosanna,* en *ré* majeur, ont pour intermède l'air du *Benedictus* en *si* mineur. L'*Agnus Dei,* air en *sol* mineur, est suivi, selon un ancien usage, d'un *Dona nobis* choral, assez développé, en *ré* majeur, qui termine l'œuvre.

On voit que le plan tonal est très simple ; une analyse détaillée facile à faire montrera le soin avec lequel le coloris modulant met en valeur le sens expressif du texte. Abstraction faite du contenu musical, la *Messe en si mineur* demeure longtemps le type des compositions de ce genre au XVIII° siècle. Peu à peu, l'écriture fuguée est élaguée si ce n'est dans des *Amen* scolastiques disproportionnés ; les diverses espèces d'airs empruntés à l'opéra s'introduisent, les duos, trios et ensembles divers prennent une place de plus en plus grande ; comme dans l'oratorio, le style de théâtre s'insinue de plus en plus à l'église, mais l'architecture générale demeure pareille, et dans le domaine morphologique aucune découverte nouvelle ne peut être attribuée au genre que nous étudions ; à peine quelques rappels de thèmes dans des messes de Draghi, de Fux, de Caldara et d'autres laissent pressentir un procédé dont le XIX° siècle fera un usage systématique.

Les compositions de Haydn offrent un excellent spécimen de l'écriture de la messe au point où nous sommes arrivés. A part les *Kyrie,* elles découpent toutes le texte aux mêmes endroits, et elles donnent l'impression de réaliser une recette d'un emploi commode pour un auteur pressé. Tout d'abord, le texte littéraire n'est plus l'élément fondamental de l'œuvre ; il ne devient qu'une matière à amples développements musicaux, d'où un déséquilibre général des formes, qui n'obéissent plus qu'à la fantaisie du compositeur. Un exemple typique en est offert dès le début de la Messe II en *ut,* où l'invocation *Christe eleison* n'apparaît, tout à fait épisodiquement, que *deux* fois ! Le chœur, au lieu de contraster avec les soli, se mêle fréquemment avec eux en vue de renforcer l'effet dramatique. D'après la routine en vigueur, l'auteur se réserve de montrer sa science contrapunctique dans certains morceaux : *Cum Sancto Spiritu, Et vitam æternam* ou les *Amen,* où il se livre sans frein à des développements fugués exagérés. Beaucoup de parties, notamment les *Kyrie* et les *Sanctus,* sont édifiés d'après le schéma, d'emploi si commode, du grand air d'opéra : lent, vif.

La construction tonale est extrêmement simple et ne s'écarte guère du ton principal et de ceux de la dominante, de la sous-dominante et du relatif mineur ou majeur. A titre d'exemple, voici quelques analyses sommaires. Le *Gloria* de la Messe III (en *ré* mineur) commence par un tutti en *ré* majeur. Le *Gratias agimus,* en *la* majeur, est confié aux solistes : le tutti reprend en *ré* au *Domine Fili,* tandis que le *Domine Deus* est de nouveau attribué aux solistes, qui continuent le *Qui tollis,* en *si* ♭ majeur. Le tutti reprend au *Quoniam* en *ré* majeur et conclut par la fugue habituelle du *Cum Sancto Spiritu.* Le *Credo* de la Messe IV (en *si♭* majeur) fait alterner les tutti et les soli dans les tonalités de *si♭* majeur, *sol* majeur, *si♭* majeur, *fa* majeur et *si♭* majeur. La plupart des *Agnus Dei*, généralement exposés par les solistes, commencent dans une tonalité assez éloignée du ton principal de la messe, que le tutti ramène au *Dona nobis pacem*; v. g. *si♭* mineur et *si♭* majeur (Messe I); *sol* majeur et *si♭* majeur (Messes IV et VI); *la* mineur et *ut* majeur (Messe V).

Mozart adopte dans ses nombreuses messes brèves, extrêmement courtes, une espèce d'arioso, entrecoupé de chœurs, et effleurant aux principaux endroits du texte les tons les plus voisins. Mais, dans ses messes développées, s'il use de rappels de thèmes et de formes particulières, — le *Kyrie* d'une messe en *ut* mineur présente un « Da Capo » complet à la Scarlatti, — il ne change rien aux recettes usitées; le caractère purement formulaire qu'offrait à ses yeux l'architecture de la messe ressort suffisamment de la teneur immuable de ses plans, considérés comme de simples passe-partout. Si on prend, par exemple, trois *Credo* (Messe en *ut* majeur, Messe en *ut* mineur, Messe en *sol* majeur), on constate que le début, partant de la tonique majeure, aboutit uniformément à la sous-dominante, à l'*Et incarnatus est*, confié aux solistes. Le tutti reprend sur la tonique à l'*Et resurrexit*; les solistes reviennent à la sous-dominante à *Et in Spiritum*, le tutti ramène la tonique à *Et unam sanctam*... Comme Haydn, il abuse de certaines traditions : le *Cum Sancto Spiritu* d'une messe en *ut* mineur occupe à lui seul vingt-deux pages!

Par ailleurs, on trouvera chez lui une grande richesse de modulation : le *Gloria* de la Messe inachevée en *ut* mineur module d'*ut* majeur à *fa* majeur, *ré* mineur, *sol* mineur et *mi* mineur, alternances qui créent des contrastes saisissants entre les mélodies des solistes et l'intervention du chœur.

Beethoven utilisa d'abord les procédés légués par ses prédécesseurs. Mais, dans la *Messe solennelle en ré*, op. 123, composé de 1818 à 1823, il adopta un plan d'une ampleur et d'une richesse inusitées. Il destinait cette œuvre à accompagner les longues cérémonies d'intronisation de son ami l'archiduc Rodolphe d'Autriche, cardinal et archevêque élu d'Olmutz; aussi, se trouvait-il à l'aise pour édifier un monument de proportions gigantesques; il fait un emploi fréquent de vastes portiques instrumentaux, — des « symphonies » eût-on dit au xviiᵉ siècle, — il n'hésite pas à donner à ses développements toute l'amplitude nécessaire. Cependant, les thèmes sont courts, assez analogues à des leit-motifs, et on ne découvre pas de longues phrases au cours de l'œuvre; ce qui semble contradictoire à la nature de ses dimensions; pourtant, tous les morceaux donnent l'impression du plus parfait équilibre.

Le *Kyrie*, le *Christe* et le *Kyrie* sont respectivement en *ré* majeur, *si* mineur et *ré* majeur. Le *Gloria* se divise en plusieurs parties : *a*) une fanfare triomphale, conclue par l'incise qui accompagne les mots *Et in terra pax*, et reprise sur *Laudamus te, benedicimus te, glorificamus te*; la tonalité se dirige vers la dominante de *si♭* majeur; *b*) les solistes entonnent *Gratias agimus tibi*, en *si♭*; une nouvelle dépression tonale amène le *Domine Deus rex cœlestis* en *mi♭* majeur, au cours duquel on retrouve le thème initial qui, sur les paroles *Domine Deus Agnus Dei*, impose la dominante de *fa*; *c*) *Qui tollis peccata mundi, miserere nobis* module de *fa* majeur à *ré* mi-

neur; *Qui tollis... suscipe deprecationem nostram* va de *ré* majeur à *si♭* majeur; *Qui sedes* ramène la tonalité principale *ré* majeur; *d*) elle subsistera jusqu'à la fin : le *Quoniam* ramène l'éclat du début du morceau; une fugue expose les mots *In gloria Dei Patris*; *e*) la conclusion se fait par la reprise en strette du thème initial du *Gloria*.

Le *Credo* comprend lui aussi cinq divisions principales : *a*) l'affirmation du Père, en *si♭* majeur, tonalité générale ponctuée de diverses cadences : en *ré* — *et invisibilium*; en *sol* — *ante omnia sæcula*, en *ré♭* — *omnia facta sunt*; *b*) une mélopée apparentée aux Iᵉʳ et Vᵉ modes grégoriens sur *Et incarnatus est*; le ton de *ré* majeur revient sur le mot *homo*, puis une profonde dépression tonale accompagne la crucifixion et la mise au tombeau : on arrive ainsi en *fa* mineur; *c*) *Et resurrexit* éclate triomphalement dans le ton de *fa* majeur; les phrases *judicare vivos et mortuos*, et *cujus regni* ramènent la brillante tonalité de *ré* majeur; *d*) l'affirmation du Saint-Esprit, analogue à celle du Père, mais à sa dominante, *fa* majeur; *e*) fugue terminale en *si♭* majeur : *Et vitam venturi sæculi. Amen*.

Le *Sanctus* comprend une importante partie symphonique, destinée vraisemblablement à remplacer l'orgue. Il est en *ré* majeur; le *Pleni sunt* est entonné par les solistes, en style canonique, également en *ré*; l'*Hosanna*, toujours en *re*, est une fugue confiée aussi aux solistes. Puis la tonalité descend à la sous-dominante, et un prélude doux — *dulciori ac graviori sono* — introduit le *Benedictus*, entonné par les basses du chœur, repris par les solistes; le développement module en *ut* et l'*Hosanna* termine en *sol*.

L'*Agnus Dei* ne s'explique pas par une analyse purement musicale : Beethoven a cherché à exprimer les sentiments suggérés par le texte littéraire; on trouve ici, à la fois, un poème symphonique (comme dans le *Sanctus*) et une conception dramatique. Les interprètes du maître de Bonn ont donné des explications diverses de cette partie de la *Messe en ré*; il semble que l'exégèse de V. d'Indy est celle qui cadre le mieux avec ce que l'on sait des idées et des convictions de Beethoven, ainsi que des travaux préparatoires et des esquisses de l'op. 123. Les trois invocations de l'*Agnus Dei* sont exposées en *si* mineur, en *mi* mineur et en *si* mineur. Les mots *Dona nobis pacem* amènent un thème très caractéristique, un rythme nouveau (6/8) et le ton de *ré* majeur; le thème se développe, de plus en plus orné par des arabesques d'orchestre et monte à sa dominante, lorsque tout à coup la guerre — les puissances déchaînées de la Haine et du Mal, l'antithèse de cette paix intérieure et extérieure que Beethoven demande dans une note inscrite sur la partition même aux mots *Dona nobis pacem* — éclate, tumultueuse, en *si♭*. Les solistes et le chœur redemandent la paix — *dona nobis pacem* — dans le ton de *sol* majeur; mais la tonalité (sous-dominante du ton principal) est mal assurée : dans cette lutte contre lui-même et contre le prince des ténèbres, l'homme succombe; la tonalité de la guerre reparaît et s'assombrit jusqu'en *mi♭* majeur. Cependant, voici la victoire promise à ceux qui auront combattu jusqu'au bout; le thème de la paix ramène le ton de *ré* majeur définitivement triomphant, c'est la paix enfin conquise par l'homme, accordée par Dieu.

On remarquera que l'analyse précédente se réfère surtout aux tonalités employées : par suite de l'évolution de l'art, la modulation est devenue le moyen expressif le plus puissant, et celui dont l'effet est le plus immédiat dans la musique dramatique, et surtout dans cette espèce d'arioso continu qui tend à devenir la substance d'écriture du drame, de l'oratorio et de la messe.

Mais les anciennes formules n'en continuent pas moins à subsister. On les retrouve dans les messes de SCHUBERT, y compris les fugatos exagérés aux *Amen* : celui du *Gloria* de la Messe en *la♭* (1819-1822) n'a pas moins de vingt-cinq pages de partition! Sauf dans cette œuvre où le *Gloria* est en *mi* majeur, *la* majeur et *ut♯* mineur, et le *Credo* en *ut* majeur, l'ambitus des tonalités où se meuvent ces messes est des plus restreints et ne dépasse pas les plus voisines. Il en est de même de la messe de SCHUMANN en *ut* mineur; le texte n'y est pas divisé exactement aux endroits généralement adoptés, et les tons établis sont *ut* majeur, *la* mineur, *ré* mineur, *fa* majeur, *mi♭* majeur, *la♭* majeur. L'analyse de la troisième Messe solennelle de CHERUBINI, dite du Sacre de Charles X, prise comme spécimen parmi les productions de la même époque, ne révélera rien de particulier au point de vue des formes.

LISZT renouvelle l'architecture de la messe avec l'emploi judicieux des thèmes conducteurs. A BEETHOVEN, il emprunte la puissance expressive de la modulation; aux anciens, il reprend une vieille tradition mélodique qui va rénover toute la musique dramatique. La *Ungarische Kronungs Messe* (1867) a pour assises tonales : *mi♭* majeur (*Kyrie*), — *ut* majeur, *la* majeur, *mi* majeur (*Gloria*), — *ut* majeur (*Gradual*). Le *Credo* est celui de H. DU MONT en *ré* mineur, très peu harmonisé. Le *Sanctus* est en *mi* majeur, le *Benedictus* en *la* majeur. L'*Agnus*, en *ré* mineur, ramène le ton de *mi♭* majeur au *Dona nobis pacem*. L'expression dramatique explique les contrastes hardis présentés par ces tonalités, comme elle rend compte du rappel des thèmes; pour ne pas allonger des explications que remplacerait avantageusement le plus petit coup d'œil jeté sur la partition, on se bornera ici à remarquer que le *Qui tollis peccata mundi* du *Gloria* revient tel quel, dans le même ton, ramené par la similitude du texte et du sentiment, dans l'*Agnus Dei*. D'ailleurs, ce texte, rappelant le Rédempteur, est mis sur la musique du *Christe eleison.*

La messe en *la* majeur de César FRANCK, écrite pour satisfaire aux exigences du service paroissial, n'apporte aucun élément nouveau : le *Kyrie*, en *la* majeur, le *Gloria*, en *ré* majeur, se conforment aux usages adoptés par la majorité des compositeurs contemporains. Le *Credo* fait exception; c'est un premier mouvement de sonate : une exposition en *ut* mineur amène une seconde idée en *sol* majeur sur les paroles *Et incarnatus est*; la réexposition se fait par la seconde idée, changée de rythme, en *ut* majeur; elle ne tarde pas à reprendre sa forme primitive pour conclure. Le reste de la messe n'offre aucune recherche morphologique, pas plus que les œuvres de la même époque.

La tradition des grandes messes des morts se continue. Comme autrefois, on met en musique le texte entier de la messe, propre et ordinaire. Un des exemples les plus célèbres est le fameux *Requiem* de MOZART : l'*Introit* en *ré* mineur s'enchaîne au *Kyrie* en *ré* également, mais en style fugué. Le *Dies iræ*, en *ré* mineur, — découpé aux strophes *Tuba mirum, Rex tremendæ, Recordare, Confutatis, Lacrymosa*, — fait alterner les chœurs et les solistes en des fragments qui font cadence en *si♭* majeur, en *sol* mineur, en *fa*

majeur, en *la* mineur. L'*Offertoire* s'expose comme un grand air d'opéra : *Domine Jesu Christe* — lent, — *Quam olim* — vif, — le tout en *sol* mineur. Le verset *Hostias*, en *mi♭*, amène la reprise de *Quam olim* qui conclut en *sol* mineur. Le *Sanctus* en *ré* majeur est suivi du *Benedictus* en *si♭*. L'*Agnus*, qui conclut musicalement l'ensemble de la messe, fait écho au *Requiem* et au *Kyrie*, en commençant en *ré* mineur et en terminant par une fugue dans le même ton.

La *Grande Messe des Morts* de BERLIOZ se maintient dans les limites du même cadre; mais les intentions dramatiques motivent des modulations bien plus éloignées que celles qu'on a rencontrées jusqu'ici. Le *Requiem* et le *Kyrie*, en *sol* mineur, réunis selon l'usage, se bornent à moduler au relatif majeur. Le *Dies iræ* commence en *la* mineur; le *Quantus tremor* va du *si♭* mineur au *ré* mineur : le *Tuba Mirum* éclate en *mi♭*. Le thème du *Dies iræ* reparaît à la strophe *Quid sum* en *sol♯* mineur. Le ton de *mi* majeur traduit la majesté du *Rex tremendæ*. *Quærens me* en *la* majeur ramène le ton de *la* mineur aux mots *Lacrymosa dies illa*; conclusion lumineuse en *la* majeur. L'*Offertoire* se développe de *ré* mineur à *ré* majeur; le verset *Hostias* va de *sol* majeur en *si♭* majeur. Il prépare le *Sanctus* en *ré♭*, grande phrase reprise deux fois. L'*Agnus Dei* donne la sensation de quelque imprécise modalité ancienne; il s'enchaîne avec la communion *Te decet* en *si♭* majeur : la conclusion : *Quia pius es, Amen*, est en *sol* majeur, ton qui procure une impression de paix et de joie.

Le *Requiem* de SCHUMANN, celui de LISZT pour quatre voix d'hommes, orgue, trompettes, trombones et timbales procèdent de la même conception. Dans ce dernier, le cycle des tonalités est particulièrement intéressant : *Requiem* et *Kyrie* en *la♭* majeur; *Dies iræ* en *ut* majeur et très modulant; l'*Offertoire*, *la* mineur terminant en *la* majeur; *Sanctus* en *fa* majeur; *Agnus et Communion*, *fa* majeur terminant en *la♭*. Conformément au système de l'auteur, des motifs cycliques, faciles à reconnaître, donnent à l'œuvre une grande unité thématique. Les auteurs modernes, tout en employant une substance musicale différente, s'inspirent des usages traditionnels, comme on peut s'en rendre compte facilement en parcourant la partition du *Requiem* de SAINT-SAËNS ou de VERDI, pris comme exemples.

Depuis longtemps, l'usage s'était établi de n'écrire de messes soignées que pour des circonstances solennelles ou les grandes fêtes de l'année : la plupart de celles que l'on vient de voir appartiennent à cette catégorie. On remarquera que leurs développements sont devenus hors de proportion avec les exigences du service liturgique. Cet abus, joint à bien d'autres, justifie la réglementation promulguée par Pie X dans son fameux *Motu proprio* sur la Musique Sacrée (1903). Au point de vue qui nous occupe, on notera plusieurs prescriptions importantes : « Les *Kyrie, Gloria, Credo*, etc., de la messe, devront garder l'unité de composition demandée par leurs textes. Il n'est donc pas permis de les composer en morceaux séparés, de telle façon que chacun forme une composition musicale complète, et telle qu'on puisse la détacher du reste et lui en substituer une autre... Il n'est pas permis, par raison de chant, de faire attendre le prêtre à l'autel plus que ne le comporte la cérémonie liturgique. » On sait que, dans ce document, le chant grégorien et la polyphonie palestrinienne sont donnés comme modèles suprêmes de la musique sacrée; cette recommandation, mal comprise, a donné lieu, depuis 1903, à l'éclosion d'un nombre incroyable de pastiches des messes de la Renaissance. On n'a pas assez observé que le *Motu proprio*, désireux de promouvoir un renouveau de l'art sacré, ne pouvait exhorter les compositeurs à entrer dans la voie d'une stérile manie d'archaïsme; de tout temps, les maîtres ont écrit en se servant du langage musical en usage de leur temps; aussi Pie X ajoute : « L'Eglise a toujours reconnu et favorisé les progrès de l'art, en admettant au service du culte tout ce que le génie a su trouver de bon et de beau au cours des siecles, toujours cependant d'après les lois liturgiques. Par conséquent, la musique moderne est aussi reçue dans les églises, quand elle offre dans ses compositions une bonté, un sérieux, une gravité qui ne la rendent pas indigne des fonctions liturgiques. » Voilà les règles d'or de l'avenir; en s'y pliant, le génie saura y trouver le secret d'une harmonie supérieure.

De cette breve étude, il ressort que la Messe est un genre qui n'a guère évolué; la fixité du texte et ses divisions traditionnelles ne laissent que fort peu d'autonomie au compositeur, qui s'inspire du style dramatique — oratorio ou opéra — pour remplir le cadre imposé; des chefs-d'œuvre, appartenant à toutes les périodes de l'évolution musicale, prouvent que les données du problème ne sont pas incompatibles, et que la solution en est possible.

E. BORREL.

L'ART DU MAITRE DE CHAPELLE

Par D.-C. PLANCHET

MAITRE DE CHAPELLE DE LA TRINITÉ

Dans les églises, le chœur des chantres s'appelait autrefois « chapelle », du nom de la partie de l'église où ce chœur était ordinairement placé.

La « chapelle » fut d'abord exclusivement vocale. C'est pourquoi l'on prit l'habitude d'appeler *a cappella* toute musique écrite pour les voix seules. Lorsque, au XVIIIe siècle, les instruments s'adjoignirent aux voix, l'institution évolua rapidement et finit même par dévier, au point de perdre parfois tout contact avec la réalité primitive. Chaque prince d'Allemagne et d'Italie eut sa *chapelle* qu'il utilisa à toutes fins. Elle fut de toutes les fêtes, civiles comme religieuses, et de toutes les exécutions musicales à la cour, que ce fût au concert, au théâtre ou au culte. Son chef — *kapellmeister* en allemand — était tenu d'en composer toute la musique. On en vint même, en Italie surtout, à qualifier de « maître de chapelle » tout compositeur écrivant pour le théâtre. De nos jours encore, en Allemagne, kapellmeister est synonyme de chef d'orchestre.

En France, pays de bonne heure unifié, cette déviation n'a pas trouvé l'occasion de se produire. La *chapelle* a connu chez nous bien des vicissitudes, elle a subi le contre-coup de bien des événements, elle a eu ses jours de splendeur et ses heures de décadence, mais jamais elle n'est sortie de ses attributions, toujours elle est restée fidèle à sa destination première. Mais si la chose n'a pas changé, le nom est tombé en désuétude, et la chapelle a fait place à la « maîtrise ».

Les maîtrises étaient à l'origine des écoles attachées aux cathédrales et aux monastères. Les élèves y vivaient en commun et y recevaient, outre des leçons de chant, une instruction générale très étendue. Il en est sorti des évêques, des cardinaux, des papes même. Plus tard, leur organisation subit une transformation complète. La musique envahit peu à peu le champ des études, si bien qu'elle finit par y prendre une place prépondérante. Les maîtrises devinrent alors de véritables conservatoires, fournissant seuls la France entière de tout le personnel artistique dont elle avait besoin : chanteurs et instrumentistes, maîtres de chapelle, organistes et compositeurs. C'est là que furent élevés tous les chanteurs de quelque célébrité, là que se formèrent tous les musiciens dont la postérité a conservé le souvenir, depuis JOSQUIN DES PRÉS, Pierre DE LA RUE, LUVIN, MOUTON, JANEQUIN, ROLAND DE LASSUS, jusqu'à MÉHUL, BOIELDIEU, Félicien DAVID, en passant par COUPERIN, CLÉRAMBAULT, LALANDE, CHARPENTIER, CAMPRA, et RAMEAU.

La révolution avait fermé les maîtrises ; Napoléon Bonaparte les rouvrit partiellement, mais elles ne retrouvèrent plus leur ancien éclat. Il en reste à peine quelques-unes aujourd'hui, l'institution est à peu près tombée, mais le nom subsiste et il sert à désigner le chœur qui, dans les églises catholiques, a pour mission d'exécuter les chants religieux. Son chef porte toujours le titre de « maître de chapelle ».

Ce chœur est mixte et devrait, d'après la règle, être uniquement composé d'hommes et d'enfants ; mais la nécessité oblige à recourir de plus en plus aux voix de femmes. Il est donc indispensable au maître de chapelle de connaître le mécanisme de toutes les voix, des voix d'enfants surtout, puisque c'est à lui qu'incombe la tâche de les former.

Les chants que fait entendre ce chœur sont de deux sortes : le chant liturgique, communément appelé « plain-chant », et les œuvres de musique proprement dites. Le plain-chant exige une assez longue initiation, autant par la complexité de sa constitution modale que par son esthétique propre, laquelle ne peut être mise en pleine valeur si elle n'est sentie profondément. En outre, le maître de chapelle doit savoir l'harmoniser correctement, même s'il n'a pas à l'accompagner, car il est responsable de son organiste. Pour ce qui est du répertoire musical, il ne lui suffira pas d'en lire la note pour le choisir avec discernement et en donner une interprétation intelligente et fidèle. Il sera nécessaire encore qu'il sache reconnaître si, par son caractère et par son style, une œuvre convient à la majesté du culte, et si elle en respecte les règles spéciales. Il devra être capable d'en juger le fond et la forme, d'en découvrir l'agencement et la structure, de l'analyser et de la reconstituer ensuite par la pensée, de manière à la posséder toute, dans ses détails comme dans son ensemble.

Enfin, il faudra qu'il ait une connaissance et une compréhension parfaites de la liturgie, afin d'assurer à l'office divin, avec une marche sûre et précise, la dignité, la haute tenue qu'il exige.

Ainsi donc : 1° formation des voix ; 2° exécution et accompagnement du chant liturgique ; 3° choix et interprétation du répertoire musical ; 4° direction du chœur pendant les offices, telles sont les grandes lignes de l'étude qui va suivre, concernant les obligations multiples du maître de chapelle. On y verra tout ce que ces obligations impliquent de savoir, d'expérience et de qualités diverses. Et d'abord ce qu'elles ont de sérieux et de grave, et en quoi elles diffèrent essentiellement de celles qui s'imposent à un chef d'orchestre de théâtre ou de concert. L'art religieux, en effet, a pour objet l'expression des sentiments les plus purs et les plus élevés de l'âme humaine. Et si la musique intervient à l'église, ce n'est pas uniquement pour imprimer à la liturgie plus de vie avec plus d'éclat, c'est encore, c'est surtout pour se faire l'interprète des fidèles assemblés, pour donner une forme à leurs prières en excitant, en exaltant leurs émotions religieuses. Or, ces émotions, comment l'artiste les pourrait-il susciter en autrui, si d'abord il ne les éprouve lui-même? Si son chant ne prie pas, comment inclinerait-il les autres à prier? Les choses de la religion veulent être abordées dans une disposition religieuse de l'âme, et celui que ses fonctions appellent à l'église doit, avant d'entrer, laisser au dehors toute préoccupation d'ordre profane.

LA FORMATION DES VOIX

Le recrutement et la formation des voix d'enfants, voilà pour le maître de chapelle, en même temps qu'un grave souci et une préoccupation constante, la partie de sa tâche la plus délicate et la plus épineuse. C'est un travail qui se fait et se défait sans cesse, qui toujours recommence et ne finit jamais. A peine mis en mesure de se rendre utile au chœur, l'enfant s'en va, et il devient chaque jour plus difficile de pourvoir à son remplacement. Encore les trop rares bonnes volontés qui viennent s'offrir ne sont-elles pas toujours les plus désirables : voix faibles ou défectueuses, oreilles paresseuses ou rétives. Qu'on ne se hâte pourtant pas de rejeter en bloc tout ce menu fretin. On n'a plus les moyens de se montrer trop exigeant, et d'ailleurs le mal n'est pas toujours incurable.

Mais il est trop évident que l'expérience sera ici d'autant plus nécessaire que sera plus ingrat le terrain à cultiver. Et cette expérience ne sera jamais complète si le maître n'a pas appris lui-même à chanter, même avec une voix mauvaise. Car il lui faudra corriger le plus rapidement possible les défauts d'émission quels qu'ils soient, apprendre à ses élèves à respirer, développer progressivement et avec prudence l'étendue et l'intensité de la voix, sans jamais la forcer ni la fatiguer. C'est à ce prix seulement qu'il obtiendra, en même temps que la résistance et la solidité de l'organe, la justesse, la pureté, la limpidité, la clarté du son.

Mais cette expérience, il ne saurait l'acquérir sans de longs tâtonnements, ni même sans quelque danger pour la fragilité des cordes vocales dont il a la charge, s'il n'y était aidé, à défaut d'une préparation spéciale, par une bonne et sûre méthode. Sur ce chapitre, les ouvrages, même les plus réputés, qui traitent de la technique de la voix, sont muets ou presque. Encore les rares indications qu'on y découvre témoignent-elles d'une observation superficielle et d'une insuffisante documentation. Il y a là une lacune regrettable qu'il va nous être possible de combler grâce à une très précieuse brochure[1] de M. Maurice Emmanuel qui contient « l'exposé d'une méthode rationnelle d'enseignement musical primaire ». Il suffira de dire que les principes et les procédés en sont dus, pour la plus grande part, à

M. le chanoine Moissenet. Fruit d'une longue expérience, puissamment servie par « des facultés intuitives exceptionnelles », cette méthode a fait ses preuves, et elle les a faites magnifiquement. Qui ne connaît de réputation, tout au moins, l'admirable maîtrise de la cathédrale de Dijon? Les maîtres de chapelle ne sauraient se proposer, pour leur chorale, un plus beau modèle, ni se confier à un guide plus sûr et plus éprouvé que leur éminent et vénéré collègue. S'ils veulent prendre de sa méthode une connaissance approfondie, en pénétrer le sens, en apprécier les raisons et en saisir toute la portée, il devront recourir nécessairement à la substantielle étude de M. Emmanuel. Qu'ils veuillent bien se contenter d'en lire ici le résumé très sommaire.

.·.

La maîtrise de la cathédrale de Dijon comprend une centaine d'enfants environ, divisés en trois catégories : 1° ceux de sept à neuf ans qui chantent sans solfier; 2° ceux de neuf à onze ans qui se forment pour l'office, mais ne sont pas admis au chœur, 3° les choristes faits, une cinquantaine environ.

Les exercices se répartissent donc sur trois périodes distinctes : la première est consacrée à l'éducation de l'oreille et du larynx; la deuxième au développement et à l'égalisation de la voix, en même temps qu'à l'étude du solfège; la troisième enfin au perfectionnement, à l'articulation, au chant polyphonique.

I⁰ **période.** — Les premiers essais vocaux consistent uniquement dans l'imitation de sons moyens isolés. On fait d'abord entendre aux enfants un son pris dans la région *mi bémol-fa* du médium. Chacun à son tour doit reproduire ce son *avec douceur*, en disant A, la bouche convenablement ouverte. En même temps, on procède à des exercices respiratoires réglés selon les préceptes formulés par tous les hygiénistes.

Après quelques semaines, on procède à la coordination des sons au moyen de formules ne dépassant pas l'étendue de l'un des deux tétracordes d'*ut* majeur, telles que celles-ci :

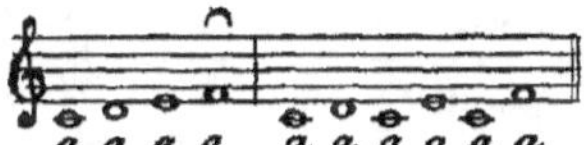

en ayant soin de faire serrer le demi-ton pour que l'élève prenne notion de « l'attraction exercée par la tonique sur la sensible », et en transposant par demi-tons la formule vers l'aigu, sans jamais dépasser le *ré* sur la quatrième ligne.

Dès que cela devient possible, on n'accompagne plus les élèves, afin de les habituer à trouver eux-mêmes les intervalles. Tous ces exercices doivent être faits *a demi-voix*.

Lorsque la voix est suffisamment développée, on fait chanter la gamme entière, ascendante et descendante, en faisant remarquer l'identité absolue des deux tétracordes. Puis, on habitue l'oreille à la perception de l'accord et à sa fonction tonale, au moyen de formules de ce genre :

---

1. *Le Chant à l'École*, extrait de la *Grande Revue*, n⁰ˢ du 25 décembre 1910 et du 10 janvier 1911. Paris, 37, rue de Constantinople.

Après quoi, on exerce les élèves à franchir les intervalles plus grands que la quarte, par ordre de difficulté croissante (*ut-sol*, *ut-ut*, *ut-la*, *ut-si*), en appliquant à l'échelle entière les procédés qui ont déjà servi pour le tétracorde. La justesse de la quinte est particulièrement à surveiller et à obtenir. Pour fixer définitivement cet intervalle dans l'oreille et la voix des enfants, on divise ceux-ci en trois groupes, et on leur fait chanter la formule suivante (en majeur, puis en mineur), en ayant soin de faire entendre la quinte avant la tierce :

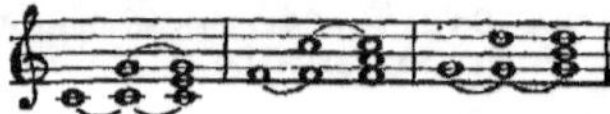

Ces premières leçons, s'adressant à de tout jeunes enfants, doivent être aussi fréquentes que possible, mais ne pas dépasser vingt minutes. Dès que la lecture et la théorie deviennent utiles, — au plus tôt pendant la deuxième partie de la première période, — les leçons durent une demi-heure, sur laquelle on prélève dix minutes pour les exercices vocaux.

IIe période. — Le temps est venu de donner à la voix tout son développement. La plus grande difficulté à vaincre ici consiste dans l'atténuation du passage de la voix dite « de poitrine » à la voix dite « de tête ». Cette difficulté est considérablement amoindrie par l'exécution de gammes descendantes attaquées *pianissimo*, avec accroissement de la sonorité de l'aigu vers le grave, et diminution du grave à l'aigu :

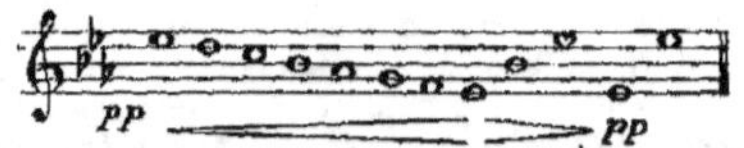

On commencera cet exercice sur le *mi bémol* aigu ; puis on déplacera « cette formule progressivement vers l'aigu, à raison d'un demi-ton par deux mois environ d'étude quotidienne. »

IIIe période. — Enfin l'élève est admis à chanter dans les chœurs. Pour le préparer à articuler les mots avec netteté, on l'exerce à la vocalisation sur A, E, E, I, O, U, OU, en insistant sur I et U, très difficiles, surtout à l'aigu.

.·.

Ainsi appliquée dans toute sa rigueur, cette méthode suppose évidemment une maîtrise très nombreuse, et organisée de manière à conserver ses élèves jusqu'à l'âge de la mue. De plus, elle nécessite une autorité et — si l'on songe à la situation actuelle — un dévouement, une abnégation qu'on ne saurait en général exiger d'un maître de chapelle. Ce qu'elle nous propose, en effet, c'est la perfection, c'est-à-dire un but idéal, un sommet inaccessible au plus grand nombre, et vers lequel néanmoins tous ont le devoir de s'efforcer, chacun selon le temps et les ressources dont il dispose. Le résultat ainsi sera double et doublement fructueux : tout en réalisant une œuvre en soi belle et bonne, on aura contribué par l'exemple à propager le goût, l'amour du beau chant choral.

LE CHANT LITURGIQUE

Le plain-chant grégorien, dit Pie X[1], « est le chant propre de l'Église romaine, le seul chant qu'elle ait hérité des anciens Pères, qu'elle a jalousement gardé depuis de longs siècles dans ses manuscrits liturgiques, qu'elle propose directement aux fidèles, qu'elle prescrit exclusivement en certaines parties de la liturgie, et que les travaux les plus récents ont si heureusement restitué dans son intégrité et sa pureté. »

C'est à la France qu'on doit cette résurrection du plain-chant. Le chant officiel de l'Église romaine, après une longue agonie, paraissait mort en effet et bien mort. Après les divers remaniements et les mutilations sans nombre qu'il avait subis au cours des siècles, à peine en restait-il quelques débris informes que martelait lourdement dans nos églises la voix caverneuse des chantres. C'est vers le milieu du siècle dernier que furent entrepris les travaux de restauration. Le R. P. Lambillotte parcourut la France, la Belgique, l'Angleterre, l'Allemagne et l'Italie, fouillant les bibliothèques, collationnant les manuscrits, déchiffrant les neumes. La découverte qu'il fit du manuscrit bilingue de Montpellier, livra en grande partie le secret des hiéroglyphes, et donna comme premier résultat l'édition de Reims et Cambrai. Mais la question n'était pas au point. De patientes et minutieuses recherches collectives étaient nécessaires encore, recherches que les bénédictins seuls pouvaient mener à bien. La science, le zèle, la persévérance, qu'ils mirent au service de cette laborieuse reconstitution, leur ont valu la place d'honneur dans la commission chargée par le pape Pie X de préparer l'édition nouvelle du chant romain connue sous le nom d' « Édition Vaticane ».

Mais si l'accord — sous certaines réserves — s'est fait à peu près unanime sur la note de ce chant, les divergences surgissent, nombreuses et variées, dès qu'on en vient à la manière dont il était primitivement exécuté. La question est d'autant plus ardue que le répertoire sacré, extrêmement disparate, se compose de pièces de toute provenance : juive, syrienne, grecque, latine et même franque. Les plus anciennes remontent à l'origine même de la liturgie, tandis que les plus récentes ont été composées presque de nos jours. Ces pièces sont de diverses sortes : les unes très simples, presque syllabiques, les autres très ornées ; sans compter les hymnes, écrites sur des vers et dont le rythme, par là même, devait être plus accusé. Dès lors, comment supposer que l'exécution en ait été partout et toujours la même ? D'ailleurs, la tradition s'en est perdue depuis longtemps : depuis le XVIe siècle, disent les uns ; depuis le VIe, renchérissent les autres ; il est même probable que chez nous elle n'a jamais pu s'acclimater, les gosiers francs ayant toujours été réfractaires à ces longues vocalises importées d'Orient. D'autre part, la notation neumatique est notoirement insuffisante. Quant aux écrits théoriques du moyen âge, ils sont rédigés en un latin si affreux, ils manquent à ce point de précision et de clarté, que la moindre de leurs expressions techniques prête à des discussions sans fin. On voit la difficulté du problème. Quoi d'étonnant si les solutions proposées en sont aussi différentes, aussi contradictoires même !

1. *Motu proprio*, 22 novembre 1903.

On n'attend pas ici l'exposé, encore moins la discussion de ces divers systèmes. De tout un ensemble de textes anciens, ramassés et condensés en deux faisceaux impressionnants par Georges Houdard[1] d'une part, et, d'autre part, — d'après le R. P. Dechevrens, — par M. l'abbé Fleury[2], il semble résulter que les chants liturgiques, tout au moins les plus ornés, avaient un rythme plus marqué que ne l'admet l'école de Solesmes. Mais la théorie est du domaine exclusif des savants spécialistes, lesquels, d'ailleurs, savent mieux que personne qu'une vérité scientifique ne peut jamais être qu'une vérité provisoire. Laissons-les donc poursuivre dans le calme et le recueillement leurs recherches désintéressées, et restons sur le terrain plus étroit de la pratique qui doit seule nous occuper ici. Partis de ce point de vue, accueillons les faits tels qu'ils se présentent et tenons-nous-en jusqu'à nouvel ordre au rythme oratoire. C'est le plus connu, le plus répandu, le plus en faveur aussi, et d'ailleurs il constitue un progrès considérable sur le chant lourd et martelé qui, si longtemps, a sévi dans nos églises.

Il est inutile d'en donner ici le dispositif. Les manuels spéciaux ne manquent pas, qui l'exposent dans ses moindres détails[3], et les livres de chœur eux-mêmes en reproduisent les règles essentielles. Il est un point cependant sur lequel il est nécessaire d'insister : c'est que ce qu'on est convenu d'appeler « plain-chant » est en réalité de la musique, la seule qu'ait connue le moyen âge jusqu'à l'avènement de la polyphonie. C'est donc musicalement qu'il faudra le chanter. Aussi bien, n'y a-t-il qu'une seule manière de chanter, de bien chanter tout au moins. Elle consiste à bien articuler, à lier les sons, à bien phraser, c'est-à-dire à mettre en valeur la ligne mélodique, sans la rompre par des respirations intempestives, ou la brouiller par une certaine exagération de l'accent de deux en deux ou de trois en trois notes; sans la distendre par trop de lenteur, ou la bousculer au contraire par une rapidité excessive. Mais ce juste milieu entre la précipitation et la lenteur, il faudrait se garder de le comprendre dans le sens d'un mouvement identique pour tous les chants quels qu'ils soient, ce qui serait esthétiquement inexplicable. Une même allure ne saurait convenir à une antienne syllabique et à un *Alleluia* tout fleuri de vocalises; à telle mélodie spontanément éclose en des temps anciens, dans le lointain Orient, et à telle autre née presque de nos jours, sous notre ciel, non loin de la cour majestueuse du Roi Soleil Ceci, comme en général tout ce qui concerne l'interprétation, est une question de goût et de tact. Or ces qualités ne se peuvent développer — sinon acquérir — que par une étude attentive du chant liturgique, seul moyen d'en pénétrer le sens, d'en saisir la beauté, d'en goûter la saveur spéciale.

De plus, si l'on veut obtenir en général une interprétation satisfaisante du plain-chant, on devra nécessairement avoir recours à une bonne transcription en notation moderne. Une telle notation, il est vrai, n'a pas l'agrément de certains grégorianistes intransigeants. Elle est pour eux trop définie, trop précise, par conséquent défavorable à la liberté, à la fluidité du chant ecclésiastique. Ils craignent encore qu'en facilitant la lecture, des livres trop parfaits n'inclinent le maître de chapelle à se satisfaire à peu de frais. C'est voir les choses de trop haut et de trop loin. Sans doute, il serait absolument désirable que chaque office fût précédé d'une sérieuse répétition. Ce serait indispensable même pour obtenir l'aisance, la souplesse, la cohésion, le fondu, le phrasé, tout cet ensemble de qualités qui conditionnent une exécution parfaite. Mais la chose est-elle possible? Dans les monastères, assurément. Mais dans la presque totalité des maîtrises, surtout à Paris? Certaines exigences sont trop connues pour qu'il soit nécessaire d'y insister. Elles vont croissant avec les difficultés de la vie, et peut-être aussi avec l'inquiétante pénurie de chanteurs d'église[4]. C'est avant tout une question d'ordre budgétaire, qui ne sera pas résolue par quelques déclamations faciles contre les maîtres de chapelle « qui *montent* à grand renfort de répétitions une messe avec orchestre, et ne trouvent pas *cinq minutes* pour la préparation du plain-chant ». Et ce qui ne contribuera pas à rendre plus facile le problème, c'est l'insuffisance technique de la plupart des trop rares candidats aux trop nombreuses places vacantes. Dans de telles conditions, comment obtenir en surcroît de ces jeunes gens, déjà si peu familiarisés avec le solfège, la connaissance d'une notation toute nouvelle pour eux, aggravée encore de trois ou quatre clés inconnues, et si vague, si imprécise quant au rythme, d'une casuistique si subtile, si compliquée? D'ailleurs, cette transcription n'est pas demandée uniquement pour les basses, mais aussi pour les ténors et pour les enfants eux-mêmes. Car enfin, il serait temps de rentrer résolument dans la vérité artistique et de faire participer toutes les voix, ensemble ou séparément selon le cas, à l'exécution du plain-chant. Rien n'égale la monotonie de ces mélopées toujours psalmodiées par les mêmes voix graves, dans le même registre terne et sourd. En outre, certaines pièces perdent tout leur caractère et toute leur signification à ces transpositions invraisemblables. Prenez certains graduels, par exemple celui de la messe du Jeudi Saint, *Christus factus est*, ou encore celui de Pâques, *Hæc dies*. Vous les figurez-vous, — surtout les versets *Propter quod et Deus*, et *Confitemini*, si vibrants, si exaltés, si triomphants, — vous les figurez-vous transposés au grave d'une quinte ou d'une quarte, et enfouis dans les profondeurs des voix de basse? De même pour l'*Introit* de la fête de Noël, *Puer natus est*. N'est-il pas manifeste qu'il est fait pour être chanté par tout un ensemble de voix élevées d'hommes ou d'enfants? Pour toutes ces raisons, la conclusion s'impose et les circonstances vont l'imposer de plus en plus inévitable. Il faudra donc s'y résoudre, et le plus tôt possible, non pas seulement si l'on veut que le vieux chant retrouve, avec la variété, la vie et l'éclat qu'on ne lui connaissait plus depuis si longtemps, mais même pour assurer tout simplement à l'office divin une exécution à peu près suffisante des chants sacrés.

L'accompagnement du plain-chant,

Faut-il accompagner le plain-chant? A cette question, qui n'est pas nouvelle, s'opposent toujours les

---

1. *Textes théoriques.* — Saint-Germain en Laye, Imprimerie Mirvault.

2 *Les Plus Anciens Manuscrits et les deux Écoles grégoriennes.* — Paris, Victor Retaux.

3. Notamment la *Nouvelle Méthode pratique de chant grégorien*, Amédée Gastoué. — Paris, Société d'éditions du chant grégorien.

4. L'Institut grégorien, dirigé par M. Joseph Bonnet, travaille à parer au danger. Souhaitons-lui d'y réussir.

doux mêmes réponses. C'est Joseph d'Ortigue, vers le milieu du xixᵉ siècle, qui, le premier, les formula l'une après l'autre. Après avoir soutenu[1] que le plain-chant, essentiellement mélodique, ne pouvait s'associer avec l'harmonie, celle-ci étant issue d'éléments qui lui étaient étrangers et qui, d'ailleurs, n'étaient venus que plusieurs siècles après, d'Ortigue se ravisa et se rectifia en ces termes : « Le plain-chant est inharmonique par la *tonalité moderne*, attendu qu'entre les éléments du système ecclésiastique et les éléments de la musique moderne, il existe une incompatibilité radicale... Mais le plain-chant est harmonique *par sa propre tonalité*[2]... » C'est la formule que venait de trouver Niedermeyer. On sait qu'elle a fait une belle fortune. Mais la thèse abandonnée par d'Ortigue fut reprise en 1895 par Gevaert[3], avec des arguments nouveaux que M. Maurice Emmanuel a développés dans son beau *Traité de l'accompagnement modal des Psaumes*. Un accompagnement polyphone, d'après cette thèse, est contraire à la constitution du chant liturgique. Jusqu'au xiᵉ siècle, l'accord de trois sons fut non seulement inconnu, mais encore organiquement impossible. En effet, les échelles grecques, d'après lesquelles avaient été composés les chants sacrés, étaient restées à peu près intactes jusqu'à Gui d'Arezzo, puisque l'on trouve des traces nettes de l'enharmonique jusque vers le milieu du xiᵉ siècle. Or la nature mobile de ces échelles ne leur permettait de supporter, en fait d'harmonie simultanée, que les consonances d'octave, de quinte et de quarte, posées sur les sons fixes du tétracorde. De plus, le charme des chants médiévaux est dû, pour une large part, à « l'agréable incertitude où nous laisse leur échelle modale, jusqu'à ce que la Finale vienne en préciser les contours ». Or ce charme est rompu par « l'emploi d'une harmonisation qui escompte la solution et la fournit bien avant que l'auteur de la mélodie-énigme n'ait voulu la livrer[4] ». Il vaut donc mieux ne pas accompagner le plain-chant. S'il fallait absolument soutenir le chœur, on devrait se contenter de redoubler la mélodie à l'unisson ou à l'octave, selon qu'elle serait chantée par des voix égales ou des voix mixtes, en plaçant un intervalle de quinte sur les cadences finales.

Envisageons maintenant la question à un point de vue plus spécialement pratique. Le compositeur moderne a l'habitude de penser son œuvre harmoniquement, c'est-à-dire que sa pensée musicale, si elle ne sort pas toujours, telle Minerve, toute parée de son cerveau, porte du moins en elle-même, en sa substance, en sa racine, les éléments de son enveloppe harmonique qui, en se développant avec elle, en épousera tous les contours. Si, au contraire, il s'agit pour lui d'une mélodie conçue en des temps très anciens, dans un milieu d'une mentalité, d'une sensibilité toutes différentes de la sienne, ayant pris corps en un système musical excluant toute possibilité polyphonique, et d'ailleurs dont il connaît mal le rythme, comment parviendra-t-il à la faire sienne, à la revivre assez pour l'habiller sans l'alourdir, sans la déformer, sans la disloquer? Il sera assailli d'une nuée de doutes, d'hésitations, d'incertitudes qui plongeraient dans un étonnement profond ces inventeurs ingénus qui vont prônant partout leurs procédés infaillibles autant que simples pour accompagnateurs insuffisants.

Il faudra s'y résigner pourtant; car si l'accompagnement du chant ecclésiastique est un mal, il est à craindre que ce ne soit trop longtemps encore un mal nécessaire. Il est à cela des raisons de plusieurs sortes et qui ne sont pas toutes d'ordre esthétique. Donc trève de scrupules et posons franchement la question. Comment accompagner le plain-chant?

Les modes.

Avant tout, cet accompagnement sera modal, c'est-à-dire appuyé sur la quinte modale, avec exclusion de tout son étranger à l'échelle du mode. Ce principe, formulé par Niedermeyer, n'est plus aujourd'hui sérieusement contesté. Encore faut-il, si on veut l'appliquer avec certitude, connaître à fond les divers modes.

Les théoriciens médiévaux enseignaient que le système ecclésiastique comprend sept échelles *authentes* ou principales de *re*, de *mi*, de *fa*, de *sol*, de *la*, de *si*, et d'*ut*, ayant donné naissance chacune à une échelle *plagale* ou secondaire, plus basse d'une quarte, mais ayant la même finale mélodique que son authente. Au total quatorze échelles. L'affinité des six dernières avec les six premières avait suggéré les dénominations suivantes :

Modes authentes, modes plagaux :

I	II	en D et en A
III	IV	en E et en 5 (si)
V	VI	en F et en C
VII	VIII	en G,

Il est vrai que le IIIᵉ en *si* paraît n'avoir été mis là que pour la symétrie. En effet, on ne trouve pas — et pour cause — une seule pièce de ce mode dans l'édition de Reims et Cambrai qui avait conservé les quatorze échelles. Certains théoriciens s'étant rendu compte de l'impossibilité organique d'un mode de *si*, à cause de la quinte diminuée *si-fa*, réduisirent à douze le nombre des modes en supprimant simplement le 3ᵉ et le 4ᵉ en *si*, sans s'apercevoir qu'ils ne faisaient en cela que déplacer la difficulté, ainsi qu'on le verra plus loin. C'est cette classification qu'ont adopté les éditeurs de la Vaticane, en ne conservant toutefois qu'une seule dénomination pour toutes les pièces d'un même mode, transposées ou non; ce qui réduit en réalité les modes au nombre de huit. Eh bien, cette classification est défectueuse. Il suffit, pour s'en convaincre, de recourir au système musical des Grecs, dont le sens s'était perdu au cours du moyen âge, et n'a été remis en pleine lumière que dans la deuxième moitié du dernier siècle. Or ce système comprend :

1ᵒ Le groupe dorien formé par les deux modes de *mi* et de *la* et leurs dérivés, situés l'un à la quarte inférieure, l'autre à la quarte supérieure de l'échelle normale. Dans chaque paire, la quinte modale est la même pour les deux échelles :

---

1. *Dictionnaire de plain-chant*, Préface et articles *Mélodie et Harmonie*.

2. Préface du *Traité théorique et pratique de l'accompagnement du plain-chant*, par L. Niedermeyer et J. d'Ortigue. — Heugel.

3. *La Mélopée antique dans l'Église latine*.

4. *Traité de l'accompagnement modal des Psaumes*, p. 36.

DORIEN I: Fondamentale MI

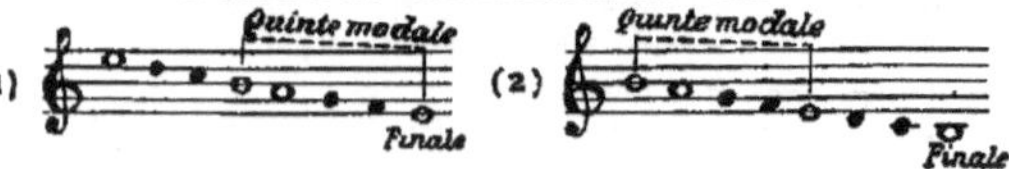

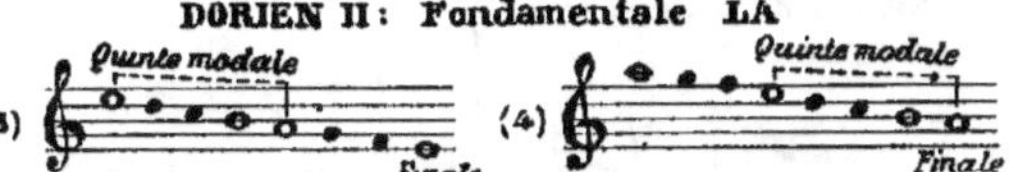

2° Les échelles « barbares » de *sol* et de *fa*, réparties en deux groupes :

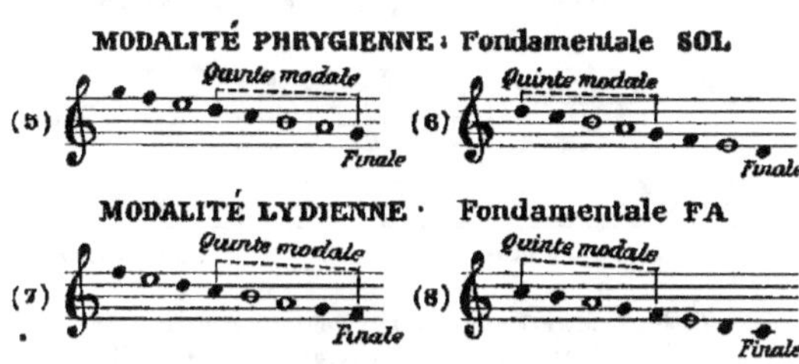

Ces deux échelles barbares pouvaient se modifier de deux manières différentes : ou bien elles abaissaient leur *ambitus* d'une quarte vers le grave, tout en conservant leur finale *sol* ou *fa*, ce qui constituait la forme « relâchée » :

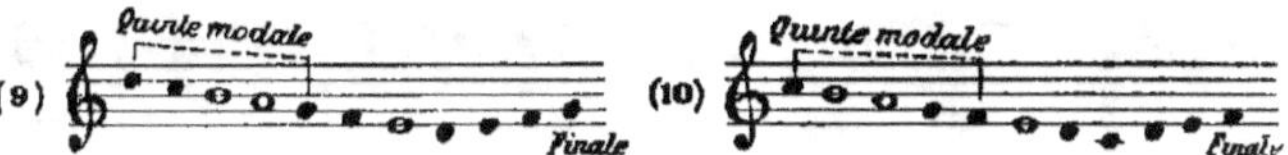

Ou bien, sans rien changer à leur étendue normale, elles concluaient sur la tierce de la fondamentale, c'est-à-dire au milieu de la quinte modale. On les appelait alors : « échelles intenses » :

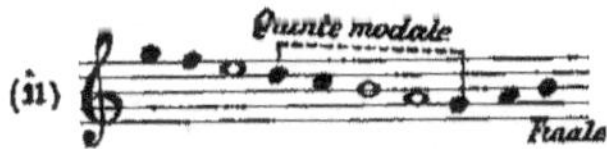
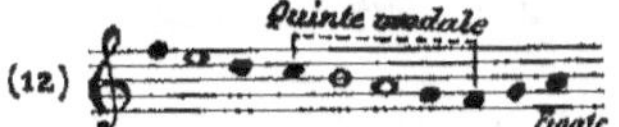

De ces douze échelles, trois seulement sont tombées en désuétude; ce sont les échelles 2, 6 et 8. Toutes les autres, ainsi que l'a prouvé GEVAERT, ont passé dans le chant ecclésiastique et y sont restées en usage jusqu'à la fin du xe siècle. Les deux échelles doriennes de *mi* (1) et de *la* (3) ont pris l'étiquette de IIIe Mode; et le Mode de *la* (4), le plus souvent transposé en *ré*, celle de 1er Mode. Les échelles de *sol*, normale (5) et relâchée (9), ont formé les VIIe et VIIIe Modes; et celles de *fa* (7) et (10), les Ve et VIe. Enfin des deux échelles intenses de *sol* (11) et de *fa* (12) on a fait les Modes IV et II. Plus tard, il y eut un vrai Mode de *ré*, normal et relâché, et un vrai Mode de *mi*. Plus tard encore, un Mode d'*ut*, transposé ou non en *fa* avec *si bémol* constitutif.

Ce sont principalement les échelles intenses, depuis longtemps oubliées, qui induisirent en erreur les théoriciens du moyen âge. Persuadés que la Finale était toujours la Fondamentale du mode, toute pièce dont l'étendue au grave dépassait notablement cette Finale leur parut appartenir à un mode relâché. C'est pourquoi, certaines transpositions aidant, ils imaginèrent un système d'authentes et de plagaux d'après le modèle fourni par les modes de *sol* et de *fa*, et où, sous certaines dénominations, ils firent entrer de force ou de gré les éléments les plus disparates. C'est précisément ce chaos qu'il s'agit de débrouiller. Il n'est pas dans notre programme d'entrer dans le détail de cette confusion, ni de suivre dans leur évolution ou leurs transpositions les modes qui en ont été l'occasion sinon la cause. On trouvera sur ce sujet, dans les ouvrages déjà cités de GEVAERT et d'EMMANUEL, les explications les plus complètes. Tenons-nous-en ici à la recherche plus immédiatement pratique de la modalité. Et puisque — on a pu s'en convaincre — c'est sous les seules dénominations II, III et IV que sont groupés les chants dont la Fondamentale est douteuse, bornons-nous à étudier ces chants de très près, pour tâcher d'en déterminer la quinte modale, seule base d'une bonne harmonisation.

IIe Mode. — Cette étiquette, nous venons de le voir, couvre des pièces d'origine diverse. Celles qui ont *ré* pour Finale et sont écrites sur la clé de *fa* 3e ligne, proviennent d'un mode relâché soit de *la* transposé en *ré*, soit de *ré* autonome. Parmi celles dont la Finale est *la*, les unes, très peu nombreuses[1], sont d'un mode relâché de *la*. On les reconnaît aisé-

ment à leur étendue : aux repos de la

mélodie sur l'*ut*, le *la*, le *sol*, et l'on n'y rencontre jamais ni *fa* grave, ni *si bémol*. Les autres sont toutes du Mode de *fa* intense.

Prenons comme exemple un graduel dont la mé-

---

1. Exemple : l'Offertoire du XXIe dimanche après la Pentecôte et l'Offertoire *Veritas*, du commun des Confesseurs Pontifes.

lodie se retrouve pour une part plus ou moins considérable dans un grand nombre d'autres graduels. C'est celui de la messe de Pâques.

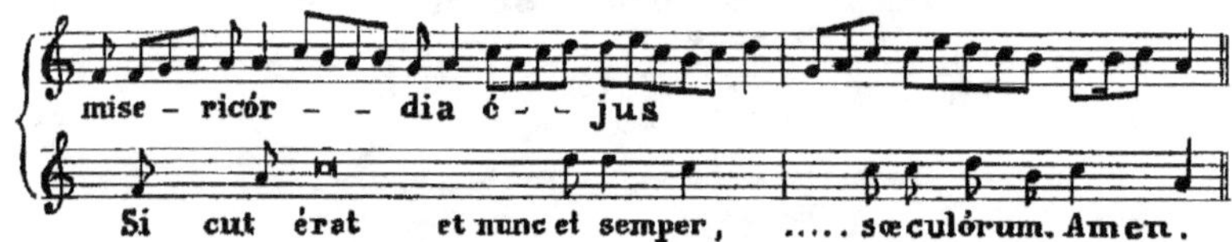

Ce début seul annonce nettement un Mode de *fa*,

et toute la suite confirme l'indication première : l'étendue, la circonvolution de la cantilène autour de l'*ut;* ses repos tantôt sur cette même note, tantôt sur le *la* ou sur le *fa;* enfin la parenté évidente entre le dernier membre de phrase du verset et le *ton* psalmique dit : Vᵒ en A.

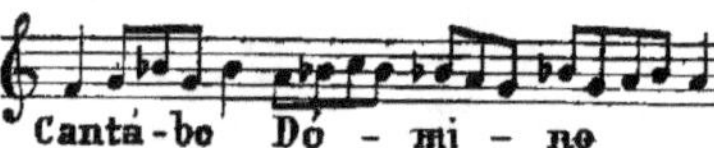

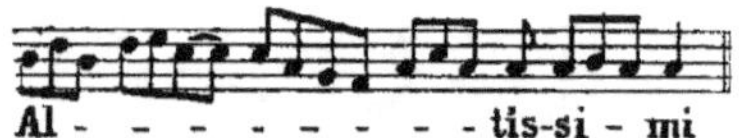

Le Graduel de la Férie VI des Quatre-Temps de l'Avent offre une variante très intéressante de cette cantilène : les deux premières lignes descendent jusqu'à l'*ut* et dénotent à n'en pas douter un Mode de *fa* relâché en même temps qu'intense. Non moins curieuse est celle du Graduel du Iᵉʳ dimanche après la Pentecôte, dont le verset en *fa* intense fait suite à une antienne du Vᵉ Mode.

Parmi les autres pièces, la plus caractéristique peut-être est la communion du IIᵉ dimanche après la Pentecôte, dont voici le début et la fin :

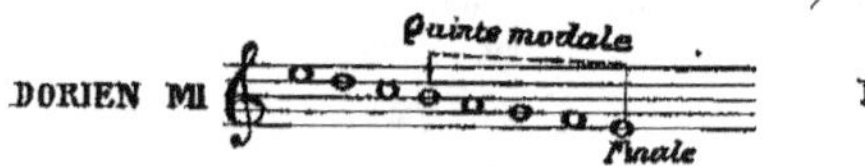

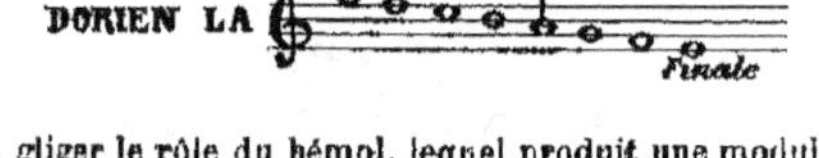

IIIᵉ Mode. — Toutes les pièces marquées du chiffre 3 appartiennent au Mode de *mi* sous ses deux formes :

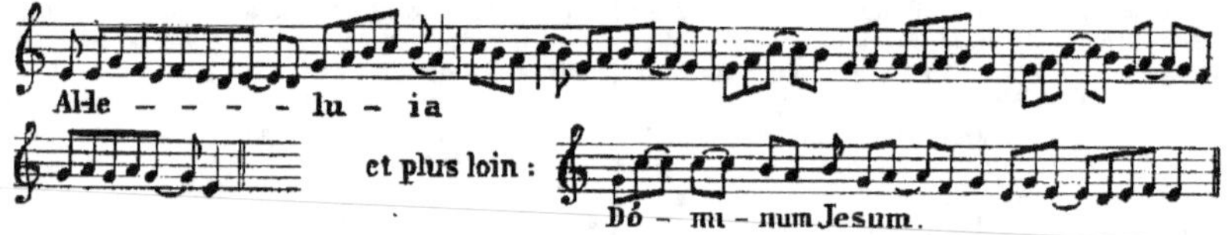

Ces deux formes ne diffèrent que par leur quinte modale posée sur le *mi* pour l'une, et pour l'autre sur le *la.* C'est donc l'évolution de la mélodie dans le cadre de l'une ou de l'autre de ces deux quintes qu'il faudra suivre pour identifier le mode, sans négliger le rôle du bémol, lequel produit une modulation à la quarte supérieure, c'est-à-dire au *la* par rapport au mode de *mi.*

Dorien mi. — L'*Alleluia* du IIᵉ dimanche après Pâques est un exemplaire très net de ce mode ·

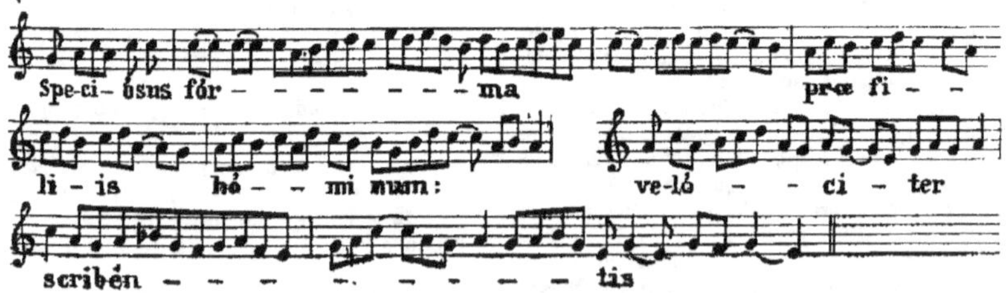

Les points d'appui de la phrase musicale sont surtout *si*, *sol*, *mi*. Pas de *si bémol*. Nous retrouvons ces mêmes caractéristiques dans le *Pange lingua*, dans les Introïts du Vᵉ dimanche après Pâques et du XXᵉ après la Pentecôte, et dans l'*Alleluia* du VIᵉ dimanche après la Pentecôte.

Dorien la. — Les pièces en dorien *la* pur sont très rares. En voici un exemple tiré du Graduel du dimanche dans l'octave de Noël :

Dès le début, l'évolution de la cantilène dans les limites de la quinte *la-mi* et, par la suite, son enroulement persistant autour du *la* et de l'*ut*, tout, y compris le *si bémol* dans le voisinage immédiat de la conclusion, tout impose le *la* comme fondamentale. Seule, la dernière formule présente quelque ambiguïté.

Dorien mi et la. — Dans le plus grand nombre des cas, le chant oscille entre ces deux fondamentales. Il est à remarquer que la psalmodie, à la messe comme aux vêpres, se chante toujours en dorien *la*, quelle que soit d'ailleurs la fondamentale de l'Introït ou de l'Antienne. Quant à la finale, sauf dans le cas de dorien *mi* bien caractérisé, la quinte conclusive dépendra de la formule. Même en dorien *la*, on peut hésiter entre l'une et l'autre quinte.

IVᵉ Mode. — Toutes les pièces marquées d'un 4 (sauf la communion du XVIIIᵉ dimanche après la Pentecôte, qui conclut sur le *si*) ont pour finale *mi*.

En outre, à part quelques exceptions, elles ont tous leurs *si* affectés d'un bémol. Celles qui ont des *si* naturels appartiennent évidemment à un mode relâché de *mi* autonome. Chez les autres, la persistance exclusive des *si* bémol dénonce incontestablement une transposition à la quinte inférieure. D'abord, parce que le bémol ne pouvait être qu'accidentel dans les modalités antiques; ensuite, parce que ce bémol constitutif est incompatible avec une échelle plagale de *mi* telle qu'on nous l'enseigne:

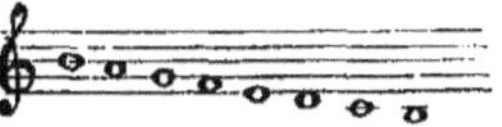

Quelle est donc cette échelle?

Quelques fragments, restitués à leur ton original, permettront de la déterminer plus facilement.

Voici d'abord l'Introït du Jeudi Saint :

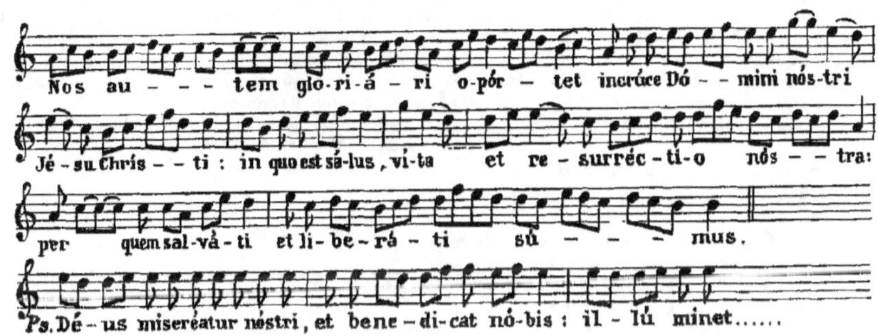

Trois choses sont à constater dans ce morceau : 1º l'étendue, 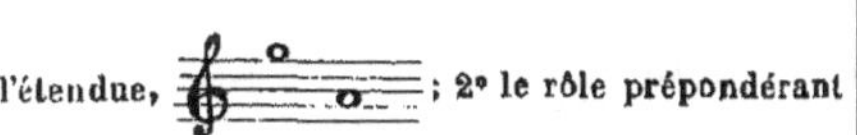 ; 2º le rôle prépondérant qu'y joue le *ré*; 3º l'impossibilité pour la finale *si* d'être une fondamentale, le mode de *si* étant impossible aussi bien normal que relâché, puisque la division de son octave ne pourrait donner qu'une quinte diminuée et un triton :

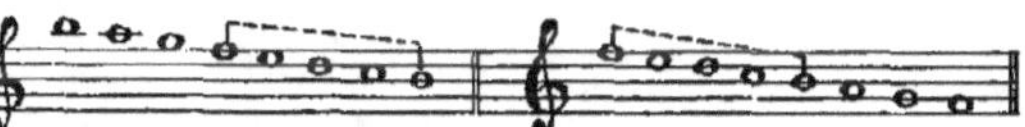

D'après ce que nous savons des modes grecs, la finale *si* ne peut être donc que la tierce de la quinte modale d'une échelle intense de *sol*.

Remarque. — Les *fa* du psaume, transposés au grave d'une quinte, devraient être traduits par des *si♭*. Pourquoi ces bémols ont-ils été supprimés dans la Vaticane? Probablement parce qu'il n'y a pas de *fa* dans le voisinage immédiat du *si*. Les éditeurs ne se seraient-ils pas aperçus qu'il y a là une déformation du texte musical d'abord, et ensuite une disparate fâcheuse dans ce psaume en *mi* accolé à une antienne en *sol* intense transposé en *ut*? C'est un des inconvénients, et non des moindres, qu'offrent certaines transpositions.

Plus caractéristique est encore le Graduel du dimanche des Rameaux :

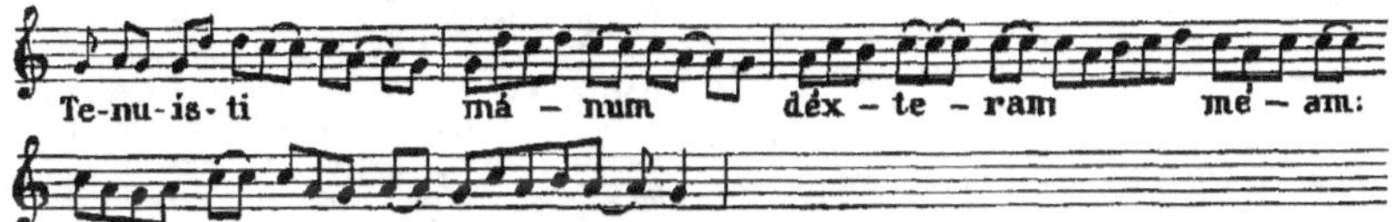

La mélodie de l'antienne est incluse presque tout entière dans la quinte modale de *sol*, et le verset en utilise fréquemment tout le tétracorde supérieur :

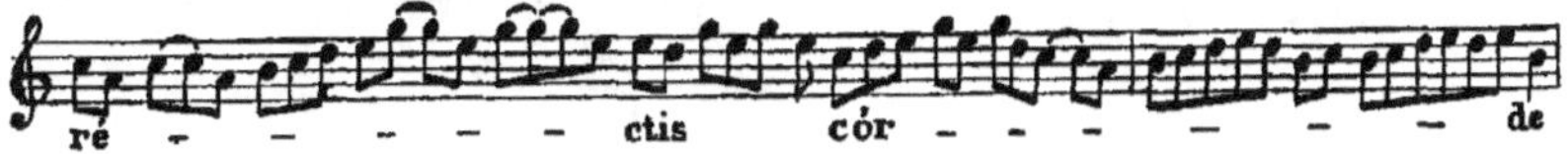

Citons pour finir le *Credo* ordinaire :

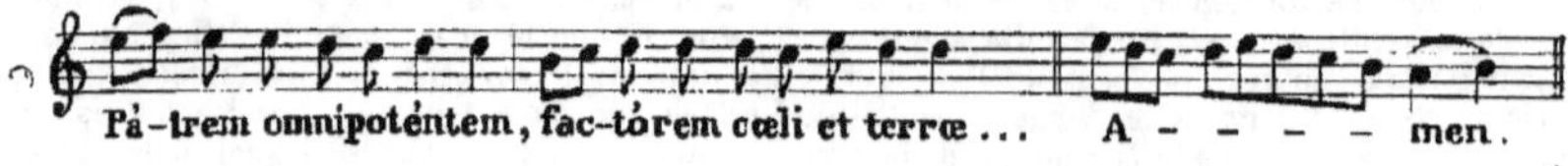

La quinte finale doit-elle être *si-fa♯*, ou *sol-ré?*
Anomalies. — Voici une antienne qui reparait fré-quemment aux divers offices, principalement pendant la Semaine Sainte :

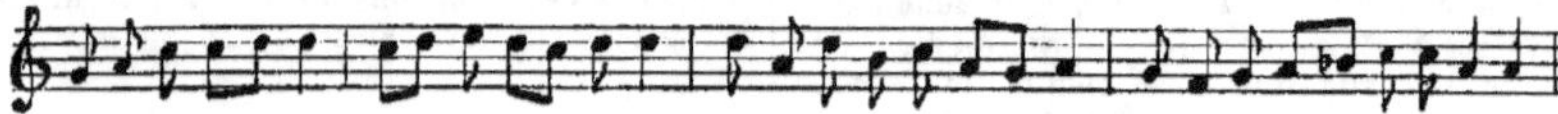

Elle commence en Mode de *sol*, elle finit en Mode de *fa* intense et elle est marquée du chiffre 4 avec un psaume du quatrième *ton*.

Autre anomalie. C'est l'*Alleluia* du IVe dimanche de l'Avent. Il est marqué du chiffre 3. Or l'*Alleluia* finit bien sur un *mi*, mais l'antienne conclut sur un *ré*. En réalité l'*Alleluia* est du dorien *mi* et l'antienne du Mode de *la* (4). Quoique n'ayant pas la même finale, ces deux échelles ont une certaine parenté, et la disparate serait moins grande si l'antienne n'avait pas été transposée de *la* en *ré*.

L'édition de Reims et Cambrai donne de cette pièce une autre version. Elle est tout entière du Mode de *la* non transposé et commence ainsi :

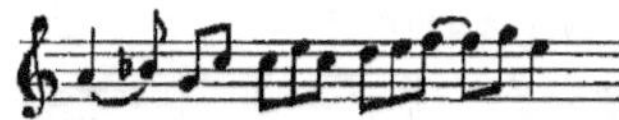

mais le bémol du début ne revient pas à la fin de la vocalise, ce qui produit avec la version de la Vaticane une différence sensible, puisque, dans la tierce *la-ut*, le demi-ton n'occupe pas la même place que dans la tierce *ré-fa*. Quelle version est la bonne?

Résumé. — Ainsi donc, le numérotage traditionnel du chant liturgique est défectueux, à cause du classement sous une même dénomination de pièces de modes différents, et aussi parce que certaines transpositions altèrent le caractère des chants qui en sont l'objet et rendent plus difficile la recherche de leur modalité. Le maître de chapelle devra pourtant s'y résigner, — ne serait-ce qu'à cause des *tons* des psaumes, — puisque les éditeurs de la Vaticane ont cru devoir le conserver, mais en le corrigeant au moyen des précisions que nous venons de recueillir et dont voici le résumé :

1er mode. — *Échelle normale de la le plus souvent transposée en ré; — ou échelle normale de ré autonome.*

IIe mode. — *Échelle relâchée de la le plus souvent transposée en ré; — ou échelle relâchée de ré autonome; ou encore échelle intense de fa.*

IIIe mode. — *Echelle dorienne avec quinte modale tantôt sur le mi, tantôt sur le la.*

IVe mode. — *Quelquefois échelle relâchée de mi autonome; — le plus souvent échelle intense de sol transposée en ut.*

V^e mode. — *Echelle normale de fa; — ou échelle normale d'ut parfois transposée en fa avec si♭ constitutif.*

VIe mode. — *Échelle relâchée de fa; — ou échelle normale d'ut le plus souvent transposée en fa avec le si bémol.*

VIIe mode. — *Échelle normale de sol.*

VIIIe mode. — *Echelle relâchée de sol.*

Les accords.

Le mode étant ainsi identifié, il ne suffira pas, pour obtenir un accompagnement vraiment modal, de ne faire entrer dans sa contexture que des éléments des modes antiques. Il sera nécessaire encore, dans le choix des accords et leur mise en œuvre, de respecter la nature intime des échelles grecques et leur caractère propre, c'est-à-dire, d'abord ce qui, en général, les différencie essentiellement du « ton » moderne, et ensuite, ce qui les distingue spécifiquement les unes des autres.

Les échelles grecques, en effet, de par leur constitution, sont orientées vers le grave :

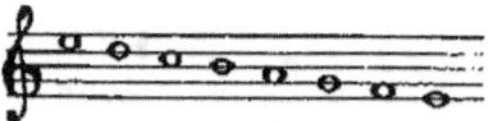

à l'opposé de notre gamme que sa sensible attire vers l'aigu :

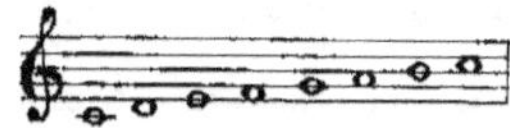

Il s'ensuit que l'accompagnateur devra renoncer à tout accord attractif, de septième ou de neuvième de dominante, à toute formule donnant l'impression d'une sensible irrésistiblement poussée vers sa tonique, à toute cadence parfaite[1], vraie ou fausse, en un mot à tout ce qui impose la sensation de la tonalité moderne. L'application d'une harmonisation tonale à une cantilène de modalité antique, constituerait un anachronisme aggravé d'une disparate, une anomalie comparable à l'aspect du chœur de Saint-Merry ou de Saint-Séverin, où le revêtement Louis-quatorzième, infligé à la partie inférieure des piliers, contraste si étrangement avec l'ogive des arceaux et de la voûte.

Est-ce à dire que l'on doive user uniquement des accords parfaits, à l'exclusion de toute dissonance, et même de l'accord de quinte diminuée? La raison d'un tel ostracisme n'apparait pas clairement. Les accords de quatre et de cinq sons ne sont pas plus extérieurs à la monodie grégorienne que ceux de trois sons. Utilisées modalement et de préférence comme retards, broderies ou accords de passage, les dissonances contribueront à arrondir les angles du contrepoint, à lui donner plus de souplesse et de flexibilité. Quant à l'accord de quinte diminuée, le triton n'est pas un motif suffisant pour le proscrire,

---

1. Sauf peut-être, et dans certains cas, pour le mode d'*ut*, transposé ou non.

du moins en son premier renversement, et dans un rôle analogue à celui de l'accord du deuxième degré de notre gamme mineure. Le triton n'est pas étranger à nos chants sacrés les plus anciens, mais c'est surtout la quinte diminuée que, dans certains modes, l'on y rencontre à chaque instant. Pourquoi, dès lors, ne pas accompagner ainsi la formule suivante :

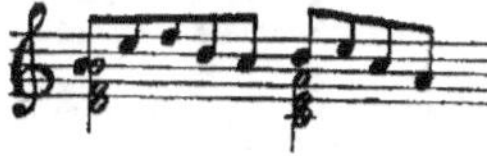

Il est évident que les règles de la modalité ne sauraient s'appliquer aux proses et aux hymnes des divers rites gallicans, lesquels datent tous du XVIIIe siècle; surtout aux messes de DUMONT, parsemées de sensibles et de modulations à la dominante, et écrites dans un style qualifié par l'auteur lui-même de plain-chant musical. Dans les diverses éditions diocésaines, on a cru devoir, sous prétexte d'unité, en supprimer les dièses et parfois même en modifier le texte, au mépris de la pensée du compositeur. On n'a réussi qu'à les déformer, sans parvenir à leur donner un caractère vraiment modal.

Pour ce qui est de l'harmonisation individuelle à chaque mode, il sera nécessaire d'abandonner, ou de rectifier tout au moins, la théorie erronée des Finales et des Dominantes. Nous venons de voir que la Finale n'est pas toujours la fondamentale du mode, puisque dans les modes intenses elle en est la tierce, et la quinte dans le dorien la. Quant à la note faussement qualifiée de dominante, sa fonction n'a rien de comparable avec celle que semblerait faire prévoir le vocable dont on l'a affublée. Elle est simplement le ton sur lequel se chante le psaume. Et même, dans le psalmodie, elle paraît motiver assez rarement l'accord dont elle est la fondamentale. Si l'emploi de cet accord est légitime lorsqu'il est indiqué par le contexte, ou simplement si l'on veut colorer de quelque variété le tissu polyphonique, il n'y a pas de raison plausible pour l'imposer systématiquement comme caractéristique du mode. Il ne peut y avoir en ceci d'autre principe fixe que celui de la quinte modale.

Le contrepoint.

Les éléments d'un accompagnement modal étant ainsi déterminés et définis, il ne reste plus qu'à les mettre en œuvre à bon escient. Et d'abord, il ne saurait plus être question du contrepoint à note contre note. NIEDERMEYER a pu être trompé par les livres de chœur de son temps qui ne contenaient plus qu'un squelette de chant. Nous n'avons plus la même excuse depuis que les neumes nous ont été restitués dans leur intégralité. Ces neumes fourmillent, en effet, d'ornements de toute sorte : notes de passage, broderies, appoggiatures, anticipations, échappées même, que tout bon harmoniste a appris à discerner et à traiter comme il convient. De même, il n'ignore pas que les accords doivent être choisis et disposés selon le rythme, l'accent, le sens et l'expression de la phrase musicale.

Évidemment, le contrepoint devra être d'une trame plus ou moins serrée, selon que la mélodie sera plus ou moins rapide et plus ou moins chargée de neumes.

Il va de soi qu'on ne saurait harmoniser une mélopée à peu près syllabique, telle une antienne, comme on ferait d'un Graduel ou d'un Alleluia aux longues vocalises, ni même comme d'un Introït ou d'une Communion, quoique plus sobrement ornés.

Il ne saurait être question ici d'entrer dans les précisions et les détails d'un traité d'accompagnement du plain-chant. C'est pourquoi le présent travail a dû se borner à poser les principes essentiels, et à indiquer la voie à suivre pour rendre tolérable l'harmonisation des chants liturgiques. Pour y réussir, une grande habileté technique serait nécessaire, et aussi une connaissance et un sentiment profonds des cantilènes ecclésiastiques unis à un sens artistique très affiné : en un mot, du goût, du tact, du savoir et de l'intelligence. Est-il nécessaire d'ajouter que, sans un zèle et une bonne volonté à toute épreuve, ces dons, innés ou acquis, seraient d'un secours insuffisant ? Encore faudrait-il que ce zèle et cette bonne volonté ne fussent ni découragés ni paralysés.

Voilà, dira-t-on, bien des exigences et auxquelles peu d'organistes voudraient ou pourraient se plier. Il est certain que les amateurs, professionnels ou non, se satisferont toujours à moindres frais et ne s'embarrasseront pas de tant de scrupules. Aussi, n'est-ce pas pour eux que ceci est écrit, mais pour les artistes, les vrais, ceux qui ont le respect et l'amour de leur art.

LA MUSIQUE

Mais c'est surtout dans le choix de son répertoire que le maître de chapelle doit faire preuve d'une instruction solide, d'un goût épuré et d'un tact très sûr. N'est-ce pas, en effet, à l'ignorance et au mauvais goût d'un trop grand nombre de chefs de chœur qu'est due toute cette pitoyable musique dont furent envahies les églises au cours du XIXe siècle? Qu'ils l'aient écrite eux-mêmes ou qu'ils l'aient accueillie sans discernement, ils n'ont pas peu contribué à laisser s'établir une regrettable confusion entre la mélodie et la platitude, la simplicité et le néant, et à laisser s'accréditer cette légende que la « science » — c'est-à-dire la technique — étouffe l'inspiration musicale. Ils peuvent revendiquer une large part de responsabilité dans l'avilissement de l'art religieux[1].

Le mal, il est vrai, date d'assez loin. On le voyait déjà poindre au XVIIIe siècle; mais c'est à la suppression des maîtrises, en 1791, qu'il doit d'avoir pris les proportions d'un véritable désastre. Pendant soixante ans environ, les musiciens d'église furent abandonnés à eux-mêmes, le Conservatoire de musique, dans la pensée de ses fondateurs, n'ayant été institué que pour approvisionner de compositeurs, de chanteurs et d'instrumentistes les théâtres nationaux. L'adjonction d'une classe d'orgue ne modifia la situation que d'une manière insensible. C'est NIEDERMEYER — après une courte et infructueuse tentative de CHORON — qui entreprit la restauration méthodique de la musique religieuse. Il organisa d'abord, sous les auspices du prince de la Moskowa, des concerts de musique ancienne. Puis, en 1853, il fonda l'École de musique religieuse, destinée à former des maîtres de chapelle et des organistes, et il traça pour ses élèves un vaste plan d'études où le plain-chant et les œuvres chorales de JOSQUIN DES PRÉS,

---

1. Il faut reconnaître pourtant qu'ils ne sont pas seuls responsables de cet état de choses, car, malgré leur titre, ils n'ont pas toujours la liberté de leurs choix.

de Janequin, d'Orlande de Lassus, de Palestrina, de Victoria et des autres grands classiques de la Renaissance occupaient la place d'honneur, à côté de la musique d'orgue et de clavecin de J.-S. Bach et de Haendel. C'est donc lui[1] qui fut l'initiateur de ce mouvement de retour aux traditions, repris en 1896, dans un autre esprit et avec d'autres moyens, par Bordes et la *Schola cantorum*, et qui avait si bien préparé les voies à l'intervention décisive du pape Pie X.

On se souvient du *Motu proprio* de 1903 et de son retentissement à travers tout le pays. Il renouvelait et maintenait avec force les prescriptions d'une longue suite de pontifes au sujet de la musique d'église. Le Saint-Père y définissait ainsi qu'il suit les qualités générales que doivent avoir les chants liturgiques :

« La musique sacrée doit posséder au plus haut degré les qualités qui sont propres à la liturgie, et surtout la *sainteté* et la *bonté de la forme*, d'où sort spontanément son autre caractère, qui est l' *universalité*.

« Elle doit être *sainte*, et exclure toute chose profane, non seulement en elle-même, mais encore dans la façon dont l'interprètent ceux qui l'exécutent.

« Elle doit être *d'un art vrai*, car il n'est pas possible qu'elle ait sur l'âme qui l'écoute un autre effet que celui que l'Église entend obtenir en admettant dans sa liturgie l'art des sons.

« Mais elle doit surtout être *universelle*, en ce sens que, pour concéder à chaque nation d'admettre dans les compositions ecclésiastiques les formes particulières qui constituent d'une manière certaine le caractère spécifique de leur propre musique, celles-ci n'en doivent pas moins être subordonnées d'une certaine façon aux caractères généraux de la musique sacrée, qui demande qu'une nation ne trouve pas à son audition une expression qui ne soit bonne. »

Après avoir dit que ces qualités se rencontrent à un degré suprême dans le chant grégorien, le pape formule la loi générale suivante : « Une composition pour l'église est d'autant plus sacrée et liturgique qu'elle se rapproche plus de la conduite, de l'inspiration et de la saveur propres aux mélodies grégoriennes; et elle est d'autant moins digne du temple, qu'elle est reconnue comme s'éloignant plus de ce modèle suprême...

« Les qualités susdites se rencontrent aussi à un excellent degré dans la musique polyphonique classique, et spécialement dans celle de l'Ecole romaine, qui a atteint au XVI⁴ siècle sa plus grande perfection dans les œuvres de Pierluigi da Palestrina, et continua depuis à produire des compositions excellemment liturgiques et musicales...

« L'Église a toujours reconnu et favorisé les progrès de l'art, en admettant au service du culte tout ce que le génie a su trouver de bon et de beau au cours des siècles, toujours cependant d'après les lois liturgiques. Par conséquent, la musique plus moderne est aussi reçue dans les églises, quand elle offre dans ses compositions une bonté, un sérieux et une gravité qui ne la rendent pas indigne des fonctions liturgiques. »

Telles sont les instructions pontificales au sujet de la musique d'église. Très explicites en ce qui concerne la musique palestrinienne, on remarquera, au sujet des œuvres modernes, qu'elles se bornent à des préceptes généraux largement formulés. On admirera cette ampleur d'idées unie à une telle hauteur de vues, et on ne sera pas surpris de ne pas trouver ici des précisions que le pape n'a pas cru devoir donner lui-même, ni des jugements qu'il s'est abstenu de formuler sur tel siecle, tel pays, telle école. Il est si malaisé, en pareil cas, de faire abstraction de sa nature propre, de ses goûts, de ses affinités, de ses tendances, si ce n'est même de ses préjugés d'éducation ou de race.

D'autres, il est vrai, croyant interpréter la pensée du Saint-Père et en déduire les dernières conséquences, n'ont pas hésité à condamner impitoyablement toute la musique religieuse des trois derniers siècles, excepté « quelques rares pièces seulement, comme l'*Ave verum* de Mozart » et les œuvres récentes des musiciens qui « se sont assujettis aux règles canoniques, en s'assimilant diverses formes dites *grégoriennes* ou *palestriniennes*[2] », principalement celles qui ont été suscitées par la *Schola* de Paris ou par l'Ecole de Ratisbonne[3]. On sait bien que, d'ordinaire, les réformateurs se soucient peu de nuances et ne se mettent par en peine de transitions. Ils tranchent plutôt dans le vif et procèdent par affirmations catégoriques, préoccupés avant toute chose de parler fort pour se faire mieux entendre. Il faudrait pourtant se garder de choir d'un excès dans un autre au risque de provoquer tôt ou tard une réaction extrêmement fâcheuse. C'est pourquoi, nous avons ici le devoir, sans entrer dans la discussion des faits particuliers et en restant sur le terrain des idées générales, d'examiner de près les considérants d'un jugement aussi sévère et les raisons invoquées pour motiver un tel exclusivisme. Nous verrons, une fois de plus, combien il peut devenir dangereux d'enserrer l'art dans les limites étroites d'une théorie ou d'une formule.

Quel est, en effet, le grief ordinairement formulé contre les musiciens que l'on veut ainsi frapper d'interdit ? C'est « la recherche du pathétique, de l'expression individuelle ». Leur musique, diraient les Allemands, au lieu d'être « objective », est « subjective ». Que signifient ces termes esthético-philosophiques ? Qu'est-ce que le « pathétique » ? Est-il défendu en soi, ou sinon, quel est le point précis où il devient condamnable ? Que faut-il entendre par « expression individuelle » ? Et d'abord, comment définir exactement cette objectivité sans laquelle il ne saurait y avoir de vraie musique d'Eglise ? Faut-il comprendre par là que le compositeur doit se soumettre au texte d'une manière absolue, que le sens et la forme générale de son œuvre lui sont strictement imposés par la liturgie ? A merveille, et il n'est personne qui ne souscrive à ces paroles de M. l'abbé Besse, relatives au bienfait de l'autorité en matière de musique religieuse : « Par elle, la langue subjective de la musique s'élève à la plus haute objectivité. Inspiré et comme dicté mot à mot par la bouche de l'Église, le chant devient objectivement la prière, la *laus vocalis* officielle[4]. » Mais alors, quelle est donc cette chose que, sous prétexte de subjectivité et d'expression individuelle,

---

1. Il était d'autant plus nécessaire de rendre ici à César ce qui appartient à César, que, depuis trente ans, l'œuvre réformatrice de Niedermeyer est systématiquement passée sous silence.

2. *Motu proprio* de S. S. Pie X, traduction et commentaires, p. 16. Schola cantorum.

3. *La Musique d'église*, par le docteur Weinmann, directeur de l'Ecole de musique d'église de Ratisbonne. Librairie Paul Delaplane, Paris.

4. *Le Chant religieux catholique*, Revue de philosophie.

on prétend proscrire? Ce ne peut être la personnalité. — On y perdrait sa peine, sinon avec ceux qui, sous ce rapport, ont peu de chose à sacrifier. — Ni le solo. — Ce serait exclure des livres de chœur les Graduels et les *Alleluia*, pièces de haute virtuosité, qui primitivement étaient chantées à l'ambon par le diacre. Alors, ne serait-ce pas tout simplement l'*expression* sans phrase dont on se méfierait, et qu'il s'agirait, sinon de bannir absolument du répertoire sacré, du moins de soumettre à une inquisition étroite et sévère? Nous voilà alors en plein arbitraire, au milieu de discussions sans fin et sans issue, auxquelles ne sauraient échapper que des œuvres sans vie et sans couleur, toutes de procédés et de formules. Querelles de mots qui n'épargneraient pas même les maîtres italiens du xvi° siècle : ni Giovanni Gabrieli, le plus glorieux représentant de l'école vénitienne, dans la musique duquel Weinmann remarque « l'importance croissante de l'élément subjectif », et dont il dit que « c'est le premier pas vers l'émancipation du caractère individuel en musique[1] » ; ni Soriano, l'élève préféré de Palestrina, dont Ambros nous fait admirer la puissance dramatique dans les *Responsoria chori ad cantum passionis D. N. J. C.*[2]; ni surtout Victoria, de qui Proske, le promoteur de la réforme de Ratisbonne, écrivait « qu'il ne manquait pas d'originalité ni de ressources d'expression subjective[3]. » Et Palestrina lui-même ; M. Pirro ne cite-t-il pas son *Peccantem me quotidie* comme « très expressif, très dramatique même[4] » ?

A la vérité, les maîtres contrapunctistes ne se préoccupaient ni d'objectivité ni de subjectivité, et toutes ces belles *théories* furent imaginées longtemps après eux. Ils parlaient simplement la langue musicale de leur temps, laquelle était très en retard sur celle des arts plastiques. Parvenue à son apogée avec Palestrina, elle devait fatalement décliner, devenir purement formelle et tomber rapidement en désuétude. La musique évolua au xvii° et au xviii° siècle, comme avaient fait au xv° et au xvi° la peinture et la sculpture. Qui songe pourtant à ôter des églises, en Italie surtout, les objets d'art postérieurs aux préraphaélites? Sans aucun doute, il y eut de nombreux abus. De graves excès furent commis. L'opéra, surtout, eut le triomphe insolent ; il était urgent de le chasser du temple qu'il avait fini par envahir, et de redonner aux chants sacrés l'accent qui leur convient et le style qu'ils n'auraient jamais dû perdre. A cet égard, les vieux maîtres nous ont été et nous seront toujours un enseignement précieux. Mais leurs œuvres, en dehors des offices où elles doivent trouver tout naturellement leur place, ne sauraient avoir pour nous qu'une valeur éducative. Etudions-les comme on étudie au collège le grec et le latin, mais ne cherchons pas à les imiter. Quiconque s'y évertuera, nous fera toujours l'effet de s'essayer à quelque devoir de rhétorique. Pénetrons-nous de leur moelle et de leur substance, mais gardons-nous bien de leur emprunter leurs procédés si nous voulons faire œuvre sincère et vivante. Car les procédés ne sont que la partie transitoire de toute œuvre d'art. Ils naissent, s'épanouissent et brillent un *certain temps*, puis se dessechent et tombent, pour laisser la place à d'autres qui tomberont à leur tour. D'ailleurs au xvi° siècle, ils n'étaient pas spéciaux à la musique d'église ; on les retrouve dans les *madrigaux* tels qu'ils étaient dans les *motets* et dans les *messes*. De même, au moyen âge, l'ogive n'est pas plus sacerdotale que militaire ou civile. L'Eglise l'accueillit comme elle avait accueilli précédemment le plein cintre roman ou la coupole byzantine, et comme elle devait faire plus tard pour l'art néo-classique de la Renaissance, pourquoi aurait-elle voulu imposer à la musique seule une forme immuable?

Les chants anciens agissent sur nous, c'est certain, par la beauté de leur forme, et aussi par l'influence mystérieuse de certaines tournures archaïques et raides qui est à l'art des sons comme la patine accumulée des siècles. Mais s'ils nous touchent, s'ils nous émeuvent, parfois très profondément, c'est surtout par la vie spirituelle qui s'en dégage, par la puissance du sentiment intérieur qui les anime, c'est en un mot parce qu'ils sont l'expression géniale et vraie d'une foi sincère et profonde. Or le génie est et sera toujours sincère ; toujours il a parlé et il parlera toujours son langage propre, et toujours avec son accent particulier, que ce génie soit individuel ou collectif, qu'il s'incarne dans un seul homme ou qu'il ne soit que le résumé, la personnification des aptitudes, du tempérament, du caractère de tout un peuple. En Italie, il sera surtout plastique ; plus profond, plus abstrait en Allemagne ; en France, plus sobre et plus expressif. Majestueux et décoratif sous le Roi-Soleil, au siècle suivant, il s'exprimera plutôt avec élégance et avec grâce. L'Eglise n'a jamais eu l'intention de comprimer son essor, mais de le diriger et de le canaliser. Si elle avait voulu lui interdire d'être pathétique, elle aurait exclu de son répertoire la plupart des chefs-d'œuvre, non seulement des trois derniers siècles, mais de tous les temps. Si elle lui défendait tout lyrisme, elle n'aurait pas introduit dans sa propre liturgie ces cantilènes orientales, fleuries de longues vocalises, au même titre que telle de ces pures mélodies importées de Constantinople, ou que tel de ces chants d'une expression si intense, parfois si dramatique, sortis de la plume inspirée de quelque moine français du x° ou du xi° siècle.

N'essayons donc pas de peser, de doser cette chose immatérielle, impondérable qu'est le sentiment religieux, de trop le préciser, de le circonscrire en des limites étroitement définies. Il se colore si diversement selon la fête à célébrer, le texte à illustrer, les mille nuances de la joie et de la douleur, de la prière et du repentir, de l'humiliation et du triomphe. A dogmatiser sur une matière aussi délicate, nous risquerions de vouloir imposer à autrui une conception infiniment respectable sans doute, mais toute personnelle. Le Pape a simplement dit ceci : La musique moderne est admise aux offices « quand elle offre dans ses compositions une bonté, un sérieux et une gravité qui ne la rendent pas indigne des fonctions liturgiques ». Cette parole du Pape suffit ; elle est infiniment prudente et sage et très suffisamment explicite. Tenons-nous-en à la parole du Pape.

---

1. *La Musique d'église*, p. 147.

2. *Kirchenm Jahrb.*, 1865. — Weinmann est émerveillé de la scène des dés à la fin de la Passion selon saint Jean : *Non scindamus eam, sed sortiamur cujus sit,* « ou l'on entend pour ainsi dire le déchirement de la robe et la chute des dés imités d'avance par la voix du soprano ». (*La Musique d'église*, p. 132.)

3. Cité par Weinmann (loc. cit. p. 127).

4. *Mémoires de musicologie sacrée*, p. 79. — Bureau d'édition de la Schola.

.·.

Outre ces lois générales, la musique religieuse est soumise à certaines règles de détail qu'un maître de chapelle ne doit pas ignorer, s'il veut guider son choix avec certitude, ou s'il veut lui-même composer pour l'église. Ces prescriptions sont relatives : 1º au texte liturgique, 2º à la forme générale des compositions religieuses. Nous les emprunterons au *Motu proprio* de 1903, en les complétant par quelques extraits de la *Circulaire de la congrégation des Rites* de 1884.

Du texte.

1º « La langue propre de l'Église romaine est la langue latine. Il est donc interdit, dans les fonctions solennelles de la liturgie, de chanter quoi que ce soit en langue vulgaire, à plus forte raison de chanter en langue vulgaire les parties variables ou communes de la messe et de l'office[1]. » Par conséquent, le latin est seul autorisé pendant les offices solennels, — messes chantées, vêpres, saluts, etc. — La langue vulgaire n'est tolérée que pendant les messes basses, ou encore avant et après les cérémonies précitées.

« Les paroles des motets doivent être empruntées à la Sainte Écriture, au Bréviaire, au Missel romain, aux hymnes de saint Thomas d'Aquin ou de quelque autre docteur, ou à d'autres hymnes et prières approuvées et usitées dans l'Église[2]. » Ajoutons que ces paroles doivent se suivre et qu'il ne faut pas juxtaposer, dans un motet, des phrases empruntées à des passages différents des Écritures.

« Le texte liturgique devra être chanté tel qu'il est dans les livres, sans altération ni interversion des paroles, sans répétitions non nécessaires, sans séparer les syllabes, et toujours d'une façon intelligible aux fidèles qui l'écoutent[3]. » Ces paroles s'appliquent évidemment à ces motets où le compositeur a jugé plus simple de supprimer un mot que d'allonger sa phrase ou d'en altérer le rythme ; à ces *Ave Maria*, ces *Regina cœli*[4], ces *Sub tuum* avec reprise ; à ces messes où les mots *Gloria* et *Credo* reviennent çà et là en guise de refrain, ou l'on voit le *Miserere nobis* reparaître après le *Suscipe deprecationem nostram*, où les diverses parties du chœur, pour en avoir plus tôt fini, disent chacune une phrase différente, où les chanteurs, comme suffoqués par l'émotion, coupent en deux certains mots : *pas-sus-et--sepul-tus est*; mais surtout à ces chants où le texte est d'une prosodie déplorable, où les mots sont répétés mal à propos, où les phrases sont coupées d'une telle façon qu'elles ne présentent plus aucun sens, si même elles n'offrent pas un sens hérétique ou ridicule. La plus commune de ces bévues s'étale dans une foule d'*O Salutaris :*

Da robur fer-auxilium.

Mais combien d'autres sont d'un usage courant :

Ave verum-corpus natum...
Crucifixus-etiam pro nobis...
Fructus ventris-tui Jesus...

De tels errements proviennent d'une fâcheuse ignorance de la langue latine, à moins qu'il ne faille les imputer à une négligence impardonnable. Pour cette raison et pour d'autres encore, dont nous aurons l'occasion de parler par la suite, il serait bon que le maître de chapelle pût comprendre au moins le latin d'église. Et ce ne serait pas là une chose tellement difficile. Encore serait-il à désirer que ceux qui n'auraient pas le courage de se mettre à cette étude, avant de composer sur un texte latin, se le fissent préalablement expliquer mot à mot, avec l'indication des syllabes portant l'accent tonique. A notre époque ou l'on se montre, et avec raison, très sévère sur la prosodie et le respect scrupuleux du sens de la phrase dans la musique profane, il est particulièrement choquant qu'on traite avec un tel sans-gêne les textes liturgiques.

De la forme extérieure.

« Chaque partie de la messe et de l'office doit conserver musicalement la forme que la tradition ecclésiastique lui a donnée, et qui se trouve assez bien exprimée dans le chant grégorien. Diverses sont donc les façons de composer un *introit*, un *graduel*, une *antienne*, un *psaume*, une *hymne*, un *Gloria in excelsis*, etc.

« En particulier on observera les règles suivantes : « Les *Kyrie, Gloria, Credo*, etc., de la messe devront garder l'unité de composition demandée par leurs textes. Il n'est donc pas permis de les composer en morceaux séparés, de telle façon que chacun forme une composition musicale complète, et telle qu'on puisse la détacher du reste, et lui en substituer une autre[5]...

« Dans les hymnes de l'Église, on conservera la forme traditionnelle de l'hymne. Il n'est donc pas permis, par exemple, de composer le *Tantum ergo* de telle façon que la première strophe présente une romance, une cavatine, un adagio, et le *Genitori* un allegro. »

En ce qui concerne spécialement le *Gloria* et le *Credo*, il est nécessaire de rappeler ici que le chœur doit commencer par ces mots : *Et in terra pax*, et *Patrem omnipotentem*. La rubrique là-dessus est formelle : « Le célébrant *entonne* et les autres *continuent*. » Elle est transgressée pourtant dans un nombre considérable de messes en musique, où le chœur répète les paroles réservées à l'intonation. C'est aux messes composées pour le culte luthérien qu'il faut faire remonter la responsabilité de cette infraction à une règle jusque-là rigoureusement obéie. La contagion du mauvais exemple s'étendit rapidement de proche en proche, si bien que les musiciens de l'École romaine restèrent à peu près seuls fidèles, sur ce point du moins, à la liturgie. Toutefois, depuis un demi-siècle environ, les compositeurs reviennent peu à peu à la tradition.

Ajoutons, pour finir, que l'on ne doit exécuter à l'église que des œuvres spécialement écrites pour l'église : « Est prohibée toute musique vocale dont les motifs sont des réminiscences théâtrales ou profanes[6]. » L'interdiction est très nette et vise directement toutes ces transcriptions qui, si longtemps, ont fait fureur dans nos maîtrises. Qu'elles soient

---

1. *Motu proprio.*
2. *Circulaire de la congrégation des Rites* de 1884.
3. *Motu proprio.*
4. On peut faire ce reproche au *Regina cœli* d'Aichinger († 1628), pourtant très répandu.

5. *Motu proprio.* — C'est selon cette forme condamnée par l'autorité ecclésiastique qu'ont été conçues, notamment la messe en si *mineur* de Bach et la messe de Rossini.
6. *Congrégation des Rites*, 1884.

extraites d'œuvres dramatiques ou puisées dans le répertoire des concerts, ces sortes d'adaptations sont toujours profondément regrettables. C'est pis encore s'il s'agit de pièces instrumentales affublées de paroles latines et transformées en motets, car alors l'inconvenance s'aggrave le plus souvent d'un véritable méfait artistique. Certaines pages des plus grands maîtres ont subi de ce fait des mutilations et des déformations incroyables. Tantôt, c'est un *O salutaris* de quelques mesures taillé dans la chair vive d'un *Adagio* de sonate ou de symphonie, tantôt c'est quelque belle et libre mélodie à qui l'on a infligé les pires tortures pour la maintenir de force dans les étroites limites de la voix humaine.

. .
. .

Le répertoire ayant été choisi et bien choisi, il reste à le faire entrer dans la pratique de tous les jours, au moyen d'une interprétation aussi fidèle qu'il sera possible. Pour les œuvres modernes, la tâche du maître de chapelle sera facilitée par les indications, généralement précises, de mouvement et de nuances qu'elles renferment. Elle sera plus épineuse au contraire s'il s'agit de musique ancienne, car les manuscrits et les éditions originales en donnent la note toute simple, toute nue, sans le moindre signe supplémentaire, même sans barres de mesure. Par conséquent, les nuances indiquées dans les éditions plus récentes ont été ajoutées pour les besoins de la cause, parfois avec un luxe pour le moins excessif, quand ce n'est pas à contresens. Elles n'engagent donc que l'éditeur, et il sera nécessaire de les reviser avec le plus grand soin. Mais sur quelle base faire cette revision? Sur la tradition, direz-vous. Mais où la chercher, cette tradition? A Rome? Si l'on en croit les souvenirs lointains de ceux qui, jadis, eurent l'occasion d'entendre dans la Ville Éternelle les chœurs de la Chapelle Sixtine, la musique *a cappella* se chantait sans nuances, avec, simplement, une atténuation de la sonorité, en même temps qu'un ralentissement du mouvement sur certaines paroles du texte liturgique, telles que : *Adoramus te,* ou *Jesu Christe,* ou encore *Et homo factus est.* Ces souvenirs, on le voit, ne concordent guère avec ceux, beaucoup plus récents, que nous a laissés une certaine chorale romaine.

Dans le doute, et faute d'un témoin irrécusable qu'il soit possible d'interroger, une seule ressource nous reste : l'étude réfléchie, objective, des œuvres dont il s'agit, entreprise en toute simplicité, avec l'oubli de soi le plus absolu, et après avoir chassé de son esprit jusqu'au souvenir de certaines habitudes musicales qui se traduisent par une recherche maladive de l'effet, ou par une préoccupation constante de mettre en relief la moindre rentrée, le moindre dessin, et de trouver des intentions partout, jusque dans les coins les plus inattendus.

Il importe d'abord d'observer que ces œuvres ont été faites pour être exécutées par le moyen des voix seules et sous de vastes nefs; d'où il est déjà permis de préjuger que l'interprétation, par son ampleur, devait s'adapter à l'ampleur de l'édifice. La même remarque s'applique, d'ailleurs, à la musique écrite aux siècles suivants par les grands classiques de l'orgue. Aussi bien, cette concordance parfaite, cette étroite affinité entre les chœurs, l'instrument et le temple devait nécessairement s'imposer, puisqu'elle était dans la nature des choses. Et les grands orga-

nistes, comme les grands maîtres de chapelle, l'ont si bien senti, que l'on découvre dans la structure de leurs œuvres, ainsi que dans l'architecture des vieilles cathédrales, la même pensée directrice, presque les mêmes procédés de composition. Ici comme là, c'est la même unité souveraine de l'œuvre d'art, dont toutes les parties, tous les détails concourent à l'expression d'une même idée mystique, et où les proportions, l'équilibre, les effets de lumière et d'ombre sont obtenus par une simple combinaison de lignes et de plans.

Dans une église romane ou gothique, c'est vers l'autel que converge le plan en forme de croix, avec ses trois nefs aux proportions variées, son transept et le mystère de ses arcades autour du sanctuaire. De même, dans un prélude ou une fugue de BACH, comme dans une messe de PALESTRINA, la composition entière se déploie autour d'une idée centrale qui se développe par plans successifs, diversement éclairés, selon que les lignes de la polyphonie se déroulent sur l'un ou l'autre des trois claviers si elle est instrumentale, ou, si elle est vocale, sur les divers degrés de puissance sonore exprimés par : *forte, mezzoforte* et *piano*, le chœur s'efforçant toujours, par le bel équilibre des voix et par l'homogénéité de l'exécution, d'égaler la cohésion, la fusion de toutes les sonorités que l'orgue réalise si parfaitement sur chacun de ses claviers.

Sans doute, les progrès de la facture d'orgues ont enrichi cet instrument d'une multiplicité, d'une variété de ressources qui, en permettant de mieux graduer, de mieux nuancer ses sonorités, ont fait de lui une sorte d'orchestre symphonique. Ces progrès n'ont ni altéré son caractère fondamental, ni changé les conditions de son ministère. Pas plus que n'ont été modifiés les conditions et le caractère du chant religieux par tout ce que l'accompagnement instrumental et la sensibilité, l'individualité modernes ont ajouté de nouveau à ses moyens d'expression. D'ailleurs, tous les maîtres qui ont écrit pour l'église, depuis LALANDE et RAMEAU jusqu'à César FRANCK et SAINT-SAËNS, même lorsque leur style ne conservait pas toute la gravité désirable, s'en sont toujours tenus aux nuances larges, « aux grands plis grecs », disait GOUNOD. Pourquoi donc la musique des XVe et XVIe siècles, de toutes la plus austère et la plus dépouillée, aurait-elle le monopole de la mièvrerie, du maniérisme, des petites intentions et des petites ingéniosités?

Toutefois, il faudrait se garder de pousser trop loin l'analogie, car, malgré tout, l'être humain, âme et corps, ne saurait être assimilé strictement à la pierre froide, même miraculeusement assemblée, ni à un instrument de lui-même inexpressif, si harmonieux soit-il. Et ceci va nous conduire par une pente toute naturelle à nous demander si la musique palestrinienne est ou n'est pas expressive. Les uns disent : oui; les autres : non. Mais il sera permis de croire, cette fois encore, à une vérité plus nuancée, et qu'il y a là plutôt une question de mesure ou même d'espèce. Les vieux maîtres n'avaient pas tous la même nature, bien qu'ils aient tous utilisé les mêmes procédés; et il serait surprenant qu'ils aient tous conçu toutes leurs œuvres dans un même sentiment et un même caractère, quels que fussent d'ailleurs les textes qu'ils avaient à traduire en musique. Il semble difficile, par exemple, de refuser toute expression aux œuvres de VICTORIA, ou même à certaines pages de PALESTRINA, lequel pourtant est d'habitude plutôt plastique. Le grand point ne consisterait-il pas précisément à mettre de l'expression là où il faut seulement, et pas plus qu'il n'en faut? Question extrêmement délicate et sur laquelle on parviendra difficilement à s'entendre. Malgré tout ce que l'on dira ou qu'on pourra écrire, chacun, de la meilleure foi du monde, comprendra la musique d'après sa nature propre et selon qu'en lui dominera l'intelligence ou la sensibilité.

LES OFFICES

Nous venons de voir le maitre de chapelle s'initiant à tous les secrets de son art, prenant conscience de ses devoirs et instruisant, façonnant la petite troupe dont il a assumé la direction. Nous allons le suivre maintenant sur le champ même de son action, au milieu des diverses circonstances qui sollicitent son intervention directe, dans les manifestations cultuelles où s'exerce son ministere et qui constituent la raison d'être de ses fonctions, le but assigné a son activité. C'est ici qu'on va le juger, car c'est ici que vont être mis à l'épreuve, avec les études qu'il a poursuivies, et les connaissances par lui acquises, les résultats de tout ce travail épineux et souvent ingrat que nécessitent des voix d'enfants à former, une chorale à exercer, un répertoire à choisir et à faire entrer dans la pratique de tous les jours. C'est dire combien est nécessaire au maitre de chapelle une étude sérieuse des offices à la célébration desquels il doit concourir, combien il lui est indispensable de savoir à fond la liturgie, non seulement dans ce qu'elle a d'extérieur et de formel, mais encore dans son essence même, sa signification intime, l'esprit dont elle ne montre aux yeux que la lettre, l'idée qu'elle recouvre de ses formules et de ses rites.

La Messe.

Le culte, en effet, revêt une forme symbolique dont le sens, qui se perd trop de nos jours, ne saurait être ignoré pourtant de quiconque veut tenir avec intelligence son rôle dans le drame sacré. Ce rôle, toujours un, se colore d'une infinie variété de nuances selon le jour, le moment, la circonstance. Si le maitre de chapelle se satisfait d'une vague impression générale, s'il n'a pas une compréhension nette du culte catholique et s'il n'en connaît pas la raison profonde, s'il s'arrête à l'écorce sans pénétrer jusqu'au cœur même du texte sacré, comment donnera-t-il à chacun des chants l'expression qui lui convient? Comment rendra-t-il intelligible à la foule la prière liturgique?

Ceci d'ailleurs n'est dit qu'à titre d'indication, et l'on ne s'attend pas à trouver ici l'explication des symboles qui se cachent sous les formes cultuelles. Les ouvrages spéciaux ne manquent pas qui renferment tous les documents utiles, tous les renseignements qu'on peut souhaiter[1]. Notre tâche, toute pratique, est infiniment plus modeste. Elle doit se borner à quelques précisions au sujet des offices dont la direction musicale est dévolue au maitre de chapelle. Quant à l'ordre et à la marche des cérémonies, avec les mille détails qu'elles comportent,

c'est à l'usage surtout qu'on peut acquérir l'expérience.

Les chants de la Messe comprennent une partie fixe, dont le texte ne change jamais, et une autre partie, mobile celle-là, et qui varie selon la fête. De là, leur division en *Chants communs* et en *Chants propres.*

Les chants communs sont : le *Kyrie*, le *Gloria*, le *Credo*, le *Sanctus* et l'*Agnus*. Ils doivent être donnés intégralement, sans en rien omettre, « car les rubriques liturgiques n'autorisent à suppléer par l'orgue aucun des versets du texte, quand ceux-ci ne sont pas au moins récités au chœur Il est seulement permis, selon la coutume de l'Eglise romaine, de chanter un motet au tres saint Sacrement après le *Benedictus* de la messe solennelle[2] ». Il est donc antiliturgique de supprimer le *Benedictus*.

Lorsque l'orgue alterne, « le chœur doit chanter le premier verset, et aussi les versets où l'on s'incline et le dernier verset[3] ». On s'incline, pendant le *Gloria*, a ces paroles : *Adoramus te, Gratias agimus tibi... Jesu Christe .. Suscipe deprecationem nostram... Jesu Christe*. Et puisque le verset *Cum sancto Spiritu* est obligatoire pour le chœur, il en résulte que le chœur chante par deux fois deux versets consécutifs, et que par deux fois l'alternance se trouve rompue. L'effet n'est pas heureux et, d'ailleurs, cette regle est rarement observée. Il serait donc préférable, — et nous en donnerons plus loin une autre raison encore, — que l'orgue se tût et que les chants communs fussent exécutés à deux chœurs, les voix d'enfants alternant avec les voix d'hommes.

Les chants propres comprennent : l'*Introit*, le *Graduel*, l'*Alleluia* ou le *Trait*, la *Prose*, l'*Offertoire* et la *Communion*.

L'*Introit* est une construction symétrique dont le psaume forme le centre et dont l'antienne, avant et après le psaume, occupe les deux ailes. C'est donc une amputation véritable qu'on lui fait subir lorsqu'on ne répete pas l'antienne, soit qu'on soude le psaume directement au *Kyrie*, soit qu'on masque le trou béant au moyen d'une improvisation de l'organiste. Cette mutilation est plus sensible encore pour les Introits du IIIᵉ mode, dont le psaume s'achève, non pas sur la finale *mi*, mais sur le *la;* car alors, la cantilène reste sans conclusion, et comme suspendue dans le vide.

D'ailleurs, cette manie de trancher dans le vif s'exerce sur quantité d'autres pièces de plain-chant. Ainsi, dans certaines églises, la vocalise — le *jubilus* — de l'*Alleluia*, au lieu d'être chantée par le chœur, est jouée, parfois même improvisée au grand orgue. Cette faute esthétique est par elle-même infiniment regrettable. C'est pire encore lorsque, dans un chant alterné, les chantres s'arrêtent court après l'intonation — *Victimæ paschali laudes... Ave verum... Inviolata...* — et laissent à l'orgue le soin d'achever seul la phrase commencée. Le non-sens devrait sauter aux yeux. Mais telle est la force de l'habitude — et aussi l'irréflexion ou l'insouciance — que les générations de maitres de chapelle se succèdent sans songer à corriger cette défectueuse pratique, et à la remettre d'accord avec le bon sens et l'une des plus élementaires règles de l'art.

Pour la *Prose,* le mode d'alternance est le même que pour les chants communs. Ce n'est donc pas à

---

[1] Notamment *L'Année liturgique*, de dom Guéranger, et l'*Histoire du bréviaire romain*, de Mgr Batiffol

[2] *Motu proprio.*

[3] *Céremonial des Evêques* (livre I, art. 7)

l'orgue de faire entendre la première strophe, mais au chœur.

Il est une autre erreur dont la *Prose* est parfois l'occasion, et dont est l'objet l'*Alleluia* placé après l'*Amen*. Il ne faut voir dans cet *Alleluia* que la répétition différée de celui qui précède la *Prose*. Par conséquent, il ne se chante que pendant la messe, et on doit le supprimer lorsque la *Prose* s'exécute pendant une Procession ou un Salut

« Le *Graduel*, le *Trait*, l'*Offertoire* et la *Communion* peuvent être suppléés par l'orgue », d'après la *Circulaire de la Congrégation des Rites*. D'autre part, on lit dans le *Motu proprio* de 1903[1] : « Il est aussi permis de chanter *après l'Offertoire prescrit* de la messe, s'il reste un peu de temps, un court motet sur des paroles approuvées par l'Église. »

Les Vêpres.

Au sujet de cet office, voici ce qu'on lit dans le *Motu proprio* :

« A l'office des Vêpres, on devra suivre ordinairement la règle du *Cæremoniale Episcoporum*, qui prescrit le chant grégorien pour la psalmodie et permet la musique figurée pour les versets du *Gloria Patri* et pour l'hymne.

« Il sera cependant permis, dans les principales solennités, d'alterner le chant grégorien du chœur avec ce qu'on nomme *faux-bourdons* ou des *versets* composés dans le même genre... Il reste donc pour toujours exclus et défendus les psaumes de style nommé *de concert*...

« Les antiennes des vêpres devront être ordinairement exécutées avec la mélodie grégorienne qui leur est propre. Si, par suite de quelque cas particulier, on les chantait en musique, elles ne devront jamais avoir la forme d'une mélodie de concert, ni l'ampleur d'un motet ou d'une cantate. »

Ce rappel aux règles s'adresse surtout à l'Italie, où naguère les Vêpres, très rares d'ailleurs, étaient tout entières chantées en musique, ce qui les faisait ressembler en effet à un concert beaucoup plus qu'à une cérémonie religieuse. Nous n'avons, nous, sur ce point spécial, que quelques délictueux *Magnificat* à nous reprocher. Encore sont-ils tombés presque en désuétude. A cette exception près, et sauf quelques faux-bourdons, autorisés, on vient de le voir, par l'autorité ecclésiastique, le plain-chant a toujours été seul en usage en France pour les Vêpres. Les « grands motets » composés au XVII° et au XVIII° siècle sur des textes psalmiques, ne se chantaient jamais que pendant les messes basses.

Les psaumes, nous dit Maurice EMMANUEL[2], « les psaumes, cette louange au Très-Haut, d'une exaltation passionnée qui va jusqu'à la rudesse, sont, sous leur forme verbale complète, mais en un revêtement musical plus simple qu'à la Messe, la partie constituante de l'Office du soir. Leur exécution nécessite des soins attentifs. Ici règne une monotonie « active » et grandiose, qui devient un facteur de pure beauté : le chant de la psalmodie, en nos cathédrales, à l'heure où la rose du couchant lance, du fond de la nef, les flammes de ses vitraux, n'est pas un des moindres attraits de la liturgie. Ce lyrisme puissant, tour à tour extatique, descriptif, batailleur, exclut — devrait exclure — une machinale interprétation. De

ce que la formule psalmodique se répète bon nombre de fois, il ne résulte pas qu'elle doive suivre uniformément le même « cours ». Il appartient au maître de chapelle et à l'accompagnateur de faire circuler la vie, largement, dans ces strophes ardentes, et d'appliquer à leurs réitérations mélodiques la variété des couleurs dont chaque note dispose. C'est là une délicate et précieuse besogne, qui, si l'on s'en acquitte bien, rend l'office vespéral cher à ses interprètes. »

On ne saurait mieux dire. C'est la vie, précisément, qu'il s'agit d'insuffler à cet office, si aisément morne lorsqu'il est chanté sans conviction et sans goût. Pour y réussir, ce n'est pas trop de la collaboration étroite du maître de chapelle et de l'organiste de chœur. A celui-ci, le soin de mettre dans la psalmodie toute la variété possible au moyen des ressources modales dont il dispose. A celui-là, de veiller à ce que l'office soit chanté avec ensemble, avec élan, avec rythme, avec intelligence.

C'est précisément pour prescrire cet élan, cet ensemble, cette intelligence et ce rythme qu'ont été formulés les préceptes insérés dans un vénérable et précieux manuscrit de Saint-Gall sous le titre de : *Instituta patrum de modo psallendi*[3], et dont nous allons donner quelques extraits. On verra combien sont judicieuses ces prescriptions, et comment elles font justice de certaines pratiques défectueuses qui se sont implantées en France au XVIII° siècle.

On doit chanter les psaumes d'un mouvement égal, ni trop vite ni trop lentement, mais rondement et d'une voix vive et animée[4].

Chaque moitié de verset doit être chantée d'une seule haleine[5]. Lorsque cette moitié est trop longue pour être dite d'un trait, il faut que la pause de respiration soit courte et qu'elle ne se produise pas entre deux mots qui, d'après le sens, ne doivent pas être séparés. Ainsi il ne faut pas dire :

Dominare in médio — inimicórum tuórum.
Non commovébitur donec despiciat — inimicos suos.
Intellectus bonus ómnibus — faciéntibus eum.
Non confundétur quum loquétur — inimícis suis in porta.
Et in saécula — saeculórum. Amen.

Mais :

Dominare — in médio inimicorum tuórum.
Non commovebitur — donec despiciat inimicos suos.
Intelléctus bonus — omnibus faciéntibus eum.
Non confundetur — quum loquétur inimicis suis in porta
Et in saécula saeculorum. Amen.

Le milieu de chaque verset doit être marqué d'une pause très sensible. Cette pause doit être proportionnée au degré de rapidité de la psalmodie. La fin du verset se chante plus lentement que le reste[6].

Pour rendre le texte parfaitement intelligible, il ne faut pas négliger l'accent des mots. Toutefois, dans les formules mélodiques du milieu et de la fin de chaque verset, on ne doit observer l'accent que s'il concorde avec la mélodie. Sinon, c'est la mélodie qu'il faut suivre[7].

---

1. Art. III, 8.
2. *Traité de l'accompagnement modal des psaumes.*

3. Ce document a été inséré par GERBERT (*Scriptores*, t. I, p 6) entre ceux du IX° et ceux du XI° siècle, mais on ne l'estime pas antérieur au IX°.
4. *Psalmodia semper pari voce, æqua lance, non nimis protrahatur, sed mediocri voce, non nimis velociter, sed rotunda, virili et succincta voce psallatur.*
5. *Admonemus itaque, ut una respiratione, sive uno anhelitu usque ad punctum rythmice vel metrice psallamus.*
6. *Post medium metrum, modica modulatione peracta, pausam bonam et competentem faciamus : facta pausa, quod de versu restat, morosiori modulatione deponatur salvo Tono... Si morose cantamus, longior pausa fiat ; si propere brevior.*
7. *In omni textu lectionis, psalmodiæ, vel cantus, accentus s e*

On voit d'après ce dernier texte combien est peu fondée la règle d'après laquelle il serait défendu d'élever la voix, aux Méditations et aux Finales, sur la dernière syllabe d'un mot. Elle est, de plus, antimusicale, car l'adjonction d'une ou deux notes supplémentaires, qui en résulte, déforme la mélodie et en détruit le rythme.

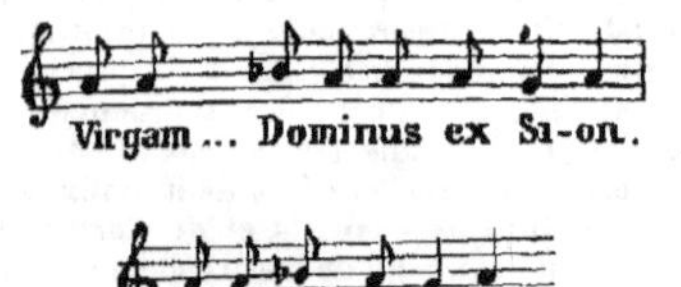

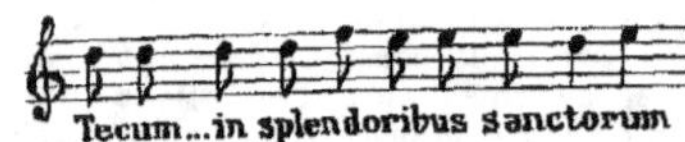

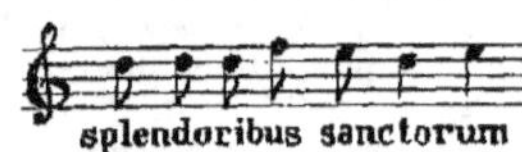

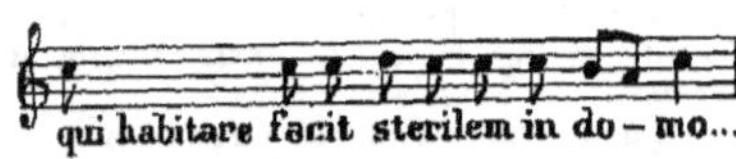

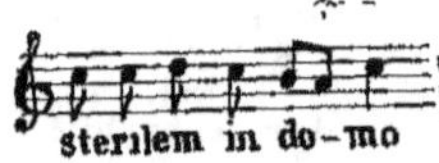

Le *Cérémonial des Evêques* recommande de chanter le *Gloria Patri* plus solennellement que le reste du psaume. On pourrait le chanter en faux-bourdon, ou lentement et *pianissimo*, en y adjoignant l'intonation solennelle les jours de fête.

Se chantent aussi plus lentement les cantiques évangéliques, c'est-à-dire le *Magnificat*, le *Benedictus* et le *Nunc dimittis*[1].

Le psaume ne forme avec l'antienne qui l'encadre qu'une seule et même composition. La suppression du redoublement de l'antienne, après le chant du psaume, équivaut donc à une amputation véritable. Cette mutilation est encore plus sensible dans le cas — très fréquent aux premier, troisième, septième et huitième tons — où la formule psalmique n'a pas la même finale que l'antienne. En règle stricte, l'orgue ne devrait se faire entendre qu'après le redoublement. Malgré cela, il est d'un usage à peu près général de faire intervenir l'organiste immédiatement après le psaume. Encore devrait-on réciter pendant ce temps l'antienne supprimée, puisque rien ne doit être retranché du texte liturgique.

La même règle est applicable aux strophes et aux

versets de l'*Hymne* et du *Magnificat*, suppléés par l'orgue, lorsque celui-ci alterne avec le chœur. Dans ce dernier cas, le chœur doit commencer et finir; c'est-à-dire qu'il doit chanter : de l'Hymne, la première strophe, les strophes impaires et, en plus, la *doxologie*; et, du *Magnificat*, l'intonation, les versets impairs et le *Sicut erat*.

Dans certaines églises, on a coutume de chanter plus lentement la doxologie et les strophes des hymnes pendant lesquelles on se met à genoux. Ces strophes sont : la première du *Veni Creator* et de l'*Ave maris stella; O Crux ave*, de l'hymne de la Passion, et le *Tantum ergo*, lorsque le Saint Sacrement est exposé[2].

Dans certaines églises de Paris, le *Benedicamus Domino* est joué par le grand orgue, et c'est le chœur qui répond : *Deo gratias*. Il y a là un non-sens facile à corriger.

Saluts.

Les vêpres sont suivies, les dimanches et les jours de fête, d'une cérémonie qu'on nomme en France « Salut du Saint Sacrement ». Cette cérémonie est d'origine récente, du moins dans sa forme actuelle. Le *Cérémonial des Evêques* ne prévoit que le chant du *Tantum ergo* suivi du verset *Panem de cælo*. Pour tout le reste, les usages varient selon les diocèses, souvent même selon les églises. Nous n'avons donc pas à nous en occuper ici.

* *

Ces prescriptions minutieuses pourront paraître arbitraires, ou résultant d'une réglementation étroite et tatillonne, aux esprits superficiels qui suivent sans les discuter les usages établis, ou aux consciences faciles qui préfèrent se laisser aller doucement au courant d'une molle routine. Elles sont raisonnées pourtant, elles sont motivées et déduites de la nature même des choses. Leur observance stricte peut seule donner à la liturgie tout son sens, et en manifester en même temps toute la valeur esthétique De même, une attention toujours en éveil, un souci méticuleux du moindre détail, tout autant qu'une bonne exécution des chants sacrés, seront absolument nécessaires pour assurer et maintenir jusqu'à la fin la dignité et la haute tenue qui sont dues à toute fonction cultuelle.

Cependant, de cette tenue et de cette dignité, le maître de chapelle n'est pas seul responsable. La chorale qu'il dirige est le principal mais non l'unique facteur de la réalisation musicale des cérémonies religieuses. L'organiste y intervient fréquemment, soit pour alterner avec le chœur, soit pour remplir les parties vides de l'office. Et la part qu'y prend le prêtre lui-même est loin d'être négligeable; dans certaines fonctions de la Semaine Sainte, elle est même prépondérante. Or cette réalisation ne sera totalement belle, elle n'aura une valeur d'art absolue, que si ses divers éléments s'harmonisent entre eux, s'ils se fondent en un tout cohérent et homogene. Ce qui exclut non seulement les choix inopportuns, les négligences, les faiblesses d'exécution, la grosse faute matérielle, mais même toute divergence de vues, toute différence de méthode, toute disparate, toute incohérence de style. Or, comment

<hr>

concinnus verborum (in quantum suppetit facultas) non negligatur, quia eumde permarime redolet intellectus... Omnis enim tonorum depositio in finalibus modis et ultimis, non est secundum accentum verbi, sed secundum musicalem melodiam toni facienda... Si vero contenerint in unum accentus et melodia, communiter deponantur; sin autem, juxta melodiam toni, cantus sive Psalmi terminentur.

1. *Cantica Evangelii altius et morosius cæteris.* (Hucbald, I, p. 227.)

2. De même pour le *Te ergo quæsumus* du *Te Deum*

obtenir cette unité nécessaire si l'organiste, dans ses réponses au chœur, comprend d'une manière à lui spéciale le rythme des chants et leur harmonisation modale? si le célébrant ou ses assesseurs chantent d'une voix mal assurée, avec une articulation insuffisante ou une accentuation défectueuse?

S'il était trop difficile à certains organistes de se plier à des procédés contraires à leur conception personnelle, peut-être pourrait-on leur suggérer de s'en tenir, dans leurs réponses aux Chants communs et aux Hymnes, à de brèves paraphrases modales du thème liturgique. Sinon, il serait préférable de faire exécuter ces chants à deux chœurs, les hommes donnant la réplique aux enfants, à moins que l'autorité paroissiale ne s'y oppose. Pour le reste, tout ce que pourrait le maître de chapelle serait de former des vœux ardents pour que, dans les séminaires, petits et grands, les voix soient cultivées pendant toute la durée des études, excepté pendant le temps de la mue, et qu'au moyen d'un enseignement approprié, on forme le jugement esthétique de ces jeunes gens en leur donnant le goût de la bonne, de la belle, de la vraie musique.

.•.

Nous voici parvenus au terme de cette étude. On s'est efforcé, en ces quelques pages, de mettre en pleine lumière le rôle complexe et difficile du maître de chapelle, ainsi que les aptitudes et les qualités qu'il implique. Ces conditions sont aujourd'hui ce qu'elles étaient hier et ce qu'elles seront demain. De même que demain, comme hier et aujourd'hui, c'est de la manière dont elles seront remplies par son chef que dépendra la valeur d'une maîtrise, au moins autant que des qualités propres des éléments qui la composent. Mais s'il fut un temps où l'insuffisance des moyens de culture pouvait servir d'excuse à la médiocrité des maîtres de chapelle, ce temps n'est plus, et ceux qui sont ou seront inférieurs à leur tâche devront désormais invoquer d'autres prétextes.

Peut-être les trouveront-ils, ces prétextes, dans les difficultés nouvelles qui vont bientôt s'ajouter à un état de choses déjà si difficile. Car la situation s'aggrave de jour en jour, et les maîtrises sont à la veille d'une transformation complète. Il a été déjà fait allusion à la pénurie de chanteurs d'église. Après les enfants, voici que les hommes, à leur tour, sont sur le point de manquer. Comment va-t-on parer à cette défection et quelle sera la solution de la crise! On a déjà parlé de chorales paroissiales d'hommes et de femmes. La chose n'est pas nouvelle. Des groupements de ce genre existent çà et là, surtout en Lorraine et en Alsace. Ceux de Strasbourg sont particulièrement remarquables par la qualité comme par la quantité de leurs éléments; on y compte jusqu'à plus de cent jeunes gens et jeunes filles parfaitement stylés et disciplinés. Les villages eux-mêmes ont les leurs, et ce sont les maîtres d'école qui les forment et qui les dirigent. Mais une telle institution a-t-elle quelque chance de s'implanter partout ailleurs en terre française et d'y pousser partout de profondes racines? Fonctionnera-t-elle toujours et partout avec l'exactitude, l'assiduité, la discipline nécessaires? Et si elle suffit à assurer le service régulier des dimanches et des fêtes, par quels moyens sera-t-il pourvu au casuel et au service de semaine? Quoi qu'il en soit, on ne fera rien de sérieux ni de durable sans une organisation solide ayant pour assise l'enseignement rationnel du chant dans les écoles. Il y aura là toute une série de problèmes dont la solution ne dépendra pas du maître de chapelle seul, mais qui vont singulièrement compliquer sa besogne. Trouvera-t-on beaucoup d'artistes de talent qui puissent ou qui veuillent se plier à de telles conditions, du moins sans compensations suffisantes? Et n'y aura-t-il pas à craindre, chez ceux qui se montreraient plus faciles ou plus souples, un savoir par trop inférieur à leur bonne volonté? L'avenir nous le dira. En attendant, ne soyons pas pessimistes et espérons que la nécessité, puissamment aidée par une organisation bien conçue, saura pourvoir à tout, et qu'après une suite plus ou moins longue de tâtonnements et d'essais, se fera jour un type nouveau de maître de chapelle, adapté par une formation spéciale et rationnelle aux exigences de la situation nouvelle.

Tels sont les vœux ardents que formeront les anciens et, avec eux, tous ceux que préoccupe avec juste raison l'avenir de la musique religieuse.

D.-C. PLANCHET.

LE CHANT RELIGIEUX
DE L'ÉGLISE ORTHODOXE RUSSE

Par Célestin BOURDEAU
MAITRE DE CHAPELLE DE L'ÉGLISE RUSSE DE PARIS

L'ANTIQUITÉ ET LES INSTRUMENTS

La musique, aussi bien instrumentale que vocale, a été connue des anciens Slaves depuis les temps les plus reculés; leurs poésies antiques et leurs légendes en témoignent, ainsi que les nombreux chants rituels conservés encore de nos jours depuis les temps païens.

Cette musique vocale et instrumentale n'était cependant pas une invention de ces temps (VIe, VIIe et VIIIe siècles); son existence remonte bien au delà, quelques mots connus de toutes les langues slaves le prouvent surabondamment : ainsi, le verbe russe *pěti* (chanter) est commun à tous les peuples slaves; tels sont aussi les mots *pesnia* (chanson), *piétel* (chanteur), également répandus dans l'empire russe.

Les légendes mentionnent que les preux jouaient de certains instruments de musique : les gouslis, les cors, les flûtes, etc., etc.; elles indiquent aussi l'existence de musiciens professionnels joueurs de luth et autres instruments, tels DABRINIS, TSCHOURILE, SOLOVEI, STAVRE, ainsi que des maîtres chanteurs, BASILE, BOUSLEVITCH, SADKO, etc.

Il faut admettre que les chants et les instruments de musique ont été exportés par les Slaves à leur sortie des Indes.

L'influence des Turcs et des Tartares sur ces anciens chants slaves est encore peu définie; cependant, plusieurs ouvrages remarquables en donnent des explications intéressantes, tel le livre de M. RIBASOFF : *La Musique et les chants des Musulmans de l'Oural*.

Il est à noter qu'il nous est parvenu bien plus d'anciens chants épiques et rituels que de chants lyriques; il est à remarquer aussi que l'influence de cette ancienne musique mondaine russe sur les anciens chants religieux est peu connue, mais que cette influence n'est pas douteuse; ainsi les plus antiques chants chrétiens russes nommés : « Chants d'oriflammes », portent bien l'empreinte des chants populaires et indiquent incontestablement une source commune.

Cette influence est d'autant plus étrange que, depuis l'introduction de la chrétienté en Russie, ses représentants paraissent peu goûter la musique mondaine, et même la poursuivent chaque fois que l'occasion s'en présente en la nommant « amusement du diable ».

Dans le livre si intéressant et si curieusement illustré d'Albert SOUBIES, *L'Histoire de la Musique en Russie*, le premier ouvrage d'ensemble qu'un Français ait consacré à cette histoire si peu connue auparavant, nous lisons au chapitre II, page 18 : « La musique, telle qu'elle était pratiquée en Russie au moyen âge, tenait à la tradition confuse des religions et des mœurs païennes. C'est pourquoi elle fut sévèrement proscrite par l'Eglise, dès que le culte chrétien fut institué dans ce pays.

« Le vieil annaliste Nestor, en traçant le portrait de Sviatopolk Ier, le Maudit, ajoute avec mépris la dénomination de « musicien » à la liste de ses vices. On conte d'ailleurs que ce Sviatopolk témoigna publiquement d'une sorte de honte pour avoir été surpris par l'abbé Saint-Théodore, de Kievo, en compagnie de musiciens pendant qu'il se trouvait à table.

« Dans le même ordre d'idées, Offanasievo a décrit une ancienne peinture où l'on voit quels sont, en enfer, les tourments des gens qui se sont livrés à la musique. Les démons, à l'instigation du diable, jouent aux oreilles du musicien réprouvé dans des trompes en feu qui le mettent lui-même en combustion.

« Au XIIIe siècle, l'archevêque Cyrille II, l'archimandrite Sérapion et divers prédicateurs présentèrent l'invasion des Tartares comme un châtiment céleste motivé par la frivolité, la passion païenne des amusements illicites, au premier rang desquels ils faisaient figurer la musique.

« Ce mouvement se continua dans les âges suivants, car, au XVIe siècle, nous voyons la musique condamnée par l'article 92 du Sroglaw (le Code aux cent chapitres).

« En 1551, un concile local admonesta sévèrement les prêtres qui pouvaient s'intéresser à la musique, qualifiant de licencieux les divertissements que procurent les voix et les instruments, et enjoignant même aux laïques de s'en abstenir.

« Cette tendance de l'Eglise se manifesta encore au XVIIe siècle, sous le règne d'Alexis.

« D'après Oléarius, ce fut au Patriarche qu'appartint l'initiative d'une persécution, de genre d'ailleurs assez anodin, qui ne consista qu'à opérer des perquisitions pour saisir les instruments de musique, dont l'on fit ensuite un vaste autodafé. Seuls, les étrangers étaient autorisés à s'occuper librement de musique.

« L'ascétisme encore régnant se manifestait dans la séquestration perpétuelle de la femme qui, à Moscou, vivait enfermée, solitaire, dénuée de tous les moyens d'étendre et de cultiver son intelligence, vouée au jeûne, à la prière, aux exercices de piété, constamment astreinte, dans la pénitence, à *laver son visage de larmes.* »

De l'an 862 jusqu'au xvii° siècle, les musiciens professionnels en Russie étaient, comme on les nommait, des gens de savoir, « des braves gens de passage » gais, polis, honnêtes, « des égayants ».

D'où venaient-ils?... Les uns disent de Byzance, les autres de l'Occident; toujours est-il que, dès le vi° siècle, les historiens grecs parlent des Slaves comme de musiciens émérites et, sous le règne de Constantin (x° siècle), ils étaient les préférés à la cour de Byzance.

Cependant, au xii° siècle, ces musiciens ambulants portent alors le nom de *spielmann*, mot allemand qui signifie joueur d'instrument de musique. On les nomme aussi les *jongleurs*, ce qui, indiscutablement, prouve qu'ils devaient venir de l'Occident. Ces musiciens jouaient de toutes sortes d'instruments : trompettes, lyres, orgues, flûtes, timbales et même violon. Ils passaient de la cour d'un prince à une autre, ou de la maison d'un seigneur à une maison seigneuriale voisine, ils égayaient le monde de leurs jeux et de leurs chants, tantôt comiques, tantôt tragiques, tantôt guerriers, tantôt champêtres. Ils étaient en même temps des mimes et des comédiens, créateurs aussi de petites scènes amusantes où souvent le riche, le puissant et le fort étaient maltraités, ce qui du reste leur créa des animosités aussi bien parmi les nobles que parmi le clergé.

A partir du joug tartare, le clergé ayant acquis une grande influence sur les affaires mondaines, ces chanteurs ambulants (*skomoroches*) furent poursuivis par des lois très sévères. Mais il n'était pas facile d'extirper le *skomorochestro*, tant ses chants et ses danses étaient dans les goûts et mœurs du bas peuple russe; cela surtout, grâce à ses satires contre le riche, le puissant, le « gras ». Aussi, malgré tout, cette disgrâce ne fut-elle pas de longue durée.

Quand un prince ou boyard poursuivait ces chanteurs et musiciens ambulants, immédiatement ils allaient chez l'un de ses ennemis et, en ridiculisant le premier, dans leurs chants et leurs scenes, ils pouvaient être sûrs de la protection de ce dernier, au moins jusqu'au jour où ils se brouillaient avec lui-même; mais alors, ils s'enfuyaient chez un troisième et ainsi de suite.

Ils étaient toujours les bienvenus aux noces et autres fêtes, ainsi qu'aux couronnements des princes. Cependant, au xvii° siècle, sous Alexis et pendant quelques années encore, ils étaient complètement bannis de la cour, et c'est le clergé qui les remplaçait aux grands festins en chantant de la musique d'église.

Les instruments dont se servaient les *skomoroches* étaient de toutes sortes et de toutes provenances

Comme instrument national le plus ancien chez les Russes, d'après les légendes des viii° et ix° siècles, nous nommerons d'abord le *gouslé* (genre de lyre).

Aux xiii° et xiv° siècles, apparaît le *psalterion*, instrument à cordes analogue au *gouslé*. Le *psaltérion* venait de Byzance.

Au xviii° siècle, on trouve le *cimbale-clavier* à dix, douze et même quinze cordes, instrument que l'on rencontre encore de nos jours dans quelques coins éloignés de la Russie.

Les *troubis* (trompettes, aussi anciennes que les *gouslés*), étaient longues et droites.

Puis, comme instruments à vent, nous nommerons la *volinka*, espèce de cornemuse, en usage chez les Finnois et dans les provinces Baltiques; la *sourna*, venue des Tartares, que l'on jouait jadis dans les orchestres militaires; le *rojok* (espèce de trompe), le *rog de Sibérie*, instrument à vent en bois, jadis en corne; le *varyan*, instrument en métal ayant la forme d'un fer à cheval; la *doudka* ou flûte de roseau, la *svirel* en forme de syringe et dont le son ressemble beaucoup à celui du flageolet.

Comme instruments à percussion nous citerons :

Le *tsimbala*, le *nakri*, le *bouben* (espèce de tambour de basque); la *loschki*, instrument ayant la forme d'une grande cuiller dont le manche est couvert de grelots, enfin le *tambour tartare*, le *nabat* (énorme et très puissant).

Au xvii° siècle, l'Orient a donné à la Russie les instruments suivants :

La *domra*, instrument à cordes, espèce de grande guitare.

La *balalaïka*, sorte de petite guitare à trois cordes.

La *bandoura*, sorte de luth dont le nombre de cordes variait de douze à trente.

Le *zouzna*, sorte de hautbois; enfin les timbales.

Il existe encore quelques instruments anciens à citer.

Le *komis* et l'*ikelé*, tous deux à archet, puis le *tchakhome* et le *tapchouro*, instruments à cordes dans le genre de la *balalaïka*.

Quant à la musique vocale, on peut affirmer que, depuis les temps les plus anciens, *seule* elle fut admise dans les églises russes; ses chants et mélodies

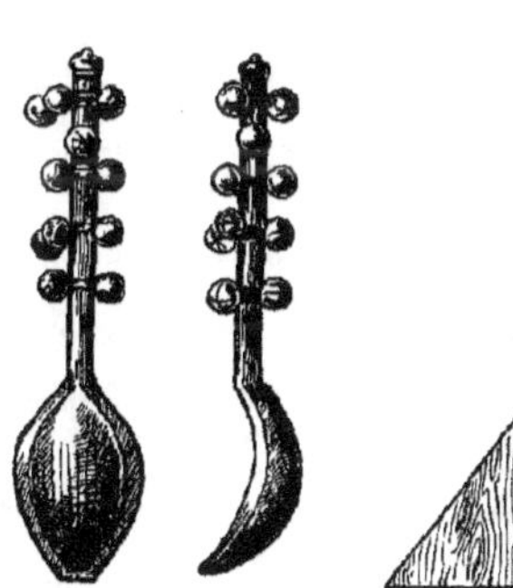

Fig. 1105
Troubi.

Fig. 1106. — Loschki russe.   Fig. 1107. — Balalaïka.

apparurent avec l'introduction de la chrétienté. Le grand-duc de Kiew, Wladimir, fut baptisé à Kersonese, ville grecque située sur le bord occidental de la Crimée. En revenant à Kiew, Wladimir emmena avec lui le Métropolitain Michel, plusieurs évêques, ainsi que des prêtres, des chantres (Demestvennikes), sans doute des Bulgares. Avec la tzarine Anna, arrivèrent aussi à Kiew des chantres grecs, surnommés « les Tsariens »; de sorte que, par cela, le chant primitif de l'Eglise russe fut en grande partie byzantin il se répandit avec le christianisme dans toute la

Russie, et y trouva un terrain propice à sa floraison.

Au xi° siècle, les chantres grecs introduisirent alors leur système musical de huit modes, ou huit mélodies grecques comme base du chant religieux russe; ils établirent des écoles de chant à Smolensk, Nowgorod et Wladimir pour instruire le peuple. Les gens du grand monde aimaient aussi cette musique d'église; ainsi le prince Boris, quelques jours avant sa mort, chantait encore des psaumes; le prince Michel de Tver était passé maître dans le domaine du chant religieux. Le peuple lui-même prenait quelquefois part aux chants d'église, comme, par exemple, le jour du transport des saintes reliques de Boris et Gleb en 1108. Ces chants, composés par des chantres russes, se retrouvent dans tous les livres de musique du xiv° siècle.

Dans ces anciens livres, il y avait deux textes, l'un grec, l'autre slave; ce dernier avait la place prépondérante, mais le texte grec se maintint encore jusqu'au milieu du xiii° siècle, car les premiers hiérarches grecs connaissaient peu le slave; quelquefois même, deux chœurs chantaient à l'église, l'un en grec et l'autre en slave.

Dans l'ouvrage d'Albert SOUBIES, l'*Histoire de la Musique en Russie*, nous lisons :

« Sur l'origine du chant ecclésiastique en Russie, des controverses se sont élevées. Nous devons mentionner à cet égard l'étude de M. Liborio SACCHETTI, professeur au Conservatoire de Saint-Pétersbourg, étude insérée dans ses *Essais sur l'Histoire générale de la Musique*, puis les travaux de SAKKAROW et ceux du Père Dimitri RAZOUMOWSKY, professeur au Conservatoire de Moscou. D'après SAKKAROW, l'harmonie, au moins sous une forme rudimentaire, aurait été connue et pratiquée en Russie, dans la musique vocale d'église, depuis le xi° siècle. Le Père RAZOUMOWSKY a soutenu la thèse contraire.

« Ce qui est certain, c'est que ce fut sous le règne de Wladimir, après son mariage avec la princesse Anne, sœur des empereurs d'Orient Basile et Constantin, que le culte chrétien fut institué en Russie. Alors vinrent de Constantinople, à la demande de Wladimir, un métropolitain, des évêques, des prêtres, accompagnés de Byzantins « démosèges » ou « démoges ». Dès lors, la musique ecclésiastique fut organisée, mais d'une façon qui demeura incorrecte et irrégulière jusqu'au règne de Jaroslaw Ier, époque où une nouvelle mission, composée de trois chantres grecs venus avec leurs familles, donna au chant d'église une forme plus savante, d'après le système de saint Jean DAMASCÈNE.

« On chantait d'ailleurs l'office d'une manière différente à Kiew, à Tchernigow et à Nowgorod.

« Notons, parallèlement à la pure influence hellénique, une influence bulgare et une influence serbe, qui s'exercèrent, dans des proportions difficiles à déterminer, sur la musique sacrée de la Russie. Plus tard même, une influence latine et catholique s'exerça par les Polonais.

« Quelques noms, pour des raisons diverses, méritent de vivre dans la tradition du chant russe ecclésiastique : par exemple, au xii° siècle, celui d'EMMANUEL, un des plus anciens chanteurs venus des pays grecs, plus tard évêque de Smolensk, qui se distingua dans l'enseignement; au xv° siècle, ceux du métropolitain de Kiew, Georges SEMBLAC, et du métropolitain de Rostow, BASILE; au xvi° siècle, ceux d'un prêtre moscovite, FÉODORE, de JEAN LE NEZ, d'ÉTIENNE LE GUEUX, et du métropolitain ARSÉNIUS, envoyé par

le patriarche de Constantinople, Jérémie. Un autre patriarche du même siège députa, par la suite, l'archidiacre MÉLÉTIUS pour enseigner le chant. »

PLAIN-CHANT, AUTREMENT DIT CHANT MÉLODIQUE OU CHANT A L'UNISSON

(Traduction du révérend Père Jessely, diacre de l'Église russe à Paris; traduction faite d'après l'important travail du professeur Liborio SACCHETTI, *Essais sur l'Histoire générale de la Musique*.)

Le peuple russe embrassa le christianisme en l'an 988; les premiers représentants du chant religieux chrétien, nommés sacristains ou clercs d'église, étaient Slaves; ils furent envoyés à Saint-Wladimir par le Tsar et par le patriarche de Constantinople. Ce chant a donc été établi en Russie d'après celui de l'église grecque d'Orient, et son histoire commence au xi° siècle.

C'est à cette époque, du reste, que remontent les manuscrits du chant d'église en Russie. Au xii° siècle, les manuscrits étaient marqués par des caractères nommés *kruky* (crochet). Les manuscrits plus anciens étaient notés avec des signes appelés *kondakary* dont on se servit du xi° au xiii° siècle.

Depuis, on a perdu et jamais plus retrouvé la clef pour lire et comprendre ces caractères.

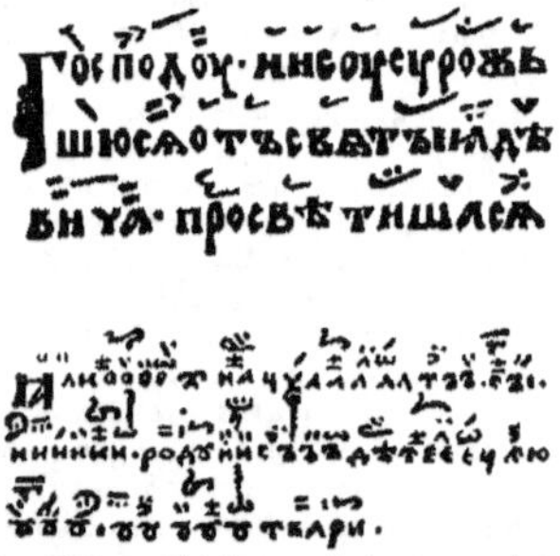

Fig. 1108. — Notation musicale au xii° siècle.

L'Église russe ne possède pas de manuscrits avec les mélodies marquées par les plus anciens « crochets », dont on se servait depuis le commencement du christianisme en Russie jusque vers le milieu du xii° siècle, c'est-à-dire de 988 à 1152.

Le plus ancien livre d'église, le *Stichirare*, date de 1152. Il se peut cependant que bien avant cette époque (un siècle même avant), les mélodies de ce livre d'église, et la façon dont elles étaient notées aient été connues, si nous nous rapportons au dire des chantres russes de cette époque éloignée.

Il y a trois périodes dans l'histoire de l'orthographe des livres d'église en Russie. La première qui date du commencement du xii° siècle jusqu'au milieu du xiv°; la seconde, depuis le milieu du xiv° jusqu'au xvii° siècle; la troisième, depuis le concile de 1666 jusqu'à nos jours.

Les mélodies des livres d'église se rapportant à la première période étaient notées par des caractères connus sous le nom de *znamena*, plus tard *kruky*.

Ces signes de musique étaient placés au-dessus du texte, sans aucune portée. En chantant, on prononçait les paroles de même que dans la lecture et la conversation ordinaire.

On conservait l'orthographe de cette époque; pour cette raison, la première période du chant d'église en Russie porte le nom de : *Langue ancienne authentique*. Les semi-voyelles de l'alphabet slave à cette époque (XII°-XIV° siècle) avaient une prononciation spéciale dans la lecture aussi bien que dans le chant; seulement, pour rendre cette prononciation plus facile dans le chant et les allonger un peu, on plaça au-dessus d'elles de petits signes musicaux qui permettaient de prononcer ces semi-voyelles comme des voyelles. Malgré le système de notation qui existait alors, on étudiait le chant d'église d'après l'oreille. Il y avait des écoles de chant particulières et publiques.

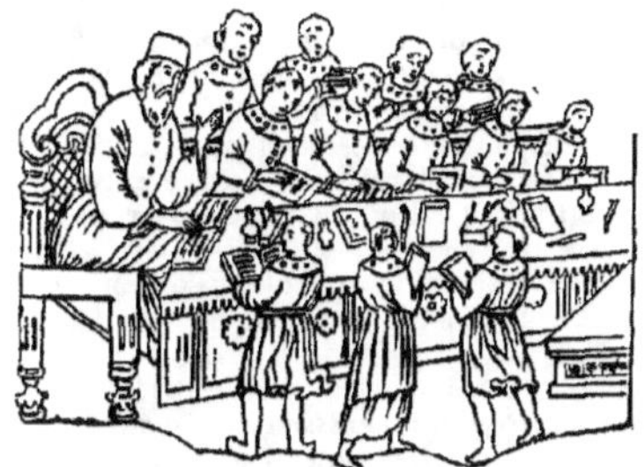

FIG. 1109. — École de chant russe.

Les premières furent fondées par des chantres et des « domestics[1] »; on y enseignait principalement le chant. Les autres furent installées par des personnes pieuses; on y apprenait le chant en même temps que les autres sciences.

Grâce à ces établissements, il y eut un nombre considérable de jeunes gens très habiles dans le chant d'église. Les annales russes font mention de chantres qui furent de véritables artistes. La plupart des chantres et « domestics » appartenaient à la classe cléricale.

Le chant d'église fut aussi propagé dans le peuple russe, éveillant en lui un véritable amour pour cet art. Les annales mentionnent de même que, pendant les services solennels, les fidèles prenaient part au chant d'église.

Les chantres ne se bornèrent pas à enseigner leur art au peuple, ils travaillèrent aussi avec zèle aux arrangements des nouveaux textes, prières et hymnes d'après les mélodies anciennes.

Ce travail exigeait une grande habileté et une connaissance approfondie de la musique; aussi, les chantres avaient-ils le droit d'être fiers de leurs œuvres, qu'ils signaient toujours de leur nom sous le texte arrangé par eux. Ce texte était principalement slave et quelquefois grec.

Vers la fin du XIV° siècle, avec l'évolution de la langue slave et le développement progressif du chant, la prononciation des semi-voyelles devint une difficulté dans le chant, aussi bien que dans la lecture et dans la conversation; ces semi-voyelles perdirent donc leur prononciation spéciale, et on les prononça alors comme des voyelles entières. Malgré cela, le désir de conserver les livres d'église dans leur état primitif fit que l'on remplaça les deux semi-voyelles Ъ, Ь. (ièr, ièri) par les voyelles O-E.

Cela forma de nouvelles syllabes, tout en n'altérant pas le texte.

Cette période dans l'histoire du chant s'appelle période de la *Razdelnoretchia* (partage des syllabes) ou période de la *Homonia*, mot grec signifiant allongement des syllabes dans le texte des mélodies.

L'*Homonia*, tout en dénaturant le texte, fut, en même temps, contraire en quelque sorte à la religion, car, pendant le service divin, on devait exécuter un nombre obligatoire de prières et hymnes, et l'allongement des syllabes prolongeait indéfiniment la cérémonie. Alors, pour raccourcir la longueur des services, on chantait deux ou trois prières différentes à la fois.

Au concile des Cent (1551), on tâcha de réagir contre cet état de choses et on chercha à y remédier. Dans ce but, on abrégea le chant et, dans certains endroits du service, on le remplaça par la lecture. Ensuite, le concile augmenta le nombre des écoles pour la préparation de bons chantres. Ces écoles formèrent des maîtres remarquables. Les plus célèbres furent Ivan-Akimovitch CHAIDOUROW, qui inventa un système de notation, SABAS et Basile ROGOFF.

Les élèves de SABAS et de ROGOFF furent Etienne GOLISCH, Ivan Noss et Théodore CHRISTIANINE, qui propagèrent le chant d'église dans le nord-est de la Russie. Parmi les élèves de GOLISCH, il faut citer Ivan LOUKOSCHKOW et l'archiprêtre SYLVESTRE qui fonda à Moscou une école de chant devenue célèbre; enfin, le chef des chœurs du couvent de la Sainte-Trinité, LOGUINE, qui travailla beaucoup pour le chant et forma d'excellents élèves.

Grâce aux nouvelles écoles, il fut possible d'organiser de nombreux chœurs, dont les meilleurs furent : « Le chœur du Tsar » et celui du Patriarcat; les chantres y étaient grassement et même royalement payés et avaient toutes sortes de privilèges. On remarqua alors une notable amélioration dans le chant d'église et de nouvelles compositions musicales apparurent en grande quantité.

Le tzar IVAN LE TERRIBLE lui-même composa des mélodies.

C'est à cette époque que fut composé, entre autres, le service pour les *Vêpres*, le *carillon* (musique pour les cloches) et les *psaumes* mis en musique par Markel BESBORODOI.

Il y eut aussi, à la fin du XVI° siècle et au commencement du XVII° siècle, un très grand nombre d'excellents chantres. Malgré toutes ces réformes, le mal était trop profondément enraciné, et on ne put l'extirper d'un seul coup.

On continua à chanter plusieurs prières à la fois, deux, trois, cinq même avec un texte dénaturé. A ce défaut, on en joignit d'autres. On commença à accentuer les syllabes incorrectement au détriment des autres syllabes. C'était quelquefois dans l'intérêt de la mélodie, mais cela portait un grand préjudice au texte authentique.

L'initiative de la lutte contre les abus cités plus haut fut prise, à la fin du XVII° siècle, par de simples amateurs du chant d'église.

Cette lutte ne donna de bons résultats que grâce à l'intervention du tzar. Conseillé par les autorités cléricales, Alexis Michailovitch proclama un édit spécial défendant expressément le chant de plusieurs prières à la fois. Il institua ensuite une commission composée d'hommes savants et compétents qui devaient s'occuper spécialement de la correction du texte des livres d'église. On étudia à cet effet les

---

[1] *Domestic* veut dire maître.

anciens manuscrits du XIIIe et même du XIIe siècle, en les comparant aux manuscrits contemporains.

De tous les membres de cette commission, le moine ALEXANDRE mérite une mention toute spéciale, ainsi que MESENETZ, correcteur de l'imprimerie de Moscou et auteur de l'alphabet musical du système de notation marqué par les caractères *znamena*[1].

C'est à cette époque que commence la troisième période dans l'histoire du chant d'église en Russie. On la nomme : « période de la nouvelle langue authentique russe. »

Avant d'aller plus loin, nous devons dire qu'il se trouva des personnes ignorantes qui ne voulurent pas se rendre à l'évidence et adopter les améliorations; elles protégèrent l'homonia (allongement des syllabes), et cette manière de chanter existe encore de nos jours dans certaines sectes en Russie, comme, par exemple, dans les sectes appelées « Bespopovschina » (secte sans prêtres).

Les livres d'église étant corrigés, on résolut de les imprimer, mais ce projet fut retardé, car on se trouva en présence de deux systèmes de notation différents.

Dans le plus ancien des deux, on ne se servait d'aucune portée, tandis que dans le nouveau, la portée, composée de cinq lignes, existait déjà depuis le milieu du XVIIe siècle.

Ce système avec portée était en usage avant cette époque dans les églises de la Russie méridionale, et comportait cinq lignes horizontales sur lesquelles et entre lesquelles on plaçait les *caractères musicaux*. Chacun de ces caractères avait sa valeur rythmique particulière.

Ces notes n'ont aucune ressemblance avec celles de l'Europe Occidentale; leur invention est essentiellement russe. A Moscou, ce système de notation fut connu sous le nom de « Kiewski Znamia », c'est-à-dire système de notation venant de Kiew.

Les premiers signes placés sur les portées furent les suivants :

🯅	*qui avait la valeur de* la ronde	o
7	— — — — — la blanche	♩
7	— — — — — la noire	♩
🯆	— — — — — la croche	♪

Les livres d'église écrits d'après le système de notation à portée, étaient fort rares à cette époque; ils coûtaient très cher et étaient remplis d'erreurs.

Les premières personnes qui s'occupaient de l'imprimerie des livres d'église furent :

BSCHKOROSKY, de l'imprimerie synodale de Moscou, et Gabriel GALOVNIA, première basse à la chapelle de la cour. Ils furent approuvés par les autorités ecclésiastiques, et on commença, dès lors, à imprimer les livres d'église (1772).

Le premier livre sorti de l'imprimerie fut le *Rituel* pour les cérémonies des fêtes de Notre-Seigneur et de la sainte Vierge; ensuite, on imprima l'Octoèque et l'Alphabet ou méthode pour les premières études du chant ayant pour base la clef *C-fa-ut*.

Cette clef était ainsi nommée parce que, dans le

système d'hexacorde établi par GUI D'AREZZO, la note C portait tantôt le nom de *fa*, tantôt le nom d'*ut*. Dans la clef de *C-fa-ut* la note C était placée sur la troisième ligne.

Les livres d'église étant imprimés d'après l'Octoèque (système des huit tons), on plaçait devant chaque prière, canon ou tropaire, l'un des huit tons (glass) sur lequel on devait chanter ces prières.

Le chant religieux était composé et chanté de deux manières.

Il y avait le chant d'église proprement dit, qu'on nommait aussi « Chant des Anges », qui était basé sur le système des huit tons et dans lequel les valeurs et les intervalles étaient très scrupuleusement observés, et le chant appelé « Demestvénoé » (on dit que ce nom vient du mot grec *domestic* (maître); cependant, on n'a jamais pu trouver l'origine et la définition exacte de ce mot).

La composition de ce chant n'était pas soumise aux règles exigées dans le chant d'église proprement dit; l'inspiration du compositeur ne se trouvant pas restreinte par ces règles, les mélodies en étaient plus variées et avaient plus d'étendue.

Ce chant pénétra dans l'Église vers la fin du XVIe siècle.

Dans la musique de l'Église orthodoxe russe, le plain-chant (chant à l'unisson) prédomina.

On permettait différentes nuances. Les mélodies pouvaient être chantées plus ou moins vite, avec plus ou moins d'ampleur, et, pour cela, on plaçait des inscriptions au-dessus d'elles, mais ces mélodies devaient rigoureusement conserver leur caractère primitif. Au XVIIe siècle, les mélodies grecques, serbes, bulgares, etc., pénétrèrent dans l'Église orthodoxe russe.

Au commencement du XIXe siècle, le chœur de la Cour impériale brilla d'une façon toute particulière. Les chantres de ce chœur, venus de tous les points de la Russie, apportèrent avec eux de nouvelles mélodies. Ces différents motifs, joints à ceux qui existaient déjà, formèrent un ensemble admirable. Ils sont connus sous le nom de « Pridvornoi napef » (motifs de la Chapelle impériale).

Le plus ancien de tous les chants d'église en Russie est le « Znamenoi raspev »[2], du nom des caractères musicaux *snamena* devenus plus tard *kruky*, dont étaient marquées les mélodies du plain-chant, et pour le distinguer du chant étudié simplement d'après l'oreille.

Le système de notation par les *kruky* a quelque ressemblance avec le système de la notation grecque sans se confondre avec lui.

Si la construction théorique de l'ancien plain-chant russe porte l'empreinte de l'influence grecque, étant basé sur le même système des huit tons Octoèque), tout ce qui concerne le développement de la mélodie et du système de notation est, sans contredit, d'origine essentiellement russe. Si l'on prend en considération la forme des caractères musicaux *znamena* et *kruky* qui se rapportent au système plus ancien des *kondakary*, dont on n'a jamais retrouvé la clef, la comparaison des manuscrits de la composition russe avec ceux des Grecs, des Serbes et des Bulgares, prouve une fois de plus que l'invention de ce système appartient à la Russie.

Le plain-chant le plus ancien remonte au commencement du christianisme en Russie. Il fut en usage

---

[1] Le mot *znamena* veut dire en russe étendard, en effet, ces signes ont la forme de petits drapeaux.

[2] *Raspev*, d'après POTOULOFF, voulait dire compositeur.

exclusif dans les églises russes jusqu'au xviiie siècle.

L'Église orthodoxe honore et respecte le plain-chant et ses traditions, de même qu'elle honore et respecte les anciens livres d'église, les ornements, chasubles, etc.

Le système de composition des mélodies du plain-chant est en tous points conforme à l'ordre du service divin, et répond tout à fait aux exigences de l'Église par son caractère imposant et religieux. Tous les fidèles peuvent comprendre les paroles chantées par le chœur, le plain-chant n'empêchant pas la prononciation d'être parfaitement distincte. Ces mélodies, malgré leur simplicité, sont remplies de sentiments élevant l'âme, et leur imposante solennité exclut toutes les pensées étrangères au service divin; en un mot, par son caractère éminemment religieux, par la beauté de ses mélodies, la composition de l'ancien plain-chant russe a une valeur artistique incontestable.

LE CHANT RELIGIEUX DE L'ÉGLISE ORTHODOXE

Au Congrès international d'histoire de la musique tenu à Paris du 23 au 29 juillet 1900, Liborio Sacchetti, professeur au Conservatoire de Saint-Pétersbourg, a donné lecture de son important travail sur le chant religieux de l'Église orthodoxe russe. A la suite de ce congrès, Jules Combarieu, alors directeur de la *Revue d'histoire et de critique musicale*, a eu la bonne pensée de réunir en un seul volume tous ces documents, mémoires et vœux du monde musical. Ce livre, du plus grand intérêt, a pour titre : *Congrès international d'histoire de la Musique.*

Nous reproduisons ici le chapitre de Liborio Sacchetti sur le chant religieux de l'Église orthodoxe russe :

« Le directeur de l'École du chant ecclésiastique du synode à Moscou, M. Smolenski, a publié, dans la *Gazette musicale russe* de 1889, une intéressante communication sur la bibliothèque de cette École, qui s'est enrichie d'une grande collection de manuscrits musicaux.

« La Société impériale russe de Musique m'y ayant envoyé afin d'étudier ces manuscrits, j'en ai pu feuilleter un nombre considérable.

« La date la plus reculée de ces manuscrits, dont plusieurs sont ornés de dessins très intéressants pour l'histoire de l'art en Russie, ne dépasse pas le xive siècle. La séméiographie des monuments les plus anciens n'a pas entièrement disparu, lors même que la notation moderne pénétra en Russie vers la fin du xviie siècle. Cette séméiographie des anciennes mélodies de l'Église orthodoxe russe présente quelques analogies avec la séméiographie byzantine et neumatique de l'Europe occidentale ; mais le dessin en est original. Les signes de cette notation servent à indiquer l'intonation, le rythme, le mouvement, les cadences et les nuances de l'exécution. Cette séméiographie est parfaitement adaptée aux mélodies anciennes, dont elle forme, pour ainsi dire, l'enveloppe matérielle, et Alexandre Mesenetz, auteur de l'Alphabet du chant ancien religieux russe, en a parfaitement compris les avantages. Cet auteur du xviie siècle a fait son livre pour réagir contre la notation moderne, comme non adéquate à nos mélodies anciennes, étant adaptée à une musique basée sur d'autres principes.

« La notation moderne est pour le chant ancien religieux russe une agglomération de signes conventionnels, tout à fait étrangers à son caractère; elle n'en exprime pas l'esprit, l'effusion musicale du sentiment religieux et le lien intime entre la mélodie et le texte, qui est le principe capital de la notation de la mélopée liturgique russe.

« Nos plus anciens monuments musicaux, notés avec les caractères de cette séméiographie originale, remontent au xiie siècle.

« Plus anciens sont les *contaces*, notés avec des signes particuliers. Ceux-ci n'ont pas été déchiffrés, malgré les efforts qui ont été faits pour résoudre cette énigme.

« La séméiographie du chant ancien religieux russe ne change pas du xiie au xive siècle. La différence commence à se manifester au xve. Aux xvie et xviie, la mélodie ancienne se développe considérablement, et la séméiographie en devient plus compliquée. C'est alors qu'on ressentit la nécessité de la rendre plus précise.

« On commence à chercher des remèdes. Entre autres, un certain Jean Chaïdouroff, de Nowgorod, a inventé des *signes* qu'il a ajoutés à ceux de la séméiographie déjà existante.

« Ces signes se distinguent facilement, étant peints en rouge. Grâce à ces signes de Chaïdouroff, le secret de la séméiographie de notre chant ancien ecclésiastique a disparu complètement.

« Le connaisseur de cette séméiographie trouvera dans la bibliothèque de l'École du chant ecclésiastique du Synode à Moscou une grande quantité de matériaux. La bibliothèque contient une richesse immense de mélodies anciennes, dont la notation donne un moyen de pénétrer dans ce monde original, créé par le génie musical russe, inspiré du sentiment religieux dans toute sa naïve sincérité.

« Le philologue y trouvera son compte aussi. Dans la période du xiie au xive siècle, le texte des mélodies est plein de semi-voyelles, garnies de signes musicaux; c'est qu'on les chantait. Depuis la fin du xive siècle, on voit les voyelles *o, e*, se substituer aux semi-voyelles. C'est un fait de développement linguistique; pratiquée par des personnes ignorantes, opérant indûment en vue du chant, la substitution devait aboutir à une immense corruption du texte. Au xviie siècle, on tâche d'y remédier. Dans ce but, des commissions furent instituées. Alexandre Mesenetz était un des collaborateurs les plus actifs. Il a inventé aussi des *indices* pour préciser la notation ancienne.

« Les mélodies qu'on chante dans les églises orthodoxes russes se distinguent d'après les lieux de leur origine. Il y a un chant ecclésiastique *grec*, des *pays slaves*, de *Kiew*, etc. Le genre principal se nomme chant noté, écrit, ce qui le distingue des mélodies chantées d'après l'oreille.

« Ce chant, auguste par son antiquité, se distingue par sa simplicité, son calme sublime, par son *ambitus*, qui correspond aux voix normales des chantres, par son adaptation parfaite au texte, par sa connexion avec l'ordre du culte, dont il est considéré comme élément essentiel.

« Les mélodies du chant ecclésiastique russe sont diatoniques. Elles sont basées sur huit modes, qui ne sont pas identiques aux modes du chant *grégorien* et ne dépassent presque pas les limites des tétracordes et pentacordes. Les principaux travaux consacrés à cette question sont ceux de MM. Arnold, Razoumowsky, Wosnessensky, Smolenski et Mataloff;

mais la diversité des opinions émises à ce sujet, empêche de trancher la question définitivement.

« Les mélodies du chant noté présentent quelques éléments du chant grec et slave; mais toujours faut-il les considérer comme un résultat original du génie musical russe dans le domaine de l'inspiration religieuse.

« Le chant de l'Église russe était mélodique : on l'exécutait à l'unisson. C'est au xviiᵉ siècle que le chant harmonique pénètre en Russie. Il y avait un genre de chant harmonique noté sans portée. Le thème principal, qui était ordinairement une mélodie du chant noté, s'exécutait avec la voix de basse, ou celle de ténor ou d'alto. L'harmonie consiste en accords parfaits avec leurs renversements. On y rencontre souvent des quintes et des octaves parallèles.

Vers la moitié du xviiᵉ siècle, la notation sur les cinq lignes pénètre en Russie. Alors, le chant harmonique noté avec des signes sans portée tombe graduellement en désuétude. C'est par l'intermédiaire de l'Église grecque unie que le chant harmonique, qu'on nomme chant des parties, passa de Pologne en Russie; le clergé catholique, travaillant à la propagande, se servit de l'école et du chant ecclésiastique.

« Pour paralyser le succès de cette propagande, l'Église orthodoxe russe recourut aux mêmes moyens : elle établit des écoles et y forma des chœurs. Pour que les charmes de la musique harmonique ne pussent séduire les croyants, elle tâcha d'y opposer son propre chant harmonique.

C'est ainsi que l'Église russe du Sud-Ouest, qui luttait contre l'Église grecque unie, accepta la musique harmonique, telle qu'elle se pratiquait en Pologne, sauf l'élément instrumental.

La musique ecclésiastique russe resta strictement vocale. Ce chant harmonique, introduit dans la Russie du Sud-Ouest, à Kiew, trouva à Moscou une protestation énergique, qui n'a pas duré. L'innovation ne tarda pas à être acceptée.

« Ce chant est toujours noté sur cinq lignes dans la clef de *C-fa-ut*, correspondant à celle d'*ut* sur la troisième ligne; mais, si les mélodies se transposent une quarte plus haut, cette clef peut désigner la note *fa*. Les notes écrites sur les cinq lignes ont une forme originale.

« Peut-être ont-elles été inventées en Russie. Il y a des caractères pour les rondes, les blanches, les noires et les croches[1].

« Cette notation vient de Kiew.

« Dans la bibliothèque de l'École du chant ecclésiastique du Synode, il y a beaucoup d'œuvres du chant des parties, notées avec les caractères de cette sémélographie. La plupart de ces œuvres se rapportent à la fin du xviiᵉ et au commencement du xviiiᵉ siècle. Presque toutes les partitions [ont] disparu. Restent les parties très usées couvertes de taches de cire : on a dû les chanter bien souvent à la lueur des cierges. Il s'y trouve des compositions pour 3, 4, 6, 8, 12 et même 48 parties, c'est-à-dire pour 12 chœurs.

« Ces compositions sont écrites ou sans chant ou sur une mélodie ecclésiastique, qui joue le rôle donné, du thème principal.

« Ordinairement, celle-ci était exécutée par le ténor. Le contrepoint est assez correct, mais on y trouve quelquefois des combinaisons bizarres. De temps en temps, on y aperçoit des quintes et des octaves parallèles. Peut-être y a-t-il des cas où elles sont écrites de propos délibéré, car elles doublent la partie principale. Pour que celle-ci reçût la prépondérance, on la chantait avec un plus grand nombre de voix que les autres parties. La qualité de ces œuvres est assez médiocre. Mais elles sont intéressantes comme documents historiques, qui nous montrent le chant harmonique russe dans la première période de l'influence polonaise. L'engouement pour le chant harmonique polonais en Russie était prodigieux.

« On l'introduisit dans les maisons avec les paroles polonaises qu'on ne comprenait pas.

« Simon Polotzki, au xviiᵉ siècle, élève de l'académie de Kiew, précepteur du tsarévitch Théodor Alexéewitch, traduisit le psautier versifié polonais en vers syllabiques russes. Mais son texte ne s'adaptant pas à la musique polonaise, un Russe, Basile Titow, en a écrit un autre.

« Après l'influence polonaise, vint le tour de la musique italienne. Au xviiiᵉ siècle, une troupe italienne fut engagée à Saint-Pétersbourg pour y chanter des opéras. Les compositeurs italiens et leurs élèves russes commencèrent à écrire des œuvres musicales pour l'Église russe; mais la mélodie ancienne de notre chant religieux était tout à fait exclue de ces compositions.

« Ce n'est qu'avec le temps que les compositeurs russes, Bortniansky, un des premiers, commencent à se souvenir des beautés de la mélodie ancienne, la prenant pour base de leurs compositions harmoniques, tâchant de plus en plus de la laisser intacte dans son diatonisme rigoureux, son rythme asymétrique, ses beautés remplies d'expression, qui font de ces mélodies un chef-d'œuvre du génie musical russe, où il resplendit dans toute sa clarté.

« Voilà pourquoi les premiers pas que l'art russe a faits dans l'harmonisation de cette mélodie ancienne présentent un intérêt exceptionnel.

« Il faut donc comparer ces œuvres aux travaux modernes des compositeurs du chant d'église russe pour comprendre le changement prodigieux qui s'y opéra. On remarquera l'effort des compositeurs du xixᵉ siècle pour créer un contrepoint organiquement développé de la mélodie ancienne comme de son embryon musical.

« Si le problème de ce contrepoint n'est pas encore résolu entièrement, il est évident que, vers la fin du xixᵉ siècle, un immense progrès s'est accompli. Ce progrès suggère une brillante espérance, et nous avons tout le droit de croire à sa réalisation prochaine. »   Liborio SACCHETTI.

CHANT D'ÉGLISE A PLUSIEURS PARTIES

Les étrangers qui ont visité la Russie parlent avec enthousiasme de la beauté du chant orthodoxe russe. Herbinius[2], ayant été à Kiew vers la fin du xviiᵉ siècle, écrivit dans ses mémoires :

« Les orthodoxes russes glorifient Dieu avec plus de grandeur, plus de solennité que les Romains. Ils exécutent le chant des psaumes, hymnes et autres prières d'après les règles de l'art musical. Dans leurs harmonies admirables et expressives, on distingue nettement les sopranos, altos, ténors et basses. Le service étant en langue nationale slave, les gens du peuple comprennent toutes les paroles du chœur

---

1. Voir le tableau page 2359.

2. Savant et archéologue distingué

et suivent le service divin en chantant d'une façon extraordinairement juste. Ces chants sont rendus par les voix seules, sans instrument. »

Herbinius ajoute :

« Touché jusqu'au plus profond de mon être par ce spectacle grandiose et solennel dans son imposante simplicité, je me crus transporté aux premiers jours du christianisme, à Jérusalem, et profondément ému, à l'exemple de saint Ambroise et de saint Augustin, les larmes coulèrent de mes yeux et je me mis à rendre gloire au Fils de Dieu : les cieux et la terre sont remplis de la majesté de votre gloire. »

D'après les écrits d'Herbinius, on voit que le chant harmonique, c'est-à-dire à plusieurs parties, existait déjà en Russie à cette époque (xviie siècle), et qu'auparavant, il n'y avait que le chant mélodique à l'unisson.

Depuis le xviie siècle, le chant harmonique à plusieurs parties, venu du Sud-Ouest de la Russie, se répandit dans la grande Russie.

Dans son chapitre II de l'*Histoire de la musique en Russie*, page 23, Albert Soubies écrit :

« En somme, ce fut seulement au xviie siècle que le chant en parties s'introduisit régulièrement dans l'Église russe. Contre l'opposition du Patriarche Joseph, il fut soutenu, à Novgorod, par l'illustre Nicon, lui-même Patriarche un peu plus tard, et réformateur de la liturgie. Il s'agissait, par l'attrait du chant en parties, de lutter contre les séductions de l'orgue, employé par les Uniates ou Grecs-Unis, qui vivent dans l'obédience et suivent les rites de Rome. Nicon disait, à ce sujet, que, comparée à la voix humaine, la musique instrumentale de l'orgue est *sans âme*. On doit signaler, à ce propos, l'importante influence musicale exercée par le tsar Féodor.

« La confrérie de Kiew, d'abord hostile, ne tarda pas à se montrer favorable : elle fit entendre des morceaux à quatre, cinq, six et huit voix.

« Le chant en parties devait bientôt trouver, dans l'Église même, un théoricien en la personne du diacre Joaniki Trophimow Korenew. De même, le moine Tikhon de Makhariew, trésorier de la maison patriarcale, a exposé, dans son traité intitulé *La Clef*, les règles de l'art. Joignant l'exemple au précepte, il écrivit des prières à sept voix. M. de Waxel à donné d'intéressants détails sur le chœur des chantres de la cour des tsars, à Moscou, chœur qui, originairement composé d'une trentaine de voix, en comprenait soixante au commencement du xviie siècle. Le tsar Alexis fit venir de Kiew des musiciens qui introduisirent dans cette chapelle la notation moderne. Devant ce prince, qui personnellement aimait à chanter à l'église, l'on exécutait des morceaux à huit, à douze et même à vingt-quatre voix. Là fut chanté le psautier mis en vers par Siméon de Polotsk et en musique par le diacre Vassili Titow. »

Pendant le règne de Boris Godounow, il existait au Kremlin de Moscou, une église catholique romaine, dans laquelle les orthodoxes russes pouvaient entendre le chant à plusieurs parties.

Basile Rogorr, métropolite de Rostow, était un grand connaisseur de ce chant qu'on nommait alors « strotchnoé », c'est-à-dire, par rangées. La notation avec portée étant presque inconnue à cette époque, on marquait la musique à plusieurs parties par des rangées de signes, les uns au-dessous des autres sans aucune ligne. Ces rangées étaient placées au-dessus du texte.

Les manuscrits à deux parties s'appelaient : « démestvénik à deux rangées », ceux à trois parties « démestvénik à trois rangées », et ainsi de suite.

Le mot « démestvénik » signifiait livre, partition.

La mélodie principale, tirée du plain-chant, était toujours placée sur la rangée du milieu et quelquefois sur celle du bas, mais jamais sur la rangée du haut.

Dans ces « démestvénik », on rencontre beaucoup d'incorrections et de grossières fautes d'harmonie.

Vers le milieu du xviie siècle, on abandonna complètement ce système; il fut remplacé, comme nous l'avons dit plus haut, par le système de chant venu du Sud-Ouest de la Russie, perfectionné par les chanteurs de la Grande Russie. La notation du chant de plusieurs parties fut marquée alors sur des portées de cinq lignes, tandis que, dans l'Église catholique romaine, à la même époque, on se servait de la portée à quatre lignes.

Pendant la période du chant à l'unisson, les chœurs n'étaient composés que de voix d'hommes. Quand apparurent les chœurs à plusieurs parties, on y ajouta les voix de jeunes garçons pour chanter les parties de sopranos et d'altos.

Il n'était pas défendu aux femmes de prendre part aux chœurs d'église; cependant, elles se bornèrent à chanter dans les couvents de femmes et dans les écoles.

Ce chant choral était très répandu en Russie.

Les chœurs les plus connus et les plus remarquables étaient :

Le chœur de la Cour impériale;

Le chœur du patriarche appelé synodal, et un grand nombre de chœurs privés.

Presque tous les membres de la famille régnante avaient leur chœur particulier, ainsi que les évêques habitant Moscou.

Les annales mentionnent spécialement : les chœurs de la tzarine Sophie-Alexéièna, ceux de l'impératrice Catherine Ire, les chœurs des métropolites de Riazan, de Novgorod, etc.

Vers le milieu du xviiie siècle, on établit le nombre obligatoire de voix que devait contenir un chœur, mais cela n'empêchait pas les personnes qui le désiraient d'augmenter ce nombre à leur gré.

Ce nombre dépendait aussi de la hiérarchie, du rang des autorités cléricales et de l'importance plus ou moins grande des cathédrales, églises ou couvents.

Il y eut également beaucoup d'amateurs de chant d'église, gens de noblesse, jeunes et riches commerçants de Moscou qui, pour leur propre plaisir, formèrent des chœurs privés de premier ordre. On cite, entre autres, le comte Razoumovsky, le comte Cheremétiew, le prince Yury Troubetskoï, le général Lavamdoff de Kiew, etc.

On rencontrait, dans ces chœurs, des chanteurs hors ligne qui, après une longue pratique, devenaient chefs de chapelle et compositeurs de grand talent.

Nous empruntons encore ces quelques lignes à Albert Soubies :

« C'est à peu près avec la mort du dernier patriarche, à la fin du xviie siècle, que coïncide l'adoption générale du chant en parties dans les temples. De nombreuses ordonnances de Pierre le Grand se rapportent à cet objet. Il fut, à cet égard, bien conseillé par son parrain, l'évêque Théophanès, qui avait étudié à Rome et dans diverses académies d'Italie, et qui possédait une vaste érudition jointe à une entente profonde de la musique. Ce fut lui qui, en 1719, proposa de former un chœur de chantres, attachés spécialement au Saint Synode, parallèlement à celui que le tsar entretenait dans sa chapelle particulière.

« Alors, le chant proprement dit n'était pas toujours confié a la voix la plus haute, mais parfois à une partie intermédiaire.

« L'harmonie des pièces exécutées était généralement fort simple, mais point toujours d'un goût irréprochable.

« A cette époque, s'introduisit l'usage du demi-ton avec d'autres particularités qui, quelquefois, altéraient un peu le style de la mélodie primitive. Quant aux chantres du tsar réputés en ce temps-là, il suffira de citer parmi eux Michel Sitkow, Diakowsky, et surtout Ivan Mikhailovitch Protopopow. »

Le chœur de la cour impériale, célèbre par la perfection de son chant, comprenait cent chantres, dont la plupart étaient originaires de la Petite Russie et de l'Ukraine, parties de la Russie renommées pour leurs fortes et belles voix.

Les musiciens étrangers ne tarissaient pas d'éloges sur l'exécution parfaite et l'ensemble merveilleux des chœurs de la chapelle impériale.

Berlioz, dans ses *Soirées de l'Orchestre*, écrit, p. 271 :

« Le chœur de la chapelle de l'empereur de Russie, composé de cent chanteurs, hommes et enfants, exécutant des morceaux à quatre, six et huit parties réelles, tantôt d'une allure assez vive et compliqués de tous les artifices du style fugué, tantôt d'une expression calme et séraphique, d'un mouvement extrêmement lent, et exigeant en conséquence une pose de voix et un art de la soutenir fort rares, me paraît au-dessus de tout ce qui existe en ce genre en Europe. On y trouve des voix graves, inconnues chez nous, qui descendent jusqu'au *contre-la*, au-dessous des portées, clef de *fa*. Comparer l'exécution chorale de la Chapelle Sixtine de Rome avec celle de ces chantres merveilleux, c'est opposer la pauvre petite troupe de râcleurs d'un théâtre italien de troisième ordre à l'orchestre du Conservatoire de Paris. L'action qu'exerce ce chœur et la musique qu'il exécute sur les personnes nerveuses est irrésistible. A ces accents inouïs, on se sent pris de mouvements spasmodiques presque douloureux qu'on ne sait comment maîtriser. J'ai essayé plusieurs fois de rester, par un violent effort de volonté, impassible en pareil cas, sans pouvoir y parvenir.

« Le rituel de la religion chrétienne grecque interdisant l'emploi des instruments de musique et même celui de l'orgue dans les églises, les choristes russes chantent, en conséquence, toujours sans accompagnement. Ceux de l'empereur ont même voulu éviter qu'un chef leur fût nécessaire pour marquer la mesure, et ils sont parvenus à s'en passer.

« S. A. I. Madame la grande-duchesse de Leuchtenberg m'ayant fait un jour, à Saint-Pétersbourg, l'honneur de m'inviter à entendre une messe chantée à mon intention dans la chapelle du palais, j'ai pu juger de l'étonnante assurance avec laquelle ces choristes, ainsi livrés à eux-mêmes, passent brusquement d'une tonalité à une autre, d'un mouvement lent à un mouvement vif, et exécutent jusqu'à des récitatifs et des psalmodies non mesurées avec un ensemble imperturbable.

« Les chantres, revêtus de leur riche costume, étaient disposés en deux groupes égaux, debout de chaque côté de l'autel, en face l'un de l'autre. Les basses occupaient les rangs les plus éloignés du centre, devant eux étaient les ténors, et devant ceux-ci les enfants soprani et contralti. Tous, immobiles, les yeux baissés, attendaient dans le plus profond silence le moment de commencer leur chant, et à un signe, fait sans doute par l'un des chefs d'attaque, signe imperceptible pour le spectateur, et sans que personne eût donné le ton ni déterminé le mouvement, ils entonnèrent un des plus vastes concerts a huit voix de Bourtniansky.

« Il y avait dans ce tissu d'harmonie des enchevêtrements de parties qui semblent impossibles, des soupirs, de vagues murmures comme on en entend parfois en rêve, et, de temps en temps, de ces accents qui, par leur intensité, ressemblent à des cris, saisissent le cœur à l'improviste, oppressent la poitrine et suspendent la respiration. Puis tout s'éteignait dans un *decrescendo* incommensurable, vaporeux, céleste ; on eût dit un chœur d'anges partant de la terre et se perdant peu à peu dans les hauteurs de l'Empyrée. Par bonheur, la grande-duchesse ne m'adressa pas la parole ce jour-là, car dans l'état où je me trouvais a la fin de la cérémonie, il est probable que j'eusse paru à son Altesse prodigieusement ridicule. »

Quand le chant harmonique parut en Russie et exerça son charme sur le public, des compositions à quatre, six, huit et douze parties commencèrent à paraître. Ce genre de chant était sous l'influence de la Pologne, et pendant une certaine période, la société russe prit goût à cette musique, qui devint à la mode.

Des compositeurs russes : Théodore Redrikow, Basile Titow, Nicolas Bowikine, Basile Winogradow et beaucoup d'autres encore s'inspirèrent de cette musique maniérée et prétentieuse. Ils composèrent ainsi, non seulement des concerts, mais aussi des messes. Ces compositions se distinguent en grande partie par des complications recherchées. On y entend beaucoup de tapage qui empêche de comprendre le sens des paroles. Ils donnèrent même à leurs œuvres des noms mal appropriés au genre de ces compositions écrites pour l'église. Exemple : *Les pleurs du roi*, *L'oiseau*, *Une larme*, *La trompette*, *La cornemuse*, etc.

L'influence de cette musique dura jusqu'a la mort de l'empereur Pierre le Grand, en 1725. Après cet événement, l'influence de la Pologne s'affaiblit, puis disparaît et fait place à celle de la musique italienne.

L'impératrice Anna Ivanowna fait venir, en 1735, le compositeur italien Araii avec sa troupe, pour l'Opéra italien à Saint-Pétersbourg. Les Italiens venus en Russie y exercent leur influence sur la musique religieuse. Le fait suivant en fournit l'occasion.

Afin d'augmenter le nombre insuffisant des choristes de l'Opéra à Saint-Pétersbourg, on s'adressa aux chantres de la Chapelle impériale, qui exécutèrent d'une façon admirable les parties des chœurs. Le texte italien était écrit en lettres russes. Après ce brillant résultat, les chantres russes furent invités à chanter à chaque représentation d'opéra. Ils s'habituèrent tellement au style du chant italien, que l'exécution emporta l'approbation générale. C'est ainsi que les compositeurs italiens eurent l'occasion de connaître les grandes capacités des chantres russes pour la musique, ce qui donna à ces musiciens étrangers l'idée d'écrire des œuvres destinées spécialement du chœur de la Chapelle de la Cour impériale.

Le compositeur Galuppi, qui fut chef d'orchestre à Saint-Pétersbourg, commença le premier a écrire dans ce style des concerts d'église sur le texte slave, puis les compositeurs russes, élèves des maîtres italiens, imitèrent pour la plupart le style de leurs professeurs. Ainsi Berezowsky (1745-1777) fit ses études sous la direction de Zoppis; Wedel (1770-1806) et Dechtéreff (1766-1813) sous celle de Sarti; Bortniansky (1752-1825) sous celle de Galuppi.

Nous ne pouvons faire mieux ici que d'emprunter encore à M. Liborio Sacchetti ce qu'il écrit, dans ses mémoires, sur le chant religieux de l'église orthodoxe russe :

« Ces musiciens russes, inspirés par les maîtres italiens, employaient dans leurs œuvres tous les ornements du style italien; mais, en composant des concerts, ils vouaient une grande attention au texte des chants religieux, cherchant à concilier la richesse des moyens musicaux avec les pensées exprimées dans le texte et les accents des mots.

« Pourtant Lvow, qui fut directeur de la Chapelle de la Cour impériale, accusait, non sans raison, Bortniansky d'avoir employé, dans les paroles du texte religieux, des accents irréguliers pour la symétrie du rythme, selon les règles de la musique profane de l'Europe occidentale.

« Malgré ces défauts, Lvow estimait beaucoup le talent de Bortniansky, qui ne se servait des difficultés techniques que comme d'un moyen pour atteindre des effets esthétiques. »

DES PRINCIPAUX COMPOSITEURS
DE MUSIQUE RELIGIEUSE EN RUSSIE

Parmi les compositeurs russes qui se sont consacrés à la musique religieuse, nous désignerons pre-mièrement Bérézowski, né dans la ville de Gloukhow en 1745, mort à Saint-Pétersbourg en 1777.

Ce fut à l'Académie ecclésiastique de Kiew que Bérézowski fit ses premières études, et, quand il fut devenu chantre de la Chapelle impériale, sa belle voix, ses aptitudes manifestes pour la composition, le désignèrent à l'attention de Catherine.

Après avoir étudié la musique avec Zoppis, il fut envoyé en Italie pour se perfectionner; à Bologne il prit les leçons du Père Martini, acquit le sens et l'entente de la polyphonie vocale, la pureté et l'élégance du style, enfin, grâce à son talent, il fut élu membre de l'académie de cette ville.

En 1774, il revint en Russie et entra à l'orchestre de la Cour. A cette époque, le prince Potemkine lui promit la place de directeur de l'Académie de musique de Krementchouk, qui n'était pas encore ouverte, mais seulement en construction.

Dans l'attente de cette place, la situation de Bérézowski devint précaire, car il ne trouvait pas à tirer parti de ses talents; du reste, il rencontra beaucoup d'opposition, surtout à cause de son penchant à vouloir trop italianiser le chant liturgique de l'Eglise autonome; enfin, il tomba dans l'hypocondrie et termina ses jours par le suicide en 1777.

Il est certain que, dans la musique de Bérézowski, on sent beaucoup trop l'influence de l'Ecole italienne; néanmoins, il faut reconnaître que ses mélodies sont bien en harmonie avec le texte, que l'accentuation est parfaitement correcte, et qu'enfin ses compositions, d'un style élégant, sont toujours empreintes d'une grande simplicité religieuse.

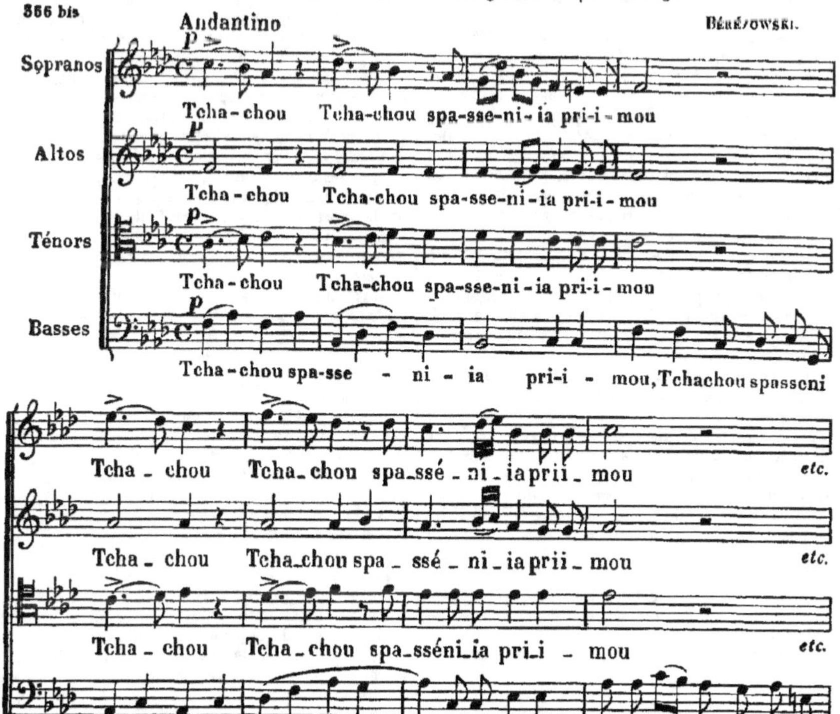

Après Bérézowski, nous parlerons du célèbre compositeur de musique religieuse Bortniansky.

Bortniansky (Dimitri-Stépanowich) né en 1751 à Gloukow, mort en 1825. A sept ans, il entra au chœur de la Cour, étudia la musique avec Galuppi, et fut ensuite envoyé à l'étranger pour se perfectionner. Il passa trois années en Italie et y composa plusieurs opéras et sonates. Plus heureux que son compatriote Bérézowski, à son retour en Russie, il fut nommé maître de chapelle et, en 1796, directeur de la Chapelle impériale.

La loi de 1816 prouve la haute position occupée par Bortniansky. Cette loi ordonnait de ne chanter dans les églises que d'après les partitions imprimées, et cette même loi ne permettait d'imprimer que les partitions composées par Bortniansky ou celles choisies et approuvées par lui. Il y eut seulement une exception pour les livres d'église publiés par le Saint Synode. Ces livres étaient : L'*Hirmologe*[1] (livre des hirmes[2]), le *Rituel quotidien*, l'*Octoèque* et le *Service des Fêtes* en usage dans les églises.

Toute sévère qu'elle était, cette loi était nécessaire, car la plupart des chœurs de second ordre étaient incapables d'exécuter les œuvres d'église composées d'après le nouveau style. Pour en faciliter l'exécution, les chefs de ces chœurs retouchaient à leur manière certains morceaux, et finalement les dénaturaient à un tel point, que souvent on ne pouvait plus les reconnaître.

Les compositeurs de deuxième ordre imitèrent mal leurs grands maîtres ; ils s'inspirèrent de leur style, mais les mélodies de leurs concerts n'avaient pas le caractère imposant indispensable à la musique sacrée, de sorte qu'en se confiant aveuglément au talent et au goût sûr et artistique de l'intelligent directeur de la chapelle, on évita, par la loi de 1816, bien des abus et des erreurs.

Les compositeurs Bérézowski, Vedel, Dechtereff et Bortniansky, tout en se servant du style italien de leurs professeurs, attachaient une grande importance au texte des prières et hymnes ; ils cherchaient surtout à concilier la richesse des moyens musicaux avec les pensées exprimées par les accents des mots. Cependant, il faut remarquer que Bortniansky se permettait quelquefois des petits écarts dans l'accentuation des syllabes ; il le faisait au profit du rythme symétrique de la mélodie, rythme établi par les règles de la musique profane de l'Europe occidentale.

Par exemple, dans le *Pater noster :* « Ot che nach ijé iessi na nebessech, » il a placé l'accentuation de la manière suivante :

« Ijé cessi na nebessech », tandis que dans l'accentuation correcte, on doit placer ainsi les accents :

« Ijé cessi na nebessech. »

Lvoff le lui reprochait à juste titre, tout en étant grand admirateur du talent artistique de Bortniansky qui ne se servait de la technique que comme d'un moyen pour atteindre des effets esthétiques. Le talent de Bortniansky se conforme aux exigences de l'Eglise : il met la prière au premier plan, et ne regarde la musique que comme un moyen d'exprimer le caractère divin du texte.

Voilà la cause qui assigne à Bortniansky une des premières places parmi les compositeurs de musique religieuse.

Notre grand compositeur français Hector Berlioz était un admirateur du talent de Bortniansky; dans son intéressante brochure *Les Soirées de l'orchestre,* page 272, il en parle ainsi :

« Bortniansky avait quarante-cinq ans lorsque, après un assez long séjour en Italie, il revint à Saint-Pétersbourg et fut nommé directeur de la Chapelle impériale. Le chœur des chantres, qui existait depuis le règne du tsar Alexis-Michaïlowitch, laissait encore beaucoup à désirer quand Bortniansky en prit la direction. Cet homme habile, se consacrant exclusivement à sa nouvelle tâche, mit tous ses soins à perfectionner cette belle institution et, pour atteindre ce but, s'occupa principalement de compositions religieuses. Il mit en musique quarante-cinq psaumes à quatre et à huit parties. On lui doit, en outre, une messe à trois parties et un grand nombre de pièces détachées. Dans toutes ces œuvres, on trouve un véritable sentiment religieux, souvent une sorte de mysticisme, qui plonge l'auditeur en de profondes extases, une rare expérience du groupement des masses vocales, une prodigieuse entente des nuances, une harmonie sonore et, chose surprenante, une incroyable liberté dans la disposition des parties, un mépris souverain des règles respectées par ses prédécesseurs comme par ses contemporains et surtout par les Italiens dont il est censé le disciple. »

Outre ses compositions personnelles sur le texte des prières, Bortniansky fut le premier à étudier les anciennes mélodies du plain-chant, à les transcrire en harmonie et à les arranger pour plusieurs parties. On dit même que ce compositeur avait eu l'intention d'éditer, sans aucun changement, les anciennes mélodies notées par les *kruhy*, et qu'il rêvait de les transcrire pour plusieurs voix, en coopérant ainsi à la création d'un contrepoint essentiellement russe.

Ce projet est noté dans le protocole du 20 avril 1878.

Métaloff dit que Bortniansky n'est pas seulement célèbre par ses œuvres comme musicien, mais qu'il est encore cher à son Eglise nationale pour avoir respecté les traditions du plain-chant en transcrivant et harmonisant ses anciennes mélodies.

Dans ses transcriptions, Bortniansky, de même que d'autres compositeurs de son époque, suivit les règles de la musique d'Europe occidentale et, pour cette raison, fut forcé quelquefois de changer la mélodie, tout en gardant scrupuleusement le thème ou motif principal.

Mais, dans ses propres harmonisations de la mélodie religieuse ancienne, il était assez loin de l'idéal rêvé.

« Il y a deux manières d'harmoniser la mélodie ancienne ecclésiastique russe, dit le professeur Liborio Sacchetti.

« La première consiste en ce que le compositeur use librement de la mélodie en l'adaptant au rythme et à l'harmonisation selon les règles de la musique de l'Europe occidentale Bortniansky était de cette école. La seconde consiste dans l'effort pour garder intacte la mélodie religieuse ancienne, comme on la trouve dans les livres du chant ecclésiastique qui sont imprimés depuis 1772. »

Dans le livre d'Albert Soubies, *Histoire de la Musique en Russie*, nous lisons, à la page 58 :

« Bortniansky se fit remarquer dès son enfance par sa belle voix de soprano; son premier maître fut Galuppi, qu'il alla ensuite retrouver à Venise. Il s'exerça plusieurs années sans relâche, produisant un très grand nombre d'œuvres vocales et instrumentales.

---

1. *Hirmologe* veut dire livre de prières.
2. *Hirmes*, prières notées en musique.

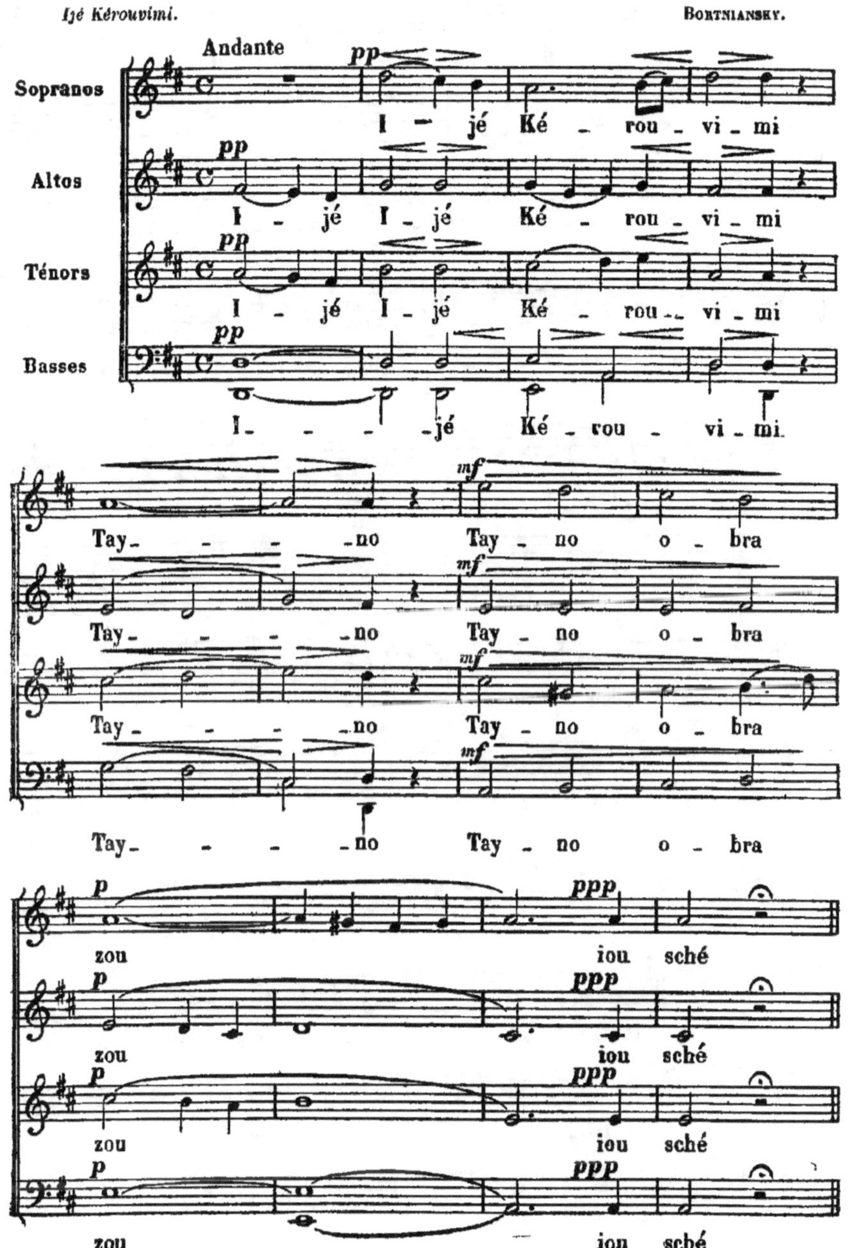
Ijé Kérouvimi.
BORTNIANSKY.
Andante
pp
Sopranos
I — jé Ké — rou — vi — mi
Altos
pp
I — jé I — jé Ké — rou — vi — mi
Ténors
pp
I — jé I — jé Ké — rou — vi — mi
Basses
pp
I — — — jé Ké — rou — vi — mi.
mf
Tay — — — no Tay — no o — bra
mf
Tay — — — no Tay — no o — bra
mf
Tay — — — no Tay — no o — bra
mf
Tay — — — no Tay — no o — bra
p
ppp
zou
iou sché
p
ppp
zou
iou sché
p
ppp
zou
iou sché
p
ppp
zou
iou sché

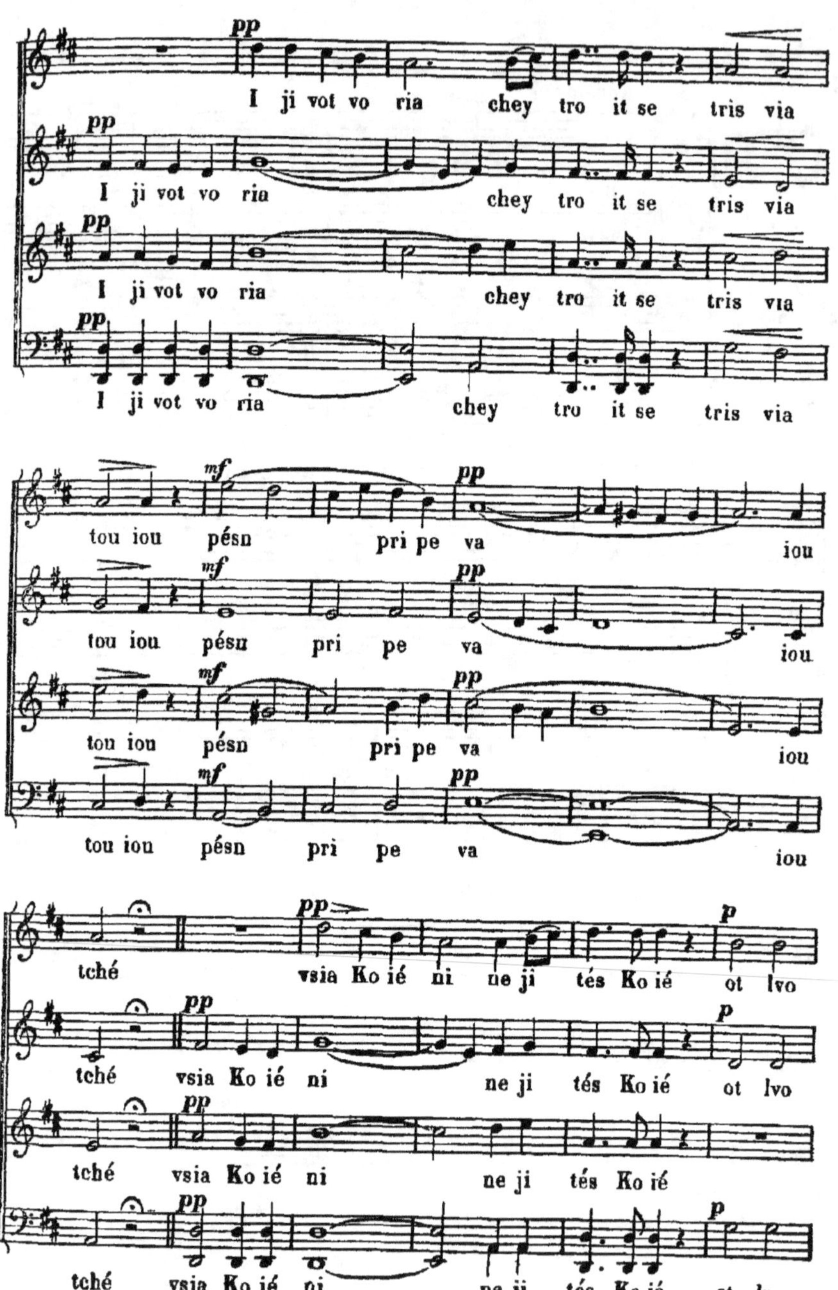
I ji vot vo ria chey tro it se tris via
I ji vot vo ria chey tro it se tris via
I ji vot vo ria chey tro it se tris via
I ji vot vo ria chey tro it se tris via
tou iou pésn pri pe va iou
tou iou pésu pri pe va iou
tou iou pésn pri pe va iou
tou iou pésn pri pe va iou
tché vsia Ko ié ni ne ji tés Ko ié ot lvo
tché vsia Ko ié ni ne ji tés Ko ié ot lvo
tché vsia Ko ié ni ne ji tés Ko ié
tché vsia Ko ié ni ne ji tés Ko ié ot lvo

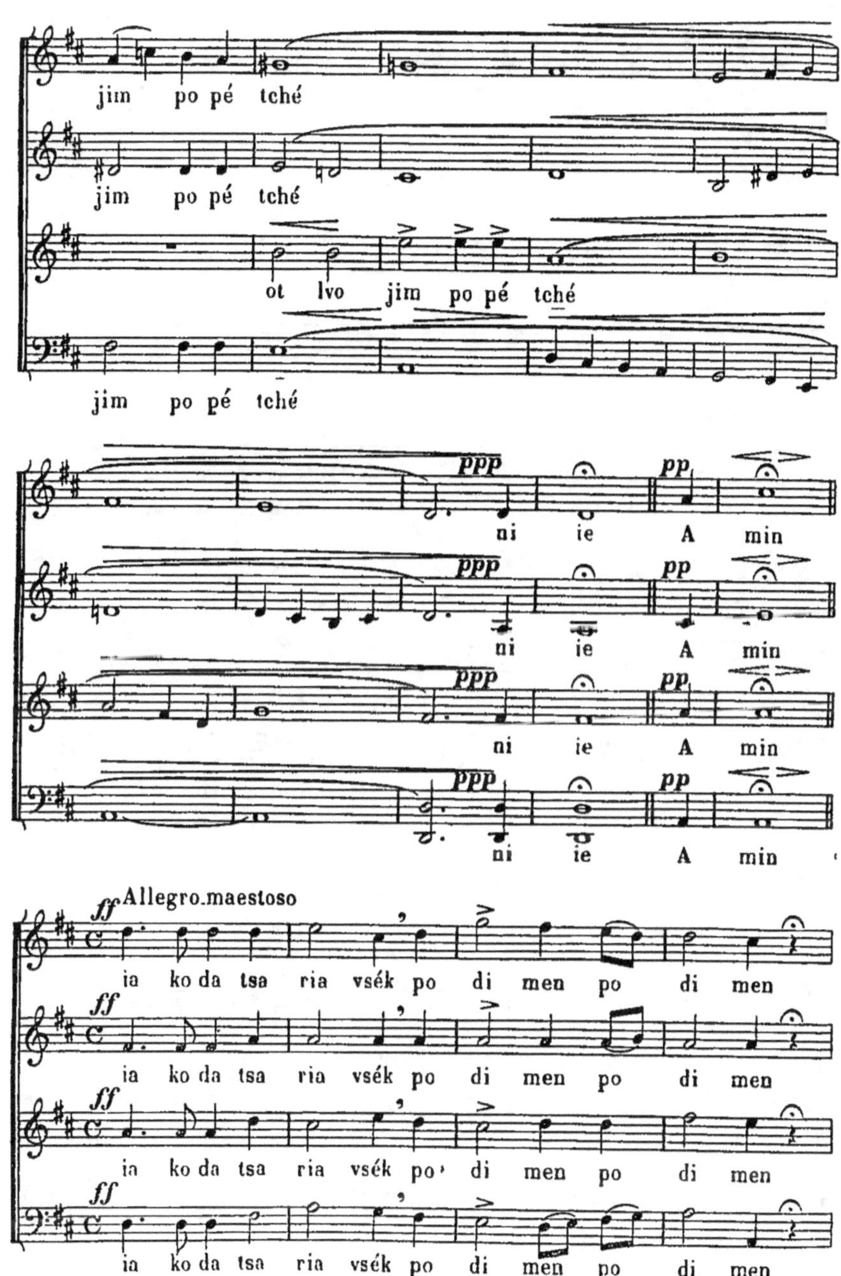
jim po pé tché
jim po pé tché
ot lvo jim po pé tché
jim po pé tché
ni ie A min
ni ie A min
ni ie A min
ni ie A min
Allegro maestoso
ia ko da tsa ria vsék po di men po di men
ia ko da tsa ria vsék po di men po di men
ia ko da tsa ria vsék po di men po di men
ia ko da tsa ria vsék po di men po di men

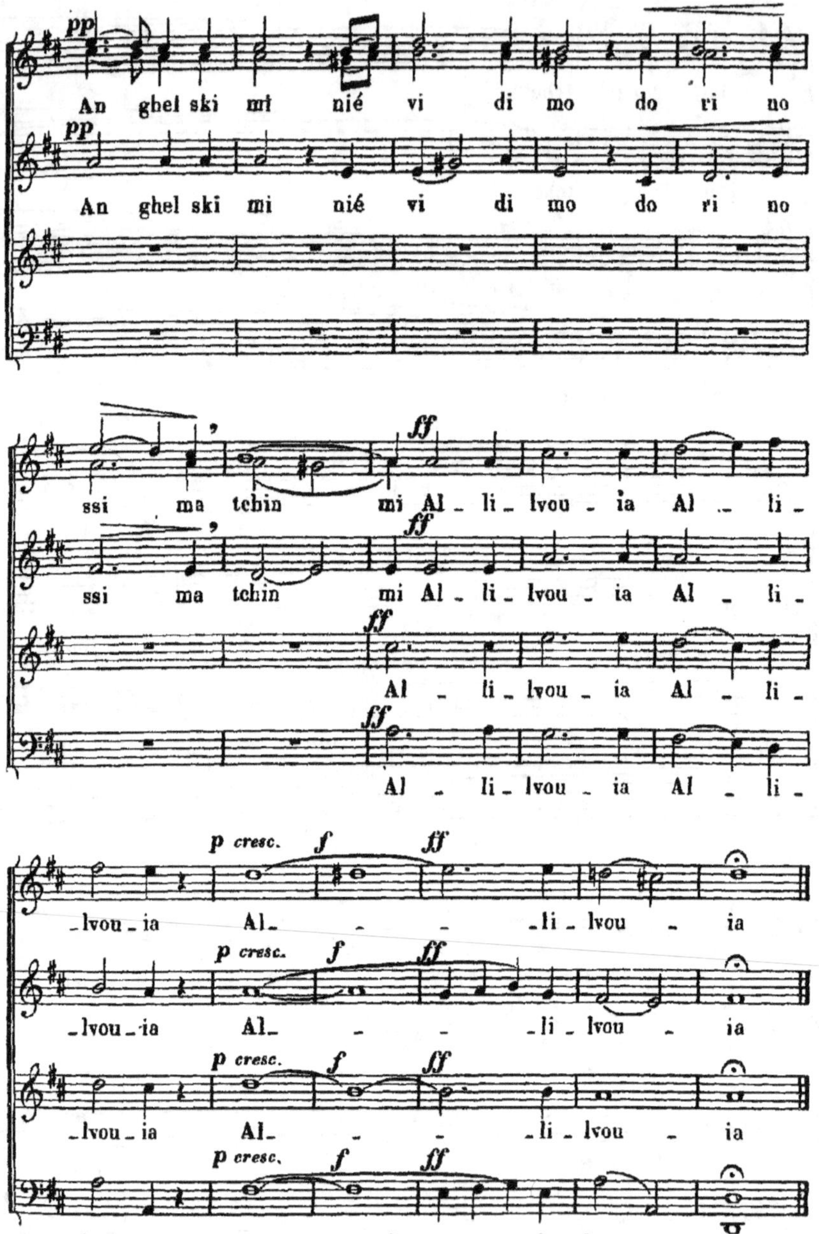
An ghel ski mi nié vi di mo do ri no
An ghel ski mi nié vi di mo do ri no
ssi ma tchin mi Al _ li _ lvou _ ia Al _ li _
ssi ma tchin mi Al _ li _ lvou _ ia Al _ li _
Al _ li _ lvou _ ia Al _ li _
Al _ li _ lvou _ ia Al _ li _
_ lvou _ ia Al _ _ _ li _ lvou _ ia
_ lvou _ ia Al _ _ _ li _ lvou _ ia
_ lvou _ ia Al _ _ _ li _ lvou _ ia
_ lvou _ ia Al _ _ _ li _ lvou _ ia

« Quand il fut revenu en Russie, son influence se marqua de deux façons. D'abord, dans l'ordre pratique, investi de la direction de la Chapelle impériale, avec le titre de conseiller d'Etat actuel, il recruta partout de belles voix, s'occupa de les discipliner, de les cultiver, et obtint ainsi une incomparable perfection d'exécution. En second lieu, comme compositeur, il fit preuve d'une réelle originalité, se servant avec art de ce que l'ancienne mélopée rituelle pouvait offrir de coloré, d'expressif et de saisissant. Ses quarante-cinq psaumes et motets à quatre et huit voix ou même à dix et douze voix en double chœur, etc., sa *Liturgie* ou messe orthodoxe à trois parties, son quatuor vocal *Hymne Chérubique*, sa suite de morceaux, exquis par leur suavité et leur sérénité, intitulés *Chants des Séraphins*, sont, en ce sens, des monuments durables. »

BORTNIANSKY mourut le 28 septembre 1825, âgé de soixante-quatorze ans.

Arrivons maintenant à DEGTIAREW, né en 1766 dans le gouvernement de Koursk. Tout enfant, il commença par chanter la partie d'alto dans le chœur du comte CHÉRÉMETIEW, ensuite il étudia la théorie de la musique avec SARTI.

Il fit des études de langue et de littérature à l'université de Moscou. Après un voyage en Italie en compagnie de son professeur, il devint maître de chapelle chez le comte CHÉRÉMETIEW.

DEGTIAREW a laissé une soixantaine de morceaux d'église empreints pour la plupart d'un profond sentiment religieux, et parmi lesquels on peut citer comme très célèbres son *Gloria in excelsis*, son chant des *Chérubins*, son *Pater noster*, son *Vere dignum et justum est*. Il composa aussi deux oratorios, *Minine et Pojarski* et *La Délivrance de Moscou*. Sa mort, survenue en 1813, l'empêcha d'achever l'oratorio qu'il avait entrepris sur la fuite de Napoléon.

Il avait traduit de l'italien le traité de CONGEDINI sur la théorie de la musique. Ce travail est demeuré manuscrit.

Nous nommerons après lui son condisciple auprès de SARTI.

VEDEL, né en 1770, mort en 1806, pris par le service militaire et devenu capitaine, dirigea le chœur du général Levaninow, à Kiew. Il écrivit six mélodies et douze concerts d'église qui ne furent pas publiés, mais dont on conserva les manuscrits à la bibliothèque de l'Académie ecclésiastique de Kiew. Ces ouvrages sont bien en harmonie avec le texte; le sentiment en est profond et sacré.

On conte à son sujet que le prince Daschkow, ayant entendu dans le couvent de Saint-Michel à Kiew son motet à quatre voix, *Jusqu'à quel temps m'oublieras-tu, mon Dieu!* exécuté sous sa direction, lui donna, dans un élan d'enthousiasme, son écharpe brodée d'or, avec une bourse contenant cinquante impériales. Une libéralité analogue, mais plus importante encore, lui fut faite, dans une autre occasion, par Trochinsky, ministre de la justice sous Alexandre Ier.

Citons encore quelques élèves de SARTI : Stéphan DAVIDOW, puis VINOGRADOW et Basile TITOW.

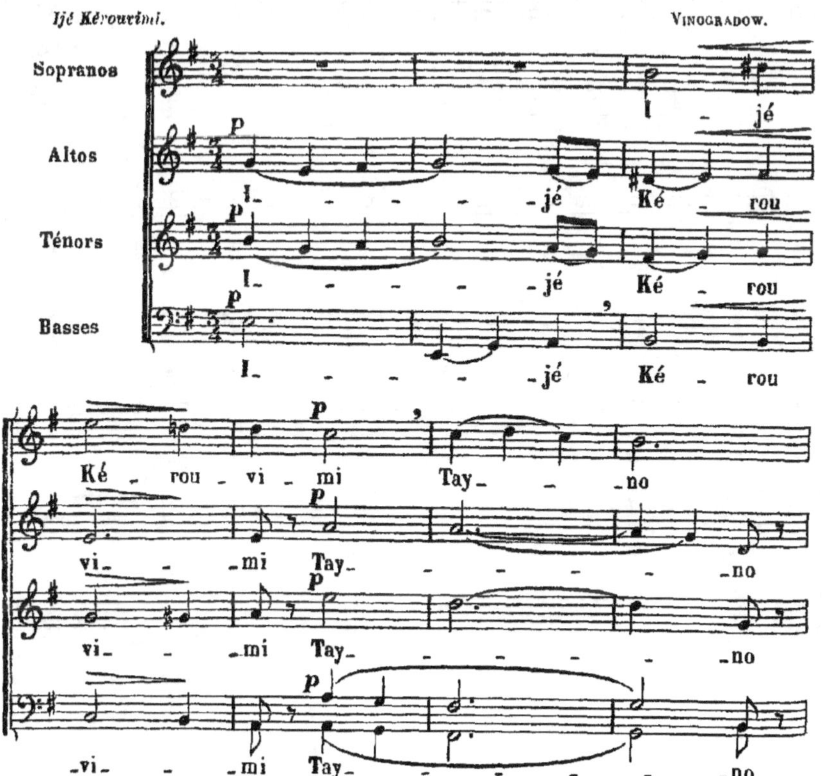

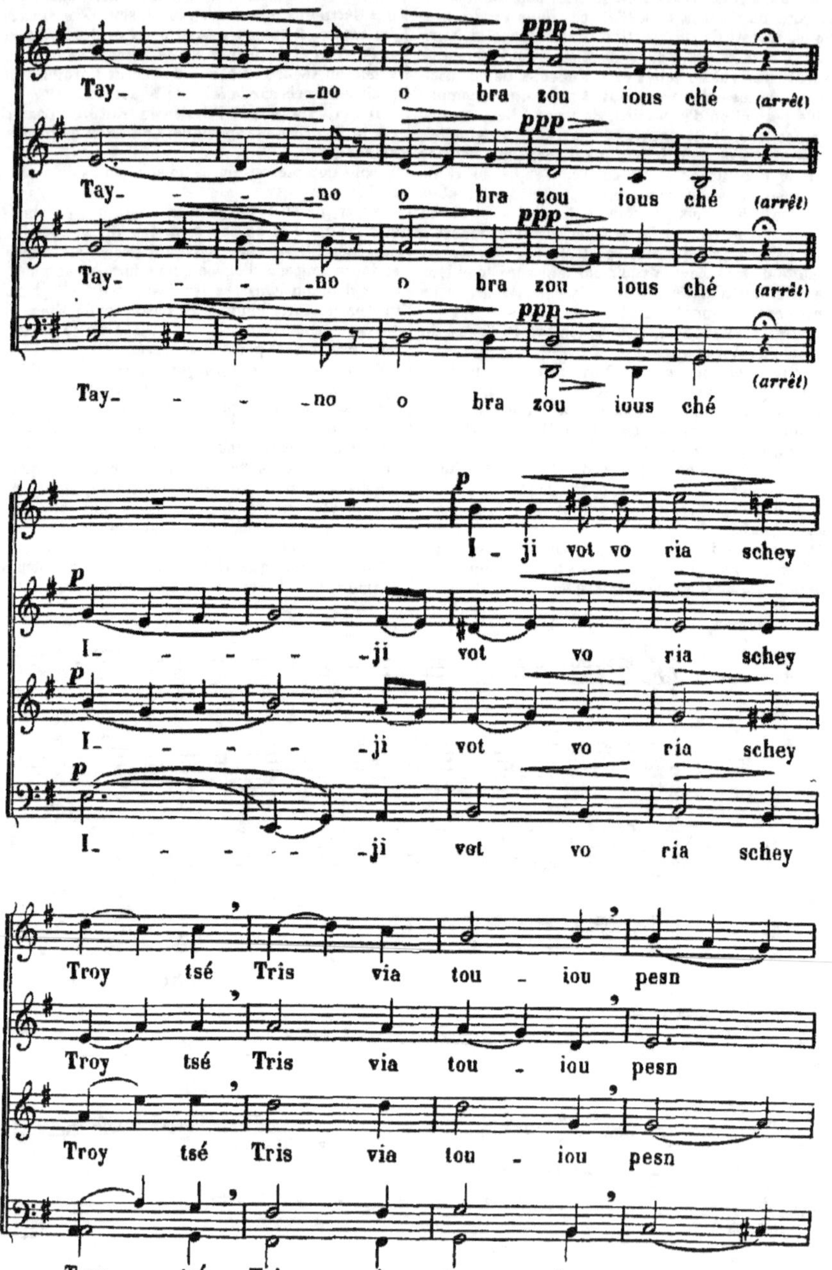
Tay- -no o bra zou ious ché (arrêt)
Tay- -no o bra zou ious ché (arrêt)
Tay- -no o bra zou ious ché (arrêt)
Tay- - -no o bra zou ious ché (arrêt)
ppp
I - ji vot vo ria schey
I- -ji vot vo ria schey
I- -ji vot vo ria schey
I- -ji vot vo ria schey
p
Troy tsé Tris via tou iou pesn
Troy tsé Tris via tou iou pesn
Troy tsé Tris via tou iou pesn
Troy tsé Tris via tou iou pesn

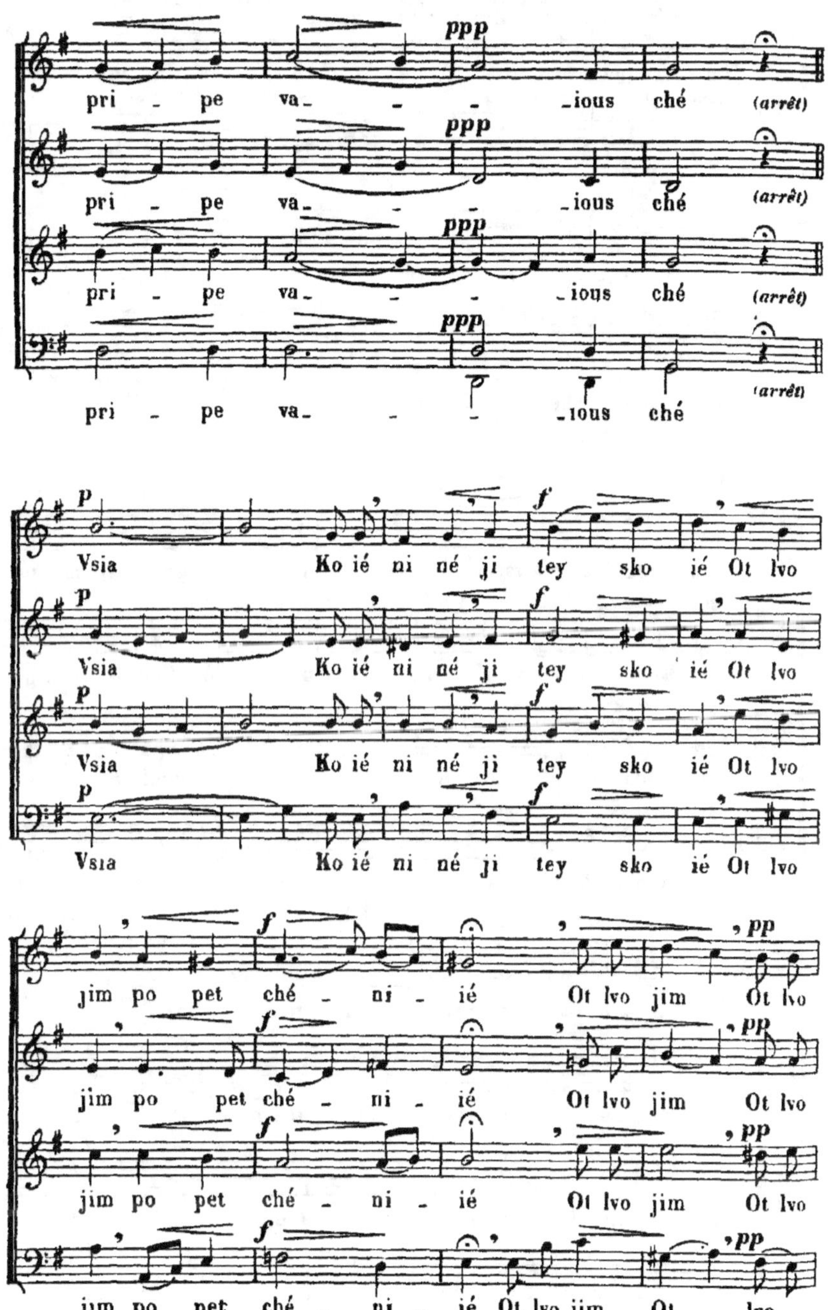

pri _ pe va _ _ _ _ious ché (arrêt)
pri _ pe va _ _ _ious ché (arrêt)
pri _ pe va _ _ _ _ious ché (arrêt)
pri _ pe va _ _ _ _ious ché (arrêt)
Vsia Ko ié ni né ji tey sko ié Ot lvo
Vsia Ko ié ni né ji tey sko ié Ot lvo
Vsia Ko ié ni né ji tey sko ié Ot lvo
Vsia Ko ié ni né ji tey sko ié Ot lvo
jim po pet ché _ ni _ ié Ot lvo jim Ot lvo
jim po pet ché _ ni _ ié Ot lvo jim Ot lvo
jim po pet ché _ ni _ ié Ot lvo jim Ot lvo
jim po pet ché _ ni _ ié Ot lvo jim Ot lvo

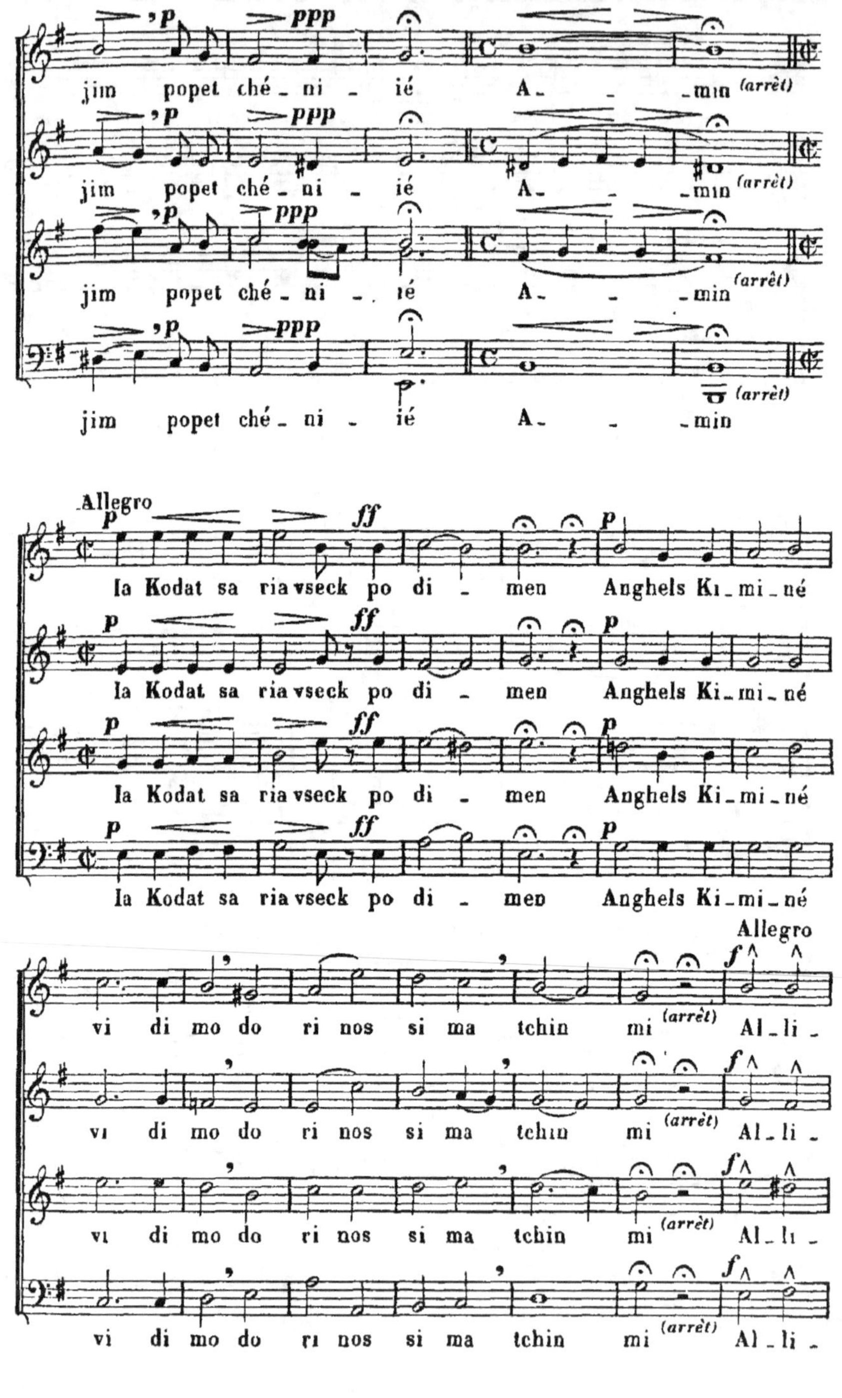

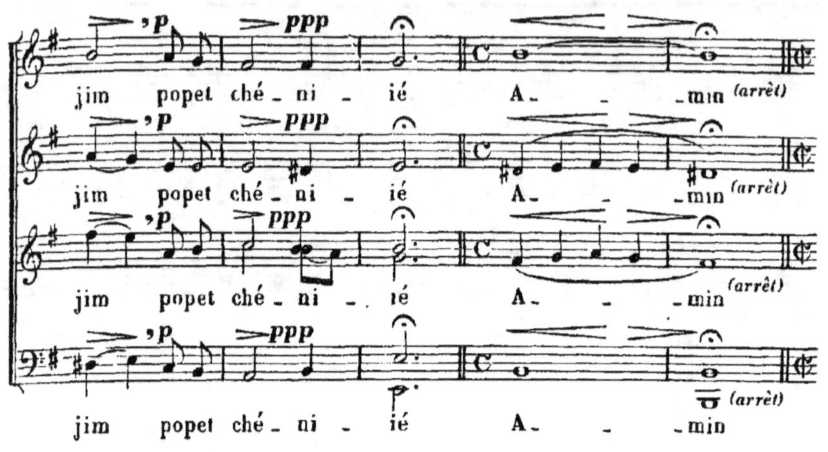
jim popet ché _ ni _ ié A _ _ min (arrêt)
jim popet ché _ ni _ ié A _ _ min (arrêt)
jim popet ché _ ni _ ié A _ _ min (arrêt)
jim popet ché _ ni _ ié A _ _ min (arrêt)
Allegro
la Kodat sa ria vseck po di _ men Anghels Ki _ mi _ né
la Kodat sa ria vseck po di _ men Anghels Ki _ mi _ né
la Kodat sa ria vseck po di _ men Anghels Ki _ mi _ né
la Kodat sa ria vseck po di _ men Anghels Ki _ mi _ né
Allegro
vi di mo do ri nos si ma tchin mi (arrêt) Al _ li _
vi di mo do ri nos si ma tchin mi (arrêt) Al _ li _
vi di mo do ri nos si ma tchin mi (arrêt) Al _ li _
vi di mo do ri nos si ma tchin mi (arrêt) Al _ li _

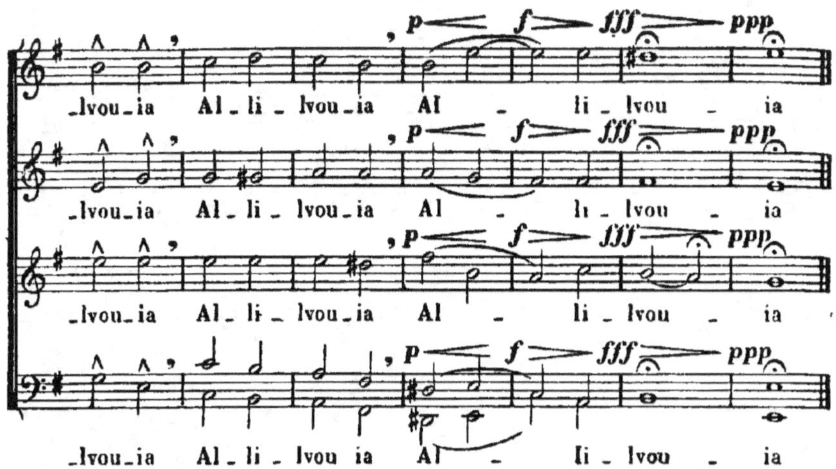

Parlons maintenant du compositeur TOURTCHANI-
NOW (Pierre-Ivanovitch), né en 1779, mort en 1856.
Archiprêtre et compositeur de musique religieuse,
élève de VEDEL, il travailla aux transcriptions des
anciennes mélodies du plain-chant.

Ses transcriptions sont basées sur les règles de
l'harmonie chromatique et sur les règles du rythme
symétrique de la musique d'Europe occidentale.

TOURTCHANINOW, qui finit par appartenir au clergé,
faisait partie, dans sa jeunesse, du corps des chasseurs à pied, alors en formation, lorsque le prince
Potemkine, ministre de l'impératrice Catherine II
et grand amateur de musique, émerveillé de sa voix,
le recommanda à SARTI.

« Dans ses compositions, dit Albert SOUBIES, TOUR-
CHANINOW fit preuve d'un grand souci archéologique,
d'un profond respect à l'égard de la mélopée liturgique. Aussi, lorsque plus tard le Saint-Synode prohi-
hiba, comme trop mondaine, l'œuvre de beaucoup
de compositeurs religieux de ce temps, les compositions de TOURTCHANINOW, à cause de leur aspect
grave et simple, échappèrent à cette rigueur. »

Ije Kherouvimi.   TOURTCHANINOW.

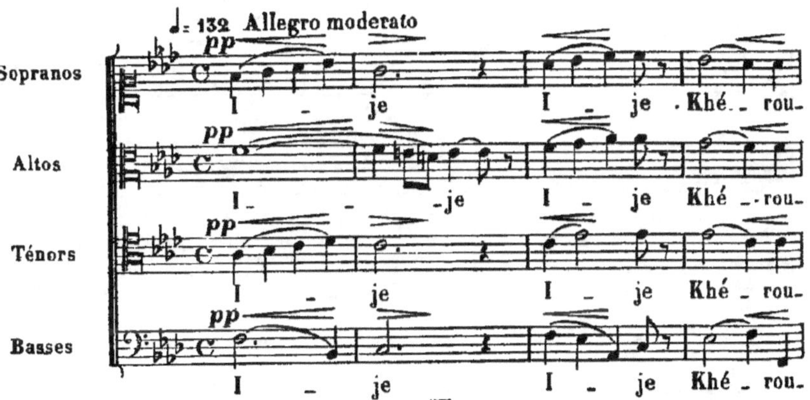

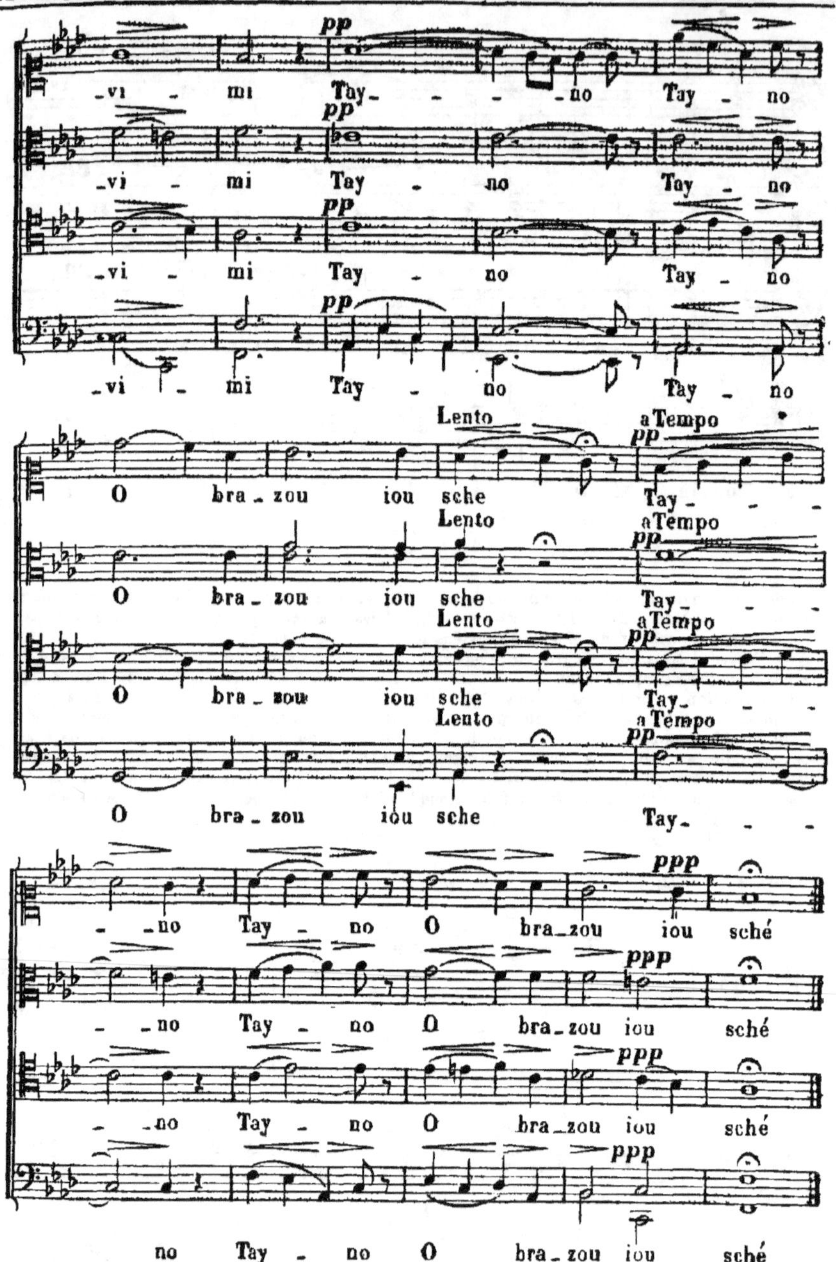

Antérieurement à lui, nous citerons encore quelques élèves de Sarti, compositeurs russes qui subirent d'abord l'influence de la musique polonaise : Théodore Redrikow, Basile Titow, Nicolas Bovikine et Basile Winogradow.

Ils composaient non seulement des concerts, mais aussi des messes. L'influence de cette musique dura jusqu'à la mort de l'empereur Pierre le Grand en 1725, et fut remplacée par l'influence de l'école italienne.

Après la mort de Bortniansky, la direction de la chapelle fut confiée au conseiller privé Lvoff, homme d'un goût exquis et possédant une grande connaissance pratique des œuvres magistrales de toutes les écoles. Ami intime et l'un des plus sincères admirateurs de Bortniansky, il se fit un devoir de suivre scrupuleusement la marche que celui-ci avait tracée. La Chapelle impériale était déjà parvenue à un degré de splendeur remarquable, lorsque, en 1836, après la mort du conseiller Lvoff, son fils, le général Alexis Lvoff, en fut nommé directeur. La plupart des amateurs de quatuors et les grands violonistes de toute l'Europe connaissent ce musicien éminent, à la fois virtuose et compositeur.

« Alexis-Théodorovitch Lvorr naquit à Revel en 1799 et mourut en 1870. Son talent sur le violon était remarquable, dit Hector Berlioz, et son dernier ouvrage, que j'entendis à Saint-Pétersbourg il y a quatre ans, l'opéra d'*Ondine,* dont M. de Saint-Georges vient de traduire le livret en français, contient des beautés de l'ordre le plus élevé, fraîches, vives, jeunes et d'une originalité charmante. Depuis qu'il dirige le chœur des chantres de la cour, tout en suivant la même voie que ses devanciers, en ce qui concerne le perfectionnement de l'exécution, il s'est appliqué à augmenter le répertoire déjà si riche de cette chapelle, soit en composant des pièces de musique religieuse, soit en se livrant à d'utiles et savantes investigations dans les archives de l'Eglise russe, recherches grâce auxquelles il a fait plusieurs découvertes précieuses pour l'histoire de l'art. »

Alexis Lvoff fut un défenseur zélé du rythme asymétrique.

Dans sa brochure intitulée *Rythme libre asymétrique* (Pétersbourg, 1858), il écrit :

« Toute la force et toute l'importance dans le chant d'église sont dans les paroles des prières. Le but de la mélodie est de donner aux paroles le plus de clarté possible. »

Il est évident que le chant d'église doit être absolument conforme au caractère de la prière, et les notes elles-mêmes doivent se soumettre au rythme des paroles.

« Celui qui comprend l'importance de la prière (continue Lvoff dans sa brochure), celui qui suit pendant le chant les paroles des mélodies, doit éprouver une jouissance infinie en les écoutant accompagnées par une harmonie simple et noble, exécutée par plusieurs voix prononçant ces paroles en même temps, distinctement, en parfait accord et avec une prononciation correcte. Les trilles, les roulades, ne doivent pas exister dans le chant d'église, c'est avec des mélodies simples et pures que doivent s'élever nos prières vers le trône du Tout-Puissant.

« Le texte de nos prières a son caractère spécial auquel doit se soumettre le caractère de la mélodie. Beaucoup de compositeurs ont voulu subordonner la mélodie à une mesure régulière ; le chant de cette manière était composé d'après les règles du rythme, mais il ne répondait plus au caractère de la prière et l'harmonie parfaite entre le chant et les paroles ne subsistait plus.

« Ces compositeurs, soumis qu'ils étaient aux règles de la musique, furent obligés d'introduire une foule de licences dans le texte : ainsi, pour conserver le rythme à la mélodie, on répétait plusieurs fois le même mot, on ne prononçait plus les paroles en même temps, de sorte que le sens de la prière était altéré et les fidèles ne comprirent plus les paroles chantées. Ces compositeurs étaient donc dans une profonde erreur lorsqu'ils voulaient soumettre les anciennes mélodies orthodoxes à une mesure uniforme. »

Lvoff ne se borna pas à des raisonnements théoriques, il les mit en pratique dans ses transcriptions des anciennes mélodies d'église.

P. Vorotnikoff, ancien professeur de la Chapelle impériale, collaborateur tout dévoué de Lvoff, partageait les mêmes idées et principes en ce qui concerne la musique religieuse.

Albert Soubies écrit dans l'ouvrage déjà cité :

« Sous les deux Lvoff, la Chapelle impériale acquit ce degré d'incomparable perfection qui a frappé d'admiration plusieurs voyageurs occidentaux, en particulier Adolphe Adam. Celui-ci fut surtout étonné de l'effet produit par la formidable voix des basses, « contrebasses vivantes », comme il les appelle ingénieusement. Leurs voix profondes, amples, timbrées, merveilleusement stylées, lui parurent une chose absolument unique, de nature à causer à l'auditeur une indicible impression.

« L'œuvre capitale à laquelle reste attaché le nom d'Alexis Lvoff est l'énorme recueil, en onze forts in-quarto, des chants liturgiques se rapportant aux offices du rite orthodoxe, d'après le texte en vieux slavon, et conformément aux traditions de l'Eglise de Russie. Ces chants sont harmonisés correctement à quatre parties, soprano, alto, ténor et basse. Lvoff eut sans doute des coopérateurs dans ce travail colossal, mais il prit sûrement la plus grande part à sa réalisation.

« C'était déjà l'empereur Alexandre Iᵉʳ qui, remarquant la corruption progressive du style, nonobstant l'ukase de son prédécesseur Paul Iᵉʳ, avait insisté avec énergie pour bannir de sa chapelle particulière la musique de facture récente, et pour n'y laisser exécuter que le chant d'origine ancienne. Bientôt, cette prescription avait été étendue à toutes les autres églises de l'empire russe. Imbu des mêmes idées, le tsar Nicolas ordonna la réimpression des vieux livres de chant, l'*Octoèque,* l'*Hirmologe* et le *Bréviaire.* »

« On sait quel souvenir insigne se rapporte encore à Alexis Lvoff. Il est l'auteur de l'Hymne national, de ce *Bojé tsara Khrani,* que les échos de la France, pour prendre la jolie et ingénieuse expression d'un poète, doivent désormais *savoir par cœur.* Ce chant est majestueux, imposant. Il exprime admirablement le dévouement au prince, le fervent appel à Dieu pour sa protection, la pieuse confiance dans les mystérieuses destinées de la patrie. Peut-être n'est-il pas inférieur au *God save,* si grand par l'allure, si robuste dans l'affirmation. L'on pourrait observer qu'il offre à son début une certaine analogie avec l'attaque de la strette, dans le magnifique *Hoc Dius* composé par Cherubini pour le sacre de Charles X.

« Ce fut au retour d'un voyage en Prusse et en Autriche, et par suite des réflexions que ces séjours lui avaient inspirées, que Nicolas Iᵉʳ commanda ce morceau à Lvoff. Celui-ci fit tout d'abord la musique, sur laquelle, après coup, et non sans peine, Joukowsky ajusta des vers. La première exécution eut lieu devant l'empereur, l'impératrice et le grand-duc Michel. Le tsar s'écria : « Mais c'est superbe ! » et sur-le-champ décida l'adoption de ce chant pour l'armée. Une autre exécution, par son ordre, se fit au Grand-Théâtre de Moscou, comme pour soumettre la chose au public et recueillir son impression. Puis, on entendit l'hymne en grande solennité, au Palais d'Hiver, à la bénédiction des drapeaux. Le succès de ces différentes épreuves fut complet. L'empereur, satisfait, remit à l'auteur une précieuse tabatière d'or enrichie de brillants et ordonna que la phrase initiale : Dieu protege le Tsar! figurât dorénavant dans les armoiries de la famille Lvoff.

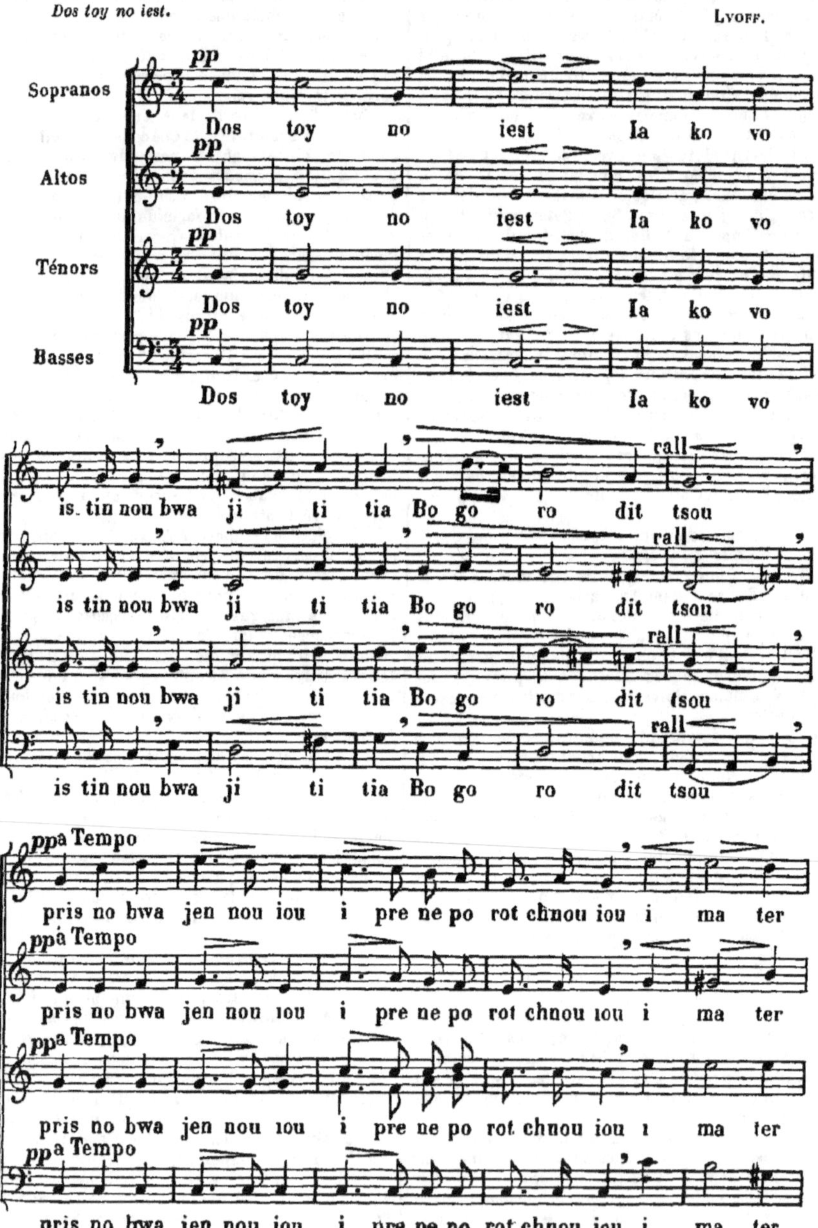

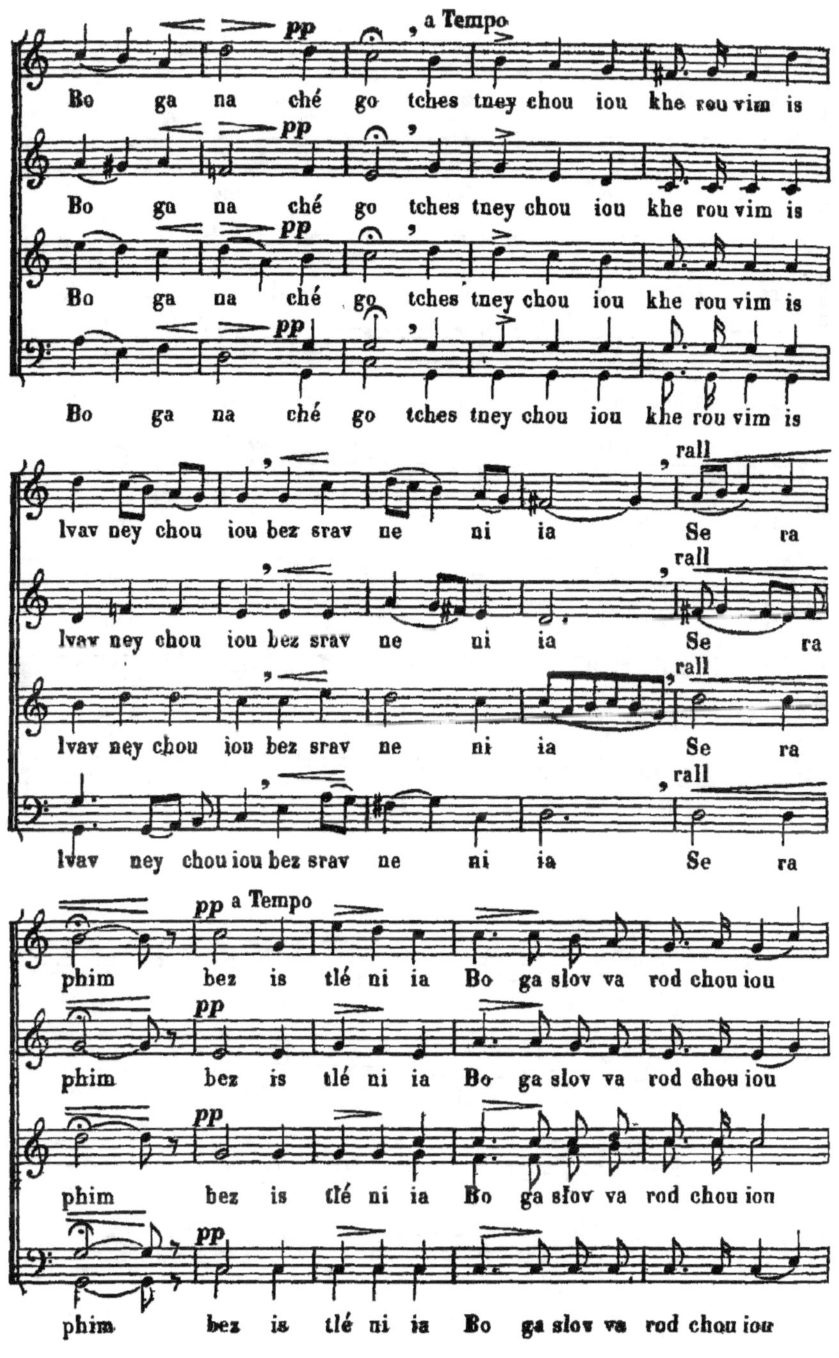
Bo ga na ché go tches tney chou iou khe rou vim is
Bo ga na ché go tches tney chou iou khe rou vim is
Bo ga na ché go tches tney chou iou khe rou vim is
Bo ga na ché go tches tney chou iou khe rou vim is
lvav ney chou iou bez srav ne ni ia Se ra
lvav ney chou iou bez srav ne ni ia Se ra
lvav ney chou iou bez srav ne ni ia Se ra
lvav ney chou iou bez srav ne ni ia Se ra
phim bez is tlé ni ia Bo ga slov va rod chou iou
phim bez is tlé ni ia Bo ga slov va rod chou iou
phim bez is tlé ni ia Bo ga slov va rod chou iou
phim bez is tlé ni ia Bo ga slov va rod chou iou

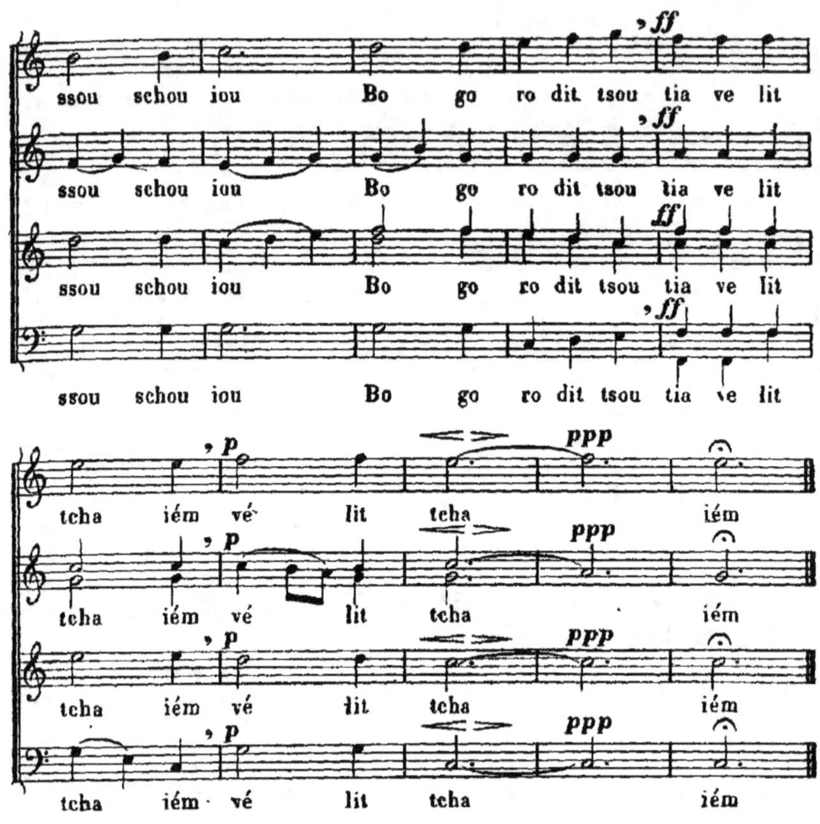

ff
ssou   schou   iou   Bo   go   ro dit. tsou   tia   ve   lit
ff
ssou   schou   iou   Bo   go   ro dit tsou   tia   ve   lit
ff
ssou   schou   iou   Bo   go   ro dit tsou   tia   ve   lit
ff
ssou   schou   iou   Bo   go   ro dit tsou   tia   ve   lit
p   ppp
tcha   iém   vé   lit   tcha   iém
p   ppp
tcha   iém   vé   lit   tcha   iém
p   ppp
tcha   iém   vé   lit   tcha   iém
p   ppp
tcha   iém · vé   lit   tcha   iém
LVOFF.
Andante
ppp
Ve   tchna_ia   pa _ miat   Ve tchna
ppp
Ve   tchna_ia   pa _ miat   Ve tchna
ppp
Ve   tchna_ia   pa _ miat   Ve tchna
ppp
Ve   tchna_ia. pa _ miat   Ve tchna
1res Sopranos
1rs Ténors
2es Sopranos
2es Ténors
Altos
Barytons
1res et 2es Basses

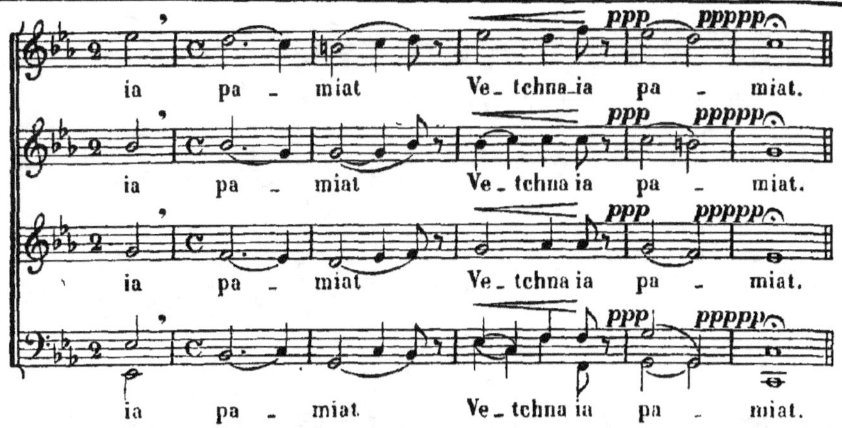

« Alexis Lwoff s'était livré à des études musicales très sérieuses. Ses psaumes, son *Stabat Mater* ont de la valeur. Il a mis du savoir et de l'adresse dans son arrangement du *Stabat* de Pergolèse, avec chœur et grand orchestre. Une de ses œuvres les plus intéressantes est le grand chœur militaire, avec accompagnement instrumental, qu'il composa sur des thèmes russes, et qu'il dédia à Mendelssohn. Signalons aussi, comme un essai curieux, ses *Duo Cantica quatuor vocibus cantanda*. Il a travaillé pour le théâtre, auquel il a donné *Ondine, Bianca et Gualtiero, Emma,* etc., et il était arrivé à un haut degré de virtuosité sur le violon. »

En 1837, Lvor devint directeur de la Chapelle impériale; à cette époque, il travailla assidûment à harmoniser les mélodies anciennes et composa un très grand nombre de morceaux religieux, hymnes, psaumes, motets, etc.

Service des Morts.   LVOFF.

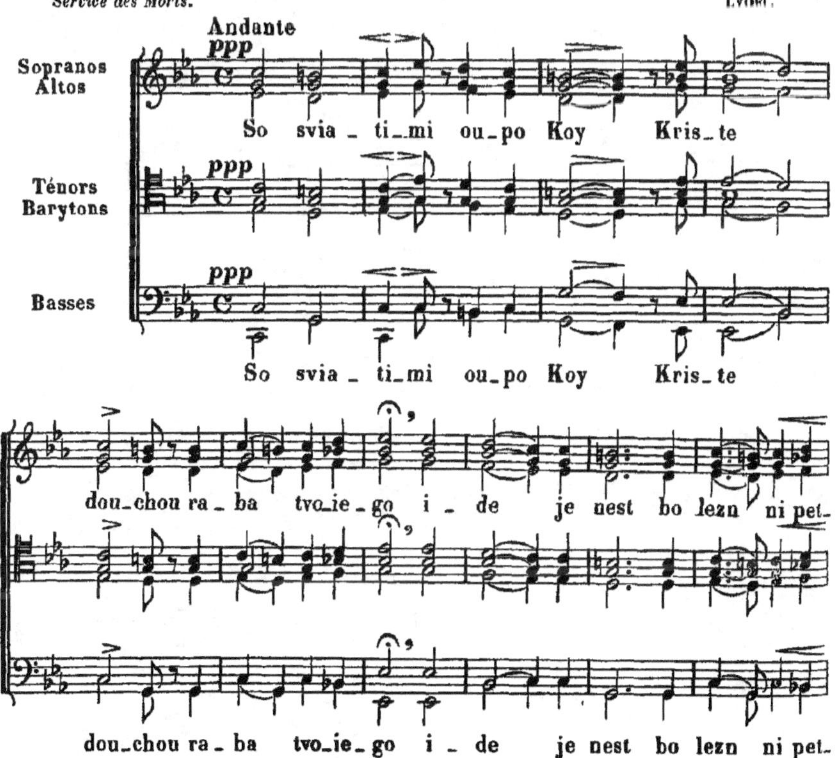

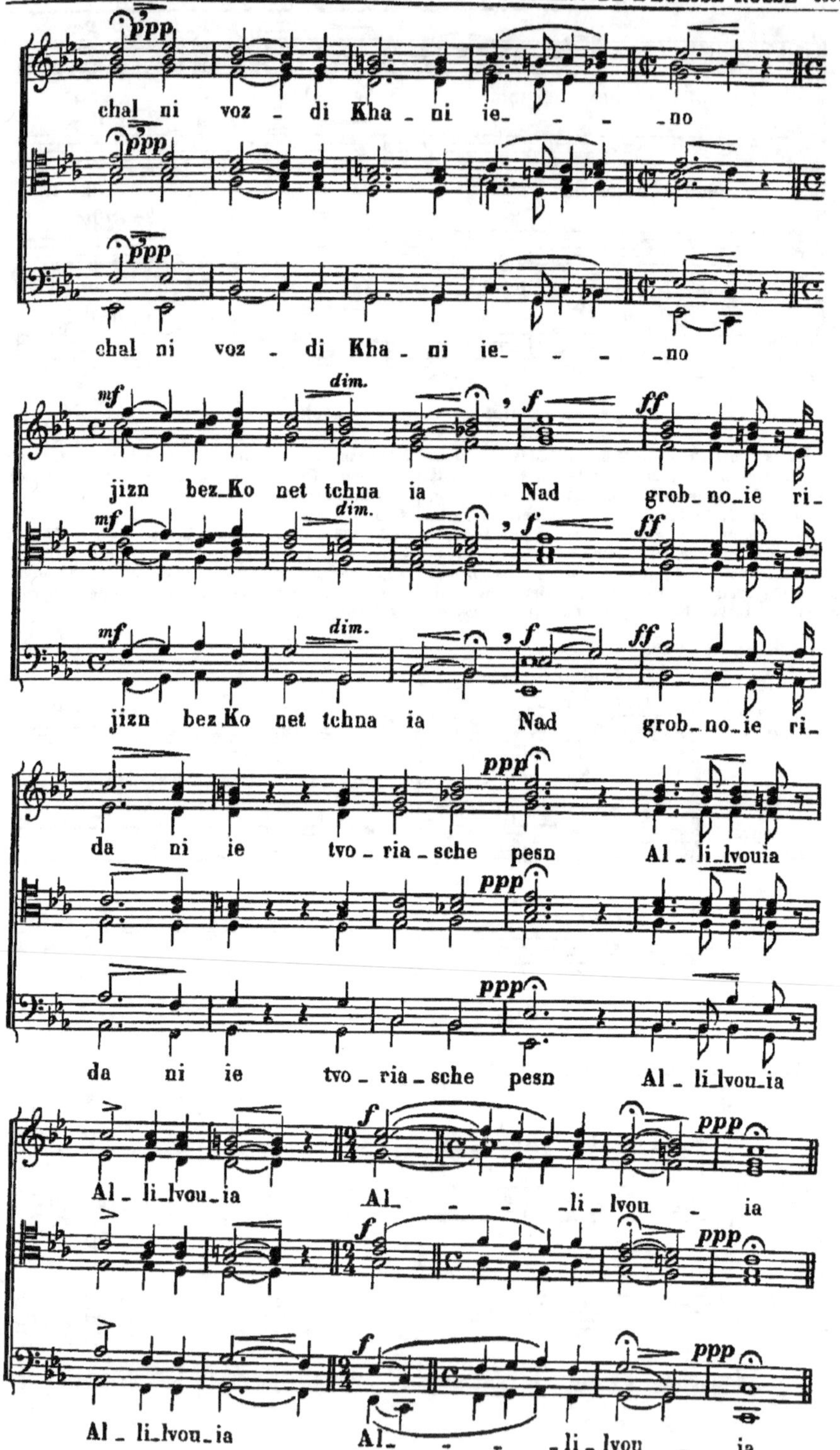
chal ni voz _ di Kha _ ni ie_ _ _ no
chal ni voz _ di Kha _ ni ie_ _ _ no
jizn bez_Ko net tchna ia   Nad   grob_no_ie ri_
jizn bez_Ko net tchna ia   Nad   grob_no_ie ri_
da   ni   ie   tvo _ ria _ sche   pesn   Al _ li_lvouia
da   ni   ie   tvo _ ria _ sche   pesn   Al _ li_lvou_ia
Al _ li_lvou_ia   Al _ _ _ _li _ lvou _ ia
Al _ li_lvou_ia   Al_ _ _ _li _ lvou _ ia

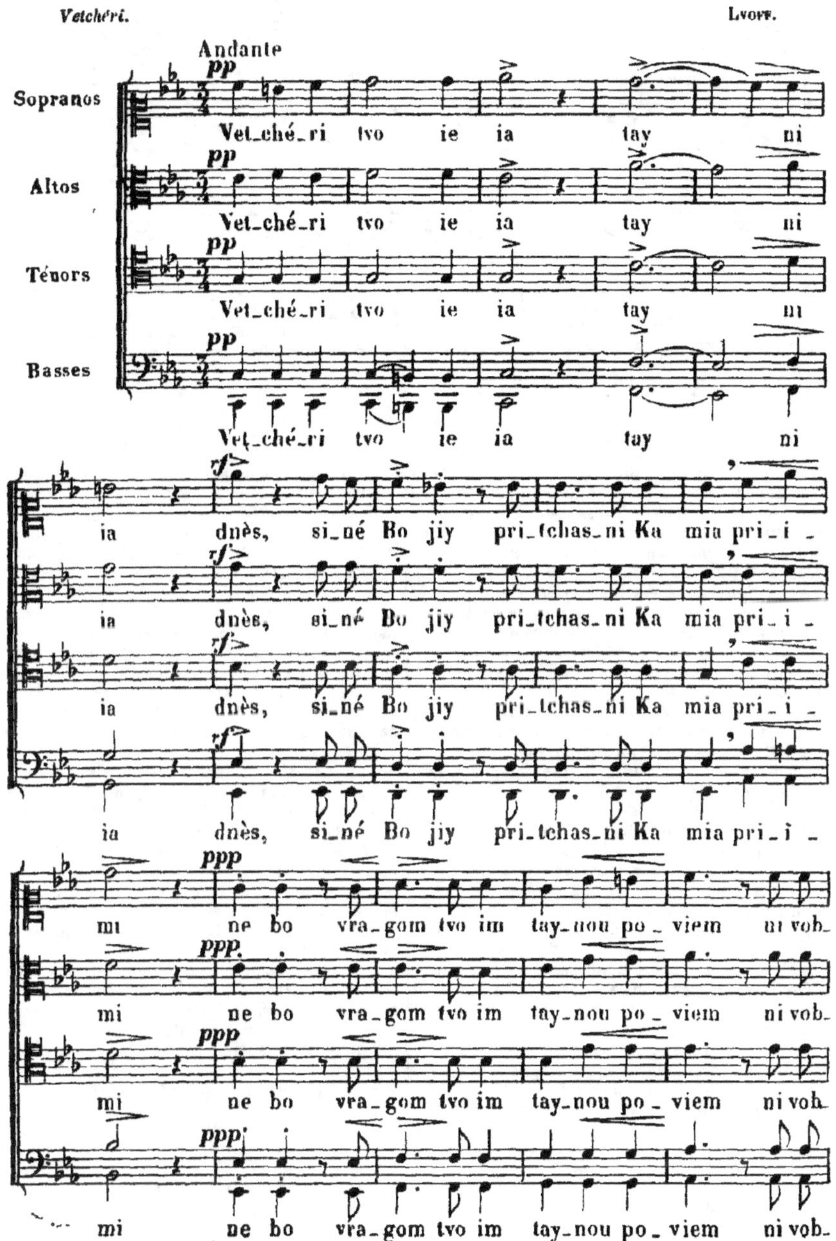
Vetchéri.
Lvoff.
Andante
pp
Sopranos
Vet_ché_ri tvo ie ia tay ni
pp
Altos
Vet_ché_ri tvo ie ia tay ni
pp
Ténors
Vet_ché_ri tvo ie ia tay ni
pp
Basses
Vet_ché_ri tvo ie ia tay ni
ia dnès, si_né Bo jiy pri_tchas_ni Ka mia pri_i_
ia dnès, si_né Bo jiy pri_tchas_ni Ka mia pri_i_
ia dnès, si_né Bo jiy pri_tchas_ni Ka mia pri_i_
ia dnès, si_né Bo jiy pri_tchas_ni Ka mia pri_i_
ppp
mi ne bo vra_gom tvo im tay_nou po_viem ni vob_
ppp
mi ne bo vra_gom tvo im tay_nou po_viem ni vob_
ppp
mi ne bo vra_gom tvo im tay_nou po_viem ni vob_
ppp
mi ne bo vra_gom tvo im tay_nou po_viem ni vob_

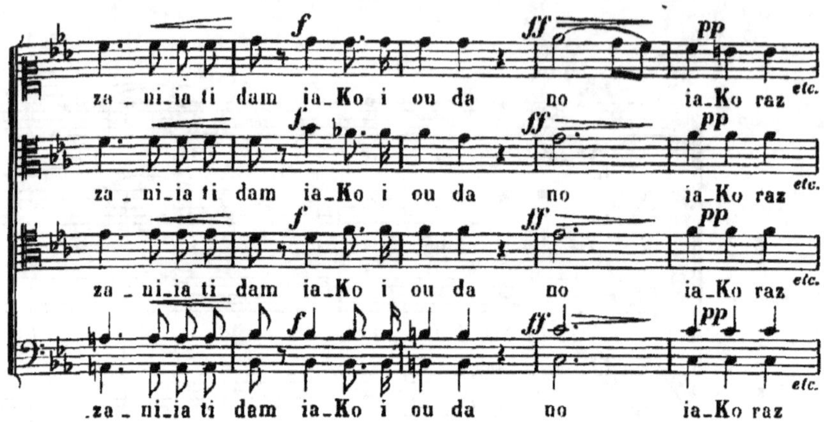

Nous parlerons aussi de Vorotnikow (1804-1876), précepteur de la Chapelle de la Cour impériale, collaborateur et disciple de Lvoff, qui appliqua avec beaucoup de zèle les principes de son maître à l'harmonisation des mélodies anciennes ecclésiastiques. Vorotnikow travailla avec Lvoff à la composition du *Rituel quotidien* du chœur impérial.

Maintenant, nous allons nous entretenir de l'un des plus grands compositeurs de musique en Russie, Glinka, né en 1804 d'une famille aisée et noble, au village de Novospasskoié, dans le gouvernement de Smolensk.

En parlant de Glinka, Albert Soubies dit ceci :

« Dès son enfance, il montra de l'imagination et se sentait notamment impressionné par les cérémonies religieuses. Il était attentif au carillon des cloches d'église, et le reproduisait ensuite avec beaucoup d'adresse et de finesse d'oreille, en frappant alternativement sur des bassins de cuivre. L'orchestre particulier qu'entretenait un de ses oncles lui fournit des occasions de développer son sentiment musical. Pendant le souper, un octuor d'instruments à vent faisait entendre des airs originaux russes. Plus tard, l'orchestre de famille lui permit de fortifier d'une manière pratique son instinct d'artiste, tandis qu'il faisait répéter aux instrumentistes des ouvertures de Chérubini, de Mehul, de Mozart, une ou deux des symphonies de Haydn, et la *Symphonie en ré majeur*, de Beethoven.

« Grâce aux études qu'il poursuivit à l'Institut de la Noblesse, à Saint-Pétersbourg, il acquit une culture générale étendue. Il avait l'esprit ouvert, montrait du goût pour diverses sciences, particulièrement pour la zoologie. Il lui demeura fidèle toute sa vie, jusqu'au point d'entretenir chez lui des animaux de diverses espèces, lapins et lièvres, gazelles, oiseaux chanteurs, etc.

« Il approfondit la technique du violon et du piano, du piano surtout, principalement par les leçons de Field et de Carl Mayer. Il acquit sur cet instrument une virtuosité pleine d'élégance et de charme. Pour le chant, ce fut avec Belloli qu'il cultiva sa jolie voix de ténor.

« Homme du monde et galant homme, il fréquentait les dilettantes de la haute société, le prince Galitzine, le comte Wielhorski, etc. On a gardé le souvenir des divertissements artistiques auxquels il se livrait en compagnie de tels amis : par exemple, une sérénade sur l'eau, avec un chœur disposé dans une barque, tandis que, dans une autre barque, étaient groupés les trompettes des Chevaliers-Gardes. Une autre fois, il joua, dans une représentation d'amateurs, le Figaro du *Barbier de Séville*. Une autre fois encore, en un spectacle du même genre, donné en présence du prince Kotchoubey, président du Conseil de l'Empire, Glinka, costumé en femme, tint, de façon assez inattendue, dans *Don Juan*, le rôle de dona Anna. »

C'est à partir du règne de Nicolas Ier que date la création définitive de l'Ecole de musique russe, et c'est Glinka qui est indiscutablement son créateur. On ne peut affirmer que Glinka soit resté libre de l'influence italienne ; non, il est bien le fils de son époque, et l'influence des maîtres européens sur lui ne fait aucun doute ; mais à côté de cela, il y a chez lui des pages musicales tellement originales, colorées, puissantes et magistrales que son génie reste incontestable.

Il est russe jusqu'à la moelle des os, il est le créateur de l'opéra russe, de la symphonie russe, des romances russes, etc. Glinka fut nommé maître de chapelle de la Cour impériale en 1836.

A propos de sa nomination, il écrit dans ses *Mémoires* :

« L'Empereur, m'adressant la parole au théâtre même, me dit :

« Glinka, j'ai une prière à t'adresser et j'espère « que tu ne me refuseras pas : le chœur de ma cha- « pelle est connu de l'Europe entière, et il est digne « que tu t'en occupes. Mais je te demande que les « chantres gardent leur caractère national, qu'ils ne « deviennent pas italiens. »

Glinka fut le premier à s'occuper de l'instruction musicale des chantres : il leur fit étudier la théorie de la musique et leur donna lui-même des leçons.

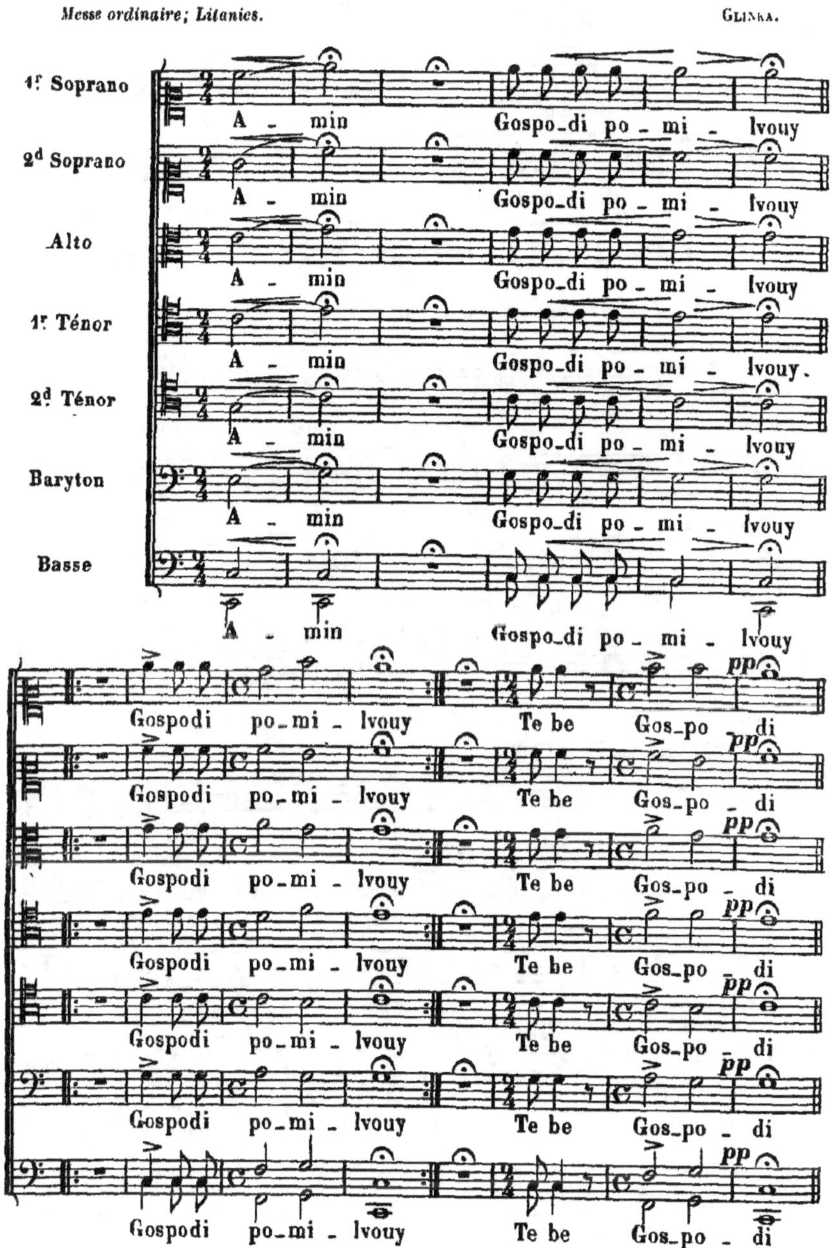
Messe ordinaire; Litanies.
GLINKA.
1er Soprano
2d Soprano
Alto
1er Ténor
2d Ténor
Baryton
Basse
A _ min
Gospo_di po _ mi _ lvouy
Gospodi po_mi _ lvouy
Te be
Gos_po _ di
pp

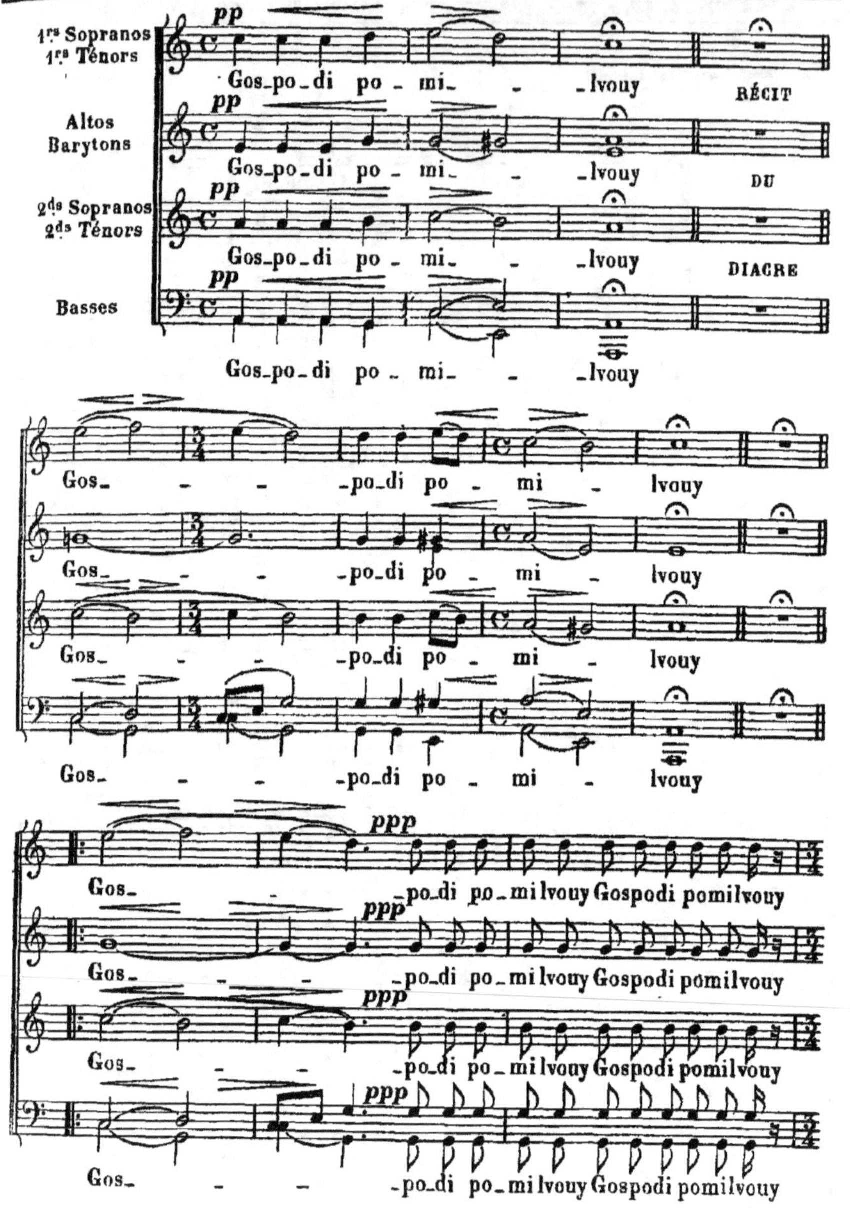

C'est pendant son séjour à la chapelle de la Cour impériale que GLINKA composa son *Hymne Chérubique* (*Chérouvimskaïa*), ce qui veut dire « Hymne des Chérubins ». Il n'en fut pas satisfait, car au début cette composition ne fut pas appréciée à sa juste valeur. Mais, plus tard, quand elle fut imprimée par Jurgenson et chantée dans plusieurs endroits, on lui rendit justice. De nos jours, les qualités éminentes de ce chef-d'œuvre sont reconnues, et il est devenu l'ornement de notre musique religieuse.

Pourtant, l'auteur lui-même trouvait cet hymne mal réussi.

GLINKA composa aussi les *Ektynies* (les litanies) et plusieurs *Da is pravitsia*, que l'on chanta avec un grand succès au couvent de Saint-Serge, près de Saint-Pétersbourg.

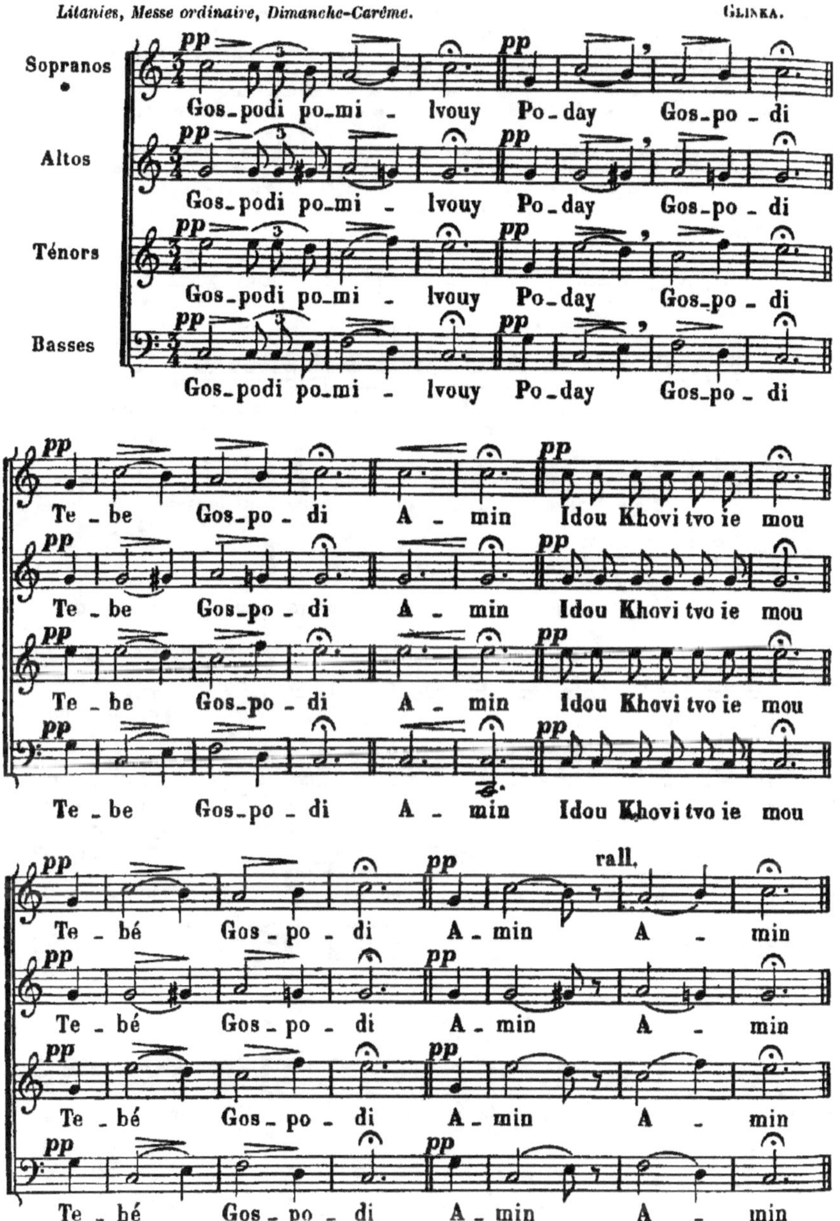

Notre éminent compositeur s'intéressait beaucoup au problème du chant ecclésiastique. Quel chant convient à l'Eglise orthodoxe russe? Voilà la question que désirait résoudre Glinka. Pour la solution de ce grave problème, il se mit à l'étude des modes grégoriens et fit un voyage à Berlin, pour y étudier la musique polyphonique des grands maîtres du con-trepoint, sous la direction du célèbre théoricien Dehn. A propos de ces travaux, Glinka écrivait à M. Stassow le 3 septembre 1856 : « Dehn a l'intention de travailler avec moi deux fois par semaine, afin que je puisse graduellement arriver à composer la fugue à deux sujets, dont le thème doit être fondé sur les modes grégoriens dans lesquels je suis encore très peu versé. En général, je puis dire que, jusqu'à présent, je n'ai jamais étudié la musique religieuse authentique, et je n'espère pas me rendre maître en peu de temps de tout ce qui a été créé pendant des siècles. Dehn me propose comme exemples de ce genre de musique les œuvres de Palestrina et de Roland de Lassus. »

La mort de Glinka, survenue en 1857, coupa court au grand ouvrage qu'il désirait accomplir dans le domaine de la musique religieuse russe.

Bachmetiew, né en 1807, mort en 1891, remplaça Lvoff comme directeur de la Chapelle impériale en 1861.

Il partageait les idées de son prédécesseur sur le chant d'église, mais en s'écartant quelquefois de leurs principes rigoureux.

Dans les compositions de Bachmetiew, on remarque surtout l'emploi des accords dissonants, le chromatisme, l'enharmonie, des modulations soudaines, ce qui les prive du caractère sévère, conforme au chant ecclésiastique, et en dévoile le goût dilettante.

Ijé Kherouvimi.   BACHMETIEW.

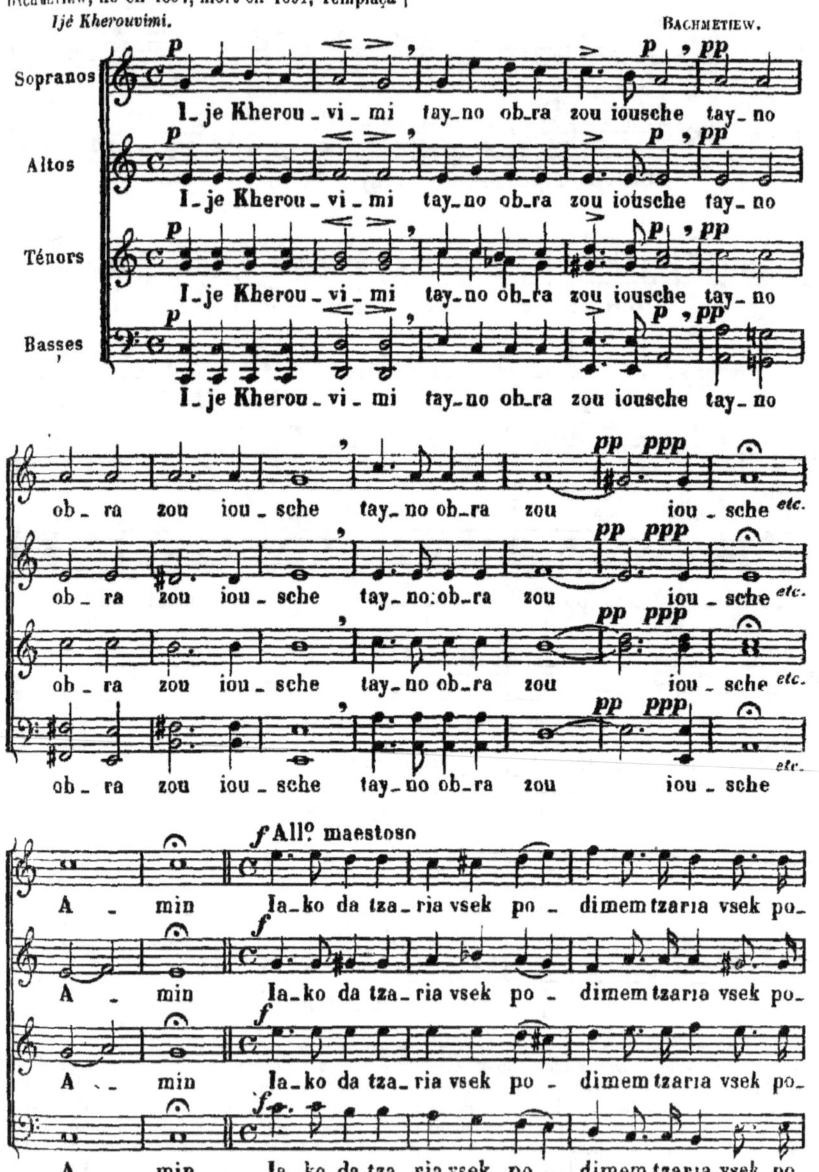

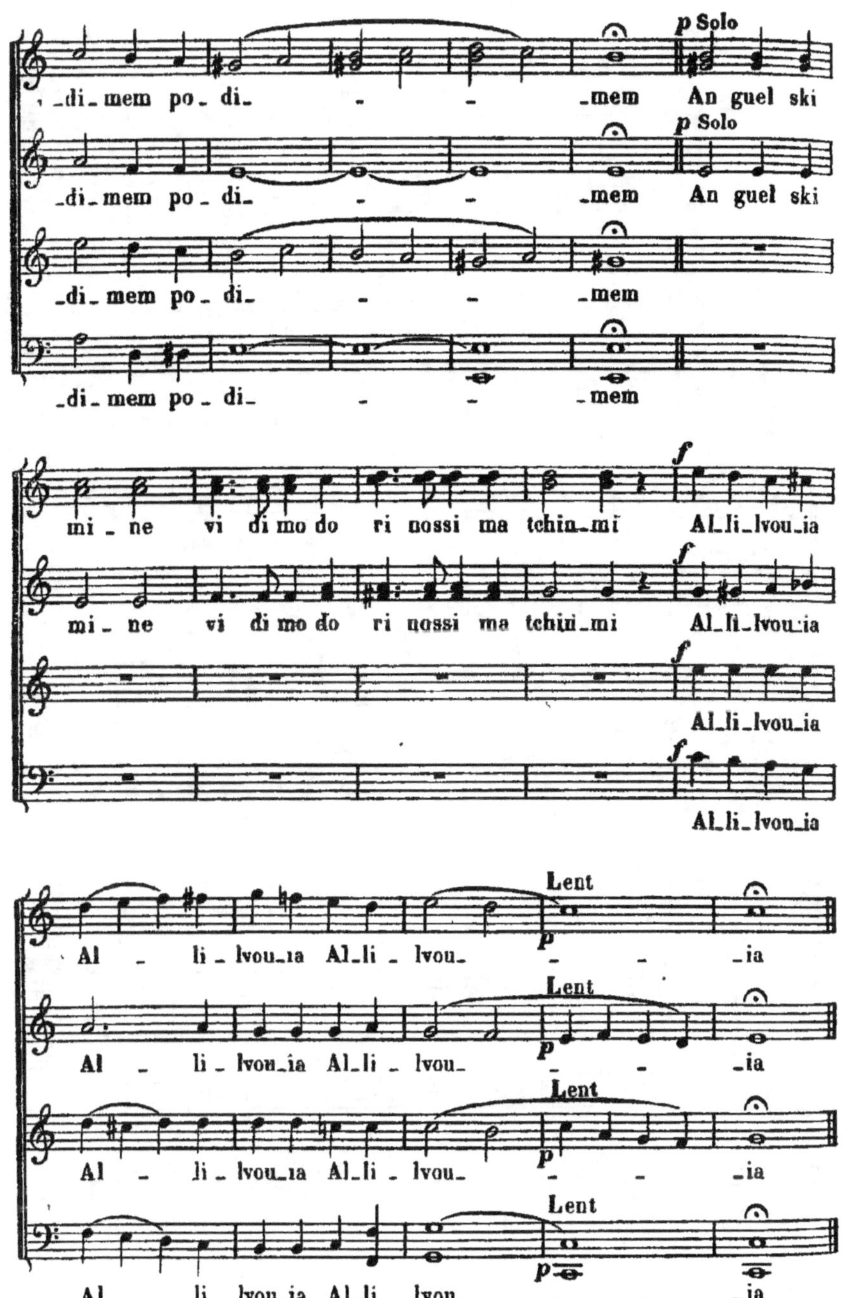
p Solo
_di_mem po_di_ _mem An guel ski
p Solo
_di_mem po_di_ _mem An guel ski
_di_mem po_di_ _mem
_di_mem po_di_ _mem
mi_ne vi di mo do ri nossi ma tchin_mi Al_li_lvou_ia
mi_ne vi di mo do ri nossi ma tchin_mi Al_li_lvou_ia
Al_li_lvou_ia
Al_li_lvou_ia
Lent
Al _ li_lvou_ia Al_li_lvou_ _ia
Lent
Al _ li_lvou_ia Al_li_lvou_ _ia
Lent
Al _ li_lvou_ia Al_li_lvou_ _ia
Lent
Al _ li_lvou_ia Al_li_lvou_ _ia

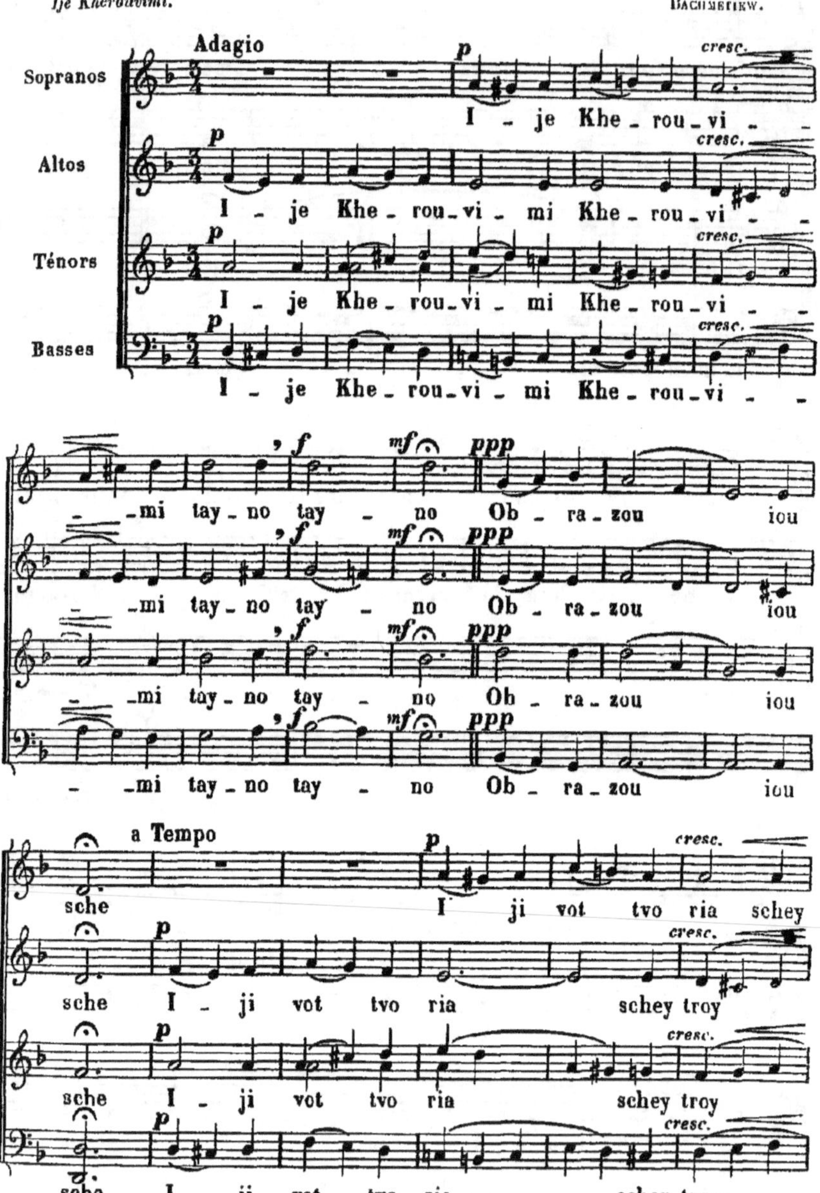

Ijé Kherouvimi.
Bachmetiew.
Adagio
p
cresc.
Sopranos
I _ je Khe _ rou _ vi _
p
cresc.
Altos
I _ je Khe _ rou _ vi _ mi Khe _ rou _ vi _
p
cresc.
Ténors
I _ je Khe _ rou _ vi _ mi Khe _ rou _ vi _
p
cresc.
Basses
I _ je Khe _ rou _ vi _ mi Khe _ rou _ vi _
f   mf   ppp
_ _mi tay _ no tay _ no Ob _ ra _ zou   iou
f   mf   ppp
_ _mi tay _ no tay _ no Ob _ ra _ zou   iou
f   mf   ppp
_ _mi tay _ no tay _ no Ob _ ra _ zou   iou
f   mf   ppp
_ _mi tay _ no tay _ no Ob _ ra _ zou   iou
a Tempo   p   cresc.
sche   I _ ji vot tvo ria schey
p   cresc.
sche   I _ ji vot tvo ria   schey troy
p   cresc.
sche   I _ ji vot tvo ria   schey troy
p   cresc.
sche   I _ ji vot tvo ria   schey troy

Potoulow (1810-1873), qui avait étudié consciencieusement les anciennes mélodies, continua les travaux entrepris et à peine commencés par Glinka.

Dans toutes ses transcriptions harmoniques, Potoulow, tout en ne changeant pas la mélodie, l'accompagna par une harmonie diatonique consistant en accords parfaits majeurs et mineurs avec leurs renversements; il réalisa ainsi les idées du prince Odoiewsky, qui parla toujours très élogieusement de ses travaux et compositions.

« Travail consciencieux, écrivait le prince Odoiewsky en parlant de la mélopée liturgique par Potoulow; travail ingénieux et énormément difficile, car il faut un grand courage pour entreprendre une œuvre aussi étendue et techniquement pénible. »

L'archiprêtre Dimitri Vassiliévitch Razoumovsky, grande autorité dans le cercle ecclésiastique sur les questions de la musique d'église, loua de même les travaux de Potoulow.

Le chant religieux orthodoxe est peut-être celui qui se rapproche le plus de l'idéal; il rejette les instruments de musique défendus par les Pères de l'Eglise. Ce chant est riche en mélodies, il se distingue souvent par une grande valeur musicale, par une profonde expression religieuse, tout en étant scrupuleusement soumis aux paroles du texte.

Quand les mélodies prirent la forme harmonique, après les grossiers essais du système « Strotchnoé », après l'influence de la musique polonaise et, plus tard, celle de la musique italienne, les compositeurs cherchèrent à harmoniser la mélodie ancienne en se rapprochant le plus possible du caractère spécial de cette melodie. Bortniansky l'a soumise aux règles musicales de la nouvelle école.

Avec Tourtouaninow, elle devient plus pure, quoique soumise au rythme symétrique étranger à son caractère.

Lwoff lui rendit toute sa liberté de rythme asymétrique et toute son ampleur.

Glinka chercha à lui donner, en l'harmonisant, la richesse des accords, et Potoulow tâcha de la délivrer du chromatique, dont les sons, d'après saint Clément d'Alexandrie, sont aussi pernicieux pour les mœurs que les boissons alcooliques.

Potoulow a rejeté la facilité que présente l'harmonisation de la musique laïque, il a dédaigné les effets d'opéra qui charment tant le public et a soutenu le style rigoureux et sobre de notre chant d'église, avec toutes ses conventions si gênantes pour le compositeur moderne.

« En accompagnant la mélodie par une harmonie rigoureusement diatonique, en lui conservant son rythme libre asymétrique, en subordonnant la musique au texte, de manière que toutes les voix du chœur prononcent les paroles sacrées en même temps, Potoulow est celui qui s'est rapproché le plus de l'idéal du chant d'église. » (Opinion du prince Odoiewsky).

Sur le même sujet, voici maintenant ce que dit notre maître Liborio Sacchetti :

« La difficulté de résoudre le problème de la musique harmonique religieuse dépend de l'antagonisme entre les tendances de l'art musical et les exigences du culte. Cet antagonisme n'existe pas dans le chant de l'ancienne mélodie religieuse exécutée à l'unisson. Mais la polyphonie tend à subordonner le texte, et souvent l'embrouille par l'articulation simultanée de paroles différentes, à cause des entrées des parties à des moments divers.

« Peut-être la musique religieuse russe, en suivant la voie tracée par les zélateurs de l'ancienne mélodie orthodoxe, se rapprochera-t-elle de l'idéal voulu?

« Mais, en s'engageant dans cette voie, elle risque d'atteindre son but au prix des beautés spécifiques de l'art. Nous le voyons chez Potoulow. Le style rigoureux de ses œuvres porte atteinte à l'élément esthétique du chant religieux. Son harmonie est enfermée dans des limites trop étroites; elle exclut même les notes de passage. Voilà pourquoi ces œuvres sont si pauvres en fait de combinaisons harmoniques. En même temps, elles sont déparées par le mouvement disjoint des parties, qui n'ont pas assez de liberté pour leur développement mélodique. L'harmonisation de Potoulow est basée sur des principes théoriques qui empêchent l'indépendance des parties dans l'accompagnement de la mélodie principale, laquelle ne peut leur communiquer ni son caractère ni ses beautés. Les mouvements des parties de l'accompagnement et leurs combinaisons sont comme prédestinés à l'avance, et liés à des règles mécaniques qui paralysent l'allure libre des voix, contrarient l'expression et nuisent au mérite artistique de ses œuvres.

« L'évolution ultérieure du chant harmonique de l'Eglise orthodoxe russe tend à rehausser la beauté de la mélopée liturgique par la polyphonie, sans porter aucune atteinte à la mélodie principale qui, au contraire, en dominant les voix de l'accompagnement, leur sert de modèle. Telle est l'harmonisation de la mélopée liturgique, donnée au soprano, dans les éditions de la confrérie de la Sainte-Vierge, principalement dans les œuvres de MM. Dimitri Solowiew, Smirnow, etc.

« L'élément artistique y est plus considérable que dans les œuvres de Potoulow et leur communique plus d'intérêt esthétique.

« C'est pourquoi ces œuvres se rapprochent encore plus de l'idéal de la musique d'Eglise orthodoxe russe. La mélopée liturgique se trouve intacte aussi dans les éditions de la chapelle de la Cour impériale, par exemple, dans *Les Vêpres des chants anciens* de 1888. »

On se préoccupait déjà de la perfection idéale de la véritable musique chrétienne au Concile de Trente (1543-1563). Si le chant de l'Eglise orthodoxe continue à suivre la voie tracée par les zélés défenseurs de ses anciennes mélodies, il arrivera peut-être à cette perfection. Le développement ultérieur du chant religieux doit donc consister à augmenter, à rehausser la partie artistique de l'harmonie, sans porter aucun préjudice à la mélodie fondamentale, mais au contraire à établir un rapprochement entre toutes les parties et le caractère essentiel de l'ancienne mélodie.

N'oublions pas de citer deux artistes remarquables : Lomakine (Grégoire) (1812-1885), professeur de la Cour impériale et chef du célèbre chœur appartenant au comte Chérémetiew ; enfin Kotchenowski, artiste d'un énorme talent.

Voici du reste un morceau de sa composition, que l'on chante dans toutes les grandes paroisses à Moscou et Saint-Pétersbourg, lors d'un enterrement ou d'une messe de *Requiem* :

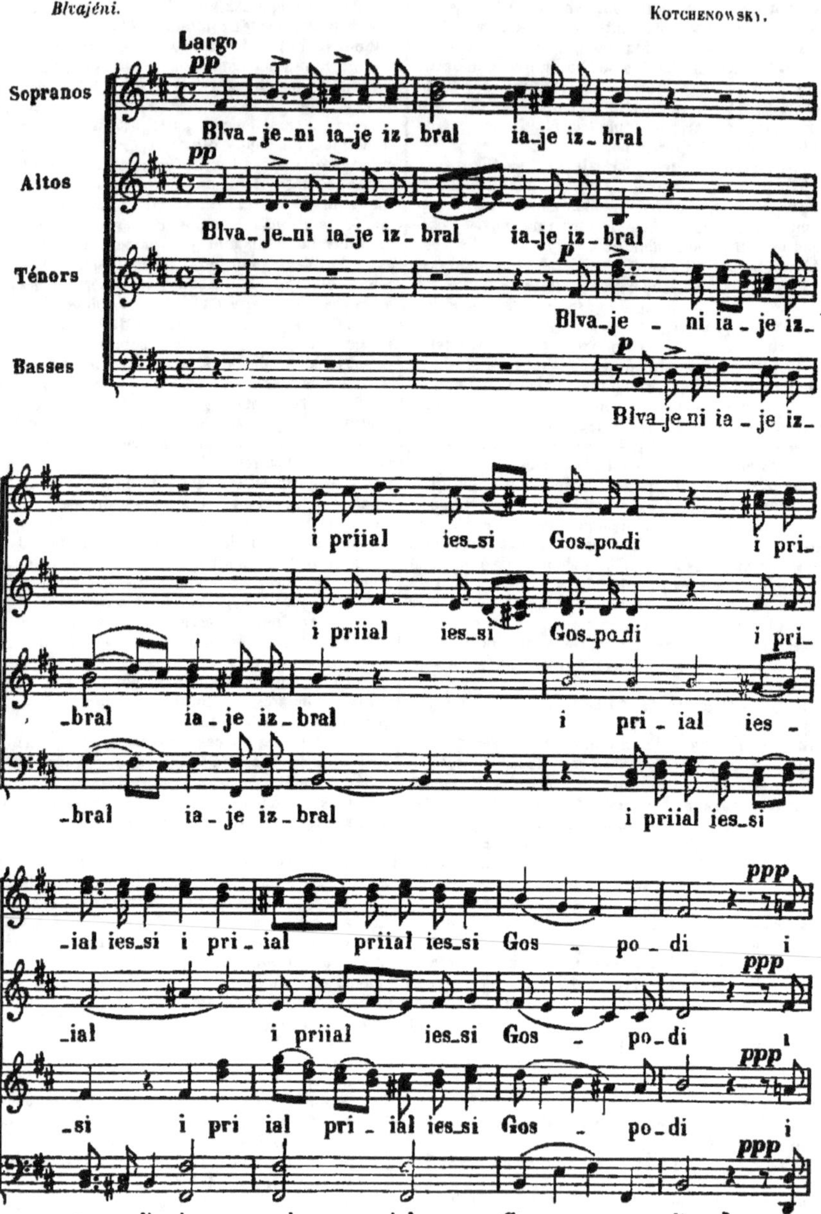

Blvajéni.
Kotchenowsky.
Largo
pp
Sopranos
pp
Altos
Ténors
Basses
p
p
Blva_je_ni ia_je iz_bral ia_je iz_bral
Blva_je_ni ia_je iz_bral ia_je iz_bral
Blva_je _ ni ia_je iz_
Blva_je_ni ia _ je iz_
i priial ies_si Gos_po_di i pri_
i priial ies_si Gos_po_di i pri_
_bral ia_je iz_bral i pri_ial ies_
_bral ia_je iz_bral i priial ies_si
ppp
_ial ies_si i pri_ial priial ies_si Gos _ po _ di i
ppp
_ial i priial ies_si Gos _ po_di i
ppp
_si i pri ial pri_ial ies_si Gos _ po_di i
ppp
gos_podi i pri _ ial Gos _ po _ di i

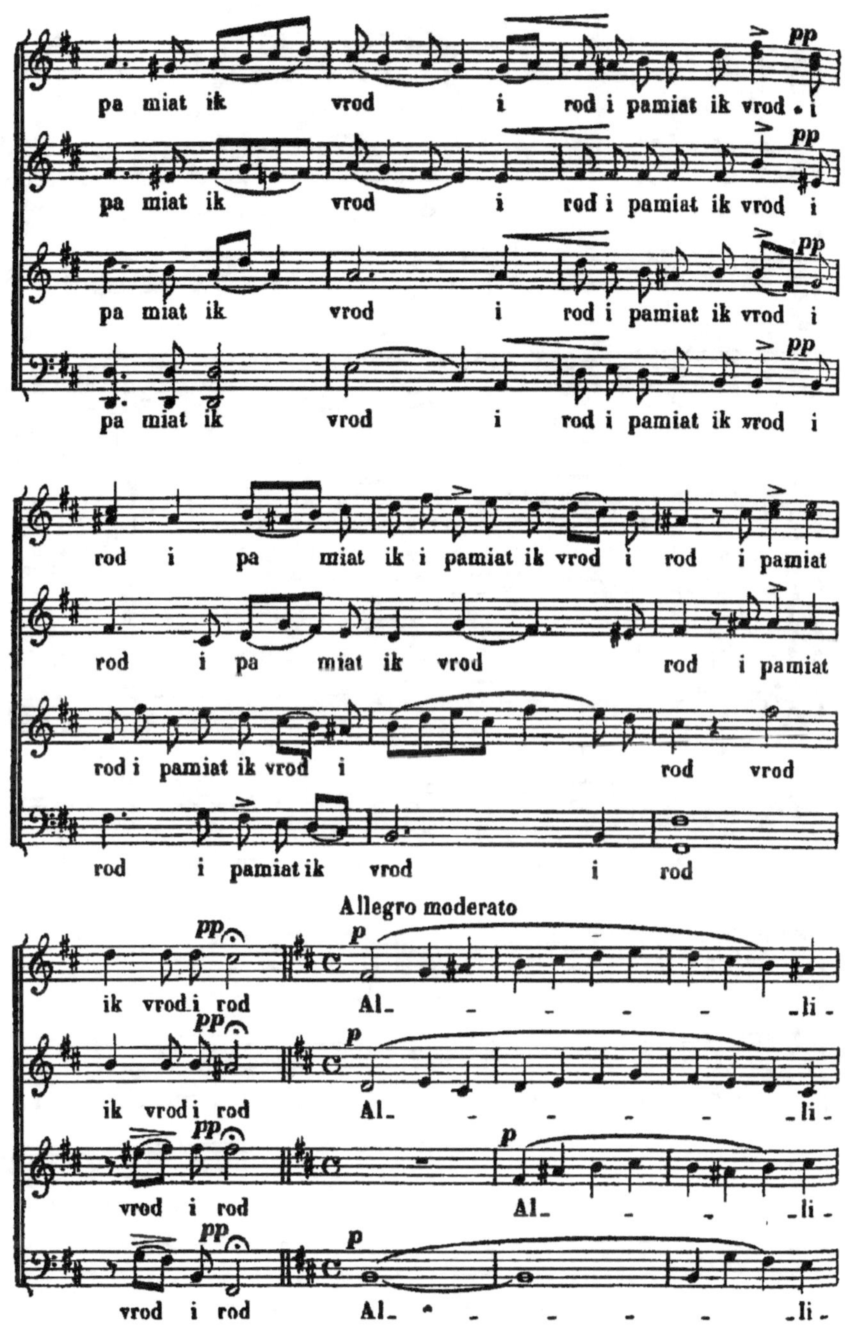
pa miat ik vrod i rod i pamiat ik vrod i
pa miat ik vrod i rod i pamiat ik vrod i
pa miat ik vrod i rod i pamiat ik vrod i
pa miat ik vrod i rod i pamiat ik vrod i
rod i pa miat ik i pamiat ik vrod i rod i pamiat
rod i pa miat ik vrod rod i pamiat
rod i pamiat ik vrod i rod vrod
rod i pamiat ik vrod i rod
Allegro moderato
ik vrod i rod Al_ _li_
ik vrod i rod Al_ _li_
vrod i rod Al_ _li_
vrod i rod Al_ _li_

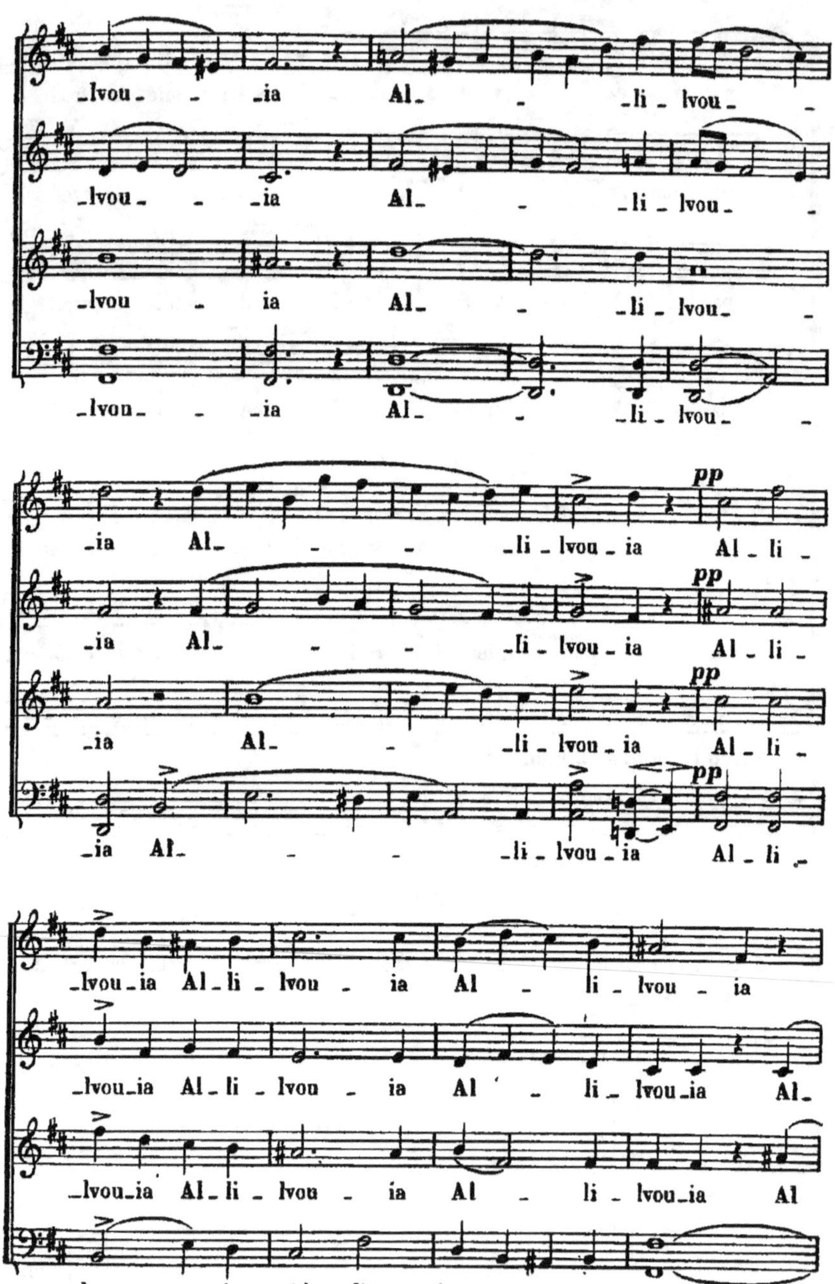
_lvou _ _ia   Al_ _ _li _ lvou _
_lvou _ _ia   Al_ _ _li _ lvou _
_lvou _ ia   Al_ _ _li _ lvou _
lvou _ia   Al_ _ _li _ lvou_ _
_ia   Al_ _ _ _li _ lvou _ ia   Al _ li _
_ia   Al_ _ _ _li _ lvou _ ia   Al _ li _
_ia   Al_ _ _ _li _ lvou _ ia   Al _ li _
_ia   Al_ _ _ _li _ lvou _ ia   Al _ li _
_lvou_ia Al_li _ lvou _ ia   Al _ li _ lvou _ ia
_lvou_ia Al_li _ lvou _ ia   Al _ li _ lvou_ia   Al_
_lvou_ia Al_li _ lvou _ ia   Al _ li _ lvou_ia   Al
_lvou _ ia Al _ li _ lvou_ia Al_li _ lvou_ _

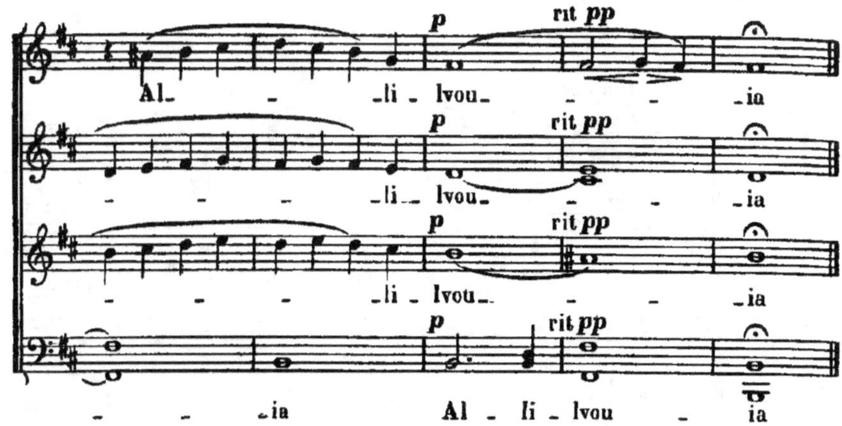

Apres Bachmétiew, la direction de la Chapelle impériale fut confiée à Balakirew et à Rimsky-Korsakoff.

Mili Balakirew, né en 1836, fit ses études à l'université de Kazan.

Son initiation musicale, il la dut à Oulibichew; il faut tenir compte aussi de l'influence que Glinka exerça directement sur lui. Balakirew fut le fondateur, à Saint-Pétersbourg, d'une école gratuite de musique, dont il dirigeait les exercices publics. Rimsky-Korsakow, né en 1844, compositeur célèbre de plusieurs opéras, a enseigné, au Conservatoire de Saint-Pétersbourg, la composition et l'instrumentation, et, en 1896, il a célébré le vingt-cinquième anniversaire de son professorat.

Grâce a ces deux compositeurs d'un talent éminent, qui enrichirent la musique religieuse russe de plusieurs chefs-d'œuvre dignes de leurs noms, la chapelle de la Cour impériale reçut un cachet plus national, et l'idéal de l'harmonisation de l'ancienne mélodie ecclésiastique dans le caractere de cette dernière commença à devenir plus clair.

Tschaikowsky (1840-1893), dont la mère descendait d'une famille de réfugiés français lors de la révocation de l'édit de Nantes, fit en Russie, au Conservatoire de Moscou, des études un peu tardives, mais il les compléta en Allemagne.

Voici en abrégé ce que pensait Tschaïkowsky du chant d'Eglise orthodoxe (*Lettre à Koninsky*).

« En me questionnant sur le chant de l'Eglise russe, vous avez touché ma corde sensible : pour vous répondre comme je le voudrais il me faudrait une main de papier, etc.

« Selon moi Bortniansky est le seul compositeur qui possédait la technique de la musique, mais sa technique était enfantine et routinière...

« Tous ces Vedel, Dechtereff et autres aimaient la musique, mais étaient des ignorants. Il faudrait la venue d'un Messie qui balayerait d'un seul coup toutes ces vieilleries et une nouvelle voie conduisant au véritable but.

« Cette nouvelle voie consisterait dans le retour vers l'ancien temps, époque du plain-chant primitif que l'on harmoniserait alors d'une manière tout

autre de ce qui été fait jusqu'à ce jour, et en conservant à la mélodie primitive son caractère personnel »

A propos de Tschaïkowsky, voici maintenant les paroles de M. Liborio Sacchetti :

« Dans ses œuvres musicales religieuses, Tschaïkowsky tendait aussi à épurer la musique ecclésiastique des éléments étrangers introduits par les maîtres italiens du siècle précédent et par leurs élèves.

« De sa *Messe*, Tschaïkowsky disait qu'il y suivit son propre penchant artistique. Mais dans ses *Vêpres*, il a essayé de rendre à notre Eglise son bien qui lui fut ravi par force.

« Tschaïkowsky, comme il le disait lui-même, tâchait d'éviter les extrèmes. Il n'avait point du tout l'idée hardie de renouveler le chant ancien de l'Eglise et de se débarrasser des entraves européennes. Mais il ne s'est pas soumis aux traditions qui, à l'époque de Bortniansky, italianisaient notre musique d'église. Les compositions religieuses de Tschaïkowsky, de son propre aveu, ont un caractère éclectique. Tschaïkowsky se plaignait que Bortniansky eût subjugué toute la Russie, et était persuadé qu'il fallait créer un art musical ecclésiastique nouveau, digne de l'office divin orthodoxe.

« Tschaïkowsky rêvait « un Messie » entraînant l'art musical religieux dans une voie nouvelle, et nous ramenant vers l'antiquité profonde avec son ancienne mélodie, revêtue d'une harmonisation conforme à son caractère et digne de ses beautés. En attendant, vers cette « antiquité profonde », vers cette source vivifiante qui doit rajeunir la musique ecclésiastique et donner le moyen au génie futur de créer un nouvel art musical religieux, nous conduisent de modestes savants avec leurs travaux archéologiques, historiques et théoriques. Ne sont-ils pas prédestinés à préparer la voie pour l'avènement de ce « Messie » et ne seront-ils pas ses précurseurs? »

Arensky (Antoine), né en 1861. Compositeur de plusieurs quatuors, trios, de musique pour piano, d'œuvres dramatiques, fut nommé, en 1895, directeur de la Chapelle de la Cour impériale.

Il enrichit la musique religieuse russe de plusieurs œuvres d'un grand mérite artistique :

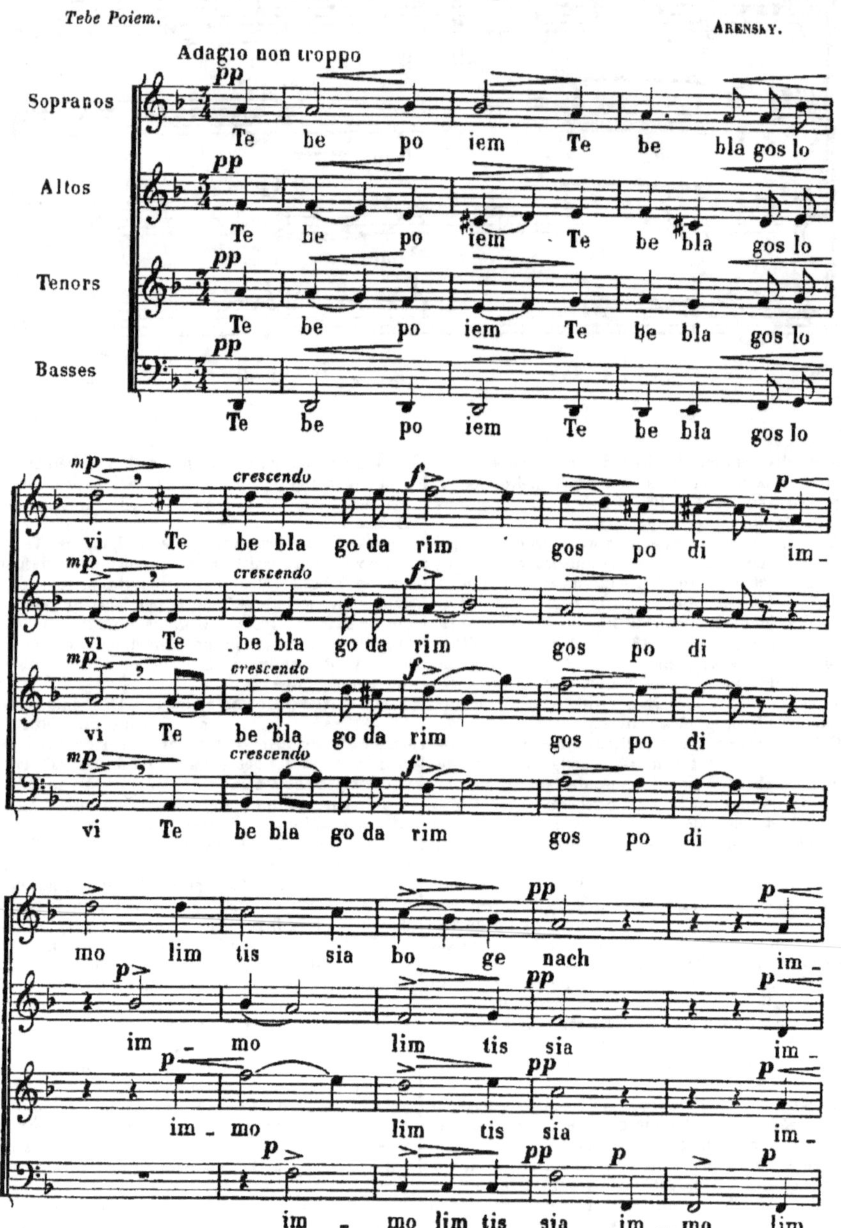
Tebe Poiem.
ARENSKY.
Adagio non troppo
Sopranos
Altos
Tenors
Basses
Te be po iem Te be bla gos lo
vi Te be bla go da rim gos po di im -
mo lim tis sia bo ge nach im -
im - mo lim tis sia im - mo lim

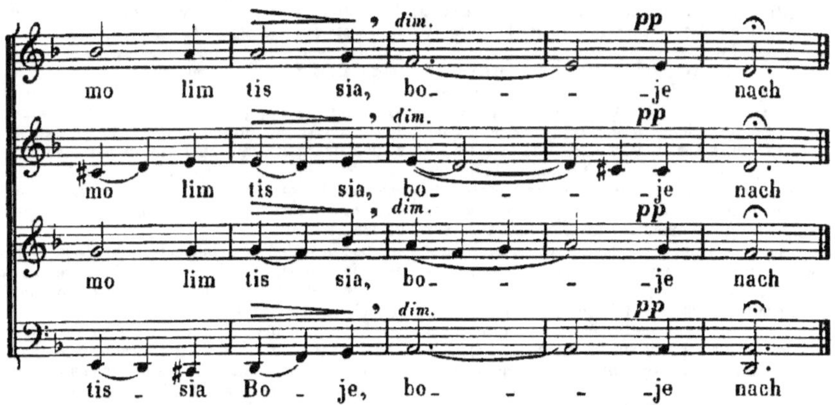

« Nous ne devons pas omettre les noms de quelques autres compositeurs qui ont écrit pour les églises de Russie : BIARDI, HEINE, ALFGRI, MARKOW et surtout MAKAROW.

« L'un des plus grands savants en matière de chant religieux orthodoxe et de son histoire, le Père MéTALOW, conclut son étude sur l'ancien *Traité de la théorie musicale* de 1679, dont l'auteur est Nicolas DILETZKY, dans les termes suivants :

« Notre mélodie orthodoxe a une construction spéciale, le secret de cette construction se trouve dans la mélodie même. En l'étudiant attentivement, à l'aide des anciennes méthodes, telles que le traité de DILETZKY (1679) ou autres, et à l'aide de l'analyse acoustique, on peut parvenir à résoudre le problème de l'harmoniser de la manière qui lui convient.

« La mélodie orthodoxe russe est construite sur les tétracordes unis et dans le rythme asymétrique, tandis que la mélodie d'Eglise grégorienne d'Occident est basée sur les tétracordes désunis et le rythme symétrique (*cantus planus*). Voilà pourquoi les ensembles harmoniques des tons et les cadences possibles dans la musique d'Occident ne le sont pas dans la musique orthodoxe russe. »

METALOW dit qu'il est foncièrement impossible d'étudier les anciennes mélodies transcrites avec le système de notation moderne. Pour les comprendre clairement, il faut les étudier dans la séméiographie qui leur est propre, c'est-à-dire notées par les *kruky* qui sont l'enveloppe physique, l'essence même, la caractéristique de ces mélodies.

En étudiant et analysant consciencieusement la beauté artistique et le caractère original des mélodies du plain-chant ancien, MÉTALOW, dans son ouvrage, *Rigoureux style de l'harmonie* (Moscou, 1898), a rendu un énorme service pour la résolution du problème concernant l'harmonie des anciens motifs.

Les études historiques des anciennes mélodies, études sur lesquelles MÉTALOW a si énergiquement insisté, ont été entreprises vers le milieu du XIXᵉ siècle. L'initiative de ces travaux appartient a OONDOLSKY, archéologue, qui publia en 1846 des *Remarques sur l'histoire du chant en Russie*.

Les raisonnements abrégés et prudents de ce livre prouvent un manque de connaissances spéciales sur le chant; néanmoins, les remarques claires, précises

et justes de son auteur ont assuré, jusqu'à ce jour, de l'importance à cet ouvrage.

Le Père MÉTALOW se voua à des études profondes, historiques, théoriques et pratiques des modes, des particularités, du caractère et de la structure des anciennes mélodies du chant ecclésiastique russe. Les investigations minutieuses de ce savant aidèrent considérablement à éclaircir le problème du style rigoureux dans l'harmonisation de la mélodie ancienne.

Des connaissances insuffisantes en musique ont aussi empêché SACHAROW de travailler sérieusement aux études du chant d'église. Le prince ODOIEWSKY, tout en rendant justice à SACHAROW, parle en ces termes de ses ouvrages :

« Le savant défunt SACHAROW nous a rendu un grand service en imprimant, dans le journal du ministère de l'Instruction publique (1849), les fragments des précieux manuscrits qu'il possédait, mais il est regrettable que ces fragments soient incomplets, choisis sans discernement, mêlés à des commentaires spontanés et incompréhensibles. On voit d'après cela que les connaissances musicales du vénérable SACHAROW étaient très incomplètes. »

OPINIONS DE PLUSIEURS ARCHÉOLOGUES SUR LE CHANT ECCLÉSIASTIQUE EN RUSSIE

L'archiprêtre RAZOUMOWSKY (1818-1889) a considérablement avancé l'histoire et la théorie du chant d'église, surtout par son ouvrage *Le Chant d'Eglise en Russie* (1867). Ce livre est, pour ainsi dire, le résumé de toutes les études précédentes, et peut servir de pierre angulaire aux travaux ultérieurs; cependant, quelque grande que soit l'autorité de cet écrivain, l'insuffisance de son instruction musicale donne lieu parfois à des inexactitudes et entraîne des jugements peu solides qui durent être rectifiés par des chercheurs modernes.

Le Père RAZOUMOWSKY, né en 1818, a été nommé au Conservatoire de Moscou, lors de sa fondation, en 1866, comme professeur d'histoire du chant ecclésiastique.

Quant au prince ODOIEWSKY, qui, jusqu'à sa mort, en 1869, fut directeur de la Société musicale russe à Moscou, on lui doit des écrits nombreux sur le chant dans les églises paroissiales, sur la question du chant russe archaïque et sur la prétendue trivialité de la musique populaire.

Le prince Odoiewski, qui possédait une instruction scientifique très étendue, s'adonnant avec beaucoup de zèle à l'étude du chant ancien ecclésiastique, a rendu d'incontestables et importants services à l'archéologie, à l'histoire et à la théorie de la mélopée liturgique. Quoique cet auteur ait manqué de fini, de précision et de plan, ses articles, écrits à propos de faits accidentels et éparpillés dans différentes revues périodiques, ont eu une très grande influence sur plusieurs personnalités remarquables, par exemple : Glinka, Lomakine, Potoulow, Oundolski, le père Razoumowsky, etc.

Le prince Odoiewsky se plaignait de ce que les anciens manuscrits n'avaient été qu'imparfaitement étudiés et déchiffrés, parce que, disait-il, les musiciens russes ne sont pas des archéologues, et les archéologues ne sont pas des musiciens

Le style pur et rigoureux de l'ancien chant religieux a donc trouvé un partisan zélé chez le prince Odoiewsky. Dans le rapport qu'il présenta au premier Congrès archéologique de Moscou en 1861, il exprima les pensées suivantes :

« Nos chants ecclésiastiques, dans les livres de musique publiés par le Synode, sont imprimés tous à une voix. Cependant, dans les chœurs d'églises, nous entendons toujours des combinaisons harmoniques, exécutées pour ainsi dire par instinct populaire et suivant la tradition. Les accords présentent toujours des consonances (le caractère même de notre chant rejette toutes dissonances). On n'y rencontre même pas de mode majeur ou mineur proprement dit. Chaque dissonance, chaque chromatisme dans notre chant religieux serait une erreur et porterait atteinte à l'originalité de ce chant, a son style sévère et à son caractère toujours majestueux et calme.

« Le but principal de notre chant est l'articulation nette des mots. Ici, le texte n'est point subordonné à la musique, mais, au contraire, la musique au texte; à tel point, que la phrase musicale finit avec celle du texte.

« On tolère une syllabe chantée sur plusieurs notes, mais la répétition des mots est défendue.

« Et voilà la cause pour laquelle les Pères de notre Église n'emploient point le terme « musique » pour ce chant, mais le nomment « mélodie des prières ».

Le prince Odoiewsky ajoute plus loin que : « Tous les chantres du chœur doivent articuler simultanément les mots pour que les laïques puissent exactement suivre, non seulement de l'ouïe, mais aussi avec la voix, les mots chantés. Par conséquent, dans notre chant n'est possible que le contrepoint le plus simple, *punctum contra punctum,* note contre note, sans prolongation et anticipation. »

Glinka, maître de chapelle de 1837 à 1839, aspira à la réalisation de ce projet.

M. Liborio Sacchetti, né en 1852, professeur d'esthétique musicale au Conservatoire de Saint-Pétersbourg, de qui nous tenons la plus grande partie des matériaux, documents et mémoires nécessaires à ce travail, fit ses études de littérature sous la direction d'Ostrogrosky, lettré de grand mérite, et de Vesselowsky, professeur de théorie générale de la littérature à l'Université de Saint-Pétersbourg.

On doit à Sacchetti, outre des solfèges et une étude d'esthétique comparative sur la poésie et les arts descriptifs, le premier livre original écrit en Russie sur l'histoire générale de la musique.

A propos du chant religieux et selon les idées orthodoxes, M. Liborio Sacchetti écrit ceci : « Nul autre chant que le nôtre ne peut et ne doit être exécuté dans notre Église, parce que toute autre méthode d'harmonisation empêcherait le chœur d'articuler distinctement et simultanément les paroles des prières, c'est-à-dire que serait ainsi violé le principe essentiel de notre chant ecclésiastique, que le compositeur de musique religieuse ne doit jamais perdre de vue...

« Le but unique de l'harmonisation de la mélodie est de former des combinaisons régulières des parties, mais ne doit nullement détourner l'attention de l'essentiel, c'est-à-dire des paroles du texte

« Le prince Odoiewsky a eu raison de dire que « nos musiciens ne sont pas des archéologues et « nos archéologues ne sont pas musiciens ». Mais actuellement, la Russie a le bonheur de posséder, dans la personne de M. Smolensky, directeur de l'École du chant ecclésiastique du Synode et professeur d'histoire du chant ecclésiastique au Conservatoire de Moscou, un archéologue musicien. En cela est la différence capitale qui distingue M. Smolensky de ses prédécesseurs dans les investigations sur le chant orthodoxe russe. Possédant un savoir éminent, il a écrit et publié une série d'ouvrages fondamentaux sur ce sujet. Un des principaux est l'*Alphabet* du chant noté d'Alexandre Mesenetz, écrivain du xviie siècle, que M. Smolensky a publié en 1888 avec des notes. Alexandre Mesenetz voulait conserver dans une pureté inviolable le chant ecclésiastique ancien, qui, pendant des siècles entiers, constitua la propriété inaliénable du culte orthodoxe russe, ce chant, dis-je, qui se forma sur le sol natal des sentiments religieux dont étaient remplis les cœurs de plusieurs générations. Voilà en quoi consiste le rôle important de l'*Alphabet* d'Alexandre Mesenetz, qui est rehaussé considérablement par les notes de M. Smolensky. Cet auteur a enrichi le fond des connaissances obtenues par les savants antérieurs des résultats de ses propres travaux, après avoir étudié d'anciens manuscrits notés avec les caractères de la séméiographie russe.

« En qualité de directeur du chœur du Synode et de son école du chant ecclésiastique à Moscou, M. Smolensky porta ces établissements à un très haut degré de perfection. Les élèves de cette école chantent à livre ouvert les solfèges les plus difficiles avec une grande pureté et la plus stricte précision. Dès leur bas âge, ils s'exercent dans le contrepoint, apprennent à jouer du violon et du piano, exécutant, sur ce dernier principalement, les œuvres de Bach. Mais le principal mérite de cette école consiste dans une atmosphère musicale tout imprégnée d'anciennes mélodies. Grâce à cette atmosphère, les compositeurs formés dans cette école produisent des œuvres fondées sur ce chant, et, dévoilant les beautés merveilleuses des anciennes mélodies religieuses, y joignent une harmonisation adaptée à leur caractère. N'est-ce pas ici que doit se former ce contrepoint national russe dont l'idée est attribuée à Bortnianski ? Les compositeurs qui ont achevé leurs études dans cette école se trouvent dans des conditions très propices au développement de leur talent, vu que leurs compositions peuvent toujours être exécutées et corrigées, le chœur étant à leur disposition à chaque instant.

« Et quelle heureuse influence réciproque entre

les compositeurs et les exécutants! Ce chœur, une des merveilles du monde, qui éblouit tant le public de Vienne en y donnant un concert au printemps de 1899, et dont Jean RICHTER fit tant d'éloges, ce chœur, dis-je, par son exécution de la plus haute perfection, éveille le don créateur des compositeurs. Ces derniers, parfaitement initiés, non seulement à la théorie, mais aussi à la pratique du chant (ils participaient au chœur dès leur enfance), créent des combinaisons de voix admirables, dont l'étendue est immense (il y a des voix de basse qui descendent jusqu'au *contre-la* au-dessous des portées, clef de *fa*) et produit un effet sublime.

« Pendant mon séjour à Moscou l'hiver dernier, j'ai eu le bonheur d'entendre ce chœur superbe. On a exécuté quelques œuvres de M. SMOLENSKY, de ses adeptes et des élèves de son école. L'exécution artistique de ces compositions, sous la direction de M. ORLOW, maître de chapelle de premier ordre, procura aux assistants des moments de haute jouissance esthétique. Sous le charme de cette impression, je me suis demandé : « N'est-ce pas là que doit paraître ce *Messie* musical dont a rêvé TSCHAIKOWSKY ?

« L'évolution immense qui se manifeste dans le chant de l'Église orthodoxe russe correspond au progrès général de la civilisation du peuple russe. Pourtant, le pas énorme que fit la Russie, vers la fin du XIXᵉ siècle, dans la voie de sa culture doit être envisagé seulement comme un début, qui ouvre une perspective, dans laquelle est entraînée la vie de ce peuple avec toute l'impétuosité de sa jeunesse et de sa vigueur. Nous croyons fermement à la prophétie de notre éminent pédagogue et patriote, M. Ratchinsky, qui, abdiquant son professorat, se voua à l'instruction du peuple en enseignant les enfants des paysans à l'école de village, et qui, mieux que tout autre, connaît leurs capacités intenses et diverses; nous partageons sa conviction, que « la floraison de l'art national russe est dans l'avenir. Tout cet immense œuvre artistique de la Russie au XIXᵉ siècle n'est que préparatoire. Ce perfectionnement, ce progrès étonnant de la langue, toutes ces hardiesses et finesses des procédés techniques en fait de musique et de peinture, cette profonde conception du génie créateur national, sont un fonds inépuisable de matériaux pour l'érection de l'édifice majestueux de l'art russe au XXᵉ siècle. »

Nous terminerons par cette citation réconfortante notre étude sur la musique religieuse en Russie, étude écrite avant que la révolution de 1917 n'ait profondément modifié les conditions de développement de cette branche de l'art musical.

C. BOURDEAU.

LA MUSIQUE DANS LE CULTE PROTESTANT

Par le Pasteur Isaac PICARD

L'étude de la musique religieuse protestante présente une difficulté qui résulte de la diversité des formes du culte au sein du protestantisme, diversité voulue et que les protestants considèrent comme un privilège et un bienfait. Chacune des Eglises issues de la Réforme du xvıᵉ siècle a choisi la forme du culte qui correspondait le mieux aux besoins religieux, au tempérament national et à la culture intellectuelle et artistique de ses adhérents. Certaines Eglises protestantes ont une liturgie d'une grande richesse et d'autres n'en ont aucune. De là une variété infinie dans l'expression musicale de la pensée religieuse, et si l'on voulait étudier d'une manière un peu complète la musique qui est exécutée dans les diverses Eglises protestantes, on dépasserait de beaucoup les limites assignées à cet article.

Nous nous bornerons à donner un aperçu historique de la musique religieuse des trois principaux groupements du protestantisme : l'Eglise anglicane, l'Eglise luthérienne et l'Eglise réformée, mais en faisant remarquer qu'au sein de chacun de ces groupements, il y a de très grandes diversités dans la conception et surtout dans l'exécution de la musique d'église.

ÉGLISE LUTHÉRIENNE

C'est en Allemagne que la Réforme du xvıᵉ siècle fit son apparition, et c'est par la musique allemande que nous devons commencer notre étude. Au point de vue liturgique, la Réforme, en Allemagne, voulut être conservatrice et garder, dans son culte, les principaux éléments du culte catholique qui, pendant tant de siècles, avaient servi à l'édification des fidèles. Il est d'ailleurs beaucoup plus facile de changer les idées que de modifier les formes, et, dans le domaine religieux, de véritables révolutions peuvent se produire sans étonner personne, pourvu que les formes traditionnelles soient respectées. C'est ce que comprit Luther. Lui-même aimait la liturgie catholique, qui se rattachait à tous les souvenirs de sa pieuse enfance, et qui l'avait consolé, dans son cloître, aux heures tragiques de ses combats intérieurs. Aussi, lorsqu'il voulut donner aux communautés issues de lui des directions pour l'organisation du culte nouveau, fit-il preuve d'un conservatisme qui étonna à la fois ses adversaires et ses amis. Dans son *Formula Missæ*, paru en 1523, il ne retranche de la Messe catholique que certains passages qui lui semblent contraires aux enseignements de l'Evangile, et il pousse le conservatisme jusqu'à garder le latin comme langue du culte. Ce ne fut que trois ans plus tard qu'il publia sa *Messe allemande*, et encore préférait-il l'usage du latin partout où l'on pouvait le comprendre. Sur ce point, l'Eglise luthérienne subit profondément l'opinion du Réformateur et, pendant plus d'un siecle, elle conserva le latin, en beaucoup de localités, comme langue liturgique. Luther n'attachait d'ailleurs aucune importance à l'uniformité, et trouvait fort bien que tel de ses disciples célébrât le service divin avec un autre formulaire que le sien, dans le but de mieux adapter le culte aux besoins religieux de sa paroisse. « La forme du culte, écrivait-il, ne saurait être constante : elle doit varier selon les temps, les lieux et les besoins. Vouloir la fixer à jamais, c'est empiéter sur la liberté chrétienne. » On vit donc s'établir en Allemagne des cultes de formes assez diverses, mais reproduisant, dans l'ensemble, les offices catholiques dont on avait conservé les principaux éléments.

Pendant cette première période de la Réformation en Allemagne, l'ordre du culte était assez généralement celui-ci : *Introit, Kyrie, Gloria, Epître, Graduel, Evangile, Credo, Sermon, Communion*. C'était à peu de chose près la messe catholique moins l'Offertoire. Au xvıııᵉ siècle, la plupart de ces morceaux liturgiques subsistent encore dans les offices des églises luthériennes de Leipzig. Ceci nous expliquera que Bach, organiste dans cette ville de 1723 à 1750, ait pu adapter à l'usage de ces églises une messe de Palestrina, écrire lui-même quatre *Sanctus* et son célèbre *Magnificat* en ré majeur. La liturgie restant la même, la musique d'église devait subir peu de changements, et le plain-chant prévalut pendant la première période de l'histoire du Protestantisme en Allemagne.

Cependant, on vit, dès les premiers jours de la Réforme, s'introduire dans le nouveau culte un élément étranger à la Messe catholique, et qui devait y occuper une place toujours plus grande, le *Choral*. Tous ceux qui savent combien le chant en parties est populaire en Allemagne et quelle place il a dans la vie du peuple, dans ses universités, dans ses casernes, dans ses réunions de toute sorte, comprendront sans peine quel succès le choral obtint dès qu'on l'introduisit dans le culte public, et quelle influence il devait exercer sur la Réforme elle-même. Grâce au choral exécuté, non plus par quelques chantres, mais par tous les fidèles, le peuple prenait au culte une part directe et personnelle, le laïque élevait sa voix dans le sanctuaire, il devenait prêtre à son tour. Le chant populaire allait ainsi, non seulement transformer le culte nouveau, en y remplaçant peu à peu les éléments anciens, mais encore faire évoluer la Réforme allemande vers la conception protestante du sacerdoce universel du laïque prêtre.

A la vérité, Luther, en donnant au choral une place importante dans le culte public, ne faisait que renouer de très anciennes traditions. M. Albert Schweitzer, dans la belle étude qu'il a consacrée à Bach (*J.-S. Bach, le musicien-poète*), et à laquelle nous emprunterons de nombreux détails de cet article, nous montre que, dès le moyen âge, l'Allemagne possédait des chants religieux, écrits en langue vulgaire, des traductions allemandes du *Pater*, du *Credo*, des Sept Paroles de la Croix, etc. A la faveur des Mystères, si populaires au XV° siècle, cette poésie spirituelle s'était introduite dans l'Eglise. La Réforme recueillit ce patrimoine amassé pendant des siècles par le génie allemand, l'adaptant aux besoins des temps nouveaux, corrigeant ce qui paraissait mauvais, traduisant en allemand les hymnes latines, et ressuscitant ces vieilles mélodies qui étaient comme enfoncées dans l'âme de tout un peuple. Les séquences, qui avaient joui dans l'Eglise du moyen âge d'une si grande popularité, sans jamais trouver grâce aux yeux de l'autorité ecclésiastique, furent également mises à contribution, et un hymnologue catholique (K.-S. Meisler : *Das Katholische deutsche Kirchenlied*) énumère, à bon droit, un grand nombre de séquences auxquelles la Réforme a emprunté quelques-uns de ses cantiques. C'est même de là que le nom de choral tire son origine, puisque, dans la langue de l'époque, le choral était l'un des thèmes de la séquence.

Enfin, on eut même recours aux Lieder (mélodies profanes) pour l'édification des nouvelles Eglises, ce qui était conforme à toutes les habitudes de l'époque. « Le goût des chansons, dit Fétis (*Curiosités historiques de la musique*), était si généralement répandu, depuis le règne de Louis XI, que les compositeurs de musique d'église furent contraints de prendre pour thème principal de leurs messes et de leurs motets, les motifs des chansons les plus populaires, et que cet usage se conserva même en Italie, jusqu'après la mort de Palestrina. » Non seulement, on considérait comme légitime cette adaptation des mélodies les plus profanes à des poésies religieuses, mais encore il semblait que l'on fît œuvre pie en employant à la gloire de Dieu ce qui avait servi à glorifier le péché. Colletet, musicien catholique du XVII° siècle, écrivait dans la préface de ses *Noels nouveaux et Cantiques spirituels* : « Je me suis advisé de convertir ces chansons de dissolution et de débauche, que l'on oit, tous les jours, dans la ville de Paris, en cantiques de piété, afin que ceux qui ont offensé Dieu par le chant mélodieux de ces airs souvent impudiques se servent des mêmes airs pour le louer et reconnaître leur crime. » Cet usage était, sans doute, beaucoup plus ancien qu'on ne le pense généralement. M. A. Gastoué, professeur de chant grégorien à l'Institut catholique de Paris, montre que le chant grégorien a puisé pour sa formation à trois sources : hébraïque, égyptienne et gréco-romaine. Il signale, entre autres, certaine ressemblance, allant presque jusqu'à la similitude, entre l'*Antienne Hosannah* prescrite, le jour des Rameaux, par la liturgie romaine, et un couplet de chanson païenne gravé sur une pierre tombale naguère découverte en Asie Mineure (*Les Origines du Chant romain*, Paris, 1907).

Cette conception, qui nous étonne aujourd'hui, fut celle aussi des musiciens protestants du XVI° siècle.

Luther disait plaisamment, en parlant des chansons populaires de l'époque : « Le Diable n'a pas besoin de ces belles mélodies pour lui tout seul. » Lui-même donna l'exemple. Il composa son choral de Noël *Vom Himmel hoch, da komm ich her*, en prenant pour modèle un chant populaire alors bien connu : *Aus fremden Landen komm ich her*. Et cet exemple fut suivi par la plupart des compositeurs qui vinrent après lui. C'est ainsi que quelques-uns des chorals religieux de l'Allemagne ont emprunté leur mélodie à des chansons profanes et même à des chants d'amour. C'est le cas, par exemple, du célèbre choral *O Haupt voll Blut und Wunden* (dans nos recueils français : *Chef couvert de blessures*), qui a trouvé place dans les recueils protestants du monde entier et dont Bach a tiré le parti que l'on sait dans sa *Passion selon saint Mathieu* : c'est un chant d'amour : *Mein Gemüt ist verwirret*, emprunté au recueil de Léo Hassler (1601). On pourrait citer nombre d'autres chants profanes du XV° et du XVI° siècle que les compositeurs allemands, à l'exemple de Luther, transformèrent en d'admirables chorals, et M. Schweitzer fait justement remarquer que trois mélodies de la *Passion selon saint Mathieu*, qui ont, à elles seules, fourni sept chorals, les plus beaux de l'œuvre, ont été empruntées à d'anciens chants populaires.

Quoi qu'il en soit, c'est Luther qui fut l'initiateur du mouvement artistique qui devait donner à l'Allemagne protestante un si grand nombre de chefs-d'œuvre. Ses plus ardents adversaires sont obligés de reconnaître qu'il y avait en lui une âme d'artiste. Il aimait tous les arts qui lui semblaient autant de formes du Bien. Il déclarait que le péché les avait enlaidis et souillés, mais que, par la puissance de l'Esprit de Dieu, ils pouvaient retrouver leur primitive beauté et leur pureté perdue. Il aimait les images dans les églises, et tenait pour des barbares et des impies les iconoclastes qui déshonorèrent si souvent la Réforme, à ses origines. Nul n'admirait plus que lui Albert Dürer, et il était lié d'une étroite amitié avec Lucas Kranach, quoiqu'il trouvât son pinceau un peu dur. Mais, de tous les arts, celui qu'il aimait avec le plus de passion, c'était la musique. « Mon cœur, écrivait-il à son ami le musicien L. Senfel, mon cœur palpite et s'élance vers cet art qui m'a si souvent consolé et même sauvé des plus grands périls. » Quand il était soucieux, il se mettait à chanter et retrouvait au plus tôt la paix. Il était convaincu que « le Diable, père du souci, détestait la musique et fuyait devant elle ». « La musique, disait-il encore, c'est l'art divin, c'est le beau don de Dieu. A l'exception de la théologie, nulle science ne lui est comparable. » Aussi, la musique avait-elle une grande place dans sa vie de famille aussi bien que dans sa vie religieuse personnelle. Le soir, après la prière, tous les siens chantaient des cantiques en parties, ainsi que des compositions plus savantes, et lui-même exécutait la partie de ténor.

Luther avait donc tout ce qu'il fallait pour donner à la Réforme allemande une puissante impulsion artistique. Il entendait qu'on chantât et qu'on chantât bien dans les églises qu'il avait fondées. Comme dans sa pensée, la piété chrétienne et la musique étaient inséparablement liées, il voulait que tous les pasteurs fussent musiciens, et il allait jusqu'à souhaiter qu'on n'accordât l'ordination qu'à ceux qui connaissaient la musique. Chef d'Eglise, il entendait l'être, même à ce point de vue-là, et donner l'exemple à tous ses disciples. Malgré ses travaux accablants, il n'hésita pas à entreprendre l'étude du contrepoint. Il recourut alors aux lumières de son ami Johann WALTHER. Ce fut avec sa collaboration qu'il travailla à Wittemberg pour doter les nouvelles Eglises d'un recueil de chant. « Voici donc les deux amis à l'œuvre. WALTHER est assis à la table et note les mélodies ; LUTHER arpente la chambre et les essaye sur un fifre, pour s'assurer qu'elles restent bien dans l'oreille, car, disait-il, pour qu'une mélodie devienne populaire, il faut avant tout qu'elle soit facile à saisir. Pour les poésies spirituelles du moyen âge, la chose était simple : on leur laissait leur mélodie. De même, pour les anciennes hymnes latines, Luther avait soin de les traduire, de manière que la traduction s'adaptât à l'ancienne mélodie. » (A. SCHWEITZER.)

Telle fut l'origine du premier recueil de chant qu'ait possédé l'Eglise protestante allemande : *Geistliche Gesangk Buchleyn. Wittemberg, 1524.* Ce recueil, bien qu'il ne renfermât que trente-huit morceaux, semble avoir suffi a l'Eglise de la Confession d'Augsbourg, pendant tout le temps de la vie de LUTHER. Neuf ans après la mort du Réformateur, paraissait un nouveau recueil composé de cent un chorals. Mais, dès lors, l'enrichissement des *Kirchenlieder* fut rapide et magnifique, et, dans les dernières années du XVII° siècle, fut publié à Leipzig un recueil de chants sacrés en huit volumes : *Andachtiger Seelen geistliches Brand und Gantz-Opfer. Leipzig, 1697.* Ce recueil, qui ne comprend pas moins de cinq mille morceaux, est la mine inépuisable dans laquelle BACH devait puiser à pleines mains, et à laquelle les églises protestantes du monde entier sont redevables de quelques-uns de leurs plus beaux chants.

Les progrès de la musique sacrée en Allemagne furent favorisés par le développement parallèle de la poésie religieuse. LUTHER n'était pas seulement un musicien de grande inspiration, il était en outre un poète original et puissant. Dans le premier recueil paru en 1524, sur les trente-huit cantiques, vingt-quatre étaient de lui. Plusieurs, il est vrai, étaient soit des psaumes, soit d'anciennes hymnes, mais qu'il avait traduits en une langue populaire d'une incomparable beauté. Aussi, ces cantiques eurent-ils, dès

leur apparition, un prodigieux succès. Le peuple les apprit par cœur, et on les chantait d'un bout de l'Allemagne jusqu'à l'autre (V. SCHNEIDER, *Luthers geistliche Lieder*).

LUTHER fut secondé dans son œuvre par des hommes qui s'inspiraient de sa pensée, entre autres par deux jeunes théologiens poètes : Jonas et Speratus. Après LUTHER, divers poètes écrivirent de nombreux cantiques qui ne sont pas tous parvenus jusqu'a nous. Citons seulement, au XVII° siècle, Philippe NICOLAI, Johannès FRANK et, le plus populaire de tous, Paul GERHARD. Pour ne pas revenir sur ce sujet, citons encore, au XVIII° siècle, GELLERT, et au XIX° ARNDT, SCHENKENDORF et Philipp SPITTA, dont le recueil *Psalter und Harfe* jouit, en Allemagne, d'une légitime popularité.

La plupart des cantiques du recueil de 1524 furent donc adaptés à des mélodies déjà connues. On puisa largement dans le trésor musical que l'Eglise allemande avait lentement constitué pendant le cours du moyen âge. Sur les trente-huit cantiques de ce recueil, une quinzaine ont des mélodies médiévales. D'autres ont été composées par des auteurs dont les noms ne sont pas parvenus jusqu'à nous. Les compositeurs de cette première période de la Réformation en Allemagne, peu soucieux de la gloire, n'ont pas signé leurs œuvres, et quelques-uns des plus beaux chorals de cette époque sont anonymes. LUTHER lui-même composa diverses mélodies, mais, ainsi que ses collaborateurs, il ne jugea pas à propos de siguer ses compositions, et il serait imprudent de certifier l'authenticité de la plupart des chorals qui portent son nom.

Il n'est donc pas toujours facile de déterminer l'origine ni même la date approximative d'un choral. Ce qu'on peut dire, d'une manière générale, c'est que les chants antérieurs au XV° siècle affectent une asymétrie qui les fait aisément reconnaître : ils sont formés par une succession de phrases plus ou moins longues qui n'ont, pour ainsi dire, entre elles, aucun lien logique. Ainsi, la mélodie que BACH avait tirée du recueil de 1524, et sur laquelle il a construit le choral *Nun komm, der Heiden Heiland,* est, à peu de chose près, celle d'une hymne latine très ancienne . *Veni, Redemptor gentium.*

A partir de la fin du XV° siècle, les mélodies, comme celle du choral de LUTHER, se caractérisent par deux phrases répétées et par la recherche de la symétrie. « Aucune erreur n'est possible : les chorals qui ne présentent ni symétrie ni phrase répétée sont anciens ; les autres, où se rencontre la structure simple à trois phrases, sont nouveaux. Le XV° siècle est sur la limite. » (A. SCHWEITZER.)

Dès la fin du XVI° siècle, l'hymnologie des églises luthériennes s'enrichit de nombreuses mélodies. Parmi les auteurs de ces mélodies nouvelles, citons, de la fin du XVI° siècle au milieu du XVII° : SELNECKER, P. NICOLAI, M. FRANK, M. TESCHNER, M. VULPIUS, H. SCHEIN, et enfin l'un des plus populaires et des plus religieux, Johann CRUGER (1598-1662), qui composa ses mélodies pour la poésie de Paul Gerhard et de Johann Frank.

L'œuvre de ces maitres correspond au type classique des chants populaires. Mais, après eux, se fait

sentir l'influence grandissante de l'*arioso* qui avait fait son apparition en Italie vers la fin du XVI° siecle. La mélodie d'église tend de plus en plus, par son caractère sentimental, à l'aria spirituelle. Cette évolution artistique correspond à une évolution religieuse : nous sommes à une période connue dans l'histoire de l'Eglise allemande sous le nom de Piétisme. La mélodie s'efforce alors d'exprimer les effusions d'une piété intime et tendre. Le choral du XVI° siècle, avec sa force et sa sonorité, ne suffit plus, et l'on a besoin d'une musique religieuse qui fasse vibrer plus doucement les cœurs. Pendant cette période, on voit paraître de nombreux recueils de chorals, parmi lesquels il faut citer le *Cantional* de Darmstadt (1687), le livre de chant de FREYLINGHAUSEN (1704 et suiv.), les *Choralbucher* de DRETSEL (1731), de KŒNIG (1738) ; quelques-uns des chorals les plus connus remontent à cette époque-là.

Toutes ces mélodies des chorals aujourd'hui si

populaires en Allemagne ne prévalurent pas d'emblée dans le culte luthérien. Le programme que les Réformateurs avaient tracé aux Eglises, en invitant le peuple à participer directement aux offices par le chant, ne fut pas d'abord d'une application facile. L'orgue, qui était au commencement du xvie siècle un instrument encore très imparfait et qu'on ne trouvait que dans les grandes églises, n'était guère employé que pour les préludes. La direction du chant appartenait entièrement au chœur, et c'est au chœur que l'on confia la mission d'apprendre au peuple la mélodie des chorals. Mais cette mélodie, confiée au ténor, était peu perceptible à des oreilles mal exercées et, pendant bien des années, les fidèles, au lieu de chanter, continuèrent à écouter le chœur. Ce n'est qu'à la fin du xvie siècle que l'on songe à faire passer la mélodie au soprano, de manière à l'apprendre au peuple. En 1586, nous voyons paraître l'ouvrage de Lucas OSIANDER : *Chants spirituels et psaumes à quatre parties en contrepoint pour les Ecoles et les Eglises de la principauté de Wurtemberg, harmonisés de manière à ce que l'assemblée chrétienne puisse participer au chant.*

A la même époque Léo HASSLER (1564-1612), Johann ECCARD (1553-1612), et Michael PRAETORIUS (1575-1621) publient dans le même esprit un nombre considérable de chorals harmonisés par eux. Dès lors, la mélodie n'est plus seulement la base de la phrase musicale ; elle en devient le but même, tandis que les autres voix descendent de plus en plus au rôle d'accompagnement, en se bornant à suivre la mélodie note à note en contrepoint rigoureux.

En même temps, l'orgue prend une importance toujours plus grande dans le culte. Il devient l'instrument sacré, et tend de plus en plus à remplacer le chœur dans la direction du chant d'église. Un organiste génial, Samuel SCHEIDT (1587-1654), encourage puissamment cette évolution en publiant un recueil de cent chorals harmonisés pour orgue, en vue de l'accompagnement du chant de l'assemblée. Le rôle de l'orgue dans le culte devient même excessif. Les organistes de cette époque ne se bornent plus à accompagner le chant et à introduire chaque strophe par un prélude : entre chaque phrase de la mélodie, ils placent un interlude dans lequel ils font parade de virtuosité, et coupent ainsi, de la manière la plus fâcheuse, la strophe musicale.

Nous sommes parvenus à la seconde moitié du xviie siècle. BACH va naître. (On sait que la publication des œuvres de BACH en quarante-cinq volumes est due à la Bach-Gesellschaft qui fut fondée en 1850, et qui a consacré à cette œuvre près d'un demi-siècle de travail.) Bien avant la fin de cette publication, Philippe SPITTA publiait ses deux volumes (1873 et 1880) sur BACH, où tous les historiographes du maître sont venus puiser à pleines mains. Avec BACH, l'harmonisation du choral pour orgue et chœur va atteindre à son apogée. BACH harmonisa un grand nombre de chorals pour orgue ; la plupart de ces harmonisations ont malheureusement disparu, et c'est à peine s'il nous en reste une douzaine. Mais les chants religieux de BACH sont conçus dans l'esprit de l'orgue, et l'on peut dire que c'est de l'orgue qu'est née la musique de ce maître.

Si ses harmonisations de chorals pour orgue sont presque toutes perdues, il en est autrement de ses harmonisations de chorals pour chœur. Nous en trouvons plusieurs dans ses Passions, et ses Cantates se terminent d'ordinaire par un choral pour chœur.

Ludwig ERK en a réuni trois cent dix-neuf (J.-S. BACH : *Choralgesänge*. Edition Peters, n⁰ˢ 21 et 22).

Les harmonisations de BACH pour chœur ont été longtemps incomprises, et le sont encore de ceux qui les séparent du texte pour lequel elles ont été écrites. De là, ces jugements étranges et sommaires portés, plus d'une fois même par d'illustres artistes, sur cette partie de l'œuvre de BACH : « En 1810, écrit M. SCHWEITZER, Charles-Marie DE WEBER fait paraître une petite étude où il attaque l'harmonisation de BACH... Il relève dans ses chorals une série de duretés d'harmonie, de péripéties harmoniques qui lui semblent injustifiées, soulignant les fautes, corrigeant et améliorant. Or il oublie l'essentiel : les paroles, auxquelles s'appliquent ces harmonisations. Quelle merveilleuse preuve du rôle que joue la poésie dans la musique de BACH ! De simples harmonisations de choral deviennent énigmatiques dès qu'on essaye de les comprendre comme de la musique pure, sans tenir compte des paroles. Avec le texte, au contraire, tout s'explique. On se trouve alors en présence d'une foule de détails plus intéressants les uns que les autres. Ce n'est pas assez de dire que les harmonies se plient aux paroles ; les paroles se fondent dans les harmonies et elles en ressortent avec une étonnante plastique. Quel art dans la façon de souligner les mots ! Ainsi imprégnées et pénétrées de l'esprit du texte, les mélodies se transforment et prennent le caractère des paroles. Nous voyons la même mélodie apparaître tantôt avec des accents majeurs, tantôt avec des accents mineurs ; telle mélodie d'une allure majestueuse prend un caractère lyrique ; telle autre, d'allure modeste, se transforme en chant de triomphe et s'avance portée par des harmonies puissantes. Les mélodies de chorals, nous le savons, n'avaient pas d'individualité propre, parce qu'elles s'adaptaient aux textes les plus différents, même les plus contradictoires. Or BACH — et c'est là sa grandeur — leur donne une individualité par l'harmonie dont il les revêt : l'individualité des paroles auxquelles, chaque fois, elles se trouvent liées. Ses prédécesseurs, même les plus grands d'entre eux, harmonisaient la mélodie, rien que la mélodie : BACH harmonise les paroles. »

« A l'orgue aussi, dit ailleurs M. SCHWEITZER, BACH harmonise les paroles et non la mélodie pure. Son intention de traduire la poésie par la musique se manifeste déjà dès les premiers chorals ; on n'en comprend les péripéties qu'à l'aide du texte. »

BACH n'est pas l'auteur des mélodies de ses chorals. Ces mélodies, il les emprunte aux hymnes religieuses qui se chantaient dans son église, et qui venaient d'être réunies en si grand nombre dans le recueil de Leipzig dont nous avons parlé précédemment. (L'inventaire des livres de BACH qui fut fait après sa mort mentionne le recueil de Leipzig.) C'est là un fait que nombre de musiciens français, même des plus éminents, ignorent encore, et il n'est pas rare de trouver des traces de cette erreur même dans des études fort savantes. Si l'on découvre dans la *Flûte enchantée* ou dans les *Huguenots* un choral que BACH avait lui-même traité, on n'hésite pas à dire que MOZART ou MEYERBEER l'avaient emprunté à celui-ci, alors que les uns et les autres l'avaient puisé dans l'inépuisable fonds de ces chorals qui se chantent dans toutes les églises protestantes de l'Allemagne. Mais BACH ne se borne pas à reproduire ces vieilles mélodies qui avaient bercé son enfance. Il se les approprie et les transforme d'une prestigieuse façon au moyen des notes de passage.

Dans une autre partie de cet ouvrage on a étudié la technique de ce maître qui a été l'initiateur de la musique moderne. Ce n'est donc pas ici le lieu d'en parler. Bornons-nous à résumer ce qu'on pourrait dire à ce sujet par ces quelques lignes de Gounod, qui s'appliquent sans doute à toute la musique de Bach, mais qui nous semblent s'appliquer très particulièrement à ses chorals : « La clé de l'inépuisable variété de combinaisons que présentent les œuvres de J.-S. Bach sous le rapport de l'harmonie et du contrepoint est surtout dans l'emploi presque continuel des notes de passage, et dans la logique inflexible avec laquelle chaque partie poursuit sa marche et maintient sa direction dans l'ensemble, en dépit des dissonances passagères qui en peuvent résulter. Cette incompatibilité transitoire de certains sons entre eux répond, dans la sphère musicale, à ce qu'on nomme en mécanique la coexistence des petits mouvements (telle est, par exemple, l'inflexibilité avec laquelle se croisent, sans s'altérer par leur rencontre, les ondes circulaires produites dans l'eau d'un bassin par la chute de deux pierres à deux places différentes) : ce sont, en quelque sorte, des courants de musique en sens opposé qui se rencontrent et se traversent sans s'interrompre ni s'annuler, chacun tendant vers son but en vertu d'une attraction irrésistible. Il est vrai que l'oreille, trop amollie par le plaisir un peu monotone de consonances perpétuelles, éprouve quelque aversion pour ce rigoureux régime qui trouble tout d'abord ses habitudes et secoue sa paresse ; mais lorsque, par un commerce assidu, on a possédé le sens et la raison de ce style grandiose, on y découvre des prodiges d'élégance et de solidité, on s'y attache de plus en plus, tant on éprouve, à se nourrir de cette moelle de lion, le bien-être robuste qui accompagne tout exercice salutaire de l'esprit aussi bien que du corps. » (Choix de Chorals de J.-S. Bach, annotés par Ch. Gounod.)

Pour se rendre compte de la manière dont Bach transformait les chorals en usage dans son Église, il suffira d'un exemple que nous emprunterons au plus célèbre de tous les chorals du xvie siècle, celui qui est devenu comme le chant national des églises protestantes du monde entier, et qu'il n'est pas rare d'entendre chanter en même temps, dans certaines assemblées universelles du Protestantisme, en cinq ou six langues différentes. Nous voulons parler du choral de Luther : Ein feste Burg[1].

Disons, en passant, que quoi qu'il en coûte aux auteurs protestants d'en convenir, l'attribution à Luther de la musique de ce choral est fort incertaine.

En voici la mélodie primitive :

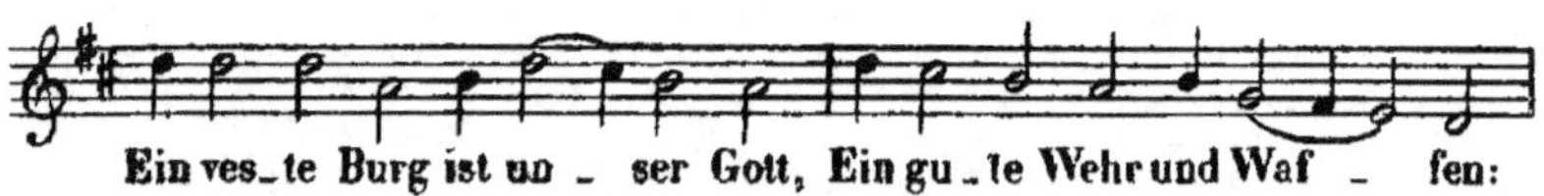

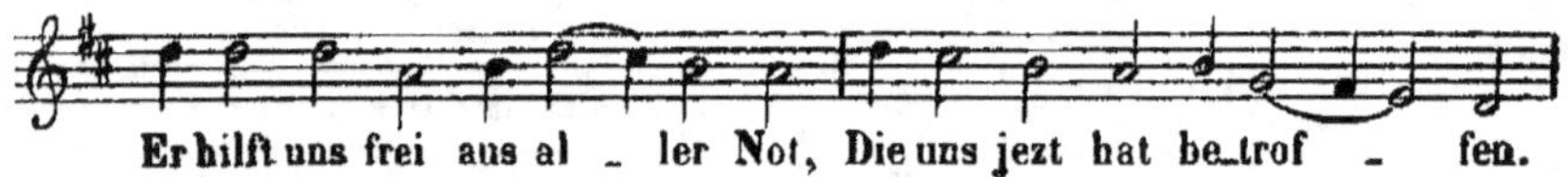

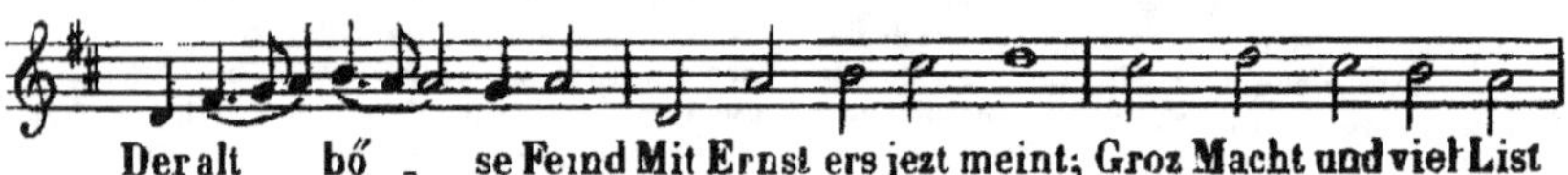

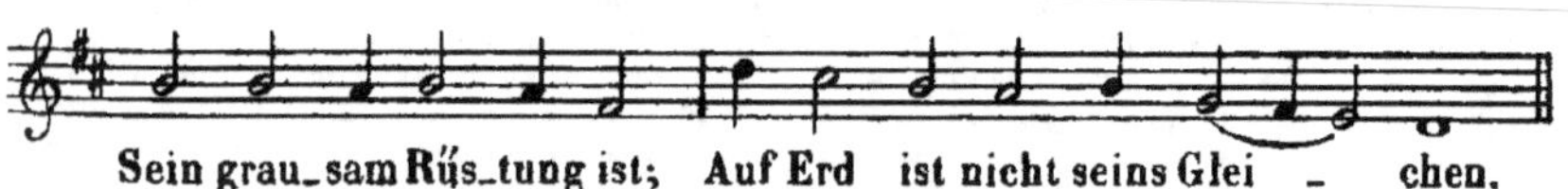

Il n'est pas certain que Bach ait connu ce texte. Mais ce qu'il connut certainement, c'est ce choral tel qu'il avait été harmonisé par divers compositeurs qui jouissaient à son époque d'une égale célébrité. Nous donnerons trois de ces harmonisations, qui permettront aux lecteurs de se rendre compte de la manière des harmonistes de chorals, antérieurement à Bach.

La première à cinq voix, est de 1597, et a pour auteur Johann Eccard, élève d'Orlando Lasso, maître de chapelle du duc Albert-Frédéric de Prusse, à Kœnigsberg. Il consacra dix années à réunir et à harmoniser à 5 voix tous les chorals chantés en Prusse. La seconde harmonisation est de Léo Hassler et date de 1608. La troisième fut écrite en 1640 par Johann Crüger, cantor à Berlin, l'un des compositeurs les plus religieux et les plus populaires de l'Allemagne au xviie siècle. Crüger ne se borna pas à harmoniser les anciens chorals, mais il composa lui-même d'admirables mélodies, dont quelques-unes se chantent encore aujourd'hui dans les églises protestantes du monde entier :

<hr>

[1] Voir sur ce choral : Prof. Friedrich Zelle, Ein feste Burg ist unser Gott, Berlin, 1895.

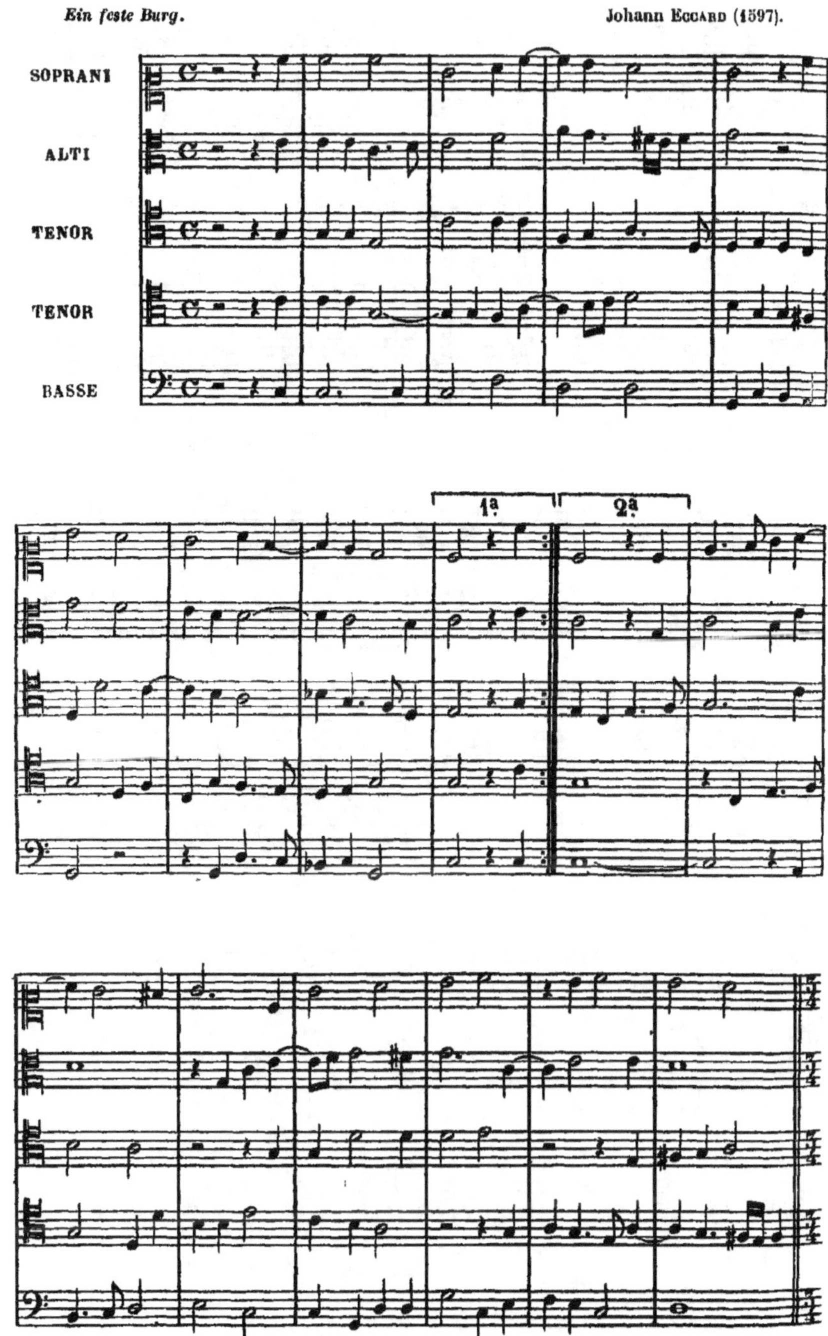
Ein feste Burg.
Johann Eccard (1597).
SOPRANI
ALTI
TENOR
TENOR
BASSE
1ª
2ª

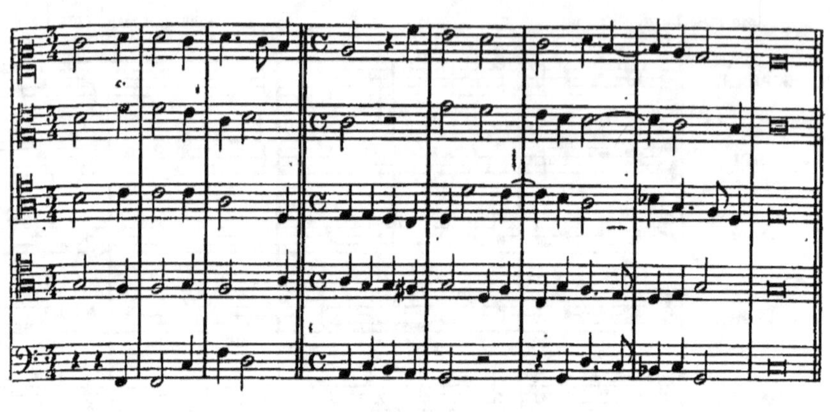
Ein feste Burg.
Léo Hassler (1608).

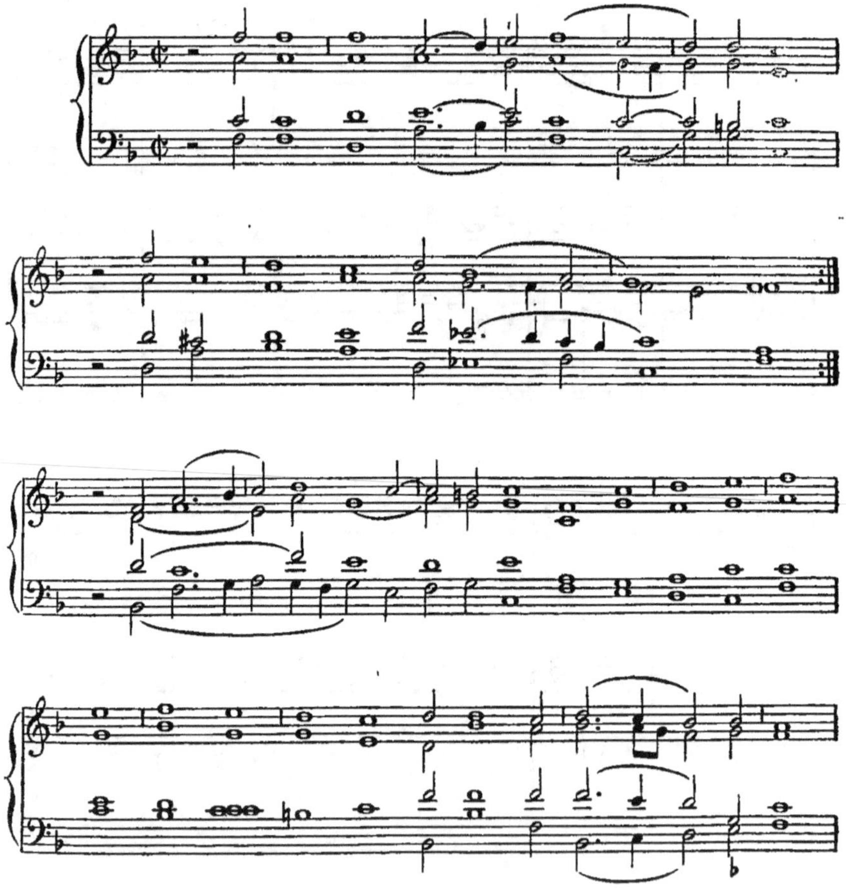

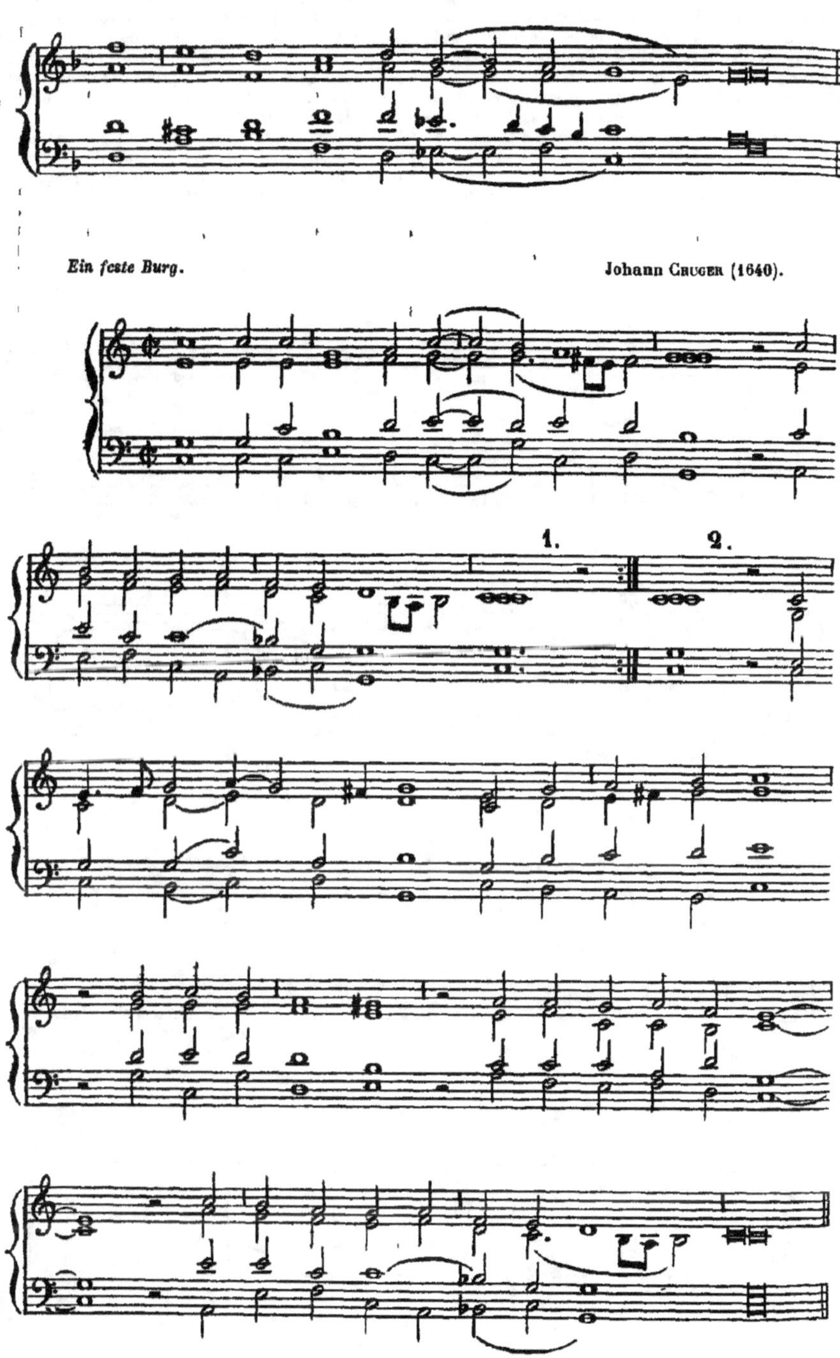
Ein feste Burg.
Johann Cruger (1640).
1.
2.

Ce choral, qu'on attribuait à LUTHER, et sur l'origine duquel régnaient déjà de glorieuses légendes, était trop populaire en Allemagne pour que BACH, en bon luthérien qu'il était, ne lui eût pas voué une sorte de pieuse vénération. Aussi, l'harmonisa-t-il de diverses manières, en se rapprochant ou en s'éloignant plus ou moins du texte alors en usage. Dans telle de ses cantates, le choral de LUTHER apparaît, semble-t-il, à l'état de réminiscence. Dans telle autre, au contraire, il est traité complètement et avec beaucoup de soin. BACH ne se borne pas à lui donner une harmonie nouvelle et à l'enrichir de ces notes de passage qui caractérisent sa manière, il en transforme en outre le rythme. Il faut convenir que le rythme primitif, d'ailleurs fort intéressant, en est compliqué et devait paraître difficile à une grande assemblée où tout le monde chante. Nous pouvons remarquer, dans les trois arrangements précédents, une tendance à simplifier ce rythme de manière à le rendre plus populaire. BACH le simplifie davantage encore. On en jugera par les trois exemples que nous donnons. Les lecteurs habitués à l'hymnologie protestante remarqueront que, pour le rythme comme pour l'harmonie, c'est le troisième de ces arrangements du Choral de LUTHER par BACH qui a généralement prévalu dans le protestantisme, avec de nouvelles simplifications :

J.-S. BACH.

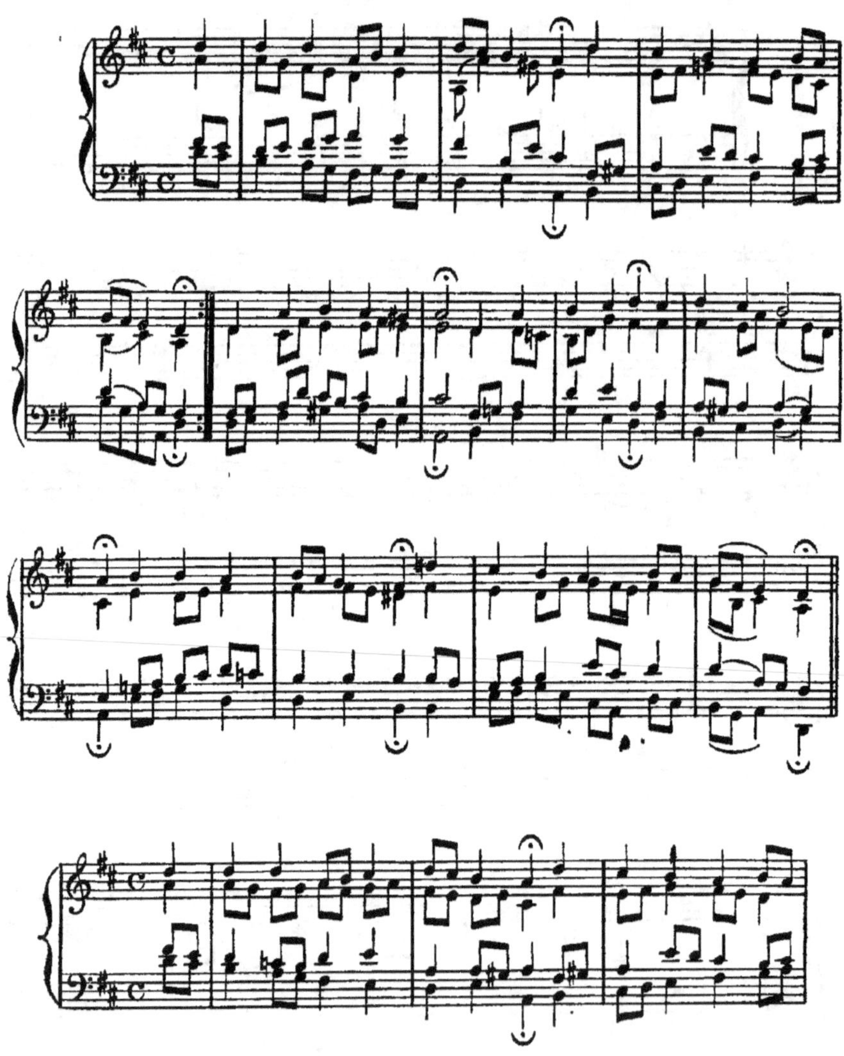

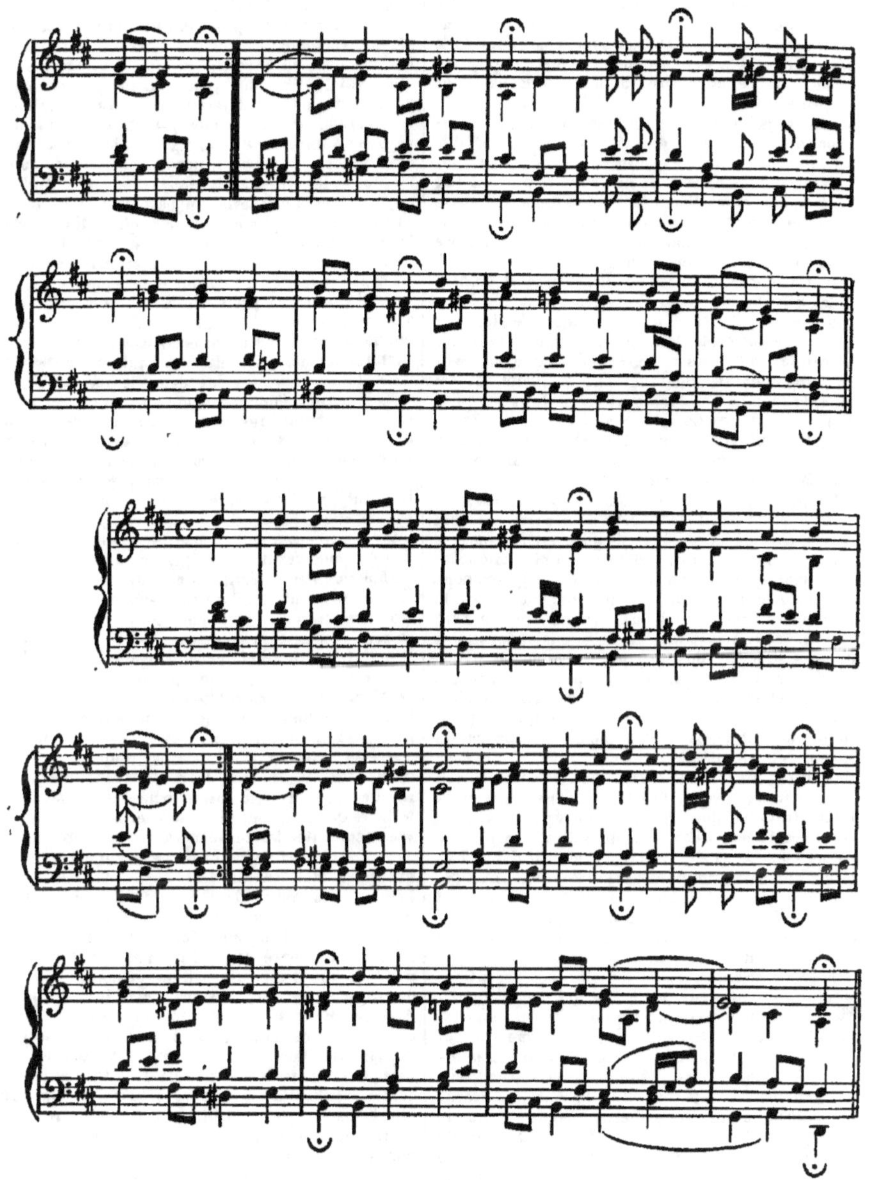

Le choral ne fut pas la seule forme de la musique d'église en Allemagne. A l'époque de la Réformation, les Eglises catholiques allemandes cultivaient le motet, phrase musicale bâtie sur une ligne de notes empruntées généralement à la musique liturgique ou populaire. Le motet trouvait sa place dans la messe catholique, comme forme musicale de l'*Introït*, du *Graduel* et de l'*Offertoire*. Dans les Églises issues de la Réforme, on se servit du motet pour exprimer musicalement les paroles de l'Evangile et de l'Épître qu'on faisait entendre au début de l'office. On exécuta aussi des motets pendant la célébration de la sainte Cène, et encore à l'occasion de certaines cérémonies spéciales, telles que mariages, enterrements, etc. Le motet étant exécuté par le chœur entier sans accompagnement d'orchestre;

l'orgue préludait, mais, généralement, se taisait dès que le chœur commençait à chanter. Tous les musiciens protestants, du XVIᵉ au XVIIIᵉ siècle, ont écrit des motets. Nous savons que BACH en a composé un grand nombre, dont six seulement sont parvenus jusqu'à nous.

Mais, sous l'influence grandissante de l'art dramatique italien, le motet devait peu à peu s'enrichir par l'introduction de l'arioso et des récitatifs, par l'alternance des chœurs et des soli, et surtout par l'accompagnement de l'orgue et de l'orchestre. Cette évolution du motet devait aboutir à la cantate. L'histoire de cette évolution ne saurait trouver sa place dans cet article. Notons seulement le nom d'Heinrich SCHUTZ (1585-1673), dont la *Passion selon saint Mathieu* et les *Sept Paroles de la Croix* marquent une étape nouvelle dans l'histoire de la musique d'église, par la manière puissante dont ce compositeur dramatise les paroles de l'Écriture. C'est avec lui que la musique instrumentale vient enrichir le motet. Il est juste de mentionner encore Andreas HAMMERSCHMIDT (1611-1675), et ses *Entretiens musicaux sur les Évangiles*, Rudolph AHLE (1625-1673), Wolfgang BRIEGEL (1626-1712), Johann-Christof BACH (1642-1703), Dietrich BUXTEHUDE (1637-1707), etc.

L'apparition de la cantate dans le culte protestant devait être le point de départ d'un enrichissement considérable de la musique d'église en Allemagne. Tous les maîtres de chapelle se mirent à composer des cantates, et comme elles variaient de dimanche en dimanche, avec l'évangile du jour, énorme est le nombre des cantates qui furent composées du XVIIᵉ au XVIIIᵉ siècle, et dont les partitions manuscrites dorment sous la poussière des bibliothèques publiques. Cependant, en raison des dépenses nécessitées par l'entretien des chœurs et de l'orchestre, ce n'est que dans les églises de grandes villes que l'on put cultiver la cantate, particulièrement à Hambourg, où se font entendre deux élèves de SCHUTZ : WECKMANN (1621-1674) et BERNHARD (1627-1692), et à Lubeck, où nous trouvons TUNDER (1614-1667) et BUXTEHUDE, dont l'orchestration est en avance sur son époque. L'institution des *Abendmusiken* (musiques du soir) contribua encore au succès de la cantate : c'étaient des offices — nous dirions presque des séances — de musique religieuse, qui avaient lieu les cinq dimanches avant Noël, de 5 à 6 heures du soir, et qui devinrent si populaires que l'institution s'en conserva jusqu'au commencement du XIXᵉ siècle.

On se représenterait mal toutefois ces exécutions musicales si on les comparait à ce qui se fait aujourd'hui. Les ressources dont disposaient même les grandes églises étaient trop restreintes pour que l'on pût s'accorder des chœurs et des orchestres un peu nombreux. A Lubeck même, l'orchestre et le chœur ne comprenaient pas en tout plus de quarante exécutants. Ainsi, l'orchestre qui accompagna la grande composition funèbre de BUXTEHUDE sur la mort de l'empereur Léopold Iᵉʳ ne comptait, en outre de l'orgue, que 15 instruments : 3 violons, 2 altos, 3 cornets, 3 trombones, 2 trompettes, 1 basson et 1 contrebasse. Un peu plus tard, nous entendrons BACH demander en vain au Conseil de Leipzig 16 choristes et autant d'instruments qu'il jugeait nécessaires pour l'exécution de ses cantates.

Avec la seconde moitié du XVIIᵉ siècle, nous parvenons à un tournant de l'histoire de la musique religieuse en Allemagne. Les organistes allemands tiennent à honneur d'aller compléter à Venise leurs études musicales. L'opéra italien a fait son apparition en Allemagne et y a provoqué un enthousiasme général. On commence à composer des opéras religieux. Les pasteurs, qui y voient un moyen d'intéresser les foules aux choses saintes, encouragent ce mouvement. Sans doute, on ne délaisse pas la cantate, mais elle subit l'influence de la musique théâtrale, et nous voyons s'y introduire les récitatifs et les airs à ritournelle. Pour cette musique dramatique, les textes bibliques et les strophes de chorals ne suffisent plus : on fait appel à la poésie. Un pasteur de Hambourg, Neumeister, se met à composer des libretti pour cantates, en ayant soin toutefois d'y conserver les textes de l'Écriture, et des chorals sans lesquels les nouvelles cantates fussent difficilement devenues populaires dans l'Allemagne protestante. D'autres librettistes suivent son exemple. Parmi eux, Franck, dont la poésie mystique devait inspirer BACH (BACH a écrit 17 cantates sur des textes de Franck; il en a aussi écrit un certain nombre sur des textes de Neumeister).

BACH parut à l'époque même où l'art nouveau prévalait. Ses premières cantates sont encore conçues d'après l'ancien type. Le nombre des cantates composées par lui est considérable. Nous ne parlons que des cantates religieuses, ses cantates profanes ne rentrant pas dans l'objet de notre étude. L'année ecclésiastique (dimanches et fêtes) comportait 59 cantates, destinées à interpréter musicalement l'évangile du jour, avant la prédication du pasteur. Nous savons que BACH a écrit des cantates pour 5 années, en tout 295 cantates, dont 190 seulement ont été retrouvées jusqu'à ce jour. Les savants allemands qui se sont consacrés à l'étude de BACH sont parvenus, avec cette persévérance et cette ingéniosité de recherches qui caractérisent nos voisins d'outre-Rhin, à appliquer à chaque cantate une date approximative. BACH a modifié plusieurs fois sa signature; son écriture s'est aussi transformée avec l'âge; enfin, pour écrire sa musique, il ne s'est pas toujours servi du même papier : autant de moyens auxquels on a recouru pour fixer la chronologie des cantates. Les lecteurs qui voudront se renseigner sur ce point devront consulter les savants travaux de SPITTA et de RUST. La plupart de ces cantates furent écrites alors que BACH était cantor de l'église Saint-Thomas à Leipzig, c'est-à-dire de 1723 à 1750, année de sa mort. Il y a, entre ses cantates, une diversité infinie : dans les unes, il est tout allemand; dans les autres, il subit l'influence de l'art dramatique italien. Au point de vue de la composition musicale, l'histoire de ses cantates c'est l'histoire de la lutte engagée, dans la pensée de l'artiste, entre le génie allemand et les influences étrangères qui tendent à en altérer l'originalité. Dans telle de ses cantates, BACH renonce presque entièrement au choral; dans telle autre, au contraire: *Christus, der ist mein Leben*, il réunit les plus belles strophes des différents chorals. Trop souvent, il subit docilement le texte médiocre de Picander, son librettiste ordinaire, mais parfois aussi, il intervient de la manière la plus heureuse dans la composition du texte lui-même. Généralement, ses cantates se composent de quatre parties : une introduction d'orchestre, un chœur très développé, des récitatifs suivis d'un (ou plusieurs) solo ou duo, et enfin un choral qui donnait à la cantate son caractère de musique d'église et qui assura sa popularité : l'assistance chantait le choral avec les musiciens (ADLUNG, cité par M. PIRRO). Ce plan de la cantate est d'ailleurs assez souvent modifié.

La cantate exécutée avant le sermon était le commentaire musical du texte que le pasteur avait à traiter. Très appréciée dans les grandes églises, elle fut totalement ignorée des églises de campagne, où la musique n'avait dans le culte qu'une place insignifiante. Sa vogue fut d'ailleurs passagère, comme musique d'église; quelque courte qu'elle fût, elle était toujours trop longue (elle durait d'ordinaire un quart d'heure ou vingt minutes) pour ne pas prolonger beaucoup l'office qui, le matin, ne se prolongeait pas moins de quatre heures.

C'est pour cette raison que l'oratorio ne fut jamais adopté comme musique d'église, pas plus en Allemagne qu'en Angleterre. Il est vrai, l'une des œuvres les plus populaires de Bach est son *Oratorio de Noël,* mais cet oratorio n'est que la réunion de six cantates données successivement pendant les fêtes de Noël 1734.

Nous n'avons pas à parler, dans cet article consacré exclusivement à la musique protestante, des messes que Bach composa pour la chapelle royale de la cour de Saxe, laquelle était catholique. Disons seulement que la célèbre *Messe en si mineur* n'y fut jamais exécutée, mais qu'elle fut utilisée fragmentairement pour les offices protestants de Leipzig. Disons aussi que les quatre *Messes brèves* de Bach se composent surtout de morceaux empruntés aux cantates. Il semble que Bach, qui était très attaché à l'orthodoxie luthérienne, ait éprouvé quelque gêne ou quelque scrupule à écrire de la musique catholique, et qu'il ne l'ait fait que pour obéir à son souverain.

Si nous n'avons pas à parler ici des oratorios, parce qu'ils sont en réalité des opéras religieux et qu'ils n'ont jamais été exécutés comme musique d'église, il n'en est pas de même des Passions. Dès le moyen âge, nous trouvons établi, dans l'église catholique, l'usage de lire, pendant la Semaine Sainte, le récit de la Passion d'après chacun des quatre évangélistes; mais ce n'est qu'au XVIe siècle qu'on eut l'idée de mettre ces récits en musique. La première Passion en musique de nous connue est celle d'un compositeur catholique, Jacobus Obrecht, qui l'écrivit en 1505. Johann Walther, l'ami de Luther, admirait beaucoup l'œuvre d'Obrecht, et il écrivit lui-même sur des paroles allemandes une Passion, qu'il fit exécuter le dimanche des Rameaux 1550. Schütz donne à ce genre de musique une impulsion nouvelle en publiant sa *Passion selon saint Mathieu* qui, par sa religieuse austérité, n'est pas indigne d'être mise en parallèle avec celle de Bach. La fin du XVIIe et le commencement du XVIIIe sont particulièrement fertiles en Passions. *Tous les musiciens de cette époque en composent,* et parfois en grand nombre : Telemann en écrivit dix-neuf. Mais les Passions de cette époque sont conçues dans une manière nouvelle : le texte biblique des anciennes Passions est remplacé par un libretto, et une poésie sans inspiration est désormais préférée à la prose simple et grandiose de l'Ecriture. Dans les premières années du XVIIIe siècle, Brockes, médiocre poète, composa un libretto qui allait devenir classique et devait être bientôt mis en musique par Telemann, Mattheson et Handel. Bach lui-même se sert, en partie, de ce texte pour ses *Passions selon saint Mathieu et selon saint Jean.* D'autres modifications sont encore apportées à la composition des Passions. L'Eglise luthérienne, à l'exemple de l'Eglise catholique, avait exclu des chœurs les voix de femmes. Mattheson parvint à faire chanter par des femmes certains airs mieux appropriés à leurs voix.

L'innovation était heureuse, mais on ne s'en tint pas là. La musique dramatique italienne envahit les Passions, comme elle avait envahi les cantates, et les diverses phases de l'histoire des Passions sont marquées par de nouveaux progrès de cette influence étrangère. Un moment même, avec Reinhard Keiser (1704), la Passion devint un véritable opéra religieux; mais cette tentative échoua devant l'opposition du clergé luthérien.

C'est dans la manière moderne et sous l'influence de la musique dramatique italienne que Bach écrivit ses Passions. Il en a composé cinq et nous en possédons encore deux : les *Passions selon saint Mathieu et selon saint Jean.* On conteste généralement, non sans de sérieuses raisons, l'authenticité de la *Passion selon saint Luc.* La *Passion selon saint Jean* fut la première qu'il fit exécuter à Leipzig, en 1824. Ecrite, semble-t-il, d'une manière un peu hâtive, elle a peut-être l'avantage de nous révéler le génie de Bach dans sa prime-sautière originalité. Mais la profondeur même de la pensée a rendu cette Passion moins populaire que celle *selon saint Mathieu* (1729). Celle-ci est aussi populaire aujourd'hui qu'au XVIIIe siècle, et on l'exécute, chaque année, en Allemagne, dans un grand nombre d'églises protestantes. Le libretto en fut définitivement dressé par Picander, le librettiste ordinaire de Bach, mais d'après les indications très précises du maître; aussi, est-il supérieur à celui de la *Passion selon saint Jean.* « Simple et grandiose d'architecture, profonde d'inspiration, imprégnée de mysticisme, toute parfumée de poésie de la nature, l'œuvre sacrée, où les surprises abondent jusque dans les plus petits détails, et où l'art de la description ne se dément à aucun instant, fait partie de ces chefs-d'œuvre qui n'appartiennent plus à aucun art déterminé, parce que tous les arts, architecture, poésie, peinture, s'y trouvent représentés. La *Passion selon saint Mathieu* est une œuvre et une synthèse artistiques. Sa grandeur déborde les classifications et les catégories admises. » (Schweitzer.)

Il conviendrait de consacrer ici quelques pages à mettre en relief le caractère descriptif de la musique de Bach. Nous renvoyons les lecteurs aux ouvrages spéciaux, qui sont fort nombreux en Allemagne. En français, nous signalerons, outre l'ouvrage de M. Schweitzer auquel nous avons emprunté plusieurs citations, l'*Esthétique de J.-S. Bach* par André Pirro (Paris, 1907). Il sera désormais impossible d'écrire quoi que ce soit sur Bach sans recourir à ces deux ouvrages, dont le mérite est au-dessus de tout éloge.

L'ouvrage de M. Pirro est entièrement consacré à l'étude du symbolisme de Bach, à « chercher quelle est la signification de ses motifs, de ses rythmes, de ses harmonies, de son écriture d'orchestre et des formes mêmes qu'il emploie. » Cette signification, ajoute M. Pirro, « nous ne saurions la découvrir en restant dans le domaine de la musique purement instrumentale. C'est par l'étude minutieuse des compositions écrites sur un texte littéraire que nous tâcherons d'expliquer Bach. » Et notre savant auteur établit par un nombre considérable de citations « le parallélisme inaltérable qui existe entre les paroles du texte et les images musicales » qu'y adapte le cantor de Leipzig. Le parallélisme n'est point trop difficile à établir quand il s'agit d'images empruntées au monde sensible. On ne sera pas étonné de rencontrer, dans les cantates, des gammes ascendantes et descendantes, alors qu'il est question, dans le texte, des anges qui montent au ciel ou qui en descendent.

Il en sera de même toutes les fois qu'il s'agira de rendre des mots exprimant une action corporelle, tels que *tomber, se prosterner*, ou bien au contraire *se relever, s'élancer*, etc. Cette plastique était familière aux musiciens qui ont précédé Bach, et il était inévitable que lui-même y eût recours. La question devient plus délicate lorsqu'il s'agit d'idées rigoureusement abstraites, telles que la fidélité de Dieu, sa compassion envers les pécheurs, la confiance et la paix de l'âme rachetée par Jésus-Christ, idées qui se retrouvent si souvent dans le texte des cantates et des chorals. En voulant chercher partout le symbolisme, on risque de trouver dans la disposition des parties, dans une suite de notes, dans une vocalise, dans un simple triolet, des intentions que le maître n'a peut-être jamais eues. Bach était si peu l'esclave de son propre symbolisme qu'il imposait la même mélodie à des textes différents. Il est vrai que, d'ordinaire, il harmonisait alors autrement, mais on pourrait citer des mélodies harmonisées de la même façon et destinées à interpréter des sujets n'ayant entre eux aucun rapport.

Qu'on se rappelle le beau choral par lequel commence la seconde partie de la *Passion selon saint Jean*, choral destiné à raconter l'abaissement du Christ traité comme un malfaiteur. Or, à la fin de cette partie, le même choral — mélodie et harmonie — devient une prière adressée au Christ pour implorer son pardon et son secours. Et l'on pourrait citer un grand nombre d'exemples de ce genre. Mais ce qui est plus étrange, c'est cette adaptation de la même musique à des paroles et à des idées différentes quand il s'agit, non plus de chorals, mais de solos où l'expression a une importance capitale.

Tout le monde connaît la charmante berceuse pour voix d'alto de l'*Oratorio de Noël* (2ᵉ partie). On croirait voir la Vierge Marie se pencher sur la crèche de Bethléem et l'entendre inviter son divin enfant au sommeil, en attendant l'heure des suprêmes souffrances et de la croix. Rien de plus suave et de plus pur que cette page; aussi, n'est-ce pas sans étonnement que, dans une cantate profane, — *Die Wahl des Hercules*, — nous entendons la Volupté chanter le même air avec le même accompagnement, pour inviter Hercule à se préparer par le sommeil, non plus au sacrifice, mais au plaisir. Et le fait que l'air de la Volupté est d'un ton et demi au-dessus de l'autre ne change rien aux conclusions qu'on peut tirer de ce rapprochement inattendu. Dans ce domaine-là, comme en bien d'autres, les thèses trop absolues se défendent difficilement.

Mais ce qu'on ne saurait nier, c'est que Bach, pour exprimer certaines idées et certains sentiments, a adopté des formules générales presque toujours fort descriptives. Ce sont ces formules que de récents ouvrages, notamment celui de M. Pirro, ont mises en lumière de la manière la plus heureuse.

Ce qui est également certain, c'est que Bach ne s'est pas borné, comme tant d'autres avant lui et après lui, à revêtir un certain texte d'une musique plus ou moins harmonieuse; en écrivant ses cantates et ses Passions, comme en harmonisant ses chorals, il a voulu faire jaillir du texte la pensée qui y était contenue, et les exceptions que nous avons citées ne suffisent pas à infirmer cette règle.

La correspondance entre la musique et la pensée religieuse se retrouve constamment dans l'œuvre de Bach, même en l'absence de tout texte, même dans ses préludes des chorals. Au moment de préluder,

Bach se pénétrait profondément de la pensée exprimée par les paroles du choral, et cette pensée, il se sentait appelé par son ministère, j'allais dire par son sacerdoce d'organiste, à la faire passer dans l'âme de l'assemblée qui allait chanter.

Pour bien comprendre le symbolisme de sa musique, il faut se souvenir que Bach était non seulement un grand artiste, mais encore un chrétien plein de ferveur et de foi. En écrivant sa musique, Bach accomplissait un acte religieux. Sur la plupart de ses partitions, on trouve ces trois lettres tracées de sa main SDG (*solo Deo gloria*). Et ce n'était pas pour lui une vaine formule; c'était l'expression de sa pensée la plus habituelle et la plus intime. Un sceptique de notre temps sourira sans doute en lisant ces lignes du grand artiste : « Comme toute la musique, la basse chiffrée n'a d'autre fin que la gloire de Dieu... autrement ce n'est plus de la vraie musique, mais un bavardage diabolique. » Et cependant, ces lignes nous révèlent bien l'âme de Bach. Sans doute, il écrivit lui aussi des œuvres profanes et même burlesques, mais c'était manière de se délasser et de se détendre, c'était jeu d'enfant après lequel son esprit reprenait sa direction naturelle et retrouvait son inspiration religieuse et grave. Homme heureux en famille, marié à une femme capable de s'associer à son glorieux labeur, ayant des fils qui étaient eux-mêmes des artistes du plus grand mérite, admiré de ses contemporains, parvenu à la gloire presque dès sa jeunesse, la vie actuelle, malgré tout, ne lui suffit pas. Il aspire à une vie plus haute où le rêve de bonheur se réalisera complètement, où les lignes de beauté commencées ici-bas se prolongeront et s'achèveront. Cette nostalgie du ciel a inspiré un grand nombre de ses cantates. Elle devait inspirer le dernier de ses chants. Bach sait que ses heures sont comptées. Sa vue affaiblie ne lui permet plus d'écrire, mais il dicte son cantique. Au haut de la page, il fait inscrire ces mots : « Seigneur, me voici devant toi ! » Et tout ce choral, sans paroles, exprime la paix qui remplit son âme à l'heure dernière.

Ces remarques étaient nécessaires dans un article tel que celui-ci. Il nous paraît difficile de comprendre toute la musique de Bach si l'on ne connaît pas son âme. On pourra assurément, sans la connaître, s'émerveiller de la richesse et de la variété de cette musique, on pourra, en creusant et en fouillant ce sol fécond, y trouver les assises de la musique de l'avenir. Mais, pour comprendre ce qu'il y a de plus intime et de plus profond dans l'art de Bach, il faut remonter jusqu'à la source d'où il jaillit, la piété protestante avec ses qualités et ses défauts, avec son austérité un peu froide, avec sa raideur, avec son dogmatisme, mais aussi avec sa sincérité, avec son horreur du clinquant, avec sa conscience, avec son effort pour concilier le sentiment et l'idée.

« Bach est le grand prédicateur musical de la doctrine de Luther. Nul compositeur, mieux que lui, ne traduit les enseignements du réformateur. Nul n'éprouve les drames de la conscience avec le même trouble et ne les expose avec la même force. Dans les œuvres du cantor de Leipzig revivent tous les personnages de la tragédie intérieure que le fondateur du Protestantisme a suscitée chez ses disciples. » (A. Pirro.)

Au fond, Bach a exprimé la pensée religieuse d'une certaine Église. Jamais le *Stabat* de Pergolèse et celui de Rossini ne réussiront en pays protestant : ils seront incompris et l'on ne saura pas découvrir la très grande valeur de ces œuvres. Par contre, il faut bien le dire, la *Passion selon saint Mathieu*, qu'on exécute, sans se lasser, non seulement en Allemagne, mais encore en Suisse, en Hollande, en Angleterre, et dans tous les pays protestants, ne deviendra jamais vraiment populaire dans les pays catholiques. Elle y fera l'admiration des gens doués d'une culture artistique sérieuse, mais la foule ne la comprendra pas, parce qu'elle ne correspond pas à sa mentalité religieuse. On ne comprend bien les œuvres de Fra Angelico que lorsqu'on se souvient qu'il peignait en adorant, et même cette adoration a un caractère spécial : c'est celle d'un moine du XVe siècle. La sublime poésie de cette peinture est celle du cloître; il y a quelque chose du silence et de la paix de la cellule où vivait pieusement le peintre. De même, la musique de Bach a le caractère spécial de sa piété. Ce qui fait qu'en pays protestant, on a voué à Bach un véritable culte et que là, ses œuvres s'exécutent, dans des grandes cathédrales et même dans des salles de concert, avec une sorte de respect religieux, c'est que le protestantisme sent vibrer son âme, non seulement dans ces chorals que tout protestant connaît dès son enfance, mais encore dans un si grand nombre d'œuvres où il découvre l'affirmation de sa propre foi, son interprétation des textes de l'Écriture, sa conception du recueillement, de la prière, de l'amour de Dieu, de la communion avec Jésus-Christ.

Il était impossible de ne pas noter, dans un article sur la musique protestante en Allemagne, le rapport étroit qui existe entre cette musique et la mentalité protestante. Ce rapport existe chez tous les maîtres que nous avons signalés, mais il est particulièrement frappant dans l'œuvre de Bach.

Si grand que soit le génie à la fois musical et religieux de l'Allemagne, les Églises protestantes de ce pays ne devaient plus revoir, au point de vue qui nous occupe, une période comparable à celle qui s'étend de Schutz à Bach. Il serait cependant injuste de dire que l'Allemagne protestante n'ait plus rien produit depuis 1750 comme musique d'église. Il semble bien qu'il y ait eu, après la mort de Bach, une réelle décadence de cette musique, et peut-être même du sentiment artistique. La popularité du cantor de Leipzig subit même une éclipse momentanée. Seize ans après sa mort, on exécuta pour la dernière fois ses Passions, dans cette église de Leipzig pour laquelle elles avaient été écrites. Les cantates même sont peu à peu abandonnées. Par contre, les recueils de cantiques se multiplient. Les Frères Moraves en publient plusieurs (le premier avait déjà paru à Herrnhut en 1735), qui deviennent rapidement populaires, même en dehors de leur communauté. Mais le rationalisme envahit les Églises allemandes et y remplace le piétisme; sous cette influence, le chant d'église devient de plus en plus froid et monotone; on ne se borne pas à composer des mélodies sans inspiration, on transforme les anciennes en les dépouillant de tout rythme. La fin du XVIIIe siècle et le XIXe voient cependant apparaître des maîtres qui enrichissent le trésor musical de leur église : Knecht (1752-1817), célèbre organiste et compositeur d'un grand nombre de cantiques, B. Klein, Conrad Koch, Heinrich Kals, Arnold Mendelssohn, etc.

On a remarqué qu'en architecture, le XIXe siècle n'avait pas créé de style, mais qu'il avait été le siècle des reconstitutions et des restaurations.

Cette remarque peut s'appliquer également à la musique d'église en Allemagne. Depuis un siècle, on s'est appliqué, en Allemagne, non seulement à rendre à l'église la musique de Bach, un moment oubliée, mais encore à rechercher de collationner les trésors d'art religieux accumulés depuis la Réforme.

Plusieurs chorals harmonisés par Bach, mais allégés d'un certain nombre de ses notes de passage, sont maintenant portés dans la circulation et n'en sortiront plus. Ils sont d'ailleurs devenus l'apanage du Protestantisme tout entier, et se chantent dans toutes les langues, mais beaucoup de chorals arrangés par Bach sont difficilement exécutables par une assemblée. Il faut se rappeler en effet que dans les Églises protestantes, les chœurs sont simplement tolérés et que l'idéal poursuivi par ces églises, c'est le cantique chanté par tout le peuple. De nombreuses modifications avaient été apportées successivement au texte des anciennes mélodies. Parfois, on en avait changé le rythme de la manière la plus malheureuse; le plus souvent, on en avait tout à fait abandonné la forme rythmique. De là une diversité qui avait les plus graves inconvénients pour la vie commune des églises, et qui préoccupe depuis longtemps les autorités ecclésiastiques. Pendant la seconde moitié du XIXe siècle, de grands efforts ont été faits dans le but de rétablir une certaine unité, et afin d'obtenir, au moins pour les principaux chorals, un texte commun aux différentes églises. Le plus simple était de revenir, autant que possible, au texte primitif de ces chorals, et c'est ce qu'on a essayé de faire. Plusieurs congrès ecclésiastiques ont été réunis pour étudier cette question, et l'on a édité des recueils de chant sacré renfermant un certain nombre de chorals sur le texte desquels ou était parvenu à se mettre d'accord. Mais on se heurte à des habitudes prises, et il ne semble pas que la restitution des anciens textes soit à la veille d'aboutir.

Très généralement, les chorals sont encore chantés, en Allemagne, dans leur forme non rythmique souvent adoptée par Bach lui-même. Cependant, on tend de plus en plus à revenir aux formes originales polyrythmiques, ainsi qu'on peut le constater par la publication des plus récents recueils de chant sacré. Ces recueils sont fort nombreux : chaque province ecclésiastique a le sien, et même plusieurs à la fois.

Cette diversité des recueils correspond assez bien à la diversité de la forme même du culte. En Allemagne, comme ailleurs, le Protestantisme s'efforce moins de garder l'unité de la forme liturgique que d'adapter cette forme aux besoins divers des paroisses. Dans certaines églises de grande ville, le culte luthérien a conservé, en partie, l'ordre et les principaux éléments de la messe catholique, et les offices y sont célébrés avec une grande pompe; d'ordinaire, le chœur y chante *a cappella*, mais quelquefois — les jours de fête surtout — on y exécute des cantates avec accompagnement d'orchestre. Dans d'autres églises, au contraire, la liturgie est très simplifiée, parfois même il n'y a pas de liturgie du tout, et le culte s'y célèbre dans un ordre variable : l'assemblée y chante des cantiques, avec un ensemble souvent remarquable et d'un effort très religieux, mais il n'y a pas de musique liturgique proprement dite (voir, pour les diverses questions traitées dans cet article, outre les ouvrages déjà cités, la dernière édition de la *Real-Encyclopedie*, aux articles *Kirchengesang* et *Kirchenmusik*. On peut aussi consulter : G. Rietschel : *Lehrbuch der Liturgik*, Berlin, et Smend : *Liturgik*, Göttingen).

ÉGLISE ANGLICANE

En Angleterre, la Réforme fut moins radicale que partout ailleurs, et l'Eglise anglicane est celle des églises protestantes qui a conservé, dans sa constitution et dans ses doctrines, le plus d'éléments anciens. Cet attachement au passé se manifeste particulièrement dans son culte. On pourrait appeler le service anglican une Messe protestante. Sous le nom de *Canticles*, on retrouve, dans les divers offices de cette Eglise, le *Te Deum*, le *Magnificat*, le *Sanctus*, le *Gloria*, les *Litanies*, etc. Selon le principe commun à toutes les églises protestantes, les paroles ont été traduites en langue vulgaire, mais le titre latin est resté. Ce respect de la tradition devait donner à la musique religieuse de l'Eglise anglicane son caractère spécial. Tandis qu'en France, par exemple, la Réforme, beaucoup plus radicale, avait dû, en instituant un culte entièrement nouveau, créer également une musique religieuse toute nouvelle, le Protestantisme anglais qui avait, à peu de chose près, conservé les formes du culte de l'Eglise catholique, conserva également sa musique. Selon la comparaison de l'Evangile, le vin n'étant pas nouveau, il n'y eut pas lieu de se procurer de nouveaux vaisseaux pour le contenir; les idées n'étant pas nouvelles, on n'éprouva pas le besoin de créer une nouvelle musique pour les exprimer. Nous ne trouverons donc en Angleterre rien qui corresponde au choral allemand ou au psautier huguenot. Dès les premiers jours de la Réforme en Angleterre, nous voyons des musiciens du plus grand mérite se mettre à l'œuvre pour doter le nouveau culte d'une musique religieuse qui lui convint; mais leur effort se borna presque uniquement à adapter à la liturgie de l'Église anglicane le plain-chant en usage dans l'Église catholique. Parmi ces musiciens de cette première période de la Réforme en Angleterre, il faut citer John MARBECK (1523-1585), organiste à Windsor. Dans son *Common prayer noted* publié en 1550 et imprimé en caractères carrés, il adapte, lui aussi, l'ancien plain-chant aux nouveaux offices; mais il le fait avec une telle science, et il parvient à établir une telle correspondance entre les paroles et la musique que son recueil n'a pas cessé d'être en usage dans les églises anglaises. Mais le plus grand, celui que les protestants anglais considèrent comme le créateur de leur musique d'église, fut Thomas TALLIS. Né en 1510, il se fit de très bonne heure remarquer comme organiste : à peine âgé de trente ans. il était déjà organiste de la Chapelle royale. Alors régnait Henri VIII, qui persécutait tour à tour protestants et catholiques. L'époque était peu favorable au développement de la musique religieuse, et ce n'est que vers 1560 que parurent les premières œuvres de TALLIS. Sa manière simple et large, qui faisait un remarquable contraste avec la musique liturgique compliquée alors en usage, lui valut les suffrages de l'Angleterre protestante. La reine Élisabeth lui accorda une sorte de monopole pour l'impression de la musique religieuse. C'est alors qu'il publia ses *Cantiones sacræ* pour cinq voix et plus, ainsi que la musique liturgique du service anglican. Une inscription qu'on peut lire à Greenwich l'appelle *The fatter of English Church music*. Son œuvre, exclusivement religieuse, a résisté au temps et, après trois siècles, son *Service*, écrit dans le mode dorien et connu sous le nom de *Tallis in D minor*,

est encore fréquemment exécuté par les grandes maîtrises de l'Eglise anglicane. Les répons de ses litanies jouissent particulièrement d'une légitime popularité.

L'œuvre de TALLIS fut le point de départ d'une évolution fort intéressante de la musique religieuse en Angleterre. Un grand nombre de maîtres parurent qui marchèrent sur les traces de ce puissant initiateur, compositeurs sobres et graves, dont les œuvres sont à recommander à l'étude de tous ceux qui s'intéressent à la musique religieuse. De la fin du XVIIe siècle à la fin du XVIIIe, nous voyons apparaître toute une pléiade de compositeurs du plus grand mérite : William BYRD, Christopher TYE, Orlando GIBBONS, Maurice GREENE, William CHILD, John BLOW, et enfin, le plus grand de tous, Henry PURCELL, organiste de Westminster Abbey et de la Chapelle royale de 1680 à 1695. PURCELL est certainement l'un des compositeurs les plus féconds que l'Angleterre ait produits.

Quoiqu'il n'ait vécu que trente-sept ans, il a laissé une œuvre considérable. Il ne se consacra pas exclusivement, comme TALLIS, à la musique religieuse. Il commença même par la musique profane et, à dix-sept ans, il composait un opéra, *Didon et Enée*, qui fut le point de départ de ses succès. Il écrivit, en outre, vingt-deux sonates et cinquante et une œuvres dramatiques. Mais sa nomination comme organiste de Westminster donne à sa pensée une orientation nouvelle : il se met à écrire pour l'église, et laissera des compositions religieuses également fort nombreuses : on possède de lui quatre-vingts *anthems, hymns* et *services*. Avec lui, la musique religieuse anglaise entre dans une voie nouvelle. L'école de Venise venait de jeter les bases de la musique moderne, et PURCELL, dans la préface de ses œuvres, se déclare modestement un imitateur des maîtres italiens. Avec lui, par conséquent, la musique moderne fait son entrée dans l'Eglise anglicane. PURCELL devance son époque par l'usage qu'il fait de certains procédés harmoniques nouveaux : la quarte diminuée a une prédominance marquée dans son harmonie; il aime à commencer une dissonance par les instruments à vent et à la faire résoudre par les instruments à cordes, ou *vice versa*. Mais il est surtout moderne par son style, expressif jusqu'au réalisme. Les Anglais l'apprécièrent à sa juste valeur, et lorsqu'il mourut, on l'enterra solennellement dans l'abbaye de Westminster.

A cette même époque, et jusqu'au milieu du XVIIIe siècle, des hommes, moins illustres sans doute, mais encore de haute valeur, enrichirent de leurs œuvres le répertoire musical de l'Eglise anglicane : HUMPHREY, qui avait été élève de LULLI dont il importa la manière en Angleterre; CROFT et BLOW, organistes de Westminster Abbey; BOYCE, qui perdit l'ouïe dans sa jeunesse et qui n'en poursuivit pas moins ses études musicales. Tous ces maîtres, qui composèrent de la musique d'église, appartiennent encore au XVIIIe siècle. Le XIXe siècle n'est pas moins riche en compositeurs religieux : ATTWOOD, qui alla faire des études à Vienne et y rencontra MOZART qui lui prédit un brillant avenir; WOLMISLEY, ami de MENDELSSOHN, qui prit à tâche de faire connaître aux Anglais la musique de BACH; BARNBY, qui travailla dans le même sens et fit exécuter à Westminster la *Passion selon saint Mathieu;* BENNETT, compositeur d'une réelle originalité, plus remarquable cependant par la grâce que par la force dramatique; Sébastien WESLEY, qui a été longtemps le premier organiste de l'Angleterre; il faudrait encore ajouter d'autres noms, tels que ceux de John Goss, de John STAINER, de Georges GARRETT, de Georges MARTIN, de C. VILLIERS, de STANFORD, etc.

Cette liste trop longue et cependant très incomplète de compositeurs ne donne encore qu'une faible idée de la richesse du répertoire musical de l'Église anglicane. Les grandes maîtrises de cette Église possèdent non seulement les œuvres de ces divers auteurs, mais encore un nombre considérable d'œuvres inédites. On peut dire que chaque cathédrale a sa musique liturgique qui peut également varier d'un service à l'autre, ce qui ne permet pas au peuple de s'associer comme il conviendrait au chant de la maîtrise.

Il serait difficile, sans allonger outre mesure cet article, d'initier complètement le lecteur français aux divers détails d'un service anglican. Nous en indiquerons toutefois les principaux éléments, en choisissant nos exemples de manière que l'on puisse se rendre compte du caractère général de la musique de l'Église anglicane.

Le service commence assez souvent par le chant d'un cantique, dont le numéro est indiqué sur des tableaux placés de telle sorte que tous les fidèles puissent en lire les indications. Ces cantiques, que l'on chante au commencement, et aussi à la fin du service, sont des poésies religieuses divisées en strophes et adaptées à toute sorte de musique empruntée aux œuvres des maîtres anglais ou étrangers : on y trouve, entre autres, la musique des chorals allemands et des psaumes français. Les recueils de cantiques sont assez nombreux : *Hymns ancient and modern, Hymnal companion to... The Bristol Tunebook*, etc. Chacun d'eux renferme plusieurs centaines de morceaux. Chaque fidèle possède le recueil de son église, ce qui lui permet de s'associer au chant de la maîtrise. Ce premier chant est suivi de la Confession des péchés et de l'Oraison dominicale récitées à haute voix par tous les assistants, puis de la formule d'absolution prononcée par le ministre officiant. Alors, commencent les chants liturgiques. L'officiant psalmodie de courtes phrases auxquelles le peuple répond en chantant. Ainsi que nous l'avons dit, la musique de ces chants liturgiques varie d'une église à l'autre. Nous donnons ici les *Tallis's Responses* arrangées à quatre voix par Joseph BARNBY :

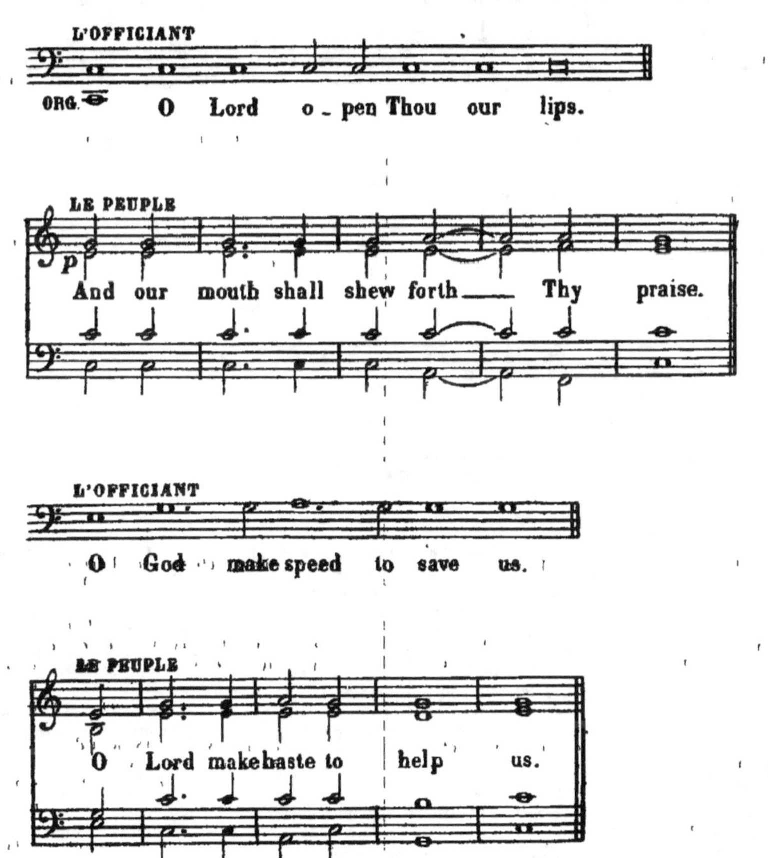

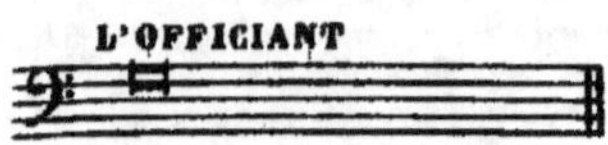

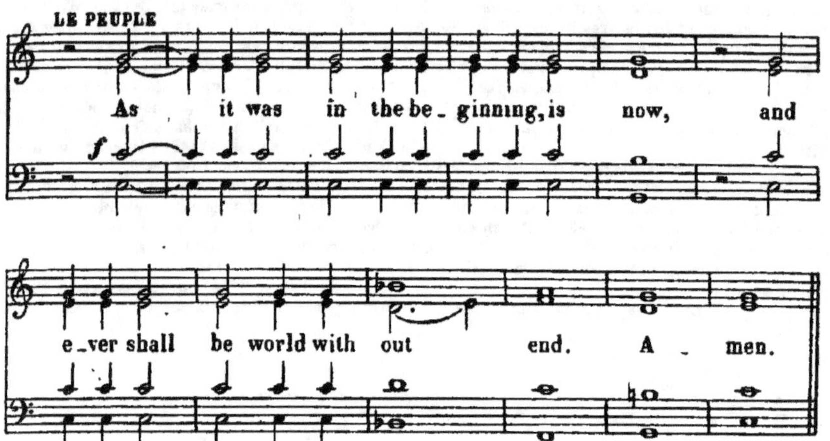

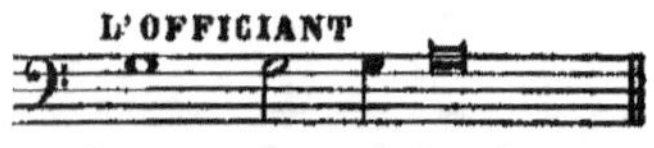

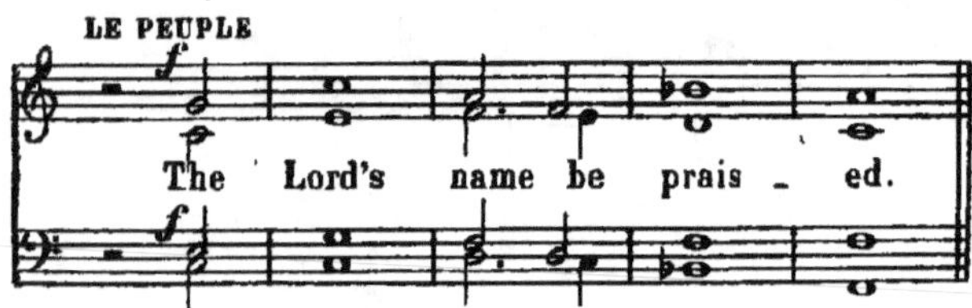

Cette invitation à la prière est suivie du chant d'un psaume dont le titre latin est généralement la reproduction des premiers mots de ce psaume. Le chant des psaumes occupe une place importante dans les Églises anglaises de toutes les dénominations; certaines Églises anglaises n'admettent même pas d'autres chants dans leur culte. Dans l'Église anglicane, la musique de cette partie du service est l'objet d'une étude très spéciale, et n'est pas sans présenter quelque difficulté pour les personnes étrangères à cette Église.

La prose de chaque verset de psaume est divisée en 7 sections auxquelles correspondent 7 mesures de la phrase musicale. Voici, par exemple, le premier verset du psaume premier :

Blessed is the man that hath not walked in the coun-sel of the ungodly, nor stood in the | way of | sinners : and hath not sat in the | seat— | of the | scornful.

Les deux points (:) qui se trouvent au milieu du verset le divisent en deux parties. La première partie comprend donc 3 sections, et la seconde en comprend 4. La phrase musicale sera elle-même divisée en 2 parties de 3 et de 4 mesures, séparées par une double barre correspondant aux deux points de la prose. Comme le nombre de syllabes varie à chaque verset, on en chantera un plus ou moins grand nombre sous la première note de chacune de ces deux demi-phrases musicales. Cette note s'appelle, à cause de cela, *the Reciting-note*, et les paroles de ces deux mesures s'appellent *the Recitation*.

Voici donc comment on chantera ce premier verset du psaume I :

a été longtemps le premier organiste de l'Angleterre;
il faudrait encore ajouter d'autres noms, tels que
ceux de John Goss, de John STAINER, de Georges GAR-
NETT, de Georges MARTIN, de C. VILLIERS, de STAN-
FORD, etc.

Cette liste trop longue et cependant très incomplète de compositeurs ne donne encore qu'une faible
idée de la richesse du répertoire musical de l'Église
anglicane. Les grandes maîtrises de cette Église possèdent non seulement les œuvres de ces divers auteurs, mais encore un nombre considérable d'œuvres
inédites. On peut dire que chaque cathédrale a sa
musique liturgique qui peut également varier d'un
service à l'autre, ce qui ne permet pas au peuple
de s'associer comme il conviendrait au chant de la
maîtrise.

Il serait difficile, sans allonger outre mesure cet
article, d'initier complètement le lecteur français aux
divers détails d'un service anglican. Nous en indiquerons toutefois les principaux éléments, en choisissant nos exemples de manière que l'on puisse se
rendre compte du caractère général de la musique
de l'Église anglicane.

Le service commence assez souvent par le chant
d'un cantique, dont le numéro est indiqué sur des
tableaux placés de telle sorte que tous les fidèles
puissent en lire les indications. Ces cantiques, que
l'on chante au commencement, et aussi à la fin du
service, sont des poésies religieuses divisées en strophes et adaptées à toute sorte de musique empruntée aux œuvres des maîtres anglais ou étrangers : on
y trouve, entre autres, la musique des chorals allemands et des psaumes français. Les recueils de cantiques sont assez nombreux : *Hymns ancient and
modern, Hymnal companion to... The Bristol Tunebook*, etc. Chacun d'eux renferme plusieurs centaines de morceaux. Chaque fidèle possède le recueil
de son église, ce qui lui permet de s'associer au
chant de la maîtrise. Ce premier chant est suivi de
la Confession des péchés et de l'Oraison dominicale
récitées à haute voix par tous les assistants, puis de
la formule d'absolution prononcée par le ministre
officiant. Alors, commencent les chants liturgiques.
L'officiant psalmodie de courtes phrases auxquelles
le peuple répond en chantant. Ainsi que nous l'avons
dit, la musique de ces chants liturgiques varie d'une
église à l'autre. Nous donnons ici les *Tallis's Responses* arrangées à quatre voix par Joseph BARNBY :

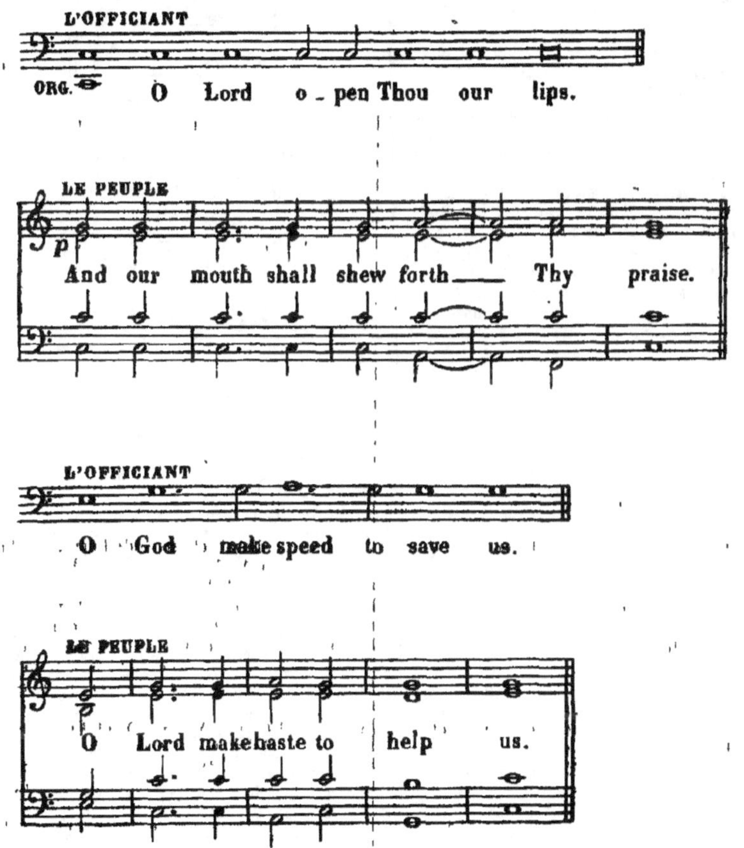

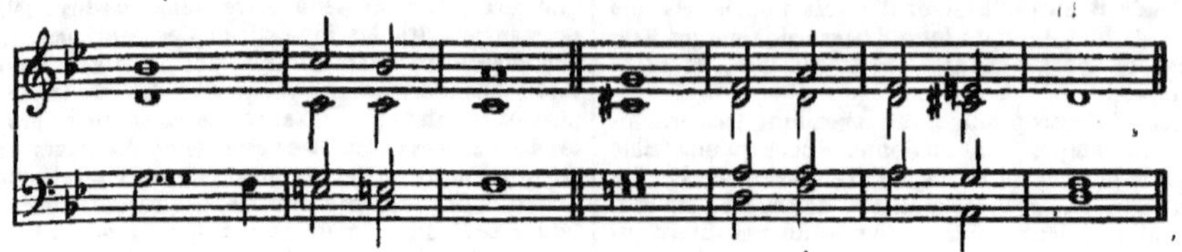

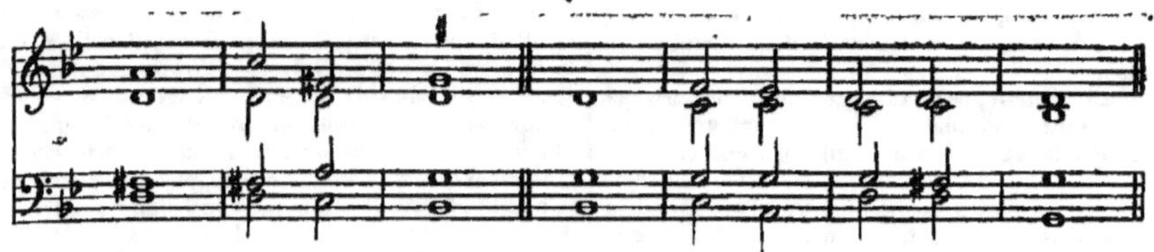

Ces exemples suffiront à montrer quel effort a été
fait dans l'Église anglicane pour introduire de la variété dans son culte, et pour éviter la monotonie qui
est l'écueil de la musique liturgique.

Dans plusieurs cathédrales, le plain-chant est encore
en usage pour l'exécution des psaumes. Il s'est produit, au sein de l'Eglise anglicane, un mouvement
assez puissant pour rétablir dans le culte certaines
formes du culte catholique, tout en conservant la
liturgie, à laquelle personne n'a le droit d'apporter
la moindre modification. Les partisans de cette tendance, dite ritualiste, travaillent en particulier à faire
prévaloir le plain-chant dans le culte anglican. De là,
la publication, dans la seconde moitié du XIXe siècle,
de recueils de plain-chant aujourd'hui fort répandus
dans les églises anglicanes, particulièrement à Londres : *English Psalter* (1865), *Cathedral Psalter* (1875).
Mais là même, le souci d'éviter la monotonie s'est
manifesté par la composition d'accompagnements
variés adaptés aux *gregorian psalters* (voir : *Organ
harmonies for the gregorian psalm tones, by* Arthur
H. Brown).

Dans le culte anglican, comme dans tous les cultes
protestants, la lecture de la Bible en langue vulgaire
a sa place marquée. Après le chant du psaume du
jour, le ministre officiant lit un chapitre de l'Ancien
Testament, lequel est suivi du *Te Deum*, un chapitre
du Nouveau Testament suivi du chant du *Benedictus*
ou cantique de Zacharie (saint Luc, I, v. 68-79). Dans
les cathédrales, le *Te Deum* et le *Benedictus* sont d'ordinaire chantés. Ailleurs, on se borne à les lire. Il en
est de même du *Credo*, qui se chante ou se lit après
le *Benedictus*.

Enfin, après une nouvelle série de répons, le service se termine par une longue prière prononcée par
le ministre officiant.

Tel est l'ordre général du service du matin : *Mor-
ning prayer*. Le service de l'après-midi, *Evening
prayer*, quoique un peu plus court, n'est pas sensiblement différent.

Ajoutons, pour en finir avec la partie liturgique du
service anglican, que ce service est entrecoupé de nombreux *Amen*. Depuis la Réformation, on emploie
deux formes d'Amen. L'une, dite *monotone*, s'emploie
lorsque le chœur répond au ministre officiant; l'autre,

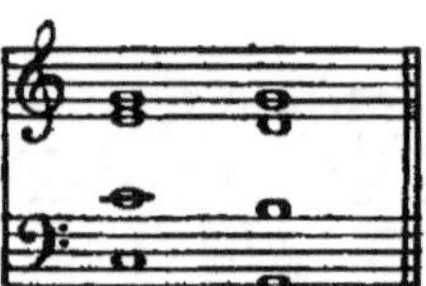

dite *par demi-tons*, est usitée lorsque l'officiant et le
chœur chantent ensemble, comme après l'Oraison
dominicale, le *Credo*, la Confession des péchés, etc. :

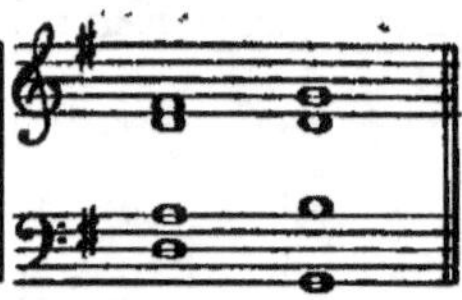

Au cours de ces divers services dont nous venons
d'analyser la liturgie, on peut entendre, dans les
églises dotées d'une maîtrise, un morceau de musique
religieuse d'une durée de dix à quinze minutes et d'un
caractère très spécial, appelé *Anthem*. Au point de vue
musical, l'anthem constitue la principale originalité
du culte anglican : il occupe, dans le culte anglican,
la place qu'occupait, aux XVIIe et XVIIIe siècles, la cantate dans le culte luthérien, et l'on peut dire qu'il en
est en quelque sorte le pendant. L'anthem anglais, qui
est né à peu près à la même époque que la cantate
allemande, lui a survécu. La composition en est d'ailleurs différente. Elle est toujours écrite sur des textes
de l'Ecriture sainte. Nous n'y trouvons aucune strophe
de choral ni aucun autre morceau poétique. Mais sur
la prose des textes scripturaires, on y entend successivement des chœurs, des solos, duos, trios, quatuors, avec accompagnement d'orgue et même quelquefois d'orchestre. L'introduction de l'anthem dans
le culte anglican remonte au règne d'Elisabeth, qui
autorisa l'exécution de ce genre de musique au cours
des offices. Le mot même d'anthem n'apparaît qu'un
peu plus tard. Mais l'anthem subit diverses transformations, et son histoire rappelle encore la trans-

formation du motet en cantate dans le culte allemand. Cet élément nouveau dans les offices anglais étonna d'abord. On se borna à le tolérer. Puis, par l'habitude, il finit par faire partie intégrante du culte, et, en 1662, il prit place définitivement dans le *Prayer Book*. C'est dans l'anthem que le génie religieux des compositeurs anglais a trouvé sa plus complète expression. Tous les maîtres que nous avons nommés se sont exercés à ce genre de composition, et quelques-uns d'entre eux nous ont laissé, à cet égard, des œuvres très remarquables. De siècle en siècle, les compositeurs d'anthems se montrent plus audacieux. Au XVIe siècle, l'anthem ne comprend guère que des chœurs, et la partie instrumentale y est de peu d'importance. Au XVIIe siècle, avec PURCELL, l'anthem subit comme la cantate l'influence des maîtres italiens, particulièrement de LULLI, et reçoit tous les enrichissements que comporte ce genre. Les solos y deviennent fréquents et l'orchestre se complète. Jusqu'alors, on n'avait entendu dans les cathédrales anglaises que les instruments à vent; maintenant, les instruments à cordes font leur apparition dans le service anglican. Cette innovation n'alla pas sans provoquer une grande opposition, et elle finit, elle aussi, par prévaloir. Au XVIIIe siècle, HANDEL, qui avait adopté l'Angleterre pour sa patrie, y importa ses oratorios, mais il ne put les faire exécuter dans les églises, au cours des offices, d'abord à cause de leur longueur, et aussi à cause de la répugnance qu'éprouvait le clergé anglican à l'égard de l'oratorio comme musique d'église; aussi, HANDEL se mit-il, lui aussi, à écrire des anthems (voir ses anthems composés sur des versets de psaume et aussi ses *Chandos Anthems*). L'orchestre qu'il y employa se composait, non seulement du quintette des instruments à cordes, mais encore de la flûte, du hautbois, de la trompette, en un mot, de la plupart des instruments de l'époque.

Tandis qu'en Allemagne, la cantate disparaissait du culte protestant, peu de temps après la mort de BACH, et qu'elle n'y réapparaît aujourd'hui que d'une manière exceptionnelle dans quelques rares églises de grandes villes, en Angleterre, au contraire, l'anthem n'a pas cessé d'être cultivé; il y fleurit aujourd'hui plus que jamais, et partout où il y a une maîtrise, on exécute des anthems au cours de tous les offices. Afin de donner à la partie liturgique et musicale du culte la place la plus importante possible, on a diminué celle du sermon qui, généralement, ne dure guère plus d'un quart d'heure, et quelquefois moins.

Tout ce que nous venons de dire de la musique d'église en Angleterre concerne exclusivement le culte anglican. Mais l'Eglise anglicane ne comprend pas, tant s'en faut, tout le Protestantisme anglais. Le formalisme qui règne dans cette Eglise et son imitation parfois maladroite du culte catholique devaient lui aliéner peu à peu les masses populaires de la Grande-Bretagne. Les Eglises d'Europe sont restées profondément attachées au type le plus austère du culte calviniste, tel qu'il se célèbre en France, en Suisse, en

Hollande et dans une partie de l'Allemagne. En Angleterre même, l'Eglise anglicane a vu se séparer d'elle une grande partie de ses adhérents, qui ont constitué des Eglises indépendantes. Si, au point de vue de la vie religieuse, ces communautés dissidentes présentent le plus grand intérêt, il y a peu de chose à en dire au point de vue musical. Leur culte est d'une très grande simplicité. La prière, la lecture et l'étude de l'Ecriture y occupent presque toute la place. Tout ce qui parle aux sens et à l'imagination, sans s'adapter à la conscience et au cœur, en est rigoureusement banni. Aussi, la musique liturgique n'y a-t-elle aucune place et l'anthem y est-il inconnu. Dans certaines églises d'Ecosse, l'orgue même est difficilement toléré, et partout où il est accepté, il n'a d'autre rôle que celui d'accompagner les cantiques. Cependant, des chœurs y sont généralement organisés, mais ils sont composés exclusivement de membres de la communauté et non d'artistes professionnels. Chaque groupement a son recueil de cantiques qui se compose d'un grand nombre de morceaux très courts empruntés aux recueils protestants du monde entier, notamment au Psautier français et aux livres de chorals de l'Allemagne. Les plus récents de ces recueils renferment des cantiques d'un caractère très particulier appelés cantiques de Réveil. Ce sont de très courtes pièces de musique composées à l'occasion de certains mouvements religieux, comme il s'en est produit récemment dans le pays de Galles, et écrites sur des paroles d'un caractère à la fois très populaire et très mystique.

Ce que nous disons de l'Angleterre peut s'appliquer aux Etats-Unis où de nombreux compositeurs tels que BRADBURY, BLISS, LOWRY ont écrit des cantiques en une musique facile, sortes de chansons pieuses et de romances à quatre voix qui ne méritent pas d'arrêter l'attention des artistes, mais qui n'en jouissent pas moins d'une très grande popularité et qui concourent d'une manière très efficace à entretenir le sentiment religieux dans les masses. On se rappelle sans doute que le président Mac Kinley, qui fut naguère assassiné, répétait sur son lit de mort les premiers vers de l'un de ces cantiques. Les journaux américains ayant relaté le fait, on entendit, pendant les jours qui suivirent, les foules répéter cet air populaire, et pour des étrangers ignorants des mœurs religieuses du peuple américain, c'était un sujet d'étonnement que d'entendre un peuple entier chanter ce cantique, non pas dans ses temples, mais dans les rues et sur les places publiques. Malgré le peu d'intérêt que présentent ces chants au point de vue musical, nous transcrivons ce cantique, qui n'est ni meilleur ni plus mauvais que les autres du même genre, mais qui peut donner une idée de ce qu'est cette musique religieuse populaire en Amérique et en Angleterre.

Nous empruntons ce morceau au recueil américain *Songs and solos*, avec la traduction de l'une des strophes par un de nos poètes protestants français, M. Sailleus

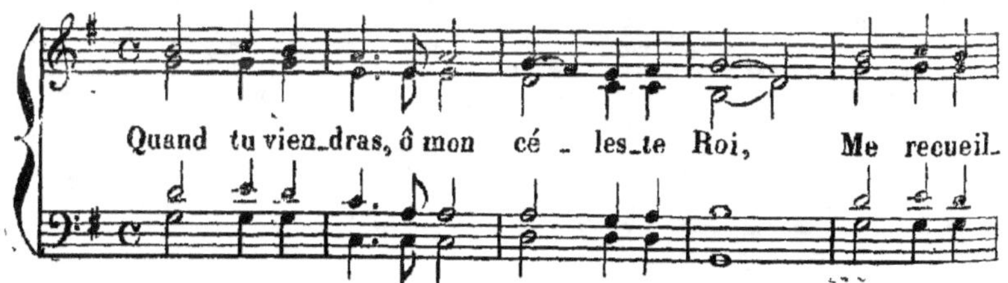

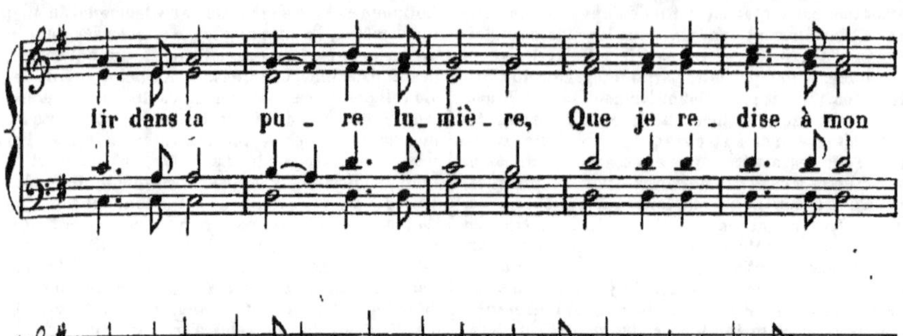

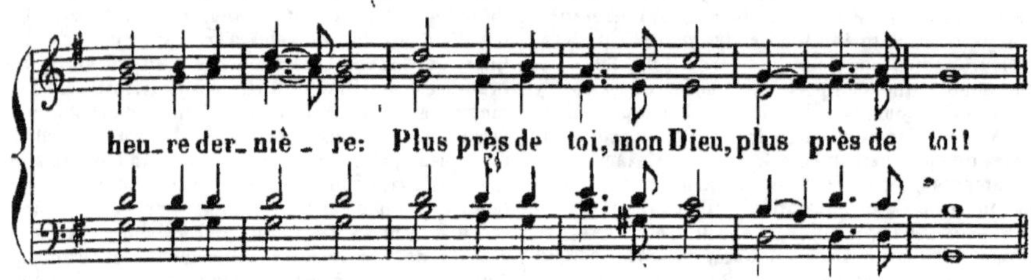

ÉGLISE RÉFORMÉE

Dans un tel article, la musique religieuse de l'Église réformée de France devrait avoir la place d'honneur. Mais nous sommes obligés d'avouer que la production musicale du protestantisme français se réduit à peu de chose. On a expliqué ce fait par le caractère de Calvin, qui fut l'initiateur de la Réforme en France, et dont on se plaît à dire qu'il fut un ennemi de l'art en général et particulièrement de la musique. Il y a là une légende dont les historiens impartiaux ont, depuis longtemps, démontré la fausseté. Assurément, Calvin n'était point, tant s'en faut, le grand artiste que nous avons trouvé en LUTHER, et il n'était point en état de donner à la Réforme française l'impulsion artistique que LUTHER sut donner à la Réforme en Allemagne; mais il serait impossible de découvrir, dans ses œuvres, une seule page où l'art soit condamné. Voici au contraire ce qu'il écrivait dans sa préface du *Psautier* de Marot : « Nous connaissons par expérience que le chant a grande force d'émouvoir et enflammer le cœur des hommes pour invoquer et louer Dieu d'un zèle plus véhément... Il nous faut donc estimer que la musique est un don de Dieu... Par quoy, d'autant plus, devons-nous regarder de n'en point abuser, de peur de la souiller... Nous devons avoir chansons non seulement honnêtes, mais saintes, lesquelles nous soient comme aiguillon pour nous inciter à prier et louer Dieu, à méditer ses œuvres, à fin de l'aimer, craindre, honorer et glorifier. » Ce qui est vrai, c'est que, au point de vue artistique comme à tous les autres, la Réforme fut plus radicale en France que partout ailleurs, et que, sous prétexte de réagir contre des abus séculaires, elle tomba dans de déplorables excès.

Ainsi l'usage des orgues fut longtemps interdit dans les églises. En outre, Calvin ne tolérait pas d'autre chant que celui des psaumes, et encore voulait-il qu'on les chantât à l'unisson : « Tout ce qu'on appelle musique rompue et chants à quatre parties ne convient nullement à la majesté de l'Eglise, » écrivait-il en 1543, dans son *Institution chrétienne*. Il semble que, sur ce point, l'opinion de l'austère réformateur se soit sensiblement modifiée, puisque nous le voyons, quelques années plus tard, protéger et patronner le musicien BOURGEOIS qui avait composé pour les psaumes une musique à quatre parties. Mais ce n'est pas dans les conceptions de Calvin relativement à l'art qu'il faut chercher l'explication de la pauvreté relative de la musique religieuse dans les Eglises réformées de France; il faut la chercher uniquement dans les persécutions qui décimèrent ces Eglises, dès leur origine, jusqu'à la fin du XVIIIe siècle. Des hommes voués à l'exil, aux galères ou à la mort ne songent pas à cultiver l'art, et ce n'est pas à la lueur des bûchers que l'on écrit des cantates. Il y a, d'ailleurs, un rapport évident entre la musique et l'architecture religieuse : les voûtes des cathédrales se prêtent merveilleusement aux progrès et aux triomphes de l'art musical. Or, à l'exception de la première moitié du XVIe siècle, les Réformés de France n'eurent pas de temples, et ceux d'entre eux qui n'avaient pu se réfugier à l'étranger célébraient leur culte « au désert », comme ils disaient, c'est-à-dire dans des cavernes et dans des forêts, renonçant le plus souvent à chanter, dans la crainte d'attirer l'attention de leurs ennemis. Pour peu que l'on connaisse cette histoire pleine de gloire et de douleur des Eglises réformées de France, on ne s'étonne pas de l'insuffisance de leur production musicale.

A ce point de vue cependant, les débuts de la Réforme française furent remarquables, et l'on peut se demander quelle contribution elle aurait apportée à la musique religieuse, si elle n'eût pas été arrêtée par la persécution dans son essor artistique. A la vérité, la Réforme française n'a produit qu'une œuvre musicale, c'est le *Psautier*, mais cette œuvre a une valeur considérable.

Dès l'année 1541, Calvin, qui dirigeait l'Eglise française de Strasbourg, avait essayé de doter cette église d'un Psautier, en traduisant quelques psaumes en vers français, et en les adaptant à des airs allemands. Ce premier psautier, qui n'est pas parvenu jusqu'à nous, n'était que l'ébauche de l'œuvre que le réformateur avait conçue, et pour l'achèvement de laquelle il eut le bonheur de trouver de célèbres collaborateurs. La France était alors pauvre en poètes : pendant cette première moitié du XVIe siècle, on ne peut guère citer qu'un nom, celui de Clément Marot. Les épigrammes de ce poète, son « élégant badinage », ses mœurs faciles sont bien connus, mais ce que l'on sait moins, c'est que, vers la fin de sa vie, Marot subit profondément l'influence de la Réforme. Suspect d'hérésie, il jugea prudent de quitter la France et de se réfugier à la cour de la duchesse de Ferrare où il rencontra Calvin. De retour en France, il entreprit la traduction des psaumes, non point d'après le texte latin de la Vulgate, mais d'après le texte hébreu, à la beauté duquel le savant hébraïsant Vatable l'avait initié. Il fit paraître trente psaumes en 1540. La Sorbonne condamna cet ouvrage, et le Parlement de Paris ordonna l'arrestation du poète, qui s'enfuit à Genève où il retrouva Calvin. Le réformateur l'engagea à poursuivre son œuvre. Marot traduisit encore vingt psaumes. Ces cinquante psaumes furent la contribution du poète au Psautier huguenot. Marot, bien qu'il eût réformé ses mœurs, éprouva quelque peine, semble-t-il, à se soumettre complètement à la morale rigoriste du réformateur : il quitta Genève et alla terminer sa vie en Italie. Ce fut Théodore de Bèze, l'ami et le collègue de Calvin, qui acheva l'œuvre commencée. Tels furent les poètes du Psautier huguenot. Quels en furent les musiciens?

Chose étrange, cette question est restée obscure jusqu'aux recherches entreprises, il y a une trentaine d'années, par MM. Félix Bovet (*Histoire du Psautier des Eglises réformées*) et Douen (*Clément Marot et le Psautier huguenot*). Les admirables mélodies adaptées aux psaumes de Clément Marot et de Théodore de Bèze étaient tour à tour attribuées à Claudin le Jeune, à Goudimel, à Guillaume Franc, chantre a la cathédrale de Lausanne, et à d'autres encore. Nous savons aujourd'hui que le principal auteur de ces mélodies est Louis Bourgeois. Né à Paris au commencement du XVIe siècle, ce musicien y fit la connaissance de Calvin. Il suivit le réformateur à Genève, où il passa seize ans (1541-1557). Très apprécié pour les services qu'il rendit en exerçant les fonctions de chantre, et en apprenant la musique aux enfants des écoles, il reçut des Génevois le droit de bourgeoisie. C'est pendant son séjour à Genève qu'il écrivit la plupart, environ les deux tiers, des mélodies du *Psautier huguenot*. En 1557, Bourgeois retourna à Paris, et ce fut un musicien inconnu, maître Pierre, chantre génevois, qui acheva son œuvre.

On a longtemps cru que Bourgeois était l'inventeur des mélodies du Psautier, mais les recherches faites par M. Douen ont prouvé que Bourgeois, comme la plupart des compositeurs religieux de cette époque, avait emprunté ses mélodies au riche trésor des chants populaires. Nous avons vu que les chorals de l'Eglise luthérienne étaient généralement des chants populaires. Il en fut de même des mélodies du Psautier huguenot. Calvin, avons-nous dit, avait déjà adapté à des airs allemands un certain nombre de psaumes. Bourgeois emprunta à ce premier psautier treize mélodies. Trente-deux autres mélodies ont été plus ou moins

tirées de chansons populaires qu'on a pu retrouver. Et il est presque certain que toutes les autres mélodies de Bourgeois ont la même origine. Cette adaptation de chants populaires à des strophes de poésie, qui n'avaient pas été écrites pour cette musique, présentait de singulières difficultés; aussi Bourgeois devait-il faire subir à ces mélodies populaires une transformation si profonde, qu'on a quelque peine à les retrouver dans les mélodies du Psautier. Il est rare que Bourgeois soit parvenu à adapter complètement une mélodie populaire à un psaume de Marot ou de Théodore de Bèze. Le plus souvent, il se borne à une réminiscence, ou bien il adapte le commencement d'un air populaire pour l'abandonner ensuite. Nous avouons même qu'en comparant telle mélodie du Psautier huguenot à la mélodie populaire d'où l'on prétend qu'elle a été tirée, il nous a été difficile de trouver entre les deux une évidente ressemblance, et nous nous sommes demandé si les bénédictins protestants qui se sont livrés à ces savantes recherches, n'ont pas fait preuve, en certains cas, d'autant d'imagination que de science. Dans les cas où l'adaptation est certaine, Bourgeois transforme merveilleusement la mélodie profane en mélodie religieuse, et montre un soin pieux, en même temps qu'un art consommé à faire exprimer par la musique le sens des paroles. Aussi, les mélodies du Psautier semblent-elles inspirées directement par les sentiments si divers des psalmistes de l'ancienne alliance, et chantent-elles tour à tour, de la manière la plus satisfaisante, leurs douleurs et leurs joies, leurs craintes, leurs espérances, leur repentirs si poignants et leur foi si ardente. Mais, ce qui caractérise surtout ces mélodies, c'est leur extrême simplicité. En les écrivant, Bourgeois s'est inspiré de la pensée des réformateurs, qui voulaient que tout le peuple chrétien chantât et que les membres les plus humbles et les moins artistes de l'assemblée pussent prendre au culte une part directe et personnelle. Pour atteindre ce but, le grand artiste qu'était Bourgeois eut à faire quelques sacrifices d'amour-propre. Lui-même nous avoue que « sa friandise de musique le détournait d'une telle entreprise, mais que toutefois il n'a point prêté courage à ce conseil... dût-il sembler ridicule aux maîtres musiciens très experts » (Préface du *Psautier* de 1547). Un tel renoncement devait avoir sa récompense, et la simplicité même de ces mélodies fut la cause principale du succès de l'entreprise. Ce succès s'avéra immense, même en dehors des Eglises réformées, et contribua singulièrement à la diffusion des idées nouvelles. A la cour du roi de France, on haïssait la Réforme et l'on chantait ses hymnes. François Ier les fredonnait volontiers, et Henri IV les faisait chanter avec accompagnement d'instruments (V. *Dictionnaire* de Bayle, art. *Marot*). Le peuple de Paris, généralement hostile aux huguenots, se plaisait à entendre les airs de leur Psautier. Au printemps de l'année 1558, des étudiants protestants chantèrent publiquement des psaumes au Pré-aux-Clercs, la promenade favorite des Parisiens. Leurs camarades catholiques se joignirent bientôt à eux. Cela se renouvela plusieurs jours, et une foule grandissante accourait pour entendre ces nouveaux chants. En vain les pasteurs, prévoyant ce qui arriverait, s'opposèrent-ils à ces manifestations juvéniles et imprudentes, qui ne prirent fin que par l'intervention de la force armée et par de nombreux emprisonnements. De semblables incidents se produisirent à Bourges et à Bordeaux et, en 1556, le Parlement de cette dernière ville, où siégeait le sceptique Montaigne, dut sévir, à la requête de l'archevêque, contre ceux « qui chantent journellement par les rues, en leurs maisons et ailleurs, les psaumes de David, traduits en français par Marot et autres, en dérision et grand scandale de la religion chrétienne ».

Un écrivain catholique de cette époque déclarait que « ces nouveaux chants doux et chatouilleux furent le cordage dont se servirent les Réformateurs pour attirer après eux les pierres dont ils bâtirent les murs de leur nouvelle Babylone. Ils ont attiré les âmes, écrit-il encore, par cette harmonie, ainsi que les oiseleurs arrêtent les oiseaux dans leurs filets. » (Florimond de Rémond : *Histoire de l'Hérésie.*)

Bourgeois ne se borna pas à chercher des mélodies et à les adapter aux vers de Marot et de Th. de Bèze. Pendant son séjour à Genève, il publia (1547) *Cinquante Psaumes de David, a quatre parties.* Revenu à Paris, il remit son œuvre sur le métier, et publia, en 1561, *Quatre-vingt-trois Psalmes de David en musique, a quatre et cinq et six parties.* Il ne fut pas, d'ailleurs, le seul harmoniste du Psautier. Un grand nombre de musiciens, séduits par ces mélodies si expressives, les harmonisèrent à l'envi. Nous ne citerons que les harmonistes protestants : Clément Janequin qui, avant sa conversion au protestantisme, avait écrit des messes et des motets; Philibert Jambe de Fer qui, lui aussi, avant sa conversion, avait écrit plusieurs messes et qui, en 1561, fit paraître les *Cent cinquante Psaumes à quatre et à cinq parties;* Claudin le Jeune, dont les cent cinquante psaumes, écrits généralement en contrepoint simple, furent publiés après sa mort.

Mais le plus grand de tous les harmonistes du Psautier huguenot fut Goudimel. Il était né vers 1505, aux environs de Besançon, et composa des messes et des motets.

Vers 1555, il s'établit à Paris, où il fit la connaissance de Bourgeois. Ce fut sans doute sous l'influence de celui-ci qu'il embrassa la Réforme vers 1560. Il se consacra dès lors à harmoniser les mélodies du Psautier huguenot. Ses premiers essais ne tardèrent pas à le rendre suspect, et il dut se réfugier à Lyon, où

résidaient un assez grand nombre de réformés. Il s'y trouvait au moment de la Saint-Barthélemy. Sept ou huit cents protestants lyonnais furent alors égorgés : le sculpteur Jean Goujon et le musicien Goudimel comptèrent parmi les victimes.

Nous n'avons à mentionner ici que les œuvres de Goudimel depuis sa conversion au protestantisme. En 1562, il publie seize psaumes à quatre parties, en forme de motets. En 1565, il fait paraître à Genève *Les Pseaumes mis en rime françoise par Clément Marot et Théodore de Bèze, mis en musique a quatre parties par Claude Goudimel.* Dans cette édition, qui comprend les cent cinquante psaumes, la mélodie est au ténor, sauf pour dix-sept psaumes où elle est au superius. Le tout est écrit en contrepoint simple. On peut dire que ce fut cet ouvrage qui fixa définitivement l'harmonie du Psautier. Cependant, Goudimel aspirait à perfectionner son œuvre. Il publie encore *Les CL Pseaumes de David nouvellement mis en musique a quatre parties.* Nous ne possédons de ce nouveau psautier qu'une édition publiée en 1580, c'est-à-dire huit ans après la mort de l'auteur, et nous ignorons la date de la première édition. Ici, la mélodie est partout au superius, excepté pour quinze psaumes où elle est restée au ténor. Nous avons vu que les maîtres allemands Osiander, Eccard, Hassler, justement soucieux de rendre plus populaire la mélodie des chorals et de la faire chanter par toute l'assemblée, avaient fait passer cette mélodie du ténor au soprano. Nous constatons que Goudimel les avait devancés dans cette voie et leur avait donné l'exemple. Quant à l'harmonie de cette nouvelle édition, Goudimel nous avertit dans sa préface qu'elle est « beaucoup plus hardie ». L'étude de ces divers psautiers nous montre avec quelle persévérance Goudimel perfectionnait constamment son œuvre. Les psaumes qui se chantaient sur le même air reçurent de lui chacun une harmonie différente. Nous transcrirons ici quatre harmonisations du même psaume (Ps. XXIV), qui permettront au lecteur de se rendre compte de la manière et des procédés de Goudimel. On remarquera que tantôt la mélodie est au ténor, tantôt au superius, tantôt même à la basse :

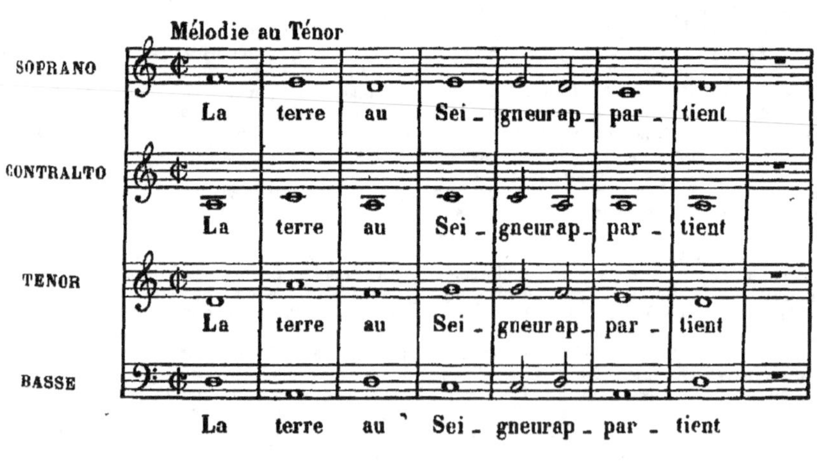

Mélodie au Ténor

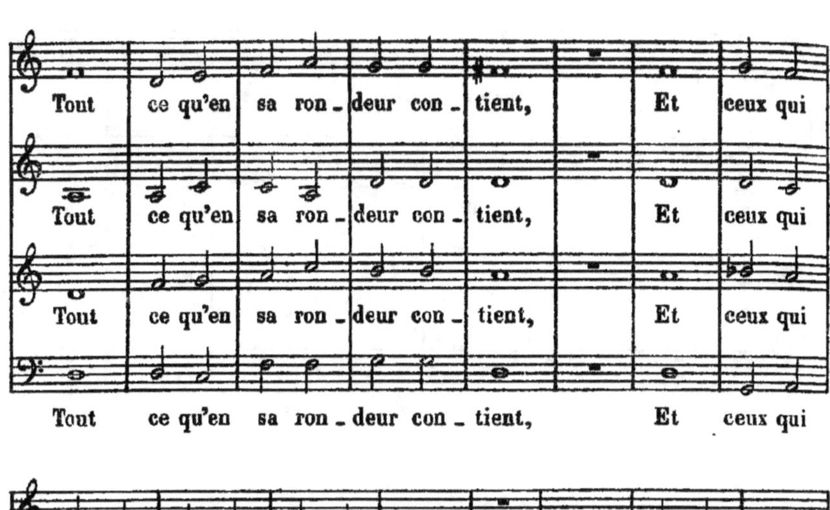
Tout ce qu'en sa ron_deur con_tient, Et ceux qui
Tout ce qu'en sa ron_deur con_tient, Et ceux qui
Tout ce qu'en sa ron_deur con_tient, Et ceux qui
Tout ce qu'en sa ron_deur con_tient, Et ceux qui

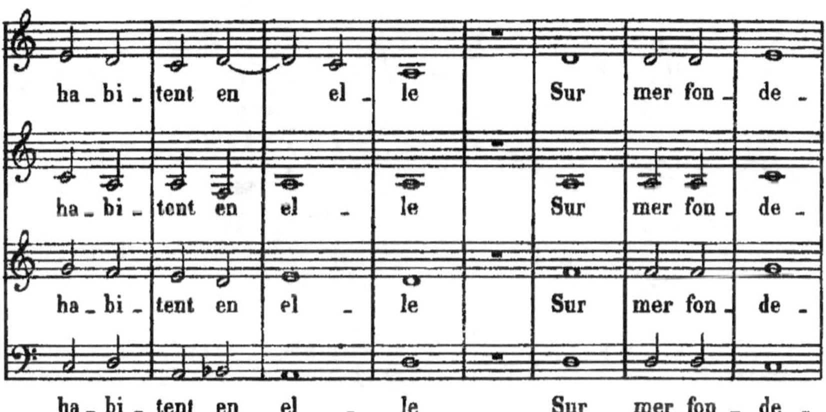
ha_bi_tent en el_le Sur mer fon_de_
ha_bi_tent en el_le Sur mer fon_de_
ha_bi_tent en el_le Sur mer fon_de_
ha_bi_tent en el_le Sur mer fon_de_

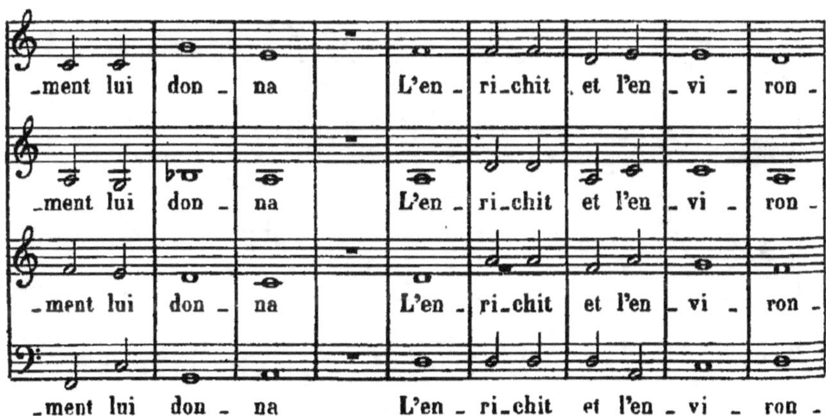
_ment lui don_na L'en_ri_chit et l'en_vi_ron_
_ment lui don_na L'en_ri_chit et l'en_vi_ron_
_ment lui don_na L'en_ri_chit et l'en_vi_ron_
_ment lui don_na L'en_ri_chit et l'en_vi_ron_

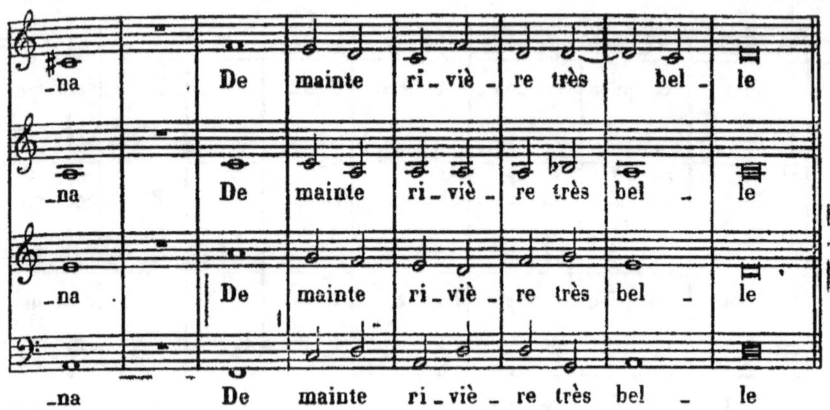
_na   De   mainte   ri _ viè _ re   très   bel _ le
_na   De   mainte   ri _ viè _ re   très   bel _ le
_na   De   mainte   ri _ viè _ re   très   bel _ le
_na   De   mainte   ri _ viè _ re   très   bel _ le

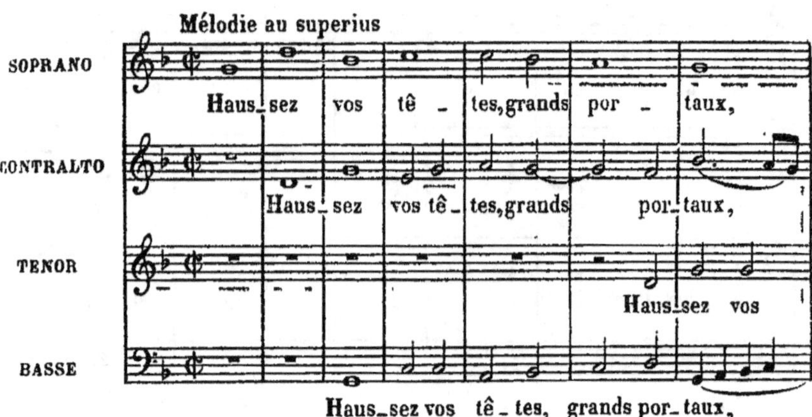
Mélodie au superius
SOPRANO
Haus _ sez   vos   tê _ tes, grands   por _ taux,
CONTRALTO
Haus _ sez   vos tê _ tes, grands   por _ taux,
TENOR
Haus _ sez   vos
BASSE
Haus _ sez vos   tê _ tes,   grands por _ taux,

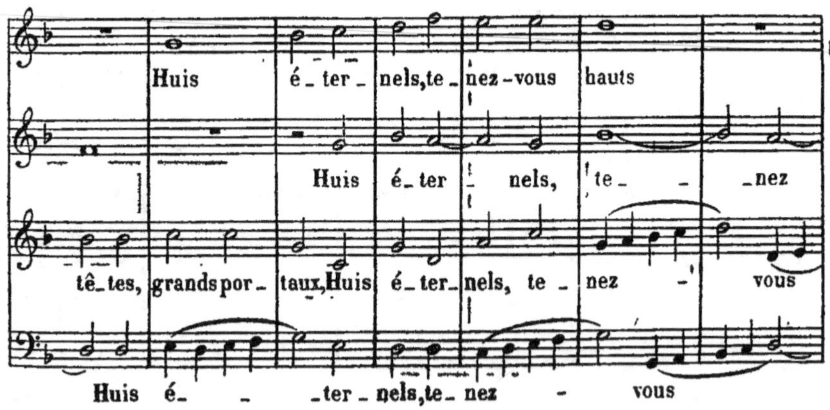
Huis   é _ ter _ nels, te _ nez _ vous   hauts
Huis   é _ ter   nels,   te _ _ _ nez
tê _ tes, grands por _ taux, Huis   é _ ter _ nels, te _ nez _ vous
Huis é _ _ ter _ nels, te _ nez _ vous

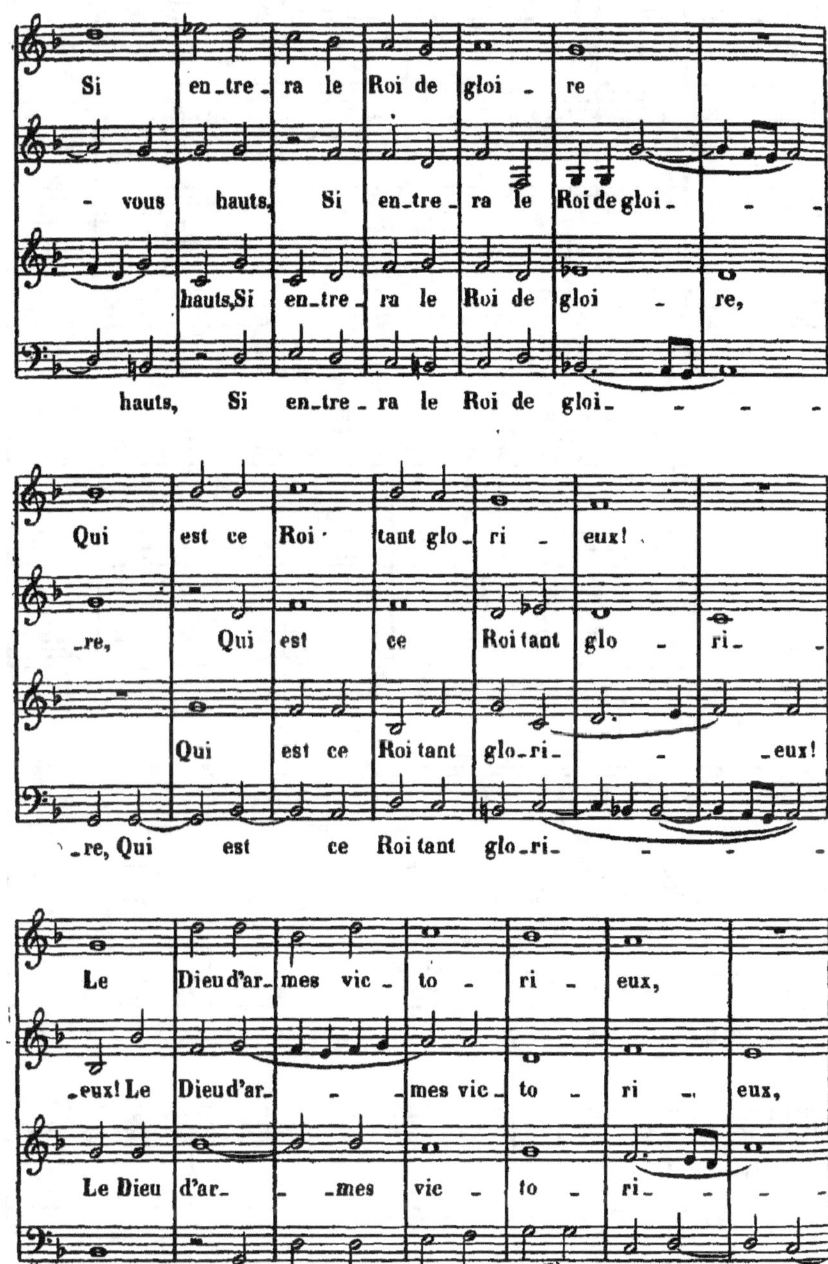
Si en_tre_ra le Roi de gloi _ re
_ vous hauts, Si en_tre _ ra le Roi de gloi_
hauts, Si en_tre _ ra le Roi de gloi _ re,
hauts, Si en_tre _ ra le Roi de gloi_
Qui est ce Roi tant glo_ri _ eux!
_re, Qui est ce Roi tant glo _ ri_
Qui est ce Roi tant glo_ri_ _eux!
_re, Qui est ce Roi tant glo_ri_ _
Le Dieu d'ar_mes vic _ to _ ri _ eux,
eux! Le Dieu d'ar _ mes vic _ to _ ri _ eux,
Le Dieu d'ar_ _mes vic _ to _ ri_ _
_eux! Le Dieu d'ar _ mes vic _ to_ri_ eux, vic _ to_

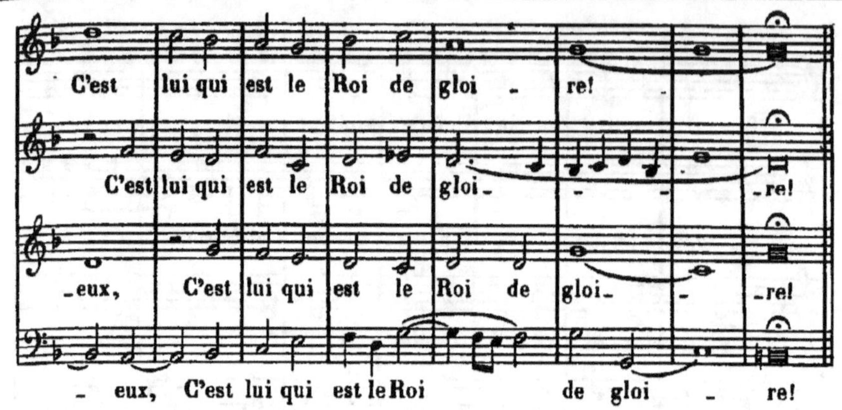

C'est lui qui est le Roi de gloi _ re!
C'est lui qui est le Roi de gloi _ _ _ re!
_ eux, C'est lui qui est le Roi de gloi _ _ re!
_ eux, C'est lui qui est le Roi de gloi _ re!

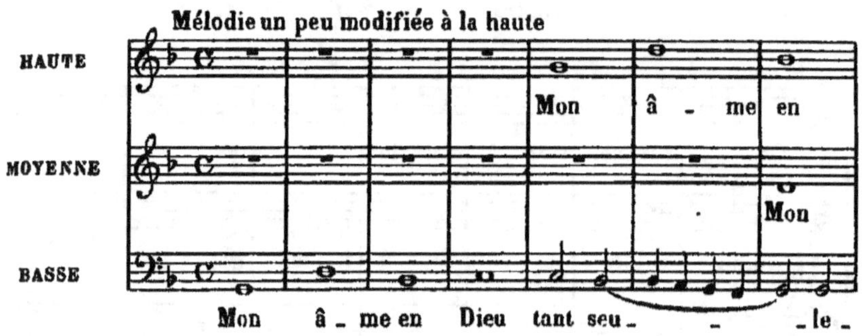

Mélodie un peu modifiée à la haute
HAUTE
Mon â _ me en
MOYENNE
Mon
BASSE
Mon â _ me en Dieu tant seu _ _ le _

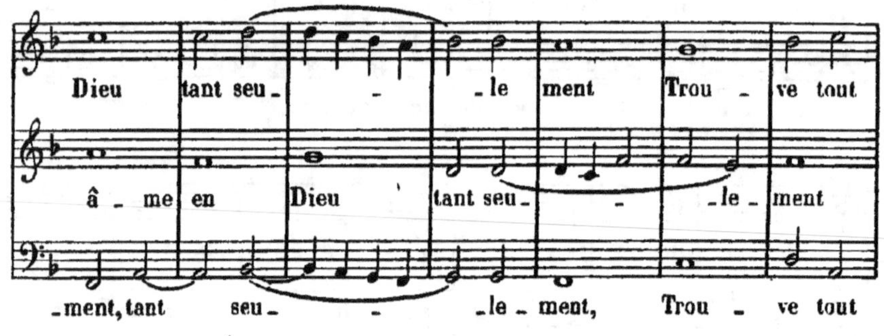

Dieu tant seu _ _ le ment Trou _ ve tout
â _ me en Dieu tant seu _ _ _ le _ ment
_ ment, tant seu _ _ _ le _ ment, Trou _ ve tout

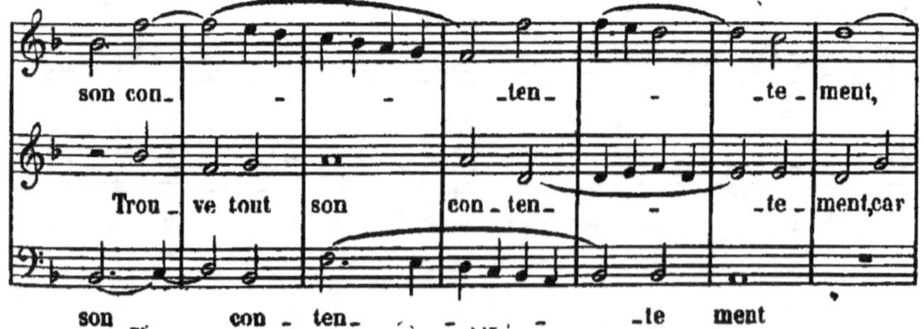

son con _ _ _ _ten _ _ _te _ ment,
Trou _ ve tout son con _ ten _ _ _te _ ment,car
son _ con _ ten _ _ ... _ _te ment

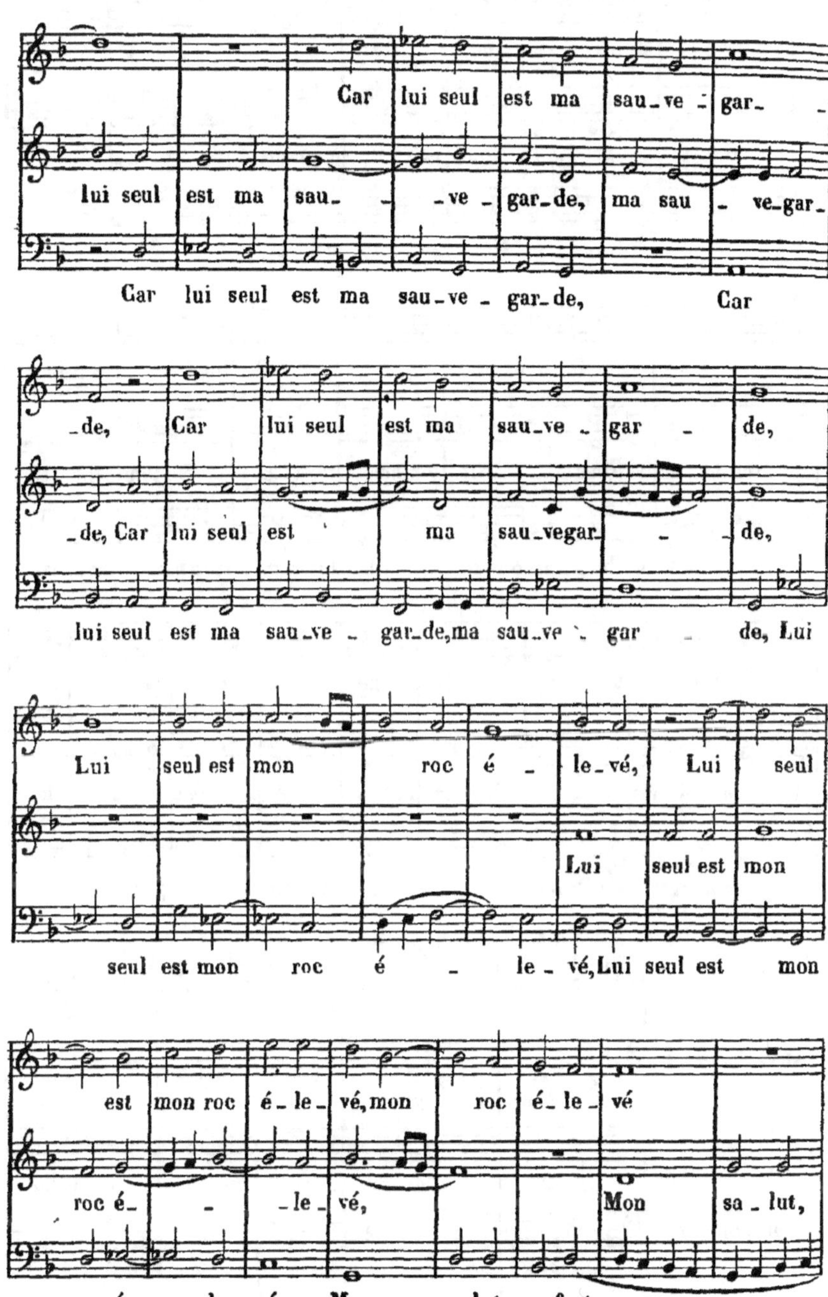
Car lui seul est ma sau_ve _ gar_
lui seul est ma sau_ _ve _ gar_de, ma sau _ ve_gar_
Car lui seul est ma sau_ve _ gar_de, Car
_de, Car lui seul est ma sau_ve _ gar _ de,
_de, Car lui seul est ma sau_vegar_ _ de,
lui seul est ma sau_ve _ gar_de,ma sau_ve _ gar _ de, Lui
Lui seul est mon roc é _ le_vé, Lui seul
Lui seul est mon
seul est mon roc é _ le _ vé,Lui seul est mon
est mon roc é_le_vé,mon roc é_le_vé
roc é_ _ _le_vé, Mon sa_lut,
roc é _ le _ vé, Mon sa_lut,monfort

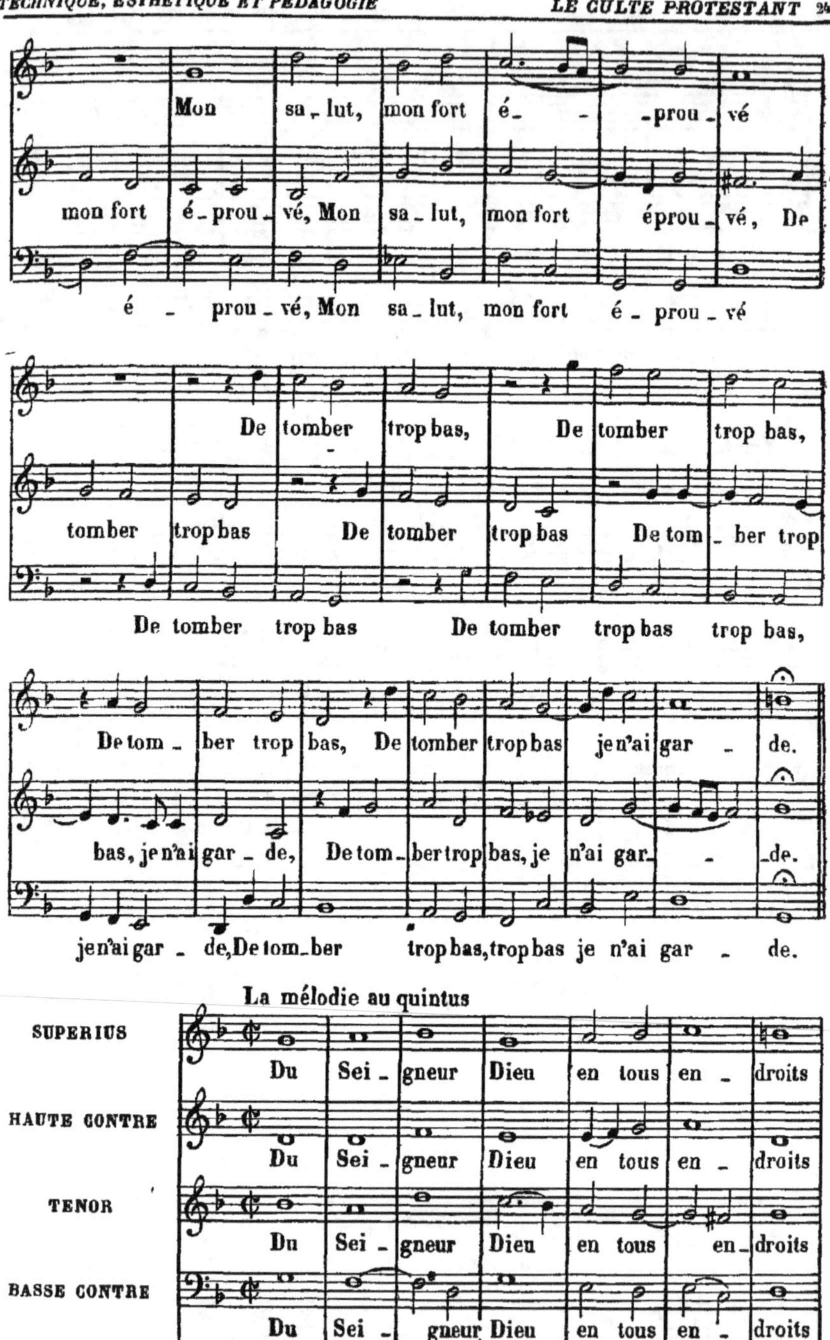
Mon sa_lut, mon fort é_ _prou_vé
mon fort é_prou_vé, Mon sa_lut, mon fort éprou_vé, De
é _ prou_vé, Mon sa_lut, mon fort é _ prou_vé

De tomber trop bas, De tomber trop bas,
tomber trop bas De tomber trop bas De tom_ber trop
De tomber trop bas De tomber trop bas trop bas,

De tom _ ber trop bas, De tomber trop bas je n'ai gar _ de.
bas, je n'ai gar _ de, De tom_ber trop bas, je n'ai gar _ _de.
je n'ai gar _ de, De tom_ber trop bas, trop bas je n'ai gar _ de.

La mélodie au quintus
SUPERIUS
Du Sei _ gneur Dieu en tous en _ droits
HAUTE CONTRE
Du Sei _ gneur Dieu en tous en _ droits
TENOR
Du Sei _ gneur Dieu en tous en_droits
BASSE CONTRE
Du Sei _ gneur Dieu en tous en _ droits
QUINTUS
Du Sei _ gneur Dieu en tous en _ droits

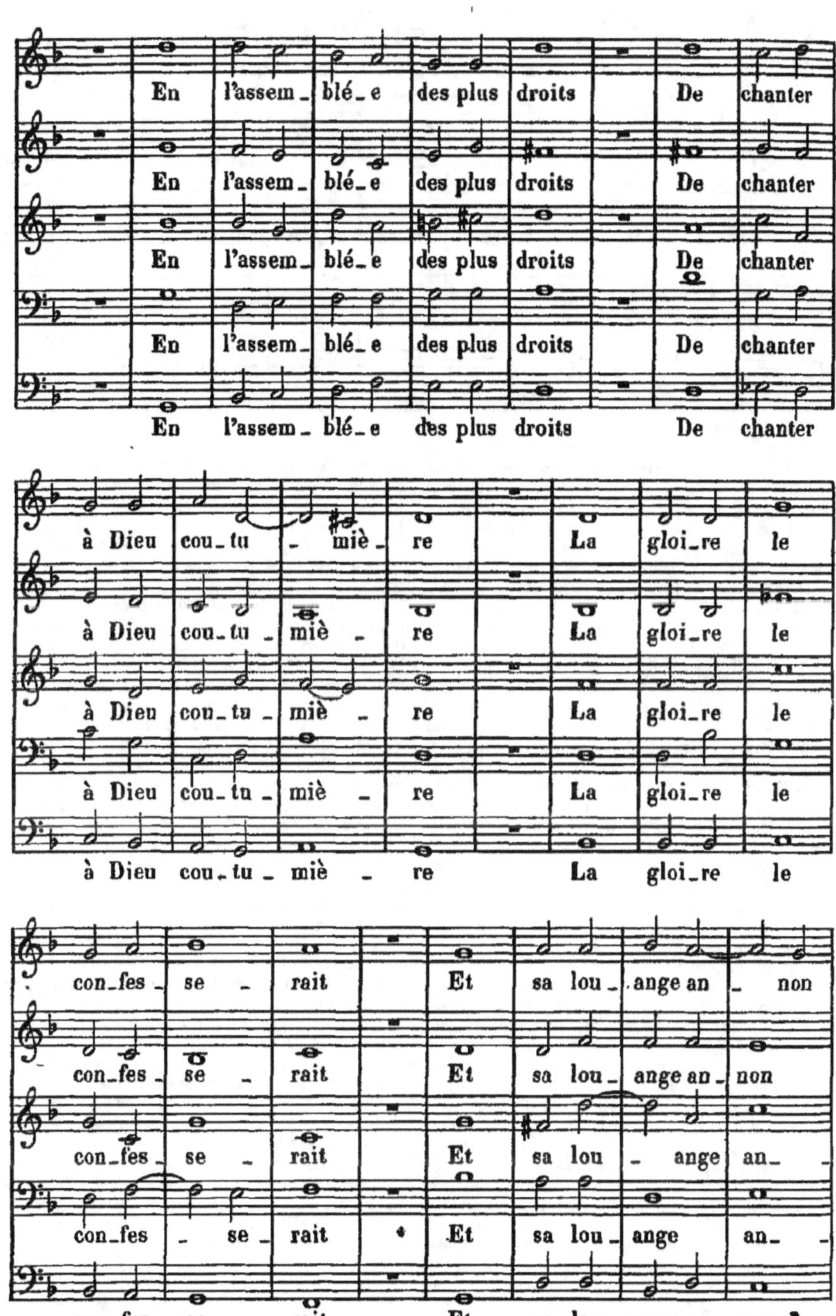
En l'assem_blé_e des plus droits De chanter
En l'assem_blé_e des plus droits De chanter
En l'assem_blé_e des plus droits De chanter
En l'assem_blé_e des plus droits De chanter
En l'assem_blé_e des plus droits De chanter
à Dieu cou_tu_miè_re La gloi_re le
à Dieu cou_tu_miè_re La gloi_re le
à Dieu cou_tu_miè_re La gloi_re le
à Dieu cou_tu_miè_re La gloi_re le
à Dieu cou_tu_miè_re La gloi_re le
con_fes_se_rait Et sa lou_ange an_non
con_fes_se_rait Et sa lou_ange an_non
con_fes_se_rait Et sa lou_ange an_
con_fes_se_rait Et sa lou_ange an_
con_fes_se_rait Et sa lou_ange an_non_

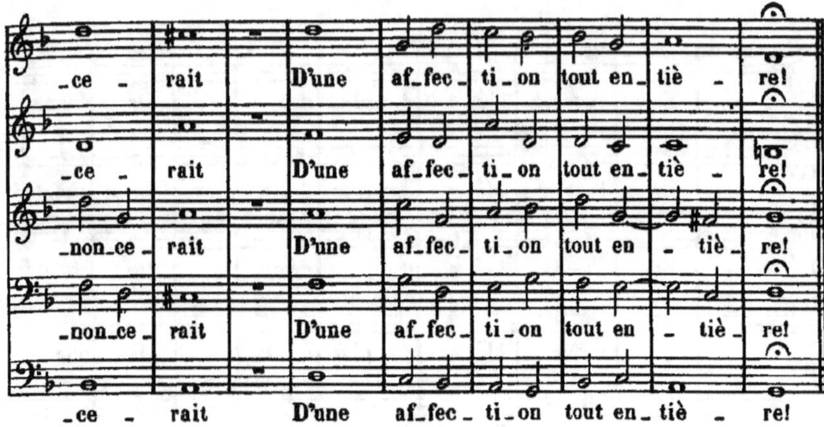

L'harmonisation des mélodies du Psautier passionnait tellement GOUDIMEL qu'il entreprit un troisième ouvrage : *Les Psalmes de David compris en huit livres, mis en musique à quatre parties en forme de Motets* (Paris, 1565). La plus grande partie de cet ouvrage est malheureusement perdue, perte d'autant plus regrettable que c'était l'œuvre de prédilection de l'artiste. A la fin de son huitième livre, il écrit, en effet, ces mots :

> Le plus doux travail de ma vie
> Guidant mon espérance aux cieux.

Quel que soit le mérite de l'harmonie de BOURGEOIS, de CLAUDIN LE JEUNE et des autres harmonistes du Psautier, c'est l'œuvre de GOUDIMEL qui a prévalu au sein des Eglises réformées des XVIe et XVIIe siècles.

En 1667, parut à Genève une édition simplifiée du *Psautier* de GOUDIMEL publiée par des Tournes. Cette édition reproduit, en somme, très fidèlement le *Psautier* de 1565, et les simplifications dont parle l'éditeur consistent dans la suppression de quelques notes de passage. C'est sous cette dernière forme que l'œuvre de GOUDIMEL s'est répandue dans les Eglises réformées de France, de Suisse, de Hollande, et qu'elle a été, sans doute, connue de BACH, qui en a tiré quelques-uns de ses plus beaux chorals.

L'œuvre de GOUDIMEL marque une étape nouvelle dans l'histoire de la musique. « Le choral protestant à quatre voix qui revêt, dans certains chants huguenots, un cachet particulier de vaillance et de fierté, porte déjà les caractères de l'harmonie moderne : le sens prédominant de la tonalité, la distinction du majeur et du mineur et la modulation d'un ton dans un autre. Si PALESTRINA marque la fin et le couronnement d'une période, le cantique protestant marque le commencement du plus puissant développement de la musique. » (SCHURÉ : *Le Drame musical*.) Cela est vrai des psaumes huguenots tout autant que des chorals allemands. Par leur harmonie autant que par leur rythme, ils sont en avance sur leur temps. Sans doute, le seul accord qui y soit employé est l'accord parfait, généralement direct, quelquefois avec le premier renversement. Mais la tonalité antique n'y domine plus : la plupart d'entre eux sont dans le mode majeur ou dans le mode mineur (sans la note sensible). Nous savons, en outre, qu'au XVIe siècle, ils se chantaient d'un mouvement extrêmement rapide qui leur donnait ce caractère entraînant et parfois saintement passionné, dans l'expression de la tristesse comme dans celle de la joie, qui étonnait et même scandalisait les auditeurs étrangers au culte réformé et habitués au chant grégorien.

Les réformés du XVIe siècle comprirent-ils toute la beauté de l'œuvre de GOUDIMEL? Il est permis d'en douter. Nous avons vu que Calvin condamna d'abord le chant à quatre parties. S'il le toléra, s'il l'approuva même plus tard, ce fut, sans doute, dans le culte domestique, qui se célébrait pieusement dans toutes les familles. Mais il ne semble pas qu'aucun autre chant que le chant à l'unisson ait été toléré par lui dans le culte public. Dans la préface de son plus ancien Psautier, GOUDIMEL, sous l'inspiration du réformateur, s'excuse presque d'avoir ajouté trois parties à la mélodie des psaumes, et il a soin d'ajouter que « ce n'est point pour induire à les chanter en l'église, mais pour s'esjouir en Dieu ès maisons ».

Le chant de l'assemblée à l'unisson eût été, d'ailleurs, digne d'éloge si l'orgue, en l'accompagnant, eût fait entendre l'harmonie. Malheureusement, les réformés de cette première période, trop soucieux de rétablir les coutumes de l'Eglise primitive qui condamnait rigoureusement l'accompagnement du chant par des instruments, renoncèrent-ils généralement à l'usage de l'orgue dans le culte. Cette mesure radicale ne fut pas prise partout : nous voyons que, même du vivant de Calvin, l'Église de Bâle rétablit les orgues, et que les Églises de Hollande ne consentirent jamais à y renoncer. Mais il semble bien qu'à l'origine, les psaumes à quatre parties n'aient pas été exécutés pendant le culte public.

Quoi qu'il en soit, l'histoire du Psautier est intimement liée à l'histoire de l'Eglise réformée elle-même, et il n'est peut-être pas un seul psaume dont la mélodie ne réveille dans l'âme huguenote le souvenir de quelque événement historique.

Bornons-nous à en citer quelques-uns des plus célèbres, et d'abord le *Psaume 68e*, connu dans l'histoire de l'Eglise réformée sous le nom de *Psaume des batailles*, sans doute parce qu'il fut souvent chanté par les soldats huguenots pendant les guerres de religion. Les Montalbanais, assiégés par Louis XIII en 1621, entendirent un soldat protestant de l'armée royale jouer sur la flûte, à plusieurs reprises, la mélodie de ce psaume et comprirent que le soldat les avertissait de la prochaine levée du siège. Cet avertissement leur rendit le courage qui commençait à faiblir. Quoique le souvenir des guerres de religion soit depuis longtemps et heureusement effacé, ce psaume est l'un de ceux qu'on chante encore le plus souvent au culte réformé :

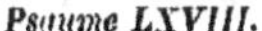

Psaume LXVIII.

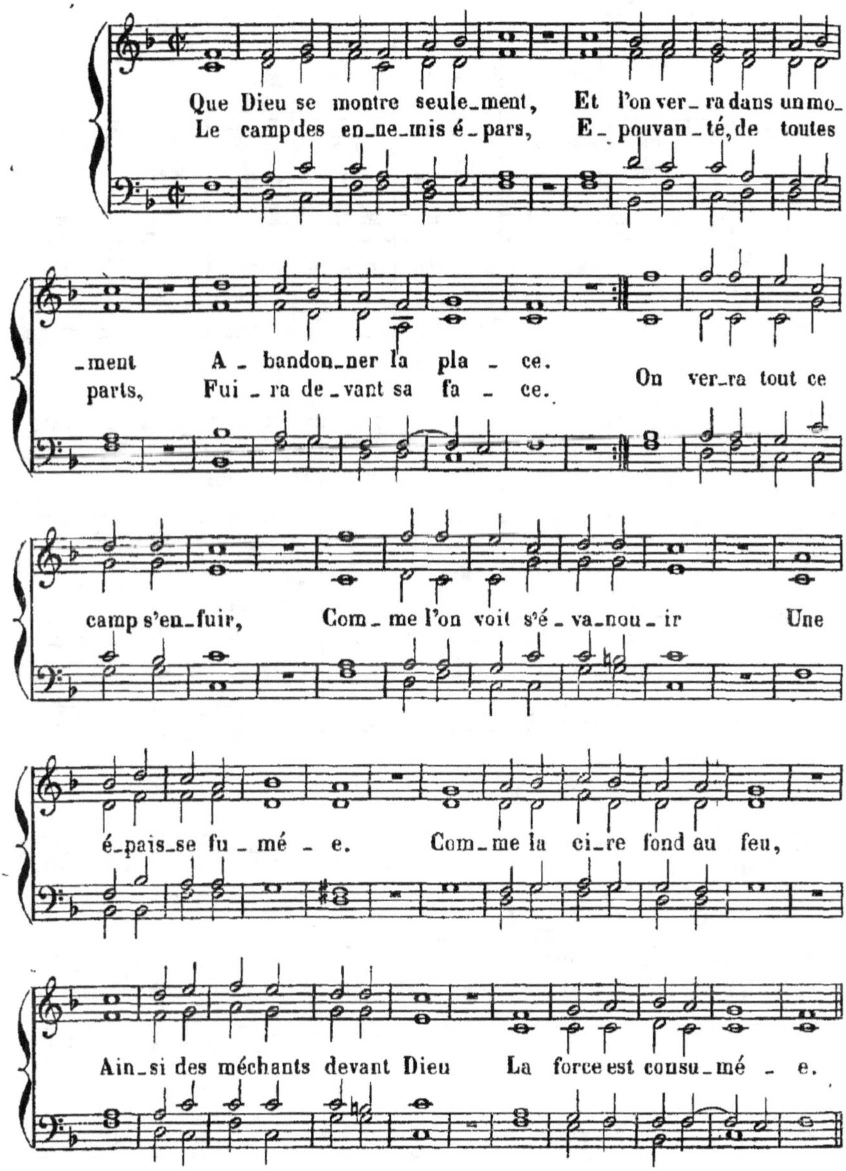

Si le *Psaume 68e* est connu sous le non de *Psaume des batailles*, le *Psaume 118e* a mérité le nom de *Psaume des Martyrs*. Les huguenots condamnés au dernier supplice, pour cause d'hérésie, le chantèrent souvent en allant à la mort, et même au milieu des flammes du bûcher. L'une des strophes : « La voici l'heureuse journée, » etc., fut chantée par un grand nombre de martyrs huguenots et, à ce titre, mérite une place d'honneur dans l'hymnologie réformée. Nous donnons ici deux harmonisations de ce psaume : la première est de BOURGEOIS, la seconde de GOUDIMEL :

Harmonisation de BOURGEOIS.

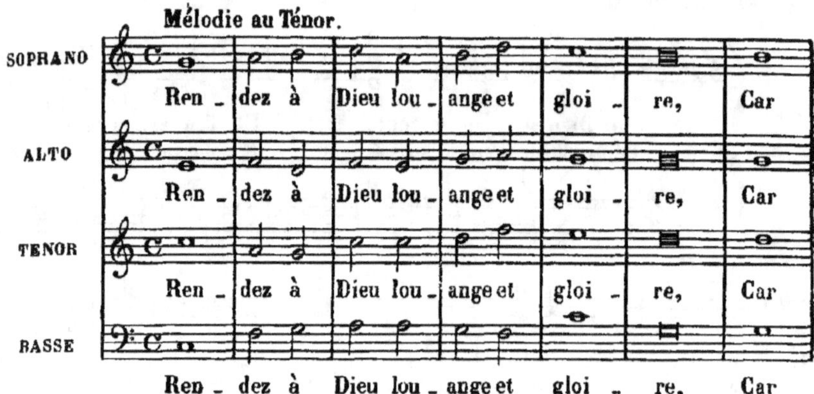

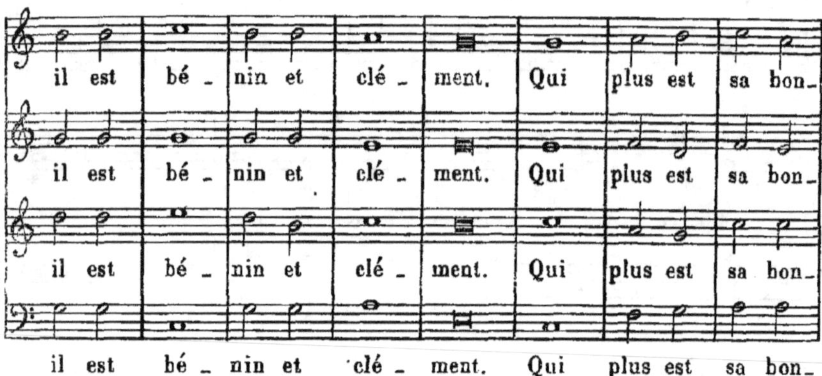

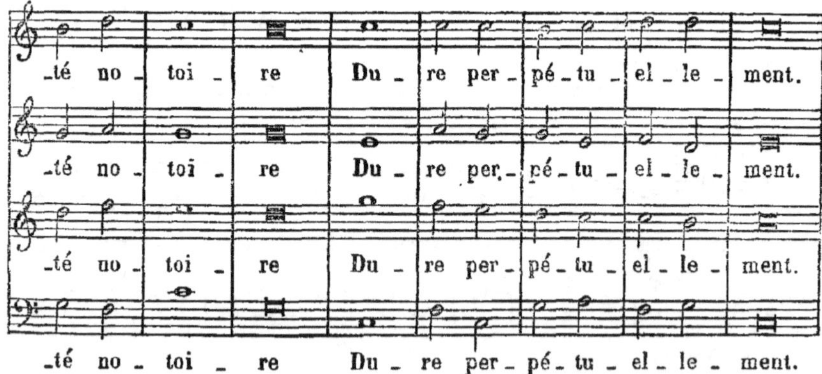

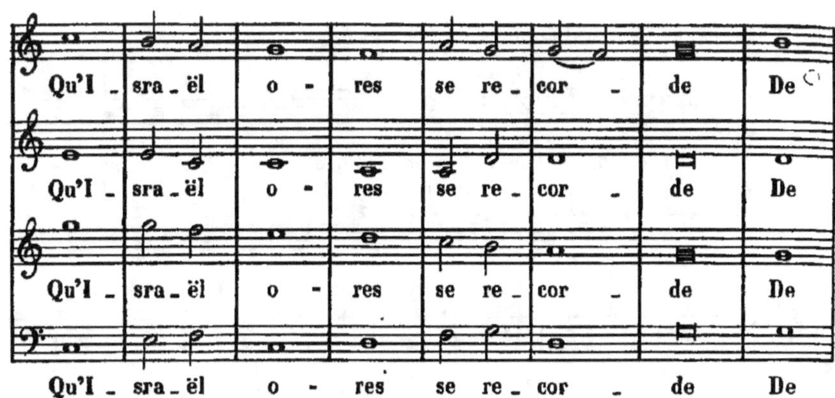
Qu'I _ sra _ ël o - res se re _ cor _ de De
Qu'I _ sra _ ël o - res se re _ cor _ de De
Qu'I _ sra _ ël o - res se re _ cor _ de De
Qu'I _ sra _ ël o - res se re _ cor _ de De

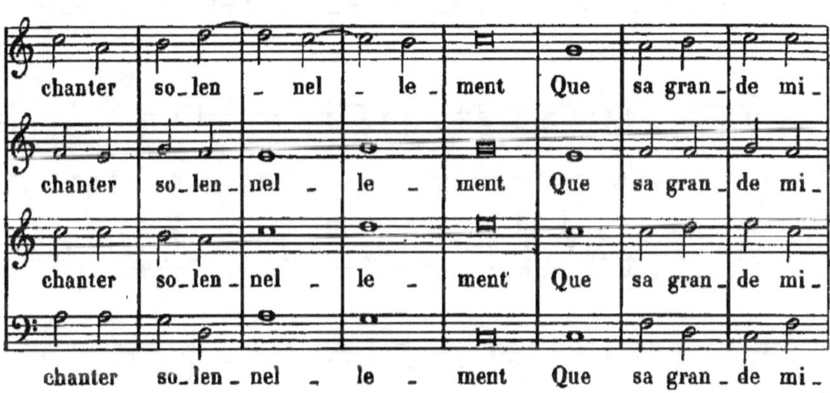
chanter so _ len _ nel _ le _ ment Que sa gran _ de mi _
chanter so _ len _ nel _ le _ ment Que sa gran _ de mi _
chanter so _ len _ nel _ le _ ment Que sa gran _ de mi _
chanter so _ len _ nel _ le _ ment Que sa gran _ de mi _

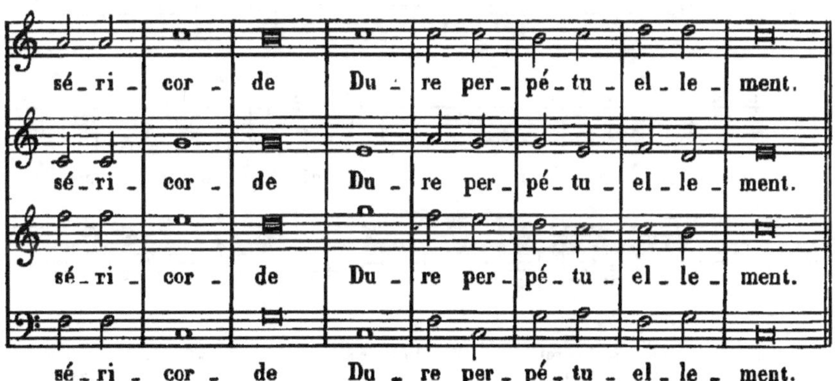
sé _ ri _ cor _ de Du _ re per _ pé _ tu _ el _ le _ ment.
sé _ ri _ cor _ de Du _ re per _ pé _ tu _ el _ le _ ment.
sé _ ri _ cor _ de Du _ re per _ pé _ tu _ el _ le _ ment.
sé _ ri _ cor _ de Du _ re per _ pé _ tu _ el _ le _ ment.

Psaume CXVIII, harmonisé par GOUDIMEL.

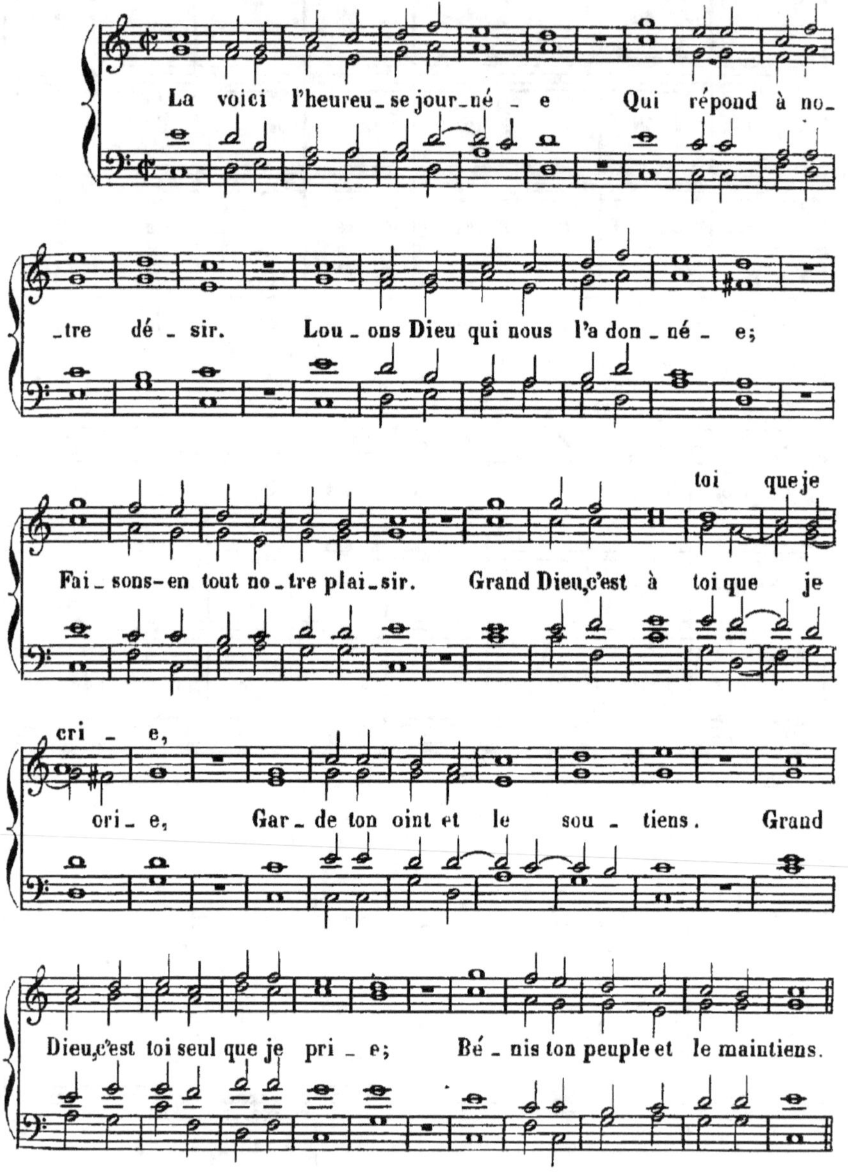

Les psaumes suivants méritent encore d'être cités, non pas en raison des souvenirs historiques qui s'y rattachent, mais à cause du charme de leur mélodie. On remarquera le rythme intéressant du *Ps. XLII,* dont le roi Henri II avait fait une chanson de chasse, l'harmonie si expressive du *Ps. LI,* que MENDELSSOHN considère, à juste titre, comme l'un des plus beaux du Psautier, et enfin la plainte si touchante du *Ps. LXXX,* le *de Profundis*) :

Psaume XLII.

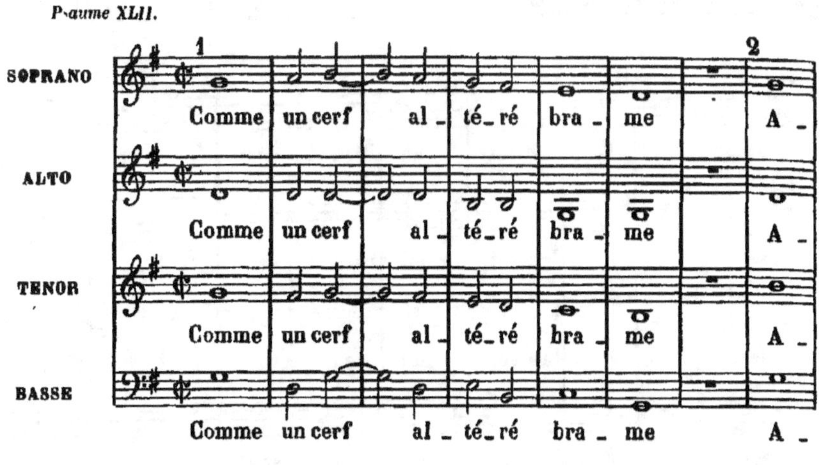
SOPRANO
Comme un cerf al _ té _ ré bra _ me   A _
ALTO
Comme un cerf al _ té _ ré bra _ me   A _
TENOR
Comme un cerf al _ té _ ré bra _ me   A _
BASSE
Comme un cerf al _ té _ ré bra _ me   A _

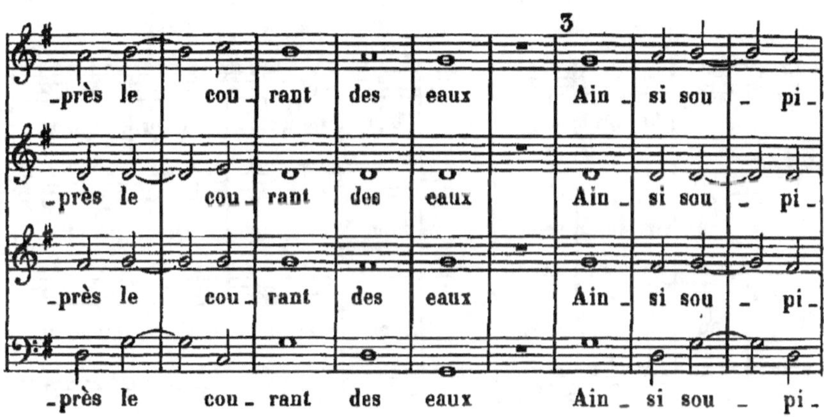
_près le cou _ rant des eaux   Ain _ si sou _ pi _
_près le cou _ rant des eaux   Ain _ si sou _ pi _
_près le cou _ rant des eaux   Ain _ si sou _ pi _
_près le cou _ rant des eaux   Ain _ si sou _ pi _

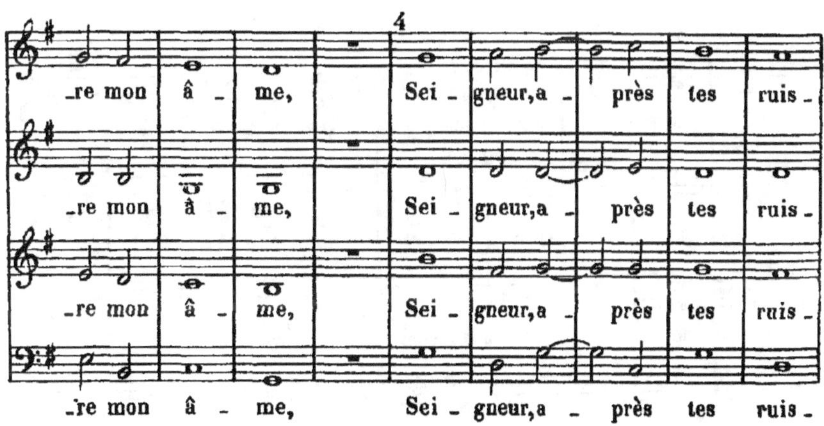
_re mon â _ me,   Sei _ gneur, a _ près tes ruis _
_re mon â _ me,   Sei _ gneur, a _ près tes ruis _
_re mon â _ me,   Sei _ gneur, a _ près tes ruis _
_re mon â _ me,   Sei _ gneur, a _ près tes ruis _

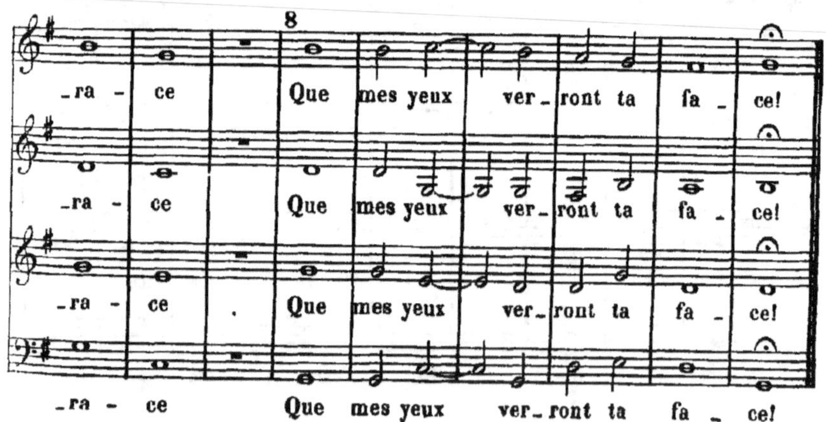
_seaux El _ le a soif du Dieu vi _ vant Et s'écrie
_seaux El _ le a soif du Dieu vi _ vant Et s'écrie
_seaux El _ le a soif du Dieu vi _ vant Et s'écrie
_seaux El _ le a soif du Dieu vi _ vant Et s'écrie
en le sui _ vant: Mon Dieu, mon Dieu, quand se _
en le sui _ vant: Mon Dieu, mon Dieu, quand se _
en le sui _ vant: Mon Dieu, mon Dieu, quand se _
en le sui _ vant: Mon Dieu, mon Dieu, quand se _
_ra - ce Que mes yeux ver _ ront ta fa _ ce!
_ra - ce Que mes yeux ver _ ront ta fa _ ce!
_ra - ce Que mes yeux ver _ ront ta fa _ ce!
_ra - ce Que mes yeux ver _ ront ta fa _ ce!

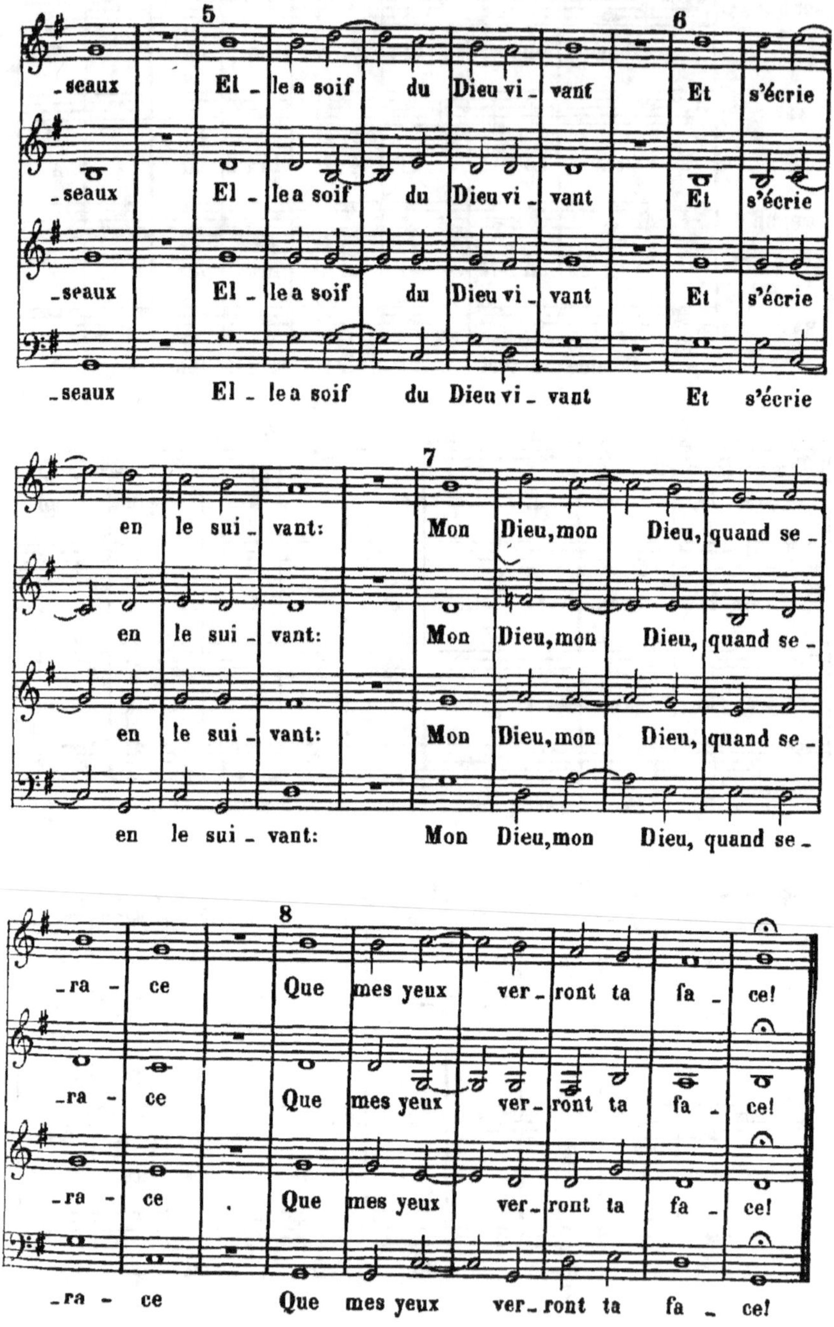

Psaume LI.

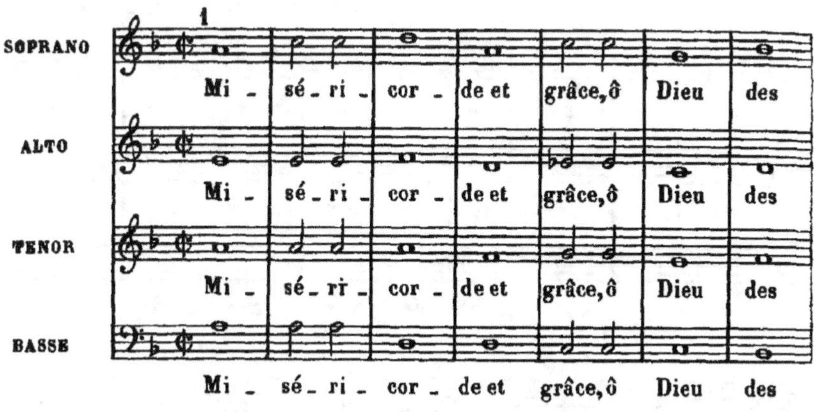
SOPRANO
ALTO
TENOR
BASSE
Mi _ sé _ ri _ cor _ de et grâce, ô Dieu des

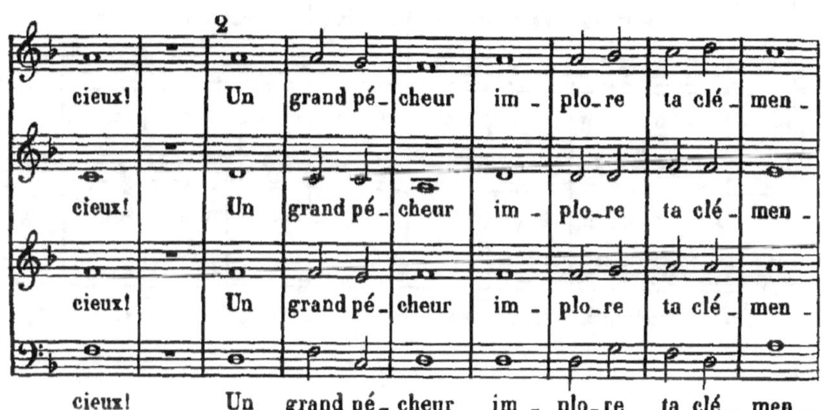
cieux! Un grand pé_cheur im _ plo_re ta clé_ men _

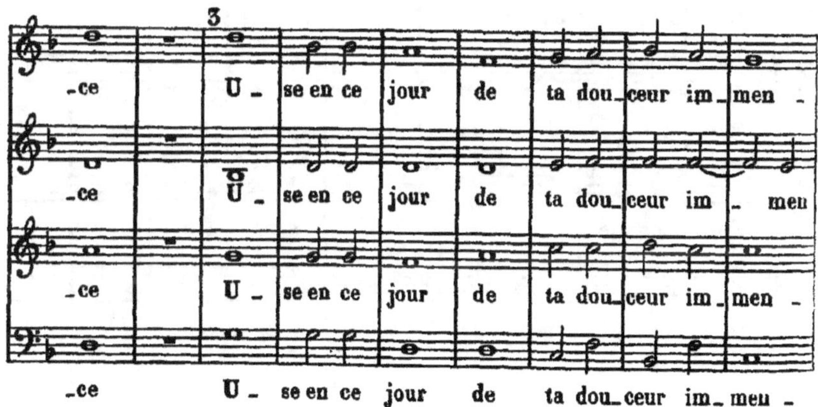
_ce U _ se en ce jour de ta dou_ceur im _ men _

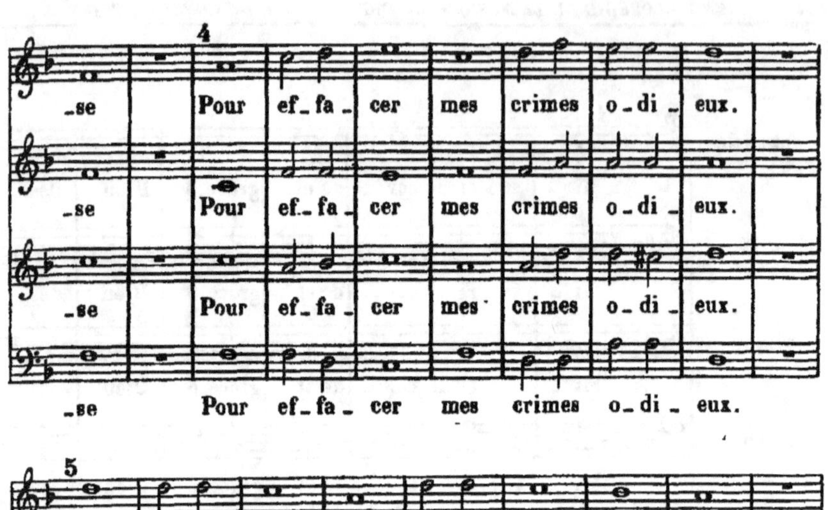
4
_se Pour ef_fa_cer mes crimes o_di_eux.
_se Pour ef_fa_cer mes crimes o_di_eux.
_se Pour ef_fa_cer mes crimes o_di_eux.
_se Pour ef_fa_cer mes crimes o_di_eux.

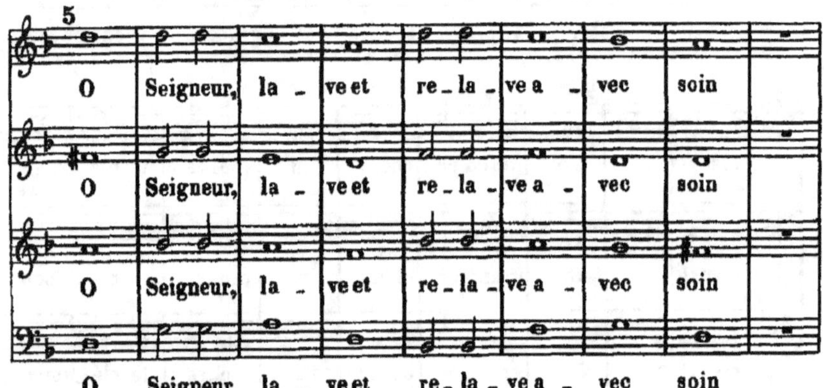
5
O Seigneur, la_ve et re_la_ve a_vec soin
O Seigneur, la_ve et re_la_ve a_vec soin
O Seigneur, la_ve et re_la_ve a_vec soin
O Seigneur, la_ve et re_la_ve a_vec soin

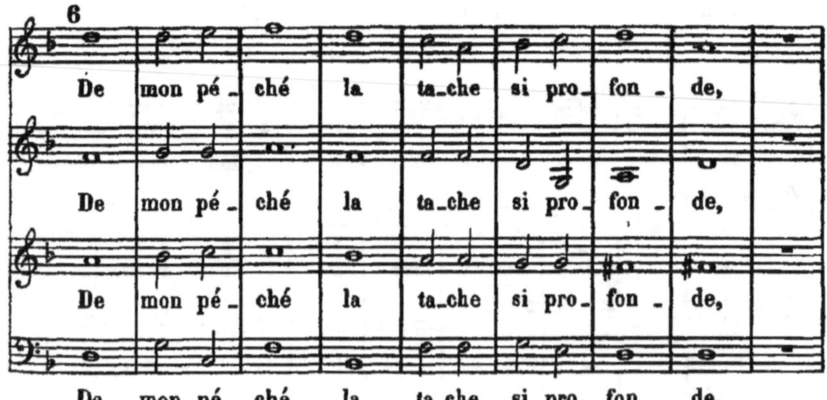
6
De mon pé_ché la ta_che si pro_fon_de,
De mon pé_ché la ta_che si pro_fon_de,
De mon pé_ché la ta_che si pro_fon_de,
De mon pé_ché la ta_che si pro_fon_de,

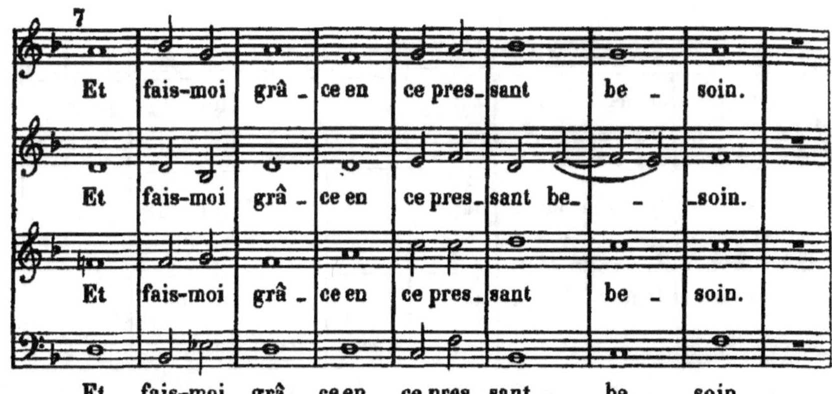
7
Et fais-moi grâ _ ce en ce pres_sant be _ soin.
Et fais-moi grâ _ ce en ce pres_sant be _ soin.
Et fais-moi grâ _ ce en ce pres_sant be _ soin.
Et fais-moi grâ _ ce en_ ce pres_sant be _ soin.

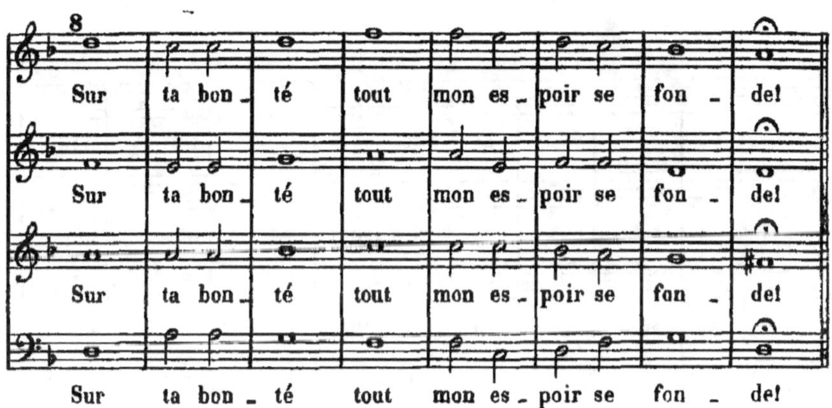
8
Sur ta bon _ té tout mon es _ poir se fon _ de!
Sur ta bon _ té tout mon es _ poir se fon _ de!
Sur ta bon _ té tout mon es _ poir se fon _ de!
Sur ta bon _ té tout mon es _ poir se fon _ de!

Psaume LXXX.

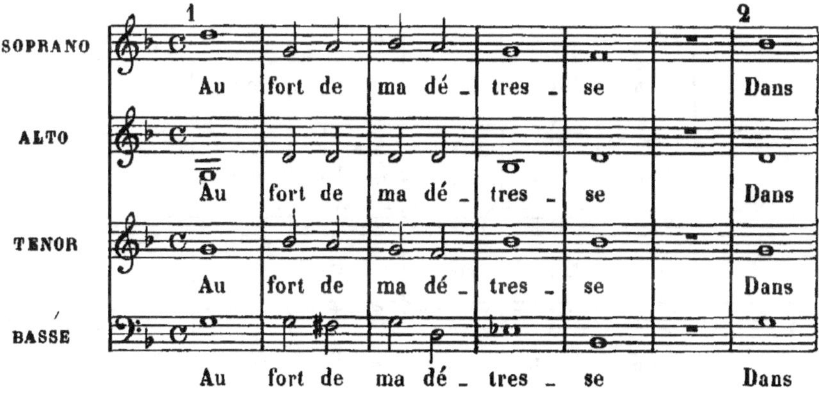
1   2
SOPRANO
Au fort de ma dé _ tres _ se   Dans
ALTO
Au fort de ma dé _ tres _ se   Dans
TENOR
Au fort de ma dé _ tres _ se   Dans
BASSE
Au fort de ma dé _ tres _ se   Dans

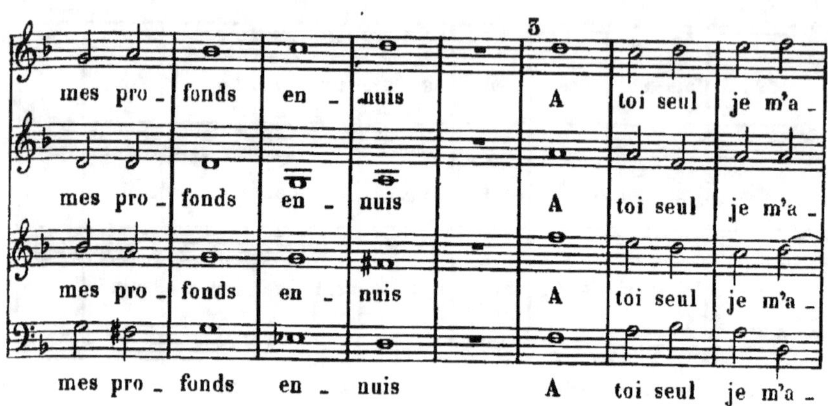
3
mes pro _ fonds en _ nuis A toi seul je m'a _
mes pro _ fonds en _ nuis A toi seul je m'a _
mes pro _ fonds en _ nuis A toi seul je m'a _
mes pro _ fonds en _ nuis A toi seul je m'a _

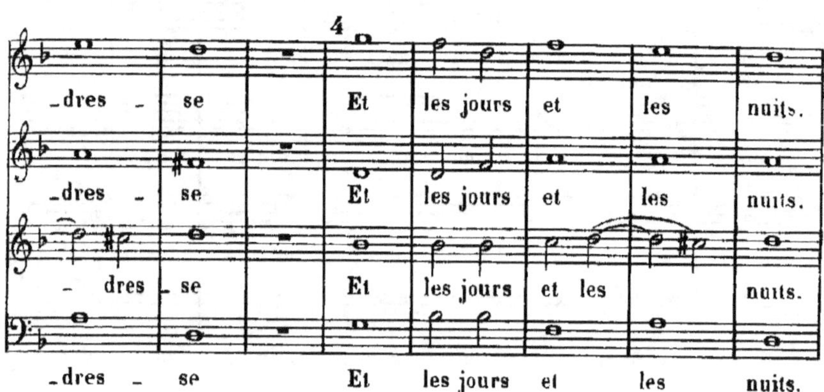
4
_ dres _ se Et les jours et les nuits.
_ dres _ se Et les jours et les nuits.
_ dres _ se Et les jours et les nuits.
_ dres _ se Et les jours et les nuits.

5
Grand Dieu, prê _ te l'o _ reil _ le
Grand Dieu, prê _ te l'o _ reil _ le
Grand Dieu, prê _ te l'o _ reil _ le
Grand Dieu, prê _ te l'o _ reil _ le

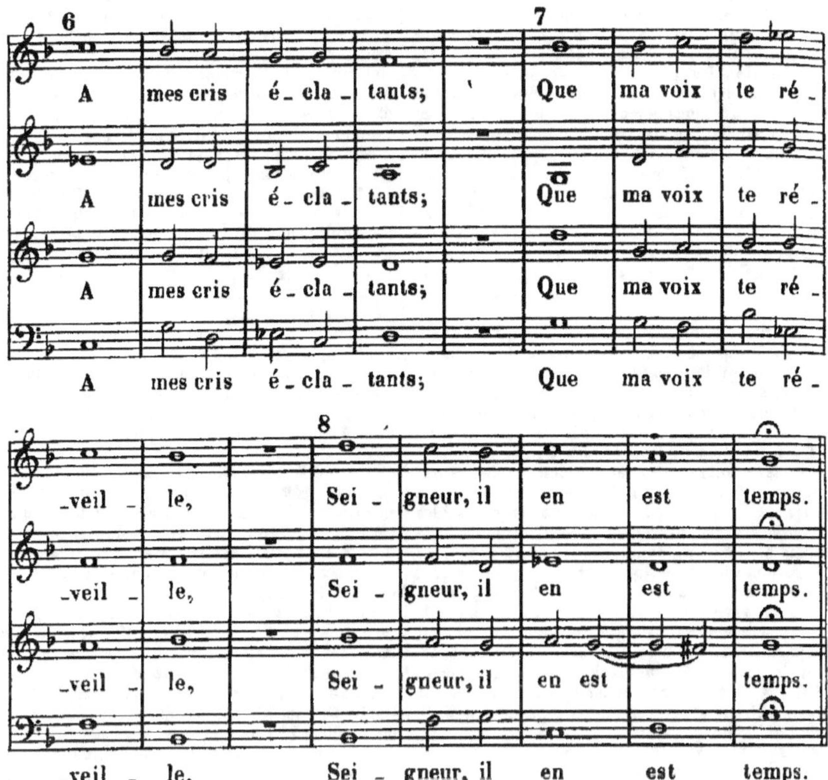

Quel que soit le très grand charme de ces mélodies de Bourgeois harmonisées par Goudimel, nous avons un peu de peine aujourd'hui à nous rendre compte de la popularité dont jouit le Psautier dès sa publication. Non seulement, les réformés des XVIe et XVIIe siècles ne tolérèrent aucune autre musique dans le culte, mais encore ils chantaient celle-là avec un amour inlassable : c'est ainsi qu'au culte public du dimanche, on chantait les cent cinquante psaumes en six mois. Pendant la période des persécutions, les huguenots croyaient entendre chanter dans les airs, par des chœurs célestes, les mélodies du Psautier, et ces chants miraculeux servaient à exalter leur courage.

Cependant, les persécutions, qui pendant deux siècles, décimèrent les Églises réformées de France, furent également funestes à leur Psautier. Un grand nombre d'édits royaux interdirent, sous les peines les plus sévères, le chant des psaumes, même dans les maisons particulières, et comme il était impossible de faire entendre ces vieilles mélodies sans encourir la prison ou même la mort, on se désaccoutuma de les chanter. Lorsque, au XIXe siècle, les églises réformées commencèrent à se relever de leurs ruines, les pasteurs voulurent leur rendre leur vieux Psautier. Mais on trouva ces chants surannés, et des musiciens, dont quelques-uns n'étaient pas sans mérite, entreprirent à l'envi de les rajeunir.

En 1836, Wilhem (le créateur des orphéons), sous prétexte de donner à ces antiques mélodies plus de variété et de vie, les transforma complètement, et remplaça leur mesure à 2 temps par les mesures les plus fantaisistes. En 1859, à la demande du Conservatoire de Paris, M. Duprato entreprit une nouvelle révision de la musique du Psautier. L'éminent artiste, qui n'avait sous les yeux que les révisions qu'on avait fait subir avant lui aux mélodies de Bourgeois, en usa librement avec cette œuvre qui avait perdu toute originalité. Non seulement, il acheva de transformer le rythme des mélodies, mais encore, ignorant totalement l'œuvre de Goudimel, il adopta une harmonie savante, n'ayant aucun rapport avec la simple et austère harmonie du Psautier du XVIe siècle. Il en résulta que, presque partout, le Psautier tomba de plus en plus en désuétude. Il y a quelques années, le synode des Églises réformées, justement préoccupé de cette décadence du Psautier huguenot, nomma une commission spéciale pour étudier la question. L'auteur de cet article, secrétaire de la commission, proposa au synode et fit décider par lui de rendre aux Églises réformées l'œuvre originale de Bourgeois et de Goudimel, telle qu'elle se trouve dans l'édition princeps de 1565. La restitution d'une œuvre musicale, vieille de trois siècles et demi, n'allait pas sans présenter de sérieuses difficultés. Pour les mélodies, c'était chose relativement facile, leur rythme ayant un charme appréciable aux musiciens les moins exercés. Il n'en était pas de même de l'harmonie : nos masses populaires eussent été tout désorientées par des successions auxquelles l'oreille moderne n'est plus accoutumée. Il fallut consentir à quelques corrections. Toutefois, dans les rares passages où nous avons dû modifier l'harmonie primitive, nous ne l'avons fait qu'en recourant aux procédés de GOUDIMEL lui-même, excluant l'accord de septième de dominante, n'employant que les pures consonances de l'accord parfait, n'admettant d'autres dissonances que celles des *retards* si caractéristiques de la musique de GOUDIMEL, et n'attribuant jamais aux parties d'accompagnement d'autre rôle que celui de suivre docilement la mélodie du soprano.

Les Églises réformées de la Suisse, qui n'avaient pas subi l'influence funeste de la persécution, avaient conservé plus fidèlement le texte de l'ancien Psautier. Jean-Jacques ROUSSEAU, qui appréciait à sa juste valeur l'harmonie du Psautier, « la plus majestueuse et la plus sonore qu'il est possible d'entendre », écrivait à D'ALEMBERT : « Un des plus fréquents amusements des montagnards neuchâtelois est de chanter avec leurs femmes et leurs enfants les psaumes à quatre parties; et l'on est tout étonné d'entendre sortir de ces cabanes champêtres l'harmonie forte et mâle de GOUDIMEL, depuis si longtemps oubliée de nos savants artistes. » Nous n'oserions pas dire qu'il en soit de même aujourd'hui. Cependant, à l'exception d'une révision malheureuse, entreprise en 1855 par WEHRSTEDT, organiste genevois, révision tendant à supprimer le rythme des psaumes et à en moderniser l'harmonie, la plupart des recueils des Églises réformées suisses ont conservé assez fidèlement l'œuvre primitive, sans en serrer cependant le texte autant qu'il conviendrait

Malgré tout, les Psaumes de BOURGEOIS et de GOUDIMEL ne jouissent plus, dans les Églises réformées, de leur ancienne popularité, si ce n'est peut-être en Hollande. Dans la plupart des églises, on les chante avec une lenteur qui fait perdre à la mélodie tout son caractère et qui transforme cette musique alerte et vive en une mélopée monotone et funèbre. Et puis, le jour est venu où le texte des psaumes n'a plus suffi à la piété des Églises réformées, et l'on a dû ajouter aux chants des psalmistes de l'ancienne alliance des cantiques exprimant d'une manière plus complète les sentiments chrétiens. Cette innovation correspondait à des besoins trop légitimes pour que l'on tentât de s'y opposer. Dans la première moitié du XIXe siècle, un grand nombre de recueils de cantiques furent publiés, dont le plus célèbre est celui connu sous le nom de *Chants chrétiens*. Plusieurs pasteurs de cette époque, notamment MM. MALAN et BOST, composèrent des cantiques, moins remarquables par la science musicale que par l'inspiration religieuse. On traduisit, en outre, un certain nombre de chorals allemands. Enfin, on adapta des strophes de poésie religieuse à un certain nombre de morceaux de musique classique. Les recueils de chant sacré en usage dans les Églises réformées se composent généralement d'une première partie : le Psautier ou plutôt une réduction de l'ancien Psautier, — un grand nombre de psaumes ne se chantant plus, — et d'une seconde partie renfermant un plus ou moins grand nombre de cantiques modernes.

Si nous avions à apprécier, au point de vue musical, cette seconde partie des recueils en usage dans les Églises réformées, nous serions obligé de convenir que les auteurs ou compositeurs de la musique des cantiques n'ont pas toujours été bien inspirés. On est étonné de trouver parmi ces cantiques de beaux chorals allemands, dont l'harmonie et même la mélodie ont été maladroitement modifiées, puis des solos arrangés en quatuors, de la musique instrumentale transformée en musique vocale. Enfin, depuis quelques années, les fidèles manifestent un goût toujours plus marqué pour ces romances religieuses anglo-américaines, dont nous avons parlé plus haut, et les auteurs des recueils les plus récents ont dû tenir compte, à cet égard, des exigences du public religieux.

Il y aurait, pour les Églises réformées, le plus grand intérêt et le plus grand honneur à revenir aux traditions artistiques créées par la Réforme du XVIe siècle, et le devoir de tous les vrais artistes appartenant à ces Églises est de travailler à les ramener à ces glorieuses traditions qu'elles n'auraient jamais dû abandonner.

La forme du culte dans les Églises issues de la Réforme française (Églises dites réformées ou presbytériennes) est d'autant plus diverse que ces Églises sont établies dans un plus grand nombre de pays, de mœurs et de langues différentes : France, Suisse, Hollande, Écosse, Allemagne, États-Unis, etc. La lecture de la Bible, la prière et le sermon sont les éléments principaux de ce culte, dans lequel le chant occupe une moindre place.

Dans la plupart de ces Églises, le chant liturgique n'existe pas, cependant, il tend à prévaloir dans les Églises réformées de France. En 1874, un éminent pasteur de l'une des paroisses de Paris, M. BERSIER, inaugura, dans l'église qu'il venait de construire, un culte avec chants liturgiques qui eut un immense succès. Il voulait, disait-il dans la préface de sa liturgie, encourager les fidèles « à participer directement au culte en intervenant dans toutes ses parties... et les faire sortir de leur rôle passif d'auditeurs muets ».

Cette pensée correspondait trop bien à l'esprit du protestantisme pour qu'elle ne fût assurée d'y trouver de l'écho. Récemment, le synode des Églises réformées de France révisa sa liturgie, et y introduisit les chants spontanés ou liturgiques.

Dans les Églises réformées de France, l'ordre du culte est donc généralement celui-ci :

Le service commence par le chant de quelques strophes d'un psaume de GOUDIMEL. Puis, le pasteur lit les dix commandements, après lesquels l'assemblée chante spontanément cette phrase liturgique :

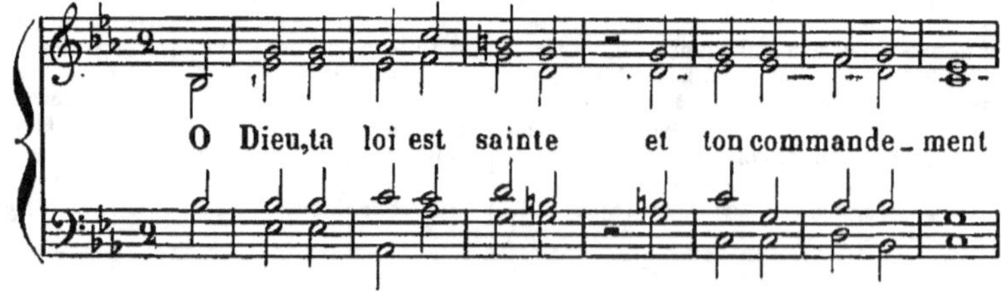

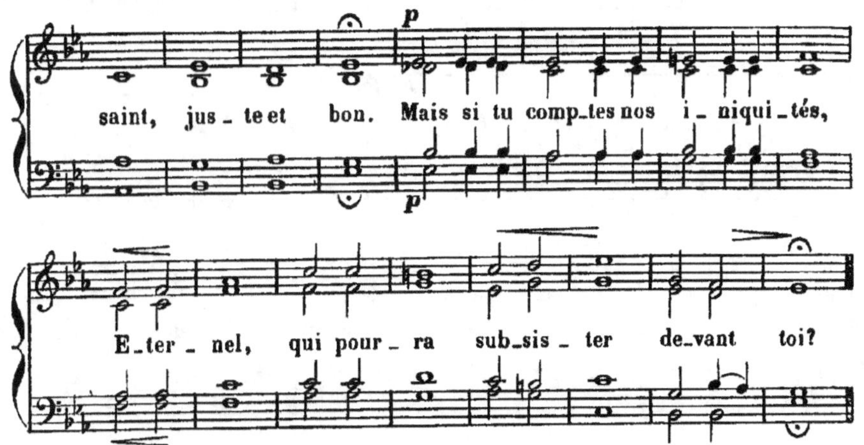

Le pasteur prononce ensuite la Confession des péchés, en usage depuis le xvi° siecle, dans les Églises
calvinistes, et après cette Confession, l'assemblée
chante cette phrase empruntée à la liturgie luthe-
rienne :

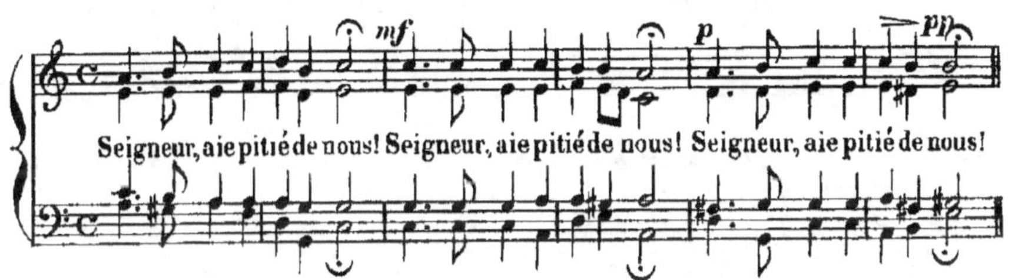

Ce chant est suivi d'une formule d'absolution ou de
la lecture de quelques passages des saintes Ecritures
relatifs au pardon accordé aux pécheurs qui se repen-
tent et qui croient.

A cette déclaration, l'assemblée répond par un
chant d'actions de grâces dont les paroles sont empruntées à un psaume :

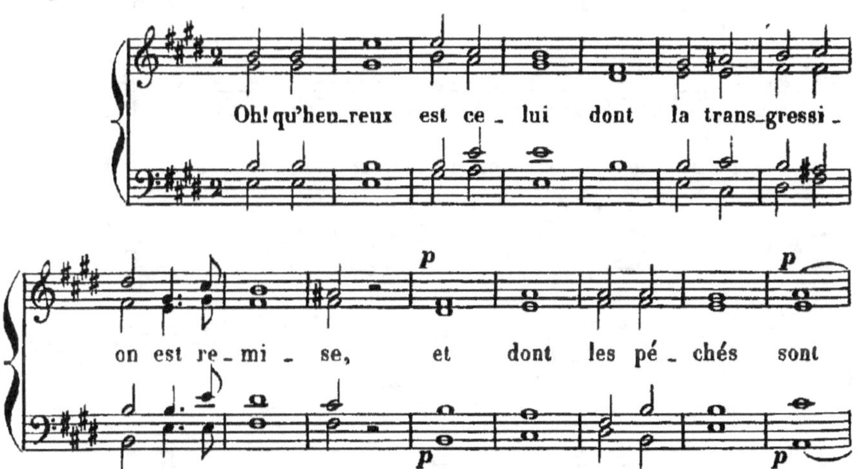

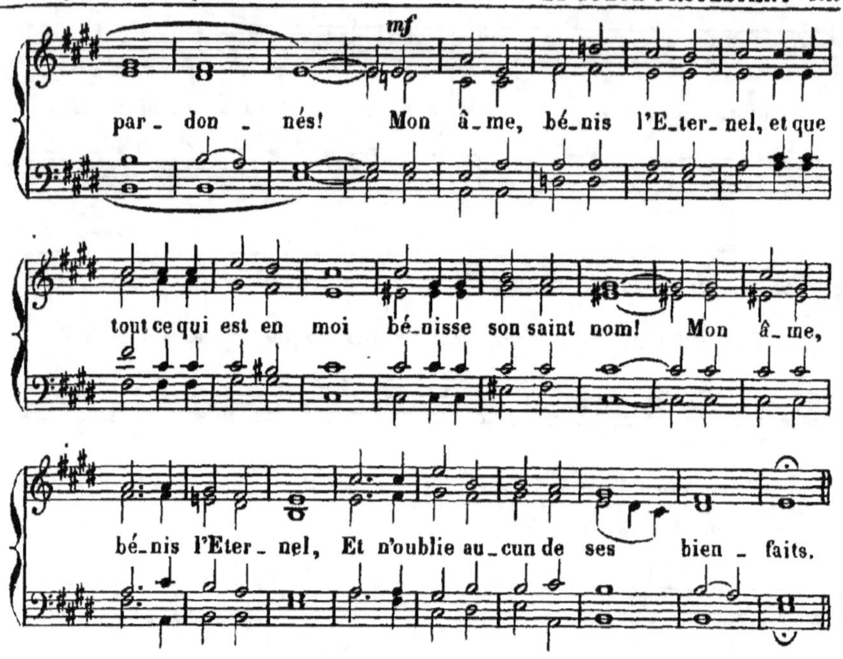

Ce chant est d'ordinaire suivi de la lecture du Symbole des apôtres, que l'assemblée écoute debout et après lequel elle chante :

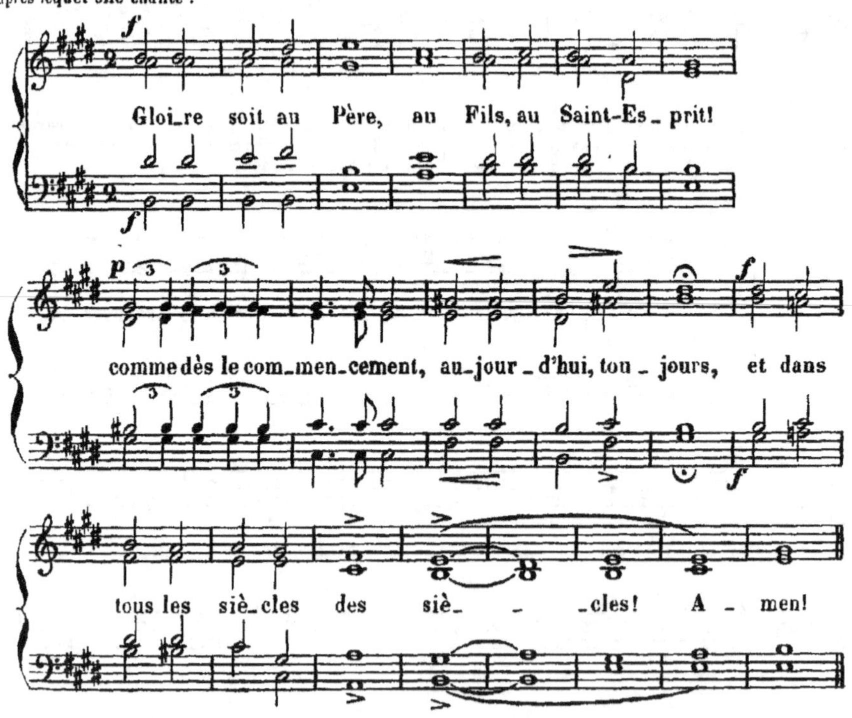

Le culte continue par la lecture des Écritures, par une prière, par le sermon suivi du chant d'un cantique indiqué par le pasteur officiant, et se termine par une nouvelle prière, par l'Oraison dominicale et enfin par ce chant, dont les paroles sont de saint Paul, et dont la musique est empruntée à la liturgie luthérienne :

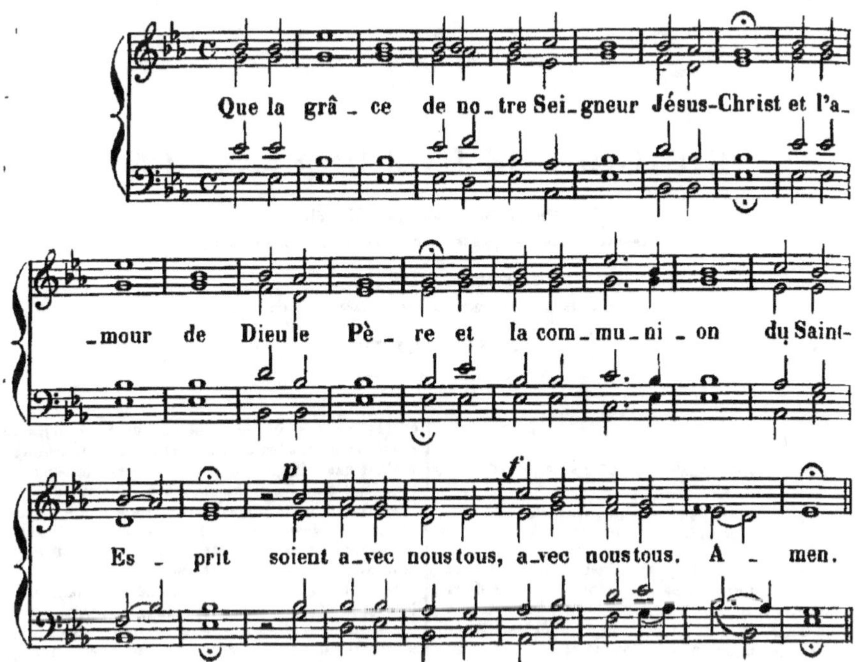

Tel est l'ordre général du culte dans les Églises réformées, avec de nombreuses diversités de détail, particulièrement pour le choix des chants. Les chants que nous indiquons ici sont ceux en usage dans la plupart des églises de Paris.

Au point de vue artistique, il faut reconnaître que ces églises ont encore de grands progrès à réaliser, ce dont on ne s'étonnera pas si on se souvient qu'elles n'ont, en France, guère plus d'un siècle d'existence légale. Absorbées pendant le XIXe siècle par la création d'œuvres fort nombreuses, nécessaires à leur développement, œuvres religieuses et œuvres philanthropiques, elles n'ont pu consacrer à l'art qu'une infime partie de leurs efforts et de leurs ressources. Mais depuis un quart de siècle, il se manifeste, dans ces églises, un incontestable réveil du sentiment artistique. C'est ainsi que les derniers temples construits font honneur aux architectes protestants qui en ont fourni les plans. Dans les églises de villes, on remplace de plus en plus les harmoniums aux sons nasillards par des orgues, qui ne sont plus confiés comme autrefois à des amateurs inexpérimentés, mais à des organistes de profession. De nouveaux recueils de chant sacré sont fréquemment publiés qui, sans ét. e encore ce qu'on pourrait désirer, au point de vue de la valeur artistique, marquent cependant un progrès sur les recueils précédents. Les cantiques continuent à être chantés par l'assemblée avec accompagnement de l'orgue, et dans ces conditions, l'art est un peu sacrifié; mais le Protestantisme calviniste répugnera toujours à confier exclusivement à des maîtrises chèrement payées le devoir de chanter les louanges de Dieu, estimant que ce devoir incombe à tous les fidèles. Remarquons cependant que, depuis quelques années, les églises de grandes villes organisent des chœurs destinés, non pas à remplacer, mais à soutenir le chant de l'assemblée. On peut espérer que, dans cette voie, les Églises protestantes de France ne s'arrêteront plus, et qu'elles tiendront à honneur de n'être point trop inférieures aux Églises protestantes d'Angleterre et d'Allemagne.

ISAAC PICARD.

HISTOIRE DE L'ORCHESTRATION

Par MM. Gabriel PIERNÉ

MEMBRE DE L'INSTITUT, CHEF D'ORCHESTRE DES CONCERTS COLONNE

et Henry WOOLLETT

COMPOSITEUR ET CRITIQUE MUSICAL, LAURÉAT DE L'INSTITUT

Deuxième partie.

L'ORCHESTRE SYMPHONIQUE AVANT HAYDN

Les contrapuntistes des quinzième et seizième siècles.

Tandis que se développait ainsi l'orchestre théâtral, parti des grands ballets princiers et des divertissements français et italiens, l'orchestre symphonique, l'orchestre de concert, particulièrement issu, lui, de la musique madrigalesque et de la musique de chambre, prenait une importance sans cesse grandissante et aboutissait enfin à la vaste conception beethovénienne.

Les contrapuntistes du xve et du commencement du xvie siècle, contrairement à ce que l'on croyait naguère, n'avaient pas envisagé la musique sous la forme unique de la composition vocale. Ils avaient réalisé des merveilles polyphoniques à quatre, six ou huit parties, parfois même (tour de force un peu puéril) à vingt-quatre ou trente-deux parties, mais il semble bien, d'après les récentes études auxquelles se sont livrés d'éminents musicographes, que ces parties n'étaient pas toutes destinées au chant, que dans bon nombre de cas le supérius seul, ou le ténor, était confié à la voix, les autres parties, démunies de paroles, étant exécutées par des instruments.

Il ne faut rien exagérer, et si cela peut être vrai pour la plupart des chansons à trois ou quatre voix et pour quelques motets, il est probable que les maîtrises, en possession d'un grand nombre de chanteurs exercés, ne se bornaient pas à exécuter des soli accompagnés, et que messes et motets étaient le plus souvent chantés à trois, quatre, six ou huit voix, comme ils semblent écrits d'ailleurs Cependant, il est possible qu'en certains cas des instruments pussent doubler ces parties.

Tout changea d'ailleurs lorsqu'il s'agit d'exécuter des chansons et des madrigaux. La vogue de ce genre de composition devint prodigieuse. Les chansons à quatre voix de Josquin DE PRES, de COSTELEY, de Pierre DE LA RUE, les madrigaux d'ARCADELT, de WILLAERT, de JANNEQUIN, de Roland DE LASSUS se répandirent et furent imités dans tous les milieux musicaux. La plupart de ces œuvres, à quatre parties, étaient exé-

cutées par une voix seule et accompagnée d'instruments réalisant les autres parties. Les instruments n'étant pas désignés, on se contentait de ceux que l'on avait sous la main. Le choix judicieux des timbres n'était pas la préoccupation dominante de cette époque. La tessiture seule déterminait le timbre à choisir. Flûte, guitare, luth, théorbe entraient en jeu suivant l'étendue des phrases.

Sans doute, nous possédons de ces chansons où les voix se réunissaient pour concerter agréablement. La *Bataille de Marignan* se « sonnait » aux voix. Il n'est pas interdit de penser que toute cette musique se doublait d'instruments qui en soutenaient les intonations. La plupart des estampes et aussi des bas et hauts reliefs de l'époque nous montrent les choristes réunis en compagnie d'instrumentistes divers.

Il devint même de mode de remplacer toutes les voix par des instruments. Le clavecin, plus tard, vint soutenir cet ensemble de ses sons aigrelets, mais brillants. Cet embryon d'orchestre annonçait de grandes choses.

L'usage devint alors courant de ces transcriptions d'œuvres vocales; on ne connut longtemps d'autre musique purement instrumentale, en dehors de la musique de danse et des pieces d'orgue ou de clavecin.

Les compositions pour instruments à cordes de GABRIELI, de MONTEVERDI et de leurs contemporains sont conçues d'après ces principes. Timidement, on se risqua pourtant à quelques variantes. Les premiers dessus brodaient légèrement la partie de chant primitive. LAVOIX remarque, dans une *Romanesca* et une *Gagliarda* de MARINI, comme un essai de développement.

Le rôle du violon d'ailleurs ne tarda pas à prendre de l'importance. Les virtuoses italiens créèrent de toutes pièces la musique de violon, musique très libre, très fantaisiste, sans formes fixes au début. On a de Carlo FARINA (de Mantoue) des ouvrages fort originaux où les recherches imitatives les plus bizarres : miaulements de chats, cris de coqs, sonorités stridentes de fifres, etc., rivalisent avec les passages contrapuntés en doubles cordes et les traits de virtuosité les plus étourdissants.

C'était la griserie de la liberté apres tant de contrainte; cela coïncide avec les extravagants contrepoints de STRIGGIO, de VIADANA et de BANCHIERI, où des gens se disputent, tandis que des chiens hurlent, que des hiboux ululent, et que des amoureux se déclarent galamment leur passion réciproque.

Les premiers violonistes et le concerto grosso.

Cette ivresse folle va bientôt gagner les autres membres du petit ensemble; ils cesseront vite de décalquer les dessins purement vocaux, et se risqueront à des parties d'un style plus indépendant et plus instrumental. Les luths et les théorbes seront abandonnés pour les basses et dessus de violes; bientôt ces derniers céderont le pas aux violons et aux altos, et la viole de gambe deviendra le violoncelle, doublé souvent par le violone, ancêtre de la contrebasse. Les sonorités s'équilibreront mieux ainsi pour la joie des compositeurs, qui déjà, répudiant les transcriptions des chansons à quatre voix, avaient inventé les petit espièces de musique de chambre auxquelles ils donnèrent les noms de : *Sinfonia, Capriccio, Fantasia, Toccata, Canzone, Ricercare*, etc.

Ces pièces forment des suites le plus souvent pour une, deux ou trois parties avec basse continue. Parmi les plus anciennes, sont les recueils d'airs de danses publiés par Thomas MORLEY en Angleterre (v. 1599). De divers auteurs, ces pièces sont écrites pour six instruments : luth, pandore, cithare, basse de viole, flûte et dessus de viole. N'est-ce pas déjà tout un orchestre où figurent les instruments à cordes pincées, ceux à cordes frottées et un seul instrument à vent? Vers le même temps, on trouvait en Allemagne de semblables ouvrages, et Melchior FRANCK (1580-1639) y faisait paraître deux albums d'airs de danse pour de pareils ensembles.

Ces recueils donnèrent naissance à la véritable suite formée d'allemandes, de courantes, de sarabandes, de gavottes, etc., toutes dans le même ton. Ce n'étaient plus là des compositions destinées a accompagner les danses, mais bien des suites de concert, dont quelques-unes prirent bientôt le nom de sonates.

Mais dès 1591, MALVAZZI publiait en Italie des œuvres où l'on peut voir la naissance d'un genre bien spécial, ancêtre de la symphonie avec l'ouverture dont nous parlerons plus loin. Le *concerto* de MALVAZZI ne s'apparente en rien au genre relativement moderne du *concerto*, tel que nous le comprenons aujourd'hui : partie de soliste conçue pour faire briller la virtuosité d'un exécutant, et accompagnement plus ou moins concertant par l'orchestre. Non, il s'agit d'une composition très particulière à cette époque, où l'orchestre symphonique joue un double rôle, ou plutôt est divisé en deux sections, tout comme les anciens doubles chœurs à huit voix des vieux contrapuntistes. L'une des sections, plus nombreuse, est chargée des tutti, des ritournelles; a l'autre est confié le *solo* du *concertino*. Ce sont bien là les termes employés alors, mais non pas toujours dans un sens absolu. Le *solo* pouvait être joué par plusieurs instruments de nombre réduit, et cette réunion formait le « Petit Chœur », auquel s'opposait la masse du « Grand Chœur » orchestral.

Cette forme est encore bien embryonnaire chez MALVAZZI. Elle ne va pas tarder à se préciser.

M. Paul MAGNETTE, dans une étude sur le *concerto grosso*, cite une *sinfonia* d'ALRICI (parue en 1634) pour un orchestre à deux chœurs de trois violons, théorbe, guitare, épinette, cembalo, basse et orgue.

Ces assemblages d'instruments peu apparentés n'étaient pas rares; le plus souvent, les théorbes, guitares, clavecins doublaient à l'unisson la basse continue que venait encore renforcer l'orgue dans les *tutti*. En 1651, Massimiliano LÉRI publiait une sonate pour deux cornets, quatre trombones, un basson, deux violons, deux violes, un théorbe et une partie principale de premier violon.

Ici, les instruments à vent dominent et, sans doute, écraseraient les cordes s'ils ne jouaient, le plus souvent en alternant, et associés seulement par famille. Dans des cantates allemandes de Johan-Rudolph AHLE (1625-1673), nous trouvons de petits fragments instrumentaux portant le titre de *sinfonia*, composés uniquement de quatre timbres semblables : dans la cantate *Ich hab's gewagt*, une *sinfonia* à quatre flûtes; dans la cantate : *Fürchtet euch nicht*, une *sinfonia* à quatre bassons, le premier pouvant être remplacé par un trombone seulement.

Vers cette époque, LULLI créait l'ouverture de théâtre, simple introduction à la pièce qu'elle précède, mais sans rapport encore avec l'action musicale. LULLI avait fait partie dans sa jeunesse de la bande des « Petits violons du Roi »; composée au début uniquement de vingt-quatre violons, cette compagnie s'était vite adjoint flûtes, hautbois et bassons. L'usage vint de faire alterner ces bois avec les cordes. On appela cet intermède le *trio*, car il se composa longtemps de deux flûtes ou de deux hautbois et d'un basson. C'est encore ce système qu'employa LULLI dans ses ouvertures vite célèbres. Chacun voulut copier ce genre, et les Allemands plus particulièrement se mirent tous à composer des ouvertures « à la française ».

Peu à peu, le genre du *concerto grosso* se perfectionnait; chez J.-M. BUONONCINI (1640-1678), l'orchestre devient plus concertant. Avec le grand compositeur de théâtre Alessandro SCARLATTI, l'instrumentation est quelque peu renforcée.

Les violonistes TORELLI (v. 1690) et CORELLI (1653-1713) firent oublier leurs devanciers et sont regardés comme les vrais créateurs de ce genre.

Avec eux, le *concerto grosso* atteint enfin sa forme définitive. Chez TORELLI, le dialogue entre les instruments chargés des *tutti* et les solistes est déjà plus nettement tranché. L'écriture des parties de violon est plus brillante et plus indépendante. On sent qu'elles ne doivent être confiées qu'a des solistes éprouvés. Cependant, l'accompagnement du grand chœur et les ritournelles sont toujours constituées par un mélange assez hétéroclite.

Un manuscrit de TORELLI, retrouvé à Bologne, donne cet assemblage :

4 violons soli.	4 celli di ripieno ⎫ gr. chœur.
5 premiers violons accompa- gnants.	7 alti di ripieno ⎪
	4 basses ⎫ pour la basse
5 seconds violons ripieni (gr.	1 théorbe. ⎪ continue.
chœur); violon alti (solo).	2 orgues. ⎭

Ces orgues étaient sans doute de petites orgues portatives, du genre de celles appelées autrefois régales.

En 1680, CORELLI écrit ses *Concerti grossi* publiés seulement en 1712. Cette fois, le genre atteint sa perfection; BACH et HAENDEL peuvent venir, ils trouveront une forme bien établie, un moule où couler leurs pensées. L'écriture de CORELLI est réellement symphonique, la polyphonie souple et aisée. Le style et l'invention en sont certes très supérieurs à tout ce qui avait précédé. L'accompagnement devient

Plus ingénieux et mouvementé, et les ritournelles prennent une importance plus grande.

On pourrait dresser ainsi la nomenclature des diverses façons, assez élégantes, dont CORELLI traite cette réunion d'instruments à cordes.

A. *Tutti.* Le concerto grosso double le concertino en y ajoutant une partie supplémentaire.

B. — Parfois, le concertino joue seul d'abord, le concerto grosso reprend ensuite la même phrase en *tutti.*

On constate que les trois instruments du concertino ne se taisent jamais. Ils jouent en *solo,* puis doublent les parties de l'ensemble. Toute la trame musicale de l'œuvre leur est confiée. Ceci avait un but : la possibilité d'exécuter l'œuvre à trois instruments sans accompagnement.

Telle pouvait être la règle à l'origine. Pourtant, CORELLI y apporta quelques modifications, et quelques-unes de ses ouvrages ne sauraient se passer du *tutti* instrumental.

C. — Le fragment ci-contre est un exemple assez rare. Après des entrées successives en imitation des trois solistes, bientôt renforcés du concerto grosso (remarquer le redoublement du violoncelle du concertino, à la troisième mesure, par l'alto), le concertino dialogue avec l'ensemble. Ici, le concerto grosso devient donc indispensable, son rôle ne se borne plus à un simple renforcement.

D. — Il en est de même dans ce passage où le concerto grosso exécute une partie spéciale d'accompagnement (ex. 2).

Les basses sont chiffrées comme d'usage, ce qui indique bien qu'elles étaient doublées et accompagnées au clavecin et, sans doute aussi, dans bien des cas, renforcées par des luths et des théorbes.

Le style de l'orgue influait beaucoup sur ce genre de compositions. Dans les alternances du grand et du petit chœur comment ne pas reconnaître l'imitation des différents claviers : le récit et le positif. Et les réponses du grand orgue, tous claviers accouplés, se figuraient par les vastes *tutti* auxquels ne coopéraient souvent pas moins de cent cinquante exécutants.

Pour répondre à un aussi lourd ensemble, il s'avère que les trois ou quatre solistes constituaient un bien maigre a parte. La question de savoir si ces parties étaient jouées chacune par un seul ou par plusieurs exécutants est fort controversée. Il apparaît que le cas pouvait être sujet à variation, et que la mission du chef d'orchestre était précisément d'équilibrer les sonorités en doublant ou dédoublant

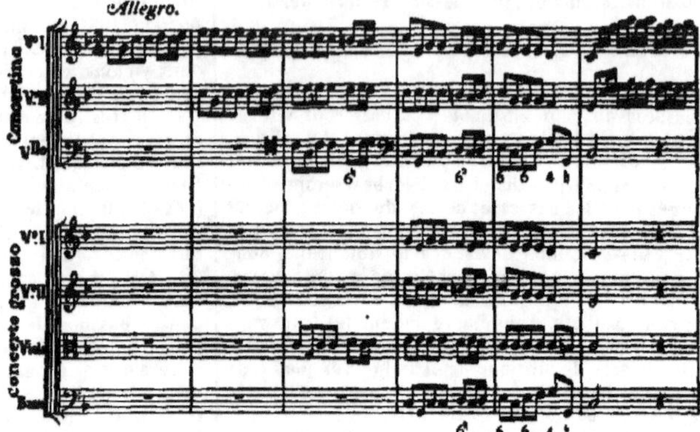

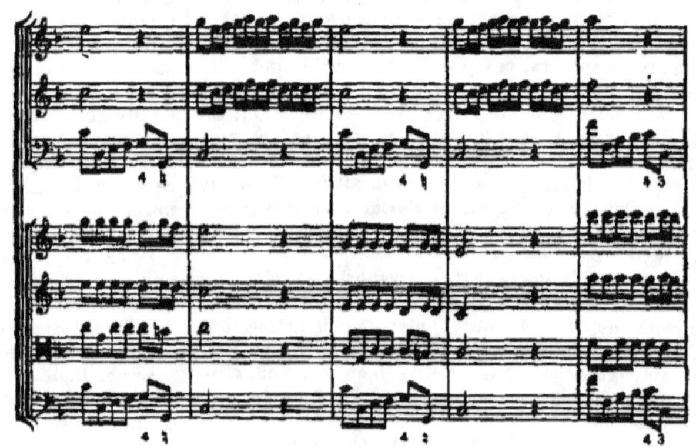

Exemple 1.

ces parties. Pourtant, cela ne semble pas résulter d'une curieuse préface aux *Concerti grossi* de G. MUFFAT, où ce maître allemand, un de ceux qui rivalisèrent le mieux avec CORELLI, donne des indications précieuses sur l'exécution de ses œuvres.

G. MUFFAT (vers 1695) a laissé des pages de valeur. Ses douze *concerti* sont agrémentés de titres tels que : *la Bonne Nouvelle, le Cœur veillant, l'Agreable Songe,* où se reconnaissent des tendances, des prétentions en tout cas, descriptives. Prétentions peu justifiées par une musique agréablement polyphonique, assez puissante d'effet, mais où l'on chercherait vainement un rapport entre l'expression un peu sèche de l'ensemble et les fantaisies imaginatives de l'intitulé.

Ces morceaux présentent cette particularité (en était-ce une à l'époque ?) de pouvoir se jouer aussi bien avec un très petit nombre d'instruments qu'avec l'orchestre au grand complet, et avec tous les états intermédiaires

En effet, dans sa préface, l'auteur conseille (suivant les facilités) les exécutions suivantes :

1° Violino primo (*concertino*).

Violino secondo (*concertino*).

Basso continuo.

Violoncelle (*concertino*).

Corelli 1er Concerto (édition Augener).

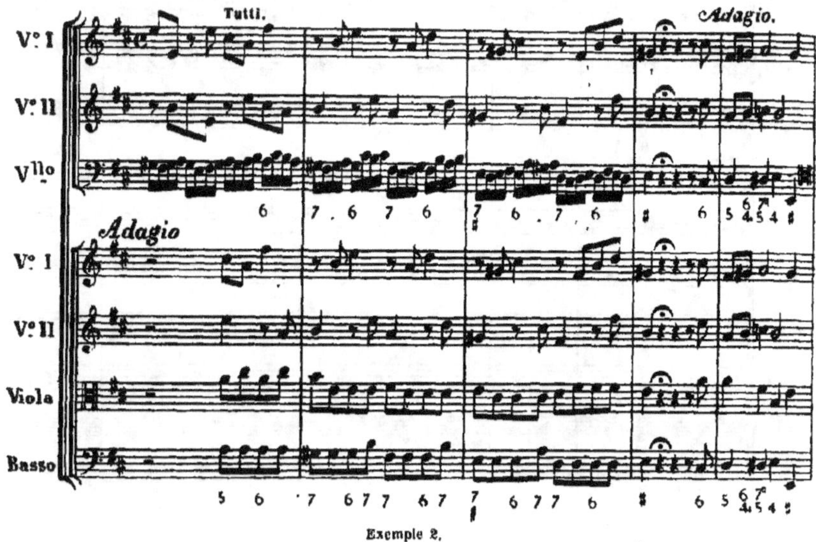

Exemple 2.

Plus, au besoin, un clavecin ou un théorbe jouant à l'unisson de la basse.

2° Ajouter une partie de viola prima et une de viola seconda.

Il est bien évident que toutes les parties ajoutées ne seront que des doublures continues ou passagères des quatre parties primitives.

3° Ajouter :

> Violino primo (concerto grosso).
> Violino secondo (concerto grosso).
> Violone (grosse basse) ou Cembalo grosso.

Ces parties peuvent êtres jouées chacune par un seul musicien ou par plusieurs.

4° Renforcer encore les parties de violes et la basse du grand chœur, celle-ci doublée par des clavecins, théorbes et harpes. Au besoin, ajouter bassons, bombardes et régales.

5° Faire jouer certains fragments des trios (petit chœur) par deux hautbois et un basson, quelques-uns en les transposant et en ayant soin de bien choisir ceux convenant à ces instruments.

On voit donc que, pour Muffat, le petit chœur était toujours confié à des solistes. Le chef d'orchestre instrumentait lui-même le grand chœur d'après les forces mises à sa disposition. La plus grande latitude lui était laissée à cet égard.

L'écriture de Muffat est habile. En de nombreux passages de ses concertos, l'ensemble souligne seulement le discours musical des solistes de quelques accords assez discrets.

Voici une disposition beaucoup plus rare, où les parties du concerto grosso entrent successivement (ex. 3).

Tandis que Muffat propageait le style de Corelli en Allemagne, Geminiani et Locatelli, deux célèbres violonistes, faisaient de même, l'un en Angleterre, l'autre en Hollande.

Geminiani (1680-1762) substitue parfois deux flûtes aux deux violons du concertino. Locatelli, lui, ajoute une partie d'alto au trio des cordes. Cela constitue déjà le quatuor, base de l'orchestre.

Ce genre fleurit alors avec éclat un peu partout. Mais l'Italie reste la grande pourvoyeuse de concerti grossi. Citer tous les compositeurs qui s'y essayèrent serait fastidieux. Avec Valentini (vers 1672-1764) et avec Vivaldi (m en 1743), le nombre des instruments est considérablement renforcé. On sait que les concertos de Vivaldi furent transcrits par Sébastien Bach qui aimait à les jouer à l'orgue.

Voici l'orchestration d'un concerto de Vivaldi, écrit pour le prince Frédéric-Charles de Saxe :

2 flûtes.	2 trompettes marines (in-tr. à cordes).
2 théorbes.	
2 mandolines	2 violettere (petites violes).
2 valeurs (?). (Faut-il lire 2 violes?)	2 celli.
2 violons.	Basse.
	Orgue.

Ceci constitue un assemblage assez bizarre. Comme nous l'avons déjà remarqué, les compositeurs ne se préoccupaient guère alors du timbre et de l'effet des combinaisons; il apparaît bien qu'ils écrivaient suivant le nombre ou le genre d'instruments mis à leur disposition, sans tenir compte de la qualité plus ou moins heureuse de leur sonorité.

Venturini écrit les trios de ses concertos pour un violon, deux hautbois, un violoncelle et deux altos

Le mot trio provenait des ouvertures de Lulli, où le trio était bien confié à trois instruments. La signification du terme n'était déjà plus la même.

Un Allemand, Stœlzel (1690-1749), développa encore ce genre d'orchestration en écrivant pour quatre chœurs instrumentaux :

PREMIER CHŒUR	DEUXIÈME CHŒUR
Trois trompettes.	Trois trompettes.
Timbales.	Timbales.

G. Muffat, *Concerto grosso* (Denkmäler der Tonkunst in Œsterreich, vol IX).

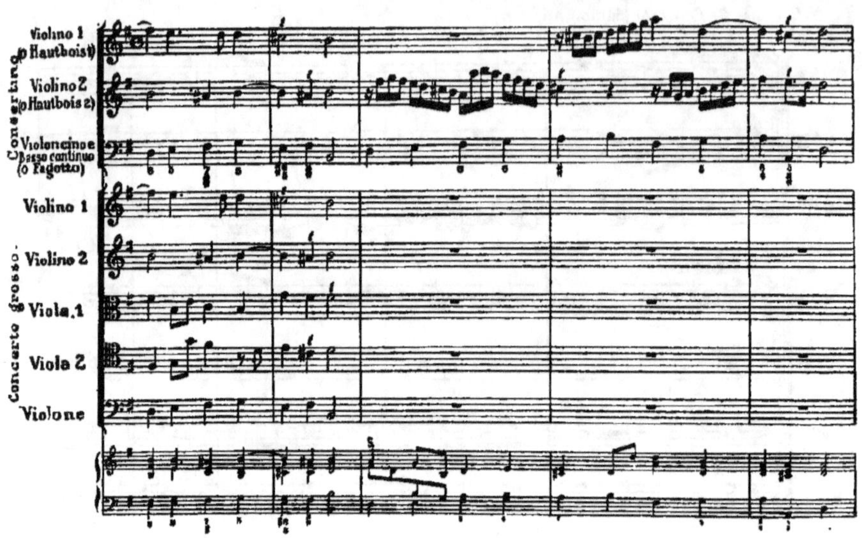

Exemple 3.

TROISIÈME CHŒUR	**QUATRIÈME CHŒUR**	Violino I. } concertino.	Viola.
Trois flûtes.	Quatre violons.	Violino II. }	Violoncelle.
Trois hautbois.	Alto.	Violino I. } ripieno.	Tutti bassi (continuo).
Bassons.	Violoncelle.	Violino II }	
	Basse.		

Les compositeurs craignent donc toujours le mélange trop intime des timbres; ils les amalgament encore par famille et ne font agir le plus souvent ces groupements qu'à tour de rôle. La sonorité, à mesure que s'enrichit chaque groupement, devient lourde et compacte. Bientôt, les trombones et les cors feront leur partie dans ces ensembles. L'orgue même y ajoute assez souvent son timbre gras et mou.

Pourtant, Bach et Haendel reviendront à une compréhension plus juste de la musique d'orchestre. Leur instrumentation, beaucoup plus simple, se distinguera autant par l'élégance un peu maigre de la ligne et les justes proportions, que leurs compositions par la richesse et la nouveauté des idées.

A cette époque, du reste, les instruments à cordes pincées, comme le théorbe et le luth, ont disparu à peu près complètement de l'orchestre; le quatuor est constitué. Les différentes familles de violes ont cédé le pas à des individualités mieux conformées, de sonorité plus forte, plus souples et plus agiles. La contrebasse nourrit cet ensemble de ses notes profondes et le soutient suffisamment pour que deviennent bientôt inutiles les doublures au clavecin, au théorbe ou à l'orgue[1].

Haendel se contentera de cette réunion de timbres semblables, pour ses concertos. Ils sont tous uniquement écrits pour instruments à cordes, avec presque toujours la disposition suivante :

Quelle simplicité, et quel contraste avec les lourds ensembles de Vivaldi et de Stœlzel !

Un violoncelle solo se détache fréquemment de l'ensemble pour concerter avec les deux violons, écrits en style d'imitation. La sonorité de ces œuvres est superbe, l'écriture en est du reste diatonique et tonale de façon a peu pres constante.

Mais Haendel ne s'en tient pas uniquement au style alterné du concerto grosso. Dans les *allegros*, les oppositions sont moins fréquentes et les deux violons du concertino s'unissent de façon plus constante aux violons du grand chœur. L'*andante* du troisieme *Concerto en mi* mineur, le *largo* du quatrieme, en *bi* mineur, le second *allegro* du cinquième, en *ré* majeur, beaucoup d'autres fragments encore sont écrits tout entiers pour le quintette des cordes unies. On sent la volonté d'abandonner le genre deja vieilli du concerto dialogué pour obtenir une sonorité moins grêle, plus nerveuse et mieux coordonnée. Pourtant, que de détails exquis dans les passages ou Haendel suit encore le plan de Corelli ! Cette division permet de donner aux solistes des parties difficiles que l'on n'aurait osé confier à la masse des violons. Le premier violon du concertino est même quelquefois traité en virtuose. L'effet ci-apres rappelle certains passages des concertos pour orgue (ex. 4).

Le onzième *Concerto* renferme de véritables traits de virtuosité.

Dans le douzième *Concerto*, la partie de violoncelle solo prend une grande importance et forme un constant trio avec les deux premiers violons.

Le *larghetto* qui suit est écrit à trois parties seulement, les altos doublant les deuxiemes violons, les violoncelles doublant les basses.

---

1. Les basses sont pourtant chiffrées (sauf aux endroits marqués *Tasto solo*), et ceci indique la pratique, longtemps suivie encore par routine, d'accompagner ces œuvres au clavecin.

HAENDEL, *6e Concerto* (Eulenburg)

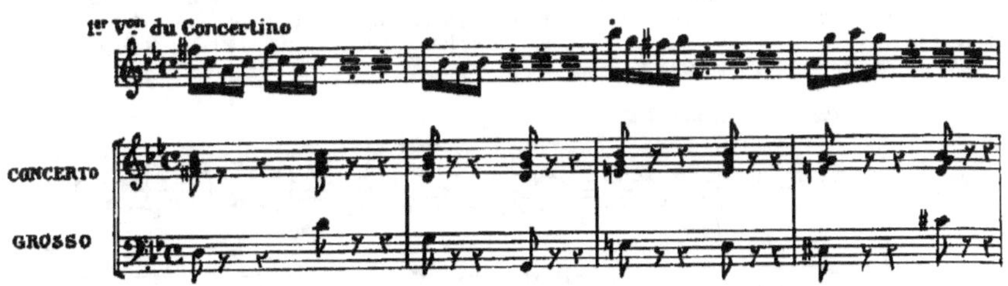

Exemple 4.

Les *concerti grossi* de BACH (appelés *concertos Bran-
debourgeois*) sont, eux, d'écriture plus complexe et
d'orchestration plus variée, encore que toujours asservis à la tradition léguée par TORELLI, CORELLI et
MUFFAT.

Le n° 1, en *fa,* présente cette particularité d'être
écrit pour quintette, deux cors, trois hautbois, basson et violon piccolo.

Ce violon piccolo est un instrument transpositeur
(en *mi bémol*) accordé ainsi :

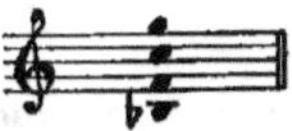

Il joue donc en *ré* majeur lorsque les autres sont en *fa.*

Il double d'ailleurs très fréquemment les violons du « ripieno », principalement dans l'*allegro* initial. Son rôle de soliste se borne à quelques réponses concertant avec les cors et les hautbois. Il a plus d'importance dans l'*adagio,* où il dialogue expressivement avec le hautbois (ex. 5).

Il est assez difficile de s'expliquer de nos jours le choix de cet instrument comme soliste. Sans doute, son accord plus élevé lui donnait un certain mordant qui n'allait pas sans une légère aigreur. C'est, du reste, une exception dans l'œuvre de BACH.

Le violon piccolo est exclu du *menuet,* où brilleront seuls les instruments à vent. L'orchestration de ce *menuet* et de ses trois trios (le deuxième *trio* est une *polacca*) est assez singulière pour nous, mais s'explique par les usages du temps. Nous en avons déjà donné des exemples.

Le *menuet* met en action les cors, les hautbois et le quintette à cordes en un

J.-S. BACH, *Concerto I* (Eulenburg).

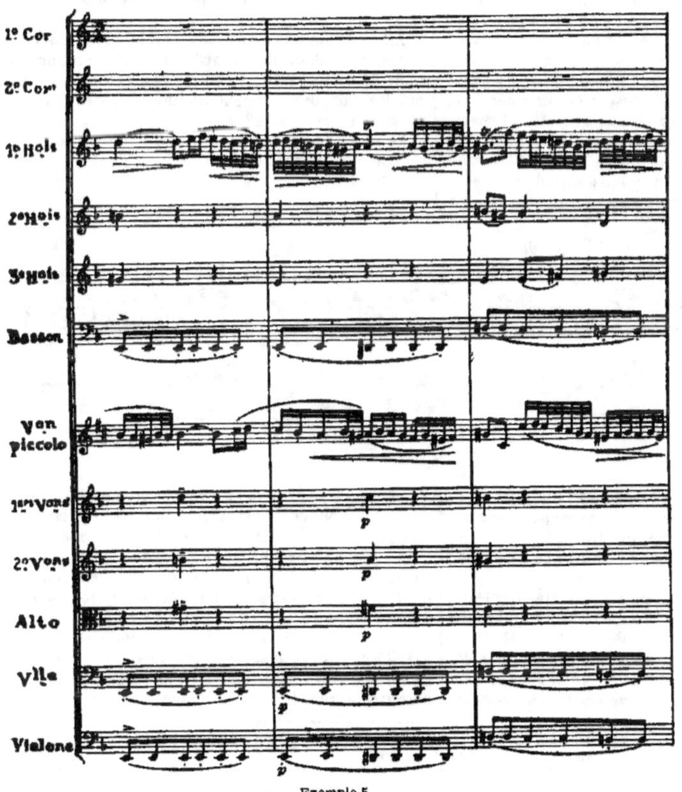

Exemple 5.

ensemble soutenu; mais si les cors y ont une partie indépendante, les hautbois ne font que renforcer en les doublant les premiers et seconds violons et les altos. Le premier trio est écrit uniquement pour deux hautbois et un basson.

La *polacca* est confiée à l'ensemble du quatuor.

Enfin, la disposition la plus curieuse est celle du troisième *trio*, où le chant en duo est exécuté par les deux cors, et la basse par les trois hautbois à l'unisson (ex. 6). Ces hautbois concertant d'ailleurs avec les cors et passant parfois au-dessus.

J.-S. Bach, *Concerto I* (Eulenburg).

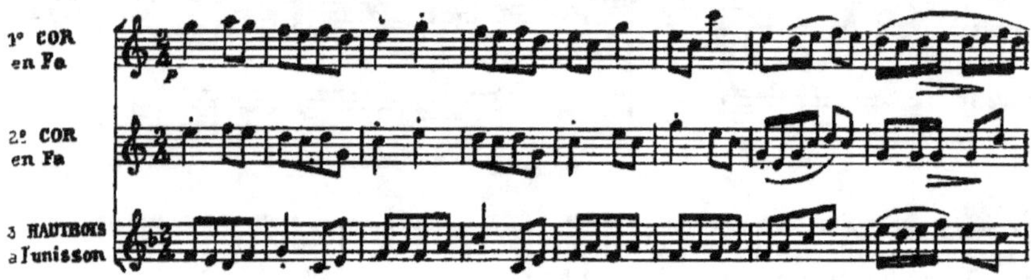

Exemple 6.

Dans tout ce concerto, les cors (comme dans la plupart des ouvrages de Bach) sont loin de se contenter du remplissage harmonique auquel nous habitueront les compositeurs des époques suivantes. Ce sont, bien au contraire, des personnages qui ont une part prépondérante dans le dialogue musical. Ils parlent haut et ferme, tranchent d'importance, sont un peu encombrants. Sous la polyphonie un peu lourde parfois des *allegros* de Bach, ils ont l'avantage de pouvoir, grâce à leur timbre particulier, faire dominer leurs dessins indépendants. Ils sont hardis, ces dessins, d'une exécution scabreuse pour nos cornistes actuels. Les parties de cors et de trompettes de beaucoup d'œuvres de ce temps ressemblent singulièrement à des parties de flûte ou de violon. Elles sont juchées à des hauteurs si périlleuses qu'on a pu soutenir avec une apparence de raison cette opinion un

peu risquée : « Les anciens écrivaient ces parties une octave au-dessus de leur diapason. » Ceci ne ferait que déplacer la difficulté, car certains passages écrits dans le grave en deviendraient inexécutables. Faut-il croire à une virtuosité dont nos exécutants actuels auraient perdu le secret? Les progrès des virtuoses sur tous les autres instruments viennent démentir cette hypothèse.

Les instruments d'autrefois étaient-ils si différents des nôtres? Peut-être, mais comment n'en aurions-nous pas retrouvé quelques traces, et comment nos habiles facteurs auraient-ils laissé perdre d'aussi précieuses traditions?

Le mystère reste impénétrable, et des passages de ce genre feront toujours le désespoir de nos cornistes (ex. 7) :

J.-S. Bach, *Concerto I* (Eulenburg).

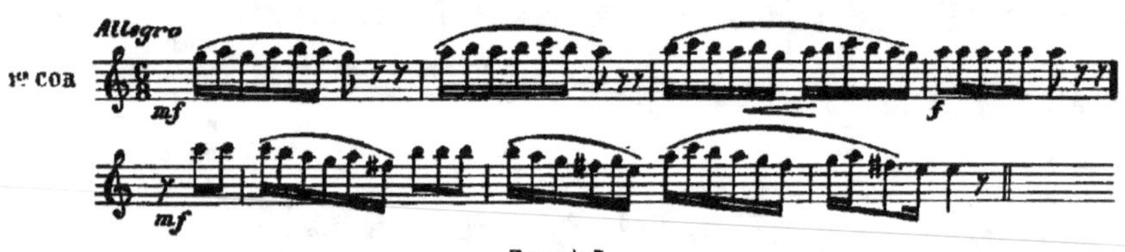

Exemple 7.

La difficulté se double ici de la fatigue occasionnée par la part presque constante prise par les exécutants à l'ensemble du discours musical [1].

Mentionnons la disposition des autres concertos de Bach.

Le n° 2 est écrit pour trompette, flûte, hautbois et violon solo; l'accompagnement pour le quintette à cordes, la basse étant renforcée par le cembalo.

L'*allegro* du début, avec ses très nombreux *tutti*, est d'une sonorité compacte, d'une vigueur massive; le rôle des solistes (en tant que véritables solistes)

s'y réduit de plus en plus. Mais ils prennent part aux ensembles en redoublant les parties des cordes. Seules, les trompettes gardent leur indépendance.

En d'autres endroits, les parties des quatre solistes se détachent de l'ensemble, mais, assez souvent, le quatuor *di ripieno* ne se contente pas de les accompagner et concerte avec elles (ex 8).

La recherche des oppositions de timbres et de la variété des effets n'est pas exclue de ces compositions, seulement elle s'effectue d'un mouvement à un autre et non dans un seul morceau. Après ce long

---

1. D'une lettre du distingué compositeur C.-M. Widor, auteur d'un remarquable traité de l'orchestre moderne faisant suite a celui de Berlioz, j'extrais cette opinion autorisée :
« 1° Le diapason était plus bas,
« 2° La perce plus étroite;

« 3° Les lèvres des virtuoses n'avaient jamais plus d'une octave à parcourir.
« En s'entraînant un mois sur les huit mêmes degrés, nos virtuoses d'aujourd'hui ne craindraient pas plus le vertige que ceux d'autrefois. »

J.-S. BACH, *Concerto II* (Eulenburg).

Exemple 8.

son des plus rares, une recherche de couleur assez évidente.

Le *Concerto* n° 3, en *sol*, est exclusivement confié aux cordes. Il comporte trois violons, trois altos, trois violoncelles, contrebasse doublée par le cembalo. Ici, il ne s'agit plus de *concerto di ripieni* et de *concertino*. Plus de solos ni d'accompagnements. C'est une œuvre symphonique pour cordes, avec pas mal d'unissons et un peu de monotonie. On regrette de ne pas y trouver un bel *adagio* séparant les deux *allegros*.

Dans le n° 4, en *sol* majeur, le violon principal, flanqué de deux flûtes et accompagné par le quintette, est assez souvent traité en virtuose (ex. 9).

La part de la virtuosité deviendra encore plus prépondérante dans le cinquième *Concerto* pour flûte, violon et cembalo, accompagnés seulement par une partie de violon, l'alto, le violoncelle et la contrebasse. C'est un véritable trio avec accompagnement d'orchestre à cordes. Le clavecin s'y émancipe jusqu'à remplacer souvent l'orchestre à lui tout seul. Nous nous acheminons, hélas! vers le concerto moderne, où le compositeur ne songera plus qu'à faire briller le talent de son interprète

et sonore *allegro*, BACH écrit l'*andante* pour flûte, hautbois et violon, deux violoncelles et cembalo pour la basse d'accompagnement. C'est là une combinai- Ici au moins, BACH pense encore à la musique.

Le sixième *Concerto* est un retour vers l'archaïsme. Son instrumentation restreinte en fait plutôt une

J.-S. BACH, *Concerto IV* (Eulenburg).

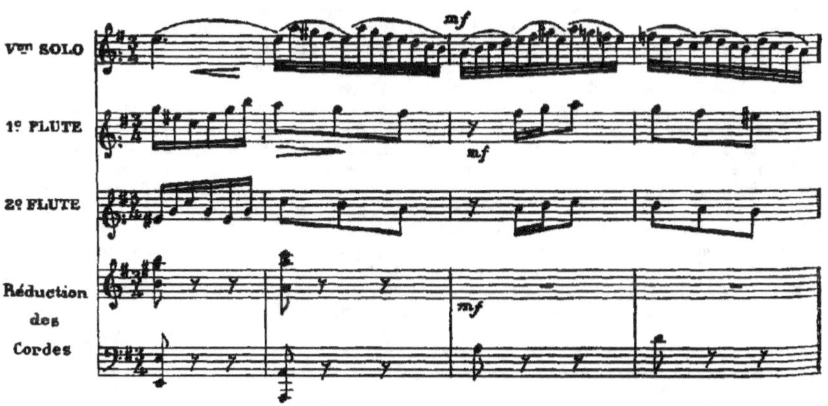

Exemple 9.

œuvre de musique de chambre. Sa couleur est bien particulière, grâce aux timbres employés : viola da braccio I et II — viola da gamba I et II — violoncelle — violone et cembalo.

Les symphonistes.

Peu à peu, cependant, l'orchestre normal, l'orchestre classique de Haydn, de Mozart, de Beethoven se préparait. Bach fut un des derniers compositeurs à employer le luth, encore ne le fit-il qu'assez rarement. Le théorbe avait disparu, mais Haendel s'en servit encore. On commença à abandonner l'usage du clavecin doublant éternellement la basse. Les nouveaux instruments à cordes, le violon, l'alto, le violoncelle, la contrebasse étaient assez puissants et assez variés pour se suffire à eux-mêmes. Le quintette à cordes était donc constitué et formait un ensemble solide, un fond permanent sur lequel s'ajoutaient les notes plus indépendantes des instruments à vent.

Mais cette indépendance ne se conquit pas toute seule, elle devait résulter d'un changement profond dans les formes mêmes de la composition.

Jusqu'à présent, l'orchestre, né de l'imitation instrumentale des grands ensembles vocaux, s'était toujours souvenu de cette origine première. Polyphonique comme les messes et les madrigaux des anciens contrapuntistes, écrit le plus souvent à quatre ou cinq parties, il ne pouvait employer que deux moyens de réalisation : le renforcement de chaque partie par des doublures nombreuses, procédé amenant avec la plénitude obtenue une lourdeur monotone, ou le groupement des instruments par familles, se répondant en alternances rythmées, imitation des tiroirs de l'orgue.

J.-S. Bach avait porté le jeu des polyphonies au plus haut point; le genre fugué avait atteint avec lui sa perfection définitive, on ne pouvait aller plus loin, on se tourna d'un autre côté. Les formules d'accompagnements en arpèges et en batteries se firent jour dans la musique de chambre. La forme expressive et naturelle du chant devint la préoccupation exclusive des compositeurs. L'appauvrissement harmonique qui en résulta et la forme un peu naïve et guindée de ce chant étaient nécessaires pour en arriver par conquêtes successives à une mélodie plus réfléchie, plus chaleureuse et vivante, à une harmonisation plus riche, à une rythmique plus variée. Du jour où l'orchestre s'empara de ces formules d'accompagnement encore plates et uniformes, quelque chose fut changé dans le caractère de l'instrumentation. On découvrit enfin la couleur propre à chaque instrument, son expression particulière, le rôle qu'il était appelé à jouer dans l'ensemble orchestral. Sur la trame légère d'un dessin de doubles croches en batteries, une flûte pouvait soupirer tout à son aise une noble mélodie; sur les accords en notes répétées des cordes, la clarinette élevait sa voix pure et touchante; un trémolo serré accompagnait un chant douloureux du hautbois. On découvrait avec surprise les qualités expressives des timbres. On découvrait en même temps les lois de proportion architecturales et tonales qui présidèrent à la confection de la symphonie. Encore indécises au début, elles se fixèrent enfin en des règles immuables que Beethoven lui-même respecta longtemps tout en les élargissant.

Et sans que des lois précises régissent à leur tour l'emploi des instruments, des usages prévalurent, une sorte de codification s'établit. Les instruments mélodiques furent la flûte, le hautbois, la clarinette, les violons. Les cors et les trompettes cessèrent de rivaliser avec eux. On s'abstint de leur confier les parties haut perchées auxquelles ils étaient habitués. Recherchant davantage la qualité de leur timbre aux dépens de leur étendue, on les employa plus dans leur véritable tessiture, en instruments harmoniques qu'ils sont. On confia aux cors le soin de nourrir les dessins du quatuor de leurs tenues discrètes, mais colorées. Les notes claires des trompettes se mêlèrent aux puissants ensembles qu'elles relevaient de leur sonorité nerveuse. Et les timbales vinrent leur prêter l'appui de leur percussion roulante, étouffée ou vibrante.

Cela ne se fit pas en une fois. Haydn, par son génie, mérita le titre de père de la Symphonie, mais il eut des précurseurs. Saluons-les tout d'abord. Nous aurons la joie de trouver dans leurs œuvres tombées dans l'oubli, les prémices de la glorieuse moisson des trois grands symphonistes allemands.

Où naquit la symphonie? Les musicographes ne sont guère d'accord, et chaque pays réclame pour lui l'honneur d'avoir abrité cette naissance. Agrell, l'un des plus anciens symphonistes, était Suédois; Sammartini, Italien; Hamal, Belge; Gossec, Franco-Belge; en Allemagne, l'école de Mannheim et l'école de Vienne se disputent la prééminence...

La réforme était dans l'air et s'accomplit sur plusieurs points à la fois.

Finck parle des symphonies de Jean Agrell, composées en 1725 et imprimées en 1746, comme des plus anciennes connues. Elles étaient écrites pour le quatuor, flûtes douces et traversières, hautbois, cors de chasse et trompettes. Ces instruments à vent se bornaient à doubler par instants le quatuor. Agrell, Suédois, après avoir été attaché à la cour de Cassel, mourut maître de chapelle à Nuremberg, en 1769. Ses œuvres, fort estimées à ce moment, ont pu servir de modèles aux maîtres allemands.

Ces maîtres sont nombreux. Fœrster, Fasch, J.-Ch. Hertel, Telemann, Graun, Ph.-Em. Bach sont parmi les précurseurs, ainsi que bien d'autres encore dont l'énumération serait fastidieuse, mais Johann Stamitz (1719-1761) passe pour le chef de toute cette école par la perfection relative qu'il sut apporter à une forme encore bien indécise. C'est dans son œuvre et dans celles de ses successeurs, F.-X. Richter, Ant. Filtz, Holzbauer, J. Tœschi, Ch. Cannabich, etc., qu'on peut le mieux trouver les germes qui se développeront si merveilleusement dans la symphonie de Haydn.

L'instrumentation en est encore un peu rudimentaire. Les « vents » se contentent, lorsqu'ils ne doublent pas les « cordes », de quelques tenues assez simples. Le quatuor, lui, parle tout le temps. Cependant, dans une symphonie à huit parties de Stamitz (deux cors, deux hautbois et quatuor, le violoncelle et la contrebasse exécutant toujours la même partie), nous trouvons quelques passages plus indépendants, comme celui où le chant à deux parties des cors et hautbois est accompagné par un unisson, en noires détachées, de tout le quintette à cordes.

L'andante est le plus souvent réservé au quatuor seul. Tant les compositeurs semblaient embarrassés de leurs richesses! Quelques parties assez mouvementées encore dans l'opus 5, n° 2, écrit pour deux cors, deux flûtes, deux hautbois, deux bassons et cordes (ex. 10) :

Johann Stamitz, *Symphonia à 12, op. 5, n° 2* (Denkmäler der Tonkunst in Deutschland, VII B).

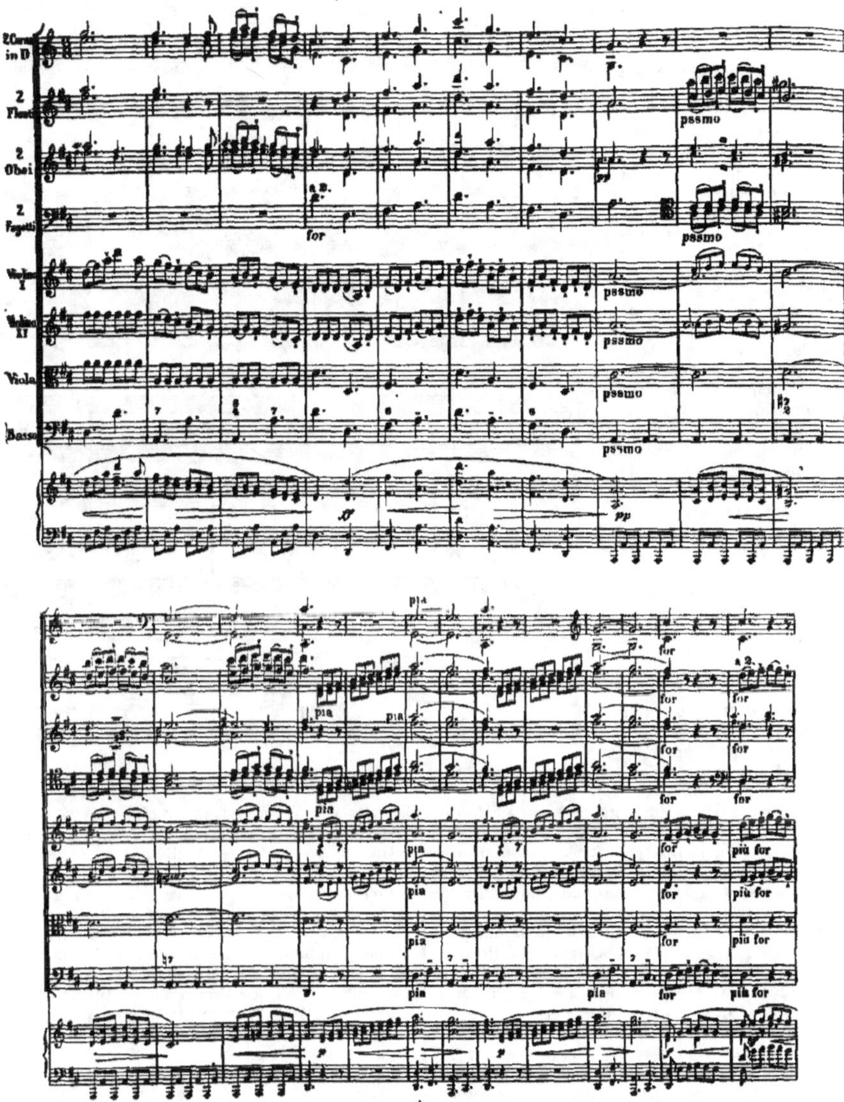

Exemple 10.

Une symphonie de Richter (1709-1789) nous paraît mieux disposée. Il y a plus d'air. Les parties des premiers et deuxièmes violons sont plus indépendantes l'une de l'autre. Dans l'*andante*, Richter emploie les hautbois et les cors (ex. 11).

Ant. Filtz (mort en 1768) écrit une de ses symphonies pour *tympano in D. A.*, deux clarinettes, deux cors, deux hautbois et quatuor. Voici donc les timbales qui font leur apparition dans le style de concert, la clarinette est aussi une grande nouveauté. Malgré tout, l'ensemble apparaît encore d'une certaine maigreur.

L'écriture de Tœschi dénote plus d'aisance. Le quatuor dialogue mieux, les basses ont de l'intérêt. L'*andante* est toujours réservé aux cordes seules.

Nous trouvons un curieux effet descriptif assez naïf

(*La Tempesta*) dans une œuvre de HOLZBAUER (1711-1783), avec des oppositions brusques de *p* et de *f* assez peu employées d'ordinaire (ex. 12).

Ch. CANNABICH (1731-1798) eut, lui aussi, une grande réputation de compositeur et de chef d'orchestre. L'orchestre de Mannheim était célèbre à cette époque par la précision de son exécution et par sa façon, toute nouvelle alors, de nuancer les œuvres. Les effets de *crescendo* et de *diminuendo*, à peu près inconnus jusqu'alors, produisirent sensation. Les nombreux musiciens venus de tous les points de l'Allemagne pour entendre cet orchestre réputé, en revinrent enthousiasmés.

Jusqu'alors, les nuances orchestrales se réduisaient aux seuls effets d'opposition : les double *forte* succédant subitement aux *piano*, les *pianissimo* contrastant avec les *forte*. Évidemment, les virtuoses, les violonistes italiens surtout, pratiquaient déjà les nuances enflées et diminuées, mais cela paraissait une difficulté trop grande pour un ensemble de musiciens.

On trouverait pourtant quelques exemples fort rares et tout isolés de l'emploi de ces gradations du son à l'orchestre dans quelques ouvrages anciens. C'était là plutôt une curiosité. Une

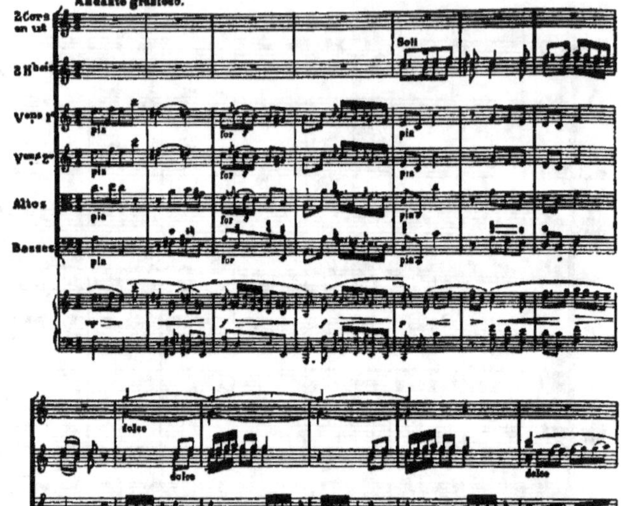
F.-X. RICHTER, *Sinfonia a 8, op. 4, n° 3* (Denkmäler, VII B).

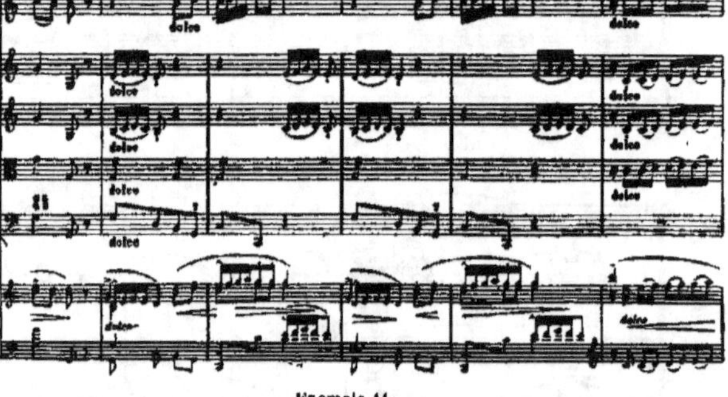

Exemple 11

ouverture de GALUPPI (jouée en 1754) prescrit la succession des nuances *pp., p., mf., f., ff.* On trouverait la même progression dans un ouvrage de HASSE (M. KAMIENSKY) et dans l'ouverture du *Choix d'Hercule* de HAENDEL (1750).

A Paris (en 1775), RIGEL se servit du *crescendo* dans son oratorio : *la Sortie d'Égypte.* GRÉTRY l'utilisa, en 1770, dans la marche des *Deux Avares* qui lui dut tout son succès, et RAMEAU s'empara de cet effet pour dépeindre les Titans escaladant le ciel.

Mais cette façon d'amener insensiblement les nuances les plus opposées était regardée par les musiciens d'alors, si peu entraînés aux ensembles précis, comme une très grosse difficulté nécessitant une assez longue étude. Il appartenait aux chefs d'orchestre de Mannheim, aux STAMITZ, aux RICHTER, surtout aux CANNABICH, aux TŒSCHI, etc., de faire entrer cet usage dans la pratique courante et d'en obtenir une puissance d'impression inconnue jusqu'à ce jour.

REICHARDT reporte l'honneur de cette nouveauté à JOMELLI (1714-1774) et écrit : « Le jour où JOMELLI fit entendre cela à Rome pour la première fois, les auditeurs, pendant le *cresc ndo*, se levèrent peu à peu de leurs sièges et ne respirèrent qu'au *diminuendo*, s'apercevant alors qu'ils avaient perdu l'haleine ! »

Il déclare qu'à Berlin, HASSE et GRAUN ne se sont jamais servis d'un tel moyen, et qu'il n'a pu entendre cette délicate gradation, si difficile à obtenir, qu'à Stuttgart et à Mannheim.

RICHTER et CANNABICH vinrent à Paris et initièrent nos musiciens à ce nouveau mode d'exécution. Le succès de leurs ouvrages fut considérable.

Une symphonie de CANNABICH est écrite pour deux cors, deux clarinettes obligées, deux bassons et le quintette. On voit que l'embarras d'utiliser a la fois deux clarinettes (instruments nouveaux) et deux hautbois, jouant dans le même registre, a fait supprimer ces derniers.

Pourtant, nous voyons, dans une *Ouverture* en *ut* majeur du même compositeur, la réunion de ces deux timbres joints aux instruments habituels. L'orchestration est ici riche et compacte. On y rencontre encore bien des doublures, mais aussi des passages dialogués entre les bois et les cordes, d'un bon effet.

Les funestes doublures, procédé facile d'écriture, se poursuivront longtemps encore. Dans une symphonie de Carl STAMITZ (le fils) (1746-1801), de facture plus petite, moins étoffée, les deux flûtes doublent constamment les deux hautbois. Par contre, en de nombreux endroits, les bois cessent de doubler ou

J. Holzbauer, *La Tempesta del Mare, Sinfonia a 10, op. 4* (Denkmäler, VII B).

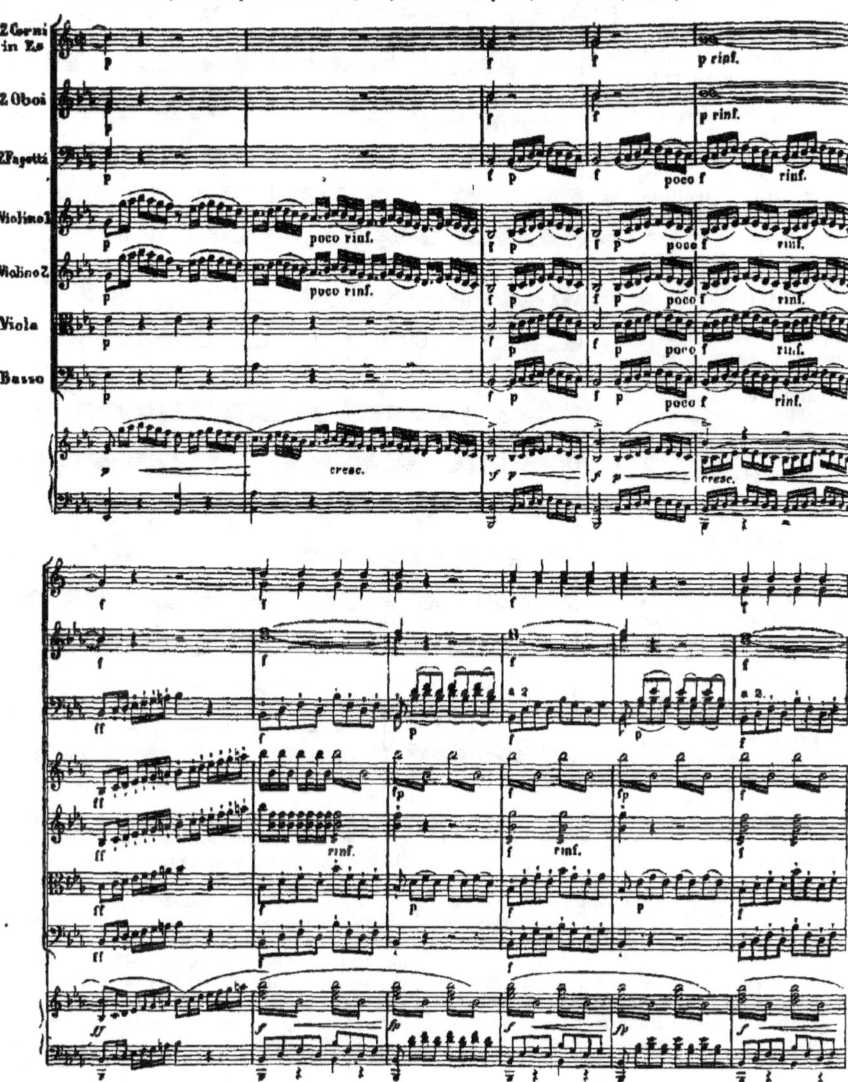

Exemple 12.

d'imiter les parties des cordes et les soutiennent seulement par de longues tenues.

Ce procédé devenu banal, mais d'excellente sonorité et d'où les symphonistes futurs tireront de si charmants effets, était alors une nouveauté.

Peu à peu, les instruments à vent se risquent à plus d'indépendance. Témoin ce passage aisé d'une petite symphonie, assez plate par ailleurs, de Beck (ex. 13).

Cette indépendance va même parfois jusqu'à la virtuosité pure, comme dans l'ouverture du *Gunther von Schwarzburg* de Holzbauer, écrite pour hautbois, basson, cors, trompettes, timbales et cordes, où se trouve un long solo en forme de trait confié au hautbois.

Mais revenons en arrière. Nous avons parlé de Hamal, le symphoniste liégeois. Il est juste d'ajouter que ses essais semblent antérieurs à ceux de Stamitz, et qu'il paraît bien un précurseur génial.

J. Stamitz était né en 1717. C'est en 1750 qu'il

écrivait ses premiers trios dans lesquels il employait si ingénieusement la nouvelle forme de la « Sonate » déjà indiquée (v. 1742) par Emmanuel BACH. Bientôt après, il appliquait cette forme typique, génératrice de tant de chefs-d'œuvre, à la musique orchestrale. La symphonie prenait naissance. Il faut placer aux côtés de STAMITZ, avec RICHTER et FILTZ déjà nommés, le plus jeune fils de J.-S. BACH, Jean-Chrétien, dont les essais en ce genre sont assez remarquables.

Mais Jean-Noël HAMAL naquit en 1709; son opus 1, composé de six ouvertures pour deux violons, alto, violoncelle et clavecin, a été publié à Paris en 1743. Les idées en sont déjà d'une clarté, d'une vivacité, d'une aisance mélodique qui font prévoir le grand changement qui va s'opérer dans la technique musicale.

HAMAL avait été à Rome. Il y connut JOMELLI et DURANTE, et sans doute PERGOLÈSE. Les *Sonates à trois* de ce dernier, si neuves de forme, ont pu l'influencer. Ses symphonies, écrites à Liège à son retour, sont certainement antérieures à celles de STAMITZ. Elles sont d'une fraîcheur d'idées qui fait songer parfois à HAYDN. La forme en est

Frantz BECK, *Sinfonia à 8, op. 4, n° 1* (Denkmäler, VIII B).

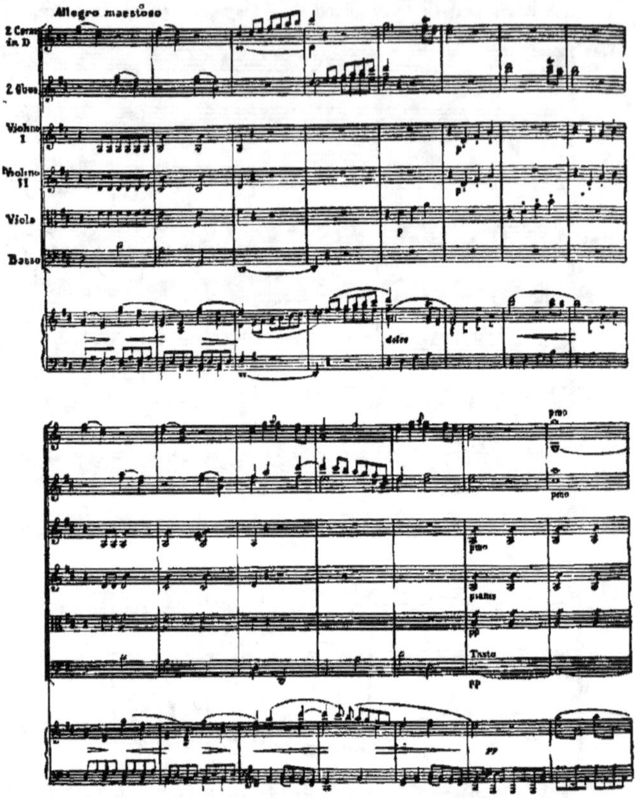

Exemple 13.

déjà celle de la symphonie de STAMITZ, et de la sonate d'Em. BACH; l'instrumentation, par contre, apparaît toute rudimentaire.

Nous pouvons donner quelques exemples d'une de ces ouvertures, grâce à l'obligeance de M. le docteur DWELSHAUVERS, de Liège, qui avait publié plusieurs opuscules sur HAMAL et sur la symphonie avant HAYDN (ex. 14).

Si le *concerto grosso* avait pris naissance en Italie, le nouveau style symphonique devait s'y développer quelque peu. GASPARINI et JOMELLI s'étaient détournés un moment de la musique de théâtre pour se donner à la musique pure, VIVALDI (m. en 1743) s'essaya, lui aussi, à la symphonie et publia une suite descriptive : *les Quatre Saisons*. Enfin, SAMMARTINI peut être considéré comme le précurseur direct de HAYDN par la franchise de ses mélodies, la rondeur et la bonhomie de son style. En France, cet art fut cultivé par GOSSEC, dont on a voulu faire un inventeur du genre. Mais, en France même, GOSSEC eut des précurseurs fort nombreux. Nous ne pouvons les citer tous, cependant nous ne saurions taire les noms de Jacques AUBERT, de BOISMORTIER, de CORRETTE, de NAUDOT, d'AUBLET, dont des œuvres instrumentales, concerts et symphonies, parurent de 1730 à 1745. Le violoniste J.-M. LECLAIR, dont on possède de magis-

trales sonates, écrivit des pièces à trois parties. Un peu plus tard, d'autres excellents musiciens, comme DAUVERGNE, l'auteur des *Troqueurs*, EXAUDET, PAPAVOINE, MAHAUT, le célèbre PHILIDOR lui-même s'essayèrent dans ce genre et y acquirent quelque réputation. Un grand nombre de ces pièces est, il est vrai, réservé au quatuor seul... et l'instrumentation des autres est fort rudimentaire. GOSSEC (1734-1829) devait faire progresser cet art, mais il n'y parvint qu'après de nombreux essais. Il naquit dans le Hainaut, à Vergnies, à une époque où ce territoire avait été déclaré français par les nouveaux traités. Ceci explique que certains le considèrent comme Français, alors que les Belges le réclament impérieusement pour un des leurs. Il fut certainement un très bon musicien qui a produit au théâtre, à l'église, au concert, des œuvres fort estimables, souvent même des plus remarquables. Il a eu la déveine d'avoir à lutter toujours contre plus grand que lui. Il ne pouvait rivaliser d'esprit et de sentiment avec GRÉTRY, quoique beaucoup plus instruit dans son art, encore moins atteindre au style et à la profondeur de GLUCK. Le *Requiem* de MOZART fit oublier sa *Messe des morts*, qui eut pourtant une énorme réputation. HAYDN devait l'éclipser rapidement comme symphoniste. N'oublions pas pourtant que la première symphonie de GOSSEC date

J.-N. HAMAL, *Ouverture* (manuscrit communiqué par le Dr Dwelshauvers).

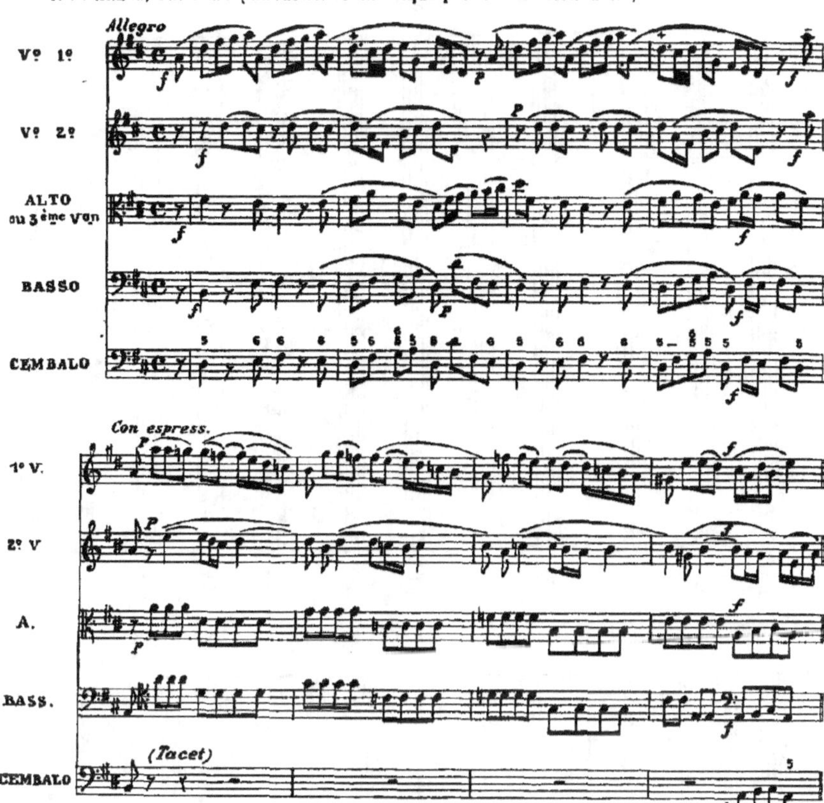

Exemple 11. — La 1re note du Basso (4e portée) est un *ré* et non un *si*.

de 1754, cinq ans avant la première de HAYDN, onze ans après les essais de HAMAL.

A vrai dire, l'orchestration de ses œuvres de début est lourde et maladroite. Les bois y doublent presque constamment les cordes. GOSSEC devait apprendre par la suite à mieux traiter l'harmonie. Ses grandes cantates révolutionnaires allaient l'y aider. GOSSEC s'enthousiasma, en effet, pour les nouveaux principes de gouvernement. Il fut le grand musicien de la Révolution. Sa musique de plein air est nécessairement massive et d'effet un peu gros. Dans son deuxième *Te Deum*, il fait usage, en plus des flûtes, hautbois, clarinettes, bassons, cors et trompettes, de cinquante serpents, d'un orgue et de toute une bande de tambours.

Nous trouverons plus de musicalité dans ses deux dernières symphonies : *la Chasse* et celle en *fa* majeur. L'influence de HAYDN s'y fait sentir. En effet, la *Chasse* date de 1774, et, en 1769, les symphonies de HAYDN avaient été jouées à Paris. L'orchestration comprend des parties de clarinettes et de trompettes en plus de l'ensemble habituel. La marche des parties est plus élégante et mieux dialoguée. La 21e *Symphonie* est écrite pour flûte, deux hautbois, deux clarinettes,

deux bassons, deux cors, deux trompettes, timbales et quintette. C'est plus d'instruments que n'en emploieront HAYDN et MOZART dans leurs premières œuvres. C'est déjà tout l'orchestre de la grande période classique.

La pâte souple, consistante, homogène de l'orchestre symphonique est donc constituée. Tous les timbres présents s'harmoniseront en un précieux équilibre. La masse suffisamment restreinte des cordes n'étouffera pas les dessins variés des bois sous une polyphonie trop pesante. Les formules d'accompagnement mettront de l'air dans l'ensemble. La sonorité bien proportionnée des cuivres relèvera les tutti d'un éclat brillant, sans excès. Tous les timbres inutiles, trop sourds ou trop personnels, ont été exclus. On s'est enfin délivré de cet encombrant clavecin et de ses réalisations harmoniques claires, mais grêles. Tout est prêt, la forme symphonique elle-même est arrêtée. Les génies peuvent venir, ils auront en main un organisme parfait. Ils pourront développer, agrandir le rôle de certains instruments, rechercher par leur union un coloris plus riche ou plus raffiné, ils n'auront rien à changer, de longtemps, à l'ensemble instrumental.

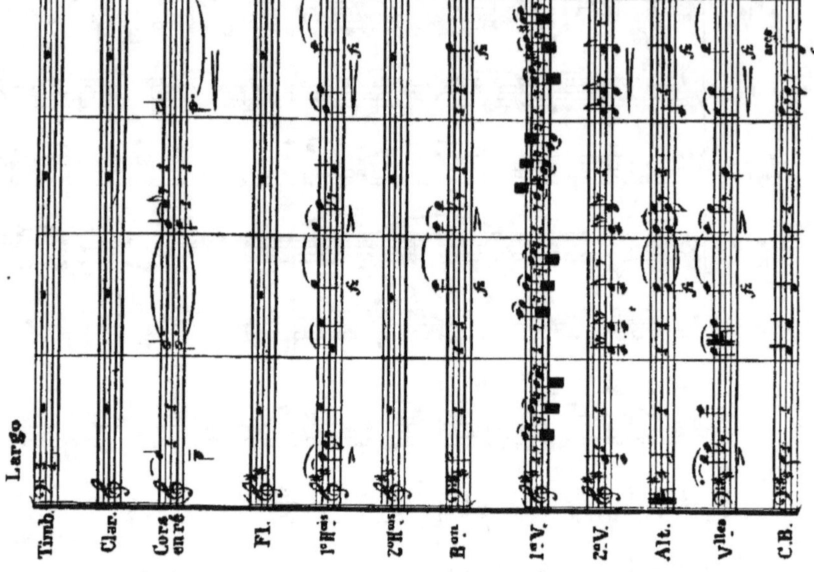

Exemple 16. — Les seconds violons et contrebasses sont en pizzicati.

Exemple 17.

HAYDN ET MOZART

Haydn (1732-1809).

Haydn eut donc des précurseurs. Ceci n'est point pour diminuer son mérite. S'il n'a pas créé la symphonie de toutes pièces, en tout cas, il l'a singulièrement perfectionnée, tant au point de vue de la forme et de la vivacité des idées qu'à celui du coloris instrumental. Ce dernier point nous occupe seul ici. Il faut reconnaître chez Haydn une science plus approfondie du timbre des instruments, une manière plus libre de traiter chaque partie de l'ensemble en en respectant bien le caractère. Ces qualités ne se rencontrent pas à un égal degré dans ses premières symphonies. Prudent et timide même à son début, Haydn n'est parvenu à la maîtrise de son art qu'après avoir connu Mozart. Alors seulement, il élargit sa manière; alors seulement, il instrumente ses œuvres avec plénitude, en employant l'orchestre complet. Faut-il faire hommage de ce changement au musicien prestigieux qu'était l'auteur de *Don Juan* ? La jeunesse de Mozart lui interdisait de donner des conseils à son vieil ami, qu'il considérait respectueusement comme un maître. Mais les œuvres si parfaites du jeune compositeur portaient en elles-mêmes leur enseignement, Haydn était trop avisé pour ne pas s'en apercevoir et ne pas en faire son profit.

Les premières œuvres symphoniques de Haydn (la première date de 1759) sont instrumentées de façon très réduite. L'harmonie n'y comprend guère qu'une flûte, deux hautbois, deux cors et deux bassons. Parfois même, les cors ou les bassons, la flûte même, sont supprimés.

Sans doute, n'avait-il pas d'orchestre plus complet à sa disposition chez le comte de Mortzin, son premier maître, ou chez le prince Esterhazy, au service duquel il vécut plus de trente ans.

A la mort du prince, Haydn accepta les propositions d'un organisateur de concerts à Londres. Son succès dans cette ville fut considérable. Il n'écrivit pas moins de douze symphonies pour cette entreprise. Il en avait précédemment écrit quelques-unes pour des concerts à Paris. Composant pour de grands orchestres, il put alors déployer toute la maîtrise de son art. Sa science du développement s'y emploie à sa guise, jamais la richesse de son imagination n'a été plus débordante. Enfin, l'harmonie, au complet cette fois, lui permet l'emploi des clarinettes, des trompettes, des timbales, et cette abondance de ressources, loin de l'encombrer, semble au contraire, à certains moments, lui apporter plus d'aisance, plus de facilité pour donner à ses idées mélodiques toute la valeur qu'elles réclament. Faisons cette réserve pourtant, dans les premières œuvres avec clarinette : l'emploi de cet instrument est encore très limité, comme gêné peut-être par la difficulté de trouver de bons exécutants.

Si les premières symphonies de Haydn sont d'une instrumentation plus pauvre que nombre d'ouvrages de ses prédécesseurs, elles n'en présentent pas moins un intérêt de premier ordre par la valeur des idées et leur conduite aisée, et par l'ingéniosité de leur facture. Elles vivent d'une vie plus intense, elles ont une fraîcheur de motifs, et déjà une invention dans les développements (encore trop raccourcis) qu'on ne remarque pas au même degré dans les ouvrages contemporains de Stamitz, de Cannabich ou de Gossec.

L'instrumentation est simple, mais l'indépendance de chaque partie est plus accusée. A mesure que l'on avance dans l'œuvre du maître, cette indépendance deviendra plus grande, et mille détails heureux viendront souligner sa connaissance plus approfondie des timbres et son entente toujours plus vive de leurs combinaisons.

Déjà, dans une petite *Symphonie* en *ut* majeur dont l'harmonie se réduit à deux cors, deux hautbois et deux bassons pour le premier morceau, le *menuet* et le *final*, on trouve, dans l'*andante*, une partie de flûte obligée dont les arpèges mettent comme un murmure aérien sur le chant du premier hautbois (ex. 15).

Il est curieux que cet instrument ne soit là qu'à titre de soliste et ne participe pas aux ensembles.

Dans l'*andante* d'une autre symphonie, en *ut* également, Haydn fait usage de la sourdine aux violons pour en modifier le timbre.

Au début de la symphonie dite *la Roxelane*, le thème, exposé par les violons, est redit uniquement par les flûtes, hautbois et cors, sur une pédale des basses.

Ceci est assez rare dans les premières symphonies où tout s'appuie sur le quatuor, maître absolu du groupe, chargé de fondre et d'unir toutes les sonorités.

Le souvenir des dispositions orchestrale du vieux *concerto grosso* hantait encore parfois Haydn. Un passage de l'*adagio* de la petite *Symphonie* en *ré* majeur (n° 23, édit. Breitkopf) nous montre cette influence. Il est confié aux cordes seules et écrit pour deux violons solos et un violoncelle solo, accompagnés des *pizzicati* de tout le quintette.

La *Symphonie* en *sol* majeur, portant le n° 13 de Breitkopf, est déjà de plus d'importance. Sa tablature comprend timbales, deux trompettes, deux cors, une flûte, deux hautbois et deux bassons (dans cet ordre). Mais la trompette et les timbales ne paraissent ni dans l'introduction, ni dans le premier mouvement. Timidement, elles font leur entrée dans le *largo* et se bornent à renforcer quelques rares *fortissimo*. Leur place est mieux marquée dans le *menuet*. La timbale s'y risque même, sans trompette, à quelques passages *piano*. Dans le *final*, les trompettes enflent les *tutti* de leurs notes à vide, les seules possibles alors sur ces instruments.

Il y a dans cette symphonie quelques recherches curieuses de sonorités variées. Au début de l'*adagio*, les violons se taisent pour laisser chanter les violoncelles dans le registre élevé, doublés à l'octave par le premier hautbois. Un peu plus loin, la même disposition s'enrichira de l'accompagnement en triples croches des premiers violons sur les *pizzicati* des seconds (ex. 16).

On sent ici Haydn plus en possession de son art. Tout en s'appuyant sur la tradition, il s'éloigne des sentiers battus. Il recherche, avec prudence, les nouveautés, mais ne les hasarde qu'en homme sûr de lui.

Dans la symphonie portant le n° 16 de l'édition Breitkopf, les trompettes et les timbales ne paraissent pas. Cependant, l'harmonie y est traitée avec plus de largeur. Dans les *forte* elle soutient tout entière par ses accords le langage des cordes, et atteint ainsi à une grande plénitude, sans lourdeur. Les *tutti* de l'*andante* sont de superbe sonorité. L'harmonie se risque parfois à des passages isolés, non sans maigreur.

Avançons encore, nous verrons ce rôle de l'harmo-

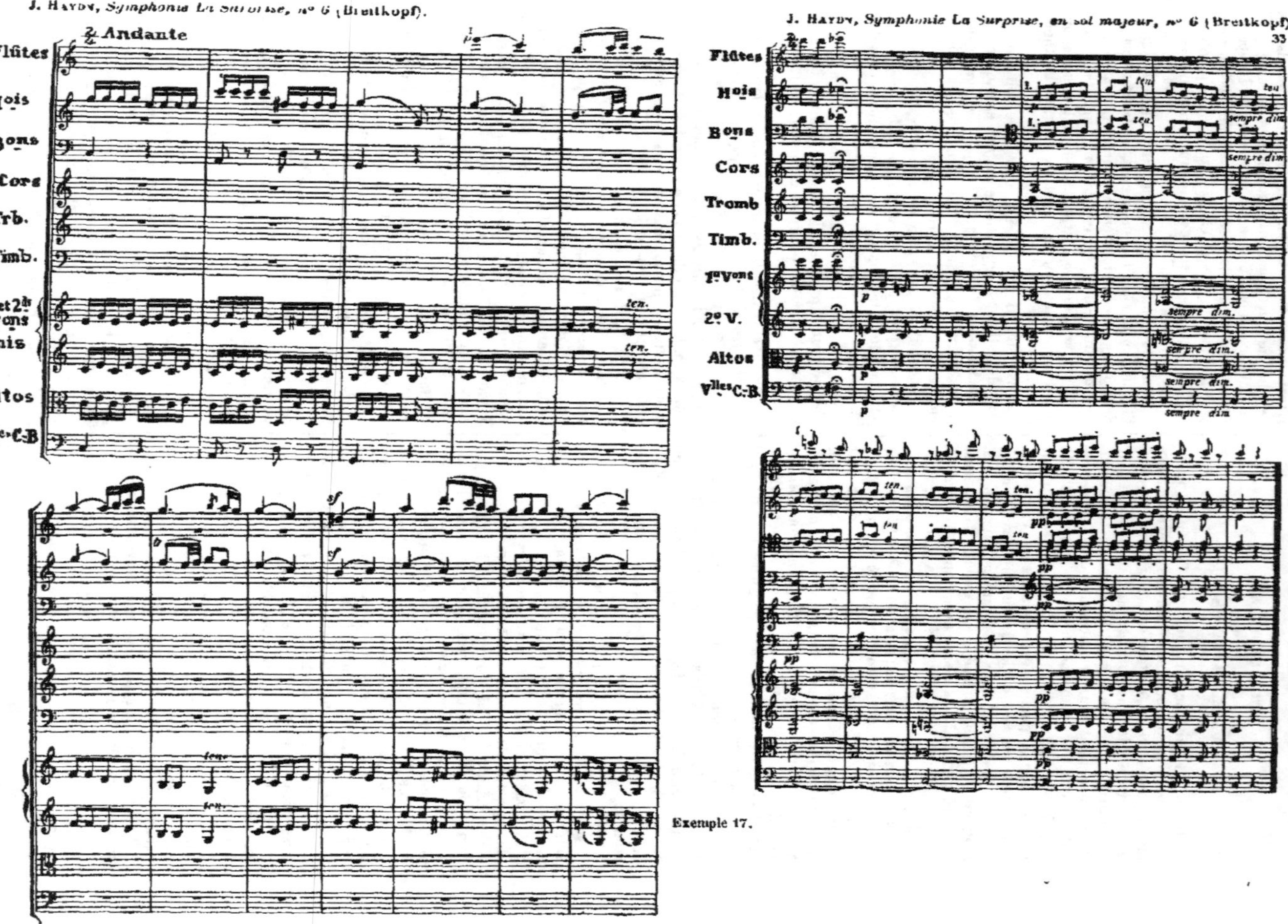
J. Haydn, Symphonie La Surprise, n° 6 (Breitkopf).
Andante
Flûtes
Hois
Bons
Cors
Trb.
Timb.
1er et 2e Vons unis
Altos
V'lles C.-B
J. Haydn, Symphonie La Surprise, en sol majeur, n° 6 (Breitkopf).
33
Flûtes
Hois
Bons
Cors
Tromb
Timb.
1er Vons
2e V.
Altos
V'lles C.-B.
sempre dim.
Exemple 17.

nie prendre plus d'importance. Les cordes se dédoublent rarement chez HAYDN; lorsqu'il veut doubler dans le grave un chant de violon, il a recours au serviteur à tout faire de l'orchestre, à l'inévitable basson, dont la sonorité se fond d'ailleurs fort bien avec celle des cordes. Mais l'harmonie devient peu à peu plus cohérente; grâce à l'adjonction des trompettes, elle forme une masse homogène qui s'oppose parfois avec bonheur à la masse des cordes, au lieu de toujours s'y superposer (*Symphonie n° 5 de BREIT-KOPF*)[1].

Nous arrivons aux grandes symphonies de HAYDN, celles de la plus glorieuse époque. L'habileté de l'écriture, la grâce et la vivacité des thèmes ne sont pas sans influence sur leur coloris orchestral. Tout se tient

et les belles idées s'instrumentent d'elles-mêmes. L'*andante* de la symphonie *la Surprise* (en *sol*, n° 11 de BREITKOPF), justement célèbre, vient nous le prouver une fois de plus. Il est plein de détails exquis. Faut-il citer le délicat fragment avec l'heureux contrepoint des flûtes et des hautbois sur le motif des violons? Effet dont la simplicité un peu nue fait tout le charme; la fin est d'une sonorité mystérieuse, avec la pédale grave des cors, le sourd roulement des timbales, les accords soutenus, pianissimo, du quintette, les notes de la flûte piquées à contretemps, et qui mettent là comme de brèves étincelles (ex. 17).

Sans doute, malgré les progrès évidents effectués sur les anciens symphonistes, l'orchestre de HAYDN

J. HAYDN, *Symphonie en ré, n° 2* (Breitkopf).

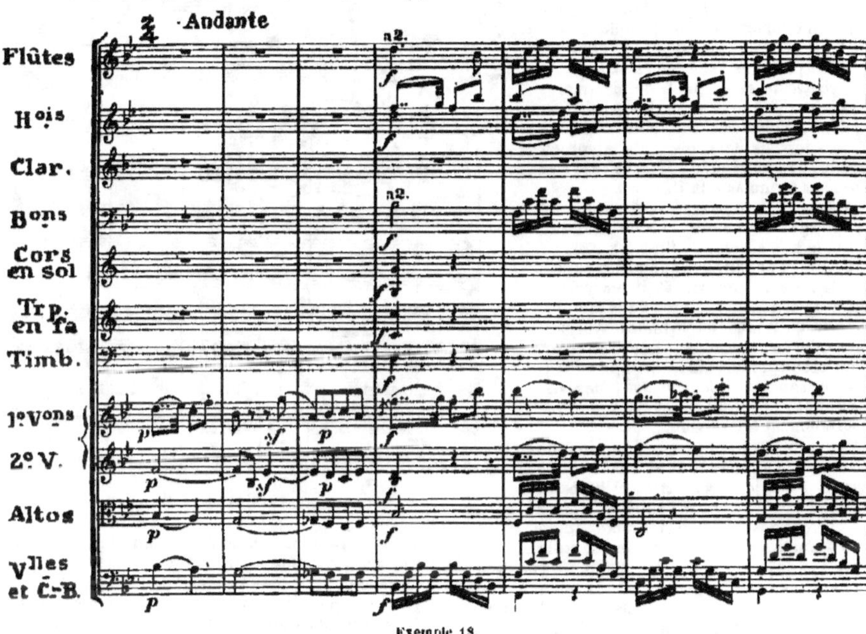

Exemple 18.

manque souvent de vigueur et d'éclat. Le quatuor en est toujours l'invariable fond (il en sera longtemps de même); surtout, il se meut trop souvent dans le grave ou le médium. La flûte elle-même craint les sons suraigus, et lorsqu'elle double les premiers violons, elle le fait dans le registre moyen, sans grande utilité. Sans doute aussi, les *tutti* sonnent tous de façon semblable, dans des formes stéréotypées : accords brefs répétés ou longues tenues *forte* des « vents » sur le rythme mouvementé du quatuor.

Et cela tient beaucoup à l'insuffisance des trompettes et des cors. S'ils ont gagné, depuis BACH et HAENDEL, en qualité de son, ils ont perdu les notes du registre élevé susceptible de quelque agilité. Ils en sont réduits aux notes naturelles, dans un espace restreint d'une octave à une octave et demie. L'ac-

cord de tonique et celui de dominante sont impérieusement réclamés pour leur emploi, d'où tant de formules banales, ressassées dans la plupart des œuvres classiques, et dont BEETHOVEN pas plus que MOZART ne pourront éviter l'usage. D'autres inconvénients surgiront encore de l'emploi forcé de ces notes si raréfiées; nous les étudierons plus loin.

Dans les dernières symphonies de HAYDN, la clarinette fait enfin son apparition, un peu timidement. Au début, le compositeur ne l'emploie guère que dans les *forte*, comme l'avaient fait ses prédécesseurs. Sans doute, le timbre un peu gros de l'instrument, un peu rude, du fait de l'inexpérience des exécutants et d'une facture rudimentaire, était la cause de cette réserve. Tout de même, l'orchestre gagne plus de corps à cette adjonction, les *tutti* sont moins maigres et l'harmonie va pouvoir se séparer plus aisément des cordes. Les recherches pittoresques du vieil HAYDN se font de plus en plus nombreuses. Ce sont, dans la *Symphonie*

---

1. Le numérotage de BREITKOPF n'a rien à voir avec l'ordre chronologique des *Symphonies* de HAYDN. Nous avons, autant que possible, suivi l'ordre chronologique dans cette étude.

n° 4 de Breitkopf) *en ré*, le gloussement des bassons en notes piquées, doublés par les pizzicati et accompagnant un chant élégant des premiers violons, et aussi les contretemps des bois, mélangés de notes tenues qui en adoucissent la sécheresse, sur le dialogue en triples croches du quintette.

Enfin, un peu plus loin, la charmante combinaison des violons seuls, accompagnés par l'harmonie. Cet effet, qui dure près de quatre pages, est aussi ingénieux d'orchestration que d'écriture contrapuntique, et d'une délicatesse rare.

Dans la *Symphonie* (n° 1 de Breitkopf) *en mi bémol,* les clarinettes se risquent, sinon seules, au moins dans les *tutti,* à doubler les violons, même dans des passages en doubles croches. Toutefois, suivant un usage assez singulier, elles ne figurent pas dans l'*andante.* L'*andante* de la *Symphonie en ré* (n° 2 de Breitkopf) est d'une riche figuration, les parties en sont mouvementées, cela sonne plus gras et plus nerveux à la fois. Le quatuor en est plus chargé et n'est pas sans rappeler certaines formules à la Haendel..

A signaler le passage assez curieux où les arpeges des basses sont doublés par l'alto, le basson et... la flûte (ex. 18).

Cet usage de faire redoubler les cordes par la flûte à l'unisson était tenace, en dépit de son peu d'utilité. Dans une des dernières et plus importantes symphonies, celle en *si bémol* (n° 12 de Breitkopf), nous retrouverons, dans quelques *tutti,* cet unisson des violons et des flûtes. Les deux flûtes elles-mêmes jouent presque constamment à l'unisson.

Mais voici du nouveau. L'édition de Breitkopf de cette symphonie indique bien à l'*adagio* : trompettes et timbales avec sourdines. Déjà? Toutefois, Haydn ne cherche pas ici l'effet si caractéristique des trompettes modernes avec sourdine- effet si employé de nos jours. Il se contente de confier aux trompettes des tenues qui viennent nourrir certains ensembles, où le son trop éclatant de la trompette habituelle aurait jeté quelque trouble.

Que de jolis détails il y aurait encore à citer dans toutes ces charmantes œuvres! Nous ne pouvons mieux conclure notre étude qu'en donnant ce délicieux passage final de l'*adagio* de la *Symphonie en ut* (n° 7 de Breitkopf). Quelle chose exquise et expressive que ces plaintes entrecoupées des flûtes et hautbois sur les tierces des bassons, avec en dessous le frémissement grave et sourd du quintette! Haydn atteint ici au pathétique, et comme nous voilà loin de l'orchestre de Stamitz ou de Gossec (ex. 19)!

Cependant, il est un côté, très caractérisé, du talent de Haydn, que les symphonies seules ne permettent pas d'apprécier : c'est le côté descriptif. Dans ses grands oratorios, dans la *Création,* dans les *Saisons,* nous verrons le compositeur s'appliquer à serrer l'esprit de son texte de la façon la plus étroite. Cela n'va pas sans quelque excès, et c'est là le danger de toute musique imitative. On a beaucoup écrit pour et contre le style imitatif; c'était dépenser beaucoup d'encre inutilement. Il n'y a pas de compositeur qui,

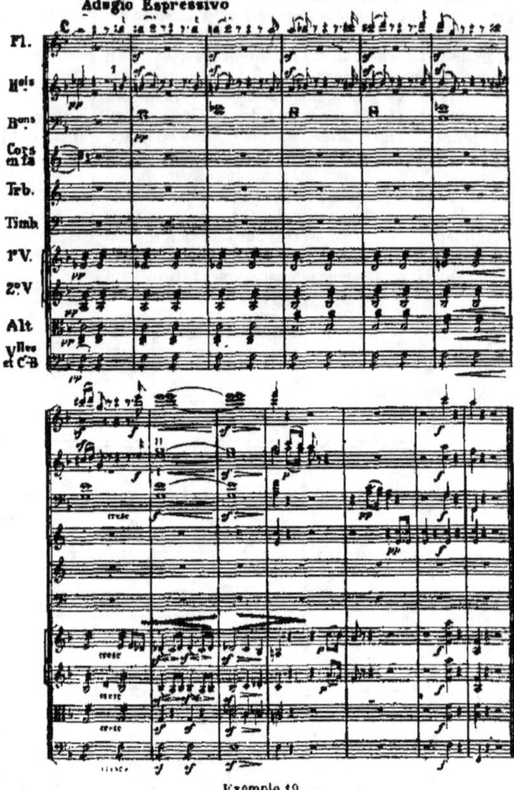

Exemple 19.

ayant à traduire une situation, un état d'âme, un paysage, ne s'efforce par tous les moyens mélodiques, harmoniques, rythmiques et orchestraux, de souligner les mots de son texte en une figuration qui évoque pour l'auditeur les sensations exprimées, ou tout au moins qui vienne s'y ajouter et les renforcer par une sorte d'association d'idées. Considérée ainsi, toute imitation est légitime

Il n'y aurait qu'un blâme pour le compositeur assez dénué de sens critique pour accompagner le récit d'une course rapide, d'un envol d'oisillons, d'un départ de traineaux, par des accords lents et pesants ; encore moins, ne saurait-on admettre des sentiments de mélancolie ou d'angoisse soulignés (à moins d'une raillerie volontaire) par des traits eclatants ou par un rythme de contredanse La musique doit toujours être evocatrice des sentiments decrits. Mais là ne s'arrête pas le pouvoir descriptif des sons ou, pour mieux dire, leur faculté de colorer un récit. Que Siegfried chante le printemps et la jeunesse dans la forêt verdoyante, que Tristan exhale ses plaintes sur le vaisseau qui porte Yseult au roi Marck, que le Hollandais volant commande aux flots en furie, est-ce que l'orchestre ne sera pas chargé de compléter ces tableaux, de les commenter en évoquant les gazouillis d'oiseaux sous la ramure, le balancement rythmé des vagues, les cris de la tempête en furie? Cela pourtant, ce sera de la description purement matérielle. Cela s'est fait de tout temps, avec plus ou moins de bonheur, suivant le plus ou moins de ressources dont on disposait. Et si WAGNER a admirablement réussi ces évocations, du moins n'a t-il en cela rien inventé.

Où le danger apparaît, c'est lorsque le texte, absent, ne précise plus pour l'auditeur les intentions du compositeur. Une bataille et une tempête peuvent offrir les mêmes tons sur la palette orchestrale. Des moyens semblables peuvent éveiller dans l'esprit de l'auditeur des idées fort différentes.

Il est bien évident que le compositeur n'a pas l'intention d'imiter complètement les bruits de la nature. Encore une fois, il ne s'agit là que d'une suggestion toute naturelle, résultat d'une comparaison mentale spontanée, effectuée dans le cerveau de l'auditeur, souvent à son insu. La musique a toujours été une puissante magicienne.

Cette suggestion a pourtant des bornes. Il est des choses, des sentiments, des actions, des mouvements qu'aucune musique ne saurait exprimer de façon précise sans le secours des mots. Il est des imitations puériles qui n'ajoutent rien, bien au contraire, au charme de l'oreille. A vouloir trop préciser, on tombe facilement dans le ridicule. C'est là un écueil que le père HAYDN n'a pas su toujours éviter.

Cependant, avec des moyens simples et restreints, il a réussi à nous tracer, dans les *Saisons*, des tableaux champêtres pleins de vérité. Dans la *Création*, à côté de passages un peu naïfs et fort inutiles, il a trouvé des pages de réelle grandeur et, plus d'une fois, il a su souligner avec esprit le côté pittoresque de son poème.

Dans les *Saisons* (1801), l'orchestre comprend : premiers violons, seconds violons, altos, flûte, deux hautbois, deux clarinettes, basson, deux cors, deux trompettes, timbales, deux trombones, violoncelles et contrebasses. Nous citons l'ordre textuel de la partition L'orchestre de la *Création* ajoute à cet ensemble une deuxième flûte, un deuxième basson, un trombone basse et un contrebasson.

Quelle fraîcheur de coloris dans *les Saisons*, quelle simplicité d'écriture et quelle sûreté en même temps!

Un des tableaux les plus réussis est celui de l'été. L'*ouverture* nous dépeint l'aube du jour croissant à l'horizon. Et ce sont d'abord les violons, les altos et les basses dans un grave *adagio* encore tissé de brumes matinales. Un hautbois solo imite le cri du coq, et, soudain, c'est le réveil de toute la nature en un *crescendo* habilement amené. Le soleil monte à l'horizon. L'éclat des trompettes et des cors, bien ménagé, vient mettre une lumière plus intense dans tout l'ensemble.

L'orage qui suit est peut-être un peu timide. Une simple averse. Nous sommes maintenant habitués à des couleurs plus vives, à des sonorités plus brutales. Tel quel, il est bien caractéristique, et devait paraître terrifiant à cette époque.

Les effets descriptifs abondent dans la *Création* (1798), l'ouvrage auquel HAYDN tenait le plus. L'indécision rythmique, les phrases entrecoupées, le manque de régularité dans leur enchaînement sont les seuls moyens employés pour nous peindre le chaos. C'est une conception un peu enfantine. La simplicité habituelle du père HAYDN est ici trop excessive. Mais nous allons trouver, par la suite, un réel souci d'accorder les dessins rythmiques et le choix de l'instrumentation avec les images qu'ils doivent évoquer.

Nous avons vu HAYDN un peu embarrassé des clarinettes dans ses symphonies. Ici, il semble qu'il découvre à chaque pas les ressources nouvelles apportées par ce timbre. Il l'emploie plus abondamment, lui laisse prendre peu à peu une prépondérance plus grande. Déjà, dans l'introduction, il s'en sert pour les formules arpégées qui conviennent si bien à cet instrument, et qui seront plus tard d'un

J. HAYDN, *La Création* (Breitkopf).

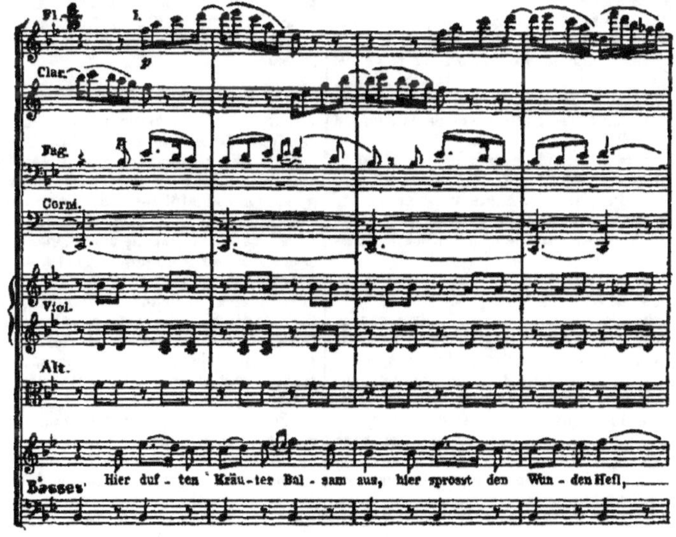

Exemple 20.

emploi si courant. Le passage des ténèbres à la lumière sur les mots : « Que la lumière soit, » est soudain. Les violons enlèvent leurs sourdines, après un sourd pizzicato, et l'accord d'*ut* majeur éclate dans tout l'orchestre, avec une sonorité pleine et claire.

Si nous continuions à analyser cette longue partition, nous y trouverions sans doute nombre de recherches descriptives un peu pauvres et puériles, comme le rugissement du lion figuré par un trille sur un *ré bémol* grave à l'unisson par tout le quatuor, avec le contrebasson en dessous; comme les bonds de la panthère, simples traits à l'unisson par les cordes, et comme la course légère, soudain interrompue, du cerf altier. L'orage aussi (inférieur à celui des *Saisons*) nous

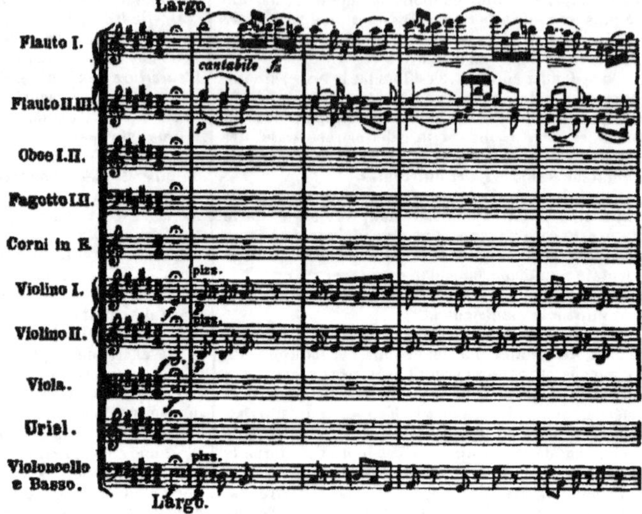

Exemple 21.

paraîtrait bien maigre; il est assez bizarre que HAYDN n'y ait employé ni les trombones ni les timbales!... Mais, à côté de cela, que de fraîches et idylliques pages, orchestrées avec une pureté rare et un sentiment des plus justes, de la façon la plus simple et la plus naturelle!

Ce naturel, il faut y insister, est une des plus grandes qualités de HAYDN; pour certaines de ces peintures, il a trouvé la manière la plus « naturelle », en effet, de présenter son orchestre, et il semble, quand on a lu et entendu ces pages, qu'il était impossible de faire autrement.

C'est le ruisseau paisible qui roule dans la vallée silencieuse, avec son simple trait de violon en triolets et ses longues tenues de cors. HAYDN y emploie un peu plus loin les notes les plus graves de ce dernier instrument.

Et c'est aussi le délicieux paysage où la flûte et la clarinette alternent leurs contretemps mélodiques sur le chant du basson solo, soutenues par les pédales graves des cors et les accompagnements des cordes : « Le bourgeon sur la plante s'épanouit en fleur... »

Et il semble que l'orchestre fleurisse, en effet, de délicates mélodies (ex. 20).

Dieu crée enfin les oiseaux. Et des chants soudains s'élancent de toutes parts. La clarinette, en un trait de triolets montants, souligne l'ascension vers le ciel du gai pinson; les bassons, doublés des violons, roucoulent comme le ramier, et bien entendu, plus loin, de petits grupetti des flûtes symbolisent le rossignol.

Dans le chœur d'allégresse : « Il est fini l'ouvrage immense! » le troisième trombone et le contrebasson se livrent à une figuration un peu mouvementée pour ces graves personnages. Par contre, combien est exquis le prélude de la troisième partie où trois flûtes jouent sur les pizzicati des cordes (ex. 21).

Il y a vraiment dans cette partition, comparée aux symphonies, un effort agrandi vers une coloration plus variée, une recherche de la jolie sonorité, claire, un peu grêle, mais si pure, qui font d'elle une œuvre importante pour l'époque, presque audacieuse déjà, une œuvre d'avant-garde en dépit de son classicisme et de ses sages proportions. HAYDN n'avait peut-être pas tort de la considérer comme son chef-d'œuvre; en tout cas, elle est la première où nous voyons un musicien chercher a peindre, non plus sur le papier par des figures de notes, mais à l'aide de la matière sonore elle-même. Elle est donc par cela l'ancêtre de la *Pastorale* et de tous les poèmes symphoniques de l'avenir.

Mozart (1756-1791).

L'orchestre de MOZART ne sera guère différent de celui de HAYDN *comme nombre d'instruments, et comme disposition générale.* Il sera même moins riche en timbres, se passant généralement, dans les symphonies, tantôt des hautbois ou des flûtes, tantôt des clarinettes. Mais quel art profond dans l'écriture de ces partitions, quelle sûreté, quelle pleine possession du métier! Comme tout est à sa place, comme chacun dit ce qu'il doit dire! MOZART, c'est la musique même. L'enfant prodigieux qui, à neuf ans, écrivait déjà sonates et symphonies, qui, à treize ans, faisait jouer des messes et des opéras, sera, à vingt ans, arrivé à la maîtrise la plus absolue; ses partitions auront la netteté, la propreté des choses accomplies.

Tout chez lui s'appuiera sur le quatuor auquel seront confiés les parties mouvementées, les dessins rythmiques, les traits, les formules d'accompagnement. Très rarement, les traits seront doublés par les vents, instruments harmoniques ou chantants, qui ne sortiront pas de leur vrai caractère. A eux de nourrir les ensembles de leurs longues tenues, lorsqu'ils ne souligneront pas quelque dessin mélodique bien approprié à leur timbre ou a leurs moyens d'exécution. Pour Mozart, une flûte est une flûte, un hautbois est un hautbois ; il ne les prendra jamais l'un pour l'autre, surtout, il ne les confondra jamais avec un violon. Il a, a un très haut degré, le sentiment d' leur individualité et de ce qui peut le mieux leur convenir. Lorsqu'il doublera exceptionnellement un violon par une flûte, une clarinette, un hautbois, il le fera à une octave de distance, bien rarement à l'unisson Il use peu, du reste, de cet arrangement, et préfère le

Mozart, *Symphonie en re majeur, op. 87* (Breitkopf).

Allegro

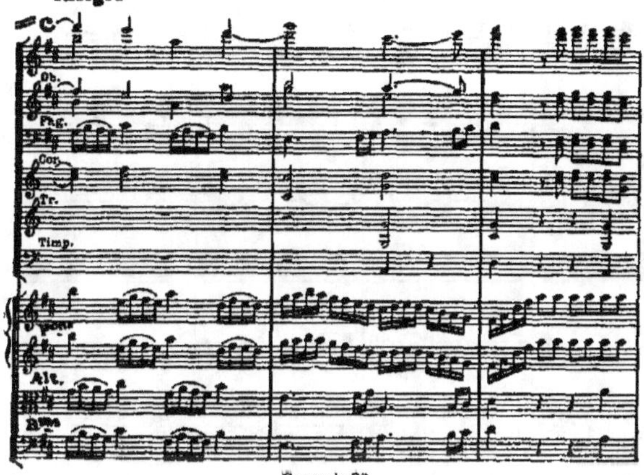

Exemple 22.

plus souvent traiter les bois et les cors d'une façon toute différente du quatuor. Grâce à ce souci et à ce respect des facultés spéciales à chaque instrument, grâce aussi a une écriture harmonique très pure et savamment espacée, l'orchestre de Mozart sonne toujours avec une qualité rare; il est d'une pâte consistante et souple, sans aigreur, sans maigreur aussi; si cette sonorité n'atteint pas, dans le *forte*, l'ampleur ou la brutalité nerveuse même que Beethoven saura réaliser, du moins, elle est fort suffisante pour trancher sans brusquerie avec les nuances douces des *soli*, et reste toujours empreinte d'une suprême distinction.

Donnons comme exemple de la diversité des rôles du quatuor et de l'harmonie dans les *tutti*, ce fragment emprunté à l'*allegro* de la Symphonie (n° 1 de Breitkopf) en re majeur (ex 22).

Mozart laisse plus rarement que Haydn le quatuor parler seul. Parfois, une tenue des cors suffira à relier l'ensemble, à supprimer la sécheresse d'un dialogue polyphonique.

Par contre, les passages confiés à l'harmonie seule se feront plus nombreux et seront traités avec une grande habileté.

Dans la *Symphonie en sol mineur* (n° 2), une des plus accomplies du maître, au point de vue de la valeur des idées et de la science de leur développement, les timbales sont exclues de l'orchestre (chose rare), ainsi que les clarinettes et les trompettes. Les deux cors sont écrits dans deux tons différents. C'est presque une innovation. Elle a sa valeur. Avec les cors simples (seuls en usage alors), si le compositeur désire employer, dans le ton de *fa* par exemple, avec la sonorité naturelle de l'instrument, des accords nécessitant un *la* grave, un *fa* dièse ou un *si* naturel, il est de toute nécessité qu'il écrive une seconde partie dans un autre ton. Les premières œuvres symphoniques modulant peu et les cuivres, à part quelques tenues, ne faisant leur apparition que dans des ensembles conçus le plus souvent à l'aide des accords de tonique, dominante et sous-dominante (ne parlons pas des œuvres de Bach, construites dans un esprit tout différent), le besoin de cette dualité tonale ne s'était guère fait sentir encore. Ici, l'idée de Mozart est ingénieuse. Le premier cor étant en majeur (en *sol*) ne pouvait donner le *si bémol* souvent réclamé pour l'harmonisation des fréquents passages en mineur. Un cor en *si bémol* pare à la difficulté.

Les compositeurs répugneront encore quelque temps à cet usage, qui deviendra courant un peu plus tard. A l'époque de Meyerbeer et de Berlioz, on s'ingéniera à des combinaisons étranges de quatre tonalités diverses pour les quatre cors, permettant l'emploi d'accords modulants. Des artifices d'écriture faisaient résoudre parfois la partie de premier cor dans celle du troisième et continuer la marche du quatrième dans le second. L'invention du cor à pistons vint mettre un terme à des procédés qui dégénéraient en abus.

L'écriture de Mozart est d'une polyphonie adroite

Mozart, *Symphonie en mi bémol* (Breitkopf).

Adagio

Exemple 23.

et souple. Il aime à opposer la masse entière des bois à celle des cordes, tout en les superposant.

Dans la *Symphonie en mi bémol* (la plus connue peut-être), les timbales font leur réapparition avec les trompettes; mais les hautbois, à leur tour, cèdent le pas aux clarinettes.

L'introduction en est fort belle. Tenues des vents et gammes alternées aux violons. — Pas de doublures.

Nous sommes en plein orchestre polyphonique, chacun a son rôle déterminé (ex. 23).

L'*andante* est célèbre à juste titre. Les deux premières reprises (tout l'exposé du thème principal) sont confiées au quatuor seul. Après ce long discours, l'entrée des vents : cors, flûtes, clarinettes et bassons, à découvert, produit un charmant effet.

Quelle sonorité à la fois grasse et nerveuse dans ce passage où les cordes sont divisées en deux grou-

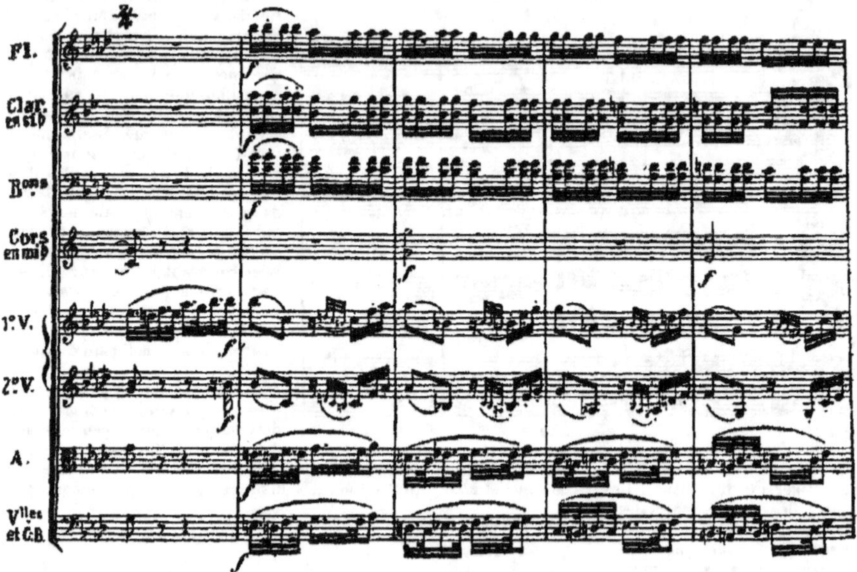

Exemple 24.

pes ayant chacun son dessin bien distinct, sur les accords en notes répétées de l'harmonie, ponctués de quelques notes de cor! Ce genre d'accompagnement sera beaucoup employé plus tard ; BEETHOVEN,

dans un mouvement plus vif, en tirera l'heureux effet de l'*allegretto* de la *Huitième Symphonie* (ex. 24).

Quel plus bel exemple de l'indépendance des bois vis-à-vis du quatuor que ce passage de l'*andante* encore, avec ses belles descentes de tierces et le dialogue des cordes (ex. 25).

Dans la *Sixième Symphonie en ut*, si les hautbois ont repris la place des clarinettes, la flûte, chose bizarre, a disparu de l'ensemble. Elle reprend sa place dans la grande *Symphonie en ut* (*Jupiter*), mais les clarinettes ne s'y montrent pas.

Après le vigoureux *tutti* d'entrée, où MOZART se garde, dans les *forte* les plus complets, de redoubler les parties de cordes par des bois, le motif principal, essentiellement polyphonique, est exposé par les flûtes, hautbois, cors et bassons, sur un second thème à l'unisson par les premiers et seconds violons. Nous n'avions encore nulle

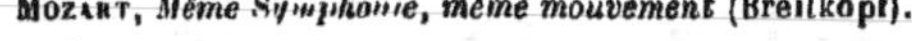

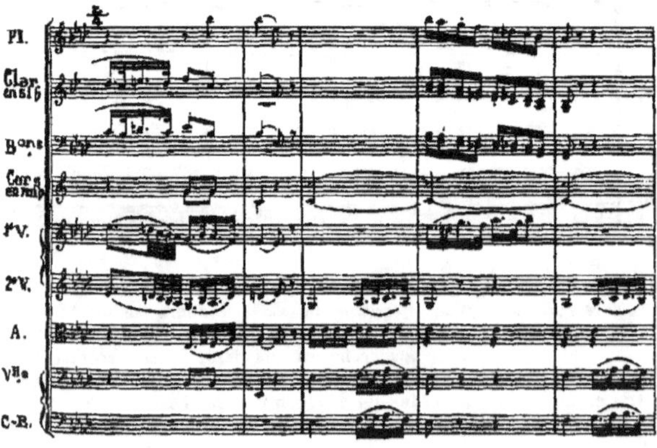

Exemple 25.

Mozart, *Symphonie en ut, op. 34. Allegro* (Breitkopf).

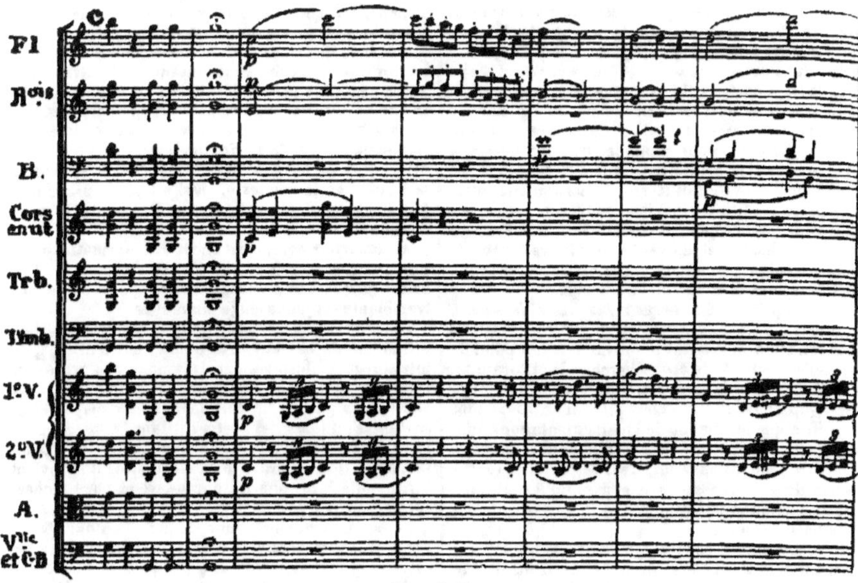

Exemple 26.

dée d'une pareille disposition avec HAYDN et ses précurseurs (ex. 26).

Dans les *fortissimo*, MOZART double souvent les premiers violons par les seconds à l'octave grave ; il sait
aussi renforcer les basses (violoncelles et contrebasses) par les altos. L'harmonie, massée, mettra là-
dessus son rythme indépendant. HAYDN eût doublé la
basse par les bassons, MOZART préfère laisser ce serviteur avec les membres de sa famille naturelle. Le
passage ci-dessous, conçu suivant cette formule, est
d'une superbe vigueur ; les grands accords des violons
y mettent plus loin d'énergiques accents (ex. 27).

Le *final*, écrit en style fugué, serait tout entier à
citer comme exemple de la plus grande indépendance des parties.

Soulignons enfin le passage où les violoncelles,
pour alléger l'ensemble, se séparent de la lourde
contrebasse, un instant éloignée, dont la rentrée se
fait par une partie totalement indépendante. C'est
là une formule des plus rares dans le style classique
de la symphonie.

Laissons un instant 'orchestre symphonique. Au
théâtre, MOZART occupera encore une des premières
places. Seul, il rec ueillera véritablement l'héritage
de GLUCK, avec moins de noblesse et de grandeur
peut-être, avec plus de vie, de mouvement et surtout de musicalité. A cette épo-
que, les ouvrages un peu plats de
VOGLER, de SCHENCK, de DITTERS-
DORFF, avec quelques autres plus
sévères, mais plus emphatiques,
de SALIERI, étaient tout ce que
l'Allemagne pouvait opposer aux
légers et chantants opéras de
PAISIELLO, de PICCINI et de CIMA-
ROSA. En France, à côté des
grandes œuvres de GLUCK, l'esprit
scénique et le naturel parfait de
MONSIGNY et de GRÉTRY pouvaient
donner quelques modèles bons
à suivre à ce seul point de vue,
mais leur faiblesse d'orchestration n'avait d'égale que la pauvreté de leur écriture. Il semble
que MOZART devait prendre à chaque nation ses principales qualités pour en réaliser un harmonieux assemblage. La grâce émue

Mozart, *Même symphonie. Andante* (Breitkopf).

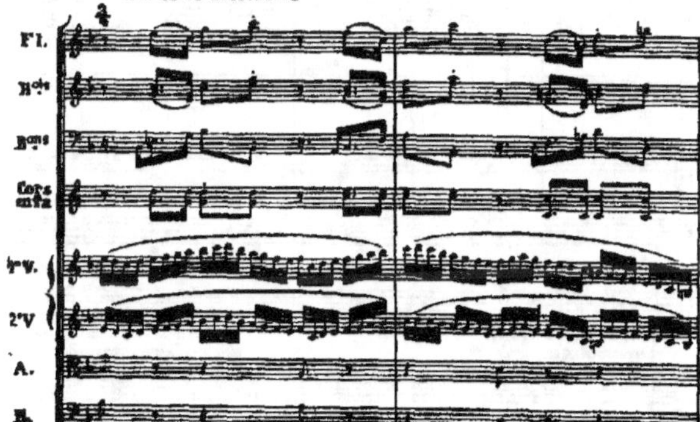

Exemple 27.

de la mélodie italienne, la souplesse vocale de ses chants s'allièrent en lui à la richesse harmonique, à la science du contrepoint des symphonistes allemands. Il porta à son apogée cet art de décrire le caractère des personnages, de les synthétiser en quelque sorte par les sons, qu'avait si bien appliqué GRÉTRY dans des œuvrettes plus légères. Ce qu'il apporta de lui même, ce fut la connaissance approfondie des timbres de l'orchestre, l'art de les manier avec aisance et avec tact, d'en doser avec justesse les divers éléments pour souligner les jeux de scène et commenter les sentiments mis en action. Il est là, dans un style tout différent, le scrupuleux interprète de la tradition gluckiste, supérieur, sans conteste, à tous ses rivaux. BEETHOVEN seul pourra, sans l'égaler en charme et en vérité, atteindre à plus de grandeur épique dans son unique opéra. Après cela, il faudra attendre la venue d'un WEBER.

Ses trois principaux opéras : *Les Noces de Figaro, Don Juan, La Flûte enchantée*, sont pleins de détails d'orchestration tout à fait admirables. Non point de ces détails piquants, de ces recherches de pittoresque, de ces alliances de timbres, imprévues, qui marquent trop souvent une originalité facile, et ne sont à vrai dire que le piment de l'instrumentation. Non, MOZART cherche toujours avant tout le naturel, et ce qui est surprenant chez lui, c'est la parfaite appropriation de son orchestre aux choses qu'il veut nous dire, c'est la tenue merveilleuse et la parfaite pondération de l'ensemble.

Plus encore dans ses opéras que dans ses œuvres symphoniques, il a su tirer un noble parti du timbre riche et expressif de la clarinette. Il ne l'emploie pas pourtant de façon constante, mais il en ménage les effets (alors inédits) avec précaution.

Dans les *Noces de Figaro* (1786), la clarinette n'apparaît qu'assez rarement : deux fois seulement au premier acte, trois fois au second, une seule fois au troisième acte, deux fois au quatrième. Il est vrai que, pour obtenir une variété dans ses accompagnements, MOZART met en usage ce procédé, imité des anciens, qui consiste à faire taire certains instruments pendant tout un numéro.

Des airs, des duos sont accompagnés par la flûte, les cors, les bassons et le quatuor ; d'autres remplacent la flûte par les hautbois ; l'emploi de la clarinette exclut souvent ces derniers instruments.

MOZART affectionne le son rêveur et tendre, passionné parfois, de la clarinette. Il aime à le mettre en évidence, à lui faire souligner les émois de Chérubin, le trouble de la comtesse. Quel adorable usage n'en fait-il pas dans l'accompagnement de l'air de Chérubin au premier acte !

Au deuxième acte, c'est encore la clarinette qui se joint à un ensemble exquis d'instruments à vent en solo et de quatuor pizzicato pour répondre à la voix tremblante du jeune page enamouré.

La sollicitude de MOZART pour la clarinette s'étendit au cor de basset (sorte de clarinette alto), qu'il introduisit à plusieurs reprises dans son orchestre. Dans son *Requiem*, il l'emploie par paire ; on trouve encore des parties de cor de basset dans la *Flûte enchantée* (marche des prêtres), dans la *Marche pour la mort d'un Franc-Maçon*, dans la *Clémence de Titus*. Le timbre doux et grave de la clarinette alto convient à merveille à la sonorité onctueuse et pure recherchée si souvent par MOZART.

Ce bel instrument, pour lequel l'auteur de la *Flûte enchantée* écrivit également plusieurs pièces avec chant, est aujourd'hui à peu près banni de nos orchestres. On peut le regretter, car il complète admirablement la famille des clarinettes, avec, au grave, la clarinette basse et la clarinette contrebasse (encore bien peu usitée), et à l'aigu, dans les tutti, la petite clarinette.

Remarquons encore, comme un exemple de l'im-

MOZART, *Don Juan*, acte I (scène V). *Air de Leporello* (Breitkopf).

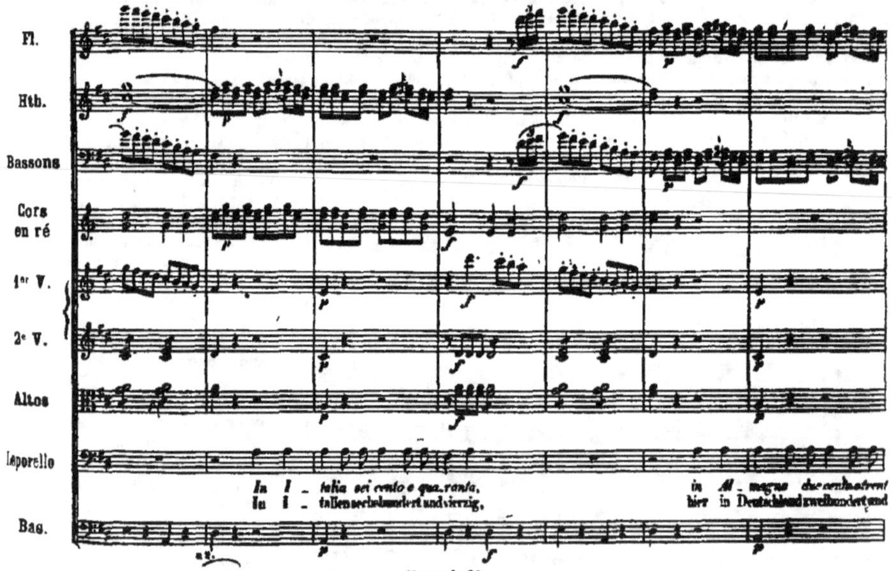

Exemple 28.

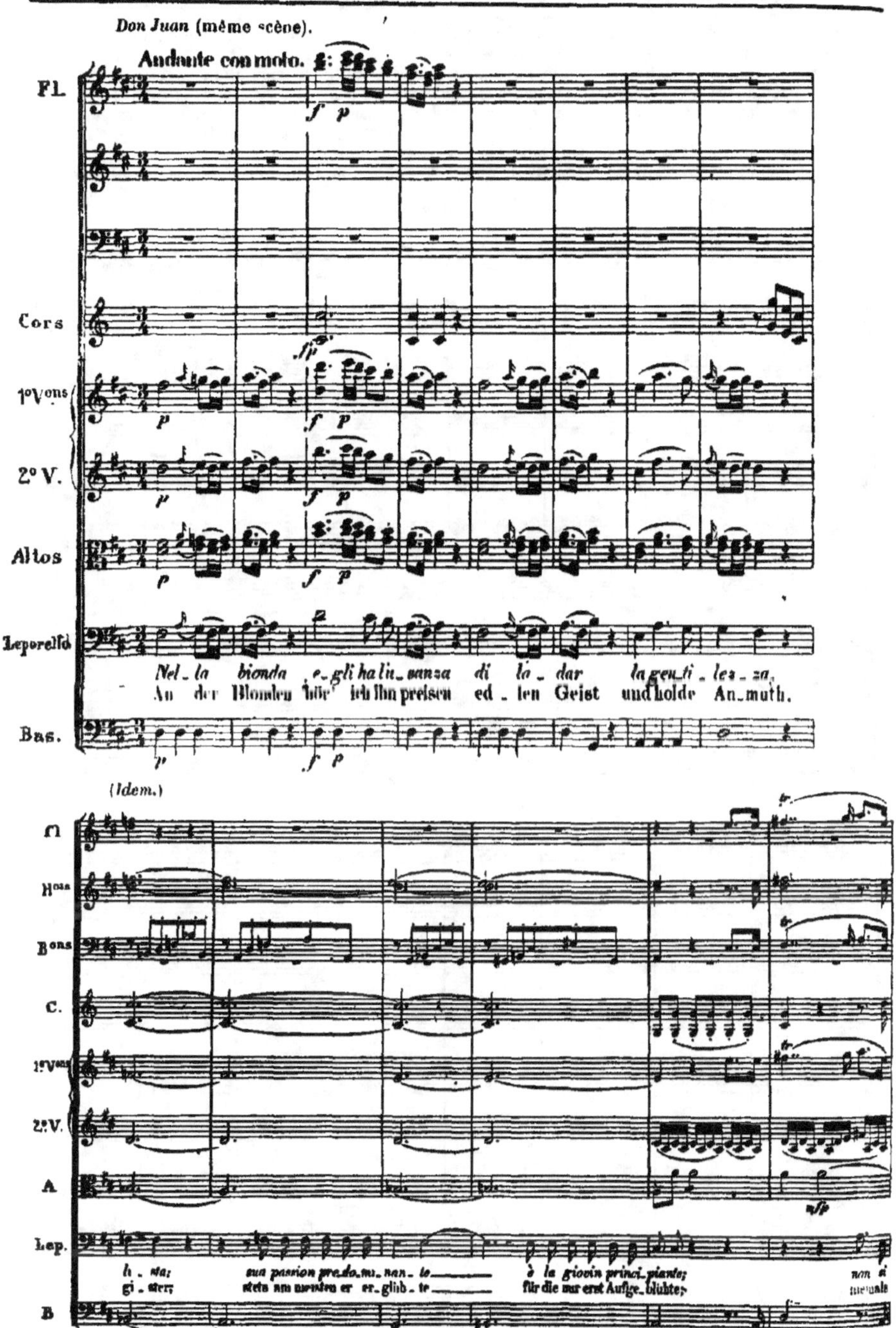

Don Juan (même scène).
Andante con moto.
Fl.
Cors
1o Vons
2o V.
Altos
Leporello
Bas.
Nel_la bionda e_gli ha l'u_sanza di la_dar la gen_ti_lez_za,
An der Blonden hör' ich ihn preisen ed_len Geist und holde An_muth.
(Idem.)
Fl.
Hois
Bons
C.
1o Vons
2o V.
A.
Lep.
h_na; sua passion predo_mi_nan_te ò la giovin princi_piante; non si
gi_ster; stets am neuen er er_glüht fur die nur erst Auf_ge_blühte; nicht si
B

Exemple 29.

portance grandissante des instruments à vent, l'accompagnement du duo de Suzanne et de la comtesse au troisième acte, fait par un hautbois et un basson solos sur les triolets des violons. La partie mélodique est, tout au long, confiée à ces deux seuls protagonistes.

Il faudrait tout citer de *Don Juan* (1787), tant l'orchestre y fait corps avec l'action, tant les personnages et leurs passions y sont dépeints, aussi bien par les dessins mélodiques et rythmiques que par la recherche de l'instrumentation et de ses diverses colorations. Nous dépasserions les limites de notre cadre. Toutefois, il importe de signaler les pages les plus importantes de ce magistral ouvrage au point de vue qui nous occupe.

Dans l'air où Leporello (1er acte) énumère les

Mozart, *Don Juan*, acte I. *Air de Zerline* (Breitkopf).

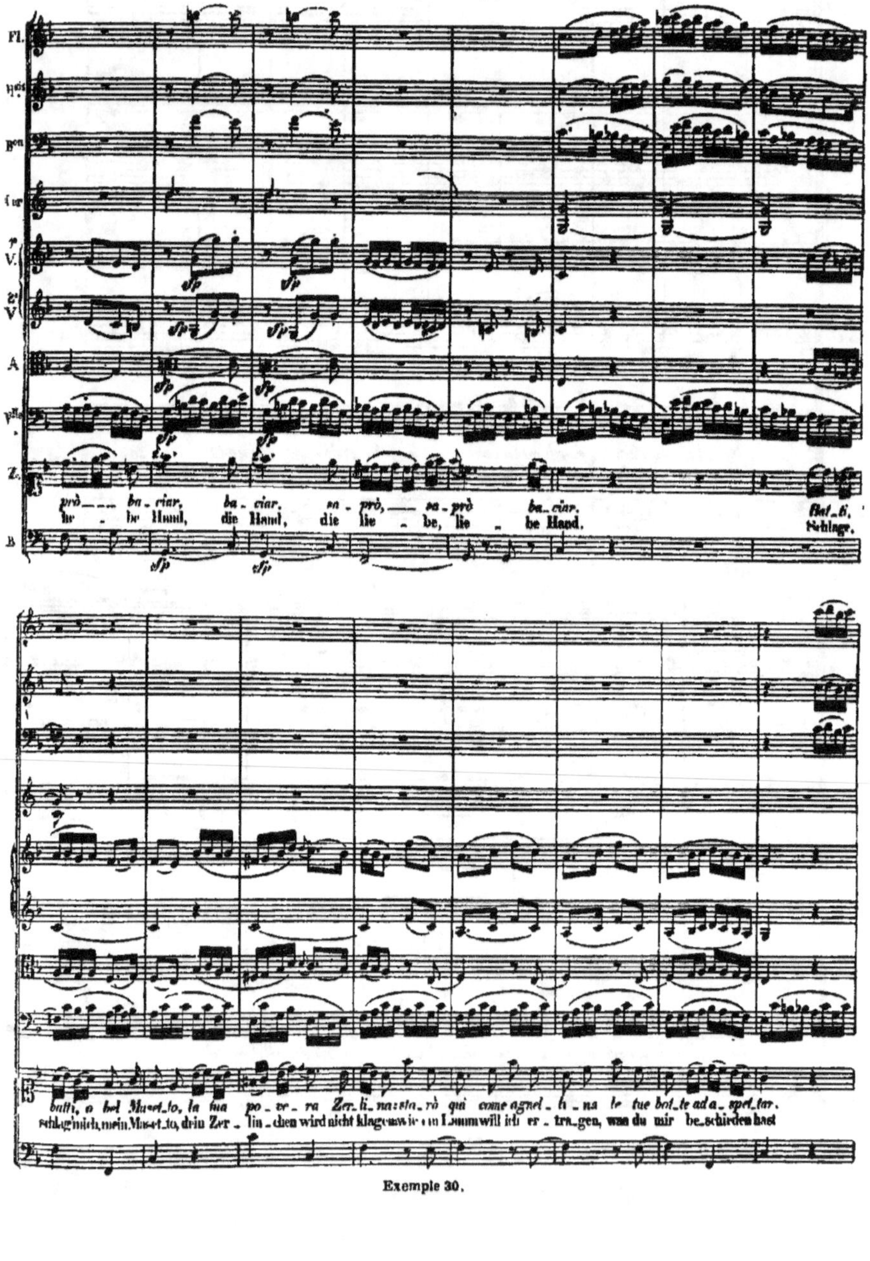

Exemple 30.

conquêtes de son maître, les flûtes, hautbois, bassons et cors soulignent avec bonheur son comique mais cruel discours. Il y a là quelque chose de féroce dans la raillerie. Les accords détachés des bois et des cors, les tierces douc-reuses et câlines des cordes (avec les altos dédoublés), à l'*andante*, et l'heureuse reprise des vents plus loin, ainsi que les arpèges ironiques des bassons en notes piquées, tout cela est supérieurement imaginé, avec une rare entente de l'esprit à la scène (ex. 28 et 29).

Les instruments à vent sont toujours, chez Mozart, traités comme des voix humaines. Ce caractère vocal et chantant est tout particulièrement remarquable dans l'air de Zerlina : « Batti, batti, o bel Mazetto. » Après l'exposition de la gracieuse mélodie par le quatuor, l'entrée des flûtes, hautbois et bassons sur la tenue des cors et l'accompagnement en arpèges des violoncelles sont pleins d'expression. Ici encore, et contrairement aux usages courants, les violons ont une partie complètement séparée des

Mozart, *Don Juan*, acte I. *Scène du bal* (Breitkopf).

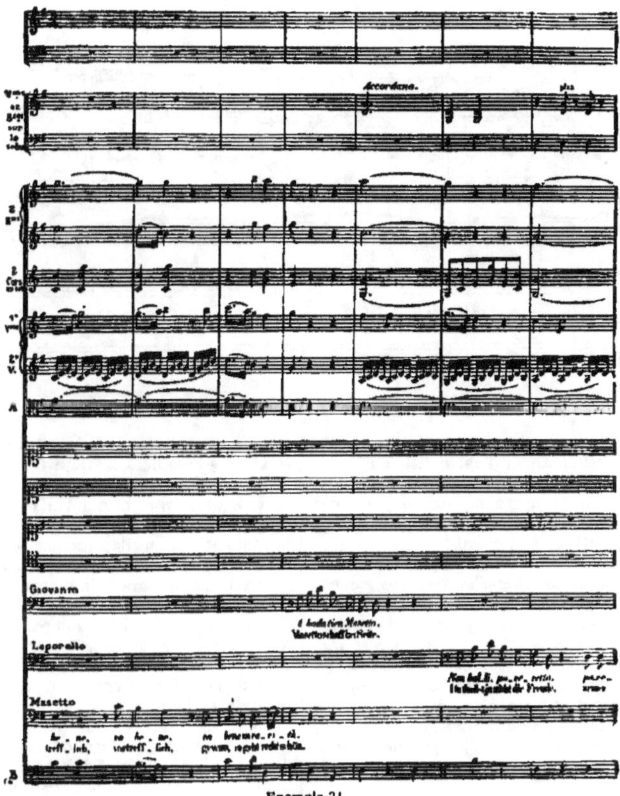

Exemple 31.

bois. Mozart a toujours l'horreur des doublures inutiles. Son orchestre manque par là de cet éclat, de ce brillant un peu lourd que connaîtront trop ses successeurs. Mais il rachète cela par des qualités de finesse et de clarté plus précieuses peut-être. Quelle grâce dans cette rentrée, continuée par les cordes et amenant si bien le motif de Zerlina (ex. 30).

Nul ne s'était alors entendu comme Mozart à donner au violoncelle une partie spéciale importante, en laissant la basse aux seules contrebasses.

Dans tout cet air, la partie de violoncelle (obligato) est d'importance capitale et d'exécution du reste fort délicate.

Faut-il signaler le gai bavardage en staccato des violons premiers et seconds dans la scène des Mas-

ques (scène XIX)? Bornons-nous à reproduire le curieux passage rythmique de la scène du bal où, après s'être accordés, les violons sur la scène attaquent la contredanse à 2/4 sur la mesure à 3 temps du reste de l'orchestre (3 mesures à 2 temps s'équilibrant sur 2 mesures à 3 temps) (ex. 31).

Plus loin, un troisième orchestre de cordes intervenant ajoutera à cet ensemble piquant un 3/8 dont chaque mesure correspondra à un temps du 3/4. Cela est d'une grande audace pour l'époque et faisait déclarer par les Italiens cette partition barbare et inexécutable!

La couleur locale est une préoccupation toute moderne et ne hantait guère le cerveau des musiciens d'autrefois. Cependant, Mozart a parfois la tentation de cette recherche. Déjà, on en trouverait des preuves dans l'*Enlèvement au Sérail*, où les instruments à percussion, grosse caisse, triangle, cymbales, s'unissent au fifre et à la flûte tierce, pour colorer cette amusante turquerie. Ici (dans la sérénade de *Don Juan*), Mozart ajoute à l'intention picturale un sens satirique très humain et profond. Sur les pizzicati du quatuor, la voix séductrice du libertin soupire une tendre déclaration que semblent contredire et railler les accents piquants d'une mandoline. L'effet est surprenant.

Si Mozart emploie les doublures avec la plus grande réserve, du moins sait-il, à l'occasion, en tirer un parti excellent ; témoin l'introduction de l'air d'Ottavio « Il mio tesoro », où le chant prend un timbre gras et uni dans la douceur, grâce à l'union de la clarinette, du basson et des premiers violons avec sourdine.

Pour montrer avec quel art et quelle sûreté Mozart savait traiter l'ensemble des instruments à vent, séparés du quatuor, il suffit d'étudier toute la scène du Festin (scène XIII, dernier acte), dont l'accompagnement est presque entièrement confié à l'harmonie seulement soutenue par les basses. Il y a ici

Mozart, *Don Juan.* Dernier acte, scène XIII (Breitkopf).

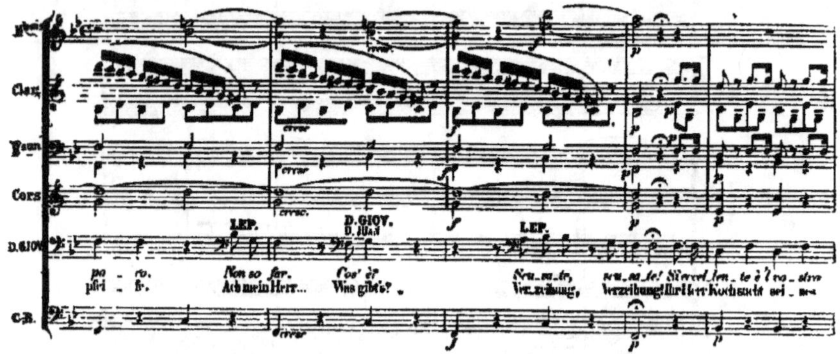

Exemple 32.

presque tout l'orchestre des vents, et les trombones viendront plus loin scander l'apparition du Commandeur (ex. 32).

L'entrée du quatuor après ce long *a parte* des vents, à l'arrivée de dona Elvire, vient ajouter tout un élément dramatique à l'ensemble.

Mais nous arrivons au passage le plus terrible et vraiment sublime de ce chef-d'œuvre. Les accords de trombones sur le *tutti* de l'orchestre ont un caractère de grandeur imposant. Tout l'orchestre est ici admirablement et scéniquement traité. Les menaces du Commandeur, la résistance sceptique de Don Juan, les frayeurs de Leporello, forment un ensemble d'une puissance unique, atteignant, avec une étonnante simplicité de moyens, à une impression poignante et que nulle analyse ne saurait décrire. Il faut lire et entendre ce final, se taire et admirer.

Cet unisson piano des trombones sur les mots : « Ah ! Tempo piu non v'é ! » appuyé du tremblement comme apeuré des violons, n'a-t-il pas quelque chose d'angoissé (ex. 33) ?

Je n'ignore pas qu'on a attribué à Sussmayer (l'élève de Mozart) l'introduction des trombones dans cette scène. Cela reste douteux.

Lorsque Mozart a recours a ces voix majestueuses, il les emploie comme Gluck, avec ampleur, à leur vraie place et dans leur beau caractère de gravité et de noblesse.

Voir a ce sujet l'oracle de Neptune dans *Idoménée*, où les 3 trombones et 2 cors sont placés dans la coulisse. Voir aussi les passages de la *Flûte enchantée* (1791), où leur timbre religieux est si justement employé, notamment dans le chant d'invocation, où les quatre parties sont à l'unisson des voix. Il y faut la famille complète, surtout ce trombone basse, à l'organe puissant et profond, qui soutient si bien les accords de cuivres, et que l'on ne peut que déplorer de voir complètement abandonné en France, où on le remplace si inutilement par un tuba, ou même autrefois (hélas !) par un ophicléide...

L'instrumentation de la marche des Prêtres (dans la *Flûte enchantée*) est aussi à remarquer avec sa ritournelle confiée aux trompettes, cor de basset, flûtes, hautbois, bassons et trois trombones. Cela est d'une onction sereine et grandiose.

Le trio des Génies est accompagné par les instruments a vent seuls.

Enfin, signalons l'heureux emploi du *glockenspiel* (jeu de timbres à clavier) dans l'air de Papageno. Ses notes cristallines éclairent cet air d'un rayon lumineux. C'est champêtre et surnaturel à la fois.

Ne quittons pas Mozart sans parler de ses ouvertures. Là aussi, il se montre un génial précurseur. Si l'ouverture de la *Flûte enchantée* n'est qu'une spirituelle fantaisie en style fugué, celles de *Don Juan* et des *Noces de Figaro*, conçues suivant les principes de Gluck, sont pleines de détails expressifs, où l'idée mélodique est renforcée par une orchestration claire et sobre, mais parfaitement appropriée à l'action qu'elle doit décrire.

Wagner a dit : « Après Gluck, ce fut Mozart qui donna à l'ouverture sa véritable signification, sans s'efforcer péniblement d'exprimer ce que la musique ne peut et ne doit jamais expliquer : à savoir les détails et les développements de l'action elle-même ; il saisit avec ce coup d'œil du véritable poete la pensée principale du drame ; il la dépouille de tout détail

Don Juan. Finale (scène XVII) (Breitkopf).

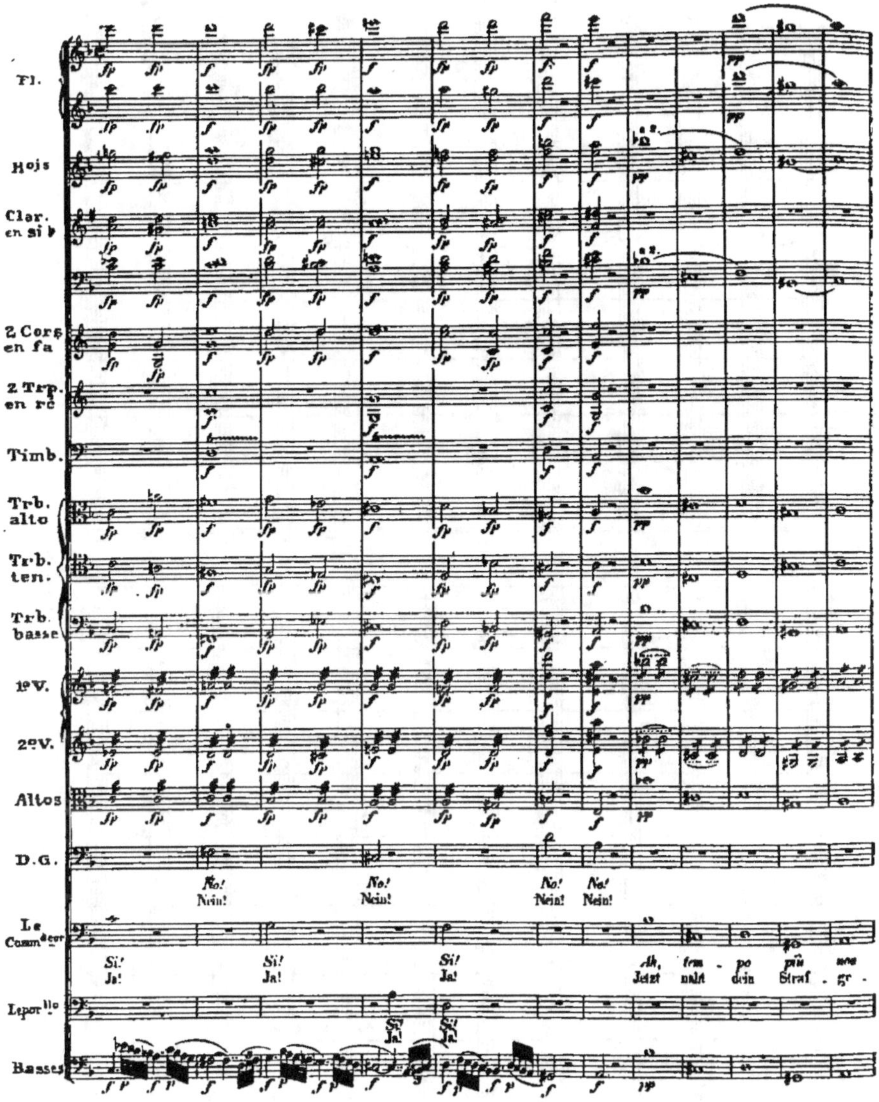

Exemple 33.

incident et secondaire, par rapport à l'action principale, pour faire de cette pensée une création musicale claire. »

Il restait à donner à l'orchestre de Mozart, si purement polyphonique, véritable conversation où chacun dit expressivement la parole attendue, la puissance nerveuse, l'accent tragique qu'il n'atteint que par moments, la fougue et la vie ardente qui lui manquent évidemment; il restait à porter à leur apogée la puissance expressive de chaque individu de ce bel ensemble, et à en unir parfois les voix éparses pour en centupler l'énergie. La route était ouverte où Beethoven devait s'élancer victorieusement.

Flûtes
Hois
Clar. en LA
2 Bassons
2 Cors en la aigu
Tromp en RE
Timbales LA - MI
1ers Vons
2ds Vons
Altos
Vlles
C.-B
Beethoven, 7e Symphonie en la. Allegro con brio (Eulenburg). 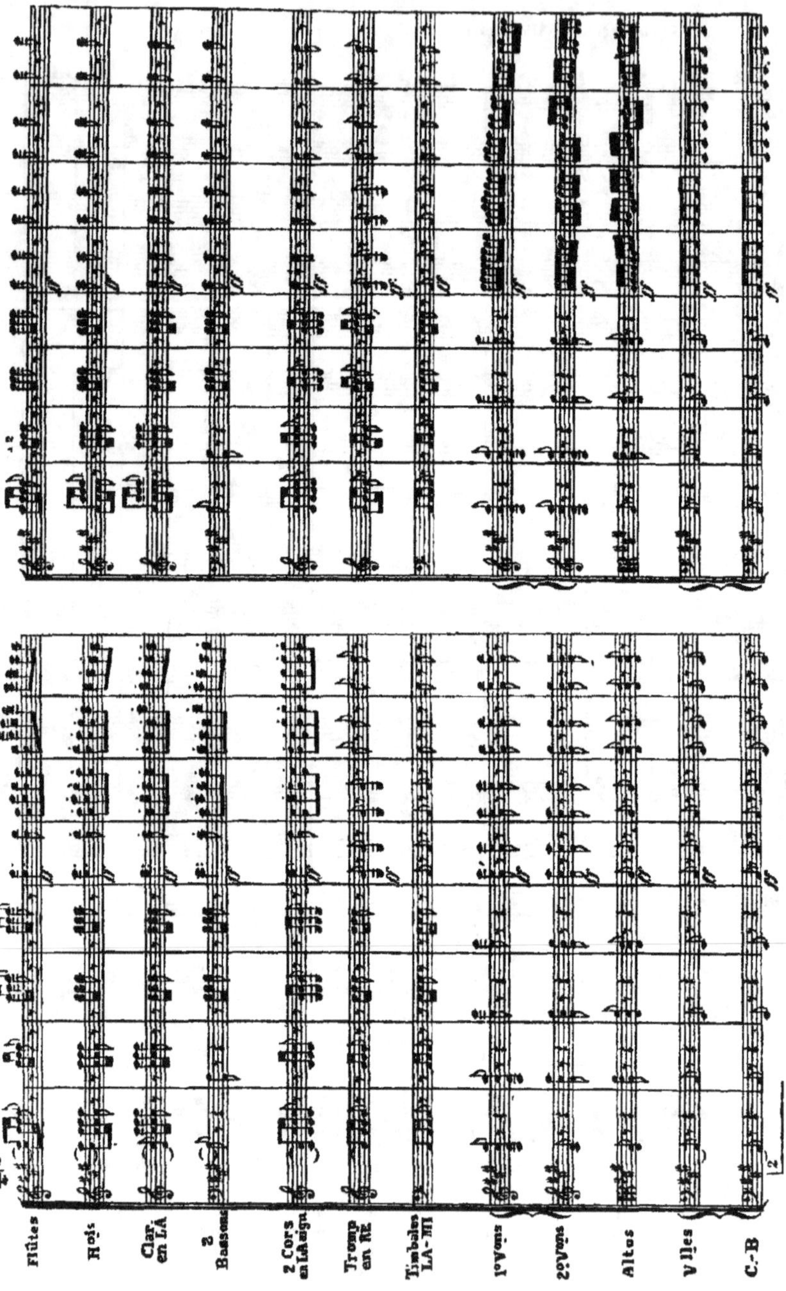
Exemple 34.

BEETHOVEN (1770-1827)

Avec Beethoven, l'orchestration symphonique va faire un bond formidable. Les progrès esquissés par Haydn et Mozart vont atteindre leur complet achèvement; non que le maître des neuf symphonies ait agrandi beaucoup l'instrumentation en usage (en quelques-unes de ses œuvres seulement, il ajoutera des trombones et la petite flûte, parfois le contrebasson; dans le *tempo di marcia* de la *Neuvième*, il augmentera le groupe de la percussion des cymbales, de la grosse caisse et du triangle), mais il donnera aux instruments solistes une valeur expressive encore inconnue, il traitera le groupe des cordes avec une force dramatique, une vigueur de sonorité insoupçonnées jusqu'alors, il opposera à ce groupe celui des bois et des cuivres en atteignant une intensité de coloris et une accentuation rythmique nouvelles. Comme toujours, la valeur merveilleuse des idées, leurs dessins aux contours arrêtés, la richesse d'invention de leurs développements ne seront pas étrangers à ces conquêtes. Les motifs Beethovéniens (très souvent issus de l'accord parfait, on l'a remarqué), par la franchise de leur allure, la carrure de leur rythme accusé dans les *allegros*, la profondeur de leur sentiment intérieur dans les *adagios* et par leur valeur d'expression, portent le plus souvent en eux-mêmes toute leur orchestration. Il ne semble pas, à première vue, qu'ils eussent pu se traduire autrement... et cela, c'est le secret même du génie.

Sans que les instruments à vent perdent en quoi que ce soit de leur importance, toujours grandissante au contraire, le quatuor prend chez Beethoven une place considérable. Il en augmente l'étendue, conduisant les premiers violons jusqu'au *la*⁶ (*Symphonie en fa*), descendant même les contrebasses (chose inexplicable pour nous... Y avait-il des contrebasses à cinq cordes, où l'accord différait-il de l'accord actuel?) jusqu'à l'*ut* grave (*Pastorale*). Il les traite, ces lourds instruments, avec une grande audace, leur demandant une virtuosité jusque-là inconnue, leur imposant même des dessins à peine exécutables (orage de la *Pastorale*, mais dont l'effet de sourd grondement, effet doublé par cette division de cinq notes au violoncelle et quatre à la contrebasse, répond parfaitement au but poursuivi. Il ne s'agit pas ici d'exposer nettement un trait, mais d'obtenir un bruit tout particulier.

Ces mêmes contrebasses, Beethoven les fait encore s'ébattre lourdement dans le *scherzo* de la *Symphonie en ut mineur*, passage que Berlioz comparait à la danse d'un éléphant en gaieté, et que les contrebassistes n'osèrent de longtemps exécuter...

Habeneck, par prudence, le confiait aux seuls violoncelles; grâce à l'habileté des exécutants actuels, nous pouvons juger aujourd'hui de toute la force rythmique que vient ajouter l'élément des basses à ce dessin plein de vie.

Beethoven sépare d'ailleurs assez souvent les violoncelles des contrebasses; il aime à les entendre chanter dans leur beau registre chaleureux de la première corde.

Quelle variété dans sa façon de traiter les instruments à cordes qui, à eux seuls, sont tout le mouvement, toute l'agitation de l'œuvre symphonique. Dès ses débuts, il se montre novateur. Si l'on a pu dire qu'il procède de Haydn et de Mozart dans ses pre-

mières symphonies, car il a le respect de la tradition, du moins ne les copie-t-il pas aveuglément, sa personnalité perce à chaque instant. Partout, on sent la griffe du lion.

Dans l'*allegro* de la *Première Symphonie*, les grands accords énergiques des violons, sabrant les dessins alternés des basses et des bois, sont très caractéristiques.

Nous retrouverons à chaque instant cette façon de souligner l'ictus rythmique par un *sforzando* allant parfois jusqu'à la brutalité. Tantôt cet accent sera confié à l'harmonie, tantôt les cordes seules auront cette mission; les accords en triples cordes favoriseront alors l'effet de toute la violence de leurs rudes coups de fouet (ex. 34).

La sonorité du quatuor est tout à fait remarquable chez Beethoven, aussi bien lorsqu'il le traite à plusieurs parties, grâce à l'habile disposition choisie, que lorsqu'il en ramasse toutes les vibrations éparses en un pathétique unisson.

Un bel exemple de la puissance du quatuor dans le *forte* est donné par ce passage du *final* de la *Pastorale* où, sur le chant des altos, des violoncelles renforcés des cors et des clarinettes, les violons exécutent à l'aigu un accompagnement en notes répétées. Ce n'est plus là l'orchestre polyphonique si clair, si lumineux et élégant de Mozart ou de Haydn, mais quel langage ému, quelle fougue et quel mouvement (ex. 35)!

Plus rarement que ses devanciers, Beethoven laisse le quatuor parler à découvert. Le plus souvent, lors même qu'il lui accorde la part la plus importante du discours musical, il en renforce les accents de quelques notes des bois, et en soutient la trame de quelques tenues discrètes des cuivres.

Remarquons dans ce passage de la *Troisième Symphonie*, cette œuvre où déjà, répudiant les formules, éclate tout le génie Beethovénien, dans ce passage que Mozart eût peut-être laissé plus à découvert pour les cordes, remarquons le rôle actif de l'harmonie. Elle n'ajoute rien au dessin mélodique de l'ensemble, mais comme elle en souligne les courbes, comme elle le soutient de ses lignes accusées, comme elle l'engraisse, comme elle en empâte les contours d'un trait plus appuyé! Cela contient déjà tout le principe de l'orchestre moderne (ex. 36).

Parfois, l'harmonie tout entière, bois, cors et trompettes, accompagnera les cordes, mais toujours sans lourdeur et en laissant bien toute la prédominance au groupe chargé des parties mélodiques. Dans ce fragment de l'*Héroïque* encore, tout le mélos et même tout son accompagnement harmonique et contrapuntique est exécuté par le quatuor qui pourrait suffire à exposer l'idée complète du compositeur; mais qui ne voit toute la puissance du rythme apporté par les notes redoublées de l'harmonie (ex. 37)?

Que de choses à citer si nous voulions écrire une étude complète de la façon magistrale dont le grand maître traite le quatuor! Ce serait dans la *Symphonie pastorale*, la variété des dessins, la vigueur nourrie des ensembles, ce serait le dédoublement des violoncelles (assez rare encore chez les classiques) avec la sourdine; et (plus loin, dans la danse des paysans) le bel unisson des violons sur la quatrième corde, exécuté « du talon », double procédé qui donne à cette phrase une intensité merveilleuse[1]. Ce serait encore,

---

1. Nous savons bien que ce n'est pas Beethoven qui a indiqué ce mode d'exécution, mais l'usage s'en est imposé et il semble impossible de le comprendre autrement.

dans la *Septième*, les contrastes violents et le beau dialogue nerveux des cordes et des bois avec toute son âpreté; et encore le rythme implacable, le rythme toujours dont est empli cette symphonie que WAGNER appelait l'apothéose de la danse...

Il faudrait souligner la partie mouvementée des violoncelles dans la *Huitième Symphonie* en *fa*, qui montre bien l'importance de plus en plus grande prise par ce noble instrument.

Enfin, dans la colossale *Symphonie avec chœurs*, le mystère des cordes dans la longue tenue des cors, au début; la plénitude des ensembles dans le premier mouvement; l'unisson des violoncelles et des contrebasses, pianissimo, dans le *final*, d'un effet si troublant; dans l'*adagio*, le chant si pénétrant confié aux altos et aux deux violons, mais avec une foule de détails délicats dans l'harmonie, des accents discrets, des appuis, de l'intérêt partout.

La division encore des altos à trois et quatre parties, avec les flûtes au grave, procédé de plus en plus moderne et dont on n'avait eu nulle idée jusque-là (ex. 38); l'effet si particulier du trémolo mesuré (fin du 3/2 dans le *final*) des violons *sul ponticello*. Encore une recherche de sonorité. GLUCK avait commencé déjà ces pratiques. Et quelle puissance dramatique atteindra le gigantesque unisson des cordes à la fin du premier mouvement!

BEETHOVEN, *6e Symphonie (Pastorale). Allegretto* (Eulenburg).

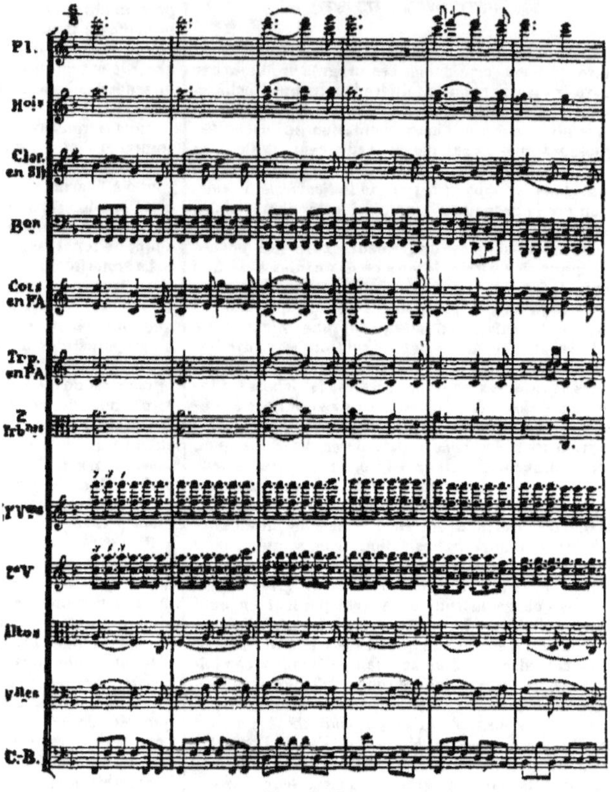

Exemple 35.

Mais il faut se borner, et nous avons encore à glaner plus d'une nouveauté, plus d'une trouvaille dans le rôle si varié et si expressif de l'harmonie.

Tout l'*andante* de la *Deuxième Symphonie*, encore si Mozartienne, serait à étudier à ce point de vue avec les belles conversations des cordes et des vents. Il y a une délicatesse infinie dans la façon dont sont posées sur la trame légère des violons certaines « touches » fines de l'harmonie.

L'orchestration de la *Troisième Symphonie* est plus corsée déjà. L'aisance du dialogue y est extrême. Quelle élégance dans des passages de ce genre, et comme la mélodie s'y colore de nuances variées en passant par tous les timbres possibles (ex. 39)!

Le rôle expressif des instruments y grandit sans cesse. Ce sera parfois seulement, et cela suffira, le mystère d'un *pizzicato* sur les accords pianissimo du groupe des vents, bientôt suivi de cette étrange rentrée de cor arpégeant l'accord de tonique de *mi bémol*, pendant que les violons font sonner les deux notes *si bémol*, *la bémol* de l'accord de septième de

dominante, jeu brusquement interrompu par l'explosion de cet accord de septième lui-même, attaqué cette fois en *tutti* et préparant la rentrée du premier thème en *mi bémol*. Cet effet si discuté est bien plus un effet d'harmonisation que d'orchestration, et nous ne l'indiquons qu'en passant et à cause de sa bizarrerie.

Insistons plutôt sur le beau chant douloureux, gémissant, du hautbois solo, au début de la marche funèbre, accompagné du frémissement des cordes, et surtout, sur la rentrée de ce même thème un peu plus tard, doublé cette fois par la clarinette, si admirablement soutenu par la marche des basses en notes liées et par les contretemps agités des premiers violons ainsi que par le trémolo des seconds.

Tout ce sublime morceau renferme des beautés sans nombre; la fin en est profondément émouvante, grâce au morcellement du thème, entrecoupé de silences expressifs. Les pizzicati sombres des basses prennent là un accent tragique souligné par les longs soupirs émus des hautbois et des cors. Ce n'est plus la musique symphonique adroitement construite et déduite de HAYDN, où l'émotion contenue et le divin sourire tendre de MOZART. Il y a là quelque chose de plus qui nous remue profondément, qui va droit à

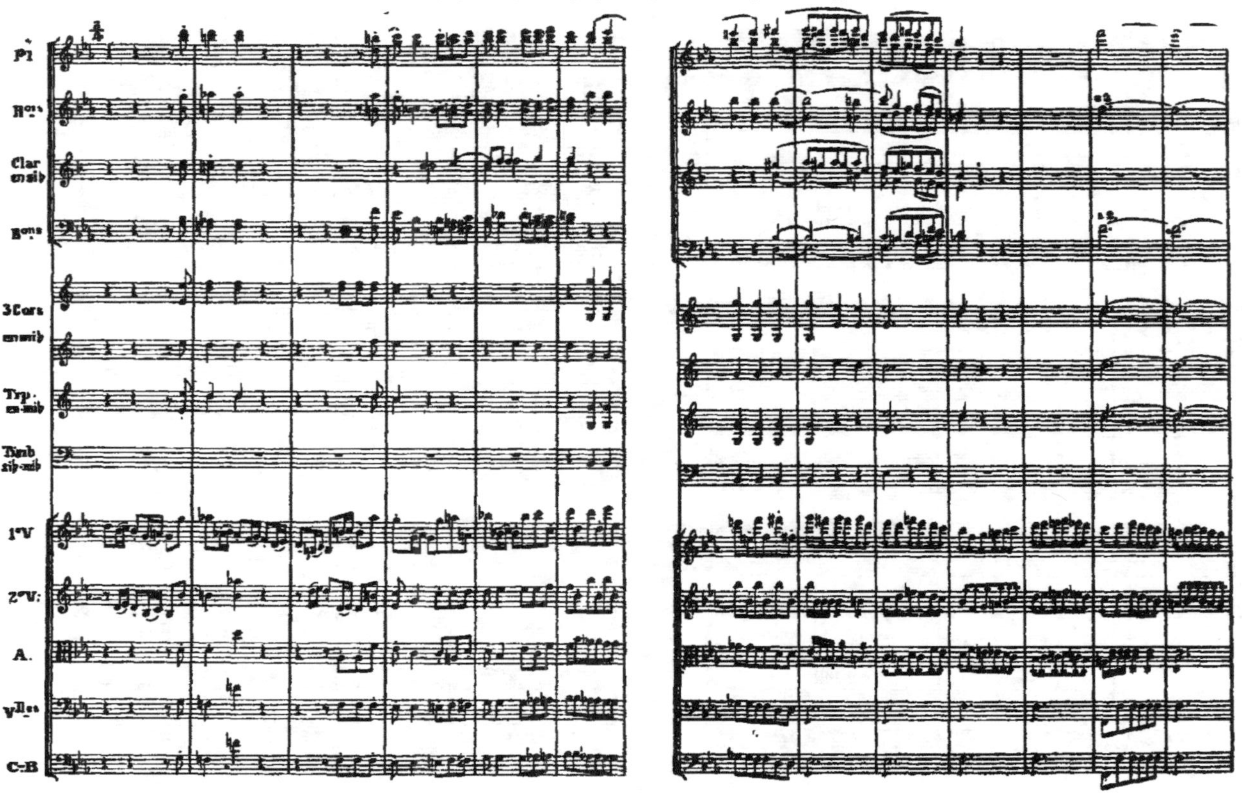
3e Symphonie (Héroïque). Allegro con brio (Eulenburg).
Exemple 38.

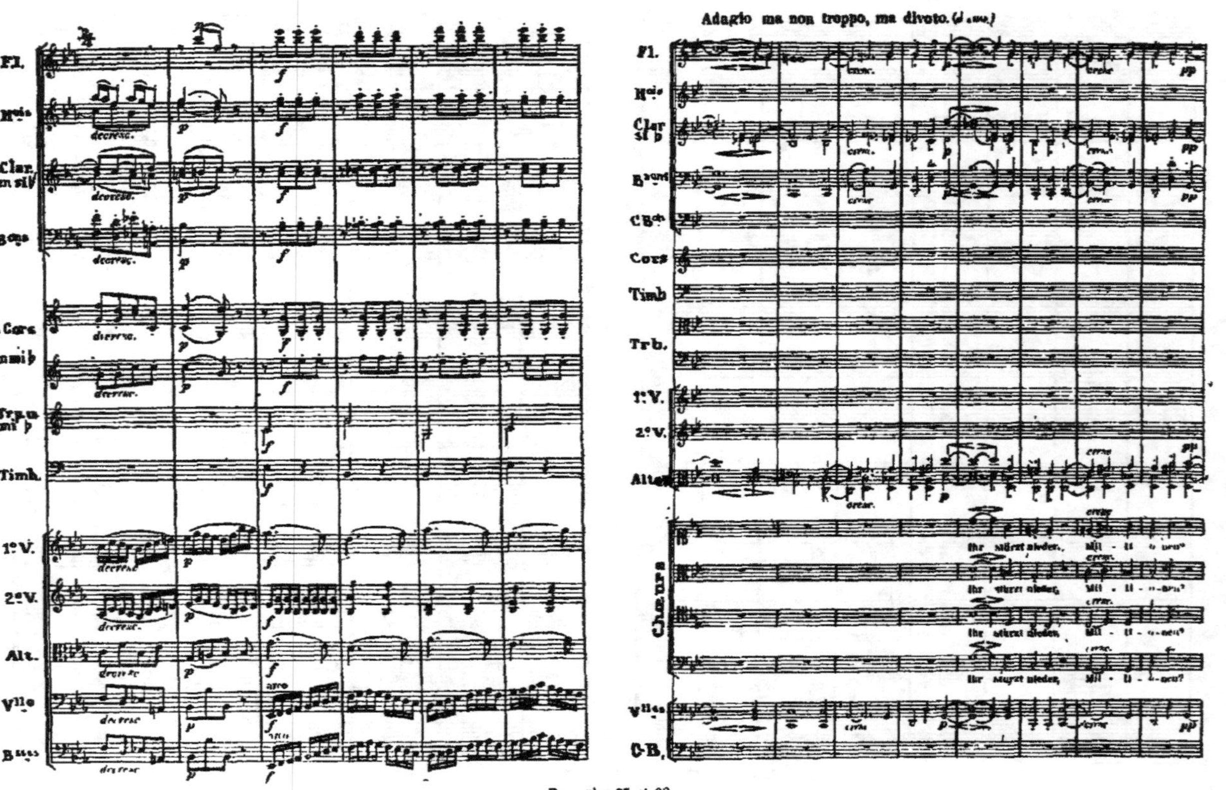
3e Symphonie (Héroïque). Final (Eulenburg).
Fl.
Hbois
Clar. en si b
Bons
3 Cors en mi b
Trp. en mi b
Timb.
1ers V.
2es V.
Alt.
Vlle
Basses
9e Symphonie (avec chœurs). Adagio ma non troppo (Eulenburg).
Adagio ma non troppo, ma divoto.
Fl.
Hbois
Clar. si b
Bons
C. Bon
Cors
Timb.
Trb.
1ers V.
2es V.
Altos
Chœurs
Ihr stürzt nieder, Mil - li - o - nen?
Ihr stürzt nieder, Mil - li - o - nen?
Ihr stürzt nieder, Mil - li - o - nen?
Ihr stürzt nieder, Mil - li - o - nen?
Vlles
C.-B.
Exemples 37 et 38.

BEETHOVEN, 3ᵉ Symphonie (Héroïque). Allegro con brio (Eulenburg).

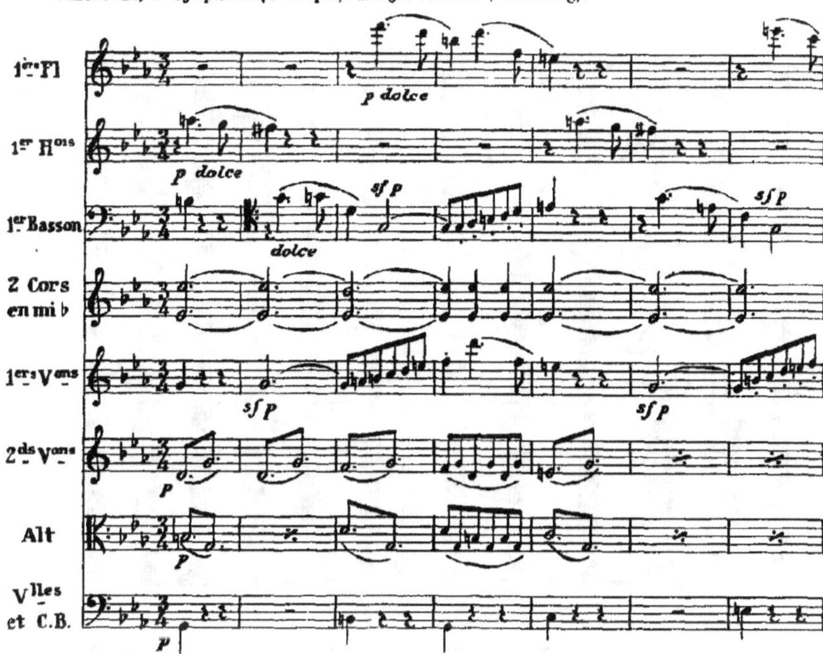

Exemple 39.

notre cœur, et qui nous fait longuement tressaillir. Et ce n'est pas seulement le thème lui-même, si admirable soit-il, ni la façon de le traiter qui amène la musique à de pareilles hauteurs, mais aussi le choix des timbres, la disposition de l'ensemble, la couleur enfin très pathétique (si ces deux termes peuvent s'associer) de l'orchestration. Toute une science se révèle qui va se développer étonnamment dans les œuvres suivantes du maître symphoniste.

Faut-il après cela signaler l'habile écriture de certaines parties du *final*, avec des dispositions si neuves, comme ce passage de hautbois et clarinette encore, accompagné des notes piquées alternées des bassons et des cors (BEETHOVEN emploie trois cors dans cette symphonie) et des arpèges des violoncelles et de la deuxième clarinette? La sonorité souple et grasse de cet *andante* précédant le *presto* de la *coda* est très différente de tout ce qu'on avait réalisé jusque-là. C'est à la fois plus compact, plus riche et plus nerveux; nulle lourdeur au reste dans cette polyphonie (ex. 40).

Le sentiment dramatique que BEETHOVEN cherche à introduire dans la symphonie n'est pas d'essence vulgaire ou simplement brutale. Il ne nuit jamais à la beauté des phrases, à leur contour déterminé, pas plus qu'à leur développement contrapuntique. Il est tout entier dans le rôle plus expressif des instruments individuels, dans les grands accents des ensembles, dans les oppositions de nuances et de timbres. Cette recherche devait l'amener à introduire les trombones (réservés jusqu'alors pour le théâtre ou l'église) dans sa musique de concert. Cet emploi se rencontre

pour la première fois dans la *Symphonie en ut mineur*. Afin de ne pas alourdir l'ensemble, BEETHOVEN n'emploie que deux trombones. Ils interviennent uniquement dans le *final* par de larges accords imposants, pour grandir la sonorité des tutti, ou par des coups brefs qui en scandent l'énergie.

Comment ne pas remarquer aussi l'importance du rôle des timbales dans cette œuvre? Avec BEETHOVEN, ces instruments ne seront plus réduits à marquer la tonique et la dominante dans les *tutti*, ou à enfler les grands *forte* de leurs roulements accélérés. Ils auront un usage bien particulier, leurs sonorités cesseront d'être toujours associées aux trompettes et aux cors. Dès ses débuts, BEETHOVEN s'est ingénié à tirer un parti nouveau de ce timbre sourd, grave et mystérieux dans le *piano,* auquel son mode de percussion permet de ressortir admirablement sur l'ensemble symphonique.

Déjà, dans l'*andante* de la *Première Symphonie*, il leur confère un rôle important en soulignant d'un rythme obstiné de notes répétées le trait en triolets des flûtes et des violons qui termine chaque reprise. Dans l'*Héroïque,* il leur confie la tonique avec une volonté bien marquée, tandis que tout l'orchestre attaque énergiquement les accords de septième de dominante et de septième diminuée.

Mais avec la *Quatrième*, les timbales prennent une part plus active encore dans les trouvailles orchestrales. L'effet de la belle modulation en *si naturel,* qui précède la rentrée des thèmes principaux dans l'*allegro* du début, est accru par le vague effroi de ce roulement *pianissimo* sur un *si bémol,* sonnant

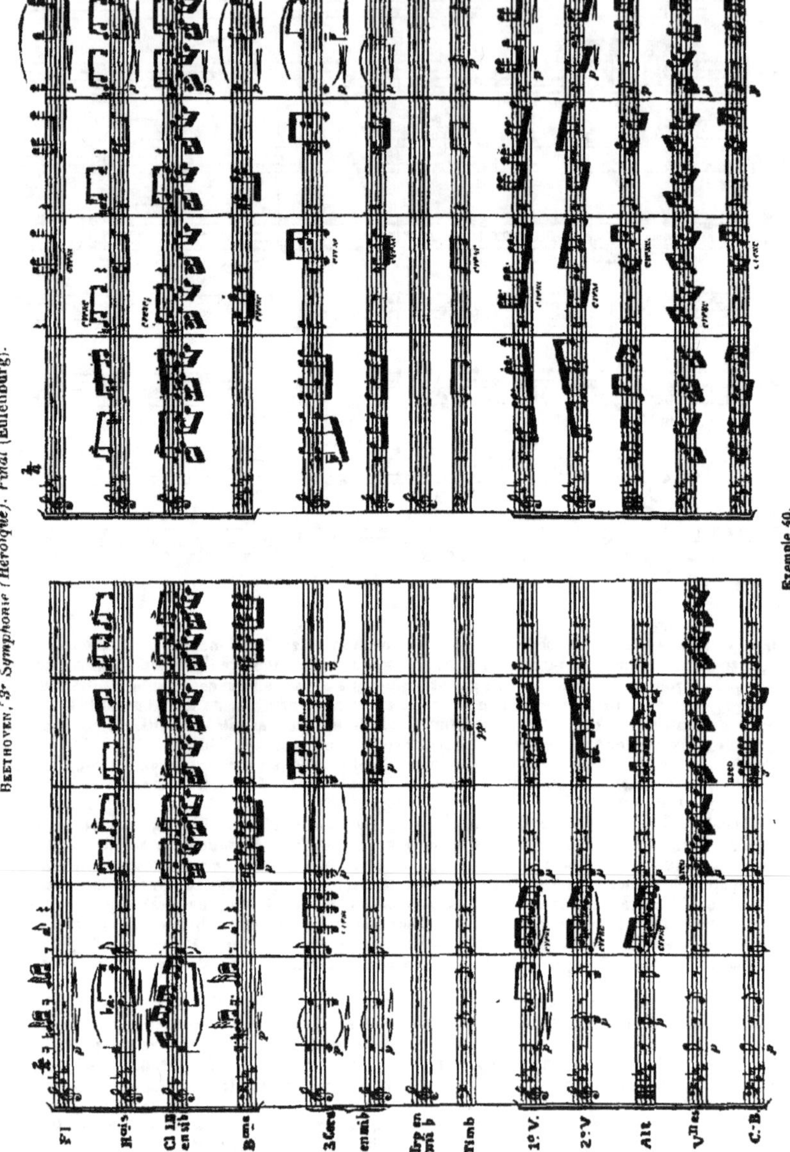
Beethoven, 3e Symphonie (Héroïque). Final (Eulenburg).
Exemple 40.
Fl
Hois
Cl. tb. en sib
B ons
3 Cors en mib
Trp en mib
Timb
1ers V.
2ds V.
Alt
Vlles
C.-B.

comme un *la dièse*, tierce de l'accord de septième de dominante de *si naturel*. Par deux fois, le *si bémol* intervient et semble annoncer le retour du ton principal. Un peu plus loin, la tonalité s'affirme avec le trémolo continu de la timbale sur le dialogue entrecoupé des cordes. Le *crescendo* habilement préparé amène l'éclatant tutti.

Dans l'*andante*, un passage tout empreint de mystère donne aux timbales un rôle encore plus capital.

Elles auront, après cela, l'honneur d'une conclusion

notes piquées (gloussements, dit BERLIOZ)! des bassons; puis, grandissant, imposant son rythme à tout l'orchestre, imposant surtout cette tonalité d'*ut* qui va éclater enfin avec l'entrée des cuivres, tonitruante dans l'*allegro*.

BEETHOVEN, toujours à la recherche de nouveaux effets, ne se contente plus, du reste, d'accorder ses timbales à la quarte ou à la quinte l'une de l'autre (dominante et tonique); il emploie, dans la *Huitième Symphonie*, l'accord en octaves et, dans *Fidelio*, ce

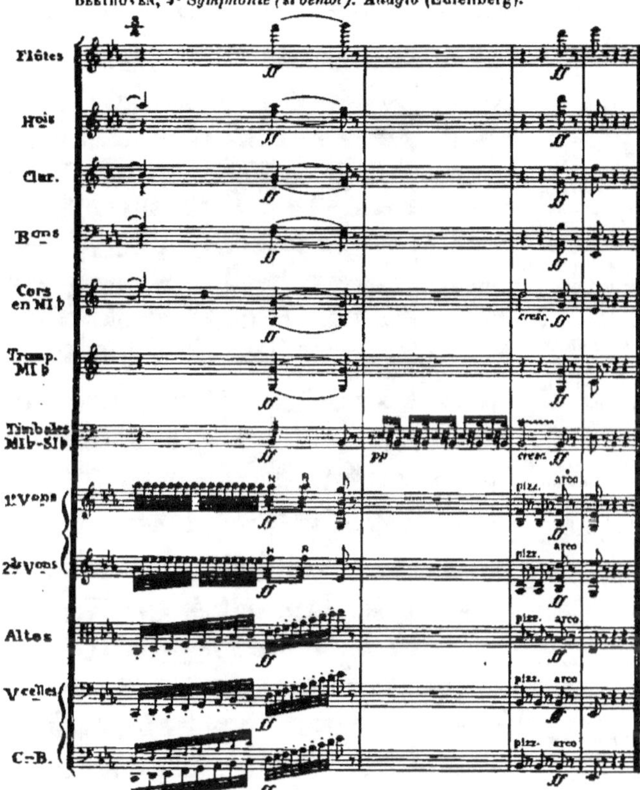

BEETHOVEN, 4ᵉ *Symphonie (si bémol). Adagio* (Eulenberg).

Exemple 41.

bizarre accord en quinte diminuée, qui vient ajouter quelque chose de sinistre à la scène émouvante où l'épouse infortunée creuse la tombe de Florestan.

Les trombones reparaîtront dans la *Symphonie Pastorale*. Ils étaleront leurs grandioses sonorités lors du déchaînement de l'orage, sur le roulement de tonnerre des timbales, et les trompettes marqueront le sforzando des cordes dans les dessins rapides et stridents qui semblent de rouges éclairs.

Dans le chant d'actions de grâce du *final*, au contraire, ils calmeront leur fureur sauvage et prendront un caractère sacerdotal de noble gravité.

Avec cette symphonie, du reste, l'orchestre de BEETHOVEN se fait plus soutenu, la pâte en a plus de consistance; de longues tenues de clarinettes et bassons nourrissent les dessins des cordes, leur enlevant toute sécheresse. C'est quelque chose de comparable à la pédale du piano. Et l'on ne saurait, en effet, laisser passer sans y insister la naissance de cet instrument et son influence très évidente, à notre sens, sur les procédés,

très neuve qui termine cet *andante* de la façon la plus originale. Tout l'orchestre suspendu soudain, après un crescendo formidable, elles feront seules entendre dans le lointain le rythme particulier, générateur et soutien de tout ce morceau. Quelques timides pizzicati des cordes sur une tenue des cors, deux accords brefs de l'ensemble, et tout sera fini (ex. 41).

Enfin, le rôle des timbales prendra une importance considérable dans la fin du *scherzo* de la *Symphonie en ut mineur*, et dans son enchaînement au *final*. L'appel persistant de cet *ut* est bien caractéristique et étrangement impressionnant, frappé d'abord peureusement, répondant dans sa nuance effacée aux pizzicati des cordes, aux petits arpèges des altos, aux

sur l'écriture orchestrale surtout des compositeurs. Peu à peu déshabitués des sons brillants et nets, mais empreints de sécheresse, de l'antique clavecin, les compositeurs s'éprendront des sonorités pianistiques plus vagues, mais plus caressantes et plus prolongées. Les nuances, devenues plus nombreuses sous leurs doigts, se multiplieront en même temps dans leur orchestre; la recherche de la jolie sonorité qui nous a valu, avec SCHUBERT, SCHUMANN et les modernes, tant de belles œuvres pour le piano, se fera jour peu à peu dans leurs combinaisons. L'enveloppe, l'atmosphère de la composition, cette sorte d'imprécision tonale que laisse l'emploi de la pédale si adroitement maniée qu'elle soit, habitueront l'oreille à des harmonies plus complexes, à de plus rares alliances de sons; et cet effet sera imité à l'orchestre par des tenues mystérieuses d'accords sur lesquelles les dessins mélodiques et d'accompagnement viendront mettre de plus en plus des notes étrangères, notes de passage, appoggiatures résolues ou non, anticipations, échappées, tous les artifices charmants, un peu perfides et troublants, cruels même parfois, de la musique moderne.

Et Beethoven, par moments, inaugure ce système. Quelle dissonance, quelle audacieuse appoggiature vaudrait ce cri sauvage de la *Neuvième Symphonie*, précédant le solo de baryton, où la voix, enfin introduite dans l'ensemble instrumental, vient affirmer le règne triomphant de la joie lumineuse et saine. Ce brutal accord, qui semble, par un violent contraste, mieux faire valoir la douce simplicité du joyeux thème populaire, est composé, ainsi que l'a remarqué Berlioz, des notes *fa, la, do dièse, ré, mi, fa, la* et *si bémol* (ex. 42). La dureté en est accrue par l'emploi des trompettes soutenant avec force le *la* sur l'appoggiature *si bémol* attaquée par tous les bois et les violons. Le *do dièse mi* du médium frôlerait avec non moins de cruauté le *ré* des cors, si Beethoven ne l'avait (conscient ou non) confié aux altos. On peut croire qu'ici cette dissonance est presque inutile, étant à peine perçue par l'oreille. Peut-être y a-t-il là une intention. C'est un art bien moderne que d'employer à l'orchestre les dissonances les plus redoutables et de les sauver par une disposition instrumentale qui n'en laisse percevoir clairement qu'une face; la dissonance n'étant plus là que pour relever, pour pimenter un peu la sauce devenue fade des accords consonants... mais ne donnant plus un effet de pure violence, faite de caresses au contraire et de frôlements insidieux.

Revenons à Beethoven. Son orchestre se dramatise de plus en plus, privé, il est vrai, parfois, de la grâce polyphonique un peu frêle de ses précurseurs, mais atteignant une force non encore égalée. Et c'est, dans le premier mouvement de cette *Pastorale*, toute la masse des bois opposée en un vaste unisson à la masse des cordes, également unie en un seul dessin. Sur ces deux parties contrasteront les appels répétés des cors, doublés au grave par les basses.

La polyphonie reprendra ses droits avec l'émouvante scène du *Ruisseau*. Ici, ce sera surtout la diversité des formules d'accompagnement qui ajoutera toute sa richesse aux solos du hautbois, de la clarinette ou des violons.

Quoi de plus délicieux que les arpèges de bassons, de clarinettes et de violons, accompagnant les soupirs des flûtes, avec, en dessous, l'onduleux dessin de tierces en batteries des cordes? Cela est en même temps plein d'audace : remarquons l'attaque de l'arpège *si bémol, ré, fa*, etc., sur les tierces *mi bémol, sol* des violons, et le *ré, fa, si bémol* des premiers violons sur *mi bémol, do, ré*. Ces notes de passage là n'ont rien de classique, au sens trop souvent attribué

à ce mot. Elles font prévoir toute l'harmonie moderne, et, seul, le grand Bach, chez qui l'on peut tout retrouver, pourrait revendiquer d'aussi hardies combinaisons (ex. 43).

Parlerons-nous, après tant d'autres, de l'imitation un peu puérile du chant de la caille et du coucou et des trilles légers du rossignol? On ne saurait nier l'effet poétique de cette page imitative. Beethoven use peu, du reste, de l'imitation purement matérielle; il préfère évoquer les choses par le caractère même

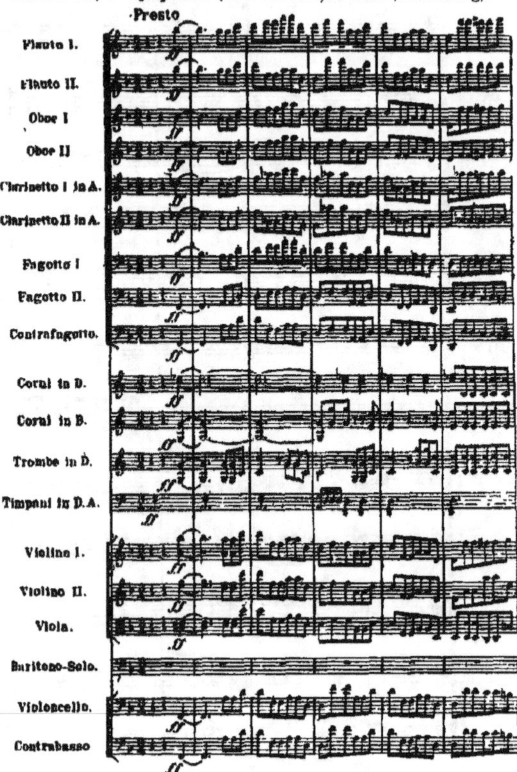

BEETHOVEN, *9ᵉ Symphonie* (avec chœurs). *Presto* (Eulenburg).

Exemple 42.

de sa musique. Quelques titres fort courts, en tête de chaque morceau de la *Pastorale*, suffisent à nous dire dans quel esprit l'œuvre fut conçue. Mais le maître évite de souligner par des effets trop réalistes la fantaisie de son imagination; il laisse errer à volonté celle de ses auditeurs, se contentant, pour ainsi dire, de l'aiguiller vers un sens général; et si l'on a pu dire que la *Pastorale* était le premier poème symphonique (non la première œuvre orchestrale descriptive, nous avons parlé déjà des *Saisons* et de la *Création*), on constate toutefois que le plan symphonique y est fidèlement suivi, que la forme reste toujours maîtresse de l'idée, et que les droits de la musique n'y sont jamais abandonnés au profit de la description.

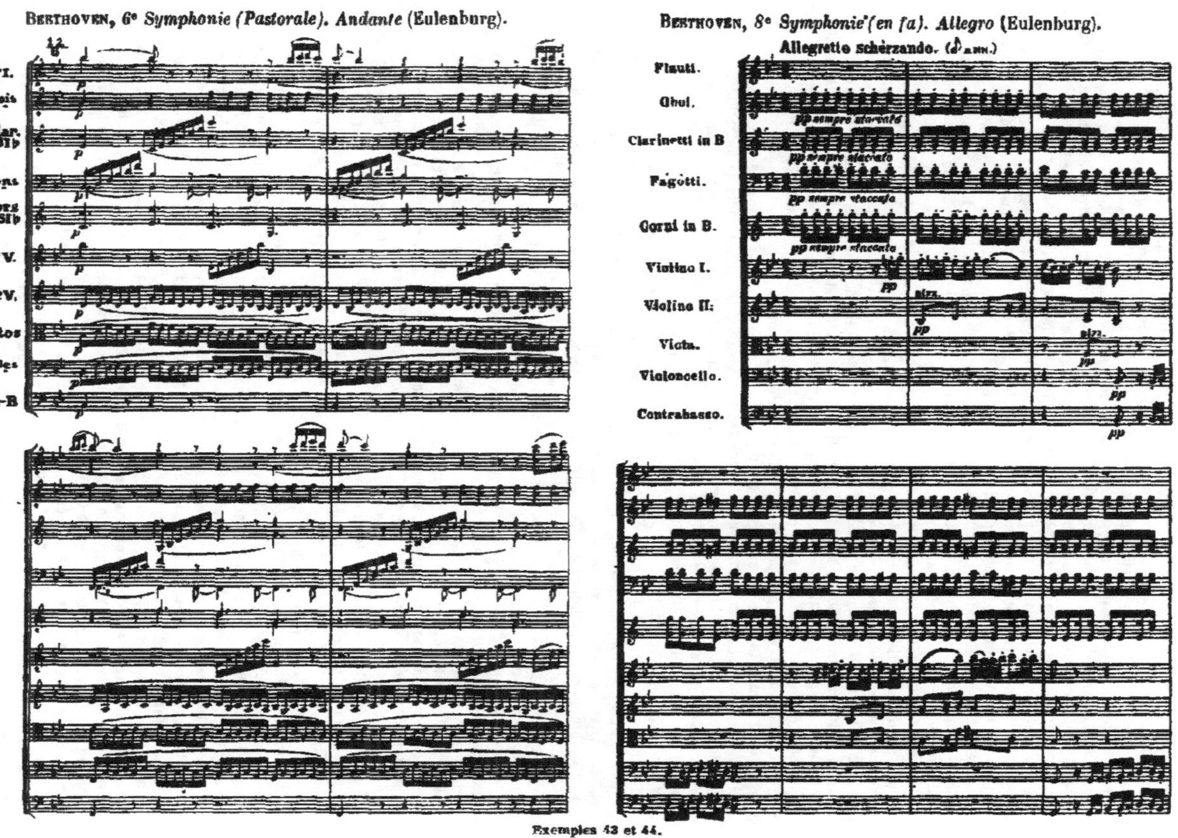
Beethoven, 6e Symphonie (Pastorale). Andante (Eulenburg).
Fl.
Hois
Clar. enSib
Bons
Cors enSib
1.V.
2.V.
Altos
Vlles
C.-B
Beethoven, 8e Symphonie (en fa). Allegro (Eulenburg).
Allegretto scherzando. (♩ = 88.)
Flauti.
Oboi.
Clarinetti in B
Fagotti.
Corni in B.
Violino I.
Violino II.
Viola.
Violoncello.
Contrabasso.
pp sempre staccato
pp sempre staccato
pp sempre staccato
pp sempre staccato
pp
pizz.
pp
pizz.
pp
pp
Exemples 43 et 44.

Plus nous approcherons des dernières symphonies de BEETHOVEN, plus nous aurons de riches effets à signaler. La moisson est trop abondante, il faut se borner. Citons : dans l'*allegretto* de la *Septième*, le passage où tout un contre-chant est joué par la collectivité des bois, le chant principal, confié aux premiers violons, étant accompagné par le reste des cordes ; dans le *Trio* du *scherzo*, les fragments élégants confiés à l'harmonie seule sur l'obstinée pédale des violons ; et le charmant effet de l'*allegretto* de la *Huitième*, avec le martellement doux et léger des hautbois, clarinettes, bassons et cors, accompagnant le fin dessin des violons auxquels répondent sourdement les basses en staccato (ex. 44).

C'est là un procédé que MOZART avait déjà esquissé et qui deviendra assez courant par la suite.

L'orchestre Beethovénien atteint enfin toute son ampleur, toute sa puissance et son éclat, toute sa finesse aussi et sa variété dans la *Neuvième Symphonie*. Ici, le maître ne se contentera plus de l'orchestre habituel ; il lui faudra la petite flûte à l'aigu et le contrebasson au grave ; il doublera le nombre des cors, il emploiera les trois variétés de trombones (alto, ténor et basse). C'est à peu près tout l'orchestre symphonique futur. Cela ne lui suffit pas encore, il appelle à son secours la voix humaine ; elle viendra préciser ses intentions par des solos explicatifs de sa pensée, et elle ajoutera aux ensembles la sonorité puissante de ses accents multiples. Le tout atteindra ainsi une grandeur imposante.

Mille détails de cette œuvre appellent l'attention. Les nuances les plus fines ne paraîtront jamais maigres, d'habiles tenues en viendront soutenir les dessins mélodiques et rythmiques. Tout un vaste unisson du quatuor conservera sa légèreté ; la polyphonie des bois ne s'empâtera jamais, tout restera clair ; des notes brèves de trompettes et de timbales ponctueront les mélodies de touches discrètes ; aucune confusion, malgré la multiplicité des détails.

Enfin, il faut signaler la plénitude remarquable de cet orchestre, cette qualité, non pas grasse, mais ronde et nerveuse, de la sonorité dans les ensembles, que nul n'avait atteinte avant BEETHOVEN, et qui est une des caractéristiques de sa musique.

Le grand récitatif des basses semble exprimer l'impuissance de l'orchestre à commenter expressivement l'idée mère de l'œuvre. Il est temps que la voix intervienne et, dans les profondeurs, confié aux violoncelles, doublés des contrebasses, s'énonce le motif vocal qui se développera bientôt dans le chœur. La gradation est ménagée. Les altos et les bassons vont se joindre aux basses, les violons entreront à leur tour et leur *crescendo* amènera l'explosion du motif dans toute l'harmonie, scandé des accords du quatuor. Enfin, après l'accord déchirant de tout l'orchestre, le baryton entonnera l'hymne à la Joie.

Après le quatuor des solistes, le chœur fera entendre sa grande voix. L'écriture un peu tendue des parties de soprano nuit assez souvent à l'effet de ces pages, qui ne peuvent être pleinement réalisées qu'avec de vaillants et généreux exécutants.

J'ai signalé déjà l'instrumentation particulière de la marche, avec le triangle, les cymbales et la grosse caisse, introduites pour la première fois dans une œuvre symphonique sérieuse. L'entrée de cette marche est curieuse avec ses notes isolées, frappées par les bassons et les contrebasses, et la grosse caisse, mais pianissimo.

Les trombones, à leur tour, font leur apparition dans le choral suivant. Ils seront ici religieux, sacerdotaux. Ils rappelleront les accompagnements des vieux chorals d'avant BACH, soutenant l'ensemble vocal, note contre note, de leurs pesants accords.

Terminons les notes forcément trop brèves consacrées à cette œuvre gigantesque en en transcrivant ici une des dernières pages, pour donner une idée de ce que BEETHOVEN arrive à faire du tutti de la symphonie, et de la manière hardie dont il y traite le quatuor (ex. 45).

Nous voici bien loin des précurseurs. BEETHOVEN a fait faire un pas immense à l'orchestration. Nous allons le voir encore plus puissant et plus coloré, plus recherché même, dans sa grande *Messe en ré*, ouvrage qu'il considérait comme son chef-d'œuvre.

Le style orchestral en sera différent de celui des symphonies. L'ensemble est plus nourri encore, plus compact, et les doublures seront plus nombreuses ; nous sommes à l'église, dans un vaste vaisseau qu'il faut emplir de sonorités diverses ; tout doit concourir à l'effet, la polyphonie préside en maîtresse. Nulle lourdeur malgré cela, il y a de l'air jusque dans les plus vastes ensembles, grâce à la variété des rythmes.

C'est ici tout l'assemblage de la *Neuvième Symphonie*, moins les instruments de batterie peu religieux, et la petite flûte, mais avec, en plus, l'orgue *ad libitum* chargé de soutenir les basses et de renforcer les tutti.

Comme dans la *Neuvième*, BEETHOVEN divise ses voix en deux groupes : un groupe de solistes et un groupe de choral, alternant le plus souvent et se superposant parfois.

Le *final* du *Credo* est à remarquer pour l'emploi de tous les instruments, y compris les trombones, dans le pianissimo le plus complet. Effet de plénitude dans la douceur (ex. 46).

La recherche d'une coloration particulière est évidente dans le *Sanctus*. Tout le début, jusqu'à l'*allegro*, est privé des timbres clairs de la flûte et des violons. L'entrée est remarquable avec ses violoncelles et ses altos divisés que viennent assombrir encore les sons graves des clarinettes, bassons et cors et, plus loin, des trombones. Effet déjà employé dans la *Neuvième*. A l'*allegro*, sur les mots « Pleni sunt cœli et terra », l'éclat des violons et des flûtes, joints au reste de l'orchestre, amène un contraste sonore.

Des oppositions dynamiques fréquentes soulignent aussi le début du *Kyrie*, très remarquable sous ce rapport. Quel admirable souci de nuances délicates et neuves encore dans le prélude du *Benedictus!* Flûtes dans le grave, basson, alto, deux violoncelles et contrebasse. Tout cela, traité dans une polyphonie lente et grave, est plein de recueillement. Une phrase des clarinettes, dans le timbre gras et doux du chalumeau, avec la pédale profonde du contrebasson, va terminer dans l'ombre ce prélude, quand soudain une lueur surgit,... deux flûtes, un violon dans l'aigu, et c'est avec la descente qui suit comme une vision d'anges passant dans le ciel.

Tout ce morceau est plein de trouvailles. Ce sont encore les accords pianissimo, un peu menaçants, des cuivres (trompettes et trombones) avec les sourds pizzicati du quintette.

Plus loin, la hardiesse des parties de violon solo franchissant trois et quatre octaves.

Et si l'on peut remarquer, en passant, la maigreur de la fugue et sa creuse sonorité, qui nous dira, en

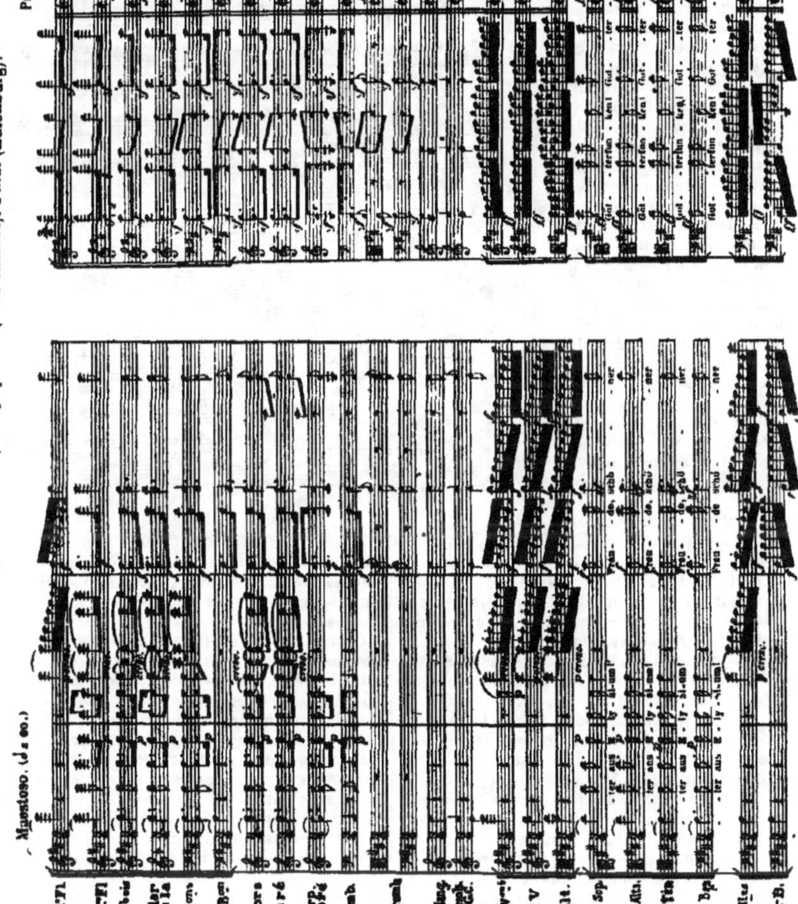
BEETHOVEN, 9e Symphonie (avec chœurs). Final (Eulenburg).
Maestoso.
Prestissimo
Exemple 15.

revanche, les beautés tragiques de l'*Agnus Dei?* Après les mots de paix, ces timbales et ces trompettes entendues au loin, évoquant des images terribles de guerre maudite... et lorsque, timidement, les voix ont imploré : « Agneau de Dieu, prends pitié de nous! » soudain, la fanfare guerrière éclate, tandis que le soprano, éperdu, clame : « Agnus Dei! » Et c'est la paix réclamée, d'abord en suppliant, puis impérieusement; ce mot : « Pacem », répété tantôt avec force, tantôt en gémissant... Il y a là tout un drame angoissant, peut-être pas très liturgique, mais profondément et noblement humain. Rien de pareil n'avait été tenté,... rien de plus grand, peut-être, n'a été fait depuis.

L'orchestre dramatique de BEETHOVEN n'est pas moins en progrès sur son époque. A un moment où triomphaient les œuvrettes charmantes de PAISIELLO et de CIMAROSA, à l'orchestration un peu trop simplette et dénuée de recherches, BEETHOVEN suit résolument, dans son unique ouvrage théâtral, les traces de GLUCK. Il avait, d'ailleurs, devant lui l'exemple de MOZART et de *Don Juan*. Il met un intérêt passionnel plus que pictural dans son accompagnement; il a soin, lui aussi, de n'employer les instruments qu'en raison du degré d'intérêt et de passion » (GLUCK, préface d'*Alceste*).

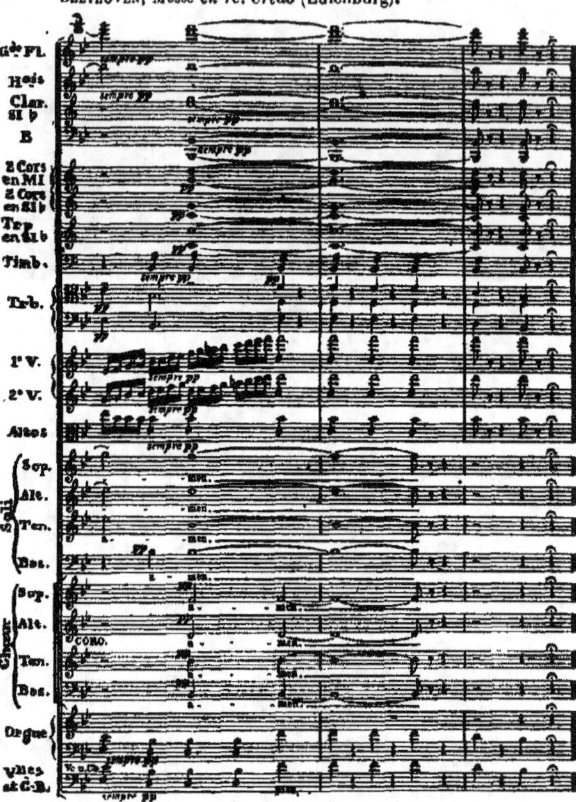

Exemple 46.

Avec quel art il le fait, et comme il ménage soigneusement les gradations!

Tous les premiers morceaux de *Fidelio* n'emploient qu'une partie de l'orchestre, qui se déchaîne seulement tout entier dans le terrible air de Pizzarre, avec une violence réprimée par moment, et qui en rend les éclats encore plus dramatiques.

Cette progression est même observée parfois dans un seul morceau. Le quatuor fameux débute par un accompagnement de violoncelles, altos et clarinettes. Ce n'est ici qu'un solo pour le chant; avec les deux voix, puis avec le trio et enfin avec la réunion des quatre chanteurs, l'orchestre s'augmente peu à peu et atteint toute sa plénitude.

Il faut signaler le bel accompagnement de l'air de *Fidelio* par les trois cors et un basson. Rien ne pouvait mieux convenir aux accents expressifs à la fois, inquiets et douloureux, et pourtant empreints d'un espoir grandissant de Léonore, que le timbre légèrement voilé des cors, d'une sonorité riche, mais discrète, d'accent contenu jusque dans les élans joyeux.

L'orchestre de théâtre de BEETHOVEN est peut-être moins parfait que celui de MOZART, mais combien plus intense et plus dramatique! Les intruments à vent y ont un rôle personnel bien marqué et concourent à l'expression de l'ensemble. Dans le duo de Rocco et Fidelio, dans l'entracte du troisième acte, dans tout le début de cet acte, ils poussent de longs gémissements, ponctuent de leurs soupirs ou de leurs sanglots le discours musical; c'est absolument impressionnant.

Quel admirable effet encore que le sourd murmure de l'orchestre, au moment où l'on va creuser la fosse du prisonnier,... les timbres graves sont employés ici avec un art profond, et la sobriété des moyens semble grandir encore cette scène (ex. 47).

Malgré ces évidentes beautés, il faudra attendre de longues années avant de voir les hommes de théâtre comprendre ces exemples et suivre les traces glorieuses de GLUCK, de MOZART ou de BEETHOVEN. La musique italienne, facile et gracieuse, sensuelle, mais sans profondeur, séduira plus les cœurs, et les compositeurs préféreront une orchestration stéréotypée dans des formules connues, d'un effet certain sur le public et d'exécution plus aisée. WEBER seul retrouvera cette sévérité d'accent et cette poésie dans les moyens employés, poésie qu'il amplifiera encore. BERLIOZ sera davantage l'héritier de BEETHOVEN et de GLUCK, au moins dans ses procédés orchestraux, et dans sa façon de les adapter à l'action musicale qu'ils intensifieront si merveilleusement.

BEETHOVEN, 9e Symphonie (avec chœurs). *Final* (Eulenburg).

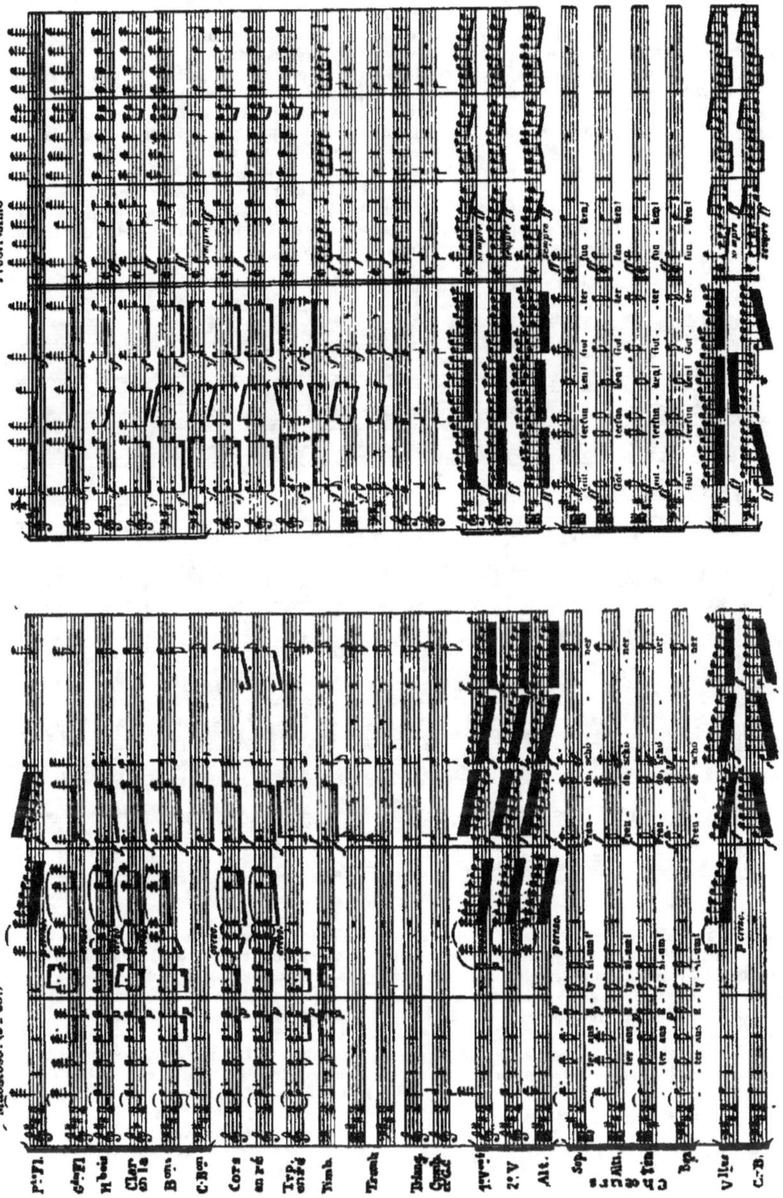

Maestoso. (♩ = 60.)

Prestissimo.

Exemple 45.

dés gros cuivres, une sonorité énorme, mais claire dans le *tutti* final de ce premier mouvement (ex. 48).

Encore une belle opposition au début du *scherzo*. Le dialogue des bois et des cordes y est souligné par la différence des registres. Les violoncelles et les violons chantent délicieusement leur phrase en canon, pendant que se continue au basson et à la clarinette le petit rythme sautillant de six croches qui forme le thème principal du *scherzo*, et quel charmant effet, sous ce rythme persistant, que celui de la belle phrase, d'abord mystérieuse, puis grandissante, du quatuor à la quadruple octave! Ce sont là d'heureuses trouvailles (ex. 49).

La sobre ordonnance de l'orchestration Schubertienne s'accuse de nouveau dans le Trio. Ici, l'orchestre est divisé en trois groupes bien distincts.

Aux bois est confiée la partie principale, chant et harmonie en accords pleins. La partie rythmique, noire pointée, croche et noire, est frappée par le groupe des cuivres (trombones et cors). Enfin, le quatuor se contente d'une partie d'*accompagnement* en arpèges détachés.

Le passage qui suit la première reprise du final n'est-il pas plein de mystère et de délicatesse? Comme les bois sont bien traités et comme leurs notes liées, avec un peu plus loin la rentrée des trombones, doux et liés eux aussi, tranchent sur les rythmes saccadés et inquiets des instruments à archet (ex. 50).

Peut-être, les procédés sont-ils peu variés. C'est toujours le même orchestre dans les quatre numéros, mais habilement manié et sonnant toujours parfaitement.

SCHUBERT, *Symphonie en ut.* 1er mouvement (Peters).

Exemple 48.

Faut-il rappeler la phrase adorable des violoncelles dans l'*allegro* de la *Symphonie en si mineur?* Rien de particulier dans l'arrangement, mais quelle caresse dans le timbre, comme la mélodie s'adapte bien au caractère du violoncelle! N'est-ce pas là le secret des maîtres, et quels chefs-d'œuvre symphoniques aurait pu nous donner, avec une vie moins brève, celui qui laissa de telles pages?

Mendelssohn (1809-1847).

En MENDELSSOHN, nous trouverons l'ordre et la clarté, la maîtrise de la forme et la plus grande sincérité. Tout cela un peu gâté par le manque d'émotion et par des procédés d'écriture fort habiles, mais toujours trop semblables à eux-mêmes. Ces qualités surtout, plus que ces défauts, se retrouveront dans son orchestre harmonieusement équilibré.

Chaque timbre y est à sa place et donne, sans nul effort, son maximum d'effet. La transparence de la sonorité est remarquable. Rien de très hardi dans tout cela, mais quel talent déployé, quelle sûreté dans les combinaisons! Nul, sauf WEBER, n'a obtenu plus de légèreté et de luminosité.

Que d'heureux passages à citer dans ses œuvres, notamment dans le *Songe d'une nuit d'été!* Et ce sera surtout la délicatesse aérienne du staccato des violons divisés dans l'*ouverture*, véritable gazouillis que viennent interrompre çà et là quelques mystérieux accords de l'harmonie (ex. 51).

A part la *Marche nuptiale*, célèbre et d'une sonorité éclatante, mais empreinte de lourdeur et de massiveté, toute l'orchestration de cette œuvre est exquise et pleine d'ingéniosité. Remarquons (en réservant notre approbation) l'absence des trombones dans l'ouverture et leur remplacement par un ophicléide. Les tubas viendront plus tard éliminer ce serviteur un peu impotent, utile parfois pour donner une

Schubert, *Symphonie en ut. Scherzo* (Peters).

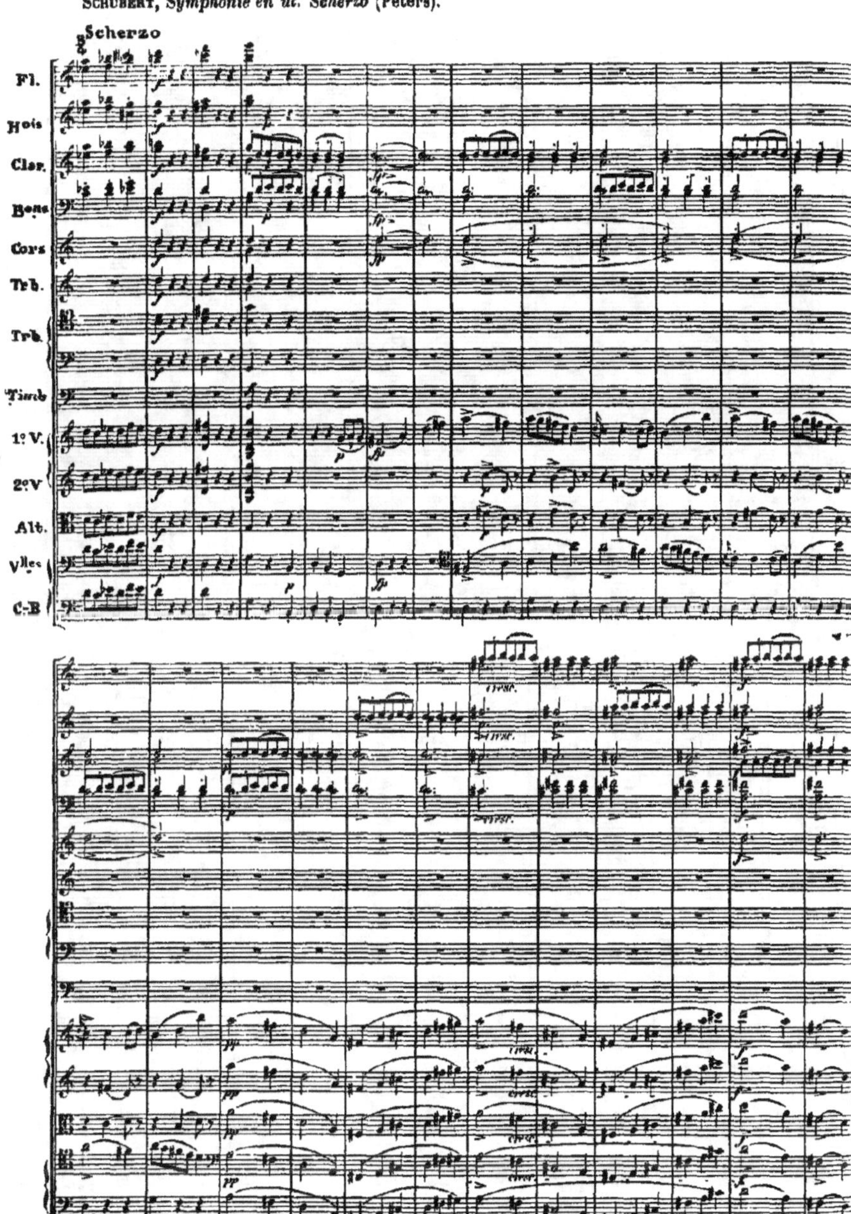

Exemple 49.

SCHUBERT, *Symphonie en ut. Final* (Peters).

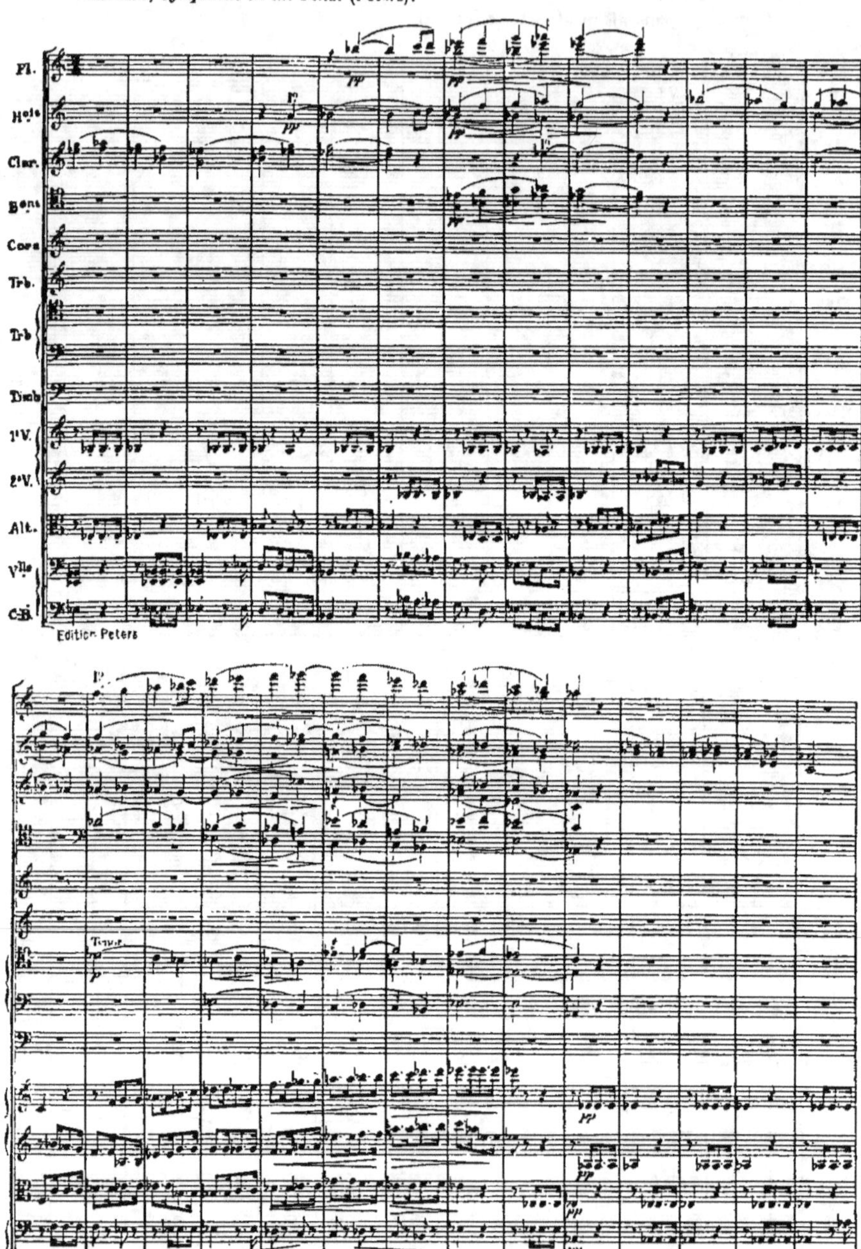

Exemple 50.

F. Mendelssohn, *Ouverture du Songe d'une nuit d'été* (Eulenburg).

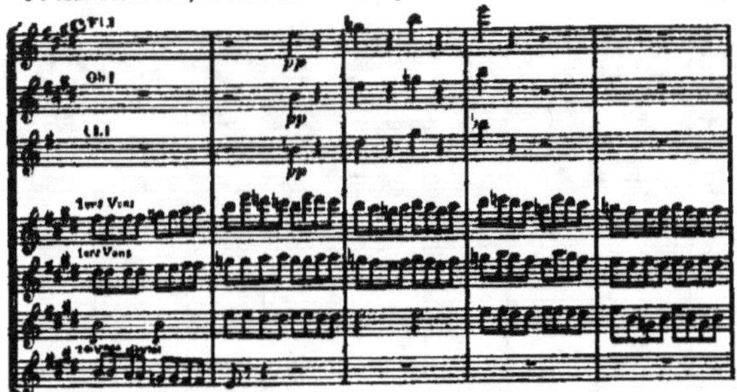

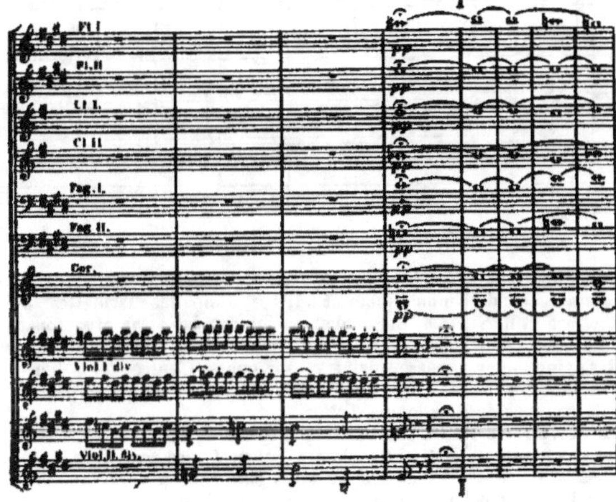

Exemple 51.

Les effets humoristiques abondent d'ailleurs. Dans ce genre, signalons la formidable entrée des cuivres, vite apaisés, sur le pianissimo du staccato des violons; et plus loin, sur la tenue grave des flûtes et les notes répétées des premiers violons, les gammes descendantes en pizzicati des seconds violons et des violoncelles.

Mendelssohn a toujours excellé dans les *scherzos*; le *scherzo* du *Songe* ne pouvait faire exception. Les bois y sont parfaitement traités, tout le morceau est d'une couleur atténuée et d'un rythme obstiné et saccadé qui conviennent à l'effet mystérieux cherché. C'est bien une course nocturne d'êtres immatériels et aériens.

Remarquons (après Gevaert) le trait final de la flûte, avec son essoufflement apeuré, et le pianissimo des notes détachées du quatuor, des trompettes et des cors. Il y a là un exemple intéressant de l'emploi de la flûte dans le grave avec un mouvement relativement rapide. Notons avec quel soin Mendelssohn prend le parti de l'isoler de plus en plus à mesure qu'elle descend vers ses notes les plus faibles (ex. 53).

Un nouvel exemple de légèreté nous est fourni par la *Marche des Elfes*, d'une finesse rare.

Un curieux effet de coloration, presque imperceptible, se montre plus loin dans l'unisson de la flûte grave et des violons en sourdine. Grâce à cette sourdine, le timbre de la flûte reste perceptible.

Faut-il parler du célèbre *Nocturne*, avec la belle mélodie du cor convenant si bien à l'instrument? Elle nous fait voir à quel point Mendelssohn savait adapter son inspiration à la nature même de l'instrument choisi.

La fin du *Nocturne* est d'une orchestration chatoyante et souple. Son flottement onduleux résulte de la divergence des rythmes : dessins en noires, en croches simples et en triolets de croches. Brahms, plus tard, imitera ce procédé.

Nous voyons donc Mendelssohn, très maître de son écriture orchestrale, rechercher des effets ingénieux,

basse (un peu flasque) aux cuivres privés de trombone basse. En attendant, nous allons voir l'ophicléide remplir ce rôle d'utilité pendant toute une période, notamment dans la musique de théâtre.

Quelques intentions descriptives se rencontrent dans cette ouverture; elles sont toujours fort discrètes, avec Mendelssohn, et c'est, après le rugissement du lion (ophicléide), les « hi-han » de l'âne, imités par les sauts de dixième des violons et altos (ex. 52) :

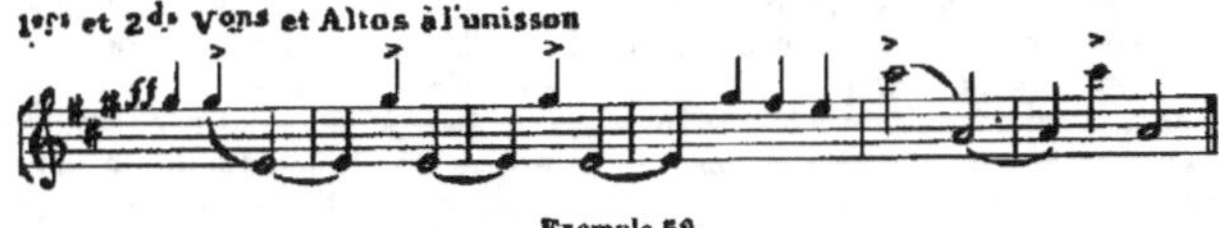

Exemple 52.

mais toujours sans excès, basant son instrumentation sur les données classiques les mieux équilibrées. En parcourant ses symphonies, ses ouvertures, ses oratorios, nous trouverions beaucoup d'exemples de ces tentatives très sages, contrôlées par un jugement sain et par un métier réellement supérieur. Il faut nous borner. Contentons-nous d'admirer, dans la *Symphonie Romaine*, comme dans l'*Écossaise* (ses deux meilleures symphonies), la netteté de l'ensemble, le brillant obtenu à l'exécution, grâce à l'ordre parfait qui règne d'un bout à l'autre. L'appropriation des dessins à chaque timbre montre bien que ces œuvres ont été pensées pour l'orchestre.

L'*Écossaise* abonde en trouvailles heureuses. C'est parfois le renforcement d'une partie importante par un instrument à vent employé dans une tessiture particulière, comme le chalumeau de la clarinette venant nourrir, engraisser, pour ainsi dire, le chant

MENDELSSOHN, *Scherzo du Songe d'une nuit d'été* (Eulenburg).

Exemple 53.

des violons au début de l'*allegro* qui suit l'introduction. Les tutti de cette symphonie, comme ceux de l'*Italienne* d'ailleurs, ont une sonorité claire et nerveuse du meilleur aloi. Que l'on compare ces ensembles à ceux, si lourds et confus, des symphonies de SCHUMANN, et l'on en saisira toute la supériorité. Ici, pas de doublures inutiles; les trois groupes de l'orchestre : les bois, les cuivres, les cordes, ont leur importance spéciale et leurs dessins ou leurs rythmes particuliers; chaque groupe forme isolément un tout bien complet. Ajoutez à cela que chaque instrument est toujours employé dans sa meilleure tessiture, et n'exécute jamais rien de contraire à sa nature propre. Voilà qui constitue l'art même de bien orchestrer et le meilleur exemple à suivre.

Les vastes unissons de tout le quintette ont généralement pour but un accroissement grandiose de la sonorité. MENDELSSOHN les emploie fréquemment, lui, dans le pianissimo. Le mystère devient ainsi colossal et troublant. Ici, l'effet en est doublé par les curieuses modulations en accords pleins de l'harmonie (ex. 54).

La délicate chanson écossaise du *vivace*, si gaie et si élégante en même temps, est une des perles de cette symphonie. Rien que la présentation du thème par la clarinette nous captive, avec son accompagnement si fin en notes détachées et pianissimo. Plus loin, ce même chant, confié au hautbois, se détachera sur le martellement des bassons et des clarinettes. La conclusion est délicieuse et originale avec son trait de violon, les tenues des hautbois, les notes lointaines des cors et les notes piquées de l'ensemble pour finir (ex. 55).

Si nous feuilletons les *ouvertures* de MENDELSSOHN, nous aurons encore d'utiles remarques à glaner. L'*Ouverture d'Athalie* nous présente l'emploi persistant de la harpe; nulle part encore cet instrument, tout exceptionnel à cette époque, n'avait pris une part si importante à l'ensemble d'un discours musical. Le début de cette ouverture est exposé par l'harmonie (bois et cuivres, moins les clarinettes), à laquelle viennent se joindre les altos et violoncelles divisés en quatre parties. C'est alors d'une sonorité grasse, pleine et onctueuse. L'entrée de la harpe se fait sur les pizzicati des violons et des basses et sur les tenues d'altos.

L'*Ouverture de la Grotte de Fingal* serait à citer en entier. Son intérêt musical très grand, l'art réel de ses développements sont soulignés par une orchestration d'une rare habileté. Bornons-nous à citer : la jolie sonorité du chant des basses doublées des bassons et clarinettes sur les batteries des cordes; plus loin, les belles oppositions de l'harmonie et du quatuor; et donnons enfin cet exemple curieux de staccato des bois et des cuivres, mélangés d'*arco* et de pizzicato des violons (ex. 56).

Mais ce qui détermine la beauté de cette œuvre c'est, plus que les détails piquants, le sentiment intérieur qui l'anime, et qui en fait une des compositions les plus heureusement colorées de MENDELSSOHN. Empruntons à LAVOIX (*Hist. de l'Instrumentation*) ce paragraphe qui nous fera justement apprécier les qualités de ce « poème musical » :

« En décrivant par les instruments la grotte aux singulières résonances, le compositeur a cherché, non pas à nous faire entendre une reproduction exacte du phénomène de la nature, ni même à exprimer le sentiment que nous éprouverions à la vue de la grotte, mais il a voulu évoquer comme le souvenir de ces voix mystérieuses qui s'exhalent de l'antre sonore habité par les fées, les démons, les divinités de la nature. Écoutez cette exposition à rythmes brisés qui commence l'ouverture, pendant que, semblables à des soupirs lointains, les tenues de hautbois, clarinettes et violons paraissent représenter « les chants éoliens des ombres fingaliennes ». Puis, l'accompagnement obstiné des deuxièmes vio-

MENDELSSOHN, *Symphonie Écossaise*. 1er mouvement (Eulenburg).

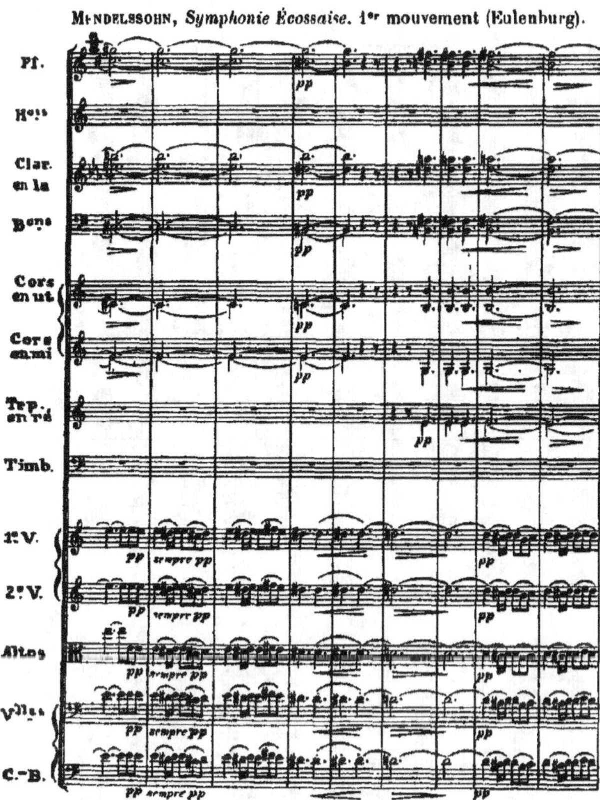

Exemple 54.

lons simule le frémissement continu des vagues et du vent s'engouffrant dans les colonnes de basalte disposées en buffet d'orgue. Lorsque le fond du tableau est ainsi dessiné d'une main magistrale, le basson entame un chant large, plein, poétique; c'est la voix surnaturelle qui remplit de ses accents la grotte féerique. La description se mêle à la poésie, les traits descriptifs rendent plus frappante encore la partie fantastique de l'œuvre. Ici, nous entendons les résonances de ces pierres chantantes qui multiplient le son par mille échos, là, les murmures du vent, la colère de l'ouragan, les plaintes de la brise de mer; mais ce qui domine avant tout dans cette belle page, c'est le sentiment surnaturel... »

L'*Ouverture* du *Calme de la Mer* nous montre un emploi assez rare du contrebasson et... du serpent! Cet instrument bâtard et insupportable dut être remplacé par l'ophicléide. Il y a aussi dans cette partition deux grandes flûtes et une petite flûte. Le mélange des rythmes ternaires et binaires y est assez caractéristique.

La *Walpurgisnacht* contient aussi d'heureuses pages. Le chœur des druides est plein de mystère et de finesse; les appels *forte* des trompettes aussitôt diminués, les réponses *pianissimo* des cors, les accords des flûtes, clarinettes et bassons en notes piquées, les pizzicati des violons, enfin l'entrée lointaine et légère des chœurs, tout cela est d'un effet entièrement nouveau.

On le voit, si la jeune génération regarde les compositions de MENDELSSOHN avec quelque mépris, pour leur trop grande sagesse, pour leurs inspirations trop simplement élégantes, parfois élevées, trop souvent distinguées seulement, aussi pour leur écriture rigoureuse, scholastique, pour leurs développements trop prévus, et si tous ces reproches sont quelque peu mérités, quoique exagérés, nul ne devrait traiter de même leur côté orchestral. Les partitions de MENDELSSOHN valent une étude spéciale. Elles ont des qualités de premier ordre qui manquent parfois à des œuvres de plus haute portée musicale. On y trouvera un enseignement, en tout cas des exemples précieux. A ce titre, MENDELSSOHN méritait, dans cet article, un paragraphe spécial.

Schumann (1810-1856).

Si SCHUMANN doit être considéré comme un très grand compositeur, le précurseur, avec CHOPIN, de notre école de piano, le maître incontesté de notre lied moderne, il faut bien avouer qu'en style symphonique, il reste loin derrière MENDELSSOHN. La richesse et la nouveauté des idées mélodiques, la qualité rare des harmonies, le développement rythmique si fièrement accusé sont loin d'être servis par leur réalisation orchestrale. On a fait souvent la remarque que les symphonies de SCHUMANN sont plus belles exécutées simplement à quatre mains au piano. Il ne faut rien exagérer. Parmi des gaucheries, des inconséquences, au milieu de lourdeurs engendrées par l'abus d'inutiles doublures et par le parti pris de vouloir faire marcher tout le monde à la fois, nous rencontrerons des pages de pure beauté où l'idée, triomphant enfin de la forme embarrassée, se dresse parée d'une grâce toute nouvelle, des pages personnelles trop rares, hélas! dignes du maître immortel de *Faust*, de *Manfred*, des *Scènes d'enfants* et des *Lieder*. L'imagination débordante de SCHUMANN devait bien arriver à vaincre son manque de métier.

Les *allegros* de ses symphonies sont le plus souvent lourds et ternes; le gris semble en être la couleur dominante et, à la vérité, cette couleur convient assez bien à la qualité de certaines idées Schumaniennes auxquelles nuirait une trop grande clarté. Il y a des beautés que la pénombre fait valoir! Toutefois, si les teintes grises peuvent être variées à l'infini, celles-ci, trop uniformes, engendrent vite l'ennui. L'abondance des doublures alourdit les phrases mêmes rythmiques les plus alertes en apparence.

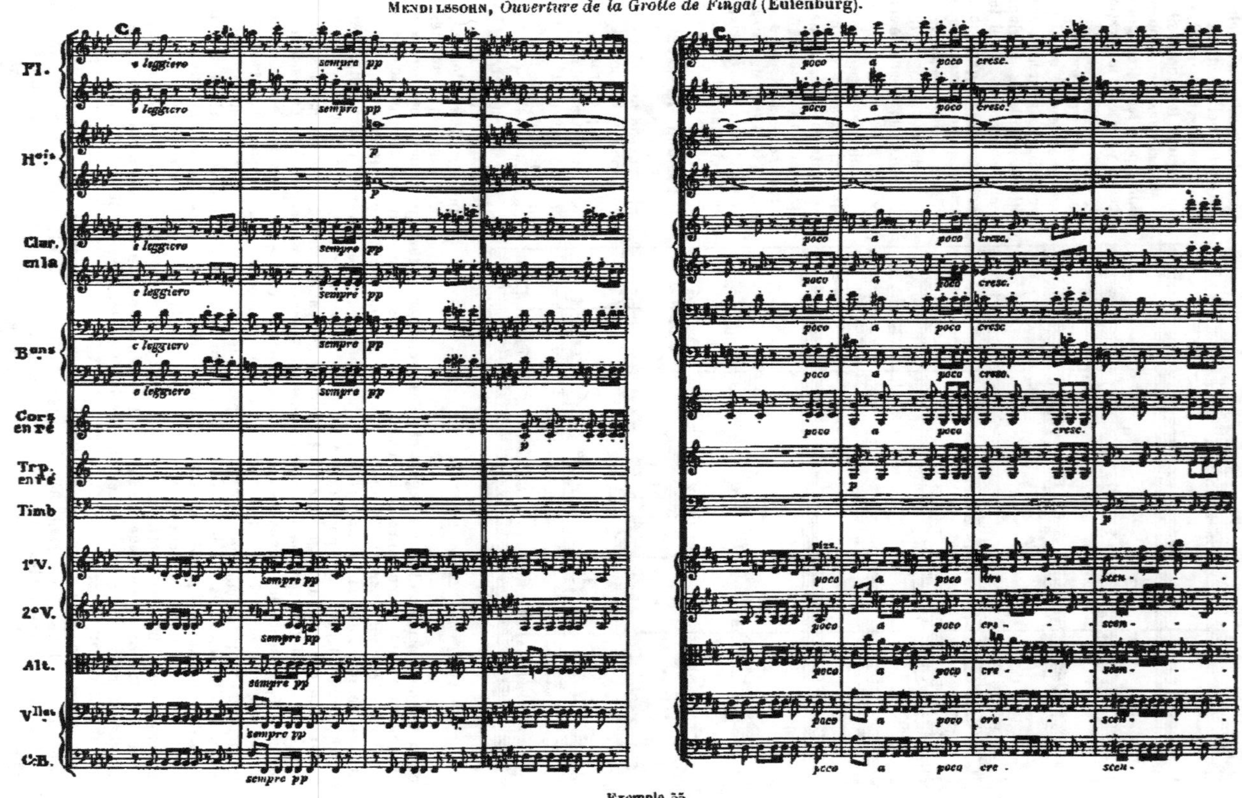
MENDELSSOHN, Ouverture de la Grotte de Fingal (Eulenburg).
Fl.
H^bois
Clar. en la
B^ons
Cors en ré
Trp. en ré
Timb.
1re V.
2e V.
Alt.
V^lles
C.B.
Exemple 55.

Mendelssohn, Symphonie Écossaise. Vivace (Eulenburg).
Vivace non troppo 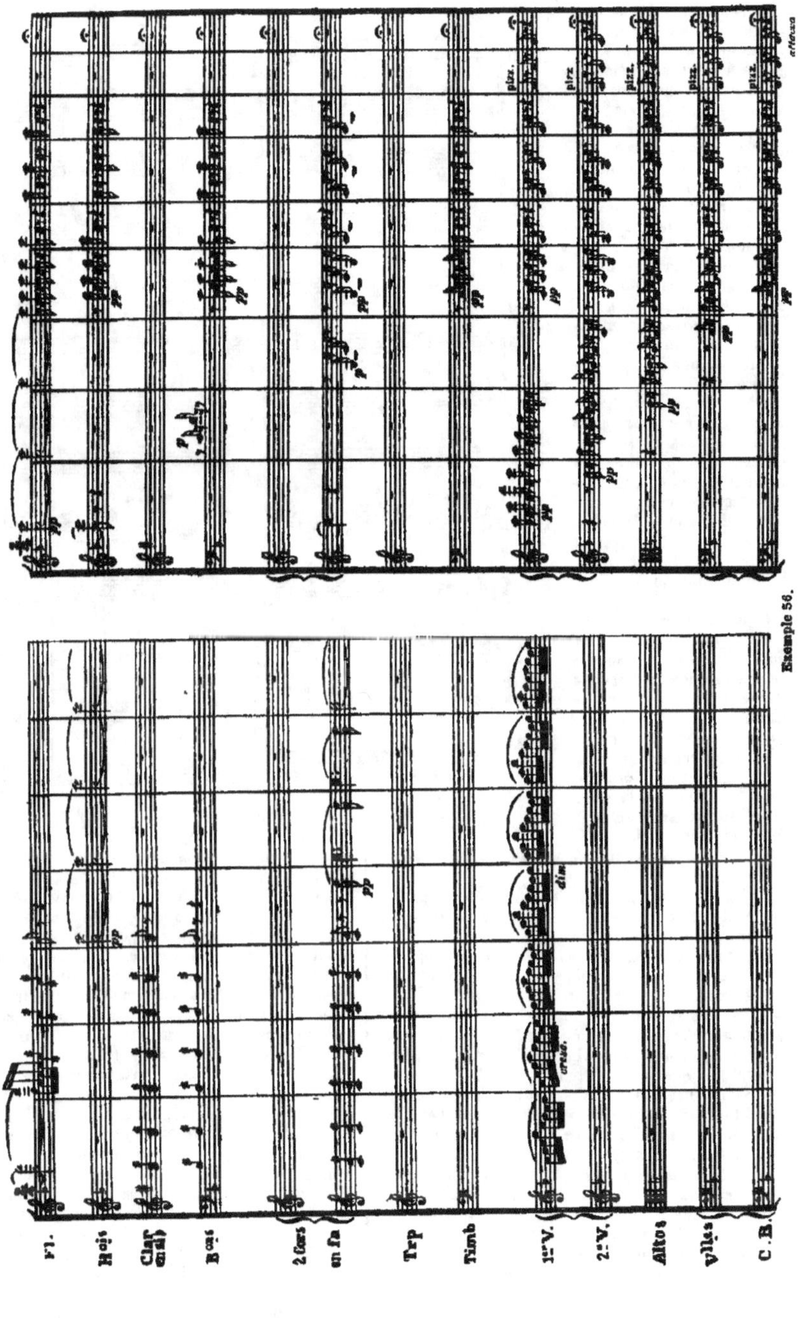
Fl.
Hois
Clar en si♭
Bons
2 Cors en fa
Trp
Timb
1ers V.
2es V.
Altos
V'elles
C. B.
pizz.
pizz.
pizz.
pizz.
pizz.
cresc.
dim.
Exemple 56.

SCHUMANN ne peut se résoudre à faire taire les voix nombreuses mises à sa disposition; il néglige de les ordonner en groupes de même famille, en mélange assez gauchement les diverses sonorités, cherchant à les augmenter par le redoublement, leur confiant trop les mêmes formules mélodiques ou rythmiques.

Passons sur ces faiblesses d'un grand génie. Un exemple suffira à donner une idée de ce procédé, imité du procédé grandiloquent d'orchestration à grands tutti de SPONTINI, mais s'adaptant mal ici à la forme même des idées plus musicales (ex. 57).

Dans les *adagios*, SCHUMANN retrouve une plus grande finesse de touche; son émotion profonde l'a souvent servi, et des passages comme celui-ci, loin d'être empâtés et confus, ont une sonorité grasse et pleine convenant à merveille au thème présenté (ex. 58).

Le début de la *Deuxième Symphonie* est excellent aussi. Malgré la polyphonie compacte, les parties se meuvent en pleine indépendance. Dans l'*allegro* suivant, revient malheureusement le procédé du rythme unique pour tout l'orchestre. Le habillage des premiers violons dans le *scherzo* est charmant, plein de

R. SCHUMANN, 3e *Symphonie en mi bémol.* 1er mouvement (Eulenburg).

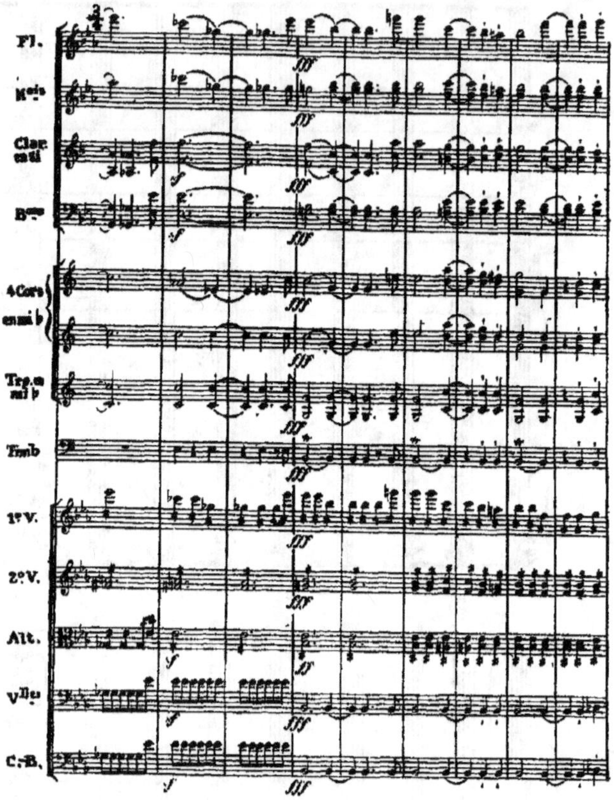

Exemple 57.

verve; l'exécution périlleuse en gâte parfois la réalisation.

L'*adagio*, comme toujours, est la meilleure partie. La beauté profonde des thèmes ferait d'ailleurs passer sur quelques défaillances.

Citons encore le *scherzo* de la *Troisième Symphonie*, dont le chant souple des basses, bassons et clarinettes fait tout l'effet. Pourquoi les violons, plus loin, sont-ils doublés par les hautbois et les flûtes? Que de doublures encore dans l'*adagio!* Le *maestoso* apparaît beaucoup plus original. Ce beau choral est exposé de superbe façon par les trombones jouant pianissimo. Les bassons, doublant la basse en octaves, font un effet de seize pieds d'orgue. Les cors ajoutent à l'ensemble la liaison de leur timbre. Cela est excellent, compact, sans lourdeur. Toute la polyphonie de ce morceau, traité en style d'orgue, est d'ailleurs d'une superbe plénitude (ex. 59).

Remarquer que SCHUMANN écrit ici les instruments non transpositeurs en *mi bémol majeur*, pour l'armature, alors que le morceau est en *mi bémol mineur*. La clarinette, au contraire, est bien en *fa mineur*, donnant *mi bémol mineur* pour l'oreille. Les trombones sont en clef d'*ut* troisième ligne.

La *Quatrième Symphonie* constitue un progrès sur les précédentes. C'est plus clair, plus nerveux. La *Romance* a bien du charme. Le thème, très simple, est exposé par le violoncelle et le hautbois. Au majeur, le petit trait en triolets de doubles croches, exécuté par le premier violon solo sur le *legato* du quatuor, est plein de finesse et de grâce. Un souffle frais, une petite brise parfumée court sur les prés et les bois, courbant les herbes des prairies, faisant frémir les feuilles des arbres. Il y a là une idée de génie. Nous retrouverons ce trait dans le *scherzo*, exécuté par tous les violons, avec les accords en tierces à l'harmonie.

Dans son *Concerto* pour piano et orchestre, SCHUMANN s'est montré tout à fait novateur. Dans le concerto classique, qui avait succédé au concerto grosso, le virtuose était tout en évidence, l'orchestre n'avait qu'un rôle tout à fait secondaire et fort effacé d'accompagnateur. Il se rattrapait dans les tutti et dans les ritournelles, disposés pour laisser reposer le soliste. Là, MOZART avait mis sa grâce infinie et son savoir profond. Ses tutti ne sont pas un vain remplissage, mais offrent un réel intérêt. Avec BEETHOVEN, la partie orchestre prenait déjà plus d'importance. Tou

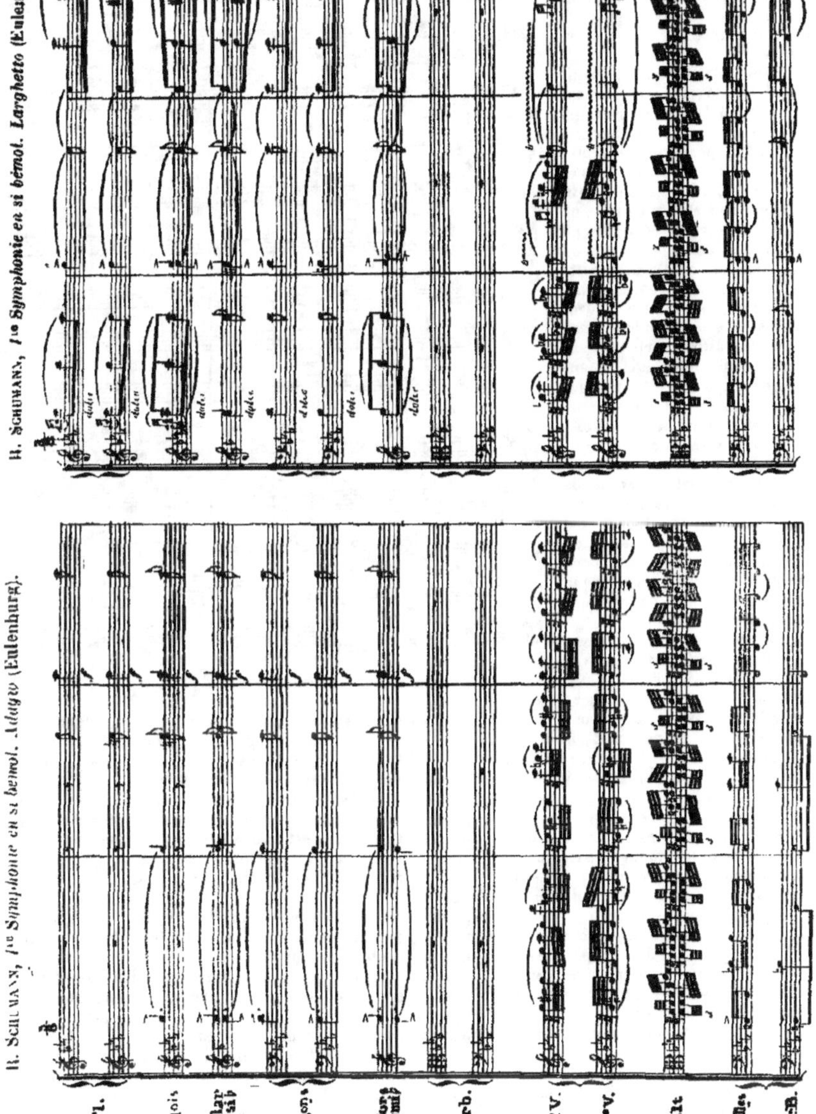
R. SCHUMANN, 1re Symphonie en si bémol. Larghetto (Eulenburg).
R. SCHUMANN, 1re Symphonie en si bémol. Adagio (Eulenburg).
Fl.
Hois
Clar en sib
Bons
Cors en mib
Trb.
1° V.
2° V.
Alt
Vlles
C.B.
Exemple 58.

tefois, le soliste restait toujours à son plan. L'œuvre, quoique éminemment musicale, dressait un piédestal à la virtuosité. Parfois pourtant, dans des passages comme celui de l'*adagio en si*, du *3e Concerto*, BEETHOVEN semble ne plus considérer le piano que comme un instrument dans l'ensemble, et il utilise son timbre particulier de la plus magique façon (ex. 60).

Le chemin était ouvert où devait s'élancer l'école moderne. Le soliste deviendra de plus en plus une voix (prépondérante) de l'orchestre, et les compositeurs s'ingénieront à tirer des effets piquants et inattendus de l'alliance de l'instrument à sons martelés et de ceux où le son se produit par le souffle ou par le frottement.

SCHUMANN suit résolument cette nouvelle route. Déjà, dans le passage *andante* du premier mouvement de son *Concerto en la mineur*, la clarinette attire toute l'attention. Elle soupire, élégiaque et tendre, accompagnée par les arpèges du piano, puis la mélodie se morcelle et passe tour à tour de la clarinette au clavier, duo émouvant, plein de poésie. Dans l'*intermezzo*, le rôle de l'orchestre devient de tout premier plan et le piano n'est plus qu'un accompagnateur auquel on permet seulement, çà et là, de brèves réponses.

Le soliste se rattrapera dans la longue et si musicale cadence qui précédera le brillant *final*.

Il serait facile de trouver aussi, dans les deux grandes œuvres avec soli et chœurs de SCHUMANN (*Faust et le Paradis et la Peri*), des passages orchestrés avec une saveur délicate, des pages fort personnelles et neuves d'aspect. Le génie ne perd jamais ses droits, il supplée au savoir par son audace même, et cette audace lui vaut parfois d'heureuses inventions.

Dans l'ouverture de *Faust*, le rythme si souple de la charmante phrase des violons, en *la* majeur, est fort adroitement accompagné par l'harmonie, mettant des touches çà et là. A la reprise de ce thème (en *si bémol*) par la clarinette, puis par le violon, l'élégance de l'écriture est extrême, l'expression pleine de tendresse. En général, l'orchestre de *Faust* est mieux traité que celui des symphonies. En plus des instruments habituels, la partition comprend, dans certains numéros : une petite flûte (en plus des deux grandes), deux cors à cylindres et deux cors simples, deux trompettes chromatiques, trois trombones et un tuba.

Les instruments à cylindres et à clés et ceux à pistons, qui remplaceront bientôt ceux à tons fixes, font donc leur apparition. Ils vont permettre aux œuvres des dessins plus chantants, des parties plus mouvementées et plus modulantes. Il ne semble pas que SCHUMANN se soit aperçu de ces avantages. Il ne tire pas grand parti de ces nouveautés. Les cuivres

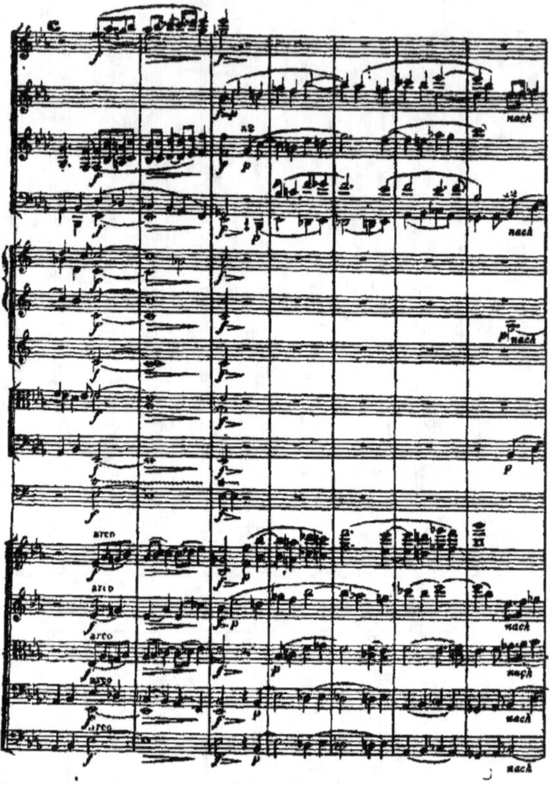

R. SCHUMANN, *3e Symphonie en mi bémol. Maestoso* (Eulenburg).

Exemple 59.

chromatiques lui servent seulement à éviter aux cors de nombreux changements de tons, et lui permettent l'emploi de quelques notes douteuses ou même impossibles sur les instruments anciens.

Un peu plus loin, la harpe fait son entrée sur un joli accompagnement des violoncelles en arpèges. Ce numéro est tout à fait remarquable par la nouveauté de sa disposition. Les bois sont écrits légèrement. Nous y trouvons enfin un procédé très moderne : la division extrême des cordes. Elles sont écrites ici à neuf parties : deux de premier violon, deux de deuxième, deux d'alto, deux de violoncelle, une de contrebasse (ex. 61).

Signalons le délicat final du chœur des anges, accompagné uniquement par les flûtes dans le grave et les clarinettes auxquelles se mêlent bientôt les bassons. Vers la fin, le quatuor, en tenues pianissimo, se joint à l'ensemble pour en soutenir les suaves harmonies. C'est mystérieux, calme, angélique et recueilli. Enfin, nous ne saurions passer sous silence l'orchestre de *Manfred*. Ce sujet sombre et mélancolique convenait à merveille au talent de SCHUMANN. Il a su trouver pour le colorer les teintes qui s'adaptaient le mieux à cette tristesse amère. La tonalité de *mi bémol* mineur, si peu favorable aux instruments,

BEETHOVEN, 5e *Concerto en mi bémol. Adagio* (par autorisation spéciale de M. Lschig).

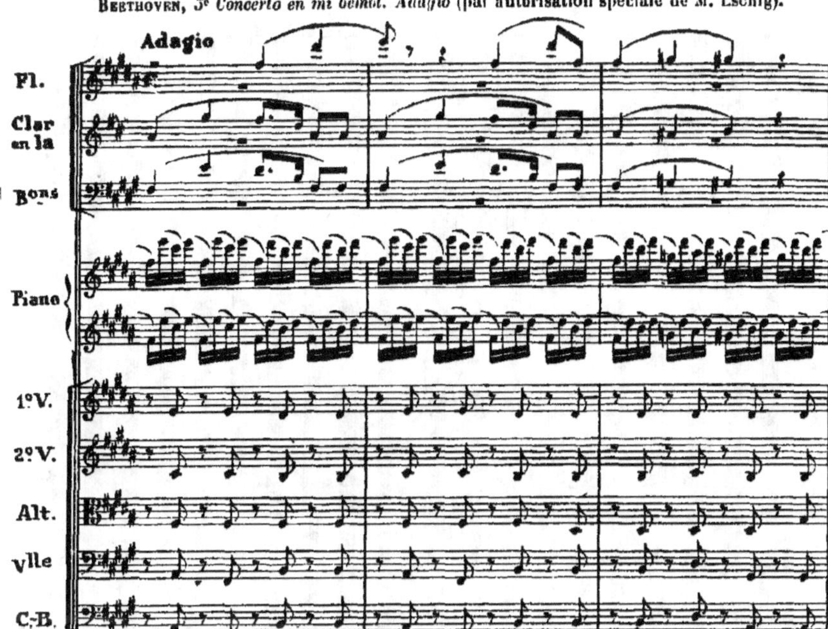

Exemple 60.

est, dans l'ouverture, admirablement choisie. La sonorité en est assombrie juste ce qu'il fallait, et d'ailleurs, l'ensemble est des plus habiles. Rien de forcé, de pénible dans cette partition ; la tenue de l'ouvrage s'affirme parfaite. Rappelons, en passant, le beau parti tiré du timbre doux et triste, un peu voilé, du cor anglais dans sa mélodie alpestre.

C'est un peu là l'ancêtre du cor anglais de *Tristan et Yseult*. Nous voyons reparaître, légèrement transformé, un instrument dont BACH avait fait un bel usage (le hautbois d'amour), et que les compositeurs classiques avaient abandonné un peu sans raison.

CATEL et CHÉRUBINI le remirent en honneur en France, et furent bientôt suivis par d'autres compositeurs de théâtre, mais nul n'avait compris le caractère de cette voix nouvelle comme SCHUMANN.

Ceux qui refusent à l'auteur de *Manfred* tout don de traduire sa pensée à l'orchestre devraient consulter cet ouvrage. L'inspiration la plus haute y éclate à toutes les pages... mais quelle douleur et quelle préoccupation secrète y percent, hélas! La folie devait bientôt emporter l'homme qui nous a laissé tant de chefs-d'œuvre. Le génie, a-t-on dit, est une longue patience. Le génie de la composition, SCHUMANN l'a possédé tout entier, mais le génie de l'orchestration, il n'eût pas tardé à le conquérir lui aussi, lui, le seul qui pouvait nous donner des symphonies dignes de BEETHOVEN.

Spohr (1784-1859).

Nous ne pouvons, dans cette étude, négliger un maître de cette époque, fort vénéré alors, bien oublié aujourd'hui, et dont les ouvrages, malgré des pages fort habiles et de noble inspiration, n'ont plus qu'une valeur historique. SCHUMANN parle en ses écrits, avec grand respect, du vieux maître Louis SPOHR. Ses symphonies doivent trouver ici une mention spéciale, tant pour leur belle écriture classique que pour les intentions de leurs titres et pour certaines de leurs particularités.

La symphonie *La Consécration des Sons* (SPOHR recherchait les titres à données philosophiques et y mettait des intentions qu'on ne découvre pas toujours facilement dans sa musique) est orchestrée avec deux parties de flûte, dont une en *la*. La flûte tierce (en *la*) est un instrument assez rarement employé, on n'en voit pas trop ici l'utilité. Une curieuse recherche de rythmes variés existe dans l'*andantino* où les flûtes, clarinettes, deuxièmes violons, altos jouent à 3/8, tandis que le reste de l'orchestre est à 9/16. A ce mélange vient s'ajouter plus loin un 2/8 auquel participent seuls les cors, premiers et deuxièmes violons, altos, violoncelles, bassons et contrebasses; neuf mesures à 2/8 équilibrent deux mesures à 9/16. Ceci renchérit encore sur les combinaisons de MOZART dans le final du bal de *Don Juan*.

Une marche assez vulgaire amène l'emploi de la petite flûte, des trompettes, des timbales et d'une nombreuse percussion : triangle, cymbales, tambour et grosse caisse.

Mais le *final* de cet œuvre est fort beau et d'une coupe toute nouvelle. Un choral ambroisien se développe (deux flûtes, deux hautbois, deux cors et deux trompettes) sur les contrepoints ingénieux de tout l'orchestre. Et l'*allegretto*, qui sert de conclusion, est délicat, d'une ligne grasse et souple, chantant, ému, d'un charme pénétrant.

La *Symphonie Historique* ne nous arrêtera guère

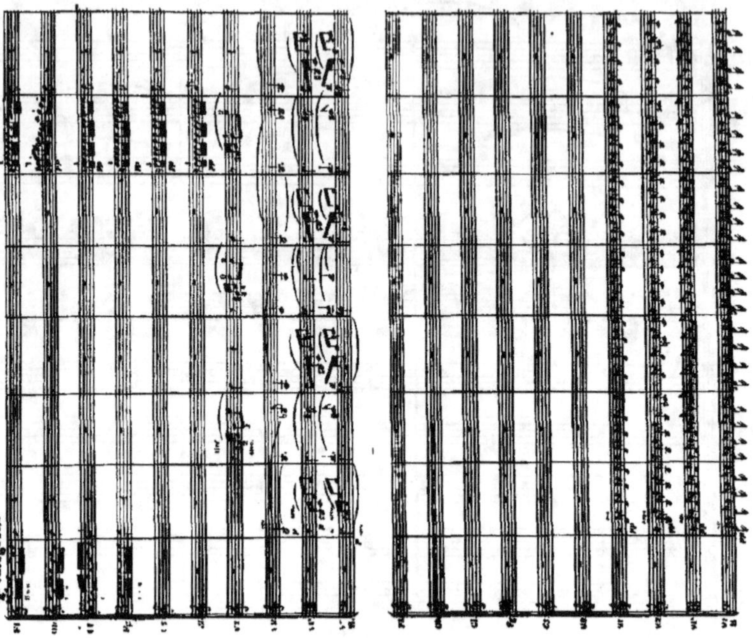

L. Spohr, *Symphonie historique à deux orchestres. Allegretto* (Schuberth et C°).

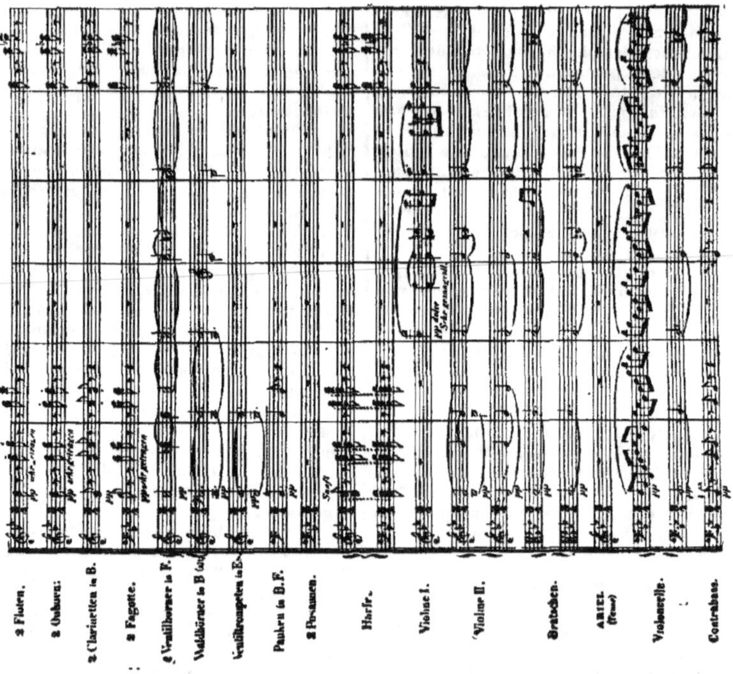

Schumann, *Faust. Introduction de la seconde partie* (Friedlaender).

Exemples 61 et 62.

que pour la curiosité (pleine de logique) de sa disposition générale. Le premier mouvement, dans le style de BACH et HAENDEL (1720), est simplement confié aux flûtes, hautbois, cors, bassons et cordes. Le second mouvement, style de HAYDN et MOZART (1780), ajoute à cet ensemble deux clarinettes. Pour la troisième partie (1810), c'est à l'orchestre de BEETHOVEN que l'auteur veut faire appel. Aussi, y introduit-il les timbales, mais il néglige encore les trombones. Enfin, pour conclure et évoquer la période moderne, SPOHR fait appel au piccolo dans l'aigu, aux trois trombones dans le grave, aux quatre cors et aux trompettes (bizarrement placées en . dessous des trombones), enfin à tout ce qu'il peut réunir d'instruments de percussion. Tout cet assemblage employé un peu bruyamment n'offre pas grand intérêt.

Mais voici l'œuvre la plus importante, et celle qui constitue pour l'époque une très grande hardiesse. Il semble que SPOHR ait été déjà hanté par les tendances actuelles de l'école allemande à faire grand et même « colossal ». Bien avant MAHLER, avant même que BERLIOZ ait indiqué dans ses écrits la possibilité de réussir de pareilles combinaisons, il crée avec la *Septième Symphonie (l'élément terrestre et l'élément céleste dans la vie humaine)* la symphonie à deux orchestres.

En voici la disposition :

Premier orchestre	2 hautbois.
	2 clarinettes.
1 flûte.	2 bassons.
1 hautbois	2 cors.
1 clarinette.	quintette à cordes.
1 basson.	
2 cors.	**Troisième partie.**
quintette à cordes.	
	2 trompettes.
Deuxième orchestre.	3 trombones.
2 flûtes.	

Il avait, pour s'autoriser d'un tel changement dans les formes consacrées, l'exemple de J.-S. BACH et du double orchestre de la *Passion selon saint Mathieu*. Deux orchestres étaient rendus nécessaires par le dédoublement des chœurs exigés ici, mais ce qui se justifiait dans le vaste oratorio destiné à résonner sous les voûtes d'un temple, pouvait paraître hasardeux dans le domaine de la musique pure.

Cette réunion inusitée d'instruments est maniée par SPOHR avec une singulière adresse, parfois avec une véritable maestria. Le style trop sagement pondéré du compositeur, ses idées mélodiques pas toujours très neuves ni très distinguées, son contrepoint un peu sec et scholastique n'ont pu communiquer à ces pages la vie qui seule les aurait magnifiées et aurait pu les imposer à la postérité. Mais on ne saurait nier le très grand intérêt orchestral de l'œuvre, la prudence et la sagesse avec lesquelles sont combinées, dosées, pour ainsi dire, les diverses forces mises en action. L'entreprise était difficile; on pouvait craindre les doubles emplois, les surcharges, l'inutilité surtout d'un des orchestres dans la plupart des cas. Ces écueils ont été évités. L'ensemble est léger, souple et sans doute d'excellente sonorité; le dialogue des deux orchestres se poursuit avec aisance, dans d'ingénieuses combinaisons. Les doublures, qui pouvaient ici s'excuser, sont le plus souvent évitées. Parfois, le second orchestre se contente du rôle d'accompagnateur, tandis que les quatre parties dialoguées de l'harmonie se déroulent au quatuor du premier, avec, de place en place, les rythmes légers, en triolets, des instruments à vent (ex. 62).

Assez souvent, les deux orchestres alternent et se répondent, mesure par mesure. Rarement, les mêmes idées ou les mêmes dessins sont traités à la fois dans les deux orchestres lorsqu'ils sont réunis. La polyphonie y gagne une grande indépendance. Le style polyphonique règne en maître d'un bout à l'autre. Seul, il pouvait justifier cette disposition particulière. Le quatuor est écrit par un maître violoniste, créateur de la grande école allemande du violon.

Le *larghetto* offre nombre de pages du plus haut intérêt, avec des effets très variés et très délicats.

Fréquemment, comme dans cet exemple, le quatuor d'un des orchestres est rassemblé à l'unisson pour renforcer une seule partie importante, tandis que le second orchestre poursuit son développement symphonique et contrapuntique (ex. 63).

Tout cela peut nous sembler aujourd'hui un peu maigre, un peu guindé. Nous sommes habitués à plus de force, à des redoublements de parties, à des alliances plus chaudes de timbres, venant intensifier certains dessins, à une pâte plus souple, plus malléable. Il y a là, toutefois, une élégance, une sûreté d'écriture non dénuées de mérite. Et cette tentative valait d'être rapportée en raison de l'esprit de recherche qu'elle dénote et de sa tranquille audace, bien faite pour surprendre chez un compositeur aussi « vieille école » que SPOHR.

Un Italien, lui aussi, témoigna d'une audace pareille, de témérité même, peut-on dire. RAIMONDI, quelque peu affolé de contrepoint, tenta des ouvrages divers où se mélangeaient, se superposaient des idées très différentes. Son oratorio de *Joseph*, composé de trois grands ouvrages destinés à être entendus séparément, puis à être réunis de plusieurs façons dans les différentes chapelles d'une église, n'est, paraît-il, qu'un tour de force assez piètre où la musique ne se montre pas suffisamment. Nous n'en parlerions pas s'il n'était d'un certain intérêt de mentionner tout au moins cette tendance à la complication, cet essai de mise en action simultanée de trois orchestres.

La symphonie avait atteint son apogée avec BEETHOVEN. Illustrée encore par SCHUBERT, MENDELSSOHN et SCHUMANN, elle devait se taire quelque temps et laisser la place à la musique théâtrale, plus extérieure, plus brillante, plus bruyante aussi peut-être, plus à la portée de tous, en tout cas. Le soleil Rossinien se levait qui devait obscurcir de ses rayons des lumières plus pures et plus durables. Soleil de théâtre, soleil d'illusions, soleil pourtant et qui allait entraîner dans son orbite de nombreux et brillants satellites.

L'ÉPOQUE ROSSINIENNE

De tout temps, en France, en ce qui regarde l'art théâtral, il y eut deux partis musicaux, deux camps bien séparés : les fanatiques du « bel canto » italien d'une part, partisans de la musique uniquement mélodique et surtout de la mélodie facile et des fioritures qui en sont l'ornement; les partisans de la musique « nationale » d'autre part, amateurs de beau style et de pure logique, recherchant la qualité de la musique, expressive ou concertante, et prisant les recherches orchestrales et la couleur d'une instrumentation. Ce second groupe eut de furieux combats à soutenir, en l'honneur de RAMEAU tout d'abord, puis du chevalier GLUCK que les amis de PICCINI eussent voulu anéantir. Jean-Jacques ROUSSEAU, épris de musique italienne, alla jusqu'à prétendre que la

L. Spohr, Symphonie « deux orchestres « Irdisches Seyn der Göttlichen ». Presto (Schuberth et Cᵒ).

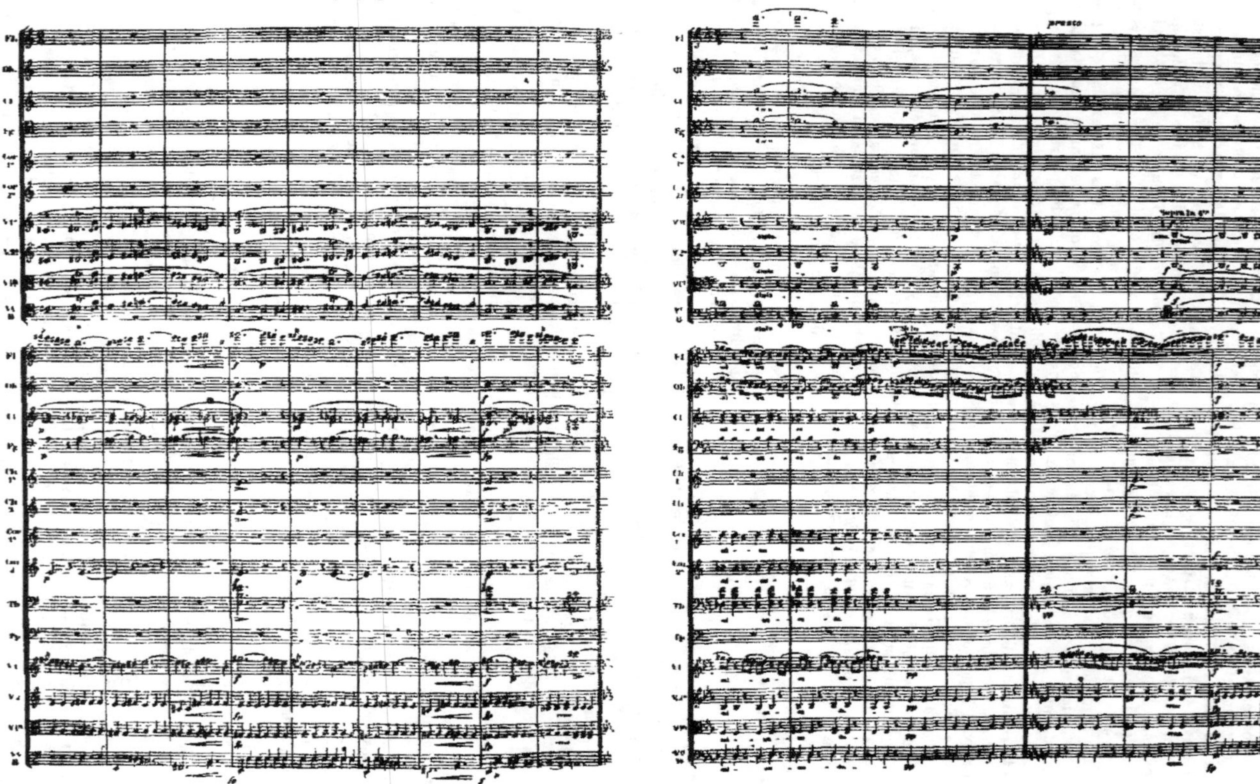

Exemple 93.

langue française ne convenait pas à la musique. Toujours paradoxal, il se donna à lui-même un démenti en écrivant le *Devin du Village*. Méhul fit l'*Irato* pour bafouer les Italiens qui lui portaient ombrage, et en même temps pour les concurrencer. Mais la musique sévère des grands opéras de Méhul, celle plus sensible de Berton, celle à grands effets dramatiques et à vaste pompe de Lesueur et de Spontini, ne purent lutter longtemps contre les grâces souples, l'enjouement et la verve abondante des bouffons italiens. Paisiello et Cimarosa surtout triomphèrent. Leurs mélodies d'un charme extérieur très prenant, l'esprit léger de leur art superficiel, mais toujours aimable, n'eurent pas de peine à captiver un public un peu las de la raideur de nos opéras.

Nous n'avions à opposer aux envahisseurs que de petits auteurs de non moins petits opéras-comiques : les Dezède, les Gaveaux, les Della Maria, les Devienne. La musique italienne gagnait chaque jour du terrain. Plus que tous, le triomphateur Rossini devait contribuer à sa gloire et l'introniser définitivement chez nous. Les succès du Théâtre Italien installé au cœur de Paris même, avec son admirable pléiade de chanteurs, commencèrent et achevèrent cette conquête. Et bientôt, gagnés par cette « Rossinite » aiguë, qui sévit un moment dans tous les pays, nos compositeurs se mirent à la remorque de l'illustre maestro. Pendant une longue période, la musique française sera faite des formules italiennes agrandies à notre usage, et l'opéra, cessant de rechercher le style, la peinture des caractères et l'expression juste des sentiments, versera dans une outrance de gros effets dramatiques ou de pittoresque plus ou moins conventionnel, entrecoupés de hors-d'œuvre, de morceaux de virtuosité, qui en feront bien le type de « l'opéra-concert », régal des dilettantes.

Boïeldieu (1775-1834).

Cependant, quelque temps encore, un compositeur bien français devait résister à ces tendances funestes, inconsciemment peut-être et en se laissant seulement aller à son tempérament naturel, ennemi de toute affectation de brutalité comme du brillant factice des Italiens. Boïeldieu sut, sans s'efforcer vers le haut style, écrire des opéras-comiques charmants, pleins de vie et d'une tenue tout à fait supérieure. S'il sacrifie parfois à la vocalise italienne, il le fait avec un goût épuré, sans exagération. Il reste clair et précis. Il a l'expression juste et le sentiment sans excès. Il garde en tout « de la mesure ». C'est une qualité bien française.

Son orchestration, du moins dans ses derniers et meilleurs ouvrages : *Jean de Paris*, le *Chaperon rouge*, le *Nouveau Seigneur du village*, la *Dame blanche*, est toujours lumineuse, élégante et pure. Weber disait de lui : « Ce qui place Boïeldieu au-dessus de ses émules, c'est sa mélodie coulante et bien menée, le plan de ses morceaux séparés et le plan général; l'instrumentation excellente et soignée, toutes qualités qui désignent un maître et donnent droit de vie éternelle et de classicité à son œuvre dans le royaume de l'art. » Schumann loue pareillement l'orchestration de *Jean de Paris*.

Elle est, en effet, d'un ordre et d'une netteté rare, cette partition. Les bois, écrits avec intérêt, n'y couvrent jamais la voix. Nous retrouverons cette perfection encore agrandie dans la *Dame blanche* (1825).

Notons en passant la tablature de *Jean de Paris*. L'auteur y place en tête premiers, deuxièmes violons et altos. Il intercale ensuite les flûtes, hautbois et clarinettes, place les cors et trompettes et revient aux bassons, puis aux timbales, avant de conclure avec les violoncelles et les contrebasses.

Une disposition plus bizarre se remarque dans les *Visitandines* de Devienne, un auteur qui soignait l'écriture de son orchestre, très simple il est vrai, mais déjà plus raffiné que celui des petits opéras-comiques de son époque. Devienne avait une grande connaissance des instruments à vent.

Voici la tablature de la première page des *Visitandines* :

Cors.	Deuxièmes violons.
Clarinettes.	Altos.
Hautbois.	Bassons.
Flûtes.	Basses.
Premiers violons.	

Les timbales, lorsqu'elles fonctionnent, sont notées en tête de la partition, au-dessus des cors!

Il est impossible de trouver la raison d'un pareil arrangement. On voit très bien que la hauteur des sons guidait plus souvent les compositeurs d'alors que leurs accointances, ce qui fait séparer des membres de la même famille. Ici, nous ne saisissons pas pourquoi les instruments à vent les plus graves se trouvent placés au-dessus des plus aigus. Il y a dans la disposition adoptée par Devienne progression ascendante avec les vents, puis descendante avec les cordes, quelque chose d'étrange, d'inexplicable.

L'orchestre de la *Dame blanche* comprend deux flûtes, deux hautbois, deux clarinettes, deux cors, deux trompettes, un seul trombone, deux bassons, timbales et le quintette à cordes.

Tout y est clair, net et propre. L'harmonie est disposée avec soin. La qualité de la sonorité y fait penser parfois à Mozart, notamment dans les passages confiés aux bois. Peu de particularités à signaler. Boïeldieu n'aime pas les singularités, ne recherche pas les nouveautés, se contentant d'être épris de naturel et de simplicité, simplicité un peu naïve parfois. On remarque dans l'*ouverture* une curieuse partie de basson, mouvementée et d'ailleurs bien écrite pour l'instrument.

Un passage équivalent se retrouve dans l'air du ténor. Cela devient ici un peu abusif. Cependant, les gaies répliques de cors et de clarinettes mettent dans cet air une vaillance et une bonne humeur fort congruentes aux paroles. A la reprise fortissimo du thème, les cors et les trompettes s'en donnent à cœur joie, et cela sonne superbement. Cette orchestration hardie est sûre d'elle, chaque instrument étant traité habilement dans sa vraie tessiture (ex. 64).

Dans la ballade, l'accompagnement de harpe s'agrémente de quelques sons harmoniques. Il y a là une couleur poétique qui accentue l'effet de cette belle mélodie.

Boïeldieu ne cultive guère les effets descriptifs; toutefois, au deuxième acte, lorsque Georges, seul dans le vieux château abandonné, s'assoit au coin du feu qu'il ranime avec le soufflet, le compositeur s'essaye timidement à quelque peinture orchestrale. La flamme pétille et flambe soudain dans les traits de violons, puis le vent du soufflet réveille péniblement cette flamme déjà prête à s'éteindre. Les tenues de cors, coupées de *rinforzando*, et les contretemps plaintifs des flûtes et violons sont assez curieusement employés.

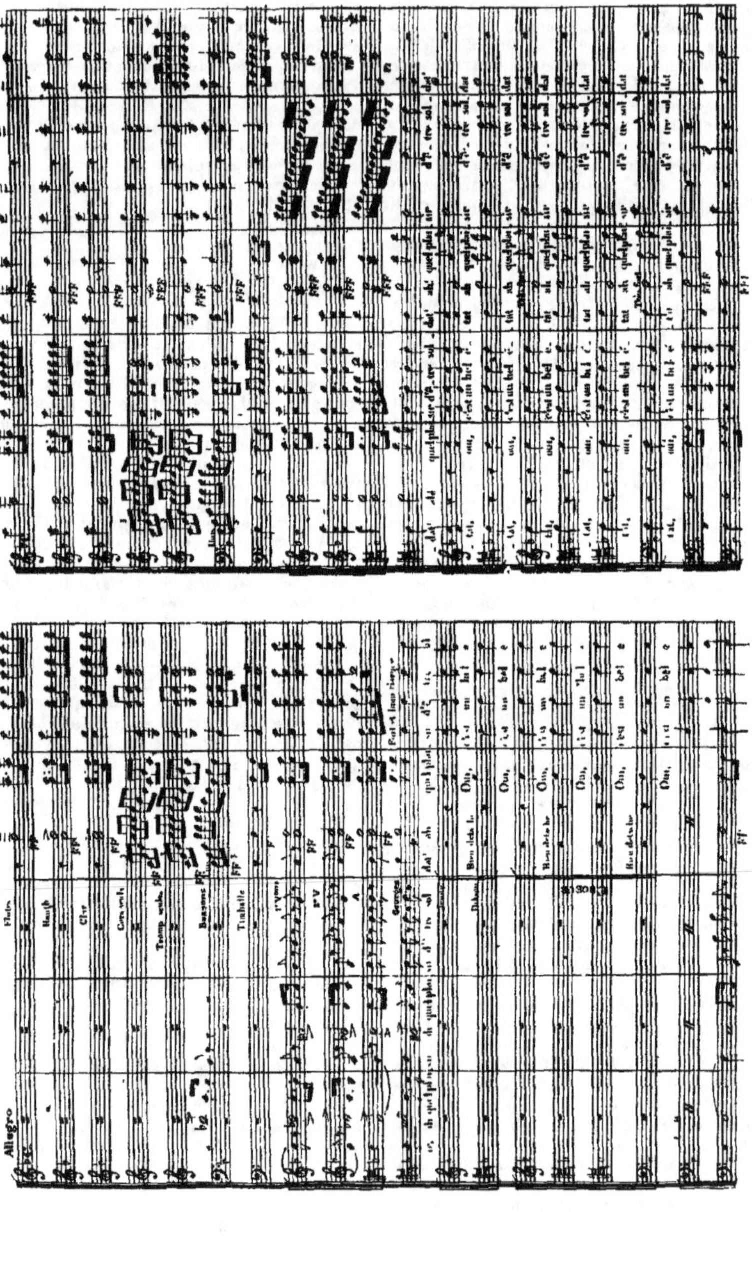

BOIELDIEU, *La Dame blanche*. Air de Georges (Janet et Cotelle).

Exemple 64.

L'air du tenor, dans ce deuxieme acte, est admirablement accompagné. Après avoir exposé la ritournelle, le cor solo se risque même à un trille sur le *sol* aigu suivi d'un arpège rapide en doubles croches. Rien de forcé ici. Cela sort parfaitement sur l'instrument. Plus loin, les triolets en tierces des bois et cors, avec une double tenue des hautbois sur le *si bémol*, amènent de la plus heureuse façon la rentrée des cordes.

Les violons babillent alertement partout, mettant du mouvement et de la gaieté dans l'ensemble.

N'oublions pas l'emploi des harmoniques au violon et au violoncelle dans un passage du duo suivant. La sonorité de l'accord de *la* majeur s'étale pianissimo, claire, limpide, le *mi* des premiers violons et le *la* aigu des violoncelles y introduisent comme de fugitives étincelles.

Si Boieldieu n'a employé qu'un trombone, encore l'emploie-t-il fort parcimonieusement, même dans les ensembles. Il sent fort justement que cette voix epique est peu à sa place dans ce gracieux ouvrage.

Fermmons en donnant un fragment du bel accompagnement de l'air de Georges au troisième acte, accompagnement d'une légèreté nourrie cette fois. A certains moments, tous les instruments sont employés, mais, grâce aux notes piquées, aux silences bien ménagés, aux alternances de timbres, rien n'y couvre la voix qui reste toujours très à l'aise. Cela produit un charmant effet (ex. 65).

Les opéras bouffes de Paisiello, et ceux de Cimarosa ne donnent guère lieu à d'utiles remarques. L'orchestration tres simple, papillotante ou caquetante, est des plus minces. Les accompagnements en *pizzicato* (un peu guitare) et les batteries des cordes, soutenues de quelques tenues de cors, en forment le fond principal. Paer y met plus de coquetterie. Connaissant et admirant les œuvres de Mozart, il sait en faire son profit. Il y a dans le *Maître de Chapelle* des pages bien travaillées, d'une tenue musicale digne d'éloges. Rien de tres saillant pourtant dans tout cela.

Rossini (1792-1868).

Rossini devait révolutionner ces méthodes. Moins ému, moins sensitif que Paisiello, moins franchement comique, moins fin que Cimarosa, il aura un mordant, un eclat furieux qui emportera tout. Ne voulant plus laisser les chanteurs maitres d'orner en la defigurant une mélodie, il prendra le parti d'écrire lui-même tous les ornements de ses romances et de ses cavatines. Il en abusera souvent, cherchant à éblouir plus qu'à charmer, et ce style detendra sur son écriture orchestrale. Le brillant y dominera, la clarté en sera parfois un peu crue. Mais les ornements se glisseront des voix aux instruments, et donneront à l'ensemble une allure pimpante et mouvementée. Les dessins en triples croches, entrecoupés de silences, les broderies, les triolets rapides, tout cela paraitra nouveau et séduira par l'apparence d'une vie qui demeure cependant assez souvent factice.

Aussi, les partitions de Rossini parurent-elles bruyantes, surchargées et savantes aux admirateurs de Paisiello et de Cimarosa. On leur fit ce reproche, éternellement jeté à toute œuvre à tendances nouvelles, de couvrir la voix et de donner trop d'importance à l'orchestre. Bruyante, la musique de Rossini (que l'on baptisa « il signor Vacarmini », lui qui se plaignait plus tard, à propos de Meyerbeer et d'Ha-

Lévy, du « sabbat des Juifs » l'est quelquefois; cependant, la voix garde toujours toute l'importance et brille au premier plan. Quant à l'abus de la science, cette critique nous fait sourire aujourd'hui. Rossini n'est pas un ignorant, loin de là, mais ce n'est pas un scoliaste, et l'inspiration du moment, bonne ou mauvaise, le guide toujours avant tout.

Déjà dans *Tancrède* (le premier gros succès de Rossini et son dixième opéra), les dilettantes italiens avaient protesté contre le sonore motif des trompettes dans le duo guerrier. D'autres l'avaient admiré. Si, dans l'*Italienne à Alger*, l'orchestre reste léger, rythmique, un peu papillotant, dans *Otello*, il devient plus dramatique, se corse, prend une part plus active à l'action. C'est dans cet opéra que Rossini, rompant avec une coutume séculaire en Italie, abandonna enfin, dans le *recitativo secco*, le maigre clavecin (généralement tenu par le compositeur), pour le remplacer par le quatuor plus souple et plus soutenu. Les Allemands et les Français avaient depuis longtemps pris cette initiative.

Semiramis (1823), bizarre opéra où les sentiments les plus divers sont exprimés en furieuses roulades et dont Lavoix compare le style orné, contourné, au « flamboyant » des dernières églises gothiques, *Sémiramis* possede un orchestre brillant, agrémenté de nombreuses broderies, dramatique et puissant en quelques pages, mais aussi de sonorité brutale et criarde. On y voit apparaître le bugle à clefs à côte des trompettes, et le piston viendra bientôt associer son timbre vulgaire à ces compagnons. Le trombone, la grosse caisse, le triangle font rage dans les passages de force tragique.

De cette partition, date l'abus des gros cuivres et de la batterie qui caractérisera la plupart des compositions de cette époque.

Le final du *Siège de Corinthe* nous donne encore un exemple de ce placage de l'orchestre et des voix où tous les timbres réunis se doublent les uns les autres, sans autre utilité que de produire un son plus gros, plus intense, mais plus lourd aussi.

Le désir de briller, celui de frapper fort entrainait Rossini à ces inconséquences. Il est juste de reconnaître qu'en plus d'une page il a su orchestrer avec une souplesse, une variété et un esprit bien à lui.

Le *Barbier de Séville* (son chef-d'œuvre après tout) contient nombre de ces pages.

Parlons de l'*ouverture* tout d'abord. On sait qu'elle ne fut pas écrite pour cet ouvrage. Type des ouvertures rossiniennes, elle a des tutti un peu tapageurs, mais assez vides. On y rencontre le fameux *crescendo* habilement ménagé où excellait Rossini, et dont il n'était pas l'inventeur, contrairement à la croyance générale. Ces *crescendo* devinrent fort à la mode. Auber les imita avec adresse. Ici, le thème (formé de quelques notes et constamment repeté) est d'abord confié aux violons dans le médium avec les flûtes à l'octave. Trompettes et bassons prennent part au discours. Plus loin, les clarinettes se joignent à l'ensemble, et les violons vont se mettre à l'unisson des flûtes. Les trémolos des violons et les tenues aigues de clarinettes et hautbois surenchérissent sur le tout. Enfin, les grands accords en triples cordes du quatuor amèneront le *crescendo* à son point culminant.

Ce n'est là qu'un procédé dont la vogue fut énorme, mais qui devint vite fatigant.

La sérénade du premier acte nous montre un rare exemple de l'emploi de la guitare à l'orchestre. La

BOIELDIEU, *La Dame blanche.* 3e acte (Janet et Cotelle).

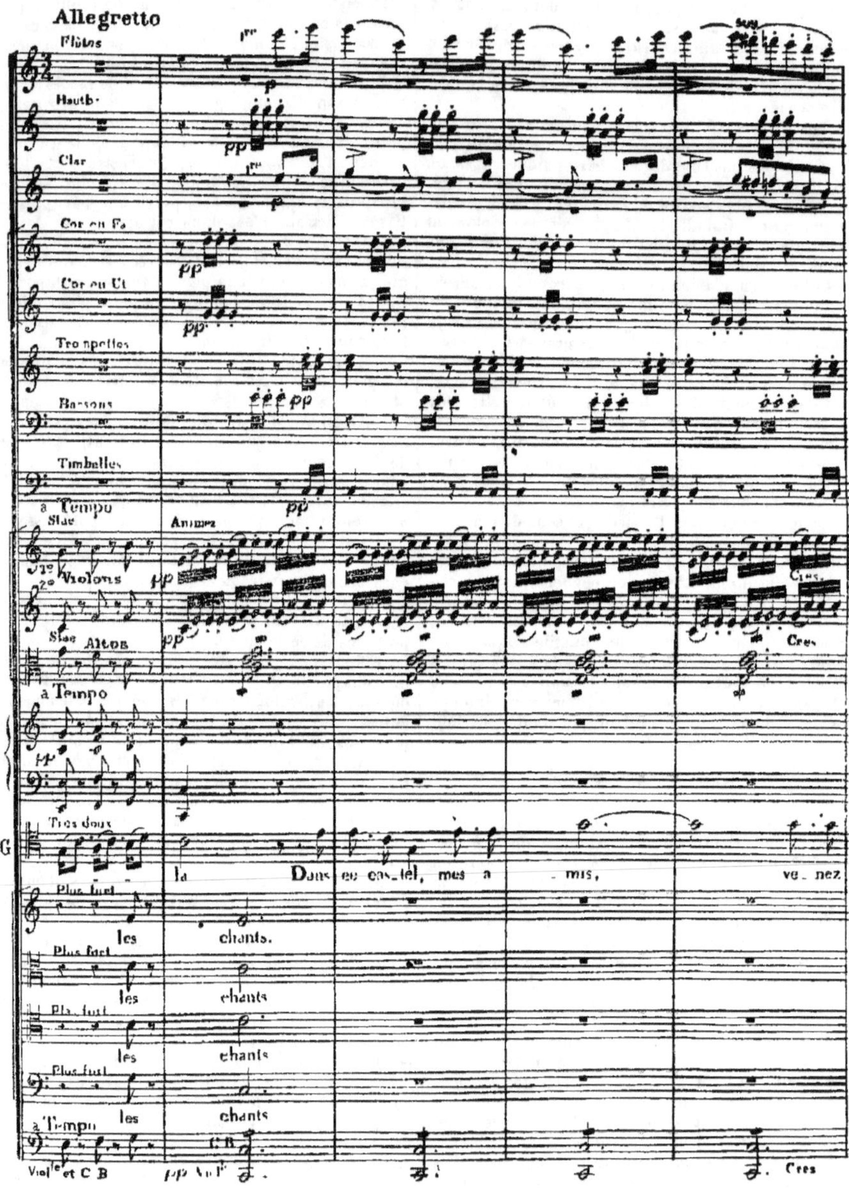

Exemple 85.

ritournelle, confiée à la clarinette, avec les réponses des flûtes et du hautbois, reste le modèle du plus pur style rossinien.

La partie de trompette est caractéristique avec ses notes répétées, pianissimo, en triples croches, imitées par les bois. L'effet de ces « coups de langue » paraît tout à fait nouveau, coquet et discret cependant, plein d'esprit à coup sûr et soulignant à merveille l'amoureuse déclaration du noble seigneur à la gentille Rosine. La passion ici frise le caprice, et l'on ne saurait rien prendre au sérieux (ex. 66).

Rossini a décidément un goût très prononcé pour la trompette, il la glisse partout... et souvent où elle n'a que faire. Si, dans la ritournelle de l'air de Figaro (au premier acte), elle peut paraître fort adroitement disposée et se fondant bien dans l'ensemble, ou la considérera comme un peu encombrante dans la suite de cet air, où on la retrouve constamment employée de concert avec les cors.

Malgré tout, on doit reconnaître l'entrain, la verve, la vivacité de cette amusante partition. Les parties de violon, toutes pleines de trilles, de gru-petti, de traits rapides, contribuent à cette double impression de mouvement et de finesse, bien que l'œuvre témoigne de peu de recherches. La sonorité reste parfois un peu vulgaire. Tout marche trop ensemble de temps à autre. Les procédés de crescendo sur un motif continuellement répété (dont nous parlons plus haut) reparaissent trop souvent, amenant quelque lassitude. Mais la subtilité des rythmes, leur variété, la décomposition des temps dans une figuration complexe, où se jouent les triples et les quadruples croches, l'emploi répété des figures de triolets en doubles croches, tout cela communique à cette musique une sorte d'agitation, une légèreté d'allure, un esprit enfin qui ne laissent guère à l'auditeur le temps d'analyser ses sensations, et qui emportent le succès.

L'orchestration du Comte Ory se rapproche davantage des procédés de l'école française. On y sent déjà plus de mesure, un goût plus sûr. Et cependant, quel vacarme encore pour accompagner une simple vocalise (ex. 67)!

Rossini se laisse aller trop souvent à ces placages

Rossini, *Le Barbier de Séville. Sérénade* (par autorisation spéciale de M. Grus édit.).

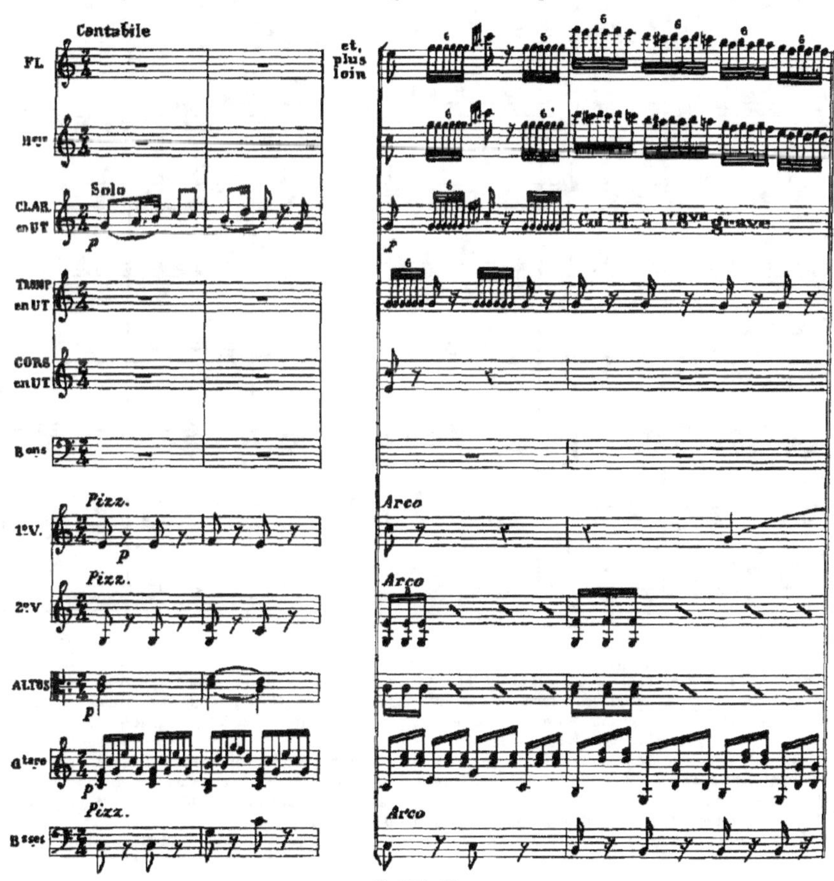

Exemple 66

Rossini, *Le Comte Ory.* 1er acte (Troupenas).

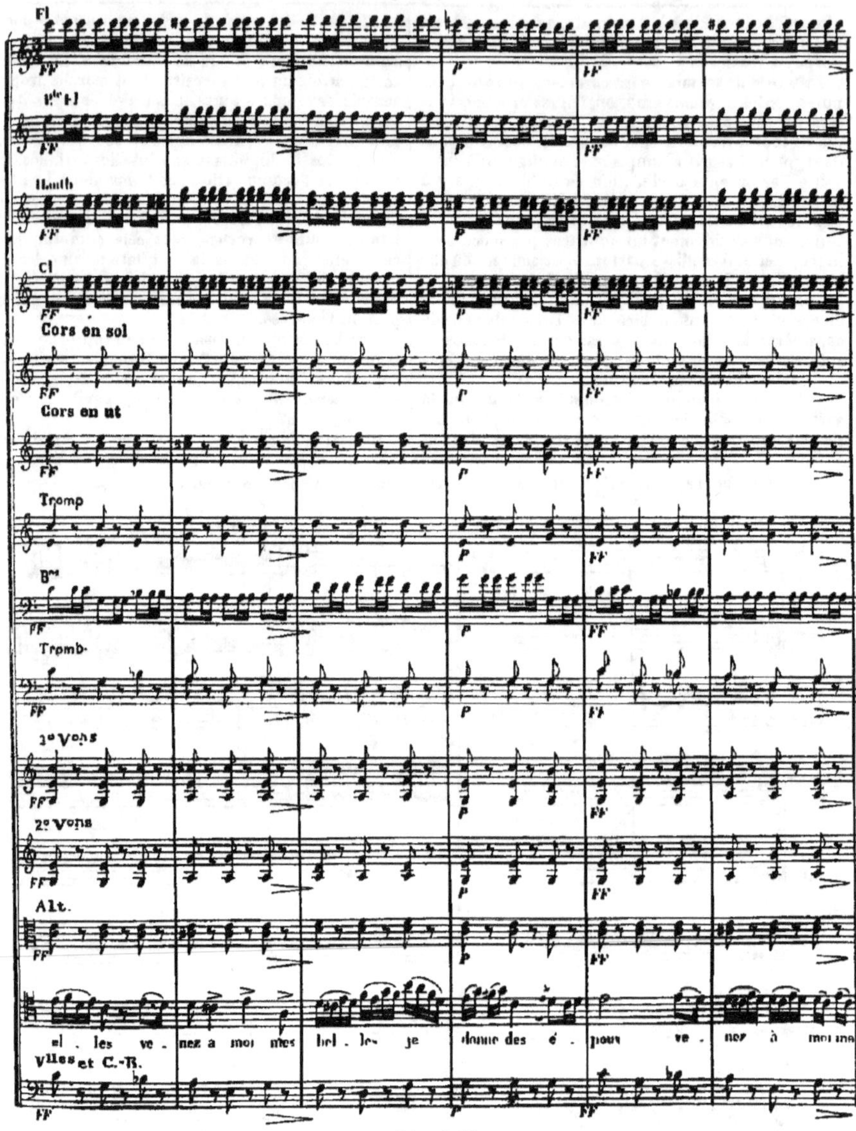

Exemple 67.

Pourtant, lorsqu'il s'observe, il obtient des accompagnements où, grâce au morcellement, à l'émiettement des parties qui se partagent des rythmes divers ou des lambeaux de phrases, les tutti cessent d'être encombrants. Voir le duo du comte et du page, habilement traité, voir aussi toute la scène de l'orage au deuxième acte.

Dans *Guillaume Tell,* nous trouverons, avec une recherche plus sérieuse de l'équilibre sonore, un souci plus accusé de l'effet expressif. Si des lourdeurs et des vulgarités s'y remarquent, d'heureuses trouvailles au moins les feront pardonner.

L'*ouverture* en est célèbre, avec son beau début confié aux seuls violoncelles divisés en cinq parties, et accompagnés par deux parties de basses *di ripieno* (ex. 68). (CHÉRUBINI avait déjà employé une semblable disposition.)

L'orage qui suit, bien préparé. s'amène très pro-

G. Rossini, *Guillaume Tell. Ouverture* (par autorisation spéciale de M. Grus).

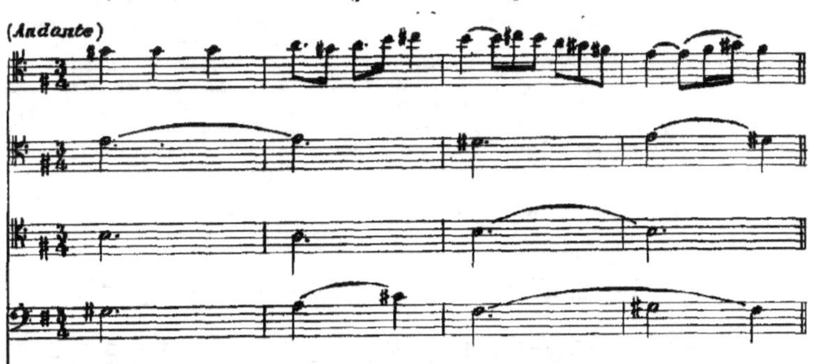

Exemple 68.   1. Lire *mi* et non *fa*.

gressivement La pastorale est élégante. Ce n'est guère qu'un duo de flûte et cor anglais, et l'auteur y confie à la première une partie de virtuosité. On voit que nous sommes au théâtre; l'art du développement symphonique est inconnu ici. La fanfare un peu longue qui sert de conclusion manque de distinction, mais la progression en est habile. Après une brillante sonnerie de trompettes et cors, le thème est exposé *pianissimo* par le quatuor, la clarinette dans le grave, deux cors et deux bassons. Repris ensuite par tous, y compris les trombones et timbales, mais toujours *piano*, il éclate enfin *fortissimo* a tous les instruments qui ne font ici que se doubler les uns les autres. Sonorité un peu crue et lourde en même temps.

Signalons, au premier acte, la barcarolle, accompagnée par deux harpes, et les appels des cors sur la scène, un peu plus loin. Les accompagnements des ensembles sont un peu massifs, cependant, celui du chœur « Aux chants joyeux qui retentissent » est ingénieux et élégant dans sa figuration mouvementée.

Au second acte, l'accompagnement de l'air de Mathilde, « Sombres forêts », est d'une note assombrie fort. réussie et d'une jolie couleur de son. Les tenues de cors et bassons font un charmant dessous à la claire mélodie des flûtes et des clarinettes répondant au chant.

L'émotion très profonde du passage dramatique où Arnold apprend la mort de son père, tient bien plus à la mélodie et au rythme *haletant* des *triolets* de doubles croches qu'à l'instrumentation qui n'offre rien de particulier comme disposition. En tout cas, ici comme dans maints endroits de cette partition où la situation tourne au tragique, la musique se hausse, et l'orchestre prend une part véhémente à l'action. L'exaltation des sentiments dans le final du

Trio est bien traduite par les dessins agités des violons sur la quatrième corde, doublés aux violoncelles, et par leur fureur continue. Ici encore, c'est la figure rythmique et non la combinaison des timbres qui renforce l'accent expressif. Très ordinaire pourtant, cette figure a surtout le mérite d'être en situation et d'exprimer avec justesse les tressautements de l'âme en proie aux désirs de vengeance.

Admirons la scène de la conjuration, si bien traitée à ce même point de vue, et doublée d'un orchestre à la fois pittoresque et expressif. La forêt retentit au loin d'un bruit sourd et confus. Les frémissements de la timbale se mêlent aux pizzicatos des contrebasses, répondant aux notes étouffées des cors. Des conjurés, mystérieusement, surgissent de toutes parts, et le bruit grandit peu à peu. Et ce sont les triolets arpégés, en pizzicato, des violoncelles, se mêlant encore aux coups assourdis de la timbale.

Des appels de trompes retentissent. De nouveaux conjurés entrent en scène. Plus loin, le bruit des rames fendant les flots annonce d'autres concours Et, sur un rythme de barcarolle, les bassons et les violoncelles chantent leur belle mélodie. La scène du serment a de la grandeur. Après le solennel appel des cors et des trompettes, la phrase se développe, soutenue par les tenues des cuivres, les tremolos des violons, les dessins des altos et des basses

Dans la marche avec chœurs du troisième acte, la partition indique deux trompettes à clefs en *fa* et deux trompettes simples en *ut*. Les trompettes a clefs sont les ancêtres de nos trompettes à pistons, qui devaient révolutionner l'art de l'orchestre.

L'expression grandit et atteint son point culminant dans la scène où Guillaume Tell veut embrasser une dernière fois son fils, avant de tenter la dangereuse épreuve qui lui est imposée. Les violoncelles pleurent, soutenant, entourant la mélodie vocale de leur beau dessin contourné. Avec des moyens très simples, Rossini atteint ici au plus haut pathétique (ex. 69).

Meyerbeer (1791-1864).

La vogue de Rossini devint vite prodigieuse, sa « manière » était facilement imitable. Le mal résulta de ce qu'on imita ses défauts plus que ses qualités, c'était fatal. Les qualités, nous en avons analysé quelques-unes ; les défauts étaient surtout le manque de distinction de la sonorité, le trop grand nombre de formules d'accompagnement, mélangées, variées il est vrai, mais formules quand même, grossies, épaissies. Ce procédé fut à la mode et, imité avec moins de tact et de mesure, disons-le, avec moins de musicalité, il devint vite insupportable.

Meyerbeer s'en empara un des premiers. Sous sa plume, les accompagnements se chargèrent d'un nombre considérable de doublures ; les cuivres intervinrent de plus en plus, la grosse caisse, le triangle rythmèrent la plupart des tutti ; la pâte orchestrale s'alourdit, si la sonorité gagna en puissance et

G. Rossini, *Guillaume Tell*. 3e acte (par autorisation spéciale de M. Grus).

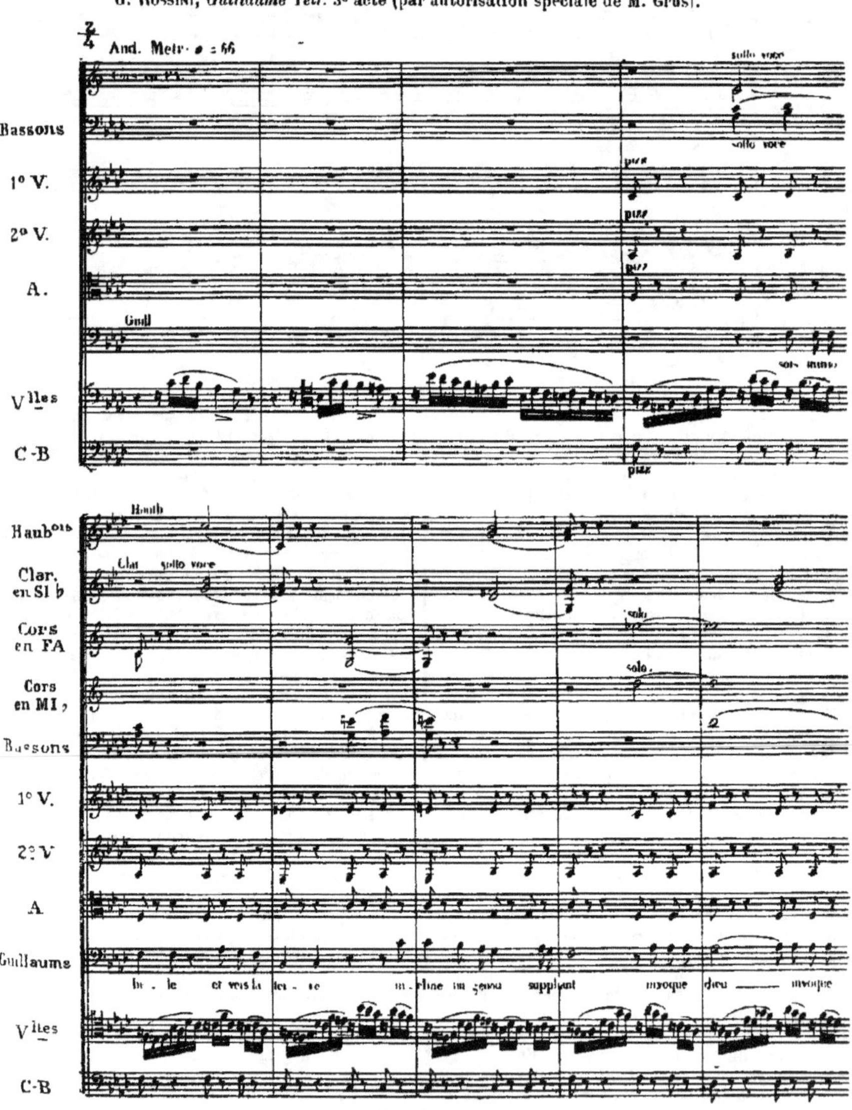

Exemple 69.

MEYERBEER, *Les Huguenots. Chœur* du 1er acte (par autorisation spéciale de M. R. Deiss).

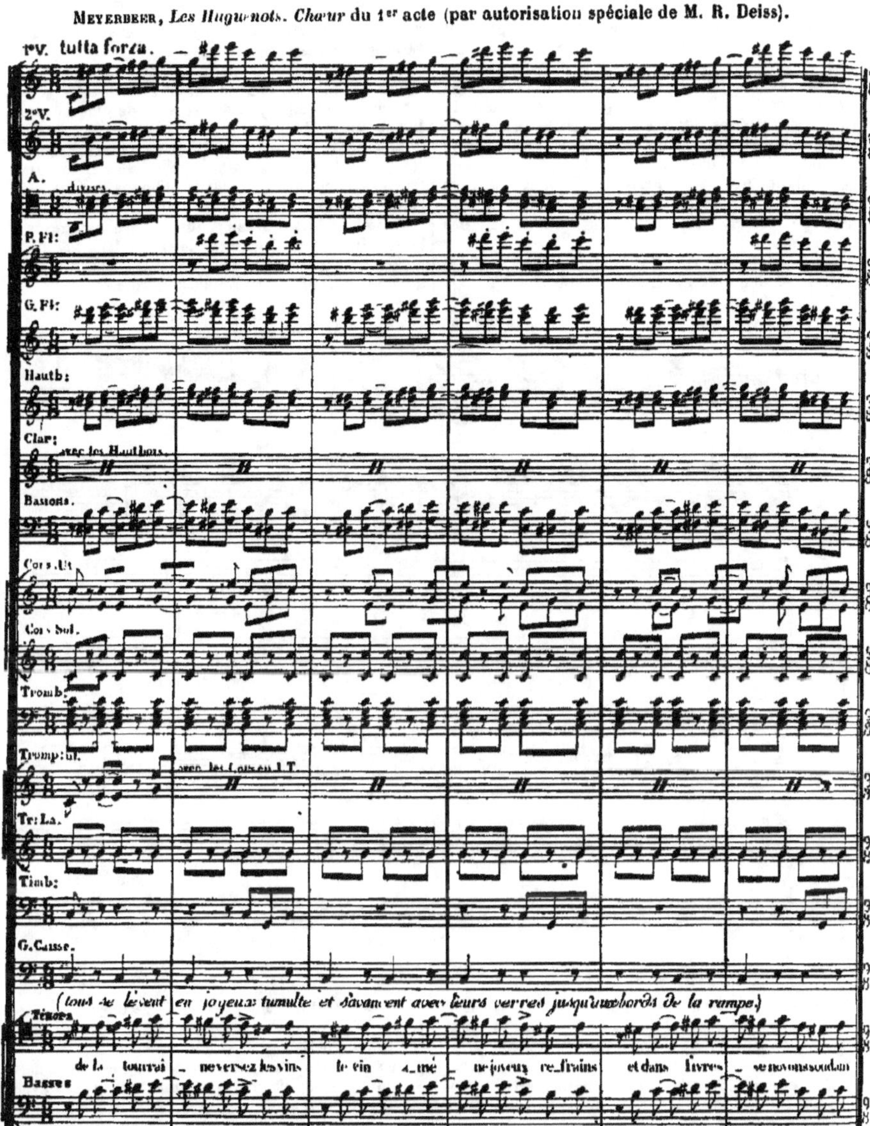

Exemple 70.

surtout en capacité. Pour ces moyens-là, HALÉVY donna bien vite la main à MEYERBEER.

Tout parti pris mis à part, MEYERBEER est un compositeur dramatique qui a su associer à des scènes d'un tragique un peu forcé, une musique atteignant souvent à un pathétique romantique, un peu vieilli pour nous, mais réel pourtant. Seulement, sa recherche constante de « l'effet » le porte à négliger l'unité de conception et à sacrifier le côté purement musical de l'œuvre. Assoiffé de renommée, toujours inquiet des sentiments de son public, acharné à flatter ses goûts, il imposera à ses collaborateurs des livrets panachés d'épisodes violents ou simplement pittoresques, ne faisant pas toujours corps avec l'action. Il apportera à son orchestration le même amour des contrastes extrêmes, se contentant d'un seul instrument pour accompagner la voix, comme dans la romance du ténor, au premier acte des *Huguenots* (1834), et dans le trio du cinquième acte, avec la clarinette basse, ou faisant appel tout à coup aux assemblages les plus nourris, à la sonorité la plus brutale, la plus outrancière. Et ce sera le tapage plein de vulgarité des chœurs du premier acte des *Huguenots*.

Dès l'introduction de cet acte, tout est en jeu, les cuivres s'en donnent à cœur joie, c'est massif, mais bien écrit pour atteindre aux plus retentissants éclats. Et la grosse caisse ne chôme pas!

Il y a, malgré tout, une certaine maîtrise dans le maniement de ces masses, mais la fin de cette scène d'orgie est plus bruyante encore et de plus en plus lourde (ex. 70).

Voir aussi le chœur du début de *Robert le Diable* (1831), où la grosse caisse, les cymbales et les timbales sévissent ainsi que les trombones. Il faut bien forcer l'attention!

C'est le même sentiment qui portera MEYERBEER à l'abus du solo instrumental destiné à faire briller la virtuosité d'un membre de l'orchestre et à exciter ainsi les bravos de l'auditoire (ex. 71) :

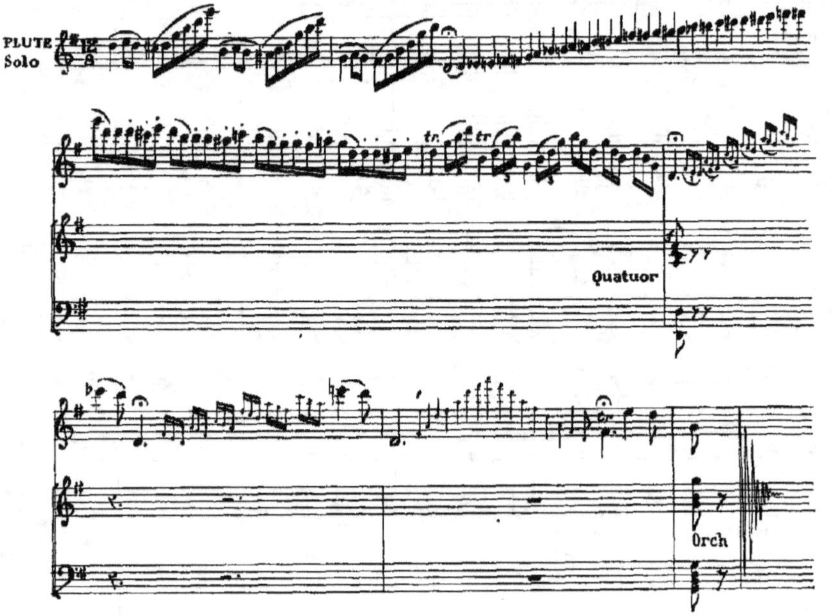

Exemple 71.

Et ce sera toujours dans le même but qu'il emploiera sur la scène des bandes militaires ou de petits orchestres, qu'il recherchera les alliances exceptionnelles, les instruments nouveaux comme la clarinette basse, le saxophone, les saxhorns, les bugles, ou les anciens, comme la viole d'amour, dans l'air de Raoul, au premier acte des *Huguenots*.

On ne saurait nier que cette recherche constante de l'effet ait amené des trouvailles assez heureuses. Cela était inévitable. L'orchestre de MEYERBEER mérite qu'on s'y attarde, car il contient des pages sonores, bien disposées, puissantes et dramatiques, et l'on y trouvera des combinaisons nouvelles, intéressantes et dont bénéficièrent bon nombre de ses successeurs.

MEYERBEER écrit ses violons et ses altos en tête de sa partition, les bois et les cuivres viennent ensuite; parfois les trompettes sont notées en dessous des trombones, ordre peu logique, et les parties de chant s'intercalent, suivant l'ancien usage, avant les violoncelles et les contrebasses. Cette disposition est restée courante assez longtemps dans l'écriture des partitions théâtrales.

Une note en tête de la partition des *Huguenots* indique que l'ophicléide joue dans tout l'opéra avec le troisième trombone, chaque fois qu'il n'y a pas le mot solo. MEYERBEER est un des derniers fidèles de l'ophicléide, introduit au théâtre par SPONTINI, et dont le règne devait fort heureusement être éphémère.

Le cor anglais ne sera plus un instrument d'exception, destiné à faire entendre quelques sols agrestes ou mélancoliques. Il fera désormais partie intégrante de l'orchestre, associé aux deux hautbois. La clarinette basse restera employée de façon plus restreinte. Les harpes verront croître leur importance les timbales également. Dans *Robert*, MEYERBEER emploie trois timbales; dans le *Prophète*, au troisième acte, il va jusqu'à quatre (ex. 72) :

MEYERBEER, *Le Prophète*. 3ᵉ acte, Entr'acte (par autorisation spéciale de M. R. Deiss).

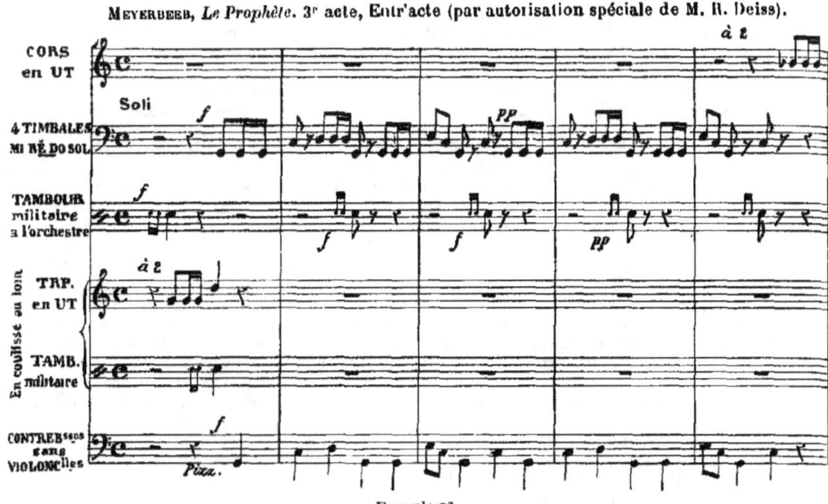

Exemple 72.

La petite flûte deviendra par moments encombrante. En tout cas, l'orchestre s'agrandit et s'enrichit.

Si les ensembles sont traités un peu par paquets, la recherche du détail dans les soli sera parfois exagérée. Pour nous peindre le Marcel des *Huguenots*, rude soldat puritain, l'orchestre se réduira le plus souvent aux cors, aux bassons, aux trompettes, aux timbales et à la petite flûte. Ses récits seront accompagnés des accords en triples cordes d'un violoncelle solo avec une contrebasse au grave, et cela soulignera bien la sauvage brusquerie du vieux calviniste. La peinture sera poussée à l'extrême avec la chanson huguenote, dont les « pif, paf » imitatifs sont soulignés par un orchestre vraiment rudimentaire, mais soldatesque : grosse caisse, cymbales, petite flûte, bassons piqués et contrebasses en pizzicati, auxquels s'ajoutera plus loin le tambour (ex. 73).

On le voit, MEYERBEER s'ingénie (il faut l'en louer) à peindre ses personnages, à les caractériser par certaines associations de timbres.

Dans *Robert le Diable*, le sombre Bertram est presque toujours accompagné des trombones, de l'ophicléide et des bassons; les cors et les clarinettes viennent ajouter par places leurs timbres graves à ces accords. Le Zacharie du *Prophète* est aussi escorté des mêmes instruments, dans des effets moins caverneux, moins infernaux cependant, avec plus d'onction et de sévérité religieuse. Dans l'air fameux de Zacharie, l'auteur va même jusqu'à supprimer complètement les violons.

Le contralto pathétique de Fidès (*Le Prophète*) s'harmonisera à merveille avec les accents graves et expressifs de l'alto, du violoncelle et du basson, auxquels le cor anglais ajoutera sa note mélancolique. La voix pure de la tendre Alice (*Robert*), au contraire,

MEYERBEER, *Les Huguenots*. 1ᵉʳ acte. *Chanson huguenote* (par autoris. spéc. de M. R. Deiss.

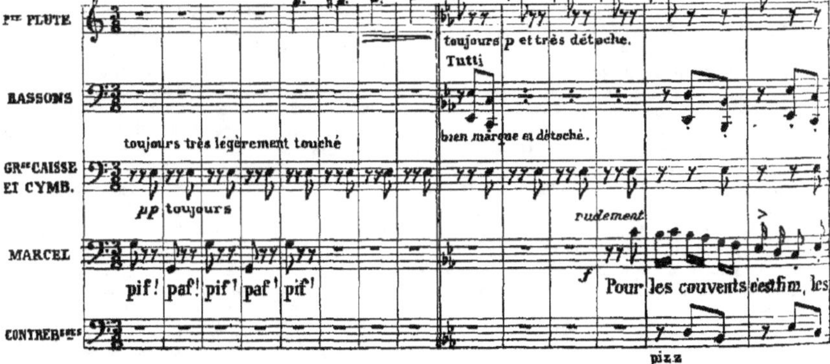

Exemple 73.

sera soutenue par des harmonies plus aériennes où domineront le timbre virginal de la flûte et les soupirs émus des hautbois et des clarinettes.

Ce sera surtout dans les ritournelles que le compositeur s'appliquera à ces portraits instrumentaux et qu'il y réussira le mieux, cette ritournelle si démodée aujourd'hui et qui vient, dans tous les opéras de ce temps, suspendre l'action, arrêter tout dialogue et préparer en quelque sorte l'auditeur aux sentiments qui vont s'exprimer. Le sentiment ici peut paraître quelconque, mais le pittoresque est atteint et, d'un trait net et habile, le compositeur sait évoquer tout son personnage.

Feuilletons les principales partitions de MEYERBEER, nous y trouverons maintes pages remarquables, d'un métier très sûr, et certainement quelques nouveautés; si tous ces essais ne nous paraissent pas toujours aussi heureux les uns que les autres, un certain nombre d'entre eux atteindront à la plus réelle maîtrise.

Ne manquons pas de souligner, au premier acte de *Robert le Diable*, la très fine instrumentation de la ballade de Raimbaud, avec sa ritournelle par les quatre cors, et ses trois strophes ingénieusement variées; la première avec l'accompagnement des cors et des timbales; la deuxième spirituellement scandée des pizzicati en doubles croches des violoncelles et altos; la troisième, où, sur les trémolos des cordes, interviennent les trombones et les cors soutenant le chant principal confié aux trompettes, ceci sans lourdeur, grâce aux *piano* coupés de *sforzando*, et à la tessiture bien choisie des instruments (ex. 74 et 75).

D'ailleurs, MEYERBEER sait, quand il le veut, rester souple et léger, tout en employant la masse orchestrale; témoin ce passage de l'air de Robert, dans le même acte, où la réunion des timbres n'enlève rien à la délicatesse de l'ensemble (ex. 76).

MEYERBEER, ai-je dit, fut un des premiers à développer au théâtre le rôle des timbales. Au deuxième acte de *Robert*, il confie un véritable solo au timbalier, habitué jusque-là à marquer la dominante ou la tonique dans les *forte* ou à faire gronder quelques sourds roulements dans les profondeurs de l'orchestre. Le thème de l'entrée du prince de Grenade, flanqué sur la scène de quatre trompettes, de deux cors et d'une caisse roulante, est précédé de l'esquisse de ce même motif par les violoncelles et contrebasses, pizzicato et *pianissimo*, et les timbales qui prennent là une importance toute spéciale.

L'orchestre sur la scène est ici assez modeste. MEYERBEER affectionnera particulièrement ce genre d'effet. Il n'y a guère de ses ouvrages qui ne contiennent une bande militaire quelconque sur le théâtre ou dans la coulisse, ou tout au moins une petite réunion d'instruments à vent.

Et ce sera, dans *Robert*, après l'escorte du prince de Grenade au troisième acte, l'orchestre infernal caché dans la caverne et soulignant le chœur des démons. La petite flûte, les cymbales et les triangles y mettent une nuance sarcastique; le motif de valse, assez peu satanique d'ailleurs, sera alourdi par des cuivres bruyants : quatre trompettes, quatre cors, trois trombones, un ophicléide, auxquels, plus loin, viendra s'ajouter la plaque de tôle du tonnerre de coulisse!...

Dans les *Huguenots*, la musique de scène aura plus d'importance. Le cortège de noces de Nevers nécessite la petite flûte, la petite clarinette en *fa*, six clarinettes en *ut*, deux hautbois, deux bassons, deux cors, trois trompettes (dont une à pistons), deux trombones, un ophicléide et naturellement la traditionnelle batterie : tambour, grosse caisse, cymbales et triangle.

Voilà bien des musiciens mobilisés pour un piètre effet. Au dernier acte, on ne comprend pas trop pourquoi les chœurs d'assassins des malheureux huguenots sont soutenus par un orchestre de coulisse, aux accents féroces, il est vrai. C'est l'occasion d'un contraste assez saisissant avec la noble mélodie de Marcel expirant. Les accents sévères du vieux choral luthérien, répondant aux injonctions des papistes, les coups de mousquet scandant de leur crépitement les chants de Valentine et de Raoul, tout ceci forme un final d'un dramatique un peu forcé peut-être, mais prenant bien la foule, et l'on ne songe guère à s'inquiéter de la singularité de ce massacre en musique[1].

A signaler le très heureux emploi, pour accroître la brutalité de cette scène, du quatrième degré de la troisième octave de la trompette simple. Cette note n'est jamais d'irréprochable justesse, et les compositeurs s'ingéniaient à l'éviter, à ne la toucher qu'en passant, assez rapidement. Ici MEYERBEER insiste sur ce *si bémol* qui sonne presque comme un *si naturel*; il le laisse à dessein très à découvert, et cela suffit pour donner une couleur plus terrifiante à tout le passage.

Mais les saxhorns venaient d'être inventés par SAX, et MEYERBEER avait hâte d'utiliser ces nouveaux auxiliaires. Aussi, les place-t-il au complet sur la scène dans la marche du sacre du *Prophète*. La famille en est nombreuse, il n'aura garde d'en oublier un membre, il y joindra les trompettes habituelles, les cornets à pistons (dont le timbre vulgaire, qui ne l'effrayait pas, se perd dans la masse), et constituera ainsi une véritable fanfare à laquelle répondra tout l'orchestre (ex. 77).

Cette même réunion de cuivres servira dans l'*Africaine*. Enfin, toujours épris de combinaisons sonores, voire brutales, MEYERBEER ira plus loin encore dans l'*Étoile du Nord*. Cette fois, il fera appel à trois orchestres évoluant en même temps : deux sur la scène; l'un, composé de fifres, petites clarinettes et tambour; le second, de cornets à pistons, trompettes et saxhorns barytons, l'orchestre véritable, comprenant deux flûtes, deux hautbois, deux clarinettes, deux bassons, quatre cors, trois trombones, deux cornets à pistons, timbales et les cordes. Naturellement, les cors devront jouer « pavillons en l'air » pour atteindre toute leur énergie.

Continuons l'examen de *Robert*. BERLIOZ vantait l'étrange procession des nonnes, au troisième acte, et sa sonorité pâle, froide, comme cadavéreuse. Est-ce bien là l'effet produit par les deux bassons, isolés, flasques et caverneux peut-être, avec un rien de grotesque?

On peut préférer le début de ce même numéro, avec les *pianissimo* exagérés des cuivres et les pizzicati des basses. Le tamtam intervient ensuite, comme pour accroître de son mystérieux frémisse-

---

1. Tout est « en musique » dans un opéra. Mais l'orchestre c'est l'amplificateur du rêve, il est censé invisible, absent même. Sur la scène, ou dans la coulisse, c'est autre chose, il devient tangible et prend part directe à l'action. Je ne sache pas que les auteurs de la Saint-Barthélemy se fissent suivre de musiciens à gages chargés d'étouffer, sous leur bruyante harmonie les cris des blessés et des mourants.

MEYERBEER, *Robert le Diable*. 1er acte. *Ballade de Raimbaud* (par autorisation spéciale de M. R. Deiss).

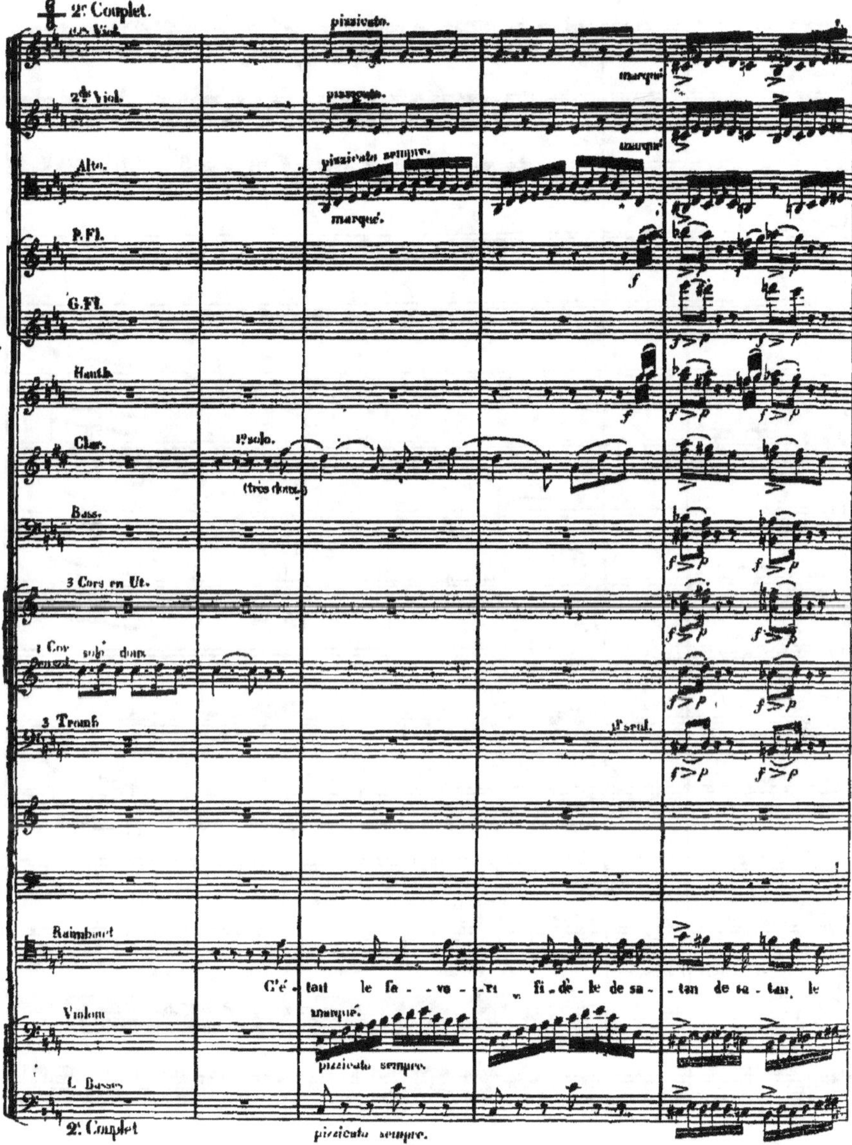

Exemple 74.

ment le sentiment d'effroi auquel prétend atteindre cette scène assez curieusement colorée.

Au dernier acte enfin, toujours à l'affût des moyens exceptionnels, MEYERBEER emploiera, comme une voix d'outre-tombe rappelant au fils égaré le souvenir sacré de sa mère, la trompette à clefs en *la* (ce devait être le bugle soprano à clefs, la partition indique cependant : trompette). Pour obtenir une sonorité voilée, très spéciale, l'auteur ajoute cette mention :

« Les trompettes à clefs doivent être placées hors de l'orchestre, leur son doit produire l'effet comme

Meyerbeer, *Robert le Diable* par autorisation spéciale de M. R. Deiss).

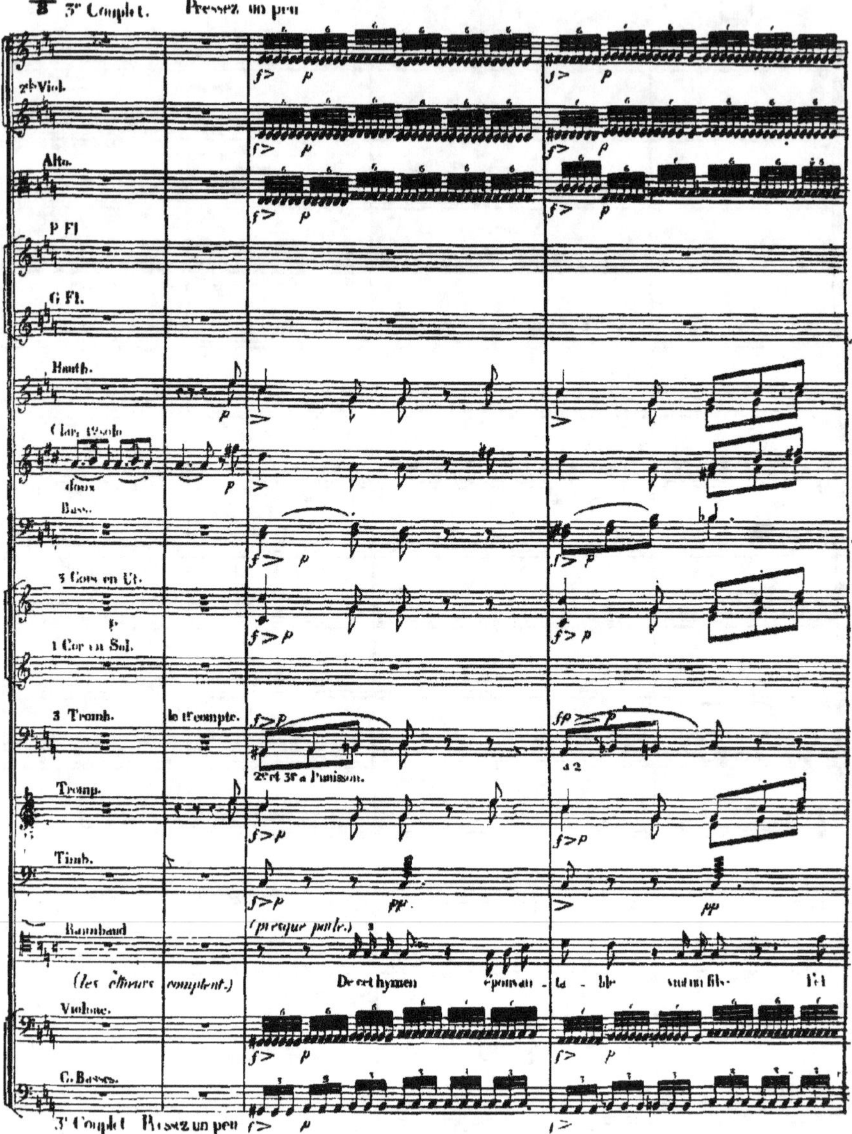

Exemple 75.

s'il venait de loin et de dessous terre. A Paris, on les place dans le souterrain, au-dessous du trou du souffleur. »

Toujours soigneux, il ajoute : « Les théâtres qui ne pourraient se procurer de trompettes à clefs leur substitueront deux cors anglais, ou deux alti soli. »

La mélodie porte cette mention essentielle : « Liez autant que possible. » C'était là un effet nouveau que permettaient d'obtenir facilement les instruments à clefs. L'accompagnement, confié en entier aux cuivres *pianissimo*, entrecoupé de nombreux silences, avec les grondements sourds des timbales, ajoute à l'émoi de cette scène.

Robert, interdit, troublé, laisse échapper la lettre

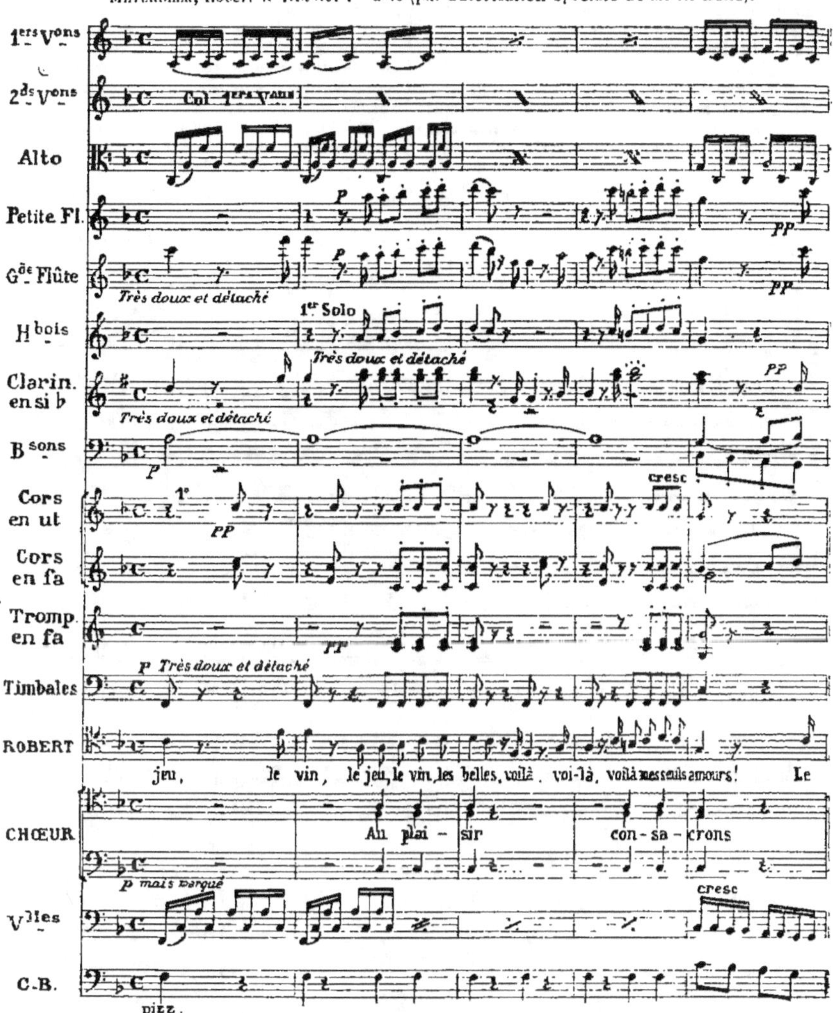

Exemple 76.

de sa mère... les pizzicati répétés des cordes à l'unisson sur le *sol* à vide, avec leur écho au quatrième cor et à la timbale, décrivent bien toute l'angoisse qui l'agite et sont comme les battements de son cœur. La mélodie, reprise par les flûtes, clarinettes et violoncelles dans trois octaves, est alors chantée par Alice qui relit d'une voix grave les derniers conseils de la mourante à son enfant. Les supplications de Bertram viennent se joindre à ces accents douloureux, les trémolos des cordes préparent enfin la reprise du même thème, en *si* majeur, *fortissimo* par les trois interlocuteurs. Cette fois, l'orchestre s'alourdit des gros accords en notes répétées des trombones, cors, bassons, clarinettes et hautbois. Cela dure peu,

l'heure est tragique et sombre; le *pianissimo* règne de nouveau, tout s'assourdit, puis la mélodie finale, pleine d'élan, va s'élancer, grandir, monter et s'étendre dans tout l'orchestre, sur les accords pleins, en notes tenues, des trombones. L'éclat ici est obtenu. Mais minuit sonne, sur une grosse cloche en *si*, dans la coulisse. Bertram est englouti. La scène change et, dans l'apothéose finale à l'église de Palerme, l'orgue et la harpe ajoutent au tutti leurs mystiques accords un peu noyés dans la puissance de l'ensemble.

Schumann trouvait l'*ouverture* des *Huguenots* bien pauvrement écrite. Elle est, en tout cas, fort bien instrumentée. Une nouveauté s'y rencontre, qui devait être exploitée de nos jours par l'école moderne : les violons, altos et violoncelles, à un certain moment, divisés chacun en deux groupes jouant à l'unisson l'un de l'autre, produisent le son les uns avec l'archet, les autres en pinçant la corde.

C'est à ce souci des détails d'exécution que se reconnaît surtout MEYERBEER. Il ne sera jamais avare d'indications. Il multipliera les nuances, les accents ; il soulignera : « L'orchestre aussi *piano* que possible. » Il placera des « à défaut », indiquera minutieusement les coupures possibles ; il ira même jusqu'à avancer que, *tel morceau n'ayant pas grand intérêt* (sic), *il vaut mieux le supprimer à l'exécution !* Que ne le supprime-t-il alors dans la partition ?

A la fin du chœur des baigneuses, au deuxième acte des *Huguenots*, il recommande de ne jouer qu'avec la moitié de l'orchestre pour accentuer le *diminuendo*.

Il est d'un coloris charmant, ce chœur, avec ses traits onctueux de violoncelles et de bassons. Tout l'air qui

MEYERBEER, *Le Prophète*. *Marche du Sacre* (par autorisation spéciale de M. R. Deiss).

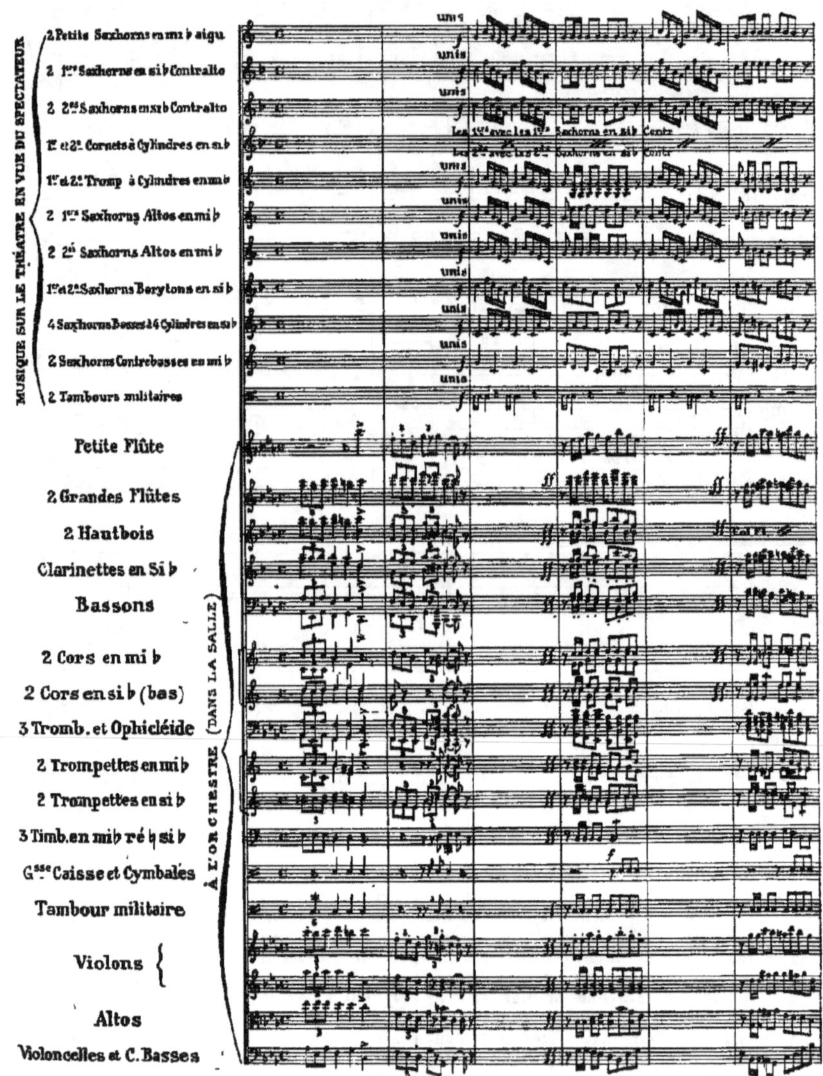

Exemple 77.

précéde : « O beau pays de la Touraine, » est aussi d'une disposition habile, réalisant à la fois plénitude et légèreté.

Tout le duo de Marcel et Valentine est plein d'intérêt orchestral. Les sauts d'octaves, répétés mystérieusement par les cors et les bassons alternés, avec les notes comme apeurées des timbales et des violoncelles en dessous, peignent bien l'inquiétude nocturne du vieux brave aux aguets. Les triolets agités des altos et violoncelles décrivent plus loin l'émoi de Valentine, surprise, interdite... Tout cela écrit avec un grand souci des nuances, de l'effet, et, cette fois, de l'expression juste. Le passage sur les paroles : « Mais j'implore un pardon et j'espere, » est plus nourri grâce à ses arpeges de violoncelles, clarinettes et altos. Mais ici reparaît (sans exces toutefois) un procédé que Meyerbeer a emprunté à Rossini, et dont lui et ses successeurs abuseront singulièrement : le redoublement exagéré des formules d'accompagnement dans toutes les parties. Un autre redoublement, encore plus généralise pendant toute une époque, communique aussi à cet orchestre une lourdeur gênante, c'est celui qui consiste à faire suivre le chant vocal par un ou plusieurs instruments a l'unisson ou à l'octave.

L'injonction « pavillons en l'air » reparait au quatrième acte, dans la scene de la Bénédiction des poignards. Les cuivres y jouent naturellement un rôle important, avec des oppositions continuelles de *fortissimo* et de *pianissimo* qui ne laissent pas d'être fatigantes.

Ce goût des oppositions violentes se montrera encore dans l'orchestration du grand duo entre Raoul et Valentine, d'effet si intensément dramatique. Le romantisme un peu artificiel de Meyerbeer atteint ici une frénésie qui ne laisse guère l'auditeur respirer[1]... Au début, les accords brefs et *piano* des trombones communiquent à cette scene un accent sombre et menaçant jusqu'au tutti formidable qui suit.

La lutte des deux amants, les supplications de Valentine, le désespoir de Raoul, tout cela est fort bien traduit par un orchestre mouvementé et coloré; les plaintes des instruments a vent, les cris de rage des cuivres, soulignent admirablement le dialogue haletant. Le bel accompagnement en *sol bémol* de la cavatine fait valoir la phrase célèbre du ténor, trop souvent hurlée par des interpretes peu soucieux de respecter les indications du maitre, qui prend soin d'inscrire sur la partition, au-dessus et au-dessous de la partie de chant : « avec tendresse » et « très doux ». Sous le trémolo des violons en doubles cordes, les notes du chalumeau de la clarinette sonnent comme un glas. (Pour atteindre le *ré bémol* grave, Meyerbeer emploie une clarinette en *la*, conjointement avec la clarinette en *si bémol*, et dont le *mi* donne un *do dièse* enharmonique du *ré bémol*.) Les violoncelles chantent, reproduisant les inflexions du chanteur (ex. 78).

Plus loin, les accords très doux des trombones soutiennent le chant, puis ce sont les arpèges de violoncelles et de clarinettes qui nous amènent à la reprise du motif, avec, cette fois, la doublure aux flûtes, clarinettes et violoncelles. Il y a là avec le ravissement de la passion exaltée, je ne sais quelle inquiétude sourde, quel effroi intérieur, que vient expliquer la suite tragique de cette scène. La cloche, signal du massacre des calvinistes, retentit au loin.

Le battant de cette cloche en *fa* grave doit être, demande l'auteur, enveloppé d'un tampon. Ce son funebre est doublé par l'accord de quinte diminuée, confié aux clarinettes et bassons, auxquels répondent, par un *sforzando* aussitôt éteint, les cors, trombones et ophicléide. L'agitation grandit, le drame se précipite, tout est mouvement et fureur. Les gammes chromatiques des trombones accentuent cette note énergique et haletante. Tout cela est brutal, certes, de sonorité un peu rêche et criarde quelquefois, mais tout de même tres vivant et d'une réelle puissance d'action extérieure.

Nous ne pouvons analyser en détail toutes les nombreuses œuvres de Meyerbeer. Relevons, dans le *Prophète*, la division des violons en trois parties et le rôle des trois flûtes et du cor anglais dans le quatrième acte, au moment où Jean prononce les paroles : « Que la sainte lumière descende sur ton front... » Cela est lumineux et pur; dans l'*Africaine*, la ritournelle du grand prêtre, confiée aux timbres graves : deux clarinettes, deux clarinettes basses, trois violoncelles, avec, plus loin, les accords plaqués des cors et trombones, se signale par son onctuosite, sa sonorité pleine et comme recueillie (ex. 79). C'est la premi-ère fois que l'on osera employer en double un instrument d'usage aussi rare que la clarinette basse. Les flûtes sont fréquemment triplées, et le trémolo des trois flûtes (dans l'*Africaine*) est encore un effet assez neuf. On sait que Meyerbeer écrit parfois jusqu'a quatre parties de bassons (*Le Prophète*). On peut voir là une tendance à reconstituer les familles, tendance que Wagner accentuera par la suite. L'usage des quatre bassons ne s'est pourtant pas généralise. On ne saurait quitter l'*Africaine* sans noter le fameux unisson de si intense sonorité.

Meyerbeer a ose aussi employer des moyens particuliers d'exécution, car il ne recule devant aucune recherche. Un des premiers, il remplaça le tremolo des cordes sur une seule note par le trémolo en batteries sur les doubles cordes, plus agité, plus ondulant, plus pathétique; effet employé bien avant lui certes, mais de façon tout exceptionnelle. Dans la ballade d'Adamastor (de l'*Africaine*), il prescrit aux violons, pour plus de fantastique : « Avec le bois de l'archet. » Berlioz avait déjà indiqué cette façon fantaisiste d'attaquer la corde.

Halévy (1799-1862).

L'orchestre d'Halévy présente de nombreux points de ressemblance avec celui de Meyerbeer. C'est le même amour de l'effet brutal, des oppositions violentes, le même abus des doublures dans les ensembles et le même fracas un peu vulgaire. Si l'on y trouve une moins grande maitrise, une moins grande force dans les passages dramatiques, on devra y reconnaitre assez souvent dans les détails un peu plus d'élégance et de délicatesse. A cet egard, on consultera avec fruit la partition des *Mousquetaires de la reine*. Le soin de l'écriture s'y manifeste en plus d'un endroit. Les bois, adroitement employés, y ont le plus souvent un langage différent des cordes. Certaines pages, traitées dans une polyphonie limpide, évitent soigneusement les trop nombreux unissons. Tel ce passage de l'air d'Olivier, au début (ex. 80).

Tels aussi certains fragments de l'air d'Athénaïs, ou encore la charmante conclusion de la petite ronde de nuit qui clôt si finement le premier acte.

---

[1]. Cet incandescent duo fut, parait-il écrit et orchestre en une nuit.

MEYERBEER : *Les Huguenots*. 4º acte *Cavatine* (par autorisation spéciale de M. R. Deiss).

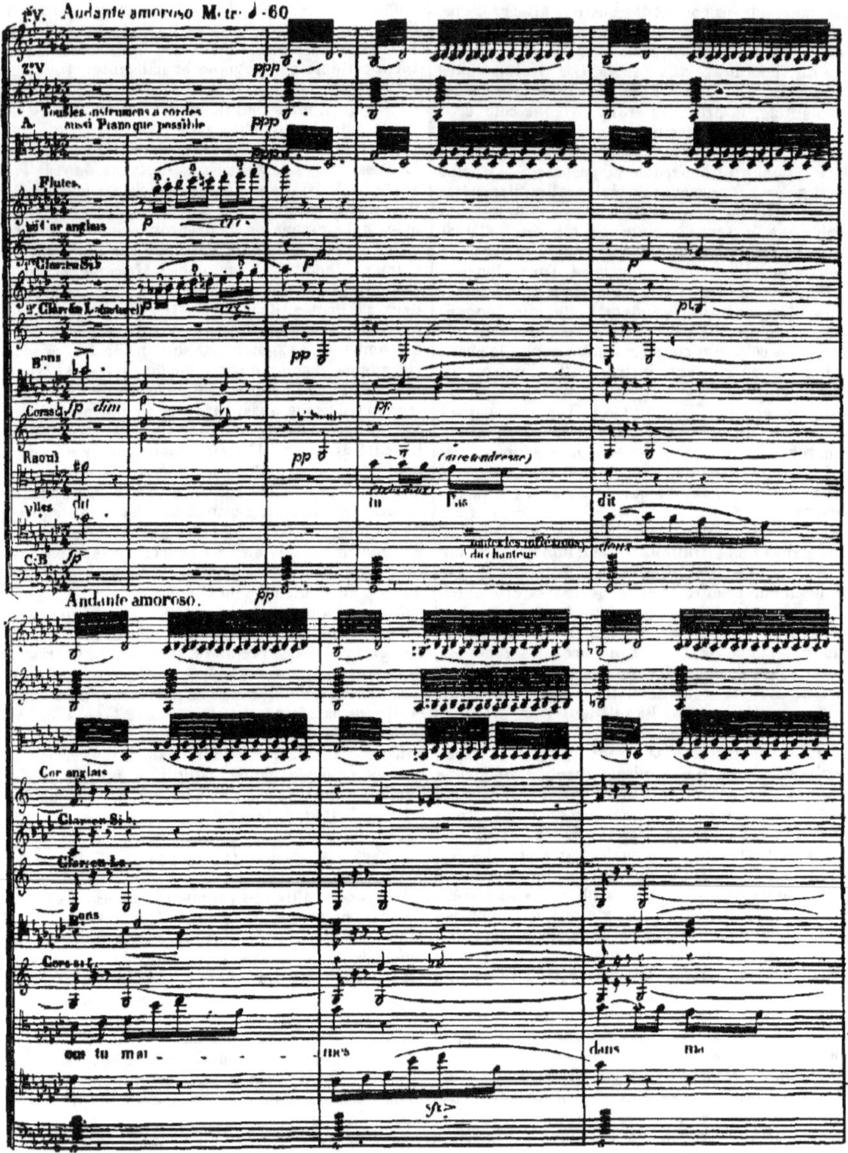

Exemple 78.

MEYERBEER, *L'Africaine*. Nº 14, 4º acte (par autorisation spéciale de M. R. Deiss).

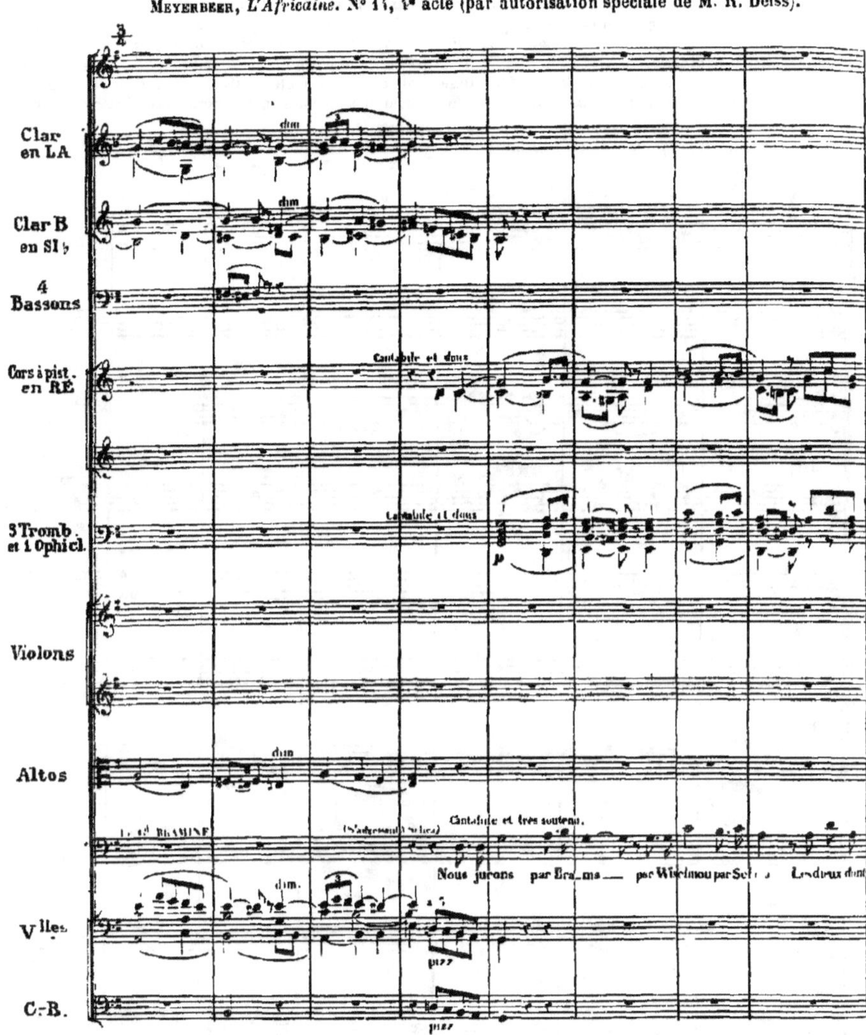

Exemple 79.

Certains ensembles sont traités dans le même esprit. Malheureusement, les trombones finissent toujours par intervenir d'assez fâcheuse façon, le plus souvent pour accentuer le rythme en marquant le temps fort d'un accord bref, bien inutile dans une œuvre de caractere léger et enjoué.

La partition de la *Reine de Chypre* parait plus inégale. Des vides fâcheux s'y remarquent. Si de piètres formules d'accompagnement y provoquent une certaine maigreur d'écriture orchestrale, par contre, les ensembles y sont massifs et pesants à l'excès. L'abus du tremolo des cordes (qui sévit dans tous les ouvrages de cette époque) ne contribue pas à relever l'intérêt de ces pages où nous ne pouvons guère citer, à titre de curiosité, que l'écriture assez neuve de la partie de harpe doublant à l'aigu les flûtes et clarinettes, dans le chœur dansé du premier acte, l'entr'acte un peu maigre qui précede la deuxième partie, avec sa cloche en *fa* grave et ses gammes en pizzicato des violoncelles, et la division (au quatrieme acte) des altos et violoncelles en huit parties, pour soutenir de leurs graves accords le récit du héraut d'armes annonçant l'arrivée de la flotte.

Des inégalités choquantes, nous en rencontrerons dans tous les ouvrages d'HALÉVY, et nous nous garderons d'y insister. Glanons plutôt çà et là les formules heureuses où le compositeur a témoigné d'un art plus évident. Elles sont assez nombreuses pour nous montrer en lui, quand même, un artiste le plus souvent soucieux de l'effet produit et respectueux des exigences instrumentales.

Relevons, dans l'introduction de *Charles VI*, l'ingénieuse disposition du début; le chant des hautbois sur les arpèges de clarinette et les douces harmonies des violons, altos et violoncelles (ex. 81).

Tout le chœur suivant est très délicatement accompagné. De fréquents passages sont confiés à l'harmonie seule, quelquefois avec adjonction des violons et des altos. Halévy y montre une grande connaissance des instruments et de leur écriture; il

Halévy, *Les Mousquetaires de la Reine*. 1er acte (par autorisation spéciale de M. Lemoine).

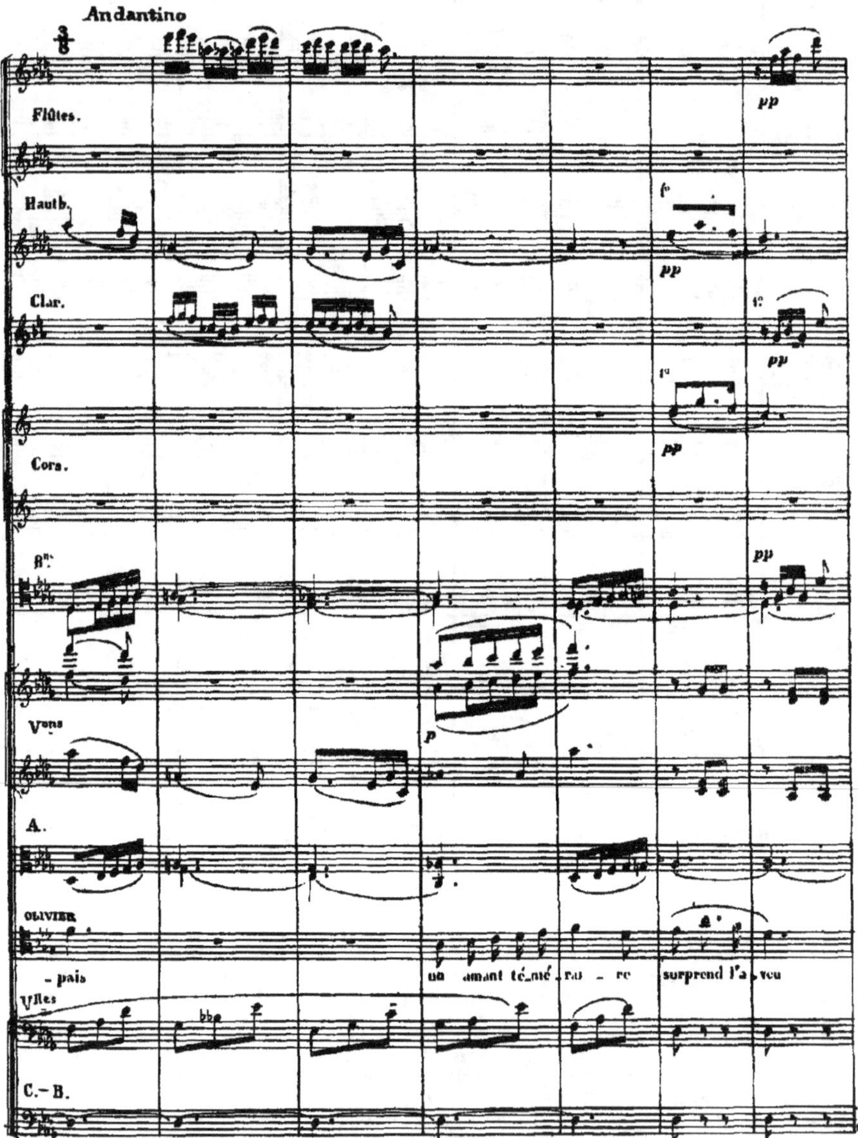

Exemple 80.

HALÉVY, *Charles VI. Introduction* (par autorisation spéciale de M. Lemoine).

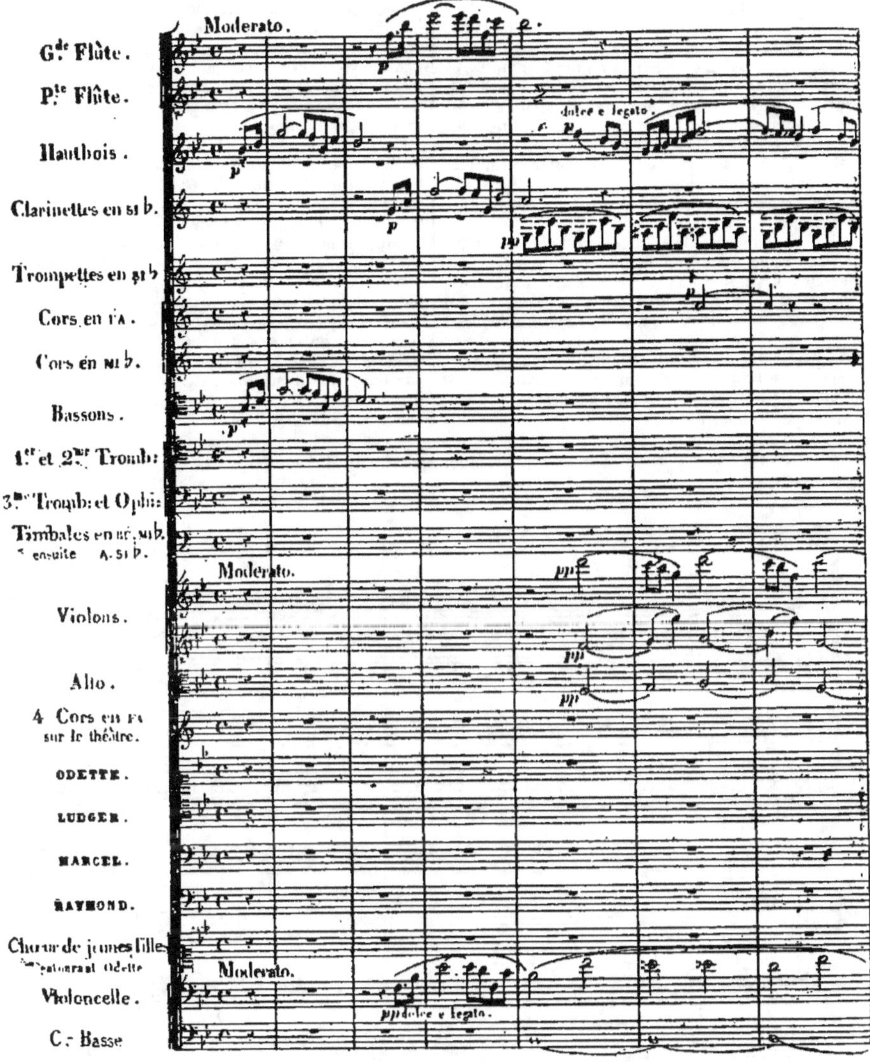

Exemple 81.

sait en doser les sonorités. Pour accompagner la phrase pieuse et douloureuse d'Odette, à la fin du premier acte : « En respect mon amour se change, » il emploiera les violoncelles divisés en quatre avec, par place, une grave pédale de cor. Il obtiendra ainsi une sonorité grasse, comme un jeu d'orgue, dans la douceur (ex. 82).

Dans ce même duo, un peu plus loin, les trémolos alternés des cordes, adroitement disposés, font un accompagnement discret à la mélodie (ex. 83).

HALÉVY excelle dans ces effets de finesse sans maigreur. Que ne les emploie-t-il plus souvent, au lieu de se résoudre, sous le prétexte de ne pas couvrir les voix, à des formules plates et sèches, comme dans la villanelle du troisième acte.

Mêmes recherches délicates dans la ritournelle (violon et flûte) qui précède la prière d'Odette au quatrième acte. Cette prière est accompagnée par les quatre cors en accords soutenus, et quelle jolie couleur de son dans la phrase expressive confiée à l'orchestre, avec ses arpèges de violoncelles, dont HALÉVY abuse quelquefois pourtant. Tout cela est fort simple, il est vrai, mais ici la simplicité est d'excellent goût.

Comme MEYERBEER, HALÉVY affectionne les vastes

ensembles nécessitant la présence sur la scène d'une réunion complète d'instruments à vent, auxquels, dans quelques cas, il joindra même les cordes.

Il en abusera dans la *Reine de Chypre*, où le chœur dansé du troisième acte amène la présence sur les planches de tout un orchestre au grand complet, y compris petite flûte, petites clarinettes, cymbales, grosse caisse et triangle, auxquels il ajoute, à côté des trombones et des trompettes simples, un trombone et une trompette à pistons.

C'est là, croyons-nous, un des premiers exemples de l'emploi du trombone à pistons, qui devait plus tarder à s'acclimater au théâtre que les autres cuivres similaires.

Au quatrième acte, la Marche sera l'occasion d'un nouveau et fastueux déploiement de forces instrumentales. A l'ensemble précédent, se joindront cette fois quatre trompettes simples en *la bémol*, ce qui porte à onze le nombre des trompettes employées : sept sur la scène, quatre dans l'orchestre!

La partition réelle en est tellement volumineuse et nécessite un tel nombre de portées (quarante et une au moins) que HALÉVY se résigne à n'indiquer qu'une partie conductrice pour la musique de scène, renvoyant pour le détail à un supplément intercalé à la fin du volume.

Cette passion des sonorités outrancières et des doublures nombreuses et pesantes se retrouvera, avec un matériel moindre, dans la Marche du sacre de *Charles VI*, dans les ensembles de *la Juive*, où tonitrueront, au premier acte, sur d'assez vulgaires motifs, les trombones, les trompettes, les cors, la grosse caisse et le triangle.

Dans les passages les plus véhéments du drame, les sonorités habituelles ne suffiront plus, le tamtam interviendra (*Reine de Chypre; Charles VI* : la scène des spectres où l'on trouve encore quatre trompettes et quatre cors sur le théâtre).

Enfin, renchérissant sur tout cela, et dépassant en exhibition de cuivres la marche du *Prophète* elle-même, la grande Marche du *Juif Errant* n'exigera pas moins de quinze saxtubas, trompettes spécialement fabriquées pour l'occasion, dans la forme des trompettes antiques, et dont les basses seront de trente-deux pieds!... Ces sonneries seront soutenues par toute une bande de petits saxhorns, cornets à pistons, saxhorns contraltos et ténors, trompettes à cylindres, saxhorns barytons et basses, trombones,

HALÉVY, *Charles VI*. 1er acte (par autorisation spéciale de M. Lemoine).

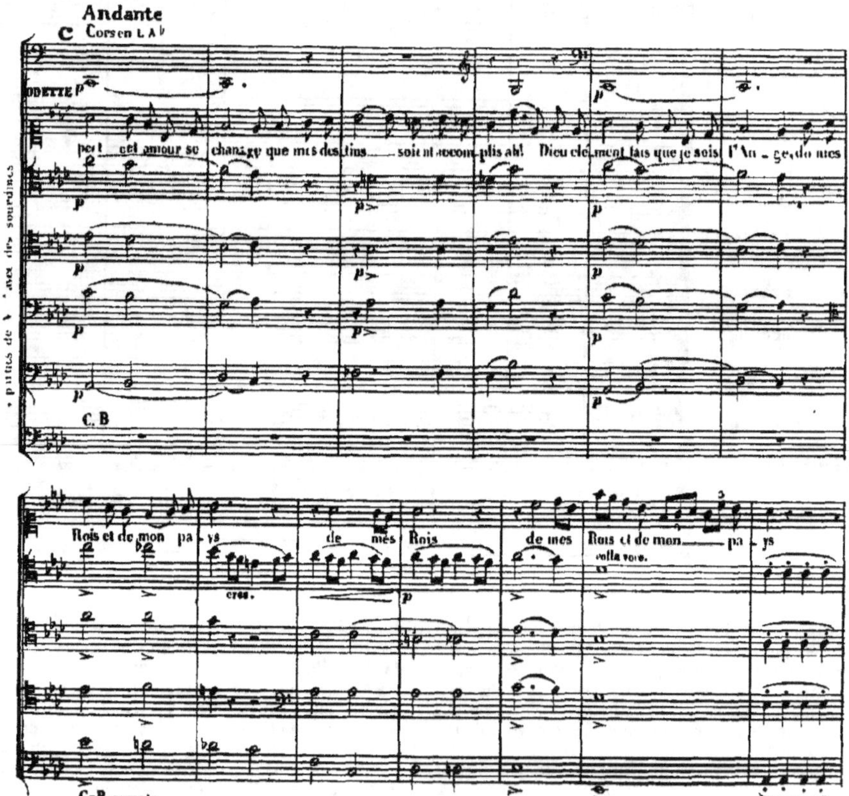

Exemple 82.

HALÉVY, *Charles VI.* 1er acte (par autorisation spéciale de M. Lemoine).

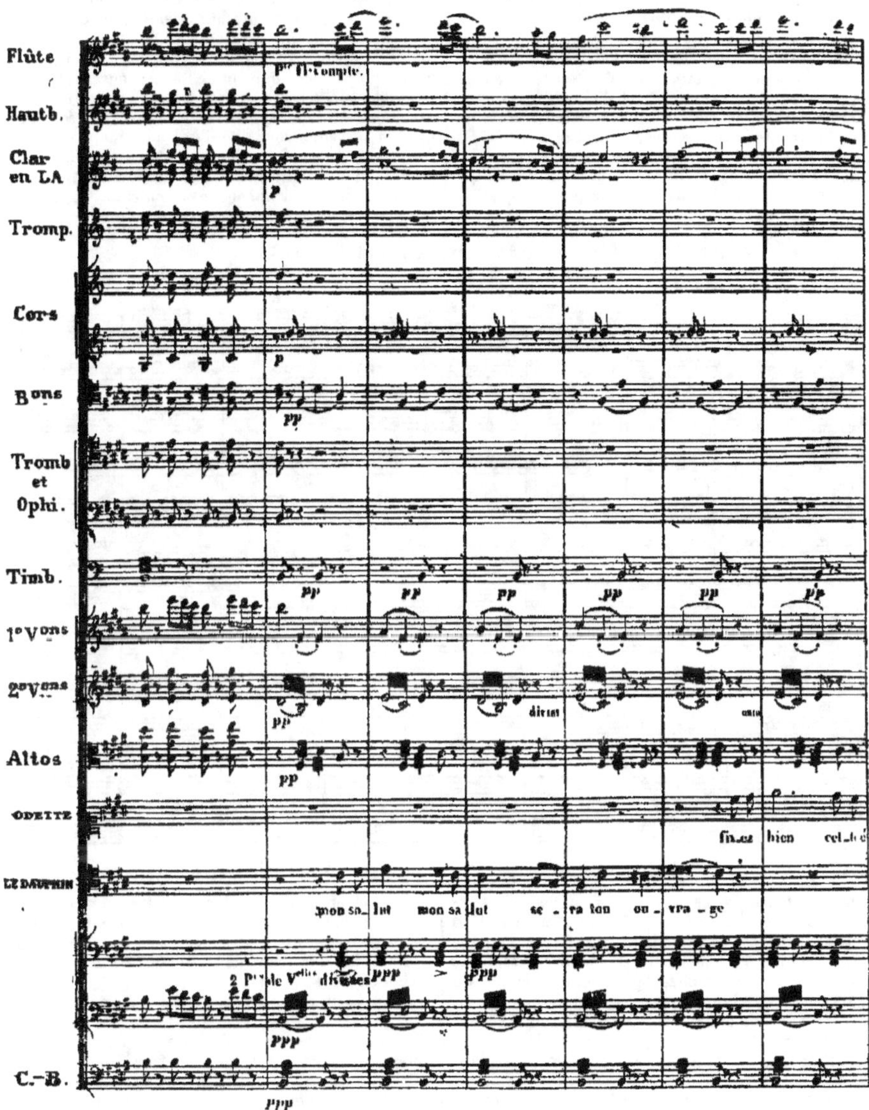

Exemple 83.

ophicléides et sa horns contrebasses dialoguant avec l'orchestre.

Tout cela n'empêchera pas les admirateurs forcenés de MEYERBEER et d'HALÉVY de traiter la musique de BERLIOZ d'assourdissante, et de reprocher à WAGNER, qui n'emploie que rarement la grosse caisse et assez peu souvent ces réunions anormales et bruyantes, des excès de sonorité que l'on cherche en vain dans ses partitions.

La Juive est l'opéra le plus populaire d'HALÉVY. C'est aussi celui où l'orchestre atteint le plus de force tragique. Tout n'y mérite pourtant pas l'éloge. Au premier acte, après les accompagnements, si quelconques de forme et si vides, de l'air du Cardinal ou de la sérénade de Léopold, après les chœurs criards qui suivent, le passage soutenant le récit de Rachel par une mélodie confiée à la trompette à pistons en *si bémol*, et scandée de brefs accords des gros cuivres sur le rythme de la marche, n'est pas d'une qualité de sonorité et d'un style bien recherchés (ex. 84).

Mais les derniers actes rachetent les défauts précédents par des pages où le drame est fidèlement suivi, et où l'orchestre crée vraiment l'atmosphère de terreur convenant à la situation. Et c'est la romance de Rachel : « Il va venir... et d'effroi je me sens frémir ! » avec ses cors en sourdine bien évocateurs d'ombre et de mystère, avec l'effroi de ses timides pizzicati des cordes et des notes sourdes de la timbale, sous les tierces gémissantes des clarinettes, qui vont amener, dans le pianissimo le plus complet, la rentrée du quatuor.

Plus loin, le thème douloureux du hautbois sera imité peureusement par un pizzicato des violoncelles. La scène suivante est dramatiquement traitée, avec de beaux éclats intermittents et vite réprimés de tout l'orchestre. La passion vibre là dessous, et, pour peindre l'accablement de Rachel apprenant que Léopold est chrétien, la longue tenue de la clarinette avec la descente en cordes sourdement pincées du quatuor, est une trouvaille d'une admirable simplicité. Si la fin du duo, quoique pleine d'élan, peut paraître d'une ligne mélodique assez ordinaire, le début en est encore angoissant et haletant.

Au troisième acte, après la terrible révélation pu-

HALÉVY, *La Juive* 1er acte (par autorisation spéciale de M. Lemoine).

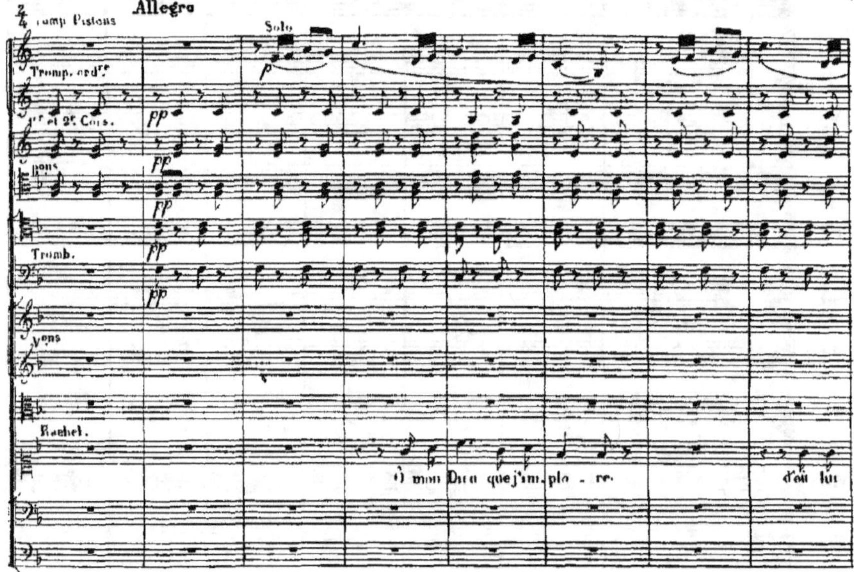

Exemple 84.

blique de Rachel, la scène (sur les paroles de Léopold : « Je frissonne et succombe et d'horreur et d'effroi ! ») devient impressionnante. Ici, HALÉVY n'a point recours, comme MEYERBEER, à des moyens exceptionnels, et à des recherches spéciales de timbres ou d'alliance. L'orchestre est écrit sobrement, mais chaque instrument a son rôle bien déterminé et concourt à un effet d'intensité émotionnelle par son accent propre. Les trémolos alternés des clarinettes, hautbois et flûtes, le fortissimo piqué des violons, puis des deux cors, suivi d'un brusque pianissimo, contribuent à accentuer cette émotion. Parfois, dans les accords hésitants, troublés et coupés de silences, les trombones hurlent une sauvage clameur, puis se taisent, soudain refrénés. C'est brutal certes, un peu acide, mais assez juste de sentiment, quoique d'effet très recherché.

Signalons un peu plus loin : le trémolo des cymbales (encore assez peu employé jusqu'alors) et qui, ainsi pratiqué dans l'extrême douceur, accroît par sa résonance bizarre l'horreur de cette scène ; encore plus loin, après les formidables tutti, le pianissimo

subit des trombones et ophicléides, les notes répétées dans le grave par les clarinettes et les cors, et les descentes plaintives, en tierces chromatiques, des hautbois à l'aigu formant un ensemble des plus dramatiques (ex. 85 et 86).

Toute la fin est, d'ailleurs, traitée avec cet esprit, dans une teinte assombrie, coupée d'éclats brusques et farouches. Pendant le duo des deux femmes, les notes brèves des cors au plus profond de l'orchestre, les roulements de timbales et de *tambours voilés* sur le théâtre, les vibrations espacées de la cloche évoquent bien l'idée d'un cortège de mort qui doit passer au loin. N'oublions pas le beau cri des violoncelles sur la chanterelle, lorsque le Cardinal vient chercher la triste accusée. Il y a, dans la scène finale entre Brogni et Eléazar, des unissons terribles et mystérieux de tout le quintette, mais quelle page horriblement bruyante et vide la termine ! Citons enfin la ritournelle de l'air d'Eléazar, confiée à deux cors anglais, ce qui était une innovation au théâtre, et, pour étonner ceux qui ne voient en HALÉVY qu'un compositeur démodé et poncif, signalons aux cher-

Halévy, *La Juive*. 3ᵉ acte (par autorisation spéciale de M. Lemoine).

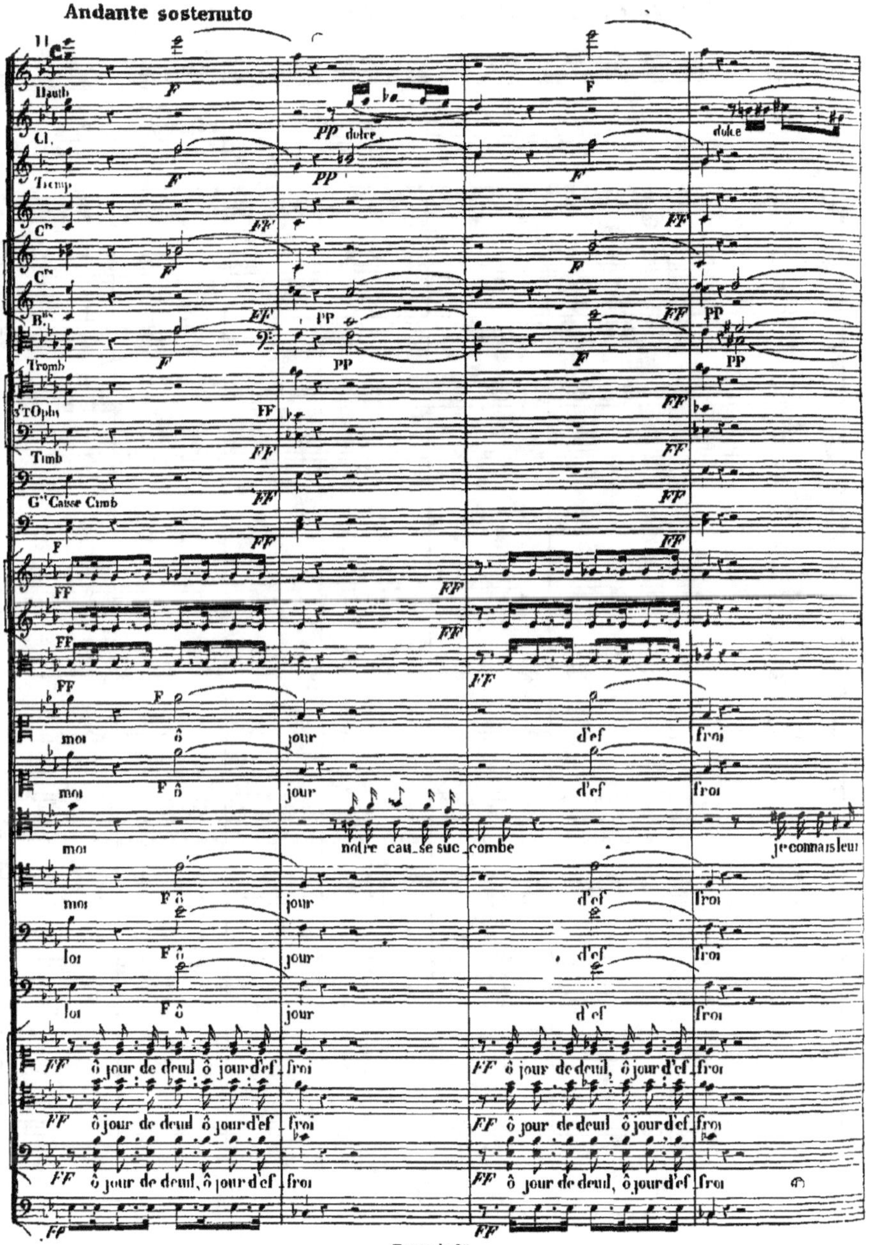

Exemple 85.

HALÉVY, *La Juive* (par autorisation spéciale de M. Lemoine).

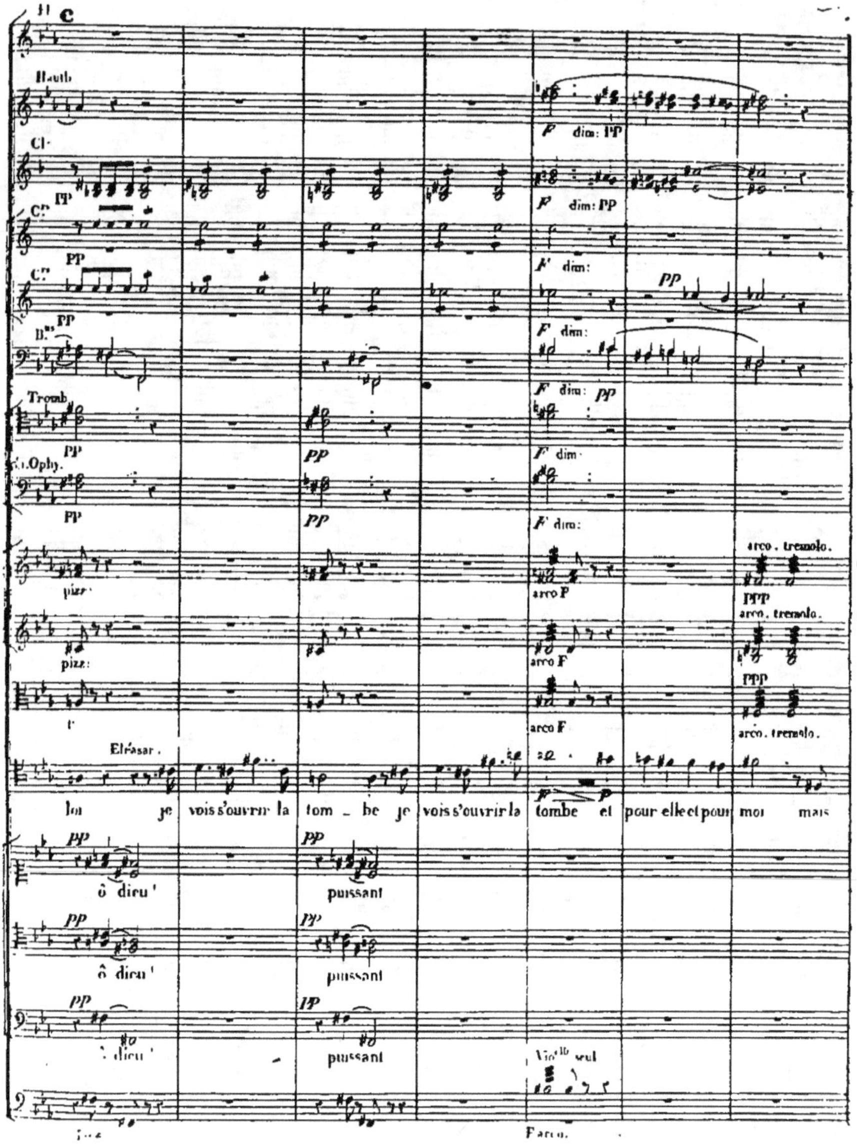

Exemple 86.

HÉROLD, *Zampa*. *Final* (par autorisation spéciale de M. Grus).

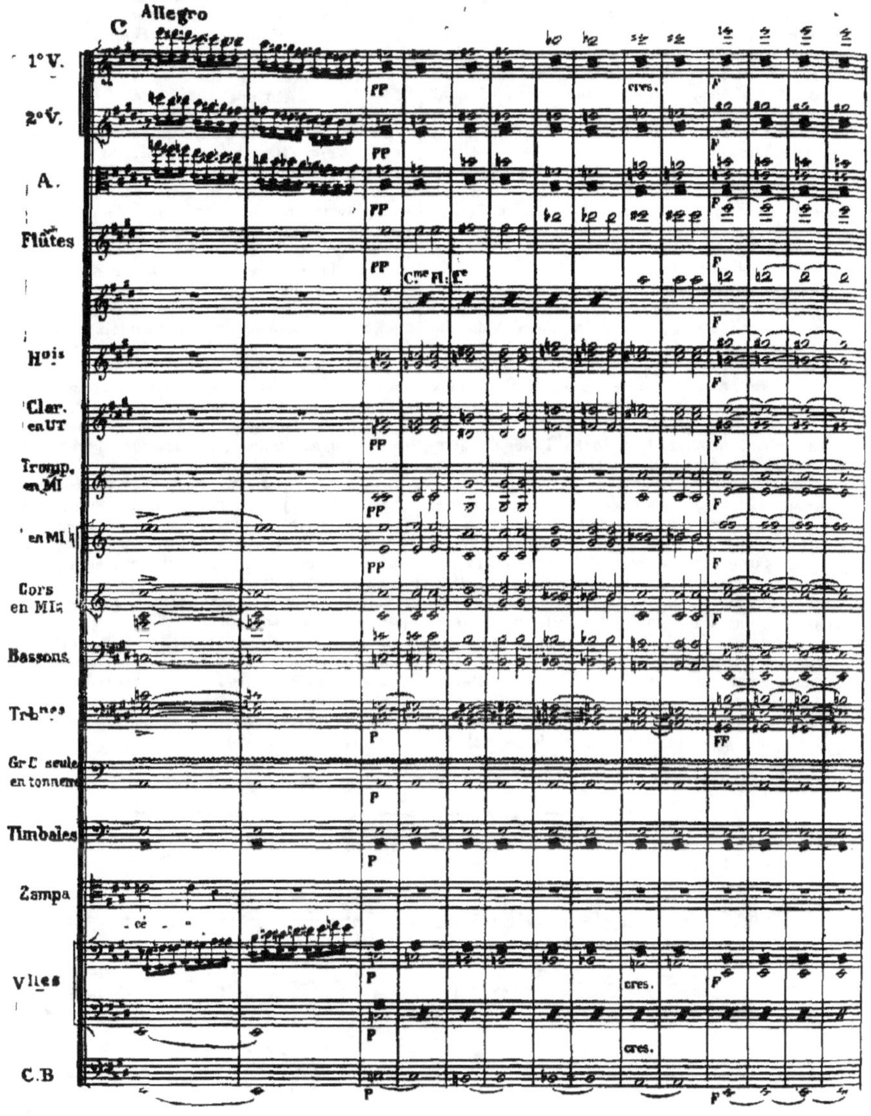

Exemple 87.

cheurs de quintessences le chœur des Océanides de *Prométhée*, où l'auteur de la *Juive* pousse l'audace jusqu'à faire emploi des quarts de ton aux violons!... (LAVOIX.)

Hérold (1794-1833).

Mort trop jeune pour avoir subi l'influence de MEYERBEER, HÉROLD unit un peu dans son style la manière de WEBER à celle de ROSSINI. Malheureusement, dans son orchestre, c'est plutôt la méthode rossinienne qui lui sert de guide. Il l'applique avec moins de dextérité de main et avec une certaine lourdeur. Les unissons sévissent fâcheusement dans cette musique. Les flûtes et le piccolo même, doublant souvent les violons, communiquent aux parties mélodiques une sonorité argentine un peu aigrelette Les clarinettes remplacent parfois les flûtes dans ce rôle. Les ensembles sont un peu gros, la disposition des trombones, écrits souvent en accords serrés dans le grave, contribuant à cette épaisseur.

Ces défauts, frappants dans *Zampa*, sont déjà moins apparents dans le *Pré aux Clercs*. Les tutti y gagnent en légèreté. L'abus de la batterie, triangle, grosse caisse et cymbales, presque toujours unis, y devient fastidieux. Cet usage était assez général alors, et Meyerbeer et surtout Auber et Adam continueront cette tradition.

Hérold ajoute fréquemment le tambour à cette association d'instruments à percussion. Il emploie assez heureusement la timbale voilée, et confie a la grosse caisse des roulements destinés à imiter le grondement du tonnerre dans les scenes pathétiques ou surnaturelles.

On peut voir l'application de ces procédés au final du premier acte de *Zampa*, avec les accords solennels des cors, bassons, trombones et ophicléides. On les retrouvera, lors de l'apparition de la statue au dernier acte, et l'on constatera la massivité de tout cet orchestre, augmentée encore par le placage des trois trombones dans le grave, en tierces et quintes de suite (ex. 87).

Ici, grâce à la nuance employée, l'effet est assez sombre et menaçant, mais, avec le fortissimo, l'ensemble devient lourd et pâteux.

Reconnaissons que tout n'est pas à critiquer, et que les partitions d'Hérold contiennent des pages brillantes, des passages heureusement combinés. Mais nous trouverons, au point de vue historique, peu de choses à signaler dans leur orchestration. Marquons d'un trait au passage, dans le *Pré aux Clercs*, la « sortie » assez fine de la Mascarade au deuxième acte, après le chœur brillant : « Honneur au grand Cantarelli, » le début du trio au dernier acte, avec la mélodie enjouée de la flûte et de la clarinette, les tenues des cors et les arpèges de violoncelles, effet devenu vite assez banal, mais qui pouvait paraître neuf à l'époque; enfin, dans le *final*, la jolie et mé-lancolique mélodie qui accompagne le glissement sur l'eau de la barque funèbre emportant le corps de Comminges. Ici, Hérold, ayant besoin du *si grave*, baisse d'un demi-ton l'*ut* des altos.

Auber (1782-1871).

L'orchestre d'Auber n'aura guere plus de distinction que celui d'Hérold; cependant, il sera brillant et combiné avec plus d'aisance et de savoir. La batterie y gardera aussi une grande importance et le tambour y deviendra parfois importun. Bien entendu, le *crescendo* Rossinien ne se verra pas négligé. Mais l'esprit et le naturel, qui sont les meilleures qualités de cette musique, transparaitront en plus d'un endroit.

L'ouverture de *Fra Diavolo* commence d'assez curieuse façon. Renchérissant sur le *crescendo* habituel, Auber débute par un roulement lointain de tambour solo. Puis, souligné d'un triple *piano*, un violon, seul, expose le theme, bientôt secondé par un alto et un violoncelle. Un peu plus loin, ces instruments sont doublés; bientôt, ils s'associent par quatre. Enfin, tout le quatuor prend part (et toujours à mi-voix) à la conversation. Les bois, puis les cors et trompettes, puis le tutti géneral, amenent peu à peu le *forte*. Le *diminuendo* se fera de même par retranchement d'instruments, jusqu'a réduire enfin toute la masse à un seul violon. Le procédé est un peu puéril, mais valait d'être signalé. Il a l'inconvénient d'amener à une maigreur, à un amincissement bien inutiles. Tous les violons jouant *ppp*, avec la sourdine, produiraient mieux la nuance cherchée et avec une plus jolie couleur de son.

Le fragment suivant donnera une idée de la manière habituelle d'Auber dans les accompagnements. Ces longues tenues des bois (ou des cors à l'occasion) sur le babillage alerte des premiers violons et les accords répétés du quatuor, tournent trop souvent chez lui au procédé (ex. 88).

Auber, *Fra Diavolo*. 1er acte (par autorisation spéciale de M. R. Deiss).

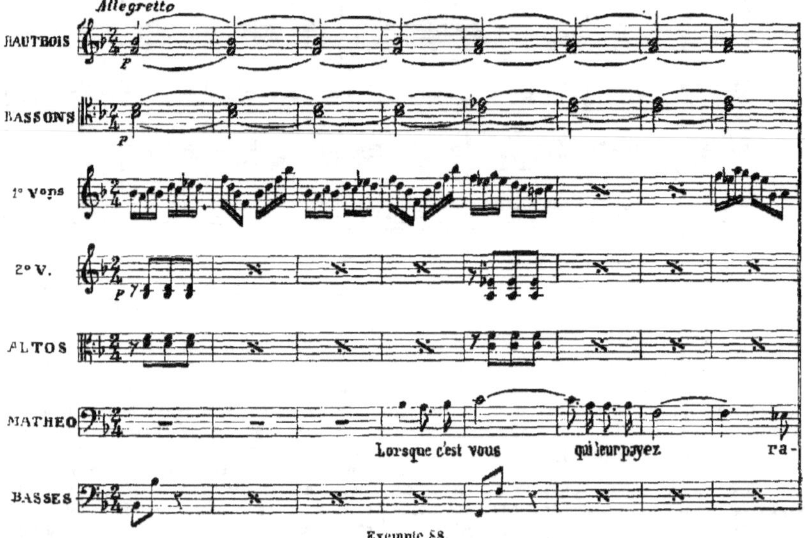

Exemple 88.

Ce qui étonne dans cette musique légère d'opéra-comique, dont certaines parties frisent même l'opérette, c'est de trouver toujours les trompettes, pistons, trombones, grosse caisse et cymbales au *premier plan*, dès le moindre *forte*. Et c'est un peu agaçant de voir ces instruments pompeux ou tragiques ravalés au rôle d'accompagnateurs ordinaires de quelque refrain sans façon. Cependant les *tutti* d'AUBER sonnent mieux que ceux d'HÉROLD. Bien disposés, ils manquent *toutefois* d'intérêt dans les parties intérieures, qui se bornent le plus souvent à redoubler les accords du quatuor. Ce quatuor est, d'ailleurs, bien écrit, avec quelque abus du pizzicato. Enfin, AUBER sait faire parler les instruments à vent. On rencontre dans ses partitions de charmants passages pour la petite harmonie, comme ce fragment servant d'introduction au chœur villageois du dernier acte de *Fra Diavolo* (AUBER a plus d'une fois de ces élégances) (ex. 89).

Citons aussi, dans le même ouvrage, la jolie ri-

tournelle de la romance de Lorenzo, au dernier acte, et, dans le *Domino noir*, le bel accompagnement du petit chœur des nonnes : « Les cloches argentines pour nous sonnent matines, » d'une ligne bien simple, mais très pure et d'une fraîche sonorité.

Avec la *Muette de Portici*, AUBER voulut hausser le ton jusqu'à la tragédie lyrique. Il y réussit en quelques endroits, mais son souffle s'épuise vite. L'orchestration devient très lourde et d'un éclat assez ordinaire. Toutefois, un certain souci d'écriture se remarque en quelques passages.

Des intentions dramatiques se précisent même. Et lorsque Masaniello, pensif, paraît en scène, les deux clarinettes et les deux bassons (à l'unisson dans le grave) marquent bien de leur teinte assombrie les inquiétudes amères du révolté. Dans le rythme énergique du fier duo, les coups brefs des trombones sont parfaits, très en situation; plus loin, les unissons des cordes mouvementées mettent une agitation fiévreuse; cela bouillonne, c'est incandescent, et si

AUBER, Fra Diavolo. 3e acte (par autorisation spéciale de M. R. Deiss).

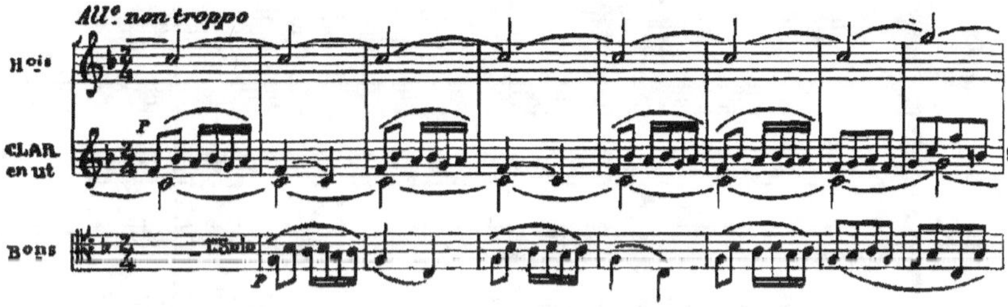

Exemple 89.

l'on n'avait pas tant abusé des gros cuivres là où ils n'étaient pas de toute utilité, quel effet puissant ils apporteraient à cette scène vraiment inspirée ! Telle quelle, la scène a encore de la grandeur et de la puissance rythmique (ex. 90 et 91).

Rien de remarquable dans l'instrumentation d'Adolphe ADAM, copiste un peu pâle du bon AUBER. Musique alerte et sonnant assez bien, mais, avec çà et là, des empâtements et des outrances de cuivres bien inutiles. Abus des pédales de basses et des trémolos de violons. De temps en temps, quelques passages à découvert pour les bois, écrits avec aisance. Rien de bien neuf dans tout cela. De plus en plus, l'orchestre devient lâché, lourd et encombré de formules. Il est temps que BERLIOZ vienne enfin changer ces usages regrettables.

Donizetti (1798-1848).

Italien, DONIZETTI se gardera des exagérations des disciples de MEYERBEER. Son orchestration un peu facile ne sera pas sans pureté, mais la simplicité en ira parfois jusqu'à une trop complète nudité. Par contre, les ensembles seront de grands placages d'accords où tous les instruments se doubleront à l'envi l'un de l'autre. Au moins, DONIZETTI apportera-t-il dans les accompagnements des airs et des duos toute la clarté et l'ordre nécessaires, et se gardera-t-il de scander une langoureuse romance par d'énergiques et brefs accords de trombones et quelques coups de grosse caisse; une certaine appropriation des timbres au caractère des scènes se remarquera dans

ses ouvrages. L'introduction et le chœur des moines de la *Favorite* seront congrûment soutenus par les voix les plus graves de l'orchestre (ex. 92).

Remarquer que le *ré* grave des contrebasses était impossible sur les contrebasses à trois ou à quatre cordes alors seules en usage. BEETHOVEN avait déjà fait descendre ses contrebasses à l'*ut* grave. Les exécutants en étaient quittes pour transposer à l'octave. Le *ré* grave est ici pour l'œil !

La ritournelle précédant la romance émouvante . « O mon Fernand, » prendra un accent mélancolique, du fait du timbre voilé des deux cors chargés de l'exposer sur les arpèges de la harpe, auxquels ils se marient si heureusement. DONIZETTI traite un peu la harpe comme une partie de piano.

La cantilène de Balthazar devra un cachet de mysticité monacale à son curieux unisson de violoncelles, bassons et cors anglais.

La *Fille du Régiment*, opéra-comique écrit sur un livret français, le plus réellement français des opéras-comiques, disait WAGNER, est orchestré avec un peu plus de brillant que les opéras italiens de DONIZETTI. Donnons ce passage de l'ouverture, où les trompettes en *si bémol* sont traitées tout à fait mélodiquement. On commençait donc à s'apercevoir que les instruments à pistons permettaient de recourir à des dessins plus mouvementés que les simples accords et les formules en usage avec les trompettes et les cors simples. Mais ne s'agit-il pas ici de cornets à pistons? C'était assez l'usage à cette époque de se servir de ce timbre vulgaire et cascadeur, mais les compositeurs, ou tout au moins les graveurs, indi-

AUBER, *La Muette de Portici*. 2ᵉ acte. *Duo* (par autorisation spéciale de M. R. Deiss).

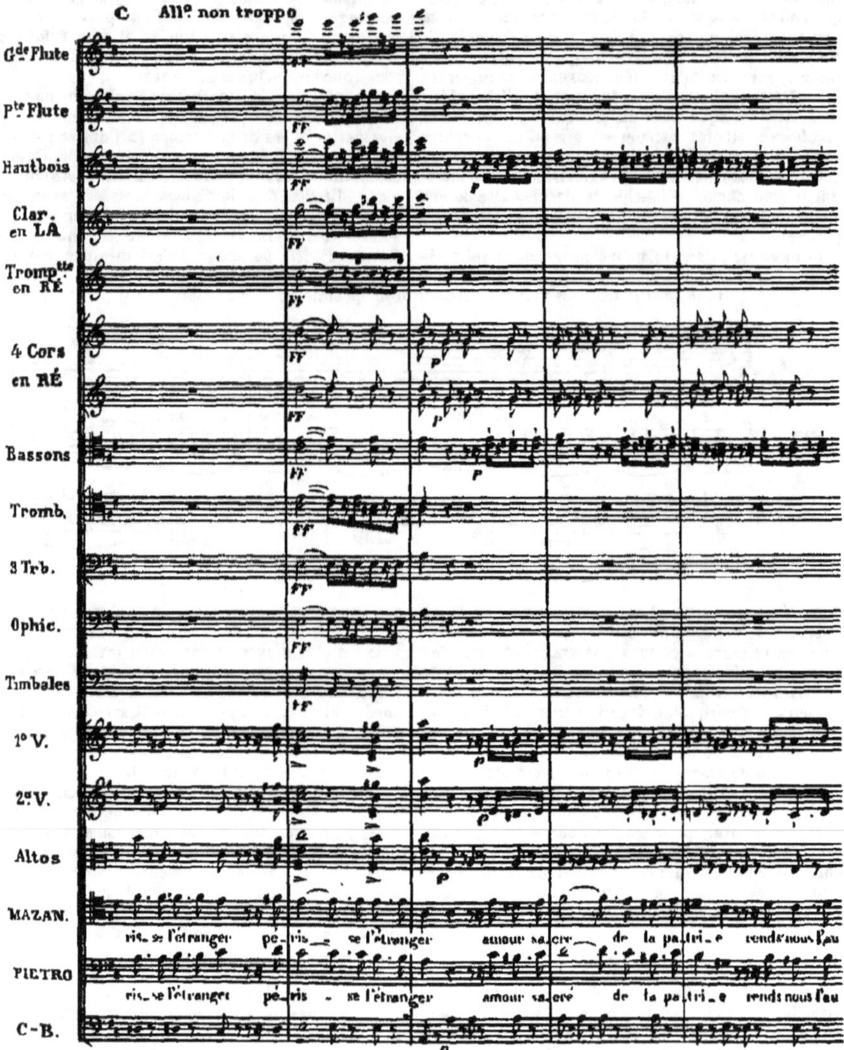

Exemple 90.

Auber, *La Muette de Portici*. 2e acte. *Duo* (par autorisation spéciale de M. R. Deiss).

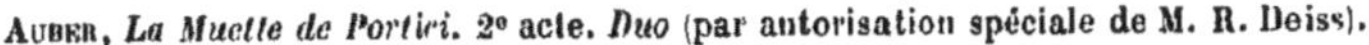

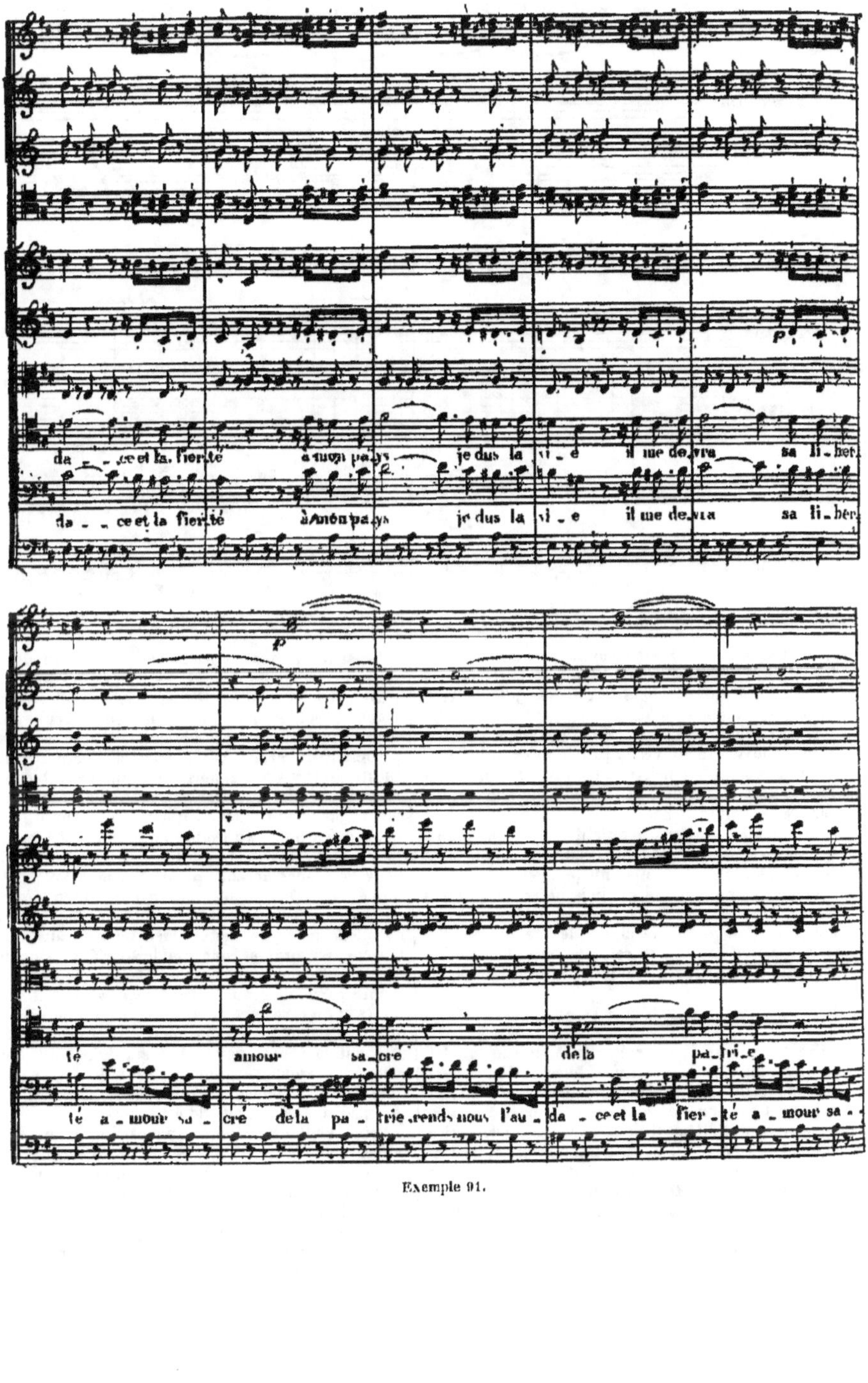

Exemple 91.

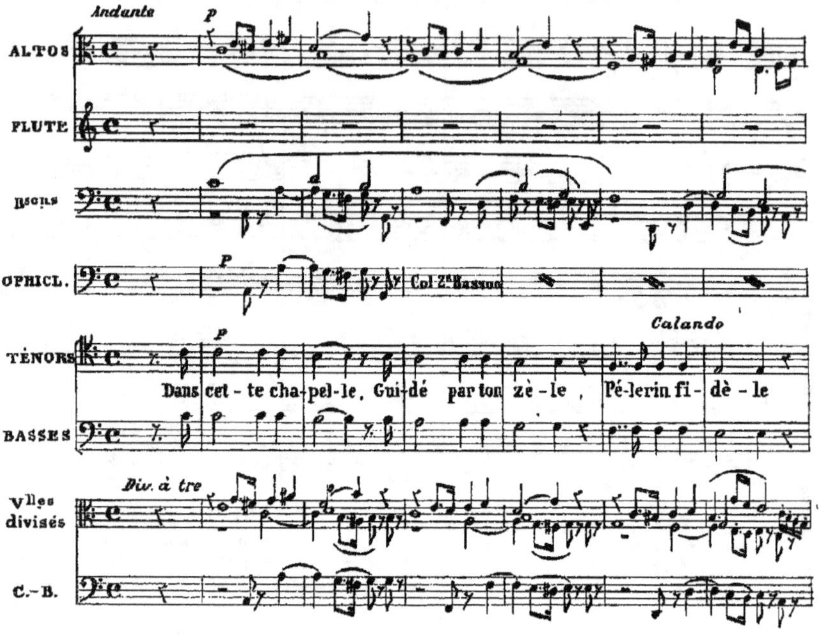

quent toujours : *trompettes* sur la partition. Cependant, cette mélodie semble bien avoir été conçue pour des pistons. Sa tessiture élevée justifie assez bien cette supposition (ex. 93).

L'air célèbre : « Au bruit de la guerre, » est fièrement et joyeusement accompagné, dans un rythme admirablement scandé, par les accords des trombones, cors, trompettes et la petite flûte qui en accuse le gai militarisme.

Et comme le rythme irrésistible du « rataplan » est bien caractérisé par une instrumentation à la fois simple, légère et résistante (ex. 94).

Malheureusement, ces qualités ne se soutiennent jamais longtemps; la grande hâte de Donizetti ne lui permettait guère de ciseler les détails de son œuvre. A tout instant, on retombe dans la banalité courante ou dans les bruyants tutti Rossiniens.

Weber (1786-1826).

Excusons-nous de nous être tant attardé sur des partitions dont la valeur musicale est réelle, si l'esthétique peut en être discutée, mais dont l'intérêt orchestral ne semblait pas mériter peut-être une étude aussi détaillée. Il nous paraissait nécessaire de montrer ce qu'était devenu l'admirable et déjà si parfait orchestre de Mozart et de Beethoven aux mains des compositeurs de théâtre. Nous avons insisté sur des défauts trop évidents, nous ne pouvions les passer sous silence. Ils permettront ainsi d'apprécier les progrès futurs et la marche en avant des auteurs qui suivront.

Cependant, nous avons gardé pour la fin de ce chapitre un homme dont les trouvailles géniales n'avaient guère été saisies encore, et dont les ouvrages précédèrent de quelque temps ceux dont nous venons d'esquisser l'histoire. Weber avait fait accomplir un grand pas à l'art de l'orchestration théâtrale. Il y avait apporté une couleur fantastique ou surnaturelle, une éloquence venue du cœur, une poésie pleine de charme. Il avait su trouver pour chaque sentiment un timbre en harmonie. Avec lui, le cor, la clarinette, les flûtes parlent une langue nouvelle, leurs accents paraissent plus touchants, plus émus... Qu'avait-il donc inventé? Rien de très spécial dans la science des combinaisons, rien de complexe ni de surchargé, bien au contraire : des moyens très simples, une grande sobriété de facture et surtout une connaissance très complète du timbre particulier aux divers registres des instruments et du caractère de chacun. Avec quel art et quel sentiment juste et profond cette connaissance est appliquée à la peinture des passions qui animent les personnages, une étude fouillée des partitions de Weber pourrait seule nous le montrer. Essayons d'en envisager quelques aspects.

Moins brillante que les partitions de Rossini, moins tonitruante et moins variée que celles de Meyerbeer, l'œuvre de Weber atteindra pourtant quand il le faudra à la plus grande puissance tragique. Mais l'auteur du *Freyschutz* ne mobilise pas toutes les forces de l'orchestre pour accompagner une romance ou un récitatif. Il se contente assez souvent pour cela du simple quatuor. Cette réserve

DONIZETTI, *La Fille du Régiment. Ouverture* (par autorisation spéciale de M. Grus).

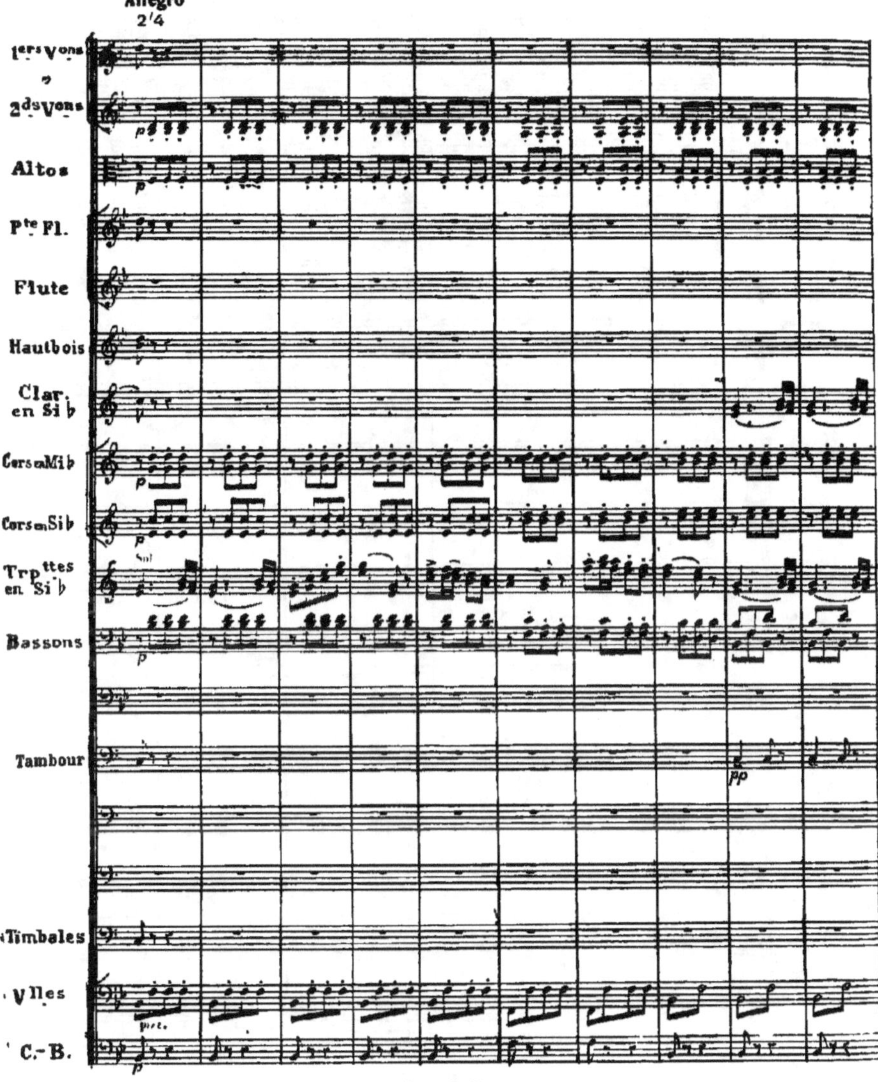

Exemple 93.

le sert étrangement lorsqu'il veut mettre en valeur une voix isolée du groupe de l'harmonie. N'ayant pas gaspillé inutilement ses effets, il les trouve au bon moment et sait s'en servir à point nommé.

Faut-il rappeler ici la noble phrase éplorée de la clarinette dans l'*ouverture* du *Freyschutz*, se détachant sur le trémolo agité des violons? « N'est-ce pas, disait BERLIOZ, la vierge isolée, la blonde fiancée du chasseur qui, les yeux au ciel, mêle sa tendre plainte au bruit des bois profonds agités par l'orage? »

Ici, c'est le registre élevé, pur et virginal qui est choisi. Un peu avant, un frisson de terreur était passé avec les sons du chalumeau de cette même clarinette, employée dans le pianissimo, tandis que les timbales tressaillent, et que vibre douloureusement le chant si expressif des violoncelles (ex. 95).

Plus loin, le ricanement des deux petites flûtes raillera de sa stridence moqueuse les paroles faussement joyeuses de Gaspard.

Et si les trombones sont vraiment écrits, semble-

Exemple 91.

t-il, avec trop de parcimonie (l'air si dramatique de Max au premier acte paraissait les appeler ainsi que les timbales), on ne s'en plaint guère, lorsqu'on songe à l'abus qu'en firent depuis MEYERBEER, AUBER et HÉROLD. Ils produiront, d'ailleurs, tout leur effet tragique et menaçant dans la scène infernale où ils sont admirablement écrits.

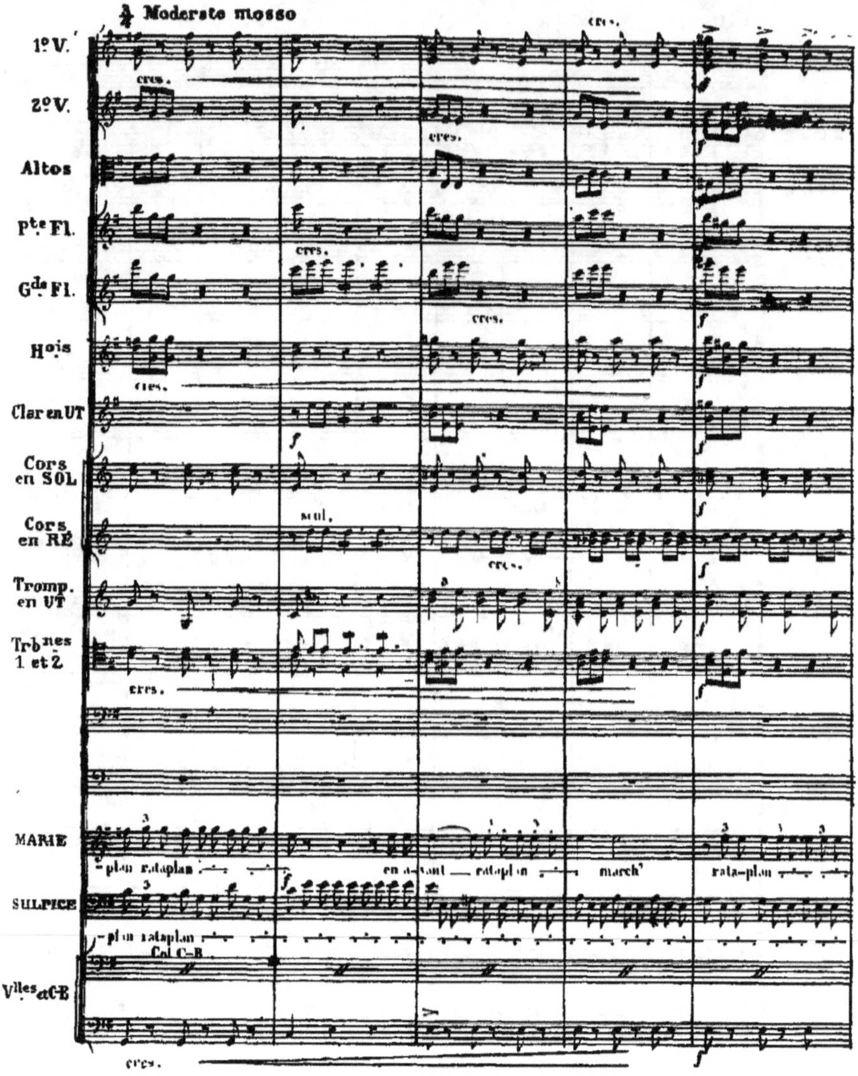

Même là, WEBER les réserve encore et ne les prodigue pas à tout *forte*. Lorsque Max arrive éperdu sur la scène, lorsque, tout angoissé de frayeur, il chante : « Ah! d'épouvante je frissonne! » au lieu des trombones que l'on pouvait s'attendre à rencontrer ici, la partition ne porte que quatre cors, *fortissimo*, soutenus pendant neuf mesures. Et cela suffit à accentuer le sombre trémolo des cordes jusqu'à la plus âcre brutalité.

Toute cette scène serait à analyser mesure par mesure. Jamais, on n'avait atteint, avant WEBER, à cet accent de terreur, à ce fantastique dont le romantisme (un peu suranné pour nous aujourd'hui)

Weber, *Le Freischütz. Ouverture* (Peters).

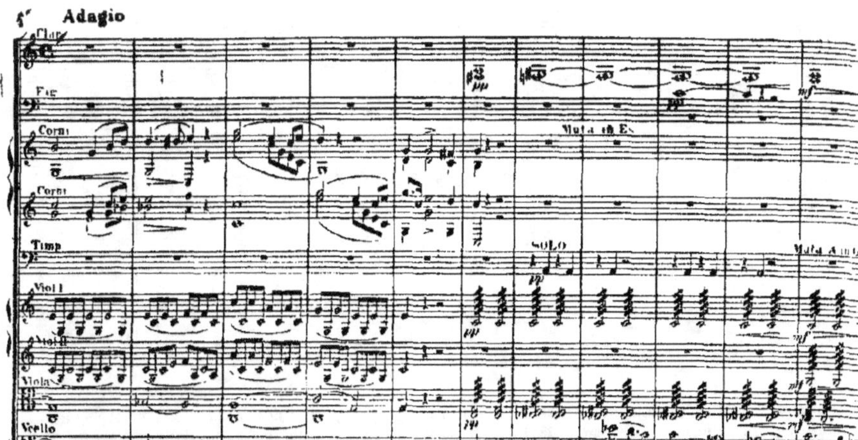

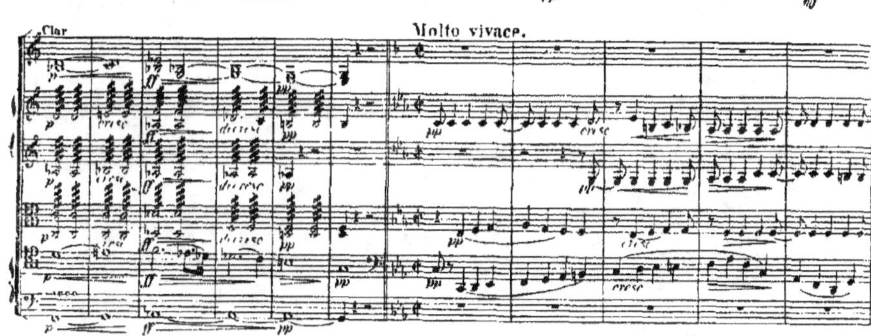

Exemple 95.

arrive, grâce à la musique, à une évocation d'une grandeur sauvage véritablement impressionnante.

Les timbres caverneux sont naturellement recherchés de préférence, et ce sera le bel et sombre effet des bassons doublés par les basses, tandis que sonnent, sépulcrales, les notes les plus profondes des clarinettes et celles du troisième trombone (ex. 96) :

Et, dans la chasse infernale qui retentit soudain, les notes glissées des cors seront comme de rauques aboiements; la terreur s'accroîtra encore des sons étranges, un peu faux, du *si bemol* des cors simples en *fa* (moyen repris par Meyerbeer dans *les Huguenots*).

Tout ce chœur est rageusement accompagné des quatre cors et des deux bassons. Et pas de grosse caisse dans cet ensemble! Les trombones et la timbale sont sagement réservés pour l'apparition de Samiel. L'orchestration atteint alors tout son éclat par les moyens les plus simples, et les premiers violons ne seront pourtant doublés qu'à l'aigu par les flûtes. Voilà une sobriété à laquelle l'orchestre des successeurs de Rossini nous avait peu habitués!

L'accent le plus énergique sera également atteint dans l'air de Gaspard, au premier acte : « Viens, viens toi que ma haine implore. » Les sifflements aigus des petites flûtes percent aisément le déchaînement soigneusement préparé des forces orchestrales, déchaînement qui ne couvrira pas la voix, car, ici encore, les cuivres se feront entendre par intermittence et seulement pour atteindre au *summum* dynamique de l'ensemble.

Comme contraste, notons le bel et sobre accompagnement de la Prière, effectué par les clarinettes, cors et bassons, timbres gras et onctueux, sur lesquels le violoncelle met l'accent plus émouvant de ses cordes expressives.

Les intentions pittoresques ne manquent pas, du reste, dans cette partition. Voir les accompagnements sylvestres des chœurs de chasseurs, celui du chœur du premier acte, avec son chant de flûte doublé deux octaves plus bas par le violoncelle, et l'original orchestre de la valse, avec les tenues *fortissimo* des trompettes et sa terminaison dans le lointain par les trompettes et cors, puis par les cors seuls.

Weber, *Le Freischütz.* 2ᵉ acte (Peters).

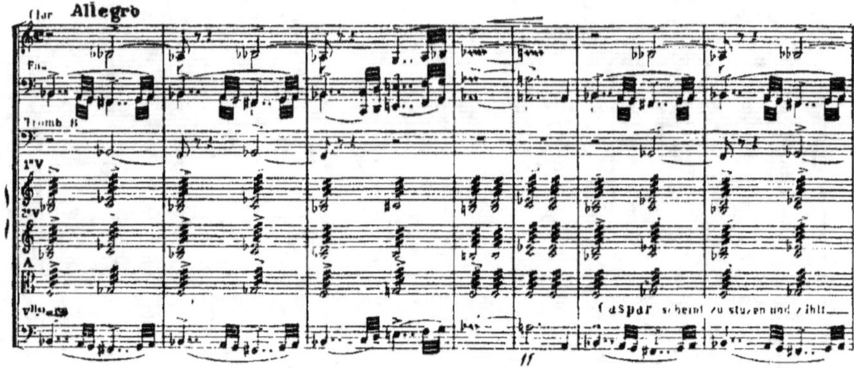

Exemple 96.

Weber n'est pas seulement un compositeur dramatique, un admirable musicien de théâtre, c'est encore un symphoniste des plus remarquables. S'il n'a pas écrit de symphonies proprement dites[1], ses ouvertures sont des pages immortelles, où il prouve à quelle richesse de coloris, à quelle intensité emotionnelle il sait atteindre lorsque, n'ayant plus la préoccupation des voix à ménager et de la situation scénique à suivre, il peut donner libre essor à son imagination.

Nul n'a su faire parler le cor avec plus d'à-propos, avec un coloris poétique plus senti. Weber semble avoir une prédilection pour ce timbre. Et c'est, au début de l'*ouverture d'Obéron*, le cor magique qui

Weber, *Ouverture d'Euryanthe* (Schlesinger, R. Lienau).

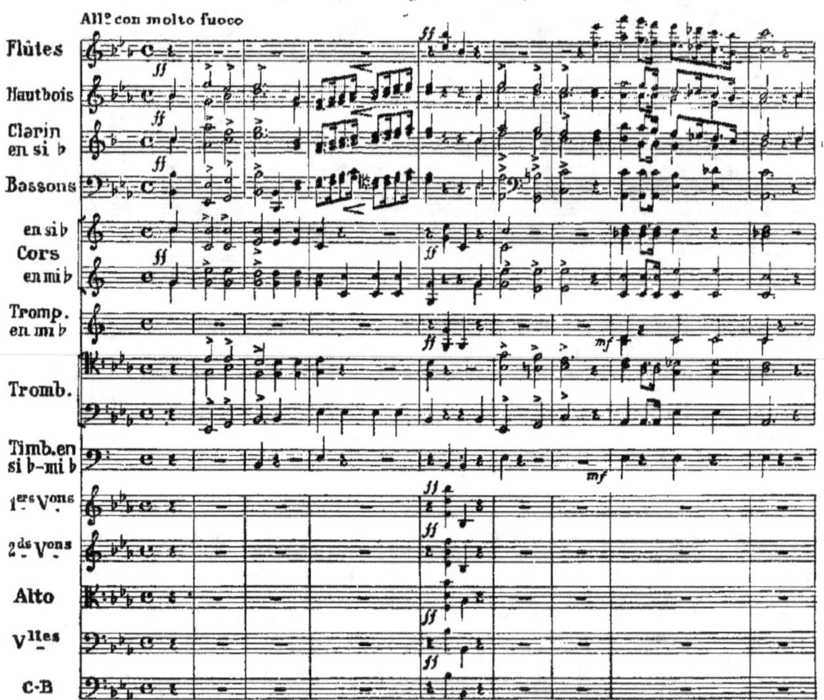

Exemple 97.

1. À part quelques œuvres de jeunesse.

met en fuite les esprits malins, dissipe les brouillards de la nuit, appelle la nature tout entière au réveil....

Et c'est aussi, dans l'*ouverture* du *Freyschutz*, le noble chant des quatre cors accompagnés seulement par le quatuor, passage d'une adorable suavité, d'une sérénité indicible, merveilleusement écrit et présenté pour les instruments choisis.

L'orchestre symphonique de WEBER atteint, du reste, à un éclat incomparable ; ses tutti sonnent avec une clarté et une puissance assez rarement réunies, sans aucune lourdeur, et il manie le groupe de l'harmonie, isolé des cordes, avec une maîtrise complète (ex. 97).

La division du quatuor en deux groupes chaleureux exposant chacun un seul motif, les grands unissons de tout le quatuor, opposés à la masse des vents sont des procédés que WAGNER reprendra plus d'une fois, dans des formules parfois similaires.

Que d'autres passages à signaler encore ! Que de beautés éparses dans les partitions trop oubliées d'*Obéron* et d'*Euryanthe* : au deuxième acte d'*Obéron*, le bel emploi de la trompette en *ut*, sur l'arpège d'*ut* majeur, lumineux effet qui vient peindre comment le soleil dissipe les nuages après la tourmente ; et l'apparition d'Obéron sur un char traîné par des cygnes : arpèges légers de la deuxième flûte et de la deuxième clarinette, pendant que la première flûte et la première clarinette soupirent leur douce mélodie soutenue à la basse par un cor solo. Cela est féerique et tout à fait nouveau (ex 98).

Dans *Euryanthe*, l'apparition d'Emma est caractérisée par la division des violons en 8 parties, jouant mystérieusement dans la nuance la plus lointaine. Doux rêves, songes fuyants, visions surnaturelles, bruit des feuilles dans les arbres, des sources au fond des bois, murmures des fées, sifflement du vent, grondements sourds, effrois des spectres, rugissements de la tempête, tout le talent d'orchestrateur de WEBER est fait de ces choses... Nul n'a excellé comme lui dans ces tableaux de l'au-delà.

WEBER, *Obéron*. 2ᵉ acte (Schesinger, Rob. Lienau).

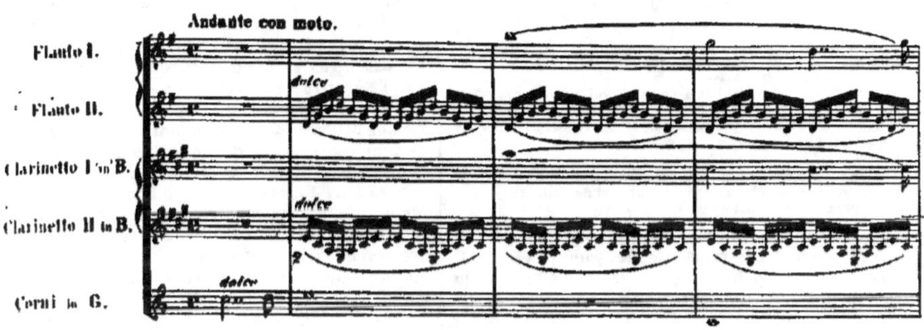

Exemple 98.

BERLIOZ (1803-1869).

Nous voici arrivés à l'un des plus grands noms de l'histoire de l'orchestration. Les progrès accomplis dans cet art l'ont été, jusqu'à présent, par conquêtes successives ; chacun a apporté sa pierre à cet édifice lentement construit, l'expérience du passé a toujours été la base des nouvelles constructions sonores ; mais voici venir un homme qui, soudain, fera faire un pas de géant à la science de l'orchestre. Compositeur génial, à l'imagination ardente et déréglée, mais ayant appris trop à la hâte les secrets de son art, BERLIOZ rachètera ses légers défauts d'orthographe, son harmonisation quelquefois faible et vacillante, par la hauteur de son inspiration ; il mettra surtout toute la force, toute la puissance et toute la science de son effort prodigieux dans les recherches orchestrales. Ayant étudié à fond les ressources de chaque instrument, en connaissant le fort et le faible mieux qu'aucun exécutant, sachant doser à merveille les sonorités de chacun, ayant soupesé scrupuleusement les mérites des alliances de timbres les plus diverses, il saura masquer ses défaillances d'écriture aussi bien par les qualités expressives de sa mélodie, sa nouveauté de forme et ses modulations hardies, que par la richesse débordante d'une instrumentation qui en centuplera les multiples effets. Il le savait bien, lui qui ne voulait pas qu'on appréciât sa musique par la lecture dans un fauteuil, mais qui en réclamait l'exécution complète, soutenant que la musique se jugeait par l'oreille et non par l'œil !

Romantique impénitent, échevelé, le plus romantique assurément de cette époque qui nous donna Delacroix, Victor Hugo, Théophile Gautier, Alexandre Dumas père et des figures plus passagères, mais caractéristiques, comme le lycanthrope Petrus Borel et les saint-simoniens, il exagéra son romantisme dans toute son existence amoureuse ou artistique, il l'exagéra aussi dans sa musique. Cela nous gêne un peu pour l'apprécier, et les truculences, les oppositions outrées et les recherches bizarres de *Lélio* ou même du *Requiem* pourraient nous sembler un peu ridicules, tels les passages vieillis d'un *Hernani* ou d'un *Ruy Blas*, n'étaient les magiques joyaux d'un orchestre souple, chatoyant et divers, dont les combinaisons multiples ne laissent à l'auditeur ébloui que la faculté d'admirer.

Les exagérations berlioziennes ne ressortent nulle part mieux que dans cette énumération de l'orchestre qu'il rêvait de réaliser, et dont la hantise le poursuivit toute sa vie (*Traité d'Instrumentation*) :

- 120 violons, divisés en deux ou trois et quatre parties.
- 40 altos divisés ou non en premiers et seconds, et dont 10 au moins joueraient à l'occasion de la viole d'amour.
- 45 violoncelles divisés ou non en premiers et seconds.
- 18 contrebasses à 3 cordes (*sol, ré, la*).
- 1 octo-basses (inst* nouveau, disparu aujourd'hui).
- 15 contrebasses à 4 cordes (*mi, la, re, sol*).
- 6 grandes flûtes.
- 1 flûtes tierces en *mi* ♭.
- 2 petites flûtes octaves.
- 2 petites flûtes en *ré* ♭.
- 6 hautbois.
- 6 cors anglais.
- 5 saxophones.
- 4 bassons quintes.
- 12 bassons.
- 4 petites clarinettes (*mi* ♭).
- 8 clarinettes.
- 3 clarinettes basses.
- 16 cors (dont 6 à pistons).
- 4 trombones altos.
- 6 trombones ténors.
- 2 grands trombones basses.
- 1 ophicléide en *ut*.
- 2 ophicléides en *si bémol*.
- 2 basse-tuba.
- 30 harpes.
- 30 pianos (!!!).
- 1 buffet d'orgue très grave, pourvu au moins de jeux de 16 pieds.
- 8 paires de timbales (16 timbaliers).
- 6 tambours.
- 3 grosses caisses.
- 4 paires de cymbales.
- 6 triangles.
- 6 jeux de timbres.
- 12 paires de cymbales antiques en différents tons.
- 2 grandes cloches très graves.
- 2 tam-tams.
- 4 pavillons chinois.

—————
167 instrumentistes.
—————

- 40 soprani enfants (premiers et seconds).
- 100 soprani femmes (premiers et seconds).
- 100 ténors (1res et secondes).
- 120 basses (1ers et seconds).

—————
300 choristes.

On pourrait aujourd'hui ajouter encore :

- 10 contrebasses à cinq cordes.
- 1 sarrusophones.
- 4 contrebassons que BERLIOZ oubliait sans doute.
- 3 clarinettes contrebasses.
- 4 clarinettes altos que l'on s'étonne de voir négligées par BERLIOZ et dont MOZART a tiré de si jolis effets (cors de basset).
- La masse des cuivres Wagnériens, ténors tuben, contrebasses-tuben, dont nos saxhorns sont les équivalents.
- 6 célestas.
- Tout un jeu de cloches en tubes métalliques.
- Un orchestre nombreux de mandolines et de guitares.
- Et 30 harpes chromatiques.

Il est douteux qu'un pareil orchestre puisse fonctionner de façon satisfaisante ; les sonorités éparpillées sur un trop long espace ne se mélangeraient pas suffisamment, l'ensemble manquerait de précision. Ce n'est là qu'un rêve de musicien épris des grandes masses instrumentales. Cet amour des grandes masses, on le reprocha longtemps à BERLIOZ, on ne voulut voir en lui qu'un homme enragé de sonorités outrancières, n'aimant dans la musique que le vacarme le plus inutile... Il n'en était rien ; les vastes ensembles fournissaient, surtout pour lui, le moyen de varier, de colorer le son, leur réunion complète n'ayant lieu que dans les passages où la force la plus grande pouvait se justifier. Même dans ce cas, l'emploi de toutes les ressources ne devait jamais, grâce à leur savante disposition, atteindre à la brutalité. Il s'en explique nettement dans ce paragraphe de son *Traité d'instrumentation* :

« Le préjugé vulgaire appelle *bruyants* les grands orchestres ; s'ils sont bien composés, bien exercés et bien dirigés, et s'ils exécutent de la vraie musique, c'est *puissants* qu'il faut dire : et certes, rien n'est plus dissemblable que le sens de ces deux expressions. Un petit, mesquin orchestre de vaudeville peut être *bruyant,* quand une grande masse de musiciens convenablement employés sera d'une douceur extrême, et produira, même dans ses violents éclats, les sons les plus beaux. Trois trombones mal placés paraîtront *bruyants,* insupportables, et l'instant d'après, dans la même salle, douze trombones étonneront le public par leur noble et *puissante* harmonie. »

Rien de plus juste, et l'orchestre de MEYERBEER sonne parfois de façon plus dure, certes, plus fâcheuse et plus dommageable pour nos oreilles, que les plus *puissants* ensembles de BERLIOZ.

Cependant, celui-ci ne craint pas d'amener l'orchestre aux éclats les plus foudroyants, lorsque l'effet lui en paraît exigé par son texte poétique, dont il suit toujours scrupuleusement les moindres intentions. Dans le *Tuba Mirum* de son fameux *Requiem,* il se laissera entraîner par son amour de l'extraordinaire, à renouveler en l'exagérant, en la centuplant, la combinaison esquissée déjà par le vieux GOSSEC. Il placera quatre orchestres aux quatre angles de l'église, répondant à l'orchestre central, et il adoptera cette disposition qui n'exige pas moins de seize trombones, seize trompettes et cornets, douze cors, dix paires de timbales, seize cymbales et le reste à l'avenant (ex. 99) !

Remarquons que, même dans le fortissimo, les timbales sont jouées avec des baguettes d'éponge. Les quatre tamtams et les seize cymbales ne sont pas prodigués, seules la grosse caisse roulante, posée à plat et frappée avec des baguettes de timbales, et la seconde grosse caisse, frappée (dans un rythme de triolets de croches) avec deux tampons, ont un rôle plus spécial et plus continu.

On conçoit que des tentatives aussi neuves, des efforts aussi énormes, nécessitant un personnel aussi anormal, parussent aux contemporains effarés des excentricités de mauvais goût, et l'on comprend que l'étiquette de novateur brouillon et turbulent, qui lui fut conférée à ce propos, le désigna toute sa vie aux railleries féroces des amateurs de la musique de tout repos : celle qui se traîne dans l'ornière de l'imitation et dans le fétichisme du passé.

Novateur, BERLIOZ le fut au bon sens du mot. Il rénova l'orchestre, mais en s'appuyant sur les traditions les meilleures, car il avait le respect et l'amour des grands maîtres. BEETHOVEN, GLUCK et WEBER ont été ses dieux. Il en recueillit l'héritage, il sut faire fructifier. Il est le créateur de notre éblouissant orchestre moderne, avec WAGNER, son contemporain, qui lui doit beaucoup ; mais il n'a pas créé de toutes pièces cet orchestre ; il a profité, en les amplifiant, des découvertes de ses devanciers. Toutefois, il apporte dans ses recherches une marque bien personnelle et qui le fait reconnaître entre tous.

Il saura faire parler aux instruments une langue nouvelle. Il cherchera des moyens inédits d'expression, il trouvera des formules de mécanisme inconnues jusqu'à lui, telles que les pizzicati de la sérénade de Méphisto dans *la Damnation,* où l'exécutant doit rendre l'arpège demandé à l'aide d'une sorte de glissando du pouce.

Dans cet ordre d'idées, il faut signaler aussi, avec la grosse caisse frappée par des baguettes de timbales, avec les cymbales suspendues et percutées de même, les notes graves, inusitées, des trombones ténors. Quoique à peu près inconnues des exécutants d'alors, ces notes bien amenées sortent parfaitement sur l'instrument. L'effet, dans un passage du *Requiem,* en est accru par les accords de trois flûtes dans l'aigu, qui semblent les sons harmoniques renforcés de ces graves pédales. Il fallait être BERLIOZ pour risquer et réussir ce paradoxal assemblage de huit trombones à l'unisson et de trois flûtes, sans rien d'autre au milieu pour relier ces deux timbres si dissemblables, et qui, pourtant ici, s'harmonisent parfaitement.

Et c'est encore l'emploi systématique des sons harmoniques des violons, si dangereux il est vrai à

Berlioz, *Requiem* (par autorisation spéciale de M. Joubert).

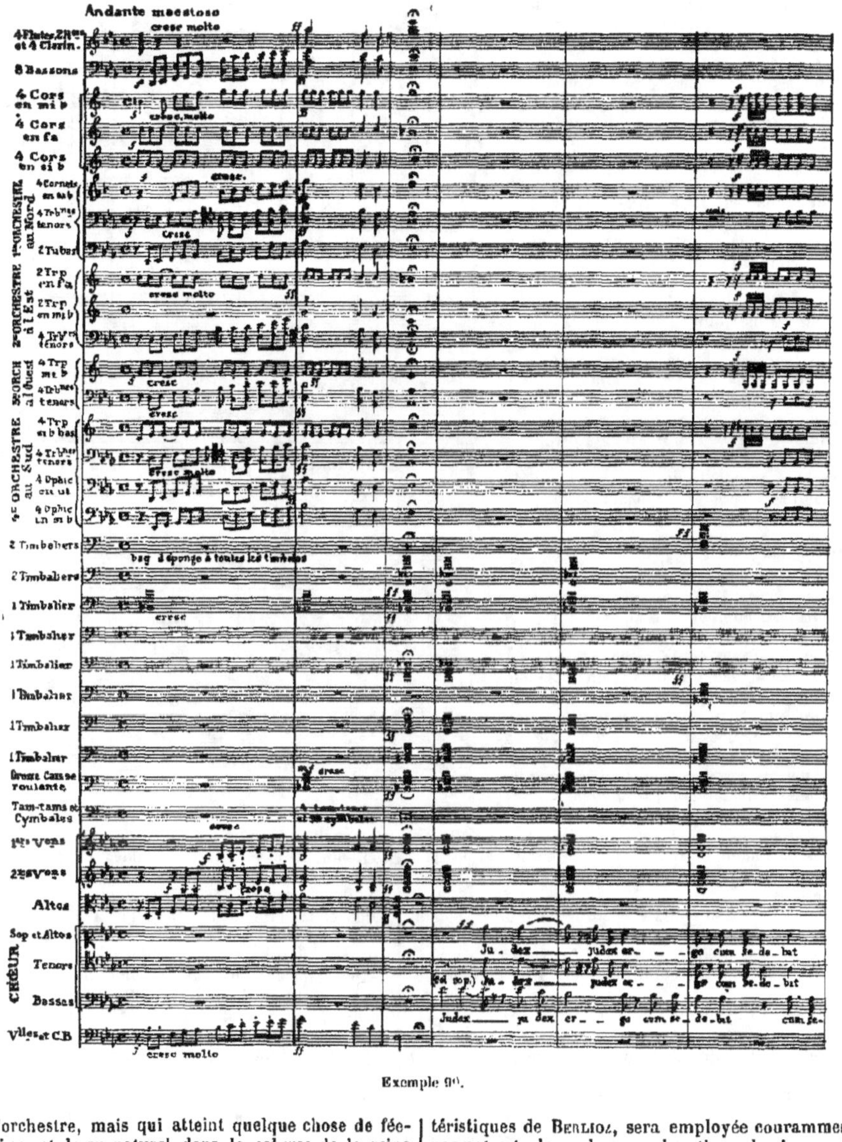

Exemple 90.

l'orchestre, mais qui atteint quelque chose de féerique et de surnaturel dans le *scherzo* de la reine Mab, de *Roméo et Juliette*. C'est là une véritable merveille, un bijou adorablement ouvragé et serti qu'il convient d'analyser en détail.

On y remarquera l'emploi de trois flûtes, dont un piccolo, du cor anglais, de quatre bassons, de deux paires de timbales, de deux harpes, de petites cymbales antiques sonnant dans l'aigu les notes *si* ♭ et *fa*. Dès le début, les violons, premiers et seconds, sont divisés. Cette division des cordes, une des caractéristiques de Berlioz, sera employée couramment par notre école moderne, qui en tirera de charmants effets. Ici, le quatuor parle beaucoup; il est constamment traité dans un staccato léger et animé; pendant longtemps, les flûtes, hautbois, clarinettes et cor anglais lui donnent seuls la réplique; quand les bassons et les cors prendront part enfin à la conversation, l'ensemble conservera malgré tout sa finesse et sa légèreté. Soudain, avec un trille persistant d'une partie des premiers violons et un changement de mouvement (*allegretto*), le reste des violons fait entendre les mystérieux accords en harmoniques qui accompagnent si délicieusement le chant de la flûte et du cor anglais. Harmoniques de harpes encore, et les altos caquettent dans l'ombre, en dessous des accords; les arpèges en pizzicato des violoncelles se mélangeront aux purs harmoniques des harpes..., tout cela est mou de sonorité et de nouveauté (ex. 100).

Le *scherzo* repart de plus belle. Mais, pris d'abord pianissimo, l'ut de la timbale (effet renouvelé de BEETHOVEN, *scherzo* de l'*ut min.*), martelé dans un patient crescendo, amène un tutti aboutissant dans le fortissimo au coup frappé sur la cymbale suspendue. Le frémissement du cuivre s'éteint progressivement, et c'est alors l'étonnant et magique épisode où les notes aiguës des petites cymbales antiques mettent leur cristal sur le crépitement des harpes, tandis qu'avec la tenue des cors, la clarinette et le cor anglais chantent leur curieuse mélodie scandée des notes haletantes de l'alto. L'animation croîtra, tout l'ensemble des bois, des cors et des cordes prendra part à la danse tourbillonnante, toujours légère et impondérable, et sur une gamme montante en trémolo des violons et un accord en pizzicato que souligne la roulade des flûtes, la reine Mab s'enfuira dans l'espace!...

Ceci c'est de l'orchestre exceptionnel, mais sans employer des moyens aussi particuliers, dans l'orchestration courante, BERLIOZ atteint toujours la plus grande perfection, l'effet le plus plein et le plus complet. Cela paraît tenir du prodige. C'est seulement qu'il pense toujours pour l'orchestre, que sa phrase musicale s'adapte étroitement au timbre, au mécanisme, au caractère pour tout dire de l'instrument auquel elle est confiée. Cela se sent plus que partout ailleurs dans les soli instrumentaux dont sont émaillées ses partitions. Soli purement expressifs bien entendu, car BERLIOZ a horreur du solo de virtuosité si cher à ses contemporains.

Qui donc a su comme lui tirer parti de la mélancolie du cor anglais? Il semble bien que les fragments mélodiques qu'il confie à cet instrument, énoncés par un autre, perdraient toute leur signification évocatrice.

Faut-il rappeler la scène aux champs de la *Symphonie Fantastique*? Ce touchant duo pastoral de cor anglais et hautbois, avec les trémolos des altos divisés. Comme, à la fin de cette scène, la mélodie du cor anglais devient douloureuse sur les sourds roulements des trois timbales accordées en accord de seconde! Les notes entrecoupées semblent des gémissements, l'orage gronde au loin et décroît peu à peu..., un accablement passe... tout s'éteint (ex. 101)

Mentionnons encore le beau chant du cor anglais dans l'air de Marguerite de la *Damnation*, et puisque nous en sommes aux soli, n'oublions pas l'emploi particulier de l'alto dans l'air de la Coupe du roi de Thulé. Les arpèges des altos dans les cordes basses, et le chant de l'alto solo au-dessus, tandis que deux

Exemple 100.

violoncelles avec sourdine et quatre contrebasses soutiennent des accords scandés de périodiques accents, donnent à ce morceau une couleur de son toute spéciale. A certains moments, l'alto grimpe à l'aigu et la flûte le double à l'octave en dessous. C'est inattendu et superbe. Rien au monde n'aurait remplacé ce timbre rêveur et doux...

Nous n'en finirions pas à vouloir détailler toutes les pages admirables de ces partitions. Il faut se borner. Cependant que de choses encore nous nous devons de citer!

BERLIOZ a agrandi le rôle et l'étendue de l'orchestre. Dès ses premières œuvres, il fait usage du contrebasson (*Ouverture* des *Francs-Juges*), du cor anglais en plus des deux hautbois, de quatre trompettes, ou de deux trompettes et deux cornets (*Ouverture* du *Carnaval Romain*), de trois ou quatre timbales (*Benvenuto Cellini*, *Symphonie fantastique*, de trois et même quatre clarinettes, dont une clarinette basse, parfois de quatre harpes (*Symphonie Fantastique*) et même du piano à quatre mains (*Fantaisie sur la Tempête*), de deux tubas ou de deux ophicléides (*Francs-Juges*), de quatre bassons, souvent aussi de trois flûtes. Pour répondre à cette harmonie, il exige un minimum de quinze premiers

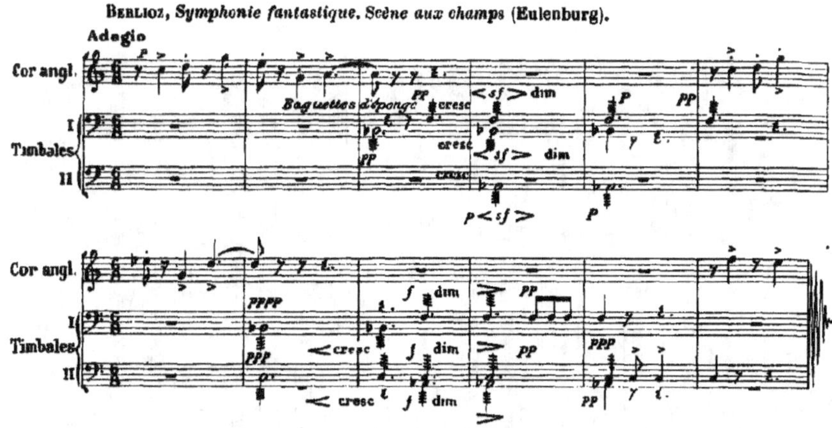

Exemple 101.

et quinze seconds violons, dix altos, douze violoncelles et neuf contrebasses. Ce quatuor nombreux lui permet les « divisés », sans risque d'affaiblissement. Il ne s'en fait pas faute.

Toutes les œuvres de BERLIOZ abondent en effets originaux, pittoresques ou grandioses. Feuilletons-les rapidement, et indiquons quelques-uns de ces effets.

Ouverture des Francs-Juges. Une des premières œuvres du maître. Emploi déjà de la cymbale suspendue frappée par une baguette d'éponge. Aux timbales également, BERLIOZ emploiera assez généralement cette baguette, dite d'éponge, qui en adoucit la brutalité dans la force, et obtient dans la douceur de si jolis frémissements estompés.

Dans cette même ouverture, effet mordant d'un pizzicato dans l'aigu aux premiers violons (jusqu'au contre-sol). Les anciens évitaient ces pizzicati sur l'extrémité de la chanterelle, par trop secs, mais ici ils sont tout à fait réussis.

Carnaval Romain. Emploi de deux *tamburi piccoli* (tambours de basque) et du triangle, et aussi le beau chant des flûtes et le contrechant des altos si finement accompagnés des contretemps des clarinettes et cors alternés avec le quatuor. Jeu de sonorités spirituel et souple qui aboutit, page 8, à ce curieux et beau mélange de rythmes (ex. 102 et 103).

Benvenuto Cellini. Grand unisson du quatuor tout entier sur les arpèges en doubles croches des flûtes, hautbois et bassons. Sonorité grasse dans la douceur.

Symphonie Fantastique. Ici, tout est à admirer. L'imagination exubérante de BERLIOZ se donne libre carrière. Cependant, il ménage avec soin les progressions. Il se passe des gros cuivres pendant toute la durée des trois premiers numéros, ne les faisant intervenir que dans la « marche au supplice ». Il n'amène les trompettes dans le n° 1 (*Rêveries, Passion*) qu'à la page 43. Cela n'empêche pas les tutti de sonner avec une superbe plénitude. Quels piquants jeux de sonorités dans la « Scène de Bal », avec sa double partie de harpe si importante; quelle trouvaille que cet accompagnement où le quatuor, les harpes et les « vents » se renvoient les accords, comme des joueurs de raquette recevant tour à tour le volant !

J'ai parlé déjà de la « Scène aux champs »; on y retrouve par moments la figuration de l'écriture Beethovénienne (*Symphonie Pastorale*).

Parfois, le son s'éteindra jusqu'à la plus complète ténuité. Ce sera le solo de clarinette, avec ses « échos » en quadruples *pianos* et les pizzicati en sextolets de doubles croches des seconds violons et altos. Plus loin, la même nuance (*pppp*) sera réalisée par un orchestre plus complet. Le chant (*quasi niente*) joué par la flûte, le hautbois, la clarinette et le basson solo, le contrechant aigu par les seconds violons, tandis que les premiers violons tisseront la dentelle d'un trait de triples croches, à peine susurré, et que, l'archet rebondissant légèrement sur les cordes, les altos, violoncelles et contrebasses rythmeront l'accompagnement en notes martelées.

Dans la Marche au Supplice, nous trouverons quatre timbales. Leur rôle sera des plus importants. Elles ajouteront au mystère du début le martèlement de leur tierce mineure qui s'harmonise à merveille avec les pizzicati des contrebasses divisées en quatre, et faisant entendre dans les profondeurs l'accord de *sol* mineur, auquel répondent les gémissements étouffés des cors avec sourdine (ex. 104).

L'emploi des sourdines pour les instruments à vent sera généralisé par BERLIOZ. Il ne les utilise pourtant qu'au bon moment, dans un but bien déterminé. Il les prescrit assez souvent aux cors, parfois à la clarinette qu'il fait jouer dans un sac en peau. Dans certains passages funèbres, il étendra un voile sur les timbales. Il n'a pas connu les trompettes bouchées, si fort en honneur de nos jours, mais il fait un usage fréquent des sons bouchés avec la main pour les cors et demande aussi la sourdine à ces derniers. Ne l'a-t-il pas même fait employer aux trombones ? La préoccupation d'estomper le son et de le modifier surtout est très grande chez lui.

Dans le *Songe d'une nuit de Sabbat*, nous trouverons une petite clarinette en *mi bémol*. Le son criard de cet instrument, inusité à l'orchestre, est ici parfaitement justifié par une intention railleuse et amère. Le thème de la passion est cette fois encanaillé à dessein, dans un mouvement et un rythme de bal de barrière. La petite flûte et le basson ajoutent, l'un sa mordante ironie, l'autre son

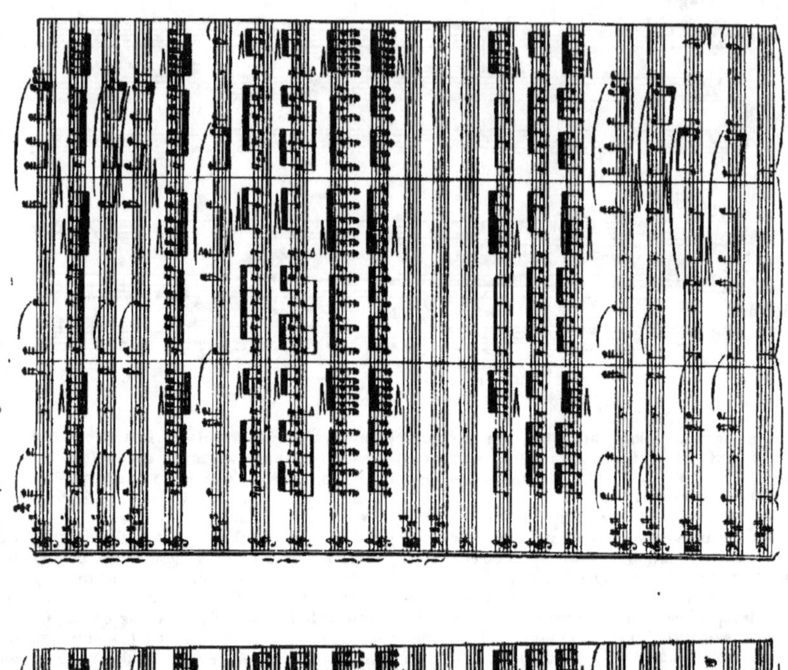
Berlioz, Ouverture du Carnaval Romain (Eulenburg).
Exemples 102 et 103.

BERLIOZ, *Symphonie fantastique. Marche au Supplice* (Eulenburg).

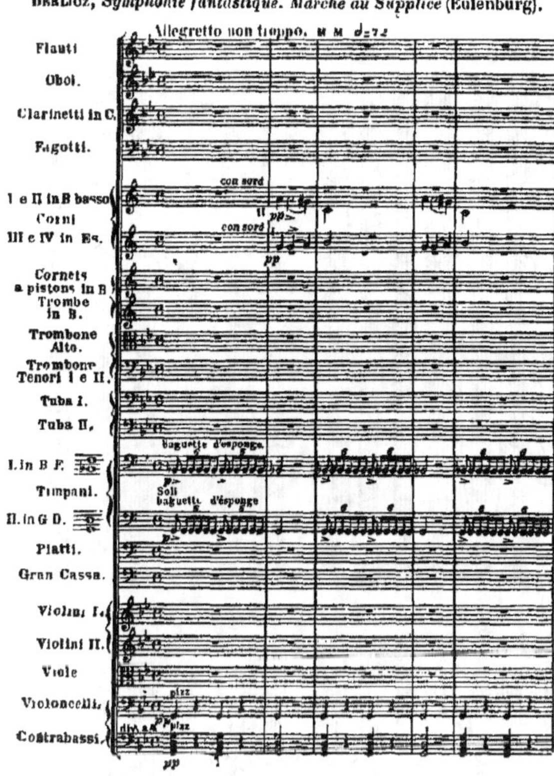

Exemple 104.

niques. *Harold* ne compte pas moins de quatre parties longuement développées. Le timbre de l'alto, symbolisant la mélancolie d'Harold, y est admirablement mis en valeur. BERLIOZ évite souvent l'uniformité de cet instrument en le colorant par des unissons de cor, de clarinette, ou de basson; parfois, le timbre plus chaud du violoncelle vient se perdre dans celui de l'alto, lui communiquant une flamme passagère. Malgré tout, l'ensemble paraît long, cela était inévitable. Mais que de passages pittoresques à souhait, que de jolis détails inattendus, avec quel art l'orchestre s'équilibre, dans ses plus grands tutti, avec la sonorité effacée du soliste, lui ménageant les silences nécessaires, évitant de le couvrir et, cependant, concertant toujours avec lui. C'est là un véritable tour de force.

Il faut remarquer particulièrement les mélanges de thèmes, comme celui où l'alto évoque la phrase de l'*adagio*, pendant que le reste de l'orchestre poursuit la sérénade du montagnard des Abruzzes. Et aussi le mélange de mesures un peu plus loin, où le rythme accompagnateur de la sérénade est repris par les altos avec deux mesures à six-huit pour une seule de l'ensemble. BERLIOZ est très épris de ces combinaisons rythmiques, dont MOZART reste l'inventeur dans le menuet de *Don Juan*. Il a placé assez fréquemment cet effet dans ses partitions, et il faut citer parmi les plus réussis celui du chœur des paysans de la *Damnation* et, dans le même ouvrage, le double chœur des étudiants et des soldats.

Revenons à *Harold* et signalons, pour finir, le joli effet crépusculaire des cloches à la fin de la « Marche des pèlerins ». La flûte, la harpe et le cor ont été bien souvent employés depuis pour imiter ces sonneries lointaines, rarement avec tant de bonheur.

Roméo et Juliette. — Les recherches orchestrales seront de plus en plus hardies et remplies d'heureuses inventions dans *Roméo*. Mentionnons le bel accompagnement de harpes des strophes pour contralto au début, avec, au second couplet, les violoncelles sur la chanterelle conduisant jusqu'au *contre mi* leur chant expressif; et, aussitôt après, le premier *scherzetto* de la reine Mab, « messagère fluette et légère, princesse des songes ailés... » C'est fin, délicat, ténu, écrit avec des riens, et c'est exquis de grâce folle et de fine souplesse. Sur les notes répétées des altos en doubles cordes et les pizzicati des basses (avec l'appoggiature constante : *do, ré bémol, do*), quelques traits brefs de flûtes, grande et petite, et c'est déjà toute une évocation.

Durant la deuxième partie : « Tristesse de Roméo », c'est tout l'orchestre chaleureux, expressif et somptueux de BERLIOZ qui évolue, et rien n'en saurait dire la richesse éblouissante. — Remarquons en passant

accent grotesque à cette caricature musicale. Remarquons l'extrême division du quatuor : six parties de violons, deux d'altos.

Et le thème du *Dies Iræ* vient jeter son épouvante sur le tout. Il sera annoncé par une sonnerie de cloches. Ici, BERLIOZ indique des cloches en *do-sol* graves, mais, désespérant de les obtenir, il les remplace par un piano jouant ces notes en triple octave. Ce n'est qu'un pis-aller.

Quelle raillerie bouffonne encore, lorsque ce lugubre *Dies Iræ*, clamé par les cors, trompettes et trombones, fait place à son imitation par les bois, le thème cette fois déhanché dans un balancement de 6/8 avec l'aigre pizzicato suraigu des violons qui ajoute sa percussion crépitante à l'attaque des instruments à vent. Plus loin, un *crescendo* longuement préparé sera renforcé d'un roulement de grosse caisse qui ne dure pas moins de trente-deux mesures. BERLIOZ réclame là « uno sonator de timpani ».

Harold en Italie. — La genèse de cet ouvrage est particulière. Écrit pour PAGANINI, grand admirateur de l'auteur, il constitue un poème symphonique pour alto solo et orchestre. La tentative était dangereuse, car on ne pouvait guère éviter la monotonie inhérente au timbre doux et grave, toujours un peu voilé de l'instrument, qu'en faisant court. Mais BERLIOZ cède à sa passion des vastes tableaux sympho-

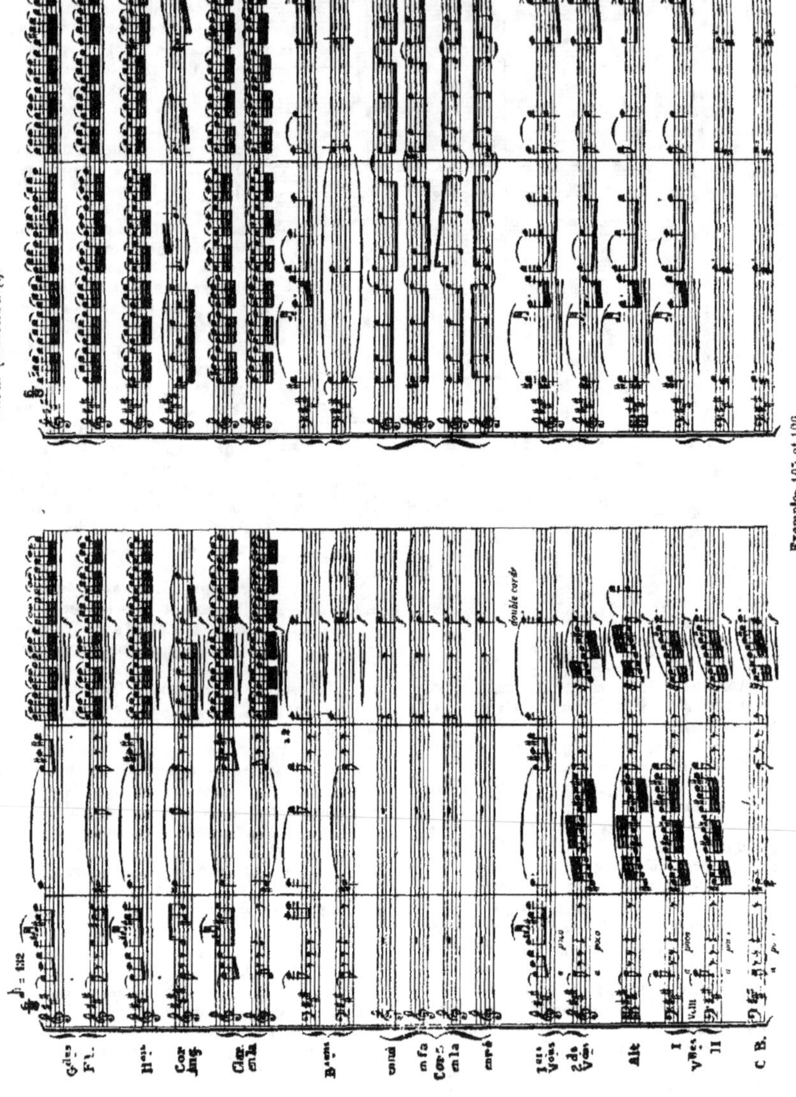
Berlioz, Roméo et Juliette, Scène d'amour (Eulenburg).
Exemples 105 et 106.

que si, dans les tutti, la voix chaude de la clarinette double de temps à autre les premiers violons, c'est afin de laisser aux deuxièmes violons leur accompagnement rythmique ainsi qu'aux altos. La variété de l'ensemble, les longues tenues des cors, les redoublements des basses justifient cette doublure, ainsi même que celle des flûtes au dessus; celles-ci viennent corser la sonorité des violons, devenue insuffisante dans le puissant tutti. Berlioz ne craindra pas davantage, un peu plus loin, dans l'extrême force, de faire chanter les quatre bassons et les deux clarinettes unis aux altos et aux violoncelles (avec sourdines, mais *fortissimo*); il obtient ainsi un timbre composite. Il ne s'agit plus là d'une doublure vulgaire, mais d'une recherche de coloration du son. Quelle ampleur il obtiendra à la réunion des deux thèmes du *larghetto* et de l'*allegro* avec cette scène, où il évoque à la fois la mélancolie de Roméo et les bruits de la fête chez Capulet ! Quelle diversité d'écriture, quelle variété de rythmes sans aucune confusion à ce beau passage de la « Scène d'amour », de sentiment si intense! Quelle clarté et comme tout cela vibre, et comme tout cela sonne!...

Car, il faut insister là-dessus, chez Berlioz, il n'y a rien d'inutile, tout est à sa place, à son plan, les choses en apparence les plus insignifiantes ont leur but caché qui ne se dévoile qu'à l'exécution. Chez les plus grands maîtres (chez Beethoven lui-même parfois), il peut y avoir des endroits dont l'interprétation réclamera toute l'attention du conducteur, toute son énergie, toute sa volonté, pour mettre en valeur tel ou tel dessin un peu obscur, trop situé dans l'ombre. On sera obligé de demander à tel exécutant d'étouffer sa sonorité, à tel autre de l'exagérer, on n'arrivera pas toujours à équilibrer le dynamisme de l'orchestre. Chez Berlioz, tout ce travail est fait d'avance; Berlioz n'écrit rien dont il n'ait évalué exactement le poids, dont il n'ait calculé l'intensité absolue, rien non plus qui ne soit parfaitement et facilement exécutable (à la différence de Wagner). Nul n'a eu ces soucis à un aussi profond degré, et nul n'a obtenu plus justement ce qu'il avait rêvé.

Pour cela, il emploiera, chose assez rare jusqu'alors, des nuances différentes dans chaque partie, procédé qui peut sembler commode, mais qui demande une connaissance approfondie du degré de puissance de chaque instrument et de sa « portée sonore ». C'est là un moyen délicat à manier, dont il use avec réserve, et que des musiciens modernes ont remis en honneur.

Il obtient, nous l'avons vu, des effets d'une savoureuse plénitude en employant la masse de l'orchestre dans le pianissimo le plus complet.

Cette plénitude, ce coloris chaud et pénétrant, comme il y atteint encore à la fin de cette « Scène d'amour », là où chantent si passionnément violons, altos, violoncelles et bassons, tandis que, sur les notes syncopées et soutenues des quatre cors, passe le murmure ondulé des flûtes, hautbois et clarinettes. C'est construit en pleine pâte orchestrale, et cependant sans lourdeur aucune (ex. 105 et 106).

La perle de la partition est ce deuxième *scherzo* de la reine Mab dont nous avons tenté déjà l'analyse. Mais que de belles choses encore dans le « Convoi funèbre », avec la psalmodie du chœur, puis avec celle de l'orchestre, et dans cette douloureuse « Scène du tombeau », où résonnent lugubrement les pizzicati en doubles cordes des contrebasses. Citons encore ici un riche effet de timbre composite : l'unisson du cor anglais, des bassons et du cor.

La Damnation de Faust. — La plus célèbre des partitions de Berlioz, la *Damnation de Faust*, renferme aussi peut-être le plus grand nombre de beautés orchestrales. Une sèche analyse ne saurait, hélas' en retracer les mérites. Ici, l'orchestre se fait plus coloré encore et plus descriptif de sensations et de sentiments. La brise des champs y passe, un parfum impérissable l'embaume, la nature elle-même semble y parler son divin langage,... et comme tous les mots du texte y sont suivis et commentés !...

Dès le début, dans l'air de Faust, après les pédales profondes des cors, passent les gammes légères, en sourdine, des violons,... et c'est le zéphir même. « De ma poitrine un souffle pur s'exhale », chante le docteur Faust, et les violons (réduits à six premiers et six seconds), grimpant soudain dans le registre aigu, y font entendre (divisés) un bruissement vague dont le flou délicieux est obtenu par la division de quatre notes contre trois. Et c'est le réveil des oiseaux, des plantes et des eaux, avec le trémolo grave de la flûte, très bien perçu au milieu du dessin chromatique du cor anglais et des deux clarinettes (ex. 107).

Les trésors d'invention abondent. Jusqu'à Berlioz, nul n'avait manié l'orchestre avec cette maîtrise. Page 9 de la petite partition, la mélodie agreste des flûtes, cor anglais et clarinettes, se développe sur les tenues paisibles des violons et altos en trois octaves; des bruits de danse et de marche guerrière au loin s'esquissent là-dessus. La « Ronde des paysans » est habilement accompagnée par l'harmonie seule jusqu'au *presto*, où les pédales obstinées de tonique et de dominante des basses se joignent à celle-ci. Et la « Marche hongroise » enfin éclate dans toute l'intensité de son rythme nerveux et de sa sonorité triomphale. Les parties de trompettes sont indiquées, comme dans les précédentes partitions Berlioziennes, pour deux trompettes et deux cornets à pistons. En ce qui concerne ces derniers, Berlioz note pourtant la possibilité de les remplacer par deux trompettes chromatiques. Le fait est assez rare chez lui. Contrairement à l'usage déjà établi par Meyerbeer[1], Mendelssohn, Rossini même, de se servir des nouveaux instruments à cylindres et à pistons, Berlioz est réfractaire à cette innovation. Il employa de préférence les cors simples et les trompettes simples en en combinant laborieusement les diverses tonalités. Il aimait leur sonorité plus franche, leur éclat plus pur, et savait s'en servir avec assez d'habileté pour en masquer les défaillances et parer aux mauvaises notes.

Au début de la marche, le pizzicato de tout le quatuor souligne nerveusement le thème confié à la petite harmonie. A noter le mordant extrême que donne un peu plus loin ce pizzicato aigu des violons à l'unisson des flûtes.

Page 45, les rentrées des basses, sur le trémolo grave des violons et des timbales, prennent un caractère de mystère héroïque, grâce aux coups de grosse caisse sans cymbales, sourds grondements de canon évoquant la bataille livrée au loin. Et dans l'éclatant tutti, un trombone ténor, à pistons cette fois, doublera le premier trombone à coulisse pour lui communiquer plus de liaison, un son plus soutenu. Le tambour, la grosse caisse, le triangle ryth-

---

1 Il est vrai que les parties de trompettes en *la* et en *si♭* indiquées par Meyerbeer étaient le plus souvent, en France, exécutées par des cornets à pistons et même des bugles.

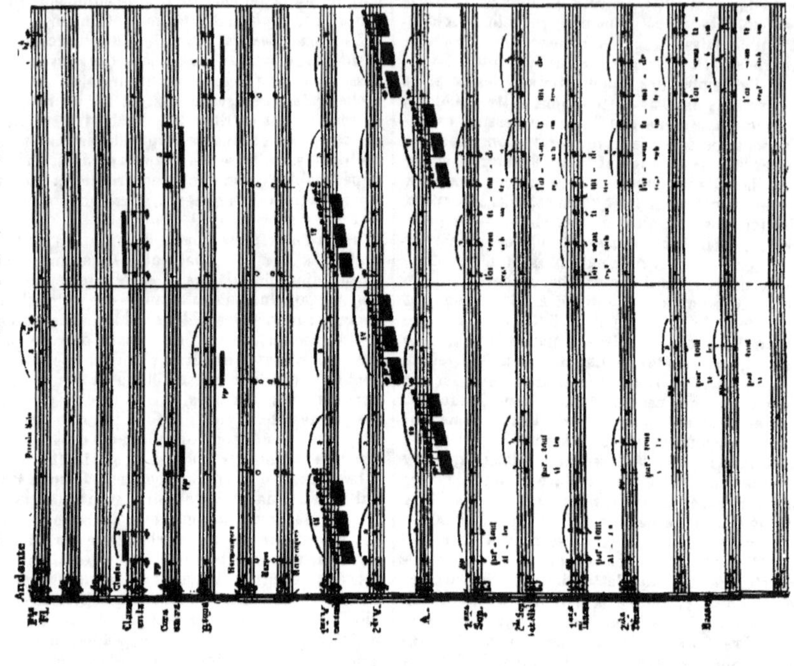

Berlioz, *Damnation de Faust. Songe de Faust* (Costallat).

Berlioz, *Damnation de Faust. 1re partie* (p. autorisat. spec. de M. Costallat).

Exemples 107 et 108.

BERLIOZ, *La Damnation de Faust. Course à l'abîme* (p. aut. spéc. de M. Costallat).

Exemple 109.

gammes montantes des violons en sourdine mettent un fond de murmures aériens aux chuchotements des chœurs; timidement, les clarinettes, cors et bassons se répondent, et les harmoniques des harpes ajoutent à ce nocturne le charme de leurs notes étranges, comme surnaturelles (ex. 108).

Ils seront de nouveau employés, ces harmoniques, dans l'exquis ballet des Sylphes, qui se poursuit, menu et impondérable, sur une tenue des basses, pédale de tonique, de 108 mesures!

A « l'Evocation », BERLIOZ se sert avec bonheur de la clarinette basse et des sons bouchés du cor. A l'appel de Méphisto, les esprits follets accourent en foule... et l'orchestre devient sarcastique à souhait. Les trois petites flûtes, jointes aux hautbois, communiquent à l'ensemble une allure d'une souplesse ironique, railleuse, que viennent accentuer les menus « grupetti » des violons, les trilles et les pizzicati des altos et des violoncelles.

Et l'admirable « Menuet des follets » confie à l'harmonie un rôle des plus importants. A certains passages, lorsque le quatuor reprendra le thème principal que marqueront les contretemps des bois, de mystérieux frémissements, des bruits indéfinissables communiquent à l'âme un vague effroi... Ce sont les douze notes par mesure du triangle pianissimo, les trois coups sourds de la timbale et de la cymbale suspendue par sa courroie.

Répudiant tous ces moyens exceptionnels, l'orchestre de « l'Invocation à la nature » se fait puissamment évocateur. La sonorité du début en est douce et pleine, avec la tenue aiguë des flûtes et les basses descendantes des trombones; puis, ce sont les gammes grondantes, écumantes des basses, le frémissement serré des violons dont le trémolo piano est coupé d'accents brusques, de rinforzando et de fortissimo, subitement étouffés. Tout cela est d'une richesse de réalisation unique et obtenue par les moyens les plus simples. Ici, c'est l'idée elle-même qui vivifie le tout. Et voici le galop infernal de la « Course à l'Abîme », au rythme persistant, ingénieusement descriptif, des premiers violons que domine le chant angoissé du premier hautbois. Très peu d'orchestre au début, le crescendo est adroitement ménagé, les instruments s'ajoutent peu à peu. Les intentions de description abondent. Ce sera la poursuite du « monstre effroyable » où les bassons, l'ophicléide et les trois trombones ténors atteindront les notes extrêmes de leur registre grave, grâce, pour les trombones, à l'emploi des notes exceptionnelles, dites pédales, rugissements rauques et profonds. Ce

meront énergiquement le tout, ponctués du frémissement cuivré des cymbales employées seules.

Car BERLIOZ a toujours protesté contre le bruit de ferblanterie (si cher à ROSSINI et à MEYERBEER) des cymbales attachées sur la caisse.

Feuilletons rapidement et signalons l'importante partie des quatre bassons dans le chant de Brander. Plus loin, « Chanson de la puce », BERLIOZ, reprenant l'antique procédé du *Concerto grosso*, divise le quatuor en grand et petit orchestre.

Nous avons vu, depuis ROSSINI, le cornet à pistons installé à l'orchestre, et l'on pouvait déplorer l'emploi trop constant de ce timbre peu distingué. Mais il est un art de se servir de tous les moyens dont on dispose, et d'en dissimuler l'insuffisance. Dans l'air de Méphisto : « Voici des roses, » où les cors, trombones et bassons ont des sonorités d'orgue, le chant du piston prend une noblesse singulière. Les trompettes, même actuelles, n'auraient pas cette souplesse et ce style lié et chantant.

L'orchestration du « Songe » de Faust est d'une rare légèreté de touche. BERLIOZ s'y divertit encore d'un mélange de 6/8 et de 3/4, chaque mesure à 6/8 correspondant à un temps du 3/4. C'est ingénieux, avec une conclusion d'une délicatesse infinie. Les

seront encore les bruissements d'ailes des chauves-souris, dont le souffle froid passera avec les battements des flûtes et des clarinettes... et toujours les hautbois effarés, à l'aigu, perceront malgré tout la masse (ex. 109).

La cloche, le tamtam, les sons cuivrés des cors ajoutent à la vigueur du coloris; pour plus d'intensité, le tamtam est actionné par deux timbaliers effectuant un roulement rapide; ce sera l'affolement suprême, et cela préparera l'explosion du Pandémonium et les cris de triomphe des Démons en langue swedenborgienne.

Ici, l'orchestre atteindra à son maximum d'intensité. L'opposition angélique du « Ciel » paraîtra peut-être un peu pâle après ces tonitruances. L'effet pourtant en est voulu. Il sera accru si l'on peut avoir, comme le souhaite Berlioz, qui ne doute jamais des possibilités, un chœur de deux à trois cents enfants, sur des gradins derrière l'orchestre.

Les harpes et les violons dominent, quatre violons soli, détachés du reste, jouant à l'octave au-dessus des autres, dans le super-aigu. Il faudrait là (ce qui est assez peu souvent réalisé) huit à dix harpistes. Les exigences de Berlioz ne sont malheureusement pas toujours possibles, et cela nuit à l'effet recherché.

Berlioz est bien, en somme, le père de notre orchestre actuel. Il fut peu suivi de son temps. En France, notamment, ses partisans se contentèrent d'une admiration toute platonique. Il ne paraît pas que l'écriture orchestrale de musiciens tels que Félicien David, Gounod, Ambroise Thomas, Massé, etc., ait été beaucoup améliorée par ses découvertes sonores. Bizet même et Reyer lui doivent peu au fond. C'est en Allemagne et en Russie surtout qu'il faudra rechercher l'influence directe du grand musicien français. C'est là que ses œuvres furent jouées le plus souvent, et qu'elles déchaînèrent les premiers enthousiasmes. Toute l'école russe procède de Berlioz beaucoup plus que de Wagner. En Allemagne, si un Richard Strauss est, par beaucoup d'endroits, héritier des traditions wagnériennes, il est encore plus berliozien par sa façon de triturer les timbres de l'orchestre et d'en tirer les effets les plus inattendus; et Mahler exagérera encore les tendances aux orchestres monstres et aux alliances imprévues de l'auteur de ce *Traité d'orchestration*, qui a été et est encore le *Vade-mecum* de tous les jeunes compositeurs.

Par l'école russe, dont l'empreinte sur nos artistes français modernes est indéniable, les traditions berlioziennes nous sont enfin revenues, et il ne serait pas difficile de découvrir leur action définitive dans la plupart des œuvres nouvelles. Le triomphe de la *Damnation de Faust* à Paris a été un des facteurs principaux de cette action. Berlioz a donc la gloire indiscutable d'être le régénérateur mondial de l'orchestre. A cet égard, il n'est pas de compositeur qui, désormais, ne lui doive quelque chose. Il se place là tout à côté de Wagner, et le précède même légèrement. La France peut être fière d'avoir produit pareil initiateur.

L'ÉCOLE MODERNE FRANÇAISE DE F. DAVID A J. MASSENET

Les inventions de Berlioz et de Wagner n'eurent leur répercussion sur l'art orchestral qu'après leur mort. Considérés comme d'audacieux révolutionnaires, aux tendances agressives, les deux réformateurs ne pouvaient être imités par leurs contempo-

rains. En France, si Félicien David, Gounod, Ambroise Thomas apportent une note personnelle à leur orchestration, ils n'en sont pas moins les gardiens de la tradition. Rossini, Meyerbeer, Halévy restent leurs inspirateurs. De Massé et Maillard, nous n'aurions pas grand'chose à dire, mais Bizet montrera plus de couleur et d'énergie, Delibes plus de délicatesse, Massenet plus d'adresse et de maîtrise enfin.

Bizet fut, il est vrai, accusé de wagnérisme, bien à tort semble-t-il. Il était cependant un pur traditionnaliste, mais il se laissait entraîner par son tempérament assez loin de ses modèles. Massenet, très maître de son écriture, connut tous les secrets de l'art moderne, mais se garda bien d'imiter qui que ce fût. Nous arrivons là à une période toute récente; il convient de retourner en arrière et, si Félicien David et A. Thomas ne nous arrêtent qu'un court instant, nous pourrons faire à l'auteur de *Faust* une part plus large pour la qualité et la distinction de sa sonorité.

Félicien David (1810-1876).

Célèbre du jour au lendemain, après la première audition de son ode-symphonie : *le Désert*, Félicien David dut ce succès à l'originalité de son œuvre qui, par sa couleur orientale prononcée, tranchait sur la musique formulaire des opéras en vogue. Symphonique, la musique du *Désert* répudiait cependant toute complication polyphonique, tout développement outré; simple et claire, elle était purement descriptive, sans grand fracas, et devait plaire à des auditeurs que les audaces de Beethoven effrayaient, et qui considéraient Berlioz comme un fou.

Cette couleur orientale que David était allé chercher en Palestine, et qui tenait surtout à l'emploi des longues pédales dans les basses, à certains enchaînements d'accords mineurs, à l'allure languide, un peu monotone mais non sans charme, des phrases mélodiques, cette couleur, nous ne la retrouverons guère dans son orchestre assez pauvre en pittoresque, mais sonnant bien, et dont certaines dispositions fort simples firent alors sensation.

On s'extasia sur le « Lever du Soleil » qui ouvre la troisième partie. Le soleil de l'Orient offre des magnificences sans pareilles, auprès desquelles les sages sonorités de David doivent paraître bien pâles. La progression, pourtant, est adroitement amenée par des moyens matériels assez heureux. L'enlèvement progressif des sourdines, pupitre par pupitre, produit un *crescendo* bien ménagé dans les trémolos des cordes qui figurent ainsi, sans trop d'invraisemblance, le percement successif des rayons lumineux (ex. 110).

La douce mélodie murmurée au début par la clarinette, reprise en sourdine par le hautbois, passe aux différents timbres de l'orchestre, augmentant de sonorité. L'arpège des basses, doublées des bassons, conduit à un accord soutenu de l'harmonie sur lequel interviennent mélodiquement ophicléide, trombones et cornets. L'explosion a de la puissance. Les longues tenues des trompettes en éclaircissent la sonorité (ex. 111).

La partition est, en effet, écrite pour 2 flûtes, 2 hautbois, 2 clarinettes, 2 trompettes, 4 cors, 2 pistons, 2 bassons, 3 trombones, 1 ophicléide, timbales et quintette. Je cite dans l'ordre, assez étrange, adopté par l'auteur.

L' « Hymne à la Nuit », le « Chant du Muezzin », la « Rêverie du soir » doivent tout leur effet au charme de la mélodie, et n'offrent aucune particu-

FÉLICIEN DAVID, *Le Désert* (par autorisation spéciale de M. Heugel).

FÉLICIEN DAVID, *Le Désert*, 3e partie (par autorisat. spéciale de M. Heugel).

Exemples 110 et 111.

larité orchestrale, si ce n'est une certaine monotonie sans doute voulue.

Le *crescendo* du « Lever du Soleil » est, d'ailleurs, déjà employé au début de la première partie, pour l'arrivée de la caravane. Les cordes, en sourdine tout d'abord, puis les instruments à vent, entrent progressivement; les chœurs interviennent, la sonorité se déploie, vite atténuée en un *diminuendo*,... et le même effet recommence avec le simoun, grondant au loin et lançant peu à peu ses brûlantes rafales. C'est alors le procédé habituel aux orages symphoniques : gammes chromatiques montant et descendant alternativement aux violoncelles et contrebasses, puis aux flûtes, hautbois et premiers violons. Les chœurs entrent, en force, les instruments font rage, chromatismes et trémolos se confondent. Après

l'apaisement, la caravane reprend sa marche et, dans une savante progression, atteint les limites sonores d'un glorieux tutti.

Nous ne trouverons rien de bien particulier à signaler dans la *Perle du Brésil* et dans *Lalla Roock*, dont le ballet, pourtant, a une certaine grâce orchestrale, mais nous relèverons plus de pittoresque dans la bacchanale d'*Herculanum*. Le court thème rythmique confié aux bassons et violoncelles répondant au hautbois, passe successivement à toutes les voix instrumentales pour arriver à l'entrée du chœur dont les « Evohé », longuement espacés, se resserrent peu à peu. Bientôt, chacun se renvoie ce ci d'une partie à l'autre, tandis que l'orchestre continue son rythme éperdu. Sur les violons et altos en *pizzicato*, les harpes, le tambour de basque et de sonores « crotales » bat-

A. Thomas, *Hamlet* (par autorisation spéciale de M. Heugel).

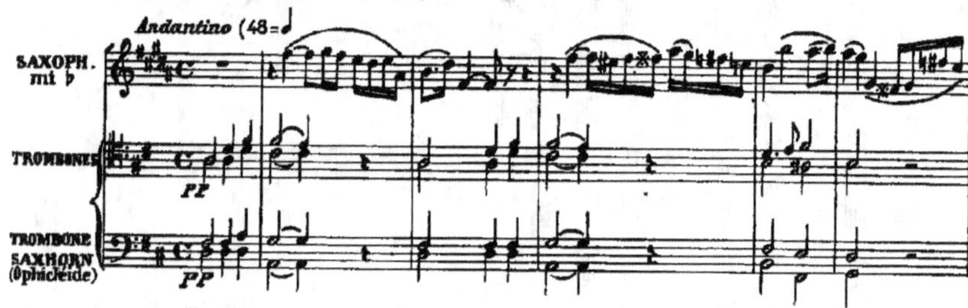

Exemple 112.

tent quatre croches par mesure, dont l'acuité est accrue par le *ré* à vide des violons. Il y a là une progression de rythme et de son qui produit à la longue une certaine griserie; c'est bien la bacchanale antique, et rarement David a obtenu autant d'intensité.

Ambroise Thomas (1811-1896).

L'orchestre d'Ambroise Thomas est plus meyerbeerien. En dehors des grands placages des tutti, le solo

instrumental y règne assez fréquemment. Sa partition la plus connue et l'une des plus importantes, *Hamlet*, contient quelques effets spéciaux, dont l'un est dû à l'emploi, assez peu usité encore de nos jours et tout nouveau alors, du saxophone. A. Thomas traite naturellement cet instrument en soliste et lui confie, non seulement des cantilènes expressives, mais encore de véritables passages de virtuosité, assez bizarres dans un opéra aussi dramatique (ex. 112).

L'auteur d'*Hamlet*, d'ailleurs, recherche les tim-

Gounod, *Faust*. 3ᵉ acte (par autorisation spéciale de M. Choudens).

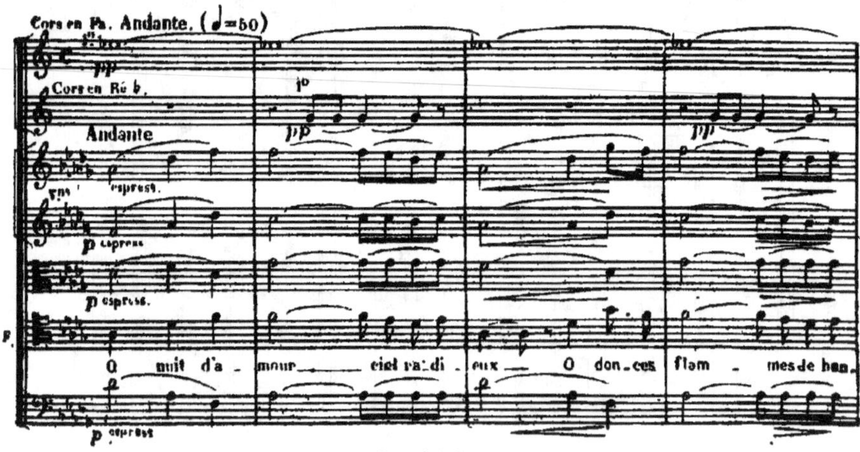

Exemple 113.

bres neufs, et accueille avec confiance les nouveaux instruments à pistons très discutés à cette époque. Il confie la basse de ses cuivres, autrefois laissée à l'insuffisant ophicléide, au saxhorn basse, emploie les trompettes chromatiques à côté des pistons traditionnels. S'il continue à écrire pour les anciens cors d'harmonie, il indique en marge de sa partition son désir que le fameux solo de trombone (26 mesures) qui prélude au second tableau, soit exécuté par un trombone à pistons.

Ce solo est tout à fait particulier par son importance et son étendue; il gravit à la fin de périlleuses altitudes, doublé pour plus de sûreté par un cornet.

Citons aussi, dans l'entr'acte du quatrième acte, le chant de clarinette accompagné par les violoncelles divisés en quatre.

Charles Gounod (1818-1893).

Si Gounod reste aussi, par plus d'un côté, le continuateur de Meyerbeer et d'Halévy, s'il est loin d'être un novateur comme Berlioz, s'il asservit toujours

Gounod, *Faust*. 3ᵉ acte (par autorisation spéciale de M. Choudens).

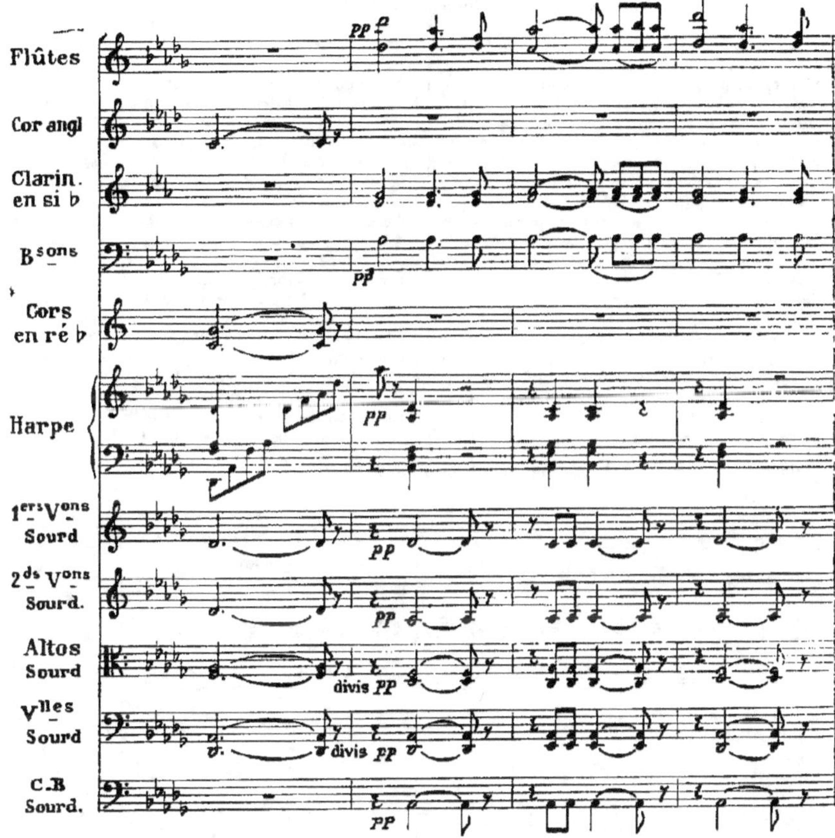

Exemple 114.

son inspiration aux traditions du vieil opéra, du moins en renouvelle-t-il le genre. Il fait circuler un air plus pur dans la lourde atmosphère léguée par les successeurs de Rossini. S'il a plus de distinction dans la forme mélodique et dans les accompagnements, il en a aussi dans son orchestre. Il s'attache à la qualité de la sonorité, il choisit ses timbres avec soin, et ne les emploie jamais en dehors de leurs tendances. On sait qu'il a cultivé les classiques, et que son dieu était toujours Mozart.

La distribution des instruments dans ses partitions est celle en usage jusqu'alors. Gounod ne songe pas à innover, et ne recherche ni les timbres inconnus, ni les orchestres monstres. Il est ami de la simplicité; grâce à elle et à sa correction d'écriture, il réalise de charmants effets dans la douceur. Dans ses premiers ouvrages (dans *Faust* notamment), il emploie alternativement deux trompettes et deux pistons. Le timbre vulgaire du cornet à pistons était alors à la mode. Berlioz lui-même s'en était servi, Halévy et Meyerbeer toléraient son emploi pour remplacer quelques parties de trompettes. Et les chefs d'orchestre ne se gênaient pas, en l'absence de bons trompettistes ou d'instruments à cylindres, pour opérer cet échange.

Dans la kermesse de *Faust*, à vrai dire, les pistons ont un rôle mélodique spécial, et la trompette n'aurait pu remplacer ici leur souplesse d'articulation. La grande qualité de cet orchestre sera l'appropriation exacte de chaque timbre isolé (Gounod se sert peu des timbres de combinaison) au sentiment scénique. La flûte accompagnera de ses notes piquées, alertes et pimpantes, les coquetteries de Marguerite au coffret; le violon solo entourera de son charme tendre les aveux de Faust; les chœurs printaniers du début devront leur fraîcheur au timbre pastoral du hautbois.

L'extase amoureuse, qui la rendra mieux que Gounod, avec si peu de chose? Le quatuor en sourdine, une tenue lointaine du premier cor, quelques notes du deuxième cor,... c'est tout... et c'est délicieux (ex. 113)!

A la reprise du même thème, les flûtes, clarinettes et bassons y ajoutent la pureté de leur timbre : les hautbois sont justement bannis de l'ensemble, mais comme la harpe arrive ici à sa place désirée!... appropriation toujours (ex. 114)!

Et lorsque Marguerite, à sa fenêtre, apparaîtra dans le silence du soir, la mélodie sera confiée à la flûte douce et mystérieuse (en *sol bémol*, le meilleur ton de l'instrument) sur le tremolo des violons et les tenues des violoncelles divisés en quatre.

Revenons en arrière. Partout, la même simplicité et le même souci de bien faire avec le minimum de moyens. Cette gamme de la harpe, qui traverse soudain la sombre et belle méditation du prélude, n'est-elle pas comme un rai de lumière surgissant au milieu des ténèbres?

Remarquons la discrétion d'écriture des trompettes.

Elles viennent mettre seulement çà et là quelques touches, jamais brutales. Ni Rossini, ni Meyerbeer, ni Auber ou Hérold même ne nous avaient habitués à tant de réserve... disons-le, à tant de bon goût. La fin du prélude est charmante, avec le dialogue *piano* des cors, clarinettes, hautbois et flûtes, et la reprise finale de la phrase au violon. Et quelle fraîche entrée des bois précède le récit de Faust, avec le clair tintement du triangle, si naturel ici.

Sans doute, rien de révolutionnaire dans tout ceci, et parfois un peu de mièvrerie et de monotonie, rançon de telles qualités.

Le quatuor, bien entendu, est prépondérant et fort bien écrit. On peut trouver la grosse caisse assez grossièrement employée dans les stridences de a « Ronde du veau d'or », mais Gounod en abuse peu en général.

Signalons le bel emploi de l'orgue dans la coulisse à la scène de l'église, et remarquons le timbre sinistre de l'orchestre accompagnant les répliques de Méphisto et du chœur des démons : trois trombones ramassés au grave, un basson, et l'unisson sur la quatrième corde de tous les violons en triolets soutenus par les violoncelles.

Le chœur des soldats nous procure l'adjonction sur la scène du saxhorn soprano, de deux pistons, deux trompettes à cylindres, deux trombones altos, un trombone ténor, un saxhorn basse et un saxhorn contrebasse. C'est moins bruyant que les bandes d'Halévy, mais ce n'est guère plus distingué.

L'orchestre de Gounod changera peu avec ses autres partitions. Partout, la même tenue et la même clarté. Notons. dans *Mireille*, le joli effet des tenues du quatuor (un quintuple *sol*), sous lesquelles se glissera la mélodie champêtre (en triple octave) des hautbois, clarinettes et bassons, à laquelle répond le

Gounod. *Mireille* (par autorisation spéciale de M. Choudens).

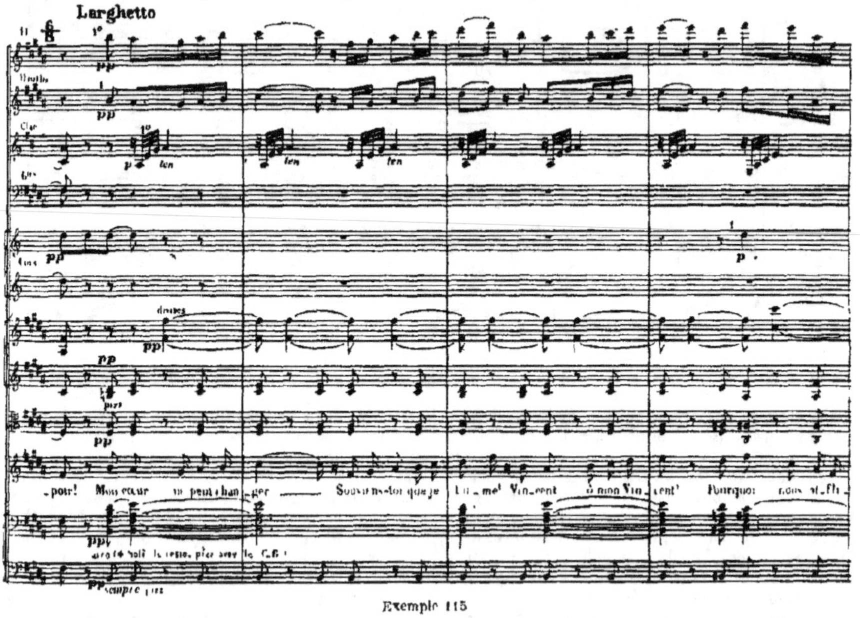

Exemple 115

premier cor. C'est vraiment gai et ensoleillé. Sans doute, la facture des tutti est rendue un peu simplette et vulgaire du fait de l'éternelle doublure des premiers violons par les bois, et des accords des seconds violons et altos redoublés par les cuivres. Mais que de délicatesse et que de pureté dans l'ensemble de la partition, dans les longues tenues de cors et bassons, dans le babil des premiers violons toujours à l'honneur, et dans les réponses, le plus souvent individuelles, des bois!

La farandole amenera une partie « obligée » de tambourin provençal. La chanson de Taven doit son esprit au motif piqué, si railleur, des hautbois et bassons. Relevons des détails plus recherchés, comme ce passage du duo, « mon cœur ne peut changer » : la fraîche mélodie des flûtes et hautbois, pimentée d'un délicat arpège de clarinettes, est soutenue par la sonorité pénétrante des violoncelles divisés en quatre (ex. 115).

Le ricanement de la petite flûte, dans la chanson du rude Ourrias, sera incisif et cruel, mis en valeur par l'accompagnement en notes lourdement détachées des bassons, altos et violoncelles.

L'acte du Val d'Enfer est l'occasion, pour Gounod, d'une scene symphonique que l'on supprime malheureusement trop souvent. Les cuivres y ont des accents mystérieux et des grondements d'effroi soulignés des sifflements apres des bois. Les coups secs des cymbales sur les trémolos des cordes ajoutent à l'impression d'épouvante, qui s'avive au passage où le chalumeau des clarinettes et les bassons dialoguent, sinistrement coupés par les cris rauques des trombones. Les recherches continuent dans la scene du Rhône : arpèges de clarinettes, dessins de harpes, divisés des violons. Et comme, à la scene du désert de la Crau, l'atmosphère étouffante est bien rendue par les vastes tenues, vraiment écrasantes de tout le quatuor, et par les unissons pastoraux des bois!

Notons encore l'effet de musette, prélude de l'air du Berger. Le theme agreste du hautbois se détache sur la pédale des violoncelles et le lourd des clarinettes graves. Peu de chose évidemment, mais il n'en fallait pas davantage. Toute adjonction enleverait à ce prélude son charme et sa naïveté.

Dans *Romeo et Juliette*, l'harmonie jouera un rôle plus important. Elle est souvent employée par masses sur des pizzicati du quatuor. Le *scherzo* de la reine Mab est finement ciselé, sans avoir cependant la délicatesse de celui de Berlioz. Relevons ce passage de la page 83[1], tres fin malgré l'emploi des trombones (restant pianissimo et détachés), avec la petite sonneric discrète de la trompette, le roulement de la timbale et les « rra » assourdis et entrecoupés des tambours (ex. 116).

L'orchestre est chantant et expressif, avec toujours une grande simplicité d'écriture. Page 94, le chant éperdu de Romeo s'accompagne de toutes les cordes à l'unisson; quelques tenues d'harmonie, des arpèges de harpe, c'est tout, et c'est plein de passion.

Au quatrieme acte, le prélude, à l'extase du grand duo d'amour, gagnera une chaleur tendre à être exposé par des violoncelles divisés en quatre. Il sera repris ensuite par les hautbois, clarinettes, bassons et cors. Ramassée dans le grave, la sonorité de ce motif, grasse et compacte, est fort belle.

Sans doute, pourrait-on remarquer l'abus des accompagnements en notes répétées, le plus souvent en triolets, et celui de quelques formules assez banales et vraiment très simples. Mais la distinction du tout est indéniable, et l'expression dramatique est souvent atteinte, comme en la scène finale du tombeau où, sous la phrase éperdue de Roméo : « O ma bien-aimée, la mort n'a pu altérer ta beauté! » les altos et les violoncelles divisés chantent si noblement et si douloureusement, le chant principal étant confié au premier violoncelle. Et quand les violons enfin répondent, comme le chalumeau des clarinettes répand sur l'ensemble une teinte sombre de deuil!

Georges Bizet (1838-1875).

Bizet fut accusé en son temps de wagnérisme... Cela nous fait sourire aujourd'hui, et les tendances, très respectueuses du passé, de l'auteur de *Carmen* nous paraissent bien loin de l'idéal wagnérien. Cependant, l'orchestre coloré et sonore de Bizet emprunte, en le faisant sien, plus d'un procédé à l'orchestre de Wagner, du Wagner de *Tannhauser* et de *Lohengrin* seulement. Les grands unissons de tout le quatuor y sont fréquemment employés, avec un soupçon de brutalité parfois, mais cela sonne superbement. Dans *Carmen* surtout, le pittoresque abonde: la couleur crue est franchement étalée, mais nous sommes en Espagne, en pays de soleil où le rouge est de mise. Dès le prélude, nous nous sentons aussi loin des mignardises et des élégances de Gounod que des placages meyerbeeriens. La phrase en *la* est vigoureuse et rythmée résolument par les contretemps des cors, des pistons et des trombones. On y sent une décision, un parti pris qui s'imposent. Procédé de coloriste extérieur et violent, comme, du reste, l'exposition de l'air du toréador par toutes les cordes à l'unisson et à l'octave, sur des accords, un peu plus discrets cette fois, des pistons et trombones.

Bizet n'emploie pourtant que l'orchestre habituel de l'opéra-comique (les pistons, hélas! remplaçant les trompettes), mais il sait en tirer le maximum de rendement.

Il manie adroitement les timbres de combinaison, et sait découvrir de nouvelles formules, comme ce passage de la page 11, où le leit-motiv de la passion de José est chanté par les clarinettes, bassons, pistons et violoncelles à l'unisson, assemblage des plus rares et d'intensité extraordinaire (ex. 117).

La caractéristique de cet orchestre paraît être l'emploi fréquent de l'harmonie qui devient de plus en plus prépondérante.

Des finesses se remarquent çà et là, comme l'accompagnement du chœur des gamins par deux petites flûtes à découvert, que souligne seulement une réponse de piston (p. 39). Par opposition, au tutti, les trombones et la grosse caisse sévissent un peu abusivement. Mais pour finir, dans le diminuendo, au retour des deux piccolo, quelle jolie guirlande de doubles croches en triolets s'égrène au quatuor, passant, souple et légère, d'un pupitre à l'autre (p. 54) (ex. 118). Bizet a esquissé, un des premiers, certains effets couramment employés par nos musiciens modernes : l'usage fréquent des flûtes dans le grave (il a soin, dans ce cas, de les accompagner par de simples tenues du quatuor, page 149) et la doublure des pizzicati des basses par une harpe (p. 161).

Dans le premier entr'acte, il confie au basson un rôle important, avec, sous le pizzicato des cordes, les roulements lointains du tambour. Cette fois, tout est fin et délicat. Les bois alternent avec les cordes

---

[1]. Les pages citées dorénavant sont, sauf indication contraire, celles des grandes partitions d'orchestre.

Gounod, *Roméo et Juliette* (par autorisation spéciale de M. Choudens).

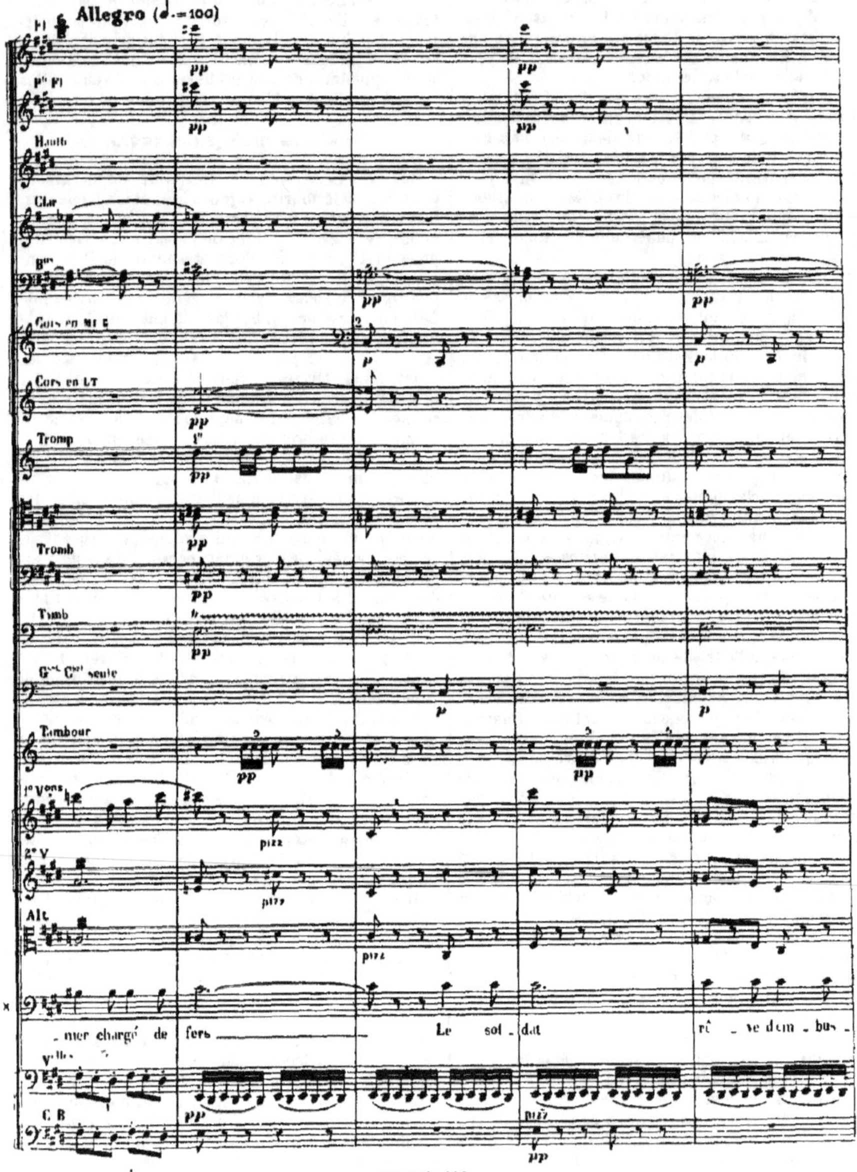

Exemple 116.

BIZET, *Carmen* (par autorisation spéciale de M. Choudens).

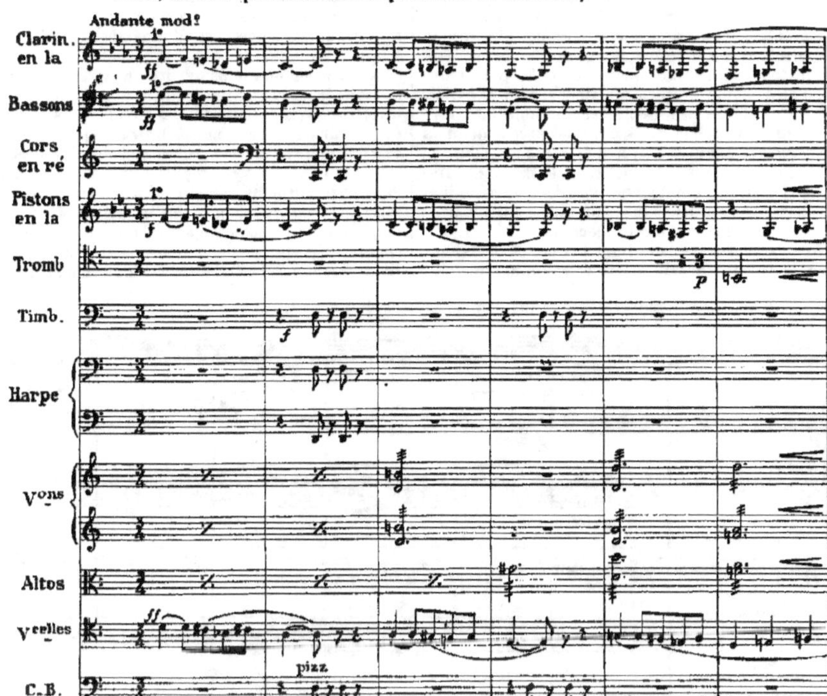

Exemple 117 — À la partie de *bassons*, lire clef d'*ut* 4e ligne au lieu de clef de *fa*. À la 1re mesure des parties des 1ers et 2es violons, lire batterie de triples croches sur *la-ré*, et à la partie d'altos, batterie sur *fa*.

BIZET, *Carmen*. *Chœur des gamins* (par autorisation spéciale de M. Choudens).

Exemple 118.

en un pimpant dialogue jusqu'au bavardage un peu moqueur des bassons en notes piquées, quand la clarinette à son tour reprend le thème.

La « Chanson bohème » n'est-elle pas pittoresque à souhait, avec ses flûtes et piccolo sur le pizzicato du quatuor et les cordes pincées de la harpe? Arrangement des plus simples, mais convenant si parfaitement au thème proposé. Et ceci semble bien être la marque du talent de Bizet. Quel accent donnent les passages alternés en *forte* et *piano* au chant en tierces des hautbois, clarinettes et bassons! Le tambour de basque ajoute une note locale, et le tout s'achève dans le fortissimo d'un tutti endiablé continuant le même rythme implacable.

Que de choses à citer! Dans le duo du deuxième acte, le thème lointain de la retraite, aux pistons,

fait un charmant accompagnement au chant rythmé par les castagnettes de la Carmencita.

L'accompagnement de la romance de José, avec ses harmonies recherchées, étonnantes pour l'époque, est plein de distinction. Au troisième acte, le chœur des contrebandiers nous apporte un exemple d'une nouvelle façon de traiter un tutti dans l'ombre et le mystère. Les notes piquées des trombones y mettent comme une sourde menace. L'air de Micaëla est accompagné de beaux et hardis arpèges de violoncelles.

L'éclat le plus violent reparaît dans l'orchestre du dernier acte. Quelle couleur curieuse prend ce passage du chœur (p. 525), où les trombones et les pistons en fanfare accompagnent l'unisson lié des clarinettes, bassons, altos et violoncelles! Quelle sonorité grasse et chantante dans la déclaration chaleureuse

BIZET, *L'Arlésienne. Ouverture* (par autorisation spéciale de M. Choudens).

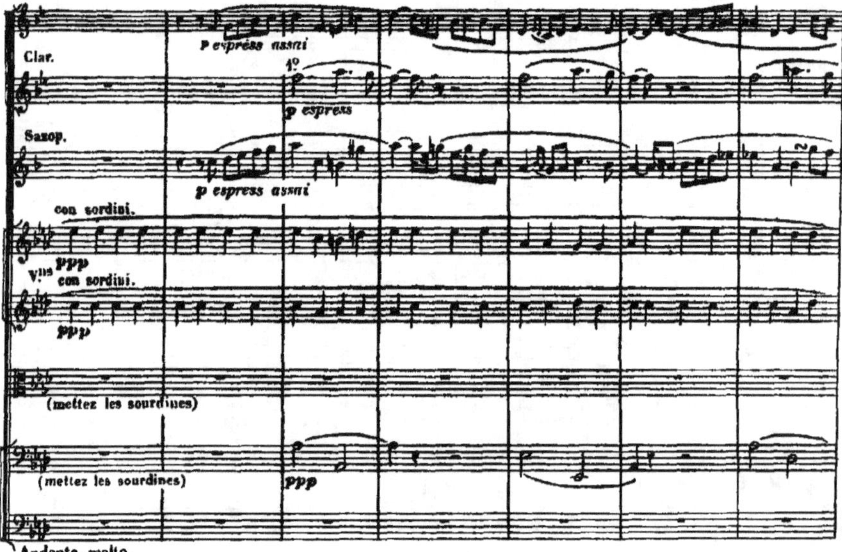

Exemple 119.

d'Escamillo : altos divisés et violoncelles, avec l'accompagnement rythmique au second violoncelle (p. 544)!

Dans le duo final, jusqu'à la catastrophe sanglante, l'orchestre reste simple, mais coloré. La phrase à l'unisson de tout le quatuor monte et grandit sans cesse, oppressive, angoissante, tragique comme le destin.

L'orchestre de *l'Arlésienne* montrera peut-être encore plus de maîtrise, plus de distinction en tout cas. Il comprendra deux flûtes, un hautbois, un cor anglais, deux clarinettes, deux bassons, un saxophone alto, quatre cors (simples toujours), deux trompettes, deux pistons, trois trombones, timbales, tambour, harpe ou piano et quintette à cordes.

L'idée de remplacer la harpe par le piano est peu heureuse, et tient sans doute aux nécessités de la scène. (Il s'agit là de musique de scène pour un drame.) A. Thomas, nous venons de le voir, avait déjà essayé l'introduction du saxophone à l'orches-

tre. Bizet en tire un plus heureux parti. L'instrument toutefois, et jusqu'à nos jours, reste à l'état d'exception, employé seulement de temps à autre par Léo Delibes, Mahler, Strauss et quelques modernes.

L'unisson intense du *prélude* doit son coloris si riche et si pénétrant à la réunion *sur les mêmes sons* du cor anglais, des deux clarinettes, des deux bassons, du saxophone, des deux cors et de tout le quatuor. Ce timbre gras avait été réalisé par Meyerbeer dans l'*Africaine*, mais ici, le saxophone y ajoute quelque chose de plus corsé encore. Le tambour rythme énergiquement la reprise en tutti, avec son étonnant crescendo suivi d'un brusque pianissimo, et la variation est charmante pour les deux cors et les altos en deux parties avec le contraste des piqués du basson.

La sonorité spéciale et chantante du saxophone est bien mise en valeur par la douce phrase mélodique en *la bémol majeur* (p. 15, ex. 119); la mélodie primitive prend une force admirable sous les triolets

BIZET, L'Arlésienne. Carillon (par autor. sp. de M. Choudens).

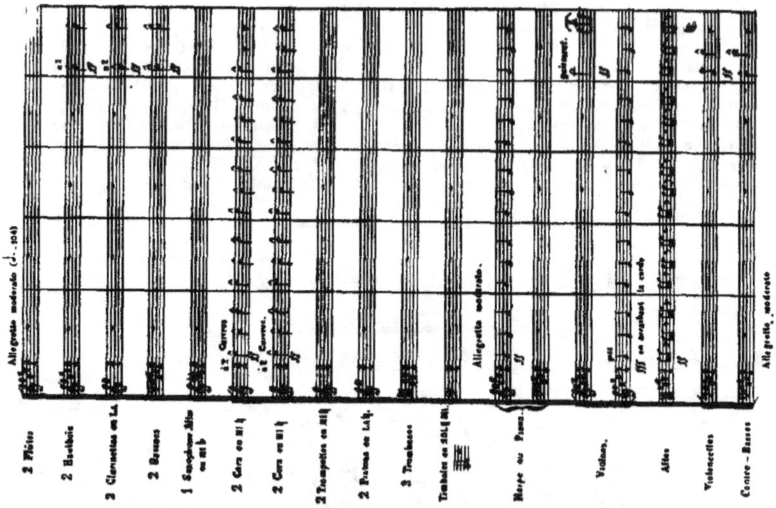

BIZET, L'Arlésienne. Minuetto (par autorisation spéciale de M. Choudens).

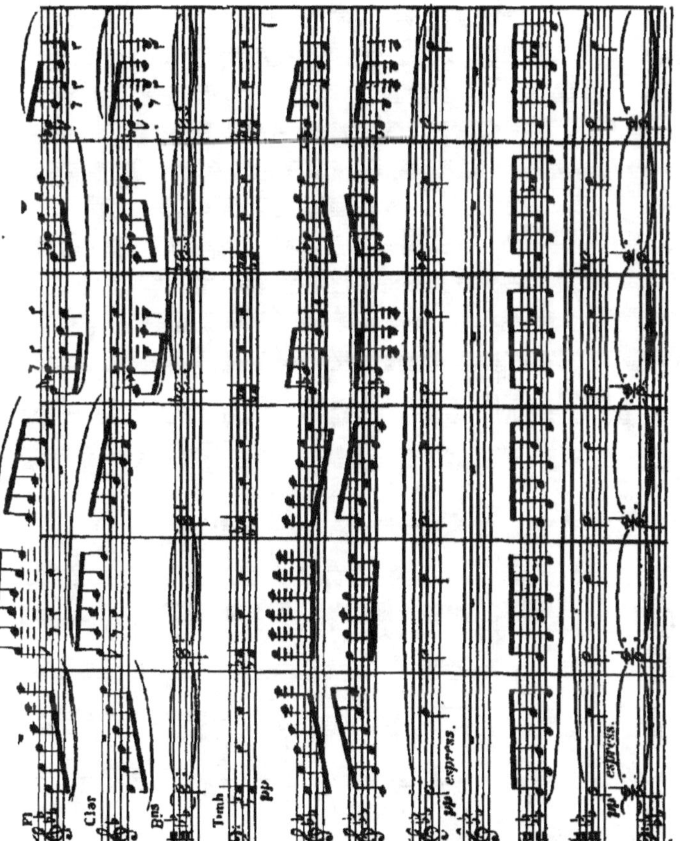

Exemples 120 et 121.

des bassons, cors et trompettes, et les tenues graves des bois, à sa reprise par tout le quatuor a l'unisson. BIZET abuse décidément de ce procédé, mais il s'en sert habilement.

L'entr'acte du deuxième acte s'empare encore de cet effet si sûr, mais le varie par les accords massifs (en quintes) des cuivres. Des jeux très fins de l'harmonie feront un utile contraste.

L'entr'acte du troisième acte débute aussi par un unisson. Et la belle phrase (un peu pompeusement) s'étalera au saxophone et au cor (à pistons).

Le *minuetto* est de facture plus distinguée. Le chant de saxophone et clarinette soutenu par les grands arpéges des violons y est heureusement repris par les deuxièmes violons et violoncelles, avec les arpéges transportés cette fois aux premiers violons, flûtes et clarinettes. L'alternance de cette disposition produit le plus heureux effet (p. 75, ex. 120).

Le pianissimo final est délicieux, l'unisson du quatuor, cette fois avec trois *p*, répondant aux accords piqués de l'harmonie.

Citons enfin le bel effet du carillon du troisième

REYER, *Salammbô*. 2º acte, scène IV (par autorisation spéciale de M. Choudens).

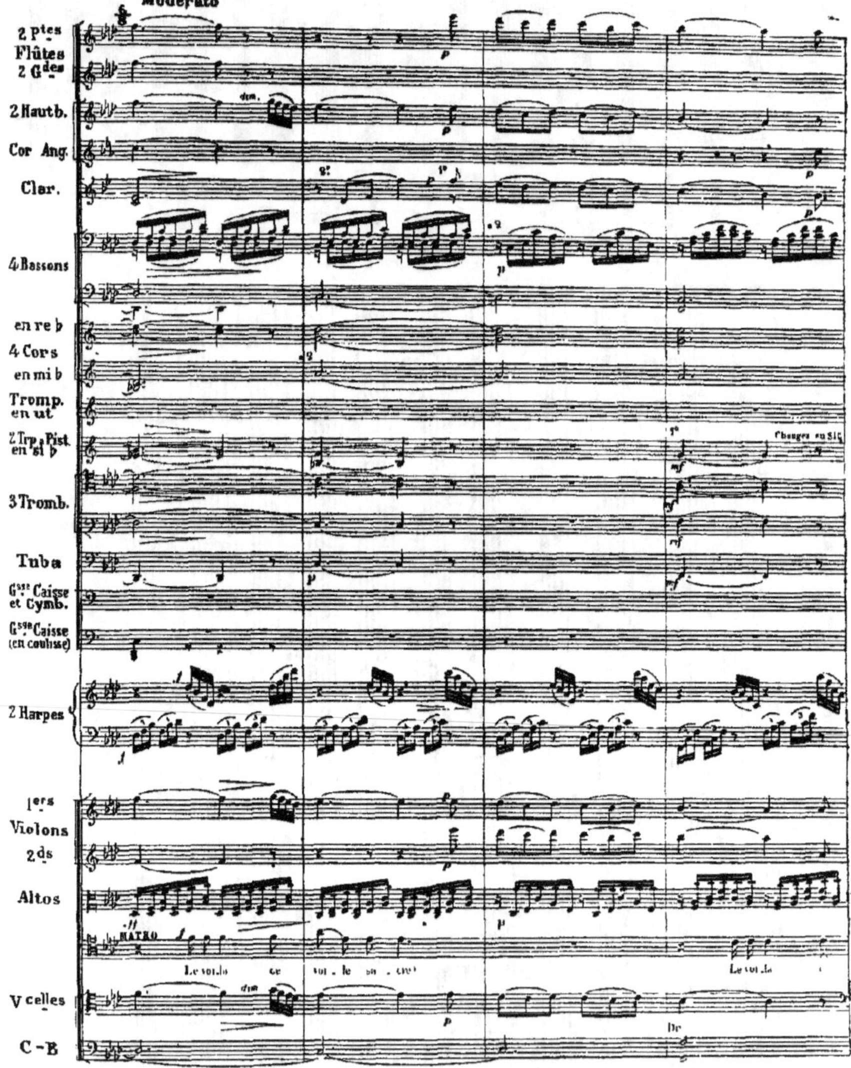

Exemple 121.

acte où les quatre cors unis, cuivrant le son, doublés par la harpe, les pizzicati arrachés des violons et les notes répétées des altos, imitent la sonnerie des cloches (p. 85, ex. 121), et l'exquise pastorale qui sert d'intermède à ce morceau, pastorale dont les délicates dissonances ont tant d'imprévu et de saveur. Le saxophone, ici encore, est heureusement employé.

Ernest Reyer (1823-1909), Édouard Lalo (1823-1892), Léo Delibes (1836-1891).

La principale qualité des ouvrages de Reyer réside dans sa noble déclamation, dans l'exacte notation de sa prosodie scrupuleuse, dans l'appropriation parfaite, en un mot, du texte à la musique. On peut joindre à cela la noblesse et la pureté du style général. Quant à l'orchestre, un peu lourd parfois,

mais empreint d'une réelle puissance et atteignant, par moments, à une poésie véritable, il ne nous apprendra rien de nouveau. Dans *Salammbó*, le dernier et le plus moderne de ses opéras, Reyer emploie trois flûtes et quatre bassons; il associe encore les cornets à pistons ou la trompette simple aux trompettes chromatiques, et confie aux harpes un rôle assez important. Relevons cet exemple (deuxième acte) d'intensité chaleureuse (Mathô découvrant le zaïmph) où, sous le chant en octaves des violons premiers et seconds et des violoncelles doublés des flûtes, hautbois et cor anglais, les arpèges des harpes sont grassement renforcés des bassons et des altos (ex. 122).

Plus symphoniste, Lalo pourrait nous fournir d'excellents exemples d'orchestration à la fois pittoresque et colorée, quoique sage et classique. L'élégance de l'écriture est extrême, la parfaite clarté

LALO, *Le Roi d'Ys* (par autorisation spéciale de M. Heugel).

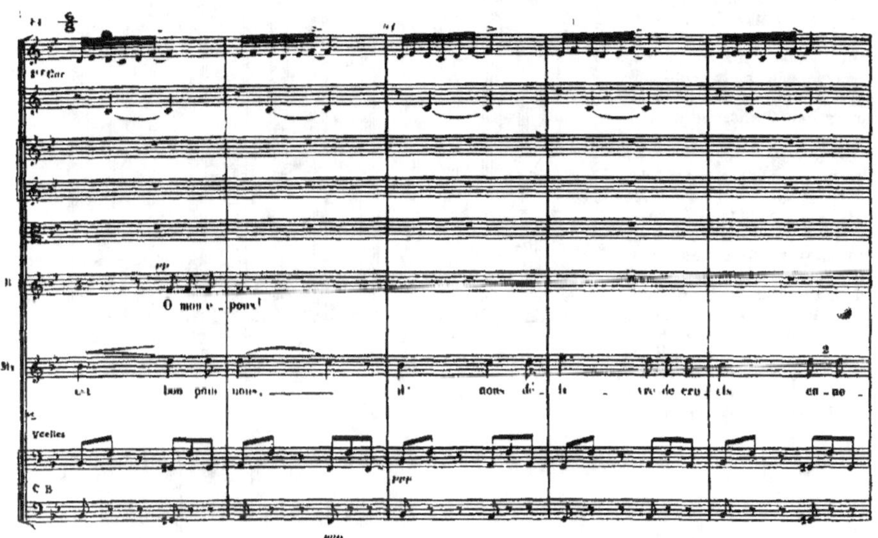

Exemple 123.

de l'ensemble, l'équilibre des sonorités, la mesure en toute chose, sont ici des qualités bien françaises. Rien n'est empâté, rien n'est inutile, les moindres détails sont mis en valeur, bien à leur place. On trouvera dans le *Roi d'Ys*, dans *Namouna*, dans la *Symphonie en sol mineur*, etc., maintes pages remplies de charme et d'une exquise sonorité. Qu'il nous suffise de donner ici, comme un exemple de simplicité plus savoureuse que bien des complications, ces quelques mesures du troisième acte (premier tableau) du *Roi d'Ys*, où la flûte, dans le grave, prend une importance toute spéciale (ex. 123), et cet exemple de la *Symphonie Espagnole* pour violon et orchestre, où le trait en doubles croches du violon solo est si ingénieusement accompagné par les notes piquées des flûtes et clarinettes sur les tenues pianissimo des trombones. On y remarquera le parfait équilibre obtenu par le dosage minutieux et divers des nuances, allant simultanément du triple piano au double *forte* (ex. 124).

Dans la *Rapsodie Norvégienne*, Lalo emploie une petite flûte, deux grandes flûtes, deux hautbois, deux clarinettes, deux bassons, quatre trompettes, quatre cors, trois trombones, ophicléide, timbales, grosse caisse, harpe et quintette. On reconnaît tout de suite l'affection particulière du compositeur pour les trompettes, qu'il emploie d'ailleurs avec beaucoup de tact, et plus souvent dans la nuance piano que *forte*. L'écriture de la partition est admirable. Il faut apprécier le soin avec lequel le maître indique les moindres effets du quatuor : notes à vide, quatrième corde, positions, poussés et tirés, liaisons exactes, rien n'est oublié de ce qui peut éclaircir les doutes de l'exécutant.

Le début de l'*allegretto* est bien caractéristique de la manière de Lalo, fine, distinguée, morcelée : les cors et le tambourin n'y ont qu'une note par mesure, sur le premier temps; les altos et violoncelles, deux notes sur la deuxième moitié du premier temps; les basses et la timbale, une note sur la première moitié du deuxième temps. Recherche rythmique raffinée et pourtant d'exécution facile et d'effet charmant (ex. 125).

Les accompagnements des *Concertos* de LALO sont toujours soignés et pleins d'invention, de trouvailles spirituelles et légères. Voir le dialogue des flûtes de l'*Intermezzo* du *Concerto pour violoncelle*. L'orchestre soutient le soliste sans jamais le couvrir. Les gros cuivres eux-mêmes, écrits avec tact, peuvent accompagner le virtuose sans absorber toute la sonorité. Les effets pittoresques abondent, comme celui (page 33 de la petite partition de la *Symphonie Espagnole*) où la flûte et la clarinette chantent en notes piquées à deux octaves l'une de l'autre, accompagnées de la seule timbale pianissimo, avec le beau contrechant fortissimo du violon solo.

Orchestrateur délicat, Léo DELIBES compte à son actif des pages ingénieuses et fines. Avec LALO, il a réhabilité la musique de ballet, en introduisant dans des œuvres comme *Sylvia* et *Coppélia* des recherches et des alliances de timbre d'une subtile distinction. Dans *Lakmé*, il accompagne les strophes du premier acte par de délicats sons harmoniques des cordes (ex. 426). L'entr'acte du deuxième acte laisse un rôle important

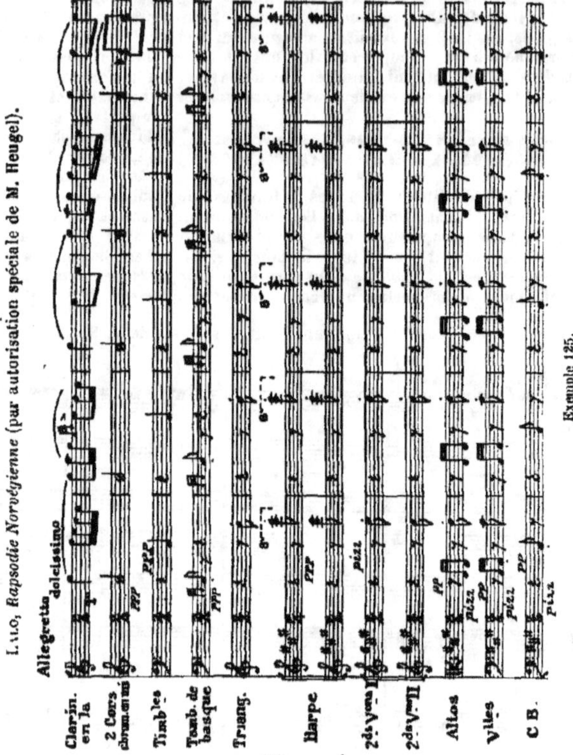

Exemple 125.

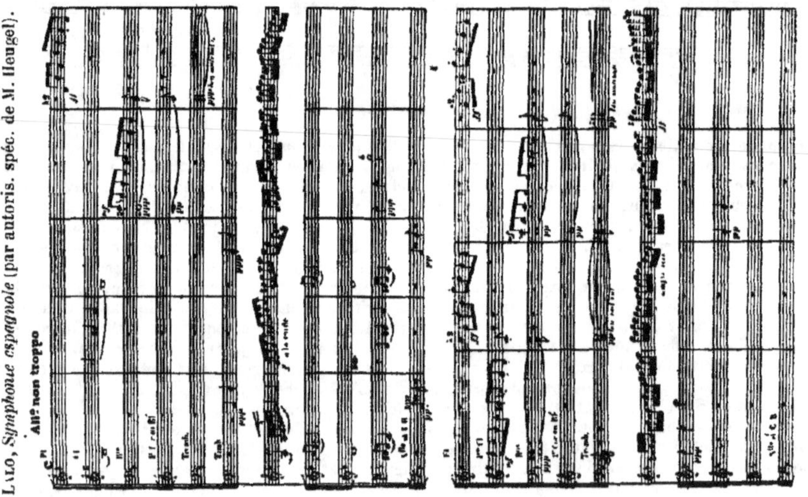

Exemple 124.

aux fifres et aux tambours de la retraite anglaise ; la mélodie y est pittoresquement accompagnée. Dans la *Légende*, chantée par Lakmé, les jeux de timbres, associés aux harpes dans l'aigu, communiquent à l'orchestre une acuité cristalline qui rivalise de pureté et de fraîcheur avec les notes vocalisées par le soprano.

Emmanuel Chabrier (1842-1894).

L'orchestre de Chabrier nous apporte plus de nouveauté, une hardiesse d'invention qui ne recule pas devant des alliances de timbres un peu hétéroclites, qui, dans sa recherche constante de vie mouvementée et d'entrain, ne fuit pas toujours les vulgarités, mais qui trouve des pages chaudes et vibrantes, des colorations curieuses, toute une gamme de nuances allant du plus vif éclat aux douceurs les plus enveloppées.

C'est à ces qualités que la rapsodie d'*España* doit l'énorme succès remporté à son apparition aux concerts Lamoureux. Chabrier s'y montre bien un précurseur de l'école moderne, et il y emploie des procédés qui deviendront courants un peu plus tard.

Les harpes y tiennent déjà une place primordiale,

Léo Delibes, *Lakmé.* 1er acte (par autorisation spéciale de M. Heugel).

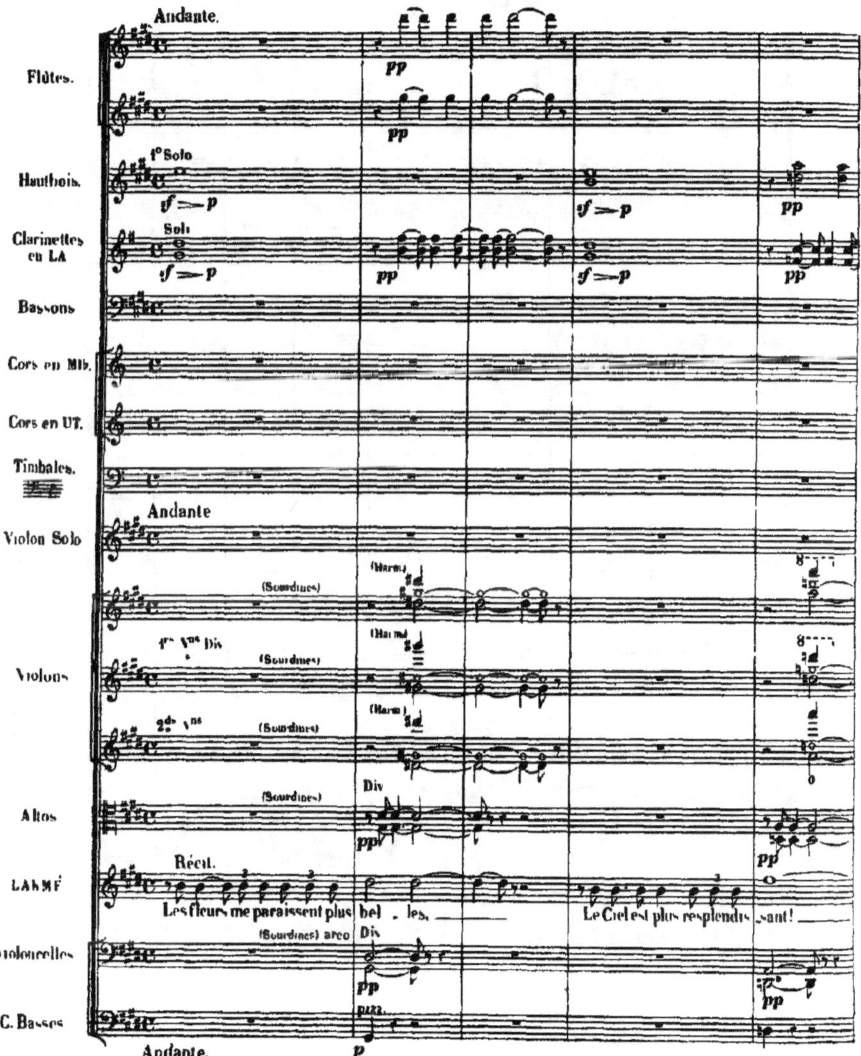

Exemple 126.

CHABRIER, *España* (par autorisation spéciale de N. Enoch).

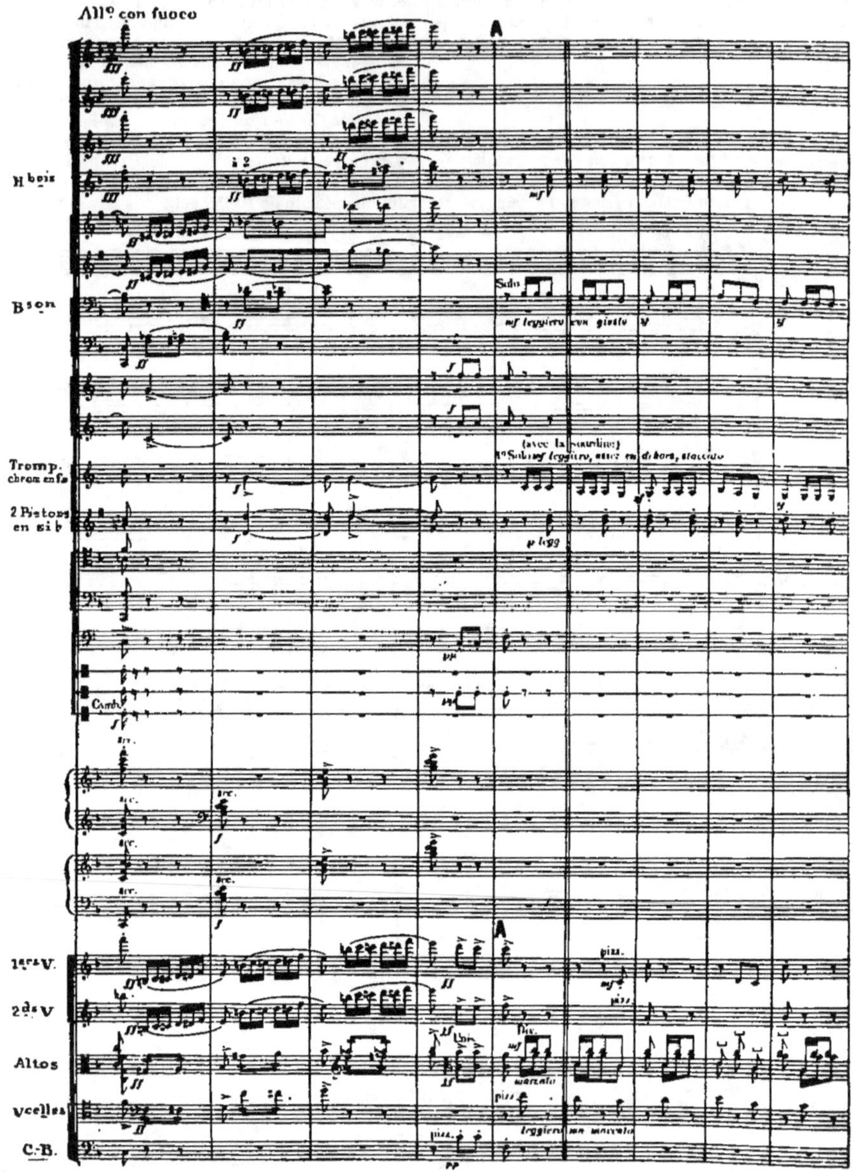

Exemple 127.

et prennent part à l'ensemble du discours musical. Les harmoniques y sont employés avec habileté. La sonorité, très brillante, y est obtenue par des moyens bien particuliers à l'auteur. Voyez, page 4, le solo de trompette avec sourdine, doublé à l'unisson par un basson, les notes piquées des pistons doublées des clarinettes et soulignées par un pizzicato des violoncelles. Ces alliances, qui pouvaient facilement être lourdes et brutales, gagnent tout leur prix ici à décorer un motif de légèreté souple, aux notes finement détachées (ex. 127).

Le piano, avec ses résonances, inspire toujours

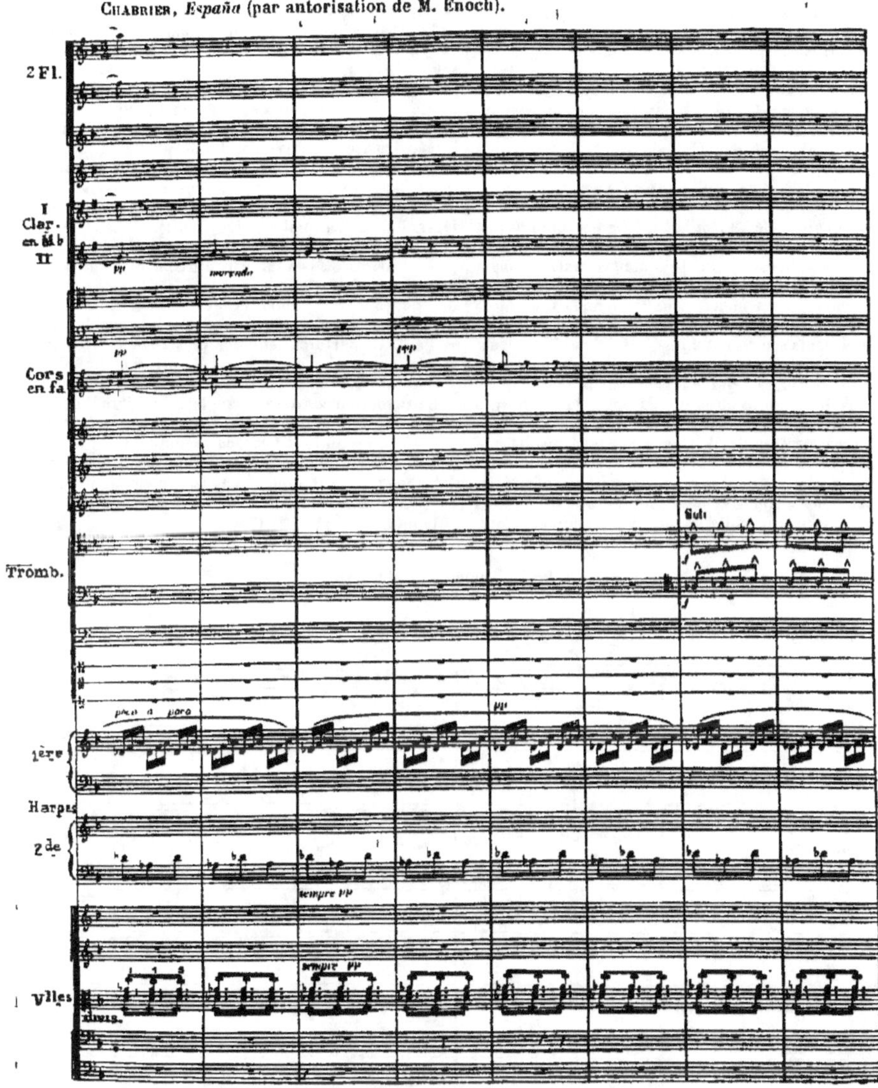

Exemple 128.

nos orchestrateurs modernes. Voici (page 27-28) un exemple où les harpes dissimulent leur sécheresse sous une sorte de prolongation du son communiquée par les notes répétées des violoncelles, divisés sur l'accord de ré bémol majeur. La brutalité des trombones tranche plus loin, un peu vulgaire, sur ce fond estompé, comme une traînée de vermillon ou d'écarlate sur une grisaille (ex. 128).

Dans Gwendoline, CHABRIER emploie l'orchestre par trois. Il associe encore les pistons en si bémol aux trompettes à pistons en fa. Ces trompettes auront dans l'œuvre une part importante. Dès l'ouverture, elles accompagnent de leur rythme saccadé les triolets des violons. Page 20, ce sont elles, unies aux pistons, qui chantent le 6/4 en tierces, accompagnées des traits en doubles croches des bois et des cordes à ¢.

A côté de ces pages hautes en couleur, bien des passages de finesse se remarquent. Les harpes, elles aussi, enrichissent constamment l'ensemble de leurs arpèges enveloppants. Nous ne pouvons tout relever et d'autres partitions nous réclament. Signalons cependant l'extase finale du duo d'amour (p. 111), avec ses flûtes graves et ses bassons syncopés, haletants de désir exténué, les harmoniques des harpes et l'entrée émouvante et si tendre du cor anglais auquel répondent les violons.

Jules Massenet (1842-1912).

Les qualités de charme et d'élégance qui ont fait le succès de la musique de MASSENET se retrouvent dans son orchestre, un peu maigre parfois, mais d'une réelle distinction d'écriture. Examinons quelques-unes de ses pages, sans trop nous y arrêter, car nous n'y trouverons aucun caractère de nouveauté, mais seulement d'ingénieux détails, un souci de placer chaque timbre bien en valeur, et un besoin de clarté qui fera rejeter les complications polyphoniques, les timbres de combinaison, et les surcharges de la musique wagnérienne.

L'orchestration de *Werther* comprend une importante partie de saxophone en *mi bémol*. Les trompettes y sont remplacées par des pistons moins éclatants, plus intimes et plus souples, qui ne révèlent leur timbre « canaille » que dans quelques tutti, grâce à la grande habileté d'écriture de l'auteur.

La scène du « Clair de lune » est célèbre. La séduisante mélodie gagne à être délicatement traduite par le violoncelle, doublé à contretemps par la flûte et la harpe, dont d'expressifs silences entrecoupent le chant comme extasié. C'est délicieux de sonorité (ex. 129).

Que d'autres passages seraient a citer pour leur pureté cristalline! — Au premier acte, sur les mots de Werther : « Tout m'attire et me plaît, » les batteries en triolets des cordes divisées sur quatre octaves, soulignées d'un quadruple « piano », pendant que chantent en sourdine le hautbois et le cor anglais; durant le petit chœur d'enfants, la pédale en harmoniques des premiers et deuxièmes violons traversée des accords des bois, doublés à l'aigu par la harpe; et ce joli effet séraphique du troisième acte, où le chant (tout en harmoniques encore) des violoncelles se marie si heureusement aux tintements légers du glockenspiel (ex. 130 et 131).

On pourrait reprocher aux tutti leurs doublures un peu massives. MASSENET est plus bruyant et plus brillant que fort. Il y a cependant, dans *Esclarmonde*, des endroits de pleine et grasse sonorité. Mais ici, l'influence wagnérienne montre le bout de l'oreille. Cette partition, une des plus touffues du maître, est, au point de vue orchestral, une des plus intéressantes.

Extrayons-en ces deux exemples : l'un d'une finesse linéaire bien dans la manière du compositeur; l'autre, au contraire, où tout l'orchestre donne, mais d'une belle clarté de réalisation, avec son beau chant de trombone perçant doucement la masse sonore par la personnalité de son timbre, malgré sa nuance atténuée (ex. 132, 133, 134).

MASSENET, *Werther* (par autorisation spéciale de M. Heugel).

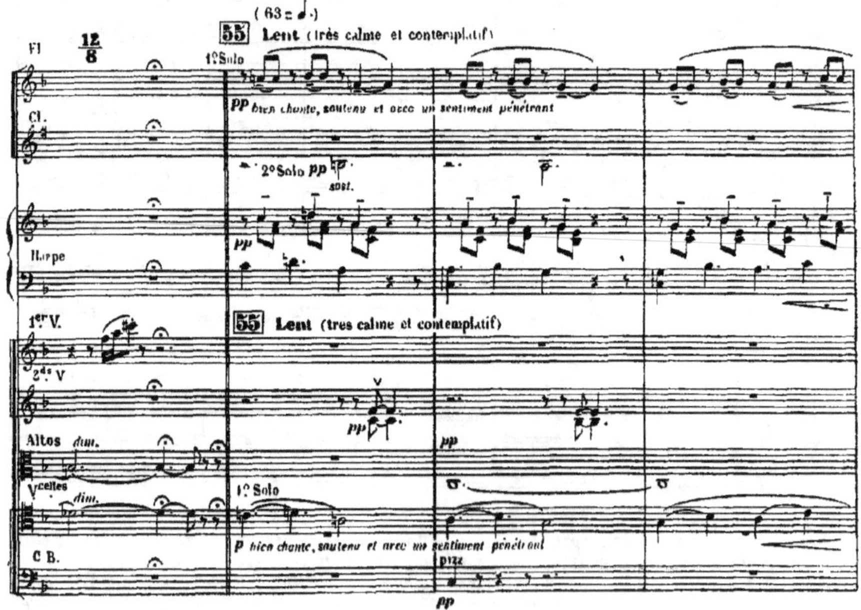

Exemple 129.

MASSENET, *Werther*. 1er acte (par autorisation spéciale de M. Heugel).

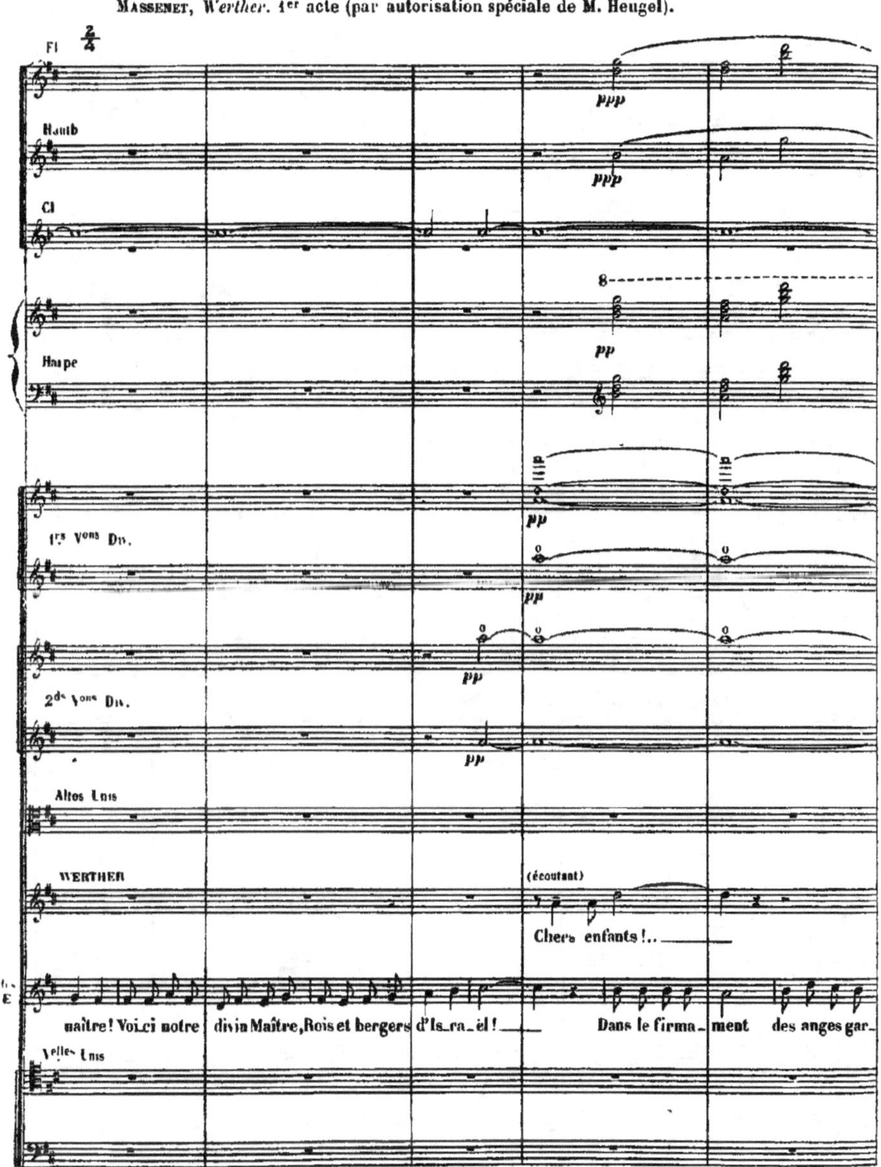

Exemple 130.

Massenet, *Werther*. 3ᵉ acte (fin) (par autorisation spéciale de M. Heugel).

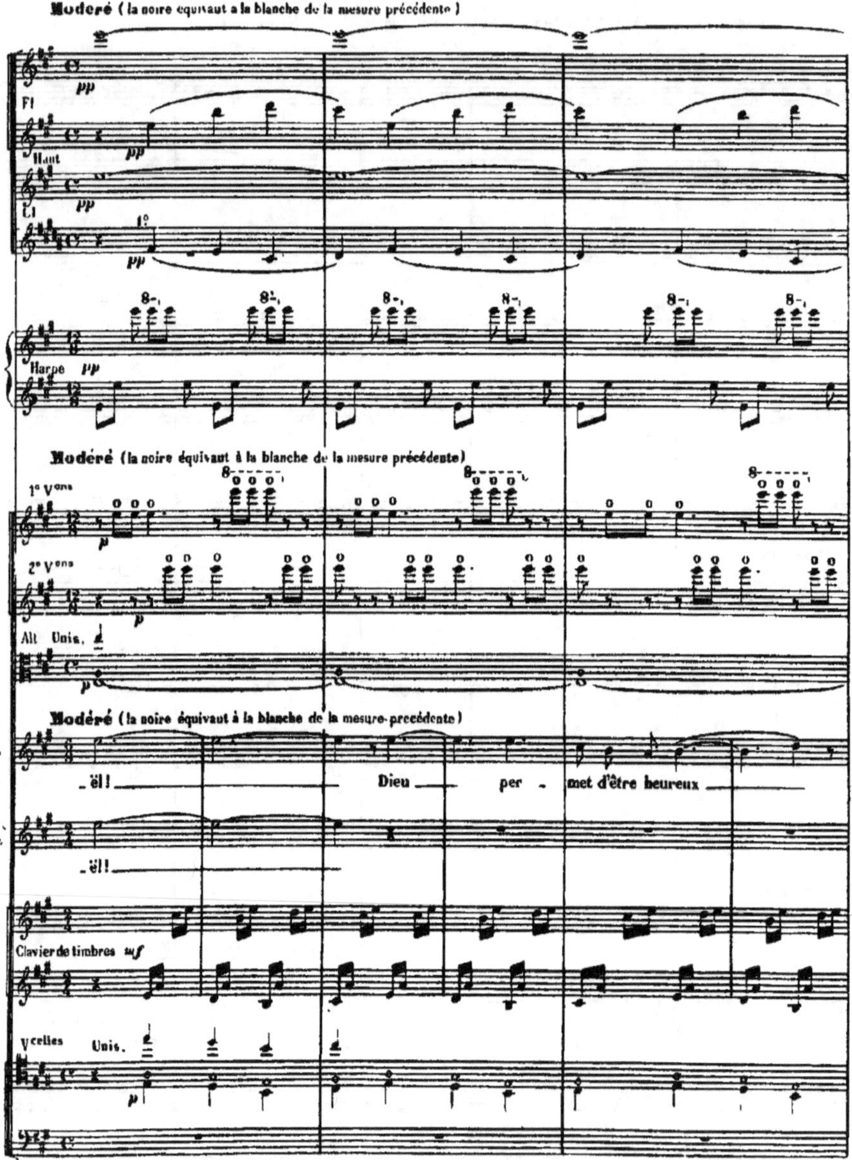

NOTA Le clavier de timbres dans la coulisse avec les chœurs

Exemple 131.

Massenet, *Esclarmonde*. 3e acte (par autorisation spéciale de M. Heugel).

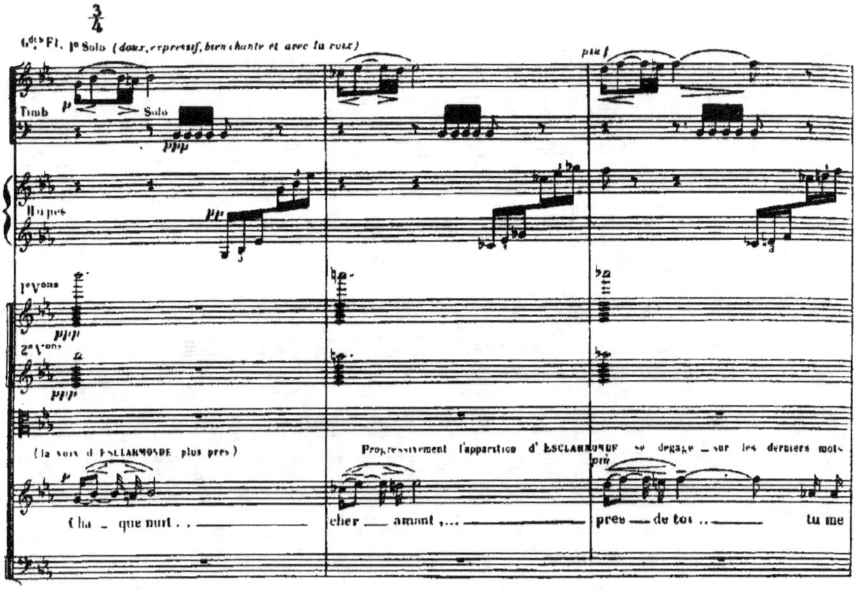

Exemple 132.

Richard Wagner (1813-1883).

Le grand réformateur du théâtre lyrique, Wagner, devait, lui aussi, amener une révolution profonde dans l'art de l'orchestration. Ses conquêtes, enlevées de haute lutte, en dépit de l'opposition la plus violente, furent naturellement successives. On ne crée pas de toutes pièces l'orchestre géant de la *Tétralogie*, on y arrive sagement par des découvertes et des essais progressifs. Cependant, Wagner n'a pas seul le mérite d'avoir réalisé d'aussi radicales modifications dans la technique de l'orchestre au théâtre; il doit partager la gloire de les avoir conçues avec Weber, Berlioz et Liszt, ses précurseurs directs, dont il épousa tout d'abord étroitement les idées, et dont il ne craignit pas de copier d'assez près les formules.

Sa forte personnalité, du reste, se dégagea assez vite de l'imitation. Il fertilisa les emprunts faits à Liszt, notamment, par une géniale façon de les accommoder De même que quelques-uns de ses types mélodiques, fort empreints de wébérisme, ou même calqués sur certaines phrases connues de Mendelssohn, se trouvèrent transformés et vivifiés par la grandeur et la puissance de leur développement, de même sa pratique de l'orchestre, sa connaissance merveilleuse des timbres et de leurs alliances lui permirent au début de centupler l'effet des combinaisons essayées par ses modèles. Bien vite, il arriva à une conception plus personnelle et, grâce à l'usage de timbres spéciaux, et surtout à l'habileté prodigieuse de sa facture et à l'audace d'une écriture qui se jouait des difficultés (en les méprisant), il sut colorer ses ouvrages des teintes les plus riches et les plus variées.

Mépriser la difficulté, c'est-à-dire écrire de parti pris des choses inusitées, en proclamant avec un beau sang-froid : « Les musiciens s'y feront, » cela peut sembler un manque de métier érigé en doctrine. C'était dangereux. Mais lorsqu'on s'appelle Wagner, c'est simplement l'orgueil d'un homme fort qui sait ce qu'il veut et qui impose ses idées, certain qu'il est de ne rien écrire après tout d'absolument injouable. La virtuosité orchestrale a fait, grâce à Wagner, de grands, d'énormes progrès, et tels traits de violon ou de violoncelle, tels passages de flûte ou de clarinette, tels arpèges de harpe qui semblaient autrefois inexécutables, n'effrayent plus aujourd'hui que les musiciens en herbe ou les orchestres de quatrième ordre. Il faut faire exception, toutefois, pour certain passage de harpe où les harpistes doivent encore se mettre à plusieurs pour pouvoir, en divisant chaque groupe de triples croches, obtenir un à peu près d'exécution.

Mais l'effet de ce passage est prestigieux, même incomplètement rendu. N'avons-nous pas vu Beethoven écrire, à dessein, des traits de contrebasse injouables de façon précise? Ici l'effet justifie tout.

L'œuvre de Wagner est considérable; négligeons l'étude de ses premières partitions qui ne nous apporterait rien de très nouveau. Passons rapidement même sur le riche orchestre de *Tannhauser*, dont la composition ne change pas les traditions établies par Meyerbeer. Déjà, cependant, dans *Tannhauser* comme dans le *Vaisseau Fantôme*, la manière hardie de traiter les violons, la variété d'écriture du quatuor, l'emploi plus constant de la petite harmonie, nous font pressentir un maître de l'orchestre. Les procédés de Weber sont ici agrandis et magnifiés de superbe façon. Tout sonne avec éclat, sans rien de

MASSENET, *Esclarmonde* (par autorisation spéciale de M. Heugel).

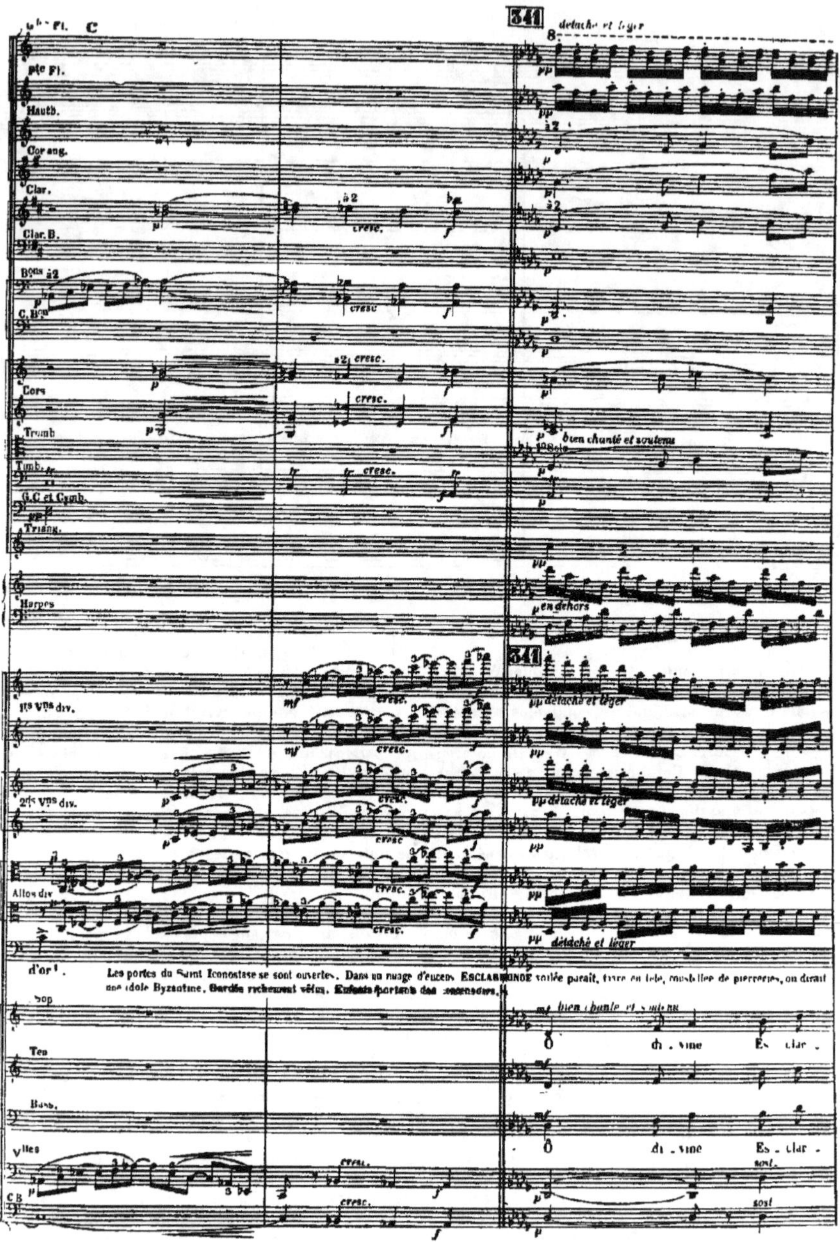

Exemple 133.

MASSENET, *Esclarmonde* (par autorisation spéciale de M. Heugel).

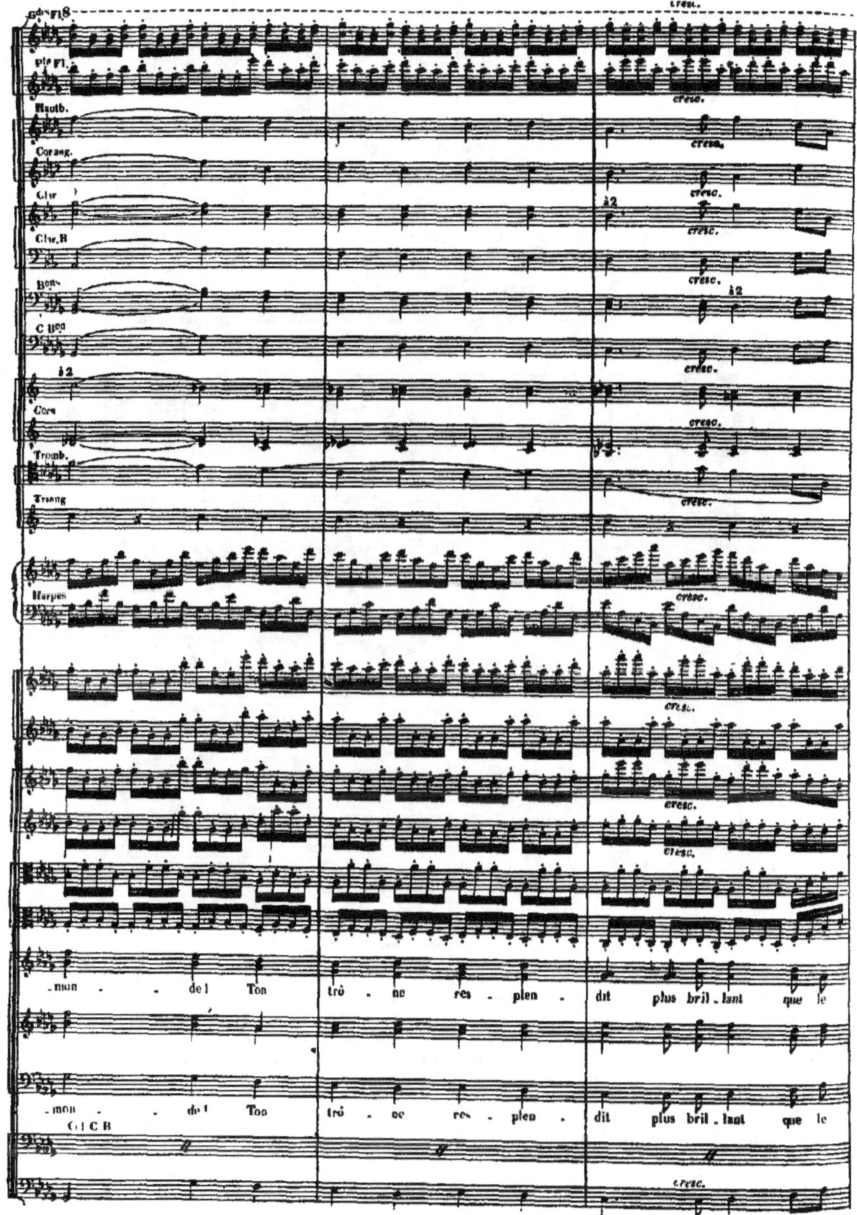

Exemple 134.

vulgaire; la puissance est indéniable (on devait le reprocher à WAGNER en confondant le bruit avec l'ampleur), les oppositions sont bien ménagées, et la sonorité *piano* ou *forte* reste toujours fort belle.

L'*ouverture* de *Tannhäuser,* tant décriée à son apparition, participe aux qualités de la partition tout entière; elle est lumineuse et sonore, avec un beau début onctueux et gras, où la prière des pèlerins se trouve exposée par les clarinettes, clarinette basse et cors. Remarquons comme le chant supérieur est renforcé par l'union de la première clarinette et du premier cor. Ces riches teintes composites seront toujours familières à WAGNER. Et le violoncelle va chanter éperdument là-dessous, tandis que les altos se joindront à l'ensemble (ex. 135).

WAGNER ne se sert ici des cors chromatiques que pour les troisième et quatrième cors. Les deux premiers sont écrits pour cors simples. Puis, viendra le

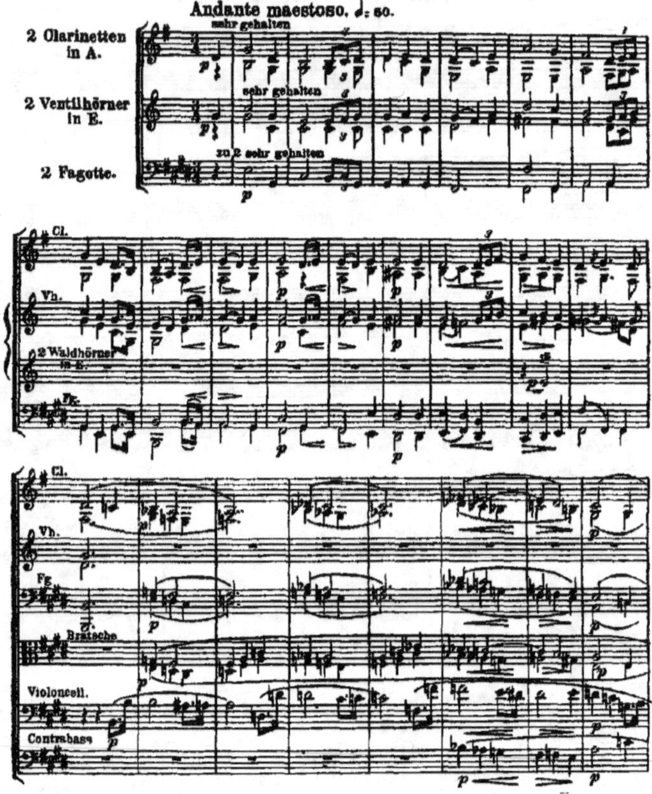

Exemple 135.

trait persistant des violons enveloppant la clameur chantante du trombone. Tout s'apaisera et les alertes motifs de la Bacchanale s'épandront dans l'orchestre. Hardiment, le maître fait grimper ses premiers violons jusqu'au *contre-ut.* La fière mélodie, au dessin mouvementé, de Tannhauser passe alors, wébérienne de contour et d'instrumentation. Puis, sur l'interminable trait des violons, volontaire et obsédant, les trombones diront la mélodie élargie, parée de tout son éclat.

La Bacchanale, ajoutée à l'opéra sur la demande des abonnés parisiens qui désiraient un ballet, et accueillie, à la première, par des tempêtes de cris et de sifflets, est pittoresque, colorée, vivante, et si expressive, si pleine de volupté vers la fin! Sa diffi- culté d'exécution, très grande pour l'époque, contribua pour une bonne part à cette incompréhension totale. Que de détails charmants pourtant dans ce morceau, quelle intensité d'accent dans les trilles incisifs des violons accompagnant l'harmonie et les deux trompettes!

La sonorité, parfois un peu crue, est brillante toujours et, plus loin, les dessins sautillants des violoncelles et des bassons peindront la vivacité espiègle, un peu caricaturale, de la danse des faunes. Après les grands arpèges des cordes, viendront les phrases enamourées des violons et violoncelles sur des palpitations de hautbois, clarinettes et cors, et, succédant à l'entrée des chœurs, le beau dialogue du hautbois solo avec un premier violon et un premier violoncelle, tout plein de tendresse voluptueuse.

De plus en plus douces, de plus en plus enlaçantes, les phrases berceront le sommeil de Tannhäuser, l'orchestre sera ténu, fluide, transparent et plein de séductions !

Moins brillant, moins extérieur, plus concentré, plus homogène est l'orchestre de *Lohengrin*. Ici, la beauté de la sonorité semblera la préoccupation constante du compositeur. Ce n'est pas encore la polyphonie souple et mouvementée des *Maîtres chanteurs*. Si cet orchestre est coloré et expressif, il ne prend pas encore la part la plus active du discours musical. Les récits sont accompagnés un peu comme dans l'ancien opéra, et les longues tenues des bois et des cors ne vont pas sans quelque monotonie. Mais quelle pondération dans le dosage des sonorités, quel art parfait dans l'emploi de l'harmonie ! Mozart et Weber semblent avoir inspiré cette musique ; elle réalise leurs intentions, peut-être, avec une maîtrise que pouvaient seuls permettre les progrès de la facture instrumentale et la composition plus complète des orchestres.

Car nous aurons maintenant de façon constante trois flûtes et trois bassons ; la clarinette basse fera partie intégrante de l'orchestre, ainsi que le cor anglais qui s'ajoutera aux deux hautbois. Enfin et surtout, les cors et les trompettes chromatiques, arrivés à leur plus haut point de perfection, permettront, en évitant les formules stéréotypées des an-

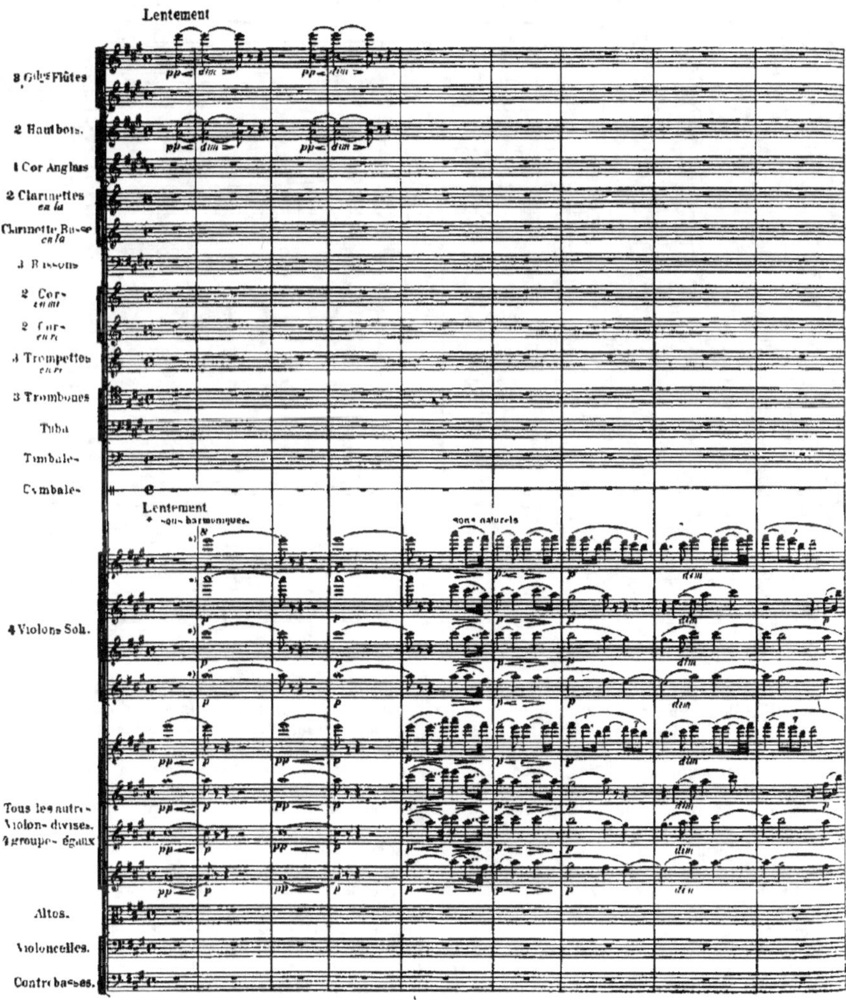

Wagner, *Lohengrin*. *Prélude* (par autorisation spéciale de M. Durand).

Exemple 136.

ciens instruments, d'engraisser le dialogue mélodique de la richesse somptueuse de leur timbre.

Car les doublures vont se faire nombreuses chez Wagner. Non pas les sottes et encombrantes doublures de tout l'orchestre, où les parties de quatuor, redoublées, soulignées inutilement par les bois, semblent trahir la maladresse du compositeur et son effroi de ne pas parler assez haut. Non, chez Wagner (comme chez Berlioz, mais de façon plus générale), les redoublements d'un chant par deux, trois ou quatre instruments de timbres différents n'ont pour but que de colorer la mélodie d'une sonorité plus riche, plus chaleureuse, souvent veloutée. Wagner est passé maître dans cet art, et ses innovations en ce genre ne se comptent pas.

Page 3 de la petite partition (réduite en format de poche), le chant est joué par deux flûtes, un hautbois et une clarinette; plus loin (p. 7), la rentrée du thème des cors est doublée aux altos et aux violoncelles. Un autre procédé favori de Wagner, déjà employé avant lui par quelques auteurs, mais dont il usera plus fréquemment et avec grand bonheur, consiste dans la division extrême du quatuor. Qui ne connaît l'admirable *prélude* de *Lohengrin*, avec ses violons divisés en grand et petit orchestre (souvenir du *Concerto grosso*) à huit parties, atteignant, grâce aux sons harmoniques, les limites extrêmes de l'aigu? L'effet en est magique : il semble que cette phrase mystérieuse descende du ciel, où elle remontera vers la fin, après avoir pénétré dans les profondeurs d'un monde plus réel (ex. 136).

L'art avec lequel les phrases se succèdent, l'en-

WAGNER, *Lohengrin. Prélude* (par autorisation spéciale de M. Durand)

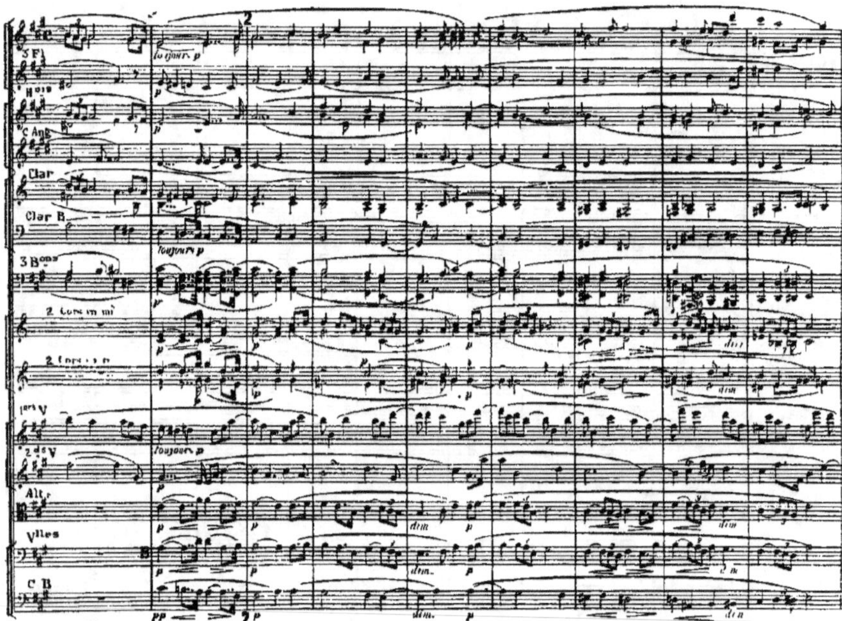

Exemple 137.

chaînement si bien préparé de ces diverses sonorités font de ce prélude une chose accomplie. On aura une idée de la façon dont Wagner comprend les redoublements, en lisant le passage où l'entrée du thème par le cor anglais, les flûtes, les bassons, les cors, les altos et les violoncelles, prend un timbre grave et profond. Remarquons, en passant, que si certaines parties de l'harmonie sont redoublées (bassons et cors, clarinettes et violons), la partie mélodique la plus importante domine toujours l'ensemble, grâce à son renforcement par les timbres chaleureux du cor, des altos et des violoncelles sur la chanterelle (ex. 137).

Les passages intéressants sont légion. Bornonsnous à en signaler quelques-uns. Au premier acte, la prière d'Elsa et le récit du songe, auquel les trémolos aigus, la harpe, les flûtes et hautbois communiquent une sonorité fluide, comme magique (p. 68). Plus loin, à l'apparition lointaine du Chevalier au Cygne, les trompettes, lumineuses quand même, mais comme assourdies et voilées, sonnent angéliquement : trémolos aigus et divisés des violons, légers arpèges de harpes; trois flûtes, deux hautbois, un cor anglais lancent tout d'abord à demi-voix leur fier et chevaleresque motif. L'image du chevalier sauveur s'entrevoit soudain, comme en un songe lointain encore. Lorsque enfin, si longtemps désiré, il apparaît réellement sur les flots argentés du lac, à l'évocation pressante d'Elsa, c'est, sur le même susurrement des cordes, trois trompettes pures et limpides qui attaquent pianissimo le thème déjà resplendissant, sur les interjections étonnées du chœur. Et voilà un effet que pouvaient seuls permettre les nouveaux instruments chromatiques (ex. 138).

WAGNER, *Lohengrin*. 1er acte (par autorisation de M. Durand).

Exemple 138.

Au deuxième acte, pour traduire les sombres pensées de Frédéric et d'Ortrude, accablés de leur disgrâce, WAGNER fait appel à tous les timbres graves : bassons, clarinette basse, cors, cor anglais, violoncelles et contrebasses. Et soudain, contraste saisissant, à l'apparition d'Elsa au balcon, la flûte n'évoque-t-elle pas bien le pâle rayon de la lune venant éclairer la compatissante compagne de Lohengrin? Elsa disparue un moment, Ortrude laisse échapper ses sentiments de haine, et le terrible *ré*, martelé à l'unisson absolu par tout le quatuor, accuse l'âpreté de ses imprécations.

Aux endroits les plus dramatiques, les trombones et les timbales apparaissent, mais la grosse caisse et la cymbale restent muettes... Oh! bonheur! Nous n'étions plus habitués à cette réserve de bon goût! Ces instruments d'exception avaient été gaspillés si étrangement par les successeurs de ROSSINI!

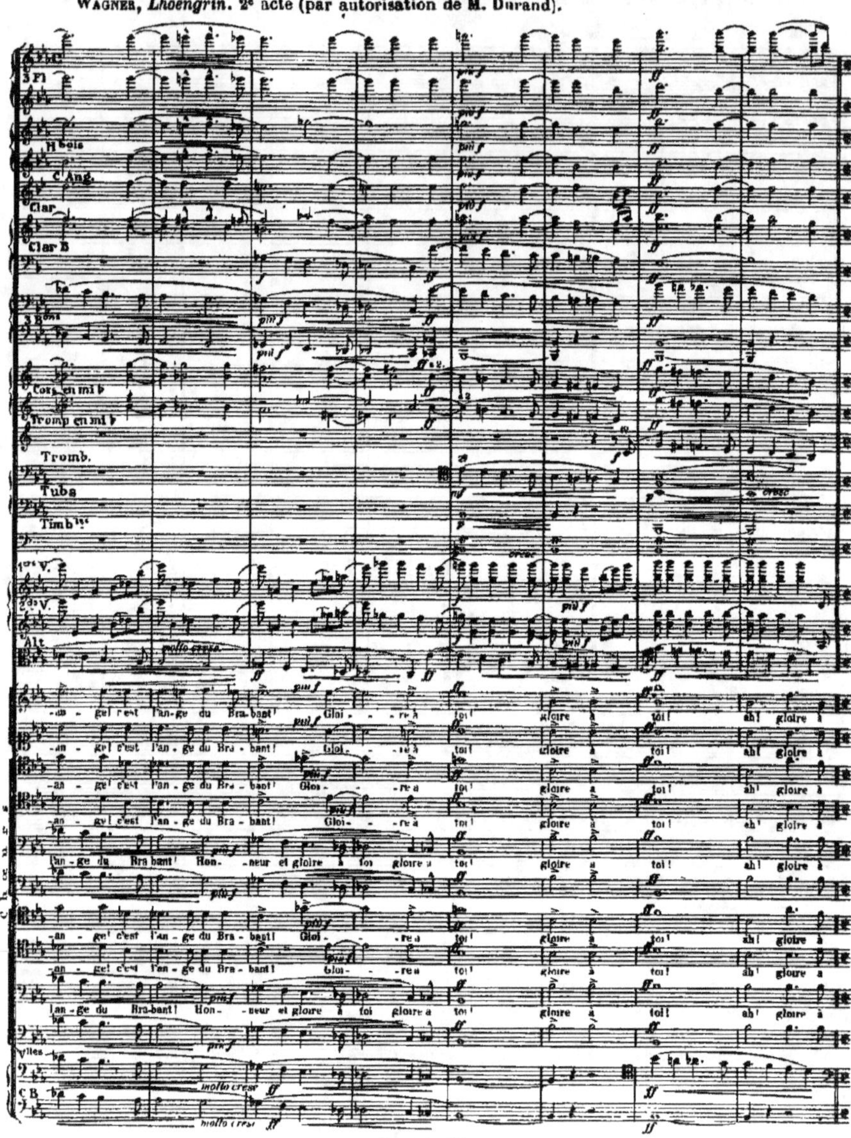

Exemple 139.

Sur la scène, le livret exige bien assez souvent des trompettes, mais pas plus la marche religieuse que celle des fiançailles n'amène le déploiement formidable de cuivres où se seraient complu HALÉVY et consorts. La marche religieuse, très sobre, a des sonorités d'orgue. Des passages entiers y sont confiés à l'harmonie seule ; aussi, quel effet de douceur céleste à l'entrée des violons, comme le crescendo est bien ménagé et quelle puissance dans les belles phrases intérieures, redoublées par le basson, les quatre cors, les trombones ou la trompette, les altos et les violoncelles ! Cela sonne mieux que toute une bande de saxhorns (ex. 139).

La force la plus grande est atteinte dans le *prélude* du troisième acte, où les premiers, les deuxièmes violons et les altos, souvent unis, exposent un dessin rythmique intense. L'éclat devient incomparable avec le formidable unisson des basses (cors, bassons, violoncelles, auxquels se joignent plus tard les trombones et le tuba), sur les triolets répétés des violons et du reste de l'harmonie.

Citons encore, dans la marche des fiançailles, le curieux effet d'une réponse rythmique de trompette, flûtes et harpes à l'unisson (assemblage assez rare), complété d'une note de triangle ponctuant la fin (p. 398). Toute l'orchestration du duo est à remarquer, si simple, si douce, mais sans maigreur. Quelle tendresse dans les phrases émues de la clarinette! Le souvenir de Mozart a dû passer près de là.

La scène de la réunion des vassaux, au dernier acte, n'exige pas moins de douze trompettes échelonnant leurs entrées. Pendant le beau récit du Graal, les altos et les violons se doublent à quatre parties chacun, la sonorité pénétrante de l'alto venant corser le timbre expressif, mais moins sévère, des violons; puis, les trombones étalent leurs larges harmonies sur la division des altos et des violoncelles; c'est plein de religiosité et de mystère sacré. A l'arrivée du cygne bien-aimé, les violons, célestes, planeront à l'aigu comme au prélude.

Le soin des indications de nuances est grand chez Wagner. Elles sont répétées partout méticuleusement. C'est à quoi tient en partie la magie de son orchestration. Il ne se contente pas de marquer un crescendo ou un diminuendo, il en souligne le point exact d'arrivée et la limite de dynamisme. Il emploiera par exemple des notations de ce genre (ex. 140):

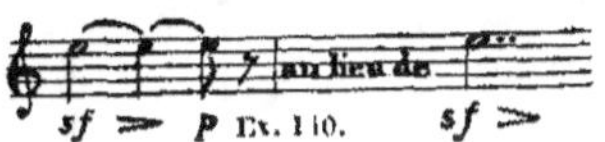

ou encore (ex. 141):

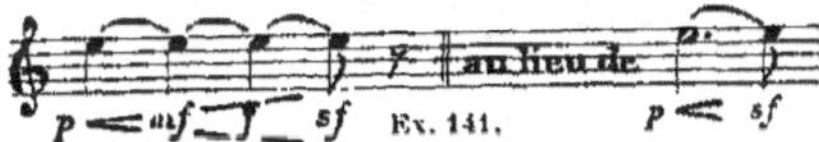

là où d'autres se seraient contentés d'un :

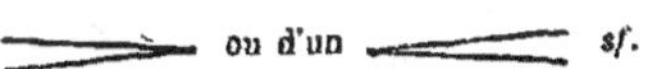

Il emploiera aussi, dans quelques cas et avec beaucoup d'à-propos, les nuances opposées simultanées. C'est là un procédé dangereux qui demande une grande sûreté de métier. Wagner atteint souvent grâce à ce moyen, facile seulement en apparence, des effets polyphoniques d'où, malgré la complication, toute obscurité est bannie.

.·.

Le progrès s'accentuera encore avec les *Maîtres Chanteurs*. Ici, la polyphonie règne en maîtresse, polyphonie un peu lourde et compacte parfois, un peu couvrante aussi pour la voix, défaut inévitable d'une aussi somptueuse figuration. Wagner se défendra pourtant toute sa vie de cette accusation. Ne s'indignait-il pas, lors d'une représentation de *Lohengrin* a Weimar, d'avoir trop entendu les trompettes, les timbales et les contrebasses? Ne voulait-il pas que la mélodie vocale fût entièrement détachée de l'harmonie instrumentale, que jamais elle ne pût se confondre avec elle? Bientôt, nous allons le voir rechercher des moyens d'exécution si spéciaux, dans le seul but d'isoler la voix de l'orchestre, qu'ils aboutiront a la création d'un théâtre unique au monde.

Pour le moment, il doit se contenter des moyens usuels. Il met carrément tout l'intérêt musical de son œuvre dans l'orchestre, mais la déclamation vocale est si précise et si ferme qu'elle permet de lutter dans bon nombre de cas avec les déchaînements du magistral ensemble.

L'admirable et sonore polyphonie du *prélude* aura bien quelque lourdeur, mais quelle puissance! Les doublures y deviennent de plus en plus la loi courante. Ces doublures, variant d'aspect, amènent de fréquents changements de coloration, et aussi parfois un peu de crudité de ton, mais quelle plénitude dans la force, et comme certains renforcements de phrases intérieures atteignent, grâce à un judicieux emploi de ce procédé, une intensité toute particulière!

On remarque encore (p. 38 à 40 de la petite partition) les tutti chaleureux et l'accent pénétrant de la belle phrase chantante des premiers violons et de la clarinette, doublés à l'octave en dessous par les violoncelles et le premier cor, pendant que toute la partie rythmique est martelée par le reste de l'orchestre.

Le second violon quitte son rôle habituel, de remplissage harmonique ou de redoublement des premiers violons, pour communiquer aux contrechants des bois, qu'il soutient le plus souvent, un peu plus de chaleur expressive. C'est là un procédé nouveau, cher à Wagner, que nous retrouverons très fréquemment.

Si l'harmonie, dans les *Maîtres Chanteurs*, prend une importance grandissante, le quatuor n'en est pas moins traité avec une ampleur et une science de l'effet tout à fait remarquables. Pendant la première moitié du premier tableau, Wagner ménage les forces mises à sa disposition, et les trompettes, trombones, grosse caisse et timbales n'apparaissent qu'à la fin de l'acte. N'est-il pas extraordinaire que le principal reproche adressé au révolutionnaire du vieil opéra ait été son amour du tapage, le bruit infernal de ses accompagnements, l'abus des gros cuivres..., alors qu'il emploie ces instruments, d'ordinaire bruyants, beaucoup plus dans la douceur que dans la force, et qu'il ne se sert (dans toutes ses œuvres) de la grosse caisse et des cymbales qu'à de très rares moments? La foule et les critiques manquent souvent de logique.

Ce qui frappe dans les ensembles, c'est toujours le bel équilibre des sonorités, l'art avec lequel chaque contrechant est mis exactement à sa place dans une gradation bien calculée. A ce point de vue, on étudiera utilement les p. 163-164 de la petite partition.

Cet orchestre est véritablement parlant. Il a le mérite de caractériser admirablement l'état d'âme de chaque personnage. Certain passage n'exprime-t-il pas bien l'impuissance rageuse, l'envie froide, l'âme sèche du cuistre Beckmesser, avec ses fusées de petite flûte, ses nuances brusques, ses pizzicati de violons, secs et arrachés, suivis de petits traits incisifs?... Et quelle variété dans les rythmes! Car la diversité rythmique des parties est grande dans toute cette partition, et lui communique un mouvement et une vie intense. En somme, c'était là le principe rossinien, mais là où Rossini n'appliquait cette diversité qu'à des formules, un peu nulles, d'accompagnement, Wagner l'applique à la polyphonie mélodique. Rien d'inutile, tout concourt à l'effet, tout porte, tout s'entend, chaque motif a sa mission bien déterminée. Tout remplissage est exclu.

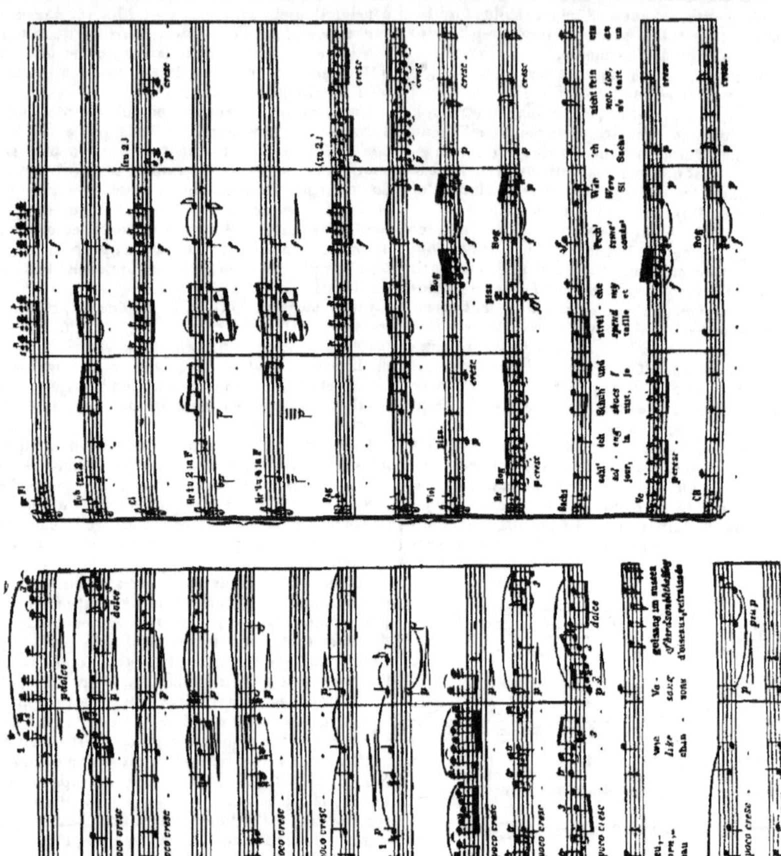

Regardez les parties de seconds violons, qui embarrassent tant de compositeurs, leur dessin sera aussi important que celui des premiers violons, et les altos n'auront pas une phrase moins mouvementée (ex. 142).

Cette merveilleuse indépendance s'étale dans la courte introduction du second acte. La joie et le mouvement y circulent librement (p. 4 et 8) Et ce seront des parties véritablement ornées, enguirlandées, épanouies comme de fraîches corolles qui accompagneront le gracieux chœur de la Saint-Jean : « Fleurs et guirlandes à pleines mains... »

Le quatuor chante éperdument : il constitue souvent un tout complet auquel l'harmonie vient s'ajouter, mais qui, privé de ce secours, n'en vivrait pas moins profondément.

Et comme cette musique dépeint avec précision les sentiments les plus opposés ! Ce sont le mouvement et la passion de la déclaration d'Eva p. 134), les couplets humoristiques de Sachs, ornés des ricanements des flûtes, des gloussements des clarinettes et bassons, des fusées des premiers violons, scandées des énergiques pincés des altos, formidables railleries (ex. 143).

Pour ajouter à tout ce piquant, un nouvel instrument fera son apparition : le luth de Beckmesser, joué le plus souvent sur les cordes à vide.

Dans toute cette scène, le quatuor est écrit avec une verve mordante : ce sont des gammes en doubles et triples croches, des *pizzicati* mélangés de *col arco*, des coups de fouet d'accords brefs, une extraordinaire variété de rythmes.

Parfois cependant, toute cette polyphonie éperdue se tait et laisse le quatuor, maître de la situation, parler seul un langage émouvant. (Voyez p. 253-54 du récit de Sachs et les passages de cors et quatuor.)

Les sons bouchés du cor sont marqués d'une croix. Une particularité des partitions wagnériennes est que les cors paraissent changer de ton avec une rapidité déconcertante. Ce n'est là qu'un artifice d'écriture. Les cors sont joués sur des instruments en *fa*, transposant facilement dans tous les tons à l'aide de leurs pistons. Les compositeurs modernes écrivent pour cor en *fa* les notes telles qu'elles doivent s'exécuter. WAGNER préfère une écriture moins chargée d'accidents; il indique donc tantôt cors en *mi*, tantôt cors en *fa*, en *ré*, en *mi bémol*; l'exécutant se sert des pistons seulement pour mettre son instrument dans la tonalité exigée, et joue comme il le ferait sur un cor simple.

La sérénade de Beckmesser trouve en Hans Sachs un impitoyable censeur; les railleries du maître cordonnier, scandées des coups de marteau sur l'empeigne, sont soulignées par un alto moqueur, par un violoncelle humoristique. Un basson gargouille, une clarinette ricane dans le grave,... tout cela est d'un esprit qui ne reste jamais à court d'invention.

La polyphonie grandit et menace d'absorber les voix. Malgré tout, dans ce tutti de la dispute finale, si réaliste, où MEYERBEER et ROSSINI n'eussent pas manqué de faire intervenir trombones, ophicléide, grosse caisse, triangle et cymbales, le petit orchestre marche seul avec les trompettes et un tuba. Les trombones ne font leur apparition qu'à la fin, et fort utilement, tout au sommet du crescendo.

Le *prélude* méditatif du troisième acte, grave et profond, donne un bel exemple d'entrées successives des cordes; il atteint à une sonorité grasse et ample lors de la réponse des cors, bassons, trompettes et trombones, opposés seuls au quatuor.

Quelle expression, quel élan, quelle expansion amoureuse dans les pages 88-89! Souvent, les bois et les cordes forment deux petits orchestres ayant chacun leur individualité bien distincte et prononçant ensemble un discours différent. Quelle sonorité chantante dans ce fragment où Eva, frémissante, vient implorer le secours de Sachs! Les parties de premiers et seconds violons s'y superposent, y échafaudent leurs arpèges expressifs d'un élan aussitôt refréné, sous la chaude partie d'alto. BACH seul avait donné des exemples d'une telle aisance d'écriture, en même temps que d'une telle profondeur d'émotion; toute l'âme d'Eva semble y palpiter du divin frisson de l'inquiétude amoureuse (ex. 144).

En vérité, cet orchestre est fleuri comme un étincelant jardin. WAGNER touchera avec la *Tétralogie* à des effets d'un dramatique plus profond, d'un coloris plus tranché, d'une sonorité plus nouvelle, mais jamais plus riche. Il n'atteindra pas à une pâte plus ferme, à une facture plus nerveuse et plus nourrie, à une saveur plus piquante, à une vie plus réelle enfin. Tout est corsé, parsemé de traits élégants, de trilles colorés, d'un rythme sans cesse varié et renouvelé;

les *crescendo* sont obtenus, non pas seulement par des « ajoutés » d'instruments, mais par des progressions rythmiques d'une force étonnante, tel ce passage où les traits s'échafaudent en un élan progressif qui double l'intensité sonore du *rinforzando* (ex. 145).

Cette sonorité de la marche s'accroîtra plus loin encore de la disposition des accords en *ut* majeur du quatuor, où il semble que WAGNER ait atteint la limite de sonorité des instruments à cordes.

.·.

La partition de *Tristan et Yseult* conserve à peu près les mêmes dispositions instrumentales. Elle y ajoute seulement un troisième basson et une troisième timbale de secours pour les changements rapides de l'accord.

En tête, le compositeur recommande spécialement les parties de cors à l'attention des exécutants. Cors chromatiques naturellement. Il explique les raisons qui forcent à abandonner l'ancien cor simple, malgré sa pureté de son, et, en dehors des tons de *mi* et de *fa* prescrits à certains moments avec intention, il laisse les cornistes juges des corps de rechange nécessaires. Enfin, il insiste pour que les sons bouchés soient exécutés réellement, ainsi qu'il le demande.

Le troisième trombone sera toujours un vrai trombone basse, ajoute-t-il, parant ainsi à la mauvaise habitude française d'exécuter les trois parties de trombones sur des trombones ténors.

Dans *Tristan*, la polyphonie ne sera pas moindre que dans les *Maîtres*; elle tendra, de plus en plus, vers l'expression intense, la chaleur fiévreuse, l'agitation intérieure. Tout le drame passera dans l'orchestre. Pour cela, l'harmonisation se fera plus riche, plus dissonante, les appogiatures abonderont, cruelles ou adorables, douloureuses toujours, comme la belle appogiature des hautbois sur l'accord des clarinettes, cor anglais et bassons, dans le *prélude*, après la phrase expressive des violoncelles, ce leitmotiv de la passion tragique de Tristan.

Les moindres accents sont, d'ailleurs ici, soulignés avec un soin extrême par un procédé d'orchestration assez simple, et pourtant fort peu usité jusque-là, plusieurs instruments, attaquant une note pour la renforcer, lui communiquent ainsi toute sa valeur. Ils abandonnent peu à peu cette note tenue, ne laissant plus le soin de continuer le dessin mélodique qu'à un seul d'entre eux. Cet effet de *diminuendo* après un *rinforzando* est très particulier à WAGNER et très employé dans *Tristan*.

L'alto prend sa part toujours accrue dans l'ensemble. WAGNER ne craint pas d'écrire des parties d'alto d'une assez grande difficulté. Où est le temps où, d'après BERLIOZ, les altos étaient joués par de mornes vieillards, violonistes, retraités, endormis sur leur pupitre?... La clarinette basse est notée audessus des bassons et en clef de *fa*, écriture logique et qu'on a eu le tort de ne pas adopter.

Remarquons encore, dans le *prélude*, le grand unisson de tous les bois faisant prédominer une phrase chaleureuse sur la masse du quatuor soutenu et *forte* (ex. 146).

Un peu plus loin (p. 13), ce sera l'inverse.

Les parties de cors deviendront de plus en plus chargées. Ce sera là une des caractéristiques de la musique moderne. Les cors sont parmi les instruments les plus indispensables de l'orchestre; ils soulignent les rythmes, doublent et accusent les contre-chants, soutiennent les harmonies de toutes les nuances possibles, ils n'auront plus de repos. Ce sont eux qui remplacent la pédale du piano par leurs longues tenues *pianissimo* sous les rythmes saccadés des autres instruments. Ils nourrissent et corsent les ensembles. Les bassons leur prêteront ouvent une aide efficace.

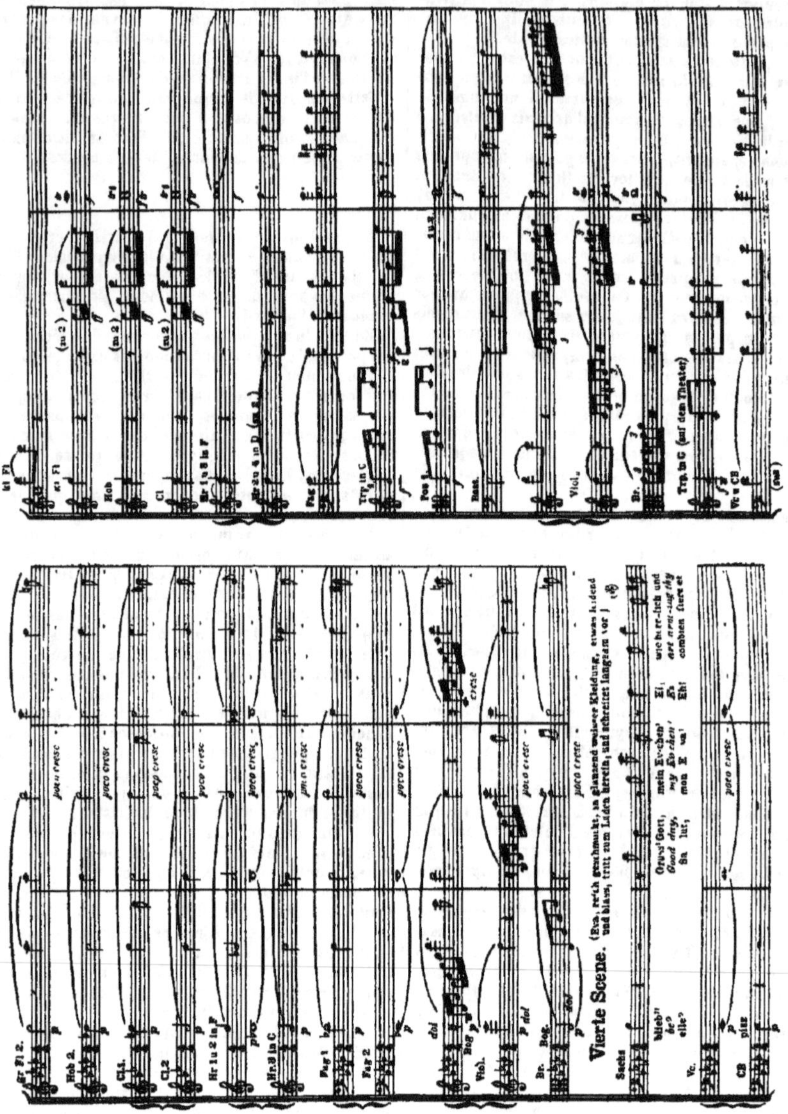

Ici, ce sont eux (cors et bassons) qui ont toute l'importance. Remarquer, en passant, l'effet de *pizzicato* des seconds violons à l'unisson du *col arco* des pre-miers. Encore un effet de percussion emprunté au piano. Les compositeurs ne sont-ils pas tous (ou presque) des pianistes ?

Et WAGNER recherchera une couleur instrumentale en rapport avec la situation. Tristan sombre et amer, Isolde concentrée, nécessiteront de longs passages confiés aux timbres les plus sourds : altos divisés, violoncelles, bassons, clarinette basse (p. 60-61), et l'emploi des flûtes dans le grave se généralisera : page 85, trois flûtes et un cor anglais forment une délicieuse harmonie à quatre voix. Plus que dans les

Wagner, *Tristan et Isolde*. Prélude (par aut. spéc. de M. Eschig).

Exemple 146.

Maîtres Chanteurs, le quatuor devient indépendant de l'harmonie, les doublures sont moins nombreuses, les figures rythmiques mouvementées confiés aux cordes ne convenant pas toujours aux bois et rarement aux cuivres.

On pourra trouver que l'orchestre, toujours au premier plan, absorbe l'élément vocal et empêche la voix d'arriver au spectateur, à moins d'efforts surhumains. C'est un peu la rançon de ce magistral ensemble chargé d'exprimer les sentiments les plus violents et les plus exaltés. Page 124 de la petite partition, Brangaine peut à grand'peine surmonter l'éclat d'un orchestre, où les trombones, les cors, les bassons, les hautbois soutiennent *fortissimo* de larges et complets accords en rondes, pendant que le quintette à l'unisson martèle énergiquement des figures rythmiques en croches.

:: Les unissons de tout le quatuor se font ici plus fréquents. Le violoncelle ne craint pas de suivre les dessins mouvementés et ardus des premiers violons.

· En opposition aux unissons énergiques, nous trouvons, exemple plus rare pour le moment, la division extrême du quintette en dix parties se redoublant dans deux octaves.

·· L'orchestre est toujours merveilleusement expressif et décrit toutes les sensations de l'âme. Avec la passion grandissante, torturante, de Tristan et d'Isolde venant de boire le philtre d'amour, et sentant, toutes barrières rompues, leur résistance céder, c'est comme une lave ardente qui circule dans leurs veines, un torrent de feu qui les embrase et les fait s'étreindre en un enlacement fou!... Tout bouillonne alors dans l'orchestre, les appogiatures gémissantes, mais tendres, se succèdent en une véhémente progression, tout palpite et s'élance, et monte pour retomber et remonter encore... Et le navire aborde au port dans la joie et le délire. Les chœurs chantent, fougueux; c'est l'éclat, c'est la pompe la plus grande avec le puissant tutti où les seconds violons viennent renforcer les basses à l'octave, et où trois trompettes et trois trombones, sur la scène, répondent aux appels sonores des cuivres de l'orchestre.

Signalons, dans ce final (p. 273), un effet particulier de harpe doublant, dans le médium, en octaves alternées, la partie de violoncelle. Ceci sera imité par les compositeurs les plus modernes.

Au début du second acte, nous aurons à relever quelques unissons employés en vue d'obtenir des timbres spéciaux et encore inentendus. Unisson des hautbois et cors anglais avec deux cors à l'octave en dessous, unisson de deux hautbois et une clarinette redoublés à l'octave grave par le cor anglais et deux cors chromatiques. Ces effets se complètent de nuances habilement opposées, ombre et lumière, *fortissimo* de tout le quatuor suivi du *piano* de l'harmonie au grand complet, colorations variées, trémolos *sul ponticello*, division des cordes, etc.

Et la nuit divine, la nuit d'amour, la nuit d'extase arrive enfin. Douceurs et caresses dans l'orchestre. Isolde, anxieuse, attend l'éloignement définitif des cors de chasse dont la fanfare s'éteint graduellement en la forêt profonde. Tristan va venir... Frémissante, elle épie son arrivée, et c'est une rare formule d'accompagnement rythmique, sans aucun contrechant cette fois, sur laquelle se détache le chant du hautbois auquel répondent les premiers violons. Nuit parfumée, murmure du ruisseau, bruits mystérieux de l'ombre, souffle nocturne de la brise, avec quelle magie vous êtes évoqués!

Isolde, agitée, inquiète, attend toujours, et l'orchestre est haletant lui aussi et plein d'inquiétude; à mesure qu'elle pressent l'approche de l'aimé, le désir monte, tout grandit, s'agite, éclate en une joie suprême, forcenée, sur un cri des deux amants enfin réunis!... cela est sublime (ex. 147).

Contrairement à l'usage des compositeurs dramatiques, pas de trémolo dans tout ceci. Je veux dire: pas de ce trémolo banal du quatuor, chargé conventionnellement d'exprimer toute l'agitation et le mouvement de la scène. Ici, souvent, une seule partie en trémolo apportera à ce vaste ensemble expressif la trépidation convulsive nécessaire. Par contre, ces battements rapides d'un ou deux sons

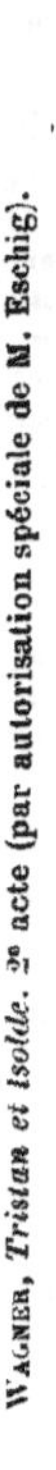

WAGNER, *Tristan et Isolde.* 3e acte (par autorisation spéciale de M. Eschig).

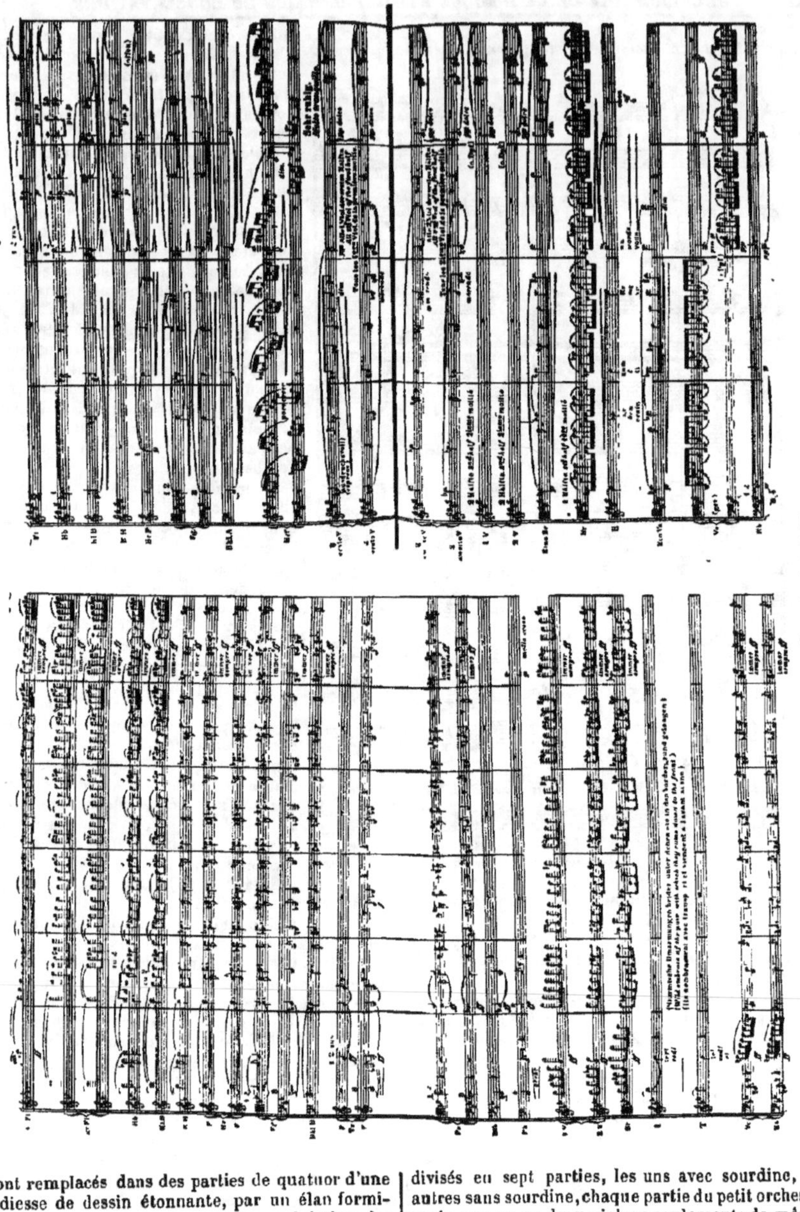

Exemples 147 et 148.

seront remplacés dans des parties de quatuor d'une hardiesse de dessin étonnante, par un élan formidable que ne rompent même pas les modulations les plus audacieuses. Et ce passionné duo s'achève dans l'extase avec les syncopes irrégulières en triolets, si expressives, avec la division du quatuor en sourdine, avec comme les soupirs entrecoupés de l'harmonie. Sur le chant de Brangaine, veillant du haut de la tour sur les amants oublieux du danger, le quintette se divisera en petit et grand orchestre : les violons divisés en sept parties, les uns avec sourdine, les autres sans sourdine, chaque partie du petit orchestre jouée par un ou deux violons seulement; de même, pour les altos divisés en trois parties et aussi les violoncelles; les contrebasses divisées en deux, chaque partie n'étant jouée que par deux instruments. Il y a là un souvenir des anciens *concerti grossi* (ex. 148).

Nous ne pouvons quitter cette riche partition sans parler du fameux solo de cor anglais, joué sans aucun accompagnement. Destinée à imiter le chan

Wagner, *Tristan et Isolde*, 3e acte (par autor. spéc. de M. Eschig).

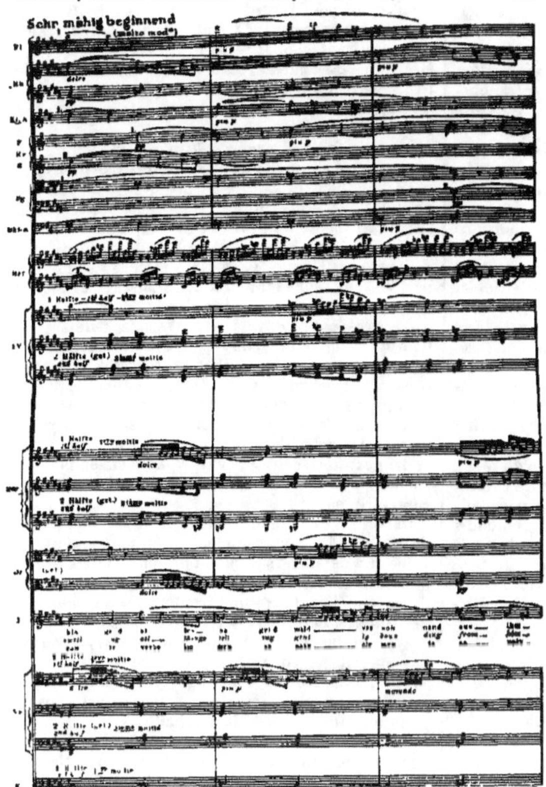

Exemple 149.

des vieux joueurs de cornemuse, cette étrange et sauvagement belle mélodie renferme toute l'échelle de l'instrument.

Mais c'est enfin la merveille. Isolde, sur le corps de son ami mort, insensible à tout, au dévouement de Kurwenal mort aussi pour son maître, à la fidélité de Brangaine, à la compassion et au pardon du roi Marke, au meurtre du traître Mélot, ne voit rien, n'entend rien, ne sent rien, ne pense qu'à son Tristan qu'elle va rejoindre. Et le chant pur et sublime s'élève, grandit jusqu'à l'exaltation suprême... Il faut se taire, et admirer l'art prodigieux avec lequel ces enlacements de divines mélodies sont réalisés, le soin avec lequel les rentrées de thèmes sont discrètement soulignées, mises en valeur juste de façon à se fondre dans un ensemble d'une unité et d'une perfection de sonorité dans la douceur, encore inégalées (ex. 149).

Jusqu'ici, Wagner s'est contenté des moyens employés par ses prédécesseurs. Il a usé de façon plus constante des groupements d'instruments par trois, déjà essayés par Berlioz dans ses œuvres symphoniques (trois flûtes, trois hautbois, trois clarinettes, trois bassons); il a élargi le rôle de chacun d'eux, a plus fréquemment divisé son quatuor, écrit de façon

plus audacieuse; cet orchestre formidable ne lui suffit plus. Il rêve de nouvelles sonorités, d'autres alliances de timbres; il a besoin, pour mieux caractériser ses nombreux personnages et les sentiments qui les animent, d'une plus grande variété de combinaisons. C'est aux cuivres qu'il va demander ces teintes inemployées. Il ajoutera aux quatre cors habituels quatre instruments nouveaux, fabriqués sur ses plans : deux tuben-ténors en *si bémol*, d'une étendue égale au cor en *fa*, deux tuben-basses en *fa*, correspondant aux cors graves en *mi bémol*. Pour servir de basse profonde à cet ensemble, il lui faudra encore un tuba contrebasse.

L'équilibre des cuivres exigera, en face de ce nouveau quadrige, l'adjonction aux trois trombones ténors d'un trombone basse et d'un trombone contrebasse. Les cuivres sont donc réunis en groupements de quatre et cinq. Tout naturellement, les bois devront suivre cet exemple. La batterie sera augmentée et les harpes seront portées au nombre de six.

En présence de ce programme et d'un tel accroissement de forces sonores, les antiwagnériens auront beau jeu pour crier à la folie, à l'exagération, au vacarme! Cham avait pu déjà comparer l'orchestre wagnerien à une réunion de canons Krupp, et montrer les auditeurs assourdis s'enfuyant et se bouchant les oreilles. On n'avait rien compris aux intentions du maître; ce n'était pas l'extrême sonorité qu'il recherchait, mais la variété de cette sonorité. En classant les instruments par famille, il revenait à l'ancien système de Monteverdi, mais avec quelle supériorité! Il obtenait des accords plus homogènes, un lien plus étroit entre les timbres, en même temps qu'une grande variété d'accents et la possibilité de combinaisons nouvelles. Il cherchait si peu l'éclat outré, qu'il songeait tout de suite à tamiser les sonorités encore trop outrancières de ses cuivres, à en voiler la brutalité d'attaque dans les *forte*, à en envelopper, à à en fondre encore plus les doux murmures ouatés dans les longues tenues *pianissimo*, en enterrant l'orchestre pour ainsi dire, en le plaçant dans une sorte de cave. L'idée du théâtre idéal, du théâtre de Bayreuth, qui le hantait depuis longtemps, prenait corps peu à peu; tous les détails bien étudiés, la réalisation de ce projet n'était plus qu'une question financière... encore bien ardue. Un roi se trouva pour réaliser ce rêve. Ce n'est pas ici le lieu de conter à nouveau, après tant d'autres, l'histoire de cette noble tentative. Nous ne devons retenir que les détails matériels de la disposition orchestrale, cette disposition permettant seule le jeu naturel et souple de l'immense orchestre employé par Wagner dans ses derniers ouvrages.

L'architecture de ce théâtre étant conçue pour permettre aux spectateurs de tout contempler de la scène et de ne contempler que cela, l'orchestre devait naturellement être invisible. Il est placé très en contre-bas, dans une sorte de fosse cachée au public par une cloison dont la hauteur dépasse légèrement la tête du conducteur. Ce dernier est donc visible de la scène et invisible de la salle. Une partie de l'orchestre s'étend sous le proscénium, permettant ainsi à la batterie et aux cuivres d'attaquer franchement, sans pour cela couvrir l'ensemble. De cette façon, les sons peuvent être estompés jusqu'à la limite la plus extrême de la douceur. Dans les passages qui demanderont une sonorité plus grande, ces instruments pourront se rapprocher de la salle.

Tout est ainsi à sa place, tout est devenu un orgue magistral aux sons admirables, d'une amplitude extrême, parcourant toute la gamme des sonorités, sans que les plus puissants tutti atteignent à la brutalité, permettant enfin aux chanteurs d'articuler nettement les paroles et de ne pas forcer leur voix.

C'est le 13 août 1876 que l'on inaugura le théâtre de Bayreuth. Il semble qu'une trouvaille aussi géniale, d'une amélioration aussi évidente, dont le triomphe fut énorme, eût dû être aussitôt copiée dans les théâtres du monde entier. Bien au contraire, la routine continua de régner en maîtresse. Les directeurs et les municipalités reculèrent devant les travaux (très simples) et les dépenses (peu élevées ; alors, les compositeurs continuèrent à écrire comme par le passé. Ceux qui adoptèrent une partie du système wagnérien durent se résigner à entendre leur orchestre écraser leurs chanteurs et, dans la plupart des théâtres du monde (à deux ou trois exceptions près), on ne cessa de massacrer les ouvrages de Wagner, de façon à faire approuver par les auditeurs les caricatures de Cham!

Voici la composition de l'orchestre de l'*Or du Rhin*, premier ouvrage de la *Tétralogie* :

3 flûtes.	2 paires de timbales.
1 petite flûte.	1 triangle.
3 hautbois.	1 paire de cymbales.
1 cor anglais jouant le quatrième hautbois.	1 caisse roulante.
3 clarinettes.	1 carillon.
1 clarinette basse.	1 tamtam.
3 bassons, le troisième jouant le contrebasson.	6 harpes.
8 cors dont 4 jouent par moments les 4 *tuben* (2 *tuben* ténors 2 *tuben* basses).	violons : 16 premiers, 16 seconds.
1 tuba contrebasse.	altos.
3 trompettes.	violoncelles.
1 trompette basse.	contrebasses.
3 trombones ténors.	Il y a aussi un petit orgue à 3 ou 4 tuyaux, pour renforcer les longues tenues graves, placé dans un angle de l'orchestre à droite du spectateur.
1 trombone basse.	
1 trombone contrebasse.	

La trompette basse est encore un instrument imaginé de toutes pièces par Wagner. Malgré le noble parti qu'il a tiré autant de ce timbre que des quatre tuben en *si bémol* et en *fa*, l'usage ne s'en est pas répandu. Aussi bien, peut-être Wagner ne s'est-il pas rendu compte de ce qu'il exigeait au début, et dut-il s'accommoder de ce que les facteurs d'instruments purent lui offrir. Gevaert, dans son *Traité d'instrumentation*, fait observer qu'un instrument ayant l'étendue exacte, en notes naturelles, demandée par l'auteur de la *Tétralogie*, ne serait pas possible, à moins de dimensions colossales et gênantes. On dut donc construire des trompettes au diapason de la trompette en *ut*, ayant un tuyau suffisamment large pour obtenir la qualité de son désirée, mais se rapprochant plus du trombone à pistons que de la trompette.

On a pris, depuis, l'habitude d'exécuter cette partie sur une trompette en *ut* munie d'une embouchure de trombone.

De même pour les *tuben*, notés dans l'*Or du Rhin* pour instruments en *si bémol* et *fa* et, dans les ouvrages suivants, en *mi bémol* et *si bémol*, mais devant être transposés par l'exécutant dans les tons primitifs. Ces instruments devaient remplacer les cors par un timbre plus intense, se mariant mieux aux trombones et trompettes.

Gevaert fait observer : « Il m'est impossible de comprendre en quoi l'une de ces transpositions est préférable pour la facilité à l'autre, et je ne puis me défendre de l'idée que les musiciens allemands jouent en réalité les parties de *tuben* sur des *Althorner in Es* et des *Euphonions in B*, autrement dit sur des saxhorns altos et basses. » A l'Opéra, ces mêmes parties sont cependant exécutées sur des saxhorns barytons et basses, en *si bémol*.

C'est avec précaution que Wagner maniera le nouvel ensemble orchestral mis à sa disposition. Il se gardera bien d'en gaspiller les forces à tort et à travers, et réservera les tutti complets pour les points culminants du drame. Le plus souvent, il en emploiera de façon très parcimonieuse et sage les divers éléments, dosant les sonorités, évitant les mélanges hétéroclites, employant ensemble les timbres bien apparentés, obtenant ainsi des teintes caractérisées.

Dans tout le commencement de la seconde partie de l'*Or du Rhin*, par exemple, les flûtes apparaissent à peine. Le début est sombre et profond comme l'antre de Mime et d'Albérich. La haine, l'envie, la ruse, l'amour de l'or, la cruauté froide, sont dépeints par des timbres caverneux : les deux bassons tout au grave, un dessin tortueux de violoncelles, les contrebasses divisées en quatre premières et quatre secondes, puis, sur les traits hachés des altos, le cor anglais, les trois clarinettes et la clarinette basse toujours dans le bas de leur échelle.

Plus loin, au motif de la Forge (p. 20), Wagner, pour obtenir plus de relief dans son rythme obstiné, ramasse les premiers et seconds violons et les altos à l'unisson, et atteint les grandes profondeurs avec le *bass-tuba* et le *contrebass-tuba* descendant jusqu'au *contre-fa*.

Les cors auront toujours une partie importante. Le rôle de l'harmonie grandit sans cesse Par contre, le quatuor connaîtra de fréquents repos, les instruments à vent, en nombre, pouvant se suffire à eux-mêmes.

Aussi, trouvera-t-on moins de redoublements de parties que dans *Tristan* ou dans les *Maîtres*.

Notons en passant un timbre rare : l'unisson de trompette et cor anglais doublés au grave par la trompette basse et la clarinette, exposition de la phrase de l'anneau.

L'orchestre devient descriptif. Le rôle de Loge, dieu de la flamme alerte, donne lieu à des crépitements étranges dans tout l'orchestre. La petite flûte, les deux hautbois, les pizzicati aigus de violons et d'altos parsèment de scintillantes étincelles le discours musical (p. 69 deuxième volume).

Mais Albérich évoque le Walhalla, et le thème des Dieux érige, somptueux et lointain encore, ses belles harmonies de cors et violoncelles (p 83), sur lesquelles passent de légers arpèges de clarinettes. Les monstrueux replis du ver géant (Métamorphoses d'Albérich) sont traduits par les chromatismes rauques de deux *bass-tuben* et du *contrebass-tuba*.

WAGNER, *L'Or du Rhin.* IIᵉ scène (par autorisat. spéc. de M. Eschig).

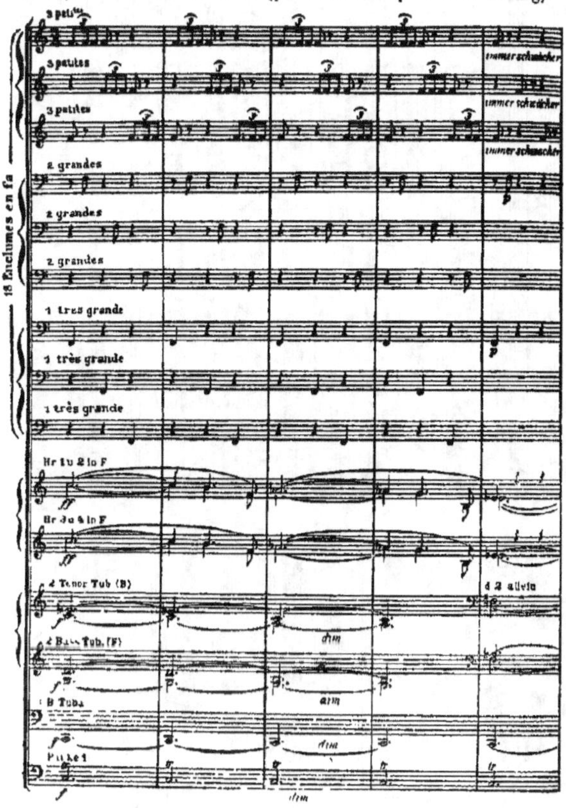

18 Enclumes en fa

3 petites
3 petites
3 petites
2 grandes
2 grandes
2 grandes
1 très grande
1 très grande
1 très grande
Hr 1u 2 in F
Hr 3u 4 in F
2 Tenor Tub (B)
2 Bass Tub (F)
3 B Tuba
Pauke 1

Exemple 150.

Et dans la rapide ascension de Loge et Wotan emportant Albérich enfin garrotté, la forge infernale des nains asservis reparait une fois de plus, avec le martèlement continu de ses enclumes en *fa* (pas moins de 18) petites et grandes (ex. 150).

Un tutti pesant écrasera tout l'orchestre après la malédiction d'Albérich. Une morne désolation planera sur l'empire des Dieux, aux accents des trombones, trompettes, trompette basse, tuben, tuba et contrebass-tuba, scandés des coups de cymbales et de tamtam et du rythme persistant de la timbale, avec tout le quatuor ramassé dans le grave (p. 203).

Donner lance son appel aux nuées, et les violons et altos, divisés en dix-huit parties, font onduler leurs arpèges, enveloppant la phrase des cors d'une sorte de brouillard sonore (ex. 151).

A cet ensemble, s'ajoutera peu à peu l'harmonie en des entrées échelonnées, enfin l'arc-en-ciel brillera, pont céleste conduisant au Walhalla. Les doux arpèges des harpes, les sextolets des violons, les accords répétés en triolets de croches des flûtes, hautbois et clarinettes, et le chant des cors, violoncelles, clarinette basse et bassons, tout cela forme une sonorité unique, d'une étonnante richesse. Enfin, les ténor-tuben et bass-tuben, avec le trombone contre-basse et le tuba-contrebasse, entonnent le superbe chant des Dieux. Les violons ne sont plus seuls divisés, car les harpes elles-mêmes comportent six parties. L'ensemble ne nécessite pas moins de trente portées (ex. 152)!

La *Walkyrie!*... l'orchestre devient plus clair, plus lumineux. La passion tendre de Sieglinde et de Siegmund circule partout, et le quatuor sera prépondérant. Déjà, dans le tumultueux *prélude,* sa part était fort importante. A présent, nous ne sommes plus en présence des Dieux ou des Nains malfaisants; Hunding, Sieglinde, Siegmund sont de simples mortels. Aussi, l'ensemble instrumental, moins chargé, moins resplendissant, affecte-t-il une plus grande simplicité, mais non une moins grande maîtrise. Que de beautés encore! Bientôt, sur le trémolo obstiné des violons, le son héroïque de la trompette en *ut,* arpegeant le fier accord parfait, évoquera l'image de la pure et claire épée : Nothung! (P. 99 de la petite partition.)

C'est une courte éclaircie, tout d'abord, dans la rudesse générale. Le récit de Sieglinde sera encore accompagné de timbres lourds, bassons, cors et trombones. Le même motif réapparaitra au quatuor avec la réponse descendante aux violoncelles divisés et les appels mystérieux des cors en clef de *fa.* Une tenue pianissimo de trombones achève de communiquer à l'ensemble une sonorité douce et pleine, grave et comme assourdie.

Mais les harpes nous annoncent le chant si fier de Siegmund. Avec elles, le printemps semble rentrer dans la salle! Et ce sont les batteries en triolets des trois flûtes, trois clarinettes et trois cors, les tenues aiguës des violons et le beau dessin mouvementé des violoncelles (p. 150). Comme l'orchestre, jusque-là encore âpre et sombre, devient avec le duo frémissant des deux futurs amants, joyeux, lumineux et chantant! Quelle douceur amoureuse, quel enivrement dans les phrases expressives des cordes, et quelle force et quel rayonnement jaillissent avec les notes répétées de l'harmonie, les arpèges des cordes et des harpes et le thème hardi de la trompette basse, alors que Siegmund, d'un bras vigoureux, arrache l'épée de Wotan a l'étreinte du frêne (ex. 153 et 154)!

Dans toute la *Walkyrie,* l'instrument prédominant et évocateur sera la trompette. Ses mâles et clairs accents communiquent à la partition entière quelque chose d'héroïque et de noble. De son côté, le quatuor sera écrit avec une hardiesse toujours accrue.

Au deuxième acte, la passion purement humaine cède le pas aux émois plus grandioses des Dieux.

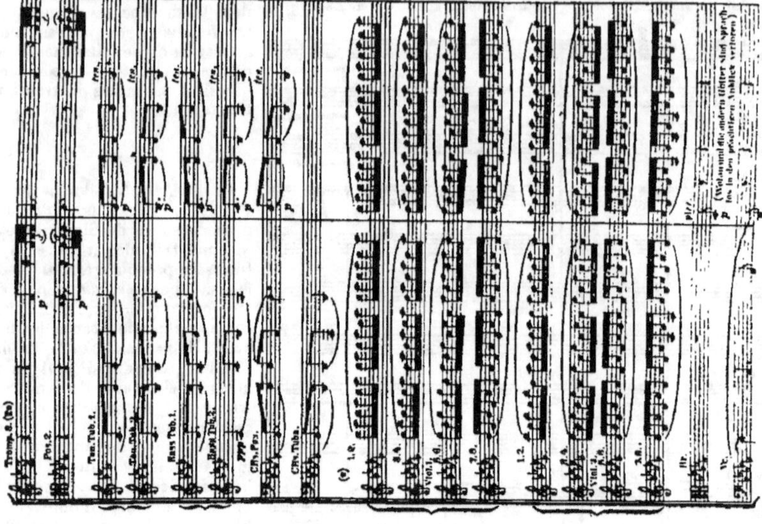

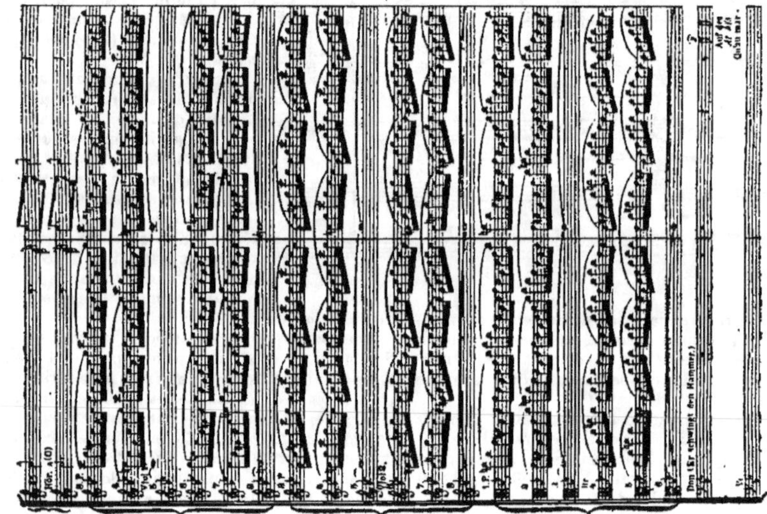

Wotan et ses filles bien-aimées, les Walkyries, tiennent la scène. L'orchestre se fait plus riche, plus sonore, plus tourmenté. Les sauvages « Ho-Io to ho » des vierges belliqueuses sont accompagnés de la quinte augmentée, arpégée rudement par la trompette basse, et coupée des gammes chromatiques de toute l'harmonie en accords pleins.

On remarquera l'emploi fréquent des gros cuivres dans le pianissimo, accents rauques et comme réprimés à grand'peine. Pendant la colère terrible de Wotan, les cuivres éclatent, les bois sifflent en des tenues suraiguës, les cordes arrachent de rudes gammes (p. 196).

Très agité, très chaleureux, le quatuor cédera quand même la place à l'harmonie durant l'apparition de Brunehilde à Siegmund. De longs passages seront ici accompagnés des cuivres au grand complet et des bois, auxquels se joindront parfois les harpes. Le rythme saccadé et scandé voilera son énergie sous un pianissimo imposé à tout l'ensemble.

Au troisième acte, éclatera, sauvage et triomphale, la sonorité unique et cuivrée de la chevauchée. Trilles éperdus des bois dans toute l'échelle, fusées hardies des violons, appels des cuivres, le tout arrive progressivement à l'intensité la plus surprenante. Nous sommes en pleine féerie, rutilante de couleur.

WAGNER, *La Walkyrie.* 1er acte (par autorisation spéciale de M. Eschig).

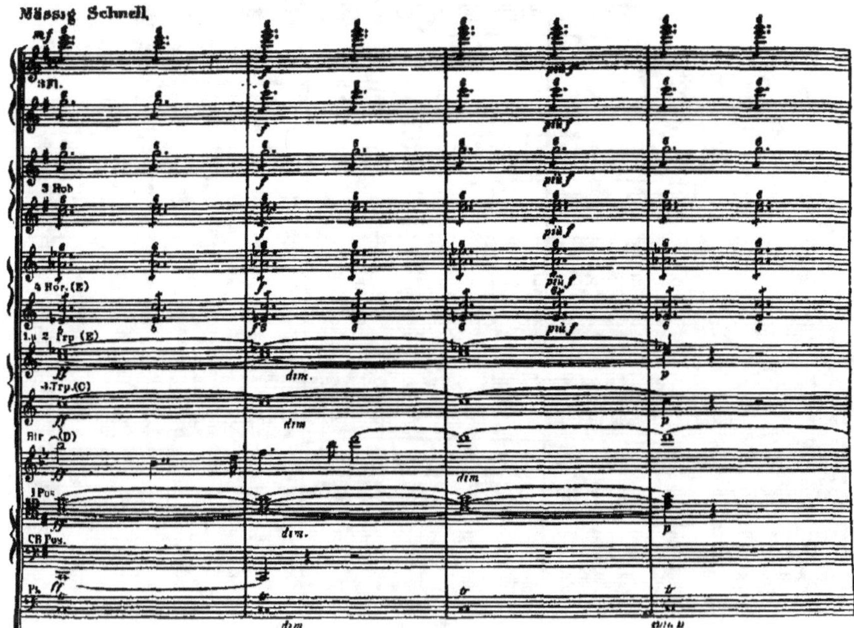

Exemple 153.

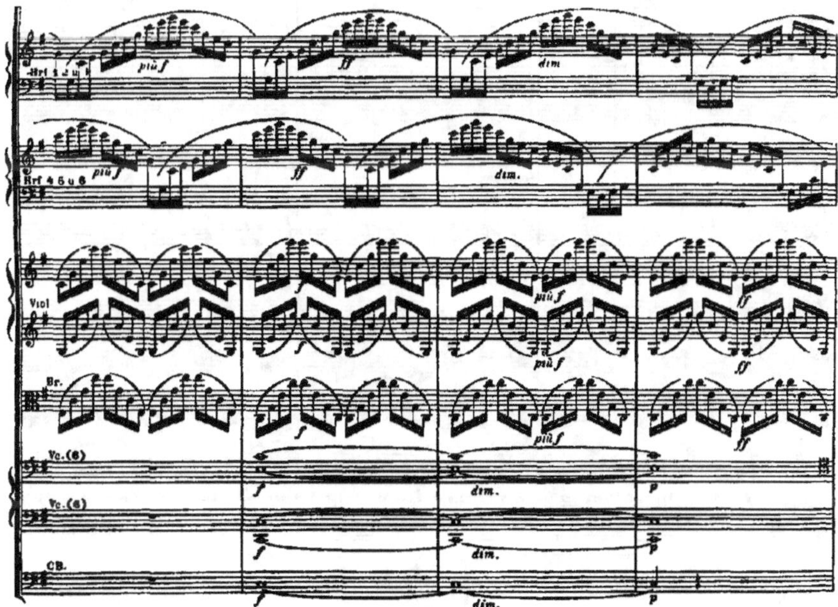

Exemple 154.

Wagner, *La Walkyrie*. 1re scène (par autorisation spéciale de M. Eschig).

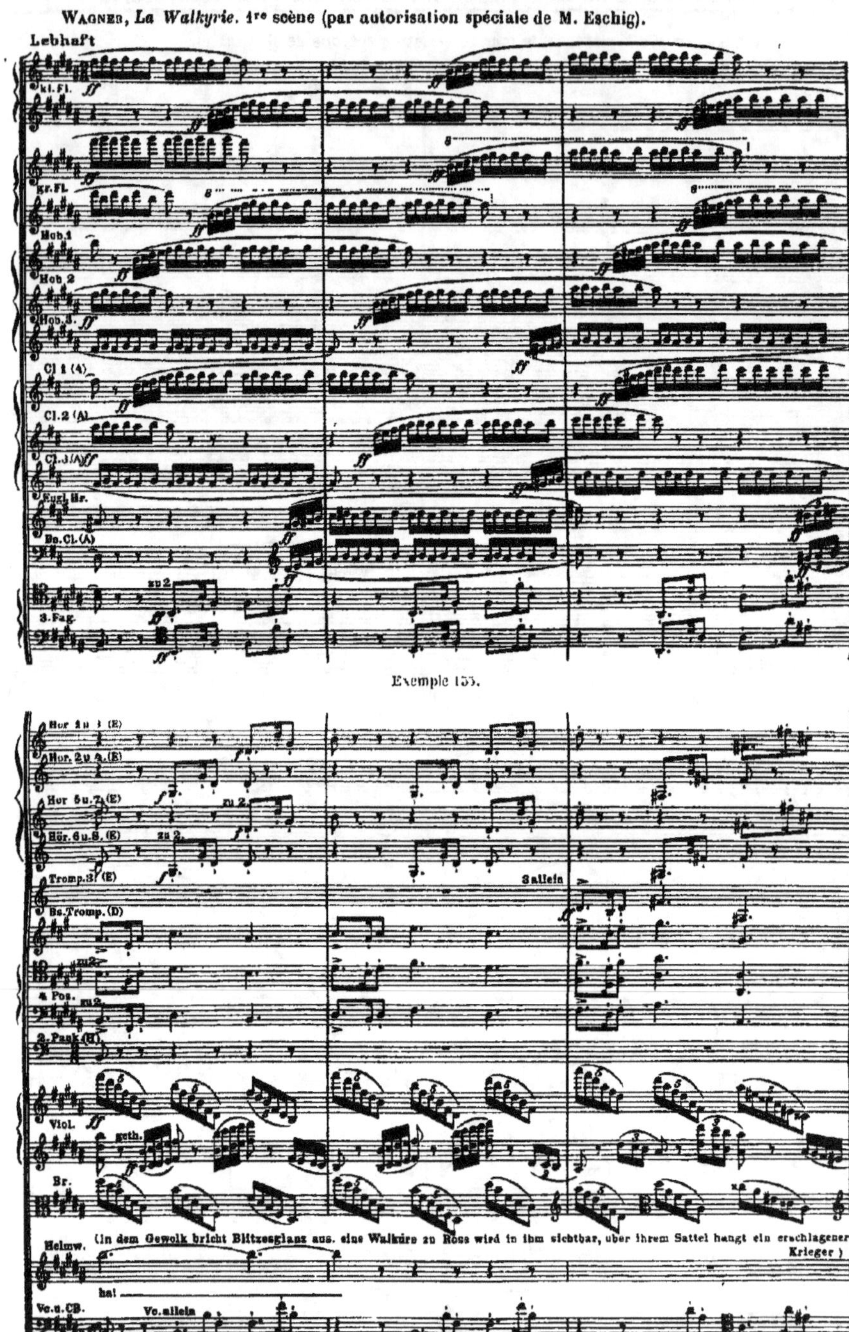

Exemple 155.

Exemple 156.

WAGNER, *La Walkyrie*. 3e acte, scène III (p. aut. spéc. de M. Eschig).

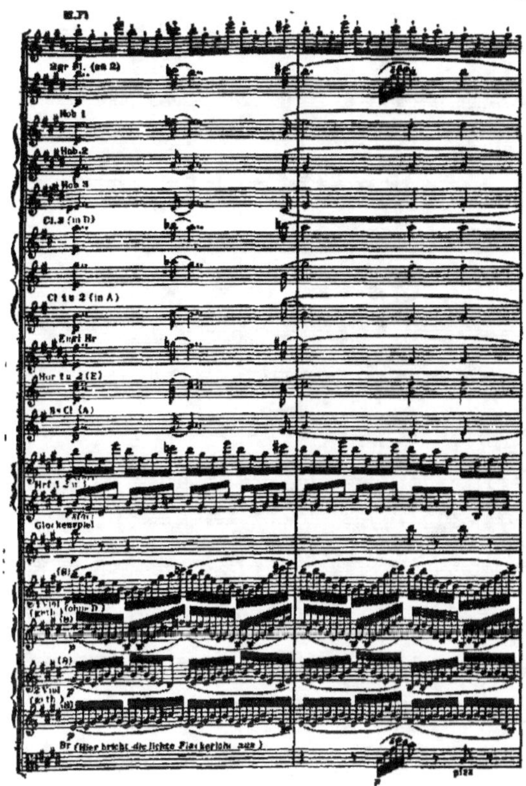

WAGNER ne se préoccupe pas de la difficulté des parties de violons. « Les exécutants s'arrangeront! ».. Et, de fait, ils s'arrangent... tout sort à merveille. Clamé d'abord par la trompette basse et deux cors, le thème superbe des Walkyries est repris par toutes les trompettes et les quatre trombones. C'est foudroyant. Au *si* majeur, les huit cors leur répondent; malgré cet éclat, la grosse caisse reste silencieuse et ne se révèle qu'à la fin par un unique et triomphant coup de cymbales (ex. 155 et 156).

Brunehilde a osé résister à l'ordre du Dieu. Wotan irrité la punit. Mais sa tendresse de père veille encore sur celle qu'il a condamnée au sommeil. Loge est chargé de protéger la Vierge endormie. Le dieu du feu allume le rouge incendie, la flamme court et pétille sur la scène et dans l'orchestre. Le brasier ardent crépite et flamboie, tout est plein de clartés, le quatuor divisé reprend alors toute son importance. Quel contraste avec les lourdeurs sombres et les tonitruances cuivrées!

Avant cela, ce quatuor chante éperdument pendant les adieux de Wotan, si émouvants. Page 399, c'est la douceur exquise des phrases de violons, violoncelles et altos, avec la sourdine aux violons divi-

sés. Puis, la petite flûte égrène ses notes de cristal, piquées en dessous par la harpe, sur les arpèges un peu fous des violons. Le glockenspiel scintille çà et là (ex. 157)...

Et les harpes se divisent. Le triangle sème par places quelques étincelles, le frémissement d'une cymbale évoque parfois le fusement des flammes comme ravivées soudain. Ces pittoresques effets descriptifs se prolongeront sans grand changement jusqu'à la fin de l'acte, dans un perpétuel enchantement.

L'orchestre de *Siegfried* ne sera pas moins grandiose ni moins varié. Tout au contraire, il deviendra plus chargé, plus complexe, au moins dans les derniers tableaux. On sait que le premier acte était écrit longtemps avant les autres. Dès le début, WAGNER cherche à reculer les limites de la tessiture instrumentale. Il lui faut atteindre aux notes les plus graves du registre des basses pour évoquer la sombre demeure d'Albérich disparu, et les projets de vengeance du nain bafoué par Wotan. Aussi, adjoint-il au tuba-contrebasse un contrebasson. Au cours de l'introduction, des thèmes redoutables se traînent dans les profondeurs de l'orchestre; page 3 (petite partition), le chant des altos semble un lointain écho de la forge des Nibelungs, désormais éteinte.

Si l'ensemble, avec le rusé Mime et ses projets ténébreux, conserve une note assombrie, où des phrases rampantes et sinistres circulent dans une demi-obscurité pour venir soudain s'épanouir (brutales) en une sorte de rage..., avec Siegfried, le fier et robuste garçon, il s'éclaircit brusquement; de joyeux et hardis motifs circulent librement partout, la lumière rayonne, et Mime, clignotant, en est tout ébloui! C'est que cet orchestre est admirablement descriptif, descriptif de sensations surtout et évocateur. Quand, dans l'âtre de la forge, le dieu Loge, endormi, se réveille enfin, quand les étincelles jaillissent et que la flamme court, alerte et gaie, ravivée par le soufflet du jeune forgeron, nous pouvons détourner nos regards de la scène, elle n'en surgira pas moins tout entière à nos yeux (p. 289 et suivantes). Les pizzicati aigus, les traits hachés et scandés de la petite flûte, les notes piquées des bois, suffiront à retracer ce tableau. Enfin Siegfried, d'un bras puissant, forge et reforge la lame paternelle, le feu rougit plus fort, la flamme s'élance et lèche le fer brûlant, une vigueur nouvelle circule, un chant libre et spontané s'élève... Admirons la claire et robuste disposition de l'orchestre, divisé en trois masses principales : les violons et leur trait montant de triples croches, les bois et leur arpège descendant en réponse, les basses, contrebasses, violoncelles, trois bassons et quatre cors unis soulignant leur dessin énergique et rythmé. Tout l'effort joyeux de Siegfried est dépeint (ex. 158).

L'acier fumant est trempé dans l'eau qui siffle et

WAGNER, *Siegfried*. 1er acte, scène IV (par autorisation spéciale de M. Eschig).

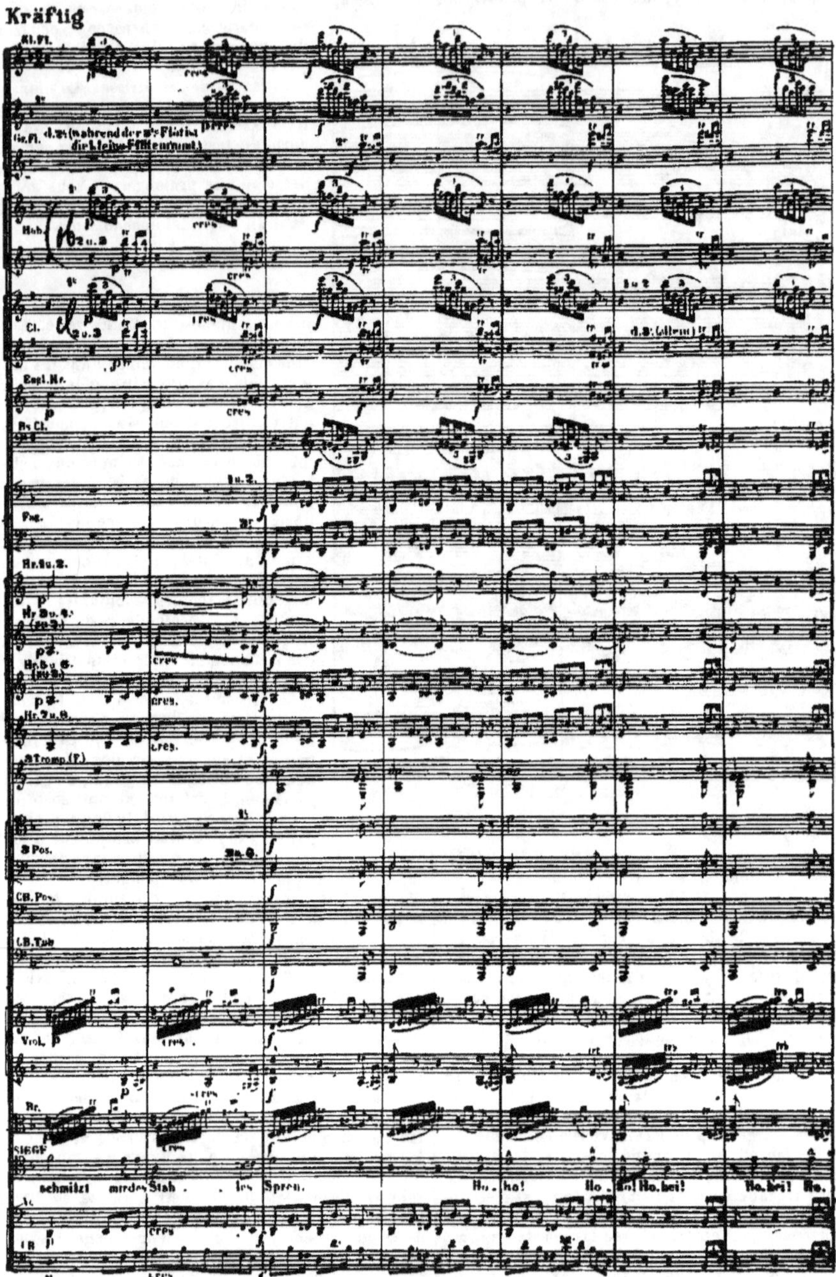

Exemple 158.

WAGNER, *Siegfried.* 2º acte, scène II (par autorisation spéciale de M. Eschig).

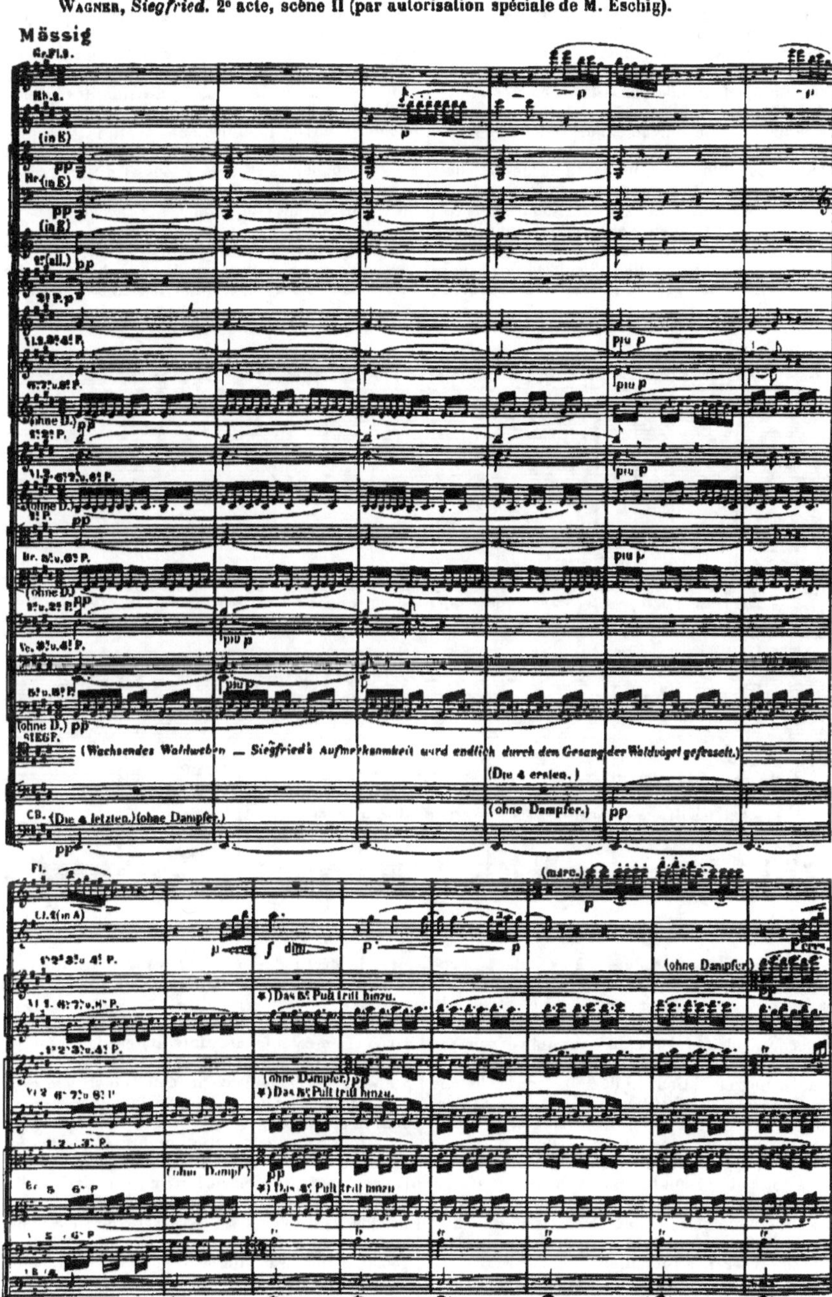

Exemple 159.

bout (p. 365), le lourd marteau, brandi incessamment, martèle la lame, et dans ce rude labeur, les violons eux aussi peinent et halètent (p. 397).

Enfin le glaive est forgé, Nothung est reconquise et la trompette le proclame. C'est alors l'élan de joie le plus effréné et le débordement des cuivres enfiévrés jusqu'au tutti final (p. 442).

Dès le début du second acte, l'antre ténébreux du géant Fafner est évoqué par une partie extra-grave de contrebasse tuba. Puis, les cors bouchés, le chalumeau des clarinettes, les notes profondes de la clarinette basse sont employés constamment. Mais, après ces dessins tortueux, s'enroulant dans l'ombre en mille replis, quelle lumière encore, quel air pur dans la forêt enfin éveillée, Siegfried resté seul, avec la division des cordes et leur doux susurre-

ment en sourdine! Les feuilles des arbres frémissent, une brise circule, les oiseaux pépient et le joli dessin frais de la flûte, les notes piquées des hautbois, la clarinette virginale, nous retracent le chant de l'oiseau prophète (ex. 159).

Remarquons, en outre de la division des cordes, qui devient dès maintenant, chez WAGNER, presque une loi, le dosage minutieux des pupitres. Quelques-uns (le 1er et le 3e des premiers violons, les 3e, 4e et 5e des seconds, les 2e, 3e et 4e des altos) sont réservés pour une rentrée. Les autres sont inégalement distribués suivant l'importance des parties. Un pareil procédé risquerait un fiasco complet sans une connaissance absolue des moindres sonorités du quatuor et de son équilibre avec le reste de l'orchestre. Son défaut est d'exiger impérieusement un mini-

WAGNER, *Siegfried*. 2e acte, scène II (par autorisation spéciale de M. Eschig).

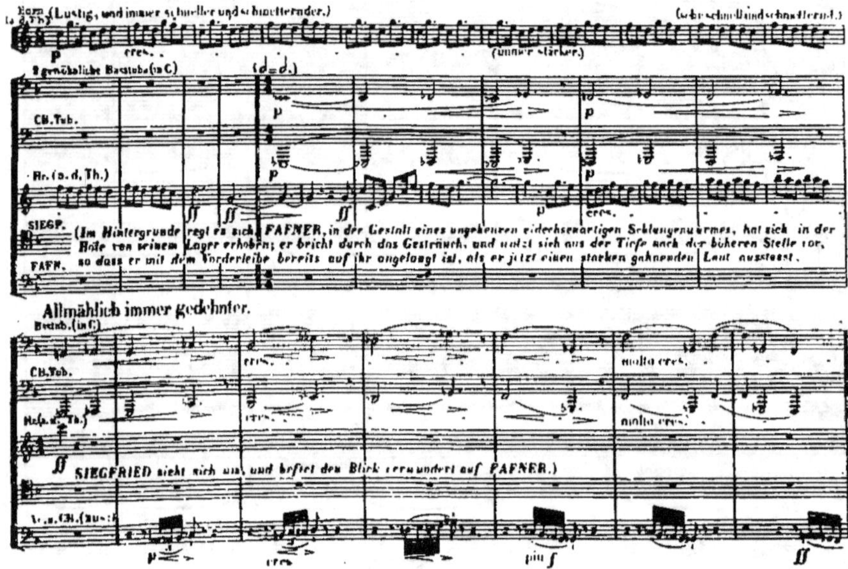

Exemple 160.

mum de 16 pupitres de violons (32 exécutants, premiers et seconds).

La fanfare intrépide du cor de Siegfried réveille le dragon Fafner, figuré dans l'orchestre par les sons les plus profonds et les plus liés possible des basses et contrebasses-tuben. Cela rampe confusément et provoque une sensation de dégoût comme la vue de quelque reptile monstrueux. Mais, par contre, comme elle est provocante, cette fanfare, où le cor monte jusqu'au *contre-ut* au-dessus de la portée en clef de *sol*. Cette note est obtenue, d'ailleurs, par une progression qui en rend l'émission facile (ex. 160).

Après la lutte avec le Dragon, après les ruses atroces de Mime et son meurtre à l'aide du glaive vengeur, tout fleurit et tout vibre éperdument dans l'orchestre avec les révélations de l'oiseau, comprises enfin de Siegfried. C'est l'espoir de conquérir la Vierge endormie qui surgit au cœur du héros, et le désir s'éveille!... La joie éclate de toutes parts, c'est la plus folle magnificence (p. 298), mais com-

ment la décrire? Nous ne pouvons que renvoyer le lecteur à des pages qu'il faudrait toutes reproduire ici.

L'introduction du 3e acte sonne avec une puissance et un éclat foudroyants. Il nous faut ajouter à l'orchestre un instrument extra-musical (qui n'est peut-être pas la meilleure idée de WAGNER), le « Donner Machine » (machine à imiter le tonnerre), manié dans la coulisse.

Passons sur toute cette sombre et dramatique partie de l'évocation d'Erda par Wotan, et arrivons à l'appel lancé par Siegfried, vainqueur déjà du Dieu et prêt à affronter les flammes dont est protégée Brunehilde. Aussi bien, c'est ici que l'orchestre atteindra son développement le plus prodigieux, ici que le génial manieur de timbres nous éblouira par les combinaisons les plus hardies.

Sur le crépitement des violons et les dessins variés des bois, l'élan sonore des huit cors a retenti, et les trompettes et trombones clament la phrase fatidique dominant le prodigieux enchevêtrement des thèmes. C'est là que se démontre le mieux l'utilité de certaines doublures, volontaires renforcements destinés à faire surgir hors de la polyphonie touffue les « mélos » prépondérants. Remarquez la hardiesse des parties de cor, l'intensité du gai motif attaqué en *sol bémol* par les trompettes et quatre cors, qui n'empêche pas d'entendre, cependant, la réponse mélodique de flûte et clarinette, grâce à la tessiture aiguë de ce dernier instrument (ex. 161).

Bientôt les harpes, le glockenspiel et le triangle aidés des flûtes suraiguës, mettront dans cet ensem' ble leurs vives étincelles. Tout s'embrasera, un ardent flamboiement (p. 194) illuminera la scène. Puis les flammes bientôt apaisées, Siegfried triomphant contemplera la belle Walkyrie... et les violons alors, expressifs et chantants, souligneront les sentiments troublés du héros vainqueur de Loge et de Wotan. En phrases chaleureuses, le désir peu à peu monte et grandit, le jour radieux surgit, Brunehilde éveillée salue l'astre divin; les trilles aigus des flûtes et des violons, les fusées des harpes, les traits des violoncelles mettent partout une animation et une clarté croissantes. Et quelle joie, quelle ardeur (p. 278) font éclater les formidables unissons des bois et cors sur les arpéges élancés des harpes et les traits tumultueux des violons et altos!

C'est alors l'effroi de la chaste Walkyrie pour cet amour qui déjà la conquiert et la prend toute, qui l'incline, elle, la pure et hautaine, vers son sauveur ingénu et ardent, et la livre, esclave enamourée, c'est le doux émoi des mélodies de « Siegfried-Idyll ». Que de tendresse dans ces phrases insinuantes de violon et de violoncelle, quel enlacement dans les parties, quelle douceur et quelle passion contenue encore!... (p. 337).

Et qui dira l'élan des violons plus loin, et l'emportement fou de tout l'orchestre quand enfin, sa pudeur vaincue, la sauvage Brunehilde, pantelante, éperdue, tombe aux bras du guerrier triomphant (p. 400)?

Wagner est donc arrivé a la plus grande maîtrise. il a réalisé son rêve; ses deux dernières partitions, le *Crépuscule des Dieux* et *Parsifal*, témoigneront de l'aisance parfaite avec laquelle il se joue des difficultés orchestrales. La pâte sonore sera de plus en plus souple, ferme et onctueuse, un peu lourde parfois, toujours riche et compacte. Berlioz y apportait plus de brillant, plus d'originalité, plus de délicatesse aussi; il serait faux de croire que l'orchestre de Wagner constitue un grand progrès sur celui de Berlioz. Il est autre, simplement, et il a une force, une puissance dramatique incontestable et inégalée. Ne pas oublier que la brutalité apparente en doit toujours être estompée par l'exécution exigée par le maître : l'orchestre tres en contre-bas de la scène et les cuivres éloignés, sous le proscenium.

L'orchestre du *Crépuscule des Dieux* est d'une admirable plénitude, nombreux, mouvementé et divers. La difficulté d'exécution en est poussée parfois à l'excès : tel certain passage de violon dont l'élan grimpeur fait l'effroi des exécutants.

Le *prélude*, onduleux, avec ses beaux traits allant du grave à l'aigu du quatuor, n'est pas sans emprunter quelques formules à Mendelssohn.

Le *Crépuscule* étant l'aboutissement logique de l'*Or du Rhin*, de *la Walkyrie* et de *Siegfried*, les thèmes des trois partitions s'y rencontrent et s'y unissent sans cesse en d'harmonieux ensembles; la polyphonie y atteindra son point culminant. Aussi, la diversité des parties du quatuor sera-t-elle grande (adieux de Siegfried et de Brunehilde, p. 140); tout chante, chaque instrument a sa partie bien déterminée, les formules d'accompagnement se font de plus en plus rares.

Néanmoins, l'élan de la phrase amoureuse de Brunehilde sera doublé par la chaleur de fréquents unissons (p. 152, 156), ou le chant principal est joué par 3 flûtes, 3 hautbois, 3 clarinettes à l'unisson absolu, renforcés encore par les seconds violons. P. 170, la phrase auguste des cuivres, trombones, trompettes et cors, doublés des hautbois, cor anglais et clarinettes, monte et se développe éclatante sur l'unisson entier du quatuor.

La puissance des tutti est, d'ailleurs, colossale. Citons ce passage emprunté à la p. 144; il montre en même temps comment cette puissance s'entache d'une lourdeur peut-être voulue ici, mais parfois un peu excessive (ex. 162).

Au deuxième acte, les desseins ténébreux de Hagen et d'Albérich amènent des rythmes inquiets, des motifs tortueux, des contretemps inégaux, atteignant à un tragique intense. Les 8 cors, les violoncelles, la clarinette basse auront beau jeu. Lorsque Wagner voudra peindre la joie, au contraire, il aura recours au mouvement échevelé des violons (p 80-81).

S'il se sert toujours des doublures destinées à faire ressortir dans la polyphonie touffue telle partie d'importance, du moins, dans la plupart des tutti, sépare-t-il résolument les cordes de l'harmonie. A cette dernière, échoient les parties mélodiques et harmoniques décisives, les cordes mettent, en dessous, du rythme et du mouvement fébrile (v. p 160).

Le troisième acte est une merveille. La scène des Filles du Rhin y est traduite par un orchestre chatoyant, fluide, comme *mouillé*. Les beaux dessins chromatiques descendants des bois, les arpéges montants des cordes et leurs mélanges de rythmes (6 doubles croches par temps dans certaines parties contre trois triolets dans d'autres, avec les neuf croches du 9/8 par ailleurs) forment un accompagnement flottant et souple aux chœurs harmonieux. Les cors prennent une importance capitale; leur entrée, échelonnée au début, avec les huit réponses partant de la note la plus grave, est d'un effet tout à fait curieux (ex. 163).

La scène de la mort de Siegfried est sublime et les trouvailles y abondent. Une lumière divine illumine le cœur du héros blessé, avec l'image enfin revenue de Brunehilde. Quelle clarté resplendissante donnent les trilles étincelants, les arpéges des harpes, les accords des cuivres (p. 222)! Page 226, la phrase d'abord mystérieuse des cors et des bassons s'orne d'un admirable accompagnement de triolets répétés de tous les bois, auxquels se joint d'abord et pianissimo une trompette solo. Plus loin, ce rythme sera continué avec les trois trompettes.

Mais c'est la mort, enfin. Les cris rauques des trombones font une sauvage clameur de désespoir sur les dessins sombres des basses. Remarquer la belle sonorité cuivrée à l'entrée des quatre tuben et de la contrebasse-tuba. Plus loin, ces accords de cuivres, auxquels se joindront les quatre trompettes, seront doublés par des trémolos graves d'altos et de violoncelles à six parties. Le même passage éclatera enfin en tutti, fortissimo, avec l'emploi de

WAGNER, *Siegfried.* 3e acte, scène II (par autorisation spéciale de M. Eschig).

Exemple 161.

WAGNER, *Crépuscule des Dieux*. 1er acte (par autorisation spéciale de M. Eschig).

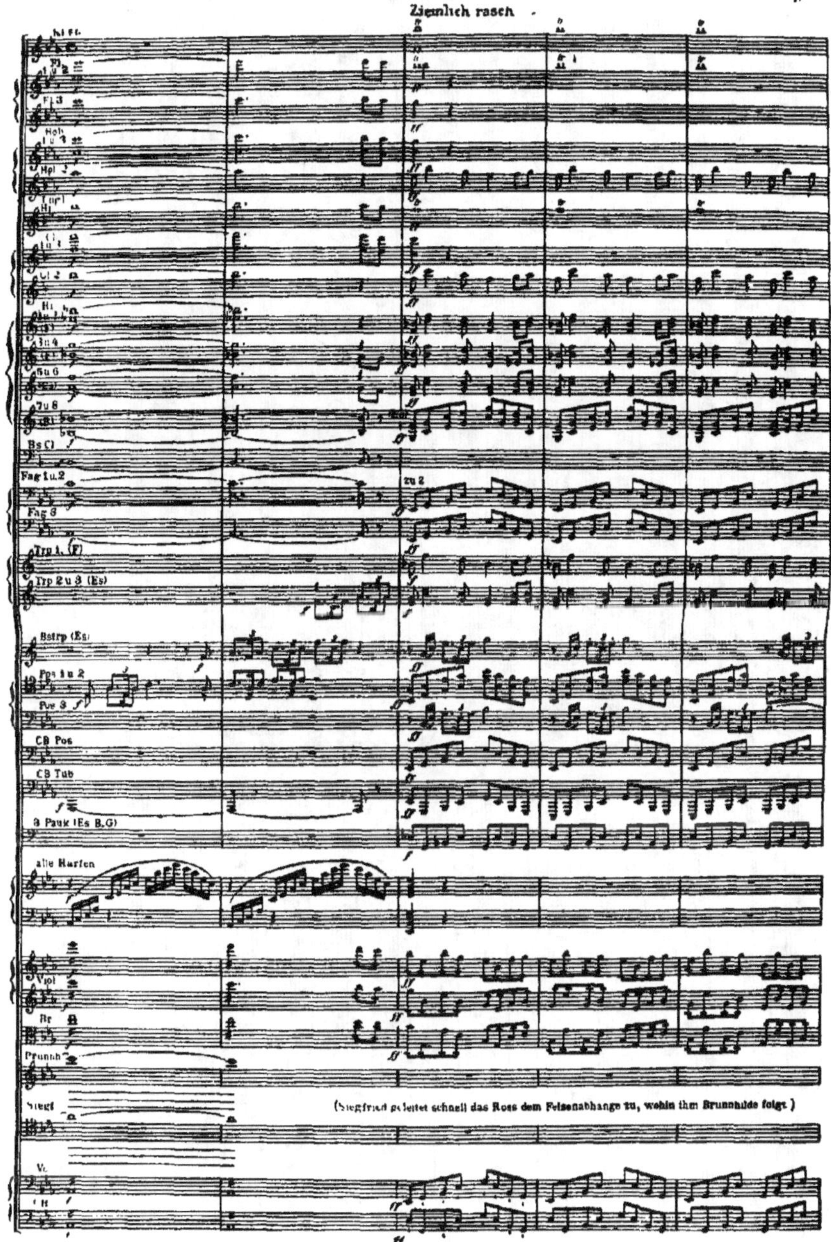

Exe n]1·162.

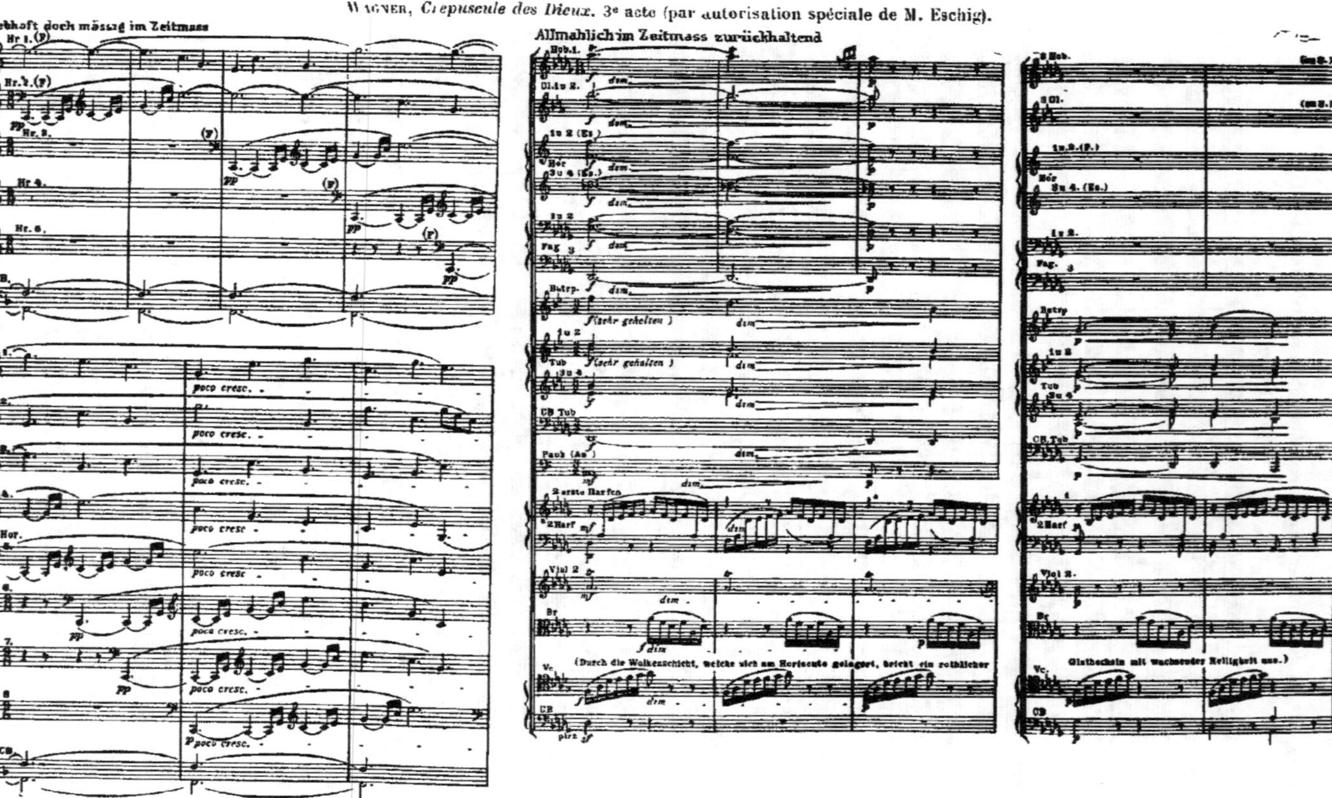
Wagner, Crépuscule des Dieux, 3e acte (par autorisation spéciale de M. Eschig).
Lebhaft doch mässig im Zeitmass
Allmählich im Zeitmass zurückhaltend
Exemples 163, 164 et 165

la batterie dont Wagner a su si bien ménager les effets.

Après les flammes du bûcher, où s'immole fièrement Brunehilde inconsolable, les flots du Rhin envahiront la scène et, sur l'ondoiement sonore de tout l'orchestre, le thème magnifique du Walhalla s'érigera peu à peu, sans cesse grandissant, en un mélange habile de 3/2 et de 6/8 (ex. 164 et 165).

Terrible, l'incendie gagne le Burg sacré (416), la fin des Dieux est venue. Dans l'apothéose dernière, le thème retentit, magistral et fatidique. L'ensemble est formidable de grandeur et de majesté. Les triolets en doubles croches des petites flûtes, grandes flûtes, hautbois et clarinettes, les traits sonores des harpes doublées par les violons, les accords soutenus de l'harmonie, les appels des trombones et des tuben, tout cela forme une conclusion grandiose, digne de l'œuvre immense qu'est le *Crépuscule des Dieux*, colossal et dernier chaînon de la *Tétralogie*.

.·.

Dès le premier coup d'œil jeté sur la partition de *Parsifal*, nous serons frappés de la multiplicité des signes de nuances. Nulle part encore, Wagner ne s'était montré plus soucieux de préciser ses intentions. C'est qu'ici l'expression est partout, dans chaque partie d'instrument; tous les instruments chantent, chacun d'eux a son sentiment individuel, et sans la rigueur des indications, ce serait le chaos. Tout s'éclaire au contraire, tout prend une vie singulière, grâce aux lumières que le maître a produites avec le soin le plus constant. Impossible de s'y tromper, nous voyons immédiatement les grandes lignes de l'œuvre, les plans sont clairement marqués, chaque chose à sa place et à son rang. La confusion n'est pas possible pour qui sait comprendre.

L'orchestre de *Parsifal* est noble et pur, moins agité que celui des œuvres précédentes, plus dégagé des contingences extérieures, moins dramatique, plus intérieur. Il semble un orgue gigantesque, mais un orgue qui aurait à sa disposition les ressources plus variées de l'orchestre. Il est d'une harmonie et d'une unité complètes par la qualité même de sa sonorité.

Dès le début, l'unisson *piano* des bassons, clarinettes, cor anglais, violons et violoncelles *con sordini*, avec ses *rinforzando*, et ses *decrescendo* atteint à cette qualité la plus rare. Puis ce sont les grands arpèges des cordes divisées, enveloppant de leurs effluves sonores, accrus par les contretemps aigus des flûtes et clarinettes, le bel unisson des trompettes et hautbois, curieux timbre composite (ex. 166 et 167).

Ces effets très particuliers d'unissons communiquent à tout ce prélude un coloris spécial. Il y a là une recherche de modification du son très à part. C'est encore l'union intime du hautbois, de la clarinette, du cor anglais et de l'alto, timbre gras; puis celle des flûtes, hautbois, trompettes et clarinettes, toujours employés dans la douceur, et n'arrivant au *forte* que par un *crescendo* savamment amené.

L'orchestre est toujours descriptif. Gurnemanz reproche-t-il à l'innocent et sauvage Parsifal la mort du cygne paisible qui vivait, tranquille, sur le lac de paix, aussitôt les palpitations des premiers violons, les trilles des seconds, les harmonies mystiques des bois évoquent toute la scène retracée.

Les effets de grande sonorité atteindront à une ampleur et à une majesté encore inconnues. Aucune brutalité dans la nuance obtenue, mais un contour ferme et gras, des harmonies pleines, pesantes parfois, un éclat obtenu par apports successifs et des entrées habilement ménagées.

Quelle largeur et quelle force alors, par ces moyens, dans ce passage où la puissance de l'orchestre est décuplée par l'entrée des six trombones sur la scène, avec les quatre cloches sonnant, (non plus dans le *forte*, mais dans la nuance diminuée, les notes *do, sol, la, mi* (ex. 168)!

L'exemple suivant montrera mieux que les mots à quelle extrême richesse et à quelle intensité de sentiment est arrivée la polyphonie wagnérienne, fille de celle de Bach (ex. 169).

Un instrument encore souvent employé dans les partitions de cette époque, mais de façon épisodique, va prendre enfin une place plus importante. La harpe ici fait presque partie intégrante de l'orchestre. Son rôle est tout à fait de premier plan. Nulle part encore, Wagner ne l'avait tant employée. Partout, ses harmonies sereines et mystiques s'étaleront, graves et pleines, onctueuses et nourries, célestes et diaphanes tour à tour, faisant penser à des registres d'orgue ouverts par un génial improvisateur.

Les *diminuendo* seront obtenus par suppression graduelle d'instruments, tout comme dans l'orgue par suppression de jeux. Et les nuances multiples, les nuances toujours se verront prodiguées à pleines mains, communiquant à cet orchestre une sensibilité prodigieuse, la sensibilité future de cette musique de l'Avenir!... que le maître évoquait, et qui est aujourd'hui la musique du temps présent.

L'ORCHESTRE MODERNE EN ALLEMAGNE

Berlioz et Wagner avaient porté l'art de l'orchestration à un niveau inconnu jusque-là. S'ils ne furent pas suivis tout d'abord, si la virtuosité de leur écriture orchestrale effraya, révolta même quelques-uns, la splendeur d'une telle réalisation triompha vite de tous les dédains. Timidement, on leur emprunta quelques procédés, bientôt on les pilla ouvertement. Toutefois, l'orchestre moderne doit plus à Berlioz qu'à Wagner. La manière puissante et lourde de ce dernier convenait à son inspiration polyphonique demesurée, à la grandeur et à l'énergique pulsation de ses thèmes caractéristiques. La nervosité moderne, en son morcellement sonore, en l'éparpillement de ses combinaisons piquantes, s'accommodait mieux des trouvailles humoristiques et sensitives d'un Berlioz. L'Ecole russe, se détournant résolument de Wagner, doit ses inspirations premières à Berlioz, et un peu aussi à Liszt, précurseur génial, auquel Wagner ne cachait pas avoir emprunté. L'Ecole française actuelle, tout entière, est bien la fille de Berlioz, mais elle n'a recueilli son héritage qu'après qu'il avait été exploité par les Russes. Les Allemands, tout naturellement, devaient accueillir en partie les traditions wagnériennes, et Bruckner et Humperdinck ne s'en font pas faute, mais Mahler et Strauss doivent davantage encore à Berlioz, qui reste le grand inspirateur de l'art orchestral d'aujourd'hui. D'ailleurs, nul compositeur, sauf Bruckner, ne tenta d'utiliser complètement les dernières recettes du maître de Bayreuth, et les quatre *tuben* employés dans la *Tétralogie* n'ont eu encore d'écho dans aucun

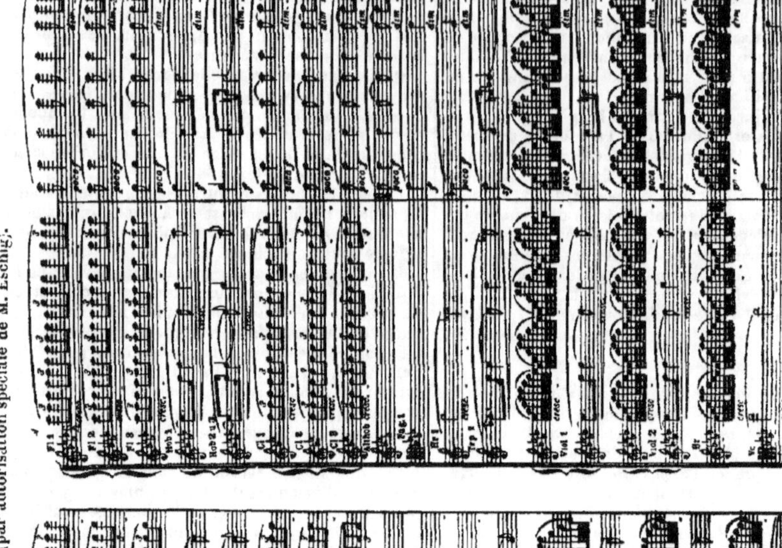

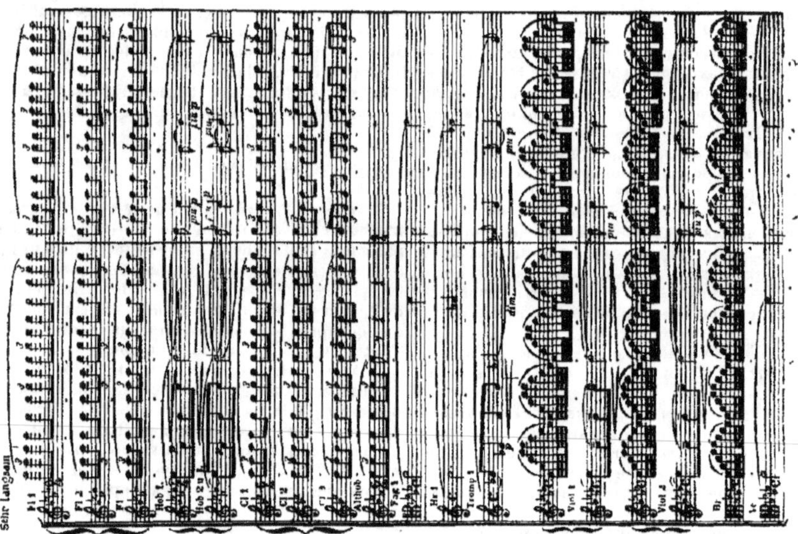

orchestre de théâtre actuel (sauf peut-être dans celui de Richard Strauss).

De Liszt à Max Reger, de Glinka à Stravinsky, de Verdi à Léoncavallo, de Gounod à Ravel, nous en arrivons, par une chaîne tissée de nuances bien diverses, à la période contemporaine. Les jugements sont difficiles, on nous permettra d'insister plus particulièrement sur les faits. Aussi bien, le recul du temps permettra seul une saine appréciation. Ne considérant ici que les progrès de l'orchestration, nous aurons à mentionner très brièvement ou à passer sous silence des compositeurs remarquables d'autre part, mais dont la préoccupation principale ne fut pas d'enrichir cet art. Ils n'en ont pas moins de valeur pour cela, mais l'intérêt de leur œuvre n'est pas dans la question dont nous essayons de donner en ces pages une image aussi complète que possible.

Nous avons, jusqu'à présent, séparé les compositeurs symphoniques des compositeurs de théâtre; un grand nombre d'auteurs, ayant également réussi dans ces deux genres, si différents, mais qui tendent chaque jour à se rapprocher et à se fondre l'un dans l'autre, nous ne continuerons pas cette distinc-

WAGNER, *Parsifal*, 1er acte. *Entrée dans la salle du burg* (par autorisation spéciale de M. Eschig).

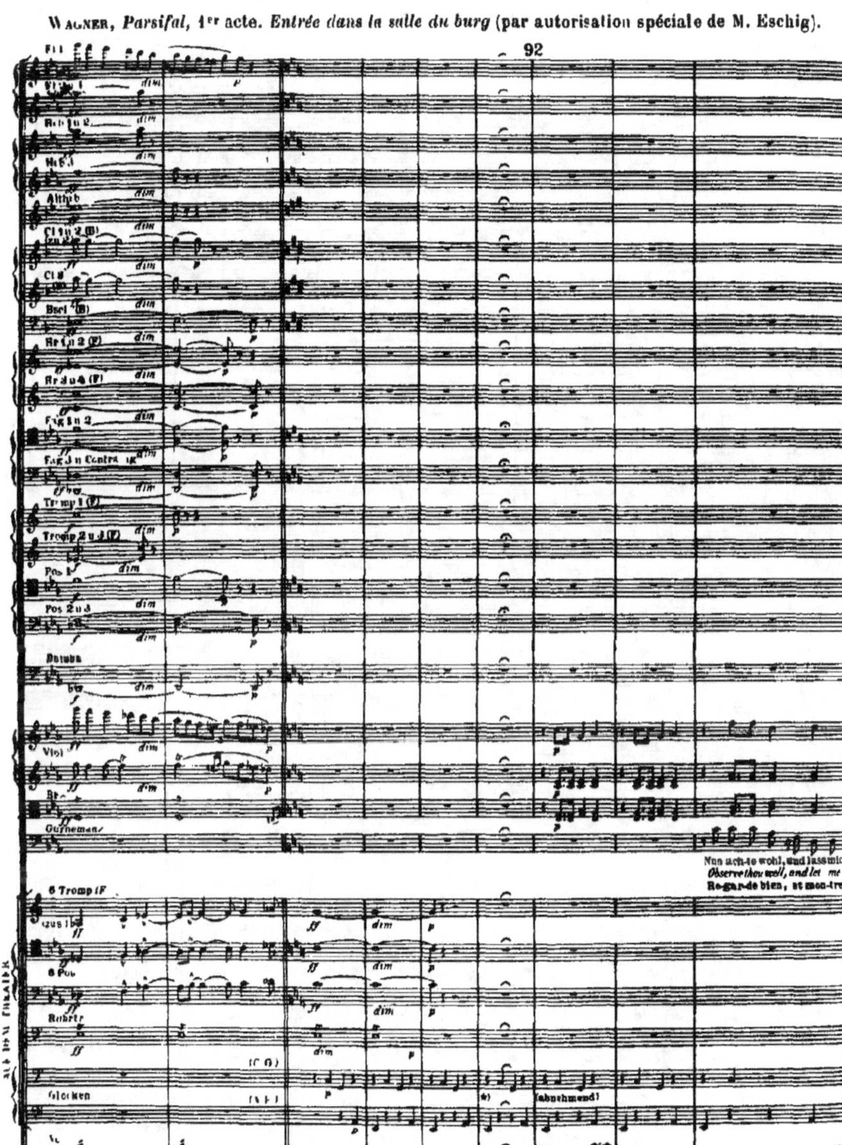

Exemple 168.

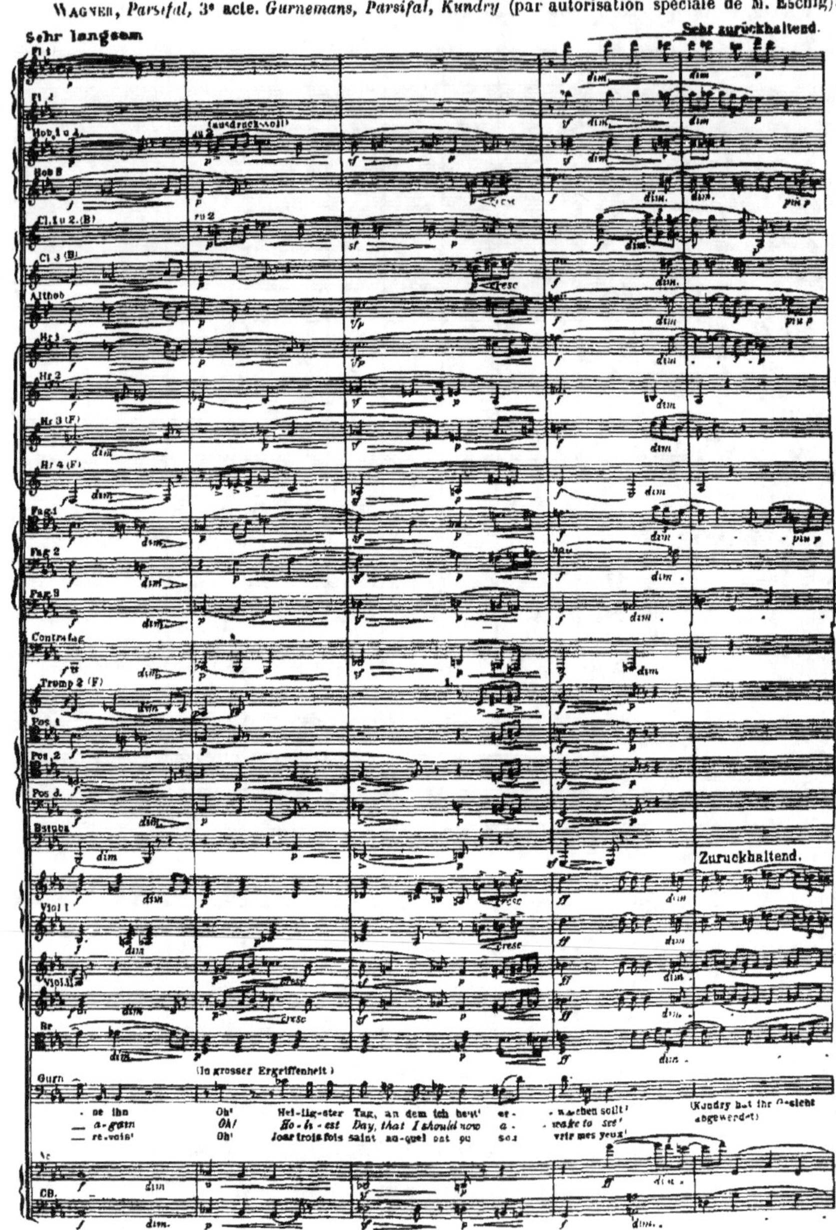
Wagner, Parsifal, 3e acte. Gurnemans, Parsifal, Kundry (par autorisation spéciale de M. Eschig).
Sehr langsam
Sehr zurückhaltend.
Zurückhaltend.
ne ihn   Oh!   Hei-lig-ster Tag, an dem ich heut' er-   wachen sollt!
a-gain   Oh!   Ho-li-est Day, that I should now a-   wake to see!
re-vois'   Oh!   Jour trois fois saint au-quel ont pu   s'ou-   vrir mes yeux!
(Kundry hat ihr Gesicht abgewendet)
(In grosser Ergriffenheit)

Exemple 160

tion trop subtile. Nous rangerons donc ces auteurs par nationalité, classification plus normale, d'ailleurs, et, puisque nous venons d'étudier WAGNER, nous continuerons cette étude par ses successeurs directs en Allemagne et par deux de ses contemporains, si opposés l'un à l'autre : Franz LISZT, à la fois son disciple et son inspirateur, et BRAHMS, le classique, ennemi de WAGNER, et si opposé à son esprit même.

Franz Liszt (1811-1886).

LISZT, à la fois disciple et inspirateur? En effet, l'influence de WAGNER sur LISZT est profonde. On sait quelle admiration sincère le pianiste génial, devenu le kappelmeister de Weimar, avait pour le réformateur du théâtre allemand, comment il défendit et fit jouer ses œuvres; on sait aussi l'amitié qui unissait les deux artistes, comment LISZT, en sa correspondance, encourageait WAGNER dans ses luttes, le consolait dans ses défaites, l'exaltait dans ses triomphes. Les ouvrages de LISZT étaient aussi familiers à WAGNER, qui, plus d'une fois, y a puisé ses inspirations. WAGNER ne s'est jamais gêné pour emprunter aux autres ce qui lui paraissait utile; il le faisait d'une manière si ingénieuse et savait transformer l'idée dont il s'emparait de si magnifique façon que l'on ne pouvait rien lui reprocher... HAENDEL, lui aussi, agissait de pareille sorte. La morale ordinaire n'est point à la taille des géants.

Quoi qu'il en soit, on découvre dans l'orchestre de LISZT, à côté de certains effets favoris de BERLIOZ, plus d'un procédé wagnérien. Il est juste aussi d'y signaler une part d'invention qui classe ce musicien parmi les précurseurs.

Et tout d'abord, l'architecture même de ses œuvres est nouvelle. LISZT a créé le poème symphonique. C'est là une forme d'art très exploitée par les musiciens modernes, et qui a été l'occasion de quelques chefs-d'œuvre. Forme inférieure peut-être à la symphonie, triomphe de la musique pure, d'essence plus hautaine et plus sévère, partant moins accessible à la foule, mais forme très vivante et séduisante par l'action même de son programme plus défini. La musique à programme, musique littéraire avant tout, musique dont un texte est inséparable, plaît, en vertu de cette précision, aux littérateurs, aux profanes, aux musiciens d'éducation incomplète, à l'ensemble du public, à tous ceux qui ont besoin qu'une histoire vienne illustrer les rythmes et le *mélos*, expliquer les harmonies et les modulations, souligner les effets de timbre. Elle pourra plaire, en outre, aux vrais musiciens si les droits de la musique n'y ont pas été oubliés. Mais l'art des sons ne peut tout décrire, il suggère plutôt, il évoque des sensations et des sentiments, et les poèmes symphoniques les meilleurs seront ceux qui laisseront l'esprit de l'auditeur errer sur l'imprécision de leur programme.

LISZT excella dans ce genre, et les *Préludes Mazeppa, Le Tasse*, etc., sont construits sur des programmes assez vastes et assez largement descriptifs pour que la musique ne se perde pas dans des détails trop puérils et trop minutieux.

L'orchestre de LISZT est puissant et nerveux. Il abuse un peu des unissons de tout le quintette à cordes, en opposition avec la masse de l'harmonie, mais ce procédé, très wagnérien première manière, est d'une éloquence chaleureuse. Le malheur veut que l'inspiration de LISZT, très généreuse, admette une certaine emphase, et que cette outrance dans l'expression se retrouve également dans l'instrumentation, souvent tendue à l'excès et trop à la recherche d'effets un peu gros. Çà et là, des trouvailles, partout une grande hardiesse d'écriture, de la musique qui sent évidemment son virtuose, mais de la musique quand même.

Les instruments sont bien écrits. LISZT leur demande souvent le maximum d'efforts, mais rien autre pourtant que ce qu'ils peuvent donner. Il sait en tirer tout le parti désirable.

Citons quelques passages. Dans les *Préludes*, le bel ensemble des quatre cors doublés des altos en sourdine, divisés en quatre, dont la sonorité voilée est si remarquable. Plus loin, le charmant *allegretto pastoral* et, au passage en *ut*, la division du quatuor et son extrême diversité de rythme.

Cette variété rythmique est une des caractéristiques de LISZT, mais il l'applique surtout aux formules d'accompagnement, ainsi que l'essayait ROSSINI, seulement avec plus de maîtrise. La polyphonie, en effet, n'est pas son fort, et, ici, il n'essaye pas de lutter avec son modèle favori. Il se rapproche plutôt de BERLIOZ.

L'orchestre de la plupart des poèmes symphoniques comprend toute l'instrumentation wagnérienne de l'époque des *Maîtres Chanteurs*. Les instruments à vent sont classés par famille de trois. Aux quatre cors répondent les trois trompettes et les trois trombones appuyés du tuba. La batterie est complète. C'est déjà un orchestre plus nourri que l'habituel orchestre de symphonie, mais le poème symphonique exigeait pour les effets descriptifs une figuration plus nombreuse.

Dans *Mazeppa*, il faut signaler le grand trait des cordes au début, terrible unisson, course effrayante vers l'inconnu; les divisés du quatuor (page 7 de la petite partition), avec les doubles croches haletantes des violons, et les grands arpèges des altos (LISZT use fréquemment des formes arpégées aux instruments à cordes); page 36, la polyrythmie encore du quintette divisé en onze parties, toutes formules d'accompagnement, sur le chant à l'unisson des hautbois, cors anglais, clarinette-basse, bassons et trompettes (ex. 170).

Remarquons la division du quintette, une partie *col arco* et l'autre *pizzicato*, et l'indication « col legno » (avec le bois de l'archet) pour quelques parties, mode d'attaque déjà employé par BERLIOZ.

Nous retrouverons ces procédés, p. 55, mais, cette fois, le chant étant confié aux trombones, le reste de l'harmonie prend part à l'accompagnement en des figures de plus en plus variées.

Dans *Ce qu'on entend sur la montagne*, nous signalerons l'introduction du *tamtam*. Cet instrument donne lieu à une opposition romantique, page 42, lorsque au solo de violon sans accompagnement, un peu écrit en style de virtuose et grimpant tout à l'aigu de la chanterelle, répondent ses notes sourdes et lugubres. Effet un peu facile, peut-être.

Page 65, les *glissandos* de harpes font leur apparition, ces *glissandos* féeriques si employés (un peu trop) dans notre musique actuelle. Ici, ils sont écrits dans la pleine force de l'instrument et aboutissent à un violent accord des cuivres.

Dans sa grande symphonie en deux mouvements, *la Divine Comédie*, LISZT a réalisé une notable richesse orchestrale. Rien de nouveau dans les moyens mis en œuvre, peut-être, mais une aisance absolue dans l'art de manier les timbres et une grande hardiesse de forme. Comme toujours, cette forme est régie, non par les lois étroites du style symphonique pur, mais par l'évocation du texte poétique inspirateur. Au contraire de Berlioz, Liszt répudie les incidents pittoresques, les hors-d'œuvre musicaux, et s'applique, non à une musique étroitement descriptive, mais à une large peinture des caractères (bien plus que des situations) qu'il veut synthétiser.

Dans la deuxième partie de cette œuvre, le *Purgatoire*, l'auteur introduit le thème liturgique du *Magnificat*, qui, se précisant peu à peu, envahit graduellement les timbres multiples de l'orchestre pour éclater enfin aux voix subitement introduites. La gradation de cet effet est amenée avec un art plein de maîtrise.

Mais l'œuvre de Liszt la plus fouillée, la plus complète, la plus difficultueuse aussi d'exécution, la plus chargée de neuves recettes, est sa *Symphonie sur Faust*. Toujours descriptive, seulement ne traduisant que des caractères, elle est au fond une trilogie de poèmes symphoniques et nullement une symphonie.

Liszt ici emprunte plus à Berlioz qu'à Wagner. Dès le début du *Faust* de Liszt, la ressemblance est frappante avec certains passages de la *Damnation*. Les gammes mystérieuses en sextolets des violons et altos alternés, avec les tenues de flûtes, hautbois, bassons et cors en sourdines, encadrant le thème de la clarinette (p. 31), ne sont-elles pas proches parentes des légères dentelles du songe de Faust dans la partition de Berlioz? Il n'est pas jusqu'aux pizzicati dont elles sont soulignées qui n'accusent cette similitude.

Un procédé dont les modernes se sont vite emparés, est celui de la page 40. Liszt indique ici, pour les accords d'accompagnement, quatre seconds violons et deux altos *arco*, le reste *pizzicato*. Cette percussion donnée à la note qu'attaque en même temps l'archet lui communique un mordant tout spécial. C'est bien là une idée de pianiste, et comment Liszt, pianiste étourdissant, virtuose sans rival, n'aurait-il pas subi l'influence de son instrument favori et n'aurait-il pas cherché à en traduire à l'orchestre les effets prodigieux qu'il savait en tirer. C'est là un écueil que n'évitent pas toujours les compositeurs trop habiles pianistes, et faut-il dire que Berlioz n'a été le roi de l'orchestre que parce qu'il ignorait et méprisait le piano? Nullement, car Liszt a su réaliser à l'orchestre, de façon très adroite, certaines formules d'essence évidemment pianistique; il use largement des formules arpégées à tous les instruments, ces formules que ses doigts devaient, malgré lui, retrouver instinctivement, lorsqu'il improvisait ses compositions.

Les passages d'arpèges hardis confiés aux cordes sont nombreux dans ses partitions. En voici un où les formes d'accompagnement sont traduites avec bonheur par les instruments à vent (ex. 171 et 172).

Liszt, *Mazeppa* (Eulenburg).

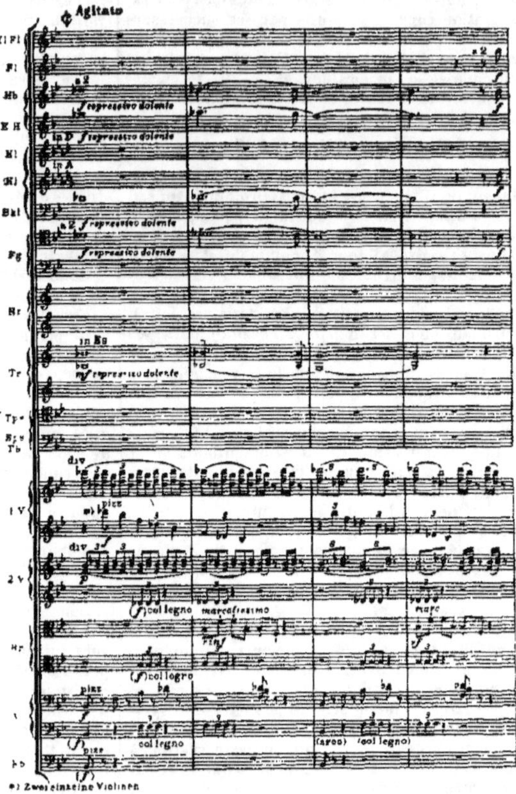

Exemple 170.

Le début de Gretchen n'est-il pas aussi très berliozien? Wagner use peu de ces soli confiés à deux ou trois instruments. Berlioz donne plus souvent à son orchestre un rôle qui lui permet l'expression de sentiments individuels. Ici, tout le début de ce délicieux morceau est exposé par deux flûtes et deux clarinettes. Un peu plus loin, le hautbois solo soupire sa tendre complainte, accompagné d'un unique alto. Enfin, la première flûte, la clarinette et deux bassons soutiendront seuls la guirlande de doubles croches d'un second violon substitué à l'alto. La sonorité ne s'engraissera que très progressivement et, lorsque le quatuor prendra part à la conversation, Liszt aura soin de ne donner la parole qu'à deux premiers violons, deux seconds, deux altos et deux violoncelles. Les cors, alors, mettront la sourdine, et tout l'ensemble restera d'une douceur et d'une délicatesse infinies.

Page 153, encore un effet pianistique, mais rendu avec art par un habile manieur de timbres. Les arpèges des flûtes perdent toute sécheresse en se fondant dans le trémolo en sourdine des seconds violons divisés. Le chant de violoncelle se détache, doux et tendre, sur ce fond bien estompé, éclairci de

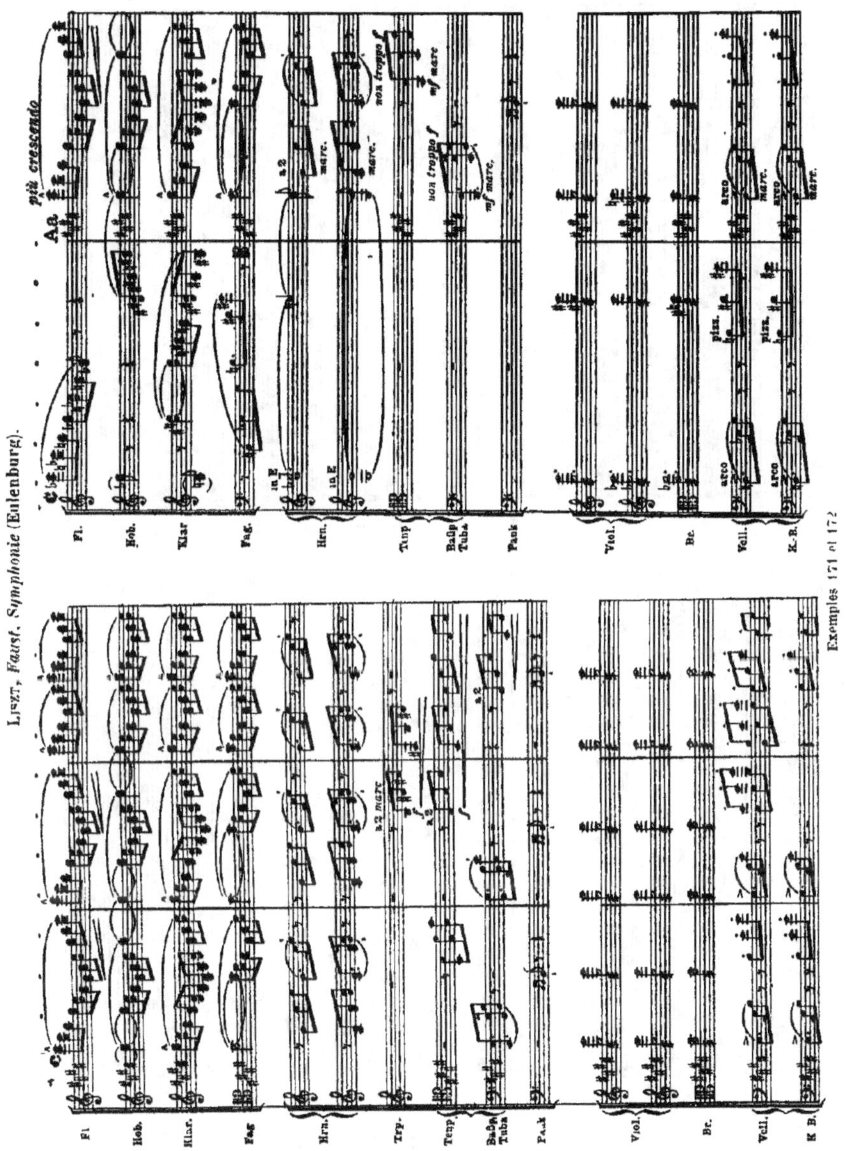

quelques notes de harpe, et poursuivi dans l'aigu par les premiers violons et les altos (ex. 173 et 174).

La harpe viendra encore doubler le chant des violons, p. 156. Ici, malgré l'emploi du tutti complet, le compositeur atteint un effet de pianissimo saisissant (ex. 175).

La fin revient à une délicatesse des plus rares. Tout un passage (p. 164) est confié à quatre violons soli, et la dernière page s'éteint sur les accords soutenus des cordes, divisées dans trois octaves, le chant expirant des altos ponctué des mystérieux harmoniques des harpes.

Le Méphisto de Liszt sera satanique et sarcastique à souhait. Ricanements de flûtes, sécheresse des pizzicati arrachés dans l'aigu, railleries des bassons moqueurs, chromatismes des cordes, mouvement vertigineux d'un rythme de valse, tout cela passera, rapide, endiablé, plein de verve romantique, pour aboutir à un formidable tutti à quatre temps. Puis, la ronde démoniaque reprendra de plus belle,

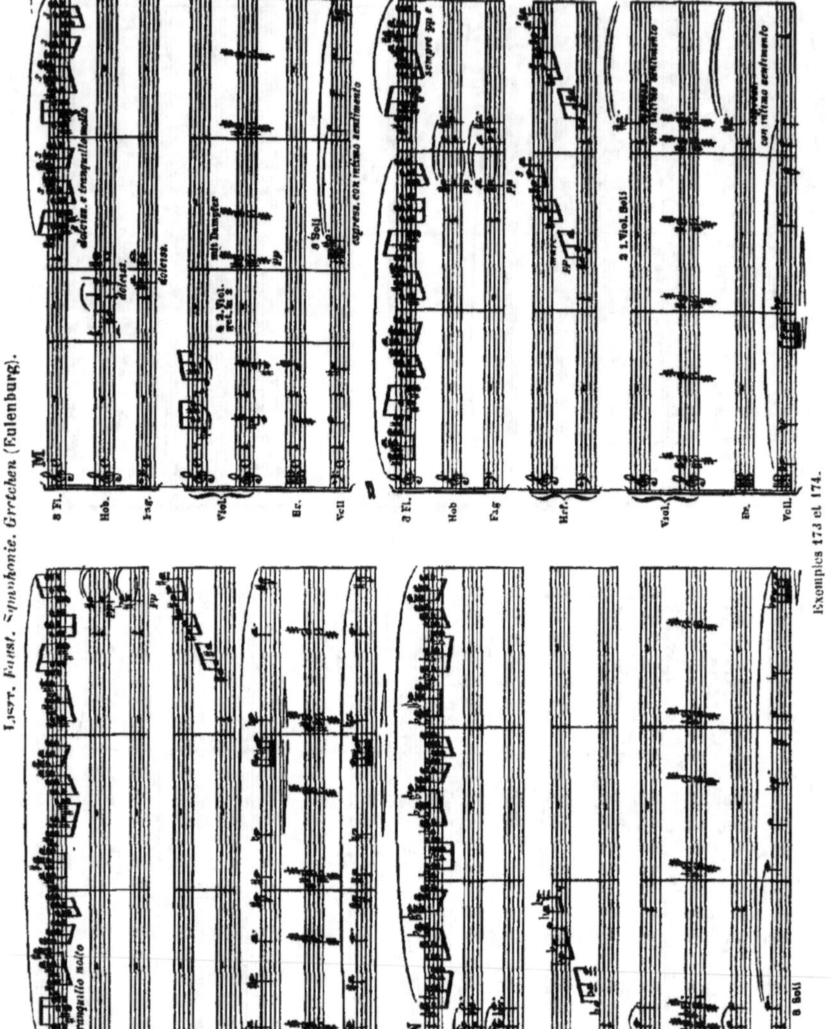

sans souci des difficultés très grandes d'exécution. Le virtuose qu'était Liszt connaissait-il la difficulté? La forme bizarre, tourmentée, des dessins mélodiques souligne l'étrangeté de ce morceau, où apparaît soudain une fugue, très peu classique, quoique fort ingénieusement traitée. Et Berlioz aurait pu signer cette symphonie tout entière.

Johannès Brahms (1833-1897).

Des deux autres grands symphonistes contemporains de Wagner, tandis que l'un, Bruckner, s'achar-nait à le copier dans son instrumentation, dans ses effets favoris, dans l'esprit même de son œuvre, l'autre, Brahms, prenait le contre-pied de l'esthétique nouvelle, et puisait toutes ses inspirations dans l'enseignement du passé.

On connaît la légende allemande des trois B : Bach, Beethoven et Brahms, et si la place d'honneur ainsi accordée à ce dernier peut paraître exagérée (et, par esprit d'opposition, lui a fait le plus grand tort, en France particulièrement, on ne saurait nier l'apparence de raison de cette classification. Brahms, en effet, apparaît bien comme le dernier classique

Liszt. *Faust. Symphonie. Gretchen* (Eulenburg).

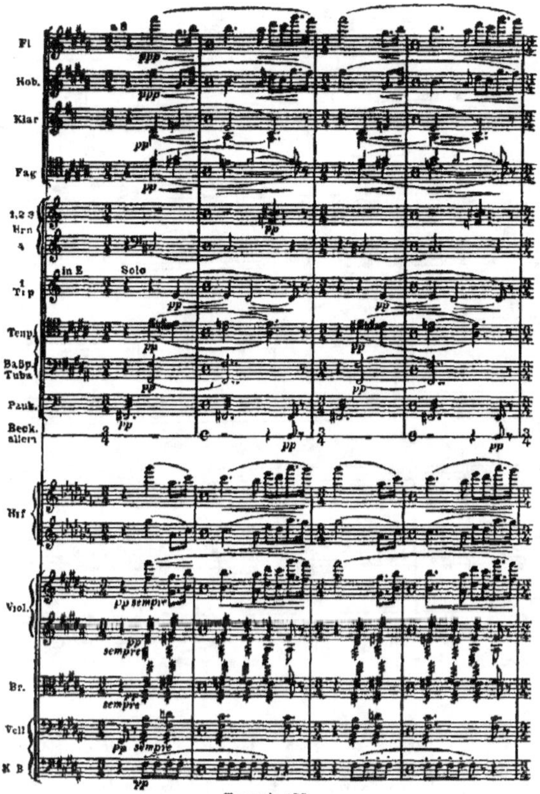

Exemple 175.

particulier. Brahms fuit les innovations, les progrès de l'orchestration moderne ne lui doivent absolument rien.

Peu de doublures dans ses symphonies. Ce procédé, admirablement mis en œuvre par Wagner, ne lui est d'aucun secours. Il a grand soin, au contraire, d'opposer constamment la masse des bois à la masse des cordes. Son ensemble se divise bien en trois groupes ayant chacun son individualité propre : le groupe des bois et des cors, celui des cuivres, celui des cordes.

On sait son amour exagéré des motifs en tierces et en sixtes; cela l'amène à exposer souvent un thème par toute la petite harmonie se redoublant en tierces dans trois ou quatre octaves, sonorité excellente de plénitude, mais manquant un peu de raffinement pour nos oreilles habituées à plus de piment dans la sauce instrumentale.

Il affectionne l'emploi des cors à découvert et celui de la clarinette. (Brahms eut toujours un faible pour ces instruments et leur confia souvent un rôle dans sa musique de chambre.)

Quelques particularités viennent rompre la belle ordonnance classique de ces œuvres : les recherches rythmiques parfois un peu forcées, l'emploi fréquent des contretemps, le mélange de figures ternaires et binaires. Brahms doit ce souci à Schumann. Cela donne à certains passages une sensation de déséquilibre, qui tient peut-être avant tout au manque d'unité entre des phrases très simples et très carrées, soutenues par une harmonisation franche et tonale, et un raffinement rythmique plus moderne qui cherche à communiquer à l'ensemble une souplesse plus grande.

Donnons ce bel exemple du style de Brahms, emprunté à l'*adagio* de la *Symphonie en ré*. Sonorité noble et pure, sans rien de composite, où chaque timbre a son expression propre (ex. 176).

Dans son *Requiem allemand,* une de ses compositions les plus importantes, Brahms recherche pourtant une couleur assombrie par la suppression totale des violons dans tout le premier morceau, les parties mélodiques principales étant confiées aux altos divisés. Cette disposition se répétera à plusieurs reprises au courant de la partition. À la suite de ce premier morceau, une opposition très grande sera ménagée par l'entrée des violons dans l'aigu, en trois parties, doubles des altos à l'octave en dessous, effet accru par le renforcement des violons par les flûtes et des altos par les hautbois et clarinettes. Ce moyen, assez rare chez Brahms, ne serait pas sans crudité s'il ne devait toute sa valeur à l'emploi persistant du pianissimo le plus complet.

Voici enfin un exemple de recherche de rythme ondoyant, emprunté à la *Troisième Symphonie* (p. 89). Les triolets de noires, rythme ternaire, se mélangent aux triolets de croches du rythme binaire et aux quatre noires de la mesure simple (ex. 177).

allemand ; son œuvre poursuit et prolonge parmi nous le processus de Beethoven, et, s'il n'atteint pas à la hauteur de son modèle, du moins y fait-il songer plus d'une fois par la largeur et la simplicité de ses thèmes et par l'ampleur de leurs développements.

Pour affirmer davantage son culte du passé, il se contente, le plus souvent, de l'instrumentation beethovénienne, allant même jusqu'à supprimer les trombones dans la *Première* et la *Quatrième Symphonie* et n'employant que deux parties de trompettes.

Sobre de moyens instrumentaux, il sera sobre aussi dans l'emploi de ses matériaux, ne recherchera rien de ce pittoresque qui est devenu l'élément essentiel de l'orchestre moderne, rejettera les couleurs violentes, les moyens exceptionnels; cela ne veut pas dire qu'il ne fera pas montre d'un savoir évident, d'une certaine personnalité, d'une entière possession des procédés dont il consentira à user. L'on a reproché à son orchestre d'être un peu gris et lourd; il y a quelque justesse dans ces critiques. Cet orchestre sait être pourtant souple et puissant; il convient à merveille au caractère de ses idées polyphoniques, et atteint parfois à une grandeur imposante. Mais il ne nous donnera ici aucun sujet d'étude

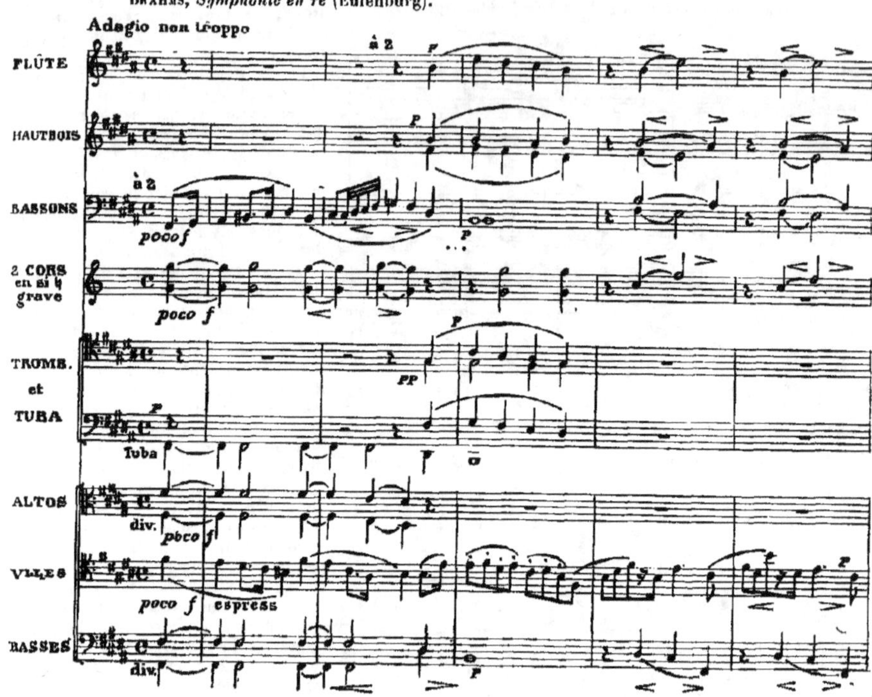

Exemple 171. — A la partie de cors, 3º mesure, lire *la-sol* au lieu de *sol-sol*.

Anton Bruckner (1824-1896).

Le plus wagnérien des symphonistes allemands,
BRUCKNER. débute cependant par des œuvres à tendances très classiques. L'instrumentation de ses premières symphonies est celle des symphonies de
BEETHOVEN, avec une légère prédominance des cuivres : le nombre des cors porté à quatre et les
trombones groupés par trois. Cette importance des
cuivres sera le péché mignon de BRUCKNER; ils séviront de façon brutale dans le final de la *Troisième
Symphonie*, dont la sonorité est un peu compacte.
Les deux trompettes s'adjoignent une coadjutrice
et, puisque le classique ensemble s'est alourdi de
tous ces éléments, il faut bien songer à les employer
Cela passe encore pour les finals des premiers ou
des derniers mouvements, mais, ici, les gros instruments empâteront jusqu'aux *scherzi* les plus vivaces.
BRUCKNER aime d'ailleurs à agir par grandes masses,
par parti pris d'ombre et de lumière, et il écrira
volontiers de nombreux traits à l'unisson de tout le
quintette. Ce procédé, déjà employé un peu trop
souvent dans le final de sa *Première Symphonie*, se
perpétuera dans les suivantes. Tout cela ne va pas,
il faut le reconnaître, sans une réelle puissance.
Peu à peu, l'influence wagnérienne perce dans ces
œuvres. Parfois cependant, l'adversaire de BRAHMS
lui emprunte ses recherches d'oppositions rythmiques. Dans un passage de l'*adagio* de la *Seconde
Symphonie*, la partie de premier violon (p. 71), à

cinq doubles croches par temps, accompagne les
triolets de croches des basses, scandée du rythme
d'une croche pointée et d'une double croche aux
seconds violons et altos, tandis que les hois font
entendre des duolets. Les mélanges de contretemps
et de trois notes pour deux, si chers à BRAHMS, se
retrouvent également chez BRUCKNER.
La *Symphonie romantique* (nº 4) se dégage davantage de ces influences. Les contrastes y sont nombreux, et elle contient des pages d'une finesse très
grande, comme celle échafaudée sur une pédale
persistante (trente-six mesures) des timbales, à
laquelle l'emploi soudain de la sourdine au quatuor
vient donner une teinte spéciale.
BRUCKNER se sert habilement de ces effets de sourdine, réservés autrefois au théâtre (*Adagio* de la
Romantique) et mélange aussi fréquemment les pizzi-
cali aux passages col arco (p. 80).
Cette *Quatrième Symphonie* introduit le « bass-
tuba » dans le style symphonique. Les timbales
s'augmentent d'une troisième partie. La tendance à
agrandir l'instrumentation se continue dans la *Cinquième* par l'adjonction d'une troisième flûte.
L'emploi répété des cordes pincées caractérisera,
ici encore, tout le début de l'*adagio* et une bonne
partie du *scherzo*. La fin de cet *adagio* amènera un
de ces traits persistants des violons, si favoris de
BRUCKNER. Ici, les sextolets de doubles croches ne
dureront pas moins de trente-sept mesures. La continuité de l'effet est un des moyens de prédilection

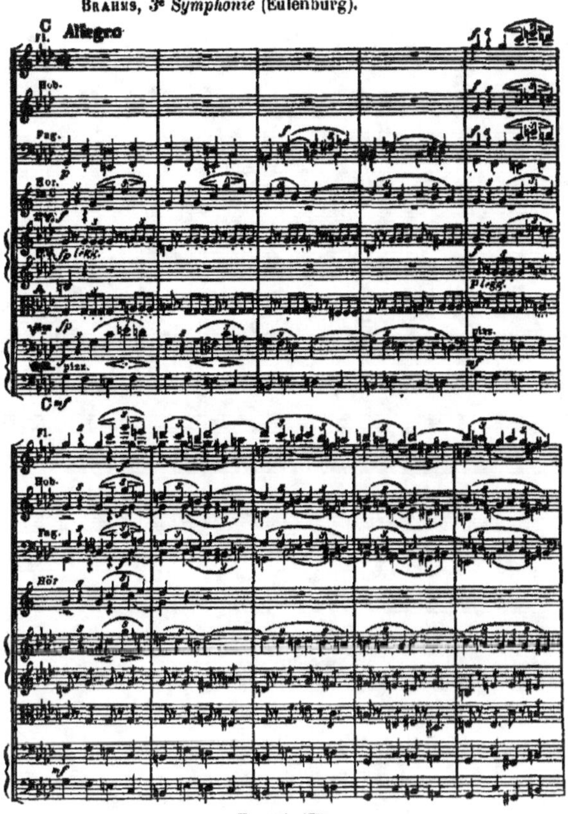

Exemple 177.

deux bass-tuben en *fa* et une contrebasse-tuba. La percussion s'augmente alors du triangle et des cymbales, celles-ci séparées de la grosse caisse. L'apparition de la grosse caisse et des cymbales dans la symphonie pure est à signaler. Nous ne pensons pas que le style sévère y gagne grand'chose. Ce sont là instruments de théâtre que le poème descriptif a seul intérêt à employer au concert.

On aurait tort de croire BRUCKNER uniquement assoiffé de sonorités outrancières, s'adjoignant du renfort pour décupler l'action de sa grosse artillerie... A la vérité, il ne déteste pas le bruit et ne se fera pas faute d'employer ses *tuben* dans les tutti, puisqu'il les a sous la main. Mais leur véritable rôle, l'utilité de leur emploi sont dans les passages de douceur. Leur entrée piano dans l'*adagio* communique à ce passage une onction et une gravité noble que des cors auraient peut-être réalisées, mais avec moins de plénitude. Et quel bel effet ils font, page 42, sous le trait des premiers violons qui se continue pendant 24 mesures, allant de l'extrême *piano* au triple *forte* le plus éclatant. Ceci est tout à fait wagnérien (ex. 179).

Employés seuls, ils auront quelque chose de sacerdotal, et les cors s'y ajouteront plus loin pour communiquer au fortissimo toute son ampleur, aussitôt éteinte dans le pianissimo le plus marqué.

Silencieux pendant tout le *scherzo*, les tuben reparaîtront dans le *final* dont ils augmentent la sonorité un peu massive.

du compositeur. Nous retrouverons cette obstination du dessin rythmique dans l'*allegro* de la *Sixième*. Elle communiquera une grande puissance de chaleur aux ensembles, non sans quelque analogie avec le final de l'*Italienne* de MENDELSSOHN, mais avec quelle lourdeur en plus (ex. 178) !

Nouvelle combinaison rythmique un peu plus loin : le mouvement continu des triolets de croches se mélange aux triolets de noires de l'harmonie et aux huit croches par mesure des basses.

Plus nourrie, plus mouvementée, plus corsée enfin que les précédentes symphonies, la *Sixième*, un peu surchargée, offre une plus grande difficulté d'exécution. Avec les numéros *7, 8* et *9*, nous en arrivons aux grandes symphonies résolument wagnériennes. Maintenant, BRUCKNER fera appel aux instruments de la *Tétralogie*. Le premier mouvement de la *Septième* n'emploie encore que 2 flûtes, 2 hautbois, 2 clarinettes, 2 bassons, 4 cors, 3 trompettes, 3 trombones et 1 bass-tuba, et l'allure en reste classique, toujours avec les très fréquents unissons dramatiques des cordes, dont quelques-uns, traités dans l'extrême pianissimo (p. 9), sont assez saisissants. Mais, dès l'*adagio*, le maître ajoute à son orchestre les cinq *tuben* de WAGNER : deux ténors-tuben en *si bémol*,

Mais l'équilibre se trouve un peu rompu au profit des cuivres, et BRUCKNER sent la nécessité de renforcer son harmonie. Aussi, la *Huitième* exige-t-elle 3 flûtes, 3 hautbois, 3 clarinettes, 3 bassons, 4 cors (les quatre tuben jouant au besoin les cinquième, sixième, septième et huitième cors), 3 trompettes, 3 trombones, dont un trombone basse, et une contrebasse tuba. C'est l'introduction de tout l'orchestre wagnérien dans la symphonie. La légèreté rythmique, la finesse de contrepoint d'un MOZART, l'expression intérieure et la souplesse polyphonique d'un BEETHOVEN ne sont plus de mise. On recherchera surtout les grands effets de masses, les oppositions violentes, la couleur un peu brutale et outrée; les doublures s'accuseront de plus en plus. Dans la *Huitième*, les basses sont parfois renforcées des quatre cors unis et de la contrebasse-tuba, voire de deux trombones. Et cela est nécessaire pour contrebalancer le reste de l'orchestre. Les unissons du quintette, *col arco* ou *pizzicato* deviendront plus fréquents. Signalons toutefois la délicatesse d'un tutti général employé dans le pianissimo (p. 39 du *scherzo*). Mais les *scherzos* de BRUCKNER sont, la plupart du temps, lourds et comme écrasants; il ne peut se résoudre à n'utiliser qu'une partie de son armée d'instrumentistes.

BRUCKNER, *4e Symphonie en ré* (par autorisation spéciale de l'Éd. universelle, Vienne).

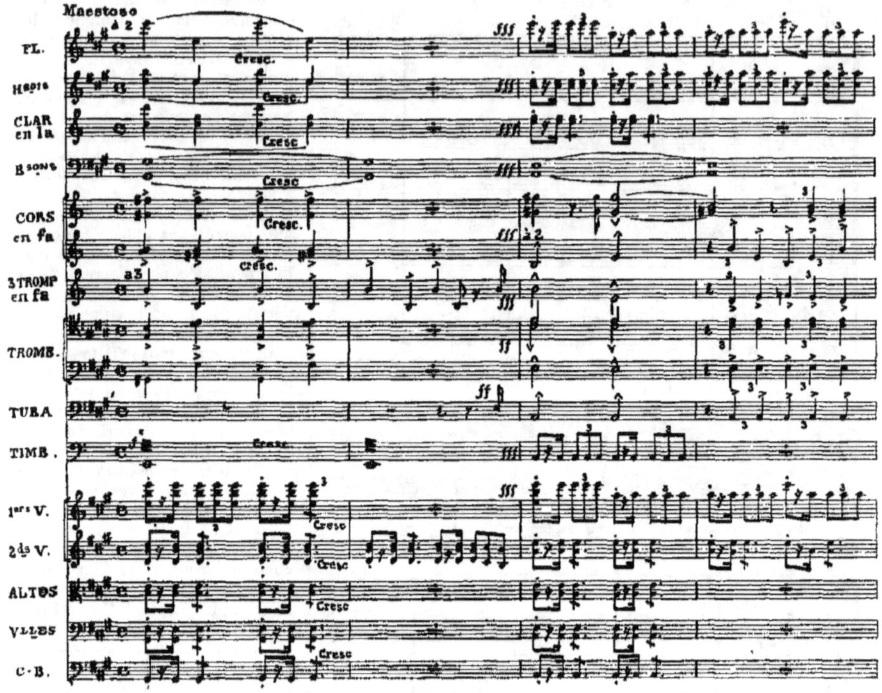

Exemple 178.

La harpe fera son apparition (*trio du scherzo*), et, a vrai dire, on ne voit pas pourquoi elle serait exclue de l'ensemble symphonique. BRUCKNER en tire quelques jolis effets, notamment dans l'*adagio* si « tristanesque » au début, avec le contretemps irrégulier des cordes.

Le thème du début de la *Neuvième* sera posé par les huit cors à l'unisson, mais jouant piano. La polyphonie devient plus complexe, et nécessite des mouvements rythmiques et des dessins très variés dans les ensembles. Cela ne va pas parfois sans un peu de confusion, que, seule, peut éclaircir une exécution extrêmement fouillée et précise. Au *scherzo*, un contrebasson se joindra aux bassons. Ce sera toujours le *scherzo* rude et volontaire, un peu balourd, avec de grands unissons et des sonneries de cuivres bien étalées. Dans quelques passages de légèreté cependant, les violons se diviseront en deux masses, l'une avec sourdine, l'autre sans sourdine.

G. Mahler (1860-1911).

Les tendances de BRUCKNER à augmenter le nombre des unités de chaque groupe instrumental devaient encore s'accroître avec MAHLER et STRAUSS. Il semble que ces deux compositeurs se soient donné la mission de réaliser le rêve un peu monstrueux de BERLIOZ. L'amour du « kolossal » (avec un *k* ce mot germanisé paraît plus énergique) caractérise de façon tout à fait précise le principal ressort de l'art moderne allemand sous toutes ses formes. En architecture, en littérature, en peinture comme en musique, l'Allemand voit grand, plus que grand même, immense... Il y a là quelque excès; toutefois, la complexité des timbres mis ainsi à leur disposition par des orchestres géants a incité les compositeurs à des recherches nouvelles, à des alliances inemployées, et des découvertes sonores ont surgi tout naturellement de ce nouvel état de choses.

La *Première Symphonie* de MAHLER s'ouvre sur un effet de notes harmoniques des cordes rappelant le prélude de *Lohengrin,* avec cette différence qu'ici c'est tout le quintette qui est employé, violoncelles et contrebasses divisés en six parties. Sur ces mystérieuses tenues, les sonneries légères des clarinettes mettent des appels féeriques auxquels répondent des trompettes très lointaines.

L'orchestre de MAHLER présentera souvent de ces recherches de pittoresque lumineux. La clarté des effets en sera une des principales qualités, malheureusement trop souvent alourdie par une surcharge évidente.

Ici, l'orchestre moderne habituel est seul encore employé : 3 flûtes, 3 hautbois, 3 clarinettes dont une basse, deux bassons, voilà qui est fort raisonnable. Les sept cors ont peut-être leur utilité, quoique, dans la plupart des cas, ce renfort ne soit destiné qu'à doubler les parties dans les *forte*. MAHLER

Bruckner, 4ᵉ *Symphonie* (par autorisation spéciale de l'Ed. universelle, Vienne).

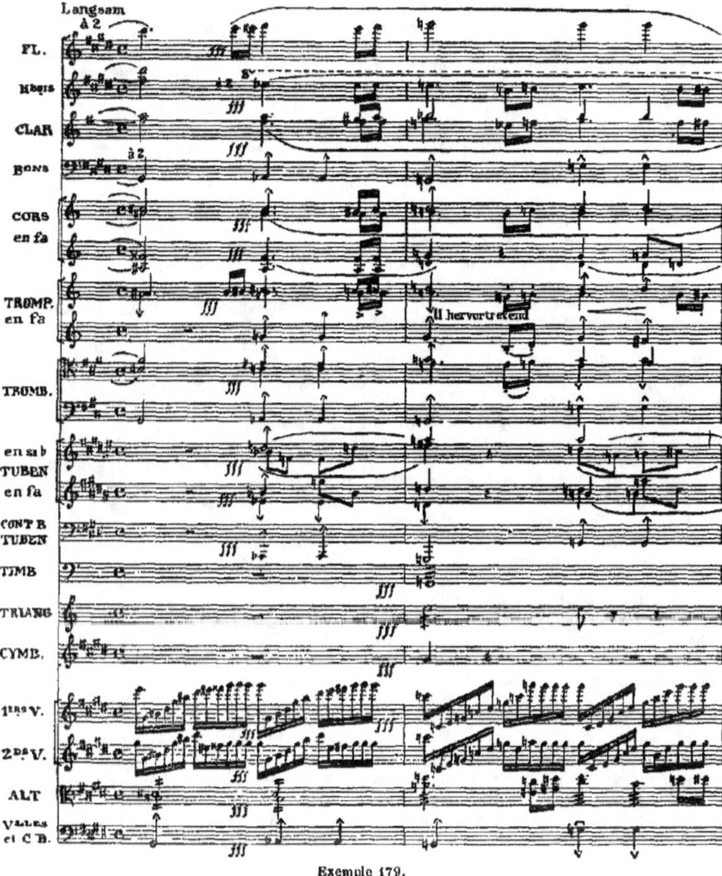

Exemple 179.

semble toujours craindre que ses cors ne soient noyés dans un trop vaste ensemble.

La harpe aura toujours, dès maintenant, une partie importante. Non seulement, elle ne sera plus l'instrument d'exception qu'elle était restée dans le domaine symphonique pur, mais elle ne se confinera plus dans les inévitables arpèges. Souvent, elle doublera les parties graves, communiquant sa percussion aux timbres des basses.

Un effet moins défendable, et dont MAHLER abuse singulièrement, se rencontre page 21 : les parties de violoncelles et de contrebasses sont surmontées, à plusieurs reprises, d'un *glissando* ultra-viennois, légèrement canaille... Page 65, le même *glissando* se retrouve aux violons. MAHLER ne craint pas, d'ailleurs, d'hospitaliser dans ses symphonies des thèmes de valse à l'allure tzigane et des thèmes de chants populaires tchèques ou hongrois pas toujours distingués Son instrumentation se ressent de cet éclectisme. N'a-t-il pas employé, d'autre part, la mandoline, les clochettes de troupeaux et le cornet de poste ?

Cependant, les gros cuivres ne séviront pas chez lui avec la même intensité que dans les ouvrages de BRUCKNER. Dans la *Première Symphonie*, ils n'interviendront même qu'à la fin du premier mouvement.

Les trompettes bouchées jouées *fortissimo*, les mélanges fréquents de *col arco* et de *pizzicato* communiquent au *scherzo* l'allure humoristique habituelle. La recherche un peu outrée du pittoresque se poursuit dans le troisième morceau, qui débute par un solo de contrebasse qu'accompagnent les deux notes alternées régulièrement des timbales; huit mesures plus loin, les bassons entrent, en canon, avec les violoncelles, puis le tuba-basse et la clarinette-basse, enfin le tamtam (avec des baguettes d'éponge) accompagne l'entrée du reste de l'orchestre, le chant des cors étant doublé dans le grave par les harpes.

Les effets de batterie seront toujours chers à MAHLER, qui affecte de leur donner une grande importance. Page 81, il recommande d'attacher de nouveau les cymbales à la grosse caisse (procédé que les compositeurs ont abandonné depuis longtemps) pour mieux réaliser une parodie de « turquerie »! Plus loin (p. 91), une partie des violons attaque les cordes avec le bois de l'archet, l'autre moitié joue *col sordino*, et tandis que se poursuit ce jeu en des nuances qui vont du *piano* au *pianissimo*, les bois et les harpes attaquent en *forte*, contrapuntant le chant en tierces des trompettes. Et le tout s'achève sur deux coups de grosse caisse *pianissimo* et sur un *pizzicato* de contrebasses.

Le *final* recherchera davantage les effets de grande sonorité, avec emploi fréquent de brusques *rinforzando* conduisant du *piano* aux trois *f*. Au « triomphal », l'auteur indique de renforcer les sept cors par l'adjonction de deux nouvelles parties.

La réserve instrumentale de la *Première Symphonie* fait place dans la *Seconde* à la plus singulière intempérance. Voici le tableau de l'orchestre nécessité par cette œuvre aux proportions démesurées :

4 flûtes, prenant les petites flûtes au besoin.

4 hautbois, le troisième et le quatrième jouant le cor anglais.

3 clarinettes et une clarinette-basse.

2 clarinettes en *mi bémol* (petites clarinettes[1]).

4 bassons et un contrebasson.

Six cors en *fa*, plus quatre cors dans la coulisse et qui se joignent plus tard au reste de l'orchestre, formant ainsi un groupe de dix cors!

Quatre trompettes en *fa*, plus quatre trompettes dans la coulisse, dont deux se joignent par moment au reste de l'orchestre, portant ainsi à six le total des trompettes employées ensemble.

Quatre trombones et un tuba-contrebasse.

Un grand orgue.

Premiers et deuxièmes violons. Altos, violoncelles, contrebasses (descendant au *contre-ut*).

Trois timbales jouées par deux timbaliers.

Grosse caisse, cymbales, tamtam ordinaire, tamtam grave, triangle, caisse roulante, glockenspiel, trois cloches, verge (sorte de baguette de bois).

Une timbale, une grosse caisse avec cymbales, un triangle dans la coulisse.

La passion de MAHLER pour les instruments à percussion se manifeste ici. Il ne faudrait pas moins de dix-neuf portées spéciales pour la batterie si tous ces instruments « donnaient » en même temps! Fort heureusement, leur emploi est plus sagement alterné. Pour la première fois, nous voyons figurer la verge.

Les passages de douceur abondent cependant dans cet énorme assemblage. Les timbres y sont maniés avec une singulière habileté, et les progressions sonores apparaissent soigneusement ménagées. Les sourdines sont fréquemment prescrites aux cuivres, y compris les trombones. Les *scherzos* des symphonies de MAHLER restent de véritables *scherzos*, d'une grande vivacité d'allure et d'un caractère léger et enjoué.

Mais, comme à BEETHOVEN dans la *Neuvième*, l'instrumentation arrivée ainsi à son apogée ne suffit plus au compositeur; il appelle à son secours le merveilleux et sensitif timbre qu'est la voix humaine. C'est d'abord, dans le n° 4, un solo d'alto sur un texte mystique et douloureux qui chante la détresse humaine, accompagné dans la coulisse par un choral confié à deux bassons, contrebasson, quatre cors et trois trompettes. Un peu plus tard, le gloc-

kenspiel vient éclairer l'ensemble de sa nette acuité, et le final provoque enfin la réunion de tous les timbres annoncés.

Les contrastes sont violents après les déchaînements des vastes tutti; la page 183 est curieuse avec sa polyphonie des trompettes, estompées dans le lointain, que surmonte un léger gazouillis des flûtes (ex. 180).

Après cela, un chœur *a cappella* interviendra, consolant, évoquant l'espoir de la Résurrection, puis un dernier solo, et les accords majestueux du grand orgue ne s'étaleront enfin que quelques mesures avant la fin, comme une sortie de messe que des cloches soulignent à toute volée.

La *Troisième Symphonie* ne diffère de la *Deuxième* que par l'absence de l'orgue et par une sorte d'élan furieux qui emporte certains passages dans des exaspérations soudaines de nuances. Dès le début, c'est l'entrée violente des huit cors à l'unisson, puis les frémissements inquiets des cymbales et du tamtam, avec les sourds trémolos de la grosse caisse; et, sur des triolets sombres et brefs des trombones à cinq parties et pianissimo, l'appel héroïque, *fortissimo*, des trois trompettes unies, auquel répondra un trémolo brutal des altos.

Sans cesse, se poursuivra ce jeu de *pp* et de *ff*. Le dosage exact, voire exagéré, des nuances sera manifestement la préoccupation constante de MAHLER, qui ne craindra pas d'employer, après les quadruples *piano*, les quintuples *forte*. Cela peut sembler bien inutile. Ce qui l'est moins, c'est le soin avec lequel les diverses nuances sont mises en opposition, alliant parfois le *pianissimo* complet des gros cuivres ou des cordes au *fortissimo* des flûtes ou des clarinettes, et *vice versa*.

Nous en avons assez dit pour faire comprendre la manière heurtée de ce compositeur. L'exagération est partout, dans le nombre des instruments, dans les nuances exacerbées, dans la longueur des développements, dans la brutalité des oppositions... Il y a pourtant une certaine maîtrise dans le maniement de ces masses. Mais nous devons nous contenter de signaler les passages les plus curieux et les plus recherchés de ces huit symphonies.

Dans cette *Troisième Symphonie*, le *glissando* passe parfois des violons aux trombones! Page 17, tout un passage sera joué uniquement par le triangle, les cymbales, la grosse caisse, le tambour, les timbales et les contrebasses.

Après les excès de brutalité du premier mouvement, le second offre une simplicité affectée, s'ouvrant par un chant de hautbois accompagné d'une batterie en *pizzicato* des altos, puis des violoncelles. Il termine sur un *glissando* des violons amenant un accord tout en harmoniques, avec un *contre-ut dièse* du premier violon solo.

Le *scherzo*, très verveux, se caractérise par l'emploi, dans la coulisse, du *posthorn* (cornet de poste), auquel sont confiés de véritables soli.

Les *glissando* des harpes mêleront leurs riches effluves aux sonorités variées de l'orchestre. C'est là un des effets favoris de l'école moderne, que permettait seul le mécanisme perfectionné de la harpe à double mouvement de pédales.

Le n° 4 fera de nouveau appel à la voix d'alto solo, avec une profusion d'harmoniques dans l'accompagnement, d'exécution assez périlleuse. Tout plein de mystère et d'une douceur angélique, ce morceau proclame la supériorité de la joie triomphant de la

---

[1] L'emploi (que MAHLER n'abandonnera plus) de la petite clarinette en *mi b* mol est caractéristique. BERLIOZ, dans sa *Symphonie fantastique*, n'en avait envisagé que le côté caricatural. Ici, son utilité sera à renforcer dans les tutti les parties de flûtes un peu faibles pour un si formidable ensemble.

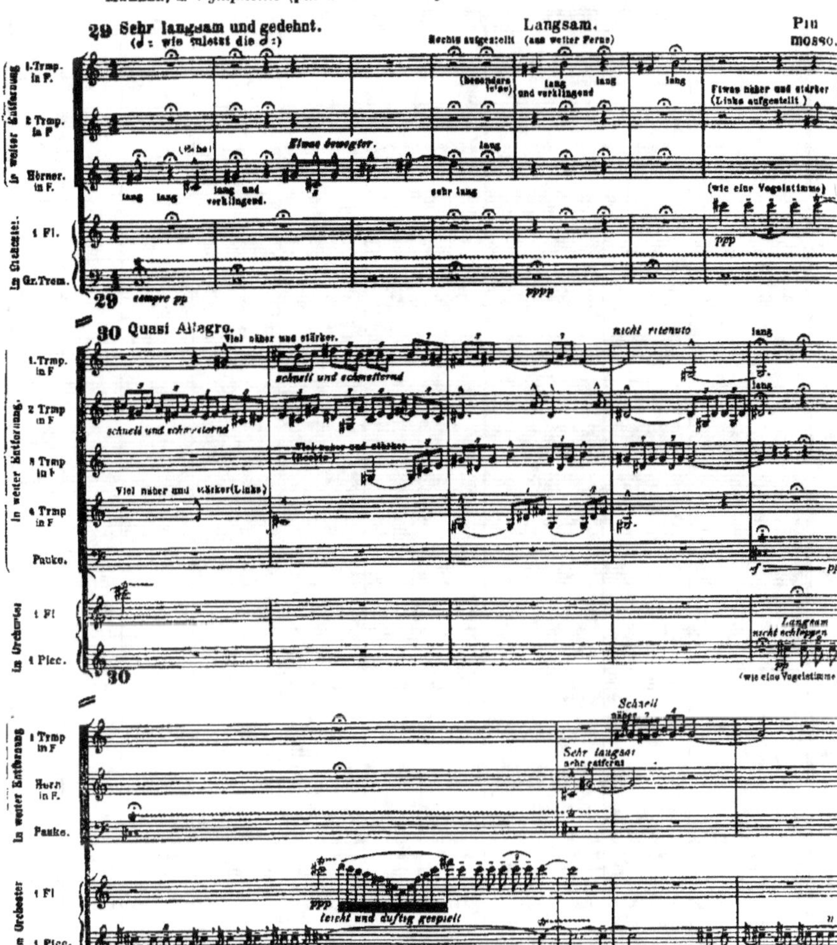

Exemple 180.

douleur. « La douleur du monde est profonde. La joie est plus profonde encore. La douleur passe... mais toute joie veut l'éternité!... »

Et les cloches sonneront éperdument dans tout le nᵒ 5. Mais cette fois, pour varier ses sonorités, le compositeur emploie un moyen assez ingénieux. Un chœur d'enfants double les quatre cloches en *sol, fa, re, do*, par des « Bim! Bamm! Bimm! » imitatifs... Un chœur de voix de femmes dira là-dessous les joies du pardon céleste qui atteint le pécheur repentant.

La disposition des exécutants est, en ces œuvres, de la dernière importance. Et l'auteur indique que les cloches et leurs jeunes imitateurs doivent être placés « en haut », de façon à dominer l'orchestre.

L'accord final termine ce morceau sur la curieuse sonorité d'un *fa* joué par quatre flûtes, un glocken-spiel, une harpe en harmoniques et un alto également en harmoniques (ex. 181).

On le voit, MAHLER néglige de parti pris les formes symphoniques habituelles. Cette *Troisième Symphonie* n'a pas moins de six numéros, quelques-uns assez courts. Il est tout naturel que son instrumentation soit celle qui s'adapte à des idées un peu excentriques parfois, très en dehors du style symphonique ordinaire, à une volonté éprise avant tout de pittoresque, de style expressif et même philosophique.

Plus gracieuse, plus fine, moins outrée, la *Quatrième Symphonie* offre une instrumentation plus raisonnable, en tous cas plus facilement réalisable : quatre flûtes, trois hautbois, trois clarinettes, trois bassons, quatre cors, trois trompettes. Il n'y a guère abus que dans la batterie qui nécessite encore tim-

Mahler, *3e Symphonie* (par autorisation spéciale de l'Éd. universelle, Vienne).

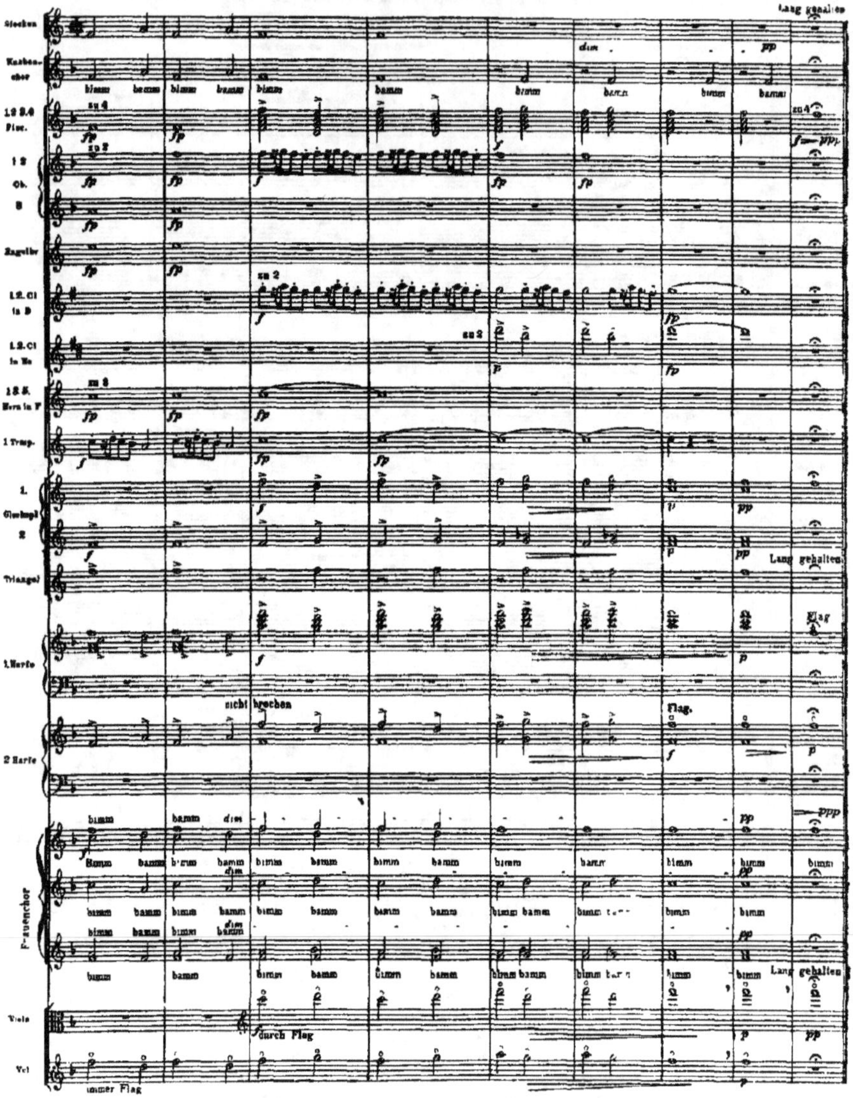

Exemple 181.

bales, grosse caisse, triangle, glockenspiel, cymbales, tamtam et même une *sonnette* (?), très à découvert avec les flûtes dans les toutes premières mesures.

L'excentricité reparaît au second morceau où, sans grande nécessité, le violon solo s'accorde un ton plus haut pour jouer en *ré bémol*, tandis que l'orchestre est en *mi bémol*.

C'est là un procédé que Paganini employait, dit-on (à l'insu de ses auditeurs), afin de jouer dans un ton plus brillant que celui de l'orchestre et de faire ainsi ressortir sa sonorité.

Évoquant de façon naïve et légendaire les joies d'un Paradis des enfants, où fruits et légumes poussent à foison, et dont sainte Marthe sera la cuisinière, la voix viendra de nouveau apporter son expression plus précise au n° 4, tout à fait exquis, pittoresque sans excès, mystique sans affectation, rempli de jolies sonorités et de phrases languides

MAHLER, 3e *Symphonie* (par autorisation spéciale de l'Éd. universelle, Vienne).

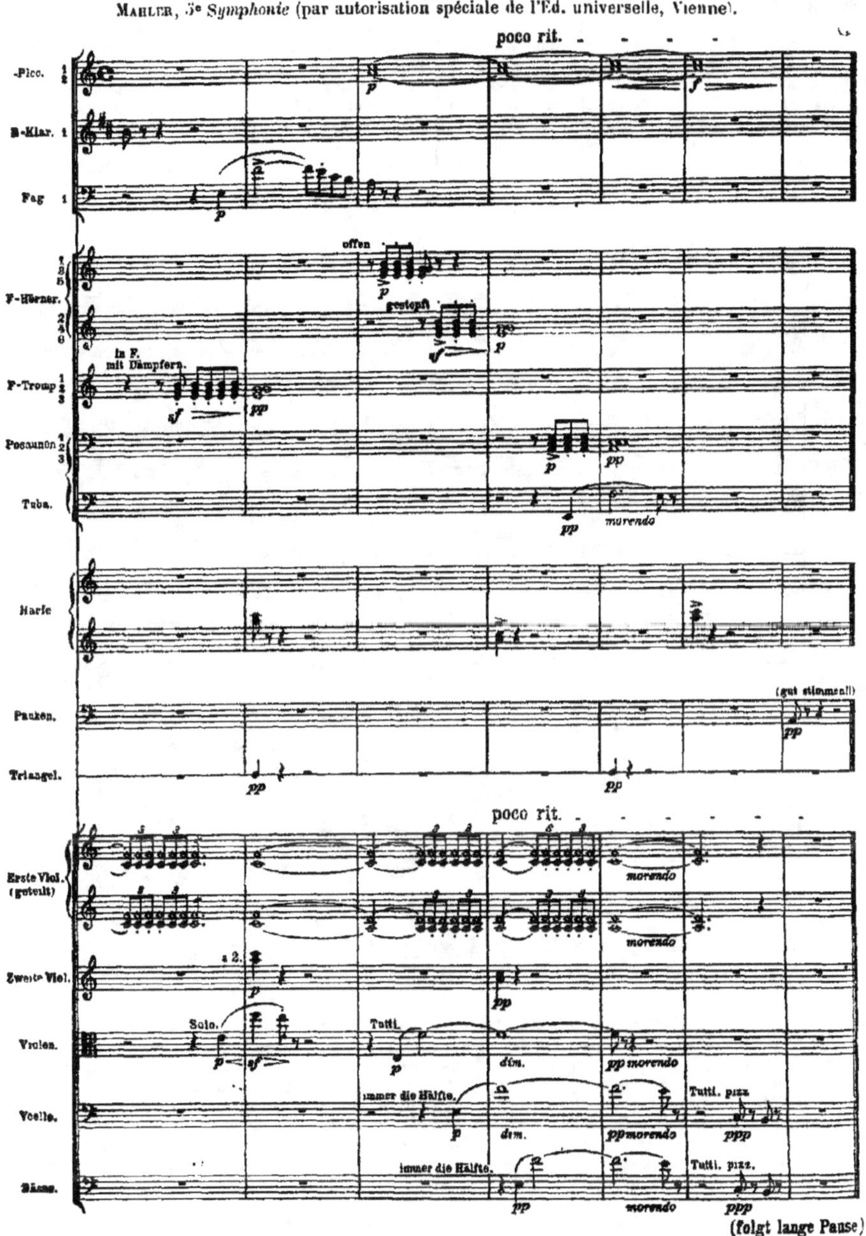

Exemple 182.

et caressantes. Très simple d'ailleurs, et fort émouvant, il tendrait à prouver que les recherches perpétuelles, la nouveauté à tout prix et l'exceptionnel ne sont pas nécessairement des facteurs de beauté.

Une sonnerie de trompette solo ouvre la *Cinquième Symphonie*, qui débute par une marche funèbre dans laquelle la batterie joue naturellement un grand rôle. Le tamtam était ici tout indiqué ; il fait maintenant partie de l'instrumentation habituelle de Mahler.

Il semble qu'il y ait un peu abus des doublures dans cette œuvre et dans les suivantes. Le compositeur nous avait habitués à plus de légèreté, à une écriture plus nerveuse. Ici, tout est grossi, alourdi ; c'est intense, il est vrai, véhément parfois, mais que de *fortissimo*, et que les perpétuels roulements de timbales et surtout de grosse caisse sont fatigants ! Toute la fin du premier mouvement est jouée en harmoniques par les violons et les altos. Remarquons l'originalité de la conclusion par la timbale seule du dessin exécuté en *pizzicato* par les basses. (ex. 182).

Au *scherzo* nous trouverons une partie de *corno*

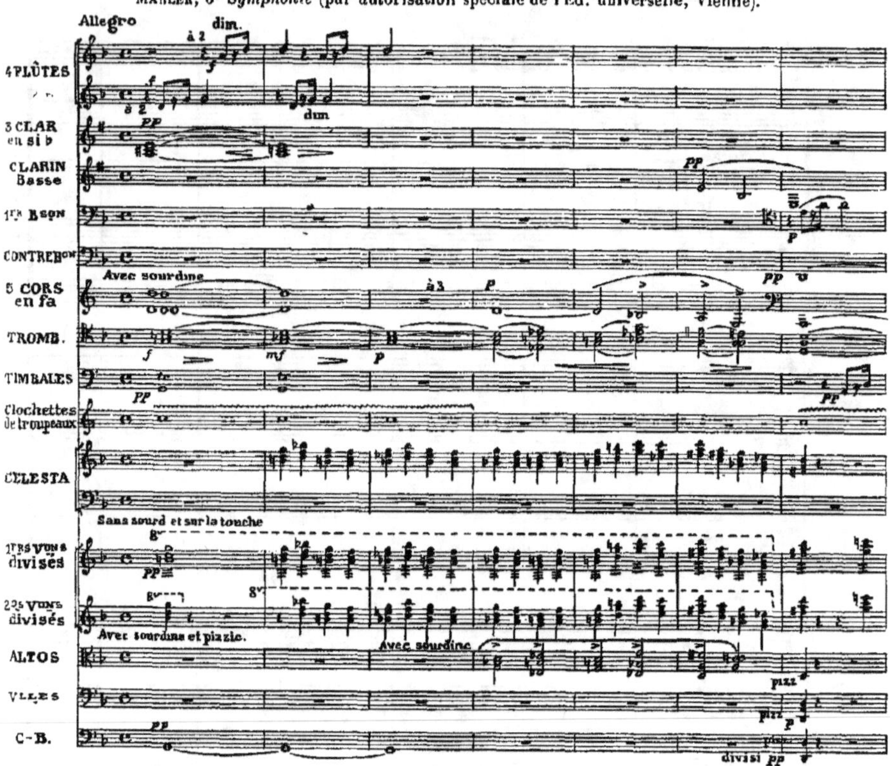

Exemple 183.

obligato en *fa* (cornet). Contraste voulu, après les longueurs exagérées et les ensembles violents, parfois un peu chaotiques, l'*adagietto*, très écourté, n'emploiera que le quintette à cordes et la harpe. Et le *rondo final* débutera avec un cor, un violon, un basson, un hautbois, une clarinette... puis ce seront les flûtes et les basses. Nous revenons là à la manière des créateurs un peu ingénus de la symphonie d'avant Haydn.

L'orchestration de la *Sixième* redevient résolument « kolossale ». La percussion, notamment, ne le cède en variété à aucune autre œuvre. Aux instruments habituels de la batterie, se joignent le glockenspiel, le tambourin, les castagnettes, le marteau et l'enclume, la verge, le célesta, le xylophone et les clochettes de troupeau ! Effet réaliste pour ces dernières. Mahler veut évoquer la vie alpestre ; les clochettes des vaches montagnardes ne peuvent manquer de suggérer la vision de quelque beau paysage, des cimes aux verts alpages bordés de précipices. Le moyen est un peu facile, mais que viennent faire l'enclume et la verge de bois ? Prétendent-ils, à leur tour, nous peindre, en leur fruste langage, les bruits de la forge et de l'atelier ?

En de nombreux passages, le célesta est curieusement employé ; parfois, le glockenspiel s'unit au xylophone pour rehausser d'un accent spécial, encore souligné par les triolets du triangle et le coup sourd de la grosse caisse, les accords *sforzando* des bois

Quant aux clochettes de troupeaux, elles sont actionnées en une sorte de frémissement irrégulier sur des harmonies aiguës de violons et de célesta. La partie de célesta devient parfois terriblement discordante sur les accords des altos. La différence des timbres doit sans doute sauver des passages de ce genre : ex. 183.

Les sonorités des cuivres deviennent de plus en plus rutilantes. Les cuivres jouent souvent « pavillons en l'air », moyen dont BERLIOZ usait avec plus de modération. Il y a un peu partout excès de lourdeur et de doublures, celles-ci amenant celle-là. Au *final*, les quatre flûtes, quatre hautbois et quatre bassons s'adjoignent du renfort, chaque famille ira par cinq comme les clarinettes. Les *glissando* de harpes (dont on abuse vraiment aujourd'hui) s'en donnent à cœur joie, et la sonorité prend une intensité formidable.

Toujours à la recherche d'un nouvel effet, si peu

appréciable soit-il, MAHLER fait attaquer (p. 224) les cordes de la harpe par un « médiator ».

La *Septième Symphonie* nous offre une importante partie de « tenorhorn in B ». Ne s'agit-il pas d'un saxhorn baryton? La partie est écrite en clef de *sol* dans une tessiture assez tendue. L'attaque est brutale et met en évidence le timbre particulier de ce « tenorhorn » grâce à la différence des nuances.

Mais tenons-nous bien! MAHLER a juré de nous étonner. Dans le n° 4, intitulé comme le n° 2 du reste, *Nachtmusik* (musique nocturne, que traduirait plus exactement peut-être le terme de sérénade), la guitare et la mandoline font leur apparition. C'est un curieux essai de réhabilitation de deux instruments exclus jusqu'alors de toute musique symphonique un peu sérieuse. Allons-nous revenir au temps du *concerto grosso*, avec ses parties de luth et de théorbe? Non, car ici guitare et mandoline sont

MAHLER, 7ᵉ *Symphonie* (par autorisation spéciale de l'éd. universelle, Vienne).

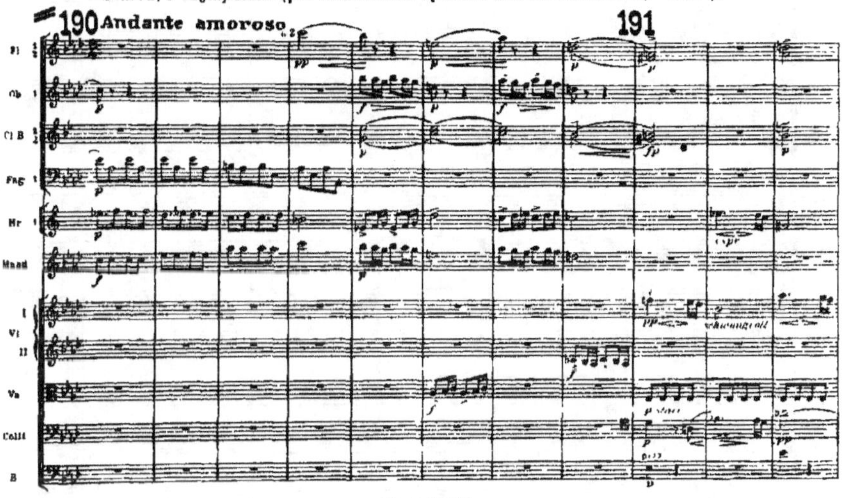

Exemple 184.

employées avec discrétion et, naturellement, très à découvert. Qu'on n'aille pas croire cependant à quelque banal solo de la mandoline. Les notes percutées par le « mediator » se mélangent à l'ensemble, lui apportant, de ci de là, quelque lambeau de phrase, comme l'echo d'une lointaine sérénade emportée par la brise caressante d'un beau soir d'été. C'est pittoresque, peu à sa place peut-être en une symphonie (et pourquoi après tout?), et d'un excès de maigreur accusé par les sonorités bruyantes qui précèdent et qui suivent (ex. 184).

Le n° 2, également dénommé *Nachtmusik*, est orchestré avec pareille délicatesse. Les doublures y sont moins nombreuses, et les bois et les cordes s'y ordonnent classiquement en deux groupes opposés ayant chacun leur individualité. Page 92, la clochette alpestre retentira une fois de plus, le souvenir des pâturages tyroliens obsède à nouveau le compositeur.

Le tout fourmille, à vrai dire, de curieux jeux de sonorités, dans une écriture adroite et fouillée. Et cela s'achève sur une conclusion très recherchée en son extrême simplicité (ex. 183).

Tout l'orchestre sera déchaîné dans le *final* qui n'exige pas moins de cinq flûtes, quatre hautbois, cinq clarinettes, quatre bassons et le reste à l'avenant.

Rejetant résolument les formes symphoniques traditionnelles, la *Huitième Symphonie* est divisée en deux immenses parties, formant chacune une sorte de grande cantate avec soli, chœurs et orchestre démesuré. L'hymne : *Veni Creator Spiritus...* forme le sujet de la première partie, clamé et développé par les voix triomphales d'un double chœur. Les dernières scènes de *Faust* ont inspiré la seconde partie, où l'on voit défiler le docteur Marianus, la Mater gloriosa, Gretchen, Maria Ægyptia, Magna Peccatrix et tous les personnages philosophiques du poème de Gœthe.

La première exécution de cette œuvre aux vastes proportions n'exigea pas moins d'un millier d'exécutants répartis sur une triple estrade; à lui seul, l'orchestre compte dans ce chiffre pour 140 musiciens. En voici l'état complet :

24 premiers violons, 20 seconds, 16 altos, 14 vio-

Mahler, 7e *Symphonie* (par autorisation spéciale de l'Éd. universelle, Vienne).

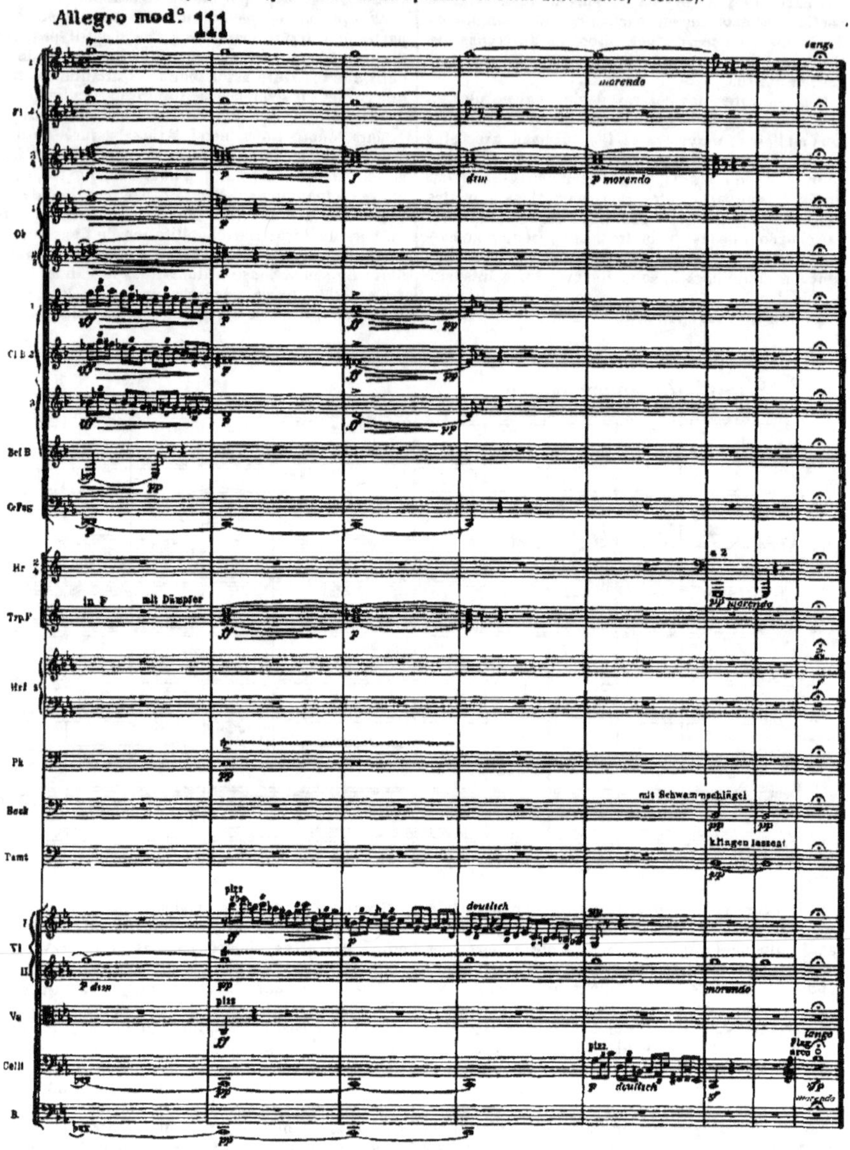

Exemple 185.

loncelles, 10 contrebasses, 6 harpes, mandolines, 2 petites flûtes, 4 flûtes, 4 hautbois, cor anglais, 2 clarinettes en *mi* bémol, 3 clarinettes ordinaires, clarinette-basse, 4 bassons, contrebasson, 8 cors, 4 trompettes, 4 trombones, 1 tuba, timbales, grosse caisse, cymbales, tamtam, triangle, cloches graves, glockenspiel, célesta, piano, harmonium, orgue. Sur la tribune de l'orgue : 4 trompettes, 3 trombones.

On peut se demander ce que vient faire la mandoline dans une composition de cette envergure. Encore, y a-t-il là une intention de pittoresque, mais de quelle utilité peut être l'harmonium si un grand orgue est déjà nécessaire? Le son de l'harmonium arrive difficilement à percer les masses sonores; il ne porte pas au loin et paraît nasillard et grêle. Peut-être, a-t-il eu, lors de la première et gigantesque exécution, le simple but de soutenir les parties chorales ou celles des solistes trop éloignés sans doute du grand orgue. Ceci est une simple supposition. Quant au piano, il paraît être là pour renforcer de sa percussion plus nette les traits brillants des harpes un peu noyés dans l'ensemble.

Le *Veni Creator* débute par un double chœur accompagné par l'orgue. Les solistes répondent, et l'orchestre accompagne avec une certaine modération. Puis, les deux chœurs se réunissent aux solistes, et les instruments se déchaînent en un formidable tutti où dominent les trompettes et les trombones, isolés du reste de l'orchestre.

La scène de *Faust* s'ouvre par un double chœur d'hommes, où les basses ne craignent pas de descendre au *contre-ré bémol*. Combien de basses peuvent exécuter cette partie?

Page 138, le piano double les arpéges des harpes qui continuent seules, soutenues par l'harmonium auquel, par moment, MAHLER prescrit le grotesque effet de « trémolo ». Le célesta et le clavier s'y ajoutent ensuite, formant ainsi un étrange « ragoût » de timbres rares. Parfois, le célesta, trop faible, est renforcé par le piano. De même, l'harmonium est

MAHLER, *8e Symphonie* (par autorisation spéciale de l'Éd. universelle, Vienne).

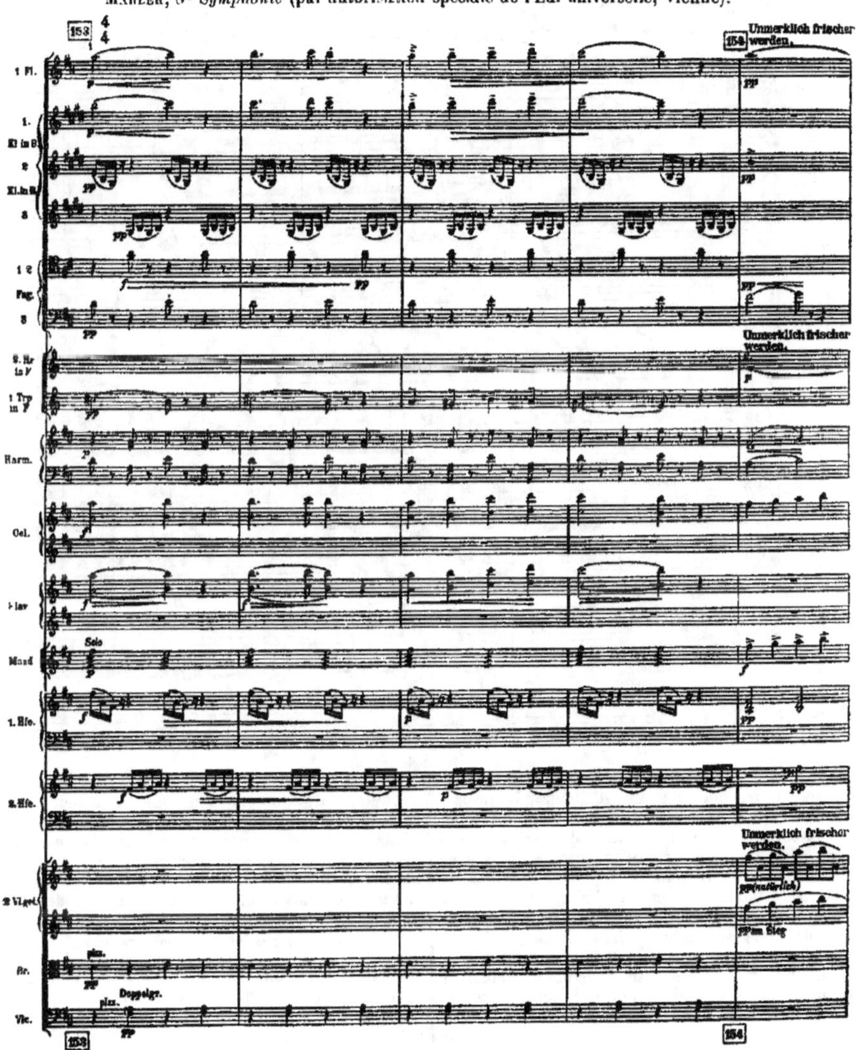

Exemple 186.

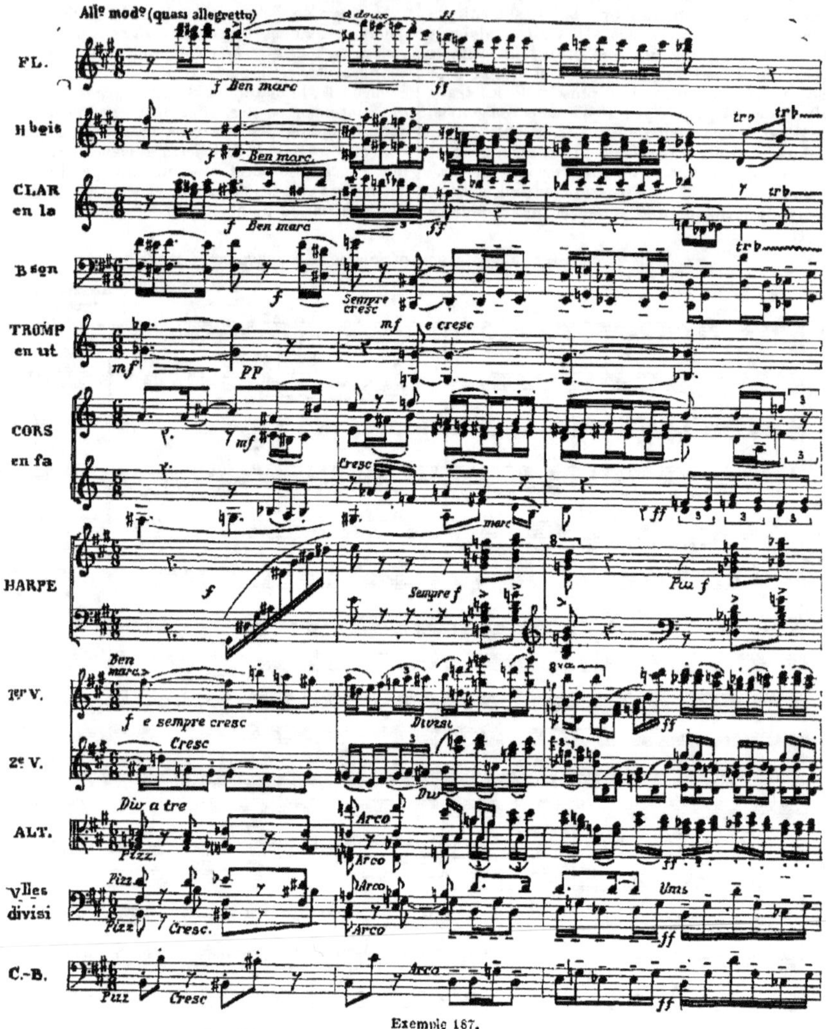

Exemple 187.

doublé par les bois. Partout, d'ailleurs, la plupart des chants sont ainsi soulignés. Lorsque le violon solo intervient, il est lui-même doublé par une flûte ou un hautbois, ce qui paraît un comble de précaution. Le solo de mandoline, après les paroles de Maria Ægyptia, n'est-il pas doublé par les harpes?

Donnons ce passage singulier, où les notes détachées de l'harmonium se fondent dans la partie des harpes, tandis que se profile à l'aigu le chant redoublé du célesta et du piano souligné par la flûte et la clarinette aiguë, au-dessus d'un trémolo de mandoline (ex. 186)!

Un peu plus loin, pour mieux percer le lourd ensemble, l'harmonium grimpe à l'aigu. Finalement, à l'hymne du docteur Marianus, le grand orgue répond à l'harmonium, les chœurs interviennent, séparés par toute la nombreuse et incohérente batterie, les sonneries des cuivres isolés retentissent de nouveau, et c'est le foudroyant tutti final, à la sonorité un peu épaisse, mais non dénué de grandeur.

Max Reger et Richard Strauss.

Parmi les compositeurs de l'Allemagne moderne, les plus en évidence étaient encore récemment : Humperdinck, Max Reger et Richard Strauss.

L'écriture d'Humperdinck est visiblement wagnérienne. Son orchestration très sage, très pleine.

maîtresse d'elle-même, constitue le plus souvent un ensemble polyphonique assez serré. La pâte sonore est grasse et d'excellente sonorité. La pantomime de *Hænsel et Gretel* est à citer tout entière à ce point de vue.

MAX REGER (1873-1917) est surtout un contrapuntiste éprouvé, qui unit les procédés de modulation les plus modernes aux traditions polyphoniques du père BACH. Sa musique d'orchestre y gagne quelque lourdeur. On étouffe un peu sous les enchevêtrements de thèmes et de dessins. Ses *Variations* contiennent cependant de curieuses pages, mouvantes comme un kaléidoscope, de colorations chaudes, mais comme enveloppées de brumes.

L'originalité de MAX REGER réside bien plus dans l'enchevêtrement un peu massif de ses libres contrepoints et dans leur constante mobilité tonale — atonale pourrait-on dire — que dans la nouveauté ou même la simple ingéniosité de leur orchestration. On a toujours l'orchestre de sa musique. Celle de MAX REGER, pour touffue qu'elle soit, n'en présente pas moins une physionomie très spéciale, dont l'excès de polyphonie nous semble le caractère principal. Ici, les instruments ne sont pas employés en raison de leur qualité sonore, de leur timbre particulier, ou des idées poétiques qu'ils peuvent évoquer, mais seulement, semble-t-il, en raison de leur dynamisme, du poids de leur sonorité dans l'ensemble, et de l'intensité qu'ils pourront communiquer à telle ou telle phrase qui doit percer la masse étouffante qui l'enserre. Un exemple de la *Sinfonietta* pourra nous donner une idée de cette façon de faire, qui,

R. STRAUSS, *Till Eulenspiegel* (Bote et Bock).

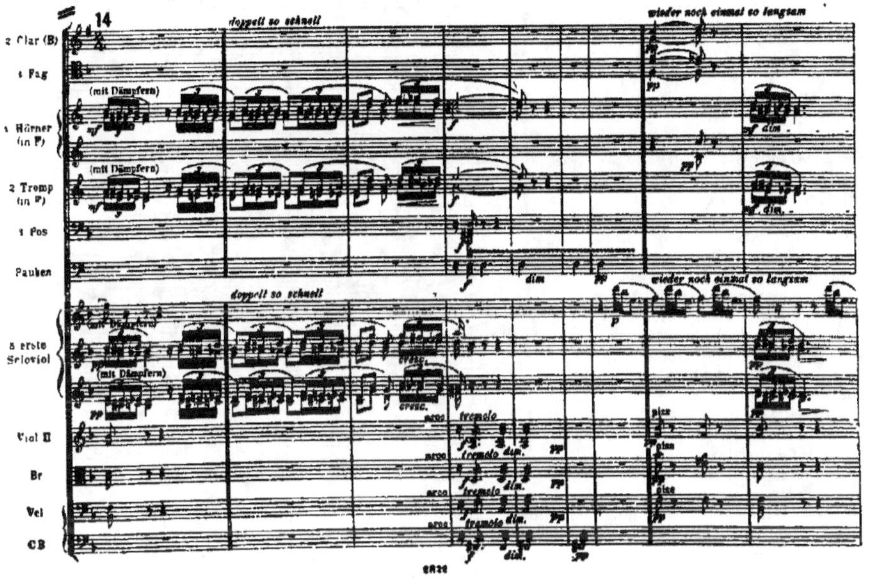

Exemple 188.

en les exagérant, nous reporte aux procédés des musiciens du temps de BACH (ex. 187).

La virtuosité orchestrale devait atteindre ses limites avec le compositeur allemand Richard STRAUSS. Son étourdissante polyphonie jongle avec les timbres de toutes sortes et ne connaît pas d'obstacle. L'étude sévère qu'il a faite de chaque instrument lui permet de risquer des alliances imprévues; il sait à merveille, dans les tutti les plus compliqués et les plus surchargés, faire ressortir chaque thème, chaque lambeau de phrase, chaque rythme, en les plaçant à leur plan véritable. Il se joue un peu des difficultés, ne craint pas les bizarreries, ose les combinaisons les plus rares et les réussit; il demande beaucoup aux exécutants, qui doivent être souvent des virtuoses.

STRAUSS a développé le poème symphonique créé par LISZT; il en a fait une chose énorme, descriptive à la fois de sentiments et d'effets matériels, mais il n'y oublie pas les droits de la musique, et a soin d'enfermer le vaste poème dans une forme arrêtée, dont le vieux plan classique de la symphonie reste le cadre.

Ses premiers poèmes symphoniques : *Don Juan*, *Macbeth*, *Mort et Transfiguration*, n'emploient pas un matériel excessif. Ce sont toujours 3 flûtes, 3 hautbois, 2 clarinettes, parfois la clarinette-basse, 2 bassons et 1 contrebasson, 4 cors, 3 trompettes, 3 trombones et le tuba. La harpe, les 3 timbales, le triangle, les cymbales et le glockenspiel viennent compléter cet ensemble bien homogène.

Le tout est d'une tenue supérieure. L'orchestre, vigoureux, paraît simple encore. Chaque instrument est traité dans son esprit. Le quatuor, très mouvementé, se voit rarement doublé par les bois. Les *glissando* de harpe, très nombreux, nourrissent la sonorité. Le glockenspiel exécute de véritables dessins mélodiques indépendants. Dans *Macbeth*, le tamtam aura un rôle tout particulier. La tendance au dialogue polyphonique constant s'accuse. Enfin et surtout, il faut signaler l'emploi (déjà dans *Don*

Juan et dans *Mort et Transfigura-tion*) du violon solo; ce sera là une des caractéristiques de STRAUSS. Il n'est guère d'ouvrage de lui où ce moyen ne soit employé, parfois avec excès. Tout le côté sentimental de l'œuvre semble devoir se réfugier dans cet instrument, employé tantôt à découvert, tantôt conjointement avec des tutti un peu couvrants. Cette voix perce cependant l'ensemble par son accent spécial, par son individualité. Cette tendance de STRAUSS à une extériorité un peu facile ne fera que s'accentuer par la suite, jusqu'au terrible et difficultueux solo de violon de la *Vie d'un Héros*. Il semble qu'il ait constamment besoin de traduire la voix de son sentiment personnel à côté des voix de la foule, du chœur de l'humanité, représenté par l'union et le mélange de tous les timbres.

L'orchestre de *Mort et Transfiguration*, du reste, est très sagement équilibré, parfois d'une grande sobriété de moyens (v. page 38 et suivantes), dans une facture nerveuse, où l'agitation des parties contribue au mouvement de l'ensemble. Après le grand et suprême effort qui soulève tout l'orchestre, après l'attente anxieuse de quelques tenues soulignées d'un frémissement de timbales, les coups lugubres du tamtam, alternant avec les pizzicati des violoncelles, semblent les derniers battements d'un cœur épuisé. Et c'est alors l'apothéose finale, de superbe sonorité.

Till Eulenspiegel réclame une instrumentation plus compliquée. Les flûtes, hautbois, clarinettes et bassons iront par quatre, la petite flûte, le cor anglais, la clarinette basse et le contrebasson formant la quatrième voix de chaque famille. Les quatre cors et les trois trompettes se doublent de quatre cors et de trois trompettes de renfort (*ad libitum*, il est vrai).

A partir de cet ouvrage, du reste, l'auteur réclamera (comme le faisait BERLIOZ) les seize premiers violons, seize seconds, douze altos, douze violoncelles et huit contrebasses. Cet équilibre sonore devient absolument indispensable dans tous les grands ouvrages modernes, où les « divisés » du quatuor sont de plus en plus fréquents. On peut regretter que cette abondance de moyens instrumentaux soit à la portée seule des orchestres de très grandes villes. La diffusion des plus beaux ouvrages modernes s'en trouve ainsi retardée, et c'est grand dommage.

Alertes, spirituels, pleins de vie, de mouvement et d'humour, les thèmes de *Till Eulenspiegel* passent tour à tour à tous les instruments. La clarinette raille, la flûte s'esclaffe, le basson ronchonne, les trompettes pétaradent sur le babillage continu du quatuor, et cela est bien dans l'esprit de cet amusant poème humoristique. Dès le début, le joyeux

Rich. STRAUSS, *Ainsi parla Zarathustra* (Eulenburg).

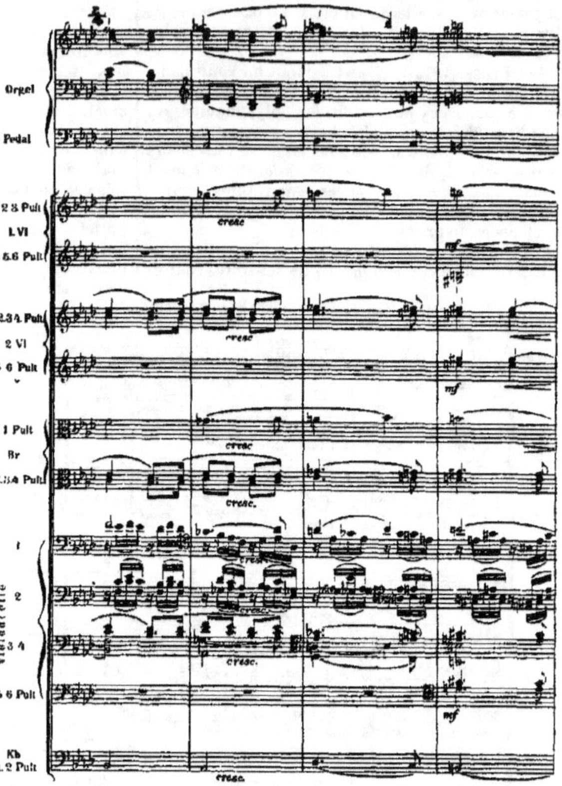

Exemple 189.

motif de Till éclate au cor solo, parcourant toute l'échelle de l'instrument, du *la* au-dessus de la clef de *sol* au *contre-ut* grave de la clef de *fa*. Mille détails ingénieux sollicitent l'attention. Ici (p. 20), ce sera un trait des trois clarinettes s'échelonnant pour amener la rentrée du tutti où sonnera la polyphonie verveuse du quatuor. Là (p. 27), les *fa* en *pizzicato* des seconds violons et altos alternant avec les *fa* détachés des cors forment un accompagnement piquant au chant des bassons et des clarinettes. Plus loin, la sonorité spéciale du passage de la page 29 est à signaler, obtenue qu'elle est par la doublure des cors et trompettes *avec sourdines,* par les violons, divisés également, munis de sourdines, partie curieuse de trompettes que pouvait seule réaliser la souplesse de notre instrument chromatique actuel (ex. 188)

Le *glissando* de violons en gamme chromatique (voire en quarts de ton) de la page 31 se retrouvera page 35, doublé par une flûte et une clarinette, effet extramusical que peut seule justifier une intention descriptive.

Mais c'est dans le cinquième poème symphonique de STRAUSS, *Ainsi parla Zarathustra,* que la maîtrise orchestrale du compositeur atteint son plus haut point. Ici, la masse instrumentale s'augmente d'une

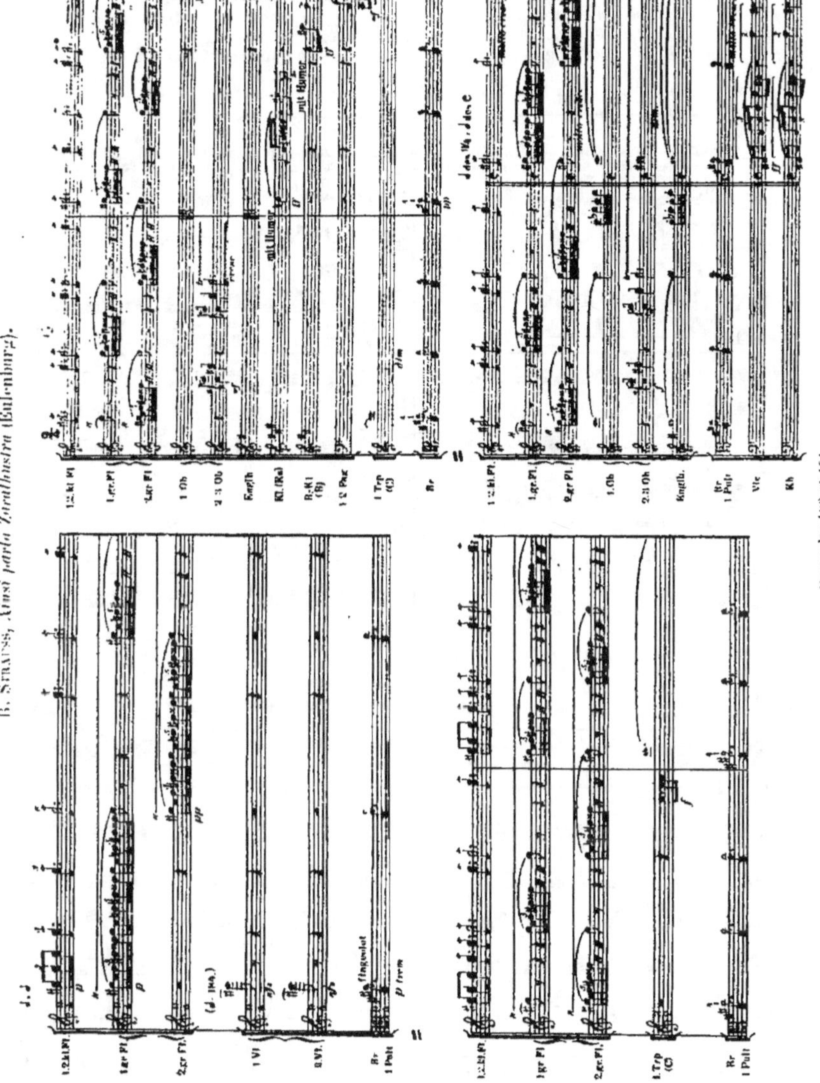

petite clarinette en *mi bémol* et de deux basses-tuben. Les cors sont au nombre de six, auxquels répondent quatre trompettes. L'orgue vient marier ses accords majestueux aux notes vibrantes du quatuor et aux crépitements de deux harpes. Enfin, la batterie s'enrichit d'une cloche grave en *mi*.

L'orgue ne se comporte pas là comme un simple instrument de remplissage. Il a sa part importante dans le discours musical, et le colore d'une teinte de religiosité. Il est employé au début, seul avec le quatuor divisé, en de nombreuses parties. Page 13, nous ne comptons pas moins de vingt et une parties d'instruments à cordes, dont dix de violoncelles, ce qui, avec les doublures de l'orgue, donne à l'ensemble une sonorité nourrie et onctueuse tout à fait particulière (ex. 189).

Ces divisés, de plus en plus nombreux, finissent par devenir la règle dans cette partition, comme dans la plupart des ouvrages modernes. Les *glissando* de harpes viennent constamment enrichir la trame orchestrale de leur chatoiement somptueux. On abuse peut-être un peu de ces jeux de sonorités, séduisants à coup sûr... Mais la musique tend chaque jour à ne plus être, en effet, qu'un amusement sonore.

N'est-ce pas encore un même raffinement que ces pages où les thèmes, exposés avec sourdine et sans sourdine par les cordes, suivant le degré d'intensité désiré, se mélangent à des trémolos graves de flûte?

Page 61, curieux effet de dédoublement : le contrepoint à trois parties étant joué à la fois par trois pupitres de violoncelles et trois pupitres de contrebasses reproduisant ainsi ce triple « cantus » à l'octave grave.

Pas plus que Mahler, Strauss ne craint l'emploi

R. Strauss, *Ainsi parla Zarathustra* (Eulenburg).

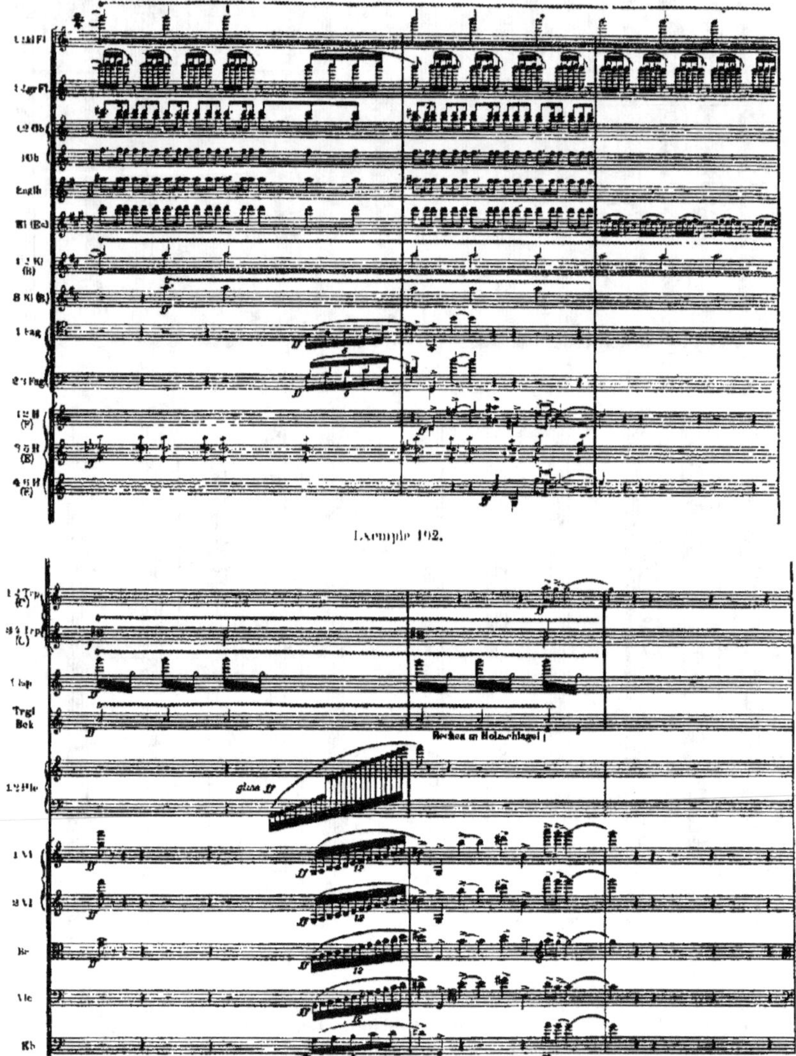

Exemple 192.

Exemple 193.

des harmoniques à l'orchestre. Ce passage ne sonne-t-il pas de façon curieuse, un peu féerique, avec sa tenue suraigüe de trompette et le gazouillement des quatre flûtes au-dessus du tremolo en harmoniques des altos : ex. 190 et 191!

Avec une pareille hardiesse, est confié aux trompettes, sous un « gribouillis » aigu de l'harmonie, un étincelant double trille, relevé d'un tremolo de glockenspiel (ex. 192 et 193).

La division extrême du quatuor permet une in-

R. Strauss, *Zarathustra* (Eulenburg).

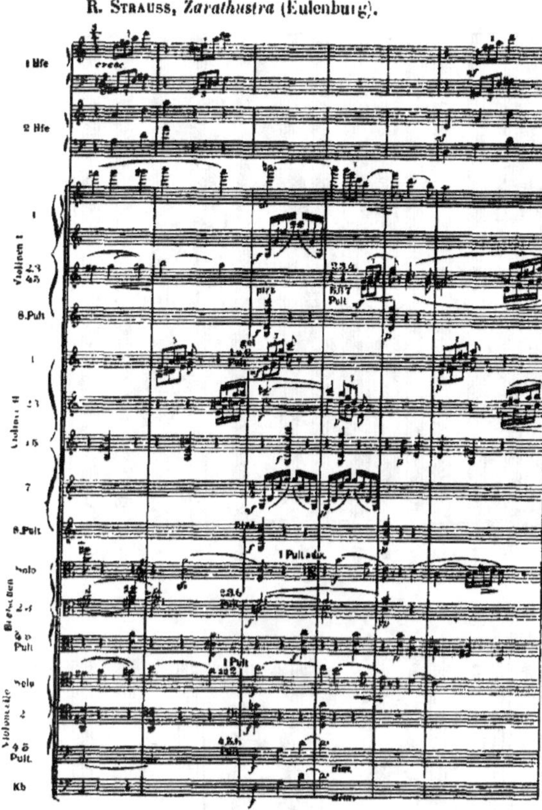

Exemple 194.

croyable diversité de rythmes et d'effets dans les parties des cordes. C'est avec une entente parfaite des sonorités que sera dosé, de la façon la plus exacte, l'emploi des pupitres, telle phrase exposée par un seul, telle autre confiée à deux, trois ou quatre pupitres. Le fragment ci-dessus montrera à quelle sûreté d'écriture en est arrivé le compositeur dans cette nouvelle façon d'orchestrer que permettait seul le grand nombre des exécutants, et dont Mahler avait donné aussi d'excellents modèles (ex. 194).

Berlioz avait écrit avec une rare habileté son *Harold en Italie* pour alto solo et orchestre. Strauss rivalise avec lui de virtuosité, en confiant la partie principale de son *Don Quichotte* à un violoncelle. Le poème symphonique est ici traité en forme de variations, étourdissantes de verve instrumentale, descriptives à l'excès, et dans lesquelles, au milieu des recherches les plus rares, le violoncelle solo ne cesse d'avoir le rôle le plus prépondérant, luttant avec les sonorités multiples, sans être jamais absorbé par elles.

Aux six cors se joint un ténor-tuba wagnérien, et la batterie s'adjoint un tambourin et une « *wind-maschine* », machine à faire le vent!...

L'orchestre est traité plus individuellement. Les soli y sont nombreux. Si Don Quichotte est personnifié par le violoncelle, tour à tour rêveur et acrobatique, Sancho sera représenté par un dessin de clarinette basse et de ténor-tuba sur des sauts en accords des trois bassons (p. 38). Les variations sont prestigieuses. La seconde est très caractéristique avec ses notes répétées en triples croches par les cors et trompettes alternées, sur des trilles à huit parties des altos. Sancho tremble-t-il de fièvre aux exploits de son maître? Notons (p. 95) l'emploi de la sourdine aux trombones, et relevons la curieuse cadence de la page 101 (ex. 195).

Les intentions humoristiques abondent, comme l'amusante partie en tierces des deux hautbois, accompagnés par les clarinettes et bassons (p. 103), et rythmée par un gai tambourin.

Et l'audacieux Don Quichotte s'attaque aux moulins à vent! L'orchestre est ici curieusement descriptif. Le vent (imité par la « windmaschine ») fait tourner les ailes gigantesques qui seront fatales au pauvre chevalier de la Triste Figure. L'imitation des mouvements giratoires du moulin, quoique extra-musicale, reste amusante de sonorité et d'écriture fort habile. L'effet en est poursuivi avec bonheur jusqu'à la catastrophe finale (ex. 196).

Le nombre des cors, dans la *Vie d'un Héros*, sera porté à huit, soutenus de nouveau par un ténor et un basse-tuba.

Les doublures deviennent à présent plus nombreuses. L'énormité de l'ensemble en est cause : les thèmes non redoublés seraient noyés dans la polyphonie touffue.

Les passages d'harmonie seule sont assez nombreux, et cela se comprend. L'harmonie ne forme-t-elle pas tout un petit orchestre dans l'orchestre? Nous sommes loin des passages un peu maigres où Haydn et Mozart faisaient dialoguer une flûte, deux hautbois et deux bassons. Ici, les timbres les plus variés forment un ensemble d'instruments à vent, souple et nourri. Maints passages seront confiés (le quatuor tacet) à deux petites flûtes, trois grandes flûtes, trois hautbois, un cor anglais, deux ou trois clarinettes et la clarinette basse, trois bassons, auxquels se joindront à l'occasion les cors et les trombones, et parfois les trompettes, le ténor-tuba et la basse-tuba.

A ces vastes ensembles, s'oppose l'inévitable solo de violon. Ici, il tient une place considérable, tantôt dialoguant avec l'orchestre, tantôt isolé, se livrant (sans aucun accompagnement) à mille acrobaties : doubles cordes, arpèges, trilles et traits chromatiques, montant à des hauteurs vertigineuses pour redescendre brusquement sur la quatrième corde. De la page 33 à la page 49, n'y a-t-il pas là vraiment quelque abus? Sans doute, cette terrible partie symbolise les efforts du héros, ses luttes, ses souffrances. Tout de même, il semble que l'orchestre, manié par

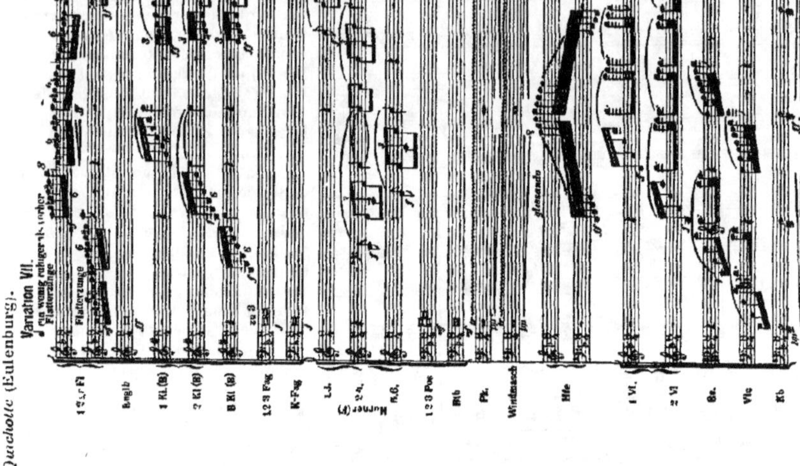
R. STRAUSS, Don Quichotte (Eulenburg).
Variation VII.
Flatterzunge
1 u. 2 Fl.
Engl.h
1 Kl. (B)
2 Kl. (B)
B. Kl. (B)
1.2.3 Fag.
K-Fag.
Hörner (F)
1.2.3 Pos.
Btb
Pk.
Windmasch.
Hfe.
1 Vl.
2 Vl.
Br.
Vc.
Kb.
Exemples 195 et 196.
1.2 gr Fl.
1.2.Kl.(b)
1.2.Fag.
1.2.3 Pos.
Btb
Pk
Hfe.
quasi cadenza in tempo
mit Dampfer
1 Vl.
2 Vl.
Vle solo
2 J.
Vle
4-5 Pult.

la main prestigieuse d'un Strauss, pouvait nous dépeindre tout cela, et le poème symphonique se mue ici en quelque vague concerto.

De plus en plus démesurée, de plus en plus « kolossale », la *Symphonie Domestique* nécessite un matériel gigantesque, assez difficilement réalisable, sauf en quelques grands centres. En voici le détail :

4 flûtes : une petite et trois grandes.	8 cors.
4 hautbois : 2 hautbois ordinaires, un hautbois d'amour, un cor anglais.	4 trompettes.
5 clarinettes : une petite en *ré*, une en *la*, deux en *si ♭*, une clarinette basse.	3 tambours.
	1 bass-tuba.
	4 timbales.
	Triangle, tambourin, glockenspiel, cymbales, grosse caisse.
5 bassons, dont un contrebasson.	2 harpes.
4 saxophones : un soprano, un alto, un baryton, une basse (*ad libitum*, il est vrai, mais bien indispensables à la couleur générale).	16 premiers violons, seize seconds, douze altos, dix violoncelles, huit contrebasses.

Cette œuvre est naturellement descriptive, en même temps que construite sur le plan de la symphonie pure. Elle mélange le genre du poème symphonique à celui de la symphonie. Elle met en œuvre tout le système du « leitmotiv » de Wagner. On y trouve les thèmes de l'activité, de l'intelligence, de l'enthousiasme appliqués à l'homme; ceux du caprice et du sentiment symbolisant la femme, et le thème, unique, mais très variable, de l'enfant.

Ces thèmes subissent, bien entendu, toutes les transformations possibles, suivant les lois du développement symphonique.

De plus en plus, les figures d'accompagnement purement rythmiques se font rares. Tout est thème ou contre-thème, tout chante ou contrechante, c'est le triomphe de la polyphonie la plus volontaire... et les motifs les moins apparentés seront contraints de marcher ensemble.

Forcément, ce système entraîne de nombreuses doublures; la facture se rapproche de celle de Wagner, quoique restant bien personnelle. Cependant, Strauss cherche moins les effets de masse et de brutalité que Malher ou Bruckner. Les passages de douceur, voire d'élégante maigreur, ne sont pas rares (v. p. 38). Le thème de l'enfant est exposé par un hautbois d'amour, instrument tout exceptionnel, abandonné depuis Bach, et dont il fallut rechercher les principes de construction. Intermédiaire entre le hautbois ordinaire et le cor anglais, il est d'une tierce plus grave que le premier de ces instruments.

L'intervention des saxophones (p. 77) ne fait que renforcer un thème déjà redoublé dans sept ou huit parties : le sujet même de la fugue (transformation du motif de l'enfant). Il en sera de même page 83 (ex. 197).

Donc, ici encore, le saxophone ne prend pas droit de cité. Il n'apparaît que comme élément de renforcement. Dans quelques ouvrages français, nous le verrons apporter une teinte de pittoresque supplémentaire. Mais, jusqu'à ce jour, il ne fait pas de façon constante partie de la palette orchestrale.

Richard Strauss ne s'est pas signalé uniquement dans le domaine symphonique. La musique de théâtre lui doit des œuvres colorées et vigoureuses. Là encore, il apportera, avec sa maîtrise coutumière, cette recherche de nouveauté, cet amour des combinaisons rares qui le caractérisent. Et *Salomé*, *Electra*, le *Chevalier à la Rose* vont achever de nous montrer les faces multiples de son talent d'orchestrateur.

L'orchestre de *Salomé* est une orfèvrerie précieuse où scintille l'éblouissement des plus rutilantes pierreries; orfèvrerie un peu barbare, étrange et chatoyante à l'excès, mêlée de sauvages violences, mais fort congruente, en tout cas, au texte d'Oscar Wilde. La partition comporte : une petite flûte et trois grandes flûtes, deux hautbois, un cor anglais, un heckelphone (sorte de hautbois grave, de nouvelle fabrication), une clarinette en *mi bémol*, quatre clarinettes ordinaires, une clarinette basse (en tout quatre hautbois et six clarinettes), trois bassons et un contrebasson, six cors, quatre trompettes, quatre trombones, un tuba basse, quatre timbales et une petite timbale, un tamtam, cymbales, grosse caisse, tambour, tambourin, triangle, xylophone, castagnettes, glockenspiel, deux harpes, célesta, harmonium et grand orgue. On le voit, Strauss ne se refuse rien, il emploie tout ce qu'il trouve à employer et n'est jamais, du reste, embarrassé par cette abondance d'éléments si divers. Bien entendu, le quintette à cordes, pour balancer cette vaste harmonie, doit comprendre au moins seize premiers violons, seize seconds, dix à douze altos, dix violoncelles, huit contrebasses. Il sera souvent divisé. Dès l'*Introduction*, il faut deux portées pour les premiers violons jouant à cinq parties, quatre portées pour les altos divisés en sept parties, et quatre portées également pour les violoncelles en six parties.

Nous voilà loin de l'orchestre traditionnel de théâtre, et assez loin déjà de l'orchestre wagnérien, plus chargé en cuivres, mais plus sobre de batterie. Est-ce à dire que ce sera désormais la composition de l'orchestre moderne? Il faudrait l'espérer, si la diversité de l'instrumentation était toujours un élément d'intérêt et de nouveauté et un adjuvant à l'inspiration du compositeur. Il n'en est rien cependant. Tout est affaire de tempérament, et cet orchestre complexe, qui convient à merveille à l'orientalisme exubérant et sensuel de *Salomé*, nuirait peut-être à une composition plus grave et plus réfléchie... Chaque compositeur devrait avoir, semble-t-il, l'*orchestre qui convient à sa manière de penser et à sa façon d'extérioriser sa pensée*; mais il y a des exigences matérielles qu'il faut subir, et l'orchestre de Strauss ne peut rester qu'un orchestre exceptionnel, assez difficilement réalisable en province ou dans les petites villes allemandes.

Nous ne pouvons analyser en détail cette importante partition, où nous rencontrerions pourtant nombre de trouvailles. La hardiesse de la réalisation orchestrale dépasse celle des meilleurs poèmes symphoniques de Strauss. Analysons seulement quelques exemples, et, tout d'abord, cette scène de séduction où Salomé, perfide, éblouit le tendre Narraboth de ses promesses illusoires. Les harmoniques des violoncelles et des altos s'y mêlent à ceux des harpes pour créer une atmosphère de mystère et de ravissement que traverse, comme un frisson voluptueux, un léger *glissando* de harpe. Le célesta y ajoute la pureté idéale de ses lointains accords (ex. 198).

Page 59, sur les paroles troublantes de Salomé en extase : « Ce sont ses yeux surtout qui sont terribles! on dirait des cavernes noires où demeurent des dragons, on dirait des lacs noirs troublés par des lunes fantastiques! » remarquons le curieux *divisi* des premiers violons : sous un accord tenu des deux premiers pupitres, les troisième et quatrième pupitres exécutent une légère broderie en triolets de doubles croches, dont les notes s'enroulent autour

R. Strauss, *Symphonie domestique* (Bote et Bock).

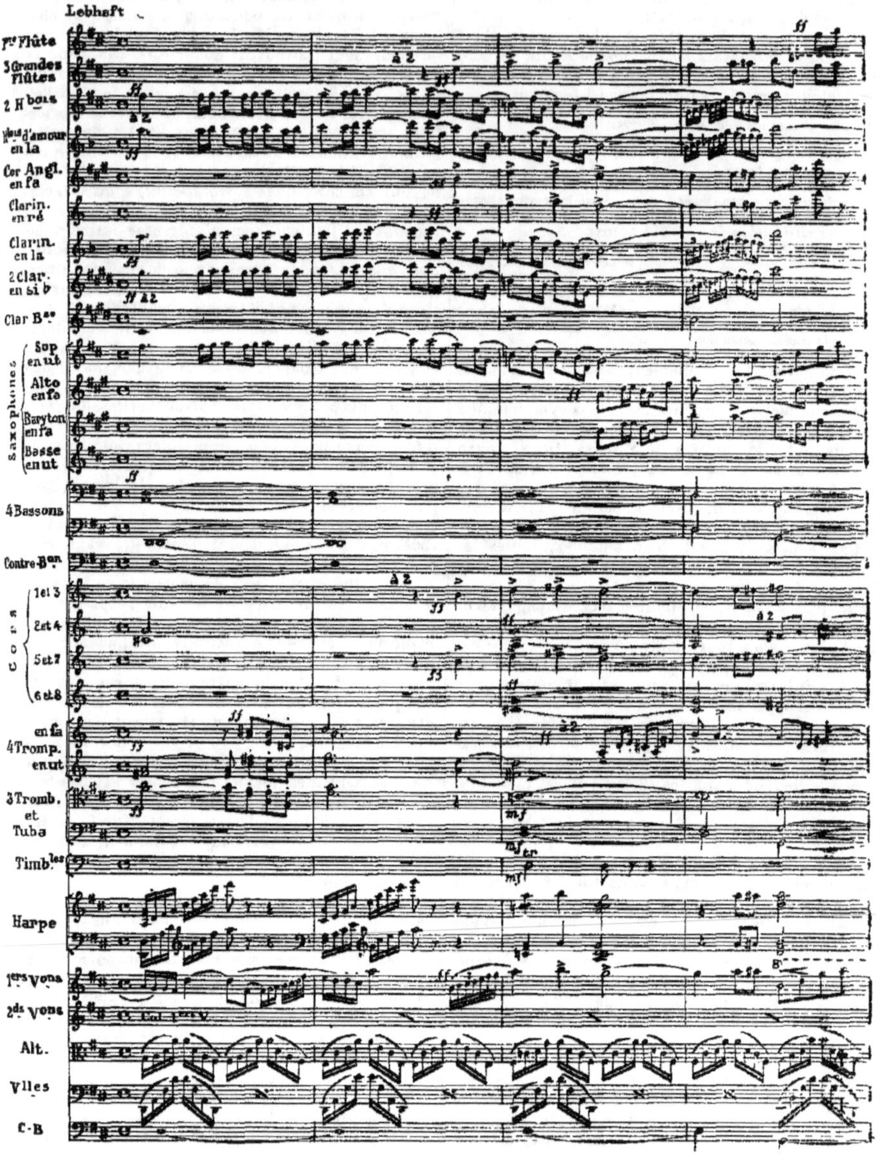

Exemple 197.

de cette tenue en des frôlements dissonants que viennent encore aggraver les trémolos en quintes chromatiques aiguës des derniers pupitres. Une tenue grave aux contrebasses divisées accentue par contraste cet effet aérien, que soulignent les notes piquées des flûte et harpe à l'unisson (ex. 199).

Mais les teintes sombres seront maniées avec autant de maîtrise sur ces paroles de la prophétie de Jochanaan : « Un jour viendra où, dans le ciel plein d'ombre, les soleils s'obscurciront. » Des ombres crépusculaires semblent envahir l'orchestre. Tout est grave et concentré. Le chant de l'heckelphone et du

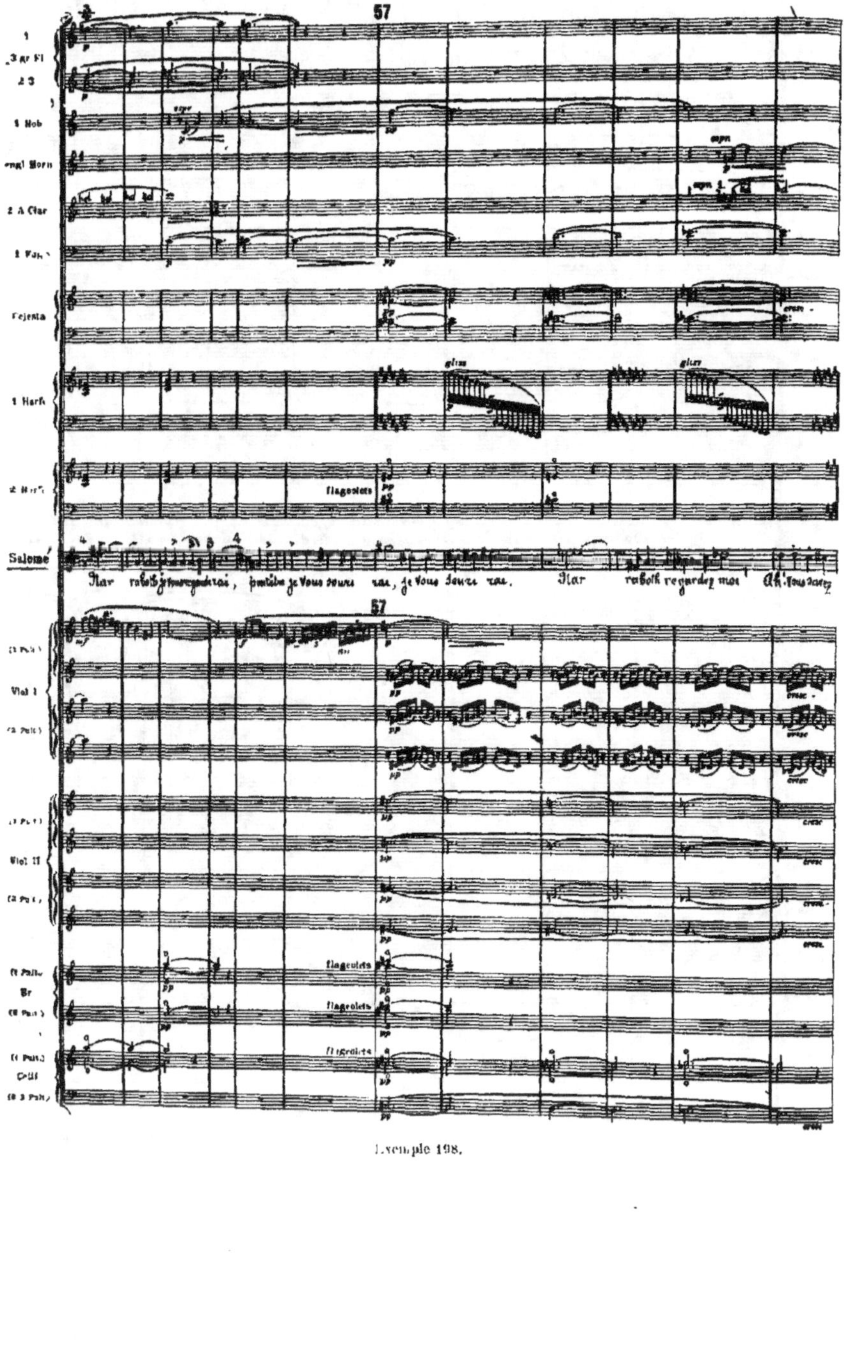

Exemple 198.

R. STRAUSS, *Salomé*. 1er acte (Furstner).

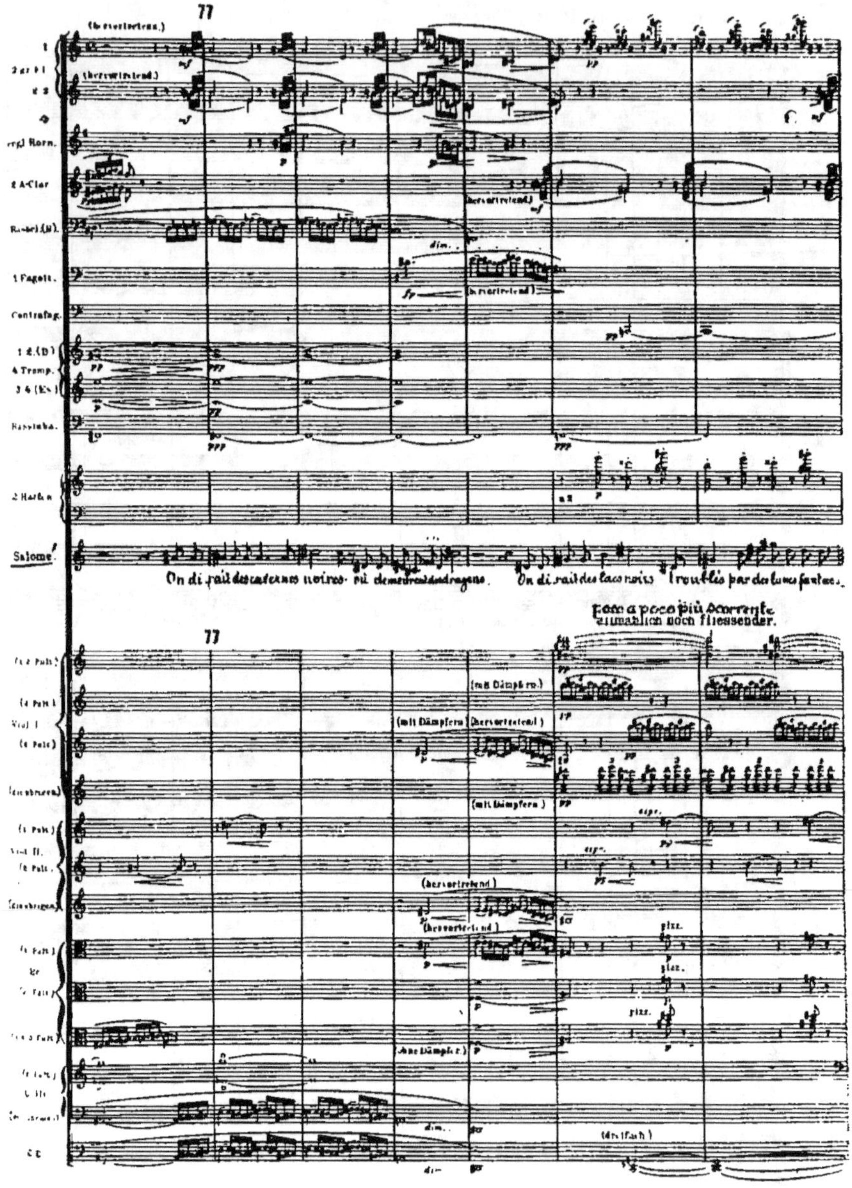

Exemple 190.

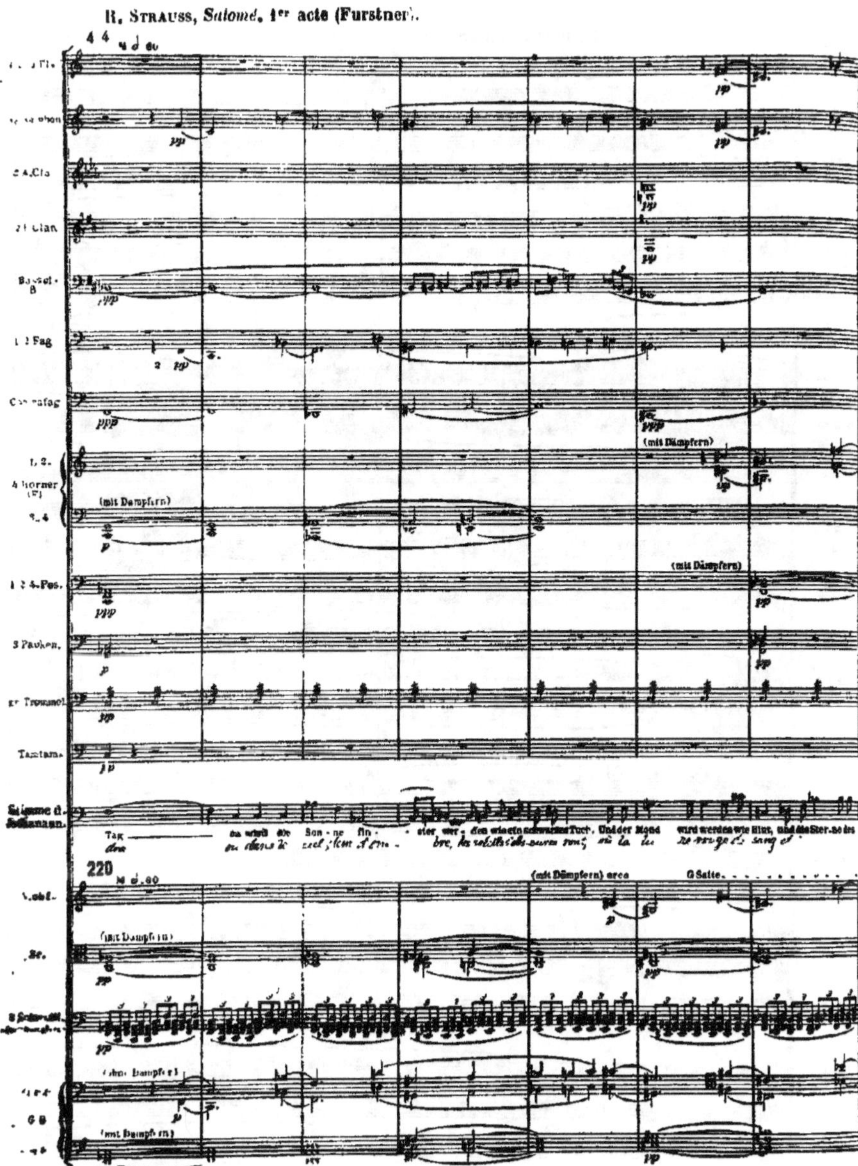

Exemple 200.

deuxième basson prend un teinte lugubre au redoublement des contrebassons du premier pupitre; et l'accompagnement, ramassé dans les octaves inférieures, avec les accords en *divisé* des contrebasses, le rythme en triolets des violoncelles et la tenue profonde des deux cors, gronde sourdement comme une menace (ex. 200).

La danse de Salomé serait tout entière à signaler pour l'ingéniosité de son orchestration, l'éparpillement et le scintillement de ses timbres si bien mis en valeur. La première page est curieuse par l'emploi de la batterie, petite et grandes timbales alternées, tambourin et tambour. Page 204, le thème de l'alto est doublé partiellement par les flûtes graves, et l'ac-

R. Strauss, *Salomé*. Dernier acte (Furstner).

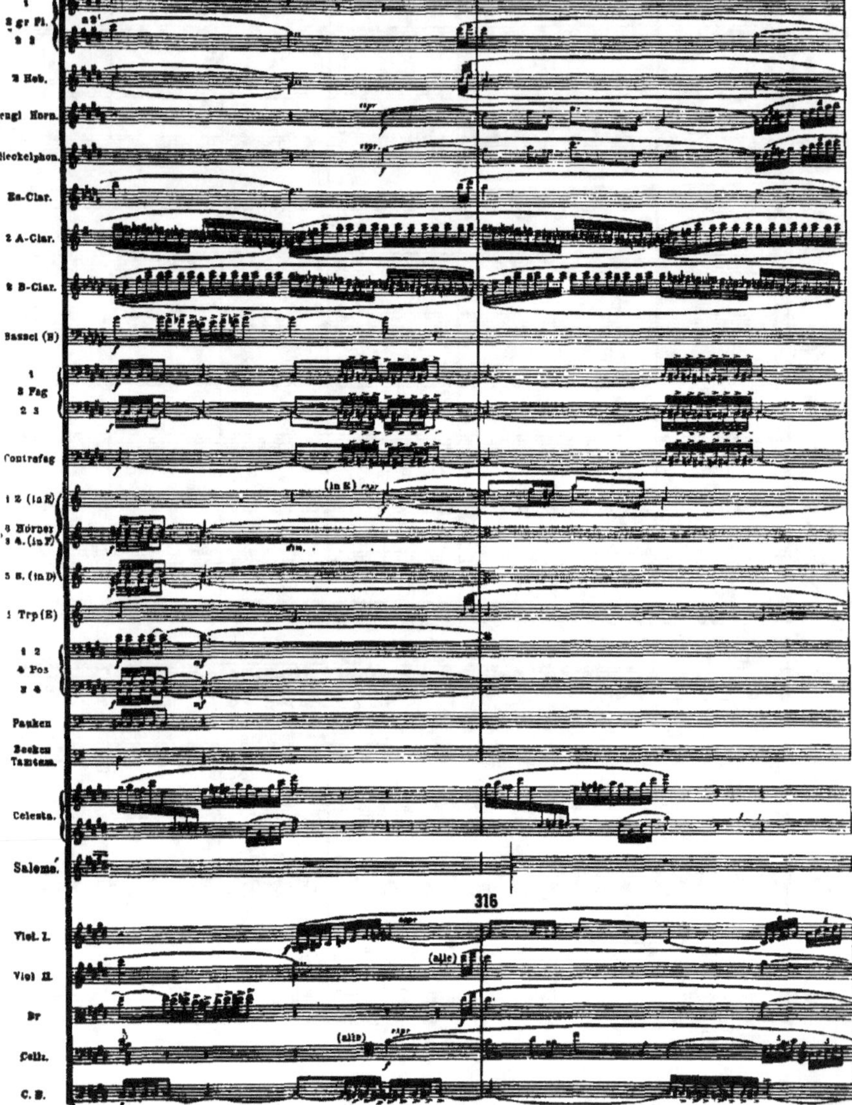

Exemple 201

compagnement, d'une extrême légèreté, permet de distinguer cette fine touche. L'emploi du xylophone et du célesta est aussi à remarquer. Le célesta prendra, d'ailleurs, une importance de plus en plus grande.

Page 215, nous trouvons un exquis passage, où des traits étonnants de célesta sont doublés par les quatre flûtes, cinq clarinettes et tous les violons, sur un *glissando* de harpe.

Page 220, c'est encore le célesta qui répondra à la harpe, mesure par mesure, avec un beau contrechant des flûtes et des violons, sur un accord aigu des violoncelles en harmoniques.

Strauss exige toujours beaucoup de ses instrumentistes et leur confie parfois des traits déconcertants. Il ne craint pas non plus de leur faire franchir les limites de leur habituelle tessiture. Page 295, il fera monter la contrebasse solo au *si bémol*, troisième ligne de la clef de *sol*.

Quel extraordinaire mouvement se déchaîne dans l'orchestre, page 305, lorsque Salomé, enfin victorieuse, dans le sadique élan de son emportement baise la tête décapitée du prophète : « Eh bien, je la baiserai maintenant! » Rien de brutal pourtant cela est chatoyant, ondoyant, plein d'éclat et d'une sensualité troublante (ex. 201).

Terminons par le délicieux effet de la page 325 où, sous la tenue des flûtes à l'aigu, chantent le hautbois et les premiers violons, la partie chromatique du célesta renforcée par les mystérieux tremolos des deux violons, en *divisi*, frôlant de dissonances presque invraisemblables le second trémolo sur l'accord d'*ut dièse* majeur, et les flûtes doublées à l'*unisson* par... les violoncelles!... Toujours la recherche du rare, de l'inconnu,... recherche, il faut l'avouer, bien souvent couronnée de succès, comme ici (ex. 202).

Pour avoir été annoncé comme de la musique légère, quelque chose comme une comédie musicale, le *Rosenkavalier* de Strauss n'en comporte pas moins un orchestre assez chargé. On en jugera par cette nomenclature :

16 premiers violons.	4 cors.
16 deuxièmes violons.	3 trompettes.
12 altos.	3 trombones.
10 violoncelles.	1 basse-tuba.
8 contrebasses.	timbales.
3 flûtes.	grosse caisse.
2 hautbois.	cymbales.
1 cor anglais.	triangle.
1 clarinette en *ré* ou en *mi♭*, jouant aussi la troisième en *si♭*.	tambourin.
	glockenspiel.
2 clarinettes en *si♭* ou en *la*, voire en *ut*.	grosse thibitrommel (grosse caisse).
cor de basset ou clarinette basse.	petit tambour militaire.
	schellen (grelots).
2 bassons.	castagnettes (3 paires).
troisième basson ou contre-basson.	célesta.
	2 harpes.

Buhnenmusik (*Musique de scène*).

2 violons.	2 clarinettes.
altos.	2 bassons
violoncelle.	1 trompette.
contrebasse.	1 petite trompette.
2 flûtes.	1 harmonium.
1 hautbois.	1 piano.

On remarquera tout de suite l'importance capitale de la batterie (les Russes sont ici dépassés), et l'adjonction de quelques timbres nouveaux comme le cor de basset (clarinette alto), si peu employé depuis Mozart, et la petite trompette aiguë. Le piano et l'harmonium pour soutenir le petit orchestre de scène sont assez inattendus.

L'orchestration est pleine, compacte, avec beaucoup de doublures dans les tutti, comme celui de la page 7, où les appels des cors sont doublés des hautbois, du cor de basset et des violoncelles, tandis que leur répondent ceux de la trompette, doublés aussi des hautbois et cor de basset, fortissimo.

L'intensité du timbre est recherchée ici avec une insistance évidente. Mais cet orchestre devient parfois très fin et très spirituel; les bassons raillent, les cordes crépitent, les flûtes et les hautbois ricanent suivant les exigences du texte.

Notons un passage délicat où, sur des harmoniques suraigus des violoncelles et des violons, flûtes, hautbois et clarinettes ont des parties mouvementées en des altitudes extrêmes. L'écriture de Strauss est pleine de ces hardiesses.

Traité parfois en clavier d'orgue (page 26, les deux clarinettes et les bassons en polyphonie liée avec quelques brèves réponses des cordes), l'orchestre sera aussi souvent morcelé, léger, dialogué longuement avec de rares tutti.

Bien entendu, les divisés du quatuor, moins nombreux que dans *Salomé*, se retrouveront de-ci de-là, amenant des sonorités recherchées, comme celle de la page 81, où quatre violons soli soutiennent pianissimo des accords espacés, fouettés de brefs mordants en doubles cordes du reste des archets, sur une descente chromatique en trémolo de deux seconds violons et sur des accords tenus en harmoniques par les altos et violoncelles, à six parties.

Au troisième acte, les tutti deviendront nombreux et parfois formidables, comme celui de la page 120. L'orchestre de la scène s'unira avec celui de la salle, en des rythmes de valse, coupés par moments d'un mélange de mesures à quatre temps.

La recherche du rare et de l'inattendu amènera Strauss à des pages de ce genre, où l'emploi multiplié des harmoniques rivalise avec certaines pages acrobatiques de Stravinsky : ex. 203.

Du reste, au point de vue du maniement hardi des dissonances, l'auteur de *Eine Alpensinfonie* ne craint nulle comparaison. Sa façon plus qu'audacieuse de combiner les contrepoints arrive au même résultat (avec plus de brutalité peut-être) que les placages d'accords les plus imprévus des ultra-debussystes. Dans cette dernière œuvre, l'*introduction* est bien caractéristique, avec les curieuses tenues du quatuor qui arrivent à soutenir *toutes* les notes d'une gamme descendante de *mi bémol* majeur durant quatre octaves (ex. 204).

Il est de toute évidence que la nuance adoptée (*pp* pour le quatuor, sur lequel se détache comme sur un fond neutre la gamme des instruments à vent) permet seule une réalisation satisfaisante de cet effet surprenant.

Un peu plus loin (p 10), les gammes rapides et contraires des contrebasses, en sixtes, des violoncelles, en sixtes, et des violons se mélangent aux trémolos, en sixtes également, des seconds violoncelles, aux arpèges des flûtes, altos et clarinettes et aux tenues des autres instruments, présentant des agrégations de notes qui auraient indigné les compositeurs les plus audacieux il y a seulement vingt ans !

C'est la liberté la plus grande. Polyphonie et polyrythmie. Toutes les formules d'accompagnement se mélangent et se superposent.

Page 45, les violons très divisés exécutent des arpèges suraigus, quelques-uns partant du *contre-ré*, deux octaves au-dessous du *ré* quatrième ligne de

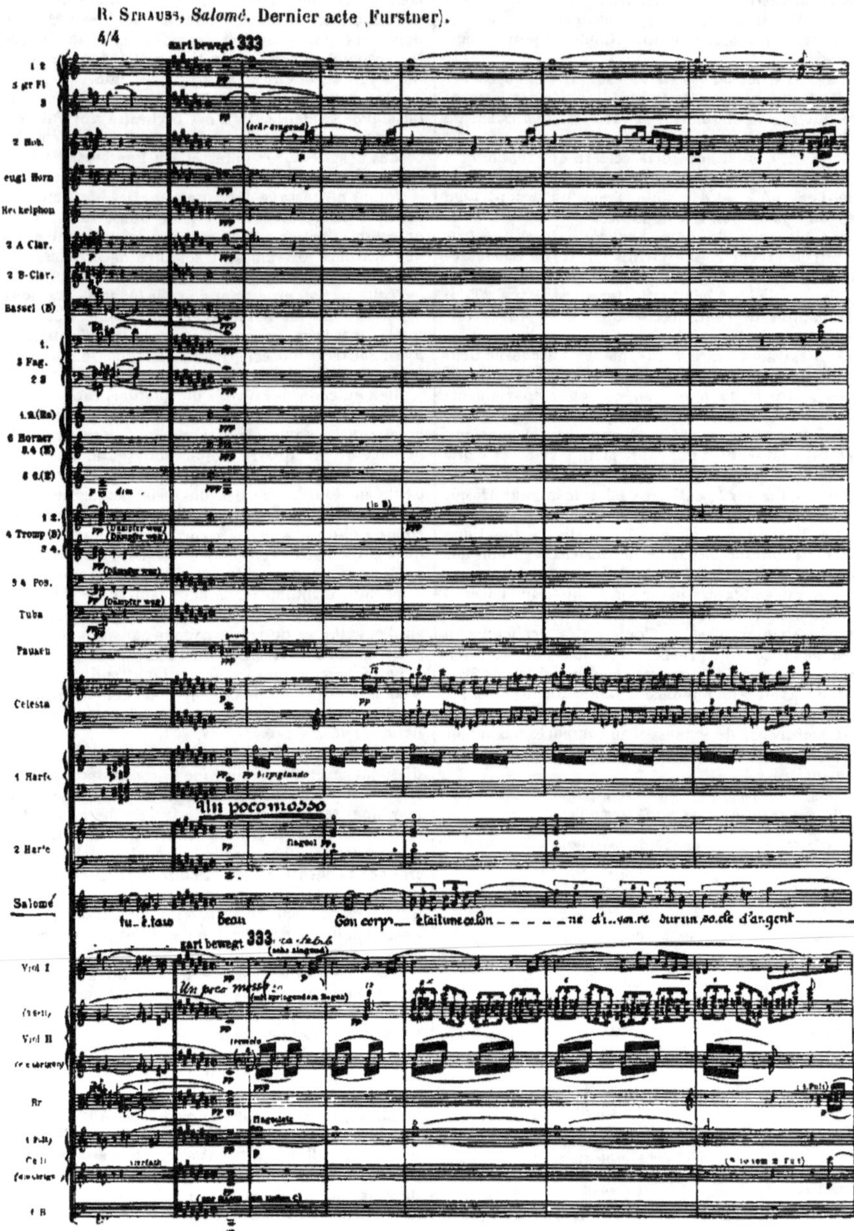
R. Strauss, Salomé. Dernier acte (Furstner).
4/4
Un poco mosso
Exemple 262.

R. Strauss, *Le Chevalier à la rose*. 3e acte (Furstner).

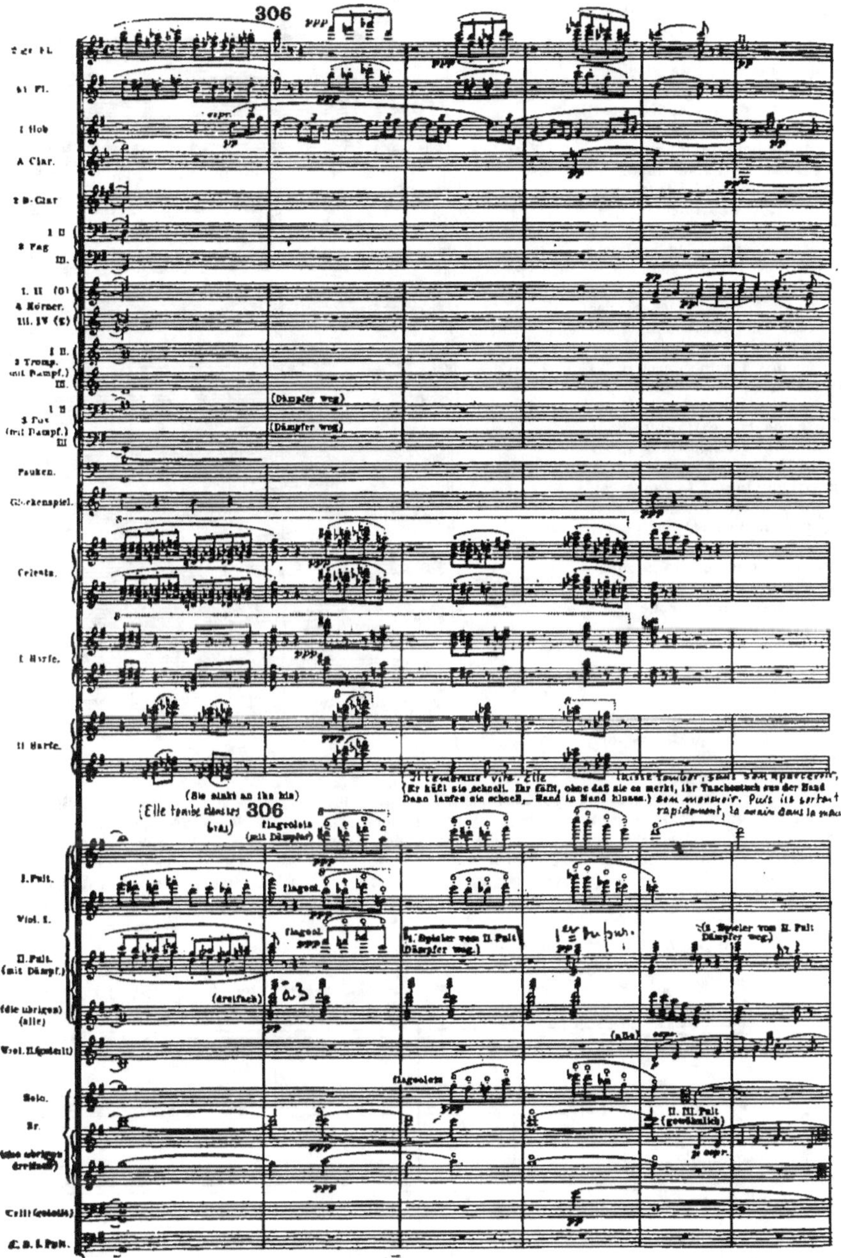

Exemple 203.

a clé de *sol*, avec gammes de célesta, arpèges des harpes, flûtes et clarinettes, sur de claires tenues aiguës des trompettes à trois parties, accompagnées de trilles de cymbales, triangle et de quelques notes de glockenspiel.

Parfois, tout cet entassement se simplifie et se réduit à un simple trémolo de violons à quatre parties, sur lequel une trompette exécute ce périlleux solo : (page 81. (Remarquer la quadruple dissonance de deux secondes mineures, de septième majeure et d'octave augmentée dans l'accompagnement, ex. 205.)

La page 148 est curieuse, avec le chant, joué par les deux trompettes et deux trombones, doublé encore à l'unisson par les harpes.

Ajoutez à tout cela l'emploi d'instruments extra-musicaux comme la *windmaschine* (pour imiter le vent) et la *donnermaschine* (pour imiter le tonnerre), et vous aurez la sensation d'effets plus matériels, plus physiques peut-être qu'il n'est nécessaire, quel que soit le but descriptif envisagé. Le bruit ici est réalisé, mais sans aucune stylisation.

L'ÉCOLE RUSSE

En face des trois grandes écoles musicales plusieurs fois centenaires : l'Italienne, l'Allemande, la Française, la jeune école Russe s'est soudain dressée. Profitant des travaux de ses aînées, mais puisant aussi dans son propre sol une sève nourricière, elle a pris rapidement une place importante dans l'art moderne. Au point de vue orchestral comme au point de vue harmonique, l'école Russe a réalisé des conquêtes. Éprise avant tout de rythme et de pittoresque, elle devait chercher le coloris. Ses trouvailles ont été vite imitées, amplifiées parfois. Qui pourrait dire ce que doivent l'art d'un STRAUSS ou celui d'un DEBUSSY aux tentatives de la jeune musique russe? Cela n'entache en rien la personnalité de ces artistes, mais montre

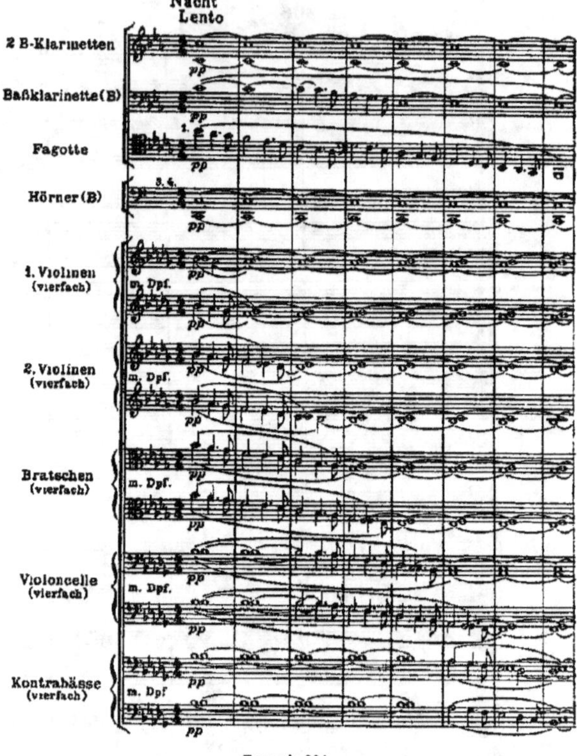

Exemple 204.

Exemple 205.

seulement leur filiation. Les « Cinq » ne doivent-ils pas se réclamer eux-mêmes de Liszt et de Berlioz? On est toujours le fils de quelqu'un

Ceux qu'on nomma « les Cinq » : Balakirew, Borodine, Moussorgsky, C. Cui et Rimsky Korsakow, formèrent une association étroitement groupée d'auteurs professant les mêmes principes, mais fort divers de tempérament, et dont les réalisations sont loin d'être apparentées. Moussorgsky seul fut un révolutionnaire. On classe généralement Tschaïkowsky à part comme se rattachant à l'art classique allemand. C'est fort bien vu, mais nous ne pensons pas que Borodine, Balakirew et Rimsky Korsakow soient si éloignés des traditions. Leur harmonie a certainement une saveur de nouveauté, l'imitation des chants populaires et de leurs tonalités particulières communique à leur musique cette couleur slavo-orientale qui en fait pour nous tout le charme, mais la forme et l'inspiration sont plus proches de Schumann et de Schubert que de Wagner, compositeur dont cette association réprouvait d'ailleurs les théories dramatiques.

César Cui, dont l'influence fut grande par ses écrits, très pur musicien, ne nous occupera guère, son bagage orchestral étant de peu d'importance[1]. Moussorgsky, génial inventeur, ne nous arrêtera que pour la sauvagerie de quelques réalisations. Mais Balakirew, Borodine et Rimsky-Korsakow méritent plus d'attention. Ils introduisirent dans l'orchestre quelque chose de brillant, de verveux, un coloris vigou-

Balakirew, *Symphonie en ut* (édit. russe de musique).

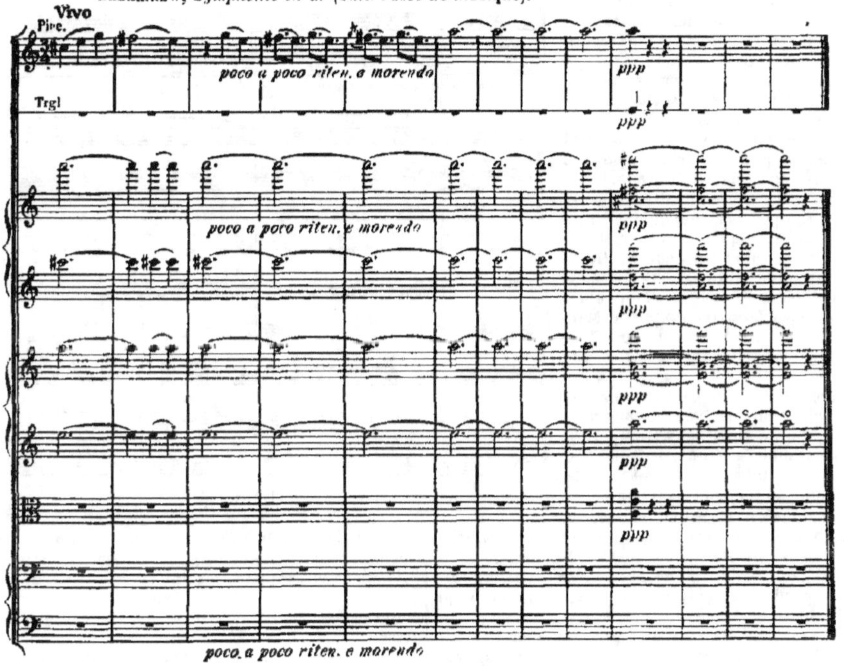

Exemple 206.

reux et simple pourtant, qui manquait jusqu'alors en dépit des trouvailles d'un Berlioz. Toutefois, ils eurent des précurseurs.

Le premier ouvrage russe de valeur est l'opéra de *la Vie pour le Tsar*, populaire en Russie plus que tout autre. Glinka (1803-1857), musicien foncièrement original dans son inspiration, mais d'éducation italo-allemande, a empreint les pages de cette partition d'une forte couleur slave; seulement, il n'a pu se débarrasser entièrement des influences de son éducation première. Il y a mieux réussi plus tard dans *Rousslan et Ludmila*. L'orchestration de ces deux partitions est parfois d'un pittoresque ingénieux, qui fait pressentir les Russes d'aujourd'hui. Mais ce ne sont là encore que des essais fugitifs. Sérow, compositeur d'opéras, aura l'orchestre un peu rude de ses partitions, dramatiques, quoique peu travaillées. Dargomijsky, lui aussi, sera âpre et violent, quelquefois (comme dans sa *Cosatchoque*) spirituel et alerte. Passons rapidement sur ces musiciens de valeur dont l'orchestre ne nous apprendrait rien, et arrivons à Balakirew, le chef et le plus ancien des « Cinq ».

Mily Balakirew (1836-1910).

Son orchestre symphonique est solide, vigoureux et simple. La manière de Balakirew est large et forte.

1. Au point de vue symphonique s'entend. C. Cui s'est plus preoccupé de la prosodie et de la déclamation que de la couleur orchestrale. Son orchestre, très sagement équilibré, sonne d'ailleurs à merveille.

Citons, dans *Russia*, la belle entrée des trombones (page 19) sur l'unisson des bois et des cordes. Le compositeur se sert peu des divisés, emploie fréquemment l'unisson, use assez souvent des accompagnements en notes répétées dans les bois et les cors, mais il écrit avec une grande connaissance des timbres et de leurs alliances. Du moins, sa *Symphonie en ut* nous le montre bien ainsi. Tout y est clair, ordonné, puissant; chaque groupe y a bien son rôle déterminé. Voir, page 85, le *trio* du *scherzo*, où le quatuor dialogue élégamment avec l'harmonie. De-ci delà, quelques recherches, comme la conclusion aigue ou le chant principal, confié à la petite flûte, n'est accompagné que des tenues des violons et termine sur un accord en harmoniques (ex. 206).

La harpe est généreusement employée dans le *final* avec de grands traits en *glissando*. On lui confie même, p. 156, un véritable solo qui étonne un peu dans une symphonie. Malgré tout, cela est fort sage. BALAKIREW recherchera plus de nouveauté dans son poème symphonique : *Thamar*. L'orientalisme du sujet l'y conviait, et c'est sans doute celle de ses partitions qui contient les sonorités les plus étudiées, toujours obtenues cependant avec simplicité. Mais il faut une grande maîtrise pour réaliser si sobrement d'aussi beaux effets.

Trois flûtes, un hautbois, un cor anglais, trois clarinettes, deux bassons, quatre cors, deux trompettes, deux trombones ténors, un trombone basse, un tuba, trois timbales, le triangle, un tambourin, un tambour, des cymbales, la grosse caisse, le tamtam, deux harpes et le quintette à cordes, telle est la composition de l'orchestre de *Thamar*. Nous remarquons déjà l'importance de la batterie. Elle est cependant employée avec tact et discrétion, et évite toute brutalité.

Le tout est d'un art pur et, pour ainsi dire, classique. BALAKIREW observe la loi d'opposition qui veut que les deux grands groupes symphoniques, harmonie et quatuor, ne parlent pas le même langage; les doublures sont fort rares en dehors des tutti.

Soulignons le rôle important du trombone basse et du tuba, dès le début. Sous les frémissements des timbales et les ondulations des altos et violoncelles, ces longues tenues graves de cuivres communiquent à l'ensemble quelque chose de profond et de mystérieux. Plus loin, les notes lugubres du chalumeau de la clarinette ajoutent leur angoisse à cet effet.

Bien oriental, le passage de la page 45, où les batteries curieusement rythmées du tambour et les pizzicati soulignent la broderie du hautbois autour d'une longue tenue de flûte. Il fallait bien le timbre pâle de la flûte pour permettre d'aussi audacieux frôlements (ex. 207).

Les sonorités sont, du reste, partout admirable-

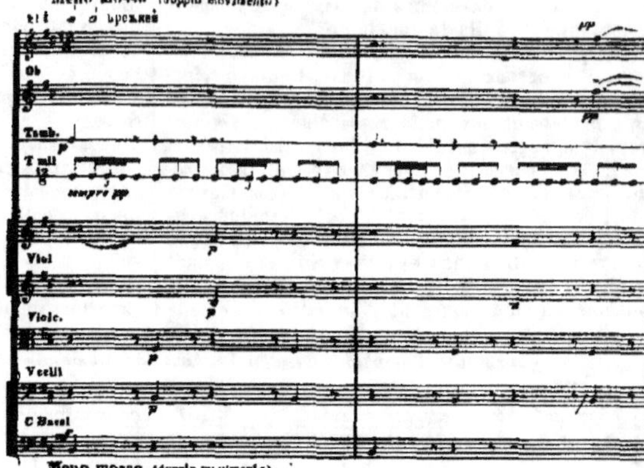

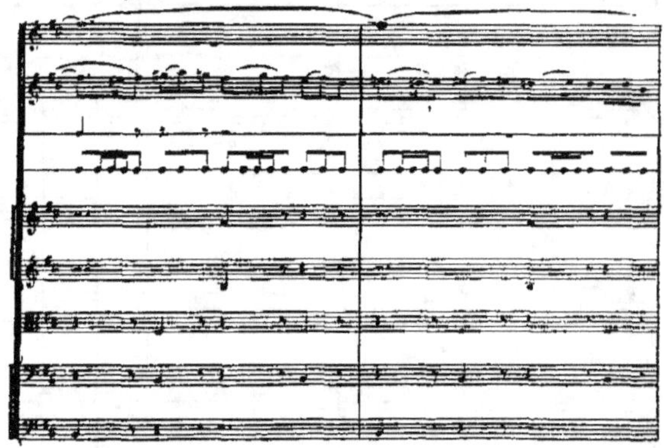

Exempl. 207.

ment choisies et du goût le plus pur. Voir, p. 48, le chant harmonisé des clarinettes et bassons (avec plus loin les flûtes) soutenu des fins arpèges des harpes, et l'adorable rentrée des altos en dessous. Tout ceci toujours sans la moindre doublure, tout en délicatesse.

La diversité d'écriture de chaque groupe apparaît même dans bien des tutti. Tout se poursuit, clair et limpide jusqu'au tutti en *ré bémol*, où s'opposent (dans le *pianissimo*) les rythmes divers de l'harmonie et du quatuor très divisé. Sonorité pleine et douce et pourtant scintillante.

Et cela s'achève, comme le début, dans l'ombre et le mystère.

Tschaïkowsky (1840-1893).

Le talent de TSCHAÏKOWSKY s'est exercé en des genres très divers. Symphoniste et homme de théâtre, il a laissé un nombre considérable d'œuvres, quelquesunes remarquables, où son tempérament de Slave ne s'extériorise guère que grâce à l'emploi souvent répété des thèmes populaires de son pays. Son orchestration est abondante et riche, mais ne se diffé-

TSCHAÏKOWSKY, *Ballet de Casse-Noisette. Danse de la Fée Dragée* (Noël
(par autorisation spéciale de M. Eschig).

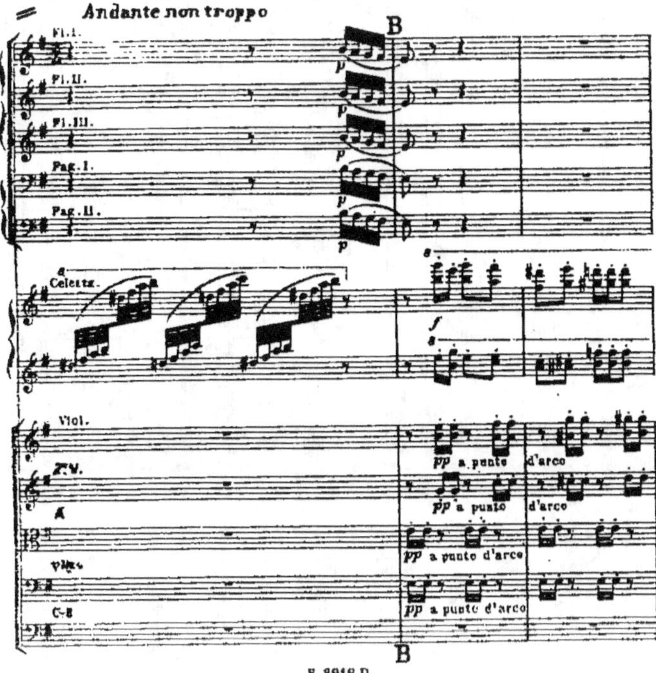

Exemple 208.

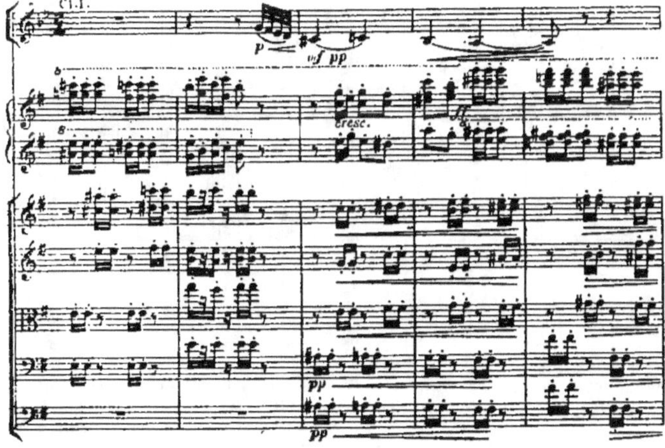

Exemple 209.

rencie de l'orchestre allemand traditionnel que par
une certaine exubérance de la batterie (procédé bien
russe) et une sonorité quelquefois un peu outrancière. Elle ne manque cependant pas toujours de
détails ingénieux et piquants.

Dans son ballet lilliputien de *Casse-Noisette*, TSCHAÏ-
KOWSKY s'est livré à d'amusantes recherches. Avec
une instrumentation très réduite, il a obtenu de curieux effets, menus et spirituels comme dans ce fragment de la *Danse de la fée Dragée*, où le célesta su-

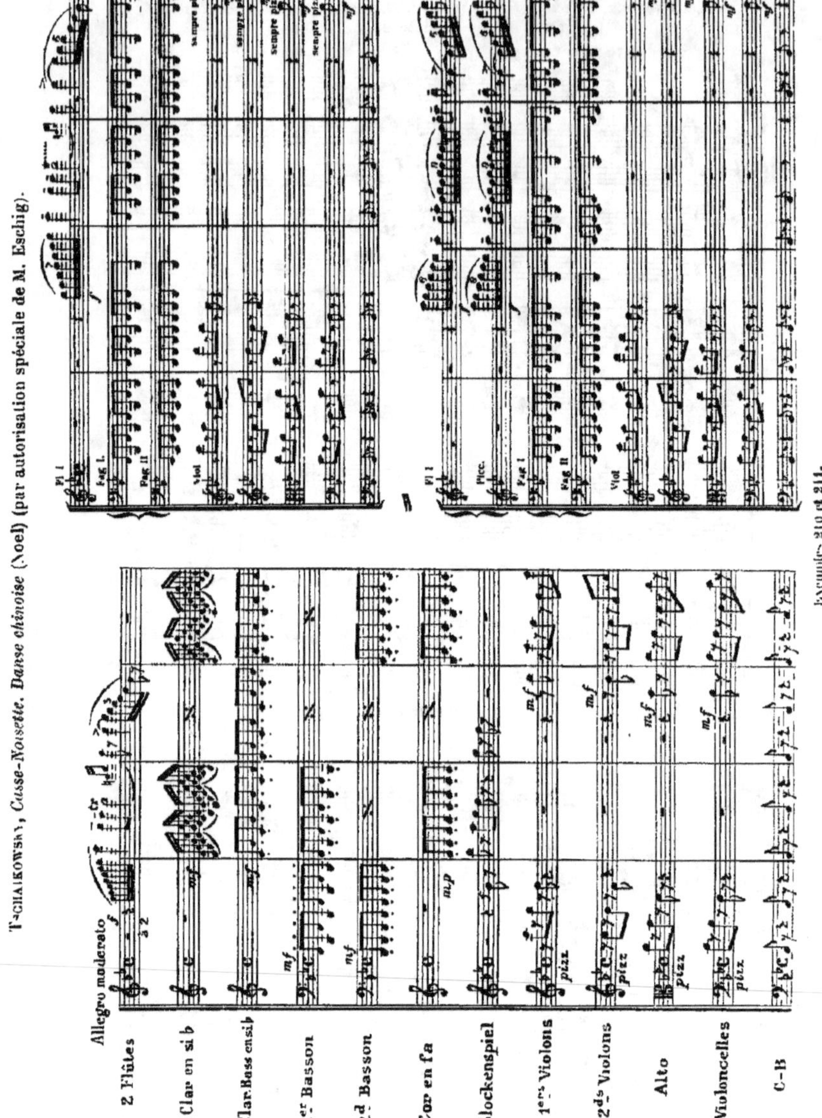

perpose l'acuité de ses notes argentines au bavardage délicat et léger *a punta d'arco* du quatuor (ex. 208 et 209).

Dans la *Danse Chinoise*, le chant des flûtes est finalement accompagné des arpèges des clarinettes et des pizzicati des cordes. Les bassons et la clarinette basse, au grave, mettent la moquerie de leurs notes piquées, une sorte d'accent bouffon des mieux réussis; le glockenspiel relèvera d'une pointe acide le dessin des flûtes (ex. 210 et 211).

Des détails de ce genre fourmillent dans ce petit ballet plein d'esprit, écrit d'une plume experte, sans aucun trait appuyé... et qui nous montre en Tschaïkowsky un compositeur très différent de celui auquel nous avaient habitués ses symphonies un peu massives et ses opéras quelque peu meyerbeeriens.

Nous trouvons dans cette œuvrette le premier emploi connu du celesta, instrument inventé par V. Mustel, le célèbre facteur d'orgues-harmoniums. Les sons, d'une si grande pureté et d'une absolue justesse,

BORODINE, 2e Symphonie (Bessel).
3/4
Fl 1et2
Fl. 3
H ois
C Ang
Clar. en sib
B ons
4 Cors en fa
Trp en ré
Trb.
Harpe
1e V
2e V.
Altos
Vllcs
C.-B.
non div.
non div.

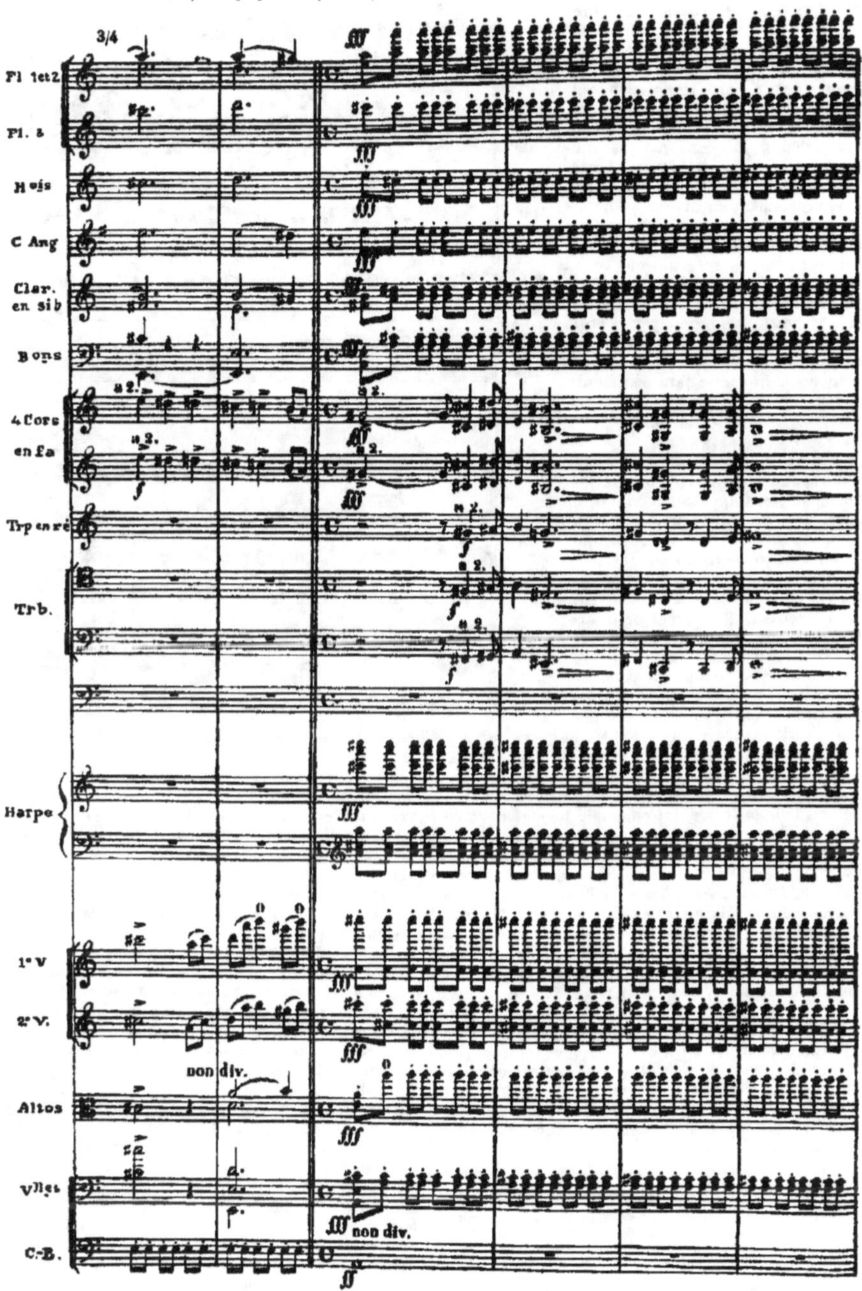

Exemple 212.

de cet instrument à clavier, avaient
été seulement utilisés par Jules DANBÉ,
chef d'orchestre de l'Opéra-Comique,
pour exécuter, dans la *Flûte enchantée*,
la partie écrite par MOZART pour har-
monica. L'effet de ce changement
parut tout à fait impressionnant.
TSCHAIKOWSKY adopta le nouveau venu.
Presque à la même époque, M. G.
PIERNÉ l'employait dans quelques musiques de scène : *Izéyl, le Docteur Blanc,
la Samaritaine*. Emile PESSARD, à son
tour, l'accueillait en diverses compositions. Le célesta avait, dès lors, ses
lettres de naturalisation... Nombreux
sont les compositeurs qui ont su en
tirer un avantageux parti. Aujourd'hui,
cet instrument fait partie intégrante
de l'orchestre symphonique. L'école
moderne allemande le prodigue en
ses œuvres les plus significatives, la
jeune école française fera de même[1].

Alexandre Borodine
(1834-1887).

Beaucoup plus Slave d'inspiration,
BORODINE nous apparaît pourtant, en
dépit de l'opinion reçue, comme un
compositeur de lignée très classique.
Son art de construction a des attaches
profondes dans le passé et son orchestre s'apparente à celui des successeurs
de BEETHOVEN. Il est, cet orchestre,
très équilibré, sans excès sonore, sans
exagération d'effets. En somme, l'é-
cole russe de ce temps est sage. Elle
ne se laisse pas aller (sauf de rares
exceptions) aux outrances des modernes Allemands ni aux subtilités de
quelques Français. Elle est saine et
bien ordonnée. Peut-être, les Russes
ont-ils appris à leurs aînés à mieux
colorer leur instrumentation, mais bon nombre de
ceux-ci, devenus leurs imitateurs, n'ont pas tardé
à exagérer ce coloris jusqu'aux pires violences, ou à
l'estomper jusqu'aux plus imprécis évanouissements.

Dès la *Première Symphonie* de BORODINE, nous re-
marquerons le rôle important de la timbale à laquelle
est confié un des principaux dessins de l'*allegro*.

La sonorité de ce premier mouvement sera énergique et rude, avec, de place en place, des pages d'une
grande délicatesse, comme la page 25, où la première clarinette joue seule avec les deux cors, puis
avec les trompettes, et la page 27, où dialoguent
spirituellement les bois, avec quelques rentrées discrètes des violons, des altos ou des violoncelles
alternés. Le *scherzo* est verveux et finement traité; à
citer la belle conversation des bois dans le *trio*,
pages 75, 79, etc. Les alliances de timbres sont tou-

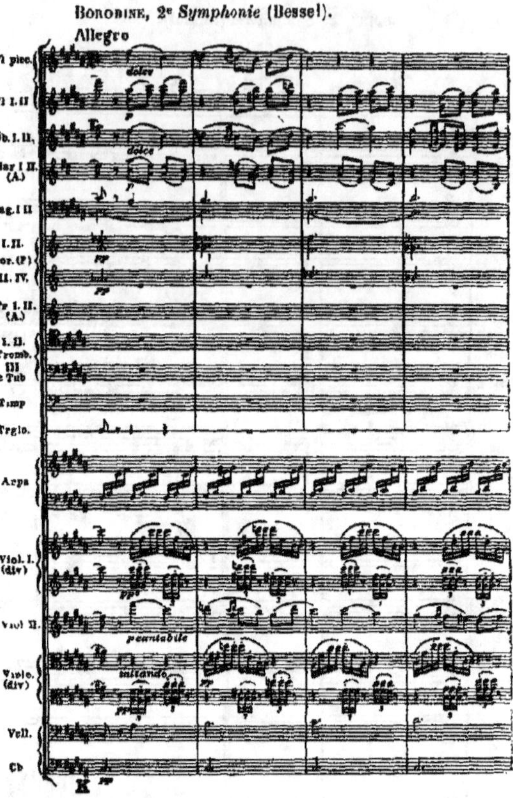

Exemple 213.

jours choisies avec goût. Le final rappelle un peu la
manière de SCHUMANN, avec moins de grisaille et de
lourdeur cependant.

La facture de la *Deuxième Symphonie* (*si mineur*)
s'avère plus nerveuse. Les grands unissons ramassés
au grave du quatuor et les violents accords en coup
de sabre (v. p. 6) auront quelque chose de massif et
de décidé, qui communique à ces pages une énergie
pesante bien conforme à l'esprit des thèmes. Le
scherzo à 1/1, avec ses notes constamment répétées
des cors et trompettes, nous transporte loin du babil léger habituel aux scherzos des symphonies. Il
paraîtra très vivant, un peu gros, mais puissamment
rythmique. A remarquer le passage élégant où le
chant du hautbois est si délicatement accompagné
par les harmonies colorées des bois, avec une pédale
lointaine de la harpe, soulignée par une réponse de
triangle. BORODINE n'ajoute que ces deux instruments
à l'orchestre habituel de la symphonie classique.

L'*andante* est tout plein d'une expression pour
ainsi dire individuelle. BORODINE fait, en effet, parler
les soli avec beaucoup de charme. Page 96, la sonorité s'intensifie, grâce à l'ingénieuse disposition des
cordes où le *do dièse*, tierce majeure de l'accord, vibre avec une acuité particulière (ex. 212).

Dans le *final*, apparaîtra toute la batterie russe

---

1. Peut-être, serait-il utile de fixer cependant l'écriture du célesta,
car quelques compositeurs l'écrivent à son octave réelle très aiguë,
tandis que d'autres le notent à une ou deux octaves au-dessous de
l'effet pour l'oreille. L'étendue du célesta est de 4 octaves commençant à l'*ut* de 2 pieds, son 1er *la* est donc à l'unisson du *la* du milieu
de la portée en clef de sol. L'écriture réelle oblige à un trop grand
nombre de lignes supplémentaires. D'autre part, il y a lieu de se méfier de ce que la 1re octave du célesta semble sonner une octave plus
bas qu'elle ne le fait en réalité. Cela tient à la grande pureté du son et
au nombre de battements des vibrations.

timbales, triangle, tambour, cymbales, grosse caisse. Ceci est le côté oriental de l'art slave. Nous n'étions pas encore habitués à ce déploiement inusité de la percussion dans le style symphonique. MAHLER et STRAUSS ajouteront encore à ce luxe.

Peu de polyphonie, au reste, en tout cela, mais plutôt d'heureuses recherches rythmiques et harmoniques. Donnons ce bel exemple, où chantent en triple octave la petite flûte, les deux hautbois et les seconds violons, sur un accompagnement ingénieusement varié (ex. 213).

Avec des moyens très simples et un orchestre infiniment réduit, BORODINE arrive parfois à un déploiement d'effets fort remarquable. Faut-il rappeler cette courte pièce symphonique, *Dans les steppes*, dont la sobriété d'harmonisation et de facture se double d'une égale simplicité d'instrumentation? Comme les longues tenues y donnent bien l'impression d'immensité morne du désert! Et les pizzicati des basses n'évoquent-ils pas l'allure molle dans la neige de la caravane en marche, tandis que s'exhale, mélancolique et résigné, le chant du cor anglais?... C'est, en somme, bien peu de chose, et c'est pourtant un tableau impressionnant!

Moussorgsky (1839-1881).

MOUSSORGSKY, lui, est fort loin de l'art classique. Toujours préoccupé de moyens d'expression plus intenses et plus décisifs, il néglige quelquefois les droits de la musique, mais, génial créateur d'une rare puissance d'évocation, il sait se faire pardonner ses plus grandes audaces, qui ne sont pas toujours des maladresses. Son orchestre a les défauts de sa musique, il en a aussi la force, la rudesse et la netteté du trait descriptif. Il est simple, du reste, clairement écrit, et il ne nous apportera pas de grandes nouveautés. On éprouvera quelque difficulté à faire le départ de ce qui appartient réellement à Moussorgsky dans cet orchestre, la plupart de ses ouvrages ayant été remaniés et complétés, au point de vue instrumental, par RIMSKY-KORSAKOW.

Signalons, dans *Boris Godounou*, la présence, assez rare au théâtre, d'un piano (en plus de la harpe). Le triangle, le tambour, les cymbales, la grosse caisse et le tamtam, fréquemment employés, témoignent de l'amour immodéré des Russes pour toutes les variétés de percussion.

Pages 42 et 46 de cette partition, pendant la procession des boyards se rendant à la cathédrale, le piano accentue de son mordant les staccati des flûtes doublés par les pizzicati des violons et le tintement du glockenspiel. L'imitation des cloches est réalisée par les cors doublés d'un accent aussitôt éteint des trombones; les accords graves des harpes, les coups isolés des cymbales, le martellement sourd du tamtam, auquel à l'aigu répondent des notes de triangle, tout cela est assez savoureux et bien particulier (ex. 214).

La chanson de Varlaam, au premier acte, avec ses unissons nombreux, est d'une couleur rude, un peu fruste, assez en situation. Çà et là, de jolis détails se rencontrent, comme page 175, l'accompagnement en sautillé des deux flûtes sur le chant des bassons et violoncelles, ou, page 185, le jeu du *Khliost*, accompagné au début par les unissons aigus, en notes piquées alternées, des flûtes, clarinettes, harpe, piano et violons en pizzicato.

Les cuivres sont ménagés, et s'écartent des toni-

truances modernes. Le grand air de la vision de Boris est soutenu par un orchestre plus corsé, nerveux et expressif. La *Chanson de l'Innocent*, après les fureurs de la scène où la populace se divertit du boyard enchaîné, est d'une teinte populaire mélancolique, accusée par son accompagnement de hautbois et bassons doublés par les altos et violoncelles. Remarquons encore le récit de Boris mourant, au dernier tableau, et le passage : « De tes angéliques et célestes parvis, oh! verse tes bienfaits! » avec les tenues douces des flûtes et clarinettes et le dessin en croches des violoncelles, souligné par les harmoniques des harpes.

Plus loin, le glas funèbre retentira tragiquement.

En somme, cet orchestre, malgré des inexpériences et des gaucheries (d'ailleurs retouchées le plus souvent par RIMSKY), contient d'intéressants effets, non point de couleurs inattendues, ou de rares assemblages, mais de sauvages violences, d'expressives rudesses et de très personnels slavismes.

Rimsky Korsakow (1844-1908).

De tous les Russes, RIMSKY KORSAKOW est certainement celui qui manie l'orchestre avec la plus remarquable maîtrise. Chez lui, les moindres intentions portent; le coloris, éblouissant, est obtenu par des moyens simples et certains. Contrairement à l'école moderne allemande, qui a besoin pour ses multiples effets d'une multitude de timbres continu et un groupement parfois démesuré, KORSAKOW se sert d'un orchestre relativement restreint. Son habileté sait en obtenir les sonorités les plus rares.

Que l'on examine *Schéhérazade*, *le Coq d'or*, *Antar*, *Sadko*, toutes ces étincelantes partitions aux teintes si variées, dont l'instrumentation paraît à l'audition si neuve et si savoureuse, on sera surpris de leur simplicité, de leur sobriété d'écriture. Cela est d'une tenue classique.

Sadko n'emploie que l'orchestre courant, avec seulement deux trompettes. La batterie comprend le tamtam, en plus de la grosse caisse et des cymbales.

Rien de très particulier à signaler dans cette œuvre pourtant remarquable; la couleur est dans l'harmonie, dans la forme mélodique et dans son développement. Les basses onduleuses du début évoquent bien le mouvement des flots. Admirons les grands trémolos des cymbales prolongeant les accords des cuivres sur la descente chromatique des cordes.

Tout est sobre et traité avec une admirable sûreté. Rien d'inutile, mais chaque détail bien à sa place. Tel pizzicato, tel coup de cymbale, tel trille de flûte prennent une valeur particulière et communiquent à l'ensemble une saveur très spéciale, parce que tout est perçu clairement, nettement; l'auteur obtient le maximum d'effet par le minimum de moyens.

Le *Coq d'Or* commence par une partie de trompette suraiguë en *ut*, montant hardiment jusqu'au *contre-si*. Page 7, nous trouvons un curieux glissando d'une forme spéciale (ex. 215).

Un peu plus loin, p. 8, les traits chromatiques des clarinettes descendent en une bizarre bousculade. La batterie s'augmente ici du « campanella » (jeu de cloches) et du célesta. D'ailleurs, l'orchestre comprend trois flûtes, trois hautbois, trois clarinettes, trois bassons, quatre cors et deux trompettes, ainsi que deux harpes. Le *Cortège de Noces* y ajoute les trombones et tuba et une partie de trompette alto en *fa*. Ce luxe instrumental est assez rare che

Moussorgsky, *Boris Godounou*. 2e tableau. *Prologue* (Bessel).

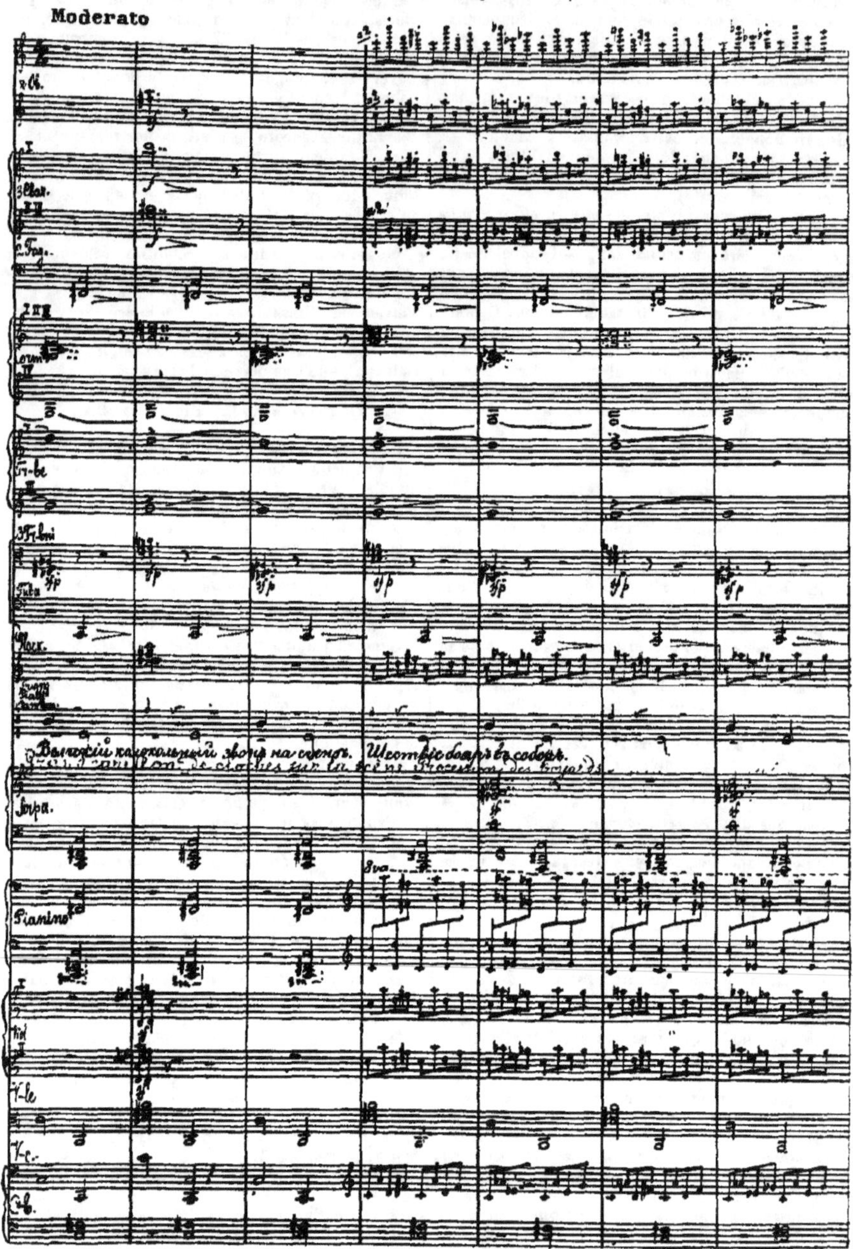

Exemple 214. — Aux 8e et 9e portées (trompettes) la 1re trompa est en *si* ♭ et la 2e en *fa*.

RIMSKY KORSAKOW, *Le Coq d'or* (Jurgenson).

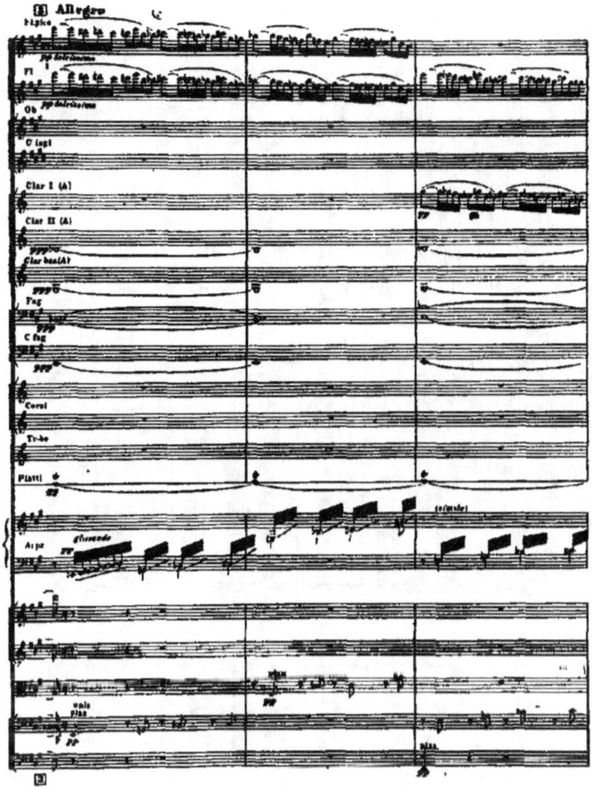

Exemple 215.

RIMSKY KORSAKOW. Les sonneries, d'abord lointaines, s'accusent peu à peu jusqu'à la belle partie des cors (p. 22) sur les notes répétées de la trompette. Et cela atteint l'éclat le plus joyeux et le plus intrépide (p. 34). L'orchestration de la scintillante *Schéhérazade* est très restreinte. C'est celle de la vieille symphonie classique, mais quelle différence dans son emploi! Dans la force, pour obtenir un timbre rude et perçant, KORSAKOW ne craint pas de doubler ses premiers violons par des hautbois et des clarinettes à l'unisson, sur des tenues de trombones. La sonorité du premier mouvement est franche et pleine, grâce surtout aux longues tenues de cors, bassons et trombones et aux arpèges espacés des altos et violoncelles. Il y a aussi, page 28, un bel accompagnement des clarinettes avec une phrase intense des violoncelles. Page 43, le solo de basson est curieusement soutenu par les accords des contrebasses soli divisées en quatre. Tout cela est peu chargé, l'orchestre parlant un langage plus individuel que collectif. Page 53, les claires réponses alternées des trombones et trompettes ne sont accompagnées que d'une quadruple tenue de clarinettes et bassons sur un trémolo des violons. Mais, comme chaque timbre est bien choisi, comme chaque alliance est heureuse, comme chaque contraste est accusé! Voyez les batteries suraiguës de la page 59, les *mi* harmoniques des violons et des deux piccolos.

Quelques passages sont d'une sonorité grêle et fine spécialement cherchée. Page 107, le chant exotique de la clarinette n'est relevé que de quelques arpèges des violoncelles et altos et d'un rythme discret du tambour..., cela est d'un pittoresque achevé. La batterie a toujours un grand rôle, et tambour, cymbales, tambourin et triangle sont habilement mis en œuvre, avec quelque excès peut-être. C'est le piment de l'école russe. Donnons cet exemple bien oriental (car, de toute évidence, cet amour de la percussion vient du côté oriental de la Russie, à cheval sur deux mondes), donnons cet exemple où chaque instrument est délicatement traité. C'est là de la polyrythmie remplaçant l'antique polyphonie, avec moins de richesse, mais avec un accent tout spécial (ex. 216 et 217).

Signalons, avant de passer à *Antar*, les très originales sonneries des cors et trompettes en doubles et triples croches (quadruple coup de langue), avec, en dessous, le rythme du tambour et un bref coup de cymbales .. tout à fait impressionnant. Page 184, ce même dessin des trompettes (mais *pianissimo* cette fois) fera un charmant accompagnement à la mélodie des flûtes et hautbois.

Enfin, donnons cette belle formule d'accompagnement du quatuor, si riche de sonorité, et dont le rythme varié est si bien souligné par les *glissando* des harpes (notons que les trombones sont écrits souvent en clef d'*ut* troisième ligne) (ex. 218 et 219).

L'orchestre d'*Antar* est moins nombreux encore, et ne comprend, avec les trois flûtes, qu'un seul hautbois, un cor anglais, deux clarinettes, deux bassons et quatre cors. Au n° 2 seulement, s'ajoutent les deux trompettes, les trois trombones et le tuba traditionnels. La batterie comprend quand même trois timbales, cymbales, grosse caisse et tamtam. La harpe enrichit cet ensemble assez réduit de ses effluves enveloppants.

Que de charmants et pénétrants effets dans cette partition, toujours obtenus à peu de frais, grâce à la savante disposition de l'ensemble et à la recherche avisée des timbres! La page 9 est exquise avec son solo de flûte d'un charme languide si oriental, le clair accompagnement des harpes, et les *la* haletants et saccadés des violons dans la pénombre.

Le délicieux chant des violons (en *fa dièse*), p. 20, n'est-il pas traité de façon classique, si sobre et si élégante, avec les arpèges des flûtes et clarinettes et les accords des harpes soutenus par quelques tenues?

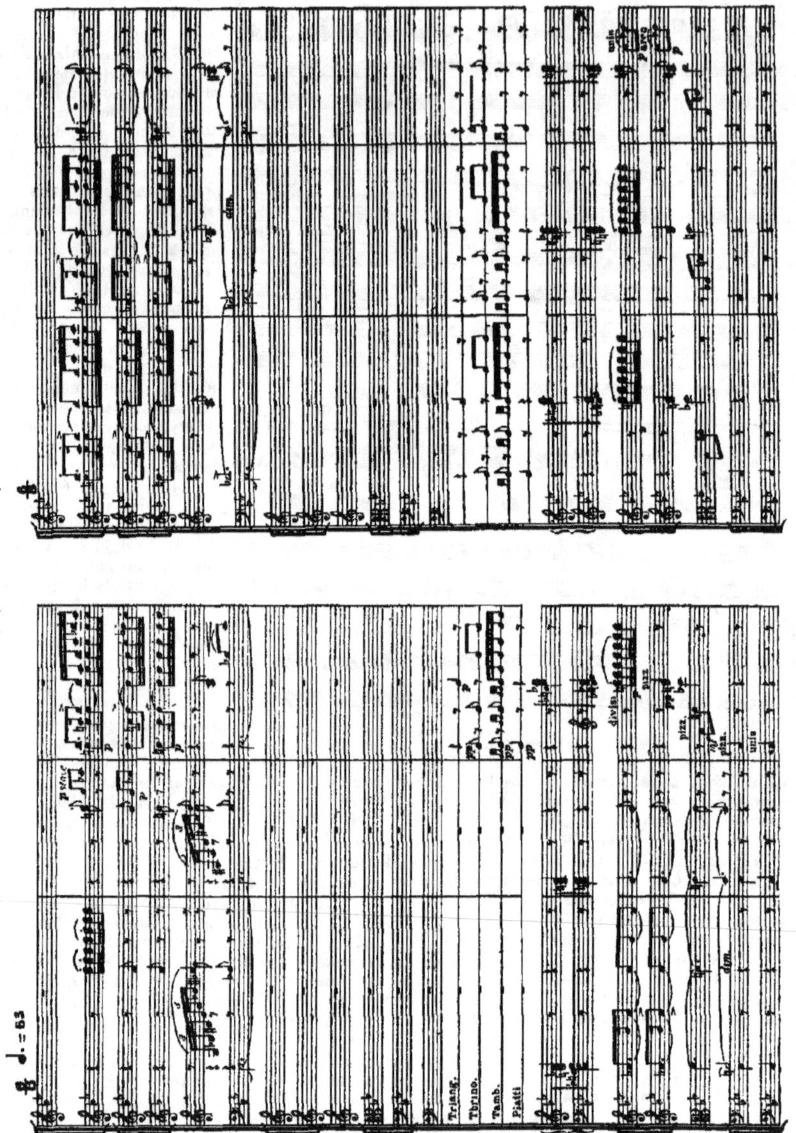

RIMSKY KORSAKOW, Scheherazade (Belaïeff)
Exemples 216 et 217.
Fl.
2.Fl.
1.H.ois
Cor angl.
Clar. en Sib
B.ons
Cors
Trp.
Tr.b.
Timb.
Triang.
Tbruo.
Tamb.
Piatti
Harpe
1.res V.
2.es V.
Alto
V.lles
C.B.

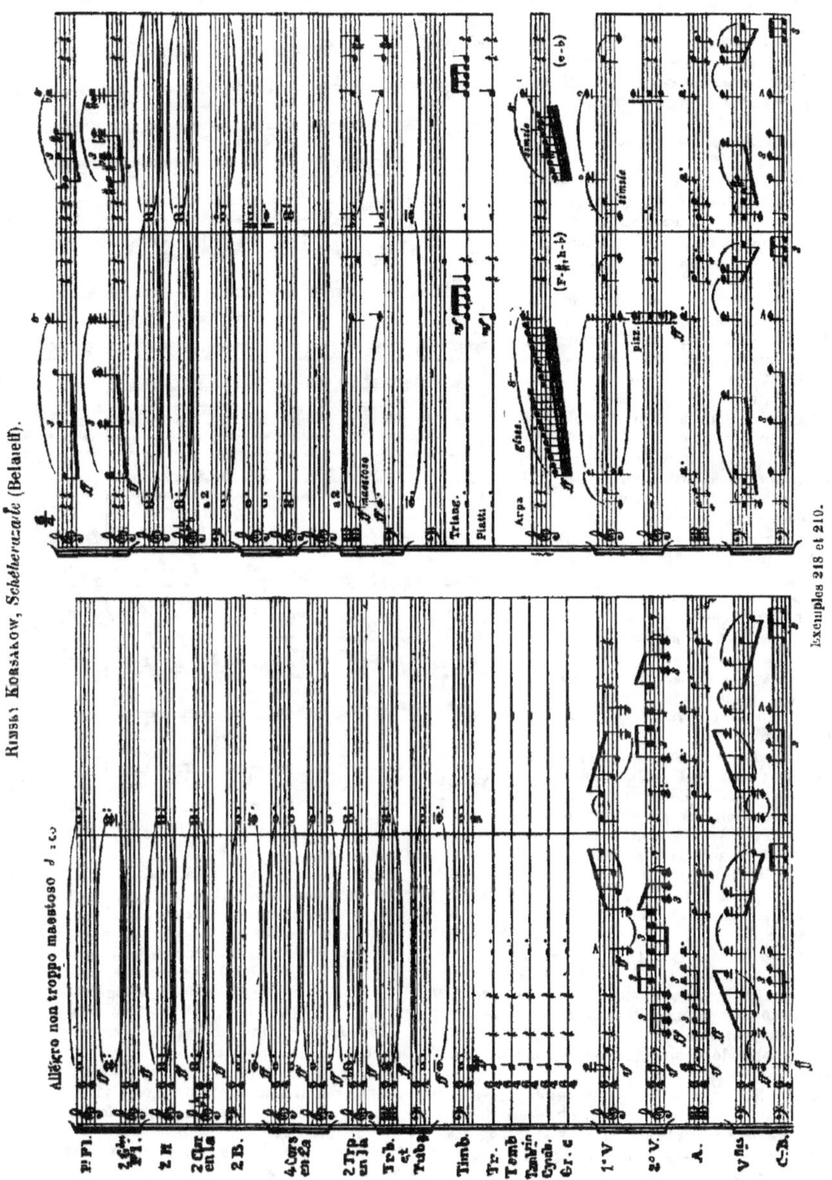

Le nº 2 contraste par son énergie un peu farouche. Le nº 3 ramène d'exquises délicatesses. Peu de polyphonie comme d'habitude, mais (p. 105) le beau chant du cor est bien mis en valeur par les traits en triolets de la flûte, les pizzicati des cordes et surtout par l'emploi, si ingénieux toujours et si délicat cette fois, de la batterie (ex. 220).

Page 111, le chant grave et lié des violons, violoncelles et bassons en quadruple unisson, s'oppose au rythme léger et sautillant des bois et cors, accentué par le tambour. La sonorité est toujours claire et nourrie, très pleine dans la douceur; chaque instrument est écrit suivant ses possibilités, sans aucun effort. Aucune gaucherie, aucune inconséquence, aucune violence faite au mécanisme, rien qui puisse trahir les forces de l'exécutant. Nous avions trouvé ces qualités-là chez Mozart, nous les retrouvons avec les recherches et les perfectionnements de l'orchestre moderne; et cette sagesse est sans doute la cause première de la jolie sonorité de ces œuvres et de la souplesse de leur réalisation.

Glazounow, Scriabine.

L'école russe ultra-moderne semble partagée entre deux tendances fort opposées : 1° le désir effréné du nouveau, fut-ce au prix d'un bouleversement de tout ce qui a constitué la musique jusqu'à nos jours; 2° le retour à un art musical moins autochtone, plus inspiré de l'art allemand, caractérisé par l'emploi des formules et des plans de la symphonie allemande et par un orchestre intensif.

Glazounow, un instant disciple des « Cinq », nous paraît le représentant le plus autorisé de cette tendance. Son orchestre, assez richement polyphonique, ne se différencie guère des orchestres allemands que nous avons déjà analysés. Il peut paraître peut-être moins exubérant.

Encore une fois, nous n'avons pas à prendre parti entre deux systèmes. Nous nous bornons à constater des faits et à donner des exemples de toutes les nouveautés, de tous les caprices, fussent-ils passagers.

Les œuvres de Glazounow sont en général solidement conçues et orchestrées. Ses premières symphonies nous montrent en lui un disciple de Rimsky Korsakow, avec moins de recherche de couleur et beaucoup de sagesse. Son quatuor s'oppose bien aux groupes des bois et des cuivres. Il emploie fréquemment et avec habileté les arpèges de flûtes et de clarinettes. (*Deuxième Symphonie*, p. 80, p. 178, etc.). Notons, dans la *Deuxième Ouverture sur des thèmes grecs*, la belle phrase des cordes (p. 11), et remarquons la façon d'employer la batterie : triangle et grosse caisse alternant en croches égales dans la mesure à 2/4 et, plus loin, le tambourin et le tambour se livrant au même jeu. Dans le *final*, ce seront les grands coups frappés de façon régulière, par toute la batterie réunie.

Stenka Razine, poème symphonique, apporte un peu plus de raffinement. Les sons bouchés des cors, les *glissando* de harpes y sont employés; la progression des sonorités y est savamment ménagée, le quatuor, admirablement écrit.

L'orchestre des premières symphonies est normalement constitué. A mesure que le compositeur s'éloigne des tendances exclusives russes, pour se rapprocher de la manière allemande, son orchestre s'augmentera de nombreuses unités pour en arriver presque à la conception d'un Strauss et d'un Mahler.

Déjà, dans la *Rapsodie Orientale*, nous rencontrons une petite clarinette en *ré*, trois flûtes, trois haut-

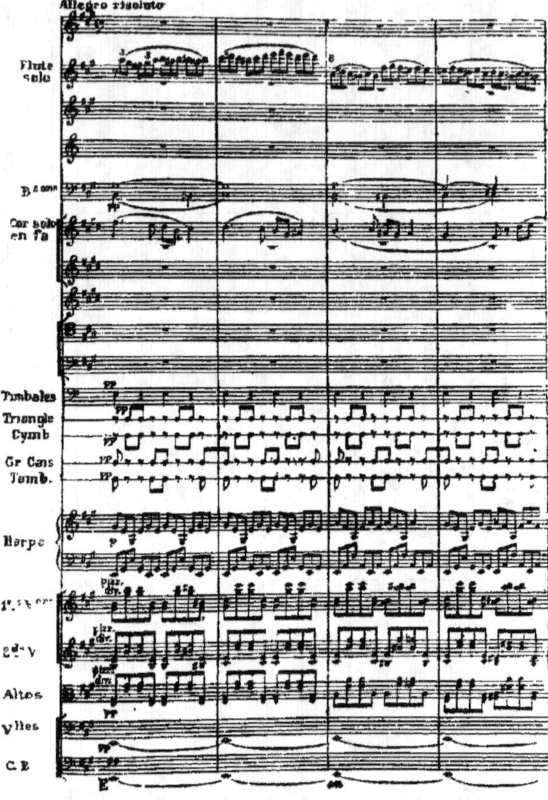

Exemple 220.

bois, etc., et une plus grande hardiesse d'écriture. *La Mer* emploiera trois flûtes, trois hautbois, trois clarinettes, trois bassons, six cors, trois trompettes, plus une trompette basse (ou corno ténore in B), trois trombones et un tuba, deux harpes. L'auteur y indique que les clarinettes basses russes ont des notes plus graves que le *mi*. Il souligne son désir d'avoir un vrai trombone basse et un tuba descendant au *contre-fa dièse*. Ainsi, dans tout l'orchestre moderne, s'accentue cette recherche des notes les plus graves du registre, ce désir d'appuyer le vaste ensemble réalisé sur une basse profonde et solide.

Cette dernière œuvre (*La Mer*) est fort intéressante avec le beau mouvement onduleux du quatuor, les harmonies graves des cors et trombones, les roulements de timbales et les *glissando* évocateurs des harpes. Le tout arrive par moments à un bouillonnement d'une réelle puissance, un peu lourde (à dessein peut-être), comme les flots épais d'une mer orageuse (ex. 221).

Avec la *Cinquième Symphonie*, sage, mais massive, nous constaterons un emploi de plus en plus fréquent des tutti, et des doublures nombreuses, suivant le procédé allemand moderne. Le *scherzo*, pourtant, est

GLAZOUNOW, *La Mer* (Edit. russe de musique).

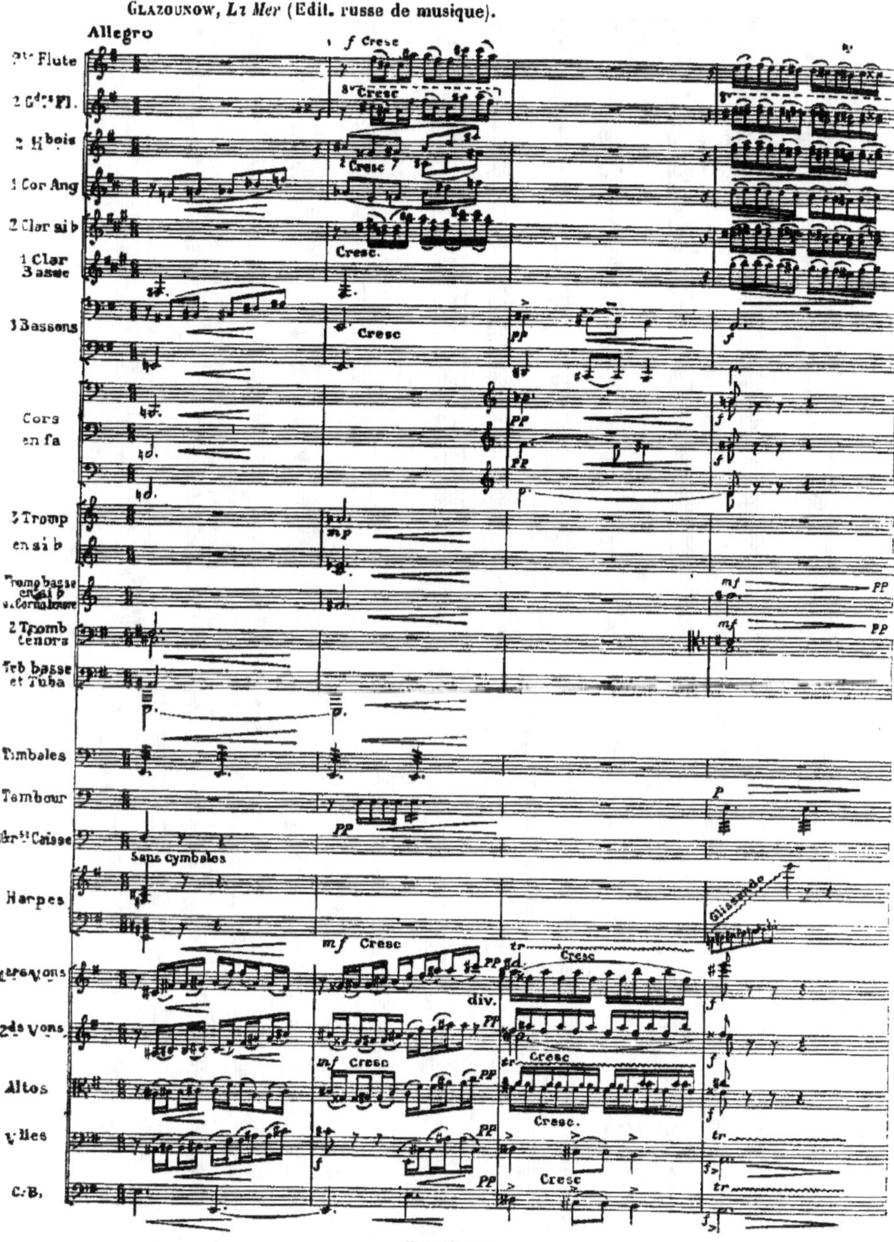

Exemple 221.

léger et piquant, avec son mouvement constant de doubles croches. Page 67, une partie de *campanella* (jeu de cloches à clavier) vient ajouter du mordant à ces jeux de sonorités.

Si les premières œuvres orchestrales de SCRIABINE nous paraissent fort sages et bien équilibrées, présentant des effets déjà connus, de nombreux trémolos et une sonorité un peu compacte, nous verrons le musicien, dans ses ouvrages les plus récents, suivre résolument le programme des plus modernes com-

positeurs allemands. Nous constaterons, d'ailleurs, cette tendance à l'énormité chez la plupart des compositeurs nouveaux, venus de tous les pays et de toutes les écoles. La *Troisième Symphonie* (*le divin Poème*) de Scriabine ne demande pas moins de quatre flûtes, quatre hautbois, quatre clarinettes, quatre bassons, huit cors, cinq trompettes, trois trombones, un tuba et deux harpes.

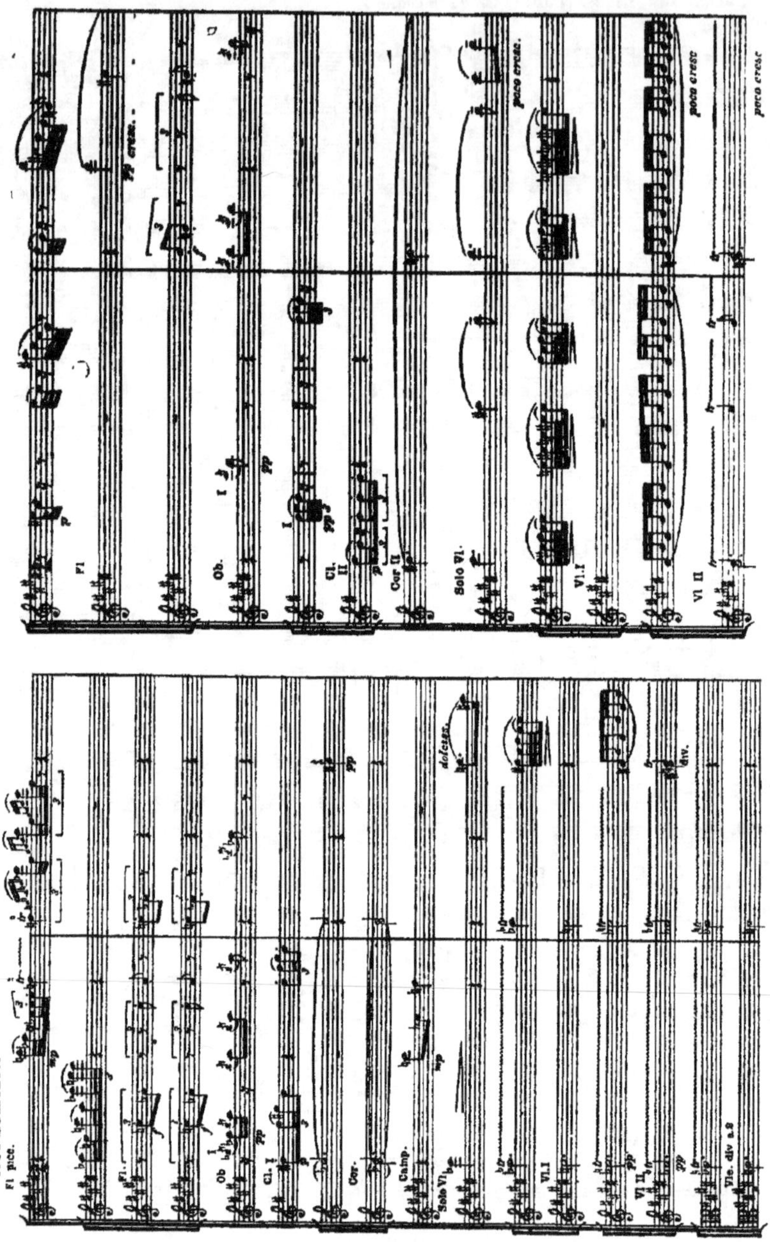

L'auteur nous y éclaire sur ses intentions expressives par la façon inusitée dont il note les indications de nuances : *Divin, mystérieux, mystique, avec effroi, audacieux, oppressé;* ces appellations reviennent très fréquemment, parfois toutes les cinq ou six mesures, apportant aux phrases une grande variété de caractère et peut-être aussi un peu de déséquilibre. L'orchestre est riche et compact, avec de nombreuses doublures et des parties de violon d'une haute difficulté. La deuxième partie (*Voluptés*) met adroitement en œuvre les nombreuses parties de l'harmonie. Notons, page 134, le curieux dédoublement rythmique de la mélodie par les premiers et deuxièmes violons.

Des touches fort délicates se rencontrent en ce deuxième mouvement, allant jusqu'à un morcellement d'interprétation difficultueuse (ex. 222 et 223).

Dans un tutti éclatant, la trompette solo (en *ré*) grimpera héroïquement jusqu'au *contre-ut dièse.* Les trompettes sont écrites hardiment dans une tessiture très élevée et quelque peu périlleuse.

Ainsi l'école russe, si profondément originale à ses débuts, tend de plus en plus à se fondre dans l'école allemande. L'influence de Tschaïkowsky apparaîtra ainsi plus grande en Russie que celle de la fameuse école des « Cinq », plus célèbre à l'étranger, et dont l'apport en France a été beaucoup plus considérable. Nous le verrons en étudiant l'école française et ses compositeurs modernes, dont quelques-uns doivent certainement quelque chose aux Borodine, aux Rimsky Korsakow, aux Moussorgsky. Toutefois, l'échange des influences entre les pays russes et francs était normal, et si nous avons déjà relevé ce que les Mosco-

STRAVINSKY, *L'Oiseau de feu* (Jurgenson).

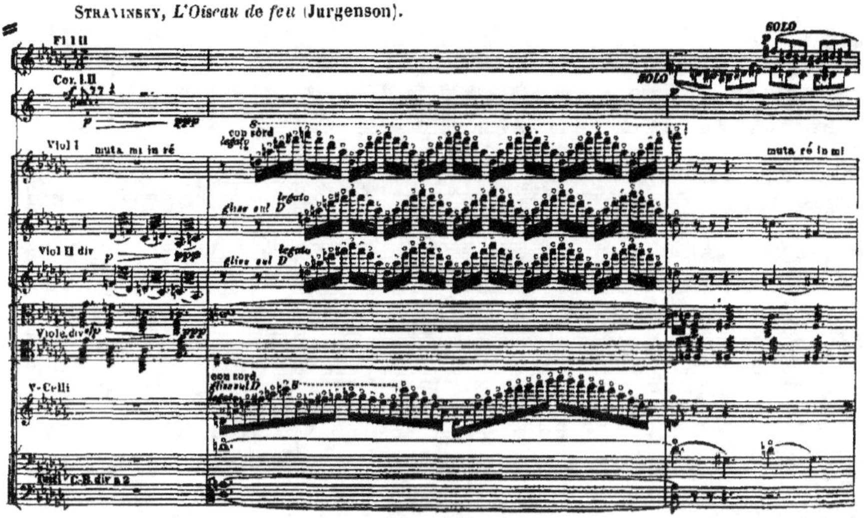

Exemple 221.

vites empruntaient à Berlioz, nous pourrons aisément signaler ce qu'un Stravinsky doit à la révolution Debussyste.

Stravinsky.

La musique de Stravinsky est bien connue en France, où des auditions de quelques-uns de ses poèmes symphoniques et de ses ballets ont été données avec des fortunes diverses. Si l'on a pu dire de cet auteur qu'il était un virtuose de l'orchestre, peut-être pourrait-on dire également qu'il écrit pour un orchestre de virtuoses.

Il ne craint pas les plus grandes difficultés, et certains passages de ses œuvres semblent défier une réalisation précise.

La partition de l'*Oiseau de feu,* un des caprices les plus étourdissants de cet amoureux de l'extraordinaire, comprend : deux petites flûtes, deux grandes flûtes, trois hautbois et un cor anglais, trois clarinettes, dont la troisième joue parfois la petite clarinette en *ut,* une clarinette basse, trois bassons dont un contrebasson, quatre cors, trois trompettes en *la,* trois trombones, un tuba, trois harpes et la nombreuse percussion, condiment de ce puissant assemblage : timbales, triangle, tambour de basque, cymbales, grosse caisse, cloches, xylophones, célesta et piano. Il va sans dire que l'équilibre exige au moins seize premiers violons, seize deuxièmes, quatorze altos, huit violoncelles et six contrebasses.

Nulle lourdeur, au reste. Tout cela est traité avec une aisance et une délicatesse des plus grandes, dans une recherche constante d'effets nouveaux et de pittoresque amusant.

Dès la page 8, nous trouvons cet étonnant *glissando* en harmoniques des violons sur la première corde accordée au *ré* pour cet usage. Le *glissando* des violoncelles (sur le *ré*) montant au *la,* deux octaves au-dessus du *la* du diapason, n'est pas moins effarant (ex. 224).

Cette façon de varier la sonorité par des émissions ou des attaques spéciales, en dehors des moyens usuels, est très particulière à Stravinsky. Page 10, il indiquera le trémolo des violons *sul ponticello;* plus loin, il exigera des sons *flautando,* page 13, les harmoniques devront se faire *a punta d'arco.* Le tout s'agrémentera, bien entendu, de nombreux *glissando* de harpes. L'emploi assez fréquent de la sourdine ajoute une teinte de plus à la palette orchestrale.

C'est bien là un art issu des tentatives de Berlioz. Un Berlioz à la fois exaspéré, amenuisé, quintessen-

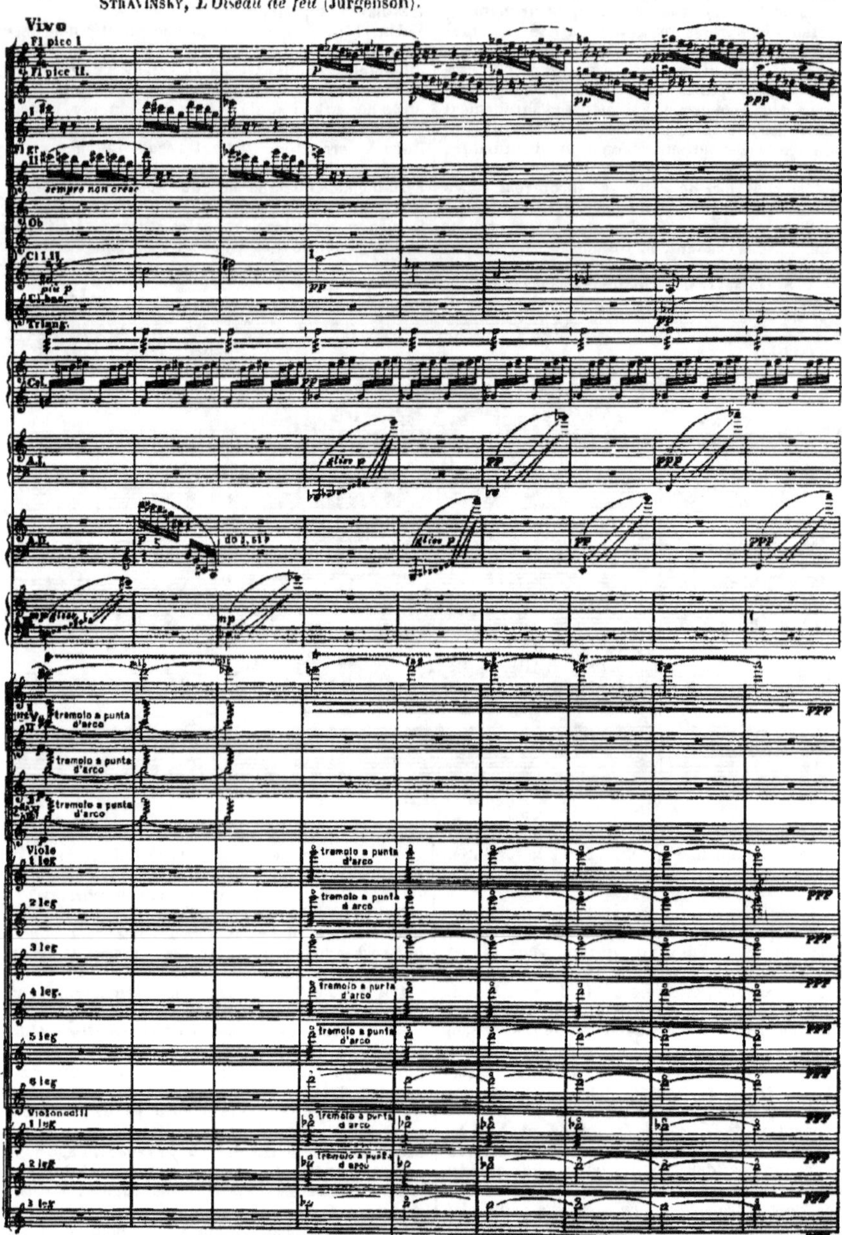
STRAVINSKY, L'Oiseau de feu (Jurgenson).
Vivo
Fl. picc. I
Fl. picc. II
Ob.
Cl I.II
C. basse
Triang.
Cél.
A.I
A.II
tremolo a punta d'arco
Viole
Violoncelli
sempre non creac
Exemple 225.

STRAVINSKY, *L'Oiseau de feu* (Jurgenson).

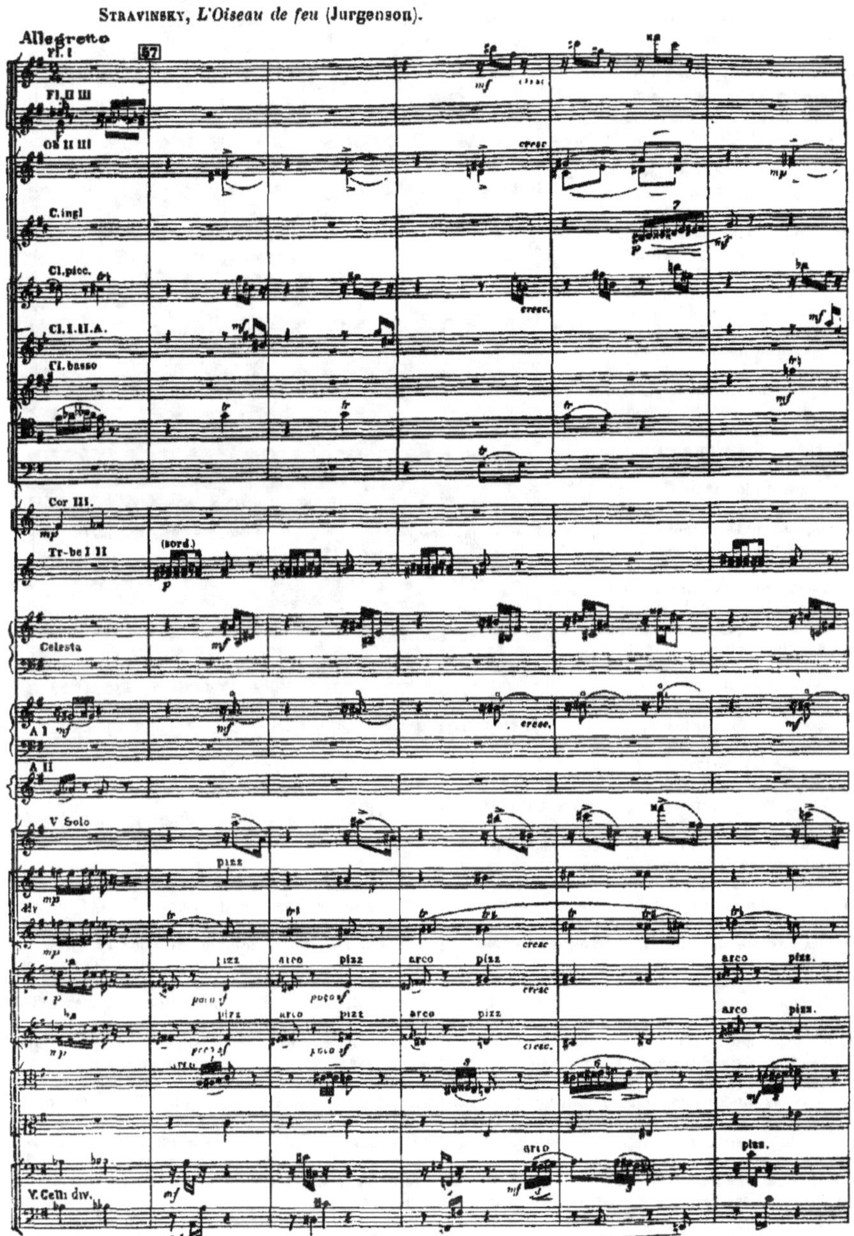

Exemple 226.

cié..., comme dans cet exemple, où
les trémolos *a punta d'arco* d'une
moitié des violons et altos sont
doublés d'une tenue (harmonique
toujours) de l'autre moitié (ex. 225).

Parfois, les violons et les altos,
supprimés pendant une vingtaine
de mesures, se verront remplacés
par des harpes. Tout sera morcelé, divisé, émietté à l'infini,
dans un curieux papillotement de
sons,... dans un éparpillement de
rythmes, combinés avec un art
patient et adroit (ex. 226).

Les divisés sont, bien entendu,
fort nombreux. C'est devenu la
règle dans tous nos orchestres
modernes. Dans le *Scherzo Fantastique*, les traits difficiles du
quatuor sont morcelés à plusieurs
pupitres, procédé d'exécution des
plus vétilleux, demandant une extrême précision. Un peu partout,
nous rencontrerons des *glissando*
à tous les instruments : glissando
de harpes, glissando de trombones, glissando de flûtes et clarinettes, glissando même de tout le
quatuor, et les contrebasses, elles-
mêmes, joueront en harmoniques.

La musique de STRAVINSKY nous
paraît donc atteindre les limites
de la virtuosité instrumentale.
Elle nous montre bien la tendance
actuelle de presque tous les jeunes
compositeurs à orchestrer avec
des moyens exceptionnels. Cet
amour de l'inentendu poussera
un musicien russe (n'est-ce pas
SCRIABINE ?) à faire plus encore.
Résolument, il constituera un orchestre spécial en recherchant,
par l'abolition du tempérament,
par l'emploi de gammes particulières et par l'accord
tout à fait rigoureux des instruments, des sensations musicales, discutables peut-être, mais entièrement différentes de tout ce qu'on avait pu concevoir
jusqu'alors .. Nous ne pouvons parler d'une telle
musique, si loin de nos conceptions les plus actuelles,
sans l'avoir entendue. Nous nous bornerons donc à
enregistrer cette tentative, dont l'avenir pourra seul
nous dire la viabilité.

Nous n'avons pas davantage à apprécier ici la tentative révolutionnaire de STRAVINSKY dans le *Sacre
du Printemps*. Ce ballet qui, à Paris, a déchaîné les
fureurs et les enthousiasmes les plus exaspérés, et
dont les diverses auditions ont fait un instant songer
au soirs enfiévrés d'*Hernani*, contient des audaces
harmoniques que certains ont pu qualifier de folies.
Ce sont elles, sans doute, qui ont permis à l'auteur
d'arriver à une virtuosité instrumentale que nul ne
conteste; c'est aussi cette virtuosité qui permet de
faire accepter par l'oreille des choses que l'esprit se
refusait à concevoir comme possibles. Contentons-
nous de donner ici quelques mesures de cette partition en exemple de ce que les modernes ont pu
réaliser dans l'art orchestral, et de ce qu'est devenu
de nos jours le tout petit, petit orchestre des premiers symphonistes (ex. 227).

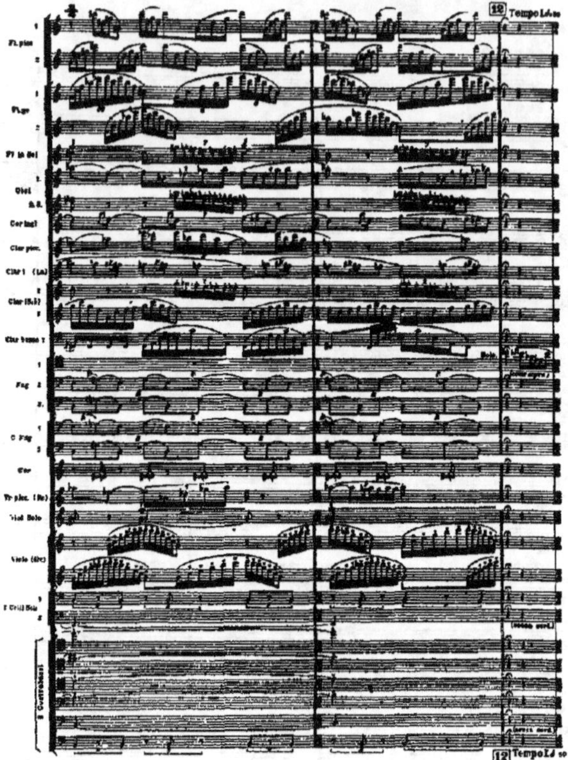

Exemple 227

ÉCOLES ÉTRANGÈRES MODERNES (SUITE)
ITALIE

Nous nous excusons de ne pas avoir classé VERDI
(1813-1900), le grand compositeur italien, à la suite
de DONIZETTI dont il est un peu le continuateur à ses
débuts. C'est que la longue existence de l'homme
robuste qui, à quatre-vingts ans, pouvait donner au
monde étonné une œuvre comme *Falstaff*, toute
remplie de verdeur et de joie étincelante, se place
à cheval sur deux époques.

La seconde époque seule nous occupera. Non que
les ouvrages de la première soient dénués de valeur, nous n'oublions pas *Rigoletto*, ni même *Le Trouvère* et *La Traviata*, mais ils sont d'un temps où le
compositeur, en proie à une sorte de fièvre tragique,
ne voyant au théâtre que les grands contrastes dramatiques, plaçait tout l'intérêt sur la scène et négli-
geait un peu trop cette grande force expressive qu'est
l'orchestre.

Don Carlos, œuvre de transition, ne nous apportera
encore rien de nouveau, malgré l'élévation de son
style. Tout au plus, y remarquera-t-on plus de sûreté dans l'emploi des masses instrumentales, plus
de plénitude et une brutalité moins criarde. D'ail-

VERDI, *Aida*. Début du 4ᵉ acte (par autorisation spéciale de M. Leduc).

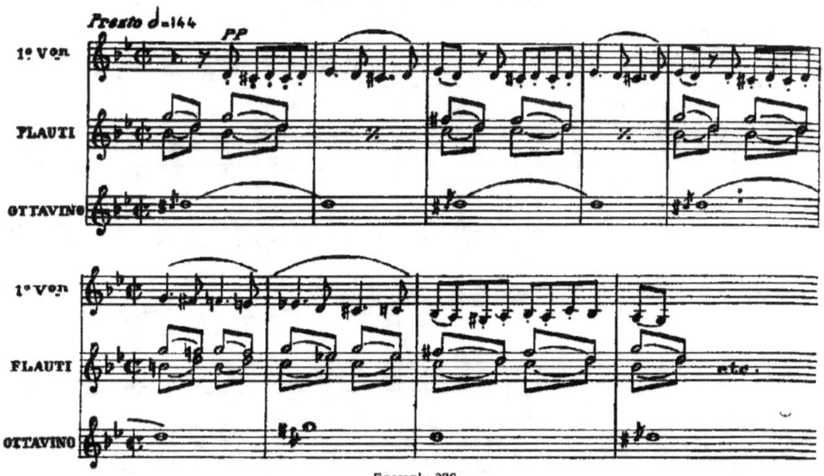

Exemple 228.

leurs, même avec *Aida* et *Otello*, VERDI ne placera jamais l'orchestre au premier rang; l'élément vocal dominera toujours, la scène restera l'objectif principal. Mais plus de soin se remarquera dans l'écriture de la partition, les timbres seront mieux choisis, leurs combinaisons plus étudiées, leur valeur sonore mieux mise à son plan. La qualité de la sonorité sera brillante et claire dans les ensembles, fine et lumineuse dans les accompagnements des soli, chaleureuse sans vulgarité dans les passages dramati-

VERDI, *Aida*. 4ᵉ acte (par autorisation spéciale de M. Leduc).

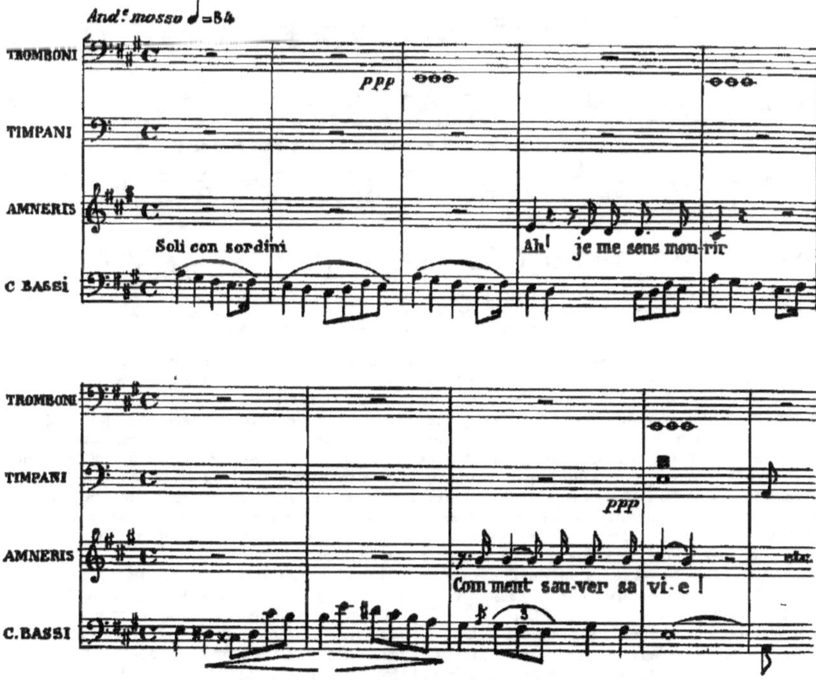

Exemple 229.

VERDI, *Aïda*. 4e acte (par autorisation spéciale de M. Leduc).

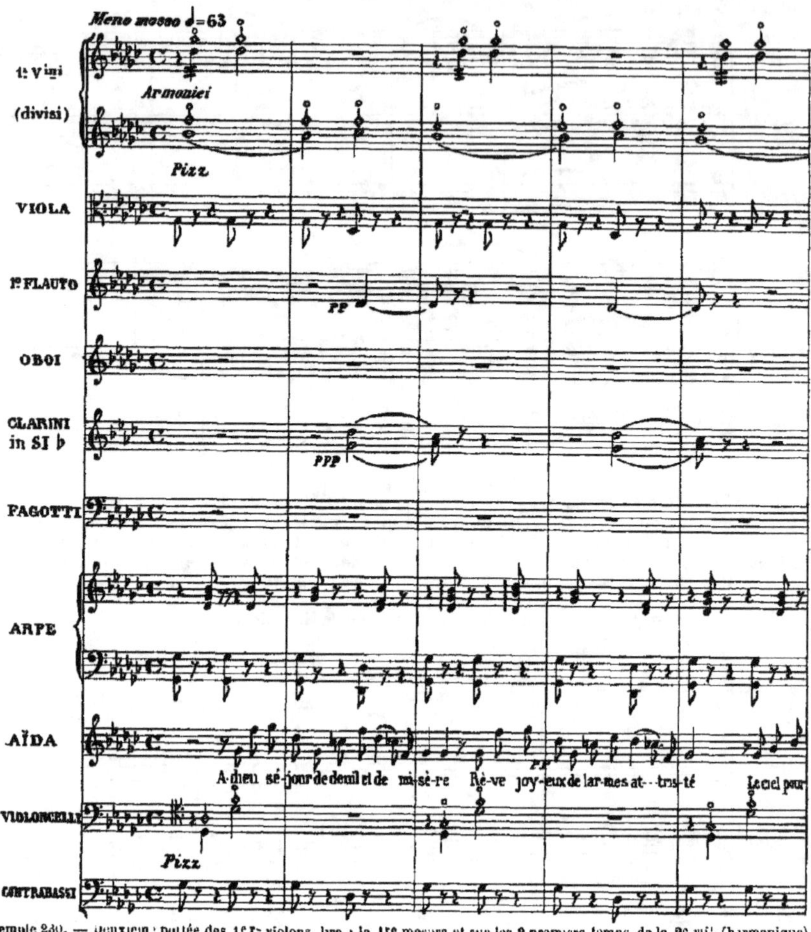

Exemple 230. — Deuxième portée des 1ers violons, lire à la 1re mesure et sur les 2 premiers temps de la 2e *mi♭* (harmonique) au lieu de *fa* ; à la 2e portée des harpes, sur le 3e temps, *ré♭* au lieu de *mi♭* ; à la 2e mesure du chant d'Aïda, 2e temps, *mi♭* croché au lieu de *fa* ; à la partie des violoncelles, 1re mesure, 1re note, *sol* (harmonique) au lieu de *la*.

ques. On relève même, çà et là, quelques raffinements instrumentaux qui laissent deviner que VERDI n'a pas été sans être influencé par la lecture des œuvres de quelques modernes, comme LISZT et WAGNER même ; mais il reste, quand même, VERDI. Parmi ses trouvailles les plus personnelles, notons, au 4e acte d'*Aïda*, ce délicat passage où 3 flûtes, petite et grandes, accompagnent d'un frais murmure le chant mystérieux et rapide des violons dans le grave (ex. 228).

Et aussi ce beau récit des contrebasses en sourdine, scandé par places du triple unisson, sourd et menaçant, des trombones sur la dominante. Il y a là quelque chose d'angoissant, un frisson passe avec le roulement éteint de la timbale (ex. 229).

L'emploi des harmoniques des premiers violons et des violoncelles, avec les accords de harpe, communique à la scène suivante quelque chose d'extasié et de quasi céleste. Aucun autre instrument n'aurait pu rendre ces soupirs de flûte grave et de clarinettes, à peine exhalés, qui viennent mettre là-dessous juste la note de tristesse nécessaire (ex. 230).

Les flûtes sont d'ailleurs traitées, tout au long de la partition, avec un soin particulier. Elles viennent assez souvent ajouter au décor la couleur orientale qu'il réclame. Voir, à cet égard, le beau nocturne, prélude au troisième tableau, et maintes scènes où l'orchestre de VERDI se fait véritablement évocateur du paysage.

Faut-il parler de la marche si sonore et si populaire ? Les trompettes de scène d'*Aïda* sont célèbres. Le fameux motif en *mi bémol*, assez peu distingué, mais très entraînant, fut exécuté à l'origine sur des trompettes droites fabriquées spécialement pour la circonstance, trompettes simples, bien entendu, et de près de deux mètres de longueur, si nos souvenirs sont exacts.

Pimpant, agile, plein de malice souriante et de bonhomie est l'orchestre de *Falstaff*. Nous n'y trouverons pas de combinaisons extraordinaires à signaler, mais seulement une grande habileté de moyens et une vie intense. Ici, la scène et l'orchestre se partagent l'intérêt, comme la mélodie s'est unie au libre récitatif. L'ordre du génie latin préside à cette musique; elle est claire et ordonnée, pas une note n'y paraît surabondante, pas un timbre inutilement ajouté. Nous sommes habitués à plus de richesses, à plus de surcharges aussi. Inclinons-nous devant une époque qui disparaît.

.·.

Nous aurons peu de chose à dire des compositeurs actuels de l'Italie. Outre la réserve qui nous est imposée lorsque nous parlons ici de nos contemporains, nous sommes amenés à constater que les « véristes »

GIORDANO, *Siberia* (Sonzogno).

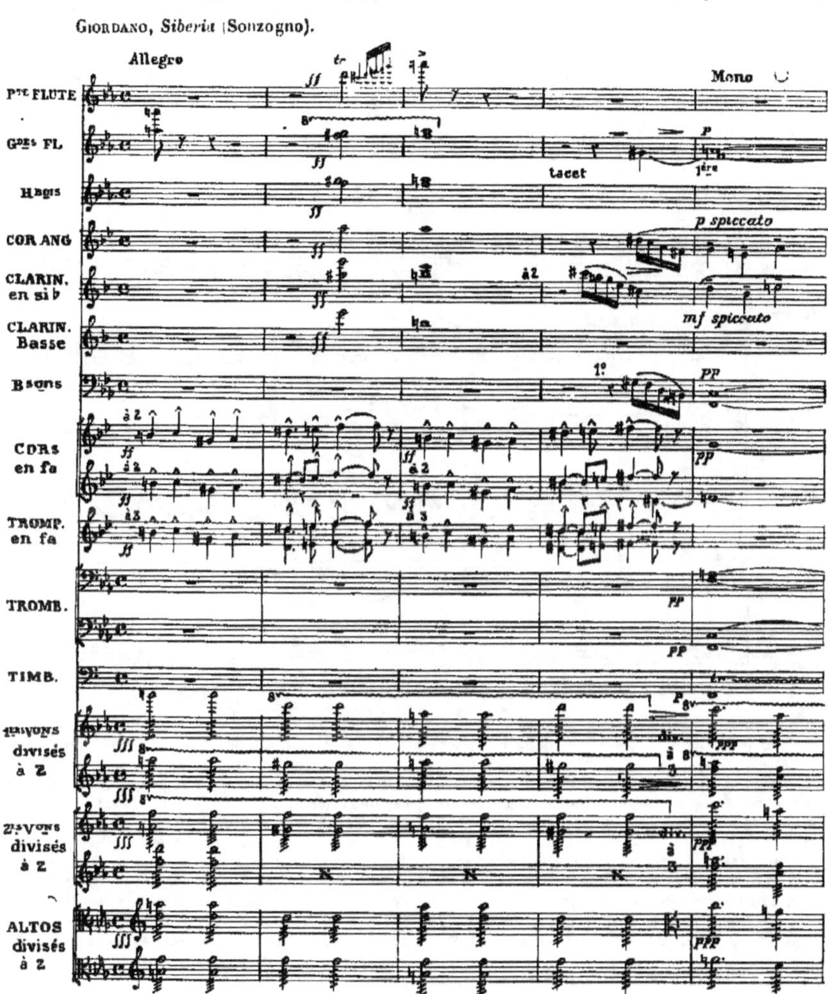

Exemple 231.

italiens maintiennent la tradition de leur art théâtral, et s'appliquent plus aux sonorités vocales qu'à la recherche des subtilités de l'orchestre moderne. GIORDANO, MASCAGNI, LEONCAVALLO ont un orchestre sonore, parfois jusqu'à la brutalité, lorsqu'il s'agit d'intensifier les épisodes d'un dramatisme violent que leur musique doit illustrer. PUCCINI y mettra parfois plus de finesse, et son art de l'orchestre s'apparentera d'assez près à celui de MASSENET.

Un musicien d'éducation plus allemande, SGAMBATTI, écrira des symphonies de tendances plutôt classiques, où les trois groupes, bois, cuivres et cordes, bien séparés, s'équilibreront dans une belle continuité d'effet. Signalons l'ingénieuse écriture des harpes dans l'*andante* de sa charmante *Sérénade*, d'une superbe sonorité.

Relevons enfin ces deux exemples, l'un de GIOR-DANO, l'autre de PUCCINI; le premier pour son beau contraste dramatique, le second pour sa teinte poé-tique et sa sonorité évocatrice des bruits de cloches, sonnant de toutes parts aux campaniles de la Ville Eternelle. Toutefois, ici, PUCCINI n'a pas stylisé cet effet descriptif, mais il fait appel à tout un jeu de cloches (ex. 231 et 232).

ESPAGNE

Avant d'aborder l'étude de l'art orchestral des di-vers pays dont nous n'avons pas encore parlé, disons bien que nous n'avons pas l'intention d'en étudier en détail chaque compositeur. Il en est, et ce ne sont pas toujours les moindres, qui n'apporteraient aucune contribution utile à notre travail, car ils se contentent d'orchestrer avec conscience, avec maî-trise même, mais sans rechercher aucune nouveauté. Nous nous bornerons donc à signaler les pages les plus intéressantes de quelques-uns d'entre eux.

Signalons, en Espagne, les ouvrages puissants et simples de PEDRELL. Ce sont de larges fresques em-preintes d'un vigoureux accent national. La couleur locale se retrouve toujours très évidente chez les Espagnols modernes, très nationalistes. Citons quel-ques pages colorées de GRANADOS, et publions un extrait de la *Catalonia* du compositeur fougueux et recherché à la fois qu'est ALBENIZ (1861-1901).

L'œuvre est vivante et orchestrée avec toutes les recettes de l'art moderne. Elle comporte jusqu'à quatre trompettes, lesquelles ont une partie assez prépondérante. Les cuivres viennent assez souvent exalter les motifs. Sur des fouillis de rythmes divers,

PUCCINI, *La Tosca*. Entr'acte du 3e acte (Ricordi).

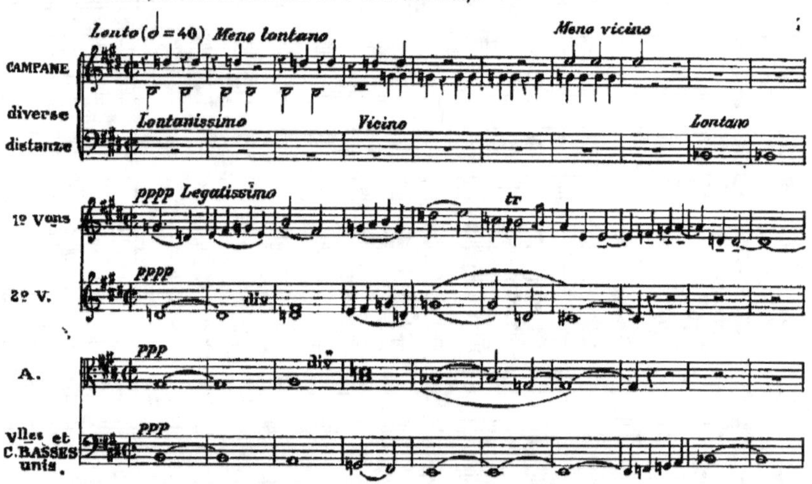

Exemple 232. — Il faut un soupir entre les deux *ré* de la 4e mesure de la 1re portée et un ♯ devant le *sol* (ronde) de la 1re mesure de la partie d'alto.

ou sur des polyphonies secondaires dans la nuance piano, ALBENIZ fait volontiers rentrer, fortissimo, un thème prédominant. Page 12, ce thème sera clamé par des cors suraigus, pavillons en l'air, doublés des violoncelles sur la limite de la chanterelle (ex. 233).

Page 15, remarquons le double glissando des harpes en sens contraire. A part les doublures de renforce-ment d'un thème, les redoublements sont assez rares. Chacun a sa besogne particulière, très rythmée, dont le mélange forme un tout savoureux. Le passage de la page 38, où ALBENIZ tente une caricature de mu-siciens ambulants, est fort curieux avec son chant très accentué de clarinette et trompette (assemblage assez rare), et les contretemps de la baguette de tambour frappés sur le pupitre!

F ANGLETERRE ET SCANDINAVIE

En Angleterre, le compositeur ELGAR est à citer pour la grande correction et la pureté de son orchestre assez mendelssohnien et d'excellente sonorité. En Scandinavie, trois noms surtout nous arrêteront : GRIEG, SVENDSEN et SINDING.

Rien de très particulier à noter en ce qui regarde ces deux derniers. Le *Carnaval à Paris* de SVENDSEN est pittoresque et sonore à souhait. Les symphonies de SINDING sont remarquablement orchestrées avec des procédés connus et une couleur wagnérienne assez prononcée. Sa *Symphonie en re mineur* emploie l'orchestre « par deux ». L'écriture des tutti est mas-sive avec de nombreux unissons. Souvent, les mêmes rythmes, les mêmes dessins, confiés dans les ensem-bles à tous les instruments, réalisent ainsi une vi-gueur un peu lourde, qui n'est pas sans grandeur.

Compositeur très personnel, mais ayant peu écrit pour l'orchestre, GRIEG (1843-1907) n'en apporte pas moins, à son instrumentation, une note particulière encore qu'assez peu variée. Assez sobre de moyens, GRIEG fait de la qualité du son une de ses préoccu-pations.

Qu'on se rappelle dans cette fraîche pastorale, *Le Matin*, de la première suite, sur *Peer Gynt*, les beaux passages des cordes sur les tenues de toute l'har-

ALBÉNIZ. *Catalonia* (par autorisation spéciale de M. Durand, édit.).

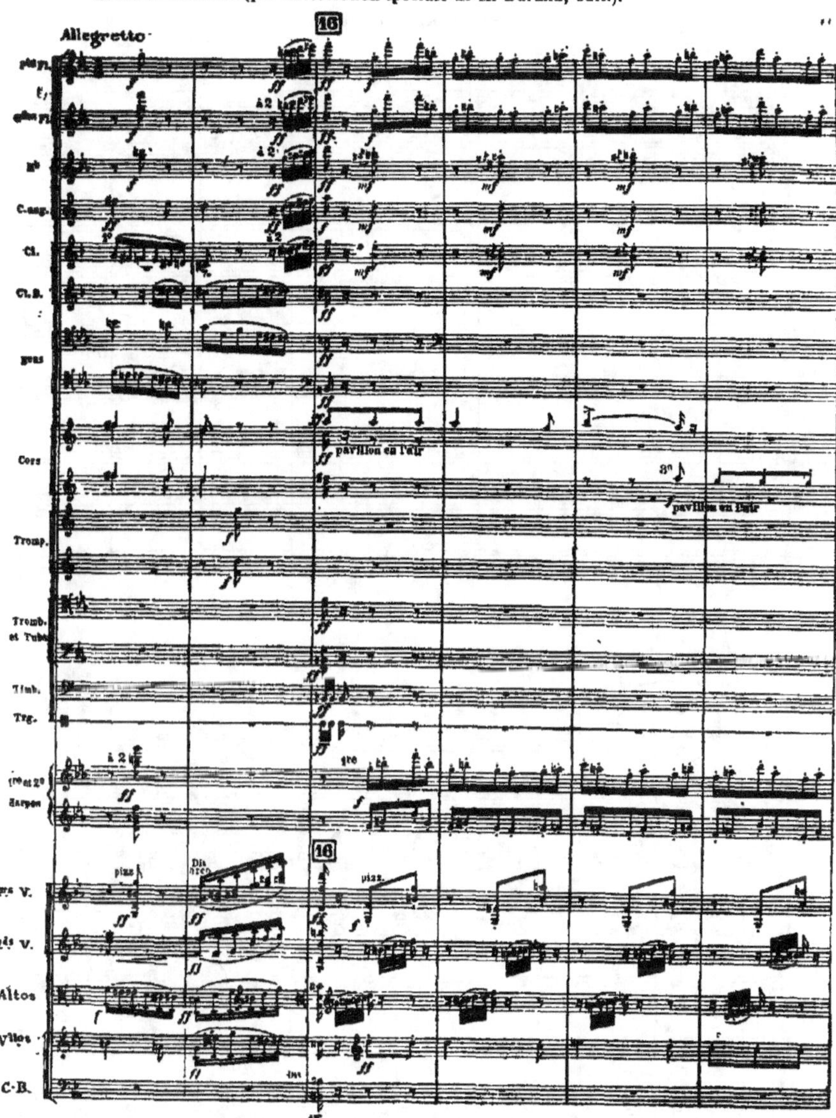

Exemple 233.

monie. Plus loin, des arpèges seront confiés aux flûtes et clarinettes sur les pizzicati du quatuor, le cor solo chantant la douce mélodie. Le morceau se termine dans le calme et la sérénité.

La *Mort d'Ase* présente un bel effet de crescendo et de diminuendo au quatuor. GRIEG aime à traiter le quatuor seul, et a publié maintes œuvres pour orchestre à cordes où il atteint à une superbe sonorité.

La *Danse d'Anitra* est un bijou de légèreté et de délicatesse. Rien que le quatuor encore, en sourdine, la phrase mélodique au violon, le reste en pizzicato, et une note de triangle revenant périodiquement. Puis, les imitations de la phrase circulent, très souples, à l'alto et au violoncelle.

On trouvera un exemple de la façon toute spéciale dont GRIEG traite le quintette à cordes dans les *Mélodies norvégiennes*. Remarquons les divisés nombreux et le redoublement de certaines parties de

GRIEG, *Nordische Weisen*, I. *Chanson populaire* (Peters).

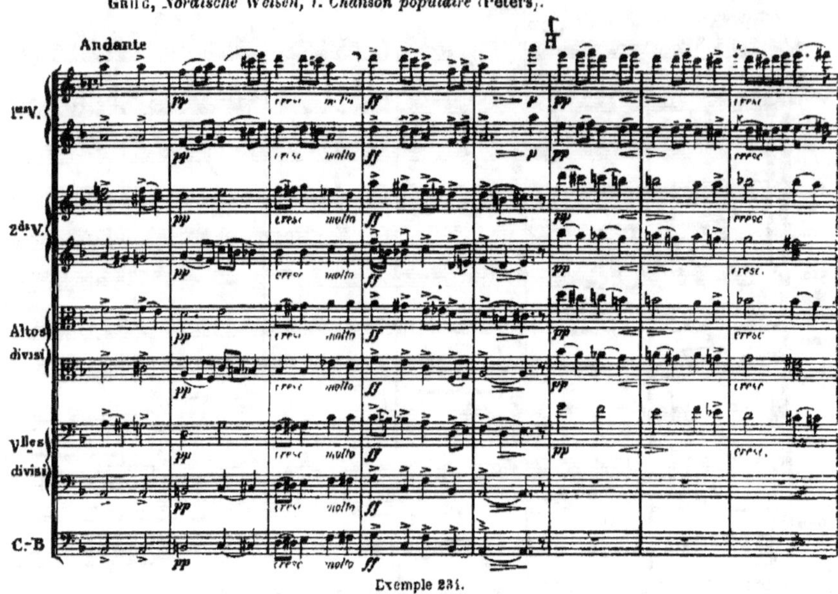

Exemple 234.

GRIEG, *Nordische Weisen*, II. *Ranz des Vaches et Danse paysanne* (Peters).

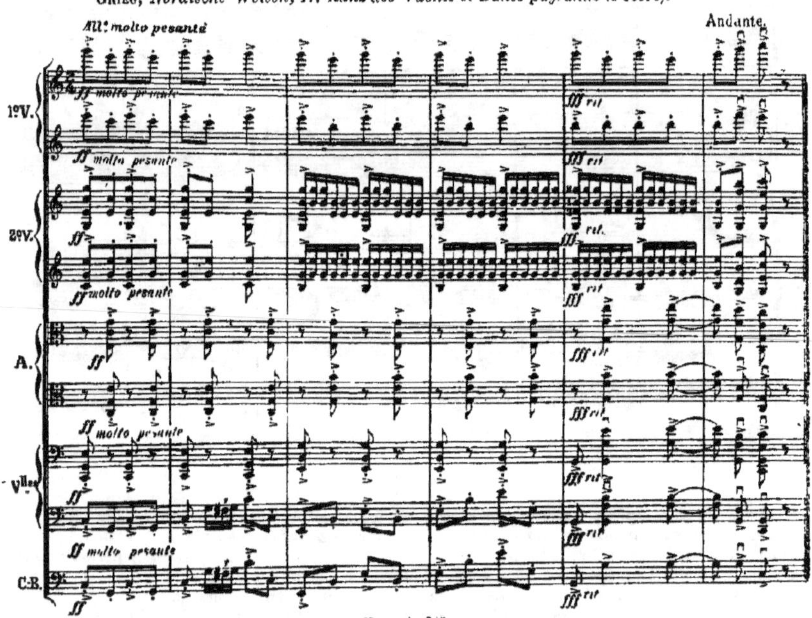

Exemple 235.

l'harmonie en doubles et triples octaves. Cela donne à l'ensemble une grande plénitude, augmentée par d'habiles croisements.

Le soin extrême avec lequel sont marqués les moindres nuances, les accents, les coups d'archet et parfois les doigtés, ajoute à la puissance de l'effet (ex. 234 et 235).

Revenons a *Peer Gynt*. Dans la pièce : *La Halle du roi des Montagnes*, le crescendo est amené de loin. D'abord, un cor bouché, les notes piquées, mystérieuses, des bassons, et le thème, pianissimo, aux basses, rythmé d'un coup sourd de grosse caisse. Un a un, les instruments s'introduisent. Et c'est enfin le « chahut » un peu sauvage et brutal de la fin, avec les contretemps des trombones et de la batterie.

La *Danse Arabe* (seconde suite) montre une recherche de pittoresque un peu maigre, avec son début pour deux petites flûtes accompagnées d'un triangle, de la grosse caisse et des cymbales.

La *Chanson de Solveig* est presque entièrement au quatuor (auquel GRIEG revient toujours avec amour). Le premier violon a constamment la parole, soutenu de quelques touches discrètes des instruments à vent, pédales ou accords. Tout cela est très délicat et expressif.

TCHÉCOSLOVAQUIE

La musique tchèque nous offre les noms de deux de ses compositeurs plus particulièrement connus à l'étranger : SMETANA (1824-1884) et DVORAK. Leurs œuvres sont empreintes d'un profond caractère national. L'auteur de *La Fiancée vendue* a laissé de nombreux poèmes symphoniques d'orchestration un peu rude, mais non sans saveur. Le début de *Ma Vlast* (Ma Patrie) est exposé, après une sorte de cadence de harpes, par un large thème de sonorité sombre et grasse, confié aux quatre cors et aux deux bassons. Les effets pittoresques ne manquent pas dans tous les développements jusqu'à l'ascension puissante qui conduira à l'explosion de la tonalité éclatante d'*ut* majeur. Après un diminuendo bien amené, l'œuvre s'achèvera dans la tristesse sur une pédale des basses, avec les cors et clarinettes soutenus du quatuor. Des roulements légers de timbales mettent un frémissement dans cette mélancolie.

L'œuvre est écrite pour petite flûte, 2 grandes flûtes, 2 hautbois, 2 clarinettes, 2 bassons, 4 cors, 2 trompettes, 2 trombones, 1 tuba, timbales, triangles, cymbales, 2 harpes et le quintette.

Ce sera à peu près la composition de l'orchestre des autres poèmes : *Vltava, Sarka, Tabor*, etc.

Plus près de nous, DVORAK (1841-1904) ne sacrifiera pas davantage aux recherches de belles sonorités de l'art moderne. Son orchestre, puissant et bien équilibré, reste assez classique d'écriture, avec parfois des nervosités et des rudesses, des contrastes violents qui soulignent peut-être le tempérament tchèque de l'auteur.

Son *Carnaval,* écrit pour le grand orchestre moderne, est franc et sonore, avec des côtés pittoresques très réussis, comme cet endroit où les arpèges des harpes alternent avec les cymbales. Les basses se taisent, seuls répondent des arpèges de flûtes et clarinettes et un trait de violon (ex. 236) :

DVORAK, *Carnaval* (Simrock).

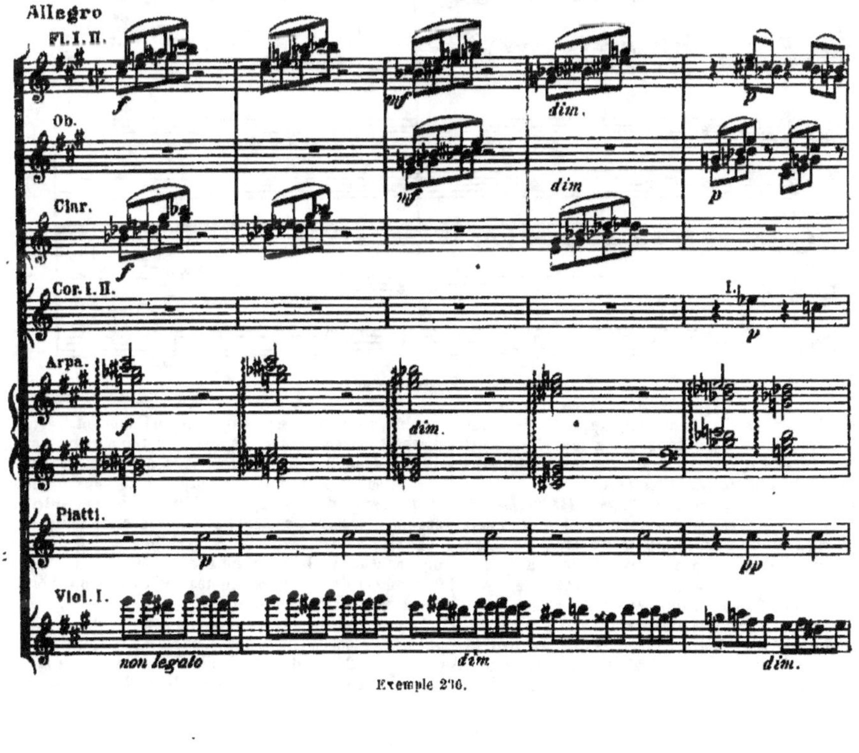

Exemple 236.

La *Symphonie en sol* est confiée à l'ancien orchestre habituel de symphonie. Dvořák n'est pas un innovateur. Le début en est d'excellent effet, exposé par 2 clarinettes, 2 bassons, 2 trombones, 2 cors et les violoncelles, sur les pizzicati des altos et contrebasses.

A signaler une belle et mystérieuse rentrée du motif principal, avec les sonneries bouchées des cors et trompettes. D'heureuses combinaisons se rencontrent : page 31, le chant en tierces des altos doublant les clarinettes, la pédale aiguë des violons et le charmant contrepoint des flûtes. Orchestre adroit, où se rencontrent des passages d'harmonie seule fort bien traités.

Page 69, l'ensemble est très fin; les traits légers des violons mettent leur broderie sous le chant lié de la flûte et du hautbois que les accords piqués des clarinettes, bassons et cors accompagnent avec un beau pizzicato des violoncelles.

Page 85, le même passage, orchestré tout différemment, sonnera avec non moins de délicatesse.

BELGIQUE

Les compositeurs belges nous arrêteront plus particulièrement. Parmi eux, GEVAERT et Peter BENOIT appartiennent déjà au passé. Les oratorios de TINEL,

C. FRANCK, *Variations Symphoniques* (par autorisation spéciale de M. Enoch, édit.).

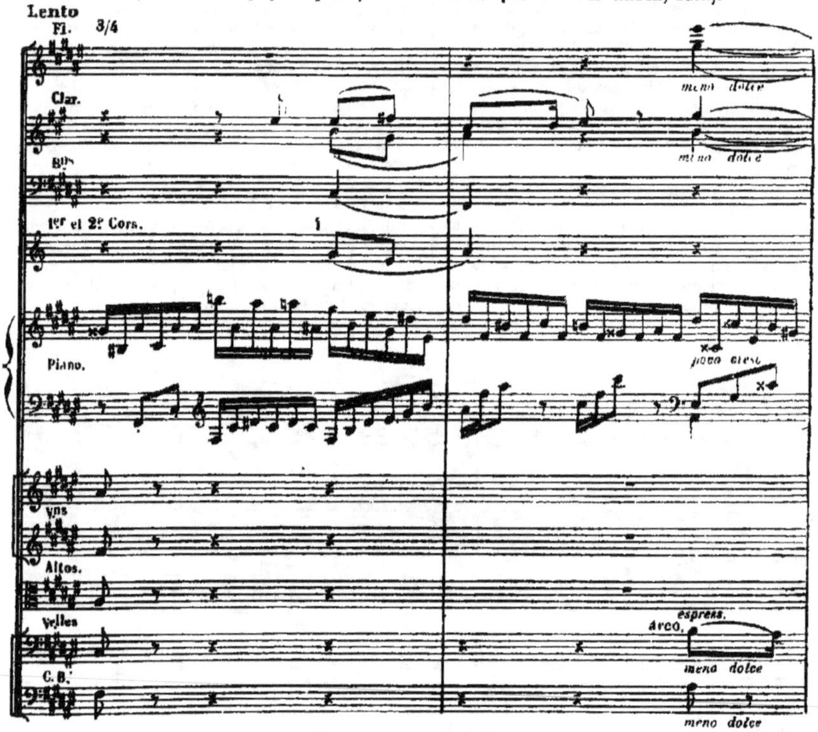

Exemple 237. — Les clarinettes sont en *la*.

puissants et de style large, font appel le plus souvent à l'orchestre « par trois ». La sonorité en est pleine; l'écriture, assez simple, répudie les petits effets et les raffinements ultra-modernes.

Le grand compositeur César FRANCK (1822-1890) se rattache à l'école française, dont il fut l'un des chefs incontestés et où son influence s'exerça de façon marquée. N'oublions pas pourtant qu'il naquit à Liège, et que la qualité de son inspiration est par moments plus flamande que française. Au reste, les deux pays ont d'étroites alliances.

Organiste avant tout, FRANCK traite un peu la réunion instrumentale dont il dispose comme il ferait des claviers de son instrument favori. L'ensemble, un peu massif, trop compact souvent, reste d'aspect classique, avec moins de force nerveuse et d'éclat dramatique que les pages d'un BEETHOVEN. Les basses y prennent une importance capitale et fournissent un solide appui à l'harmonie. Les tutti, épais et lourds, renferment de nombreuses doublures.

Le tout a de la grandeur. Mais cette grandeur tient plus peut-être à la suprême beauté des thèmes et à la richesse de leurs harmonies qu'à la façon d'en combiner l'instrumentation.

La pâte sonore est cependant de bonne qualité, dénuée de vulgarité, et de beaux effets s'y rencontrent, comme le début du n° 2 de la *Symphonie*, comme aussi les pages plus mouvementées et sataniques du *Chasseur Maudit*, ou celles, empreintes d'une si haute sérénité, du *prélude* de *Rédemption;* comme enfin, cet exquis passage des *Variations symphoniques*, où les batteries tranquilles du piano se mélangent si intimement aux timbres de l'orchestre, dans une sonorité d'une idéale pureté. En plusieurs de ses œuvres, C. Franck s'est ingénié à réaliser une union intime du piano et de l'orchestre. Il ne s'agit plus de concertos, où la virtuosité pure rivalise avec la partie instrumentale, mais de poèmes symphoniques, dont le dessin principal confié au piano semble une voix de plus dans l'orchestre et ajoute à son coloris poétique. Quelle émotion se dégage de ces mesures d'une si haute sérénité et de facture si simple cependant (ex. 237) !

L'orchestre de J. Blockx est pittoresque, coloré, violent, un peu vulgaire, truculent à l'excès comme les kermesses flamandes dont il s'est fait le peintre attitré. Dans son ballet de *Milenka*, le tableau de la kermesse est esquissé bruyamment par l'orchestre habituel, à la manière d'une pochade sonore. C'est écrit en pleine pâte, rutilant et joyeux. Les trombones (alto, ténor et basse) et le bombardon en *fa* (remplaçant notre tuba en *ut*) ont un rôle important. Pages 1 et 2, les notes *répétées des cors, en triple fortissimo*, ajoutent des accents d'une intensité toute particulière. La danse de la sabotière nous expose un amusant effet de cornemuse, avec ses deux hautbois dans le grave, à plein son, doublés çà et là des bassons à l'aigu, pendant les notes *glissées* des cors. La différence des nuances accentue habilement cet effet (ex. 238).

Les cuivres s'en donnent à cœur joie dans l'entrée des étudiants, dont le chœur à l'unisson est accompagné des seuls trombones, bassons, bombardon et cors. Au milieu de ces tonitruances, signalons un charmant passage de douceur : la phrase mélancolique de Wilhem à l'écart, soupirée par les violons sur un accompagnement curieusement rythmé des quatre cors pianissimo.

La joie débordante reprend de plus belle. Tout cela vit un peu lourdement, mais s'affirme solide, brillant, et si flamand ! Les *tutti* surtout sont d'une vigueur parfois un peu épaisse, mais qui n'exclut pas une certaine nervosité.

Peu connu en France comme compositeur, Gilson nous apparaît cependant comme un maître de l'orchestre, un manieur de timbres à opposer aux Strauss et aux Mahler de l'Allemagne plus qu'à nos d'Indy ou à nos Dukas. Des maîtres allemands, il a le débordement instrumental; il lui faut de grandes masses et toute la variété possible de sonorités. Il montre d'ailleurs une parfaite habileté, emploie les cuivres et les bois avec une aisance complète et une grande connaissance des effets spéciaux à chacun de ces groupes.

Sa *Francesca da Rimini*, une de ses œuvres les plus importantes, qu'on regrette de n'avoir jamais eu l'occasion d'entendre à Paris dans nos grands concerts, comporte une nomenclature assez chargée, où les instruments de même famille vont souvent par quatre : une petite flûte et 3 grandes, 3 hautbois et un cor anglais, 3 clarinettes et une clarinette basse, 4 bassons, 4 cors, 4 trompettes, 3 trombones ténors (à pistons) et un trombone basse, également à pistons (Gilson répudie donc le trombone à coulisse), un tuba contrebasse, triangle, 3 cymbales, grosse caisse, tamtam, 3 timbales, 2 harpes, le quintette à cordes, les chœurs et 3 solistes, glockenspiel, xylophone, tambour, carillon et harmonium.

Il y a là des pages d'une grande intensité. Gilson connaît admirablement les divers registres des instruments et sait les employer à bon escient. Virtuose de l'orchestre, il écrit des choses peut-être difficiles, jamais impossibles, jamais contraires à la nature de l'instrument qu'il choisit. Cors bouchés, trompettes en sourdine, glissando de harpes, trémolo de cors et de trompettes, sons cuivrés, trilles des cuivres, les procédés les plus modernes, et les trouvailles d'exécution les plus récentes lui sont familiers.

Dès l'entrée dans le cycle infernal, les gémissements des âmes en peine sont bien rendues par le dessin *obstiné* d'un quatuor pesant et par les longues plaintes des hautbois, cors anglais et bassons, auxquelles, plus loin, le chalumeau des clarinettes ajoute une note sinistre.

Procédé assez inusité : page 9, aux deux trompettes avec sourdines se joignent, à l'unisson, deux trompettes sans sourdines, formant ainsi un timbre composite bien spécial.

L'orchestration, du reste, est très wagnérienne, plus près de Wagner que de Strauss. Signalons les beaux accords graves, en blanches, des trombones et tuba contrebasse, au chœur des portiers de l'enfer. Et combien l'orchestre s'éclaircit au récit de Francesca! comme les souvenirs d'amour passent en foule, comme le printemps semble fleurir avec les arpèges des violons et des harpes! Trémolo, glissando, frémissements, palpitations, tout l'amour vient éclaircir soudain le sombre paysage...

Gilson, naturellement, use avec fréquence des divisés du quintette mis à la mode par Wagner, et dont les modernes font si grand emploi; il n'en abuse pourtant pas. Page 23, les violons se divisent en dix parties. Parfois, l'auteur fait doubler une mélodie legato par un trémolo; le frémissement du trémolo devient ainsi plus affirmatif. Les ensembles atteignent à une grande puissance. L'explosion de la page 70 à 71 est à signaler.

Dans la seconde partie, où un tourbillon vertigineux emporte les ombres haletantes au milieu des cris d'angoisse et de désespoir, nous verrons une cymbale frappée à la mailloche alterner avec deux cymbales simples. Ceci n'est qu'un détail de sonorité, mais, pour montrer jusqu'où vont les recherches de nouveauté du musicien, donnons cette page où il note les parties de cors et de trompettes, en trémolo sur une seule note (ex. 239).

Et cette autre où il fait hardiment triller les trompettes (ex. 240).

Comme contraste avec les déchaînements de sonorités un peu violents, remarquons la légèreté de l'orchestre en ce passage où sont pourtant employés tous les bruits de la batterie, avec le glissando de harpes, les trompettes en notes piquées et la petite flûte. Mais le morcellement adroit de l'ensemble évite toute lourdeur et le pianissimo est pleinement atteint (ex. 241).

Citons encore ce curieux emploi des cymbales entrechoquées d'abord, puis tendues au timbalier, qui les martèle de sa baguette, tout cela se fondant du reste dans un orchestre très chargé, chargé même quelquefois à outrance (ex. 242).

Le vacarme, à certains moments, devient effroyable, et dépasse presque les limites d'endurance du tympan. Il est vrai qu'ici nous sommes en enfer...

Notons les glissando du xylophone (inemployés jusqu'alors), le carillon à l'orchestre et dans la coulisse (il y a tout un orchestre de coulisse, lorsque

J. Blockx, *Milenka. Kermesse flamande* (par autorisation spéciale de M. Heugel, édit.).

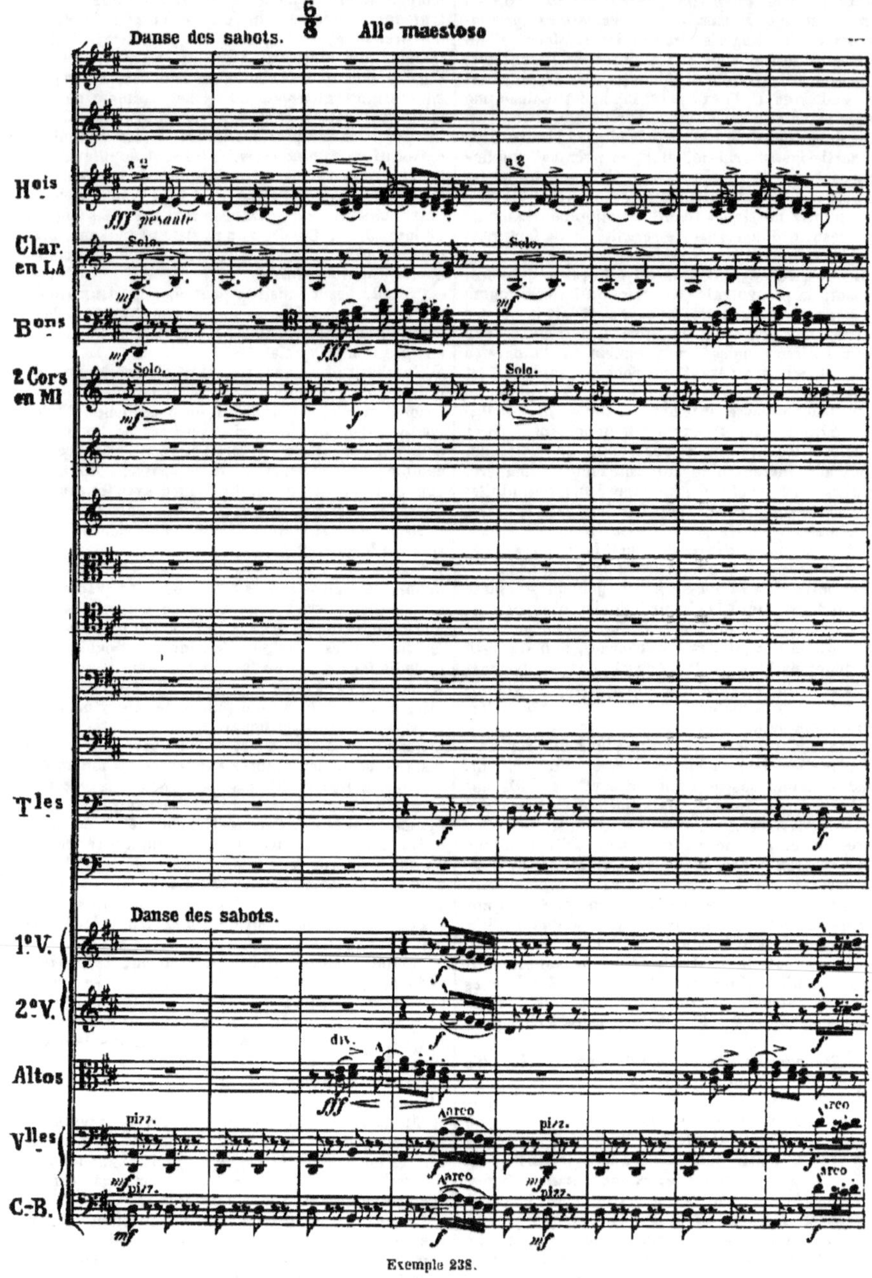

Exemple 238.

GILSON, Francesca da Rimini (Schott).
Animé
ff
Pte FLUTE
3 GRDES FLUTES
3 HBOIS
COR ANG.
3 CLAR. en si b
CLAR. Bsse
4 BASSONS
CORS en fa
TROMP. en si b
3 TROMB. à pistons
TROMB. Bsse et TUBA C.B.
TIMBALE
TAMBOUR
TAM-TAM
1ers Vons
2ds V.
ALT.
CHŒUR
Ténors ff
Basses ff
Subis-sez les dou-leurs é - ter - nel - - les
Vlles
C.B.

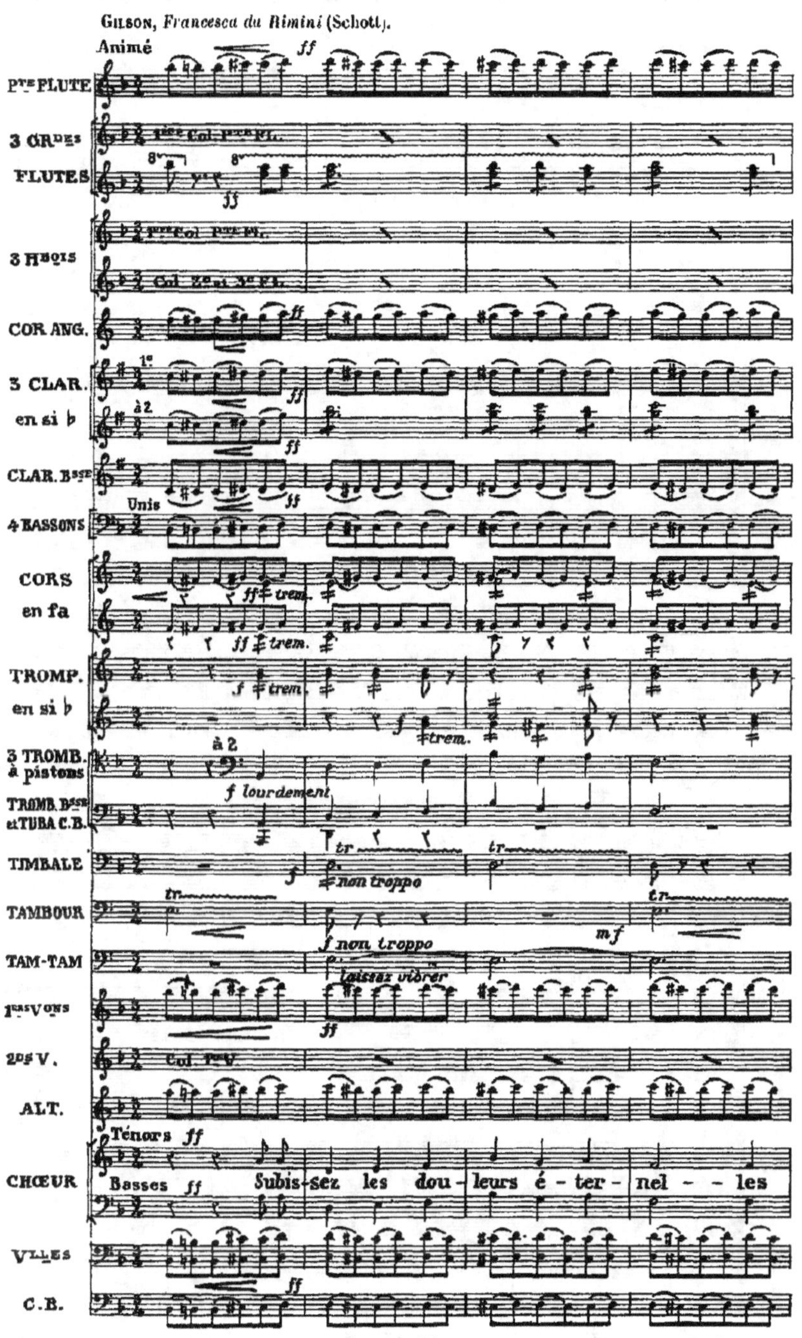

Exemple 239.

(Schott.)

Exemple 240.

GILSON, *Francesca da Rimini* (Schott).

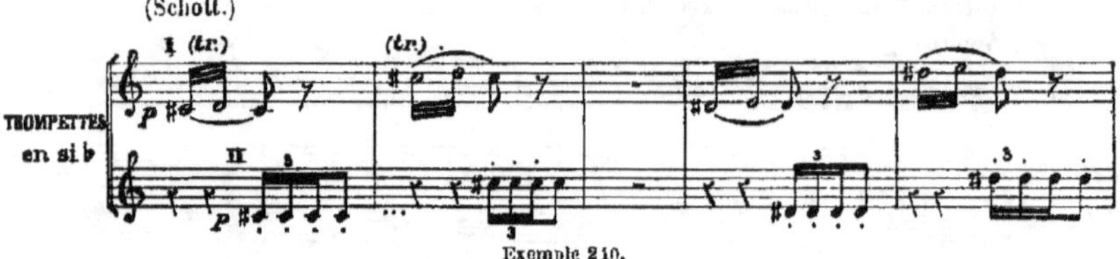

Exemple 241.

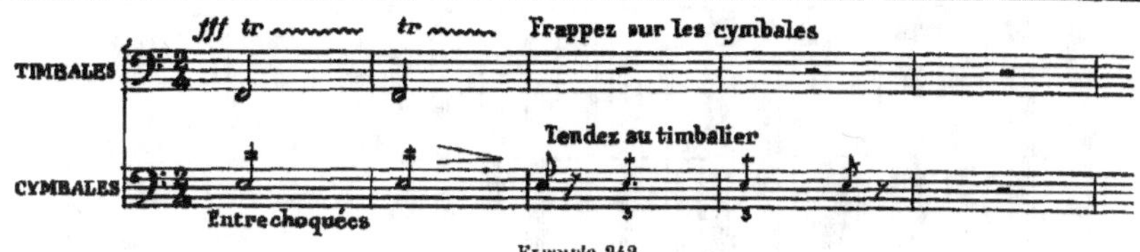

Exemple 242.

l'ange Gabriel apporte enfin le pardon au couple extasié : harpe, harmonium, 4 altos, 4 violoncelles et 2 contrebasses).

Les trilles de trompettes étincellent à nouveau, joyeux et fulgurants, dans le *final* formidable où les voix luttent, un peu écrasées par l'orchestre.

L'ÉCOLE FRANÇAISE CONTEMPORAINE

Camille Saint-Saëns (1835-1921).

L'orchestre de SAINT-SAËNS se distingue par l'élégance et la netteté de l'écriture. Rien de surabondant, rien d'inutile dans ses partitions, où tout est si bien à sa place. L'inspiration en est classique, et cependant pleine de trouvailles. Quelle différence avec les partitions compactes et surchargées de nos musiciens modernes! Ici, la ligne reste pure, la couleur moins empâtée, moins riche évidemment, est obtenue quand même, mais par le minimum de moyens et par une grande maîtrise dans la connaissance des timbres. Orchestre clair, lumineux, un peu sec parfois, mais convenant à merveille à la franchise des idées, et où l'on remarque souvent un bel emploi des notes répétées (influence du piano) qui est comme la signature du maître.

N'oublions pas que SAINT-SAËNS est un des créateurs du poème symphonique dont il a donné quelques modèles achevés.

Chez lui, le quatuor sera toujours la base solide de l'orchestre, les trois groupes constitutifs, cordes, bois et cuivres s'opposeront dans un équilibre sonore qui laissera la prépondérance au premier, chacun ayant son langage bien spécial.

L'instrumentation sera simple, comparativement aux partitions des successeurs de WAGNER, qui font une grande débauche d'instruments. La partition de *Phaéton* comprend seulement un contrebasson, en plus de l'orchestre traditionnel. Les quatre cors sont divisés en cors simples et en cors chromatiques. (On ne se décidera qu'assez tard, en France, à abandonner le cor simple.) Les deux trompettes sont chromatiques. La percussion compte deux timbales, avec trois timbaliers, grosse caisse, cymbales séparées et

tamtam. Dans la *Jeunesse d'Hercule*, on remarque un petit bugle et deux cornets en *ut* adjoints aux trompettes. Le triangle et le tambour de basque ont un rôle important.

La célèbre *Danse Macabre* emploie aussi les cors simples à côté des cors chromatiques, deux trompettes en *ré*, chromatiques, un xylophone, dont les sons martelés évoquent sinistrement les ossements des squelettes s'entrechoquant, enfin, un violon solo accordé en *sol, ré, la, mi♭*, pour faire vibrer une fantastique quinte diminuée dans l'appel diabolique du début, où le ménétrier d'enfer s'accorde.

Le contrebasson reparaît dans le *Rouet d'Omphale*. Seule, la grande *Symphonie en ut mineur* (n° 3) comporte un développement plus accusé, voire assez inusité, quoique fort sage encore à côté des complications d'une *Symphonie Domestique* de STRAUSS ou même d'un ouvrage de BRUCKNER : 3 flûtes, 2 hautbois, 1 cor anglais, 2 clarinettes, 1 clarinette basse, 2 bassons, 1 contrebasson, 2 cors simples, 2 cors chromatiques, 3 trompettes simples, 3 trombones, 1 tuba, 3 timbales, le grand orgue, 1 piano à 4 mains et la batterie habituelle.

Dans le *Rouet d'Omphale*, le dessin caractéristique des doubles croches (le ronronnement du rouet) passe avec habileté des premiers aux seconds violons; à l'*introduction*, c'est le timbre de la flûte qui amorce le dialogue, en alternant avec les premiers violons en sourdine (effet d'une rare délicatesse) (ex. 243).

Plus loin (p. 27), le beau thème ascendant des basses (2 bassons, contrebasson, trombone, violoncelles et contrebasses) prend une intensité particulière lorsqu'il est repris par tout le quintette à l'unisson, doublé des trompettes, des deux bassons, du contrebasson et d'un trombone *legato*, sur les triolets en notes répétées du reste de l'harmonie. Page 37, nouveau jeu d'alternance de sonorités, auquel se complaît si souvent le compositeur : flûtes et clarinettes, pizzicati de violons d'une part, de l'autre, harpe et seconds violons, *col arco* et en détaché. La fin n'est pas moins délicate que le début et s'achève par le dialogue des premiers et seconds violons, en sourdine, se renvoyant les fragments du trait en doubles croches et finissant, dans un ralenti progressif, par

SAINT-SAËNS, *Le Rouet d'Omphale* (par autorisation spéciale de M. Durand).

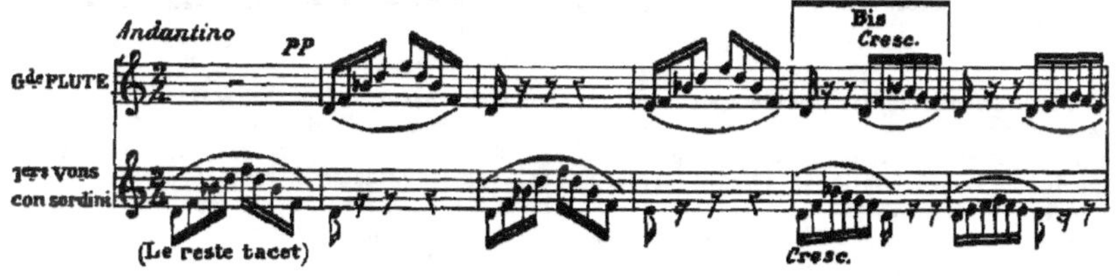

Exemple 243.

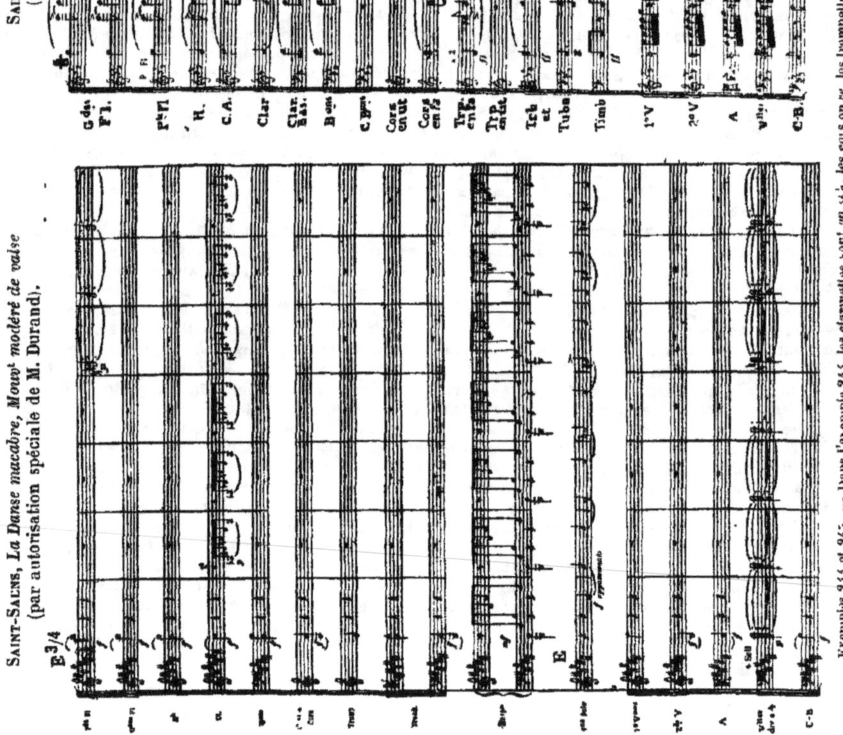

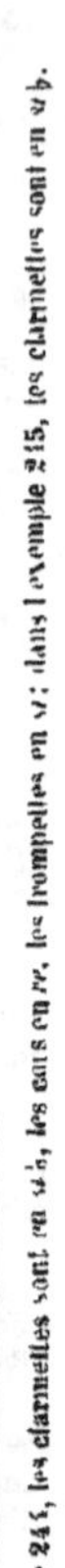

un *la* aigu harmonique des premiers violons, sans rien d'autre dessous.

On le voit, la simplicité de facture n'empêche pas l'originalité de la présentation, et ce sera bien la la marque de SAINT-SAËNS.

Dès les premières pages de *Phaéton*, la harpe apparaît bien comme un élément constitutif de l'orchestre, et non comme l'instrument de remplissage ou d'occasion pour lequel elle était tenue autrefois. Le style est tout classique et, naturellement, le dessin du quatuor sera, à sa réapparition, confié aux bois. C'est le principe de la sonate à deux, et la symphonie n'est-elle pas, après tout, une sonate d'orchestre? Le poème symphonique de SAINT-SAËNS sera, lui, une sonate descriptive.

Page 22, nous trouverons une formule qui est bien

caractéristique de la manière du maître. Il s'agit du dessin obstiné d'une croche et deux doubles croches, confiées alternativement aux premiers et aux seconds violons, et qui se poursuit pendant 56 mesures. Plus loin, ce sera la répétition du *mi bémol* des timbales durant 22 mesures. Nous rencontrerons ce procédé d'obstination dans un grand nombre d'ouvrages de l'auteur de *Samson et Dalila*.

La *Danse macabre* est une des œuvres les plus connues de Saint-Saëns. On y rencontre au plus haut degré, avec ses qualités habituelles et cette entente admirable des timbres et de leur effet sonore que l'on peut admirer dans ses autres poèmes, une nervosité et une sécheresse même qui s'harmonisent à merveille avec le sujet traité.

C'est d'un fantastique railleur, c'est sarcastique, plus que démoniaque. L'accord infernal prépara-

toire, la ronde diabolique, la danse des squelettes parmi les tombes, la phrase chantante en *si* qui passe comme un regret parmi les ricanements sinistres, le chant du coq et l'envol soudain de toutes ces apparitions, tout cela est plein d'un esprit mordant et d'une verve aiguisée. L'orchestration est bien celle qui convenait à ce tableautin macabre, à cette eau-forte d'un Rops qui ne ferait pas frissonner. Elle est pleine de malice et de détails amusants.

La cloche du début est percutée par la harpe sur des tenues de cors. La mélodie est, tout d'abord, jouée par une flûte dans le médium, accompagnée par la harpe et des pizzicati. Elle prend là un timbre essoufflé et ouaté de mystère. Plus loin, ce sera le violon solo sur la quatrième corde, les cymbales frappées discrètement (un frisson à fleur de peau), et le pianissimo de la grosse caisse et du triangle. Les

SAINT-SAËNS, *3e Symphonie. Adagio* (Durand).

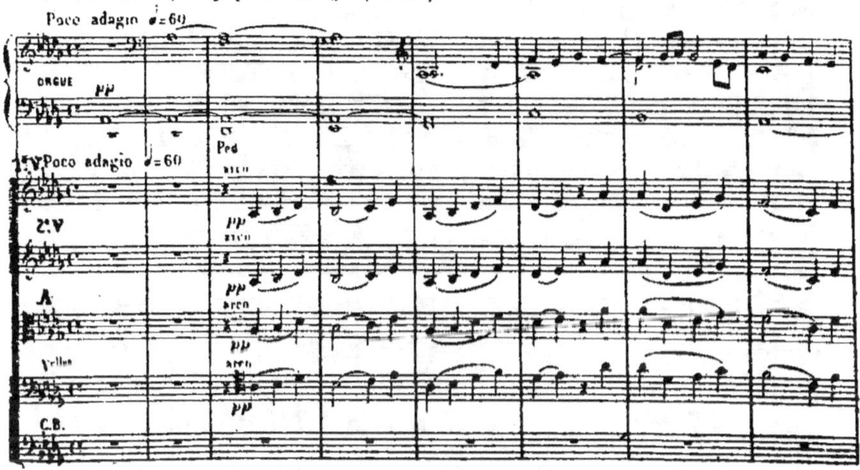

Exemple 216.

accords brefs des cuivres, rageurs, scandent l'ensemble, et c'est alors le chant à l'unisson de toutes les cordes.

De temps en temps, des accords arrachés en pizzicato ou frappés *col legno*, ajoutent leur crépitement à cette sécheresse.

Mais la sonorité grandit avec la courte fugue où s'échelonnent les bassons et les cors, les hautbois et les clarinettes, les trompettes et les trombones, en une adroite progression.

Le cliquetis du xylophone s'ajoute aux descentes chromatiques des flûtes, les sonorités sont vraiment ici tout à fait neuves et spéciales. Enfin, sur la reprise du beau thème chantant, en *si*, par un violon solo, les flûtes unissent leur timbre grave aux tenues des violoncelles divisés en quatre (ex. 244).

Et, lorsque le hautbois, imitant Chanteclair, a lancé son appel matinal, c'est la fuite éperdue et l'évanouissement progressif de l'ensemble sur le trille final du violon.

L'écriture de la superbe *Symphonie en ut mineur* est plus classique, en dépit de la recherche apportée par l'adjuvant d'un piano et d'un orgue. Dans le premier mouvement, le quatuor présente le thème

en doubles croches répétées et piquées; les bois le reprennent, mais alors, le premier violon et le violoncelle doublent le mélos en notes liées par deux. Ce sont bien là des subtilités à la Saint-Saëns. Tout d'ailleurs est d'une adresse infinie. Il faut admirer l'aisance avec laquelle se meuvent les thèmes passant d'un registre à l'autre.

Les bois dialoguent constamment avec le quatuor en un véritable style symphonique, et non pas dramatique (il s'agit bien là de musique pure).

Les notes répétées (en doubles croches) des cordes communiquent une agitation, une vie nerveuse à ce morceau. Ramassées parfois dans le grave et *forte,* elles agissent comme une vague sonore, énorme et concentrée. Et le tout arrive à une véhémence, à une chaleur d'accent véritable lorsque les bois, à leur tour, au point culminant, reprennent ce dessin de doubles croches sur la phrase désolée des cordes (ex. 245).

A l'*adagio*, c'est alors l'entrée de l'orgue soutenant seul la belle phrase à l'unisson du quatuor. L'orgue ici est traité avec sobriété; il ne se mélange pas au reste de l'orchestre et ne fait pas (ce qui était à craindre) double emploi avec lui (ex. 246).

La phrase chantante est reprise alors, sur les

Saint-Saëns, *3º Symphonie. Finale* (par autorisation spéciale de M. Durand).

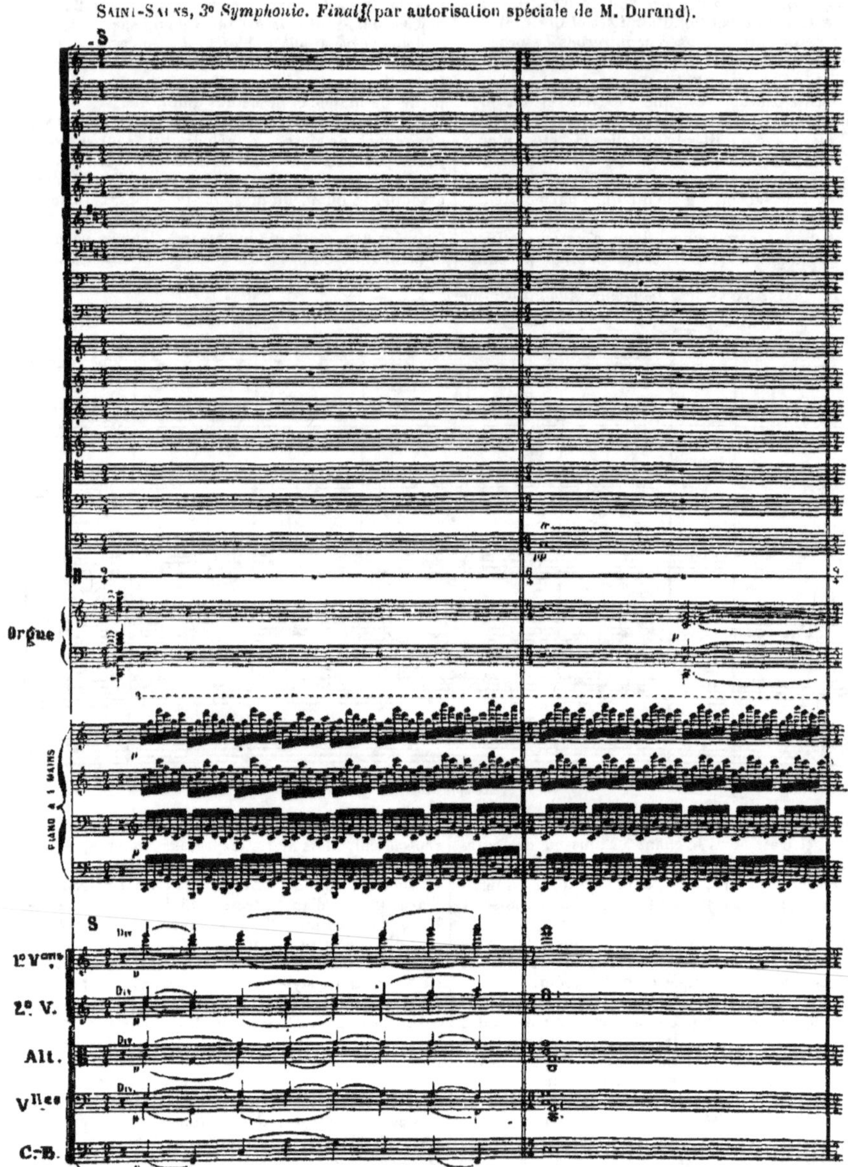

Exemple 247.

tenues polyphoniques du quatuor divisé en 10 parties, par une clarinette, un cor et un trombone; sonorité grave et onctueuse, assemblage dont nous n'avions pas encore rencontré l'équivalent.

Signalons aussi le bel effet de la nouvelle reprise du thème par les premiers pupitres seuls des premiers violons, altos et violoncelles, avec les pizzicati du reste des cordes, et les lents accords soutenus par la « voix céleste » de l'orgue.

Au *final*, un nouveau combattant se présente en l'arène, réclamant son emploi dans la lutte sonore : le piano, tout d'abord à deux mains, puis, à la reutrée de l'orgue, au *maestoso*, à quatre mains.

Jusqu'à ce jour, le piano n'avait pris part au discours symphonique qu'en qualité d'orateur prépondérant. Il menait le dialogue. L'orchestre ne lui donnait que de courtes répliques, ou servait, par un accompagnement discret, à le mettre en valeur. C'était le *concerto*. Peu à peu, cependant, la part de l'orchestre augmentait avec BEETHOVEN, avec SCHUMANN, avec LISZT (LITTOLF aussi avait écrit des *concertos symphoniques*), et cette augmentation, qui consistait surtout, au début, en des développements thématiques confiés aux instruments, corsait son

SAINT-SAËNS, *Samson et Dalila* (par autorisation spéciale de M. Durand).

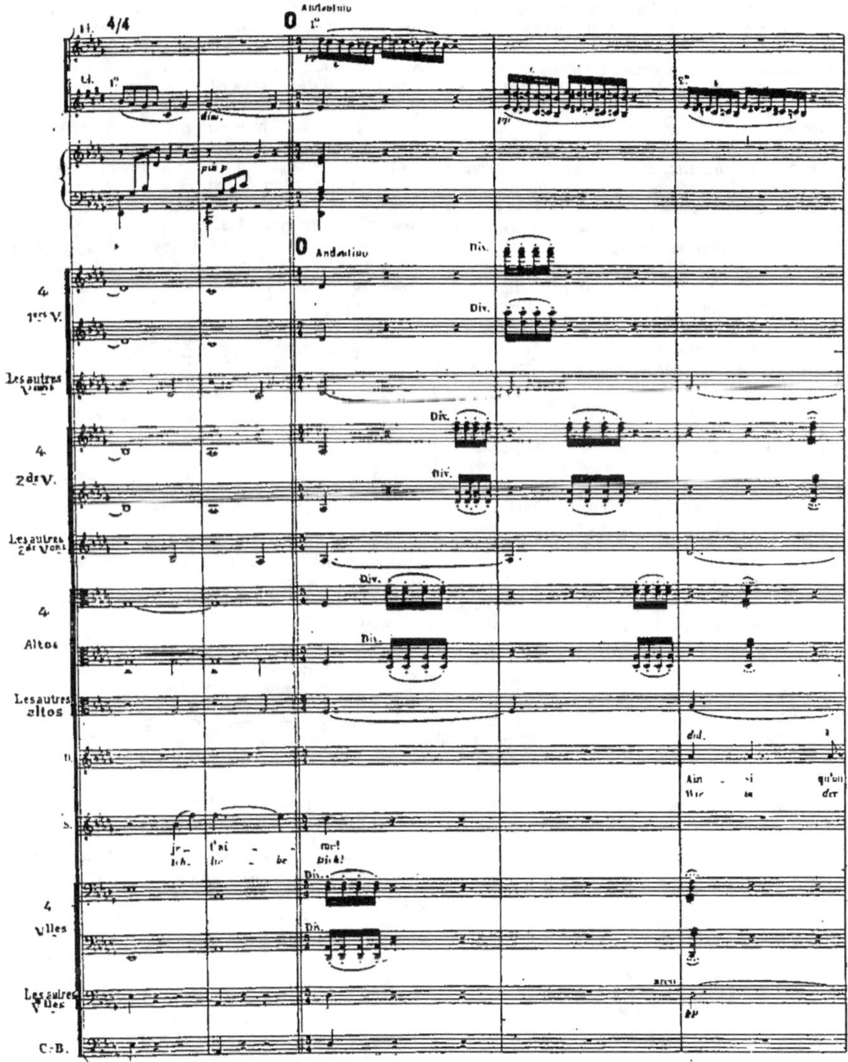

Exemple 248. — Les clarinettes sont en *la*. Les portées 3 et 4 sont celles de la harpe.

intérêt de la sonorité cristalline des accompagnements laissés cette fois au piano. C'était déjà comme un timbre nouveau dans l'orchestre ; il devenait naturel que, toute idée de virtuosité étant abandonnée, ce timbre spécial fût utilisé pour une coloration particulière.

Ce sont surtout les notes aiguës du clavier qui se marient le mieux aux notes instrumentales, et percent facilement dans l'ensemble. SAINT-SAËNS obtient ici un crépitement, un scintillement d'un effet encore inentendu. La division du clavier aux quatre mains lui permet d'étaler le martèlement de ses arpèges, et d'en dissimuler la maigreur. C'est tout à fait curieux et caractéristique (ex. 247).

Arrêtons là cette analyse. Il serait facile de trouver en cette œuvre magistrale une foule de détails heureux, comme l'exquis dialogue de la flûte, du hautbois et du violon, page 154, et des exemples de belle et ample sonorité, comme les pages finales. D'autres œuvres nous réclament, et SAINT-SAËNS, compositeur de théâtre, peut aussi nous arrêter quelques instants.

Samson et Dalila vit le jour en 1877. Ce n'est donc pas une œuvre moderne. Son instrumentation nous l'apprendrait. Elle comporte l'emploi de quelques timbres aujourd'hui désuets tels que les deux cornets à pistons, les deux ophicléides, les deux cors simples qui se joignent aux deux cors chromatiques. Malgré cela, elle paraît bien révolutionnaire pour l'époque. Elle confie à l'orchestre un rôle important ; symphonique même par endroits ; elle utilise la disposition par trois : 3 flûtes, 2 hautbois et cor anglais, 2 clarinettes et clarinette basse, etc. Les harpes y tiennent assez souvent une place prépondérante et la batterie s'augmente de toute une pittoresque percussion : 3 timbales, grosse caisse, cymbales, triangle, glockenspiel, crotales, castagnettes, tambour de basque et tamtam. C'est déjà, en ce domaine, la chatoyante coloration des futures partitions russes.

Mais la simplicité et la largeur du style communiquent à cette musique une tenue supérieure, et ses orientalismes mêmes gardent une réserve de bon ton qui les sauve de toute tendance à la vulgarité d'un tapage trop réaliste.

Simplicité. En effet, c'est bien le cachet de cet art. Peu de chose pour produire un grand effet. La maîtrise du métier est ici nécessaire. Admirons,

après la gravité des accords soutenus de la prière (Hymne de délivrance des Hébreux), la lumière, l'éclaircissement soudain du *mi* majeur à l'apparition de Dalila, les harpes, le chœur de femmes et la gracieuse guirlande mélodique des violons. Admirons la délicatesse de la danse des Prêtresses de Dagon (tambour de basque et triangle ponctuant le discours, de-ci, de-là, d'une note discrète, sans rien de trop accusé) et la suavité de l'air célèbre : « Printemps qui commence », avec la tranquille pédale des *si* en harmoniques des violons.

Au deuxième acte, l'orchestre se fait agité, sombre, orageux. Qui ne se rappelle ensuite l'ingénieux accompagnement de l'air : « Mon cœur s'ouvre à ta voix », et le martèlement de ses accords, passant des violoncelles et des altos aux seconds violons, puis aux premiers, en changeant d'octave chaque fois (SAINT-SAËNS a souvent recours à ce procédé). Au second couplet, des flûtes et des clarinettes ajoutent à ceci de mystérieuses et légères gammes chromatiques, un frémissement de brise qui passe... Effet pianistique, mais si bien arrangé qu'il en devient orchestral (ex. 248).

Les airs de ballet sont tout remplis de pittoresque, avec du mouvement dans les « bois » et de grands unissons de l'harmonie. Triangle, castagnettes de bois ou de fer, cymbales, grosse caisse y prennent part. En d'autres moments, l'unisson sera confié au quatuor sur les accords soutenus ou répétés de toute l'harmonie. Et, sur l'accompagnement persistant des timbales :

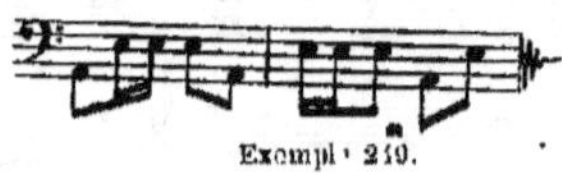

Exemple 249.

ce sera le chant à l'octave des hautbois, cor anglais et harpes :

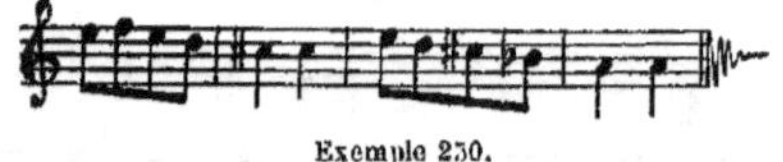

Exemple 250.

avec seulement les quintes de la basse soutenues aux violoncelles et altos.

Et toujours, ce procédé de la pédale obstinée (cher à l'auteur) :

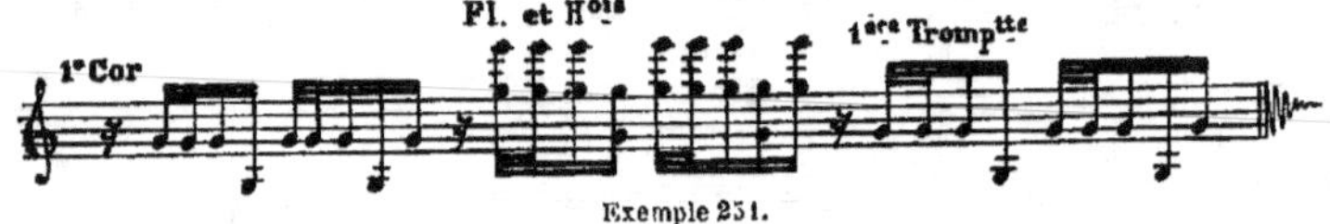

Exemple 251.

avec le grand chant *Doppio più lento* des violons et altos :

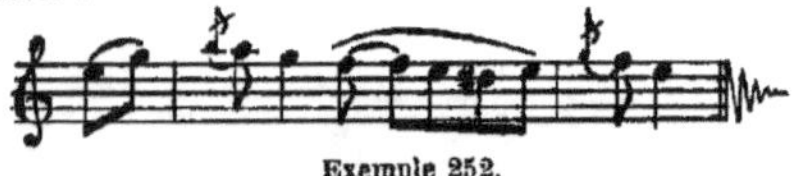

Exemple 252.

et la furia grandissante du rythme :

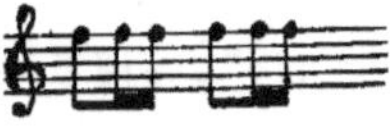

Exemple 253.

par toute la percussion.

Lorsque Samson arrive, la fête bat son plein, et le glockenspiel s'ajoutera aux timbres en *fa dièse*, sur la scène.

Nous aurions de nombreuses pages à citer dans *Henry VIII*, dans *Ascanio*, dans *Proserpine*, etc. La place nous manque. Jetons un coup d'œil encore sur la musique de *Parysatis*, dont l'archaïsme un peu nu apporte une facture toute différente, justifiée par une recherche évidente de la pure ligne attique.

Signalons l'entrée d'Aspasie : 3 flûtes à l'unisson jouent le chant dans une tonalité grecque antique ; les accords du quatuor, note contre note, en *legato*, les accompagnent, doublés seulement par les harpes,

Saint-Saëns, *Parysatis* (par autorisation spéciale de M. Durand).

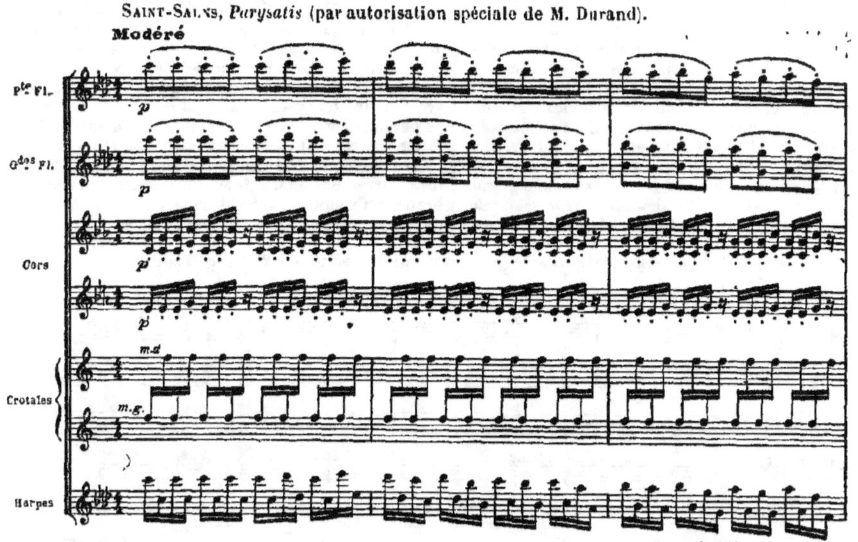

Exemple 254.

G. Fauré, *Pelléas et Mélisande* (par autor. spéc. de M. Durand).

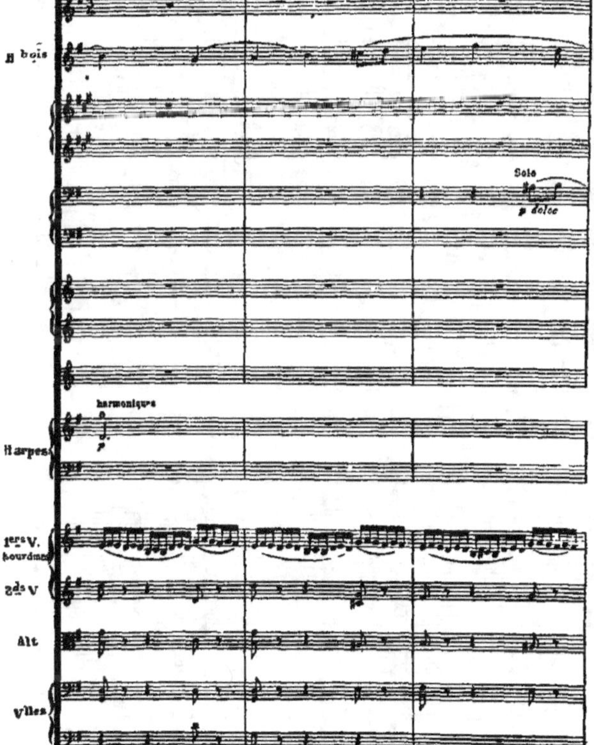

l'harmonie presque uniquement en accords de quinte ou de sixte.

La percussion est naturellement fort employée. La marche triomphale comprend triangle, tambour de basque, deux tambours ordinaires, grosse caisse, cymbales, rythmant tous les temps.

La simplicité la plus grande était ici de mise. Souvent, le quatuor joue seul avec les harpes, donnant un sentiment de calme voluptueux. Les grands unissons abondent et les harmonies, très pures, empruntent leur saveur aux modes du passé.

On éprouve une sensation de clarté et de sécurité absolues. Cependant, quelques passages, peu chargés, se signalent par des recherches plus aiguisées, comme celui où le timbre cristallin des crotales, joint à la percussion des harpes prolongées dans la douceur des flûtes, se détache, si frais et lumineux, sur l'accompagnement en sourdine des cors (ex. 254).

Bourgault-Ducoudray, Fauré, Widor, Dubois, Charpentier, Chausson.

Nous n'avons pas l'intention d'énumérer ici tous les compositeurs modernes de la France, ni de faire une analyse

Exemple 255. — Le groupe des portées 5 et 6 s'applique aux bassons.

complète de leurs œuvres. Nous devons nous borner, et nous choisirons seulement parmi les maîtres les plus représentatifs dont les recherches apportent à cette étude déjà longue quelque élément de nouveauté.

Mentionnons donc brièvement parmi les disparus : BOURGAULT-DUCOUDRAY (1840-1910), dont la *Rapsodie Cambodgienne* n'est pas sans offrir quelque originalité; CHAUSSON (1855-1899), musicien d'un rare mérite, auteur d'une symphonie traitée avec une grande délicatesse et une réelle puissance d'expression; César FRANCK enfin, un des plus grands noms de la musique, plus organiste peut-être qu'orchestrateur, mais dont quelques ouvrages comme le *Chasseur Maudit*, le morceau symphonique de *Rédemption* et la belle *Symphonie*, renferment des pages que leur imposante architecture, leurs qualités émotives et leur richesse de développement ont su hausser jusqu'à une réalisation instrumentale d'une certaine ampleur et d'un coloris particulier. Belge d'origine, nous avons dû lui réserver une place dans un chapitre précédent. Français d'adoption et chef d'école, nous nous devions de ne pas omettre son nom à cette place.

Ch.-M. WIDOR, *Symphonie antique* (par autorisation spéciale de M. Heugel, édit.).

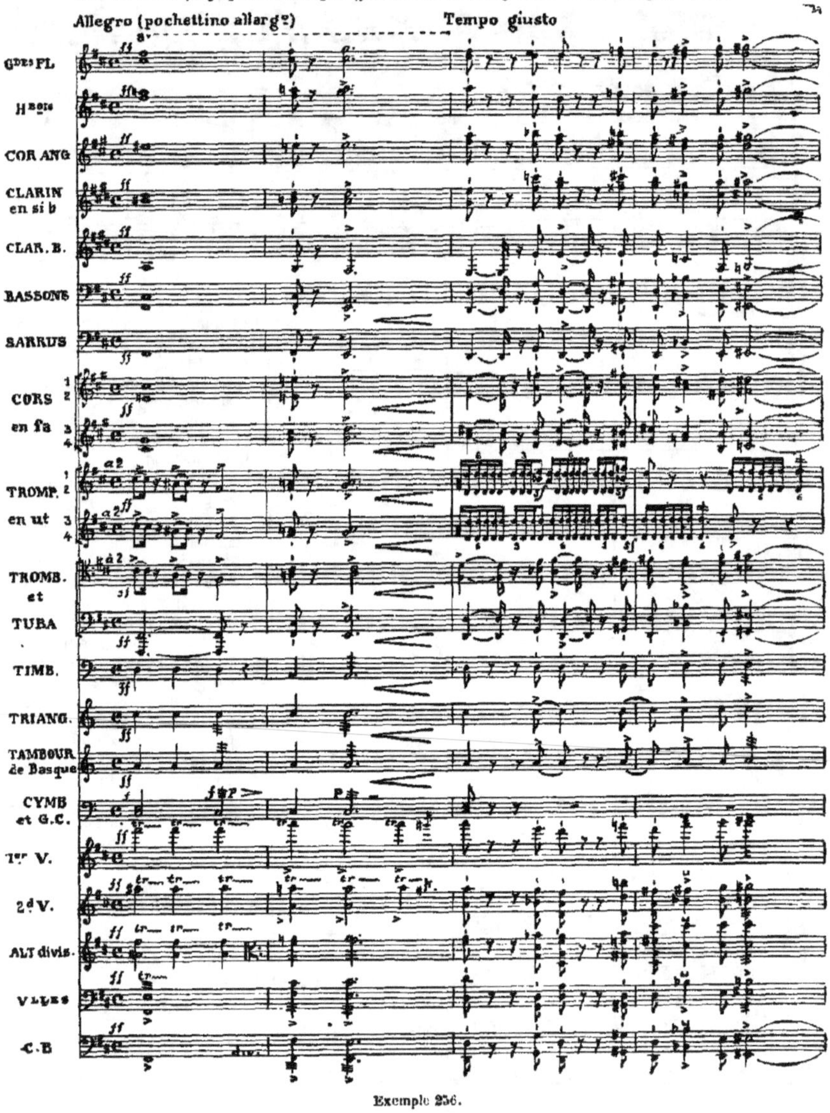

Exemple 256.

BOURGAULT-DUCOUDRAY, *Rapsodie Cambodgienne* (par aut. spéc. de M. Heugel).

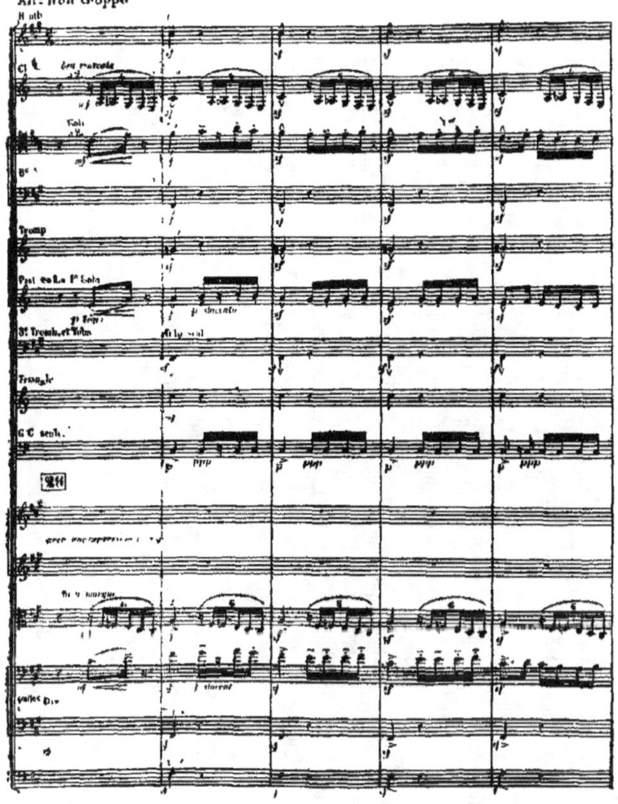

Exemple 257.

de son modernisme. Aucun excès de sonorité, mais une entière possession de soi-même dans toutes les œuvres de ce grand musicien. Voir les partitions de *Pénélope, Shylock, Pelléas et Mélisande*, etc. (ex. 255).

La *Symphonie Antique* de WIDOR ajoute le grand orgue à l'orchestre par trois. Energique et volontaire, elle a des tutti sobres et sonores. Voir la belle rentrée du thème principal aux trombones (dans la première partie, dont la sonorité énorme n'est pas sans âpreté (p. 7 et 8). Remarquer (p. 20) l'unisson peu employé de la flûte et du cor. Page 53 (*ré majeur*), c'est un nouvel effet de plénitude. Le sextuple unisson des cuivres (trompettes et trombones) perce sans effort toute la massivité de l'orchestre. Les notes répétées des trompettes, en sextolets de doubles croches, donnent à l'ensemble quelque chose de farouche.

L'orgue n'intervient qu'au final ainsi que le glockenspiel, le tamtam, la harpe et les chœurs (ex. 256).

Dans la *Symphonie Française*, Th. DUBOIS confie au célesta une importante partie. Au n° 3, celui-ci dialogue avec les flûtes et les bois, soutenu seulement par l'accompagnement des cordes. La page 110 présente une disposition intéressante : le premier hautbois, la première clarinette, le premier basson et un cor jouent à quatre parties dans le grave, sous quelques frémissements d'altos esquissant le motif primitif. Ce jeu se transforme page 112, le quintette à cordes prenant le passage en harmonies liées, et le rythme de six doubles croches étant martelé discrètement par les clarinettes, bassons et célesta.

La *Rapsodie Cambodgienne* de BOURGAULT-DUCOUDRAY se signale par sa belle entente des timbres et par l'art particulier avec lequel sont traités les cuivres.

La sonorité en est souvent grasse et compacte, mais sans lourdeur aucune, comme dans le passage de la page 18 où, sur les grupetti des bois et violons, tous les instruments graves reprennent le thème religieux du début en un bel unisson corsé d'une pédale intérieure de dominante.

Page 25, les gammes montantes des harpes en octaves font un bel effet sur la mélodie des flûtes, cor anglais et clarinettes. Et ensuite, lorsque le beau chant grave des basses est dit par les altos, violoncelles divisés, bassons et clarinette basse, il prend un timbre particulier à se trouver doublé par les harpes à l'unisson.

L'orchestre devient plus nerveux et plus pittores-

Aux côtés de SAINT-SAËNS, plaçons ses collègues de l'Institut[1] : PALADILHE, musicien dramatique avant tout, dont l'écriture orchestrale, solide et claire, se réclame des traditions; Gabriel FAURÉ, harmoniste subtil, qui s'est révélé un délicat manieur de timbres dans sa noble et touchante *Pénélope*, comme dans son exquise suite pour *Pelléas et Mélisande;* WIDOR, organiste et symphoniste puissant; Théodore DUBOIS, dont les œuvres symphoniques possèdent des qualités de clarté et d'élégance, mises en valeur par une orchestration adroite et toute classique; CHARPENTIER enfin, compositeur de théâtre à la verve entraînante, à l'imagination hardie, qui sait colorer son inspiration de toutes les ressources d'un orchestre chaleureux et varié.

L'orchestre de FAURÉ porte naturellement la marque de son talent si personnel, d'une distinction si grande, d'une musicalité si pénétrante, si raffinée aussi. Faut-il rappeler l'élégante fileuse de la musique pour *Pelléas et Mélisande?* La finesse du léger trait des violons en sourdine, souligné (p. 32) par la percussion des harpes? Écriture très châtiée, en dépit

____

1. Écrit en 1914.

CHARPENTIER, *Louise*. Prélude du 3ᵉ acte (par autorisation spéciale de M. Heugel).

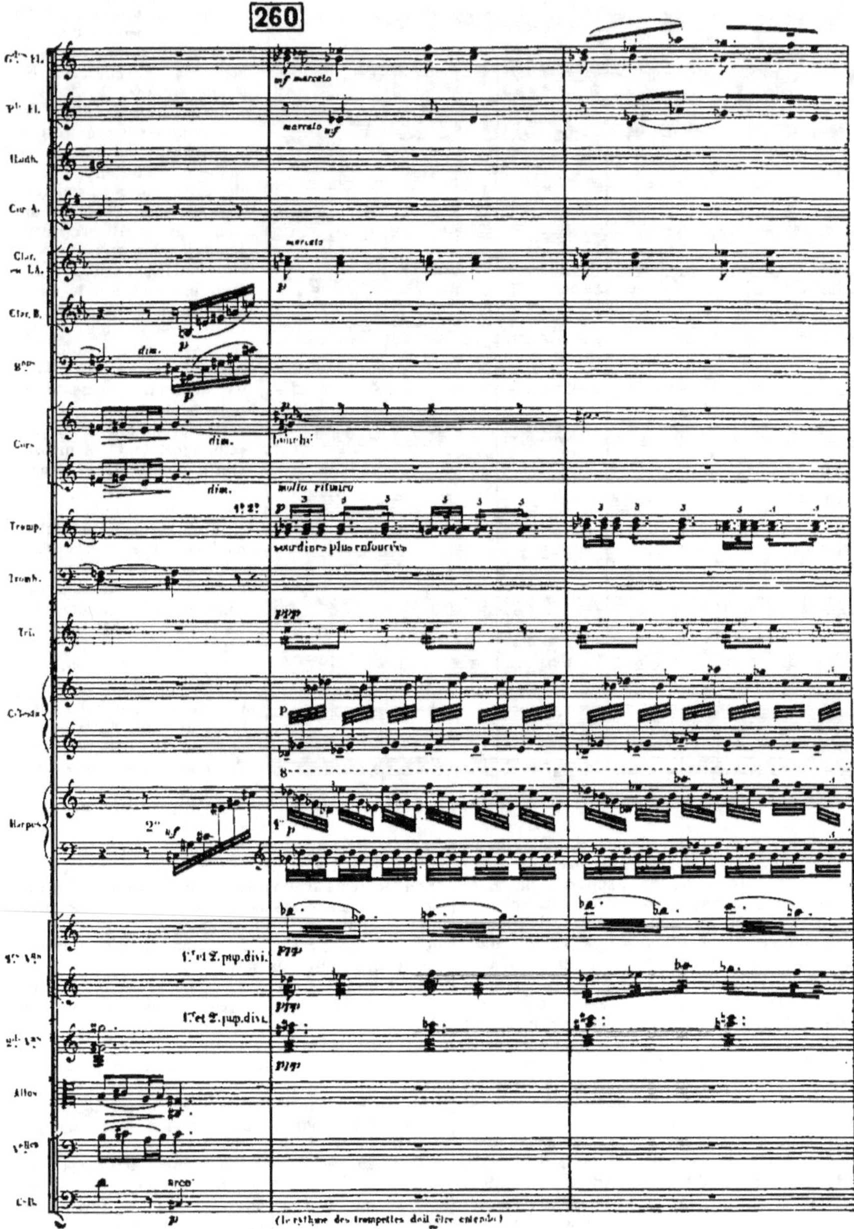

Exemple 258.

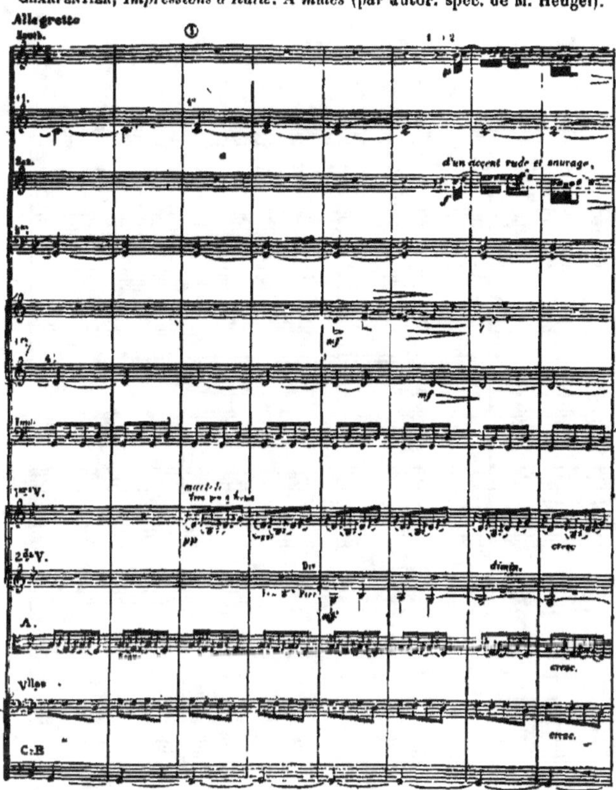

Exemple 259.

donner encore ces deux exemples empruntés aux *Impressions d'Italie*, et qui suffisent à nous montrer en CHARPENTIER un coloriste de l'orchestre (ex. 259 et 260).

La *Symphonie* de CHAUSSON est remplie d'exquis détails dont la présentation est pleine d'habileté. On y remarque déjà le large emploi des harpes et ce beau *tutti*, sonnant bien (p. 13), où le thème s'étale aux violons et altos, doublés des cors, sur les trilles étincelants des flûtes et bassons, les trémolos en batterie des hautbois et clarinettes et les larges accords des trombones.

L'aisance et la souplesse sont remarquables. Voir le charmant *dialogue du quatuor* avec l'harmonie (p. 31), les jolis arpèges des flûtes sur le chant des violons (p. 45), harmonieux et clair, les beaux dessins d'accompagnement des cordes dans l'*adagio*.

Tout cela est particulièrement musical, comme aussi cet exemple, où la trompette soutient de ses douces mais claires tenues les parties joliment enlacées des hautbois, bassons, contrapuntant le beau chant en octaves des violons (ex. 261).

Vincent d'Indy.

L'orchestre de Vincent D'INDY nous arrêtera plus longuement. C'est que D'INDY est un des maîtres de l'orchestre moderne. La forte construction de ses œuvres, leur écriture à la fois polyphonique et polyrythmique, la puissance de leurs développements, tout cela appelait une orchestration robuste et variée, souple autant que sonore, nerveuse et expressive. La qualité de l'inspiration a tout naturellement sa répercussion sur la qualité des combinaisons instrumentales. Ce n'est pas cela seul qui fait la valeur des œuvres symphoniques de ce maître, mais aussi sa profonde connaissance des timbres, l'étude qu'il a faite de leurs alliances et de leur valeur, qui lui permettent d'en tirer tout le parti possible avec toute la hardiesse et la nouveauté désirables. Certes, l'art de WAGNER est la source première de cette musique, on l'a souvent fait remarquer; on eut dû, pour être juste, en signaler aussi les qualités nationales, bien françaises : la clarté et la concision entre autres, et l'indéniable originalité, dégagée peu à peu des influences du début.

En ses premières œuvres, D'INDY se sert encore des cornets à pistons qui ont si longtemps régné en France. Il les accompagne toujours de deux trompettes chromatiques.

que au n° 2. Signalons. page 32, la curieuse notation de la grosse caisse, seule et pianissimo, rythmant la mélodie en doubles croches jouée par deux bassons, un piston et la moitié des violoncelles à l'unisson absolu. Sonorité étrange, assez évocatrice d'une Indo-Chine ignorée (ex. 257).

Citons encore (un peu avant la fin) le charmant effet où la harpe (que BOURGAULT-DUCOUDRAY emploie sans arpèges ni glissando) fait entendre seule, en octaves, le thème religieux sous un frémissement de violons réduits à six, avec le soutien d'une pédale alternée aux cors et aux flûtes.

Dans les pages finales, aux stridentes gammes de flûtes, hautbois et clarinettes, la harpe viendra encore renforcer le mélos.

Relevons, dans la *Louise* de CHARPENTIER, ce délicat fragment du *prélude* du troisième acte, où les notes répétées, très fines, des trompettes bouchées s'ajoutent au crépitement des harpes que soulignent les purs arpèges du célesta. Un discret tintement du triangle ajoute à cette combinaison très neuve une fraîcheur argentine. Le murmure des violons enveloppe le tout (ex. 258).

Il ne serait pas difficile de trouver dans *Louise*, à côté de détails tout pleins de cette finesse, des pages de sonorité chaude et vibrante; contentons-nous de

CHARPENTIER, *Impressions d'Italie. Napoli* (par autorisation spéciale de M. Heugel).

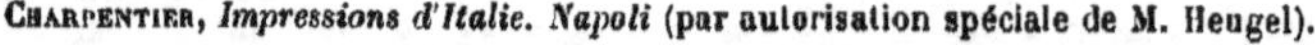

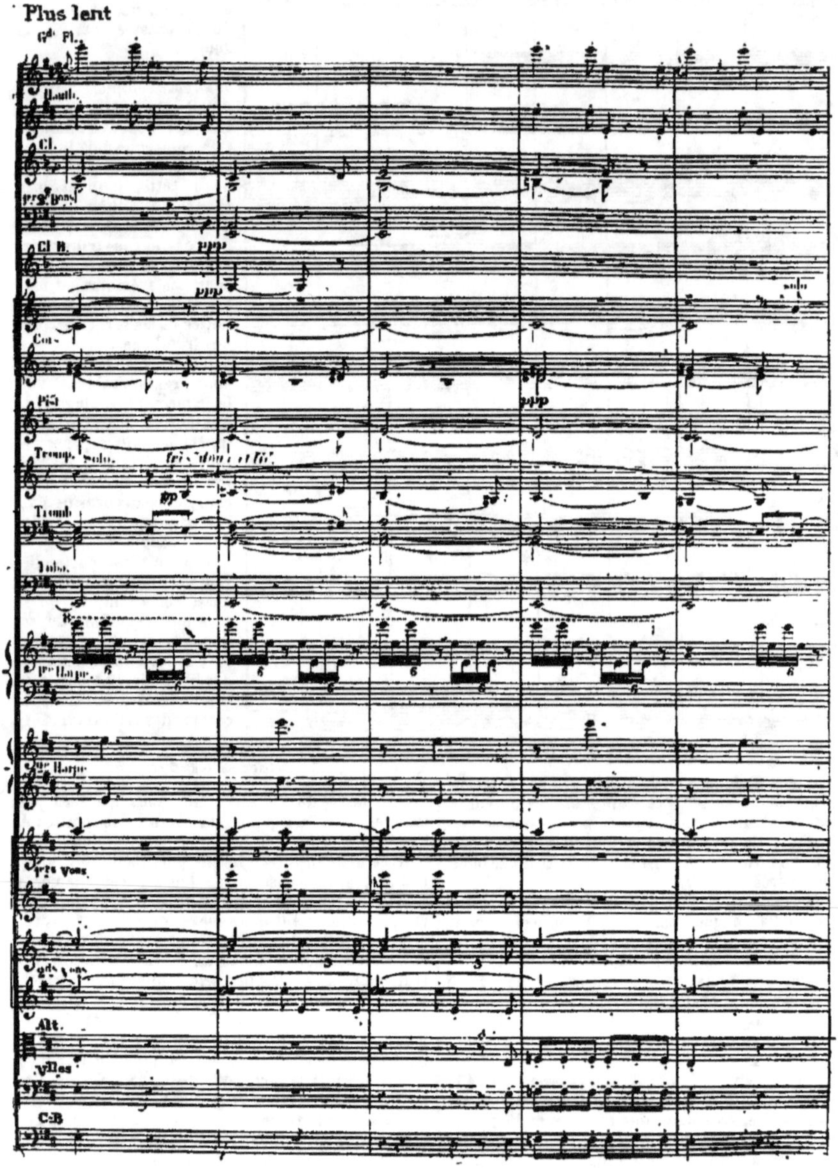

Exemple 260.

Chausson, *Symphonie* (par autorisation spéciale de M. Rouart, édit.).

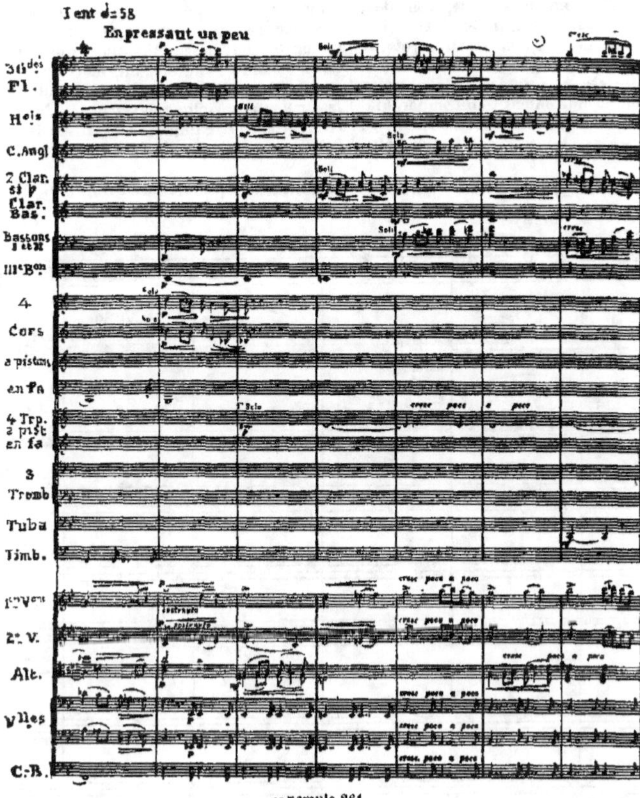

Exemple 261.

L'orchestre de *Wallenstein*, poème symphonique en trois parties, comprend : petite flûte, deux grandes flûtes, deux hautbois, deux clarinettes, quatre bassons, deux cors simples, deux cors chromatiques, deux trompettes chromatiques, deux cornets à pistons, trois trombones, un tuba, trois timbales, triangle, grosse caisse, cymbales, quintette à cordes.

Orchestration nerveuse et colorée. Timbres partout admirablement choisis. Remarquons au 3/8 l'unisson en notes piquées d'un hautbois, de deux clarinettes, d'un basson et des altos (p. 17). Le discours du capucin, au milieu de cette grouillante scène de camp, est célèbre. Les intentions comiques et railleuses en sont bien exprimées, d'abord par ces deux bassons nasillant leur entrée de fugue, puis par un piston fanfaron et un peu canaille... (la trompette aurait eu là un timbre trop noble, le motif lui aurait peu convenu, du reste). Plus loin, après une esquisse de la valse, un tuba lourdaud patauge sur ce thème. Quel pittoresque, quelle aisance aussi dans la suite! Comme les fragments morcelés des différentes phrases circulent d'un instrument à l'autre, dans un mouvement tumultueux! Quel cliquetis alerte, quel gazouillis ironique (p. 55) dans ce passage où la petite flûte et les deux grandes jacassent dans l'aigu, mar

quées seulement des pizzicati des violons et d'une note piquée des pistons, doublée des triangles et de la cymbale (ex. 262)!

Les timbres de combinaison sont richement étudiés dans la deuxième partie (*Max et Thécla*). Chants expressifs, belle polyphonie, douceur tendre dans le chant de clarinette en si majeur sur le trémolo pianissimo du quatuor (p. 29). Et quel bel effet que ce chant d'altos et violoncelles sur la chanterelle (*dolce*), renforcé par deux flûtes tout au grave et jouant fort (ex. 263).

Dans la troisième partie (*la Mort de Wallenstein*), interviennent la clarinette basse et les harpes. L'impression de mystère du début est obtenue par les accords soutenus de tout le quintette divisé en quatorze parties, et renforcé, toutes les deux mesures, par de graves tenues de trombones avec trois flûtes au grave.

D'Indy affectionne la flûte, dont il se sert toujours admirablement. P. 42, les fanfares joyeuses du début du n° 1 sont évoquées par deux flûtes graves; p. 46, le beau motif de la clarinette est, cette fois, confié à la flûte, et prend je ne sais quel caractère de mystère sacré et de lointaine douleur.

De facture plus récente, *Istar* emploie résolument

l'orchestre « par trois » : trois flûtes dont une petite, trois hautbois dont un cor anglais, trois clarinettes dont une clarinette basse, trois bassons, quatre cors, trois trompettes, trois trombones, tuba, timbales, cymbales, triangle, harpes et quintette. D'INDY fait rarement appel aux orchestres « par quatre », et aux réunions « kolossales » des STRAUSS ou des MAHLER. Il se garde de tout excès, et n'en obtient pas moins le maximum d'effet et une intensité incomparable. Nous avons vu un des plus grands coloristes de la musique russe, RIMSKY KORSAKOW, obtenir cette

intensité et la plus grande variété par des moyens encore plus simples.

Ici, tout est chatoyant, étincelant, décoré de teintes extrêmement diversifiées, et cela, avec une maîtrise d'écriture qui fait paraître simple, à l'exécution les hardiesses les plus imprévues. Et c'est dans un tohu-bohu élégant, mais plein de vie, que se succèdent et s'échafaudent les batteries de flûte, les trilles des violons, les arpèges descendants des clarinettes, les gammes contraires des harpes, et même, par endroits, des gammes chromatiques ra-

VINCENT D'INDY, *Wallenstein*, 1re partie ((par autorisation spéciale de M. Durand).

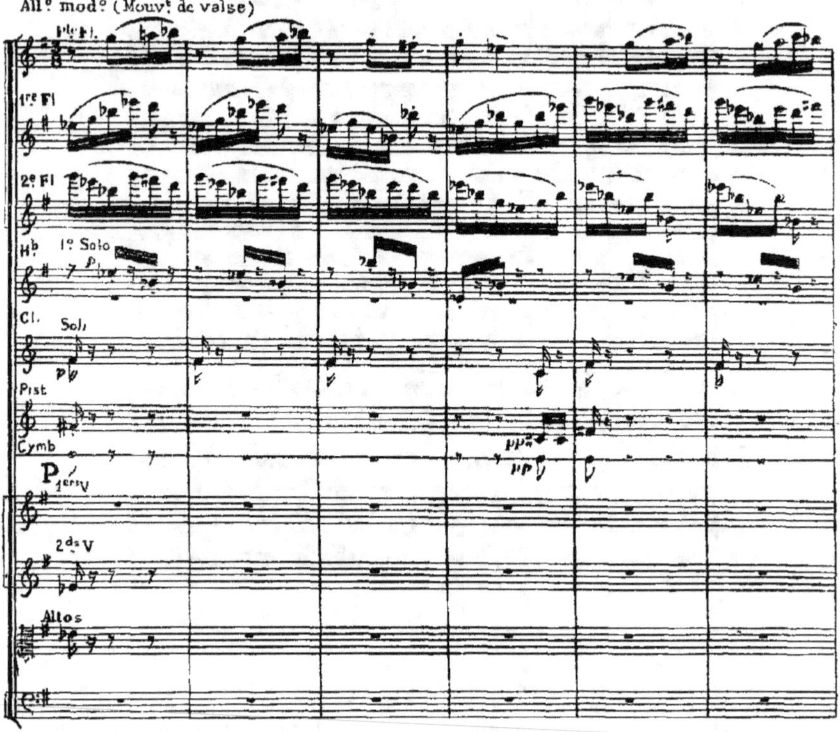

Exemple 262. — Clarinettes en mi♭, pistons en la

pides de clarinettes doublées par des cors (ex. 264).

Au 3/4, l'harmonie est traitée avec une légèreté ailée, et p. 24, lorsque les cordes reprennent le canon dans le grave, en dialogue avec les harpes aiguës, les notes piquées des trompettes pianissimo pimentent l'ensemble d'accords imprévus que la trompette simple n'aurait pu réaliser.

A noter cette indication de l'auteur que les cors, lorsqu'ils sont écrits en clé de *fa*, doivent être exécutés à l'octave réelle, et non, comme autrefois, une octave au-dessus de la note écrite. Ceci prouve l'amour du bon sens chez D'INDY. Malgré cet exemple, l'esprit de routine continuera longtemps à faire préférer l'ancien mode (absurde) d'écriture.

Autre note relative aux timbales : « L'auteur, en raison des nombreux changements d'accord, préfé-

rerait que la partie fût exécutée sur deux timbales chromatiques. »

Hélas ! la timbale chromatique continue à être proscrite de presque tous nos orchestres français.

Elle permettrait de nombreux effets entièrement neufs. Elle abolirait les « trous » que les compositeurs se résignent à laisser parfois dans leurs œuvres, faute d'un nombre suffisant de timbales. Il est vrai qu'entre les mains de compositeurs novices, elle aboutirait à des abus de sonorité, et que les « roulements » trop prodigués deviendraient vite fastidieux !

Antérieur aux œuvres précitées, l'oratorio du *Chant de la Cloche*, vaste composition aux proportions décoratives, possède un aspect plus wagnérien, mais renferme déjà d'admirables trouvailles orchestrales

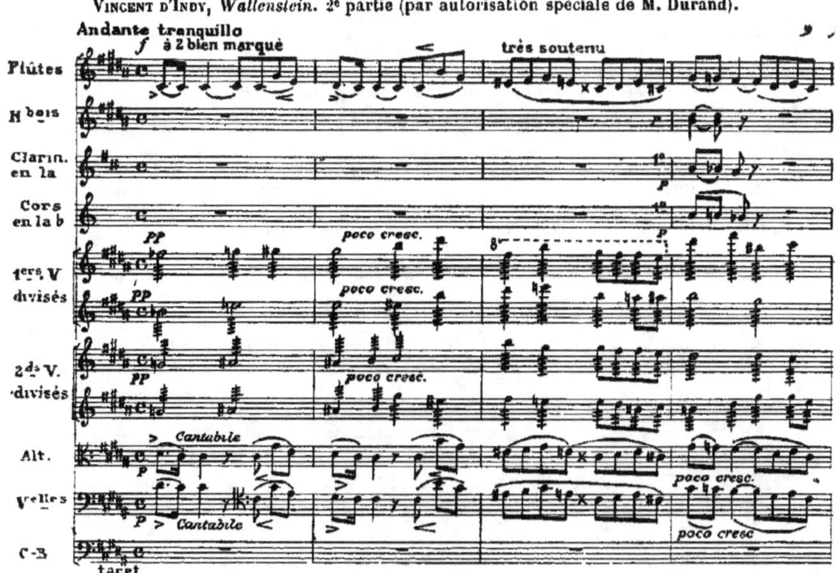

Exemple 263.

La partition annonce : petite flûte et 2 grandes flûtes, 2 hautbois, 1 cor anglais, 2 clarinettes, 2 bassons, 4 cors chromatiques, 2 trompettes chromatiques, 2 cornets à pistons, 3 trombones, 1 tuba, 3 timbales, cymbales et le quintette. Mais elle admet, dans la première partie : 8 harpes et un typophone; dans la seconde partie : 3 grandes flûtes, clarinette basse, 4 bassons, 1 piano; dans la troisième partie : 3 clarinettes et la clarinette basse, 2 trompettes simples sur la scène, 1 saxhorn alto et 2 barytons, un saxhorn basse, triangle, grosse caisse et caisse roulante. La quatrième partie n'exige pas moins de 2 pianos joints aux 8 harpes, et la cinquième partie ajoute à ce matériel sonore une trompette Sax en *fa*, à 6 pistons, 2 trombones Sax à six pistons également et porte à 6 le nombre des trompettes sur la scène, trois chromatiques et trois simples.

Sixième partie : les saxhorns altos, barytons et

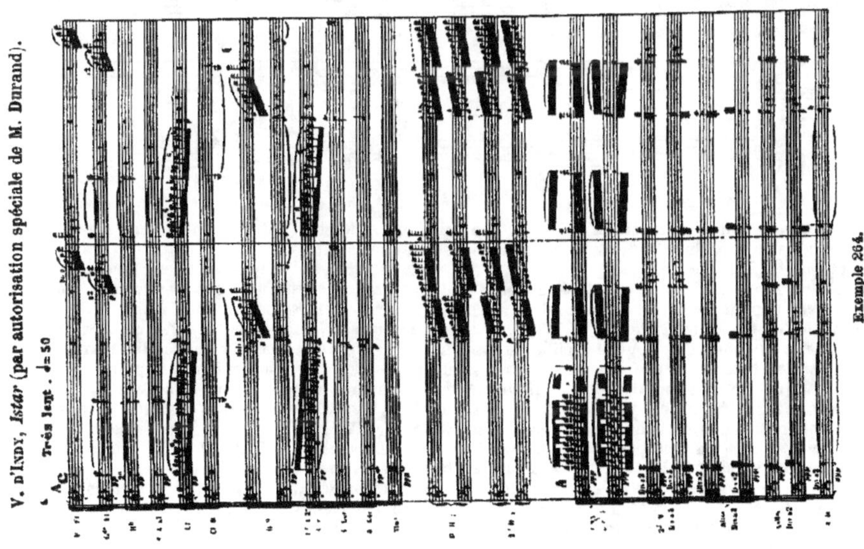

basses reparaissent, remplaçant les « tuben » de la *Tétralogie*. Enfin, la septième et dernière partie réunit tous ces timbres, sur lesquels doit planer le timbre grave d'une grosse cloche en *mi bémol*.

Citer toutes les pages remarquables de ce bel ouvrage nous entraînerait trop loin. Il faut nous borner. Remarquons là, une fois de plus, la tendance de D'INDY à doubler certains timbres par des flûtes dans le grave. Page 17, ce sont les deux cors qui se trouvent ainsi redoublés, à l'exact unisson. Dans la seconde partie, *L'Amour*, la flûte prend d'ailleurs une part importante à l'ensemble. Elle ne reste pas confinée dans la partie mélodique, mais fait des

contrechants graves et des formules d'accompagnement. A signaler l'exquise sonorité des pages 49-50, avec les violons en sourdine, les tenues de flûte et le chant du hautbois.

Durant toute cette scène, l'orchestre, doux et sonnant bien, jamais maigre ni sec, est idéalement descriptif de sensations calmes et tendres; c'est la tranquillité d'un beau soir embaumé, avec la passion contenue qui fait battre le cœur éperdu de contemplations! Les battements du cœur!... comme ils sont figurés par le rythme complexe de l'alto, d'une irrégularité voulue.

A l'Angélus, un bien charmant effet de cloche loin-

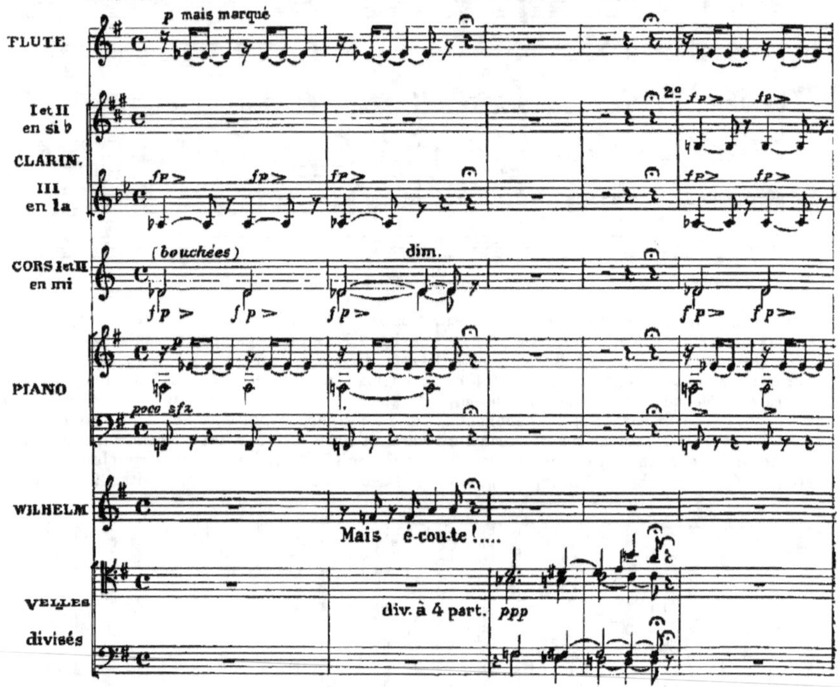

V. D'INDY, *Le Chant de la Cloche*. 2e partie (par autorisation spéciale de M. Hamelle, édit.).

Exemple 265.

taine est obtenu par la disposition suivante, que souligne la percussion du piano et le *fp* de la clarinette et des cors bouchés : ex. 265.

Les effets de sonorité robuste et cuivrée abondent dans la *Fête*, dont le défilé évoque, sans le copier, celui des *Maîtres Chanteurs*.

La *Vision* nous offre une nouvelle imitation des cloches avec les chœurs : sur une tenue (*mi*) des altos doublés par quatre voix de contraltos (il s'agit du *mi* en dessous de la portée en clé de *sol*, avec trois lignes supplémentaires), la clarinette basse, deux cors, l'un en *fa*, l'autre en *ut*, quatre harpes et un piano attaquent en un *sffz* aussitôt éteint le *fa♯* en dessous de la cinquième ligne de la clé de *fa*. Les douze coups de minuit sonnent ainsi, donnant le signal aux gnômes, kobolds et farfadets. Ici, le piano, renouve-

lant un effet cher à BERLIOZ, doublera les bois de son martèlement.

A la page 150, le dialogue des deux pianos obtiendra une sonorité cristalline que n'aurait pas eue la harpe. Plus curieuse encore sera la page 158, avec ses gammes à la tierce en doubles croches et le frémissement de la cymbale frappée de la baguette d'éponge sous le *la* harmonique des premiers violons; gammes en sens contraire des flûtes, tenues des bois, harmoniques alternés des altos et seconds violons (ex. 266).

Dans *L'Incendie*, le tocsin gronde, d'abord lointain. Sur les basses tenues des violoncelles, l'accord en *ré* mineur des trois flûtes alterne avec les trompettes et trombones Sax, pianissimo, et un cor en *ré*, puis la cloche se précise par un unisson de deux

V. D'INDY, *Le Chant de la Cloche. Vision* (par autorisation spéciale de M. Hamelle).

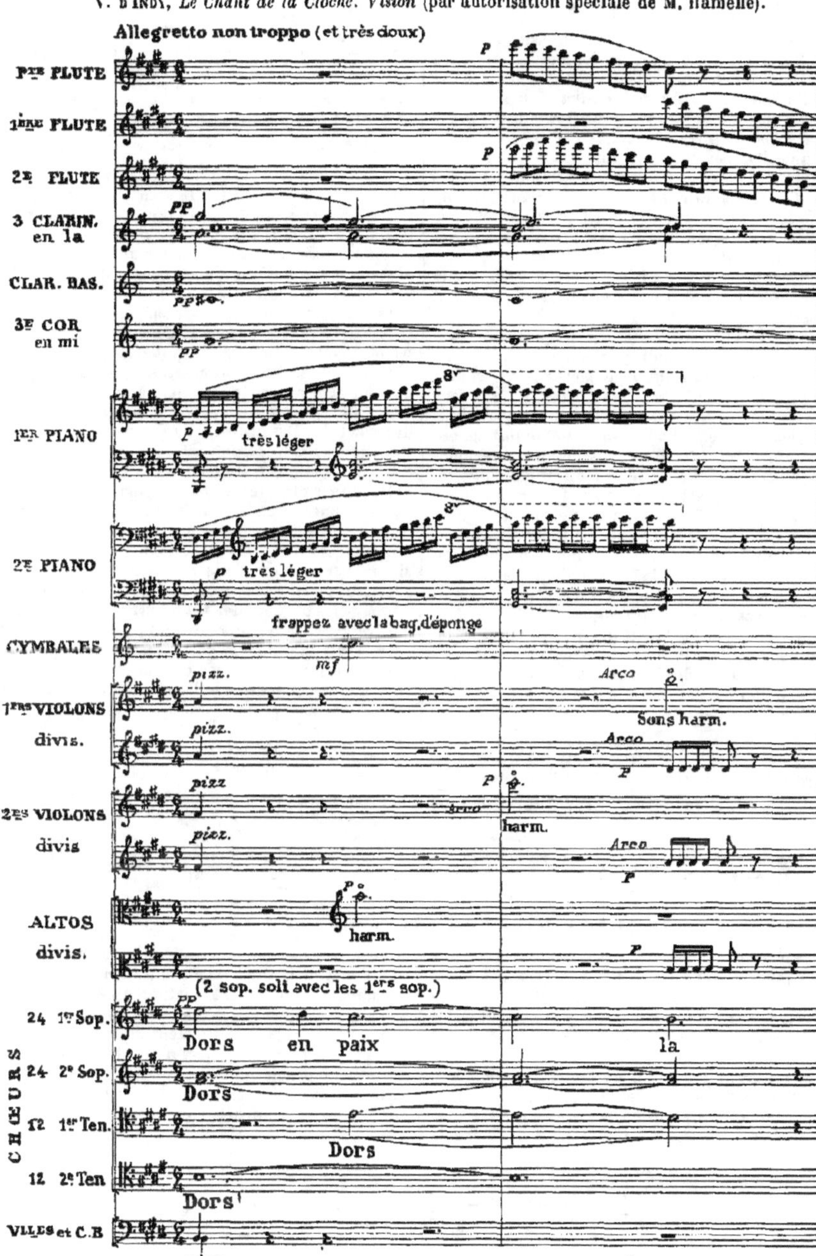

Exemple 266.

flûtes sur le *ré* grave (p. 188). Les timbres s'ajoutent les uns aux autres, tout s'enfle et monte, l'incendie peu à peu gagne, éclate!.. La progression est habilement ménagée.

Les sonorités se font rares et choisies dans *La Mort*. Signalons cette page où les tierces majeures des flûtes soutiennent seules le chant mélancolique de l'alto solo, et où les violoncelles divisés accompagnent ensuite d'un simple accord soutenu la phrase alternée des premiers et seconds violons soli.

Comme l'orchestre se fait pittoresque et railleur pour peindre les envies basses et les petites jalousies des maîtres dénigrant l'œuvre de Wilhem! Lorsque maître Dietrich, pédant et grave, parle pour affirmer que la cloche ne sonnera pas, des bassons ricanent sottement (p. 277)!

Mais bientôt, c'est l'apothéose finale, avec la cloche à toute volée, et les arpèges habituels de flûtes et clarinettes.

L'œuvre orchestrale de d'Indy est trop considérable pour qu'on puisse l'étudier ici en entier. Que de pages superbes autant qu'ingénieuses nous trouverions dans les *Symphonies*, dans *Médée*, dans le *Jour d'Été à la montagne*, dans la *Symphonie sur un Chant Montagnard*, où le piano est un véritable instrument dans l'orchestre! Examinons seulement quelques pages de *Fervaal*; elles nous montreront le maître, à l'apogée de son talent, maniant les timbres multiples, par grandes masses, avec une maîtrise qu'à l'étranger seuls égaleront peut-être Richard Strauss, avec plus de hardiesse et plus de lourdeur aussi, ou Rimsky Korsakow, avec plus de simplicité de moyens.

L'aspect de la partition, ici encore, est des plus wagnériens; cette partition remplace les tuben, doublant les cors, de la *Tétralogie*, par des bugles soprano, ténor, alto et baryton. Les cuivres sont augmentés, les familles des bois se recrutent par quatre, et les saxophones s'ajoutent à l'ensemble. Voici du reste la nomenclature des instruments :

4 flûtes.	2 clarinettes.
2 hautbois.	1 clarinette basse, prenant la
1 cor anglais.	troisième clarinette
1 clarinette contrebasse, prenant la deuxième clarinette basse.	8 bugles ; 2 petits bugles, 2 bugles *si♭*, 2 altos, 2 barytons.
4 bassons.	1 trombones ténors à coulisse.
	1 tuba.
4 saxophones.	
1 soprano, 2 altos, et 1 ténor.	1 paire de timbales chromatiques.
4 cors.	
	1 grosse caisse.
harpes premières, secondes	2 paires de cymbales.
quintette à cordes.	1 triangle.
	1 gong.
4 trompettes chromatiques.	2 bouchers ou tamtams.

Matériel sonore considérable, on le voit. Les saxophones sont employés sur la scène, les bugles, tantôt sur la scène, tantôt dans l'orchestre. D'Indy exige un tuba en *ut* descendant à l'*ut dièse* en dessous de la clé de *fa*, des timbales chromatiques (invention allemande permettant d'accorder l'instrument automatiquement et instantanément) avec deux timbaliers, une mailloche double pour les roulements de grosse caisse. Nous voyons le gong, instrument d'Extrême-Orient, faire partie, pour la première fois, d'un grand orchestre dramatique; et les tamtams devront être accordés à la septième diminuée : *si-la♭*. Enfin, l'usage de la contrebasse à cinq cordes, descendant à l'*ut* grave, est réclamé, et la sourdine s'appliquera même aux contrebasses.

Tout de suite, l'*Introduction* nous attirera avec sa belle phrase obstinée en *fa dièse* majeur, murmurée par le quatuor en sourdine; la flûte là-dessus et quelques courtes phrases d'alto solo et de hautbois expressif. Et nous constaterons que, si la disposition instrumentale de la partition est wagnéricnne, l'inspiration ne l'est pas, non plus que la façon très personnelle d'assembler les timbres.

L'importance des cors est à signaler, de par leur polyphonie souvent chargée de dièses. Les trompettes seront dorénavant très mélodiques, et n'auront plus ces parties conventionnelles dont les formes rythmiques autant qu'harmoniques nous viennent des époques passées.

Ex. d'une partie de trompettes :

V. d'Indy, *Fervaal* (par autorisation spéciale de M. Durand).

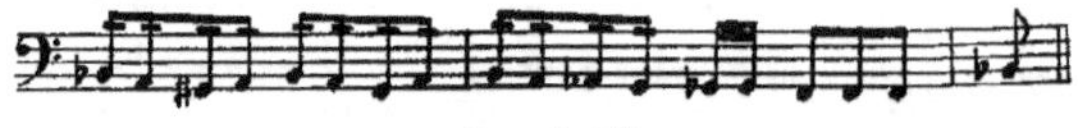

Exemple 267. — Les traits en croches des mesures 2 et 4 sont en triolets.

Nous pourrions signaler dans les *Deuxième* et *Troisième Symphonies* de d'Indy certains passages où la petite trompette double, dans les tutti, les parties mélodiques des violons. Effet qui souligne peut-être le chant de façon un peu acide, et que le maître semble pourtant affectionner.

Pendant le premier duo de Fervaal et Guilhem, l'orchestre se fleurit d'ardentes mélodies et de contrepoints enlacés. L'équilibre sonore se réalise merveilleusement. Tout parle, tout chante. L'harmonie nourrit le quatuor. Les cors, les trompettes, les trombones même interviennent, mais toujours sans la moindre brutalité. Le quatuor est souvent divisé en de nombreuses parties, selon le procédé moderne. Page 215, la voix perce aisément l'intensité des multiples dessins, grâce au savant équilibre de ceux-ci.

Les timbales chromatiques maniées par deux timbaliers permettent des dessins rapides que l'instrument ignorait jusqu'alors (ex. 268) :

V. d'Indy, *Fervaal* (par autorisation spéciale de M. Durand).

Exemple 268.

Au deuxième acte, lorsque sur l'autel de pierre préhistorique s'amoncellent les nuages aux formes primordiales, les voix des bugles se font entendre, très évocatrices de mystères sacrés, et les clarinettes

V. D'INDY, *Fervaal. Introduction* du 3ᵉ acte (par autorisation spéciale de M. Durand).

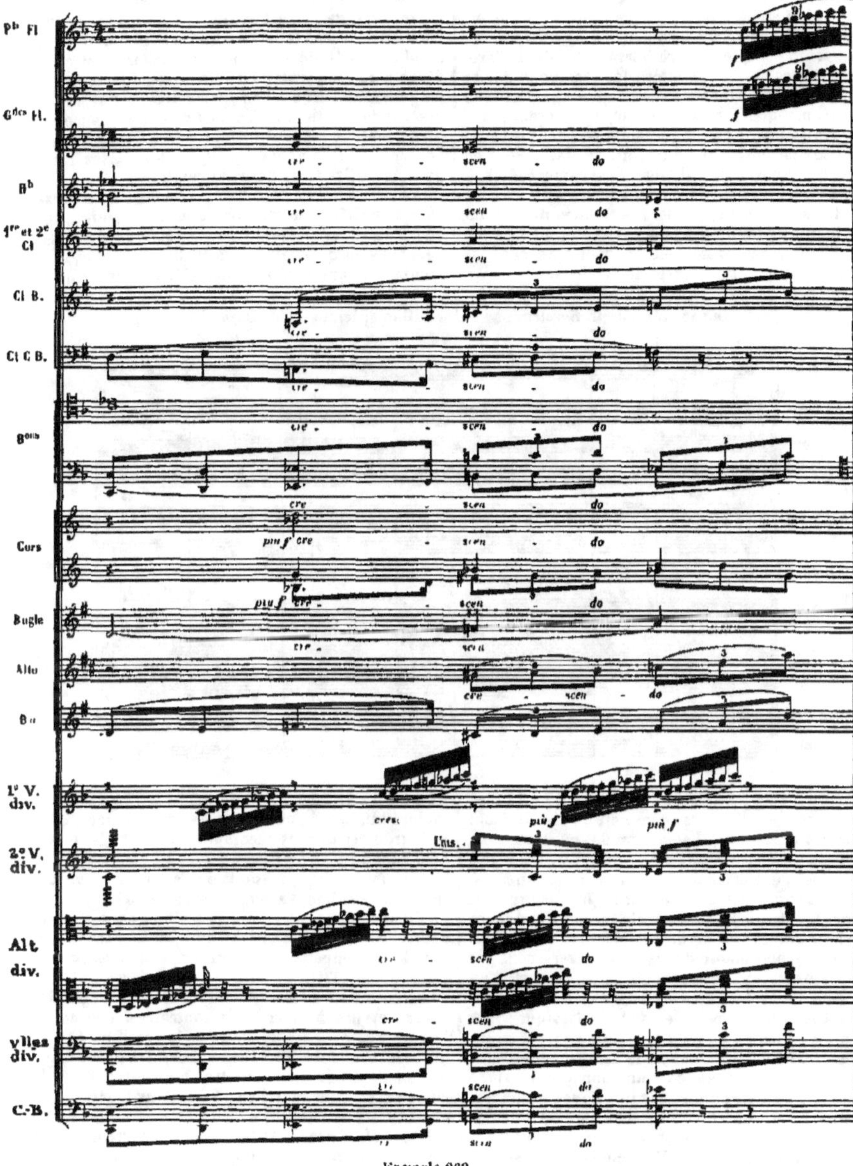

Exemple 269.

basses et contrebasses semblent décrire un moment Kaïto, le serpent formidable enroulé autour de l'autel...

Les saxophones, sur la scène répondent, et tout leur quatuor apparaîtra enfin, dans l'orchestre, au serment solennel des chefs de Cravann à Fer-vaal, où les cuivres sont traités de façon magistrale.

Dans l'*introduction* du troisième acte, les bugles réapparaissent, et la clarinette contrebasse atteint les profondeurs extrêmes. C'est là un instrument peu employé encore, de par la fatigue qu'il entraîne pour son exécutant. D'INDY en tire de beaux effets. Ici, les dessins onduleux des basses acquièrent, grâce à cet apport, quelque chose d'onctueux et de profond (ex. 269).

Et dans la scène finale, après la mort de Guilhem, quand la bise glaciale commence à souffler sur les hauts sommets que gravira Fervaal, les deux clarinettes graves feront entendre leur tortueux dessin chromatique. On trouvera même plus loin, lorsque Fervaal, presque fou de douleur, en présence des cadavres d'Arfagard et de Guilhem, voit dans le sang, des roses partout répandues, un véritable solo de clarinette contrebasse doublé des contrebasses à cordes.

Enfin les saxhorns, pendant la montée de Fervaal dans la lumière toujours plus éclatante, sur la montagne haute, accompagnent le chœur de coulisse avec les gammes étincelantes des violons.

Paul Dukas.

Avec *Salomé*, avec *Fervaal*, avec *Ariane et Barbe-Bleue*, ouvrages, il est vrai, de trois symphonistes, l'orchestre dramatique est arrivé enfin à toute sa plénitude, à toute sa variété; sa richesse est considérable et lui permet les effets les plus colorés et les plus pittoresques, en même temps que la traduction des sentiments les plus divers. La rançon de telles qualités est la difficulté de réunir un si grand nombre d'instruments, quelques-uns assez rares, dans des villes autres que les capitales.

Comme celui de V. D'INDY, l'orchestre de DUKAS sera wagnérien; nombreux et varié, il empruntera aussi toutes les formules modernes, depuis celles de l'art russe jusqu'à celles d'un Richard STRAUSS, et ne reculera devant aucune difficulté[1]. Brillant, sonore,

P. DUKAS, *L'Apprenti Sorcier* (par autorisation spéciale de M. Durand).

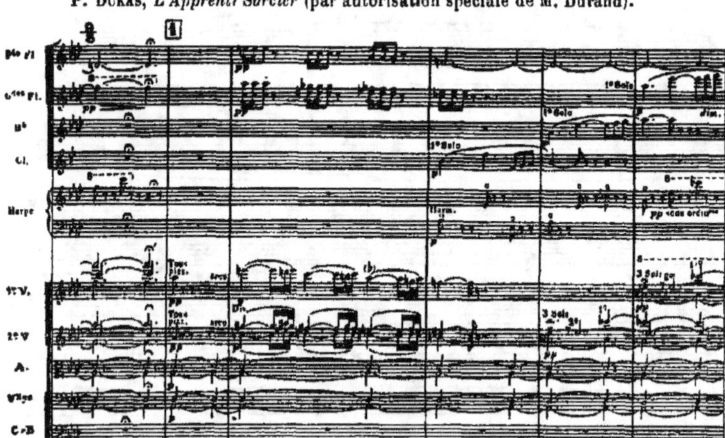

Exemple 270.

éblouissant de mille feux, comme un ruissellement de pierres précieuses, il sera, par-dessus tout, descriptif de sensations multiples. La hardiesse des harmonies, l'entrelacement volontaire des thèmes, et leurs frottements un peu âpres, le mélange des rythmes les plus opposés, tout cela lui communiquera une vie nerveuse, un élan, une richesse sonore qui garderont quand même du style et ne verseront pas dans les excès auxquels aboutit parfois l'art d'un MALHER.

Et l'*Apprenti Sorcier* deviendra classique dans toutes les salles de concert du monde entier, grâce à sa construction équilibrée de *scherzo* descriptif, grâce à l'esprit de ses combinaisons, à la verve entraînante de son rythme, à la joie de ses sonorités. Les étranges recherches du début, tenues harmoniques des violoncelles et altos, harmoniques des harpes, crépitements des flûtes, effets de glissando, sourdines aux trompettes, notes bouchées des cors, tous les ragoûts, s'expliquent par les intentions du texte admirablement suivi, et l'esprit pétille à chaque page (ex. 270). Le motif principal, présenté par les trois bassons à l'unisson, est d'un comique achevé. La formule magique a été prononcée, le balai, comme

malgré lui, commence à s'agiter, gauchement, dans sa lourde dégaine, et accomplit peu à peu le service commandé.

Sous les appels pressants de l'apprenti magicien, il s'agite, s'anime, va, vient, rapporte au logis l'onde bouillonnante... et le motif passe aux cordes, lourdaud encore, puis plus alerte, mais toujours comique, aux deux trompettes en sourdines, doublées par les pizzicati (ex. 271).

L'eau monte et envahit tout. Sur les arpèges des cordes et des bois en sens contraires, clarinette-basse, cors et pistons, clament le motif (p. 17). Et après le formidable coup de hache qui coupe le maudit balai, comme l'orchestre hésitant, coupé de silences, exprime bien l'effort des deux tronçons qui cherchent à se rejoindre.

Le motif, divisé en deux fragments, passe alors par tous les timbres, pendant que l'eau menace de submerger le vaniteux apprenti, et jusqu'à ce que le maître vienne enfin au secours de ce niais.

Page 60, les petites notes glissées des cors, appuient

1. Les premières œuvres de DUKAS sont contemporaines de celles de STRAUSS, qui étaient alors presque inconnues en France.

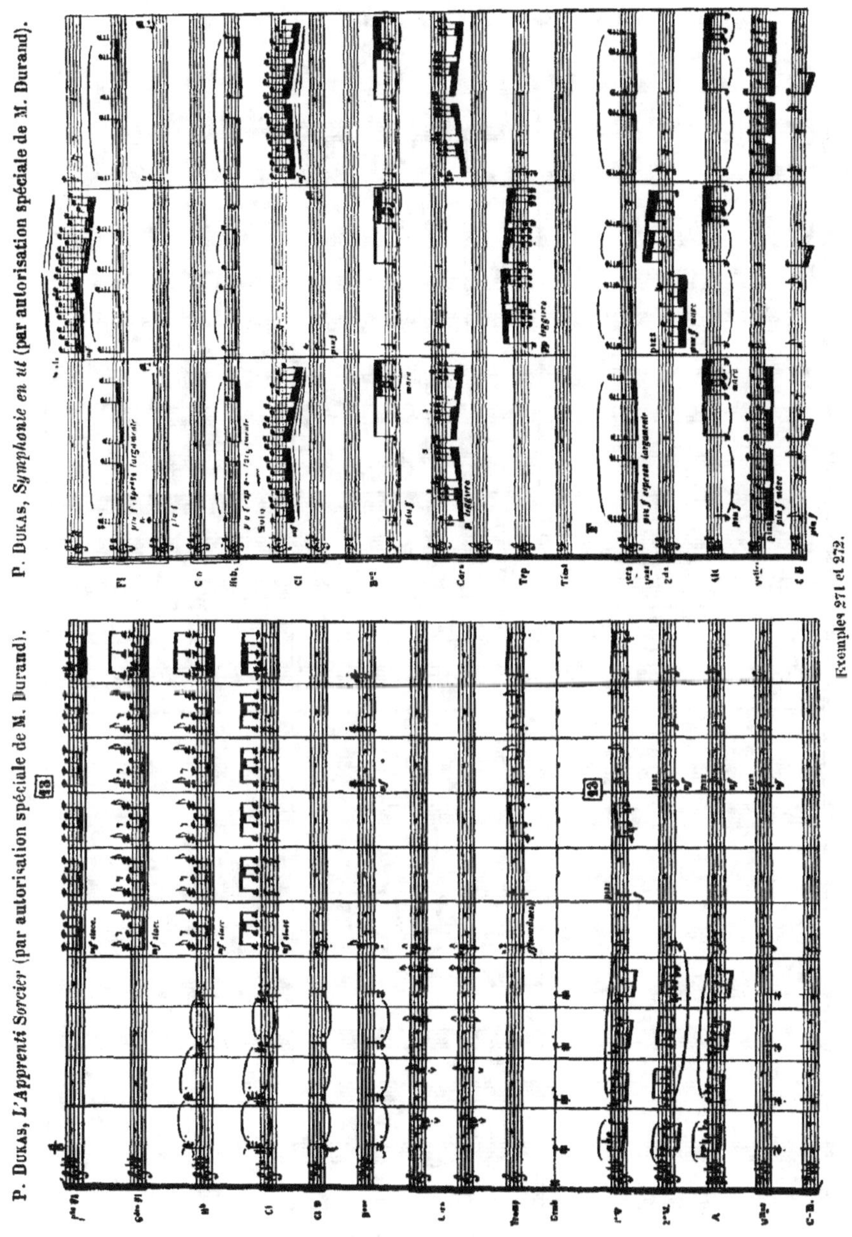

P. Dukas, *Symphonie en ut* (par autorisation spéciale de M. Durand).

P. Dukas, *L'Apprenti Sorcier* (par autorisation spéciale de M. Durand).

Exemples 271 et 272.

l'intention humoristique du passage que des cornets à pistons soulignent mieux que ne l'auraient fait des trompettes.

La *Symphonie en ut*, quoique n'employant que l'instrumentation usuelle, est d'une sonorité corsée et nourrie. Les cuivres y ont (p. 80, 81, 83) une figu-ration mouvementée. Ils prennent de plus en plus d'importance dans l'orchestre moderne. Ici, ils ont même tendance à dominer.

Cette prépondérance justifiera nécessairement le développement des instruments graves, bois ou cuivres, clarinette-basse, clarinette-contrebasse, sarru-

P. Dukas, *Ariane et Barbe-Bleue*. 1er acte (par autorisation spéciale de M. Durand).

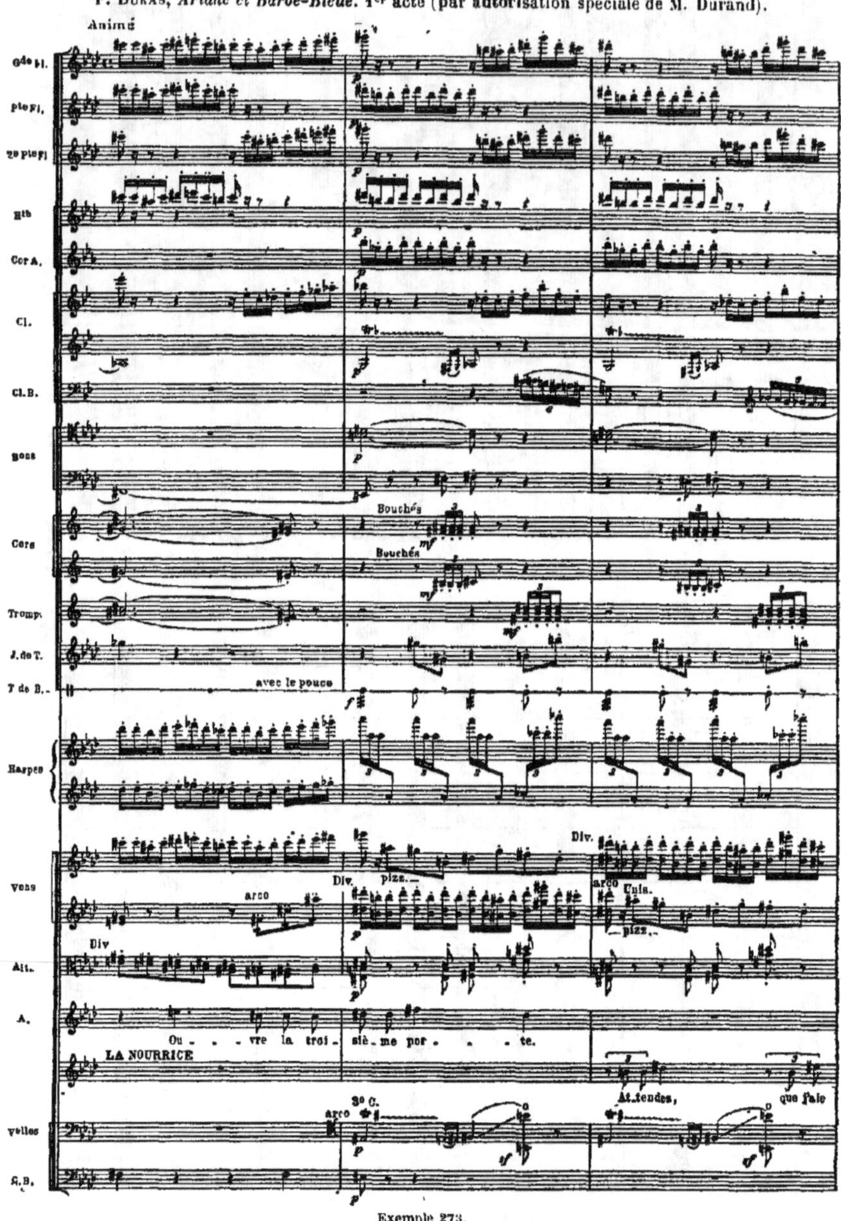

Exemple 273.

sophone, trombone-basse, tuba, contrebasse tuba, et cela par préoccupation d'équilibre. L'auteur emploie (p. 134, 152, etc.) une trompette en *ré* pour atteindre le *si*, l'*ut* et l'*ut dièse* aigus.

La page 60 donnera une juste idée d'un des procédés favoris de Dukas : multiplicité des figures rythmiques et des dessins contrariés. Elle fait partie de l'*adagio* (ex. 272).

Mais l'orchestre d'*Ariane et Barbe Bleue* appellera surtout notre attention. Le deuxième acte, prêtant par son sujet même à toutes les recherches de coloration, devait fournir au maître l'occasion de nous révéler un prestigieux talent de peintre musical, à la palette rutilante.

Trois flûtes, deux hautbois, un cor anglais, deux clarinettes, une clarinette-basse, trois bassons, un contrebasson ou sarrusophone, quatre cors, trois trompettes, trois trombones, un tuba, timbales chromatiques, grosse caisse, cymbales, triangle, tambour de basque, caisse roulante, tambourin, timbres, célesta, cloche en *si bémol*, tamtam, deux harpes, quintette à cordes avec contrebasses à cinq cordes ; ce n'est pas encore tout à fait l'orchestre par quatre de STRAUSS, mais peu s'en faut, et c'est aussi toute la batterie et la percussion pimentées des ballets russes. N'oublions pas qu'il s'agit d'une pièce jouée à l'Opéra-Comique, et mesurons la distance qui sépare cet orchestre de celui bien modeste de BOÏELDIEU, ou même de celui, pourtant souvent bruyant et vulgaire, d'AUBER ou d'HÉROLD. Qu'auraient dit nos pères de tout ce déploiement?

Mais la science des timbres est devenue si riche que toute cette variété n'aboutit en général qu'à un revêtement de teintes successives et changeantes, et que, si parfois le vacarme atteint son extrême limite, il reste toujours musical et impérieusement appelé par la situation même.

A l'examen, ce qui frappera tout d'abord, ce seront la multiplicité des dessins différents, le mouvement et le morcellement de l'orchestre. Ce ne sera pas une voix unique qui exprime, avec la force résultant d'un ensemble dont les efforts divers tendent à un même but, un sentiment profond et dramatique, une voix qui souligne une émotion ou qui traduit un état d'âme, ce seront plutôt les voix divergentes de la foule, les mille bruits de la nature, les jeux de la lumière resplendissante, et aussi les sensations que ces choses évoquent en nous-même.

Aux premier et second actes, l'orchestre brille, crépite, scintille de mille feux, tout embrasé de lueurs ; quand, tour à tour, les sept portes mystérieuses s'entr'ouvrent, les améthystes, les saphirs, les perles, les émeraudes, les rubis ne ruissellent pas que sur la scène. La sonorité, éclatante et riche, enveloppée d'arpèges, de trémolos, de trilles, de traits de toute sorte, est ponctuée des accents du triangle, du tambour de basque et des cymbales (p. 69, 87, 88, 97, 112) (ex. 273).

La lumière devient éblouissante, avec les cascades de diamant, et l'on a dans l'oreille la sensation des yeux crevés de flamme (p. 122)!

Ce n'est là que de la description musicale, mais l'orchestre est tragique à souhait lorsque Barbe-Bleue veut entraîner Ariane, et que la foule, au dehors, hurle ses cris de mort. Les sons rauques des cors tiennent leur intensité brutale du glissando de la petite note précédant l'attaque et comme écrasée sur l'accord.

Ici, les trois groupes instrumentaux ne sont pas séparés, ils se pénètrent, se répondent, s'empruntent leurs phrases, leurs rythmes, se les renvoient. Les timbres se doublent et se triplent (à la WAGNER) pour faire ressortir les thèmes dans cette chaude et enveloppante atmosphère. Souvent, les chants seront doublés avec des rythmes différents, l'un en noires, l'autre en triolets de croches ou en batteries. Et, lorsque Ariane parle à ses sœurs misérables de la lumière et du printemps, un frisson passe dans l'orchestre que des rayons semblent illuminer (ex. 274 et 275).

Mais Ariane, intrépide, a soulevé la pierre qui les murait dans cette tombe de ténèbres, elle a cassé la vitre qui les séparait encore de toute vie ; un flot de lumière, de jeunesse, d'amour, tout le soleil, tout le printemps pénètrent. et, sur le cri d'émoi des femmes (accord d'*ut* majeur), les arpèges, les gammes, les trémolos entourent, enveloppent et tamisent de leur élan fou les claires fanfares des cuivres qui proclament fièrement la joie de vivre (ex. 276 et 277).

Les exemples déjà nombreux que nous venons de donner suffisent à classer DUKAS comme un maître symphoniste d'une rare habileté. Mais nulle part on ne pourra mieux apprécier ses qualités de coloriste, à la fois fin et puissant, et la sûreté de son écriture orchestrale que dans son ballet de *La Péri*. D'autres maîtres pourtant nous réclament.

Claude Debussy (1862-1918).

L'école debussyste, s'attachant par-dessus tout à la sensation, et cherchant à produire cette sensation par les moyens les plus neufs et les plus osés, devait, par cela même, être génératrice de nouvelles trouvailles orchestrales. Seulement, alors que l'école wagnérienne cultivait la sonorité pleine et grasse par le redoublement des timbres et la polyphonie appuyée, que l'école Russe, polyrythmique avant tout et coloriste éclatante, mélangeait avec art les trois groupes instrumentaux, cultivait les doublures elle aussi, et introduisait dans l'orchestre le piment d'une batterie décomposée en de nombreux éléments, tandis que STRAUSS en Allemagne, d'INDY et DUKAS en France, GILSON en Belgique recueillaient, chacun suivant son tempérament propre, les enseignements de ces deux écoles et en tiraient des effets nouveaux, en centuplant la puissance et la variété, la complexité aussi, de leur orchestre, DEBUSSY revenait à un art sinon plus classique, du moins plus simple d'apparence, quoique raffiné à l'excès. En tout cas, il respectait le plus souvent le grand principe de l'école classique, la séparation, l'individualité des trois groupes instrumentaux. Chez lui, rarement les cordes doubleront les bois. Le fameux unisson des bassons, des cors et des violoncelles, auxquels on ajoute aujourd'hui les clarinettes, les cors anglais et même les trompettes, se rencontre peu dans son œuvre, s'il s'y rencontre. Cette sonorité chaude et vibrante manque pour lui de discrétion, .. et peut-être de distinction. Il s'attachera davantage au morcellement des timbres, à leur éparpillement, aux assemblages les plus rares, et aussi à la multiplicité des rythmes, à leur émiettement en formules diverses du haut en bas de l'orchestre. Cela jouera, brillera, papillotera, avec la plus grande souplesse, parfois avec une extrême ténuité. Le fin du fin... dira-t-on ; mais cela n'empêchera pas la puissance à l'occasion ; toujours, elle sera obtenue sans la moindre brutalité, toujours nous trouverons là cette suprême qualité : le tact de la proportion.

WAGNER, STRAUSS, sont des peintres qui travaillent en pleine pâte, triturant la couleur avec le couteau à palette ; les Russes peuvent se comparer aux impressionnistes, coloristes avant tout, épris des complémentaires ; mais les Debussystes recherchent la division du ton, peignent par petites touches, en pointillistes... La musique a aussi ses cubistes et ses futuristes : les bruitistes!... Mais nous n'en parlerons pas.

La partition de *Pelléas et Mélisande,* de Claude

P. Dukas, *Ariane et Barbe-Bleue.* 2ᵉ acte (par autorisation spéciale de M. Durand).

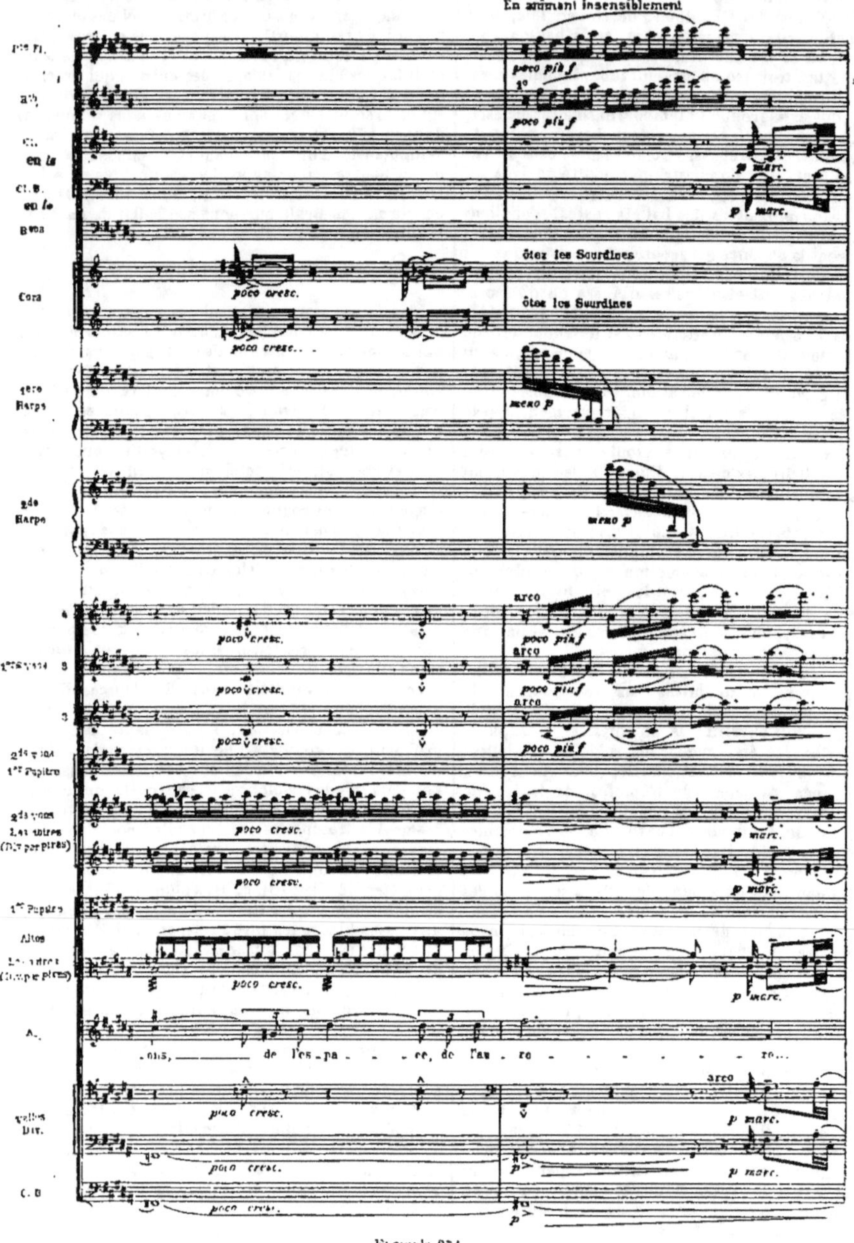

Exemple 271.

P. Dukas, *Ariane et Barbe-Bleue.* 2ᵉ acte (par autorisation spéciale de M. Durand).

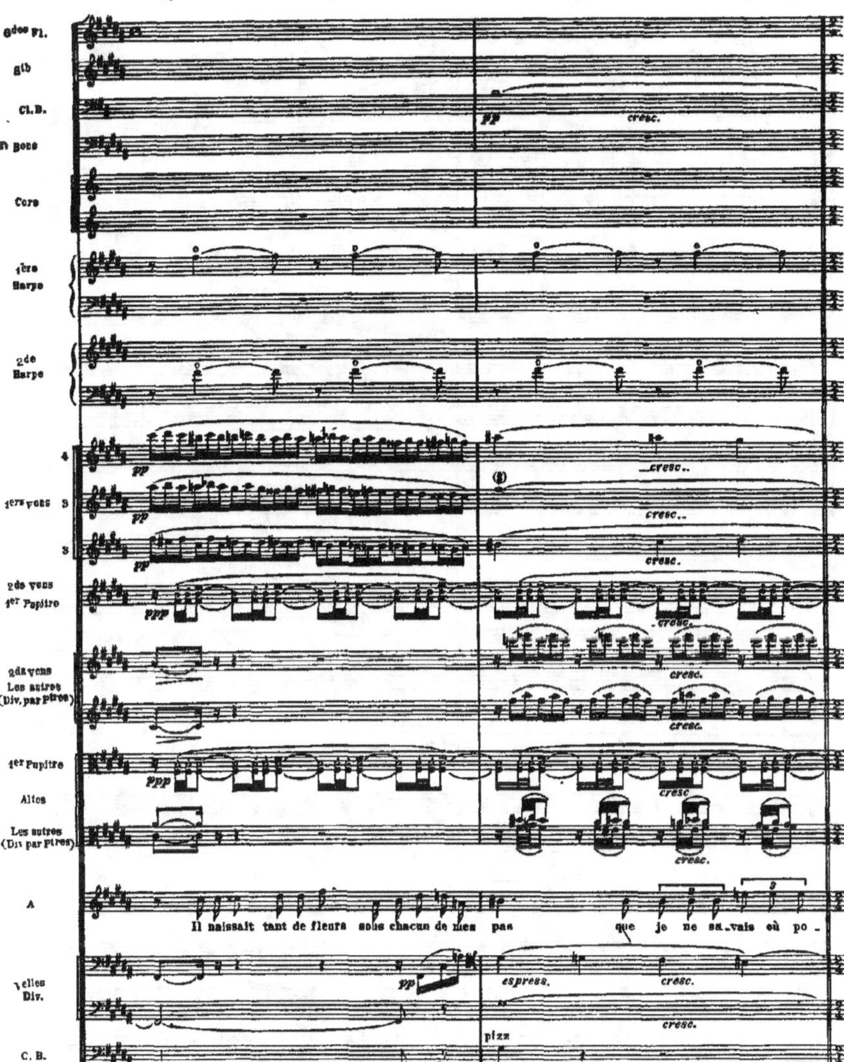

Exemple 275.

Debussy, comprend 3 flûtes, 2 hautbois, 1 cor anglais, 2 clarinettes, 3 bassons, 4 cors, 3 trompettes. 3 trombones, 1 tuba, les timbales, les cymbales, 1 triangle, 2 harpes et le quintette à cordes. Il n'y a donc là que l'habituel assemblage des orchestres de théâtre modernes, sans excès, sans recherche de timbres rares. Mais l'écriture harmonique, si curieuse, de l'auteur devait tout naturellement amener des dispositions nouvelles et des sonorités encore inentendues. Cet orchestre est peu bruyant, plutôt simple; il ne couvre pas la voix, la déclamation devant toujours rester au tout premier plan. Il cherchera donc ses effets dans la délicatesse la plus absolue.

La caractéristique de toute l'école ultra-moderne est dans l'importance des bois et des cors; les cordes deviennent des facteurs d'accompagnement qui, très divisés, enveloppent la partie principale, confiée à l'harmonie, d'une sorte de poussière sonore. Les phrases, très courtes, se morcellent, d'un groupe à l'autre, en petites touches de couleur posées çà et là.

P. Dukas, *Ariane et Barbe-Bleue.* 2e acte (par autorisation spéciale de M. Durand).

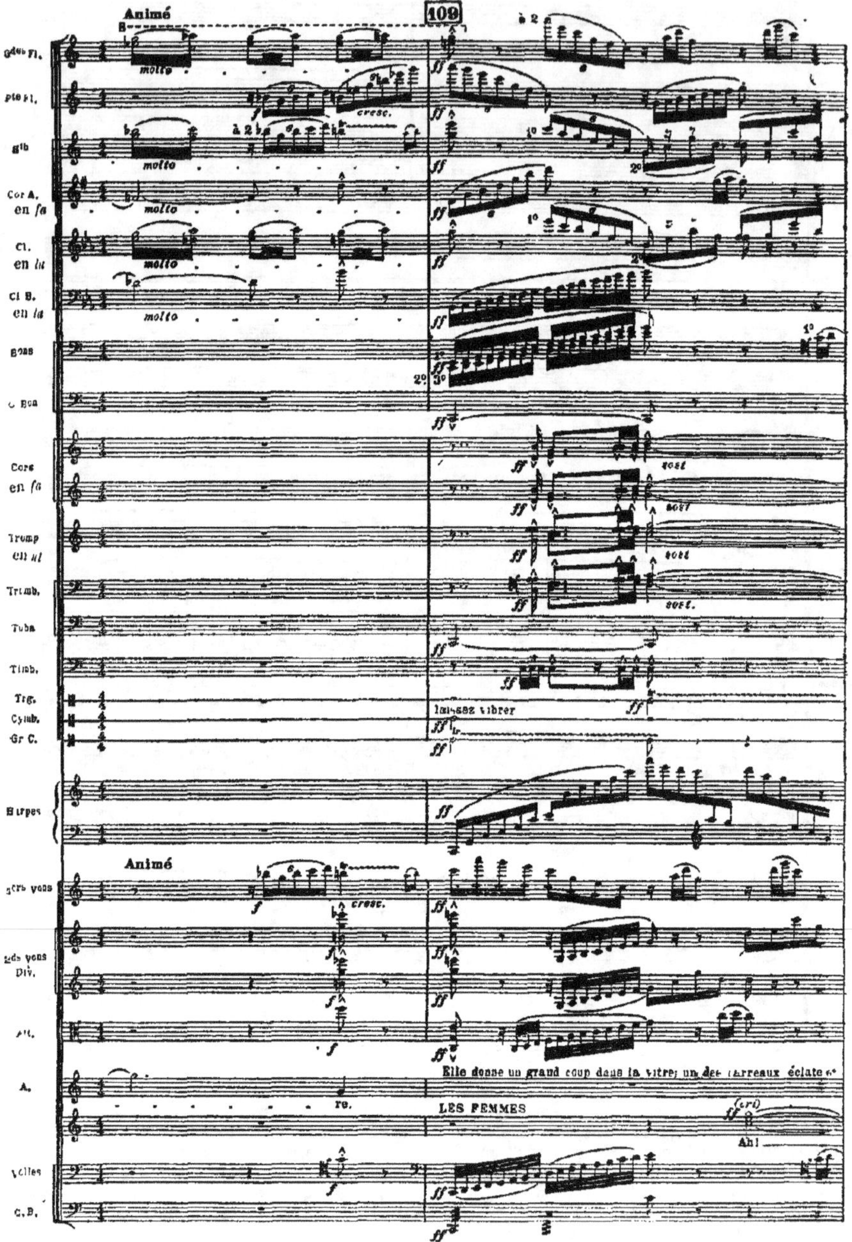

Exemple 276.

P. Dukas, *Ariane et Barbe-Bleue*. 2ᵉ acte (par autorisation spéciale de M. Durand).

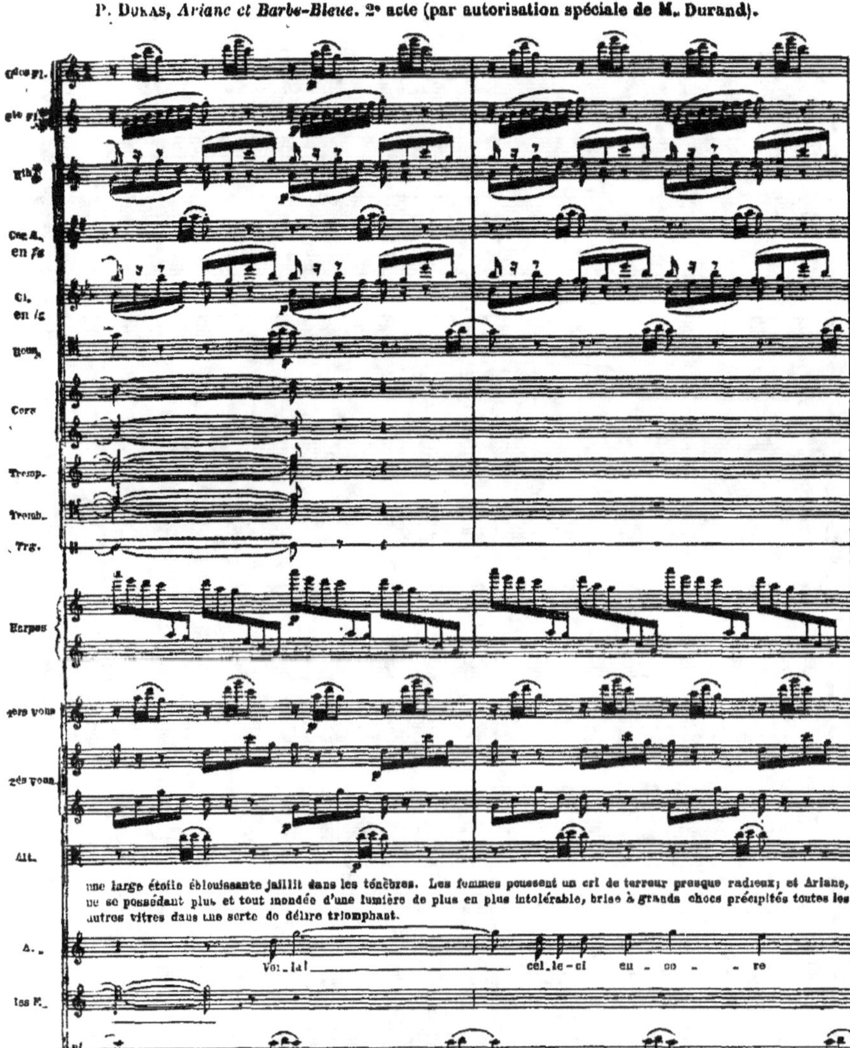

Exemple 277.

Cependant, Debussy sait faire parler son quatuor de façon expressive; et trouve, dans ce but, des sonorités discrètes et bien sonnantes, témoin le postlude du second tableau, page 15 de la partition.

Citons avant cela, page 40, le passage où l'accompagnement est confié à 3 flûtes soulignées, par places, d'une note de clarinette doublée d'un pizzicato des seconds violons, et soutenues par les contretemps de 4 altos soli.

La délicatesse de cet orchestre touche souvent à la ténuité (voyez p. 46, le début du troisième tableau), et les flûtes, dans le grave, y ajoutent le charme mystérieux de leur timbre voilé.

A certains moments, l'orchestre se divise, se morcelle et se mouvemente à la fois, pour exprimer la clarté, les lumières sur la mer, l'agitation des flots lointains... Voir p. 59, les belles parties tendues de violoncelle (en clé de *sol*), le rythme en triolets des violons et les altos alternés arco et pizzicato.

Avec la scène de la fontaine, au deuxième acte,

Cl. Debussy, *Pelléas et Mélisande*. 2e acte (par autorisation spéciale de M. Durand).

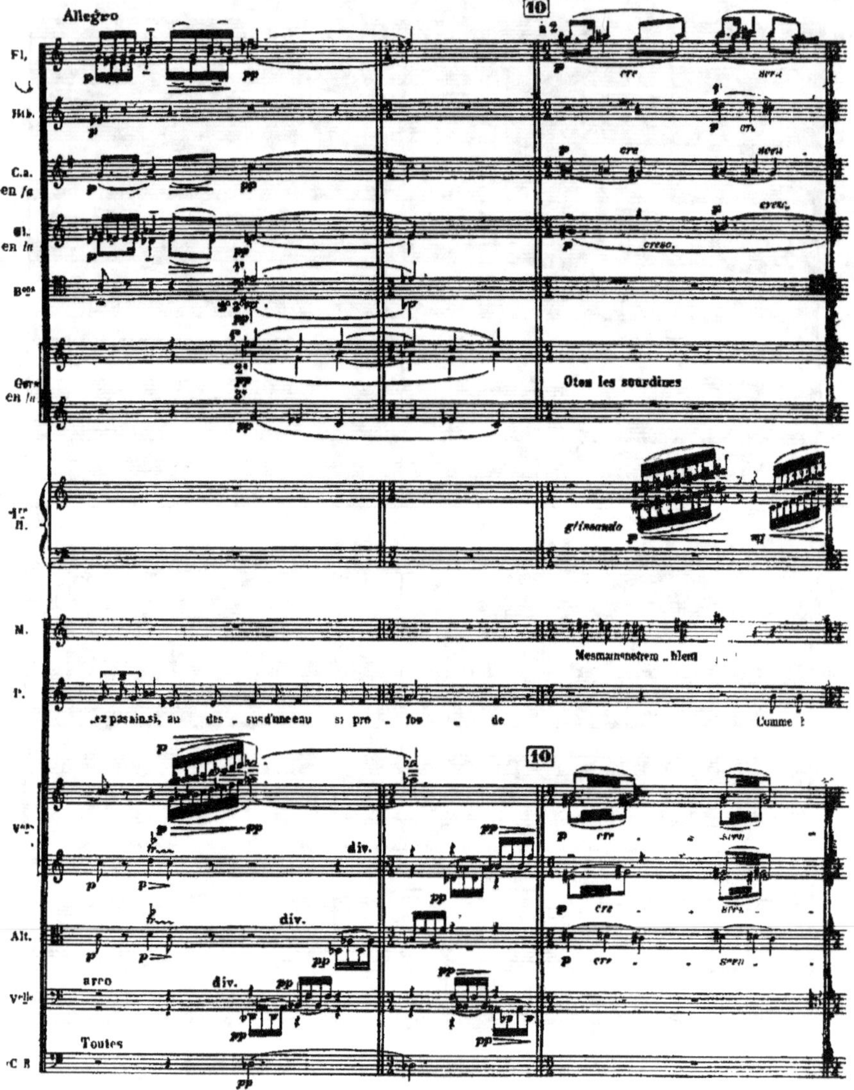

Exemple 278.

l'orchestre devient comme transparent et fluide, la harpe, avec ses glissandos, vient mettre là comme un ruissellement limpide et frais (ex. 278 et 279).

Aucunes doublures wagnériennes ou meyerbeeriennes dans tout cela. Les trois groupes sont bien isolés, chacun parle sa langue, suivant le vieux principe classique. Mais la division du quatuor est la loi. Les cuivres sont rarement employés, et parlent une langue discrète, sans jamais de brutalité.

Il est difficile d'expliquer en quoi cet orchestre est si évocateur, car son mérite tient à une foule de causes diverses : rythmes, harmonies neuves et hardies, modulations, choix judicieux des timbres, tessiture étudiée des instruments, écriture soignée, raffinée, dans les moindres détails de l'instrumentation.

Il faudrait analyser tout le troisième tableau du deuxième acte, l'obscurité de la grotte et la brise

CI. Debussy, *Pelléas et Mélisande*. 2e acte (par autorisation spéciale de M. Durand)

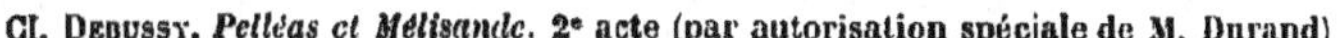

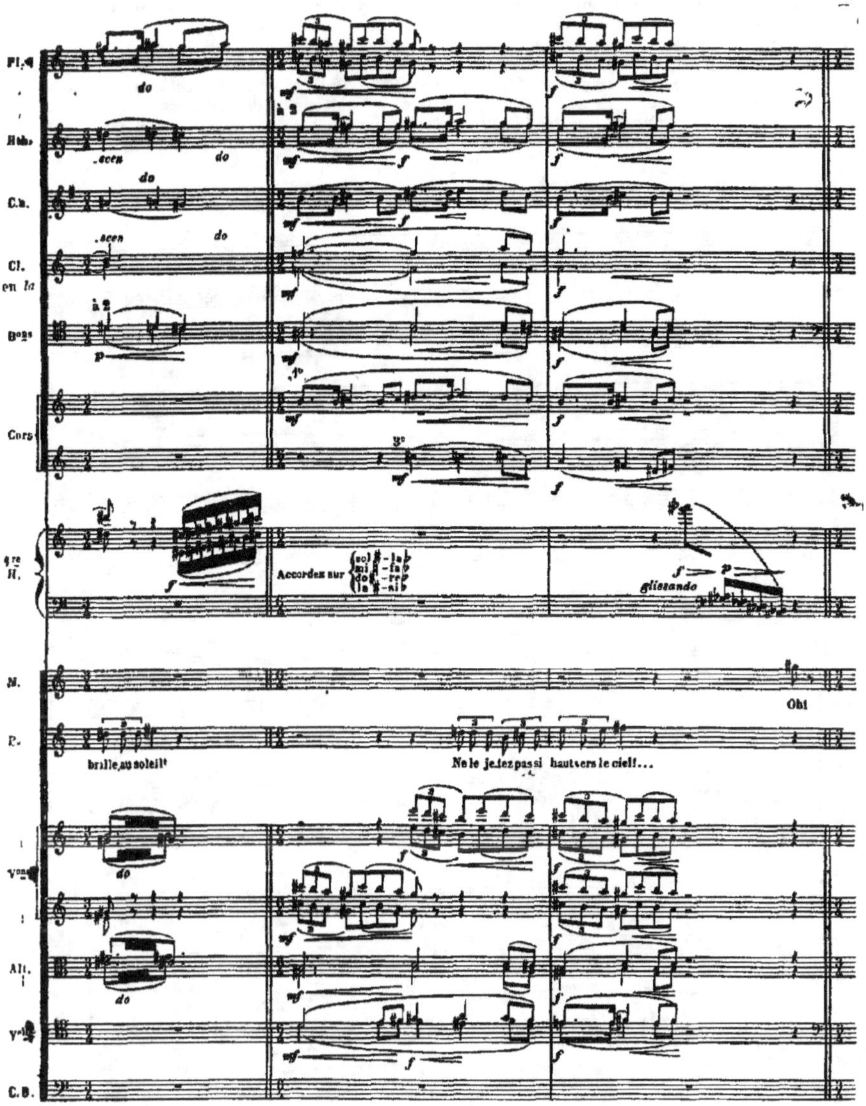

Exemple 279.

froide de la mer qui souffle sur les roches (p. 138-39), les bruits des vagues (p. 142) et la clarté subite un moment (p. 144)...

Le raffinement se fait jour en les plus petits détails. Acte III, ce sont les *sol fa# ré* obsédants du début, joués par deux flûtes graves, puis par une seule, pour dégrader le son, ensuite par un basson pianissimo, puis par la harpe en octaves graves[1] (affaiblissement encore de la sonorité). Enfin, quand les flûtes reprennent ce dessin, elles alternent : trois notes par une seule flûte, puis trois notes par deux flûtes à

[1]. Massenet, avait déjà, semble-t-il, tenté de pareils évanouissements de thèmes.

l'unisson, obtenant ainsi un rinforzando presque imperceptible, p. 153.

Tout le duo d'amour, si tendre et si puéril en même temps, est une merveille de l'orchestre qui reflète les moindres sentiments des deux amants.

Remarquons, p. 175, l'original effet du quatuor en sourdine (l'alto solo au-dessus des violons), doublé presque en entier par la harpe.

Au second tableau de cet acte, à la sortie du souterrain, tout s'éclaire peu à peu, la lumière jaillit soudain, elle éclate, elle illumine tout d'une lueur céleste; oppressé jusqu'alors par les sourdes harmonies, on respire enfin dans la joie de cet enchantement sonore. Cela est très beau (ex. 280 et 281).

D'ailleurs, le compositeur sait atteindre la chaleur et la sonorité, comme dans le récit d'Arkel au quatrième acte. Dans la scène de brutalité de Golaud, la force est obtenue, mais sans réunion de tous les timbres; l'orchestre reste morcelé, seulement, chaque timbre donne exactement ce qu'il doit donner de

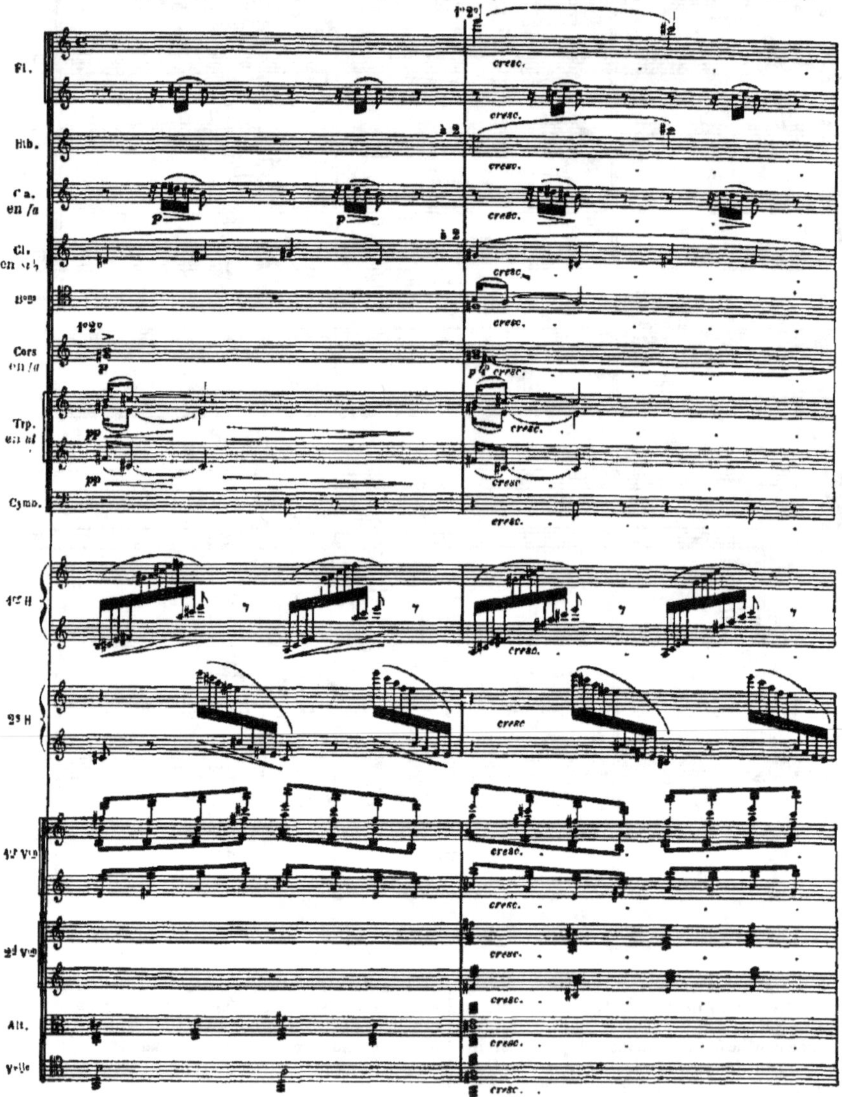

Cl. Debussy, *Pelléas et Mélisande*. 3e acte, IIe tableau (par autorisation spéciale de M. Durand).

Exemple 280.

Cl. Debussy, *Pelléas et Mélisande*. 3ᵉ acte, IIᵉ tableau (par autorisation spéciale de M. Durand).

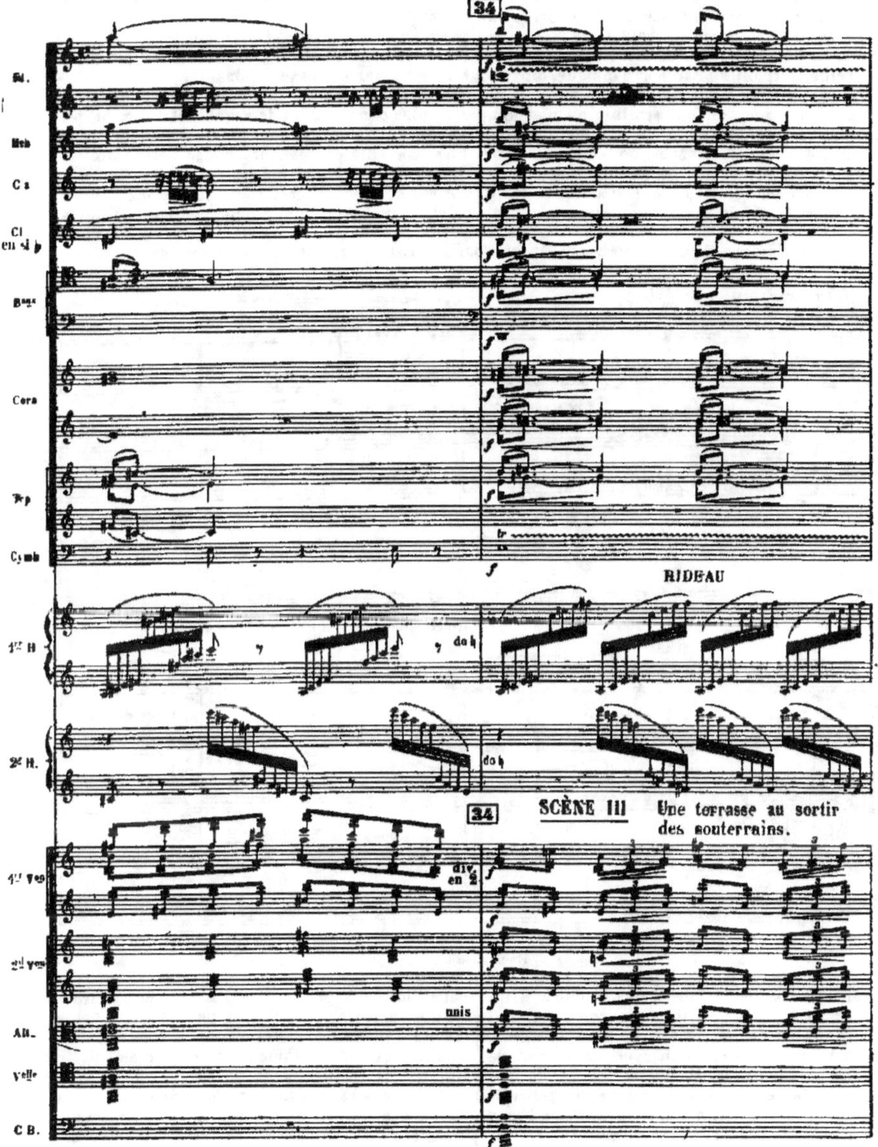

Exemple 281.

quantité sonore, et la voix perce toujours aisément. Donnons encore un exemple pour son joli choix de sonorités. Les pupitres du quatuor y sont divisés et dosés avec le plus grand soin (ex. 282).

Enfin, lorsque Pelléas et Mélisande, sous la menace de Golaud qu'ils devinent, s'étreignent en un fougueux baiser, toute la passion se déchaine dans l'orchestre, produisant un effet d'autant plus puissant qu'il est plus savamment ménagé.

Mais nous trouverons encore plus de nouveauté d'écriture et de dispositions dans les diverses pièces orchestrales du maître.

Quelle délicatesse, quelle grâce et quel classicisme, oserons-nous dire, dans *L'Après-midi d'un faune.*

Dessin chromatique de la flûte seule au début, accords mystérieux des bois, puis glissando des harpes, et réponses étouffées des cors. Cela reprend avec le trémolo des cordes sur la touche, et l'harmonie se joint au reste. Et toujours ce chant lassé, vague et fluide de la flûte perce l'ensemble. Les cors jouent en sourdine, le chant du hautbois s'indique, discret, sur les réponses des cordes. Que l'on aime ou non cette musique, que l'on soit sensible ou non aux trouvailles harmoniques de l'auteur, à son système nouveau d'échafauder les sons, on admirera avec quelle connaissance exacte de la valeur de chaque timbre, avec quel souci constant du poids des diverses sonorités, il a su réaliser son idéal.

Pour finir, après des jeux de timbres, où les rythmes sont renvoyés de l'un à l'autre, c'est la reprise du solo des deux flûtes, la division du quatuor en dix parties, et le contrechant joué en triple octave par les seconds violons et les violoncelles.

Aux dernières mesures, une cymbale antique égrène à l'aigu la tonique et la dominante.

Plus corsé, naturellement, sera le tryptique de *la Mer*, plus curieusement descriptif aussi. Les harpes, chères à l'auteur, y ont une part importante. Debussy ne se contente pas de leur confier des accords ou des arpèges et de faire éclater dans l'orchestre les fusées de leurs sonores effets de glissando; il s'en sert, tour à tour, pour renforcer les pizzicati du

Cl. Debussy, *Pelléas et Mélisande*. 3ᵉ acte (par autorisation spéciale de M. Durand).

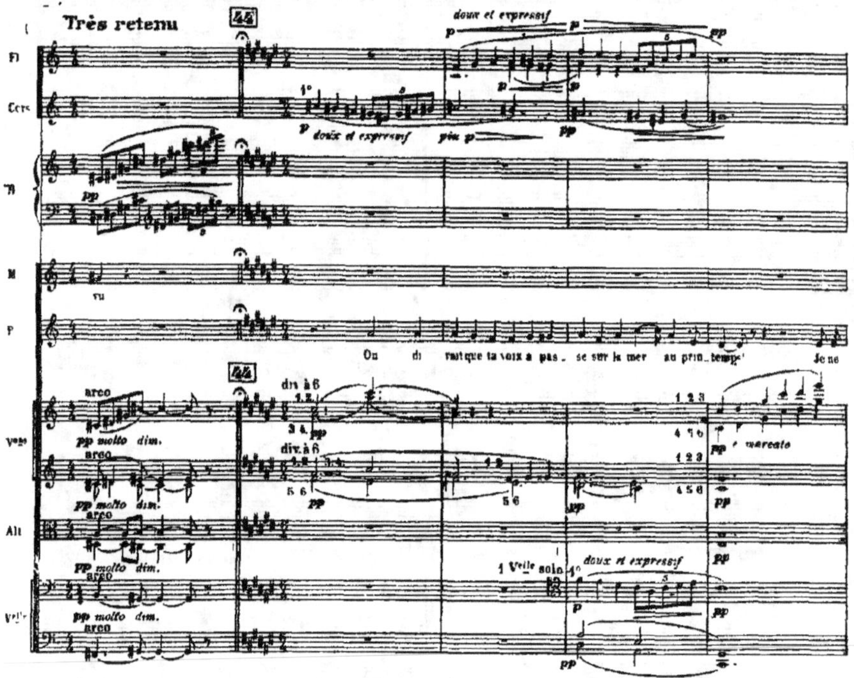

Exemple 282.

quatuor, doubler les contrebasses, ajouter à un chant de flûte ou de clarinette la percussion qui précise l'attaque de chaque son. La technique de la harpe moderne, arrivée enfin à un haut point de perfection, permettra tous ces effets que les anciens n'eussent point osé écrire, et le timbre particulier de l'instrument se mariera à merveille aux nombreux timbres isolés ou réunis de l'orchestre.

Remarquons, dans le premier numéro de *la Mer*, l'unisson pianissimo et soutenu de la trompette avec sourdine et du cor anglais. Bien entendu, le quatuor se divisera à l'extrême. Page 10, il ne compte pas moins de seize parties. Tous les groupes seront bien opposés en une polyrythmie adroite.

Sous les beaux arpèges en doubles notes des bois, l'unisson des trois trompettes en sourdine prend une

coloration toute particulière. Parfois, cette sourdine sera indiquée aux trombones pour en modifier et en étouffer le timbre. Par contre, la sonorité finale des cuivres sera éclatante et choisie, jamais vulgaire ni creuse (ex. 283).

Le jeu des vagues nous amène un curieux glissando des harpes en accords formés d'intervalles augmentés ou diminués. Tout cela est chatoyant, ondoyant : lents balancements, frissons des brises, clapotis des vagues, houle tumultueuse; jamais la description musicale ne fut poussée aussi loin. Nulle musique n'a mieux su évoquer les bruits de la mer et les caprices des eaux.

Le système harmonique de l'auteur, où les accords, considérés en eux-mêmes comme des entités, se posent comme des touches de couleur dans l'es-

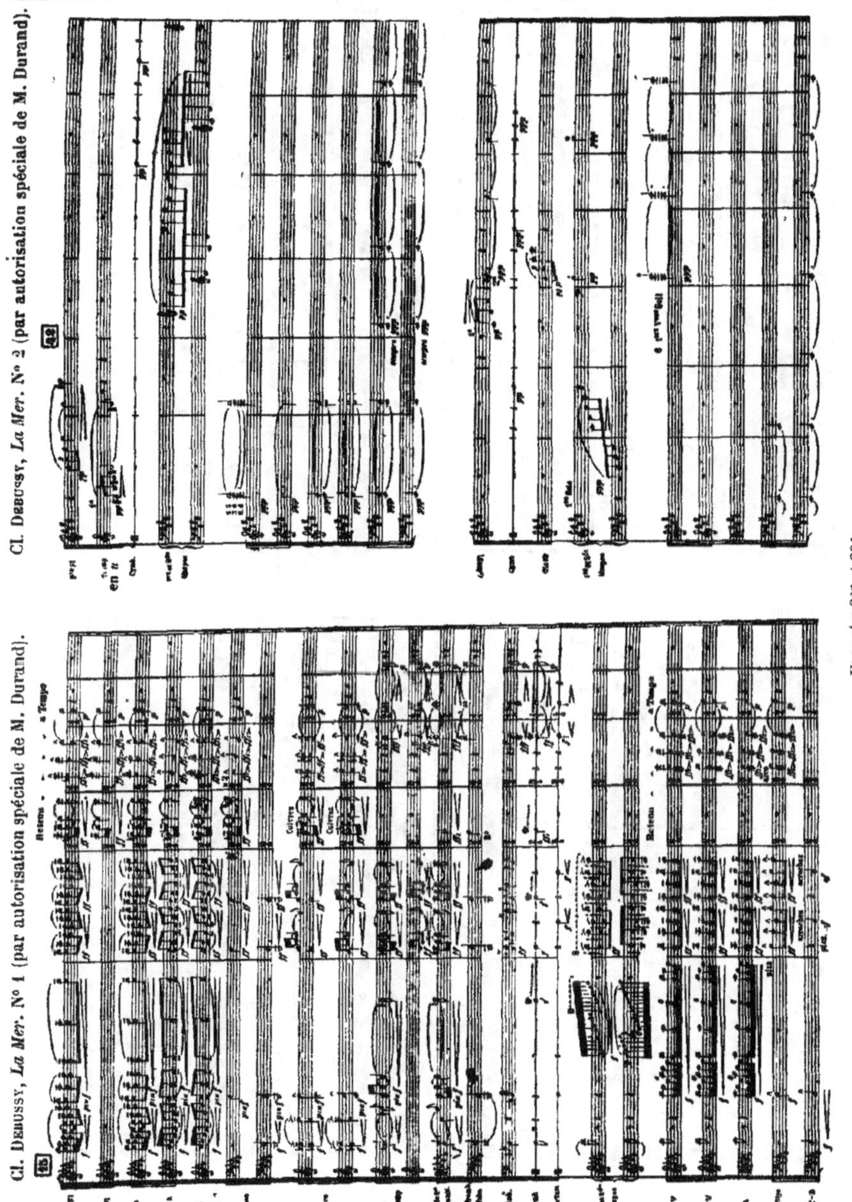

quisse musicale, favorise évidemment toutes ces recherches. La nouveauté de leur disposition engendre naturellement la nouveauté des effets sonores. Consultons, à ce point de vue, les pages 46, 52, 62, et le raffinement de la disposition de leurs harmonies, et terminons cet examen par les dernières pages où tout s'imprécise et se fond comme en une buée fluide... et lumineuse pourtant, en d'insaisissables pianissimos qui favorisent singulièrement la production de dissonances comme le *ré dièse* des trompettes ou le *la dièse* de la flûte venant frôler avec insistance l'accord de sixte et quinte sur le *mi*, du quatuor en sourdine (ex. 284).

L'Ibéria de Debussy nous fournira encore quelques

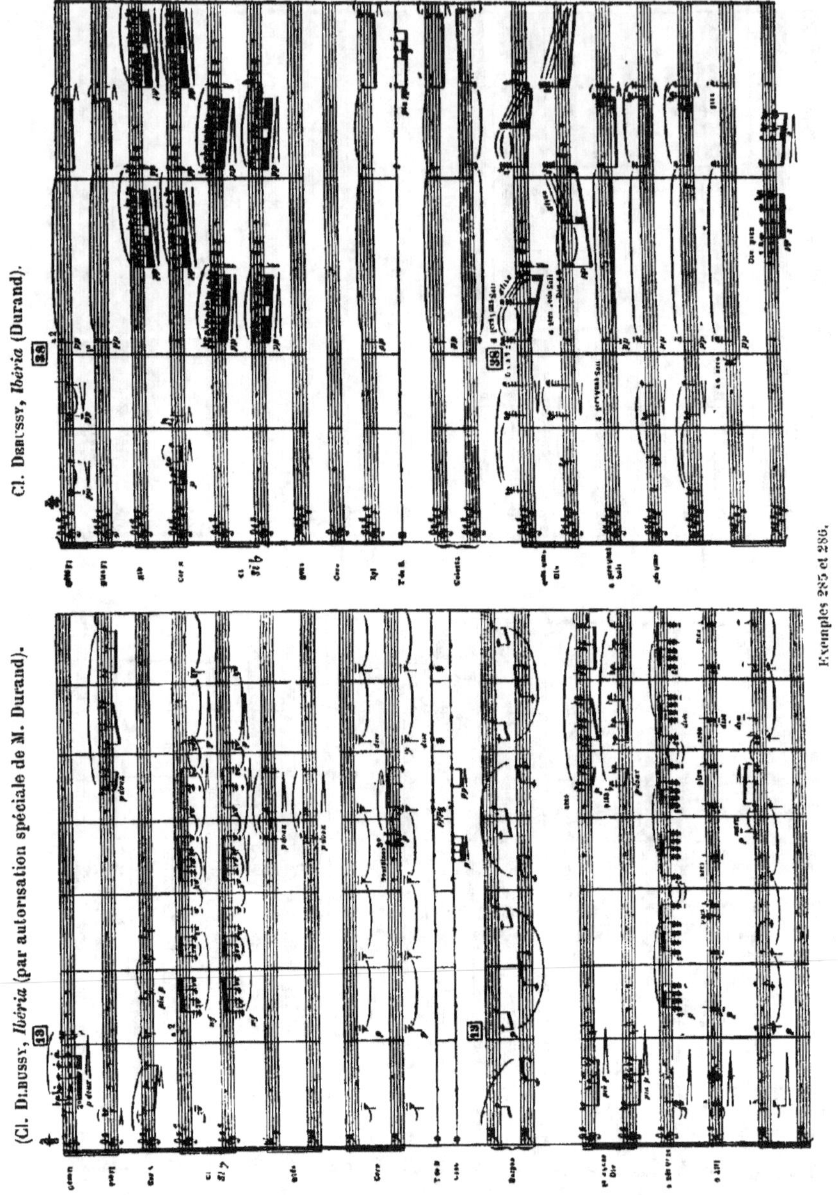

remarques intéressantes. Le n° 1 (Par les rues et par les chemins) comporte petite flûte, trois grandes flûtes, deux hautbois, un cor anglais, trois clarinettes, trois bassons, contrebasson, quatre cors, trois trompettes, trois trombones, un tuba, timbales, tambour de basque, tambour militaire, castagnettes, xylophone, célesta, cymbales, trois cloches, deux harpes, quintette à cordes.

On voit de suite l'importance des instruments de percussion. Signalons les fréquents mélanges de pizzicato et d'arco pour les cordes, et les nombreuses notes répétées (triple coup de langue) des bois. Ici encore, le quatuor reste très différent de l'harmonie et l'on rencontre peu de doublures, sauf quand il s'agit de renforcer un thème par un timbre de combinaison. Page 14, une belle phrase des cors sui

Cl. Debussy, *Ibéria* (par autorisation spéciale de M. Durand).

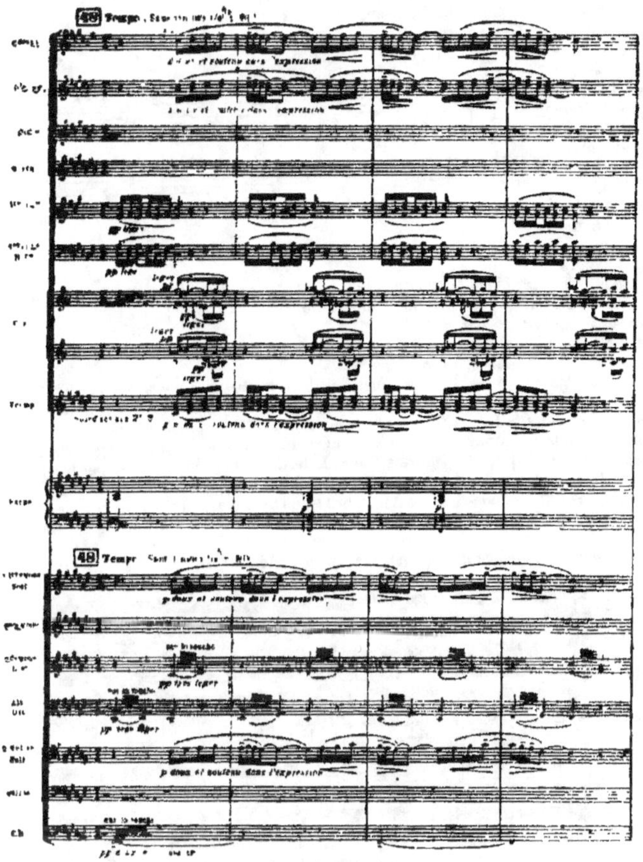

Exemple 287.

Plein de subtilité, le n° 2 (les *Parfums de la Nuit*) évite avec soin toute lourdeur.

Page 54, sur des tenues pianissimo du *sol* aigu par les violons (mais « tenue » est trop simple : les uns tiennent, les autres changent d'octave sur ces mêmes notes tenues, cela produit un mouvement; c'est une sonorité mouvante), tenues que vient doubler par instants une flûte grave, un hautbois chante une traînante mélopée, entrecoupée, tandis que le xylophone égrène quelques notes, et que répond un dessin court et rapide du célesta. Et ce sont alors des gammes chromatiques triples des clarinettes et hautbois, agrémentées de glissandos triples des violons divisés, que soulignent quelques harmoniques (ex. 286).

Curieux aussi le dessin chromatique et traînant, à l'extrême grave, des deux flûtes avec le contrechant des violoncelles (p. 68). Étrange et neuf, le passage où (p. 72) les trompettes en sourdines, à trois parties latérales, sont doublées, les deux parties extrêmes par des flûtes et petites flûtes et premiers violons soli, et au grave par des violoncelles (ex. 287).

Il y a là des recherches de nouvelles doublures, de sonorités encore inconnues. Mais on a vite fait le tour de tout cela. Les effets s'usent vite, seuls des intruments nouveaux pourront nous apporter bientôt de l'inédit. Après tout, la qualité des idées importe plus que la rareté des sonorités.

Dans le n° 3 (*Le matin d'un jour de fête*), l'imitation de la guitare est des plus réussies. Debussy ne se contente pas d'un vaste pizzicato en quadruples croches de tout l'orchestre, mais il double certaines parties de notes répétées *col arco*, ce qui donne l'intensité de prolongation du son de la guitare. Enfin, les instruments sont traités parfois en solo, et avec esprit. Pages 97, 98, etc. : violon solo en doubles cordes; hautbois solo, cor anglais solo, gais et fantasques sur des accompagnements très simples des violons divisés.

Notons, pour conclure, l'accord formidable des trombones s'élançant, joyeux et hardis, sur le *sol, si, re* aigu (ex. 288).

Fanelli.

Un précurseur de Debussy, resté longtemps ignoré, Fanelli, fit jouer en 1912 quelques tableaux symphoniques qui parurent un moment une révélation.

la division des accompagnements morcelés. Partout, une legereté bondissante, aboutissant à des coups de poing, brutalités de trompettes ou de trombones.

Page 21, un charmant effet : sur un frémissement du tambour de basque et des basses des harpes, la petite flûte double la mélodie en harmoniques des violons, percutée en même temps par un pizzicato à l'unisson. Une trompette en sourdine reprend dans le lointain, p. 22, tandis qu'un chant d'alto s'amorce, doublé à la septieme par un hautbois. Sonorités raffinées et bien choisies (ex. 285).

Au *modéré* p. 28, c'est le chant *forte* des quatre cors, en dehors, auxquels se joignent, à la deuxième mesure, les trois clarinettes. Un appel aigu de trompette répond sur la fin, avec quelques lourdes basses des trombones, tuba et contrebasson, un roulement de tambour et un trille de clarinette, diminuendo. Ce sont là mélanges auxquels nous n'étions guère habitués.

Ici d'ailleurs, tout est fantaisie et caprice. Bien entendu, la sourdine est fréquente aux trompettes et intervient même aux trombones.

Les trois parties du *Roman de la Momie* : *Thèbes*, *Sur le Nil* et le *Triomphe de Pharaon*, écrites vers 1882, bien avant l'évolution debussyste, sont conçues d'après des procédés harmoniques très osés qui s'apparentent de près à ceux de l'auteur de *Pelléas*. Mais la ressemblance s'arrête là. Les combinaisons orchestrales de ce poème musical, puissamment évocateur d'une Égypte ancestrale, se rapprochent plutôt du processus berliozien.

Thèbes est écrit pour deux petites flûtes, deux grandes flûtes, deux clarinettes, une clarinette basse, deux hautbois, un cor anglais, quatre bassons, quatre cors, quatre trompettes, trois trombones, trois timbales, deux harpes, deux tambourins accordés en *la*♭ et *sol*♭ (le tambourin peut recevoir un vague accord) vingt premiers violons, vingt deuxièmes violons, douze altos, douze violoncelles, dix contrebasses. (FANELLI écrit ses hautbois et cors anglais à côté des bassons, en dessous des clarinettes et clarinette basse, sans doute pour classer les timbres par famille.)

L'instrumentation est élégante et sobre. Citons dans *Sur le Nil* ce passage délicat où, sur les *la* et les *sol dièse* aigus des violons sur trois octaves (les premiers en harmoniques), doublés des flûtes pianissimo, avec l'étrange *mi dièse* (*fa* naturel) des cors, se greffe la mélopée plaintive en *ut dièse* majeur et *sol dièse* mineur, du troisième cor alternant avec le premier. Cela est d'un charme languide auquel contribue beaucoup la hardiesse harmonique et tonale.

La persistance des effets communique à cette musique une monotonie bien orientale. Les divisés des violons y sont nombreux. P. 26, les altos se divisent pour jouer la même phrase, les uns en sautillé, de la pointe, les autres près du chevalet, avec le bois de l'archet. On reconnaît là les effets chers à BERLIOZ.

Dans l'ensemble, l'orchestre est très simple, bien délimité et fort clair. Des raffinements parfois, mais jamais de surcharges. Les unissons y sont nombreux. P. 32, voir l'unisson de flûte, clarinette, violons et altos.

La continuité des formules d'accompagnement se donne beau jeu dans le *Triomphe de Pharaon*. L'orchestre est ici plus corsé. Les grands unissons s'y étalent. Rien du morcellement debussyste. L'éclat brutal de la fanfare des cors, trompettes et timbales, avec la réponse des trombones, y atteint une puissance un peu sauvage (ex 280).

D'ailleurs, l'écriture, très habile, montre bien en FANELLI un musicien d'orchestre connaissant ses auteurs et au courant de tous les trucs. Certaines formules obstinées rappellent

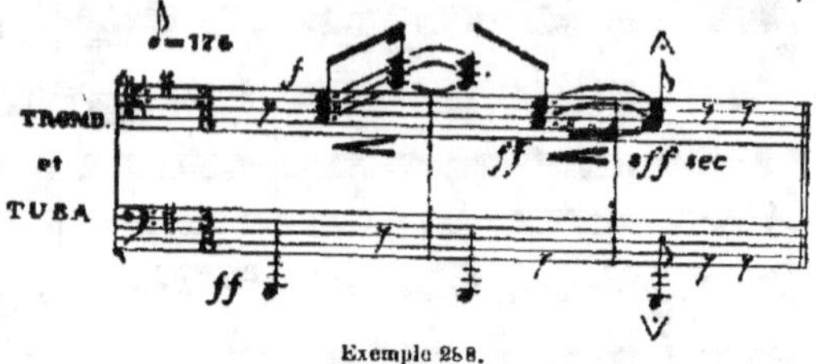

C'. DEBUSSY, *Ibéria* (par autorisat. spéciale de M. Durand).

Exemple 268.

encore plus SAINT-SAËNS que BERLIOZ. Tout cela sonne à merveille.

Maurice Ravel.

Les musiciens français les plus résolument modernistes raffineront encore sur la préciosité élégante de DEBUSSY, et accueilleront les recherches les plus outrancières des plus récents compositeurs russes. Maurice RAVEL le fera toutefois sans y rien perdre de sa nerveuse sensibilité, et le tour parfois si curieusement humoristique de son esprit s'y donnera pleine carrière. Dans la partition de son petit opéra bouffe :

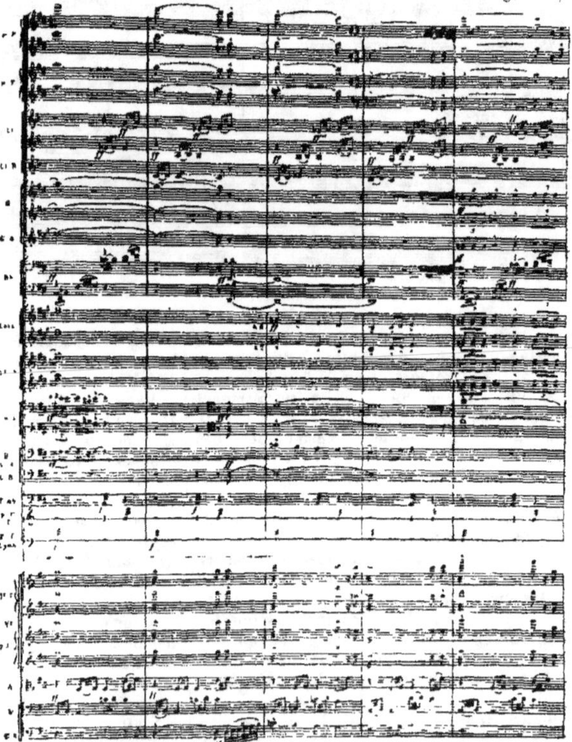

FANELLI, *Triomphe de Pharaon* (par autor. spéc. de M. Max Eschig, édit.).

Exemple 280.

L'Heure Espagnole, toutes les herbes de la Saint-Jean fleuriront, et l'emploi très particulier qu'il fera des nombreux et parfois étranges matériaux mis à sa disposition ne sera pas moins extraordinaire que ces matériaux eux-mêmes.

Aux instruments usuels, tels que petite flûte, deux grandes flûtes, deux hautbois, cor anglais, deux clarinettes, clarinette basse, deux bassons, sarrusophone, quatre cors, deux trompettes, trois trombones, tuba contrebasse, timbales, batterie, célesta, deux harpes et quintette à cordes, qui constituent déjà un ensemble bien copieux pour une œuvrette de style aussi léger, Ravel ajoute une quantité inusitée d'accessoires comprenant : trois balanciers (!), plusieurs cloches, les unes assez graves, les autres plus aiguës, l'une d'elles montant à l'*ut dièse* au-dessus de la portée en clé de *sol*; des jeux de timbres, un xylophone, un fouet pour caractériser le muletier, un tambour de basque, un ressort (!), un tamtam, triangle et castagnettes. On reconnaît là le

M. Ravel, *L'Heure Espagnole* (par autorisation spéciale de M. Durand).

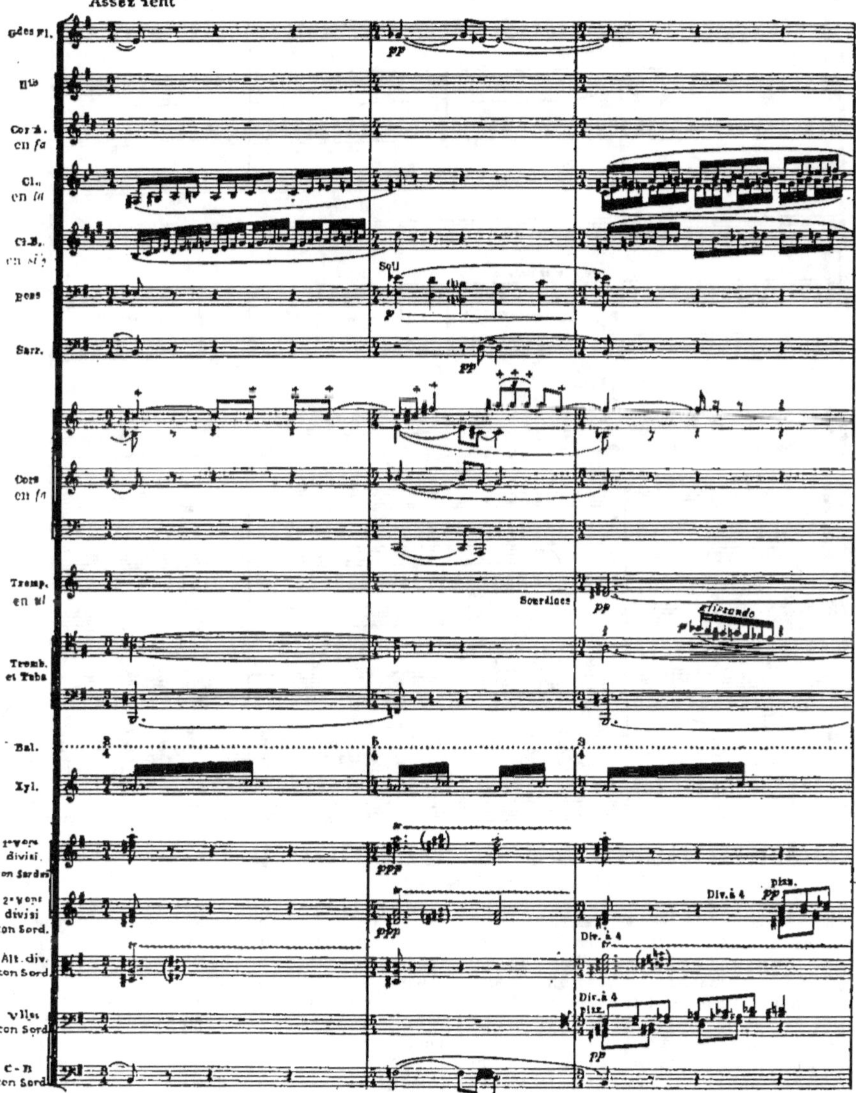

Exemple 290.

RAVEL, *L'Heure Espagnole* (par autorisation spéciale de M. Durand).

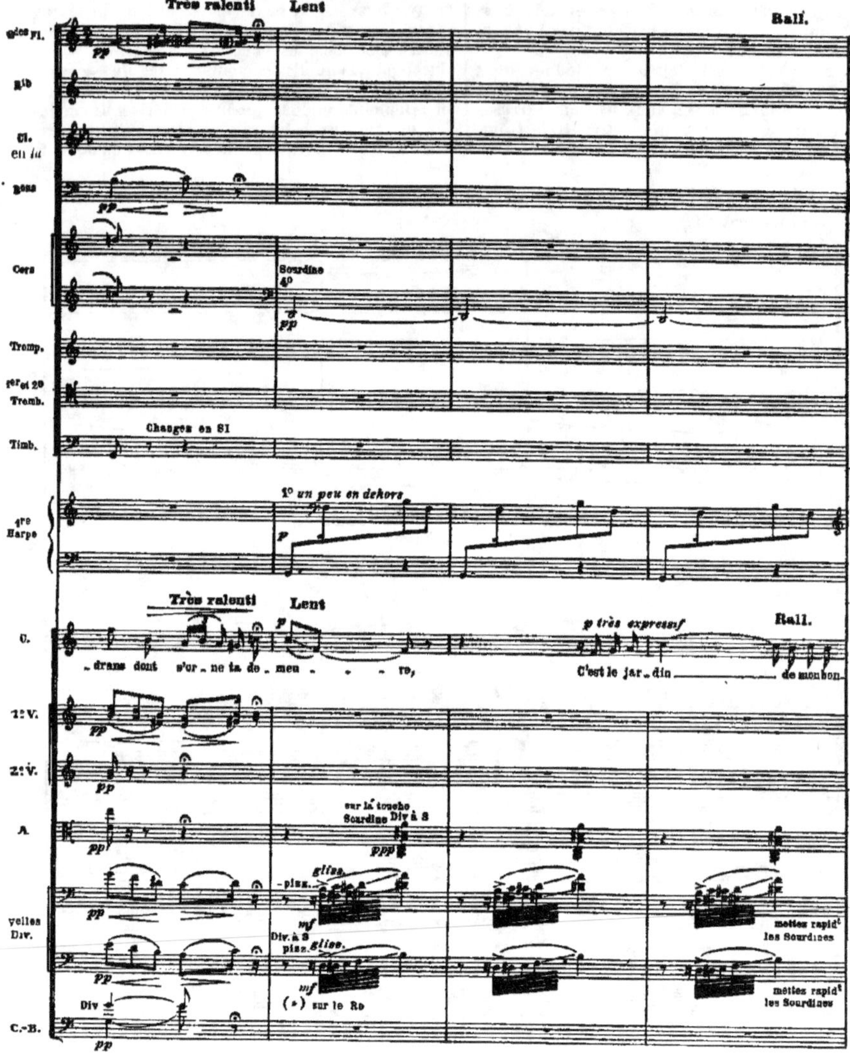

(*) Appuyer du bord du sillet de manière à altérer le Ré aussi peu que possible tout en permettant à la corde de vibrer.

Exemple 204.

bagage d'un musicien foncièrement descriptif, et qui ne craint pas d'insister sur le côté matériel de ses descriptions, sans trop vouloir les styliser. En poussant cet art au suprême degré, il y aurait à craindre que la musique n'en fût totalement remplacée, non pas même par une imitation de divers bruits, mais par ces bruits eux-mêmes.

Heureusement, RAVEL possède un sens musical trop avisé pour consommer ce sacrifice, et il se tient très habilement sur une juste limite.

Pages 5 et 6, lorsqu'un automate joue de la trompette, le cor aigu, cuivré, sans sourdine et sans pistons, est bouché avec la main, et s'accompagne d'un glissando de trombone (ex. 290).

Les marionnettes dansent ensuite au son du celesta, soutenu d'un roulement de tambour, association bizarre.

Le sarrusophone monte au *si bémol* aigu, en clé de *sol*, et fait lui aussi son glissando, mais il enlève son bocal et s'en sert comme d'une petite trompette

RAVEL, *L'Heure Espagnole* (par autorisation spéciale de M. Durand).

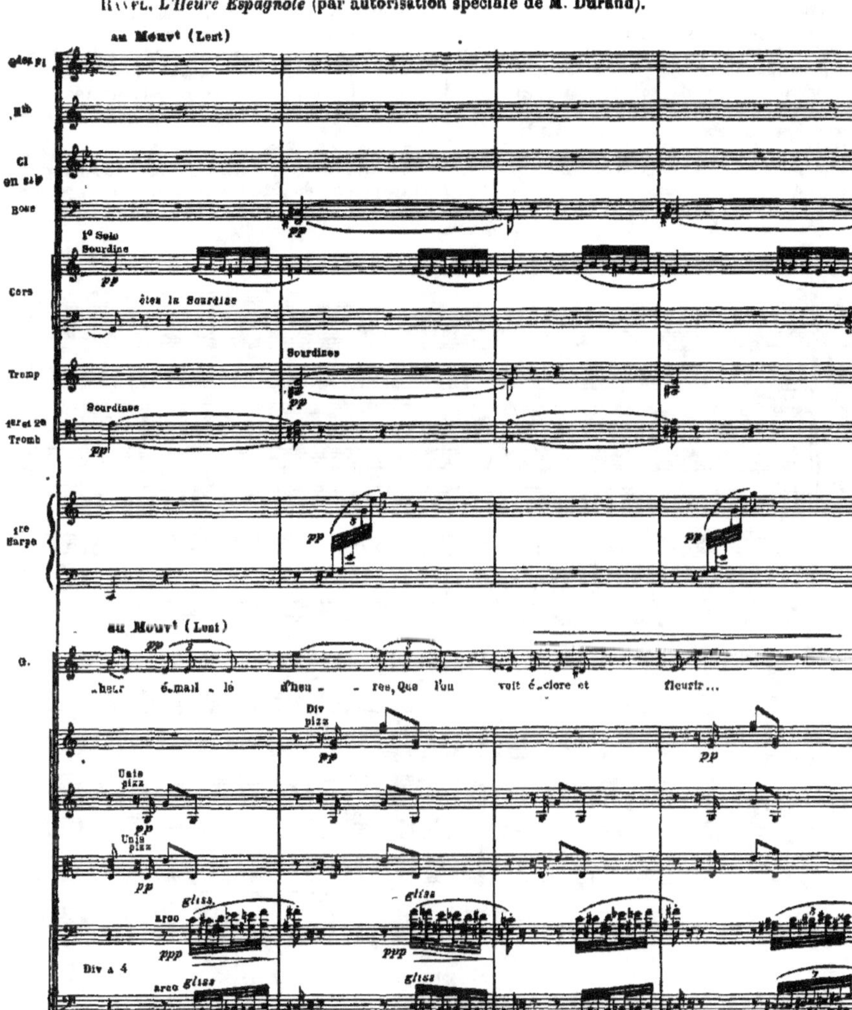

Exemple 292.

la plus aiguë possible, *sans tenir compte des notes*, nous dit l'auteur. Ce n'est plus là qu'un bruit... assez désagréable, mais bien en situation.

Les glissandos abondent partout. Page 18, après des glissandos de trombones, un trille de trompette avec sourdine surgit sur le *do dièse* en dessous de la portée en clé de *sol*. Et les cordes exécutent elles aussi de nombreux glissandos, ainsi que les harpes naturellement. Nous trouverons même (p. 41) un glissando de violoncelle en pizzicato (!) qui nous pa-rait bien une curieuse trouvaille. Cet effet, employé pour la première fois à l'orchestre, n'avait guère été usité que par certains virtuoses, au concert[1]. Quant au glissando en harmoniques des violons, que RAVEL emploie avec habileté, on le trouverait déjà chez RIMSKY KORSAKOW (ex. 291).

Les portandos se donnent aussi beau jeu dans

1. Nous l'avons rencontré pour la première fois dans une *Fantaisie sur Carmen*, de Joseph HOLMANN, le réputé violoncelliste.

cette exécution. Tout cela pourrait paraître d'un goût un peu hasardeux, s'il ne s'agissait d'une comédie bouffe, véritable plaisanterie musicale.

Page 91, nous rencontrons un joli choix de sonorités pendant le monologue un peu attristé de Ramiro. Le violoncelle solo chante, soutenu des accents graves du chalumeau de la clarinette, ponctués des notes claires du célesta et du grêle pizzicato des cordes.

Et quel curieux effet que celui où (tandis que Gonzague reste seul, tapi dans son horloge) s'essorent les arpèges *en harmoniques* des premiers violons et des contrebasses (!) sur des trémolos *de la pointe et sur le chevalet.* Bientôt, les violoncelles auront aussi leurs arpèges harmoniques, et les altos de même, mais que tout cela est dangereux!... (ex. 293).

Toute la partition d'ailleurs, extrêmement difficile d'exécution, fait sans cesse appel à la virtuosité des exécutants.

Et sous les lamentations de don Inigo, qui ne peut plus sortir de son horloge, nous rencontrerons même un solo de tuba contrebasse (p. 153), pianis-

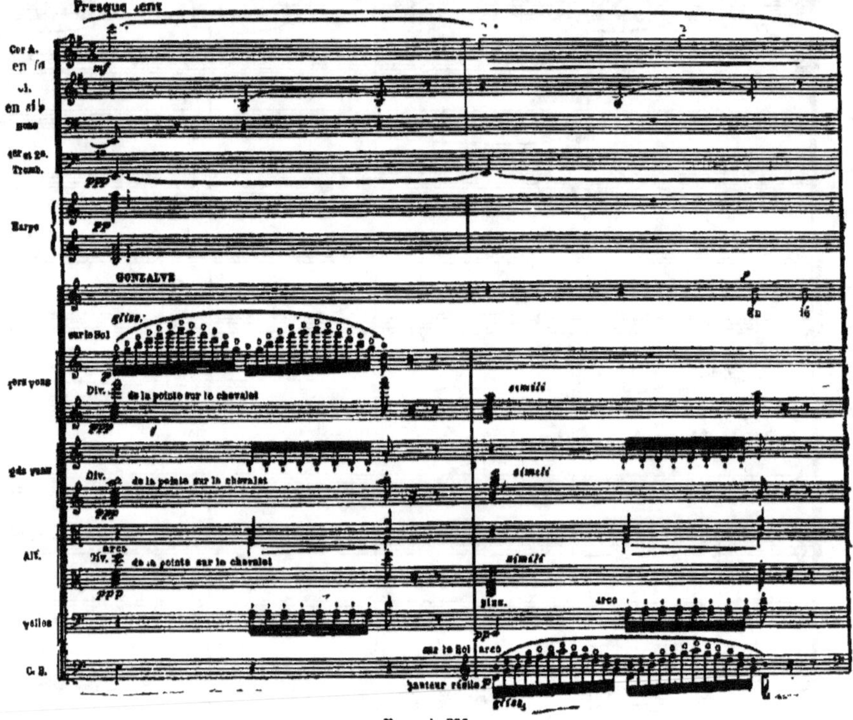

RAVEL, *L'Heure espagnole* (par autorisation spéciale de M. Durand).

Exemple 293.

simo, et discrètement accompagné de tenues et de trémolos.

Tout cela, c'est de l'humour très raffiné, trop peut-être, parce que difficilement réalisable et difficilement compris par le public qui n'y cherche pas tant de malice. Mais c'est fort amusant pour un musicien, et pour *l'auteur* encore plus peut-être.

Page 178, les glissandos font rage de plus en plus, quand, enfin délivré, le pauvre don Inigo est tiré violemment et péniblement de sa grotesque prison.

Dans des œuvres plus sérieuses et plus purement musicales, RAVEL, toujours épris d'inattendu et d'inentendu, nous surprendra encore par plus d'une heureuse recherche. Citons, dans la *Rapsodie Espagnole,* quelques passages seuls (car il faut nous borner) :

Page 9, le dessin obstiné des croches, confié aupa-ravant au quatuor, exécuté par le celesta sur de mystérieux accords en harmoniques des harpes, avec le quatuor très divisé.

Page 10, cette bizarre cadence (ex. 294).

Page 40, le glissando en harmoniques (dans la Feria) des altos et violoncelles, avec, au glissando des harpes, cette indication : « Glissez en effleurant la corde du côté du chevalet. »

Page 54, une page toute de légèreté où, cependant, interviennent, sans l'alourdir, le trombone et une bonne partie de la batterie.

Page 59, où, les contrebasses étant divisées en trois, la contrebasse solo se livre à des glissandos dans l'aigu. Les violoncelles également divisés, deux violoncelles soli font des quintes en glissando. Des cors en sourdines, des bassons et un sarrusophone ajoutent leur lourdeur à ce mystère un peu cherché.

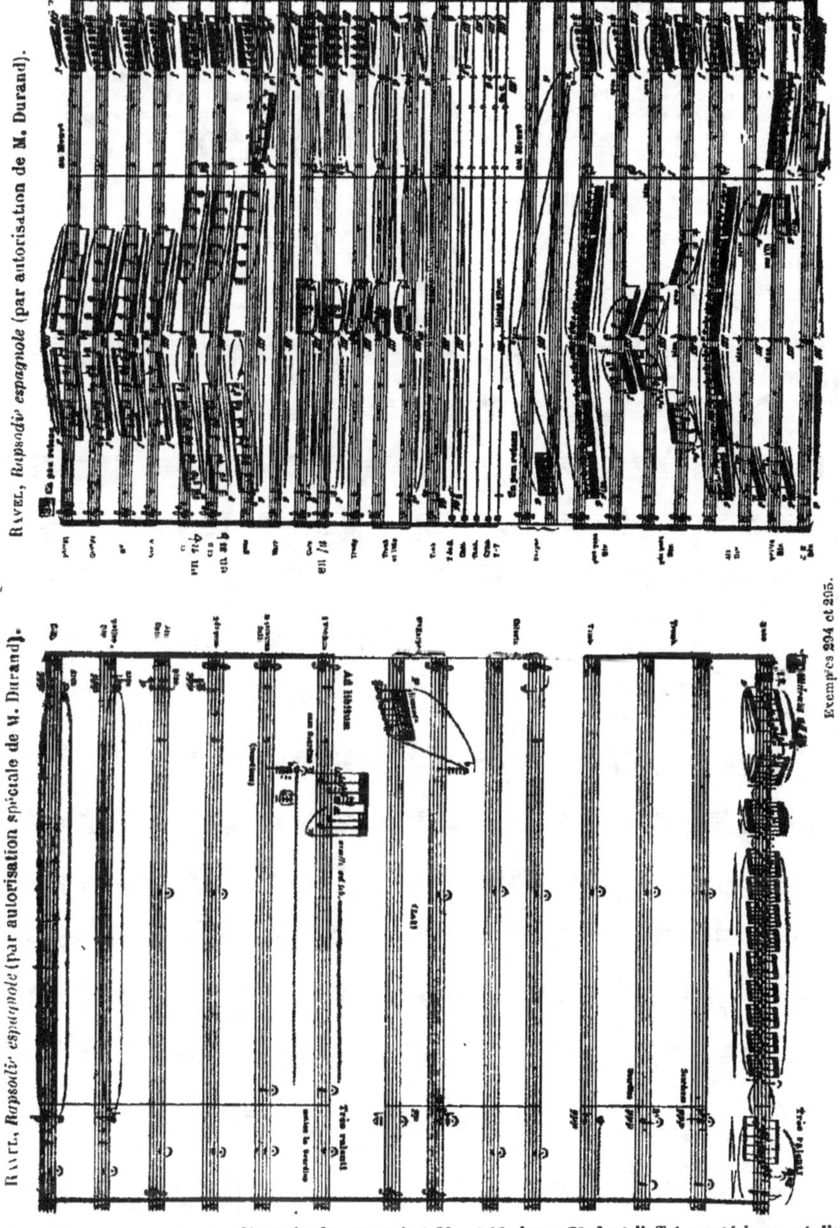

Page 64, encore un curieux glissando des seconds violons à quatre parties, en septièmes diminuées.

La page finale (89) peut donner un exemple de l'écriture spéciale aux partitions ultra-modernes (ex. 295).

Dans *Daphnis et Chloé*, signalons encore : la page 60, n° 49, le n° 70 dont l'effet mystérieux est d'ailleurs produit tout autant par ses recherches d'harmonie que par le tamtam ou par la division du quatuor. Au n° 104 les pizzicati liés; au 114 : le même effet aux violoncelles et l'emploi de la flûte en sol, etc.

Erlanger, G. Hue, Rabaud, Bachelet, Ropartz, Séverac, A. Bruneau, Fl. Schmitt, A. Roussel.

Nous arrivons ici au terme de notre étude. Nous touchons aux extrêmes limites de l'art moderne de l'orchestre. Nous y avions déjà touché avec les savants dosages d'un Gilson, les échafaudages colossaux d'un Mahler, la virtuosité étourdissante d'un Richard Strauss, et surtout les hardiesses un peu risquées d'un Stravinsky.

L'orchestre est devenu un instrument de virtuose, et il n'est peut-être pas bien étonnant que nos jeunes musiciens ne veuillent plus entendre parler de concertos; ils sont bien inutiles, en effet, car à l'acrobatie du soliste a succédé l'acrobatie concertante. Le culte de la nouveauté, la recherche du rare, de la curiosité instrumentale, du fin du fin, ont été poussés

A. Bruneau, *Le Rêve* (par autorisation spéciale de M. Choudens, édit.).

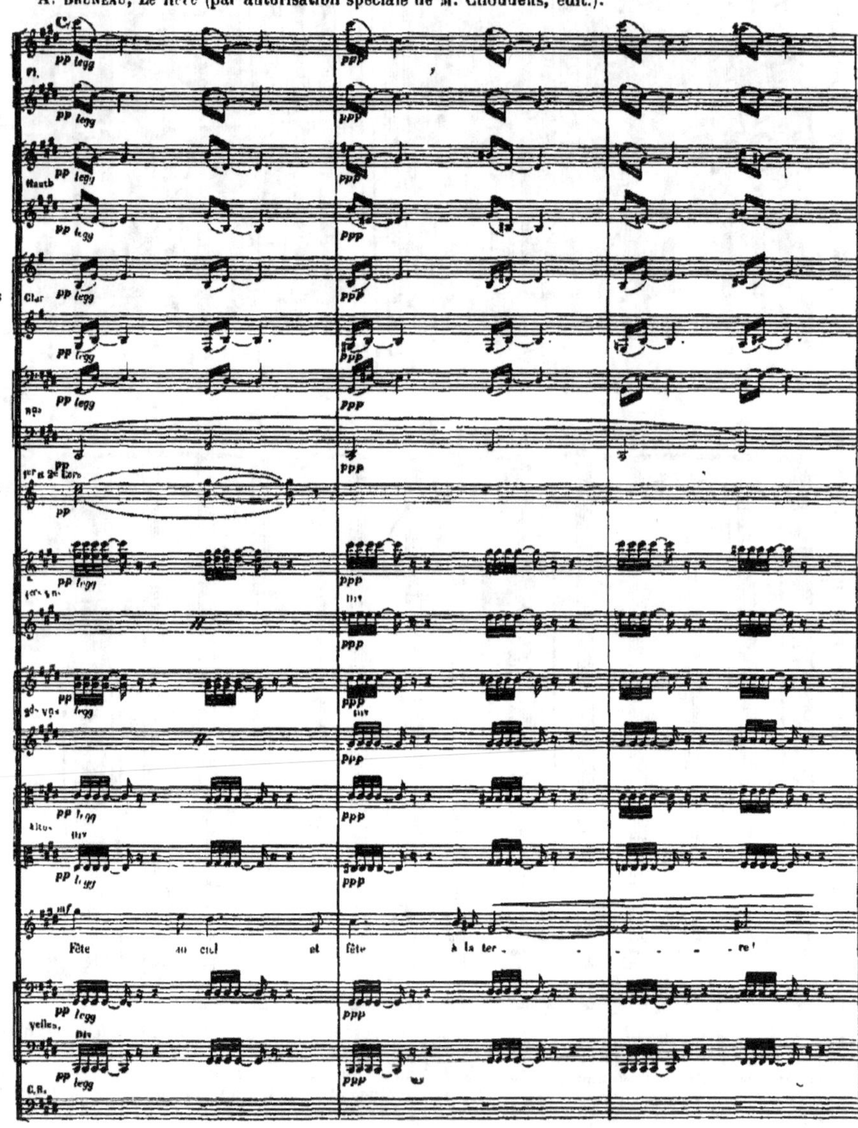

Exemple 296.

jusqu'à l'excès... et amèneront peut-être une réaction. Cette tendance à l'extraordinaire amène souvent les jeunes compositeurs à employer les registres les moins usités, partant, les moins bons. On est un peu fatigué déjà des trompettes bouchées, des glissandos, des sons harmoniques et de tout l'exceptionnel dont on veut faire la règle habituelle[1]. Il n'en est pas moins juste de reconnaître que la richesse de notre ensemble orchestral est arrivée à un point extraordinaire, et que la qualité de sa sonorité a atteint un idéal qui sera difficilement dépassé,... à moins de nouveaux progrès (toujours possibles) dans la facture instrumentale. La réalisation de l'orchestre moderne est, pour l'oreille, une véritable jouissance sonore.

Mais, avant de conclure, nous aurions encore bien des noms à citer. Nous avons étudié à l'étranger la plupart des compositeurs connus, nous nous sommes longuement étendus dans le passé sur tous les maîtres; que de compositeurs français de notre époque nous fourniraient encore riche matière à profitable étude! Mais nous avons exploré notre sujet trop à fond pour y trouver encore quelque nouveauté. Contentons-nous de conseiller aux jeunes compositeurs l'examen des partitions d'ERLANGER, de G. HUE, de RABAUD, de BACHELET, de Guy ROPARTZ, de SÉVERAC (ce dernier pour l'emploi curieux dans *Héliogabale* des hautbois populaires du Midi : les « Coplas » au son rude et sylvestre), de tant d'autres encore... Alfred BRUNEAU, compositeur vigoureux et sincère, à la mâle franchise d'accent, orchestre de façon puissante et colorée. Les préludes de l'*Ouragan*, de *Messidor*, les partitions du *Rêve* et de l'*Attaque du Moulin* renferment des beautés orchestrales de premier ordre et mériteraient une étude spéciale. Nous sommes limités; comment ne pas dire pourtant toute la poésie de l'*Introduction* du premier acte du *Rêve*, la fraîcheur matinale et le parfum champêtre de l'acte du Clos-Joli! Signalons, en passant, des unissons de flûte et clarinette doublés des harpes, des cordes divisées en 12 parties marchant en accords pleins par degrés conjoints, procédé devenu courant, mais qui avait alors le mérite de l'invention. Les cordes sont du reste divisées fréquemment dans cette partition, quoique traitées fort peu polyphoniquement.

Comme exemple de légèreté sans sécheresse et de sonorité délicate, mais soutenue, donnons ce passage où les martelés pianissimo des violons mettent un appui si fin sur l'attaque rythmée des accords de l'harmonie (ex. 296).

Les *Préludes* de l'*Ouragan* comptent parmi les œuvres symphoniques les plus travaillées du maître. Ils ont une saveur âpre et comme maritime, ils évoquent la Bretagne rocheuse, ses landes mouillées d'embruns et la grande voix des flots au pied des falaises granitiques. En voici un curieux passage, bien personnel, où le motif obstiné des pistons et trompettes alternés accompagne le puissant unisson des flûtes, hautbois, cor anglais, clarinettes et violons, contrapuntés au grave par les clarinettes-basses, bassons, contrebasson, violoncelles et contrebasses (ex. 297).

Compositeur puissant, Florent SCHMITT, emploie résolument tous les procédés de toutes les écoles modernes, de STRAUSS à STRAVINSKY, en passant par DEBUSSY et RAVEL. Il le fait avec une sûreté incontestable et parfois avec quelque excès de force sonore.

La violence de ton est extrême dans la *Rapsodie Viennoise*. Voyez le dessin fortissimo des violons, en croches, doublés par les quatre cors en octaves et, pour le triolet terminal, l'appel à la rescousse de la première trompette et du premier trombone, fortissimo et « en dehors ».

Les cuivres prennent une part active au discours musical. Page 23, le motif principal est exposé pianissimo, fort élégamment, par les trompettes chromatiques sur les croches piquées des cors. Page 28, orchestration originale: quatuor renouvelé de SAINT-SAENS et glissando moderne des harpes. Le tambour fait des roulements *sur le bois*. Page 49, sonorité énorme et basses lourdes des cuivres Tout cela est truculent comme du CHABRIER, mais un peu massif.

L'orchestre n'est pas moins chargé dans le *Palais Hanté*, où SCHMITT emploie, avec l'orchestre par trois, les timbales chromatiques, le glockenspiel, triangle, grosse caisse, cymbales et tamtam Très russe, très STRAUSS aussi, il atteint une coloration violente, à laquelle succèdent de mystérieux et angoissants effets, comme (p. 67) le roulement assourdi des timbales sur lequel s'échafaudent les palpitations brèves des clarinettes et hautbois, ainsi que les sons sourds et rauques des trombones; la harpe pinçant quelques quintes diminuées dans le grave, un coup à peine perçu de la grosse caisse, çà et là, et le tamtam pianissimo; le dessin des basses ondule, un peu haletant,... des sons bouchés de cors, dans l'ombre, au loin, répondent (ex. 298 et 299).

L'orchestre de la *Tragédie de Salomé* est somptueux comme un riche tapis d'Orient. Les divisés des cordes y sont extrêmes.

La danse des perles, d'une assez grande simplicité, n'en est pas moins d'une élégance raffinée. Page 93, un effet particulier : une voix de femme, puis deux, puis trois et six, vocalisent une mélodie sans paroles, dans la coulisse. A ce moment, bruit un trémolo de cymbales (p. 102). Les glissandos de harpe sont naturellement employés... avec quelque abus peut-être.

Les partitions du délicat coloriste qu'est Albert ROUSSEL nous fourniront des exemples d'une élégance précieuse. Le poème de la *Forêt* est commenté par un orchestre léger, fin, très fragmenté. Dans les *Évocations*, l'écriture est plus colorée, recherchée, faite aussi de finesses avec plus de nervosité.

Voyez les parties graves des contrebasses dans « les Dieux dans l'ombre des cavernes » et l'étendue énorme du quatuor (p. 19); les violons tout à l'aigu, les lourds accords tenus de l'harmonie et les traits de flûte jaillissant comme des éclairs dans l'obscurité (ex. 300).

Page 35, l'espèce de trémolo des trompettes en sourdine est curieux, avec l'accord de la harpe et les pizzicati du quatuor, une note aiguë de triangle, un rythme de caisse roulante (ex. 301).

Dans la *Ville Rose*, quelle légèreté au début! Notes répétées de la pointe de l'archet, à l'aigu, jeux de timbres doublés des harmoniques des harpes, croches piquées des bois et cors.

Enfin, plus loin, le singulier accord (en harmoniques naturels) des cordes, bois et cors, sur un trémolo de grosse caisse. Effet très mystérieux et tout à fait étrange.

Le ballet du *Festin de l'Araignée* comprend seulement 2 flûtes, 2 hautbois, 2 clarinettes, 2 bassons, 2 cors, 2 trompettes, grosse caisse, cymbales, tambour, triangle, célesta, harpe et quintette. La réali-

---

1. Écrit en 1923

A. Bruneau, *L'Ouragan* (par autorisation spéciale de M. Choudens).

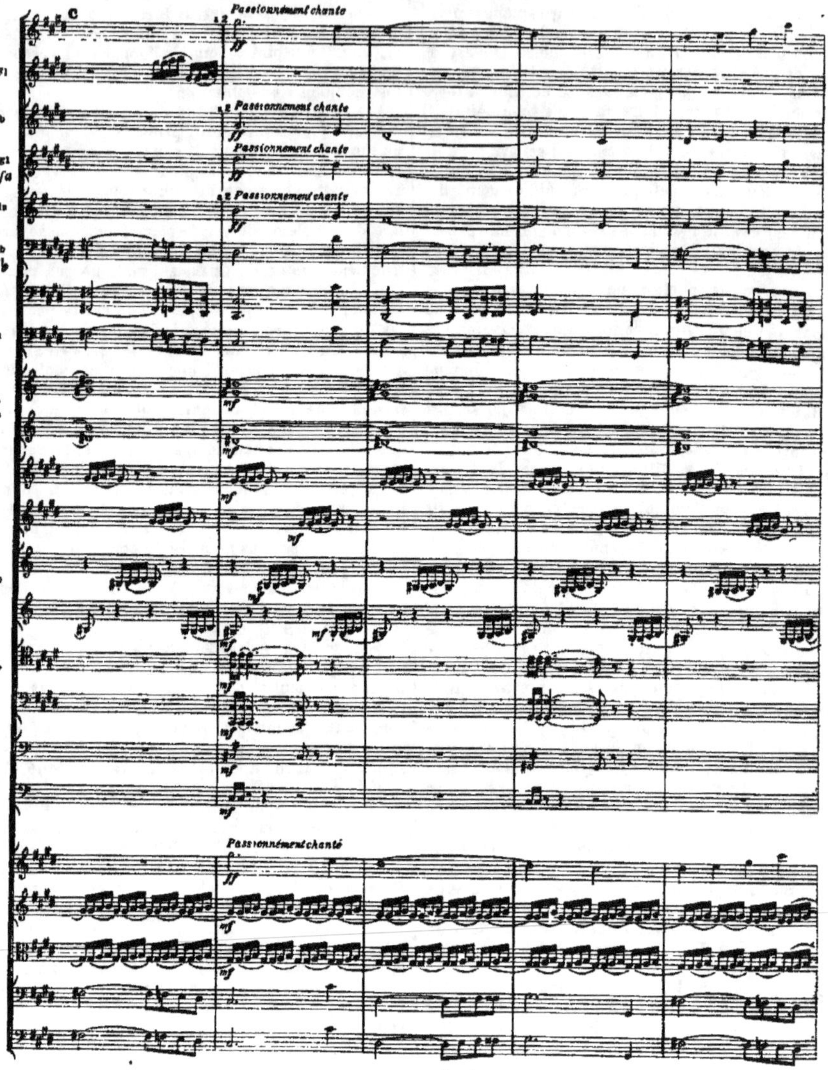

Exemple 297.

sation en est pleine d'humour, et les pages curieuses y seraient nombreuses à citer.

L'entrée des Fourmis est piquante (comme elle devait être), avec le staccato des violons à l'extrême limite de l'échelle, et les octaves détachées et prudentes des bassons. Et comme elle est d'une légèreté bondissante, effleurante devrait-on dire, la danse ailée du papillon! Hélas! le papillon se prend dans la toile et se débat! Et la danse de l'éphémère est délicatement accompagnée du célesta et des glissandos de harpe.

Finissons. Les maîtres de l'orchestre moderne, après Berlioz et Wagner, sont bien Rimsky Korsakow et Stravinsky en Russie, Mahler et Strauss en Allemagne, d'Indy, Debussy, Dukas et Ravel en France. Avec eux, l'ensemble a atteint l'apogée de sa puissance, de sa coloration, de sa diversité et la variété la plus grande de ses moyens d'expression. Peut-être, a-t-il plus besoin de s'assagir que de tenter encore l'assaut de nouvelles conquêtes. Constatons que si le quatuor, chez tous les classiques, est la base nourricière de l'orchestre, le rôle des bois, sans

Fl. SCHMITT, *Le Palais hanté* (par autorisation spéciale de M. Durand).

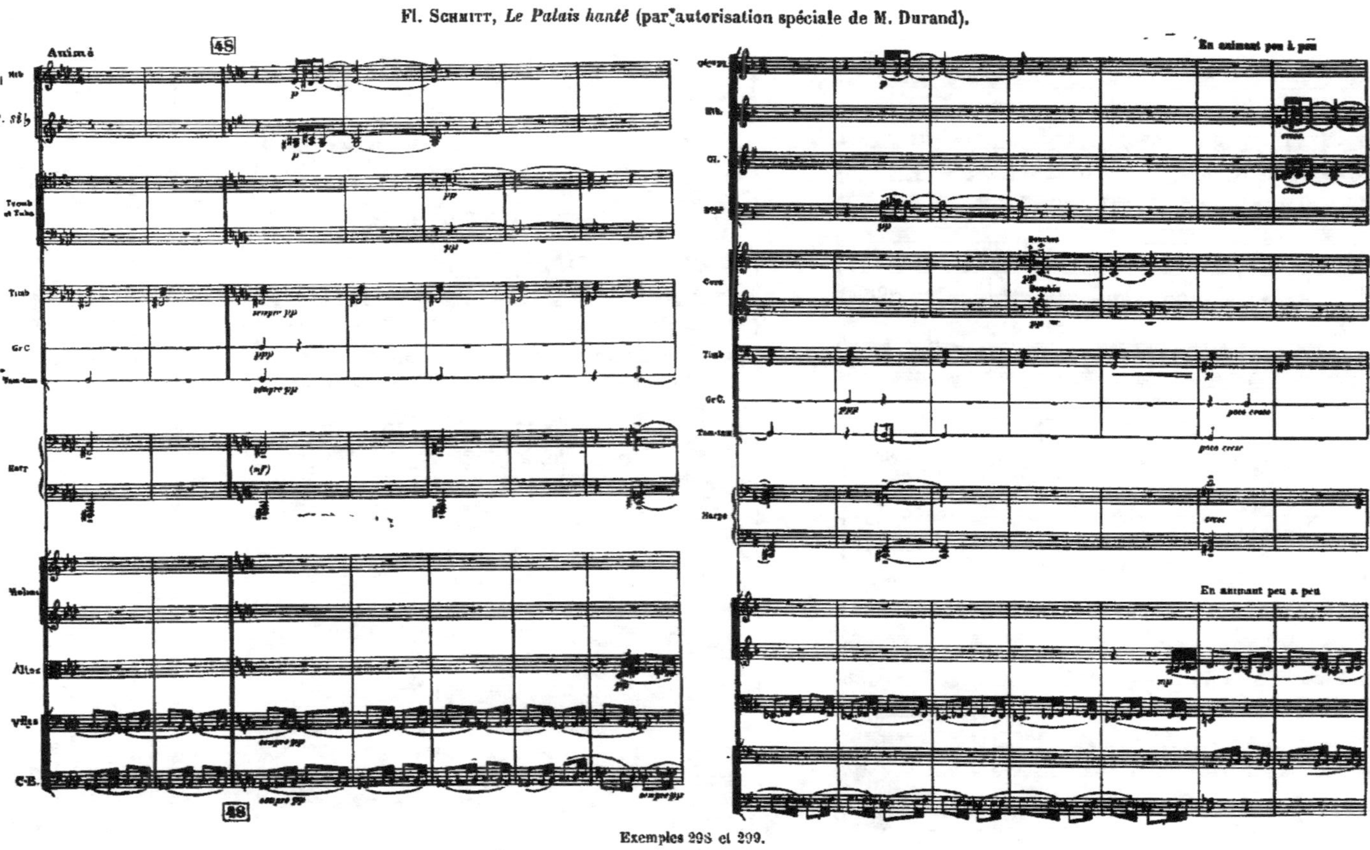

Exemples 298 et 299.

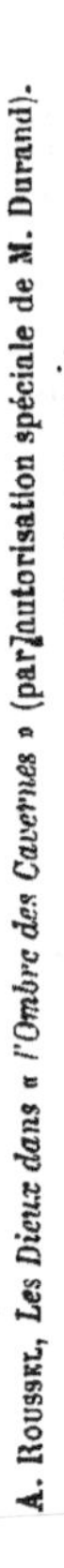

A. ROUSSEL, Les Dieux dans « l'Ombre des Cavernes » (par autorisation spéciale de M. Durand).

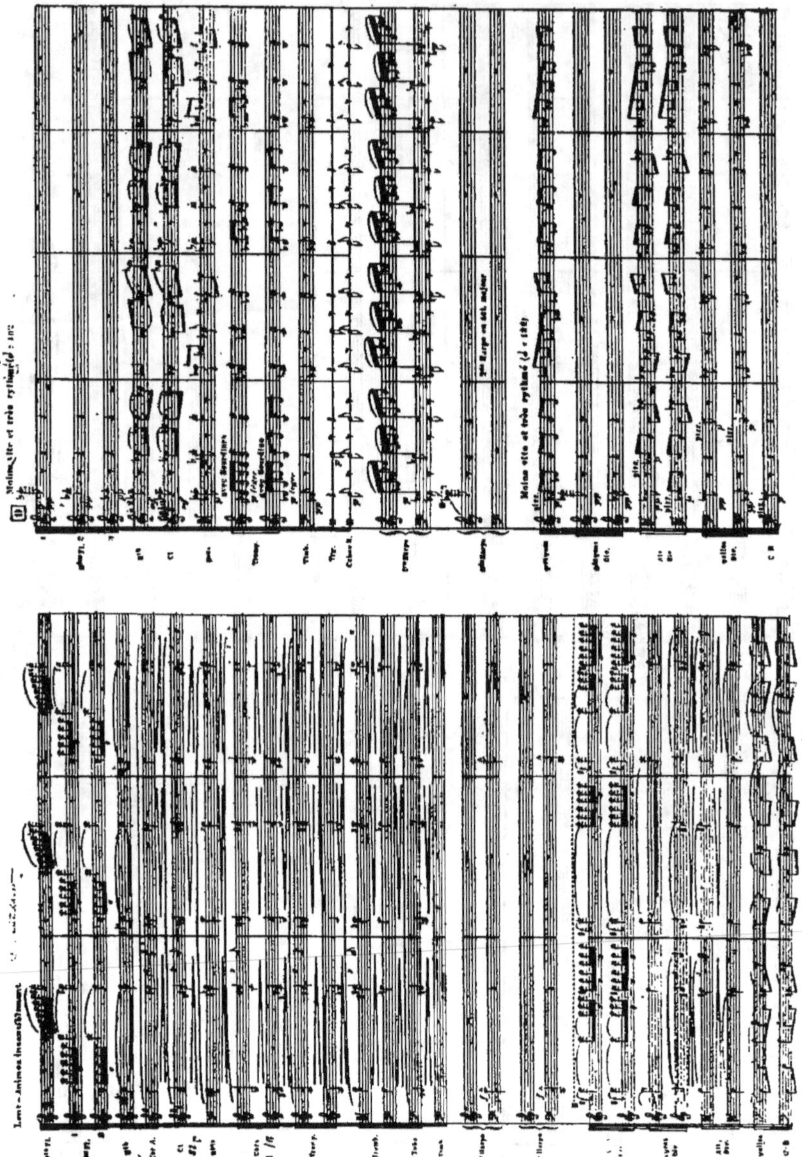

Exemples 300 et 301.

cesse augmenté, a fait passer parfois les cordes au second plan. Aujourd'hui, les cuivres tendent de plus en plus à la domination. Le juste équilibre des trois groupes est cependant toujours une des conditions absolues de la beauté des sonorités.

Quant à l'augmentation toujours constante des forces instrumentales, destinée à obtenir plutôt la variété des timbres que leur réunion en un ensemble un peu trop bruyant, si elle est justifiée par la richesse des combinaisons ainsi obtenues, son inconvénient est dans la difficulté parfois extrême de réunir ses trop nombreux éléments.

Faudra-t-il donc alors n'écrire des œuvres que pour les grands centres et devrons-nous désespérer de leur diffusion? N'y aurait-il pas aussi matière à une certaine rénovation instrumentale dans une répartition différente de ces forces? Imagine-t-on ce que serait un orchestre où la famille des flûtes serait au grand complet, chaque membre représenté par deux exécutants; où les clarinettes employées par masses, comme dans les grandes musiques d'harmonie, apporteraient leur note chaude et colorée? Évidemment, il y aurait lieu d'opposer à cet ensemble un quatuor extrêmement nombreux. Mais peut-être, suivant la qualité des idées musicales, y aurait-il parfois moyen de se passer des gros cuivres et du gigantesque orchestre par quatre, que ces essais sembleraient à première vue exiger. La qualité des idées, tout est là au fond, et ceux qui auront suivi attentivement cette longue étude auront dû s'en apercevoir. Les maîtres ont toujours eu l'orchestre que réclamait leur inspiration, et la couleur de cet orchestre était contenue en germe dans leur première pensée musicale. C'est là une vérité que l'on ne saurait trop méditer. Nulle virtuosité orchestrale ne pourra arriver à cacher réellement l'absence d'inspiration.

Gabriel PIERNÉ et H. WOOLLETT[1].

APPENDICE

DERNIÈRE ÉVOLUTION

L'épouvantable catastrophe qui mit aux prises la plupart des peuples, de 1914 à 1918, a retardé l'apparition de cet ouvrage. Depuis, la vie artistique a repris, en butte à de nombreuses difficultés. Mais l'art ne reste pas immobile, il avance et se transforme, il s'adapte surtout aux circonstances. Dans les pages précédentes, nous en étions arrivés à l'époque des orchestres monstres rêvés par Berlioz et réalisés par les Strauss et les Mahler. Après la disposition des familles d'instruments par deux, était venue la disposition par trois, puis par quatre. On esquissait déjà des groupements de cinq timbres de même espèce. L'accroissement continu des bois, puis des cuivres, nécessitait un agrandissement similaire des cordes.

Des raisons économiques, après guerre, se sont opposées à ce crescendo formidable. La vie chère a rendu les musiciens plus exigeants; mais, si les frais de constitution de l'ensemble instrumental se trouvaient notablement agrandis, l'augmentation du prix des places n'a pu combler la différence entre les recettes et les dépenses. On a bien paré à cela par la diminution des répétitions. Mais les grandes œuvres demandent à être approfondies, et on dut les supprimer en grande partie.

Toutes ces raisons, bien d'autres aussi que l'on devine, ont eu leur répercussion sur l'art musical. Nos jeunes compositeurs ont créé un nouveau système. Après les effusions sentimentales ou dramatiques d'un Franck, après les complications polyphoniques et les beaux échafaudages de motifs à la Wagner, d'un Strauss ou d'un d'Indy, la réaction debussyste nous avait apporté un art plus fin, plus nuancé, fait de raffinements harmoniques et instrumentaux. Déjà, les nouveaux venus secouent cette influence. Ils répudient les nuances exquises de cette musique, son imprécision surtout. L'art d'après guerre s'est fait brutal et simple, incisif. Il relève cette crudité et cette simplicité qui tourneraient vite à l'enfantillage, par le heurt violent des tonalités lointaines superposées. Il ne nous appartient pas de discuter

ici cette esthétique qui peut blesser les oreilles délicates. Constatons toutefois que l'art ultra-moderne est très peu polyphonique, et tourne plutôt ses recherches du côté de la polyrythmie. Partant, il n'a pas besoin pour s'exprimer d'un orchestre nombreux et tumultueux. Il lui suffira de quelques instruments pour exprimer une pensée généralement peu complexe. Toutefois, la diversité des rythmes donnera une assez grande importance à la percussion.

Les cordes se verront détournées de leur usage habituel. Plus de larges phrases chantées par les cordes. Un large emploi sera fait du staccato, du dos de l'archet, du pizzicato et surtout des harmoniques. Le rôle des bois s'accentue, celui des cuivres augmente sans cesse. Les doublures sont le plus souvent proscrites; on recherchera, cependant, les alliances de timbres inusitées. Et peu à peu, le nombre des instruments diminuera jusqu'à ne plus comporter qu'une seule voix par famille.

Cela ne suffira pas encore. On supprimera çà et là quelques instruments. L'orchestre se réduira à un simple dixtuor. Le timbre du violon multiplié par seize ou vingt exécutants est trop chaud, trop pathétique, trop vibrant. Et la partie sera confiée bientôt à un seul protagoniste. L'équilibre sonore exigeait ce sacrifice. Naturellement, il en sera de même des autres archets. L'alto souvent disparaîtra, ou le violoncelle.

Stravinsky entrera résolument dans cette voie. Nous l'avons vu manier en virtuose un orchestre de virtuoses. Cette prodigieuse habileté lui servira dans son nouvel avatar. Il imaginera les combinaisons les plus curieuses, les assemblages les plus rares et les réalisera avec une extraordinaire sûreté.

Le *Ragtime* de Stravinsky est écrit pour :

Une grande flûte.	Une grosse caisse.
Une clarinette.	Cymbales.
Un cor.	Un cymbalum.
Un cornet à pistons.	Un premier violon.
Un trombone.	Un second violon.
Une caisse claire (à cordes).	Un alto.
Une caisse (sans cordes).	Une contrebasse.

Le rôle du cymbalum est des plus importants; naturellement, des glissandos lui sont confiés. La caisse claire sans cordes est jouée avec une baguette de capoc qui en assourdit le son assez flasque.

L'auteur tire de cet assemblage les effets les plus curieux. Dans l'*Histoire du Soldat*, le nombre est plus réduit encore :

Une clarinette,	Un trombone
Un basson.	Un violon.
Un cornet.	Une contrebasse.

Plus, les nombreux instruments de percussion qui peuvent être joués par un seul exécutant : deux caisses claires de taille différente, sans timbres, un tambour à timbre, une grosse caisse, un tambour de basque, un triangle.

Stravinsky indique minutieusement la disposition des instruments. Rien n'est laissé au hasard.

On remarquera l'énorme distance entre les deux « cordes » : premier violon et contrebasse, l'absence toujours voulue du violoncelle, instrument trop expressif. L'expression semble disparaître systématiquement de la musique! Ce que l'auteur écrit et rien que ce qu'il écrit. N'est-ce pas ce même musicien qui préférait le pianola pour la création d'une de ses œuvres avec piano, à n'importe quel virtuose? Et déjà quelques-uns de nos jeunes compositeurs ont introduit le piano mécanique dans l'orchestre.

---

[1] Terminé le 18 mai 1918. Complété en 1923.

Bien entendu, toute la percussion n'entrera pas en jeu en même temps. L'auteur déploie une véritable ingéniosité pour faire jouer ensemble, par un exécutant, le tambour de basque, la caisse claire et la grosse caisse :

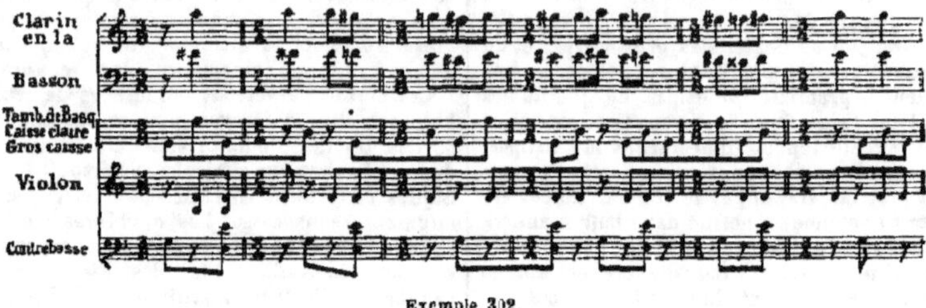

Exemple 302.

Donnons encore cet exemple très curieux comme combinaison d'exécution. Il s'agit toujours d'obtenir une grande variété d'effets avec un minimum d'exécutants :

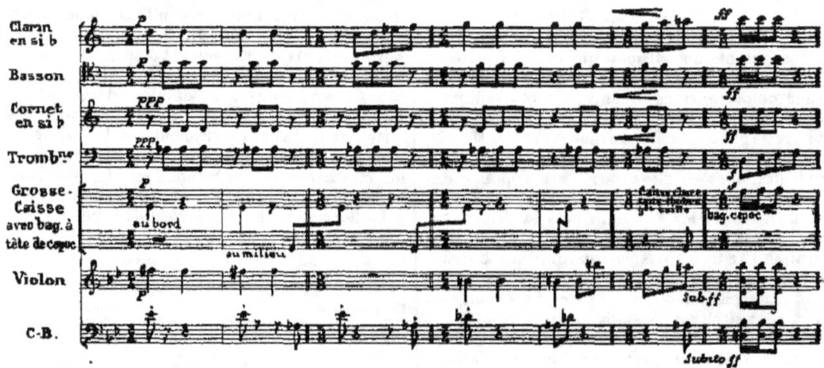

Exemple 303.

La grosse caisse est jouée avec une baguette à tête de capoc, tantôt au bord, tantôt au milieu. Le même exécutant tient la caisse claire.

Et le ballet des *Noces* semble réaliser tout à fait les désiderata secrets de l'auteur. Plus de timbres expressifs, pas même en bois ou en cuivre. La partition, qui comporte une importante partie chorale, est écrite pour :

Quatre pianos (ou deux pianos à double clavier).	Tam-tam.
Un xylophone.	Grosse caisse.
Deux caisses claires sans cordes.	Cymbales.
Tambour de basque.	Timbales.

Cette fois, la percussion règne en maîtresse. Le compositeur, qui semble avoir voulu réaliser une gageure, triomphe de toutes les difficultés.

Nous ne louons ni ne blâmons une musique si loin de toutes nos habitudes. Nous étudions une étrange réalisation instrumentale entièrement neuve et nous en constatons la réussite.

Et nous devons aussi constater dans toute cette musique l'influence du *Jazz* américain. Sans se l'exagérer, il faut bien la reconnaître, à l'importance donnée au rythme, la plupart du temps syncopé à plaisir, à l'allure vive et heurtée de l'élément mélodique, et, au point de vue qui nous occupe, au rôle de plus en plus grand donné à la percussion, au nombre réduit des instruments, et à leur allure plus individuelle, plus indépendante.

SCHÖNBERG apparaît comme le musicien le plus révolutionnaire de l'Allemagne. Au point de vue orchestral, il suit maintenant les traces de STRAVINSKY. Il a, lui aussi, commencé par des ouvrages de dimensions énormes, où il fait appel à toutes les forces de l'ensemble instrumental suivant le processus de STRAUSS ou de MAHLER. La différence n'est que dans la grande liberté des harmonies, où se mélangent les tonalités les plus agressives, superposées, produisant des agrégations de sons non encore entendues, et qui vibrent plus comme des bruits (variés) que comme des harmonies au sens propre du mot.

La *Kammersymphonie* de SCHÖNBERG est écrite pour quinze instruments. Il s'agit donc bien là d'une « Symphonie de chambre » pour un orchestre réduit volontairement. L'auteur indique avec soin la disposition des instruments par rapport au chef d'orchestre, de façon à obtenir le meilleur groupement des sonorités :

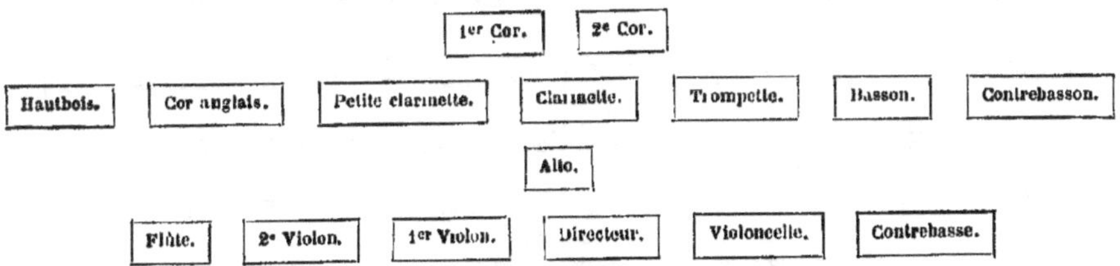

La Symphonie de *Pelléas et Mélisande* reprend, au contraire, le grand orchestre par 4, avec les 8 cors, les 4 trompettes et 6 trombones.

Die Glückliche Hand est un drame avec musique de scène. Les chœurs s'y joignent à l'orchestre, chœurs singulièrement difficiles d'intonation, au point que, certifient quelques admirateurs du maitre, on n'a jamais pu les faire chanter juste!.. Boutade sans doute, mais qui souligne un point faible : l'extrême difficulté de la réalisation.

Et le passage de la page 9 sonne de façon bien cruelle. Sa disposition n'en est pas moins des plus curieuses. Est-il en situation? Tout est là. Car nous nous souvenons d'un passage du *Miroir de Jésus*, d'André Caplet, la scène de la *Flagellation*, où des dissonances volontaires produisaient un son, peu musical peut-être, mais donnant l'impression du coup de fouet cinglant les épaules du Christ. Ici, les moyens employés concordaient admirablement avec l'effet à décrire.

En certains endroits, chaque instrument joue dans sa tonalité, sans trop se préoccuper de celle du voisin. Les frôlements de secondes mineures dans toutes les parties y atteignent un degré d'acuité impitoyable.

Cette page pourra sembler incompréhensible à qui s'attache aux lois tonales, acceptées jusqu'à ce jour. Cependant, il y a un art de produire les dissonances les plus terribles à l'orchestre. Remarquez que sur cet audacieux accord : *sol dièse, fa dièse, do dièse, sol* naturel, *si* naturel, que trémolisent altos et violoncelles en sourdine, la harpe et la timbale ne font dans l'orchestre que de vagues bruits, et que l'accord *sol* naturel, *fa* naturel, *do* naturel, *sol bémol, si bémol*, qui dissonne tout entier en seconde mineure sur le premier, n'est émis que très prudemment en pizzicato avec sourdine, puis avec le bois de l'archet, la sourdine et la nuance *pppp*. Autant dire qu'on l'entend à peine. Là-dessus, dans la nuance *ff*, rentre sur la scène le petit orchestre à vent, bruyant, où les trois thèmes évoluent dans des tons différents, sur des harmonies hardies et criardes (ex. 304).

Mais nous n'avons pas à nous occuper du système polytonal, encore moins à le discuter. Il est certain que ce système entraîne l'orchestre à des rencontres nouvelles, extrêmement pimentées, à des duretés de timbres qui seraient insupportables avec une harmonisation classique, et qui s'accommodent plus volontiers d'une sauvagerie musicale voulue, où l'oreille ne perçoit plus les accords et leurs enchaînements, mais seulement des bruits sourds, durs, aigres, éclatants, voilés, mystérieux ou brutaux, qui sont autant de couleurs que l'auteur dispose à son gré sur la palette musicale.

C'est un élément nouveau, élément que de maladroits apprentis manient assez gauchement, mais qui, entre les mains de Schönberg, arrive à des effets d'une grande puissance d'évocation. Ce n'est plus de la musique, disent certains. Nous ne savons pas. Ce n'est sans doute pas la musique que nous aimons le plus. Il n'y a pas moins là une force évidente.

Subissant l'influence générale, Schönberg revient à des orchestres plus réduits, et son *Pierrot Lunaire*, qui souleva tant de discussions, est écrit tantôt pour flûte, violon, violoncelle et piano, tantôt pour flûte, clarinette, violon et piano, parfois pour petite flûte, clarinette et piano, ou même flûte, clarinette, violoncelle, sans adjonction de clavier. Une voix plane sur le tout, dans les intonations les plus étranges, à peine chantables. Le demi-parlé remplace par moments le chant à l'exécution, peut-être par impossibilité à l'artiste de chanter juste, car rien n'indique cette façon de procéder sur la partition.

L'alto fait un instant son apparition. L'auteur choisit entre tous ces timbres ceux qui s'apparentent le mieux à ses idées du moment. Il les réunit très rarement. En somme, ce procédé est celui des tout premiers symphonistes qui n'osaient réunir dans le même numéro un hautbois et une clarinette, un cor et un basson, et qui faisaient, le plus souvent, des économies de timbres.

Naturellement, chaque instrument est traité en virtuose auquel on peut tout demander.

Mais ce n'est plus là de l'orchestre, et il semble que nous entrions dans le domaine de la musique de chambre.

Il est temps de nous arrêter. Nous ne pouvons entreprendre une étude détaillée de tous les compositeurs modernes. La plupart sont entraînés vers toujours plus de recherche et de singularité. Quelques uns, plus sages, se contentent des procédés usuels, qui ont fait leurs preuves. L'essentiel en art est l'idée, et si l'idée est belle, les moyens employés pour l'exprimer devront avant tout s'adapter à sa qualité.

En Angleterre, Holbrooke écrit le *Masque de la Mort Rouge* pour petite flûte, 2 grandes flûtes, 2 hautbois, 2 clarinettes, 2 bassons, 2 saxophones *mi bémol* et *si bémol*, 2 trompettes, 3 trombones, tuba, 3 timbales, cymbales, tambourin, triangle, gong, cloche, harpe et quintette à cordes. Ce sera à peu près le même orchestre pour le poème symphonique : *The Raven*. De plus en plus, le saxophone tend à prendre sa place dans l'orchestre symphonique. Il régnait déjà sans conteste dans le *Jazz-band*.

L'instrumentation de Holbrooke est assez lourde, comme tassée. Les doublures y sont nombreuses, les divisés des cordes également. L'influence wagnérienne s'y manifeste encore en dépit du modernisme très voulu de l'ensemble.

Goossens, plus recherché, s'applique à des finesses, voire à des préciosités, et maniera l'ensemble moderne avec plus d'aisance. Voyez *The Gargoyle* (petite et grande flûte, 2 hautbois, 2 clarinettes, 2 bassons, 4 cors, 2 trompettes, harpe, célesta, cordes), *Dances Memories*, *A Walking tune*, *The Marionette Show*,

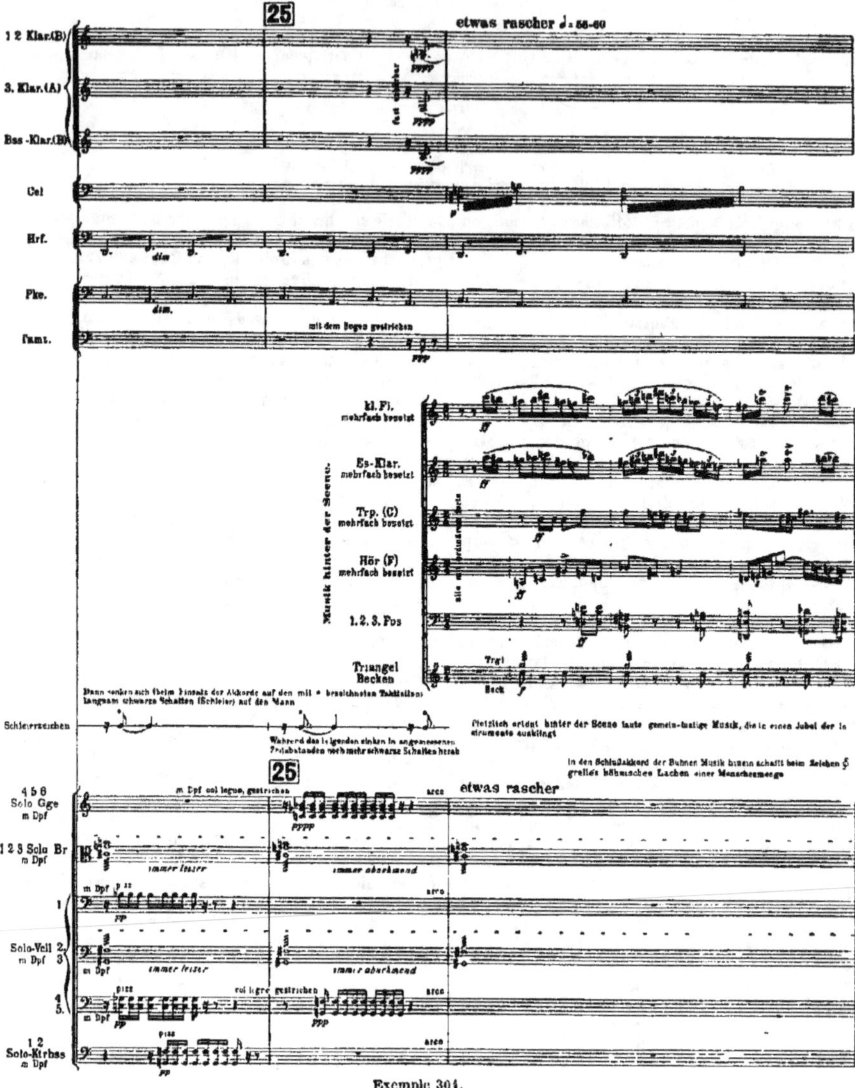

Exemple 304.

piècettes instrumentées avec une délicate fantaisie. L'auteur y tire de charmants et frais effets du célesta et de la harpe (ex. 306). L'Italien Malipiero suit quelque peu les pas de Stravinsky, avec plus de fougue et de chaleur méridionales. Ses *Impressioni dal Vero* comportent l'orchestre habituel par familles de trois; il y joint un bass-tuba et une nombreuse percussion : tambour, grosse caisse, cymbales, triangle, carillon, xylophone, célesta, harpe. Le tout traité avec habileté, dans une note très moderne et hardie.

On étudiera aussi avec intérêt l'orchestre délicat de Respighi. Ses *Fontaines de Rome* méritent un examen spécial pour la qualité de leur sonorité.

En Espagne, les compositions de Manuel de Falla ont une vie intense et une coloration bien spéciale.

Chez nous, André Caplet et Darius Milhaud, pour ne citer que ceux-là, ont manié l'orchestre, chacun suivant son tempérament, avec originalité.

Le Miroir de Jésus, de Caplet, est écrit pour soli et chœur de voix de femmes, orchestre à cordes et harpes. Dans un désir d'archaïsme et de simplicité, l'auteur s'est volontairement privé des bois et des cuivres, même de la percussion. Orchestre admirablement équilibré par un musicien exquis, maître de ses moyens et qui, dans ses plus grandes audaces, sait rester musical.

Enfin le Suisse, à demi Français, Arthur HONEGGER a fait triompher son oratorio du *Roi David*, curieusement coloré, de caractère hybride, où l'imitation des procédés de BACH et HAENDEL se mélange aux orientalismes les plus exacerbés. Pages puissantes,

dont l'orchestration témoigne pourtant, çà et là, de quelque inexpérience. Mais, dans le *Pacific 231*, HONEGGER est en pleine possession de son métier. Il revient à l'orchestre nombreux qui semblait nécessaire pour traduire l'image de ce monstre enflammé, de cette force agissante et fatale qu'est la locomotive moderne.

Tous les moyens sont mis en œuvre. Si on peut discuter, non les tendances harmoniques ultra-modernes, mais l'idée descriptive elle-même (il nous est

GOOSSENS, *The Gargoyle*.

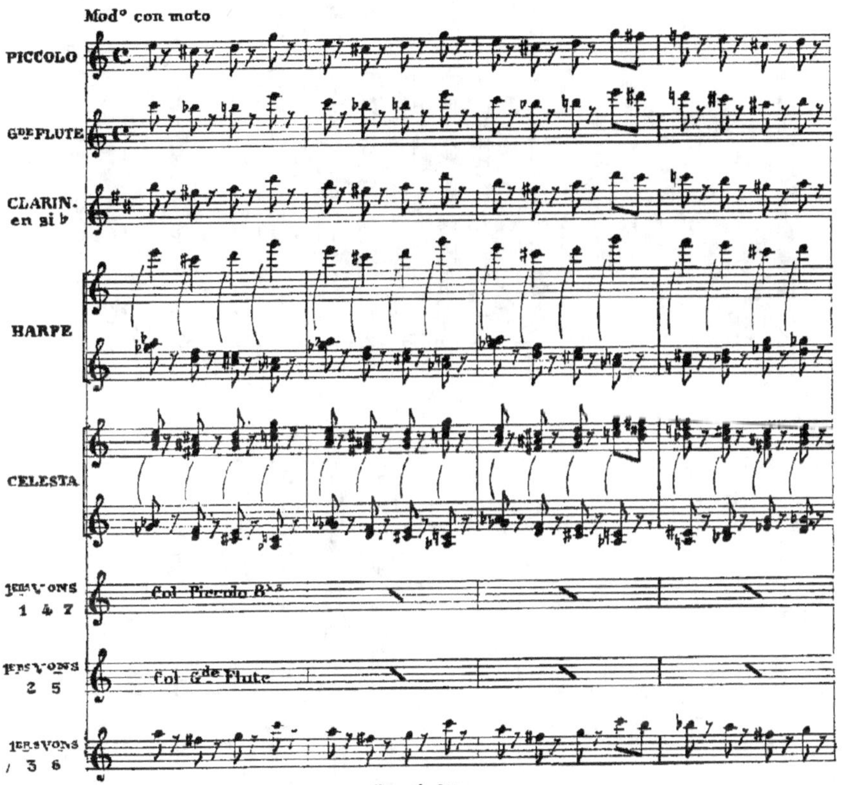

Exemple 305.

avis que la description pour la description est une chose dangereuse et d'une mode éphémère), on ne peut que louer l'adresse des moyens et la puissance indéniable de l'ensemble.

« D'ailleurs, nous dit l'auteur, ce que j'ai cherché dans *Pacific*, ce n'est pas l'imitation des bruits de la locomotive, mais la traduction d'une impression visuelle et d'une jouissance physique par une construction musicale : la tranquille respiration de la machine, le repos, l'effort du démarrage, puis l'accroissement progressif de la vitesse, pour aboutir à l'état lyrique, au pathétique du train de 300 tonnes lancé en pleine nuit à 120 à l'heure. »

La partition comprend l'orchestre par trois; la percussion ne fait usage que de la caisse roulante, de la grosse caisse, des cymbales et d'un tamtam;

tout cela adroitement employé, produisant le maximum d'effet.

On remarquera le début tout en harmoniques des cordes sur un trille des contrebasses et un frémissement des cymbales, avec les notes très graves d'un cor, par places.

L'auteur tire un heureux effet du trémolo (flatterzunge) des cors et trompettes avec sourdines, sur des trémolos harmoniques des cordes (ex. 307).

Et c'est le rythme acharné et le tapage grandissant, le désaccord aussi volontairement augmenté peu à peu, dans l'accélération toujours du mouvement (ex. 308 et 309).

D'autres noms pourraient se joindre à ceux-là. Où s'arrêter? De plus longues analyses ne nous apprendraient plus rien. Nous avons vu suffisamment ce

Arth. HONEGGER, *Pacific 231* (par autorisation spéciale de M. Sénart).

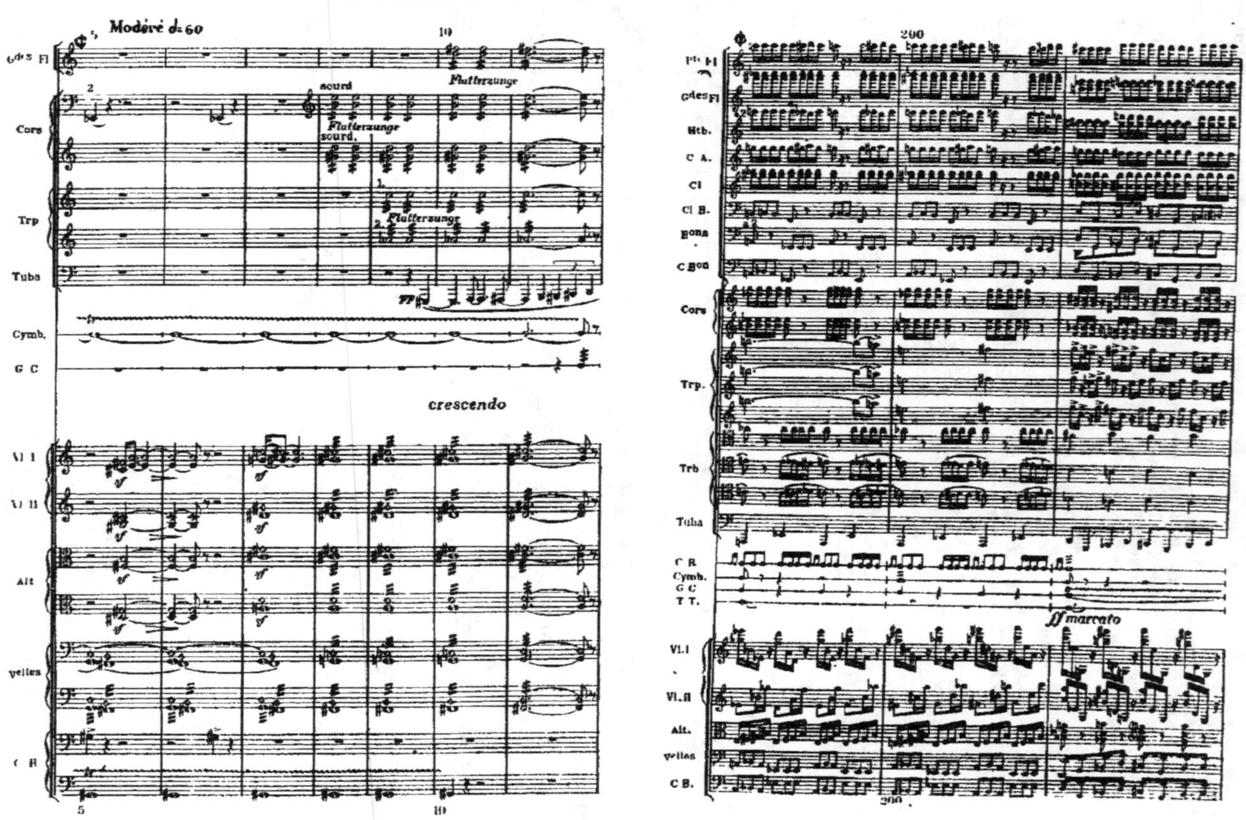

Exemples 806 et 807.

Arth. Honegger, *Pacific 231* (par autorisation spéciale de M. Sénart.)

Exemple 308.

peu à peu l'oreille à des alliances de sons qui l'auraient autrefois révoltée. Mais les alliances de timbres ont été peu à peu épuisées; pour trouver du nouveau (car la jeunesse est toujours assoiffée d'originalité), il faudrait introduire d'autres timbres dans l'orchestre. Jusqu'à ce que les facteurs nous les apportent, et sans mépriser aucune tentative, ne serait-il pas sage de s'en tenir à l'orchestre de Wagner, à celui de Strauss, à celui de Dukas et de d'Indy? Mais peut-être, reviendra-t-on à plus de simplicité. On semble un peu fatigué d'une trop grande abondance de matériaux.

L'abus des trompettes bouchées, des glissandos à tous les instruments, des harmoniques aux cordes, de tous les moyens exceptionnels, paraît aussi amener une certaine lassitude.

D'ailleurs, les tendances sont diverses et les efforts s'éparpillent dans tous les sens. Constatons seulement, après cette longue étude, que toutes les époques ont eu l'orchestre qui convenait à leur façon de comprendre et de traduire la musique. Toutes ont obtenu un moment, en les travaux de quelques maîtres, la cristallisation de leur effort, toutes ont atteint leur sommet. Bach et Haendel nous présentent la perfection du concerto grosso; Beethoven, l'apogée de la symphonie classique. Le poème symphonique triomphe avec Liszt, avec Rimsky Korsakow; le drame lyrique et l'ouverture avec Wagner. Et l'orchestre moderne apparaît grandiose entre les mains de Stravinsky et de d'Indy; subtil et délicieux en celles d'un Debussy ou d'un Ravel... n'allons pas plus loin, nous n'avons plus le recul nécessaire.

D'autres après nous feront l'histoire complète de l'orchestre du xxe siècle, nous n'avons voulu, dans cet appendice, qu'esquisser quelques-unes de ses physionomies.

Gabriel PIERNÉ et H. WOOLLETT

qu'était devenu le tout petit orchestre de Haydn aux mains des musiciens d'avant guerre. Le « kolossal » orchestre allemand semble aujourd'hui vouloir se réduire. L'individualité est recherchée, la nudité aussi quelquefois. Les outrances d'une harmonie qui voudrait s'appuyer sur de nouvelles théories, voire sur des lois accoustiques neuves elles aussi, habituent

IMPRIMERIE DELAGRAVE
VILLEFRANCHE-DE-ROUERGUE